# Rechtsgrundsätze

des

Königl. Preußischen

# Ober-Verwaltungsgerichts

## Zweite Reihe.

Gesammelt aus denjenigen Entscheidungen, welche in der von Mitgliedern des Ober-Verwaltungsgerichts herausgegebenen Sammlung nicht veröffentlicht sind.

1876—1887.

Zusammengestellt

von

K. Parey,
Verwalt.-Gerichts-Dir. a. D.

und

A. Wiedemann.
Landesrath a. D.

Berlin 1888.
J. J. Heines Verlag.

# Vorwort.

Nachdem die von dem mitunterzeichneten Parey herausgegebenen „Rechtsgrundsätze“ (Stammwerk und I. Supplementband 1887) mit so vielem Beifall aufgenommen worden sind, ist in den Kreisen der Beteiligten mehrfach der Wunsch geäußert worden, daß auch diejenigen Erkenntnisse des Königl. Ober-Verwaltungsgerichts nach wichtigen Rechtsgrundsätzen durchforscht werden möchten, welche in den von Mitgliedern jenes Gerichtshofes herausgegebenen, sogenannten „gedruckten Entscheidungen“ keine Aufnahme gefunden haben. Die Berechtigung dieses Wunsches war um so mehr anzuerkennen, als diese außeramtlich bekannt gewordenen Aussprüche keineswegs nur Wiederholungen oder Bestätigungen jener Rechtsgrundsätze, sondern zahlreiche neue und wertvolle Erläuterungen zu den geltenden Gesetzen enthalten. Zwar fanden sich unter den ältesten Entscheidungen aus den ersten Jahren der Thätigkeit des Ober-Verwaltungsgerichtes eine große Anzahl von solchen, deren Inhalt einer früheren, inzwischen aufgehobenen Gesetzgebung unterlag und deshalb für die Gegenwart nicht wohl verwendbar war; indessen lieferte doch die große Zahl von 888 wichtigen Endurteilen immer noch ein so reiches Material, daß die Sammlung derselben sehr wünschenswert erschien. Dieser Arbeit hat sich der mitunterzeichnete Wiedemann unterzogen, während der andere Mitarbeiter das reiche Material systematisch geordnet und durch geeignete Hinweise mit den „Rechtsgrundsätzen“ in Verbindung gebracht hat.

**Berlin**, im Juli 1888.

**Die Verfasser.**

# Inhalt.

## Erste Abteilung.

### Angelegenheiten der Kommunal- und staatlichen Verwaltungsbezirke.



## Zweite Abteilung.

### Kirche, Schule und Personenstand.



## Dritte Abteilung.

### Polizeiliche Angelegenheiten.

## Vierte Abteilung.

### Der Verwaltungsprozeß.

# Erste Abteilung.

## Angelegenheiten der Kommunal- und staatlichen Verwaltungsbezirke.

---

### I.

### Kommunalabgaben im Allgemeinen, auch Gemeindedienste und Gemeindevermögen.

(Provinzial-, Kreis- und Gemeindeabgaben in Stadt und Land. Vergl. Parey Rechtsgrundsätze, Stammwerk und Supplementband I., Abteilung ID., IIB., IIIA. und VA.)

#### Nr. 1.

**Endurteil des I. Senats vom 20. September 1879.**

Auch diejenigen Gemeindemitglieder, welche außerhalb der Dorflage wohnen und von der Anstellung eines Nachtwächters keinen unmittelbaren Vorteil haben, sind gleichwohl verpflichtet, zu dem Nachtwächterlohn beizutragen. (Vergl. P. Rechtsgrundsätze, Stammwerk S. 114, Nr. 20, S. 123, Nr. 38.)

#### Nr. 2.

**Endurteil des I. Senats vom 19. November 1879.**

Ein Anspruch auf Befreiung von den Gemeindeabgaben wegen Erwerbsunfähigkeit oder aus dem Grunde, daß die Befreiung von der Klassensteuer auch von der Entrichtung von Kommunalsteuern entbinde, ist nur dann als gerechtfertigt anzusehen, wenn diese Befreiungsgründe nach der bestehenden Ortsverfassung Berücksichtigung zu finden haben. Aus allgemeinen gesetzlichen Vorschriften läßt sich eine solche Befreiung nicht herleiten.

#### Nr. 3.

**Endurteil des I. Senats vom 1. Dezember 1880.**

Im Reklamationsverfahren gegen Gemeindeabgaben ist dem Gemeindevorstande die Stellung der Reklamationsinstanz, dem Verwaltungsrichter die der Rekursinstanz zugewiesen. Die Absicht geht hierbei dahin, sowohl der veranlagenden Behörde Gelegenheit zur nochmaligen Prüfung der Rechtsbeständigkeit ihrer Forderung zu geben, als dem Censiten eine Belehrung über den Ungrund seines Einspruchs zu Teil werden zu lassen und damit die Anstellung von Prozessen möglichst zu verhüten. Dieser gesetzlichen Vorschrift entspricht es, wenn die Klage im Verwaltungsstreitverfahren überall da als unzulässig abgewiesen wird, wo nicht das geordnete Einspruchverfahren voraufgegangen ist.

Nr. 4.

**Endurteil des I. Senats vom 4. Dezember 1880.**

Die Bestimmungen eines Auseinandersetzungsrezesses über Tragung der Kommunallasten sind auch für die Aufbringung der baaren Geldausgaben maßgebend. — §§ 37, 43, 44 A. L.-R. Teil II Tit. 7. —

Nr. 5.

**Endurteil des I. Senats vom 5. Februar 1881.**

Im Verwaltungsstreitverfahren sind nur Streitigkeiten über die Teilnahme an den Nutzungen und Erträgen des Gemeindevermögens zu entscheiden. Dagegen ist ein Streit darüber, ob ein bestimmtes Vermögensobjekt zum Gemeindevermögen gehöre oder Privateigentum eines Einzelnen oder einer Interessentengruppe sei, vor dem ordentlichen Richter zum Austrage zu bringen.

Nr. 6.

**Endurteil des I. Senats vom 25. Februar 1881.**

1) Polizei-Jurisdiktion und Patrimonialgerichtsbarkeit sind nicht notwendige Attribute der Gutsherrschaft; es giebt Gutsherrschaften, denen beides fehlt. Sie gebühren aber in der Regel der Gutsherrschaft und sind vorzügliche Merkmale derselben.

2) Die Reklamation gegen eine Abgabenveranlagung ist stets bei der veranlagenden Behörde anzubringen; Verhandlungen mit der vorgesetzten Behörde können dieselbe nicht ersetzen. Eine rechtzeitige Reklamation ist die unerläßliche Voraussetzung der Zulässigkeit des Verwaltungsstreitverfahrens.

Nr. 7.

**Endurteil des I. Senats vom 27. April 1881.**

1) Die Klage wegen Ueberbürdung mit Gemeindeabgaben setzt die Heranziehung zu einer bestimmten Leistung voraus und kann nur diese, nicht aber die Beitragspflicht im Allgemeinen zum Gegenstande haben.

2) Polizeiverordnungen können nicht neues materielles Recht schaffen, sondern nur das bestehende Recht wiedergeben.

Nr. 8.

**Endurteil der I. Senats vom 1. Oktober 1881.**

1) Die in dem Gesetz vom 18. Juni 1840 angeordneten Reklamationsfristen gelten für alle Reklamationen gegen die Heranziehung zu öffentlichen Abgaben, soweit nicht durch Spezialgesetze etwas Anderes bestimmt ist.

2) Die Anwendbarkeit des § 1 des Gesetzes vom 18. Juni 1840 ist von der Berechtigung der veranlagenden Behörde, die streitige Steuer zu erheben, nicht abhängig. Auch der Nichtsteuerpflichtige muß, wenn er sein Rückforderungsrecht wahren will, rechtzeitig reklamiren.

Nr. 9.

**Endurteil des I. Senats vom 19. November 1881.**

Die Giltigkeit eines Gemeindebeschlusses ist von der Beobachtung der für die schriftliche Aufzeichnung desselben gegebenen Vorschriften unabhängig und an eine schriftliche Form überhaupt nicht gebunden. Es genügt der in beliebiger Weise zu erbringende Nachweis, daß die Mehrheit der ordnungsmäßig geladenen und in beschlußfähiger Anzahl versammelten Gemeindemitglieder eine bestimmte Festsetzung genehmigt hat.

### Nr. 10.

**Endurteil des II. Senats vom 20. Februar 1882.**

Unter der Grund- und Gebäudesteuer, mit welcher der Fiskus nach § 14 Abs. 3 der Kreisordnung nach einem höheren Prozentsatz zu den Kreissteuern herangezogen werden kann, ist diejenige Steuer zu verstehen, welche der Fiskus nach der bestehenden Staatssteuergesetzgebung zu zahlen hat, bezw. welche bei einer gemäß § 15 a. a. O. vorgenommenen fingirten Einschätzung für denselben ermittelt wird. Das ist aber diejenige Grund- und Gebäudesteuer, welche den Fiskus als Eigentümer trifft. Daher kann der § 14 Abs. 3 nicht angewendet werden auf ein Privat-Eisenbahn-Unternehmen, welches in der Verwaltung des Staates sich befindet, ohne daß das Eigentum auf denselben übergegangen ist.

### Nr. 11.

**Endurteil des II. Senats vom 13. April 1882.**

Die Reklamationsfrist beginnt mit der Bekanntmachung des von dem Steuerpflichtigen zu entrichtenden Abgabebetrages. Die bloße Mitteilung des Prinzipalsteuersatzes, von welchem die Veranlagung erfolgen soll, ist nicht ausreichend.

### Nr. 12.

**Endurteile des I. Senats vom 16. und 30. Dezember 1882.**

Die Klage wegen Steuerüberbürdung kann stets nur einzelne bereits geforderte Abgaben, nicht aber die Verpflichtung zur Leistung von Abgaben im Allgemeinen zum Gegenstande haben, und ist auch im ersteren Falle nur dann zulässig, wenn sie gegen einen vom Gemeindevorstand auf erhobene Beschwerde erlassenen Bescheid gerichtet ist.

Die gleichen Grundsätze gelten auch für die Veranlagung zu Schulsteuern.

### Nr. 13.

**Endurteil des II. Senats vom 11. Januar 1883.**

1) Wenn ein gemeindesteuerpflichtiges Einkommen nicht nach dem dreijährigen Durchschnitt berechnet werden kann, weil dasselbe noch nicht seit drei Jahren besteht, so ist der wirkliche Reinertrag zu ermitteln und der Veranlagung zu Grunde zu legen.

2) Der Verwaltungsrichter ist nicht verpflichtet, zur Feststellung des Ertrages eines Grundstücks Sachverständige zu vernehmen, wenn er auf Grund des Ergebnisses der Verhandlungen den der Veranlagung zu Grunde gelegten Ertrag für nicht zu hoch bemessen erachtet.

### Nr. 14.

**Endurteil des I. Senats vom 22. September 1883.**

1) Einspruch und Bescheid im Steuerermäßigungsverfahren gehören zu denjenigen Vorbedingungen, von welchen das den Klagegrund bildende Rechts-

verhältniß der Parteien abhängt, zu dem eigentlichen Klagefundament. Sie sind Voraussetzungen, ohne welche das klagbare Recht auf Steuerbefreiung oder Ermäßigung garnicht in die Erscheinung tritt. Daher kann die Klage niemals durch einen vor dem Bescheide erhobenen Einspruch ersetzt werden.

2) Als notwendige Bedingungen des bestehenden Klagerechts unterliegen der Bescheid und die Klage der richterlichen Prüfung von Amtswegen und unabhängig von den Anträgen der Parteien.

## Nr. 15.

**Endurteil des I. Senats vom 19. September 1883.**

1) Bezüglich der Beitragspflicht zu den Gemeindelasten in Landgemeinden können sich Observanzen mit rechtlicher Wirkung auch nach dem Erlaß des Gemeindeverfassungsgesetzes vom 14. April 1856 bilden. Durch solche Observanzen können auch ältere Verträge über die Vertheilung der Gemeindelasten abgeändert werden.

2) Zum Nachweise einer Observanz können auch Anerkenntnisse der als verpflichtet in Anspruch genommenen Gemeindemitglieder sowie der Umstand verwertet werden, daß dieselben sich bei einem die Leistung als ihnen observanzmäßig obliegend feststellenden Bescheide der zuständigen Behörde beruhigt haben.

## Nr. 16.

**Endurteil des II. Senats vom 8. Oktober 1883.**

Die Berliner städtischen Wasserwerke sind in handelsrechtlicher sowohl als in steuerlicher Beziehung als ein gewerbliches Unternehmen anzusehen, welches der Heranziehung zu den Kreisabgaben unterliegt. Daß das Unternehmen im Wesentlichen einen gemeinnützigen Charakter hat, und die Erzielung von Gewinn nicht in erster Reihe beabsichtigt ist, ändert hieran nichts.

## Nr. 17.

**Endurteil des I. Senats vom 30. Januar 1884.**

1) Auf die öffentlich-rechtliche Verpflichtung zur Leistung von Spanndiensten in einer Landgemeinde findet, selbst wenn dieselbe den Charakter einer Reallast hat, § 12 des Gesetzes vom 5. Mai 1872, welcher für auf privatrechtlichem Titel beruhende dingliche Rechte vorschreibt, daß sie gegen Dritte nur durch Eintragung Wirksamkeit erlangen, keine Anwendung. Vielmehr gehört diese Verpflichtung zu den im § 49 der Konkursordnung vom 8. Mai 1855 erwähnten, aus dem Kommunalverbande entspringenden Leistungen, welche gemäß § 11 der Grundbuch-Ordnung vom 5. Mai 1872 der Eintragung nicht bedürfen.

2) Der § 6 des Gesetzes über die Armenpflege vom 31. Dezember 1842 enthält eine dispositive Vorschrift über die Bildung von Gemeindebezirken und ist in seiner Anwendbarkeit nicht auf Armenverbände beschränkt.

## Nr. 18.

**Endurteil des I. Senats vom 8. März 1884.**

1) Die Landgemeinden in den sieben östlichen Provinzen haben das Recht zur Einschätzung zu einer fingirten Steuer nicht allgemein, sondern nur, soweit ihnen dasselbe durch Ortsverfassung beigelegt ist.

2) Die Landgemeinden in den östlichen Provinzen sind nicht verpflichtet, ihre Gemeindebedürfnisse durch Zuschläge zu den Staatssteuern aufzubringen; sie können vielmehr ihre Steuerverfassung durch Autonomie unter geordneter Mitwirkung der Aufsichtsbehörde bestimmen (A. L.-R. II, 7, § 31. — Ges. vom 14. April 1856, §§ 11, 12), und dürfen nur solche Auflagen nicht beschließen, welche den allgemeinen Steuergesetzen zuwiderlaufen oder der Freiheit des inneren Verkehrs hinderlich sind. (Ges. vom 30. Mai 1820, § 13.)

## Nr. 19.

**Endurteil des I. Senats vom 21. Juni 1884.**

1) Eine mündliche Reklamation des zur Gemeindesteuer Herangezogenen und ein darauf mündlich erteilter Bescheid des Gemeindevorstandes reichen aus, um die Zulässigkeit der Klage im Verwaltungsstreitverfahren zu begründen.

2) Militär-Invalidenpensionen unterliegen, soweit sie den Betrag von jährlich 750 Mark nicht übersteigen, der Gemeindebesteuerung nicht. (Ges. vom 11. Juli 1822, § 10b. — Landgem.-Verf.-Ges. vom 14. April 1856, § 14.)

## Nr. 20.

**Endurteil des II. Senats vom 23. Juni 1884.**

Das aus Grundbesitz, Gewerbebetrieb oder Bergbau fließende Einkommen einer Gemeinde ist hinsichtlich der Veranlagung zu den Kreissteuern nicht als Teil eines steuerpflichtigen Gesammteinkommens, sondern als eine besondere, für sich heranzuziehende Einkommensquelle zu behandeln.

## Nr. 21.

**Endurteil des II. Senats vom 21. Juli 1884.**

1) Ergeht auf eine bei dem Gemeindevorsteher mündlich angebrachte Steuerreklamation ein mündlicher Bescheid desselben, so läuft von dessen Erteilung ab die Klagefrist.

2) Militärinvalidenpensionen unterliegen gemäß § 10 b des Gesetzes vom 11. Juli 1822, § 14 des Ges. vom 14. April 1856 der Gemeindebesteuerung nicht, soweit sie den Betrag von 750 Mark nicht übersteigen.

## Nr. 22.

**Endurteil des I. Senats vom 3. September 1884.**

Auf Befreiung von Kreis- und Provinzialabgaben kann nicht gegen den Gemeindevorsteher geklagt werden, da dieselben dadurch allein, daß ihre Vertheilung und Erhebung durch besondere gesetzliche Vorschriften dem Gemeindevorsteher übertragen worden ist, noch nicht zu Gemeindeabgaben geworden sind. Vielmehr ist die Reklamation beim Kreisausschuß anzubringen und gegen dessen Entscheidung event. Klage beim Bezirksausschuß zu erheben.

## Nr. 23.

**Endurteil des II. Senats vom 13. Oktober 1884.**

§ 17 Kreisordnung statuiert, indem er die dort bezeichneten Grundstücke und Gebäude von den Kreissteuern befreit, lediglich die dingliche Befreiung derselben, steht dagegen einer Besteuerung des Besitzers von dem Einkommen aus jenen Grundstücken und aus den auf denselben betriebenen Gewerben nicht entgegen.

## Nr. 24.

**Endurteil des I. Senats vom 15. Oktober 1884.**

Die Unterhaltung des Dorfnachtwächters ist zwar eine Gemeindelast, zu welcher in der Regel jedes Mitglied der Gemeinde beizutragen hat. Da aber erfahrungsgemäß sich vielfach Korporationen unter einander und mit Privatpersonen zur Unterhaltung eines gemeinschaftlichen Nachtwächters vereinigen, so kann aus der Zahlung von Nachtwächtergeld allein nicht unter allen Umständen auf die kommunale Zugehörigkeit eines Grundstücks geschlossen werden.

## Nr. 25.

**Endurteil des II. Senats von 20. Oktober 1884.**

Streitsachen, in welchen eine Heranziehung oder Veranlagung zu Abgaben bekämpft wird, werden in dem Zeitpunkte anhängig, in welchem der Pflichtige seinen Anspruch auf Befreiung oder Ermäßigung bei derjenigen Behörde, welcher das Gesetz die erste Thätigkeit in der Sache zuweist, d. h. bei der Kommunalbehörde, welche über die Reklamation zu befinden hat, geltend macht.

## Nr. 26.

**Endurteil des I. Senats vom 15. November 1884.**

1) Bei Behörden genügt die Zustellung einer Verfügung oder Entscheidung an den Vorsteher, selbst wenn dieser überhaupt oder im gegebenen Falle zur Vertretung der Behörde nicht berechtigt ist. Dem Gemeindevorsteher kann, wenngleich er wegen persönlicher Beteiligung die sonstigen Funktionen eines solchen wahrzunehmen behindert ist, das im Streitverfahren ergangene Urteil rechtswirksam zugestellt werden. Die Wirkung einer solchen Zustellung wird durch nachträgliche Wiederabnahme des Erkenntnisses nicht aufgehoben.

2) Ein und dieselbe physische Person darf nicht zugleich die Funktionen des Klägers und des Beklagten wahrnehmen. Die eine Partei darf deshalb auch nicht an sich selbst in ihrer Eigenschaft als gleichzeitiger gesetzlicher Vertretung der Gegenpartei mit verbindlicher Wirkung zustellen lassen. Ist der Gemeindevorsteher im Prozesse gegen die Gemeinde Mitkläger, so hat die an ihn für die Gemeinde bewirkte Zustellung ihm als Kläger gegenüber keine rechtliche Wirkung.

3) Der Gemeindevorsteher ist, selbst wenn es sich um die Erfüllung einer rechtlichen Verpflichtung der Gemeinde handelt, nicht befugt, Steuern auf die Gemeindemitglieder auszuschreiben, ohne hierzu durch einen Gemeindebeschluß ermächtigt zu sein.

## Nr. 27.

**Endurteile des II. Senats vom 27. November 1884.**

1) Bei der Durchschnittsberechnung des steuerpflichtigen Reineinkommens kann eine Einnahmepost, sofern sie sich unzweifelhaft als Gewinn aus Gewerbebetrieb charakterisirt, nicht deshalb abgesetzt werden, weil die Wiederkehr eines solchen Gewinnes in Zukunft unmöglich oder unwahrscheinlich ist.

2) Das bei der Erhöhung des Grundkapitals einer Aktiengesellschaft durch Ausgabe neuer Aktien erzielte Coursagio stellt einen Gewinn aus Gewerbebetrieb dar und ist daher bei Berechnung des steuerpflichtigen Durchschnittseinkommens nicht in Abzug zu bringen.

## Nr. 28.

**Endurteil des I. Senats vom 6. Dezember 1884.**

1) Wenn in einer Stadt die Hausbesitzer observanzmäßig den Bürgersteig zu unterhalten haben, und diese Unterhaltungspflicht durch eine Straßenordnung geregelt ist, so sind dieselben bei einer den Vorschriften dieser Straßenordnung zuwiderlaufenden Herstellung des Bürgersteigs verpflichtet, denselben ordnungsmäßig abzuändern.

2) Steht den Verpflichteten die Wahl des Materials für den herzustellenden Bürgersteig frei, so erlischt dieses Wahlrecht und geht auf die Polizeibehörde über, wenn die Ausführung nicht seitens des Verpflichteten, sondern im Zwangswege geschieht.

## Nr. 29.

**Endurteil des II. Senats vom 8. Januar 1885.**

Bei der Kommunalbesteuerung von Fabriken ist der Steuerberechtigte nicht genöthigt, bei Aufstellung der Durchschnittsberechnung denjenigen Preis als maßgebend anzuerkennen, den der Fabrikbesitzer zu Beginn des Jahres als der Abrechnung zwischen mehreren ihm gehörenden Etablissements zu Grunde zu legenden festgestellt hat. Für die Berechnung des steuerpflichtigen Reineinkommens ist vielmehr der gemeine Kaufpreis des Fabrikats nach dem Jahresdurchschnitt maßgebend. Ist dieser Durchschnittswerth in der Vorinstanz durch Gutachten von Sachverständigen vorwurfsfrei festgestellt, so unterliegt diese Feststellung einer ferneren Prüfung in der Revisionsinstanz nicht.

## Nr. 30.

**Endurteil des II. Senats vom 12. Januar 1885.**

Abgabenstreitsachen werden schon mit der Erhebung des Einspruchs und nicht erst mit dem hierauf ergehenden Bescheide anhängig.

## Nr. 31.

**Endurteil des I. Senats vom 17. Januar 1885.**

Unter staatlicher Autorität zu Stande gekommene Abgabenregulirungspläne bilden eine Quelle des öffentlichen Rechts.

## Nr. 32.

**Endurteil des II. Senats vom 26. Januar 1885.**

1) Elementarschullehrer im Sinne des § 4 Abs. 12 der Städte-Ordn. sind nur solche Lehrer, welche an Elementarschulen angestellt sind. Die Qualifikation der Schule ist entscheidend, nicht die des Lehrers.

2) Solche Schulen, welche ihrer ganzen Einrichtung nach über das Endziel der öffentlichen Volksschule hinausgehen (z. B. höhere Töchterschulen), können als Elementarschulen nicht angesehen werden; ihre Lehrer haben keinen Anspruch auf Steuerbefreiung gemäß § 4 Abs. 12 St.-O.

## Nr. 33.

**Endurteil des II. Senats vom 26. Januar 1885.**

Durch das Miethen einer Wohnung, welche nachweislich nur zur Aufbewahrung von Möbeln dienen soll und dient, wird ein Wohnsitz und damit die Kommunalsteuerpflicht nicht begründet.

## Nr. 34.

**Endurteil des II. Senats vom 9. Februar 1885.**

Diäten, welche etatsmäßig angestellten Beamten während einer vorübergehenden Beschäftigung außerhalb ihres Wohnortes neben der Besoldung gewährt werden, sind als Entschädigung für die hierdurch verursachten Mehrausgaben (Dienstaufwandsentschädigung) anzusehen und unterliegen als solche der Besteuerung nicht.

## Nr. 35.

**Endurteil des II. Senats vom 9. Februar 1885.**

1) Wenn ein Gemeindeeinkommensteuer-Regulativ durch Bezugnahme auf § 4 Abs. 3 der Städteordnung die juristischen Personen in dem dort bezeichneten Umfange der Gemeindesteuer unterwirft, so erstreckt sich das Besteuerungsrecht auch auf den im Gemeindebezirk das Eisenbahntransportgewerbe betreibenden Fiskus, und zwar auch dann, wenn bei Erlaß des Regulativs eine Eisenbahn dort noch nicht vorhanden war.

2) Daß ein Steuer-Regulativ keine Bestimmungen über die Art der Berechnung des steuerpflichtigen Einkommens enthält, ist für dessen Anwendbarkeit unerheblich. Solche Vorschriften gehören überhaupt nicht in die Gemeinderegulative, bilden wenigstens keine unerläßlichen Bestandteile derselben.

## Nr. 36.

**Endurteil des II. Senats vom 26. Februar 1885.**

Wenn Jemand wegen Versetzung seinen Wohnsitz im Laufe des Steuerjahres nach einem anderen Orte verlegt, so ist er von dem Zeitpunkt seines Wegzugs ab in dem bisherigen Wohnkreise von den Kreissteuern selbst dann befreit, wenn er seine Familie und sein Mobiliar vorläufig an dem bisherigen Wohnort zurückläßt.

## Nr. 37.

**Endurteil des II. Senats vom 12. März 1885.**

1) Die Feststellung, daß eine Eingabe als Reklamation, die darauf ergangene Antwort als Reklamationsbescheid anzusehen sei, liegt auf thatsächlichem Gebiete und kann daher, sofern sie nicht aktenwidrig ist, mit der Revisionsbeschwerde nicht angefochten werden.

2) Ist nach der Organisation eines städtischen Magistrats die Verwaltung des Steuerwesens einer Abteilung desselben übertragen, so ist dieselbe auch zum Erlaß von Reklamationsbescheiden zuständig.

## Nr. 38.

**Endurteil des II. Senats vom 19. März 1885.**

Es ist Sache der klagenden Partei im Steuerermäßigungsverfahren, das zur Begründung ihrer Klage Erforderliche beizubringen und dem Richter zu unterbreiten. Dem Verwaltungsrichter kann nicht zugemutet werden, von Amts wegen die mangelnde Substantiierung der Klage zu ergänzen.

## Nr. 39.

**Endurteil des II. Senats vom 19. März 1885.**

1) Der Steuerpflichtige kann mit seiner Klage nicht deshalb abgewiesen werden, weil er es unterlassen hat, den Einspruch ausreichend zu begründen; er ist vielmehr berechtigt, dies im Streitverfahren nachzuholen.

2) Dagegen ist der Kläger verpflichtet, mindestens im Streitverfahren die Verhältnisse soweit klarzustellen, daß der Richter im Stande ist, die Höhe des steuerpflichtigen Einkommens und demgemäß die Höhe der Steuersumme zu bemessen.

## Nr. 40.

**Endurteil des I. Senats vom 25. März 1885.**

1) Das Gesetz vom 18. Juni 1840 über die Verjährung bei öffentlichen Abgaben bezieht sich nur auf wirkliche Steuern und Abgaben steuerartiger Natur, welche periodisch zur Hebung gelangen oder gelegentlich umgelegt werden, nicht aber auf fungible Handlungen, wie Hand- und Spanndienste oder die Ausführung von Bauten.

2) Bis zur ordnungsmäßigen Unterverteilung der auf einem geteilten Hofe ruhenden öffentlichen Lasten haften die Besitzer sämtlicher Trennstücke für dieselben solidarisch. Der Gemeindevorsteher ist daher befugt, den Besitzer einer Parzelle vorläufig für die Unterhaltung einer Brücke, die dem ungeteilten Hofe oblag, in Anspruch zu nehmen.

## Nr. 41.

**Endurteil des II. Senats vom 9. April 1885.**

Die einem Beamten auf Grund des Haftpflichtgesetzes gewährte Rente hat nicht den Charakter eines Gehaltsbezuges; sie stellt nicht eine Erfüllung des Dienstvertrages, sondern eine Entschädigung für die Nichterfüllung dar. Auf eine solche Rente finden daher die Kommunalsteuervorrechte auf Grund des Gesetzes vom 11. Juli 1822 keine Anwendung.

## Nr. 42.

**Endurteil des I. Senats vom 11. April 1885.**

Die Beiladung in einem Steuerprozesse hat lediglich den Zweck, dem Verwaltungsrichter eine erschöpfende Erörterung und Entscheidung des Streitfalles zu ermöglichen. Die Entscheidung selbst ergeht nur zwischen den Parteien, berührt die Rechte der etwa Beigeladenen nicht, kann diesen gegenüber keine Rechtskraft erlangen und gewährt ihnen daher auch kein Recht zur selbstständigen Einlegung von Rechtsmitteln.

## Nr. 43.

**Endurteil des I. Senats vom 15. April 1885.**

1) Gratifikationen, welche eine Erwerbsgesellschaft ihren Angestellten ohne rechtliche Verpflichtung gewährt, können bei der Feststellung des steuerpflichtigen Reineinkommens der Gesellschaft nicht in Abzug gebracht werden.

2) Der Steuerpflichtige, welcher ein geringeres Einkommen als dasjenige, mit welchem er zur Steuer herangezogen ist, zu haben behauptet, hat seinerseits dieses Mindereinkommen nachzuweisen.

## Nr. 44.

**Endurteil des II. Senats vom 23. April 1885.**

Liberalitäts-Zuwendungen bilden nach der Staatssteuergesetzgebung kein steuerpflichtiges Einkommen. Daraus folgt jedoch nicht, daß es auch den Gemeinden untersagt sei, dieselben im Wege der regulativischen Bestimmung zur Gemeindesteuer heranzuziehen.

### Nr. 45.

**Endurteil des II. Senats vom 27. April 1885.**

Zum Begriff einer Betriebsstätte ist das Vorhandensein einer selbstständigen, d. h. an und für sich einen Ertrag abwerfenden Anlage nicht erforderlich. Auch Anstalten zur Gewinnung der Rohmaterialen für eine Fabrikation, zur Vornahme einer von mehreren getrennten Operationen, aus denen der Betrieb sich zusammensetzt, zur Ausführung der für den Betrieb erforderlichen Reparaturen sind ohne Zweifel Betriebsstätten, ohne daß jenes Merkmal auf sie zuträfe.

### Nr. 46.

**Endurteil des II. Senats vom 27. April 1885.**

Die Befugniß, gegen die Veranlagung zu den Kreissteuern Einspruch und Klage zu erheben, steht nicht den Gemeinden und Gutsbezirken, sondern den einzelnen steuerpflichtigen Kreisangehörigen zu.

### Nr. 47.

**Endurteil des II. Senats vom 28. Mai 1885.**

Ein Frachtführer, welcher Waaren von Ort zu Ort befördert, betreibt an jedem dieser Orte, wo er eine ständige Vertretung behufs Entgegennahme und Ausführung von Frachtaufträgen hat, ein stehendes Gewerbe und kann daher zur Gemeindeeinkommensteuer herangezogen werden.

### Nr. 48.

**Endurteil des I. Senats vom 30. Mai 1885.**

Die Erweiterung eines auf Steuerüberbürdung gerichteten Klageantrags in der Berufungsinstanz dahin, daß völlige Freilassung von der Steuer gefordert wird, ist unzulässig, und ein diesem erweiterten Antrage stattgebendes Erkenntnis unterliegt der Aufhebung.

### Nr. 49.

**Endurteil des II. Senats vom 4. Juni 1885.**

1) Wenn ein Gemeindesteuer-Regulativ die Gebäude einer Gemeindesteuer unterwirft, soweit sie der Staatsgebäudesteuer unterliegen, so gewinnt dadurch diese Gemeindesteuer den Charakter einer Zuschlagssteuer zur Staatsgebäudesteuer. Daher sind auch neu errichtete Gebäude, so lange sie zur Staatsgebäudesteuer nicht herangezogen werden, von der Gemeindesteuer befreit.

2) Für die Auslegung eines Gemeindesteuer-Regulativs ist die Praxis, welche der Magistrat bisher bei Handhabung desselben beobachtet hat, nicht ausschlaggebend. Wie das Regulativ nur durch Uebereinstimmung der städtischen Behörden und der Aufsichtsbehörden zu Stande kommen kann, so ist auch eine authentische Deklaration desselben nur auf demselben Wege möglich.

### Nr. 50.

**Endurteil des II. Senats vom 11. Juni 1885.**

Bei Feststellung des Reineinkommens einer Erwerbsgesellschaft dürfen Abschreibungen nur insoweit in Abzug gebracht werden, als sie einerseits das übliche Maaß nicht überschreiten, andrerseits durch Abnutzung notwendig geworden sind. Dagegen sind Abschreibungen nicht zuzulassen, welche lediglich bezwecken, einen Verlust an werbendem Gesellschaftsvermögen aus den Betriebseinnahmen zu decken. Ebenso wenig ist es zulässig, an sich abzugsfähige Ausgaben, welche in den Jahren, in welchen sie gemacht sind, nicht von den Bruttoeinnahmen abgesetzt wurden, nachträglich in der Form von Abschreibungen in Abzug zu bringen.

## Nr. 51.

### Endurteil des II. Senats vom 11. Juni 1885.

Abschreibungen, welche nicht in Folge größerer Abnutzung notwendig waren, sondern aus einem anderen Grunde — um die Objekte auf ihren eigentlichen Wert zurückzuführen — vorgenommen sind, können bei Feststellung des Reineinkommens einer Erwerbsgesellschaft zum Zweck der Steuerveranlagung nicht in Abzug gebracht werden. Hat die Gesellschaft es in früherer Zeit unterlassen, die aufgewendeten Betriebsmittel durch Abschreibungen zu ersetzen, so kann sie nicht dieserhalb später höhere Abschreibungen machen.

## Nr. 52.

### Endurteil des II. Senats vom 15. Juni 1885.

1) Die Vorschriften für die Veranlagung der Staatsgewerbesteuer finden auf die Einschätzung zu den auf das stehende Gewerbe gelegten Gemeindeabgaben keine Anwendung. Insbesondere können letztere beim Vorhandensein der gesetzlichen Voraussetzungen auch in einer Gemeinde erhoben werden, in welcher der Steuerpflichtige zur Staatsgewerbesteuer nicht veranlagt ist.

2) Das Schiffergewerbe ist ein stehendes Gewerbe. Die Frage, an welchem Orte dasselbe betrieben wird, ist thatsächlicher Natur. Die Beantwortung derselben ist nicht unbedingt davon abhängig, ob die Schiffe, mit welchen das Gewerbe betrieben wird, an dem betreffenden Orte ihren Heimatshafen, oder ob der Schiffer dort seinen Wohnsitz hat.

## Nr. 53.

### Endurteil des II. Senats vom 15. Juni 1885.

1) Eine verspätet angebrachte Klage kann von dem Verwaltungsrichter nicht aus Billigkeitsgründen zugelassen werden, auch dann nicht, wenn der Beklagte nicht die Abweisung wegen Fristversäumniß beantragt hat.

2) Die Bezeichnung eines Schriftsatzes als Rekursbeschwerde hindert nicht, sofern derselbe rechtzeitig an die zuständige Behörde gelangt, diesen als Klage anzusehen und zu behandeln, wenn derselbe die wesentlichen Bestandteile einer solchen — Klageantrag, Bezeichnung der Gegenpartei, des Streitgegenstandes und der den Antrag begründenden Thatsachen — enthält.

3) Das Einkommen aus nach älterem Bergrecht verliehenen Kuxen ist, da diese gemäß § 228 des Berggesetzes vom 24. Juni 1865 die Eigenschaft unbeweglicher Sachen behalten, in steuerlicher Beziehung als Einkommen aus Grundvermögen zu behandeln.

## Nr. 54.

### Endurteil des I. Senats vom 24. Juni 1885.

Ist die Abgabenfreiheit eines zur Steuer Herangezogenen durch ein rechtskräftiges civilgerichtliches Erkenntnis festgestellt, so bleibt dieses maßgebend, und es ist eine nachträgliche verwaltungsrichterliche Prüfung sowohl der Frage, ob der Civilrichter in der Sache zu Unrecht erkannt, als auch, ob er den Rechtsweg zu Unrecht für zulässig erachtet hat, ausgeschlossen.

Nr. 55.

**Endurteil des I. Senats vom 2. September 1885.**

Wenn eine bestimmte Reihenfolge für die Heranziehung zu den Gemeinde-Spanndiensten nicht feststeht, so ist der Gemeindevorsteher kraft seiner amtlichen Obliegenheit, die Gemeindelasten zu veranlagen, so berechtigt als verpflichtet, in jedem Falle unter Beobachtung etwaiger statutarischer oder observanzmäßiger Bestimmungen den Pflichtigen zu bezeichnen. Dieser kann einen Einspruch dann nur auf die seinerseits zu erweisende Behauptung stützen, daß er entweder schon geleistet habe, und ein anderer Pflichtiger noch im Rückstande sei, oder daß er nach Ortsrecht mit der ihm angesonnenen Leistung nach Maßgabe seines spannfähigen Besitztums überbürdet sei.

Nr. 56.

**Endurteil des II. Senats vom 7. September 1885.**

1) Jeder Arbeiter muß, sofern die Voraussetzungen der Gemeindesteuerpflicht an sich vorliegen, sich auch den Geldwert der ihm aus seiner Beschäftigung zufließenden Naturalbezüge — insbesondere freier Wohnung und Kost — als Einnahme anrechnen lassen.

2) Ein an sich steuerpflichtiges Einkommen verliert diesen seinen Charakter nicht dadurch, daß es einer bestimmten Art der Verwendung dient und dienen soll; daher sind auch Baarbezüge, welche an Stelle sonst üblicher freier Station und als Entschädigung für dieselbe gewährt werden, dem steuerpflichtigen Einkommen zuzurechnen.

Nr. 57.

**Endurteil des II. Senats vom 7. September 1885.**

Das Einkommen, welches ein Handlungslehrling für seine Dienstleistungen bezieht, unterliegt der Kommunalbesteuerung.

Nr. 58.

**Endurteil des II. Senats vom 10. September 1885.**

Wenn ein auf Grund der Allerh. Kabinetsordres vom 29. April 1829 und 18. Oktober 1834 erlassenes Hundesteuer-Regulativ neben der Bestimmung, daß Besitzer von Hunden, welche die Abmeldung abgeschaffter oder krepirter Hunde versäumen, zur Fortentrichtung der Steuer bis zum Schlusse des Halbjahres, in welchen die Abmeldung erfolgt, verpflichtet sein sollen, die weitere Vorschrift enthält, daß die Hundesteuerrolle alljährlich ausgelegt, auch den einzelnen Besteuerten ein Steuerzettel zugestellt werden und die Frist zur Reklamation 3 Monate betragen soll, so hat ein Hundebesitzer für einen im Vorjahre abgegangenen Hund im neuen Jahre die Steuer nicht zu entrichten, auch wenn die thatsächliche Abmeldung desselben erst nach Zustellung des Steuerzettels, aber innerhalb der Reklamationsfrist erfolgt ist.

Nr. 59.

**Endurteil des II. Senats vom 10. September 1885.**

Dadurch, daß der Steuerveranlagung eine bestimmte Einkommensberechnung zu Grunde gelegt ist, wird der einschätzenden Behörde der spätere Nachweis eines thatsächlich höheren Einkommens nicht abgeschnitten. Dieselbe darf freilich im Streitverfahren ihre Veranlagung nicht auf neue, bei der Einschätzung unberücksichtigt gebliebene Steuerquellen stützen, und sie darf auch beim Nachweise eines höheren Einkommens nicht mehr als den veranlagten Betrag fordern. Innerhalb dieser Grenzen aber darf sie bei der Veranlagung vorgekommene Irrthümer berichtigen und namentlich, um den geforderten Gesamtsteuerbetrag aufrecht zu erhalten, den Nachweis führen, daß der Steuerpflichtige aus einer der besteuerten Einnahmequellen ein höheres Einkommen beziehe, als bei der Einschätzung angenommen ist.

## Nr. 60.

**Endurteil des II. Senats vom 14. September 1885.**

1) Die vereidigten Feldmesser gehören zur Kategorie der unmittelbaren Staatsbeamten; sie erwerben diese Eigenschaft durch die Ableistung des Diensteides, und verlieren dieselbe auch nicht oder doch nur zeitweise, wenn sie demnächst vorübergehend eine Privatbeschäftigung annehmen.

2) Ein vereidigter Feldmesser, welcher in einer bestimmten Stelle dauernd verwendet wird und dafür ein fixirtes Gehalt aus der Staatskasse bezieht, ist zu den besoldeten Staatsbeamten zu rechnen und genießt die denselben zustehenden Steuervorrechte, auch wenn seine Beschäftigung auf Grund eines Vertragsverhältnisses und auf Kündigung erfolgt.

## Nr. 61.

**Endurteil des II. Senats vom 21. September 1885.**

1) Bei Berechnung des zur Gemeindesteuer zu veranlagenden Reineinkommens eines gewerblichen Instituts — z. B. einer Eisenbahndirektion — sind nicht nur die wirklichen Ausgaben zur Unterhaltung der Gebäude und Utensilien, sondern die „üblichen" Prozentsätze in Abzug zu bringen. (§ 30 Abs. 2 des Gesetzes vom 1. Mai 1851.) Wird die Angemessenheit dieser Abschreibungen von der einschätzenden Behörde nicht bemängelt, so liegt für den Verwaltungsrichter keine Veranlassung vor, dieselben von Amtswegen zu prüfen.

2) Das Protokoll über die öffentliche Verhandlung vor dem Bezirksausschuß hat — selbst wenn es keinen Vermerk darüber enthält, daß es verlesen und kein Widerspruch erhoben worden sei — öffentlichen Glauben, und seine Angaben können nur durch vollen Gegenbeweis entkräftet werden.

## Nr. 62.

**Endurteil des II. Senats vom 6. November 1885.**

1) Nach § 30 Abs. 2 des Einkommensteuergesetzes vom 1. Mai 1851 sind die üblichen Absetzungen für Abnutzung an Gebäuden und Utensilien den Ausgaben gleichgestellt, aber nicht als solche bezeichnet. Die Abzugsfähigkeit beschränkt sich also nicht auf die für Ersatz und Reparaturen wirklich ausgegebenen Beträge, für welche es einer solchen besonderen Bestimmung garnicht bedurft haben würde.

2) Es kommt lediglich darauf an, ob eine solche Absetzung im Allgemeinen, nicht ob sie bei dem Steuerpflichtigen üblich ist. Hat derselbe auf derartige Abzüge früher verzichtet, so geht er dadurch seines Rechtes nicht verlustig.

3) Dem die Absetzung verlangenden Steuerpflichtigen liegt der Nachweis ob, daß die Erneuerungskosten nicht ganz oder theilweise in den Betriebsausgaben stecken und nicht bereits mit diesen bei Ermittelung des steuerpflichtigen Reineinkommens in Abzug gebracht sind.

## Nr. 63.

**Endurteil des II. Senats vom 12. November 1885.**

Eine städtische Promenade, welche wesentlich zu dem Zweck angelegt ist, um dem spazierengehenden Publikum angenehme Wege zu eröffnen, kann gleichwohl als Teil einer städtischen Straße angesehen werden und unterliegt den für diese geltenden Vorschriften, insbesondere hinsichtlich der den Adjazenten durch Ortsstatut auferlegten Reinigungspflicht.

## Nr. 64.

**Endurteil des II. Senats vom 16. November 1885.**

Das Einkommen aus Gruben- und Hüttenwerken gehört nach dem Gesetz vom 1. Mai 1851 nicht zum Einkommen aus Gewerbebetrieb, sondern zum Einkommen aus Grundeigenthum. Dasselbe unterliegt daher der Gemeindebesteuerung nur in den Gemeinden, auf deren Terrain die Gruben- oder Hüttenwerke belegen sind.

## Nr. 65.

**Endurteil des II. Senats vom 19. November 1885.**

Zuschlagssteuern dürfen nur insoweit erhoben werden, als die Prinzipalsteuer entweder selbst zur Hebung gelangt, oder doch die Verpflichtung zur Entrichtung derselben nicht an sich ausgeschlossen ist. Insbesondere können Zuschläge zur Staatsgebäudesteuer nicht von einem früheren Zeitpunkt ab gefordert werden als dem, wo die Gebäude gemäß § 19 des Gesetzes vom 21. Mai 1861 dem Staate steuerpflichtig werden.

## Nr. 66.

**Endurteil des II. Senats vom 19. November 1885.**

1) Die Postillone einer reichseigenen Posthalterei, welche den Dienstеid geleistet haben und ein festes Gehalt aus der Reichskasse beziehen, sind als besoldete unmittelbare Reichsbeamte anzusehen und haben als solche Anspruch auf die Steuerexemtion des Gesetzes vom 11. Juli 1822.

2) Die etatsmäßige Anstellung und der Anspruch auf Ruhegehalt bilden nicht die notwendige Voraussetzung der Beamteneigenschaft.

## Nr. 67.

**Endurteil des II. Senats vom 30. November 1885.**

Die Veranlagung des Einkommens aus dem Gewerbebetriebe zur Gemeindesteuer nach dem Durchschnittseinkommen der letzten drei Jahre bezweckt, eine Ausgleichung zwischen Gewinn und Verlust der verschiedenen Jahre herbeizuführen. Sie ist nur unter der Voraussetzung zulässig, daß Charakter und Umfang des Geschäfts in diesem dreijährigen Zeitraum einerseits und dem Zeitraum, für welchen die Veranlagung erfolgt, andrerseits nicht wesentlich ungleichartig sind. Solche Gleichartigkeit fehlt, wenn das Betriebskapital einer Aktienbank erhöht wird. Es liegt hier vielmehr der Fall vor, daß der zu besteuernde Gewerbetrieb während eines die Durchschnittsberechnung zulassenden Zeitraums überhaupt noch nicht bestanden hat. Einen wirtschaftlichen Grundsatz, daß, wenn ein gewisses Anlagekapital einen bestimmten Ertrag ergeben hat, das verdoppelte Kapital auch den doppelten Ertrag abgeworfen haben würde, gibt es nicht.

## Nr. 68.

**Endurteil des II. Senats vom 14. Dezember 1885.**

1) Bei Berechnung des Reineinkommens aus einem Grundstücke für die Veranlagung zur Gemeinde-Einkommensteuer sind auch die Kommunalsteuerzuschläge zur Staatsgebäudesteuer in Abzug zu bringen.

2) Die Vorschrift in § 30, Abs. 2 des Klassensteuergesetzes vom 1. Mai 1851, wonach bei Berechnung des Einkommens aus Handel, Gewerbe, Pachtungen ꝛc. eine übliche Absetzung für jährliche Abnutzung an Gebäuden und Utensilien zugelassen ist, kann in Ermangelung einer gleichen ausdrücklichen Vorschrift im § 28 a. a. O. auf die Ermittelung des Einkommens aus Grundbesitz nicht ausgedehnt werden; vielmehr sind hier nur die wirklichen, nachweisbaren Unterhaltungskosten abzugsfähig.

## Nr. 69.

**Endurteil des II. Senats vom 14. Dezember 1885.**

Jeder Einwohner eines Stadtbezirks (§ 3 der Städteordnung vom 30. Mai 1853), welcher einen eigenen Hausstand hat, mithin auch jeder sogenannte Chambregarnist, und welcher Klassensteuer „entrichtet“ (§ 5 Ziffer 4d a. a. O.), ist zur Zahlung des Bürgerrechtsgeldes verpflichtet (§ 52 a. a. O. und Gesetz vom 14. Mai 1860 — G.-S. S. 237). Dabei kommt es nicht darauf an, ob die Klassensteuer in Gemäßheit des Gesetzes vom 26. März 1883 (G.-S. S. 37) nicht eingezogen ist, denn im Sinne des vorhergedachten § 5 der Städteordnung ist der Ausdruck „entrichtet“ gleichbedeutend mit „veranlagt“.

## Nr. 70.

**Endurteil des II. Senats vom 7. Januar 1886.**

Unter „Elementarschullehrern“ im Sinne des § 4 Abs. 12 der Städteordnung vom 30. Mai 1853 sind die Lehrer an den Elementarschulen zu verstehen. Entscheidend ist dabei die Eigenschaft der Schule, nicht aber die Qualifikation des Lehrers.

Höhere städtische Töchterschulen, welche in ihren Endzwecken über die Ziele einer obligatorischen Volksschule hinausgehen, gehören nicht zu den Elementarschulen.

Die Bestimmungen der Städteordnung über die Befreiung von den direkten städtischen Gemeindeabgaben sind hinsichtlich der Elementarschulen dahin auszulegen, daß die zwischen den höheren und den niederen — den eigentlichen Volksschulen — stehende Kategorie von Unterrichtsanstalten nicht mitbegriffen werden darf, wenn auch die Lehrer der höheren städtischen Töchterschulen den Elementarlehrern insofern gleichstehen, als sie nach dem Gesetze vom 22. Dezember 1869 (G.-S. 1870 S. 1) Witwen- und Waisenkassenbeiträge entrichten müssen, und wenn sie auch nur das Gehalt eines Elementarlehrers beziehen.

## Nr. 71.

**Endurteil des II. Senats vom 18. Januar 1886.**

1) Ausgaben einer Erwerbsgesellschaft, welche bei den Empfängern als steuerfähige Objekte in Frage kommen können, sind für die Gesellschaft nur dann steuerfrei, wenn sie auf einer rechtlichen Verpflichtung beruhen. So können Gratifikationen, welche eine Aktiengesellschaft ihren Angestellten statutgemäß gewährt, ohne daß diese darauf einen Rechtsanspruch haben, bei Ermittelung des Reineinkommens der Gesellschaft nicht in Abzug gebracht werden.

2) **Außerordentliche Abschreibungen sind nur dann abzugsfähig, wenn Seitens der Gesellschaft dargethan wird, daß dieselben nach Lage der Verhältnisse erforderlich, bezw. üblich waren.**

## Nr. 72.

**Endurteil des II. Senats vom 21. Januar 1886.**

**Ein bei Gelegenheit der Emission neuer Aktien einer Aktien-Feuerversicherungsgesellschaft erzielter Agiogewinn ist als ein aus dem Gewerbetriebe der Gesellschaft hervorgegangener Gewinn anzusehen und ist deshalb, wenn dieser Gewinn dem Reserve- und Sparfonds zugeführt wird, bei der Heranziehung zur städtischen Einkommensteuer mit in Anrechnung zu bringen.**

## Nr. 73.

**Endurteil des II. Senats vom 21. Januar 1886.**

1) Bei der Heranziehung zu städtischen Einkommensteuern von dem Einkommen aus vermieteten Häusern können Verwaltungskosten, die durch die persönlichen Verhältnisse eines Hausbesitzers erwachsen, von dem Mietsertrage in Abzug gebracht werden, denn es kommt bei der Feststellung des Reinertrages der Miete nicht darauf an, was der Eigentümer aus seinem Grundstücke herauswirtschaften kann, sondern, was er thatsächlich herausgewirtschaftet hat. Dagegen ist es sein eigener Schade, wenn er zu hohe Verwaltungskosten zahlt. Hat die besteuernde Behörde in betreff der von dem Reinertrage in Abzug zu bringenden Reparaturkosten ein für alle mal einen Durchschnittssatz (etwa von 10%) festgestellt, so sind die Steuerpflichtigen daran nicht gebunden, sie müssen jedoch, wenn sie wegen dieser Abzüge einen höheren Satz beanspruchen, diesen begründen.

2) Befinden sich unter den in Rechnung gestellten Reparaturkosten solche, die eine Verbesserung der Grundstücke und damit die Erhöhung des Mietsertrages bezwecken, so sind diese Kosten nicht abzugsfähig.

## Nr. 74.

**Endurteil des II. Senats vom 11. Februar 1886.**

Die im § 3 des Gesetzes vom 18. Juni 1840 (G.-S. S. 140) gewährte Rechtswohlthat, daß, wenn sich der Reklamant an eine inkompetente Behörde wendet, diese das Rekursgesuch an die kompetente Behörde abzugeben hat, ohne daß dem Reklamanten die Zwischenzeit auf die Frist anzurechnen ist, muß in Angelegenheiten, betreffend die Heranziehung und Veranlagung zu den städtischen Gemeindelasten, nach § 18 des Zuständigkeitsgesetzes vom 1. August 1883 als weggefallen angesehen werden, da gegen den von der Gemeindebehörde auf die Beschwerde oder den Einspruch des Veranlagten ergangenen Beschluß an Stelle des Rekurses in dem vorgedachten § 3 die Klage getreten ist, zu deren Anstellung nach § 21 Abs. 1 am Schlusse eine Frist von zwei Wochen festgesetzt worden ist.

## Nr. 75.

**Endurteil des II. Senats vom 11. Februar 1886.**

Wenn in einem städtischen Hundesteuer-Regulativ die Bestimmung enthalten ist, daß die zur Jagd in der städtischen Feldmark gehaltenen Hunde steuerfrei bleiben sollen, so ist im Zweifel anzunehmen, daß diese Steuerfreiheit nicht nur denjenigen Hunden, welche thatsächlich zur Ausübung der Jagd in der städtischen Feldmark benutzt werden, sondern allen Jagdhunden zu gute kommt.

### Nr. 76.

**Endurteil des I. Senats vom 13. Februar 1886.**

Der Verwaltungsrichter ist nicht befugt, die Angemessenheit, Zweckmäßigkeit und Notwendigkeit von Beschlüssen und Anordnungen des Kreisausschusses, welche auf Grund des § 11 des Landgemeindeverfassungsgesetzes vom 14. April 1855 (G.=S. S. 356) ergangen sind, zu prüfen, denn diese verwaltungsrichterliche Prüfung darf sich nur auf die Gesetzmäßigkeit derselben erstrecken. Gesetzmäßig ist es und es entspricht dem bestehenden Rechte, wenn der Kreisausschuß die Anordnung trifft, daß die Erhebung der Gemeindesteuern durch Zuschläge zu den Staatssteuern zu erfolgen habe.

### Nr. 77.

**Endurteil des II. Senats vom 18. Februar 1886.**

1) Für die Berechnung der Kreissteuern, welche von den einzelnen Kreisangehörigen zu entrichten sind, ist nicht der Beginn des Steuerjahres, sondern der Zeitpunkt der Veranlagung maßgebend. Staatssteuerbeträge, welche zu dieser Zeit bereits in Abgang gestellt sind, gehören nicht mehr zu den „zu entrichtenden" Staatssteuern, können daher auch mit Kreiszuschlägen nicht getroffen werden.

2) Unter den Abgängen im Sinne des § 11 der Kreisordnung, für welche der Gemeinde=, bezw. Gutsbezirk aufzukommen hat, sind nur solche Abgänge zu verstehen, welche nach Feststellung des Kreisabgabensolls eintreten.

### Nr. 78.

**Endurteil des I. Senats vom 20. März 1886.**

Die auf einem Kruggrundstücke hypothekarisch eingetragene Verpflichtung des Krugbesitzers, an Stelle einer früher üblichen Gemeindespeisung eine bestimmte Summe baren Geldes an die Gemeinde zu bezahlen, berechtigt die Mitglieder der Gemeinde, im Verwaltungsstreitverfahren auf Teilnahme an dieser Gemeindenutzung zu klagen.

### Nr. 79.

**Endurteil des I. Senats vom 24. März 1886.**

Die Vorschrift im § 10 e. f. des Ges. v. 11. Juli 1822 (G.=S. S. 184) darf nicht dahin ausdehnend interpretirt werden, daß das Besteuerungsrecht der Gemeinde erlischt, wenn ein bisher kommunalsteuerpflichtiges Grundstück in den Besitz einer Pfarre übergeht.

### Nr. 80.

**Endurteil des II. Senats vom 25. März 1886.**

1) Den Beweis eines die Steuerexemtion begründenden Zustandes hat derjenige zu führen, welcher die Exemtion für sich in Anspruch nimmt. Dagegen liegt die Feststellung einer für die Entscheidung erheblichen Rechtsnorm dem Richter von Amtswegen und ohne Rücksicht auf die Anführungen der Parteien ob.

**2) Die Verordnung vom 23. September 1867 (G.-S. S. 1648) befreit die im § 1 aufgeführten Personen nur von den persönlichen, nicht auch von den dinglichen Gemeindelasten.**

## Nr. 81.

**Endurteil des I. Senats vom 27. März 1886.**

1) Das Einverständnis der Parteien über die Qualität eines Objekts als Gemeindevermögen, bezw. Interessentenvermögen ist für den Verwaltungsrichter nicht bindend, da es nicht sowohl die Einräumung einer Thatsache als vielmehr ein Urteil über Rechtsverhältnisse darstellt.

2) Die Beitragspflicht zu den Gemeindeabgaben im Allgemeinen kann nicht zum Gegenstande der Entscheidung im Verwaltungsstreitverfahren gemacht werden.

## Nr. 82.

**Endurteil des II. Senats vom 15. April 1886.**

Die thatsächliche Feststellung, daß der gewerbliche Betrieb einer Rübenzuckerfabrik bereits mit dem 1. April eines Jahres begonnen habe, wiewohl die eigentliche Fabrikationsthätigkeit erst im Herbst ihren Anfang genommen hat, und im voraufgegangenen Sommerhalbjahr nur dieselbe vorbereitende Handlungen vorgenommen sind, kann als rechtsirrig nicht angesehen werden.

## Nr. 83.

**Endurteil des II. Senats vom 15. April 1886.**

Die Bestimmung eines von der Aufsichtsbehörde bestätigten Gemeinde-Einkommensteuer-Regulativs, daß die Reklamationsfrist 2 Monate betragen soll, ist rechtsungiltig; vielmehr beträgt diese Frist nach gesetzlicher Vorschrift (§§ 1, 14 des Ges. vom 18. Juni 1840), welche nur für die Staats-Klassen- und Einkommen-Steuer abgeändert ist, drei Monate.

## Nr. 84.

**Endurteil des II. Senats vom 19. April 1886.**

1) Bei Prüfung der Veranlagung zu den Gemeindesteuern hat der Verwaltungsrichter über die Abzugsfähigkeit der einzelnen als Betriebskosten liquidirten Positionen selbstständig Entscheidung zu treffen, auch wenn dieselben unter den Parteien nur in quanto streitig sind.

2) Leistungen solcher Arbeitskräfte, welche von dem Besteuerten ohnehin unterhalten und nicht bezahlt werden — wie die Arbeiten der in der Landwirtschaft beschäftigten Insassen einer Provinzial-Corrigendenanstalt — können nicht als Betriebskosten in Abzug gebracht werden.

## Nr. 85.

**Endurteil des II. Senats vom 19. April 1886.**

Die Vorschrift, daß das Einkommen aus nicht verpachteten Besitzungen für die Steuerveranlagung nach dem im Durchschnitt der letzten drei Jahre erzielten Reinertrage berechnet werden soll (§§ 28, 30 des Einkommensteuerges. vom 1. Mai 1851/25. Mai 1873), schließt nicht aus, daß im einzelnen Falle auf Grund Einverständnisses der Parteien eine abweichende Ertragsermittelung — z. B. nach dem Ergebnisse eines bestimmten Jahres — zu Grunde gelegt werden kann.

Nr. 86.

**Endurteil des II. Senats vom 29. April 1886.**

Abgabensachen werden schon mit der Erhebung des Einspruches (der Reklamation) und nicht erst mit dem darauf ergehenden Bescheide anhängig.

Nr. 87.

**Endurteil des II. Senats vom 6. Mai 1886.**

Gegen eine Mehrbelastung der Kreisangehörigen mit Kreisabgaben gemäß § 13 der Kreis-Ord. können nicht die Gemeinden als solche, sondern nur die einzelnen steuerpflichtigen Kreisangehörigen Klage bezw. Reklamation erheben. Die Gemeinden sind nicht berufen, die Interessen der Kreisabgabepflichtigen im Reklamations- und Streitverfahren wahrzunehmen.

Nr. 88.

**Endurteil des II. Senats vom 6. Mai 1886.**

1) Bei Ermittelung des Reineinkommens aus über mehrere Kreise verteiltem Grundbesitz behufs Veranlagung zur Kreissteuer in einem dieser Kreise sind die Zinsen der auf dem gesamten Grundbesitz haftenden Schulden antheilig — nach Verhältnis der Erträge — zu verrechnen. Dem Steuerpflichtigen kann nicht der Nachweis der Negative zugemuthet werden, daß die Schulden nicht speziellen Einnahmequellen ausschließlich anhaften.

2) In einem Antrage auf Freilassung von einer Steuer liegt zugleich der eventuelle Antrag auf Ermäßigung derselben.

Nr. 89.

**Endurteil des II. Senats vom 20. Mai 1886.**

Nach der Kab.-Ordre vom 29. April 1829 haben die Gemeinden in den Hundesteuer-Regulativen diejenigen Kategorien festzusetzen, welche wegen vorhandenen Bedürfnisses der Bewachung oder des Gewerbes als unentbehrlich von der Steuer freizulassen sind. Es kann alsdann dem Hundebesitzer nicht erst noch der spezielle Nachweis der Unentbehrlichkeit eines unter diese Kategorien fallenden Hundes abverlangt werden.

Nr. 90.

**Endurteil des I. Senats vom 22. Mai 1886.**

Ein Gemeindemitglied, welche sich durch eine Anordnung der Gemeindebehörde in seinem Recht zur Teilnahme an den Nutzungen des Gemeindevermögens gekränkt glaubt, hat diese Verfügung gemäß § 18 des Zuständigkeitsgesetzes zunächst durch Einspruch beim Gemeindevorstande anzufechten. Eine ohne solchen Einspruch angestellte Klage muß als verfrüht abgewiesen werden.

Nr. 91.

**Endurteil des II. Senats vom 27. Mai 1886.**

Der § 8 Abs. 2 des Gesetzes, betreffend die Heranziehung der Staatsdiener zu den Gemeindelasten, vom 11. Juli 1822 (vergl. für die neuen Provinzen die Verordnung vom 23. September 1867 — G.=S. S. 1648) bezieht sich nur auf besoldete Staatsbeamte, zu denen die Rechtsanwalte und Notare nicht gehören.

## Nr. 92.

**Endurteil des II. Senats vom 27. Mai 1886.**

1) Die Verpflichtung zum Steuerzahlen im Allgemeinen ist niemals Gegenstand der Entscheidung im Verwaltungsstreitverfahren, sondern immer nur eine bestimmte Steuerforderung.

2) Ein Erlöschen durch Nichtgebrauch (Extinktiv=Verjährung) findet gegenüber dem Steuererhebungsrecht überhaupt nicht statt.

## Nr. 93.

**Endurteil des II. Senats vom 27. Mai 1886.**

In der Lagerung und damit verbundenen Bearbeitung und Veredelung (Mischung) von Getreide kann ohne Rechtsirrtum ein die Kommunalsteuerpflicht begründender Gewerbebetrieb erblickt werden.

## Nr. 94.

**Endurteil des I. Senats vom 29. Mai 1886.**

1) Die Immunität von Kommunalabgaben gemäß § 775 A. L.=R. II. 11 ist nur für diejenigen Pfarrgüter zu vermuten, welche das Landrecht — bezw. die eine ähnliche Bestimmung enthaltenden provinzialrechtlichen Vorschriften, wie § 23 Westpreuß. Provinzialrechts — bei ihrem Erscheinen in dieser Eigenschaft bereits vorfanden.

2) Die Ausnahme des § 776 ebendas. bezieht sich nur auf diejenigen Einrichtungen, welche der Pfarre einen besonderen unmittelbaren Vorteil gewähren, nicht aber auf solche, von denen sie überhaupt gleich allen Gemeindemitgliedern einen Vorteil hat.

## Nr. 95.

**Endurteil des II. Senats vom 31. Mai 1886.**

1) Fortschreibungsgebühren (Gesetz vom 8. Februar 1867 — G.=S. S. 185 — § 38) gehören nicht zu den Gemeindelasten, wegen welcher auf Grund des § 18 des Zuständigkeitsgesetzes vom 1. August 1883 eine Reklamation angebracht werden könnte.

2) Ueber Gesuche wegen Ablehnung eines Richters (§ 62 des Landesverwaltungsgesetzes vom 30. Juli 1883) darf nicht in derselben Sitzung des Verwaltungsgerichts entschieden werden, in welcher in der Sache eine materielle Entscheidung getroffen wird.

## Nr. 96.

**Endurteil des II. Senats vom 31. Mai 1886.**

Bei Veranlagung der Gemeindesteuer gehören Rückzahlungen auf Darlehne nicht zu den gesetzlich zulässigen Abzügen bei der Berechnung des Einkommens aus einem gewerblichen Unternehmen.

## Nr. 97.

**Endurteil des II. Senats vom 7. Juni 1886.**

1) Die auf Reklamation erfolgte Ermäßigung in der Staatseinkommensteuer zieht auch die Herabsetzung der städtischen Kommunaleinkommensteuer nach sich, wenn dies in Gemäßheit des § 18 Nr. 2 des Zuständigkeitsgesetzes vom 1. August 1883 beansprucht wird.

2) Die Wiedereinsetzung in den vorigen Stand hat zu erfolgen, wenn eine vorgekommene Fristversäumnis ihren nachweislichen Grund in einem Versehen der Postverwaltung hat.

## Nr. 98.

**Endurteil des II. Senats vom 24. Juni 1886.**

Dem eine Ueberbürdung behauptenden Abgabepflichtigen liegt, sofern die Abgabepflichtigkeit an sich feststeht, der Beweis eines geringeren als des der Heranziehung zu Grunde gelegten Einkommens ob. Mindestens ist derselbe zur ausführlichen und erschöpfenden Angabe seines Einkommens verpflichtet.

## Nr. 99.

**Endurteil des I. Senats vom 30. Juni 1886.**

Die ortsübliche Benachrichtigung der Abgabepflichtigen von den zu erhebenden Abgabebeträgen durch von Hand zu Hand gehende Umlaufszettel, welche die Monatsbeträge der zu entrichtenden Steuerzuschläge enthalten, ist als eine ausreichende Bekanntmachung anzusehen. Es ist alsdann Sache des Abgabepflichtigen nachzuweisen, daß er infolge vorgekommener Unregelmäßigkeiten von der Ausschreibung keine Kenntniß erlangt habe.

## Nr. 100.

**Endurteil des II. Senats vom 7. September 1886.**

Eine Zuschlagssteuer darf nur da erhoben werden, wo die Prinzipalsteuer zur Hebung gelangt oder doch die Verpflichtung zur Entrichtung derselben besteht. Daher darf eine Gemeindesteuer, welche als reiner Zuschlag und nicht auf Grund eines besondern Regulativs erhoben wird, von bloß fingirten Steuerbeträgen nicht gefordert werden.

## Nr. 101.

**Endurteil des I. Senats vom 11. September 1886.**

1) Eine Vorabentscheidung im Verwaltungsstreitverfahren allein über den Grund eines Anspruchs, welcher nach Grund und Betrag streitig ist, findet nicht statt. Es ist vielmehr über den ganzen Anspruch in einem Verfahren endgiltig zu erkennen.

2) Die gutsherrlichen Lasten sind von dem Gutsherrn zu tragen, demselben steht ein Rückgriff auf die Gutseinsassen nicht zu.

3) Die Verteilung der Gemeindelasten bei Grundstücksteilungen kann seit dem 1. Januar 1877 nur nach Vorschrift des Gesetzes vom 25. August 1876 und von den durch dieses Gesetz berufenen Behörden erfolgen. Hat eine solche Verteilung nicht stattgefunden, so fehlt es an einer öffentlich-rechtlichen Verpflichtung für die Anteilsbesitzer, zu den auf dem Stammgrundstück haftenden Gemeindelasten beizutragen.

## Nr. 102.

**Endurteil des II. Senats vom 14. September 1886.**

1) Eine Benutzung kaufmännischer Bilanzen zur Ermittelung des steuerpflichtigen Reineinkommens einer Erwerbsgesellschaft ist durch das Gesetz nicht ausgeschlossen, an sich unbedenklich und daher auch allgemein üblich. Jedenfalls kann der Verwaltungsrichter solche Benutzung nicht deshalb ablehnen, weil ihm einzelne Positionen der Bilanz (Abschreibungen) zu Bedenken Anlaß geben; vielmehr könnte aus diesem Grunde nur die Verweigerung der Absetzung dieser beanstandeten Posten von dem Bruttoeinkommen hergeleitet werden.

2) Einigen sich die Parteien nicht über den Maßstab für die Verteilung des steuerpflichtigen Einkommens auf mehrere beteiligte Kreise, so ist dieser Maßstab von dem Verwaltungsrichter zu ermitteln und festzusetzen. Es ist unbedenklich, in diesem Falle auf eine analoge Anwendung der Vorschrift in § 7 b des Kommunalabgabengesetzes vom 27. Juli 1885 zurückzugehen.

## Nr. 103.

**Endurteil des I. Senats vom 18. September 1886.**

An Stelle der Hand- und Spanndienste, welche eine Gemeinde in Schulbausachen zu leisten verpflichtet ist, kann, sofern diese die Leistung nicht ausdrücklich verweigert, nur in Fällen besonderer Dringlichkeit der entsprechende Geldbetrag festgesetzt und eingezogen werden — es sei denn, daß es sich um Leistungen handelt, deren Naturalteilung nicht ausführbar ist.

## Nr. 104.

**Endurteil des II. Senats vom 21. September 1886.**

1) Eine offene Handelsgesellschaft kann als solche nicht zu einer Personalsteuer herangezogen werden. Dagegen unterliegen die einzelnen Gesellschafter mit ihrem aus dem Geschäftsbetriebe gezogenen Einkommen der Gemeindebesteuerung. Erfolgt gleichwohl die Veranlagung der Gesellschaft als solcher, so kann Remedur nur auf dem Wege der Reklamation seitens der zu Unrecht besteuerten Firma erlangt werden. Unterbleibt diese, so kann der einzelne Gesellschafter, auch wenn er sich durch die im Enderfolge ihn mit betreffende Einschätzung der Firma überbürdet erachtet, dies in dem seine eigene Steuerveranlagung betreffenden Reklamationsverfahren nicht geltend machen.

2) Die Zinsen, welche der Gesellschafter von seiner Kapitaleinlage bezieht, sind gleichfalls als Gewinn aus dem Geschäftsbetriebe anzusehen und mit diesem zur Besteuerung heranzuziehen.

## Nr. 105.

**Endurteil des I. Senats vom 22. September 1886.**

Grundstücke, welche einem innerhalb der Gemeinde bestehenden Verbande von Interessenten gehören, sind nicht Gemeindevermögen, sondern Privateigentum dieser Interessenten. Ueber die Nutzungen und Erträge und die eventuelle Teilung solcher Grundstücke ist nicht im Verwaltungsstreitverfahren, sondern im ordentlichen Rechtswege zu entscheiden.

## Nr. 106.

**Endurteil des I. Senats vom 22. September 1886.**

Der Schulvorstand vertritt die Schulgemeinde in Steuerprozessen. Zur Beurkundung seiner Beschlüsse nach außen hin genügt die Unterschrift des Vorsitzenden. Daher ist es auch ausreichend, wenn die Prozeßvollmachten von dem Vorsitzenden allein vollzogen sind.

## Nr. 107.

**Endurteil des II. Senats vom 28. September 1886.**

Die Veranlagung zu der Gemeindesteuer kann durch die Behauptung allein, daß das gesammte steuerpflichtige Einkommen des Censiten bereits anderwärts zur Gemeindebesteuerung herangezogen sei, mit Erfolg nicht angegriffen werden. Es bedarf vielmehr des Nachweises, daß das steuerpflichtige Einkommen oder ein Teil desselben — sofern der Censit an sich der Kommunalbesteuerung an dem betreffenden Orte unterliegt — von diesem Besteuerungsrecht ausgenommen sei.

## Nr. 108.

**Endurteil des II. Senats vom 28. September 1886.**

Das Gesetz kennt in Gemeindeabgabensachen nur ein einmaliges Einspruchsverfahren. Wird also nach Zurückweisung des Einspruchs ein abermaliger Einspruch erhoben, und ergeht auf diesen ein neuer, denselben wegen Versäumnis der Einspruchsfrist abweisender Bescheid, so ist gegen diesen letzteren Bescheid — abgesehen davon, daß der Abweisungsgrund jedenfalls durchgreift — eine Klage im Verwaltungsstreitverfahren überhaupt nicht zulässig.

## Nr. 109.

**Endurteil des II. Senats vom 28. September 1886.**

1) Das Kommunalsteuergesetz vom 27. Juli 1885 handelt von der Steuerpflicht solcher physischer Personen, welche innerhalb einer Gemeinde ihren Wohnsitz haben und nur zufolge persönlicher Gemeindeangehörigkeit steuerpflichtig sind, überhaupt nicht.

2) § 3 Abs. 3 a. a. O. beabsichtigte Normen aufzustellen für den Fall der Heranziehung der Aktiengesellschaften pp. zur Staatseinkommensteuer und hat beim Fortfall dieser Voraussetzung seine Bedeutung im Wesentlichen eingebüßt, so daß er nur noch bei der Forensalbesteuerung in Betracht kommt.

## Nr. 110.

**Endurteil des II. Senats vom 1. Oktober 1886.**

1) Wenn ein Steuerpflichtiger gegen seine Veranlagung zur Staatseinkommensteuer deshalb nicht reklamiert, weil die Berichtigung der Einkommensberechnung zu einer Aenderung der Steuerstufe nicht führen würde, er also an solcher Berichtigung kein Interesse hat, so hindert ihn das nicht, die auf der gleichen Berechnung beruhende Einschätzung zur Gemeindesteuer, bei welcher diese Berichtigung eine Herabsetzung der Steuer zur Folge haben kann, mit Einspruch und Klage anzufechten.

2) Ist die Veranlagung zur Steuer von einem zu einer bestimmten Summe angenommenen Einkommen erfolgt, so ist es der veranlagenden Behörde unbenommen, diese Veranlagung im Laufe des Streitverfahrens auf verschiedene Weise zu rechtfertigen und zu diesem Behufe die Berechnung der einzelnen Positionen, aus welchen das Gesamteinkommen sich zusammensetzt, abzuändern.

3) Bei der Berechnung der Gemeindesteuer eines Beamten, welcher gleichzeitig von seinem Diensteinkommen und vom Privateinkommen veranlagt wird, ist so zu verfahren, daß die Hälfte des Diensteinkommens und das Privateinkommen zusammengerechnet, hiervon der Steuersatz ermittelt, und sodann der auf das Diensteinkommen entfallende Antheil auf den gesetzlichen Maximalprozentsatz — 1, 1½, 2% — reduzirt wird.

## Nr. 111.

**Endurteil des II. Senats vom 1. Oktober 1886.**

Gegenstand des Verwaltungsstreitverfahrens kann nicht die Abgabenpflichtigkeit als solche, sondern nur die Frage sein, ob bestimmte Abgabenbeträge zu entrichten sind oder nicht.

Deshalb ist es auch unzulässig, den Klageantrag auf die Rückerstattung erhobener Abgaben zu richten, die Festsetzung des zurückzuzahlenden Betrages aber einem besonderen Verfahren vorzubehalten.

## Nr. 112.

**Endurteil des II. Senats vom 8. Oktober 1886.**

Die Vorschrift im § 18 des Gewerbesteuergesetzes vom 30. Mai 1820, nach welcher mehrere an einem Orte von derselben Person betriebene Gewerbe, welche absichtlich mit einander in Verbindung gesetzt sind, zur Gewerbesteuer nur einmal als ein gemeinschaftlicher Betrieb veranlagt werden sollen, findet nur dann Anwendung, wenn es sich um solche Betriebe handelt, welche im steuerlichen Sinne „Gewerbe“ sind und der Staatsgewerbesteuer unterliegen. Trifft dies hingegen bei einem der Betriebe — z. B. dem Bergwerksbetriebe — nicht zu, so kann auch für die Berechnung derjenigen Steuern, welche als Zuschläge zur Staatsgewerbesteuer erhoben werden, obige Bestimmung nicht Platz greifen. Ein solcher Betrieb ist dann vielmehr gesondert nach einem fingirten Satze zu veranlagen.

## Nr. 113.

**Endurteil des II. Senats vom 12. Oktober 1886.**

Kommanditgesellschaften auf Aktien sind als juristische Personen im Sinne der Städteordnung vom 30. Mai 1853 nicht anzusehen und konnten daher vor dem Inkrafttreten des Kommunalabgabengesetzes vom 27. Juli 1885 zur Gemeindesteuer nicht herangezogen werden. Auch durch Gemeinde-Steuerregulativ konnte eine solche Steuerpflicht nicht begründet werden.

## Nr. 114.

**Endurteil des II. Senats vom 26. Oktober 1886.**

1) Die Beschlüsse des Kreisausschusses in Steuerreklamationssachen sind an eine bestimmte Form nicht gebunden.

2) Wenn auf die Remonstration eines Steuerpflichtigen gegen den abweisenden Beschluß des Kreisausschusses ein neuer Beschluß dieser Behörde ergeht, so erwächst aus diesem erneuten Beschlusse ein selbstständiges Klagerecht, und die Klage darf nicht deshalb zurückgewiesen werden, weil sie erst nach Ablauf der Klagefrist gegen den ersten Beschluß eingereicht ist. Dagegen können mit Erfolg in dem Verwaltungsstreitverfahren nur solche Reklamationsgründe geltend gemacht werden, welche in der gesetzlichen Einspruchsfrist vorgebracht sind.

## Nr. 115.

**Endurteil des II. Senats vom 27. Oktober 1886.**

1) Wenn eine Gesellschaft im Auslande gewonnenen Asphalt im Inlande verarbeitet und verkauft, so stellt sich das hieraus gewonnene Einkommen nicht

als ein steuerfreies Einkommen aus ausländischem Grundbesitz, sondern als ein Einkommen aus Gewerbebetrieb dar, welches der Gemeindebesteuerung unterliegt.

2) Aufwendungen einer Erwerbsgesellschaft zur Tilgung von Schulden und zum Erwerbe von Grundeigentum gehören nicht zu den abzugsfähigen Ausgaben und sind daher dem nach der Bilanz ermittelten steuerpflichtigen Reineinkommen wieder zuzusetzen, sofern dieselben nicht nachweislich aus dem Reservefonds bestritten sind.

Nr. 116.

**Endurteil des II. Senats vom 9. November 1886.**

Wenn eine Straßenbahngesellschaft ihren Betrieb über mehrere Gemeindebezirke ausdehnt, so ist bei Verteilung des Reineinkommens derselben zum Zwecke der Kommunalbesteuerung in Ermangelung eines anderen zutreffenden Maßstabes die Länge der dem Betriebe dienenden Geleisstrecken zu Grunde zu legen. Dabei sind auch die Doppelgeleise zu berücksichtigen, so daß die Verteilung nicht nach der Betriebslänge, sondern nach der Schienenlänge zu erfolgen hat.

Nr. 117.

**Endurteil des II. Senats vom 12. November 1886.**

Wird ein Mitglied einer offenen Handelsgesellschaft von dem Einkommen der letzteren zur Gemeindesteuer herangezogen, so steht der Handelsgesellschaft als solcher ein Recht, diese Veranlagung mit Klage anzufechten, nicht zu.

Nr. 118.

**Endurteil des II. Senats vom 16. November 1886.**

1) Die Einspruchsfrist gegen Veranlagung zur Gemeindeeinkommensteuer ist — in Ermangelung einer ausdrücklichen entgegenstehenden Vorschrift des Einkommensteuerregulativs — von der Bekanntmachung (öffentlichen Auslegung) der Heberolle zu berechnen (§ 1 des Gesetzes vom 18. Juni 1840).

2) Der Umstand, daß die Steuerveranlagung ausdrücklich als eine provisorische, unter dem Vorbehalt späterer Berichtigung erfolgende bezeichnet ist, schließt die Möglichkeit eines sofortigen Einspruchs nicht aus und hält daher auch den Lauf der Einspruchsfrist nicht auf.

3) Die Formvorschriften des Gesetzes vom $\frac{\text{1. Mai 1851}}{\text{25. Mai 1873}}$ für die Veranlagung zur Staats-Einkommensteuer sind auf die Gemeindesteuer-Veranlagung nicht anwendbar.

Nr. 119.

**Endurteil des II. Senats vom 16. November 1886.**

1) Der Eisenbahngewerbebetrieb umfaßt begrifflich nicht bloß die auf den Bahnhöfen sich vollziehende Personen- und Güterabfertigung, sondern wesentlich auch den Personen- und Gütertransport für eigene Rechnung. Wenn auch die Besteuerung nur an den Stationsorten stattfindet, so müssen doch beide Momente zusammentreffen, um einen der Besteuerung unterliegenden Gewerbebetrieb darzustellen.

2) Als Gewerbetreibender ist rechtlich nur derjenige anzusehen, namens dessen und für dessen Rechnung das Gewerbe betrieben wird, und dem die Erträge aus demselben zufließen.

## Nr. 120.

**Endurteil des II. Senats vom 23. November 1886.**

Erneuerungen von Gebäuden gehören in der Regel zu den Ausgaben, welche in einer Kapitalanlage zur Erweiterung des Geschäfts oder zu Verbesserungen bestehen und daher gemäß § 30 des Einkommensteuerges. vom 1. Mai 1851 nicht abzugsfähig sind. Es ist daher keinenfalls zulässig, alle Erneuerungen ohne Unterschied als Betriebsausgaben zu bezeichnen und bei der Berechnung des steuerpflichtigen Reineinkommens in Abzug zu bringen. Eine Unterscheidung zwischen produktiven und unproduktiven Ausgaben findet hierbei nicht statt, weil sie praktisch undurchführbar ist und im Gesetze keine Stütze findet.

## Nr. 121.

**Endurteil des II. Senats vom 14. Dezember 1886.**

Ein Arbeiter, welcher in einer Landgemeinde seinen Wohnsitz hat, aber in einer benachbarten Stadt des Tages über sein Brot erwirbt, und nur in seiner ländlichen Wohnung die arbeitsfreie Zeit zubringt, ist in der Stadtgemeinde nach § 9 des Kommunalsteuer-Notgesetzes vom 27. Juli 1885 nicht gemeindesteuerpflichtig.

## Nr. 122.

**Endurteil des II. Senats vom 21. Dezember 1886.**

Generalagenturen einer auswärts domizilierenden Versicherungsgesellschaft können zu den Kommunalabgaben nur mit demjenigen Einkommen herangezogen werden, welches sie nach den ihnen erteilten Geschäftsinstruktionen zu beziehen haben. Die Geschäftsinstruktion gilt als intregrierender Teil der Vollmacht.

## Nr. 123.

**Endurteil des II. Senats vom 18. Januar 1887.**

1) Die Thatsache, daß gewisse Ausgaben als Betriebsausgaben — wenn auch von einer öffentlichen Behörde (Eisenbahnverwaltung) — gebucht sind, genügt nicht, um den Beweis zu erbringen, daß in denselben ausschließlich abzugsfähige Ausgabeposten enthalten sind. In Ermangelung weiterer eine Prüfung ermöglichender Unterlagen ist vielmehr die nur hierauf gestützte Steuerermäßigungsklage als beweisfällig abzuweisen.

2) Rücklagen in den Erneuerungsfonds sind nur insoweit abzugsfähig, als sie an Stelle der üblichen Abnutzungsquoten in Rechnung gestellt werden, nicht aber neben denselben.

## Nr. 124.

**Endurteil des II. Senats vom 18. Januar 1887.**

1) Durch Ortsstatut getroffene Steuervorschriften betreffend Lustbarkeiten sind strikte zu interpretieren; dieselben dürfen nicht im Wege der Analogie oder ausdehnenden Interpretation erweitert und auf Fälle angewendet werden, welche außerhalb der durch die statutarische Bestimmung gezogenen Grenzen liegen.

2) Wo für eine Steuer neben dem eigentlich Steuerpflichtigen auch andere Personen als mitverhaftet in Anspruch genommen werden können, ist deren Verpflichtung eine accessorische, welche das Bestehen einer Hauptverhaftung zur Voraussetzung hat und, wo die letztere fehlt, gleichfalls nicht zur Existenz gelangt.

## Nr. 125.

**Endurteil des II. Senats vom 21. Januar 1887.**

Streitsachen, welche die Heranziehung zu Abgaben oder die Veranlagung solcher betreffen, werden mit demjenigen Zeitpunkte anhängig, in dem der Pflichtige seinen Anspruch auf Befreiung oder Ermäßigung bei der Behörde, welcher das Gesetz die erste Thätigkeit in der Sache zuweist, d. h. welche über den Einspruch zu beschließen hat, geltend macht.

## Nr. 126.

**Endurteil des II. Senats vom 28. Januar 1887.**

Jede gewerbliche Thätigkeit setzt die Absicht der Erzielung eines Gewinnes notwendig voraus; erst diese Absicht, nicht schon die thatsächliche Erzielung von Ueberschüssen, charakterisiert eine Thätigkeit als eine gewerbliche. Gemeinnützige Anstalten, welchen jede Gewinnabsicht erkennbar fehlt, sind daher als gewerbliche Unternehmungen nicht anzusehen. Deshalb sind öffentliche Sparkassen der Regel nach — wenn auch Ausnahmen keineswegs ausgeschlossen sind — nicht als einen Gewerbetrieb darstellend und daher der Kommunalbesteuerung unterliegend zu betrachten.

## Nr. 127.

**Endurteil des II. Senats vom 28. Januar 1887.**

1) Ob in der Thätigkeit einer korporativen Sparkasse ein Gewerbebetrieb zu finden ist, ist eine nach den besondern Umständen zu beurteilende thatsächliche Frage. Die Einrichtungen und der thatsächliche Betrieb einer solchen Kasse können so beschaffen sein, daß die Annahme eines auf Gewinn gerichteten Gewerbebetriebes nicht ausgeschlossen ist.

2) Daraus, daß aus den Ueberschüssen einer Sparkasse, welche durch höheren Zinsertrag erzielt werden, ein Reservefond gebildet wird, ist auf den gewerblichen Charakter des Unternehmens noch nicht zu schließen.

## Nr. 128.

**Endurteil des II. Senats vom 11. Februar 1887.**

Wenn ein auf Grund des Kommunalsteuergesetzes vom 27. Juli 1885 erlassenes Gemeinde-Einkommensteuer-Regulativ die Bestimmung enthält, daß der aus außerhalb des Gemeindebezirks stattfindendem Gewerbebetriebe fließende Teil des Gesamteinkommens von der Gemeindesteuer frei bleiben soll, so bezieht sich diese Befreiung nicht nur auf das Einkommen aus Gewerbebetrieb in anderen preußischen, sondern auch in außerpreußischen Gemeinden.

## Nr. 129.

**Endurteil des II. Senats vom 11. Februar 1887.**

1) Das Reichsgesetz wegen Beseitigung der Doppelbesteuerung vom 13. Mai 1870 bezieht sich ausschließlich auf direkte Staatssteuern, findet hingegen auf Kommunalabgaben keine Anwendung.

2) § 9 des Kommunalsteuergesetzes vom 27. Juli 1885 schreibt — mindestens für diejenigen Forensen, welche in anderen preußischen Gemeinden abgabepflichtig sind — vor, daß das Einkommen derselben aus außerhalb des Gemeindebezirks belegenem Grundeigentum und aus außerhalb des Gemeindebezirks

stattfindendem Gewerbe= pp. Betriebe in der Wohnsitzgemeinde zur Besteuerung nicht herangezogen werden darf; dieses Verbot bezieht sich ebensowohl auf Grundeigentum und Gewerbebetrieb in anderen nichtpreußischen als in anderen preußischen Gemeinden.

## Nr. 130.

**Endurteil des I. Senats vom 12. Februar 1887.**

1) Auch Streitigkeiten der Beteiligten unter sich über ihre aus dem öffentlichen Rechte entspringende Berechtigung und Verpflichtung zur Teilnahme an den aus dem Gemeindeverbande sich ergebenden Nutzungen und Lasten unterliegen der Entscheidung im Verwaltungsstreitverfahren.

2) Der Gutsvorsteher ist nicht berechtigt, die aus dem Kirchen=, Pfarr= und Schulverbande entspringenden Lasten als Kommunallasten auf die Gutseingesessenen zu repartieren und einzuziehen.

3) Die auf dem gutsherrlichen Verhältnis beruhenden Lasten haben nicht die Eigenschaft von Reallasten und können daher nicht auf die Gutseingesessenen umgelegt werden. Dahin gehende Festsetzungen entbehren, selbst wenn sie von der Aufsichtsbehörde bestätigt sind, der öffentlich=rechtlichen Wirksamkeit.

## Nr. 131.

**Endurteil des II. Senats vom 4. März 1887.**

Wenn ein Provinzialverband die in einer Korrigendenanstalt befindlichen Häuslinge mit landwirtschaftlichen Arbeiten auf einem mit derselben verbundenen, selbstständig bewirtschafteten Vorwerke beschäftigt und dafür Arbeitslöhne in Rechnung stellt, so können diese — als nicht thatsächlich geleistete Ausgaben — selbst dann bei der Berechnung des steuerpflichtigen Einkommens aus dem Vorwerk nicht in Abzug gebracht werden, wenn dem Verbande dadurch die sonst mögliche, anderweite Verwertung dieser Arbeitskräfte entzogen wird.

## Nr. 132.

**Endurteil des II. Senats vom 18. März 1887.**

1) Eine Dienstwohnung, welche einem Staatsbeamten gegen Verzichtleistung auf den ihm gesetzlich zustehenden Wohnungsgeldzuschuß überlassen wird, ist nicht als eine Wohnung anzusehen, deren Benutzung ganz oder teilweise ohne Entgelt geschieht, und es ist daher nicht zulässig, dieselbe zur Mietssteuer nach einem den Wohnungsgeldzuschuß übersteigenden, durch Abschätzung ermittelten Werte heranzuziehen.

2) Anträge auf Steuerermäßigung, welche nicht bereits im Einspruchsverfahren vorgebracht sind, können im Verwaltungsstreitverfahren nicht mehr geltend gemacht werden.

## Nr. 133.

**Endurteil des II. Senats vom 18. März 1887.**

1) Ein auf Einspruch erteilter Reklamationsbescheid, in welchem der Steuerpflichtige aufgefordert wird, durch eidesstattliche Versicherung den Beweis zu führen, daß er das zuerst veranlagte Einkommen nicht beziehe, ist kein solcher, gegen welchen binnen zwei Wochen die Klage erhoben werden muß; eine Fristversäumnis ist mithin in diesem Falle ausgeschlossen.

2) **Wenn die Einschätzung auf die Behauptung gegründet wird, daß das Einkommen des Steuerpflichtigen einen bestimmten Betrag übersteige, so kann demselben der Beweis des Gegenteils nicht zugemutet werden.**

Nr. 134.

**Endurteil des II. Senats vom 18. März 1887.**

Wenn bei der Verwaltung eines Vorschußvereins unbeschränkt Spareinlagen von Fremden angenommen werden, welche nur zum Theil dazu dienen, dem Verein die Mittel zu Darlehen für die Vereinsmitglieder zu beschaffen, mithin aus deren Sparkassenverkehr den letzteren ein Gewinn und auch den Sparern, also auch Nichtmitgliedern, ein Vorteil erwächst, so ist dies ein Verein, dessen Geschäftsbetrieb im Sinne des § 1 des Kommunalsteuer-Notgesetzes vom 27. Juli 1885 über den Kreis seiner Mitglieder hinausgeht.

Nr. 135.

**Endurteil des II. Senats vom 25. März 1887.**

Der Agiogewinn aus der Emission neuer Aktien bildet einen der Besteuerung mit unterliegenden Theil des Reineinkommens einer Aktiengesellschaft.

Nr. 136.

**Endurteil des II. Senats vom 25. März 1887.**

Besteht für eine Stadtgemeinde ortsstatutarisch die Verpflichtung zur Entrichtung von Bürgerrechtsgeld, so erstreckt sich dieselbe im Geltungsbereich der Städteordnung vom 30. Mai 1853 gemäß § 5 das. auf jeden selbstständigen Preußen, welcher seit einem Jahre Einwohner des Stadtbezirks ist und damit das Bürgerrecht erworben hat.

Nr. 137.

**Endurteil des II. Senats vom 25. März 1887.**

Minderjährige unterliegen an dem Orte des ihnen von dem Vormunde angewiesenen Aufenthalts der Kreisbesteuerung nicht, sofern sie nicht dort zugleich nach den gesetzlichen Bestimmungen einen Wohnsitz haben.

Nr. 138.

**Endurteil des II. Senats vom 25. März 1887.**

Zur Begründung eines Wohnsitzes gehört — auch im steuerlichen Sinne — nicht blos Absicht und Erklärung, sondern auch entsprechende Ausführung. Der bloße Aufenthalt ist weder bezüglich des Erwerbes, noch bezüglich der Aufgabe eines Wohnsitzes allein entscheidend. Ein früher begründeter Wohnsitz kann auch bei vorübergehender und selbst dauernder Abwesenheit vom Orte des Wohnsitzes beibehalten werden.

Nr. 139.

**Endurteil des II. Senats vom 1. April 1887.**

1) Wenn die Entscheidung auf den Inhalt eines von der Partei vorgelegten Geschäftsbuchs (Sparkassen-Einzahlungsbuch) gestützt wird, so muß das Protokoll nicht nur einen Vermerk darüber, daß das Buch vorgelegt sei, ent-

halten, sondern auch angeben, welche Thatsachen demselben entnommen sind, und den Parteien muß Gelegenheit gegeben sein, sich über diese Thatsachen zu äußern.

2) Wenn aus den Umständen erhellt, daß die Annahme von Spareinlagen nicht in der Absicht eines Erwerbes stattgefunden hat, so kann in derselben eine steuerpflichtige, gewerbliche Thätigkeit nicht gefunden werden. Nicht ob thatsächlich Gewinn erzielt wurde, ist entscheidend, sondern ob der Thätigkeit die Absicht des Gewinnes zu Grunde lag.

3) Für die Entscheidung, ob der Geschäftsbetrieb einer eingetragenen Genossenschaft ein kommunalsteuerpflichtiger ist, kommt es nicht darauf an, wie derselbe sich in den drei der Veranlagung vorangehenden Jahren, sondern wie er sich im Steuerjahr selbst und speziell nach Einführung des Kommunalabgabengesetzes vom 27. Juli 1885 gestaltet hat.

## Nr. 140.

**Endurteil des II. Senats vom 5. April 1887.**

1) Eine regulativische Bestimmung, daß die Veranlagungssätze derjenigen Censiten, welche zur Staatssteuer herangezogen sind und mit ihrem Einkommen zur Gemeindesteuer vollständig herangezogen werden, unmittelbar aus der Staatssteuerrolle übernommen werden sollen, findet auf die Staatsbeamten keine Anwendung, weil diese nicht „vollständig“ mit ihrem Diensteinkommen zur Gemeindesteuer heranzuziehen sind.

2) Wenn § 3 Abs. 1 des Kommunalabgabengesetzes vom 27. Juli 1885 vorschreibt, daß nach den für die Einschätzung zur Staatseinkommensteuer geltenden „Grundsätzen“ verfahren werden soll, so sind unter diesen Grundsätzen zwar nicht ausschließlich gesetzliche Bestimmungen zu verstehen, sondern es können auch Anordnungen der Verwaltungsbehörde dahin gerechnet werden. Solche Verwaltungsnormen unterliegen aber der Prüfung des Verwaltungsrichters dahin, ob sie sich mit den gesetzlichen Vorschriften im Einklang befinden, und sind, sofern diese Frage verneint wird, nicht zur Anwendung zu bringen.

## Nr. 141.

**Endurteil des II. Senats vom 22. April 1887.**

1) Die Vorschrift des § 19 des Einkommensteuergesetzes vom 1. Mai 1851, wonach die Veranlagung lediglich nach Maßgabe des Gesamteinkommens aus allen überhaupt der Besteuerung unterliegenden Quellen zu erfolgen hat, findet auf die Einschätzung juristischer Personen und anderer nicht persönlicher Rechtssubjekte keine Anwendung. Bei diesen ist vielmehr die Veranlagung nach dem Reinertrage der einzelnen Einnahmequellen vorzunehmen und dieser Ertrag für jede der Quellen besonders zu berechnen.

2) Bei Aktien- und ähnlichen Erwerbsgesellschaften bildet das von denselben betriebene Unternehmen seiner Natur nach regelmäßig ein Ganzes und ist daher bis zum Beweise des Gegenteils auch steuerlich als eine einheitliche Einnahmequelle zu behandeln.

## Nr. 142.

**Endurteil des II. Senats vom 22. April 1887.**

Rücklagen einer Erwerbsgesellschaft zur Amortisation ihres Grundkapitals gehören nicht zu den bei Berechnung des steuerpflichtigen Einkommens abzugsfähigen Ausgaben. Namentlich kann eine auf Zeit concessionirte Straßenbahngesellschaft nicht die mit Ablauf der Concession eintretende Entwertung der Bahnanlagen durch Abschreibungen ausgleichen und damit den zu versteuernden Betrag ihres Einkommens herabsetzen.

## Nr. 143.

**Endurteil des II. Senats vom 22. April 1887.**

Wenn die Höhe einer städtischen Realabgabe statutgemäß nach dem Nutzertrage des betreffenden Grundstücks im voraufgegangenen Jahre sich bestimmen soll, so kann eine solche Abgabe von denjenigen Grundstücken, welche im Vorjahre einen Nutzertrag überhaupt nicht gehabt haben, nicht gefordert werden. Es ist nicht zulässig, in solchem Falle die fehlende Unterlage der Veranlagung im Wege der Schätzung nach dem gegenwärtigen Ertrage herzustellen.

## Nr. 144.

**Endurteil des I. Senats vom 23. April 1887.**

1) Wird Beweis durch Vorlegung von Akten erhoben, so ist der Verwaltungsrichter nur verpflichtet, den Inhalt, den er für wesentlich erachtet, bezw. die Schriftstücke, auf welche die Parteien Bezug nehmen, mitzutheilen.

2) Abfindungen an Land, welche den Einsassen für Holz- und Weidegerechtsame überwiesen werden, treten an die Stelle dieser Gerechtigkeiten und bilden somit öffentlich-rechtliche Bestandteile der berechtigten Grundstücke.

## Nr. 145.

**Endurteil des II. Senats vom 26. April 1887.**

1) Die Vorschrift im Abs. 3 des § 36 Ges. vom 1. Mai 1851/25. Mai 1873 bezieht sich lediglich auf Ab- und Zugänge während des Jahres, für welches die Veranlagung erfolgt ist, leidet hingegen auf das Veranlagungsverfahren selbst keine Anwendung.

2) Die Berechnung des steuerpflichtigen Einkommens nach dem dreijährigen Durchschnitt ist nur ein Notbehelf; da am Anfange des Steuerjahres das effektive Einkommen noch nicht feststeht, wird es durch ein fiktives ersetzt. Die Fiktion geht aber nicht soweit, daß auch der Fortbestand einer inzwischen erloschenen Einkommensquelle fingirt werden könnte.

3) Das Einkommen aus verpachtetem Grundbesitz ist niemals nach dem Durchschnitt, sondern lediglich nach dem wirklichen Pachtertrage zu besteuern.

## Nr. 146.

**Endurteil des II. Senats vom 3. Mai 1887.**

1) Im Verwaltungsstreitverfahren ist weder die Abnahme eines angetragenen Eides, noch die Auflegung eines solchen durch den Richter, noch die Entgegennahme eidesstattlicher oder ähnlicher Versicherungen zulässig; der Parteieneid in jeder Form ist diesem Verfahren fremd.

2) Die Bestimmung in § 3 Abs. 3 des Gesetzes vom 27. Juli 1885, wonach, soweit eine Einschätzung zur Staats-Einkommen- oder Klassensteuer stattfindet, diese auch für die Gemeindebesteuerung maßgebend sein soll, ist nicht nur auf die Einschätzung der Forensen und juristischen Personen rc., sondern auch auf die im Abschnitt B. des Gesetzes aufgestellten Normen über die Doppelbesteuerung anwendbar.

### Nr. 147.

**Endurteil des II. Senats vom 5. Mai 1887.**

1) Die Voraussetzung der Anwendung des § 9 des Gesetzes vom 27. Juli 1885, wonach jede Wohnsitzgemeinde auf die Besteuerung einer Minimal-Einkommensquote Anspruch hat, ist ein ausdrücklicher Gemeindebeschluß, von diesem Rechte Gebrauch machen zu wollen.

2) Beim Vorhandensein zweier Wohnsitzgemeinden beträgt die Minimalquote stets nur $^1/_8$ ($^1/_2$ von $^1/_4$), auch wenn das steuerpflichtige Einkommen in der einen derselben bereits an sich den Minimalsatz von $^1/_4$ übersteigt.

### Nr. 148.

**Endurteil des II. Senats vom 6. Mai 1887.**

Unter einer Ausdehnung des Geschäftsbetriebes einer eingetragenen Genossenschaft über den Kreis der Mitglieder hinaus (§ 1 des Kommunalsteuer-Notgesetzes vom 27. Juli 1885) ist nur eine Zulassung von Nichtmitgliedern auch zur Teilnahme an den eigentlichen Gesellschaftszwecken zu verstehen.

### Nr. 149.

**Endurteil des II. Senats vom 6. Mai 1887.**

Dienstgrundstücke der Geistlichen sind alle diejenigen Grundstücke, deren Ertrag bestimmungsmäßig einen Teil der Pfarrdotation bildet und zum Unterhalt des Pfarrers verwendet wird. Ob dieser das Grundstück selbst bewirtschaftet oder die Pacht davon bezieht, ist gleichgiltig.

### Nr. 150.

**Endurteil des II. Senats vom 6. Mai 1887.**

Der Geschäftsbetrieb einer eingetragenen Genossenschaft geht nur dann über den Kreis der Mitglieder hinaus, wenn dieselbe auch Nichtmitglieder zur Theilnahme an den Vereinszwecken zuläßt — so der einer Magazingenossenschaft, welche auch Produkte von Nichtmitgliedern zum Verkauf annimmt, eines Konsumvereins, welcher auch an Nichtmitglieder Waaren abgiebt, dagegen nicht der Geschäftsbetrieb einer Magazingenossenschaft, welche die gesammelten Produkte ihrer Mitglieder an Nichtmitglieder verkauft, und eines Konsumvereins, welcher die zum Verkauf an Mitglieder bestimmten Waaren bei Fremden einkauft.

### Nr. 151.

**Endurteil des II. Senats vom 13. Mai 1887.**

1) Zinseneinnahmen aus Fonds, welche zum Zwecke des Gewerbebetriebes beschafft und diesem fortgesetzt dienstbar sind — Grundkapital, Reservefonds und Reserve-Prämienfonds bei Versicherungs-Aktiengesellschaften — sind als gewerbliches Einkommen und nicht als Einkommen aus Kapitalvermögen anzusehen.

2) Solche Zinseneinnahmen sind daher nicht in der Gemeinde, in welcher sie aufkommen, zu besteuern, sondern in das Gesamteinkommen einzurechnen und mit diesem auf sämmtliche steuerberechtigte Gemeinden zu verteilen.

### Nr. 152.

**Endurteil des II. Senats vom 17. Mai 1887.**

1) So lange nicht das Gegenteil speziell nachgewiesen wird, ist bei der Gemeindesteuerveranlagung jedes Einkommen einer gewerbtreibenden Aktiengesellschaft als aus ihrem Gewerbebetriebe hervorgegangen, anzusehen.

2) Das Gesamteinkommen einer Erwerbsgesellschaft, deren Gewerbebetrieb sich über mehrere Gemeinden erstreckt, kommt nicht stückweise in einzelnen Gemeinden, sondern als ein Ganzes in allen vereinigt auf. Zu besteuern ist daher in jeder Gemeinde nicht das dort erzielte Einkommen, sondern eine Quote des Gesamteinkommens.

3) Wird eine Steuerermäßigungsklage darauf gestützt, daß gewisse Ausgaben von der Bruttoeinnahme abgehen müßten, so ist es Sache des Klägers, diese Ausgaben nach ihrem Grunde und Betrage speziell anzugeben und im Falle des Bestreitens nachzuweisen.

## Nr. 153.

**Endurteil des II. Senats vom 17. Mai 1887.**

1) Der § 11 des Gesetzes vom 11. Juli 1822, welcher „außerordentliche und einstweilige Gehilfen in den Büreaux der Staatsbehörden" von dem Gemeindesteuervorzugsrecht ausschließt, bezieht sich nicht auf eigentliche Staatsdiener, sondern auf solche Personen, welche ohne diese Eigenschaft im Staatsdienst beschäftigt werden.

2) Der Ressortchef ist berechtigt, im Rahmen des bestehenden öffentlichen Rechts für das ihm unterstellte Verwaltungsgebiet nähere Anordnungen darüber zu treffen, unter welchen Voraussetzungen die Uebernahme in den Staatsdienst als erfolgt angesehen werden soll. Daher kann die streitige Staatsdienereigenschaft auf Grund einer amtlichen Auskunft des Ressortministers festgestellt werden.

## Nr. 154.

**Endurteil des II. Senats vom 17. Mai 1887.**

1) Bei Berechnung der üblichen Abnutzung an Gebäuden und Utensilien zum Zweck der Gemeindesteuerveranlagung ist nicht der Anschaffungswert, sondern der Zeitwert zu Grunde zu legen.

2) In dem Streitverfahren über einen Anspruch auf Steuerermäßigung hat der Kläger die Ueberbürdung nachzuweisen. Stützt er sich hiebei auf Berechnungen, welche auf einer unrichtigen Basis aufgemacht und daher zur Erbringung des erforderlichen Beweises überhaupt nicht geeignet sind, so muß die Klage abgewiesen werden.

## Nr. 155.

**Endurteil des II. Senats vom 17. Mai 1887.**

Der Nachweis, daß eine eingetragene Genossenschaft ihren Geschäftsbetrieb über den Kreis ihrer Mitglieder hinaus ausdehnt und daher kommunalsteuerpflichtig ist, liegt der die Steuer fordernden Behörde ob.

## Nr. 156.

**Endurteil des II. Senats vom 24. Mai 1887.**

1) Wenn der Steuerpflichtige in erster Instanz nur die Steuerpflicht bestritten, die Höhe der Abgabenforderung aber nicht angefochten hat, so kann in der Revisionsinstanz die neue Behauptung, daß die Steuer zu hoch veranlagt sei, nicht mehr berücksichtigt werden.

2) Ein gefaßter, noch nicht bestätigter Kreistagsbeschluß wird mit dem Ablauf des Mandats des beschließenden Kreistages nicht ohne Weiteres hinfällig, kann vielmehr auch später noch bestätigt und damit rechtswirksam werden.

## Nr. 157.

**Endurteil des II. Senats vom 24. Mai 1887.**

Der Besitzer von Aktien einer an einem anderen Orte als dem Wohnsitze des Aktionärs domizilierenden Aktiengesellschaft (nicht Kommanditgesellschaft) kann in jenem anderen Orte wegen des Aktienbesitzes als Gewerbtreibender nicht herangezogeu werden.

## Nr. 158.

**Endurteil des II. Senats vom 27. Mai 1887.**

Eine Aktiengesellschaft betreibt in demjenigen Kreise ihr Gewerbe und ist daher von dem Einkommen aus demselben zu den Kreissteuern heranzuziehen, in welchem ihre obere Leitung ihren Sitz hat, wenn auch die eigentlichen technischen Manipulationen des Gewerbebetriebes sich außerhalb des Kreises vollziehen.

## Nr. 159.

**Endurteil des II. Senats vom 27. Mai 1887.**

1) Die Steuerbehörde darf im Laufe des Streitverfahrens nicht die Grundlage der Einschätzung ändern, namentlich nicht ihre Forderung durch Hereinziehen eines neuen Steuerobjekts, einer neuen Einnahmequelle rechtfertigen. Zulässig ist hingegen die nachträgliche Berichtigung einer unzutreffend aufgestellten Berechnung des Steuerobjekts, z. B. des Geschäftsgewinnes einer Erwerbsgesellschaft.

2) Die Dividenden, welche eine Versicherungs-Aktiengesellschaft an die mit Anspruch auf Gewinnanteil Versicherten verteilt, sind jedenfalls insoweit dem Geschäftsgewinn hinzuzurechnen, als sie nicht auf einer vertragsmäßigen Verpflichtung der Gesellschaft beruhen, sondern die Verteilung dem Ermessen der Gesellschaftsorgane überlassen ist.

## Nr. 160.

**Endurteil des II. Senats vom 13. Mai 1887.**

1) Die Bestimmung im Schlußsatze des § 9 des Kommunalsteuergesetzes vom 27. Juli 1885 ist dahin auszulegen, daß beim Vorhandensein mehrerer Wohnsitzgemeinden die von einer jeder zu besteuernde Minimal-Einkommensquote den sovielten Teil von 1/4 beträgt, als überhaupt Wohnsitzgemeinden vorhanden sind. Dabei werden sämmtliche Wohnsitzgemeinden und nicht etwa nur diejenigen mitgezählt, in welchen das steuerpflichtige Einkommen an sich diese Quote nicht erreichen würde.

2) Die Festsetzung der zu besteuernden Einkommensquoten erfolgt nicht in einem Streitverfahren der beteiligten Gemeinden unter einander, sondern im Wege der Reklamation und Klage des Censiten gegen diejenigen Gemeinden, von denen er sich überbürdet glaubt.

## Nr. 161.

**Endurteil des II. Senats vom 7. Juni 1887.**

1) Zur Rechtfertigung eines die Verteilung der Gemeindesteuerpflicht auf verschiedene Gemeinden aussprechenden Urteils ist eine Feststellung dahin unerläßlich, daß und in welchen Gemeinden der Abgabepflichtige bezw. seine Familie sich im vorangegangenen Jahre mindestens drei Monate aufgehalten habe.

2) Der die Gemeindesteuerpflicht begründende Aufenthalt ist nicht etwas Momentanes, sondern ein Zustand. Vorausgesetzt ist die Begründung eines Aufenthaltsverhältnisses, welches in gewisser Richtung dem Wohnsitz analog ist. Wie für diesen eine dauernde Niederlassung, so ist für den Begriff des Aufenthalts eine zeitweilige Niederlassung erforderlich.

## Nr. 162.

**Endurteil des II. Senats vom 7. Juni 1887.**

1) Durch ein von der Aufsichtsbehörde bestätigtes Ortsstatut kann eine gesetzlich bestehende Steuerfreiheit nicht beseitigt werden.

2) Durch Ortsstatut auferlegte und zur Kämmerei fließende Beiträge für eine Pflichtfeuerwehr bilden eine Gemeindelast im Sinne des § 18 Nr. 2 Zuständ.-Ges. vom 1. August 1883.

3) Unmittelbarer und zur Vollstreckbarkeit gelangender Gegenstand der Entscheidung im Streitverfahren wegen Steuerüberbürdung ist immer nur die Einzelhebung, niemals die Verpflichtung an sich.

## Nr. 163.

**Endurteil des II. Senats vom 10. Juni 1887.**

Zum Begriff des Wohnsitzes im Sinne des Kommunalsteuergesetzes vom 27. Juli 1885 gehört einerseits der Wille, einen bestimmten Ort zum dauernden, wenn auch nicht ununterbrochenen Aufenthalt und Mittelpunkt der Lebensverhältnisse — d. h. nicht blos der geschäftlichen Thätigkeit, sondern vor Allem auch der persönlichen Beziehungen, insbesondere des häuslichen und Familienlebens — zu machen, andrerseits die Verwirklichung dieses Willens durch die That. An welchem Orte sich die auf Erwerb gerichtete Thätigkeit vollzieht, ist für die Bestimmung des Wohnsitzes nicht ausschließlich maßgebend.

## Nr. 164.

**Endurteil des II. Senats vom 21. Juni 1887.**

Einer Aufenthaltsgemeinde gebühren hinsichtlich der Kommunalbesteuerung keinenfalls bessere Rechte als der Wohnsitzgemeinde. Steht daher fest, daß eine Gemeinde als Wohnsitzgemeinde nur Anspruch auf die gesetzliche Minimalquote hat, so würde sie auch als Aufenthaltsgemeinde nicht mehr als diese Quote für die Dauer des Aufenthalts fordern können.

## Nr. 165.

**Endurteil des II. Senats vom 21. Juni 1887.**

1) Das der Wohnsitzgemeinde nach §§ 9 Abs. 2 und 11 des Kommunalabgabengesetzes vom 27. Juli 1885 zustehende Minimalsteuerobjekt beträgt für jede einzelne von mehreren konkurrirenden Wohnsitzgemeinden den sovielten Theil von $1/4$ des Gesammteinkommens, als überhaupt Wohnsitzgemeinden vorhanden sind, und zwar ohne Rücksicht darauf, ob diese oder einzelne derselben an sich schon aus anderen Gründen berechtigt sind, mehr als diese Minimalquote zur Besteuerung heranzuziehen.

2) Mit diesem Minimalobjekt hat sich die Gemeinde nur dann zu begnügen, wenn nicht schon das in ihr selbst steuerpflichtige Einkommen des Censiten mehr beträgt. Zur Begründung des Klageantrags, welcher die Reduction der Steuer

auf den dem Minimalobjekt entsprechenden Betrag fordert, gehört daher auch der Nachweis, daß der Kläger nicht mehr als das Minimalsteuerobjekt in der Wohnsitzgemeinde zu versteuern hat.

## Nr. 166.

**Endurteil des II. Senats vom 21. Juni 1887.**

1) Bei Verteilung des gewerblichen Einkommens zur Besteuerung auf mehrere Betriebsgemeinden sind nur die an Gehältern ꝛc. thatsächlich erwachsenen Ausgaben in den Verteilungsplan aufzunehmen und im dreijährigen Durchschnitt zu ermitteln.

2) Löhne, welche von dem Schiffspersonal auf der Fahrt verdient werden, sind in keiner der abgabeberechtigten Gemeinden erwachsen, auch in der nicht, wo sie zur Zahlung angewiesen und gebucht werden. Dieselben sind aber auch bei der Ermittelung der Gesamtausgabe an Löhnen ꝛc. nicht mit einzurechnen.

## Nr. 167.

**Endurteil des II. Senats vom 28. Juni 1887.**

Wenn bei solchen Veranlagungssätzen zur Gemeindesteuer, welche nach dem Steuerregulativ direkt aus der Veranlagung zur Staatseinkommensteuer zu übernehmen sind, in der Zwischenzeit zwischen dem Einspruch des Censiten und der Beschlußfassung auf den Einspruch eine Ermäßigung des Staatssteuersolls eintritt, so ist die veranlagende Behörde gehalten, bei der Beschlußfassung dieser Ermäßigung auch ihrerseits Rechnung zu tragen.

## Nr. 168.

**Endurteil des II. Senats vom 6. September 1887.**

Eine Lager- und Pumpstation, in welcher über die Grenze eingehendes Petroleum in Reservoirs gepumpt, dort eingelagert und demnächst zum Weitertransport verladen wird, ist als eine Betriebsstätte anzusehen, welche die Gemeinde, in der dieselbe sich befindet, bezw. den Kreis zur Erhebung der Gemeinde-(Kreis-)Einkommensteuer gemäß § 2 Abs. 1 des Kommunalsteuergesetzes vom 27. Juli 1885 berechtigt.

## Nr. 169.

**Endurteil des II. Senats von 9. September 1887.**

1) Das Kommunalsteuergesetz vom 27. Juli 1885 findet auf Gemeindebezirke, nicht aber auf Gutsbezirke Anwendung.

2) Bei Verteilung des Einkommens einer in mehreren Gemeinde- und Gutsbezirken Bergbau treibenden Gesellschaft nach dem Verhältnis der Ausgaben an Löhnen und Gehältern sind bei Ermittelung des Gesamtbetrages dieser Ausgaben die in den Gutsbezirken gezahlten Löhne nicht in Berechnung zu ziehen.

## Nr. 170.

**Endurteil des II. Senats vom 13. September 1887.**

1) Eingetragene Genossenschaften dehnen ihren Geschäftsbetrieb nicht schon dann über den Kreis ihrer Mitglieder aus (§ 1 des Kommunalsteuergesetzes vom 27. Juli 1885), wenn sie mit Fremden irgendwelche Rechtsgeschäfte ab-

schließen, sondern nur dann, wenn sie dieselben zur Teilnahme an den eigentlichen Gesellschaftszwecken zulassen.

2) Eine solche die Kommunalsteuerpflicht begründende Ausdehnung des Geschäftsbetriebes liegt bei einem Vorschußverein nicht vor, wenn er, um sich die erforderlichen Betriebsmittel zu beschaffen, verzinsliche Einlagen von Nichtmitgliedern annimmt und ebenso wenig, wenn er disponible Gelder vorübergehend an Nichtmitglieder gegen Zinsen ausleiht.

## Nr. 171.

**Endurteil des II. Senats vom 13. September 1887.**

Wenn eine eingetragene Genossenschaft, zu deren statutmäßigen Zwecken auch die Beförderung des Sparens durch Annahme verzinslicher Einlagen gehört, solche Einlagen auch von Nichtmitgliedern annimmt, so liegt hierin eine die Kommunalsteuerpflicht der Genossenschaft begründende Ausdehnung ihres Geschäftsbetriebes über den Kreis der Mitglieder hinaus.

## Nr. 172.

**Endurteil des II. Senats vom 13. September 1887.**

1) Der Nachweis, daß eine eingetragene Genossenschaft wegen Ausdehnung ihres Geschäftsbetriebes über den Kreis ihrer Mitglieder hinaus der Kommunalbesteuerung unterliegt, liegt der besteuernden Gemeindebehörde ob.

2) Darin, daß eine Darlehnskasse, um sich Betriebsmittel zu verschaffen, von Fremden verzinsliche Spareinlagen annimmt, liegt noch nicht eine solche Ausdehnung des Geschäftsbetriebes über den Kreis der Mitglieder hinaus.

## Nr. 173.

**Endurteil des II. Senats vom 16. September 1887.**

Eine Aktiengesellschaft wird erst mit der Eintragung in das Handelsregister existent und kann daher erst von diesem Moment ab besteuert werden, selbst wenn ein bereits bestehendes Geschäft schon von einem früheren Zeitpunkt ab für deren Rechnung geführt wird.

## Nr. 174.

**Endurteil des II. Senats vom 27. September 1887.**

Die Aktiengesellschaft ist auch in steuerlicher Beziehung ein von den einzelnen Aktionären verschiedenes, selbstständiges Rechtssubjekt. Verluste, welche die Aktionäre in Folge des Betriebes erleiden, können daher selbst dann, wenn alle Aktionäre von denselben betroffen werden, als Verluste der Gesellschaft bei Feststellung des steuerpflichtigen Reineinkommens derselben nicht angesehen werden.

## Nr. 175.

**Endurteil des II. Senats vom 30. September 1887.**

1) Die landwirtschaftliche Nutzung von eigenen und Pachtländereien an demselben Orte bildet in steuerlicher Hinsicht einen einheitlichen Betrieb.

2) Bei landwirtschaftlichen Betrieben kann der bewirtschaftete Acker selbst als eine die Kommunalsteuerpflicht begründende Betriebsstätte angesehen werden.

## Nr. 176.

**Endurteil des II. Senats vom 4. Oktober 1887.**

Die Aufhebung einer Veranlagung zur Gemeinde-Einkommensteuer seitens der veranlagenden Behörde zu dem Zwecke, dieselbe durch eine anderweite höhere Veranlagung zu ersetzen, enthält eine Nachforderung von Steuern, welche nach §§ 6, 14 des Gesetzes vom 18. Juni 1840 unstatthaft ist.

## Nr. 177.

**Endurteil des II. Senats vom 11. Oktober 1887.**

1) Steuerpflichtig ist nur dasjenige Einkommen, welches nach Abzug aller zur Erzielung der Einnahmen aufgewendeten Ausgaben übrig bleibt. Nur das wirklich erzielte Reineinkommen unterliegt der Besteuerung, nicht dasjenige, dessen Erzielung unter anderen Voraussetzungen etwa möglich gewesen wäre.

2) Wenn bei der Verpachtung eines Rieselfeldes der Eigentümer dem Pächter gegenüber sich zur Bestreitung der Kosten der Berieselung verpflichtet hat, so sind diese Kosten als eine dem Verpächter verbliebene Last im Sinne des § 28 Abs. 2 Ges. vom 1. Mai 1851 anzusehen und daher bei Berechnung des Einkommens aus dem verpachteten Grundbesitz in Abzug zu bringen. Ob die Rieselanlage in erster Linie nicht aus wirtschaftlichen, sondern aus sanitären Gründen eingerichtet ist, ist dabei gleichgiltig.

## Nr. 178.

**Endurteil des II. Senats vom 18. Oktober 1887.**

1) Eine Klage wegen Ueberbürdung mit Gemeindeabgaben, welche, ohne daß vorher ein Einspruch erhoben und darauf ein Bescheid ergangen wäre, angestellt wird, ist als unzulässig abzuweisen.

2) Die Ueberbürdungsklage muß durch den ziffermäßigen Nachweis substantiiert werden, um welchen Betrag der Kläger zu hoch herangezogen zu sein glaubt.

## Nr. 179.

**Endurteil des II. Senats vom 4. November 1887.**

1) Gegenstand der Kommunalbesteuerung ist nicht das Bergwerk und auch nicht die aus demselben gewonnenen Produkte, sondern das Einkommen aus dem Bergbaubetriebe. Dieses Einkommen ist daher nicht da, wo das Bergwerk liegt, sondern da, wo die Betriebsstätte sich befindet, gemeindesteuerpflichtig.

2) Es ist Sache des Klägers, darzuthun, daß die Voraussetzungen des § 7 des Kommunalabgabengesetzes vom 27. Juli 1885 vorliegen, und die Unterlagen für die vorzunehmende Verteilung des steuerpflichtigen Einkommens auf mehrere Gemeinden herbeizuschaffen.

## Nr. 180.

**Endurteil des II. Senats vom 4. November 1887.**

Es ist unzulässig, in dem auf Einspruch und Klage gegen die Heranziehung zu den Gemeindeabgaben ergehenden Erkenntnis nur die Grundsätze festzustellen, nach welchen die Veranlagung erfolgen soll. Vielmehr muß eine Entscheidung erfolgen, welche den vorliegenden Streit endgültig abschließt, also die zu entrichtende Steuer ihrem Betrage nach feststellt.

## Nr. 181.

**Endurteil des II. Senats vom 15. November 1887.**

1) Die Behauptung, daß ein eingetragener Vorschuß- und Creditverein aus der Annahme von fremden Spareinlagen Gewinn erzielt habe, reicht nicht aus, um auf das Vorhandensein eines der Gemeindesteuerpflicht unterliegenden Gewerbebetriebes schließen zu lassen. Denn es liegt in der Natur der Sache, daß ein solcher Verein — selbst bei noch so strenger Beschränkung des Geschäftsbetriebes auf den Mitgliederkreis — sich die zur Erfüllung seiner Zwecke erforderlichen Geldmittel so billig als möglich zu beschaffen sucht.

2) Wenn aus den statutarischen Bestimmungen der Genossenschaft sich ergiebt, daß die Annahme von Spareinlagen Dritter beschränkt werden soll auf das zur Erfüllung der Vereinszwecke erforderliche Maß, so liegt der Beweis, daß gleichwohl der Geschäftsbetrieb über den Kreis der Mitglieder hinausgegangen sei, der veranlagenden Behörde ob. Selbst dann, wenn die Summe der Spareinlagen auffallend hoch erscheint, kann dem Verein der Beweis der Negative nicht zugemuthet werden.

## Nr. 182.

**Endurteil des II. Senats vom 22. November 1887.**

Ein aus einem über mehrere Gemeinden sich ausdehnenden Gewerbebetriebe in diesen mehreren Gemeinden Kommunalsteuerpflichtiger kann seiner Veranlagung in einer derselben nicht den Einwand entgegensetzen, daß ein Verteilungsverfahren gemäß § 7 des Gesetzes vom 27. Juli 1885 hätte vorausgehen müssen, wenn er es seinerseits unterlassen hat, einen Verteilungsplan einzureichen, und dies auch bis zum Schlußtermin im Verwaltungsstreitverfahren nicht nachholt.

## Nr. 183.

**Endurteil des II. Senats vom 25. November 1887.**

1) Bei Verteilung des Einkommens aus einem steuerpflichtigen, über mehrere Gemeinden sich erstreckenden Gewerbebetriebe auf die einzelnen Gemeinden nach Maßgabe der in denselben „erwachsenen" Ausgaben an Arbeitslöhnen und Gehältern — § 7 Kommunalabg.-Ges. vom 27. Juli 1885 — sind die Gehälter und Löhne derjenigen Gemeinde zuzurechnen, in welcher die betreffende Arbeit geleistet worden ist.

2) Wenn über die Grundlagen der Einkommens-Verteilung durch Einsicht der Bücher des Steuerpflichtigen Beweis erhoben wird, so ist bei der Prüfung der Bücher die veranlagende Behörde auf ihren Antrag zuzuziehen.

3) Wenn eine Partei nur mit ihrem ein Minderes als der Prinzipalantrag bezweckenden Eventualantrage durchdringt, so ist dieselbe teilweise unterlegen und daher gemäß § 103 Land.-Verw.-Ges. zur Teilnahme an der Kostenlast heranzuziehen.

## Nr. 184.

**Endurteil des II. Senats vom 28. November 1887.**

Der Geschäftsbetrieb einer eingetragenen Genossenschaft ist nur dann als über den Kreis der Mitglieder hinausgehend anzusehen, wenn auch Nichtmitglieder zur Teilnahme an den Vereinszwecken zugelassen werden. Als Vereinszwecke in diesem Sinne kommen nur solche in Betracht, welche eine direkte ökonomische Bedeutung haben, nicht solche, welche ein allgemeines ethisches Ziel verfolgen — wie z. B. Beförderung des Sparens.

Nr. 185.

**Endurteil des II. Senats vom 2. Dezember 1887.**

So lange der Spareinlageverkehr einer eingetragenen Creditgenossenschaft Mittel zum Zwecke bleibt und nicht über das Creditbedürfnis der Mitglieder hinausgeht, kann in seiner Benutzung auch kein Hinausgehen des Geschäftsbetriebes der Genossenschaft über den Kreis der Mitglieder gefunden werden, und dies selbst dann nicht, wenn der Verein, um sich dieses Mittel zu wahren und zu sichern, den Sparern mindestens dieselben Vorteile bieten muß, welche sie auch bei anderen Sparkassen würden erreichen können. Die den Einlegern gewährten Zinsen sind der Anschaffungspreis, welchen der Verein für das zur Erfüllung seiner Zwecke erforderliche Kapital aufwendet. Durch die Empfangnahme dieses Preises werden die Darleiher nicht an den Vereinszwecken beteiligt.

Nr. 186.

**Endurteil des II. Senats vom 2. Dezember 1887.**

1) Die Bestellung eines Bevollmächtigten zum selbstständigen Abschluß von Verkäufen über die Produkte einer Erwerbsgesellschaft stellt die Errichtung einer Verkaufsstelle dar und begründet somit die Kommunalsteuerpflicht am Sitze derselben für die Gesellschaft.

2) Es gehört nicht zum Wesen und Begriff einer Verkaufsstelle, daß die verkauften Waaren sich an demselben Orte befinden, an welchem die Verkäufe abgeschlossen werden.

Nr. 187.

**Endurteil des I. Senats vom 3. Dezember 1887.**

Im Verwaltungsstreitverfahren wegen Ueberbürdung mit Gemeindeabgaben kann ein Einspruch gegen den Principalsatz der Staatssteuer selbst dann nicht erhoben werden, wenn die Reklamation gegen die Veranlagung zur Staatssteuer deshalb unterlassen ist, weil diese Veranlagung zu einer Klassensteuerstufe erfolgte, für welche nach gesetzlicher Vorschrift die Steuer nicht erhoben wird.

Nr. 188.

**Endurteil des II. Senats vom 6. Dezember 1887.**

Der die Gemeindesteuerpflicht begründende Aufenthalt muß nicht notwendig ein freiwilliger im Sinne des Unterstützungswohnsitzgesetzes sein. Auch für einen Geisteskranken kann durch die Disposition seines Vormunds ein Aufenthalt bezw. Wohnsitz im steuerlichen Sinne begründet werden.

Nr. 189.

**Endurteil des II. Senats vom 9. Dezember 1887.**

Die Gemeindesteuerpflicht solcher Personen, welche sich selbst von einem Orte fern gehalten und nur den dortigen Aufenthalt ihrer Angehörigen veranlaßt oder geduldet haben, kann weder aus § 8 des Freizügigkeitsgesetzes vom 1. November 1867 noch aus dem Kommunalabgabengesetz vom 27. Juli 1885 hergeleitet werden. Insbesondere handelt § 11 des letzteren Gesetzes nur von dem Aufenthalt der Familie eines Abgabepflichtigen im Vorjahre und läßt daher eine Anwendung auf den ganz verschiedenen Fall des Aufenthalts der Familie eines Nichtabgabepflichtigen im Steuerjahre nicht zu.

Nr. 190.

**Endurteil des II. Senats vom 16. Dezember 1887.**

1) In der Vermittelung von An- und Verkäufen von Wertpapieren für Mitglieder seitens einer eingetragenen Genossenschaft liegt eine die Gemeindesteuerpflicht derselben begründende Ausdehnung ihres Geschäftsbetriebes über den Kreis der Mitglieder hinaus.

2) Wenn eine Genossenschaft die ihr aufgegebene Vorlegung ihrer Geschäftsbücher ohne zureichenden Grund verweigert, so kann der Verwaltungsrichter hieraus ohne Rechtsverletzung oder wesentlichen Mangel des Verfahrens die Ueberzeugung von der Richtigkeit der auf dieses Beweismittel sich stützenden gegnerischen Anführungen schöpfen.

Nr. 191.

**Endurteil des II. Senats vom 16. Dezember 1887.**

Die Uebernahme einer Zinsgarantie für die Aktien einer Eisenbahn-Gesellschaft gegen Ueberweisung der Reineinnahmen derselben stellt nicht den Betrieb eines Eisenbahnunternehmens dar, welcher an den Stationsorten zur Gemeinde- oder Kreissteuer herangezogen werden könnte.

Nr. 192.

**Endurteil des II. Senats vom 20. Dezember 1887.**

Wenn ein Gemeindesteuer-Regulativ die Einschätzung unter Anwendung der für die Staats-Klassen- und Einkommensteuer vorgeschriebenen Veranlagungsgrundsätze und Steuerstufen vorschreibt, so entspricht es diesem örtlichen Steuerrecht nicht, wenn die Berechnung der Steuer nach Prozentsätzen des Einkommens — anstatt nach Prozentsätzen der bezüglichen Steuerstufe — vorgenommen wird. Eine solche Abweichung von dem Regulativ würde, wofern sie überhaupt statthaft ist, nur mit ministerieller Genehmigung gemäß § 16, Abs. 5 Zust.-Ges. zugelassen werden dürfen.

## II.

## Anderweite Angelegenheiten der Kommunalverbände und staatlichen Verwaltungsbezirke.

### 1. Kreise.

#### a. Wahlangelegenheiten.

(Vergl. P. Rechtsgrundsätze, Stammwerk und Supplementband I, Erste Abteilung II A.)

Nr. 1.

**Endurteil des I. Senats vom 13. Februar 1881.**

Minist.-Bl. f. d. inn. Verw. S. 83.

Es ist unstatthaft, in die Wählerliste für die Kreistagswahlen solche Personen als Besitzer selbstständiger Güter aufzunehmen, welche sich nicht in dem nach § 110 Nr. 2 Kreis-Ordn. aufzustellenden Verzeichnisse befinden.

## Nr. 2.

**Endurteil des II. Senats vom 12. Februar 1882.**

Der Landrat ist — ob mit oder ohne Zustimmung des Kreisausschusses — nicht befugt, in die Wählerlisten für die Kreistagswahlen Personen aufzunehmen, welche nicht in den gemäß § 110 Kreis-Ordn. aufgestellten Verzeichnissen stehen, und zwar selbst dann nicht, wenn diese Personen auf Grund nachträglich eingetretener Veränderungen die Wahlberechtigung erworben haben. Ergänzungen dieser Verzeichnisse aus Anlaß einer innerhalb der dreijährigen Wahlperiode erforderlich werdenden Ersatzwahl finden nicht statt.

## Nr. 3.

**Endurteil des II. Senats vom 25. Februar 1887.**

1) Beschlüsse eines Kreistags auf Einsprüche gegen das Wahlverfahren und über die Legitimation seiner Mitglieder bedürfen einer Begründung nicht. Wird gegen einen solchen Beschluß Klage erhoben, so ist im Streitverfahren nicht etwa nur über die Aufhebung oder Aufrechterhaltung des angefochtenen Beschlusses, sondern vielmehr über die Giltigkeit oder Ungiltigkeit der betreffenden Wahl zu entscheiden.

2) Ein Verstoß gegen die Vorschrift des § 113 Abs. 1 Kreis-Ordn., nach welcher vor dem Beschlusse die Beteiligten zu hören sind, kann nicht zur Aufhebung dieses Beschlusses führen, vielmehr ist dessen sachliche Berechtigung zu prüfen.

3) Die Bestimmung, daß die Wahl der Kreistagsabgeordneten im Verbande der Landgemeinden an einem vom Kreisausschusse zu bestimmenden Orte zu erfolgen hat (Kreis-Ordn. § 103), ist eine wesentliche Formvorschrift, deren Nichtbeachtung die vollzogene Wahl unter allen Umständen ungiltig macht.

# b. Zwangsetatisierungen.

(Vergl. P. Rechtsgrundsätze, Stammwerk und Supplementband I, Erste Abteilung II F.)

## Nr. 1.

**Endurteil des II. Senats vom 23. Juni 1884.**

1) Eine Zustellung kann immer nur an eine Einzelperson, nicht an eine Körperschaft erfolgen. Wäre also eine Verfügung dem Kreistage zuzustellen, so würde die Zustellung an den Vorsitzenden zu erfolgen haben. Keinenfalls kann die Rechtsmittelfrist erst von dem Tage ab gerechnet werden, an welchem der Kreistag von der Verfügung Kenntniß erhielt.

2) Verfügungen von Behörden, welche von Corporationen Leistungen fordern, z. B. Zwangsetatisierungsverfügungen, brauchen nicht nothwendig an diejenigen Organe derselben erlassen zu werden, welche über die Leistungen definitiv zu beschließen und die erforderlichen Geldmittel flüssig zu machen haben. Es genügt vielmehr, wenn die Aufforderung an ein zur Vertretung der Corporation berufenes Organ ergeht, wie dies für den Kreis der Kreisausschuß ist.

## Nr. 2.

**Endurteil des I. Senats vom 28. Juni 1884.**

Eine an den Kreistag gerichtete Zwangsetatisierungs-Verfügung ist, sofern dieser nicht versammelt ist, an den Kreisausschuß als die zur Verwaltung des

Kreises berufene Behörde zuzustellen. Von dieser Zustellung läuft die Klagefrist. Der Kreisausschuß ist zur Anstellung der Klage auch ohne besonderen Beschluß des Kreistags legitimirt.

Nr. 3.

**Endurteil des I. Senats vom 10. Oktober 1885.**

Die Klagefrist gegen Zwangsetatisirungs-Verfügungen des Regierungspräsidenten (§ 180 Kreis-Ord.) beginnt mit der Zustellung der Verfügung an den Landrat als den Vorsteher und gesetzlichen Vertreter der Kreiskorporation.

## 2. Städte.

### a. Verhältnisse der städtischen Kommunalbeamten.

(Vergl. P. Rechtsgrundsätze, Stammwerk und Supplementband I, Erste Abth. III C.)

Nr. 1.

**Endurteil des I. Senats vom 19. Juni 1886.**

Ein Bürgermeister, welcher die Annahme eines unfrankierten, mit dem Dienstsiegel einer Königlichen Behörde verschlossenen und als „portopflichtige Dienstsache" bezeichneten Schreibens verweigert, macht sich disziplinarisch strafbar und kann mit einer Ordnungsstrafe belegt werden.

Nr. 2.

**Endurteil des II. Senats vom 24. Juni 1887.**

Städtische Sparkassen gehören zu den städtischen Anstalten; die mit der Verwaltung derselben beauftragten Kuratorien bilden eine städtische Verwaltungsdeputation, eine dem Magistrat untergeordnete Behörde, deren Mitgliedern die Eigenschaft öffentlicher Beamten zukommt. Der mit festem Gehalt angestellte Rendant einer solchen Sparkasse gehört, auch wenn seine Anstellung nicht unmittelbar durch den Magistrat erfolgt, zu den besoldeten Gemeindebeamten, welche zu Stadtverordneten nicht gewählt werden können.

Nr. 3.

**Endurteil des I. Senats vom 25. Juni 1887.**

1) In der Thatsache allein, daß ein Beamter im öffentlichen, politischen Leben Auffassungen vertritt, welche von denjenigen der jeweiligen Regierung sachlich abweichen, kann nicht eine disziplinarisch strafbare Agitation gefunden werden.

2) Auch die mittelbaren Staatsbeamten sind durch ihre Amtspflicht nicht nur verbunden, sich von allen politischen Bestrebungen fern zu halten, welche grundsätzlich gegen die bestehende Rechts- und Staatsordnung gerichtet sind, sondern sie haben auch in der Art und Weise ihres außeramtlichen Auftretens die Pflicht der rücksichtsvollen Achtung gegen die Organe der bestehenden Regierung sowie desjenigen Maßhaltens, ohne welches sie der Achtung und des Vertrauens, deren sie für ihr Amt bedürfen, verlustig gehen würden.

## b. Wahlen.

(Vergl. P. Rechtsgrundsätze, Supplementband I, Erste Abth. III D.)

### Nr. 1.

**Endurteil des I. Senats vom 23. September 1885.**

1) Sowohl das aktive Wahlrecht der Forensen als auch die Verteilung der Wahlberechtigten einschl. der Forensen in die drei Wählerabtheilungen ist in §§ 8, 13 der Städte-Ordnung vom 30. Mai 1853 nach dem Maßstabe der von ihnen zu zahlenden direkten Staats- und Gemeindeabgaben geregelt. Dieselben Staatssteuern sind bei der Aufnahme der Forensen in die Wählerliste und bei der Bildung der Abtheilungen in Rechnung zu ziehen.

2) Bei der Prüfung, ob eine Forense an Staats- und Gemeindesteuer mehr als einer der drei Höchstbesteuerten entrichtet (§ 8 a. a. O.), sind nur solche Steuern zu berücksichtigen, welche von der betreffenden Stadt örtlich angehörigen Steuerobjekten erhoben werden.

### Nr. 2.

**Endurteil des I. Senats vom 27. Januar 1886.**

Der Landrat ist Polizeibeamter im Sinne des § 17, Nr. 6 der Städte-Ordn. und kann als solcher nicht Stadtverordneter sein. Das Gleiche gilt von dem Kreissekretär als seinem gesetzlichen Stellvertreter für kürzere Behinderungsfälle, sofern nicht für den betreffenden Regierungsbezirk bezüglich der Vertretung der Landräte im Allgemeinen oder des einzelnen Landrats im Speziellen abweichende Bestimmung getroffen ist.

### Nr. 3.

**Endurteil des II. Senats vom 9. September 1887.**

1) Bei Stadtverordnetenwahlen ist der Wahlvorstand befugt, nach Ablauf der von dem Magistrat festgesetzten Wahlzeit das Wahllokal zu schließen und nur noch die in demselben bereits anwesenden Wähler zur Stimmabgabe zuzulassen.

2) Es besteht keine gesetzliche Vorschrift, welche anordnet, daß die Wahlhandlung bei Stadtverordnetenwahlen eine öffentliche sei.

3) Das Recht der Klage gegen einen auf die Giltigkeit der Wahlen bezüglichen Beschluß der Gemeindevertretung steht außer dem Gemeindevorstande und denjenigen Personen, deren Wahl angefochten ist, nur noch denjenigen Bürgern zu, welche gegen das Wahlverfahren Einspruch erhoben haben.

## c. Besondere Angelegenheiten.

(Vergl. P. Rechtsgrundsätze, Supplementband I, Erste Abth. III F.)

### Nr. 1.

**Endurteil des I. Senats vom 29. November 1883.**

Städtische Straßen dürfen — selbst mit Genehmigung der Polizeibehörde — zur Anlage und zum Betriebe von Pferdebahnen nicht benutzt werden. Die Stadtgemeinde als Eigentümerin des Straßenterrains ist verpflichtet, dessen

Benutzung zum gemeinen Gebrauch, insbesondere auch zum Betriebe der Transportgewerbe zu gestatten. Hiervon bilden jedoch die Pferdebahnen mindestens insoweit eine Ausnahme, als sie eine besondere Anlage im Straßenkörper, eine Verfügung über denselben zu Gunsten des Gewerbebetriebes eines einzelnen Rechtssubjekts, voraussetzen. Daher ist die — event. im Enteignungsverfahren zu ergänzende — Zustimmung des Verfügungsberechtigten erforderlich.

## Nr. 2.

**Endurteil des II. Senats vom 15. April 1884.**

1) Grundstücke der Stadtgemeinde unterliegen als solche nicht der Benutzung durch jeden Einwohner der Stadt, auch nicht als Fußsteig.

2) Nach dem bestehenden Rechte sind der Schutz dem Gebiete des Privatrechts angehörender Rechte und die Erzwingung der auf Grund privatrechtlicher Titel zu beanspruchenden Leistungen, wo nicht ausdrückliche Gesetze ein Anderes bestimmen, nicht in die Hand der Polizei gelegt, sondern den ordentlichen Gerichten überwiesen.

## Nr. 3.

**Endurteil des I. Senats vom 30. September 1885.**

1) Auf dem Wege polizeilicher Verordnungen können neue Verbindlichkeiten — z. B. die Verpflichtung der Hauseigenthümer zur Herstellung und Unterhaltung der Bürgersteige — nicht eingeführt werden; dieselben dienen vielmehr dazu, bereits bestehende, auf anderweiter Rechtsgrundlage beruhende Verpflichtungen zu regeln und zu sichern, deren Erfüllung näher zu bestimmen und zu ordnen.

2) Das Polizeirecht kennt eine Unterscheidung zwischen gewöhnlicher Unterhaltung und Herstellung, zwischen Reparatur und Neu- oder Umpflasterung nicht; beides gehört zum Inhalt der Wegebau- bezw. Unterhaltungspflicht. Steht diese an sich fest, so spricht für das Bestehen derselben im vollen Umfange die Vermuthung.

3) Ein Irrthum schließt die Bildung eines Gewohnheitsrechts nur dann aus, wenn durch denselben die gemeinsame Rechtsüberzeugung aufgehoben wird; er steht dagegen, wenn er neben der wirklich vorhandenen Volksüberzeugung nur als eine äußere Bestärkung derselben gedient hat, der Bildung einer Observanz nicht entgegen.

## Nr. 4.

**Endurteil des II. Senats vom 26. Oktober 1886.**

Nach der Hannoverschen Städteordnung vom 24. Juni 1858 ist die Verleihung des Bürgerrechts an einen ausländischen Unterthanen, der nicht gleichzeitig die Staatsangehörigkeit erwirbt, nicht zulässig. An diesem Rechtszustande ist auch durch die Einverleibung des vormaligen Königreichs Hannover nichts geändert.

## Nr. 5.

**Endurteil des II. Senats vom 16. November 1886.**

Nach der Hannoverschen Städteordnung vom 24. Juni 1858 sind zur Erwerbung des Bürgerrechts — zu welchen es in der Regel eines besonderen Verleihungsakts bedarf — und zur Entrichtung von Personalsteuern nur physische, nicht aber juristische Personen verpflichtet. Eine Ausnahme ist nur für gewerbliche Gesellschaften mit juristischer Persönlichkeit dahin statuirt, daß für diese ein verantwortlicher Geschäfts- oder Werkführer zu bestellen, und dieser zur Erwerbung des Bürgerrechts verpflichtet ist. Die Steuerpflicht für solche gewerbliche Gesellschaften beginnt erst, nachdem der Geschäftsführer bestellt, und diesem das Bürgerrecht verliehen ist. Ueber diese gesetzlichen Schranken hinaus kann die Steuerpflicht durch Ortsstatut nicht erweitert werden.

Nr. 6.

**Endurteil des II. Senats vom 6. Mai 1887.**

1) Hinsichtlich der gemeindlichen Privatanstalten, d. h. derjenigen Teile des Gemeindevermögens, welche an sich mit den öffentlich-rechtlichen Aufgaben der Stadtgemeinden keinen unmittelbaren Zusammenhang haben, unterliegen dieselben lediglich den Regeln des Privatrechts. Für diese steht den Gemeinden nicht wie bezüglich der öffentlichen Gemeindeanstalten das Recht zu, die Rechtsverhältnisse durch Ortsstatut zu regeln.

2) Städtische Kanalisationsanlagen sind öffentliche Gemeindeanstalten im Sinne des § 4 der Städte-Ordn. vom 30. Mai 1853.

3) Die Mitbenutzung der öffentlichen Gemeindeanstalten steht nicht jedem Einwohner unbedingt und unentgeltlich zu. Vielmehr sind die Gemeindebehörden befugt, die Modalitäten der Ausübung dieses Mitbenutzungsrechts durch Ortsstatut zu regeln und dieselbe insbesondere von der Entrichtung einer Abgabe abhängig zu machen.

## 3. Amtsverbände und Amtsvorsteher.

(Vergl. P. Rechtsgrundsätze, Stammwerk und Supplementband I, Erste Abteilung IV.)

Nr. 1.

**Endurteil vom 13. Januar 1877.**

Dem Amtsvorsteher steht das Recht zur selbstständigen exekutivischen Beitreibung öffentlicher oder den öffentlichen gleich zu achtender Abgaben und Leistungen, mögen dieselben an den Staat, die Kommune, die Kirche, die Schule oder deren Diener zu entrichten sein, nicht zu.

Nr. 2.

**Endurteil des II. Senats vom 12. Oktober 1882.**

Ein persönlich beteiligter Amtsvorsteher ist kraft Gesetzes von der Erledigung des betreffenden Amtsgeschäfts ausgeschlossen. Ihm fehlt daher die Zuständigkeit zum polizeilichen Einschreiten, und der durch eine solche polizeiliche Anordnung Betroffene ist berechtigt, die von einem unzuständigen Organe erlassene Verfügung aus diesem Grunde, wegen Verletzung des bestehenden Rechts, zum Gegenstand eines Angriffs im Verwaltungsstreitverfahren zu machen.

Nr. 3.

**Endurteil des II. Senats vom 31. Mai 1883.**

1) Die Beschlüsse des Kreisausschusses, durch welche gemäß § 57 Abs. 5, 61. Kr.-Ordn. wegen persönlicher Betheiligung des Amtsvorstehers, oder weil die Betheiligten in verschiedenen Amtsbezirken wohnen, die Erledigung eines

Amtsgeschäfts einem geeigneten Amtsvorsteher übertragen wird, unterliegen im Streitverfahren gegen die von letzterem erlassenen Anordnungen der Nachprüfung des Verwaltungsrichters.

2) Im Falle des § 61 Kr.=Ordn. ist der beauftragte Amtsvorsteher der Regel nach aus der Zahl der Amtsvorsteher der betheiligten Amtsbezirke zu entnehmen.

## Nr. 4.

**Endurteil des II. Senats vom 3. Dezember 1883.**

Die Strom= und Schiffahrtspolizei bilden nicht einen Teil der dem Amtsvorsteher überwiesenen Wasserpolizei, sind vielmehr den Landespolizeibehörden vorbehalten.

## Nr. 5.

**Endurteil des I. Senats vom 5. Januar 1884.**

1) Eine die amtliche Thätigkeit des Amtsvorstehers ausschließende persönliche Beteiligung desselben ist nur dann vorhanden, wenn ein von dem allgemeinen Interesse verschiedenes besonderes Privatinteresse desselben in Frage kommt.

2) Die Vermuthung, daß Personen und Eigentum frei sind, soll nach § 181 A. L.=R., Teil I., Tit, 7 die Vermuthung für die Rechtmäßigkeit des Besitzes überwiegen. Dieser Grundsatz gilt nur auf dem Gebiete des Privatrechts, nicht aber für das öffentliche Recht. Für die Polizei ist vielmehr der thatsächliche Zustand maßgebend.

## Nr. 6.

**Endurteil des I. Senats vom 21. März 1884.**

1) Unter den benachbarten Amtsvorstehern, welchen die Erledigung einer Sache an Stelle des persönlich Beteiligten aufgetragen werden kann, sind nicht nur die der unmittelbar angrenzenden Amtsbezirke zu verstehen.

2) Der Landrat kann nicht deshalb an Stelle des zuständigen Amtsvorstehers einschreiten, weil er die Strafe, die dieser anzudrohen befugt ist, für nicht ausreichend hält.

## Nr. 7.

**Endurteil des I. Senats vom 18. Februar 1885.**

Wenn dem Amtsvorsteher seitens des Kreisausschusses für die Erledigung einer im Streite befangenen Angelegenheit ein Stellvertreter bestellt ist, so ist ersterer, selbst wenn diese Anordnung zu Unrecht ergangen ist, nicht mehr befugt, in der Sache eine amtliche Thätigkeit zu entwickeln.

## Nr. 8.

**Endurteil des I. Senats vom 15. Januar 1887.**

Ein Amtsvorsteher, welcher Gutsinspektor und Schwiegersohn des von dem als wegebaupflichtig in Anspruch Genommenen als an seiner Stelle zu der ihm angesonnenen Leistung verpflichtet bezeichneten Gutsbesitzers ist, ist bei der Sache persönlich beteiligt und darf daher eine Amtshandlung in derselben nicht vornehmen.

Nr. 9.

**Endurteil des I. Senats vom 14. Mai 1887.**

Gegen die auf Grund des § 65 der Kreis-Ordn. erfolgte Androhung und Festsetzung einer Strafe findet nur die Beschwerde im Aufsichtswege, nicht aber die Klage im Streitverfahren statt.

## 4. Landgemeinden und Gutsbezirke.

### a. Grenzen der Landgemeinden und Gutsbezirke, Angelegenheiten der letzteren.

(Vergl. P. Rechtsgrundsätze, Stammwerk und Supplementband I, Erste Abth. V. C.)

Nr. 1.

**Endurteil des I. Senats vom 23. September 1882.**

Eine Aenderung der Grenzen kommunaler Verbände kann nur in dem geordneten Verfahren von den nach Lage des Falles zuständigen Behörden bewirkt werden. Durch Privatverträge kann darüber nicht disponiert werden.

Nr. 2.

**Endurteil des I. Senats vom 3. Oktober 1883.**

1) Unter der bisherigen kommunalen Zugehörigkeit im Sinne des § 1 Landgem.-Verfass.-Ges. von 14. April 1856 ist nicht die rein thatsächliche, sondern die rechtliche Zugehörigkeit zu verstehen, welche seit dem Armenpflegegesetz vom 31. Dezember 1842 neu nicht mehr ohne Mitwirkung der Landespolizeibehörde geschaffen werden konnte.

2) Die Vorschriften der §§ 42, 44 A. L.-R. I, 2 gehören dem Privatrecht an und finden auf die Verbindung bäuerlichen Landes mit herrschaftlichem keine Anwendung. Die Pertinenzqualität ist für das Kommunalverhältniß nicht entscheidend; das bestehende Recht kennt auch keine Pertinenzien kommunaler Bezirke, sondern nur räumliche Theile.

Nr. 3.

**Endurteil des I. Senats vom 10. Oktober 1883.**

1) Im Verwaltungsstreitverfahren können die Grenzen von Kommunalbezirken festgestellt, und die Frage entschieden werden, ob eine Ortschaft die Eigenschaft einer Gemeinde, ein Gut die Eigenschaft eines selbstständigen Gutsbezirkes hat. Dagegen ist es nicht zulässig, direkt darüber Entscheidung zu treffen, wem in einem bestimmten Gutsbezirke die Rechte und Pflichten des Gutsherrn zustehen.

2) Bei Streitigkeiten, welche kommunale Verhältnisse betreffen, müssen die Besitzer derjenigen Grundstücke, über deren kommunale Zugehörigkeit entschieden werden soll, von Anbeginn an derart bei dem Streitverfahren beteiligt werden, daß sie in der Lage sind, ihr rechtliches Interesse zu vertreten und nötigenfalls durch Einlegung von Rechtsmitteln zu verteidigen.

3) Die Bildung selbstständiger Kommunalbezirke kann nur durch einen Akt der Staatsgewalt erfolgen; ein rein privatrechtlicher Veräußerungsakt kann als solcher eine Wirkung auf das Bestehen von Gutsbezirken als öffentlich-rechtlicher Einrichtungen nicht haben. Die zur Bildung eines neuen Gemeindebezirkes erforderliche staatliche Genehmigung hat der Regel nach durch landes-

herrlichen Erlaß zu erfolgen. Eine Ausnahme war durch die Instruktion vom 25. Oktober 1810 statuiert, indem dieselbe den mit der Veräußerung von Domänen betrauten Staatsbehörden zugleich die Ermächtigung erteilte, durch den Veräußerungsvertrag die Abgrenzung der neu entstehenden Gutsbezirke von den verbleibenden fiskalischen Restgütern zu regeln.

## Nr. 4.

### Endurteil des I. Senats vom 27. Mai 1884.

Die selbständigen Gutsbezirke der neueren Gesetzgebung haben sich rechtshistorisch nur aus denjenigen Gütern herausgebildet, welchen ehemals die Gutsherrschaft zustand, welche Gutsunterthanen hatten, bezw. nach der rechtlichen Qualität ihres Besitzes solche haben konnten. Der öffentlich, rechtliche Inhalt der Gutsherrschaft nach Allgem. Landrecht — der in kommunaler Beziehung trotz der gänzlichen Umgestaltung der ländlichen Besitzverhältnisse durch die Landeskulturgesetzgebung erhalten blieb und so von den späteren Gesetzen vorgefunden wurde, — ist die in der Herrschaft über die Unterthanen enthaltene obrigkeitliche Gewalt im Gutsbezirk. Solche Rechte standen keineswegs dem Besitzer jedes freien Gutes zu, sondern nur den Besitzern der Rittergüter und derjenigen freien Güter, welche diese Vorrechte durch Provinzialgesetze, Privileg oder Verjährung darthun.

Dieses entscheidende Kriterium, die mit dem Besitz des Gutes für dasselbe verbundene ortsobrigkeitliche Stellung schließt es aus, die unerläßliche Voraussetzung der kommunalen Selbständigkeit eines Gutes in thatsächlichen Momenten, wie Größe, Leistungsfähigkeit, wirtschaftliche Selbständigkeit und Geschlossenheit, oder in dem ehemaligen Rechte der Standschaft - das mit dem der Obrigkeit keineswegs zusammenfällt — oder in dem Besitz einzelner obrigkeitlicher Rechte (Polizeigewalt, Gerichtsbarkeit pp.) zu finden, die, wo sie bestanden haben, wesentliche Merkmale des obrigkeitlichen, gutsherrlichen Verhältnisses darstellen, dieses aber nicht erschöpfen und namentlich nach älterem Staatsrecht vereinzelt verschiedenen Rechtssubjekten zustehen konnten.

## Nr. 5.

### Endurteil des I. Senats vom 7. Februar 1885.

Die Frage, ob eine Ortschaft eine selbständige Gemeinde bildet, kann nicht in einem Streitverfahren nur zwischen dieser und dem zur Wahrnehmung des öffentlichen Interesses bestellten Kommissar zum Austrag gebracht werden. Vielmehr bedarf es der Zuziehung auch der Besitzer der beteiligten Grundstücke, ohne deren Anhörung die Kommunalverhältnisse ihrer Grundstücke nicht definitiv normiert werden dürfen.

## Nr. 6.

### Endurteil des I. Senats vom 9. Januar 1886.

In dem Streitverfahren betreffend Feststellung der Kommunalverhältnisse einer Ortschaft sind alle Beteiligten von Amtswegen und zwar, soweit sie nicht schon als Parteien auftreten, durch Beiladung zuzuziehen. Dieselben sind auch in den weiteren Instanzen des Verfahrens in gleicher Weise zu beteiligen, selbst wenn sie ein Rechtsmittel nicht eingelegt haben, oder das von anderer Seite eingelegte Rechtsmittel nicht ausdrücklich gegen sie mit gerichtet ist.

## Nr. 7.

**Endurteil des I. Senats vom 17. März 1886.**

1) Grundstücke, welche einem Gutsbezirke angehören, werden durch Veräußerung nicht kommunalfrei, sondern verbleiben im alten gutsherrlichen Verbande, wenn sie nicht einem andern Guts- bezw. Gemeindeverbande einverleibt werden.

2) Ein Streitverfahren, in welchem die Frage, ob eine Ortschaft als selbstständiger Gemeindebezirk oder als Teil eines domainenfiskalischen Gutsbezirks anzusehen ist, nicht als ein bloßer Incidentpunkt, sondern als Frage des öffentlich-rechtlichen Status ganz allgemein und mit rechtlicher Wirkung auf alle von dem Status abhängigen Rechtsverhältnisse entschieden werden soll, ist ein solches, welches vorwiegend das öffentliche Interesse berührt. In demselben muß daher ein Vertreter des öffentlichen Interesses zugezogen werden und zwar schon von Anbeginn an, in erster Instanz. Eine ohne solche Zuziehung ergangene Entscheidung ist aufzuheben.

## Nr. 8.

**Endurteil des I. Senats vom 9. Juni 1886.**

Unter „bäuerlichen Grundstücken" im Sinne des § 18 A. L.-R. II, 7 sind nicht nur solche Grundstücke zu verstehen, deren Besitzer als solche Gutsunterthanen waren. Auch schließt § 18 nicht aus, daß zur Dorfgemeinde außer den bäuerlichen Besitzern noch andere Grundbesitzer gehören können, von denen nicht bäuerliche Dienste und Lasten getragen werden, z. B. Krüge, Schmieden, Mühlen, Pfarr- und Kirchengrundstücke. Nähme man das Gegenteil an, so würden die §§ 775, 776 A. L.-R. II, 11 überflüssig und unverständlich sein.

## Nr. 9.

**Endurteil des I. Senats vom 15. Januar 1887.**

1) Die Legitimation zur Anstellung einer Klage im Verwaltungsstreitverfahren hat zur Voraussetzung, daß der Kläger ein ihm zustehendes Recht verteidigt; dagegen genügt nicht ein allgemeines Interesse an der Feststellung eines streitigen Rechtsverhältnisses, durch welches ein eigenes Recht des Klägers nicht berührt wird. — Demgemäß ist eine Landgemeinde berechtigt, auf Grund des § 26 Zuständigk.-Ges. eine verwaltungsrichterliche Entscheidung darüber herbeizuführen, ob ein angrenzendes Grundstück zu ihrem Gemeindebezirke gehört. Sie ist dagegen nicht befugt, den Klageantrag dahin zu stellen: daß dasselbe nicht die Eigenschaft eines selbständigen Gutsbezirks habe.

2) Für die Entscheidung der Frage, ob ein Grundstück zu einer Landgemeinde gehört, ist es nicht ausreichend, zu prüfen, ob dasselbe vor Erlaß des Gesetzes über die Armenpflege vom 31. Dezember 1842 thatsächlich mit dieser Gemeinde vereinigt gewesen ist. Es bedarf vielmehr bei Verneinung einer solchen Zusammengehörigkeit des Zurückgehens auf die Verhältnisse zur Zeit der Emanation des Allgemeinen Landrechts. Grundstücke, welche zu jener Zeit in wirtschaftlicher Zusammengehörigkeit zu einer Landgemeinde sich befanden, gehören derselben an und sind in diesem Rechtsverhältnisse verblieben, selbst wenn sie später thatsächlich als Gutsbezirk oder als kommunalfrei behandelt worden sind.

## Nr. 10.

**Endurteil des II. Senats vom 7. Februar 1887.**

1) Durch das Eingreifen der Gesetzgebung in bestehende Zustände entsteht für die davon Betroffenen in Ermangelung spezieller Rechtstitel ein Entschädigungsanspruch in der Regel nur dann, wenn und soweit das Gesetz denselben ausdrücklich anerkennt.

2) Aus der Veränderung der bisherigen Grenzen von Kommunalverbänden folgt im Allgemeinen ein Entschädigungsanspruch des einen Verbandes gegen den andern nicht, weil davon auszugehen ist, daß die Veränderung gerade zu dem Zweck erfolgt, um ein bisheriges unrichtiges Verhältnis zwischen den beteiligten Korporationen hinsichtlich der kommunalen Bedürfnisse den realen Verhältnissen entsprechend zu berichtigen. Wird eine Landgemeinde von einem Provinzialverbande abgezweigt und einem andern einverleibt, so hat der letztere deshalb keinen Anspruch auf Ueberweisung eines entsprechenden Anteils an dem Provinzialvermögen. Liegt in dem seine Provinzialangehörigkeit wechselnden Gemeindebezirk eine Provinzialchaussee, so geht diese auf den Provinzialverband, welchem derselbe zugeschlagen wird, über, wogegen diesem von dem Provinzialverbande, welchem er bisher angehörte, eine nach dem Betrage der durchschnittlichen jährlichen Unterhaltungskosten festzustellende Jahresrente zu gewähren ist.

## Nr. 11.

**Endurteil des I. Senats vom 14. Mai 1887.**

1) Wenn § 1 der Landgem.-Ordn. vom 14. April 1856 vorschreibt, daß den Bezirk einer Landgemeinde alle diejenigen Grundstücke bilden, „welche demselben bisher angehört haben", so ist diese Bestimmung nicht dahin zu verstehen, daß der bei Inkrafttreten des Gesetzes gerade vorhandene *thatsächliche* Zustand habe als zu Recht bestehend anerkannt und gesichert werden sollen, sondern es ist auf die *rechtliche* Zubehörigkeit der damals vorhandenen Grundstücke zu dem Gemeindebezirke zurückzugehen.

2) Da die Regelung streitiger Kommunalverhältnisse nicht von der freien Entschließung der streitenden Parteien abhängig ist, so ist der Verwaltungsrichter bei deren Feststellung an die Anträge der Parteien nicht gebunden.

3) Die Zuziehung eines Vertreters des öffentlichen Interesses ist überall da unerläßlich, wo die Eigenschaft einer Ortschaft als Gemeinde oder eines Guts als Gutsbezirk in Frage steht, und nur dann entbehrlich, wenn lediglich über die Grenzen anerkannt bestehender Gemeinden und Gutsbezirke gestritten wird. — Diese Zuziehung muß in allen Stadien des Streitverfahrens erfolgen, und soweit dieselbe unterblieben ist, muß das Verfahren wiederholt werden.

## Nr. 12.

**Endurteil des II. Senats vom 7. Juni 1887.**

In einem Streitverfahren über die kommunale Zugehörigkeit von Grundstücken kommt den Parteierklärungen eine unbedingte Bedeutung nicht zu und zumal dann nicht, wenn sich gegen deren Inhalt aus dem sonstigen Thatbestande wesentliche Bedenken ergeben.

### b. Dienstunkostenentschädigungen.

(Vergl. P. Rechtsgrundsätze, Stammwerk V. D.)

**Endurteil des I. Senats vom 4. Oktober 1879.**

1) Die Kommunalaufsichtsbehörde (der Kreisausschuß als Beschlußbehörde) ist bei der ihr nach § 28 Kreisordn. und § 47 des alten Zuständ.-Ges. — vgl. jetzt Zuständ.-Ges. § 32 No. 4 — obliegenden Festsetzung der Dienstunkostenentschädigung der Gemeindevorsteher, da diese im Interesse des öffentlichen Dienstes stattfindet, an vorgängige Abmachungen zwischen Gemeinde und Gemeindevorsteher nicht gebunden.

2) Das Festsetzungsverfahren erstreckt sich zwar zunächst nur auf die Höhe der zu gewährenden Dienstunkostenentschädigung; dabei kann aber auch die Art der Erfüllung insofern in Betracht kommen, als es sich um Bemessung eines Zuschusses zu sonstigen, dem Gemeindevorsteher zur Bestreitung der Dienstunkosten unstreitig zustehenden Bezügen handelt. Wo es jedoch streitig ist, ob der Gemeindevorsteher als solcher derartige Bezüge genießt, da hat sich der Verwaltungsrichter, indem er die Entscheidung über die streitigen Privatrechte dem zuständigen Richter überläßt, darauf zu beschränken, lediglich den Gesamtbetrag der Dienstunkostenentschädigung mit der Wirkung festzustellen, daß danach die Erfüllung der der Gemeinde auferlegten Verpflichtung ohne Rücksicht auf die Entscheidung des zwischen den Parteien schwebenden privatrechtlichen Streites zu erfolgen hat.

### c. Wahlen.

(Vergl. P. Rechtsgrundsätze, Stammwerk und Supplementband I, Erste Abteilung V E.)

#### Nr. 1.

**Endurteil des I. Senats vom 14. Mai 1881.**

Nach § 5 Nr. 5 des Landgemeinde-Verfassungsgesetzes vom 14. April 1856 sind bei der Ausübung des Gemeindestimmrechts die Besitzer solcher kleineren Grundstücke, welche zu ihrer Bewirtschaftung kein Zugvieh erfordern, zu Kollektivstimmen zu vereinigen. Für die Anwendung dieser Bestimmung kommt es nicht darauf an, ob der Besitzer eines Grundstücks Spannvieh zu halten im Stande ist, sondern ob die Beschaffenheit des Grundstücks die Benutzung von Spannvieh zur rationellen Bewirtschaftung desselben nach landwirtschaftlichen Grundsätzen verlangt.

#### Nr. 2.

**Endurteil des I. Senats vom 26. Oktober 1881.**

Die vorgeschriebene Auslegung der Wählerliste bei Gemeindewahlen bezweckt, die Ergänzung und Richtigstellung mangelhafter und irriger Wählerlisten zu ermöglichen und so der Vornahme rechtswidriger und anfechtbarer Wahlen vorzubeugen. Sie hat deshalb keine derartig selbständige Bedeutung, daß das Unterbleiben der Auslegung unter allen Umständen die Ungiltigkeit der Wahl zur Folge haben müßte, auch wenn nachgewiesen werden kann, daß die Liste richtig und vollständig aufgestellt und der Wahl zu Grunde gelegt ist.

## Nr. 3.

**Endurteil des I. Senats vom 28. November 1882.**

Das Verwaltungsstreitverfahren ist nach § 45 des alten Zuständigk.-Ges. — jetzt §§ 27, Nr. 2, 28 des neuen Zuständigk.-Ges. — nur zulässig, wenn es sich um Wahlen zur Gemeindevertretung (Landgemeindeverf.-Ges. vom 14. April 1856, § 8), nicht aber, wenn es sich um die Wahl von Vertretern der Kollektivstimmen (§ 5 a. a. O.) handelt.

## Nr. 4.

**Endurteil des I. Senats vom 6. Juli 1886.**

1) Ein Irrtum in den Steueransätzen bei Aufstellung der Gemeindewählerliste berechtigt dann zu Einspruch und Klage, wenn die Berichtigung dieses Irrtums zugleich eine Aenderung der Wählerliste, bezw. der Klasseneinteilung derselben zur Folge hat. Die Darlegung der einzelnen aus dieser Berichtigung sich ergebenden Aenderungen gehört nicht zur Begründung des Einspruchs, bezw. der Klage.

2) Auch an die Stelle von Naturalleistungen getretene Geldabgaben sind als Gemeindesteuern anzusehen und als solche bei Aufstellung der Gemeindewählerlisten zu berücksichtigen.

3) Die offene Handelsgesellschaft stellt keine von den Gesellschaftern verschiedene juristische Person dar. Träger der Steuerpflicht sind daher die einzelnen Gesellschafter, nicht die Gesellschaft als solche, und zwar verteilt sich die Steuerlast auf dieselben nach den Quoten, mit welchen sie an Gewinn und Verlust teilnehmen, in Ermangelung eines anderen Maßstabes nach Köpfen.

4) Der Einspruch gegen die Wählerliste ist auch dann begründet, wenn die Aufstellung nach dem zur Verfügung stehenden Material richtig erfolgt ist, dieses Material selbst aber Unrichtigkeiten enthielt.

## Nr. 5.

**Endurteil des I. Senats vom 25. September 1886.**

Ein Beschluß des Kreisausschusses, durch welchen die von dem Landrat beantragte Zustimmung zu der Nichtbestätigung einer Schöffenwahl (§ 26 der Kreisordnung) versagt wird, unterliegt zwar, wie jeder definitive Beschluß des Kreisausschusses der Anfechtung durch Klage seitens des Vorsitzenden gemäß § 126 des Landesverwaltungsgesetzes. Diese Klage kann aber nur darauf gestützt werden, daß der Kreisausschuß seine Befugnisse überschritten oder das bestehende Recht verletzt habe, nicht aber darauf, daß derselbe von einer unzutreffenden Würdigung der thatsächlichen Verhältnisse ausgegangen sei.

## Nr. 6.

**Endurteil des I. Senats vom 29. Juni 1887.**

1) Einsprüche gegen die Ordnungsmäßigkeit der Wahl eines Gemeindevorstehers oder Schöffen sind nicht im Verwaltungsstreitverfahren, sondern durch Beschluß der Aufsichtsbehörde zu erledigen.

2) Hat über einen solchen Einspruch der Gemeindevorstand Beschluß gefaßt, so ist auf erhobene Klage im Verwaltungsstreitverfahren zwar die Aufhebung dieses Beschlusses wegen Unzuständigkeit der beschließenden Behörde auszusprechen, nicht aber über die Giltigkeit oder Ungiltigkeit der angefochtenen Wahl zu entscheiden.

## d. Rechte und Pflichten der Gemeindebeamten.

(Vergl. P. Rechtsgrundsätze, Stammwerk, Erste Abteilung V F.)

### Nr. 1.

**Endurteil des I. Senats vom 2. Oktober 1878.**

Die Aufbringung der dem Gemeindevorsteher für seine baaren Auslagen und Mühewaltung zustehenden Entschädigung liegt der Gemeinde ob, — Kreis-Ordn. § 28. — Wenn daher § 47 des (alten) Zuständigkeitsgesetzes — jetzt Zuständigk.-Ges. § 32, Nr. 4 — dem Kreisausschuß die Beschlußfassung über die Höhe der Entschädigung auf Antrag der Beteiligten überträgt, so kann zur Herbeiführung solcher Beschlußfassung, sowie demnächst zur Anfechtung des ergangenen Beschlusses, nur einerseits der Gemeindevorsteher, andererseits die Gemeinde, nicht aber ein einzelnes Gemeindemitglied oder eine Mehrzahl derselben für befugt erachtet werden.

### Nr. 2.

**Endurteil des I. Senats vom 26. September 1885.**

1) Ein Schöppe ist nur dann befugt, die Vollziehung eines Gemeindebeschlusses zu verweigern (§ 10 des Landgem.-Verfassungsges. vom 14. April 1856), wenn das Protokoll dem thatsächlichen Hergange zuwider nicht den von der Mehrheit gefaßten Beschluß wiedergiebt. Dagegen darf er die Unterschrift nicht deshalb ablehnen, weil seinem Antrage auf Aufnahme der Motivirung des Beschlusses nicht stattgegeben ist.

2) Die Zuziehung eines nicht zu den Gemeindemitgliedern gehörigen Protokollführers in einer Gemeindeversammlung ist nicht verboten und berechtigt gleichfalls nicht zur Ablehnung der Vollziehung des gefaßten Gemeindebeschlusses.

### Nr. 3.

**Endurteil des I. Senats vom 6. Februar 1886.**

1) Eine Disziplinarverfügung, welche eine Ordnungsstrafe a n d r o h t, kann nicht mit Klage angefochten werden. Beschwerde und Klage sind vielmehr nur gegen die die Disziplinarstrafe v e r h ä n g e n d e, d. h. festsetzende Verfügung zulässig.

2) Die Vollziehung der Schuldurkunde über von der Gemeinde beschlossene Darlehne gehört zu den amtlichen Pflichten der Schöppen. Die Erfüllung dieser Pflicht kann im Aufsichtswege erzwungen, die Weigerung disziplinarisch geahndet werden.

# Zweite Abteilung.

## Kirche, Schule und Personenstand.

---

### 1. Die Kirche.

(Vergl. P. Rechtsgrundsätze, Stammwerk und Supplementband I, Zweite Abteilung VII.)

#### Nr. 1.

**Endurteil des I. Senats vom 1. November 1884.**

1) Der Besitz von Kirchhöfen ist kein Privilegium der Kirchengesellschaften; nach § 190 A. L.-R., Teil II, Tit. 11 kann der Kirchhof auch Land- oder Stadtgemeinden gehören. Die Anlegung eines Kirchhofs gehört daher an sich zu denjenigen Angelegenheiten, welche in den Geschäftsbereich der ländlichen Gemeindeversammlungen fallen und deren Beschlußfassung unterliegen.

2) Irrtümer der nachgeordneten Behörden bei Ausübung ihrer Befugnisse rechtfertigen ein disziplinarisches Einschreiten noch nicht. Ein solches ist erst dann statthaft, wenn gleichzeitig das bewußte oder mindestens fahrlässige Zuwiderhandeln gegen die Amtspflichten bezw. ein des Berufs unwürdiges Verfahren klar erkennbar werden.

#### Nr. 2.

**Endurteil des I. Senats vom 19. Februar 1887.**

Nach Pommerschem Provinzialrecht (Kirchenordnung von 1563) erbringt eine unter Zuziehung aller Interessenten aufgenommene Kirchenmatrikel vollen Beweis, und ihr Inhalt kann nur wegen Irrtums angefochten werden. Ist daher in einer solchen Matrikel eine Observanz über die Verteilung der Kirchenlasten bezeugt, so liegt nunmehr demjenigen, der dieselbe bestreitet, der Beweis ihres Nichtbestehens ob.

### 2. Synagogengemeinden.

(Vergl. P. Rechtsgrundsätze, Stammwerk, Zweite Abteilung VIII.)

#### Nr. 1.

**Endurteil des II. Senats vom 3. November 1884.**

1) Die notwendige Voraussetzung der Klage aus § 54, Zuständigk.-Ges. wegen Überbürdung mit Synagogenbeiträgen ist der auf die Reklamation ergangene Bescheid der zuständigen Organe — Ges. v. 18. Juni 1840 § 14 —, so daß erst gegen diesen Bescheid die Klage überhaupt stattfindet.

2) Die Anwendbarkeit des § 1 Ges. vom 18. Juni 1840 ist nicht von der Berechtigung der veranlagenden Behörde, die Abgabe zu erheben, abhängig. Auch der Nichtabgabenpflichtige, welcher herangezogen wird, muß reklamieren, wenn er sein Rückforderungsrecht wahren will.

### Nr. 2.

**Endurteil des II. Senats vom 29. Juni 1885.**

Ein ausländischer Jude, welcher auf seinem im Inlande belegenen Gute eine dauernd eingerichtete Wohnung hat und sich alljährlich mehrmals mit seiner Familie und seinem Dienstpersonal dorthin zu längerem Aufenthalte begiebt, hat auf dem Gute einen zweiten Wohnsitz begründet und kann daselbst zu Synagogengemeindebeiträgen herangezogen werden.

### Nr. 3.

**Endurteil des II. Senats vom 28. Januar 1886.**

Eine in dem Statut einer Synagogengemeinde enthaltene Bestimmung, nach welcher die aus dem Synagogenbezirke verziehenden Mitglieder verpflichtet sind, die Beiträge noch für das ganze laufende Etatsjahr zu entrichten, ist rechtlich wirksam und steht nicht im Widerspruch mit der subsidiarischen Vorschrift im § 103 Tit. 6 Teil II. A. L.-R. Der Autonomie der Korporationen ist es überlassen, besondere Bestimmungen über das Aufhören der Beitragspflicht zu treffen.

### Nr. 4.

**Endurteil des II. Senats vom 7. Dezember 1886.**

1) Der den Mitgliedern einer Synagogengemeinde statutenmäßig zustehende Anspruch auf Gewährung eines unentgeltlichen Begräbnisplatzes gehört zu denjenigen Rechten Einzelner, über welche im Streitfalle gemäß § 54 des Zuständigkeitsgesetzes vom 1. August 1883 der Bezirksausschuß zu entscheiden hat.

2) Ist in dem Statut einer Synagogengemeinde die Mitgliedschaft von dem Erfordernis der Selbständigkeit abhängig gemacht, so ist in Ermangelung einer anderweiten ausdrücklichen oder sich unzweifelhaft aus dem Zusammenhange ergebenden Bestimmung darunter nicht die Selbständigkeit im engeren (wirtschaftlichen) Sinne, sondern die rechtliche Selbständigkeit zu verstehen.

### Nr. 5.

**Endurteil des II. Senats vom 11. Januar 1887.**

1) Nimmt die Steuerbehörde aus einer Gegenvorstellung des Besteuerten Veranlassung, sich über den Gegenstand des Einspruchs nochmals schlüssig zu machen und einen neuen Reklamationsbescheid zu erlassen, der an die Stelle des früheren zu treten bestimmt ist, so entsteht dadurch dem Steuerpflichtigen ein neues Klagerecht, für dessen Ausübung die Frist von der Zustellung des zweiten Bescheides beginnt.

2) Die Heranziehung von dem Mittelpunkt des Synagogenbezirks entfernt wohnender Juden zu den Synagogenbeiträgen gemäß § 58 Abs. 2 des Gesetzes vom 23. Juli 1847 kann nur stattfinden, sofern zur Zeit der Veranlagung bereits die dort vorgesehene Festsetzung seitens der Regierung getroffen war.

Nr. 6.

**Endurteil des II. Senats vom 30. September 1887.**

1) Die Zugehörigkeit zu einer auf Grund des Gesetzes vom 23. Juli 1847 constituirten Synagogengemeinde und die Verpflichtung, zu den Synagogenbeiträgen beizusteuern, kann durch Statut auf alle im Bezirk der Gemeinde wohnhaften Juden erstreckt werden. Neu anziehende Personen israelitischer Confession können sich in diesem Falle durch die bloße Erklärung, der Synagogengemeinde nicht beitreten und von deren Kultuseinrichtungen nicht Gebrauch machen zu wollen, von der Beitragspflicht nicht befreien, sofern sie nicht an ihrem früheren Wohnort in den Formen des Gesetzes vom 28. Juli 1876 ihren Austritt aus der dortigen Synagogengemeinde bewirkt haben.

2) Die Bestimmungen der Civilprozeßordnung über das Armenrecht finden auf das Verwaltungsstreitverfahren keine Anwendung.

## 3. Die Schule.

### a. Feststellung des Geldwertes der Naturalien und des Ertrages der Ländereien bei amtlicher Festsetzung des Einkommens der Elementarlehrer.

(Vergl. P. Rechtsgrundsätze, Stammwerk, Zweite Abteilung IX. a.)

Nr. 1.

**Endurteil des I. Senats vom 12. Oktober 1878.**
Centralbl. f. d. Unterrichtsverw. 1878, S. 689.

Bei Feststellung des Ertragswerts der Dienstländereien einer Schulstelle ist der Verwaltungsrichter an die Vorschriften des Gesetzes vom 15. Juni 1840 für die gerichtliche Abschätzung der Grundstücke von geringem Wert nicht gebunden, sondern hat nach seiner freien, aus dem ganzen Inbegriff der Verhandlungen und Beweise geschöpften Überzeugung zu entscheiden.

Nr. 2.

**Endurteil des I. Senats vom 15. Mai 1886.**

Die der Schulaufsichtsbehörde zustehende Befugnis, die Lehrergehälter zu normieren, unterliegt nicht der Nachprüfung im Verwaltungsstreitverfahren.

### b. Heranziehung zu Abgaben und sonstigen nach öffentlichem Rechte zu fordernden Leistungen für Schulen, welche der allgemeinen Schulpflicht dienen.

(Vergl. P. Rechtsgrundsätze, Stammwerk und Supplementband I., IX. B.)

Nr. 1.

**Endurteil vom 27. März 1878.**

Die nach dem Schlesischen Schul-Reglement von 1801 der Ortsherrschaft obliegende Verpflichtung, einen Beitrag zu den für den Ortschullehrer bestimmten Emolumenten zu leisten, erstreckt sich nur auf die bei Erlaß des Schulreglements vorhandenen, nicht auf später hinzugekommenen Schulen. Wird neben einer bestehenden konfessionellen Schule später eine andere Schule für eine andere Confession errichtet, so hat für die Lehrerbesoldung die betreffende

Religionsgemeinschaft allein zu sorgen. Dasselbe gilt, wenn an einer bestehenden Schule ein zweiter Lehrer der anderen Confession für die derselben angehörenden Kinder angestellt wird.

## Nr. 2.

**Endurteil des II. Senats vom 14. Dezember 1878.**

Im Streitverfahren betreffend die Heranziehung zu Schulbeiträgen kann nicht die Dorfgemeinde, sondern nur die Schulgemeinde als Partei auftreten, sofern nicht die erstere — wozu sie vermöge der ihr beigelegten Autonomie unter Zustimmung der Kommunalaufsichtsbehörde befugt ist — der Schulsozietät die Schullasten abgenommen und dieselben dadurch in Kommunallasten umgewandelt hat.

## Nr. 3.

**Endurteil des II. Senats vom 17. Februar 1879.**

Centralbl. f. d. Unterrichtsverw. 1880, S. 682.

1) Nach §§ 18, 19 des Schles. Schulreglements vom 18. Mai 1801 sind zur Beschaffung des Brennmaterials und zur Aufbringung des baaren Geldes für die Schule Gutsherrschaft und Gemeinde verpflichtet. Für den Gemeindeanteil sind nur die Stellenbesitzer im Gemeindebezirk beitragspflichtig.

2) Neben der gutsherrlichen Beitragspflicht von $^1/_3$ der erforderlichen Leistungen besteht eine besondere Beitragspflicht der Bewohner des etwa vorhandenen gutsherrlichen Vorwerkslandes nicht. Pächter- und Einliegerhäuser innerhalb der gutsherrlichen Grenzen können von der Schule nicht besonders besteuert werden.

3) Der Gutsbesitzer ist nicht berechtigt, wegen seines Dominial-Drittels sich an die auf dem herrschaftlichen Vorwerkslande vorhandenen Dienstboten, Tagelöhner, Pächter und Ansiedler zu halten, da die Gesetze ihm ein Recht der Unterverteilung und Einziehung nicht geben.

## Nr. 4.

**Endurteil des I. Senats vom 10. Februar 1880.**

1) Dem Schulvorstande steht den Censiten gegenüber ein Klagerecht auf Zahlung der ausgeschriebenen Beiträge nicht zu; wenn die zuständige Behörde die exekutivische Einziehung ablehnt, kann derselbe nur im Beschwerdewege sich an die Aufsichtsbehörde wenden. Zur Klage im Verwaltungsstreitverfahren ist vielmehr nur der Besteuerte gegenüber dem Schulvorstande berechtigt.

2) Auf die Aufbringung von Schulabgaben in Gutsbezirken finden im Geltungsbereich der Preuß. Schulordnung vom 11. Dezember 1845 die Vorschriften für die Repartition in Landgemeinden keine Anwendung. Zu denselben haben vielmehr außer den Gutsherrn gemäß § 56 a. a. O. nur die Anwohner beizutragen.

3) Zu den Anwohnern im Sinne des § 56 2c. kann Jemand, der außerhalb des Schulbezirks seinen Wohnsitz hat, wenn er auch in demselben mit Grundbesitz angesessen ist, nicht gerechnet werden.

## Nr. 5.

**Endurteil des II. Senats vom 20. Februar 1880.**

Centralbl. f. d. Unterrichtsverw. 1880, S. 686.

Nach Schlesischem Provinzialrecht — Schulreglement vom 18. Mai 1801 — ist den Besitzern von Stellen im Gutsbezirk eine Beitragspflicht zu den Schullasten nicht auferlegt.

## Nr. 6.

**Endurteil des II. Senats vom 17. März 1880.**

Centralbl. f. d. Unterrichtsverw. S. 675.

1) Im Streitverfahren betreffend die Heranziehung zu den Schulabgaben kann nur eine bestimmte zur Hebung gestellte Steuerforderung, nicht aber die Steuerpflicht an sich zur Entscheidung gestellt werden.

2) Das Klagerecht steht nur dem Besteuerten gegen die besteuernde Behörde zu, nicht umgekehrt. Es ist unzulässig, daß der Schulvorstand ein Schulsozietätsmitglied auf Zahlung eines Beitrags verklagt, anstatt dasselbe heranziehen und ihm die Reklamation bezw. Klage zu überlassen.

## Nr. 7.

**Endurteil des I. Senats vom 16. Juni 1880.**

1) Die Aufsichtsbehörde, welche auf Grund der Kab.-Ordre vom 19. Juni 1836 (G. S. S. 198) gemäß § 33 A. L. R. II. 12 über die Beitragspflicht und die Höhe des Beitrags des Gutsherrn sowie über die Zulässigkeit der Administrativexecution Bestimmung trifft, übt richterliche Funktionen aus; es ist daher eine Anfechtung dieser Entscheidung durch Klage gegen die Aufsichtsbehörde nicht zulässig.

2) Wenn der zu einem Schulbeitrag Herangezogene gegen die Schulgemeinde, bezw. den Schulvorstand, Klage auf Ermäßigung oder gänzliche Befreiung im Verwaltungsstreitverfahren erhebt, so ist der Richter an die Festsetzung der staatlichen Aufsichtsbehörde nicht gebunden, hat vielmehr selbstständig zu entscheiden, ob die Heranziehung begründet ist, ob die gesetzlichen Voraussetzungen vorhanden sind, und ob die Bemessung des Beitrags den bestehenden Bestimmungen entspricht.

## Nr. 8.

**Endurteil des I. Senats vom 6. November 1880.**

Im Verwaltungsstreitverfahren kann nur die Frage entschieden werden, ob eine bestimmte Schulabgabenforderung ihrem Grunde nach gerechtfertigt und ihrem Betrage nach richtig bemessen ist. Dagegen kann die Steuerpflicht in abstracto sowie die Frage, ob die Lehrergehaltszulage in formeller und materieller Hinsicht richtig verteilt ist, nicht zum Gegenstand des Verwaltungsstreitverfahrens gemacht werden.

(Vergl. Entscheid. des O. V. G. Band III. S. 155. — Band V. S. 183.)

## Nr. 9.

**Endurteil des I. Senats vom 10. September 1881.**

1) In den Provinzen Ost- und West-Preußen liegt die Unterhaltung der Volksschule den zur Schule gehörigen Ortschaften, d. h. den Gemeinden und Gutsbezirken ob.

Den Anteil der Gemeinde haben die Mitglieder derselben nach dem Kommunalsteuerfuße aufzubringen, den Anteil des Gutsbezirks tragen der Gutsherr und die Anwohner. — Preuß. Schulordn. vom 11. Dezember 1845. §§ 39. 55. ff. —

Der Gemeindevorsteher hat den Anteil der Gemeinde auf die pflichtigen Gemeindeglieder zu verteilen, einzuziehen und an den Schulvorstand abzuführen. Die gleiche Verpflichtung liegt nach § 31 Kreis-Ordn. dem Gutsvorsteher ob.

2) Die Ausschreibung der von dem Gutsbezirke aufzubringenden Schulbeiträge kann nicht von dem Gutsvorsteher nach seinem Belieben vorgenommen werden. Vielmehr ist hierfür nach § 60 der Schulordnung allein die von der Königl. Regierung getroffene Festsetzung maßgebend.

## Nr. 10.

**Endurteil des I. Senats vom 18. Oktober 1881.**

1) Der Gutsvorsteher ist zur Ausschreibung von Schulsteuern nicht berechtigt. Thut er das auf Anordnung der Regierung und im Namen derselben, so hat er deren Handlungen im Verwaltungsstreitverfahren nicht zu vertreten.

2) Nimmt die Regierung — wozu sie befugt ist — die Obliegenheiten des Schulvorstandes bei einer Steuerveranlagung selbst wahr, so tritt sie dadurch in die Stelle der veranlagenden Behörde. Alsdann ist bei ihr Reclamation zu erheben, und sie hat die Veranlagung im Streitverfahren zu vertreten.

## Nr. 11.

**Endurteil des I. Senats vom 19. Oktober 1881.**

Bei Streitigkeiten über nicht steuerartige Leistungen zu Schulzwecken — z. B. Lieferung von Brennmaterial — kann auch der Schulvorstand als Kläger auftreten. Es kann sowohl über die Leistungspflicht im Princip als über eine einzelne geforderte Leistung gestritten werden, und die Vorschriften des Gesetzes vom 18. Juni 1840 über Reklamationen finden in diesem Falle keine Anwendung.

## Nr. 12.

**Endurteil des I. Senats vom 21. Mai 1883.**

1) Dem Schulvorstande liegt es ob, das zum Unterhalt des Lehrers Erforderliche nach dem gesetzlichen Verteilungsmaßstabe auf die beitragspflichtigen Hausväter umzulegen. Beitragspflichtig sind diejenigen, welche aus eigenem Vermögen oder aus eigenem Erwerbe ihren Unterhalt gewinnen.

2) Ist nach der Ansicht des Schulvorstandes der Kontribuent zur Zeit, d. h. für die Veranlagungsperiode, nicht im Stande, den schuldigen Beitrag ganz oder zum Teil zu entrichten, so kann derselbe nicht ohne Weiteres die subsidiär verpflichtete Gutsherrschaft in Anspruch nehmen. Er hat sich vielmehr an die staatliche Aufsichtsbehörde, die Regierung, zu wenden, welche entscheidet, wieviel jeder der Kontribuenten selbst zu entrichten, und für wieviel die Gutsherrschaft aufzukommen hat. Diese Entscheidung ist im Verwaltungsstreitverfahren nicht anfechtbar.

3) Der § 33 A. L. R. Th. II. Tit. 12 — welcher vorschreibt, daß die Gutsherrschaften auf dem Lande ihre Unterthanen bei Tragung der Schulbeiträge zu unterstützen haben — ist noch in Geltung und durch das Edikt vom 9. Oktober 1807 nicht aufgehoben.

## Nr. 13.

**Endurteil des I. Senats vom 15. September 1883.**

Unter Schulbaukosten sind alle diejenigen Kosten zu verstehen, welche von den Pflichtigen in Erfüllung ihrer rechtlichen Bauverbindlichkeit zu tragen sind, mithin auch die Kosten der mietweisen Beschaffung der für die Schule notwendigen Räume bezw. die durch die Anmietung einer Lehrer-Dienstwohnung entstehenden Kosten.

## Nr. 14.

**Endurteil des I. Senats vom 17. Oktober 1885.**

1) Die Schlesischen Schulreglements vom 3. November 1765 und 18. Mai 1801 legen die Unterhaltung des Lehrers und der Schulanstalt den Dominien und den politischen Gemeinden auf und bestimmen ausschließlich für den Fall, daß eine gemeinschaftliche Verbindlichkeit beider derselben Schule gegenüber besteht, die Verteilung gewisser Leistungen nach dem Maßstabe von $^1/_3$ zu $^2/_3$. (Regl. vom 3. November 1765, § 13. — Regl. vom 18. Mai 1801, § 19 a.) Sind in einem Gutsbezirk nur für diesen errichtete Schulen vorhanden, so finden jene Bestimmungen keine Anwendung, und der Gutsherr hat die Lasten allein zu tragen. — Vgl. Endurt. v. 7. Dezember 1881 (Band VIII. S. 169) und 8. November 1884 (Band IX. S. 164.)

2) Die in den genannten Reglements aufgestellten Rechtsnormen sind absolut bindend. Die Bildung einer Observanz, vermöge deren eine Erweiterung des Kreises der Schulunterhaltungspflichtigen erfolgen soll, ist ausgeschlossen.

## Nr. 15.

**Endurteil des I. Senats vom 31. Oktober 1885.**

1) Um die gutsherrliche Qualität eines Gutsbesitzers in Bezug auf Schulunterhaltungslasten festzustellen, ist der Nachweis erforderlich, daß das Gut entweder seinerzeit zu herrschaftlichen Rechten ausgethan oder später zu einem selbstständigen Gutsbezirk erhoben worden ist.

2) Unter Domainendörfern im Sinne des § 45 der Schulordnung vom 11. Dezember 1845 sind nicht nur solche Ortschaften zu verstehen, welche eine Landgemeinde-Verfassung besitzen.

3) Die §§ 55 ff. der Schulordnung finden auf die Lieferung von Brennholz keine Anwendung. Liegt diese nach Gesetz oder Herkommen der Gutsherrschaft ob, so vermindern sich dem entsprechend die von den Anwohnern, bezw. subsidiär von dem Gutsherrn zu tragenden Schulunterhaltungslasten.

## Nr. 16.

**Endurteil des I. Senats vom 12. Dezember 1885.**

1) Im Geltungsbereich der ost- und westpreußischen Schulordnung vom 11. Dezember 1845 ist in einem Streite über die Schulunterhaltungslast zwischen einer städtischen Kämmereikasse und einem mit der Stadt zu einem Schulverbande vereinigten Gutsbezirke der Gutsherr zur Anstellung der Klage wegen ungerechtfertigter Heranziehung zu den Unterhaltungskosten berechtigt, und ebenso ist die städtische Schuldeputation in solchem Falle zur Vertretung des Gesamtschulverbandes legitimiert.

2) Eine solidarische Verbindlichkeit der Art, daß die einem Schulverbande zugewiesenen Gemeinden in ihrer Gesamtheit zum vollen Betrage für die Unterhaltung der Schulanstalten verpflichtet wären, ist im Gesetze nicht begründet.

Vielmehr hat jede einzelne Gemeinde für sich nur den nach der Zahl der Haushaltungen auf sie entfallenden Anteil an diesen Kosten zu entrichten. (§ 40 das.)

3) Der Rechtstitel der von einer Schulgemeinde zu befriedigenden Geldansprüche liegt zwar in vielen Fällen auf dem Gebiete des Privatrechts; dadurch wird jedoch der öffentlich-rechtliche Charakter der zum Zwecke dieser Befriedigung erhobenen Schulsteuern nicht berührt.

4) Der städtischen Schuldeputation als Vertreterin des Schulverbandes liegt die Fürsorge für die Vermögensverwaltung der Schule ob. Dieselbe ist demgemäß zuständig, eine von der Stadtgemeinde gegen den zum Schulverbande gehörigen Gutsbesitzer erhobene Forderung Namens des Verbandes anzuerkennen und die Verteilung der zu deren Deckung erforderlichen Umlage auf Stadt- und Gutsbezirk zu bewirken.

5) Das Gesetz wegen Einführung kürzerer Verjährungsfristen vom 31. März 1838 findet auf Abgaben, welche an eine Korporation zu entrichten oder als Gemeindelast bezw. zur Unterhaltung öffentlicher Anstalten aufzubringen sind, keine Anwendung. Wegen dieser Leistungen ist vielmehr in den §§ 8, 12, 14 des Gesetzes vom 18. Juni 1840 — für die neuen Landesteile vergl. Gesetz vom 12. April 1882 — Bestimmung getroffen. Der Ablauf der Verjährungsfrist ist, sofern die Abgaben nicht schon vorher zur Hebung gestellt oder fällig gewesen sind, von der Zeit der Einforderung derselben zu berechnen.

## Nr. 17.

**Endurteil des I. Senats vom 3. März 1886.**

Auf die niederen katholischen Schulen in den Städten und auf dem platten Lande von Schlesien und der Grafschaft Glatz finden die Bestimmungen des A. L.-R. §§ 29 ff. II 12 keine Anwendung, sind vielmehr durch die Schulreglements vom 3. November 1765 und 18. Mai 1801 ersetzt.

Nach diesen Reglements ist auch die Observanz als Rechtsquelle für die Höhe der Besoldung der Lehrer und die Aufbringung ihrer Emolumente zugelassen.

## Nr. 18.

**Endurteil des I. Senats vom 3. April 1886.**

1) Ein Anspruch dahin, daß eine Stadtgemeinde nicht berechtigt sei, von der Schulgemeinde für die Benutzung der Schulgebäude einen Mietzins zu fordern, kann nicht von einzelnen Hausvätern, sondern nur von der gesetzlichen Vertretung der Schulgemeinde geltend gemacht werden.

2) Reklamationen gegen die Veranlagung zu Schulabgaben sind bei der Behörde anzubringen, welche die Abgaben ausgeschrieben hat; gegen dieselbe Behörde ist demnächst auch die Klage zu richten.

3) War diese Behörde zur Ausschreibung nicht befugt, so ist nicht etwa die Klage wegen mangelnder Passivlegitimation abzuweisen, sondern der von einer unzuständigen Behörde vorgenommenen Ausschreibung die Anerkennung zu versagen, bezw. dem Klageantrage, wenn derselbe ein Geringeres fordert, stattzugeben.

4) Die Verwaltung der Schulangelegenheiten einschl. der Ausschreibung der Schulabgaben soll nach der allgem. Verfg. vom 26. Juni 1811 in den Städten besonderen Schuldeputationen übertragen werden. Wo und solange solche nicht eingerichtet sind, verbleibt diese Verwaltung derjenigen Behörde, welche dieselbe bisher geführt hat.

### Nr. 19.

**Endurteil des I. Senats vom 8. Mai 1886.**

Die Klage auf Feststellung der Nichtverpflichtung zur Leistung einer Schulabgabe kann nur gegen den Schulvorstand als Vertreter der Schulgemeinde, nicht gegen einen anderen angeblich Verpflichteten gerichtet werden.

### Nr. 20.

**Endurteil des I. Senats vom 23. Juni 1886.**

Im Verwaltungsstreitverfahren gegen die Veranlagung zu Gemeinde- oder Schulabgaben kann der Anspruch nur in den durch den Einspruch und den hierauf ergangenen Beschluß gezogenen Grenzen geltend gemacht werden. Eine nachträgliche Erweiterung des Klageantrags über diese Grenzen hinaus enthält eine unzulässige Klageänderung.

### Nr. 21.

**Endurteil des I. Senats vom 3. Juli 1886.**

1) Die Schulbeiträge sind im Geltungsbereich des Allgemeinen Landrechtes eine persönliche Last der Mitglieder (Hausväter) der Schulsozietät; dieselben ruhen insbesondere weder auf dem Grundbesitze, noch bilden sie eine Verbindlichkeit der politischen Gemeinde.

2) Der Gutsherr der Schulgemeinde ist von den Schulbeiträgen befreit und kann zu denselben weder als Hausvater noch auch deshalb herangezogen werden, weil er zugleich Eigentümer bäuerlicher Grundstücke in der Schulgemeinde ist.

### Nr. 22.

**Endurteil des II. Senats vom 14. Dezember 1886.**

1) Gegen die Veranlagung zu einer Schulsteuer kann man fristzeitig nur bei dem veranlagenden Schulvorstande reklamieren.

2) Ob Almosenempfänger oder Erwerbsunfähige von den Kommunalabgaben befreit sind, hängt von dem Inhalte des örtlichen Kommunalsteuerregulativs ab.

### Nr. 23.

**Endurteil des I. Senats vom 16. Februar 1887.**

Wenn die Erweiterung einer Schule, zu welcher domainenfiskalische und adelige Ortschaften gehören, notwendig wird, so ist der Mehrbedarf an Brennholz zu beschaffen einerseits vom Fiskus für die Domainenhintersassen (§ 45 der Schulordnung vom 11. Dezember 1845), andrerseits von den nicht zum Dominium gehörigen Gemeinden und Ortschaften gemäß §§ 39, 40 ebendas. Für letztere hat der Gutsherr nur dann einzutreten, wenn ihm die Lieferung des Schulbrennholzes nach Herkommen obliegt.

## c. Schulbauten.

(Vergl. P. Rechtsgrundsätze, Stammwerk und Supplementband I., Zweite Abth. IX. C.)

### Nr. 1.

**Endurteil des I. Senats vom 9. Januar 1886.**

Für den Bau derjenigen Wirtschaftsräume, welche durch das Bedürfniß der Schul- und Küsterstelle hervorgerufen werden, hat die ganze Kirchengemeinde zu sorgen. Auf solche Bauten findet § 2 des Gesetzes vom 21. Juli 1846 (G. S. S. 392) keine Anwendung.

## Nr. 2.

**Endurteil des I. Senats vom 10. November 1886.**

1) Die Notwendigkeit und Zweckmäßigkeit einer Erweiterung der Schulräume ist nicht im Verwaltungsstreitverfahren, sondern durch die Schulaufsichtsbehörde festzustellen. Dagegen unterliegt die über die Art des auszuführenden Erweiterungsbaues getroffene Anordnung der Prüfung des Verwaltungsrichters.

2) Die Bestimmung eines Bauplatzes bildet einen integrierenden Teil der Anordnung eines Neubaues und ist daher gleichfalls durch Klage anfechtbar. Der Umstand allein, daß der festgesetzte Bauplatz nicht Eigentum der zum Bau verpflichteten Schulgemeinde ist, reicht nicht aus, um diese Festsetzung als unstatthaft erscheinen zu lassen.

## Nr. 3.

**Endurteil des I. Senats vom 18. Juni 1887.**

1) Die Bildung einer Observanz gegen die Vorschriften, welche in den §§ 34 bis 36, II 12 A. L.-R. über die Baupflicht der nicht mit Küsterwohnungen verbundenen Schulgebäude getroffen sind, ist rechtlich nicht möglich. Vielmehr kann eine Observanz hier nur insoweit Platz greifen, als jene Vorschriften eine Lücke zeigen oder einzelne Fragen unentschieden lassen.

2) Es ist rechtlich unzulässig, eine Präsumtion für die Rechtsbeständigkeit zweier von einander unabhängiger kommunaler Verwaltungskörper daraus zu entnehmen, daß eine in gesetzlicher Weise vollzogene Abtrennung des einen von dem andern nicht dargethan ist. Denn die Rechtsregel, daß Veränderungen nicht vermuthet werden, ist nicht als Rückschluß von der Gegenwart auf die Vergangenheit anwendbar.

# Dritte Abteilung.

## Polizeiliche Angelegenheiten.

---

### I.

### Polizeiliche Verfügungen im Allgemeinen, auch Zwangsmittel.

(Vergl. P. Rechtsgrundsätze, Stammwerk und Supplementband I, Dritte Abteilung XII.)

#### Nr. 1.

**Endurteil vom 8. März 1877.**

Ein Hinausgehen der Polizeibehörde über die Grenzen ihres Zuständigkeitsgebiets entzieht — zumal wenn dasselbe nicht in einem Uebergreifen auf ein ihr grundsätzlich ganz entzogenes, fremdes Gebiet, in einem anderen Organe überwiesene, selbständige Verwaltungs- oder Geschäftszweige besteht — ihren Verfügungen noch keineswegs jede rechtliche Bedeutung und Wirksamkeit. Vielmehr ist hier ebensowohl wie da, wo nach anderen Richtungen hin eine Ueberschreitung der gesetzlichen Befugnisse der Polizeibehörde in Frage steht, erst das im Gesetze vorgesehene, auf rechtzeitig eingebrachte Klage einzuleitende Verfahren dazu bestimmt, diese Ueberschreitung festzustellen und die sich daran knüpfenden Folgen zur Geltung zu bringen — dergestalt, daß es bei der einmal erlassenen, wenn auch außerhalb ihrer Zuständigkeit erlassenen Verfügung der Polizeibehörde lediglich zu bewenden hat, wenn diese Klage rechtzeitig nicht erhoben wird.

#### Nr. 2.

**Endurteil vom 12. April 1878.**

Min.-Bl. f. d. inn. Verw. 1878, S. 125.

1) Verbote von Handlungen, welche durch allgemeine Gesetze oder Polizeiverordnungen unter Strafe gestellt sind, können nicht durch Androhung bezw. Festsetzung von Exekutivstrafen seitens der Ortspolizeibehörden wiederholt werden.

2) Dagegen ist die Polizei befugt, sofern das öffentliche Interesse dies erheischt, zur Verhinderung solcher verbotener Handlungen unmittelbaren Zwang eintreten zu lassen.

#### Nr. 3.

**Endurteil des I. Senats vom 5. Juni 1878.**

Min.-Bl. f. d. inn. Verw. 1878, S. 128.

Wenn durch polizeiliche Vorschrift die Benutzung der Straße zum Zerkleinern von Holz von der Genehmigung der Polizeibehörde abhängig gemacht ist, so findet gegen die Versagung dieser Genehmigung nur die Beschwerde an die Aufsichtsbehörde, nicht aber die Klage im Verwaltungsstreitverfahren statt.

## Nr. 4.

**Endurteil des I. Senats vom 13. November 1878.**
Minist.-Bl. f. d. inn. Verw. 1879, S. 7.

1) Die Polizeibehörden sind auf Grund des § 10 Th. II. Tit. 17 A. L. R. befugt, die Entfernung von Bienenständen aus der Nähe von Straßen, wo die Bienen durch ihr Schwärmen dem Publikum oder einzelnen Mitgliedern desselben gefährlich sind, unter Androhung von Exekutivstrafen anzuordnen.

2) § 118 Th. I. Tit. 9 A. L.-R. behandelt nur die privatrechtliche Seite des Rechts, Bienen zu halten, und läßt die Frage ganz unberührt, inwieweit dieses Recht aus sicherheitspolizeilichen Gründen eine Beschränkung erleiden darf.

## Nr. 5.

**Endurteil des I. Senats vom 22. Februar 1879.**

Auch gegen den Fiskus können die Ortspolizeibehörden geeigneten Falls mit Zwangsmaßnahmen vorgehen. Für die Art der Zwangsvollstreckung sind dann aber die allgemeinen gesetzlichen Vorschriften über die Exekution gegen fiskalische Stationen maßgebend. (Anh. § 153 zu § 45 Tit. 24 und § 33 Tit. 35 Th. I. Allg. Ger. Ordn.) Diese Vorschriften finden, wiewohl zunächst nur für die gerichtliche Exekution gegeben, auch auf das Verwaltungszwangsverfahren entsprechende Anwendung.

## Nr. 6.

**Endurteil des I. Senats vom 9. Februar 1881.**
Minist.-Bl. f. d. inn. Verw. 1881, S. 80.

Wenn das Geschäftsschild einer Drogenhandlung geeignet ist, bei dem Publikum den Irrtum zu erwecken, daß es sich um eine Apotheke handele, so ist die Polizeibehörde dessen Fortnahme zu erzwingen befugt.

## Nr. 7.

**Endurteil des I. Senats vom 7. Mai 1881.**

Die Polizeibehörde ist befugt, durch Executivstrafen die Aufhebung eines Konkubinatsverhältnisses zu erzwingen, wenn nach ihrer Ansicht durch das Zusammenleben ein öffentliches Ärgernis gegeben wird.

## Nr. 8.

**Endurteil des II. Senats vom 26. September 1881.**

Eine Polizeiverordnung, welche ortspolizeiliche Vorschriften enthält und nicht auf § 5 des Gesetzes über die Polizeiverwaltung vom 11. März 1850 Bezug nimmt, ist rechtsunwirksam.

## Nr. 9.

**Endurteil des I. Senats vom 19. Oktober 1881.**

Ob eine Polizeiverfügung, welche zum Teil den gesetzlichen Vorschriften zuwiderläuft, ihrem ganzen Inhalte nach oder nur teilweise aufzuheben ist, hängt davon ab, ob die getroffenen Anordnungen ein unteilbares Ganzes bilden oder auch unabhängig von einander bestehen können.

## Nr. 10.

**Endurteil des II. Senats vom 22. Dezember 1881.**

Bezirkspolizeiliche Verordnungen bedürfen zu ihrer Rechtsgiltigkeit der ausdrücklichen Bezugnahme auf § 11 des Gesetzes vom 11. März 1850. — Circ.-Verf. des Min. d. Inn. vom 6. Juni 1850 (Min.-Bl. f. d. inn. Verw. S. 176). — Die allgemeine Bezugnahme auf das genannte Gesetz ohne ausdrückliche Bezeichnung des § 11 genügt nicht.

## Nr. 11.

**Endurteil des I. Senats vom 4. März 1882.**

Wenn die Kreispolizeibehörde im sanitätspolizeilichem Interesse Sperrmaßregeln anordnet, so hat der Verwaltungsrichter nur deren Gesetzmäßigkeit, nicht aber zu prüfen, ob von der gesetzlichen Befugnis im speziellen Falle ein angemessener Gebrauch gemacht worden ist.

## Nr. 12.

**Endurteil des I. Senats vom 19. April 1882.**

Der Gebrauch des Ausdrucks „Apothekerwaaren" in dem Firmenschilde einer Drogenhandlung kann polizeilich untersagt werden, wenn nach Lage der Umstände angenommen werden kann, daß hierdurch das Publikum in den Irrtum versetzt werde, es handele sich um eine concessionirte Apotheke.

## Nr. 13.

**Endurteil des I. Senats vom 29. November 1882.**

Die Polizeibehörde ist befugt, im gesundheitspolizeilichen Interesse einem Hauseigentümer die Absperrung der Wasserleitung zur Nachtzeit zu untersagen.

## Nr. 14.

**Endurteil des I. Senats vom 25. Januar 1883.**
Min.-Bl. f. d. inn. Verw. 1883, S. 59.

Die in dem Gesetze über die Aufnahme neu anziehender Personen vom 31. Dezember 1842 § 2 Nr. 2 den Landespolizeibehörden beigelegte Befugnis, bestrafte Personen von dem Aufenthalt an bestimmten Orten auszuschließen, befindet sich noch gegenwärtig in Geltung.

## Nr. 15.

**Endurteil des I. Senats vom 5. Mai 1883.**

1) Um die Annahme, daß ein Konkubinatsverhältnis ein öffentliches Ärgernis errege und daher das polizeiliche Einschreiten rechtfertige, zu begründen, bedarf es nicht des Nachweises, daß von den im Konkubinat lebenden Personen einzelne unzüchtige Handlungen begangen sind, welche das Sittlichkeitsgefühl eines Kreises von Menschen thatsächlich verletzt haben. Es genügt vielmehr, daß das Konkubinat, an sich ein unsittliches Verhältnis, objectiv zum öffentlichen Ärgernis geworden ist, indem es unter Umständen unterhalten wird, welche dasselbe vor der Umgebung nicht verborgen bleiben lassen.

2) Die Vorschrift der Minist.-Verfüg. vom 11. April 1854, daß dem polizeilichen Einschreiten gegen das Konkubinat seelsorgerischer Zuspruch vor-

ausgehen soll, hat nur den Charakter einer Anweisung an die Polizeibehörden, deren Nichtbefolgung die Aufhebung der erlassenen Verfügung nicht nach sich zieht.

## Nr. 16.

**Endurteil des I. Senats vom 5. November 1883.**

1) Eine polizeiliche Verfügung muß nicht schon deshalb aufgehoben werden, weil sie in der speciellen, in Bezug genommenen gesetzlichen Vorschrift eine Stütze nicht findet. Es genügt vielmehr zu ihrer Aufrechterhaltung, wenn sie überhaupt im bestehenden Rechte eine Grundlage hat.

2) Daß durch die polizeilich untersagte Handlung — Entladung von Fuhrwerken auf der Straße — eine Verkehrsstörung bereits stattgefunden hat, ist zur Begründung des Verbots nicht unter allen Umständen erforderlich. Es genügt, wenn dadurch für die öffentliche Ruhe, Sicherheit und Ordnung sowie für das Publikum oder einzelne Mitglieder desselben in Rücksicht auf den offen zu haltenden gemeinen Verkehr in Zukunft eine Gefahr entstehen kann, welcher vorzubeugen das Amt der Polizei ist.

## Nr. 17.

**Endurteil des I. Senats vom 19. Dezember 1883.**

1) Die Polizeibehörde ist befugt, einem Drogenhändler, welcher sich im Besitze der Approbation als Apotheker befindet, den Gebrauch der Bezeichnung „Apotheker" in öffentlichen Ankündigungen sowie auf den Umhüllungen der von ihm vertriebenen Drogen zu untersagen.

2) Dagegen entbehrt ein allgemeines Verbot des Gebrauchs dieser Bezeichnung in allen Fällen, wo derselbe geeignet sein würde, das Publikum in den Irrtum zu versetzen, daß das Geschäft eine Apotheke oder dieser gleichberechtigt sei, der erforderlichen Bestimmtheit und ist daher unzulässig.

3) Den Drogisten kann die Bezeichnung ihrer Geschäfte als „Apothekerwaarenhandlung" oder „Handlung medizinischer Drogen" nicht untersagt werden, sofern nicht dadurch unter bestimmten Umständen in dem Publikum der Glaube hervorgerufen wird, die Handlung sei eine Apotheke.

## Nr. 18.

**Endurteil des II. Senats vom 28. Februar 1884.**

Wenn die Polizeibehörde eine erlassene Verfügung ausdrücklich wieder aufgehoben hat, so ist dieselbe dadurch ein für alle Mal beseitigt, und es fehlt an der rechtlichen Möglichkeit, sie — sei es auch durch Erlaß der Behörde — wieder zu einer nicht aufgehobenen, formell wieder auflebenden zu machen. Das gilt auch dann, wenn die Zurücknahme zu Unrecht erfolgt war. Polizeiliche Verfügungen werden nicht in dem Sinne vollstreckbar, daß ihre Wiederaufhebung unzulässig wäre, sondern nur so, daß der Betroffene das Recht, die Aufhebung zu verlangen, verliert.

## Nr. 19.

**Endurteil des II. Senats vom 10. März 1884.**

Eine polizeiliche Verfügung, in welcher nicht genügend klar zum Ausdruck gelangt, was der Betroffene leisten soll, muß auf dessen Anrufen aufgehoben werden. Ob dieser Fall vorliegt, ist von dem Verwaltungsrichter von Amtswegen zu prüfen.

## Nr. 20.

**Endurteil des II. Senats vom 20. März 1884.**

Der Landrat ist nicht befugt, die polizeilichen Funktionen der Amtsvorsteher, soweit und so oft es ihm geboten erscheint, selbst zu übernehmen. Als Regel gilt vielmehr, daß die höhere Instanz nicht die Amtsthätigkeit des Amtsvorstehers an sich ziehen darf. Nur ausnahmsweise ist dies zulässig, wenn und soweit die Unmöglichkeit vorliegt, daß die Ortspolizeibehörde selbst das erreiche, was ohne Schädigung des öffentlichen Interesses nicht unterlassen werden darf. Wie erst durch das Bestehen solcher Hinderungsgründe, welche sich mehr oder weniger zu einem Notstande gestalten, das unmittelbare Eingreifen der nächst vorgesetzten Instanz gerechtfertigt wird, so bildet auch die Dauer dieses Notstandes die zeitliche Grenze für die Ausschließung der nächstberufenen Organe der Polizeigewalt dergestalt, daß wieder diesen die weitere Durchführung der Maßnahmen zu überlassen ist, sobald die momentanen Hindernisse für eine ersprießliche Thätigkeit derselben behoben sind.

## Nr. 21.

**Endurteil des II. Senats vom 24. März 1884.**

Der gesundheitsgefährliche Zustand einer Kanalanlage berechtigt die Polizeibehörde nicht, deren völlige Beseitigung zu fordern, so lange nicht der Nachweis geführt ist, daß der Uebelstand in einer zweckwidrigen Konstruktion des Kanals seinen Grund hat und durch ordnungsmäßige Reinigung desselben nicht gehoben werden kann.

## Nr. 22.

**Endurteil des I. Senats vom 26. März 1884.**

Die Regelung des Straßenverkehrs gehört zu den Obliegenheiten der Ortspolizei. Dieselbe kann im Wege der allgemeinen Polizeiverordnung erfolgen. Solange das nicht geschehen, ist es aber auch zulässig, die erforderlichen Anordnungen durch polizeiliche Einzelverfügungen zu treffen.

## Nr. 23.

**Endurteil des II. Senats vom 19. Mai 1884.**

1) Auch ein Dritter, gegen den eine polizeiliche Verfügung nicht unmittelbar gerichtet war, ist berechtigt, dieselbe, soweit sie in sein Rechtsgebiet wider seinen Willen eingreift, mit den zulässigen Rechtsmitteln anzufechten. Dagegen besteht kein Recht des Dritten, in das von dem Empfänger einer polizeilichen Verfügung allein in Gang gebrachte Beschwerde- oder Streitverfahren in jedem späteren Stadium mit einzutreten und die eingelegten Rechtsmittel neben dem direkt Beteiligten oder gar selbständig zu verfolgen, wenn er sich an dem ersten Angriff nicht beteiligt hat.

2) Die in der Natur des Miteigentums wurzelnden Rechte der vermuteten Vollmacht — A. L.-R. I 17, §§ 53, 54 — I 13, § 120 — haben auch für das Gebiet des öffentlichen Rechts Geltung. Polizeiliche Verfügungen, welche nur gegen einen von mehreren Miteigentümern eines Gebäudes gerichtet sind, können sonach als auch die übrigen Miteigentümer direkt betreffend behandelt werden.

## Nr. 24.

**Endurteil des II. Senats vom 5. Juni 1884.**

1) Der mit einer Kanalisation erstrebte Zweck kann vollständig und sicher nur bei einer allgemeinen Durchführung der Maßregel erreicht werden. Deshalb ist die Polizeibehörde befugt, einen allgemeinen Zwang einzuführen und alle bebauten Grundstücke der Anschlußpflicht zu unterwerfen, gleichviel ob bei einem oder dem anderen vielleicht die Entwässerung ohne Gefährdung der Gesundheit in anderer Weise bisher bewirkt worden ist oder fernerhin bewirkt werden könnte.

2) Der Entschädigungsanspruch, welcher möglicher Weise durch einen polizeilichen Eingriff in das Privateigentum begründet wird, berührt weder die Rechtsgiltigkeit der einen solchen Eingriff zulassenden Polizeiverordnung, noch die rechtliche Wirksamkeit der auf Grund dieser Rechtsnorm erlassenen polizeilichen Verfügungen.

3) In einer polizeilichen Verfügung muß stets ein bestimmtes Zwangsmittel — dasjenige, welches unter den gegebenen Verhältnissen dem Gesetze entspricht, bezw. als das angemessenste erachtet wird — angedroht werden. So wenig eine gleichzeitige Androhung zweier verschiedener Zwangsmittel — z. B. Ausführung durch einen Dritten und Geldstrafe —, ebenso wenig ist es erlaubt, alle gesetzlichen Zwangsmittel in der Androhung dergestalt mit einander zu verbinden, daß der Behörde nachher die Wahl unter denselben zustehen soll. Ein Verstoß hiergegen muß zur Aufhebung der Zwangsandrohung führen.

## Nr. 25.

**Endurteil des I. Senats vom 27. September 1884.**

1) Die Reinigung und Beleuchtung einer städtischen, d. h. innerhalb der städtischen Weichbildgrenze dem öffentlichen Verkehr dienenden Straße bildet nicht einen Teil der Wegeunterhaltungslast, sondern ist eine Veranstaltung der örtlichen Polizeiverwaltung und fällt als solche der Stadtgemeinde zur Last.

2) Die Last einer ortspolizeilichen Einrichtung kann auch einem Dritten — z. B. die Straßenreinigung nach Observanz den Adjazenten — obliegen. Wo aber eine solche Verpflichtung nicht bereits besteht, kann sie durch die polizeiliche Anordnung nicht erst geschaffen werden.

## Nr. 26.

**Endurteil des I. Senats vom 8. Oktober 1884.**

Lehnt die Polizeibehörde eine positive Anordnung, ein Vorgehen gegen den vermeintlich Verpflichteten ab, so findet ein Verwaltungsstreitverfahren nicht statt; dem Abgewiesenen steht vielmehr lediglich die Beschwerde bei der Aufsichtsbehörde zu.

## Nr. 27.

**Endurteil des II. Senats vom 6. November 1884.**

1) Die Räumung eines gefahrdrohenden Hauses kann dem Eigentümer nicht nur für sich, sondern auch für seine Miether polizeilich aufgegeben werden.

2) Wenn eine angefochtene Verfügung im Laufe des Streitverfahrens gegenstandslos wird, so ist nicht auf Aufhebung zu erkennen, sondern dieselbe für erledigt zu erklären.

## Nr. 28.

**Endurteil des II. Senats vom 6. November 1884.**

Wenn die Behörde aus der gegen ihre Verfügung gerichteten Gegenvorstellung des Betroffenen Veranlassung, den Gegenstand der Verfügung näherer, nochmaliger, insbesondere mit neuen Ermittelungen verbundener Erwägung zu unterziehen, genommen und sich auf Grund dieser Prüfung anderweit in der Sache schlüssig gemacht, auch das Ergebnis dieser neuen Entschließung durch einen neuen, wenn auch die frühere Verfügung inhaltlich aufrecht erhaltenden Bescheid zum Ausdruck gebracht hat, so ist dieser Bescheid als eine neue, die frühere ersetzende und an deren Stelle getretene Verfügung anzusehen, von deren Zustellung ab eine neue Rechtsmittelfrist läuft.

## Nr. 29.

**Endurteil des II. Senats vom 13. November 1884.**

Der Verwaltungsrichter hat die Rechtmäßigkeit, nicht aber die Angemessenheit und Zweckmäßigkeit der polizeilichen Verfügungen einer Prüfung zu unterziehen. Dagegen liegt es ihm ob, darauf zu achten, daß eine Verfügung nicht offenbar zweckwidrig erlassen wird. Diese Voraussetzung liegt aber nicht schon dann vor, wenn der beabsichtigte Zweck auf einem anderen Wege sicherer oder leichter hätte erreicht werden können.

## Nr. 30.

**Endurteil des I. Senats vom 26. November 1884.**

Es ist mit dem Wesen verwaltungsrichterlicher Entscheidungen nicht vereinbar, ursprünglich gerechtfertigte Anordnungen der Polizeibehörden unter allen Umständen und selbst dann aufrecht zu erhalten und dadurch die rechtliche Möglichkeit ihrer Vollstreckung zu wahren, wenn die Verhältnisse, welche dieselben herbeigeführt haben, hinfällig und damit die Anordnungen gegenstandslos oder unausführbar geworden sind. Der Verwaltungsrichter hat vielmehr zu prüfen, ob zur Zeit der Entscheidung die Anordnung noch als gerechtfertigt anzusehen ist.

## Nr. 31.

**Endurteil des I. Senats vom 26. November 1884.**

Beteiligte Privatpersonen haben regelmäßig und mit Ausnahme besonders vorgesehener gesetzlicher Voraussetzungen kein im Verwaltungsstreitverfahren verfolgbares Recht darauf, daß die Polizeibehörden von ihrer amtlichen Befugniß Gebrauch machen und gegen Einzelne zwingend einschreiten, selbst wenn dieses Einschreiten innerhalb ihrer gesetzlichen Befugnisse liegen würde; sie können vielmehr dem ablehnenden Verhalten der Polizeibehörde gegenüber nur den Weg der Beschwerde an die Aufsichtsinstanz beschreiten.

## Nr. 32.

**Endurteil des I. Senats vom 10. Dezember 1884.**

Die Aufrechterhaltung der öffentlichen Ordnung in den Kirchen steht zwar im Allgemeinen den Landespolizeibehörden zu. Doch sind die Ortspolizeibehörden befugt, einzuschreiten, um Tumulten und anderen Störungen der öffentlichen Ordnung in der Kirche vorzubeugen.

### Nr. 33.

**Endurteil des I. Senats vom 13. Dezember 1884.**

Der Lehrer ist ebenso berechtigt als verpflichtet, darüber zu wachen, daß die Schüler den Unterrricht nicht versäumen; es liegt daher in den Amtsbefugnissen des Lehrers, Schüler, welche die Schule umgehen, in die Schule zu führen und sie für ihr pflichtwidriges Verhalten zu züchtigen, auch wenn die Unterrichtszeit bereits beendigt war.

### Nr. 34.

**Endurteil des I. Senats vom 13. Dezember 1884.**

Die Regierungen sind befugt, Lehrern die Erteilung des Unterrichts zu untersagen. Sie können mit der Durchführung dieser Anordnung die Landräte als ihre Organe beauftragen. Die Landräte sind alsdann auf Grund dieses Auftrages berechtigt, die Befolgung der Anordnung durch Androhung und Festsetzung von Strafen zu erzwingen. Einer ausdrücklichen Bezugnahme auf den Auftrag bedarf es in solchem Falle nicht.

### Nr. 35.

**Endurteil des II. Senats vom 12. Januar 1885.**

In der Regel liegt zwar demjenigen, welcher eine polizeiliche Verfügung angreift, der Beweis ob, daß diejenigen thatsächlichen Voraussetzungen nicht vorhanden sind, welche die Polizeibehörde zum Erlaß der Verfügung berechtigt haben würden. Eine unerläßliche Voraussetzung dieser Verteilung der Beweislast ist aber, daß jene thatsächlichen Voraussetzungen sich entweder aus der Gestaltung des Einzelfalls ohne Weiteres ergeben oder durch die Erklärungen der Polizeibehörde einen für den Beweispflichtigen erkennbaren Ausdruck gewonnen haben.

### Nr. 36.

**Endurteil des II. Senats vom 19. Januar 1885.**

1) Wenn die Polizeibehörde dem Mieter dic Räumung einer Wohnung wegen Unbewohnbarkeit derselben aufgiebt, so ist auch der Hauswirt aktiv legitimiert, gegen diese Verfügung im Verwaltungsstreitverfahren Klage zu erheben.

2) Bei Prüfung der Sachlage kommt es lediglich darauf an, in welchem Zustande die Wohnung bei Erlaß der Verfügung sich befand. Ob dieser von dem Miether selbst absichtlich herbeigeführt ist, kommt nicht in Betracht, wie andrerseits die polizeiliche Entscheidung auf die privatrechtlichen Verhältnisse zwischen Miether und Vermiether ohne Einfluß ist.

### Nr. 37.

**Endurteil des I. Senats vom 14. März 1885.**

Die Reinigung einer mit Gebäuden besetzten, nach einem Bahnhof führenden Chausseestrecke kann, da dieselbe unzweifelhaft zunächst aus dem Gesichtspunkte des örtlichen Verkehrs und der Salubrität erforderlich ist, also ortspolizeiliche Zwecke verfolgt, von dem Amtsvorsteher gefordert werden, wiewohl durch eine solche Anordnung das chausseepolizeiliche, der Zuständigkeit des Amtsvorstehers entzogene Interesse mit berührt wird.

## Nr. 38.

**Endurteil des I. Senats vom 18. März 1885.**

Die Polizeibehörde ist befugt, die Beleuchtung der Treppen und Flure in Mietshäusern während der Dunkelheit im sicherheitspolizeilichen Interesse zu verlangen, auch wenn eine dies anordnende allgemeine Polizeiverordnung nicht erlassen ist.

## Nr. 39.

**Endurteil des I. Senats vom 25. April 1885.**

Der Umstand, daß die angegriffenen ortspolizeilichen Verfügungen auf ausdrückliche Anweisung des Regierungspräsidenten ergangen sind, nimmt denselben nicht den Charakter dispositiver Akte der Ortspolizeibehörde und kann insbesondere nicht zur Begründung eines gegen den Regierungspräsidenten gerichteten Ablehnungsgesuchs verwertet werden, da dieser hierbei durchaus innerhalb der Grenzen seiner Zuständigkeit und seines Aufsichtsrechts gehandelt hat.

## Nr. 40.

**Endurteil des II. Senats vom 11. Mai 1885.**

1) Die §§ 5, 6 des Gesetzes über die Polizeiverwaltung vom 11. März 1850 gelten nicht nur für Polizeiverordnungen, sondern finden auch auf polizeiliche Einzelverfügungen Anwendung.

2) Die Polizeibehörde ist befugt, die Beseitigung eines Zustandes zu fordern, welcher Gefahren für das Publikum mit sich bringt. Daß die Gefahr eine unmittelbar drohende sei, ist nicht Voraussetzung des polizeilichen Einschreitens, sofern es sich nur um eine wirkliche Gefahr und nicht um eine bloße Belästigung handelt.

## Nr. 41.

**Endurteil des I. Senats vom 6. Juni 1885.**

1) Der Schutz des öffentlichen Münzwesens gehört zu den Aufgaben der Polizei. Es kann daher durch Polizeiverordnung verboten werden, Marken oder Zeichen, welche nach ihrer Inschrift den Wert einer gangbaren Münzsorte darstellen, anzufertigen und in den Verkehr zu bringen. Ein solches Verbot hat den Schutz des Publikums gegen Beeinträchtigungen zum Zweck; es kommt sonach für die Anwendbarkeit desselben nicht darauf an, zu welchem Zweck die Marken ausgegeben sind, sondern lediglich darauf, ob durch dieselben eine Täuschung herbeigeführt werden kann.

2) Der Begriff des „in den Verkehr Bringens" solcher Marken wird dadurch erfüllt, daß dieselben an dritte Personen mit der Möglichkeit, darüber frei zu verfügen, ausgehändigt werden. Ob die Ausgabe auf einen bestimmten Personenkreis, z. B. die Mitglieder eines Vereins, beschränkt wird, ist unwesentlich.

## Nr. 42.

**Endurteil des II. Senats vom 11. Juni 1885.**

Gegen eine Verfügung, welche nur die Festsetzung und Ausführung eines Zwangsmittels enthält, ist unter Ausschluß der Klage im Verwaltungsstreitverfahren nur die Beschwerde an die Aufsichtsinstanz zulässig, und zwar selbst

**dann, wenn die Anordnung sachlich ungerechtfertigt ist, oder wenn die Polizeibehörde sogar ohne vorherige Androhung des Zwangsmittels mit der Festsetzung desselben vorgegangen ist.**

## Nr. 43.

**Endurteil des II. Senats vom 14. September 1885.**

1) Die öffentlich-rechtliche Verpflichtung des Grundstücksbesitzers, sein Eigentum jederzeit und dauernd in einem mit dem Gemeinwohl verträglichen Zustande zu erhalten, wird durch Privatabmachungen desselben mit seinen Nachbarn nicht berührt. **Insbesondere begründet der Einwand, das ihm gegenüber ein Dritter zu Handlungen oder Unterlassungen verpflichtet sei, durch welche den an ihn zu stellenden Anforderungen genügt werden würde, weder für den Eigentümer den Anspruch, überhaupt oder auch nur vorläufig von der Erfüllung seiner öffentlich-rechtlichen Verbindlichkeiten freigelassen zu werden, noch auch für die Polizeibehörde ein Recht, mit ihren Rechtsmitteln, statt gegen den Eigentümer vorzugehen, für dessen bestrittene Rechte gegen den widerstrebenden Dritten, sei es auch nur einstweilen und so lange einzutreten, bis der Eigentümer einen vollstreckbaren Ausspruch des Civilrichters erlangt hat.**

2) **Nicht jeder bestehende Zustand ist polizeilich zu schützen. Auch da, wo die Polizeibehörde wider den Willen eines Beteiligten von ihrer Amtsgewalt zum Schutze eines bestehenden Zustandes Gebrauch macht, muß sie sich auf eine dem öffentlichen Recht angehörige Norm stützen können.**

## Nr. 44.

**Endurteil des I. Senats vom 19. September 1885.**

1) Abgesehen von dem Falle, daß durch eine Polizeiverordnung eine Materie vollständig und erschöpfend geregelt ist, wohnt derselben nicht die Bedeutung bei, daß nun die Polizeibehörde behindert wäre, über deren Inhalt hinaus die ihr durch das Gesetz anvertrauten öffentlichen Interessen der gemeinen Sicherheit und Wohlfahrt im Einzelfalle nach wie vor wahrzunehmen.

2) Ob die Polizeibehörde die Beseitigung vorhandener Übelstände durch eine allgemeine Verordnung oder auf dem Wege der Einzelverfügung erreichen will, ist ihrem Ermessen überlassen.

## Nr. 45.

**Endurteil des I. Senats vom 17. Oktober 1885.**

Gegen eine wegepolizeiliche Verfügung kann der Einwand, daß Kläger nicht allein, sondern nur mit anderen Verpflichteten gemeinsam zu der ihm angesonnenen Leistung verbunden sei, **nicht erhoben werden, wenn Kläger es unterlassen hat, die Klage zugleich gegen diese angeblich Mitverpflichteten zu richten.**

## Nr. 46.

**Endurteil des I. Senats vom 7. November 1885.**

Verfügungen, welche eine Polizeibehörde an die Gemeindebehörde im Auftrage der beiden vorgesetzten Kommunalaufsichtsbehörde erläßt, sind als polizeiliche Verfügungen im Sinne des § 130 Landesverw.-Ges. nicht anzusehen.

## Nr. 47.

**Endurteile des II. Senats vom 16. November 1885.**

Die Rüge, daß der Polizeiverwalter als bei der Sache persönlich beteiligt zum Erlaß der angefochtenen Verfügung nicht befugt gewesen sei, betrifft einen wesentlichen Mangel des Verfahrens und kann daher in jedem Stadium, auch noch in der Revisionsinstanz mit Erfolg erhoben werden.

## Nr. 48.

**Endurteil des I. Senats vom 21. November 1885.**

Auf Aufhebung einer polizeilichen Verfügung kann derjenige klagen, welcher durch dieselbe in seinen Rechten verletzt zu sein behauptet, auch wenn die Verfügung nicht direkt gegen ihn gerichtet war. Die Klagefrist läuft dann von dem Tage, an welchem derselbe von dem Inhalt der Verfügung eingehende Kenntnis erhalten hat.

## Nr. 49.

**Endurteil des I. Senats vom 9. Dezember 1885.**

1) Die Ortspolizeibehörden sind berechtigt, die Beleuchtung der Treppen und Flure bewohnter Häuser, soweit dies zur Erhaltung der öffentlichen Sicherheit und zur Abwendung von Gefahren von dem in den Häusern ungehindert verkehrenden Publikum geboten erscheint, von den Hauseigentümern zu fordern.

2) Diese Forderung ist von privatrechtlichen Verabredungen zwischen Hauseigentümern und Miethern durchaus unabhängig.

3) Solange diese Verpflichtung der Hauseigentümer durch allgemeine Polizeiverordnung nicht geregelt ist, kann dieselbe auch Gegenstand polizeilicher Einzelverfügungen sein.

## Nr. 50.

**Endurteil des I. Senats vom 9. Dezember 1885.**

Eine polizeiliche Verfügung, welche dem für verpflichtet Erachteten eine Leistung aufgiebt, welche inzwischen bereits im Zwangsverfahren durch einen Dritten ausgeführt ist, muß als unstatthaft aufgehoben werden. Die Aufforderung an den Verpflichteten zur Erstattung der durch die Zwangsausführung entstandenen Kosten stellt sich als eine Fortsetzung des Zwangsverfahrens dar und kann daher nicht durch Klage, sondern nur durch Beschwerde an die Aufsichtsbehörde angefochten werden.

## Nr. 51.

**Endurteil des I. Senats vom 30. Januar 1886.**

Wenn eine Polizeiverordnung die Straßenreinigungspflicht den Hausbesitzern auferlegt, so kann hieraus nicht gefolgert werden, daß dieselbe in gleicher Weise auch dem Besitzer eines unbebauten Gartengrundstücks obliege. Für diese öffentlich-rechtliche Verpflichtung ist es allein entscheidend, ob das Gartengrundstück wirtschaftlich mit einem Wohnhause zusammengehört, nicht aber, ob es mit einem solchen zu einem Grundbuchblatt vereinigt ist.

### Nr. 52.

**Endurteil des I. Senats vom 27. Februar 1886.**

Die thatsächlichen Voraussetzungen einer polizeilichen Verfügung, welche die Beleuchtung einer Straße anordnet, sind gegeben, wenn feststeht, daß die Straße bebaut und bisher unbeleuchtet ist. Ob beim Vorhandensein dieser Voraussetzungen die Verfügung notwendig und angebracht war, unterliegt nicht der Prüfung des Verwaltungsrichters.

### Nr. 53.

**Endurteil des II. Senats vom 1. März 1886.**

Wenn nach Anordnung des Regierungspräsidenten bei Publikation von Polizei-Verordnungen, welche eine erhöhte Strafandrohung enthalten, ausdrücklich der Vermerk hinzuzufügen ist, daß diese Erhöhung von dem Regierungspräsidenten genehmigt ist, so kann aus dem Fehlen dieses Hinweises nicht etwa die Ungiltigkeit der ganzen Verordnung, sondern nur gefolgert werden, daß die erhöhte Strafandrohung nicht zur Anwendung gebracht werden darf.

### Nr. 54.

**Endurteil des II. Senats vom 4. März 1886.**

1) Polizeiliche Verfügungen bilden, auch wenn sie für denjenigen, an den sie gerichtet waren, unanfechtbar geworden sind, keine unangreifbare Grundlage für ein polizeiliches Einschreiten gegen dessen Erben oder Rechtsnachfolger.

2) Gegen eine polizeiliche Verfügung, durch welche die Anerkennung einer prätendierten Berechtigung oder die Aufhebung einer früheren, dieselbe einschränkenden Verfügung abgelehnt wird, finden die Rechtsmittel der §§ 127 ff. Landesverw.-Ges. nicht statt. Denn zur Abgabe eines solchen Anerkenntnisses ist die Polizeibehörde überhaupt nicht verpflichtet. Und auch die Ablehnung der Aufhebung einer früheren Verfügung enthält keinen Eingriff in die Rechte des Antragstellers; vielmehr liegt dieser Eingriff, wenn er überhaupt vorhanden ist, lediglich in der Verfügung, deren Aufhebung gefordert wird, und gegen diese sind daher die Rechtsmittel zu richten.

### Nr. 55.

**Endurteil des I. Senats vom 7. April 1886.**

Eine Klage gegen eine Polizeiverfügung kann nicht deshalb abgewiesen werden, weil die verordnende Behörde zum Erlaß der Verfügung unzuständig gewesen und daher zn deren Vertretung im Streitverfahren nicht legitimiert sei. Auf eine solche Klage muß vielmehr die von einer unzuständigen Behörde erlassene Verfügung als nicht zu Recht bestehend aufgehoben werden.

### Nr. 56.

**Endurteil des I. Senats vom 7. April 1886.**

Ein Rechtsgrundsatz, daß derjenige, welcher sich im ruhigen Besitz eines Grundstücks befindet, desselben aus Gründen des öffentlichen Interesses nur im Enteignungsverfahren entsetzt werden dürfe, besteht nicht. Derselbe gilt vielmehr nur zu Gunsten des Eigentümers und Dessen, der Rechte am Grundeigentum hat. Ein ruhiger Besitz kann aber sehr wohl ein unrechtmäßiger sein.

## Nr. 57.

**Endurteil des I. Senats vom 10. April 1886.**

1) Einzelverfügungen, welche die Durchführung einer allgemeinen Polizeiverordnung zum Zweck und Gegenstande haben, unterliegen der Rechtskontrole im Verwaltungsstreitverfahren.

2) Wird mit einer polizeilichen Anordnung sofort die Ausführung derselben durch einen Dritten ohne vorherige Androhung verbunden, so ist hierin die Anwendung unmittelbaren Zwanges zu erblicken. Gegen die Anordnung als solche ist sodann die Klage, gegen die Anwendung des gewählten Zwangsmittels nur die Beschwerde im Aufsichtswege zulässig.

3) Das Bestehen von Polizeiverordnungen, welche eine Materie regeln, schließt die Bildung einer mit ihrem Inhalt conformen Observanz nicht aus.

## Nr. 58.

**Endurteil des I. Senats vom 12. Mai 1886.**

1) Ein Amtsvorsteher, welcher wegen persönlicher Beteiligung in einem Spezialfall seine Funktionen nicht ausübt, ist lediglich als Privatperson anzusehen und daher nicht befugt, zur Wahrung des öffentlichen Interesses Rechtsmittel einzulegen.

2) Wenn von zwei Streitgenossen der eine die Rechtsmittelfrist verstreichen läßt, so kann er sich in der Regel nicht nachträglich dem von dem anderen rechtzeitig eingelegten Rechtsmittel anschließen, sondern nur in dem Falle, daß das streitige Rechtsverhältniß den Streitgenossen gegenüber nur einheitlich festgestellt werden kann.

## Nr. 59.

**Endurteil des II. Senats vom 13. Mai 1886.**

1) Wenn derselbe Gegenstand durch verschiedene Polizeiverordnungen geregelt wird, so können dieselben nicht neben einander bestehen bleiben; die neuere Vorschrift hebt vielmehr insoweit die ältere ohne Weiteres auf und tritt an deren Stelle.

2) Als Eisenbahnkörper ist nach dem gewöhnlichen Sprachgebrauch dasjenige Terrain anzusehen, auf welchem sich Bahnschienen befinden; zu demselben gehören sonach insbesondere auch Bahnhofsanlagen, soweit jene Voraussetzung bei denselben zutrifft.

## Nr. 60.

**Endurteil des II. Senats vom 7. Juni 1886.**

Gegen eine polizeiliche Verfügung, durch welche ein Dritter in seinen subjektiven Rechten betroffen wird, hat dieser Dritte zwar ebenfalls die in §§ 127 ff. des Landesverwaltungsgesetzes vom 30. Juli 1883 gegebenen Rechtsmittel, er muß aber von denselben jedenfalls binnen zwei Wochen, nachdem er von dem Inhalte der Verfügung Kenntnis erhalten hat, Gebrauch machen.

## Nr. 61.

**Endurteil des I. Senats vom 9. Juni 1886.**

Der Vorwurf, daß im Zwangswege mehr ausgeführt sei, als in der Anordnung aufgegeben worden, eignet sich gemäß § 133 Abs. 2 Landesverw.-Ges. nur zur Entscheidung im Aufsichtswege und kann zum Gegenstande eines Streitverfahrens nicht gemacht werden.

## Nr. 62.

**Endurteil des I. Senats vom 9. Juni 1886.**

Die Polizeibehörden sind befugt, den unter sittenpolizeilicher Kontrolle stehenden Frauenspersonen nicht nur das Wohnen in gewissen einzelnen Häusern, sondern auch in den Häusern einer ganzen Straße zu untersagen.

## Nr. 63.

**Endurteil des I. Senats vom 9. Juni 1886.**

Wenn der Kreisausschuß an Stelle eines persönlich beteiligten Amtsvorstehers die Funktionen desselben dem stellvertretenden Amtsvorsteher eines benachbarten, zur Zeit erledigten Amtsbezirks überträgt, so ist er befugt, nachdem inzwischen ein Amtsvorsteher für diesen Amtsbezirk ernannt ist, das Mandat auf diesen übergehen zu lassen. Keinenfalls giebt ein solches Verfahren dem Prozeßgegner des Amtsvorstehers Anlaß zur Beschwerde, da es nur das öffentliche, nicht dessen Privatinteresse berührt.

## Nr. 64.

**Endurteil des II. Senats vom 28. Juni 1886.**

Wenn ein Fabrikbesitzer gesundheitsschädliche Stoffe aus seiner Fabrik zunächst auf ein Nachbargrundstück dergestalt ableitet, daß dieselben demnächst in einen Wasserlauf gelangen, so ist die Polizeibehörde befugt, wegen Abstellung dieses nicht zu duldenden Zustandes sich an den Fabrikbesitzer zu halten, der die Verunreinigung des Wasserlaufes veranlaßt. Auch § 3 des Ges. vom 28. Februar 1843 (G.=S. S. 41) setzt nicht eine unmittelbare Ableitung der Abwässer in einen Fluß voraus.

## Nr. 65.

**Endurteil des I. Senats vom 30. Juni 1886.**

1) Die Klage eines als russisch=polnischer Überläufer angesehenen Ausgewiesenen ist statthaft, wenn auch in der Klageschrift die Aufhebung der Ausweisungsverfügung nicht beantragt, vielmehr die Anerkennung als preußischer Staatsangehöriger gefordert wird.

2) Die ungenaue Formulirung eines solchen Klageantrages kann, wenn der Sinn und die Absicht unverkennbar sind, das Klagerecht nicht ausschließen, auch ist die Deklarierung des ohnehin verständlichen Klageantrages im obigen Sinne und erst während der mündlichen Verhandlung als eine unzulässige Abänderung der Klage nicht anzusehen. (§ 71 des L.=V.=G. vom 30. Juli 1883.)

3) Eine von dem Amtsvorsteher erlassene Ausweisungsverfügung ist eine ortspolizeiliche und deshalb mit den dafür gegebenen Rechtsmitteln anzugreifen. Legt die Landespolizeibehörde Wert darauf, daß nicht in diesem Verfahren über eine von ihr ausgegangene Maßnahme entschieden werde, so kann sie dies dadurch erreichen, daß sie die gegen ihre Intention erlassene ortspolizeiliche Verfügung aufhebt und ihrerseits selbst die nöthige Anweisung an den Auszuweisenden richtet, wonach sich sodann auch die Rechtsmittel anderweitig regeln.

4) Die Frage, ob der Amtsvorsteher zum selbstständigen Erlaß einer Ausweisungsverfügung befugt ist, könnte immer nur dann in Betracht kommen, wenn erwiesen wäre, daß dem Auszuweisenden ein Klagerecht gegen die angefochtene Verfügung bezw. den sie aufrecht erhaltenden Bescheid zustände. Letz=

teres ist aber davon abhängig, ob er preußischer Staatsangehöriger und somit auch Reichsangehöriger ist. Nur unter dieser Voraussetzung hat er ein Klagerecht.

5) Der Grund der Bestimmung im § 130 Abs. 3 des L.=V.=G. vom 30. Juli 1883 ist der, daß Ausländer kein Recht auf den Aufenthalt im Inlande haben. Der Mangel dieses Rechtes entzieht dem Ausländer die Klage gegen die Ausweisung seitens der Polizei überhaupt, auch seitens der Ortspolizei. Immer muß also der Auszuweisende, um die Zulässigkeit der Klage überhaupt darzuthun, nachweisen, daß er Reichsangehöriger ist. Steht ihm diese Eigenschaft nicht zu, so kann er gegen eine etwaige Kompetenzüberschreitung der Ortspolizeibehörde nur bei der Aufsichtsinstanz im Wege der Beschwerde Remedur suchen. Weist er dagegen seine Reichsangehörigkeit nach, so ergiebt sich daraus die Unzulässigkeit der angefochtenen Verfügung, ohne daß es noch nötig wäre, die Frage der Zuständigkeit der Ortspolizeibehörde näher zu erörtern.

6) Behauptet der Auszuweisende, Preuße und somit Reichsangehöriger zu sein, so kommt folgendes in Betracht: Anlangend das den Erwerb des preußischen Indigenats betreffende objektive Recht, so steht fest, daß dasselbe vor dem Erlaß des Gesetzes über den Erwerb und den Verlust der Eigenschaft als preußischer Unterthan vom 31. Dezember 1842 (G.=S. von 1843 S. 15) durch ausdrückliche gesetzliche Vorschriften nicht geregelt war. Namentlich erscheint es auch bedenklich, alle diejenigen Bestimmungen, nach denen sich bis dahin die Annahme der Ausgewiesenen und Vagabonden zu Unterthanen nach den mit den meisten deutschen Staaten abgeschlossenen Verträgen regelte, als gemeines Recht über den Erwerb des Indigenats anzusehen, da es sich in diesen Verträgen lediglich darum handelte, die den deutschen Staaten unter sich eigentümlichen, mit der bereits durch die Bundesakte angebahnten Freizügigkeit im Zusammenhange stehenden staatsrechtlichen Verhältnisse dergestalt zu ordnen, daß damit in gewissem Umfange der Anfang zu der vertragsmäßigen Regelung eines gemeinsamen Heimatsrechtes gemacht würde, ohne daß damit jedoch, wie ausdrücklich anerkannt und durch das Gesetz vom 31. Dezember 1842 praktisch durchgeführt wurde, die Selbstständigkeit der Einzelstaaten in der Regelung des Indigenatsrechtes in Frage gestellt worden wäre.

7) Bezüglich des vor dem Jahre 1843 geltenden gemeinen Rechtes muß zugegeben werden, daß nach demselben sowenig wie nach dem späteren Rechte die Thatsache der Geburt im Inlande allein ohne Rücksicht auf die Staatsangehörigkeit des Vaters das preußische Indigenat mit allen demselben entspringenden rechtlichen Wirkungen begründen konnte. Dahingegen kommt allerdings außer der Abstammung von einem Preußen und außer der Verheiratung einer Ausländerin mit einem preußischen Unterthan die Begründung eines Wohnsitzes im Inlande als Erwerbsart in Betracht, indem davon auszugehen ist, daß das preußische Indigenat vor dem Gesetze vom 31. Dezember 1842 durch das Aufschlagen eines festen Wohnsitzes unter Genehmigung der Obrigkeit begründet wurde.

8) Diese Genehmigung muß nicht notwendig von einer höheren Behörde, sondern kann von der ordentlichen Polizeiobrigkeit erteilt sein.

9) Auch ohne solche Genehmigung ist das Indigenat erworben, wenn der Wohnsitz im Inlande 10 Jahre hindurch ununterbrochen beibehalten ist. (A. L.=R. II. 17, §§ 131, 132, 149.)

10) Der Nachweis der Staatsangehörigkeit durch Abstammung kann nicht durch die Behauptung ersetzt werden, daß man ohne Widerspruch der Staatsregierung ein Amt im Kirchenvorstande ausgeübt habe.

11) Die Teilnahme an der Musterung behufs Erfüllung der Wehrpflicht beweist nicht die Staatsangehörigkeit, sondern höchstens, daß der Betreffende als staatsangehörig behandelt worden ist.

12) Auch die Bestallung eines Ausländers als Gemeindevorsteher ersetzt die Naturalisation nicht.

13) Die Annahme einer Genehmigung zur Niederlassung ist ausgeschlossen, wenn feststeht, daß nur die Genehmigung zum Aufenthalt nachgesucht und erteilt ist.

14) Der wirklichen Niederlassung im Sinne des § 132 Tit. 17 Teil II. A. L.-R., der Begründung des Wohnsitzes unter dem Gesichtspunkte des Indigenatsrechtes steht der bloße Aufenthalt im Inlande gegenüber, wie ihn regelmäßig Dienstboten, Handwerker, Handlungsdiener und dergleichen Personen ohne die Begründung einer eigenen Wirtschaft nehmen. Dies ist auch in den die Annahme Ausgewiesener betreffenden Staatsverträgen anerkannt.

15) Der nachgewiesene bloße Aufenthalt eines Ausländers in Preußen schließt die Frage der Erwerbung des Indigenats durch zehnjährigen Wohnsitz vor dem Inkrafttreten des Gesetzes vom 31. Dezember 1842 aus.

16) Die Frage, ob die ausländische (hier die russische) Staatsregierung gehalten ist, den Auszuweisenden aufzunehmen, berührt die Frage über die Aufrechterhaltung der Ausweisungsverfügung nicht, kann vielmehr nur für die Vollstreckung der Ausweisung in Betracht kommen.

## Nr. 66.

### Endurteil des I. Senats vom 3. Juli 1886.

1) Das Recht, sich in geschlossenen Räumen zu versammeln (Art. 29 der Verf.) schließt nicht die Befugniß in sich, die bei der Benutzung solcher Räume in sicherheitspolizeilichem Interesse erforderlichen Beschränkungen zu beseitigen.

2) § 1 der Reichs.-Gew.-Ordn. schließt nur Beschränkungen in der Zulassung zum Gewerbetriebe, nicht aber polizeiliche Anordnungen aus, welche die Ausübung des Gewerbes im Interesse der öffentlichen Ordnung und Sicherheit regeln.

## Nr. 67.

### Endurteil des I. Senats vom 13. Oktober 1886.

Im verwaltungsgerichtlichen Verfahren ist nur die Gesetzmäßigkeit, nicht die Angemessenheit oder Zweckmäßigkeit einer polizeilichen Anordnung zu prüfen. Die Frage, ob die Ausführung einer polizeilichen Verfügung, deren Berechtigung an sich unbestritten ist, unverzüglich oder unter Gewährung einer angemessenen Frist gefordert werden soll, liegt auf dem Gebiete der reinen Verwaltung und kann nicht zum Gegenstande einer Klage im Verwaltungsstreitverfahren gemacht werden.

## Nr. 68.

### Endurteil des I. Senats vom 16. Oktober 1886.

Die Verjährung ist der öffentlich-rechtlichen Verfügungsgewalt der Polizei gegenüber kein geeigneter Rechtstitel zum Erweise eines privaten Anspruchs auf Einschränkung oder Aufhebung des öffentlichen Verkehrs.

## Nr. 69.

**Endurteil der III. Senats vom 28. Oktober 1886.**

1) Wenn durch eine rechtsverbindliche Polizeiverordnung die Veranstaltung öffentlicher Tanzlustbarkeiten von einer besonderen Genehmigung der Polizeibehörde abhängig gemacht ist, so kann die Versagung dieser Genehmigung durch Klage mit Erfolg nur angefochten werden, wenn nachgewiesen wird, daß sie aus Willkür oder Chikane erfolgt ist. Wird die Verweigerung der Erlaubniß damit begründet, daß von einer Vermehrung der Tanzgelegenheit eine Steigerung der Sittenverderbnis zu befürchten sei, so kann die Klage nicht auf die Behauptung begründet werden, daß im speziellen Falle eine solche Besorgnis nicht vorliege.

2) Ob eine Abweichung von dem allgemeinen Grundsatze unbeschadet des öffentlichen Interesses zuzulassen sei, ist eine Frage, die nicht der Prüfung des Verwaltungsrichters unterliegt, sondern lediglich im Beschwerdewege zum Austrage zu bringen ist.

## Nr. 70.

**Endurteil des II. Senats vom 9. November 1886.**

1) Wenn eine Polizeiverordnung es durch gleichzeitige Bezugnahme auf die §§ 5, 6 und 11 des Ges. vom 11. März 1850 zweifelhaft läßt, ob die verordnende Behörde dieselbe als Orts- oder Landespolizeibehörde erlassen hat, so kann dieser formelle Mangel die Ungiltigkeit der Verordnung zur Folge haben. Diese Wirkung tritt jedoch nicht ein, wenn anderweit — z. B. aus dem Charakter derjenigen Vorschriften, an deren Stelle die neue Verordnung treten soll — erhellt, in welcher Eigenschaft die verordnende Behörde aufgetreten ist.

2) Wenn eine Polizeiverordnung der Polizeibehörde das Recht beilegt, unter gewissen Voraussetzungen Ausnahmen von der Regel zuzulassen, so wird dadurch nicht ein unzulässiges, schrankenloses und willkürliches, sondern ein nach pflichtmäßigem Befinden zu handhabendes Ermessen statuiert. Ob die Polizeibehörde im einzelnen Falle von dieser Befugniß einen zweckentsprechenden Gebrauch gemacht hat, unterliegt der Beurteilung des Verwaltungsrichters nicht; dieser hat nur zu prüfen, ob etwa nach Willkür, d. h. nach außerhalb der polizeilichen Thätigkeit liegenden Motiven verfahren ist.

## Nr. 71.

**Endurteil des II. Senats vom 23. November 1886.**

1) Grundbuchlich eingetragene Beschränkungen gehören der Regel nach nicht dem öffentlichen Recht an, und es darf daher wegen Zuwiderhandelns gegen dieselben die Erteilung des polizeilichen Baukonsenses nicht versagt werden.

2) Ist im Grundbuche eine Verpflichtung zu Gunsten einer öffentlichen Behörde eingetragen, so ist dieselbe auf Grund solcher Eintragung allein nicht befugt, sich ihrer Amtsgewalt zur Durchsetzung des Realrechts zu bedienen, sofern ihr nicht diese Befugniß an sich nach der Natur der durch Eintragung gesicherten Verpflichtung zusteht.

3) Eine an sich erlaubte Unternehmung darf nicht lediglich deshalb untersagt werden, weil die Besorgniß vorliegt, daß sie infolge eines künftigen Verhaltens des Beteiligten zu einem unerlaubten Zustande führen könne.

## Nr. 72.

**Endurteil des I. Senats vom 4. Dezember 1886.**

Gemeinden können im Wege der Zwangsetatisierung zur Vermehrung der vorhandenen Feuerlöschmittel (Spritzen) selbst dann angehalten werden, wenn sich am Orte noch andere Spritzen befinden, über welche aber den Gemeindebehörden ein selbständiges Verfügungsrecht nicht zusteht.

## Nr. 73.

**Endurteil des II. Senats vom 7. Dezember 1886.**

Die Zustellung eines Bescheides im Beschwerdeverfahren gegen polizeiliche Verfügungen kann giltig an den als Vertreter der Partei fungirenden Anwalt erfolgen, auch wenn dieser eine urkundliche Vollmacht noch nicht beigebracht hat, sofern nur aus den Umständen erhellt, einerseits daß derselbe von der Partei mit ihrer Vertretung beauftragt, andrerseits daß diese Vertretungsbefugniß nicht hinsichtlich der Empfangnahme von Entscheidungen eingeschränkt ist. Erfolgt demnächst eine wiederholte Zustellung an die Partei selbst, so ist gleichwohl die erste Zustellung an den Anwalt für die Berechnung der Beschwerde-, bezw. Klageschrift maßgebend, wenn nicht die Absicht der zustellenden Behörde klar erkennbar ist, die erste Zustellung in allen ihren Wirkungen aufzuheben und durch die zweite zu ersetzen.

## Nr. 74.

**Endurteil des II. Senats vom 14. Dezember 1886.**

Die an den Regierungspräsidenten gerichteten Remonstrationen gegen polizeiliche Verfügungen sind gleichbedeutend mit den im § 127 des Landesverwaltungsgesetzes vom 30. Juli 1883 erwähnten Beschwerden. Neben denselben können also nicht gleichzeitig in derselben Sache Klagen erhoben werden.

## Nr. 75.

**Endurteil des I. Senats vom 8. Januar 1887.**

1) Das Polizeiverordnungsrecht und das Recht der Polizeibehörden zum Erlaß von Einzelverfügungen beruhen auf der gleichen rechtlichen Grundlage. Was Gegenstand des Verordnungsrechts sein kann, kann der Regel nach auch zum Gegenstand einer polizeilichen Verfügung gemacht werden.

2) Die Polizeibehörde ist befugt, im öffentlichen Sicherheitsinteresse von dem Eigentümer eines städtischen Gebäudes die ausreichende, den lokalen Verhältnissen und der Jahreszeit entsprechende Beleuchtung der Treppen und Hausflure während der Zeit, in welcher auf denselben Personen zu verkehren pflegen, zu verlangen und nötigenfalls zu erzwingen.

3) Die Ausführung der zu erzwingenden Handlung durch einen Dritten muß nicht unbedingt überall da als Zwangsmittel angedroht und angewendet werden, wo eine solche Ausführung überhaupt möglich ist; es kommt vielmehr darauf an, ob es angemessen erscheint, die Zwangsausführung durch einen Dritten eintreten zu lassen, oder ob an Stelle derselben die Androhung einer Geldstrafe zu setzen ist. (Landesverw.-Ges. § 132.)

## Nr. 76.

**Endurteil des I. Senats vom 29. Januar 1887.**

Wenn eine unter sittenpolizeiliche Kontrolle gestellte Frauensperson die Aufhebung dieser Kontrolle verlangt, so liegt ihr der Nachweis ob, daß diejenigen thatsächlichen Voraussetzungen, welche früher die Stellung unter Kontrolle veranlaßt haben, inzwischen in Fortfall gekommen seien.

## Nr. 77.

**Endurteil des III. Senats vom 3. Februar 1887.**

1) Wenn eine höhere Polizeibehörde eine ihr nachgeordnete Instanz mit dem Erlaß einer Verfügung beauftragt, und die letztere sodann diese Verfügung ausdrücklich als im Auftrage jener höheren Instanz erlassen bezeichnet, so ist dieselbe als von der auftragenden Behörde direkt ausgegangen zu behandeln und kann mit den hienach gegebenen Rechtsmitteln angegriffen werden. Stellt sich demnächst heraus, daß die Verfügung nicht zur Zuständigkeit der auftragenden Behörde gehörte, so ist auf Aufhebung derselben zu erkennen, selbst wenn die beauftragte Behörde an sich befugt gewesen wäre, aus eigenem Recht eine solche Verfügung zu erlassen.

2) In jeder polizeilichen Verfügung muß ein bestimmtes Zwangmittel, welches zur Durchführung derselben angewendet werden soll, bezeichnet sein. Generell „alle zulässigen Zwangsmittel" anzudrohen ist ebensowenig gestattet, als die gleichzeitige Androhung zweier verschiedener Zwangsmittel.

3) Sofern die Klage gemäß §§ 66, Abs. 2, 4 Zuständigk.-Ges. zugleich gegen den zu richten ist, welcher als an Stelle des Klägers verpflichtet bezeichnet wird, muß auch dies innerhalb der Klagefrist geschehen und es ist nicht zulässig, es in einem Klagenachtrage nach Ablauf jener Frist nachzuholen.

## Nr. 78.

**Endurteil des II. Senats vom 11. Februar 1887.**

Eine polizeiliche Verfügung muß stets mit Gründen versehen sein, welche sie nach der rechtlichen wie nach der thatsächlichen Seite soweit begründen, daß dadurch dem Betroffenen die Möglichkeit gegeben ist, dieselbe in ihren Grundlagen durch das zulässige und ihm für den gegebenen Fall geeignet erscheinende Rechtsmittel anzugreifen.

## Nr. 79.

**Endurteil des III. Senats vom 10. März 1887.**

Wenn es sich um die Abwendung einer unmittelbar drohenden Gefahr für die Gesundheit der Anwohner handelt, ist die Polizeibehörde befugt, einen Grundeigentümer durch polizeiliche Zwangsmittel zu nötigen, das Betreten seines Grundstücks, soweit dasselbe zur Ausführung der erforderlichen Arbeiten notwendig ist, zu gestatten.

## Nr. 80.

**Endurteil des I. Senats vom 12. März 1887.**

Zu den Kosten der Ausführung des Impfgesetzes vom 8. April 1874, welche von den Kreisen zu tragen sind, gehören auch die Druckkosten für Vervielfältigung der Vorschriften für die Impfärzte und die Angehörigen der Impflinge, dagegen nicht die Kosten, welche aus der Ausübung der Staatsaufsicht über die Ortspolizeibehörden entstehen, also nicht die Druckkosten für Vervielfältigung der für die letzteren erlassenen Vorschriften der Aufsichtsbehörde.

### Nr. 81.

**Endurteil des I. Senats vom 19. März 1887.**

Eine bereits durch das Reichs-Strafgesetzbuch mit Strafe bedrohte Handlung kann im Verwaltungszwangsverfahren nicht noch einmal unter Androhung einer Geldstrafe polizeilich verboten werden.

### Nr. 82.

**Endurteil des III. Senats vom 21. März 1887.**

Die Beseitigung gesundheitsschädlicher Zustände auf Privatgrundstücken gehört zu den Obliegenheiten der Polizei. Etwaige privatrechtliche Abmachungen stehen dieser Befugnis nicht entgegen, sind vielmehr unter den Beteiligten im ordentlichen Rechtswege (Entschädigungsprozesse) zum Austrage zu bringen.

### Nr. 83.

**Endurteil des III. Senats vom 21. April 1887.**

Die Beschwerde und Klage gemäß § 127 Landesverw.-Ges. findet nur gegen solche polizeiliche Verfügungen statt, welche in subjective Rechte des Einzelnen eingreifen — sei es, daß sie ein Thun und Unterlassen anordnen, sei es, daß sie die Erlaubnis zur Vornahme von Handlungen versagen, welche durch die Gesetze an die polizeiliche Genehmigung geknüpft sind. Dagegen ist die Erklärung der Polizeibehörde, in Zukunft eine solche Erlaubnis nicht mehr erteilen zu wollen, keine solche Verfügung, welche mit Beschwerde und Klage angefochten werden kann.

### Nr. 84.

**Endurteil des I. Senats vom 8. Juni 1887.**

Wenn eine Polizeiverordnung, welche das Anbringen öffentlicher Anzeigen regelt, die Bestimmung enthält, daß solche Anzeigen der Regel nach nur an den hiezu bestimmten Anschlagsäulen, Anschlagtafeln ꝛc. angebracht werden dürfen, daß aber Grundstücksbesitzer und Miether berechtigt sein sollen, Anzeigen, welche nur ihr eigenes Interesse betreffen, an den Grundstücken oder Miethsräumen anzubringen, so erlischt diese letztere Befugnis nicht ohne Weiteres mit dem Aufhören des Eigentums- bezw. Mietsverhältnisses, sie erstreckt sich vielmehr auch auf die bisherigen Eigentümer und Miether. Insbesondere fallen Anzeigen über Geschäftsverlegung, Wohnungswechsel ꝛc. schon deshalb unter diese Bestimmung, weil dieselben auch das eigene Interesse des gegenwärtigen Eigentümers insofern berühren, als demselben sehr wohl daran liegen kann, durch solche Anzeigen den Andrang der den ausgezogenen Mieter und dessen Geschäft suchenden Personen abzuwehren.

### Nr. 85.

**Endurteil des I. Senats vom 22. Juni 1887.**

1) Die Bürgersteige sind dazu bestimmt, dem Verkehr von der Straße nach den adjacirenden Grundstücken zu dienen. Die Grundstücksbesitzer haben einen rechtlichen Anspruch darauf, in dem der Bestimmung desselben entsprechenden

**Gebrauche des Bürgersteiges nicht weiter behindert zu werden, als dies sachliche Rücksichten auf das allgemeine Verkehrsinteresse erfordern.**

2) Wenn eine polizeiliche Verfügung auf Beschwerde oder Klage gemäß §§ 127, 128 Landesverw.-Ges. aufgehoben wird, so steht der Polizeibehörde gegen diese Entscheidung ein weiteres Rechtsmittel nicht zu.

## Nr. 86.

**Endurteil des III. Senats vom 8. September 1887.**

Findet sich auf einem Grundstück eine im polizeilichen Interesse zu beseitigende Anlage — z. B. eine gesundheitsschädliche Ansammlung unreinen Wassers —, so ist die Polizeibehörde befugt, wegen Beseitigung derselben den Grundstückseigentümer in Anspruch zu nehmen, selbst wenn diese Beseitigung an sich auch durch Maßregeln eines Adjazenten herbeigeführt werden könnte.

## Nr. 87.

**Endurteil des III. Senats vom 15. September 1887.**

Eine Handlung, welche bereits durch eine Polizei-Verordnung für straffällig erklärt ist, darf nicht durch eine polizeiliche Einzelverfügung nochmals unter Androhung einer Exekutivstrafe verboten werden. Dabei ist es unerheblich, ob die Rechtsgiltigkeit der Polizeiverordnung bestritten ist.

## Nr. 88.

**Endurteil des I. Senats vom 26. Oktober 1887.**

Verfügungen, welche ein Amtsvorsteher auf Grund der ihm durch § 65 der Kreis-Ordn. beigelegten Befugnis an die Gemeindevorsteher seines Amtsbezirks erläßt, sowie Straffestsetzungs-Verfügungen wegen Zuwiderhandelns gegen diese Anordnungen können nicht durch Klage im Verwaltungsstreitverfahren, sondern nur durch Beschwerde bei der vorgesetzten Behörde angefochten werden.

## Nr. 89.

**Endurteil des I. Senats vom 29. Oktober 1887.**

1) Die Befugnisse der Polizeibehörde in Gesindesachen beschränken sich darauf, die durch widerrechtliche einseitige Aufhebung des Dienstverhältnisses herbeigeführte Störung der öffentlichen Ordnung dadurch zu beseitigen, daß er den entlaufenen Dienstboten in den Dienst zurückführen läßt. Dagegen darf dieselbe über privatrechtliche Verhältnisse, z. B. die Dauer des Miethsvertrages keine Entscheidung treffen.

2) Eine stillschweigende Verlängerung des Miethsvertrages — Ges.-Ordn. § 114 – ist ausgeschlossen, wenn der Dienstbote zwar nicht ausdrücklich gekündigt, aber durch konkludente Handlungen, z. B. Entlaufen aus dem Dienste und Weigerung der Rückkehr, vor Ablauf der Kündigungsfrist seinen Willen, das Dienstverhältnis über den vereinbarten Endtermin nicht fortzusetzen, zum Ausdruck gebracht hat. Beim Vorliegen dieser Voraussetzungen ist daher ein Zurückführen in den Dienst nach Ablauf der Contraktszeit nicht zulässig.

## Nr. 90.

**Endurteil des I. Senats vom 30. November 1887.**

Eine Verfügung, welche der Landrath in seiner Eigenschaft als Kreispolizeibehörde ausdrücklich als eine polizeiliche erlassen hat, ist gemäß §§ 127 ff. Landesverw.-Ges. anfechtbar. Dieselbe muß, wenn sie sich materiell auf einem

Gebiete bewegt, welches der Zuständigkeit der Kommunalaufsichtsbehörden unterstellt ist, selbst dann aufgehoben werden, wenn der Landrat wohl befugt gewesen wäre, dieselbe Verfügung in seiner Eigenschaft als Kommunalaufsichtsbehörde zu erlassen.

Nr. 91.

**Endurteil des I. Senats vom 3. Dezember 1887.**

1) Die Aufrechthaltung der äußeren kirchlichen Ordnung bei religiösen Versammlungen, Leichenbegängnissen 2c. gehört zur ausschließlichen Zuständigkeit der Landes-Polizeibehörden.

2) Gottesdienstliche Versammlungen der geduldeten Religionsgesellschaften unterliegen den Bestimmungen des Vereinsgesetzes vom 10. März 1850, dürfen aber auch weitergehenden polizeilichen Beschränkungen nicht unterworfen werden.

3) Die Befugnis der Polizeibehörde, die Genehmigung zu außergewöhnlichen Leichenbegängnissen zu versagen, begreift nicht das Recht in sich, solche Leichenbegängnisse von vorn herein allgemein zu verbieten.

Nr. 92.

**Endurteil des III. Senats vom 5. Dezember 1887.**

1) Ein persönliches Interesse des Amtsvorstehers, welches gemäß § 57 Abs. 5 Kreis-Ordn. denselben von der amtlichen Mitwirkung ausschließt, liegt nicht nur im Falle der direkten Interessen-Kollision, nicht nur dann vor, wenn ein mit dem öffentlichen Interesse in Widerspruch stehendes oder doch so starkes Privatinteresse vorhanden ist, daß dasselbe nur auf Kosten Anderer, über deren gesetzliche Verpflichtung hinaus befriedigt werden kann. Vielmehr hat sich der Amtsvorsteher überall da der amtlichen Thätigkeit zu enthalten, wo er selbst am Ausgange der Sache erheblich interessiert ist.

2) Die Vorschrift des § 57 Abs. 5 Kreis-Ordn. findet auch auf denjenigen Amtsvorsteher Anwendung, welcher gemäß § 61 das. von dem Kreisausschuß mit der Erledigung einer Angelegenheit beauftragt ist.

# II.

# Die Jagd.

## 1. Jagdscheine.

(Vergl. Parey Rechtsgrundsätze, Stammwerk, dritte Abth. XIII. A.)

Nr. 1.

**Endurteil des II. Senats vom 13. September 1880.**

Da ein Jagdschein immer nur auf ein Jahr erteilt wird, ist die Versagung desselben auf längere Zeit unzulässig. Die Vorschrift in § 15 des Jagdpolizeigesetzes vom 7. März 1850, daß den wegen Jagd- oder Forstfrevels oder Mißbrauchs des Feuergewehrs Bestraften der Jagdschein innerhalb 5 Jahren nach verbüßter Strafe versagt werden könne, hat nur den Sinn, daß nach Ablauf der fünfjährigen Frist die immer auf ein Jahr erfolgende Erteilung des Jagdscheins aus diesem Grunde nicht mehr verweigert werden darf. Innerhalb der Frist dagegen tritt bei jedem neuen Antrage auf Erteilung des Jagdscheins die freie Beurteilung der zuständigen Behörde ein, ob derselbe zu versagen ist oder nicht.

Nr. 2.

**Endurteil des II. Senats vom 1. Juni 1882.**

1) Das Jagen ohne Jagdschein — Jagdpolizei-Ges. vom 7. März 1850 § 16 Abs. 1 — ist ein Jagdfrevel im Sinne des § 15 a. a. O.

2) Die Versagung des Jagdscheins wegen begangenen Jagdfrevels hat nicht unbedingt, sondern nur dann zu erfolgen, wenn das öffentliche Interesse dabei beteiligt ist. Dagegen ist es nicht erforderlich, daß Grund für die Annahme vorhanden sei, der Antragsteller werde auch fernerhin gegen die jagdpolizeilichen Vorschriften sich vergehen und dadurch das öffentliche Interesse schädigen.

Nr. 3.

**Endurteil des I. Senats vom 2. November 1882.**

Die Verfügung eines Landrats oder der Polizeibehörde eines Stadtkreises, durch welche einem Inländer der Jagdschein versagt oder wieder abgenommen wird, unterliegt im Verwaltungsstreitverfahren einer Prüfung nicht nur auf ihre Gesetzmäßigkeit, sondern — soweit die Versagung oder Wiederabnahme eine fakultative ist — auch in Bezug auf ihre Angemessenheit.

Nr. 4.

**Endurteil des II. Senats vom 31. Januar 1884.**

In welchen Fällen gemäß § 15 Abs. 1 a, des Jagdpolizeigesetzes vom 7. März 1850 die Erteilung des Jagdscheins wegen zu besorgender unvorsichtiger Führung des Schießgewehrs oder Gefährdung der öffentlichen Sicherheit zu versagen ist, bestimmt das Gesetz nicht. Es überläßt vielmehr diese Frage in jedem einzelnen Falle dem pflichtmäßigen Ermessen der zur Erteilung des Jagdscheins berufenen Behörde, also im Streitfalle des an ihre Stelle tretenden Verwaltungsrichters.

Nr. 5.

**Endurteil des II. Senats vom 12. Mai 1884.**

Die Thatsache der erfolgten Bestrafung wegen Jagdfrevels reicht für die Entscheidung über Versagung des Jagdscheins aus; einer nochmaligen Feststellung, ob der Jagdfrevel begangen ist, bedarf es nicht. Dagegen unterliegt die Angemessenheit der erfolgten Versagung der Prüfung des Verwaltungsrichters.

Nr. 6.

**Endurteil des I. Senats vom 11. Januar 1886.**

Die Ausübung der Jagd ohne den nach § 17 des Jagdpolizeigesetzes vom 7. März 1850 (G.-S. S. 130) erforderlichen Jagdschein ist als ein Jagdfrevel im Sinne des § 15 Abs. 2 desselben Gesetzes anzusehen, und die zuständige Polizeibehörde ist wohl berechtigt, dem wegen solchen Jagdfrevels mehrfach Bestraften den beantragten Jagdschein zu versagen oder ihm den bereits erteilten wieder zu entziehen.

## 2. Jagdbezirke und Jagdverpachtungen.

(Vergl. P. Rechtsgrundsätze, Stammwerk und Supplement I., dritte Abth. XIII. B.)

### Nr. 1.

**Endurteil des II. Senats vom 7. Februar 1884.**

1) Grundbesitzer, bei welchen die Voraussetzungen des § 5 Jagdpol.-Ges. vom 7. März 1850 zutreffen, sind schon kraft Gesetzes befugt, ihre Grundstücke aus dem gemeinschaftlichen Jagdbezirk auszuschließen, und diese Berechtigung bedarf nicht erst der Anerkennung mittelst obrigkeitlichen Aktes. Der Behörde steht vielmehr nur die Untersagung des bereits vollzogenen oder doch bevorstehenden Ausschlusses — vorbehaltlich der zulässigen Rechtsmittel — zu.

2) Unter „Höfen" im Sinne des § 5 a. a. O. sind dem allgemeinen Sprachgebrauch entsprechend nicht nur abgeschlossene Wirtschaftshöfe zu verstehen.

### Nr. 2.

**Endurteil des II. Senats vom 27. März 1884.**

Dem Landrat steht ein Aufsichtsrecht über die Verwaltung gemeinschaftlicher Jagdbezirke nicht zu. — Vergl. Circularverf. der Minister des Innern und für die landwirtsch. Angelegenh. vom 3. März 1878. —

### Nr. 3.

**Endurteil des II. Senats vom 8. September 1884.**

Der § 7 des Jagdpolizeigesetzes vom 7. März 1850 handelt nur von solchen Grundstücken, welche an sich dem Gemeindejagdbezirke angehören würden, findet jedoch auf den Fall des § 2 das. keine Anwendung und enthält namentlich keine Ausnahme von der Bestimmung des § 2a, daß der Eigentümer einer land- oder forstwirtschaftlich genutzten Fläche von mindestens 300 Morgen zur eigenen Ausübung der Jagd befugt ist.

### Nr. 4.

**Endurteil des II. Senats vom 17. Februar 1886.**

1) Aus dem § 9 des Jagdpolizeigesetzes vom 7. März 1850 (G.-S. S. 130) läßt sich nicht entnehmen, daß die Zustimmung der Gemeinde oder der Gemeindevertretung zur Verpachtung der Jagd auf einem gemeinschaftlichen Jagdbezirke erforderlich sei.

2) Als Gemeindebehörde im Sinne des vorgedachten Gesetzes gelten diejenigen Organe der Gemeinde, welche zuständig sein würden, wenn es sich nicht um eine Jagd, sondern um eine andere Gemeindeangelegenheit handelte. Bei Streitigkeiten über die Ausübung der Jagd auf dem gemeinschaftlichen Jagdbezirke (§ 10 a. a. O.) hat die diesen Organen vorgesetzte Kommunalaufsichtsbehörde einzutreten.

3) Die Gemeindebehörde in den Landgemeinden der sechs östlichen Provinzen bilden der Gemeindevorsteher (Schulze) und die Schöppen (§ 22 der Kreisordnung von 1872). Dieser Gemeindevorstand ist jedoch keineswegs eine kollegialische Behörde, vielmehr verwaltet der Gemeindevorsteher, welcher für seine Person allein die Ortsobrigkeit ist (§ 29 a. a. O.), die kommunalen Angelegenheiten selbstständig, während ihm die Schöppen nur zur Unterstützung und

Vertretung in Behinderungsfällen beigeordnet und nach § 56 Tit. 7 T. II. A. L.-R. nur bei der Verwaltung des Gemeindevermögens mit ihrem Rat zu hören und in dieser Weise zuzuziehen sind. Zur Verbindlichkeit eines von der Gemeindebehörde abgeschlossenen Jagdpachtvertrages sowie zur Gültigkeit jeder Urkunde über Rechtsgeschäfte, welche die Besitzer der den gemeinschaftlichen Jagdbezirk bildenden Grundstücke verpflichten soll, sind außer der Unterschrift des Schulzen und der Beidrückung des Gemeindesiegels die Unterschriften der Schöppen erforderlich. Bei Meinungsverschiedenheiten der Mitglieder der Gemeindebehörde unter einander und im Falle der Verweigerung der Unterschrift seitens einzelner derselben hat die Kommunalaufsichtsbehörde darüber zu entscheiden, ob die Weigerungsgründe stichhaltig sind. Die entscheidende Aufsichtsbehörde ist nach § 24 (nicht § 33 Nr. 1) des Zuständigkeitsgesetzes vom 1. August 1883 der Landrat, in letzter Instanz der Regierungspräsident.

### Nr. 5.
**Endurteil des III. Senats vom 9. Dezember 1886.**

Nach § 7 Abs. 2 des Jagdpolizeiges. vom 7. März 1850 und nach § 105 des Zuständigkeitsgesetzes vom 1. August 1883 erfolgt die Festsetzung der Entschädigung für die Erpachtung der Jagd auf einer Waldenklave jetzt im Verwaltungsstreitverfahren. Hierbei hat der Verwaltungsrichter sowohl über die Dauer des einzugehenden Pachtverhältnisses als über den Betrag der Jahrespacht Entscheidung zu treffen.

### Nr. 6.
**Endurteil des I. Senats vom 28. Mai 1887.**

1) Die Schöffen sind nach § 22 der Kreis-Ordn. nur berufen, den Gemeindevorsteher in seinen Amtsgeschäften zu unterstützen und in Behinderungsfällen zu vertreten, bilden aber nicht mit demselben zusammen eine kollegialische Behörde.

2) Verweigert ein Schöffe die zur Rechtsgiltigkeit eines Vertrages erforderliche Mitunterschrift, weil er den materiellen Inhalt des Vertrages beanstandet, so hat über die Berechtigung seiner Weigerungsgründe die Aufsichtsbehörde (Landrat, Regierungspräsident) zu entscheiden. Fällt diese Entscheidung gegen den Schöffen aus, und dieser beharrt gleichwol bei seiner Weigerung, so kann er im Disciplinarwege zur Leistung der Unterschrift angehalten werden.

### Nr. 7.
**Endurteil des I. Senats vom 9. November 1887.**

1) Unter der Gemeindebehörde, welcher nach dem Jagdpolizeigesetz vom 7. März 1850 die Verpachtung der Gemeindejagd obliegt, ist in den Landgemeinden der alten Provinzen der Gemeindevorsteher zu verstehen.

2) Eine meistbietende Verpachtung der Jagd ist nicht vorgeschrieben, dieselbe kann auch freihändig erfolgen.

3) Ein Schöffe, der ohne ausreichenden Grund die Mitvollziehung eines für die Gemeinde abgeschlossenen Vertrages verweigert, kann hierzu durch Ordnungsstrafen angehalten werden.

### Nr. 8.
**Endurteil des III. Senats vom 24. November 1887.**

In dem Verwaltungsstreitverfahren über die Ausübung der Jagd auf enclavirten Parzellen gemäß § 7 des Jagdpolizeigesetzes vom 7. März 1850 sind die Parzellenbesitzer als wesentlich bei der Sache beteiligt während des ganzen Verfahrens zuzuziehen, und es darf nicht lediglich mit dem Gemeindevorstande verhandelt werden, wiewohl dieser sonst zur Vertretung der Jagdinteressenten des gemeinsamen Gemeindejagdbezirks legitimiert ist. Eine auf Grund einer ohne Zuziehung der Privatinteressenten geführten Verhandlung ergehende Entscheidung unterliegt, als auf einem wesentlichen Mangel des Verfahrens beruhend, der Aufhebung.

## III.

## Die Fischerei.

(Vergl. P. Rechtsgrundsätze, Stammwerk, dritte Abtheilung, XV.)

**Endurteil des I. Senats vom 7. November 1885.**

Die Fischerei gehört nicht zu den Gewerbebetrieben im Sinne der Reichs-Gewerbe-Ordnung. Das Statut einer Fischergilde unterliegt daher nicht der Bestätigung des Bezirksausschusses gemäß § 124. Zuständ.-Ges. und §§ 92, 98 b. R.-G.-O.

## IV.

## Das Wasser.

(Vergl. P. Rechtsgrundsätze, Stammwerk und Supplement I., dritte Abtheilung XVI.)

### Nr. 1.

**Endurteil des II. Senats vom 3. Februar 1879.**

Die nach § 16 des Vorflutsgesetzes vom 15. November 1811 abzuhörenden Sachverständigen sind — im Gegensatz zu den in den §§ 22, 24 das. erwähnten Schiedsrichtern — lediglich als Beweisquelle anzusehen, aus welcher der Richter zu schöpfen hat. Die gesamte Untersuchung durch die sachkundigen Kommissarien bildet die Unterlage, auf Grund deren der an die abgegebenen Gutachten nicht gebundene Verwaltungsrichter nach freier Ueberzeugung zu entscheiden hat.

### Nr. 2.

**Endurteil des I. Senats vom 25. November 1880.**

Das Verfahren gemäß § 10 des Vorflutgesetzes vom 15. November 1811 ist durch die Konkurrenz eines öffentliches Interesses nicht bedingt; die Polizeibehörde ist vielmehr, wenn einer der Fälle des § 10 vorliegt, auch im ausschließlichen Interesse eines Privaten einzuschreiten berechtigt.

### Nr. 3.

**Endurteil des II. Senats vom 9. Mai 1881.**

Wenn aus einer Fabrikanlage in gesundheitsschädlicher Weise unreine Abwässer in einen Wasserlauf geleitet werden, so ist die Polizeibehörde sowohl befugt, die fernere Zuführung zu verbieten als die Herstellung positiver Einrichtungen zu fordern, welche den Übelstand zu beseitigen geeignet sind.

### Nr. 4.

**Endurteil des II. Senats vom 24. Oktober 1881.**

„Stehendes Wasser" im Sinne des § 15 des Vorflutgesetzes vom 15. November 1811 ist nicht nur das dauernd in Seeen und Teichen angesammelte, sondern auch vorübergehend stehendes Wasser.

### Nr. 5.

**Endurteil des II. Senats vom 21. November 1881.**

Wenn die Entwässerungseinrichtungen einer Stadt dem Bedürfnis nicht entsprechen, so mag daraus die Notwendigkeit erwachsen, dieselben in geeigneter Weise umzugestalten. Solange das aber nicht geschehen ist, kann die Polizei nur mit vorhandenen Zuständen rechnen und ist daher befugt, die Benutzung eines Kanals zur Ableitung von Fabrikabwässern zu untersagen, zu deren Aufnahme dessen Dimensionen nicht ausreichen.

### Nr. 6.

**Endurteil des II. Senats vom 16. Januar 1882.**

1) Zur Einleitung des Verfahrens gemäß §§ 15 ff. des Vorflutgesetzes vom 15. November 1811 bedarf es einer ausdrücklichen Erklärung des Antragstellers, daß er zur Entschädigungsleistung bereit sei, nicht; es genügt vielmehr die Feststellung, daß er sich im Besitze der hierzu erforderlichen „bereiten Mittel" befindet.

2) Nach § 18 des Vorflutgesetzes hat der Verwaltungsrichter zu bestimmen, ob die Entwässerung überhaupt stattfinden kann, und unter welchen Modalitäten sie ausgeführt werden soll. Es muß ein bestimmter Plan vorgelegt und genehmigt werden, dessen Vollziehung demnächst in Gemäßheit des Schiedsrichterausspruches (§ 21 a. a. O.) erfolgen kann.

3) Im Tenor des Erkenntnisses ist zugleich auszusprechen, wer die Kosten der ersten Einrichtung der Entwässerungsanlage zu tragen habe.

### Nr. 7.

**Endurteil des II. Senats vom 20. Februar 1882.**

Soweit gegen die Entscheidung des Kreisausschusses in Grabenräumungssachen der ordentliche Rechtsweg zulässig ist — so bezüglich der Verpflichtung, den aus dem Flußbett entnommenen Sand abzufahren und die dazu erforderlichen Abladestellen herzugeben (vergl. Erk. des Ober-Tribun. vom 25. September 1857 — Strieth. Archiv Bd. 27, S. 65), — findet ein weiteres Rechtsmittel im Verwaltungsstreitverfahren nicht statt.

### Nr. 8.

**Endurteil des II. Senats vom 28. April 1884.**

Wenn durch die Ableitung von Wirtschaftsabwässern in einen Graben derselbe in gesundheitsgefährlicher Weise verunreinigt wird, so ist die Polizeibehörde nicht nur befugt, die fernere Zuleitung zu untersagen, sondern auch die Anlegung eines Sammelbassins zu verlangen, um das Stagnieren der Abwässer auf dem Grundstücke und damit die Entstehung eines neuen gesundheitsgefährlichen Zustandes auf demselben zu verhüten.

## Nr. 9.

**Endurteil des II. Senats vom 5. Mai 1884.**

1) Wassergenossenschaften, welche auf Grund und in den Formen des Gesetzes vom 1. April 1879 constituirt sind, besitzen rechtliche Persönlichkeit; sie können unter den gesetzlichen Voraussetzungen das Recht, über das Eigentum eines Dritten Gräben zu ziehen, in Anspruch nehmen und im Verwaltungsstreitverfahren geltend machen.

2) Es liegt innerhalb der gesetzlichen Befugnisse des Verwaltungsrichters, Sachverständige zur Einreichung von schriftlichen Gutachten aufzufordern und diese demnächst unbeeidigt als wahr anzunehmen. Der gesetzlichen Vorschrift wegen Zuziehung der Parteien wird in diesem Falle dadurch genügt, daß durch schriftliche Mitteilung und mündlichen Vortrag der Erklärungen der Sachverständigen den Parteien Gelegenheit zur Äußerung darüber geboten worden ist.

## Nr. 10.

**Endurteil des I. Senats vom 28. Juni 1884.**

Daß für den Leinpfad ein bestimmter Teil des Weges ausschließlich ausgesetzt werde, ist gesetzlich nicht vorgeschrieben. Die Bestimmung in § 57 A. L.-R. Th. II. Tit. 15, daß die Eigentümer der Ufer öffentlicher Flüsse den Schiffern nicht verwehren dürfen, sich des Leinpfades zu bedienen, schließt keineswegs aus, daß ein vorhandener Fuß- oder Fahrweg als Leinpfad dient, oder daß ein Leinpfad unter gegebenen thatsächlichen Verhältnissen zugleich den Charakter eines öffentlichen Weges gewinnt bezw. gewonnen hat.

## Nr. 11.

**Endurteil des II. Senats vom 4. September 1884.**

1) Zu den notwendigen Voraussetzungen für ein Vorgehen der Polizeibehörde auf Grund des § 10 des Vorflutges. vom 15. November 1811 gehört — neben dem Vorhandensein eines Grabens oder Wasserabzugs und einem der dort erwähnten Nachteile — vor Allem, daß der wegen der Räumung in Anspruch Genommene zur Unterhaltung des Grabens verpflichtet ist.

2) Steht diese Verpflichtung nicht fest, so bleibt es zwar der Polizei unbenommen, sich geeignetenfalls ihrerseits über die Verpflichtungsfrage selbstständig schlüssig zu machen und nach dem Ergebniß einzuschreiten. Keineswegs ist aber alsdann in dieser Richtung die Verfügung der Rechtskontrolle entrückt, und der Beteiligte etwa darauf beschränkt, nur noch demjenigen gegenüber seine Nichtverpflichtung auszuführen, den er für den Verpflichteten hält.

## Nr. 12.

**Endurteil des II. Senats vom 8. September 1884.**

Der Ortspolizeibehörde liegt von wege-, verkehrs- und gesundheitspolizeilichen Gesichtspunkten aus die Fürsorge ob, daß die öffentlichen Straßen einschließlich der Bürgersteige ausreichend entwässert werden und fortdauernd entwässert bleiben. Erfolgt gleichzeitig die Entwässerung der adjacirenden Grundstücke — ober- oder unterirdisch — nach der Straße, so unterliegen auch die hierzu dienenden Anstalten, gleichviel, ob sie erst auf polizeiliche Einwirkung hin oder ohne solche und auf wessen Kosten sie hergestellt wurden, sowie in wessen Eigentum sie sich befinden, in Ansehung ihrer Herstellung, Erhaltung, Reinigung und Benutzung der Kontrolle der Polizei.

Nr. 13.

**Endurteil des II. Senats von 2. Oktober 1884.**

Das Widerspruchsrecht eines Triebwerksbesitzers gegen beabsichtigte Bewässerungsanlagen ist nicht schon bei jedem geringsten Maß der Wasserentziehung, sondern nur dann gegeben, wenn ihm das zur Fortsetzung des Betriebes in dem bisherigen Umfange erforderliche Wasser genommen wird.

Nr. 14.

**Endurteil des II. Senats vom 23. Oktober 1884.**

Strompolizeiliche Verfügungen gehören nicht zu den ortspolizeilichen und unterliegen daher nicht der Anfechtung durch die gegen letztere gegebenen Rechtsmittel.

Nr. 15.

**Endurteil des II. Senats vom 19. März 1885.**

1) Das Gesetz vom 28. Februar 1843 bezieht sich ausschließlich auf Privatflüsse, d. h. durch die Natur gebildete Wasserläufe, nicht aber auf künstlich hergestellte Gräben.

2) Die Vorschrift des § 100 A. L.-R. I. 8, ist öffentlich-rechtlicher Natur und daher wohl geeignet, als Grundlage einer Klage im Sinne des § 66 Abs. 3. 4. Zuständ.-Ges. zu dienen.

3) Die Wiederherstellung eines durch einen Sturm verschütteten und mit Sand gefüllten Grabens stellt sich begrifflich als eine Räumung und nicht als die Eröffnung eines neuen Wasserlaufs dar.

Nr. 16.

**Endurteil des II. Senats vom 30. April 1885.**

Zwar liegt es in den Pflichten jedes Grundeigentümers, diejenigen über sein Areal sich erstreckenden Gräben, durch welche das Wasser seinen ordentlichen und gewöhnlichen Abfluß findet, zu unterhalten — § 100 A. L.-R. I. 8. — und andererseits in den rechtlichen Befugnissen der Ortspolizei, den Unterhaltungspflichtigen zur Auskrautung und Räumung anzuhalten — § 10 Vorflutges. vom 15. November 1811 —; dieses Recht und jene Pflicht bestehen aber nur gegenüber einem thatsächlich vorhandenen Graben. Soweit das Nichtbestehen eines solchen dargethan ist, fehlt es an den thatsächlichen Voraussetzungen für ein polizeiliches Einschreiten.

Nr. 17.

**Endurteil des II. Senats vom 18. Mai 1885.**

Polizeiliche Verfügungen, welche sich mit einem Gegenstande der Strom- und Schifffahrtspolizei beschäftigen, sind landespolizeilicher Natur und als solche mittelst Klage im Verwaltungsstreitverfahren nicht anfechtbar.

## Nr. 18.

**Endurteil des II. Senats vom 21. September 1885.**

1) Durch § 23 des Gesetzes vom 28. Februar 1843 wird die Entscheidung der Frage, ob dem Adjazenten eines Privatflusses ein Recht an demselben und in welchem Umfange zusteht, vor den ordentlichen Civilrichter verwiesen. Dagegen steht die Festsetzung, ob trotz eines solchen Rechtes im öffentlichen Landeskultur-Interesse eine Einschränkung in der Benutzung — vorbehaltlich des Entschädigungsanspruchs — anzuordnen ist, ausschließlich dem Verwaltungsrichter zu.

2) Die Bestimmungen der Civil-Prozeß-Ordnung über die Kosten des Verfahrens finden auf das Verwaltungsstreitverfahren keine, auch nicht analoge Anwendung. Der Verwaltungsrichter ist befugt, auch wenn die eine Partei in einigen untergeordneten Punkten nicht obgesiegt hat, die Gegenpartei als in der Hauptsache unterlegen anzusehen und derselben daher sämtliche Kosten aufzulegen.

## Nr. 19.

**Endurteil des II. Senats vom 24. September 1885.**

1) Partei im Verwaltungsstreitverfahren ist nicht die physische Person — der Polizeiverwalter —, sondern die Polizeibehörde; zur Abgabe von Erklärungen für dieselbe ist daher Jeder berufen, der diese Behörde berechtigter Weise vertritt.

2) Gegen eine die Räumung eines Flußbetts anordnende polizeiliche Verfügung kann nicht mit Erfolg der Einwand erhoben werden, daß die geforderte Räumung allein nicht ausreiche, um den beabsichtigten Zweck zu erreichen. Daraus würde nur die Berechtigung der Polizeibehörde zur Anordnung weiterer zweckdienlicher Maßregeln, nicht aber die Unzulässigkeit des gestellten Verlangens der Räumung folgen.

## Nr. 20.

**Endurteil des II. Senats vom 12. Oktober 1885.**

1) Wird eine Klageschrift vor Ablauf der gesetzlichen Frist in dem noch für das Publikum geöffneten Geschäftslokal der Behörde, an welche dieselbe einzureichen ist, an einen dort anwesend getroffenen Beamten dieser Behörde abgegeben und von diesem entgegengenommen, so ist die Klagefrist für gewahrt zu erachten, auch wenn der Präsentationsvermerk erst nach Ablauf derselben auf das Schriftstück gesetzt ist.

2) Hält die Polizeibehörde es für angemessen, an Stelle der zulässigen Straffestsetzuug mit einer neuen Androhung vorzugehen, so kann die letztere wiederum mit den gesetzlichen Rechtsmitteln angegriffen werden.

3) Unter einem „Merkpfahl" versteht das Vorflutgesetz vom 15. November 1811 allein einen solchen, der durch sachverständige Kommissarien unter Zuziehung des für die Mühle zuständigen Gerichts gesetzt ist. Wo ein solcher Merkpfahl nicht vorhanden ist, können auch auf das genannte Gesetz irgend welche Maßregeln zum Schutze der wenn auch thatsächlich bestehenden, so doch außerhalb jenes Gesetzes entstandenen Anlage nicht gestützt werden.

## Nr. 21.

**Endurteil des II. Senats vom 12. Oktober 1885.**

1) Anordnungen wegen Räumung eines Wasserlaufs im Sinne des § 66 des Zuständ.-Ges. können nur Handlungen, nicht Unterlassungen zum Gegen-

stande haben. Das Fortschaffen von Auswurfstoffen bildet, soweit es vom Räumungspflichtigen bewirkt wird, einen Teil der Räumung. Dagegen ist eine polizeiliche Anordnung, welche die Adjazenten verpflichtet, die bei der Räumung eines Wasserlaufs ausgeworfenen Stoffe auf ihre Grundstücke aufzunehmen, nicht als eine solche Verfügung anzusehen, welche die Räumung betrifft und somit zunächst durch Einspruch bei der Wasserpolizeibehörde anzufechten ist.

2) Eine Polizeiverordnung kann weder Verbindlichkeiten neu begründen noch bestehende Verpflichtungen abändern, sondern darf nur polizeiliche Anordnungen über die Art der Erfüllung solcher Verbindlichkeiten treffen, welche auf anderweiten rechtlichen Grundlagen beruhen.

3) Demjenigen, welcher einen an fremden Grundstücken vorbeifließenden Wasserlauf zu räumen hat, steht an sich nicht das Recht zu, die Räumungsstoffe auf diese Grundstücke auszuwerfen. Bedarf er dieses Rechts, so muß er dasselbe zunächst erwerben.

## Nr. 22.

**Endurteil des II. Senats vom 15. Oktober 1885.**

§ 100 A. L.-R. I, 8 statuiert eine dingliche Last des Grundeigentümers bezüglich der Unterhaltung von Abzugsgräben und Kanälen innerhalb seines Grundbesitzes nur für solche Anlagen, für deren Fortbestand eine gesetzliche oder sonst im öffentlichen Recht begründete Pflicht vorhanden ist. Einen solchen öffentlich-rechtlichen Titel gewährt weder das Bestehen eines Grabens allein noch auch die stillschweigende Einwilligung in dessen Anlegung. Eine Abmachung zwischen den Grundnachbarn über die Unterhaltung der Abzugsgräben durch privatrechtlichen Vertrag begründet nur die Civilklage auf Vertragserfüllung, aber nicht ein polizeiliches Einschreiten.

## Nr. 23.

**Endurteil des II. Senats vom 11. Januar 1886.**

1) Bei Prüfung der Frage, ob die zum Erlasse einer polizeilichen Verfügung erforderlichen thatsächlichen Voraussetzungen vorliegen, ist nicht nur auf den Wortlaut der Verfügung selbst, sondern auch auf das Rücksicht zu nehmen, was die Behörde zu deren Rechtfertigung im Streitverfahren geltend gemacht hat.

2) Der Umstand, daß ein Graben ausschließlich einem bestimmten Grundbesitzer zum Vorteil gereicht, rechtfertigt noch nicht die Folgerung, daß diesem die Reinigungspflicht obliege.

3) Die §§ 106 ff. A. L.-R. I. 8 enthalten privatrechtliche Normen und gewähren daher für ein polizeiliches Einschreiten aus Gründen des öffentlichen Rechts keine Unterlage.

## Nr. 24.

**Endurteil des I. Senats vom 20. März 1886.**

Eine polizeiliche Verfügung, welche die Freilegung eines Leinpfades von einem Verkehrshindernis anordnet, liegt auf dem Gebiet der Strom- und Schiffahrtspolizei und kann daher nicht von der Ortspolizeibehörde, sondern nur von der Landespolizeibehörde erlassen werden.

## Nr. 25.

**Endurteil des II. Senats vom 8. April 1886.**

1) Der im Einspruchsverfahren ergangene Beschluß der Wasserpolizeibe-

hörde gemäß § 66 Zuständ.-Ges. tritt vollständig an die Stelle der mit Einspruch angegriffenen Verfügung und bildet ausschließlich den Gegenstand des demnächst eröffneten Streitverfahrens. Derselbe darf daher nur solche Anordnungen zum Gegenstande haben, welche sich auf die Räumung von Wasserläufen, bezw. die Aufbringung und Verteilung der hierbei entstehenden Kosten beziehen.

2) Die Umwandelung eines vorhandenen Grabens in einen gemauerten Kanal kann unter den Begriff der „Räumung" nicht subsumirt werden.

### Nr. 26.

**Endurteil des II. Senats vom 3. Mai 1886.**

1) Die Räumungspflicht bildet einen Teil der Unterhaltungspflicht, welche gemäß § 100 A. L.-R. I. 8 hinsichtlich der Gräben dahin geordnet ist, daß sie in der Regel jedem Grundeigentümer bezüglich der in seinen Grenzen belegenen Gräben zufällt. § 100 cit. enthält nicht — wie die §§ 102 ff. — blos privatrechtliche Vorschriften, sondern gehört zu dem Abschnitt, welcher von den Einschränkungen des Eigentums zum Besten des Gemeinwesens handelt, ist also öffentlichen Rechts. Wegen Erfüllung der Unterhaltungs- und Räumungspflicht kann sich die Wasserpolizeibehörde so lange an den Grundeigentümer halten, bis dieser nachweist, daß ein anderer an seiner Statt dazu aus Gründen des öffentlichen Rechts verpflichtet sei.

2) Da § 100 A. L.-R. I. 8 keine unbedingt bindende Vorschrift, sondern ausdrücklich nur eine Regel aufstellt, so kann eine Abänderung derselben im Wege der Observanz grundsätzlich nicht für ausgeschlossen erachtet werden.

### Nr. 27.

**Endurteil des III. Senats vom 23. September 1886.**

Die Entscheidung, ob durch die Ableitung unreiner Fabrikwässer in einen Privatfluß der Bedarf der Umwohner an reinem Wasser beeinträchtigt oder eine erhebliche Belästigung des Publikums herbeigeführt wird, ist durch § 3 des Ges. vom 28. Februar 1843 zunächst der Polizeibehörde zugewiesen, unterliegt aber der verwaltungsrichterlichen Kontrolle. Letztere hat sich jedoch darauf zu beschränken, ob die angefochtene Verfügung das bestehende Recht verletzt oder der thatsächlichen Unterlagen entbehrt.

### Nr. 28.

**Endurteil des III. Senats vom 30. September 1886.**

§ 99 A. L.-R. I. 8 handelt von Privatflüssen, § 100 ebendas. von künstlich angelegten Gräben und Kanälen ohne Rücksicht darauf, welchem Zwecke dieselben dienen. Ist nicht ein Graben, sondern eine das Wasser aufnehmende natürliche Bodensenkung vorhanden, so gelangen die §§ 102 ff. a. a. O. zur Anwendung. Der Grundbesitzer ist zur Auffüllung der Mulde berechtigt, und ein polizeiliches Einschreiten auch dann unzulässig, wenn der Nachbar auf Grund dreißigjähriger Ersitzung eine Servitut an dem Grundstück erworben zu haben behauptet.

### Nr. 29.

**Endurteil des III. Senats vom 4. November 1886.**

Wenn in einer polizeilichen Verfügung dem zur Beseitigung eines Mißstandes für verpflichtet Erachteten die Wahl zwischen verschiedenen Ausführungsarten gelassen ist, so macht sich der Verwaltungsrichter, welcher auf Klage bezw. Berufung des Verpflichteten die Verfügung dahin abändert, daß nur eine der zur Wahl gestellten Ausführungsarten aufrecht erhalten wird, damit, indem er das Wahlrecht desselben beseitigt, einer unzulässigen reformatio in pejus (Abänderung zu Ungunsten des Beschwerdeführers) schuldig.

In dem Einspruchsverfahren gegen wasserpolizeiliche Räumungsverfügungen (§ 66 des Zuständigkeitsgesetzes) ist nur zu prüfen, ob die angegriffene Verfügung als solche auf Grund des Vorflutgesetzes gerechtfertigt war. Dagegen ist eine Erörterung der Frage, ob dieselbe aus einem anderen rechtlichen Fundament zulässig erscheint, nicht statthaft.

Den Lokalpolizeibehörden steht die Kontrolle über die Räumungspflicht bei Wasserläufen im Interesse der Vorflut, nicht dagegen die Kontrolle über die Anlegung und Benutzung von Stauwerken zu. Die Polizeibehörde ist daher nach § 10 des Vorflutedikts vom 15. November 1811 berechtigt, die Räumung eines Wasserlaufes, nicht aber die Beseitigung einer der Räumung hinderlichen Stauanlage zu fordern.

## Nr. 30.

**Endurteil des I. Senats vom 18. Dezember 1886.**

1) Die Polizeibehörde ist berechtigt, die Verunreinigung von Gräben an öffentlichen Straßen durch übelriechende oder übelriechend werdende Flüssigkeiten nicht nur im gesundheits-polizeilichen Interesse zur Abwendung von Gefahren für die Nachbarn, sondern auch im straßen-polizeilichen Interesse zur Verhütung von Belästigungen und Unbequemlichkeiten des Publikums und der Nachbarn zu verhindern.

2) Die Wegegräben sind dazu bestimmt, zur Aufnahme der Abflüsse von dem Wege selbst zu dienen; dagegen ist in Ermangelung eines besonderen privatrechtlichen Titels der Wegebaupflichtige nicht verbunden, in den Gräben zugleich für die anliegenden Grundstücke und Gebäude Vorflut zu beschaffen.

3) Die Polizeibehörde ist befugt, zur Erzwingung einer im öffentlichen Interesse notwendigen Handlung oder Unterlassung sich an den nach öffentlichem Recht hierzu unmittelbar Verpflichteten zu halten. Hat dieser durch privatrechtlichen Titel seine Verpflichtung auf einen Dritten übertragen, so ist die Polizeibehörde berechtigt, aber nicht verpflichtet, diesen Dritten in Anspruch zu nehmen.

4) Gemäß § 10, II. 17 A. L.-R. erstreckt sich im Allgemeinen die Befugnis der Polizei, durch allgemeine Verordnung und spezielle Verfügung Freiheit und Eigentum des Einzelnen zu beschränken, nur auf die Abwendung von Gefahren, nicht aber auf die von Nachteilen und Belästigungen für das Publikum. Der Schutz des letzteren gegen üble Ausdünstungen ist daher in der Regel nur bei Gefährdung von Leben und Gesundheit, nicht aber schon bei Belästigungen rechtlich zulässig.

5) Weiter gehende Bestimmungen bestehen aber für die Verkehrsstraßen gemäß § 78 A. L.-R. I. 8 und § 6 b des Gesetzes vom 11. März 1850. Hier liegt der Polizei auch der Schutz des Publikums gegen Belästigungen ob, und es ist daher ein Verbot, übelriechende oder schädliche Flüssigkeiten auf den Straßen in einer die Nachbarn schädigenden oder belästigenden Weise zu sammeln, abzuleiten oder abzufahren, zulässig.

## Nr. 31.

**Endurteil des III. Senats vom 10. Januar 1887.**

1) Durch Polizeiverordnungen können bestehende gesetzliche Verbindlichkeiten nicht abgeändert oder erweitert werden. Eine Polizeiverordnung, welche die

Räumung und Instandhaltung eines Wasserlaufs zum Gegenstande hat, darf von den Uferbesitzern nicht mehr fordern als die Erhaltung des gegenwärtigen Zustandes und die Beseitigung der denselben verändernden Störungen; über diese Grenze hinaus kann die Räumungs- und Unterhaltungspflicht der Adjazenten im Verordnungswege nicht ausgedehnt werden.

2) Veranstaltungen, welche im gesundheitspolizeilichen Interesse angeordnet werden, können, soweit nicht Privatpersonen zu deren Herstellung gesetzlich verpflichtet sind, nur auf Kosten desjenigen ausgeführt werden, dem die Kosten der örtlichen Polizeiverwaltung zur Last fallen.

## Nr. 32.

### Endurteil des III. Senats vom 13. Januar 1887.

1) Zu Beweisverhandlungen im Beschlußverfahren müssen die Parteien geladen werden. Zu solchen Beweisverhandlungen gehört auch die vom Kreisausschuß anzuordnende örtliche Untersuchung über Anträge auf Verschaffung der Vorflut. Die unterbliebene Ladung einer Partei macht die Beweisverhandlung und die darauf gestützte Entscheidung nichtig.

2) Der Beschluß des Kreisausschusses in Vorflutsachen muß sich auf die Prüfung der Frage, ob die verlangte Entwässerungsanlage im Interesse der Bodenkultur zu gewähren ist, insbesondere ob die davon für das Grundstück des Antragstellers zu erwartenden Vorteile die dem Nachbargrundstücke etwa drohenden Nachteile so überwiegen, daß auf die letzteren keine Rücksicht zu nehmen ist, und ob die Anlage nicht etwa auf dem eigenen Grundstücke des Antragstellers hergestellt werden kann, sowie ferner auf die Feststellung des Entwässerungsplanes erstrecken. Dem schiedsrichterlichen Verfahren ist nur die Festsetzung der Entschädigung und die Ausführung der Anlage nach dem genehmigten Plane, nicht also auch die Bestimmung der Art und Weise, wie die Entwässerung vorgenommen werden soll, vorzubehalten.

3) Der Umstand, daß der Antragsteller die geforderte Verbreiterung eines Grenzgrabens eigenmächtig vorgenommen hat und auf Privatklage des Nachbarn von dem ordentlichen Gericht rechtskräftig zur Wiederherstellnng des früheren Zustandes verurtheilt worden ist, steht nicht entgegen, demselben demnächst im Verwaltungsstreitverfahren aus Gründen des öffentlichen Rechts die Befugnis zu dieser Verbreiterung gegen Entschädigung des Nachbarn zuzusprechen.

## Nr. 33.

### Endurteil des III. Senats vom 17. Januar 1887.

1) Wenn das Verwaltungsgericht von der Ermächtigung des § 67 Landesverw.-Ges. Gebrauch macht, die Entscheidung ohne mündliche Verhandlung auf Grund der Erklärung der Parteien in Form eines Bescheides zu erlassen, so muß diese Erklärung zuvor über das gesamte der Entscheidung zu Grunde zu legende Material erfolgt sein, und es muß daher das Gericht, sofern es die Herbeischaffung noch weiterer thatsächlicher Unterlagen für erforderlich erachtet, auch über diese die Parteien hören, ehe es den Bescheid erläßt.

2) Das Schlesische Vorflutedikt vom 20. Dezember 1746 ist als Provinzialrecht noch gegenwärtig in Geltung. Nach demselben kann ein Müller auch von den oberhalb liegenden Adjazenten eines Privatflusses die Räumung desselben verlangen, um geeignetes Mahlwasser zu erhalten.

## Nr. 34.

**Endurteil des III. Senats vom 27. Januar 1887.**

1) Ist die Unterlassung einer Handlung (der Einreichung eines Entwässerungsprojekts) binnen einer bestimmten Frist mit einer allgemeinen Polizeistrafe bedroht, so kann nach Ablauf dieser Frist im einzelnen Falle die nachträgliche Durchführung gegen den Säumigen durch Exekutivstrafen erzwungen werden.

2) Die Ausführung einer aufgegebenen Leistung durch einen Dritten ist von der Polizeibehörde nicht überall da anzuordnen, wo sie an sich möglich wäre, sondern nur dann, wenn sie nach deren pflichtmäßigen Ermessen zweckentsprechend erscheint. Trifft das nicht zu, so ist die Erzwingung durch Androhung von Geldstrafen gegen den Verpflichteten zulässig.

## Nr. 35.

**Endurteil des III. Senats vom 10. Februar 1887.**

Unter der Räumung eines Grabens ist die Herstellung desselben in den Zustand zu verstehen, in dem er sich vor der Vernachlässigung befand. Unter dieser Voraussetzung kann die Wasserpolizeibehörde unter Umständen auch die Verbreiterung eines Grabens und die Fortschaffung der demselben in seinem freien Laufe hinderlichen Bäume verlangen.

## Nr. 36.

**Endurteil des III. Senats vom 3. März 1887.**

1) Die Vorschrift des § 66 Abs. 2 des Zuständigkeitsgesetzes, daß die Klage zugleich gegen denjenigen Dritten mit gerichtet werden soll, welchen der Kläger an seiner Stelle zur Ausführung der ihm aufgegebenen Leistung für verpflichtet hält, findet dann keine Anwendung, wenn Kläger die angegriffene Verfügung überhaupt für unberechtigt und daher auch keinen anderen zur Erfüllung derselben für verpflichtet erachtet.

2) Die Verpflichtung zur Unterhaltung und Räumung eines Wasserzuges, durch welchen das Wasser seinen ordentlichen und gewöhnlichen Abzug hat, in Gemäßheit des Vorflutsgesetzes vom 15. November 1811 besteht auch dann, wenn der betreffende Wasserlauf nicht schon bei seiner Anlegung als Vorflutsgraben hergestellt oder später ausdrücklich zu einem solchen erklärt ist. Dieselbe wird auch dadurch nicht beseitigt, daß noch andere Gräben vorhanden sind, welche bei entsprechender Räumung zur ordnungsmäßigen Entwässerung ausreichen würden.

## Nr. 37.

**Endurteil des III. Senats vom 2. Mai 1887.**

1) Auf Grund des ihm zustehenden Rechtes der freien Beweiswürdigung kann der Verwaltungsrichter das Vorhandensein eines thatsächlichen Zustandes (der Schiffbarkeit oder Nichtschiffbarkeit eines Flusses) auch durch die amtliche Auskunft einer Behörde (des Regierungspräsidenten) für festgestellt annehmen, sofern nur ersichtlich ist, daß er diese Auskunft nicht als für sich bindend, sondern lediglich als ein Beweismittel angesehen hat.

2) Die Qualität eines öffentlichen Flusses hängt von der Schiffbarkeit und nicht von der Flößbarkeit desselben ab.

3) In dem Verwaltungsstreitverfahren über die Räumungspflicht bei Privatflüssen soll für den einzelnen Fall die Verpflichtungsfrage der Polizeibehörde gegenüber definitiv zum Austrag gebracht werden. Unterläßt es der in Anspruch Genommene, binnen der gesetzlichen Klagefrist die Klage zugleich gegen den, welchen er seinerseits für verpflichtet erachtet, zu richten (Zuständigkeitsgesetz § 66 Absatz 2), so ist er mit dem Einwande, daß ein anderer an seiner Stelle räumungspflichtig sei, präkludiert.

Nr. 38.

**Endurteil des III. Senats vom 9. Mai 1887.**

1) Die polizeiliche Anordnung der Räumung eines Wasserabzugsgrabens durch Fortschaffung der hineingeworfenen Abdämmung zum Zweck der Wiederherstellung des gehemmten freien Wasserlaufs charakterisiert sich als eine wasserpolizeiliche Anordnung — eine Grabenräumung im Sinne des § 66 Zuständ.-Gesetzes.

2) Ein Amtsvorsteher ist als bei einer Grabenräumung persönlich beteiligt anzusehen und hat sich daher des Einschreitens zu enthalten, wenn durch dieselbe sein Privatinteresse wesentlich berührt wird. Ob er durch sein Privatinteresse zu der getroffenen Anordnung bestimmt wurde, ist unwesentlich.

Nr. 39.

**Endurteil des III. Senats vom 6. Juni 1887.**

Voraussetzung der Anordnungen der für die Wahrnehmung der Wasserpolizei zuständigen Behörde wegen Räumung von Gräben 2c. ist das Vorhandensein eines Wasserlaufs, da beim Mangel eines solchen weder von einer aus § 100 A. L.-R. I. 8 herzuleitenden Verpflichtung noch von Ausübung der im § 10 des Gesetzes vom 15. November 1811 den Polizeibehörden gegebenen Befugnisse die Rede sein kann.

Nr. 40.

**Endurteil des III. Senats vom 13. Juni 1887.**

1) Die Forderung der Grabenräumung setzt voraus, daß noch ein Graben vorhanden, und nicht durch eine gänzliche Veränderung der Sachlage ein Zustand geschaffen ist, der es nicht gestattet, überhaupt noch von dem Bestehen eines Grabens zu sprechen. Jedoch ist eine unmittelbar an die verändernde Handlung — Zuschüttung des Grabens — sich anschließende Auflage der Wiederherstellung des früheren Zustandes als eine Räumungsverfügung anzusehen und zu behandeln.

2) Die Bestimmung des § 103 Landesverw.-Ges. bezieht sich lediglich auf die Kosten des Verwaltungsstreitverfahrens, welches in den Fällen des § 66 Zuständ.-Ges. mit Erhebung der Klage gegen den Beschluß der Polizeibehörde seinen Anfang nimmt. Die voraufgegangene Verfügung und Beschlußfassung ist eine zu den gesetzlichen Funktionen der Polizeibehörde gehörige Amtshandlung, die hierbei entstehenden Kosten gehören zu den Kosten der Polizeiverwaltung und sind von den gesetzlich hiezu verpflichteten Verbänden zu tragen.

Nr. 41.

**Endurteil des III. Senats vom 12. September 1887.**

1) Der Antrag eines Mitgliedes einer Zwangs-Meliorationsgenossenschaft auf Ausscheiden aus derselben kann gemäß § 66 Abs. 3 des Wassergenossen-

schaftsgesetzes vom 1. Juli 1879 nur darauf gegründet werden, daß sein Grundstück dauernden Nachteil von der Anlage habe; dagegen genügt die Behauptung nicht, daß dasselbe keinen Vorteil oder Nutzen davon habe.

2) Zur Begründung des Ausscheidungsantrags gehört der Nachweis, worin der dem Grundstück erwachsende dauernde Nachteil besteht, und daß derselbe durch die Meliorationsanlage verursacht wird.

3) Ein Antrag auf zeitweise Befreiung von den Genossenschaftsbeiträgen muß die Angabe enthalten, für welchen Zeitraum diese Befreiung beansprucht wird.

## Nr. 42.

**Endurteil des I. Senats vom 8. Oktober 1887.**

1) Ein mit staatlicher Genehmigung geschlossener emphyteutischer oder Erbpachtsvertrag ist nicht allein ein privatrechtlicher Titel, sondern kann, soweit in demselben öffentlich-rechtliche Verhältnisse geordnet werden, auch für diese eine zu beachtende Norm bilden.

2) Eine über einen natürlichen und nicht etwa zum Zwecke des Gewerbebetriebes erst künstlich angelegten Wasserlauf führende Schleusenbrücke ist nicht als Pertinenz einer Mühlenanlage zu beantragen, auch wenn dem Müller nach örtlichem Wegerecht die Unterhaltung derselben obliegt.

3) Mit der Umwandelung eines früheren Kommunikationsweges in eine städtische Straße geht auch die regelmäßige Unterhaltungspflicht bezüglich derselben und der in ihrem Zuge belegenen Brücken von den bisher Verpflichteten auf die Stadtgemeinde über.

4) In dem Streitverfahren gegen eine wegepolizeiliche Verfügung ist nicht über die Unterhaltungspflicht im Prinzip, sondern nur über die Verpflichtung für den vorliegenden Reparaturfall zu entscheiden.

## Nr. 43.

**Endurteil des III. Senats vom 7. November 1887.**

Die Frage, ob ein Gewässer als ein „See" im Sinne des § 2c des Jagdpolizeigesetzes vom 7. März 1850 anzusehen ist, liegt auf thatsächlichem Gebiete. Wird dieselbe verneint, so kann der Eigentümer die Freilassung des Gewässers zur eigenen Jagdausübung nur dann beanspruchen, wenn er seinerseits den Nachweis führt, daß das als Teich anzusehende Gewässer zur Fischerei eingerichtet ist.

## Nr. 44.

**Endurteil des III. Senats vom 5. Dezember 1887.**

Über den Widerspruch gegen eine Berieselungsanlage kann im Verwaltungsstreitverfahren nur dann enschieden werden, wenn demselben ein Provokationsverfahren nach Vorschrift des Gesetzes vom 28. Februar 1843 voraufgegangen ist.

## Nr. 45.

**Endurteil des III. Senats vom 12. Dezember 1887.**

Die Grenze zwischen Ufer und Flußbett ist, wie die Stromverhältnisse selbst veränderlich sind, ebenfalls eine veränderliche. Nach gemeinem Recht kommt es hiebei nicht auf den mittleren Wasserstand an, sondern das Bett reicht soweit als der höchste gewöhnliche Wasserstand, d. h. derjenige, wie ihn der Fluß erfahrungsmäßig erreicht, wenn derselbe infolge seiner gewöhnlichen und regelmäßig eintretenden Zuflüsse mit vollem Wasser strömt, ohne durch ungewöhnliche Fluten angeschwellt zu werden und über seine Ufer auszutreten.

### Nr. 46.

**Endurteil des III. Senats vom 19. Dezember 1887.**

Die Feststellung, daß eine Entwässerungsanlage wegen eines überwiegenden Vorteils für die Bodenkultur zu gestatten sei, liegt auf thatsächlichem Gebiet und kann daher in der Revisionsinstanz einer Nachprüfung nicht unterzogen werden.

## V.

## Die Deiche.

(Vergl. P. Rechtsgrundsätze, Stammwerk, Dritte Abteilung XVII.)

### Nr. 1.

**Endurteil des I. Senats vom 5. September 1885.**

Ein Deichbeamter überschreitet seine Amtsbefugnisse, wenn er Wiesen, deren Betreten durch Warnungszeichen untersagt ist, als Zugang zu dem Flußufer benutzt, ohne hierzu durch eine ausdrückliche Anordnung der Strompolizeibehörde gemäß §§ 3, 4 des Gesetzes vom 20. August 1883 ermächtigt zu sein. Ein dieserhalb eingeleitetes Strafverfahren kann nicht durch Erhebung des Konflikts beseitigt werden. Ob der Umstand, daß die Wiesen bis dahin stets ungestört als Zugang benutzt worden sind, den Angeklagten straffrei macht, hat lediglich der ordentliche Richter zu entscheiden.

### Nr. 2.

**Endurteil des III. Senats vom 30. September 1886.**

1) Zur Feststellung des Begriffs des Inundationsgebietes eines zeitweise aus seinen Ufern tretenden Gewässers im Sinne des Deichgesetzes vom 28. Januar 1848 genügt es, daß der Austritt des Wassers mit erkennbarer Regelmäßigkeit, wenn auch in größeren Zeitabschnitten wiederkehrt, und daß hierbei das betreffende Land — welches nicht notwendig Kulturland zu sein braucht — von dem Hochwasser überflutet wird.

2) Als deichähnliche Erhöhung der Erdoberfläche (§ 1 a. a. O.) ist jede Erhöhung anzusehen, welche wie ein Damm wirkt und den Austritt des Wassers beschränkt.

## VI.

## Die Wege.

(Vergl. P. Rechtsgrundsätze, Stammwerk und Supplement I., dritte Abteilung XVIII.)

### Nr. 1.

**Endurteil des I. Senats vom 26. Februar 1879.**

1) Ob die Interessenten privatrechtliche Ansprüche auf die Nutzung eines streitigen Weges haben, ist im Verwaltungsstreitverfahren nicht zu entscheiden.

2) Anträge auf Inanspruchnahme eines Weges für den öffentlichen Verkehr ist nur die Polizeibehörde im Verwaltungsstreitverfahren zu verfolgen berechtigt, nicht ein Privatinteressent, auch nicht, wenn er zu dem Verfahren beigeladen war. Derselbe kann daher zur Verfolgung dieses Anspruchs ein Rechtsmittel nicht einlegen.

## Nr. 2.

**Endurteil des II. Senats vom 24. April 1880.**

1) Zur Feststellung des Rechtsbegriffs eines öffentlichen Weges ist erforderlich, daß derselbe nicht nur einzelnen Grundbesitzern zu bestimmten privaten Zwecken dient, sondern über einen mehr oder weniger eng begrenzten Interessentenkreis hinaus das Publikum als solches ein Interesse daran hat, den Weg unbeschränkt zu benutzen.

2) Auch diejenigen Wege, welche ausschließlich zur Kommunikation einer Gemeinde oder eines Teiles derselben in sich bestimmt sind (Privatgemeindewege, Gemeindefeldwege), sind Privatwege der Gemeinde und stehen als solche den öffentlichen Wegen nicht gleich.

## Nr. 3.

**Endurteil des I. Senats vom 19. Oktober 1881.**

Eine polizeiliche Verfügung, durch welche die beantragte Sperrung eines Weges abgelehnt wird, ist nicht eine solche, welche durch Klage im Verwaltungsstreitverfahren angefochten werden kann. Gegen dieselbe ist vielmehr nur die Beschwerde an die Aufsichtsbehörde zulässig.

## Nr. 4.

**Endurteil des I. Senats vom 16. November 1881.**

Über die Bestellung einer im Privatinteresse erforderlichen Wegeservitut hat der ordentliche Richter zu erkennen; das Verwaltungsstreitverfahren findet nur statt, wenn aus Gründen des öffentlichen Interesses ein Weg für den öffentlichen Verkehr in Anspruch genommen wird.

## Nr. 5.

**Endurteil des I. Senats vom 1. Februar 1882.**

1) Wege, welche ausschließlich zur Kommunikation einer Gemeinde in sich bestimmt sind, sind nicht zu den öffentlichen zu rechnen.

2) Dagegen ist ein öffentliches Verkehrsinteresse anzunehmen, wenn über einen mehr oder minder eng begrenzten Kreis der Beteiligten hinaus das Publikum als solches ein Interesse daran hat, den Weg zu benutzen.

## Nr. 6.

**Endurteil des I. Senats vom 11. Februar 1882.**

Der Wegepolizeibehörde liegt die Fürsorge für die öffentlichen Wege, für Privatwege hingegen nur insoweit ob, als das öffentliche Interesse ein Einschreiten bedingt. Dieselbe ist nicht berechtigt, im Privatinteresse eines Dritten die Folgen einer Gesetzesübertretung durch Zwangsmaßregeln wieder gut zu machen. Hat ein Besitzer einen Privatweg umgepflügt, so kann der Amtsvorsteher dieserhalb seine Bestrafung herbeiführen, nicht aber die zwangsweise Wiederherstellung des Weges anordnen.

## Nr. 7.

**Endurteil des I. Senats vom 25. Februar 1882.**

Die Beurteilung der Bedürfnisfrage in Wegepolizeisachen ist eine grundsätzlich verschiedene, je nachdem es sich darum handelt, den vorhandenen öffentlichen Wegen neue hinzuzufügen, oder das bestehende Netz der öffentlichen

**Wege unversehrt zu erhalten. Es bildet die Regel, daß die Anlage eines neuen Weges nur in Fällen eines nicht abzuweisenden öffentlichen Bedürfnisses erzwungen werden kann, daß aber im Gegensatz hierzu bestehende öffentliche Wege nur dann eingehen sollen, wenn überhaupt gar kein öffentliches Interesse mehr an ihrer Unterhaltung besteht. Hiernach ist die Polizeibehörde regelmäßig befugt, von demjenigen, welcher in den Bestand der öffentlichen Wege störend eingegriffen hat, die Wiederherstellung des früheren Zustandes oder bei Unthunlichkeit derselben die Beschaffung eines entsprechenden Ersatzes zu fordern, sobald überhaupt ein öffentliches Verkehrsbedürfnis in Frage steht.**

### Nr. 8.

**Endurteil des I. Senats vom 13. Mai 1882.**

Auch eine Privatstraße dient dem öffentlichen Verkehr; sie darf daher von dem Eigentümer nur insoweit zum Gegenstande von Verfügungen gemacht werden, als dies mit dem Interesse der öffentlichen Ordnung, Ruhe und Sicherheit verträglich ist. Insbesondere ist die Polizeibehörde befugt, im öffentlichen Verkehrsinteresse die Abschließung einer Privatstraße durch einen Thorweg oder eine ähnliche Vorrichtung zu untersagen. Hieraus so wenig als aus dem Umstande, daß ein Weg die Verbindung zwischen zwei öffentlichen Straßen vermittelt und von dem Publikum als Durchgangsweg benutzt wird, ist daher ohne Weiteres zu folgern, daß der Weg die Eigenschaft einer öffentlichen Straße habe.

### Nr. 9.

**Endurteil des I. Senats vom 18. November 1882.**

1) Dem Amtsvorsteher liegt die Wahrnehmung des öffentlichen Interesses in Wegeangelegenheiten ob. Derselbe ist befugt, die Anlegung neuer Wege anzuordnen und zu bestimmen, daß ein Privatweg im Interesse des Verkehrs in einen öffentlichen umgewandelt wird.

2) So lange ein bestätigter Separationsrezeß nicht vorliegt, ist für die Frage, welche Wege öffentliche sind und welche nicht, die von der General-Kommission getroffene Entscheidung, sofern dieselbe nicht mit Erfolg mit den zuständigen Rechtsmitteln angefochten ist, maßgebend.

### Nr. 10.

**Endurteil des II. Senats vom 11. Dezember 1882.**

1) Ein lediglich gegen die Entscheidungs g r ü n d e gerichteter, nicht aber die Abänderung des Urteilstenors bezweckender Angriff kann weder mit dem Rechtsmittel der Berufung noch auch durch Anschließung an die Berufung der Gegenpartei verfolgt werden.

2) Zum Nachweise, daß ein Weg eine sog. historische Straße im Sinne des § 12 Ges. vom 2. Juli 1875 sei, genügt nicht die Feststellung, daß er ein öffentlicher Weg, und daß die Stadtgemeinde zu seiner Unterhaltung verpflichtet gewesen sei, vielmehr muß derselbe bei Erlaß jenes Gesetzes bezw. des in Ausführung desselben beschlossenen Ortsstatuts bereits eine städtische Straße und als solche fertiggestellt gewesen sein.

### Nr. 11.

**Endurteil des I. Senats vom 3. Januar 1883.**

Die nach älterem Recht von der Verwaltungsbehörde interimistisch, vorbehaltlich des Rechtsweges gegen den endgiltig Verpflichteten getroffenen, Entscheidungen hinsichtlich der Wegebaulast sind der Rechtskraft nicht fähig.

## Nr. 12.

**Endurteil des I. Senats vom 14. März 1883.**

1) § 14 des Eisenbahngesetzes vom 3. November 1838 verpflichtet die Eisenbahngesellschaft nur zur Herstellung solcher Verkehrsanlagen, „welche die Regierung für nötig findet", welche also durch einen landespolizeilichen Akt gefordert werden, und ferner nur solcher, welche zur Sicherung der Nachbarn in der Benutzung ihrer Grundstücke, nicht aber aus einem darüber hinausgehenden öffentlichen Interesse erforderlich sind.

2) Bei der Aenderung und Verlegung öffentlicher Wege aus Anlaß eines Eisenbahnbaues geht die Beitragspflicht der Eisenbahngesellschaft nur soweit, als die zum Ersatz geschaffene Neuanlage die Unterhaltungslast des Wegebaupflichtigen vermehrt.

## Nr. 13.

**Endurteil des I. Senats vom 12. September 1883.**

In dem Verwaltungsstreitverfahren gegen wegepolizeiliche Anordnungen nach vorausgegangenem Einspruch in den Fällen des § 2 Art. IV. der Kreisordnungs-Novelle vom 19. März 1881 — jetzt § 56 des Zuständ.-Ges. vom 1. August 1883 — hat der Verwaltungsrichter auch zu prüfen, ob der Einspruch rechtzeitig erhoben war. Gelangt er zur Verneinung dieser Frage, so muß die Klage abgewiesen werden, selbst wenn die Polizeibehörde den Einspruch als rechtzeitig zugelassen und aus materiellen Gründen verworfen hat, und selbst wenn die erlassene Anordnung sich sachlich als unberechtigt darstellt.

## Nr. 14.

**Endurteil des I. Senats vom 19. September 1883.**

Brücken, welche im Zuge öffentlicher Wege liegen und denselben Zwecken wie diese selbst dienen, sind Teile der öffentlichen Wege. Der Regel nach müssen daher bezüglich ihrer Unterhaltung dieselben Rechtsregeln Platz greifen, welche für die Unterhaltung der Wege überhaupt gelten.

## Nr. 15.

**Endurteil des I. Senats vom 4. Oktober 1883.**

Durch die Eröffnung des Auseinandersetzungsverfahrens für eine Feldflur wird die gesetzlich begründete Zuständigkeit der Ortspolizeibehörden, über den Bestand und eine dem Verkehrsinteresse entsprechende Beschaffenheit der in derselben vorhandenen öffentlichen Wege zu wachen, nicht berührt. Ebenso wenig geht die regelmäßige Aufsicht über diese ihre Thätigkeit für die Zeit der Separation von den geordneten Instanzen auf die Auseinandersetzungsbehörden über.

## Nr. 16.

**Endurteil des I. Senats vom 10. November 1883.**

1) Nicht jede Kunststraße ist eine Chaussee, sondern nur diejenige, welche ausdrücklich als solche, sei es vom Staate oder einem kommunalen Verbande oder von Privaten (einer Aktiengesellschaft) ausgebaut ist.

2) Der Begriff „Chaussee" ist kein thatsächlicher, sondern ein Rechtsbegriff; es kann daher nicht als notorisch angenommen werden, daß eine Wegstrecke einen Teil einer Chaussee bilde.

## Nr. 17.

**Endurteil des I. Senats vom 22. Dezember 1883.**

1) Ist in der gegen den Fiskus gerichteten Verwaltungsklage die zur Vertretung des Beklagten berufene Behörde nicht bezeichnet, so ist dies unerheblich und dem Kläger nicht rechtsnachteilig. — Vergl. Erk. des Obertrib. vom 31. Oktober 1865. Strieth. Archiv Band 61 S. 194.

2) Wenn der Kreisausschuß infolge solcher mangelhaften Bezeichnung die Zustellung der Klage statt an den Regierungspräsidenten an die Königl. Regierung verfügt, so ist hierin ein wesentlicher Mangel des Verfahrens nicht zu erblicken. — Vergl. Minist.-Verf. vom 10. Februar 1881, Min.-Bl. f. d. inn. Verw. S. 158.

3) Die Unterhaltung von im Zuge einer Landstraße belegenen Brücken liegt gemäß §§ 11 ff. 54 A. L.-R. Teil II, Tit. 15 dem Fiskus ob, sofern nicht eine Befreiung aus besonderen Gründen dargethan ist.

## Nr. 18.

**Endurteil des I. Senats vom 5. Januar 1884.**

Auch bei Privatwegen ist der Amtsvorsteher zum Einschreiten berechtigt, wenn dasselbe im öffentlichen Interesse geboten erscheint, und er erfüllt lediglich seine Pflicht, wenn er denjenigen zur Wegebesserung anhält, dem nach seiner Ueberzeugung die Verpflichtung hiezu obliegt.

## Nr. 19.

**Endurteil des II. Senats vom 15. April 1884.**

Eine polizeiliche Verfügung, durch welche der Konsens zur Errichtung eines Thores auf einem Fußweg versagt wird, weil dieser Weg nicht gesperrt werden dürfe, ist als Inanspruchnahme des Weges für den öffentlichen Verkehr zu behandeln und mit den gegen wegepolizeiliche Verfügungen zulässigen Rechtsmitteln anzugreifen.

## Nr. 20.

**Endurteil des I. Senats vom 16. April 1884.**

Steht die Eigenschaft eines Weges als eines öffentlichen fest, so bedarf es zur Rechtfertigung der Inanspruchnahme desselben für den öffentlichen Verkehr nicht des Nachweises, daß er notwendig sei; es genügt vielmehr, daß überhaupt ein öffentliches Interesse vorhanden ist.

## Nr. 21.

**Endurteil des I. Senats vom 16. April 1884.**

Die Ortspolizeibehörde handelt innerhalb ihrer Zuständigkeit, wenn sie die notwendige Reparatur eines unstreitig öffentlichen Weges dem nach ihrer Ansicht hierzu öffentlich-rechtlich Verpflichteten aufgiebt und bei dessen Weigerung, falls der Bau keinen Aufschub leidet, auf dessen Kosten im Zwangswege ausführt. Glaubt sich der Betroffene zu Unrecht in Anspruch genommen, so kann er Erstattung der Kosten nur von dem an seiner Stelle Verpflichteten verlangen. Ein Erstattungsanspruch gegen die verfügende Polizeibehörde ist unbedingt ausgeschlossen.

## Nr. 22.

**Endurteil des I. Senats vom 23. April 1884.**

1) Die Privatverabredungen zwischen Käufer und Verkäufer, auf Grund deren eine Eintragung in das Grundbuch erfolgt ist, sowie auch die ohne Zuziehung anderer Interessenten erfolgte Einzeichnung in das Grundsteuerkataster vermögen den aus dem öffentlichen Recht originierenden Interessen, namentlich der polizeilichen Inanspruchnahme eines Weges für den öffentlichen Verkehr, nicht zu präjudiciren.

2) Ein Weg kann ein öffentlicher sein, auch wenn der Grund und Boden, über welchen er führt, im Privateigentum steht. Doch bedarf es alsdann der Feststellung, daß der Grundeigentümer mit der Gestattung des öffentlichen Verkehrs sich seines aus dem Eigentum fließenden Untersagungsrechts habe entäußern und den Weg dem öffentlichen Verkehr habe überlassen wollen.

## Nr. 23.

**Endurteil des I. Senats vom 23. April 1884.**

Den Gegenstand der Rechtskontrolle bildet nach öffentlichem Recht auf dem Gebiete der Polizei im Allgemeinen die Collission des polizeilich geschützten öffentlichen Interesses mit dem rechtlich geschützten Einzelinteresse. Das öffentliche Interesse an dem Bestehen eines öffentlichen Weges beschränkt sich nicht auf seine Verwendbarkeit für anderweit der polizeilichen Pflege bereits unterstellte Zwecke. Dasselbe umfaßt das Bedürfnis des Publikums, ihn zu benutzen, und zu diesem gehören auch die Adjazenten, welche auf den Gebrauch eines öffentlichen Weges als Zugangsweg zu ihren Grundstücken angewiesen sind.

## Nr. 24.

**Endurteil des I. Senats vom 28. Mai 1884.**

1) Die Wegepolizeibehörde ist nicht berechtigt, zur Befriedigung eines öffentlichen Verkehrsbedürfnisses den Eigentümer eines Privatweges als solchen auf Freigebung des Weges für den öffentlichen Verkehr in Anspruch zu nehmen. Sie hat sich vielmehr an den Wegebaupflichtigen zu halten, dem es seinerseits obliegt, nötigenfalls das erforderliche Terrain, event. im Wege der Enteignung, zu erwerben.

2) Unter den Begriff der öffentlichen Wege fallen alle Wege, welche für den allgemeinen Verkehr außerhalb oder innerhalb eines Ortes zum freien Gebrauch für Jedermann bestimmt sind, wenn auch dieser Gebrauch — wie z. B. bei Fußsteigen — auf eine bestimmte Art der Benutzung beschränkt ist.

## Nr. 25.

**Endurteil des I. Senats vom 28. Mai 1884.**

1) Wenn auch ein öffentlicher Weg der Regel nach räumlich auf ein bestimmtes Terrain beschränkt sein, einem feststehenden Zuge folgen muß, so ist dadurch nicht ausgeschlossen, daß ein Weg mit seinen freilich immer festen Ziel- und Endpunkten wie allmählich seinen Lauf verschieben, so auch von vornherein innerhalb weiter gezogener Grenzen an gewissen Stellen, wo dies durch besondere Umstände — z. B. das Vorhandensein einer nicht fest lokalisierten Furtrinne in einem veränderlichen Strombette, — bedingt wird, zu Zeiten einen veränderten Gang einschlagen kann, ohne darum den Charakter eines bestimmten, einheitlichen Weges einzubüßen.

**2) Eine Brücke, für welche das Recht der Zollerhebung verliehen ist, tritt damit in die Reihe der öffentlichen Verkehrsanstalten. Sie ist den Privatdispositionen des Eigentümers insoweit entzogen, als derselbe sie nach polizeilicher Vorschrift unterhalten und Jedem gegen Entrichtung des Brückenzolls die Passage gestatten muß.**

3) Handelt es sich um die Frage, ob neben einer neuen, landespolizeilich genehmigten Verkehrsanlage eine früher bestandene beibehalten werden muß, oder als entbehrlich geworden eingezogen werden kann, so ist das öffentliche Interesse nach dem Wert der neuen im Vergleich zu der alten Einrichtung, sowie unter Berücksichtigung der Höhe der Opfer, welche die Erhaltung beider Anstalten neben einander dem Unterhaltungspflichtigen auferlegt, nach billigem Ermessen abzuwägen.

## Nr. 26.

**Endurteil des I. Senats vom 25. Juni 1884.**

Durch die Kreisordnung ist die Zuständigkeit für die Einziehung und Verlegung öffentlicher Wege den Ortspolizeibehörden übertragen. Dem Kreislandrat ist für diese, wie für die sonstigen polizeilichen Funktionen der Ortspolizeibehörden die Stellung der Aufsichtsbehörde zugewiesen. Derselbe kann in dieser Eigenschaft die verfügende Gewalt der ihm unterstellten Behörden nicht nach Belieben im Einzelfalle an sich ziehen, sondern nur ausnahmsweise und unter bestimmten thatsächlichen Voraussetzungen; hieran ändert auch der Umstand nichts, daß etwa wegen Beteiligung mehrerer Amtsbezirke der für die einzelne Anordnung zuständige Amtsvorsteher erst besonders bestellt werden muß.

## Nr. 27.

**Endurteil des I. Senats vom 6. September 1884.**

Ein zu einem besonderen Zweck, aber innerhalb dieses Zweckes zum Gebrauche für Jedermann bestimmter Weg, wie dies bei dem sog. Leinpfade oder Treidelsteg zutrifft — A. L.-R. II, 15 § 57 — hört um dieser seiner beschränkten Benutzung willen nicht auf, ein öffentlicher zu sein.

## Nr. 28.

**Endurteil des I. Senats vom 30. September 1884.**

1) Nach der Regierungs-Instruktion vom 23. Oktober 1817 und der Kabinetsordre vom 31. Dezember 1825 steht die Chausseebaupolizei der Landespolizeibehörde, der Kreispolizeibehörde dagegen nur die Chausseepolizei, d. h. der Schutz der Chausseen dem Publikum gegenüber, zu.

2) Bis zum Erlaß des Dotationsgesetzes vom 8. Juli 1875 hat eine gesetzliche Verpflichtung zum Bau und zur Unterhaltung von Chausseen überhaupt nicht bestanden. Dagegen ist nach § 138 A. L.-R. II 15 der Inhaber einer Zoll-, Brücken-, Fähr- oder Wegegeldgerechtigkeit verpflichtet, das entsprechende Kommunikationsmittel auf eigene Kosten in tauglichem Zustande zu erhalten. Deshalb erwirbt der Staat durch die Verleihung der Chausseegelderhebung an einen Kreis das Recht, von diesem die chausseemäßige Unterhaltung der Straße aus öffentlichem Recht zu fordern.

### Nr. 29.

**Endurteil des I. Senats vom 1. Oktober 1884.**

Der Umstand, daß für verschiedene Strecken eines Weges verschiedene Unterhaltungspflichtige vorhanden sind, hindert nicht, denselben als einen einheitlichen Weg anzusehen.

### Nr. 30.

**Endurteil des I. Senats vom 8. Oktober 1884.**

Einspruch und Klage gemäß § 2 Art. IV der Kreisordnungs-Novelle vom 19. März 1881 — jetzt Zuständ.-Ges. § 56 — finden nur gegen solche wegepolizeiliche Verfügungen statt, welche den Bau und die Unterhaltung der öffentlichen Wege, die Aufbringung und Verteilung der dazu erforderlichen Kosten oder die Inanspruchnahme eines Weges für den öffentlichen Verkehr betreffen. Andere wegepolizeiliche Verfügungen sind nur mit den gegen polizeiliche Verfügungen im Allgemeinen gegebenen Rechtsmitteln angreifbar.

### Nr. 31.

**Endurteil des I. Senats vom 15. Oktober 1884.**

1) Die Bürgersteige bilden einen Teil der öffentlichen Straße; auf dieselben bezügliche polizeiliche Anordnungen sind daher wegepolizeilicher Natur.

2) Polizeiverordnungen können rechtliche Verbindlichkeiten weder neu begründen noch bestehende Verpflichtungen mit rechtsverbindlicher Kraft abändern.

3) Ist eine Straße von vorn herein als eine nur einseitig zu bebauende angelegt, so ist der an der anderen Seite (Bahnplanum) entlang laufende, für den Fußgängerverkehr dienende Teil derselben als ein Bürgersteig im rechtlichen Sinne nicht anzusehen.

### Nr. 32.

**Endurteil des I. Senats vom 15. Oktober 1884.**

Ist die an eine Gemeinde gerichtete Aufforderung zur Instandsetzung eines Weges dadurch, daß der erhobene Einspruch von dem Gemeindevorsteher zurückgenommen ist, gegen dieselbe vollstreckbar geworden, so kann sich das einzelne Gemeindemitglied nicht weigern, an der Erfüllung der damit feststehenden Verpflichtung teilzunehmen.

### Nr. 33.

**Endurteil des I. Senats vom 22. Oktober 1884.**

Die Wahrnehmung des öffentlichen Interesses steht nur der Polizeibehörde, Privatpersonen hingegen nur insoweit zu, als sie durch spezielle gesetzliche Bestimmungen hiezu ermächtigt sind. Eine Klage von Privatinteressenten gegen die Polizeibehörde, welche sich weigert, einen Weg für den öffentlichen Verkehr in Anspruch zu nehmen, oder auch gegen einen Dritten, der den freien Verkehr auf dem Wege hindert, ist im Verwaltungsstreitverfahren nicht zulässig.

### Nr. 34.

**Endurteil des I. Senats vom 8. November 1884.**

1) Die Beeidigung der vernommenen Zeugen ist für das Verwaltungsstreitverfahren nirgend gesetzlich vorgeschrieben. Der Verwaltungsrichter ist

**nicht behindert, auch auf die Auslassung der Vorsteher von Gemeinden, welche an der zur Entscheidung stehenden Sache ein Interesse haben, seine Feststellung zu gründen.**

2) Das öffentliche Interesse an Herstellung eines Weges wird nicht allein bestimmt durch den Nutzen, welchen ausschließlich die Baupflichtigen von demselben zu erwarten haben; dasselbe kann vielmehr auch weitere Kreise — ferner gelegene Ortschaften — umfassen, welche von der Anlage Vorteile erwarten.

Nr. 35.

**Endurteil des I. Senats vom 15. November 1884.**

Die Zuständigkeit der Amtsvorsteher erstreckt sich auf die Fürsorge für die öffentlichen Wege allgemein, also ohne Unterscheidung zwischen Land- und Heerstraßen und sonstigen Kommunikationswegen, insbesondere öffentlichen Gemeindewegen, und mit alleinigem Ausschluß der Chausseen.

Nr. 36.

**Endurteil des I. Senats vom 3. Dezember 1884.**

Es gehört an sich zu den Lasten des ordentlichen Wegebaupflichtigen, im Falle der durch die Anlage von Eisenbahnen gesteigerten öffentlichen Verkehrsbedürfnisse diesen durch einen entsprechenden Ausbau des vorhandenen Wegenetzes gerecht zu werden; dazu gehört insbesondere je nach den örtlichen Verhältnissen die Befestigung der nach dem Bahnhofe führenden Wege, unter Umständen auch die Anlegung neuer Wege.

Nr. 37.

**Endurteil des I. Senats vom 6. Dezember 1884.**

1) Der von der Polizeibehörde in Anspruch Genommene ist dieser gegenüber so lange als wegeunterhaltungspflichtig anzusehen, bis er seinerseits im Wege der Klage gegen einen Dritten den Nachweis erbracht hat, daß diesem anstatt seiner die Baulast obliege. Dagegen wird Dritten gegenüber durch dieses seitens der Polizeibehörde geschaffene Interimistikum die nach den Vorschriften des materiellen Rechts sich regelnde Beweislast nicht zu Ungunsten des in Anspruch Genommenen verschoben.

2) So wenig das Eigentum am Grund und Boden als die Thatsache der Anlegung eines Weges sind geeignet, die Unterhaltungspflicht hinsichtlich desselben nach öffentlichem Recht zu begründen.

Nr. 38.

**Endurteil des I. Senats vom 10. Dezember 1884.**

Ein offenkundiger Privatweg kann nicht durch eine einfache wegepolizeiliche Verfügung in einen öffentlichen umgewandelt werden. Vielmehr hat, wenn das Verkehrsinteresse die Herstellung eines öffentlichen Weges erheischt, die Wegepolizeibehörde den Wegebaupflichtigen gemäß § 56 Zust.-Ges. zur Erfüllung dieses Bedürfnisses aufzufordern, und in dem hiernach einzuleitenden Verfahren bleibt dann zu prüfen, ob das öffentliche Interesse zu einer Neuanlage überhaupt vorhanden, ob die Richtung jenes Privatweges oder eine andere zu wählen ist, und wie es sich mit den gleichfalls wesentlich in Betracht kommenden Kosten verhält.

## Nr. 39.

**Endurteil des I. Senats vom 3. Januar 1885.**

1) Die Benutzung eines Weges auf Grund einer Servitutbestellung ist eine nur privatrechtliche, auf bestimmte Personen beschränkte und nicht Jedermann zustehende; sie ist daher nicht geeignet, das Bestehen eines öffentlichen Weges entbehrlich und dessen Einziehung gerechtfertigt erscheinen zu lassen.

2) Die Einziehung eines öffentlichen Weges ist regelmäßig nur dann berechtigt, wenn andere, dem öffentlichen Verkehr in mindestens gleichem Maße dienende Wege vorhanden sind; sie ist unbedingt ausgeschlossen, wenn der fragliche Weg die einzige öffentliche Verbindung einer Anzahl von Kolonistenhöfen mit anderen öffentlichen Wegen darstellt.

## Nr. 40.

**Endurteil des I. Senats vom 10. Januar 1885.**

Das gegenüber dem Ehemann im Verwaltungsstreitverfahren ergangene Urteil bezüglich der Inanspruchnahme eines im Miteigentum der Eheleute befindlichen Weges für den öffentlichen Verkehr kann gegen die Ehefrau, wenn dieselbe nicht mit dem Ehemann in Gütergemeinschaft lebt und dieserhalb durch denselben im Vorprozeß vertreten wurde, nicht Rechtskraft begründen.

## Nr. 41.

**Endurteil des I. Senats vom 17. Januar 1885.**

Wenn die Wegepolizeibehörde eine auf die Unterhaltung eines Weges bezügliche Verfügung an eine Gemeinde erläßt, so hat nur diese, bezw. die zu deren Vertretung berufenen Organe, das Recht zur Erhebung des Einspruchs. Eine von mehreren Besitzern, welche innerhalb der Gemeinde zur Ausführung der Wegeunterhaltung verpflichtet sein würden, eingelegte Beschwerde kann dagegen als ein Einspruch des als wegebaupflichtig in Anspruch Genommenen im Sinne des § 56 Abs. 1 Zust.-Ges. nicht angesehen werden.

## Nr. 42.

**Endurteil des I. Senats vom 24. Januar 1885.**

Ein bestätigter Gemeinheitsteilungsrezeß ist die Quelle öffentlichen Gemeinderechts; die durch denselben hinsichtlich der Wegelast getroffenen Bestimmungen begründen Verpflichtungen öffentlich-rechtlicher Natur. Durch solchen Rezeß kann insbesondere die Brückenunterhaltungspflicht nicht nur hinsichtlich der bereits bestehenden, sondern auch hinsichtlich der in Zukunft neu zu erbauenden Brücken geordnet werden.

## Nr. 43.

**Endurteil des I. Senats vom 7. Februar 1885.**

1) Das Kurmärkische Wegerecht — welches auch in dem durch die Verordnung vom 30. April 1815 aus der Neumark überwiesenen Teile des Pommerschen Kreises Dramburg Geltung hat — enthält keine Bestimmung, welche es ausschlösse, über die Verteilung der Wegebaulast zwischen Gemeinde und Gutsherrn durch landespolizeilich bestätigten Rezeß zu bestimmen.

2) Die in einem solchen Rezeß der Gemeinde auferlegte Wegeunterhaltungslast wird dadurch nicht modifizirt, daß nach anderen Bestimmungen des-

selben das gesamte Dorfstraßenterrain als Eigentum der Gutsherrschaft angesehen, bezw. dieser das Recht der Nutzung der Dorfauen eingeräumt wird.

## Nr. 44.

### Endurteil des I. Senats vom 14. Februar 1885.

Soweit die Wegebaulast eine Gemeindelast ist, steht der Wegepolizeibehörde als Wegebaupflichtiger allein und ausschließlich die Gemeinde, nicht aber ein einzelnes Gemeindeglied gegenüber. Zur Verteilung der Gemeindelast auf die Gemeindemitglieder und zur Entscheidung von Streitigkeiten über dieselbe ist nicht der Amtsvorsteher, sondern der Gemeindevorstand berufen.

## Nr. 45.

### Endurteil des I. Senats vom 7. März 1885.

Nach dem gewöhnlichen Sprachgebrauche sind Straßen die für den Verkehr innerhalb der Ortschaften und in erster Linie zugleich für den Anbau bestimmten Wege.

## Nr. 46.

### Endurteil des I. Senats vom 18. März 1885.

Als Anordnungen der Wegepolizeibehörde, welche die Inanspruchnahme eines Weges für den öffentlichen Verkehr betreffen, sind alle polizeilichen Verfügungen anzusehen, welche ergehen, um Terrain für den öffentlichen Verkehr, als öffentliche Wege, in Anspruch zu nehmen und zwar von demjenigen, welcher auf dasselbe privatrechtliche, den öffentlichen Verkehr ausschließende oder beeinträchtigende Eigentums- oder Nutzungsrechte geltend macht. Ob es sich dabei um einen ganzen Weg oder um Teilstücke desselben handelt, ist ohne rechtliche Bedeutung.

## Nr. 47.

### Endurteil des I. Senats vom 28. März 1885.

Ist die Wegebaulast eine Gemeindelast, so steht der Wegepolizeibehörde als Verpflichteter nur die Gemeinde gegenüber, nicht das einzelne Gemeindeglied, welches sich nach der Ortsverfassung bei Ausführung der Wegebesserung zu beteiligen hat. Mischt sich der Amtsvorsteher in eine zwischen einem Gemeindemitgliede und dem Gemeindevorsteher über die Verteilung der Wegebaulast bestehende Streitigkeit, so überschreitet derselbe seine Zuständigkeit.

## Nr. 48.

### Endurteil des I. Senats vom 1. April 1885.

1) Wo Dominial- und Rustikal-Grundstücke in einer und derselben Flur liegen, mithin die engste Gemeinschaft der Interessen in Bezug auf den Wegebau zwischen dem Dominium und dem bäuerlichen Besitz, der Gemeinde, besteht, kann sich auf Grund dieser Gemeinschaft thatsächlicher und rechtlicher Verhältnisse für den örtlichen Bezirk der gemeinsamen Flur ein lokales Gewohnheitsrecht, eine Observanz, zur Regelung der rechtlichen Beziehungen in Bezug auf den Wegebau sehr wohl bilden.

2) Das allgemeine Landrecht trifft über die Verteilung der Wegebaulast zwischen Dominien und Gemeinden keine Bestimmung, hindert also die Entstehung späterer Observanzen auf diesem Gebiete nicht.

Nr. 49.

**Endurteil des I. Senats vom 11. April 1885.**

Wird die Einrichtung von gepflasterten Rinnsteinen an einer Chausseestrecke, welche den Charakter einer städtischen Straße angenommen hat, mit Rücksicht auf die aus den Gebäuden abgeführten Unreinigkeiten erforderlich, so kann die bezügliche Anordnung nicht als den Bau und die Unterhaltung von öffentlichen Wegen betreffende angesehen werden, und der zur Anlage von Rinnsteinen angehaltenen Stadtgemeinde steht gegen den Wegebaupflichtigen die Klage aus § 56 Abs. 6 Zust.-Ges. nicht zu.

Nr. 50.

**Endurteil des I. Senats vom 6. Mai 1885.**

Die Zuständigkeit der Verwaltungsgerichte für die Entscheidung von Streitigkeiten unter Wegebauinteressenten ist begründet, wenn es sich darum handelt, die Voraussetzungen eines zwischen am Wegebau öffentlich-rechtlich Beteiligten streitigen Anspruchs nach dem für den Bau und die Unterhaltung der öffentlichen Wege bestehenden öffentlichen Rechte zu beurteilen. Ob die erhobene Forderung sich auf einen dem Civilrecht angehörigen Klagegrund — z. B. versio in rem, negotiorum gestio — zurückführen läßt, ist hiebei unerheblich.

Nr. 51.

**Endurteil des I. Senats vom 27. Mai 1885.**

1) Oeffentliche Wege sind solche Wege, welche für den allgemeinen Gebrauch bestimmt sind; dieser Gebrauch kann — wie z. B. bei Fußwegen — auf eine bestimmte Art der Benutzung beschränkt sein.

2) Die Einziehung bisher öffentlicher Wege, welche für den allgemeinen Gebrauch nicht mehr erforderlich sind, erfolgt unbeschadet des privatrechtlichen Anspruchs einzelner Personen auf fernere Benutzung des Weges. Ob der beantragten Einziehung ein öffentliches Interesse entgegensteht, ist nach den jedesmaligen konkreten Verhältnissen zu beurteilen.

Nr. 52.

**Endurteil des I. Senats vom 5. September 1885.**

1) Die Beiladung bei dem Rechtsstreit interessierter Dritter ist in das Ermessen des Verwaltungsrichters gestellt. Sie ist also nicht direkt vorgeschrieben, und die Unterlassung derselben stellt keinen wesentlichen Mangel des Verfahrens dar, auf welchen die Revisionsbeschwerde mit Erfolg gestützt werden könnte.

2) Öffentliche Wege — sowohl Fuß- als Fahrwege — sind einzuziehen, wenn sie überflüssig sind, d. h. wenn auf ihnen thatsächlich kein Verkehr mehr stattfindet, oder dieser ohne Beeinträchtigung von Verkehrsinteressen auf einen anderen Weg gewiesen werden kann, oder aber, wenn sie zwar nicht überflüssig sind, gleichwohl aber andere überwiegende Interessen, welche wahrzunehmen die Polizei berufen ist, für die Einziehung sprechen.

3) Privatwege unterliegen der polizeilichen Einziehung überhaupt nicht.

Nr. 53.

**Endurteil des I. Senats vom 16. September 1885.**

Der Verwaltungsrichter darf sich nicht darauf beschränken, selbst wenn das Verlangen der Polizeibehörde auf Besserung eines öffentlichen Weges der

**irrtümlichen Annahme eines öffentlich-rechtlichen Verpflichtungsgrundes entspringen sollte, die Verfügung außer Kraft zu setzen. Er muß vielmehr, da das vorhandene öffentliche Bedürfnis jedenfalls zu befriedigen ist, die Klage abweisen, wenn es dem Kläger nicht gelingt, den an seiner Stelle öffentlich-rechtlich Verpflichteten nachzuweisen.**

### Nr. 54.

**Endurteil des I. Senats vom 10. Oktober 1885.**

Die Beleuchtung einer Straße ist nicht ein Teil der Wegebaulast. Sie liegt daher weder dem Unterhaltungspflichtigen, noch — da für dieselbe lediglich das Verkehrsinteresse maßgebend ist — dem Eigentümer des Weges ob, sondern bildet vielmehr einen Teil der Kosten der örtlichen Polizeiverwaltung, welche gemäß § 3 des Ges. vom 11. März 1850 den Gemeinden zur Last fallen.

### Nr. 55.

**Endurteil des I. Senats vom 14. Oktober 1885.**

1) Wenn nach Verkündung der Entscheidung der Vorsitzende des Bezirksausschusses aus einer nachträglichen Behauptung einer Partei Veranlassung nimmt, Akten zur Klarstellung derselben einzufordern, und auf diese Akten demnächst in den Erkenntnisgründen Bezug genommen wird, so unterliegt ein solches Urteil als auf einem wesentlichen Mangel des Verfahrens beruhend der Aufhebung.

2) Nicht jeder Weg, der thatsächlich vom Publikum benutzt wird, ist darum allein schon ein öffentlicher. Auch die Thatsache, daß zur Errichtung einer neuen Ansiedelung an einem Wege die Genehmigung erteilt ist, beweist nichts für die öffentliche Qualität desselben. Denn das Gesetz fordert für neue Ansiedelungen die Zugänglichkeit nicht von einem *öffentlichen*, sondern von einem *jederzeit offenen* Wege, der auch ein Privatweg sein kann.

### Nr. 56.

**Endurteil des I. Senats vom 14. November 1885.**

Gegen die öffentlich-rechtliche Verfügungsgewalt der Wegepolizeibehörde über öffentliche Plätze kann der Einwand des Eigentumserwerbes durch Verjährung nicht geltend gemacht werden. Dieser ist nur geeignet, ein Privatrecht an der Substanz des Platzes zu begründen, welches dessen Inanspruchnahme für den öffentlichen Verkehr keineswegs ausschließt.

### Nr. 57.

**Endurteil des I. Senats vom 25. November 1885.**

Unter der „Verkehrspolizei" im Gegensatze zur „Wegepolizei" ist die polizeiliche Aufsicht über die fertiggestellten Straßen, Brücken u. s. w., über den Verkehr auf denselben zu verstehen, nicht aber die Fertigstellung durch den Wegebaupflichtigen im Verkehrsinteresse.

### Nr. 58.

**Endurteil des I. Senats vom 6. Januar 1886.**

Wenn die Wegebaulast in einer im Rechtsgebiete des Allgemeinen Landrechts belegenen ländlichen Ortschaft seither stets als Gemeindelast behandelt worden ist, und wenn dann ein Grundbesitzer als Mitglied der Gemeinde zur Teilnahme herangezogen ist, so schützt den letzteren gegen diese Heranziehung auch nicht die Thatsache, daß sein Grundstück erst nach der Aufstellung eines Rezesses, durch welchen die Wegebaulast ursprünglich geregelt war, dem Gemeindeverbande hinzugetreten war und daß bei diesem Hinzutritt besondere Stipulationen hinsichtlich jener Last nicht getroffen worden sind. Dabei bedarf aber die Frage, ob jener Grundbesitzer thatsächlich als Gemeindemitglied zu betrachten ist, oder nicht, der besonderen Feststellung durch den Verwaltungsrichter.

## Nr. 59.

**Endurteil des I. Senats vom 6. Januar 1886.**

1) Nach schlesischem Provinzialrechte sind die Gemeinden als die zum Wegebau Verpflichteten auch gehalten, auf den öffentlichen Kommunikationsmitteln — zu denen auch die vom Kreise angelegten Wege gehören — die Schneeräumungsarbeiten vorzunehmen. Aus der Anlegung eines öffentlichen Verkehrsmittels folgt ebenso wenig wie aus dem Eigentum an demselben ohne Weiteres die Pflicht zu dessen Unterhaltung, — es sei denn der Nachweis geführt, daß der betreffende Weg für den Verkehr entbehrlich, bezw. die Anlegung desselben über das gemeine Bedürfnis hinaus erfolgt ist.

2) Aus der Thatsache, daß neue chaussierte Kreisstraßen unter Zustimmung der Wegepolizeibehörde entstanden und ohne Widerspruch der Wegebaupflichtigen dem öffentlichen Verkehr gewidmet sind, folgt deren Eigenschaft als öffentliche Kommunikationsmittel.

## Nr. 60.

**Endurteil des I. Senats vom 20. Januar 1886.**

1) Zeugenvernehmungen im Verwaltungsstreitverfahren dürfen, sofern sie nicht in der mündlichen Verhandlung selbst bewirkt werden, nur durch ein Mitglied des Gerichtshofes unter Zuziehung eines Protokollführers oder durch eine ersuchte Behörde, nicht aber durch den Kreisausschuß-Sekretär und am wenigsten durch diesen allein erfolgen. (Landesverw.-Ges. § 77.)

2) Bei Klagen gegen polizeiliche Verfügungen, welche die Freigabe eines als öffentlich bezeichneten Weges für den Verkehr fordern, dreht sich der Streit nicht um das Eigentumsverhältnis am Wege, sondern um dessen Qualität als öffentlicher Weg. Zum Nachweise der Aktivlegitimation des Klägers bedarf es daher nicht des Beweises, daß dieser Privateigentümer des Weges sei, sondern es genügt der Beweis, daß der Weg kein öffentlicher sei.

## Nr. 61.

**Endurteil des I. Senats vom 23. Januar 1886.**

1) Wenn ein Weg unbestritten das einzige Kommunikationsmittel für den Verkehr zwischen gewissen Ortschaften und von jeher von jedermann frei, offen und ungehindert unter Umständen benutzt worden ist, welche auf dessen Bestimmung für den öffentlichen Verkehr schließen lassen, so muß die Öffentlichkeit desselben für festgestellt erachtet werden.

2) Nach schlesischem Provinzialrechte sind für die gewöhnlichen Kommunikationswege (d. h. wenn sie nicht zu den Land- und Heerstraßen im Sinne des Reglements von 1767 gehören) die Dominien und Gemeinden nach Maßgabe ihrer Adjazenz wegebaupflichtig. Dagegen sind die einzelnen im Gutsbezirke belegenen Besitzungen zu den Wegebaupflichtigen in der Regel nicht zu rechnen.

## Nr. 62.

**Endurteil des I. Senats vom 23. Januar 1886.**

In den Worten „In dem Verwaltungsstreitverfahren ist entstehenden Falles auch darüber zu entscheiden, ob der Weg für einen öffentlichen zu erachten ist" (§ 56 Abs. 4, letzter Satz, des Zuständigkeitsgesetzes vom 1. August 1883) liegt für den Verwaltungsrichter kein Zwang, in gegebenen Fällen über die Öffentlichkeit eines Weges zu erkennen, denn es hat damit nur zum Ausdruck gebracht werden sollen, daß die Entscheidung über die Frage, ob ein Weg, welchen die Polizei als einen öffentlichen Weg in Anspruch nimmt, für einen öffentlichen zu erachten sei (eine Frage, über welche die Verwaltungsgerichte nach § 135 II. 1c. der Kreisordnung — in ältester Fassung — bis dahin nur indirekt und unter Vorbehalt des ordentlichen Rechtsweges zu entscheiden hatten), in Zukunft den Verwaltungsgerichten übertragen werden sollte. Keineswegs ist damit bestimmt, wie schon der Zusatz „entstehenden Falles" ergibt, daß diese Entscheidung in jedem Falle auch dann zu treffen sei, wenn die Frage nach der Öffentlichkeit nur als Inzidenzpunkt zum Austrage kommt.

## Nr. 63.

**Endurteil des I. Senats vom 30. Januar 1886.**

Eine Ausschreibung von Wegebaulasten Seitens eines Gemeindevorstehers auf einen benachbarten Gutsbezirk unterliegt der Aufhebung im Verwaltungsstreitverfahren. Sieht man dieselbe als eine Ausschreibung von Gemeindeabgaben an, so ist diese unberechtigt, weil solche über den Gemeindebezirk hinaus nicht gefordert werden dürfen. Betrachtet man sie aber als eine polizeiliche Verfügung in Bezug auf Wegeunterhaltung, so ergiebt sich die Unzuständigkeit des Gemeindevorstehers, weil die Wegepolizei von dem Amtsvorsteher gehandhabt wird.

## Nr. 64.

**Endurteil des I. Senats vom 13. Februar 1886.**

1) Die Herstellung derjenigen Vorkehrungen, welche erforderlich sind, um ein gefahrvolles Abkommen von öffentlichen Wegen zu verhüten (Prellsteine, Geländer, Mauern, Baumreihen 2c.), bildet einen Teil der Wegebaulast.

2) Der Vorschrift in § 56 Abs. 4 Zuständ.-Ges., wonach der von der Wegepolizeibehörde in Anspruch Genommene die Klage gegen den mit zu richten hat, welchen er zu der geforderten Leistung aus Gründen des öffentlichen Rechts an seiner Statt verpflichtet erachtet, kann nur durch Anstellung einer vollständigen Klage gegen diesen Dritten genügt werden.

## Nr. 65.

**Endurteil des I. Senats vom 17. Februar 1886.**

Die öffentlichen Straßen in den Städten sind einerseits städtische Anstalten, welche von der Stadtgemeinde zu unterhalten sind. Sie sind aber zugleich auch polizeiliche Anstalten, weil sie dem öffentlichen Verkehr dienen. Ein Gegensatz zwischen dem polizeilichen Interesse und dem des städtischen Gemeinwesens besteht nicht in dem Sinne, daß nicht eine Anstalt, welche ursprünglich eine städtische ist, gleichwohl, weil sie auch einem polizeilichen Interesse dient, nach Anordnung der Polizeibehörde hergestellt und unterhalten werden müßte.

## Nr. 66.

**Endurteil des I. Senats vom 20. Februar 1886.**

Wenn die Polizeibehörde die Entfernung einer die Benutzung eines Privatweges untersagenden Warnungstafel anordnet, so bezweckt diese Verfügung nicht die Beseitigung eines Verkehrshindernisses auf einem als öffentlich angesehenen Wege, sondern der Streit dreht sich darum, ob der Weg für den öffentlichen Verkehr in Anspruch zu nehmen sei. Es findet daher in diesem Falle gemäß § 56 Zuständ.-Ges. zunächst das Einspruchsverfahren bei der Wegepolizeibehörde statt.

## Nr. 67.

**Endurteil des I. Senats vom 24. Februar 1886.**

1) Wo es sich um die Feststellung eines der öffentlich-rechtlichen Verpflichtung zur Aufbringung der Gemeindewegebaulasten zu Grunde liegenden Herkommens handelt, können privatrechtliche Abmachungen nur insoweit in Betracht gezogen werden, als aus denselben ein Beweis für die zur Zeit ihrer Abschließung bestehende Rechtsüberzeugung herzuleiten ist.

2) In dem Streitverfahren über Heranziehung zu den Gemeindelasten ist nicht über die Beitragspflicht im Prinzip, sondern nur über die Verpflichtung zu der speziellen geforderten Leistung zu entscheiden.

## Nr. 68.

**Endurteil des I. Senats vom 10. März 1886.**

1) Wenn eine wegepolizeiliche Verfügung die Beseitigung einer einen Weg sperrenden Warnungstafel anordnet, so ist als eigentlicher Streitgegenstand nicht diese einzelne Maßregel, sondern die Inanspruchnahme des Weges für den öffentlichen Verkehr anzusehen.

2) Liegt ein solcher Weg in verschiedenen Amtsbezirken, so ist, um eine einheitliche Entscheidung für den ganzen Weg zu ermöglichen, zunächst von dem Kreisausschuß gemäß § 61 Kreis-Ordn. derjenige Amtsvorsteher zu bestimmen, welcher die Frage hinsichtlich des ganzen Weges einheitlich zum Austrage zu bringen hat.

## Nr. 69.

**Endurteil des II. Senats vom 11. März 1886.**

Unter den im § 12 des Gesetzes vom 2. Juli 1875 (G.-S. S. 561) gedachten Straßen und Straßenteilen sind Privatwege, sofern sie für den öffentlichen Verkehr nicht bestimmt sind, nicht zu verstehen.

## Nr. 70.

**Enturteil des I. Senats vom 13. März 1886.**

Die Ortspolizeibehörden sind befugt, Privatpersonen die Aufstellung von Gegenständen auf den öffentlichen Straßen und Plätzen zu gestatten, jedoch unbeschadet der Rechte Dritter, insbesondere der Eigentümer der Straße.

## Nr. 71.

**Endurteil des I. Senats vom 13. März 1886.**

1) Auch privatrechtliche Abmachungen, aus denen Rechte auf das Wegeterrain entstanden sind, müssen, wenn solche vor oder bei Anlegung einer öffent-

lichen Straße getroffen sind, in der Regel von der Polizeibehörde respektiert werden, sofern es sich nicht um die Sicherung besonderer, keinen Aufschub duldender Interessen des öffentlichen Verkehrs, die Beseitigung von Notständen und Gefahren pp. handelt.

2) Der Mangel der Beiladung bildet, auch wenn dieselbe ausdrücklich beantragt war, keinen Revisionsgrund.

## Nr. 72.

**Endurteil des I. Senats vom 3. April 1886.**

Die Umwandelung eines bisher privaten in einen öffentlichen Weg kann nur derart erfolgen, daß entweder der entsprechende Antrag des Wegebaupflichtigen polizeilich genehmigt, oder die Herstellung und Unterhaltung des Weges gegen den Pflichtigen polizeilich angeordnet wird. Durch ein Privatabkommen zwischen den Interessenten kann dieses Erfordernis nicht ersetzt werden, auch wenn ein solches zu behördlichem Protokoll erklärt wird.

## Nr. 73.

**Endurteil des I. Senats vom 1. Mai 1886.**

1) Das Vorhandensein von Privatberechtigungen, welche die Benutzung eines nicht als öffentlich anerkannten Weges zum Gegenstande haben, berechtigt die Wegepolizeibehörde nicht, auf Freihaltung des Weges für den öffentlichen Verkehr zu dringen. Privatservituten, auch wenn sie in größerem Umfange vorhanden sind, zu schützen, ist nicht die Aufgabe der Polizei.

2) Gelegentliche Benutzung eines Weges durch Reiter und Fuhrwerke genügt nicht, die Qualität desselben als eines öffentlichen Fahrweges darzuthun, wenn diese Benutzung nicht unter Umständen erfolgt ist, welche auf dessen Bestimmung als eines öffentlichen Reit- oder Fahrweges schließen lassen.

## Nr. 74.

**Endurteil des I. Senats vom 8. Mai 1886.**

1) Wenn ein bei Erbauung einer Eisenbahn angelegter Kulturweg demnächst im Laufe der Zeit, ohne daß die Bahnanlage hierauf einen bestimmenden Einfluß ausübt, den Charakter einer städtischen Straße annimmt, so fällt hinsichtlich desselben die Wegebaulast und Unterhaltung der Stadtgemeinde und nicht der Eisenbahnverwaltung zu.

2) Wenn auch die Pflasterung die gewöhnliche Form der Befestigung städtischer Straßen ist, so kann dieselbe doch darum nicht in allen Fällen polizeilich gefordert werden. Es ist vielmehr zulässig, unter Berücksichtigung der Verkehrsbedürfnisse und örtlichen Verhältnisse gegebenen Falls die Anforderungen auf ein geringeres Maaß, z. B. Befestigung durch Kiesschüttung, herabzusetzen.

## Nr. 75.

**Endurteil des I. Senats vom 22. Mai 1886.**

Die Qualität eines Weges als eines öffentlichen kann daraus gefolgert werden, daß derselbe als solcher bei der Grundsteuer-Regulierung steuerfrei gelassen, und daß er vorher und nachher vom Publikum frei und unter

Umständen benutzt worden ist, welche darauf schließen lassen, daß derselbe als ein für das ständige Bedürfnis des Publikums erforderliches und bestimmtes Verkehrsmittel angesehen worden ist.

## Nr. 76.

**Endurteil des I. Senats vom 2. Juni 1886.**

1) Es genügt nicht festzustellen, daß ein Weg ein öffentlicher sei, um daraus zu folgern, daß der Eigentümer jede Art des Verkehrs auf demselben dulden müsse. Denn es giebt nicht nur öffentliche Wege für sämmtliche Arten des Verkehrs zusammengenommen, sondern auch solche, welche nur für einzelne Arten, z. B. den Fußgängerverkehr, bestimmt sind.

2) Der Adjazent eines öffentlichen Weges hat nicht ein besonderes rechtliches Interesse, welches von dem des Publikums im Allgemeinen qualitativ verschieden wäre und ihn sonach zur selbständigen Einlegung von Rechtsmitteln berechtigte. Zur Wahrung des öffentlichen Interesses aber sind nicht die Adjazenten, sondern allein die Organe der Polizeigewalt berufen.

## Nr. 77.

**Endurteil des I. Senats vom 5. Juni 1886.**

1) Auch ein über einen Kirchhof (Friedhof) führender Weg kann dem öffentlichen Verkehre gewidmet sein; es muß aber der Beweis der Belastung eines Kirchhofes mit einer derartigen Grundgerechtigkeit in anderer Weise erfolgen, als bezüglich der über Privatgrundstücke führenden, dem öffentlichen Verkehre dienenden Wege.

2) Insbesondere kann man sich zur Führung dieses Nachweises der Kirchengemeinde gegenüber nicht auf erwerbende Verjährung oder auf fortgesetzte Duldung der Benutzung des Weges berufen, sondern es bedarf jedenfalls des Beweises, daß der Weg durch ausdrückliche Erklärung der legitimierten Repräsentanten der Kirchengemeinde als solcher konstituiert ist.

## Nr. 78.

**Endurteil des I. Senats vom 23. Juni 1886.**

1) Der Vorschrift in § 56 Abs. 4 des Zuständ.-Ges. vom 1. August 1883, nach welcher die Klage gegen Beschlüsse der Wegepolizeibehörde zugleich gegen denjenigen mit zu richten ist, den der Kläger statt seiner zu der von ihm geforderten Leistung verpflichtet erachtet, wird nicht dadurch genügt, daß der Kläger die Beiladung dieses Dritten zum Verfahren beantragt.

2) Die Ablehnung einer angebotenen Beweiserhebung aus dem Grunde, weil der erkennende Richter die festzustellende Thatsache bereits anderweit für genügend aufgeklärt hält, ist kein wesentlicher Mangel des Verfahrens, auf welchen mit Erfolg die Revisionsbeschwerde gestützt werden könnte.

3) In der öffentlichen Wegebaulast liegt nicht nur die Verpflichtung, die Wege im bestehenden Zustande zu erhalten, sondern auch die Verpflichtung, dieselben den Bedürfnissen des Verkehrs entsprechend zu verbreitern.

## Nr. 79.

**Endurteil des I. Senats vom 3. Juli 1886.**

Sicherheitspolizeiliche Anordnungen sind nur insoweit zulässig, als sie die nötigen Anstalten zur Erhaltung der öffentlichen Ruhe, Sicherheit und Ordnung und zur Abwendung dem Publikum drohender Gefahr bezwecken (§ 10 A. L.-R. II, 17). Die Polizeibehörde kann demnach verlangen, daß die Einzäunung eines an einem Wege belegenen Grundstücks in einer das Publikum nicht gefährdenden Weise ausgeführt werde; sie ist aber nicht befugt, die Einzäunung ganz zu untersagen.

## Nr. 80.

**Endurteil des I. Senats vom 8. September 1886.**

Gegen wegepolizeiliche Verfügungen, welche den Bau und die Unterhaltung von öffentlichen Wegen oder die Inanspruchnahme von Wegen für den öffentlichen Verkehr betreffen, findet nicht Klage und Beschwerde gemäß §§ 127 ff. Landesverw.-Ges., sondern lediglich das Einspruchsverfahren mit folgender Klage statt. Geht ein als Beschwerde bezeichneter Schriftsatz binnen der gesetzlichen Einspruchsfrist ein, so ist derselbe als Einspruch zu behandeln und demgemäß zu erledigen.

## Nr. 81.

**Endurteil des I. Senats vom 11. September 1886.**

1) Die Entscheidung im Streitverfahren wird dadurch, daß inzwischen die angegriffene Verfügung formell aufgehoben oder in ihren Wirkungen beseitigt ist, nicht erübrigt, da — ganz abgesehen von der Kostenfrage — der Kläger berechtigt ist, eine Entscheidung über die behauptete Gesetzwidrigkeit und Unzulässigkeit der Verfügung, welche eine zeitweise rechtliche Wirkung geäußert hat, zu verlangen.

2) Eine polizeiliche Verfügung ist nur dann berechtigt, wenn thatsächlich zulässige polizeiliche Ziele erkennbar sind, denen dieselbe zu dienen bestimmt ist. Sind diese Ziele in der Verfügung selbst nicht oder nicht richtig oder nicht vollständig hervorgehoben, so ist die Polizeibehörde und ebenso der Vertreter des öffentlichen Interesses zu ihrem Nachweise noch im Streitverfahren befugt, und die Aufhebung der Verfügung kann nur dann erfolgen, wenn solche Ziele überhaupt nicht erkennbar sind.

3) Unzulässig ist es hingegen, daß der Verwaltungsrichter der erlassenen Verfügung eine nach der Sachlage zulässige, aber materiell von jener verschiedene substituiert und, weil diese unanfechtbar, die Klage abweist.

4) § 6, b des Gesetzes vom 11. März 1850 giebt der Polizeibehörde das Recht, Baumpflanzungen vor unerlaubten Angriffen zu bewahren, nicht aber an Stelle des Verfügungsberechtigten über ihre Konservierung zu bestimmen.

5) Der Wegebaupflichtige ist nicht verpflichtet, Baumanlagen aus anderen als verkehrspolizeilichen, namentlich auch nicht aus gesundheitspolizeilichen Interessen zu unterhalten.

6) Die Polizeibehörde ist berechtigt zu fordern, daß ihre Entschließung über die einem öffentlichen Wege zu gebende Gestalt und Ausstattung nicht durch einseitiges Vorgehen des Wegebaupflichtigen beschränkt oder vereitelt werde, und zu diesem Behuf eine Veränderung des bestehenden Zustandes vorläufig zu inhibieren.

## Nr. 82.

**Endurteil des I. Senats vom 18. September 1886.**

Die Inanspruchnahme eines Platzes für den öffentlichen Verkehr ist nur dann zulässig, wenn ein öffentliches Verkehrsinteresse zu schützen ist. Diese Frage ist thatsächlicher Natur, und die darüber von dem Bezirksausschuß getroffene Entscheidung unterliegt der Nachprüfung des Revisionsrichters nicht.

## Nr. 83.

**Endurteil des I. Senats vom 25. September 1886.**

Wenn das Bedürfnis des öffentlichen Verkehrs es nicht erfordern würde, einen öffentlichen Weg (Fußsteig) neu zu schaffen, so liegt darin kein zwingender Grund, einen bereits bestehenden Weg einzuziehen.

## Nr. 84.

**Endurteil des I. Senats vom 2. Oktober 1886.**

Erfolgt auf einen als Beschwerde bezeichneten, innerhalb der Einspruchsfrist eingereichten Schriftsatz gegen eine wegepolizeiliche Verfügung im Sinne des § 56 Zuständ.-Ges. nicht ein Beschluß der Wegepolizeibehörde, sondern ein Bescheid des Landrats und demnächst des Regierungspräsidenten, so sind diese Bescheide wegen Unzuständigkeit aufzuheben, weil eine solche Beschwerde trotz dieser unzutreffenden Bezeichnung als Einspruch zu behandeln ist.

## Nr. 85.

**Endurteil des I. Senats vom 9. Oktober 1886.**

1) Wenn ein Weg in Frage steht, welcher weder bisher ein öffentlicher war noch aus Gründen des Verkehrsinteresses als solcher in Anspruch genommen werden soll, so fehlt jeder Grund, welcher die Wegepolizeibehörde zum Einschreiten berechtigen könnte, und die ergangene Verfügung ist aufzuheben, auch wenn dieselbe lediglich auf Anweisung der vorgesetzten Aufsichtsbehörde erlassen war.

2) Verweigert eine Gemeinde die ihr nach dem geltenden Wegebaurecht obliegende Anlegung eines öffentlichen Weges, und wird derselbe demnächst auf andere Weise — z. B. aus freiwilligen Beiträgen der Adjazenten — hergestellt, so kann sich die Gemeinde der Übernahme der Unterhaltung dieses Weges nur dann entziehen, wenn sie nachweist, entweder daß ein öffentliches Bedürfnis für den Weg nicht bestehe, oder daß sie bereit und im Stande sei, das vorhandene Bedürfnis durch ein anderes Verkehrsmittel zu befriedigen.

3) Die Öffentlichkeit eines Weges wird nicht dadurch ausgeschlossen, daß hinsichtlich der Benutzung desselben Beschränkungen bestehen. Denn nicht die Uneingeschränktheit seiner Bestimmung ist hierfür entscheidend, sondern daß er innerhalb dieser Bestimmung dem Publikum dient und seine Benutzung nicht durch privatrechtliche Dispositionen beschränkt werden kann.

4) Die Eisenbahnunternehmer sind nicht verpflichtet, alle Zufuhrwege zu den Bahnhöfen zu unterhalten. Diese Verpflichtung beschränkt sich vielmehr auf diejenigen Wege, deren Anlage und Unterhaltung ihnen gemäß §§ 4, 14 des Eisenbahngesetzes vom 3. November 1838 und § 14 des Enteignungsgesetzes vom 11. Juni 1874 von der Landespolizeibehörde aufgegeben ist.

## Nr. 86.

**Endurteil des I. Senats vom 10. November 1886.**

1) Wenn der Klageantrag außer gegen die Behörde, welche die angegriffene Verfügung erlassen hat, auch gegen einen Dritten gerichtet wird, weil dieser an Stelle des Klägers zu der in Rede stehenden Leistung verpflichtet sei, so ist dieser Dritte als Mitbeklagter und somit als Prozeßpartei anzusehen, auch wenn nur dessen Beiladung beantragt war.

2) Es ist zulässig, prinzipale und eventuelle Einwendungen gleichzeitig vorzubringen, insbesondere die Klage neben der Behauptung, daß die angegriffene Verfügung an sich unzulässig sei, zugleich darauf zu stützen, daß zur Ausführung der angeordneten Leistung ein Anderer verpflichtet sei.

3) Der Bezirksausschuß ist in Wegesachen in erster Instanz zuständig, wenn ein Provinzialverband als solcher mit Klage in Anspruch genommen wird, und darf deshalb, weil er diesen Anspruch materiell für unbegründet erachtet, sich nicht für unzuständig erklären.

## Nr. 87.

**Endurteil des I. Senats vom 29. Dezember 1886.**

1) Nach Neuvorpommerschem Wegerecht — Landtagsabschiede vom 10. März 1614 und 16. Dezember 1669 — liegt die Wegebaupflicht dem „Grundherrn" ob. Ob dieselbe hiernach den Besitzern der adjazierenden Grundstücke oder dem Gutsherrn zur Last fällt, ist controvers; keinenfalls trifft sie die bürgerliche Gemeinde als solche.

2) Das Institut der Gutsherrschaft besteht nach wie vor zu Recht, wenn auch durch die Agrargesetze vom 9. Oktober 1807 und 2. März 1850 sowie neuerdings durch die Kreisordnung wichtige öffentliche und private Rechte und Attribute desselben beseitigt worden sind.

## Nr. 88.

**Endurteil des I. Senats vom 8. Januar 1887.**

1) Eine unzulässige Klageänderung liegt stets dann vor, wenn der ursprüngliche und der abgeänderte Klageantrag auf verschiedener, sich gegenseitig ausschließender rechtlicher Grundlage beruhen.

2) Nach Schlesischem Provinzialrecht kann die Wegebaulast bei öffentlichen Wegen auch auf Observanz sich gründen.

3) Zum Nachweis einer Observanz ist die Feststellung einer fortlaufenden Reihe gleichmäßiger, in der Absicht der Rechtsnotwendigkeit vorgenommener Handlungen erforderlich.

## Nr. 89.

**Endurteil des I. Senats vom 12. Januar 1887.**

1) Jede polizeiliche Verfügung muß so gefaßt sein, daß sie klar erkennen läßt, was mindestens zu leisten ist, damit der Anforderung der Behörde Genüge geschieht. Fehlt es an diesem Erfordernis, so ist die Verfügung, auch wenn sie sonst sachlich gerechtfertigt erscheint, aufzuheben.

2) Es ist zulässig, in einer Wegestreitsache die prinzipale Einrede, daß der Weg kein öffentlicher ist, mit der eventuellen Behauptung zu verbinden, daß, falls derselbe für einen öffentlichen erachtet werden sollte, ein anderer zur Unterhaltung verpflichtet sei. Deshalb darf auch in solchem Falle die Klage gemäß § 56 des Zust.-Ges. von vorn herein gegen den als verpflichtet Bezeichneten mit gerichtet werden.

3) Das Bestehen eines Privateigentums am Wegekörper ist mit der Öffentlichkeit des Weges an sich vereinbar. Doch können Wege nicht nur deshalb, weil sie thatsächlich für den öffentlichen Verkehr benutzt worden sind, schon als öffentliche bezeichnet werden. Es muß vielmehr hinzukommen, daß dieselben dem öffentlichen Gebrauche nicht kraft privatrechtlicher Befugnis entzogen werden können.

4) Nach schlesischem Provinzialrecht ist die Observanz sowohl für die öffentlich-rechtliche Wegebaupflicht als für deren Unterverteilung als Gemeindelast bestimmend.

## Nr. 90.

**Endurteil des I. Senats vom 15. Januar 1887.**

Wenn feststeht, daß zu einer bestimmten Zeit auf einem Grundstück ein öffentlicher Weg nicht bestanden hat, so kann aus dem Umstande allein, daß dasselbe später vom Publikum vielfach zum Gehen und Fahren benutzt worden ist, die Constituirung eines öffentlichen Weges nicht gefolgert werden. Es bedarf vielmehr des Nachweises, daß derselbe in ordnungsmäßiger Weise geschaffen, der erforderliche Grund und Boden von dem Eigenthümer dazu überlassen, der Verkehr des Publikums als ein berechtigter öffentlicher von der Polizei behandelt und geschützt, der Weg von dem Wegebaupflichtigen irgendwie als ein solcher unterhalten worden ist.

## Nr. 91.

**Endurteil des I. Senats vom 2. Februar 1887.**

Ein Weg ist für einen öffentlichen zu erachten, und demgemäß die von einer Privatperson vorgenommene Sperrung desselben zu beseitigen, wenn feststeht, daß derselbe für den öffentlichen Verkehr erforderlich und von jeher benutzt worden ist. Auf den Nachweis, daß der Weg von Anfang an für den öffentlichen Verkehr angelegt oder demselben ausdrücklich übergeben ist, kommt es nicht an.

## Nr. 92.

**Endurteil des I. Senats vom 9. März 1887.**

Der Amtsvorsteher als Wegepolizeibehörde hat dafür zu sorgen, daß den Bedürfnissen des öffentlichen Verkehrs, event. auch durch Beschaffung neuer Kommunikationsmittel, Genüge geschieht. Die Forderung der Neuanlage eines Weges setzt ein unabweisbares Verkehrsbedürfnis voraus, dessen Befriedigung unter Berücksichtigung der Leistungsfähigkeit des Wegebaupflichtigen einerseits, des in Betracht kommenden öffentlichen Interesses anderseits anzustreben ist. Der Anspruch kann ausschließlich gegen den aus dem öffentlichen Recht Wegebaupflichtigen geltend gemacht werden. An Stelle der Neuanlage kann geeignetenfalls auch ein bestehender Privatweg für den öffentlichen Verkehr in Anspruch genommen werden; die Erwerbung desselben zu diesem Zwecke ist alsdann Sache des Wegebaupflichtigen.

## Nr. 93.

**Endurteil des I. Senats vom 16. März 1887.**

1) Für die Klage, soweit sie unter Absehen von einem speziellen Baufalle ganz allgemein die Anerkennung der Verpflichtung zur Unterhaltung eines öffentlichen Weges zum Gegenstande hat, ist gemäß § 56, Abs. 5 Zuständ.-Ges. das Verwaltungsstreitverfahren zulässig.

2) Dagegen ist für die Anerkennung der Öffentlichkeit eines Weges (§ 56 a. a. O., Abs. 4, Schlußsatz), sowie für die Anlegung eines öffentlichen Weges bezw. die Umwandelung eines Privatweges in einen öffentlichen

wenigstens im Gebiet des Allg. Landrechts den Privatbeteiligten die Klage versagt, zu solcher vielmehr nur die mit Wahrnehmung des öffentlichen Interesses betraute Polizeibehörde legitimiert.

## Nr. 94.

**Endurteil des I. Senats vom 26. März 1887.**

1) Der Eisenbahnfiskus ist in seiner Eigenschaft als Grundeigentümer und Gewerbetreibender in wegepolizeilicher Hinsicht auch dem Einschreiten der Ortspolizeibehörde unterworfen.

2) Die landespolizeiliche Anordnung oder Genehmigung zur Herstellung, bezw. Verlegung eines öffentlichen Weges kann einen öffentlich-rechtlichen Akt darstellen, welcher dem Eisenbahnunternehmer die Unterhaltungspflicht auferlegt.

3) Wenn ein von dem Eisenbahnunternehmer auf Eisenbahnterrain angelegter Zufuhrweg nach dem Bahngebäude nicht zugleich die Bestimmung hat, den Durchgangsverkehr in sich aufzunehmen, so ist derselbe als ein Privatweg anzusehen, sofern nicht nachgewiesen wird, daß er nach Maßgabe des landespolizeilich genehmigten Bahnprojekts von dem Unternehmer als öffentlicher Weg angelegt, oder daß er sonstwie nachträglich dem öffentlichen Verkehr gewidmet worden ist.

## Nr. 95.

**Endurteil des I. Senats vom 6. April 1887.**

Eine von der Aufsichtsbehörde an die Wegepolizeibehörde ergangene Anweisung giebt dem Wegebaupflichtigen keinen rechtlichen Anspruch auf Befreiung von den ihm nach dem geltenden Wegerecht obliegenden Verpflichtungen; sie kann ihn höchstens berechtigen, sich im Beschwerdewege an die Aufsichtsbehörde zu wenden.

## Nr. 96.

**Endurteil des I. Senats vom 6. April 1887.**

1) Zu denjenigen Streitigkeiten, welche gemäß § 56, Abs. 5 Zuständ.-Ges. im Verwaltungsstreitverfahren zu entscheiden sind, gehört auch der Anspruch auf Erstattung des zum Wegebau Geleisteten, und es darf daher die Klage nicht schon deshalb abgewiesen werden, weil der Anspruch auf einen zivilrechtlichen Klagegrund sich stützt.

2) Die Klage, welche nicht gegen die Wegepolizeibehörde, sondern gegen einen Dritten auf Erstattung des Geleisteten angestellt wird, muß nicht auch zugleich gegen den an Stelle des Klägers für verpflichtet Erachteten mit gerichtet werden.

## Nr. 97.

**Endurteil des I. Senats vom 20. April 1887.**

1) Eine Anordnung, welche die Sicherung des Verkehrs auf öffentlichen Wegen bezweckt und die Anbringung von Schutzvorkehrungen an denselben aufgiebt, ist — wenn sie auch im weitesten Sinne als eine verkehrs- bezw. sicherheitspolizeiliche mag bezeichnet werden können — doch hinsichtlich der Zuständigkeit der anordnenden Behörde und der Ordnung der zulässigen Rechtsmittel als eine w e g e p o l i z e i l i c h e anzusehen, da sie den Verpflichteten auf Grund der öffentlichen Wegeunterhaltungslast in Anspruch nimmt.

**2) Über die streitige Öffentlichkeit eines Weges ist nur als Incidenzpunkt zu entscheiden, wenn die angegriffene Verfügung die Oeffentlichkeit zur Voraussetzung hat. Zu solcher Entscheidung liegt kein Anlaß vor, wenn die Verfügung bereits aus anderen Gründen, z. B. wegen Unzuständigkeit der anordnenden Behörde, der Aufhebung unterliegt.**

## Nr. 98.

**Endurteil des I. Senats vom 23. April 1887.**

1) Eine polizeiliche Verfügung, welche die Beleuchtung einer Straße anordnet, ist nicht eine wegepolizeiliche, weil die Straßenbeleuchtung regelmäßig nicht einen Teil der den Wegebaupflichtigen obliegenden Straßenunterhaltungslast bildet.

2) Die Auflage, in einer bereits öffentlichen oder zu einer öffentlichen zu machenden Straße Rinnsteine anzulegen, ist dagegen jedenfalls eine wegepolizeiliche, selbst wenn die Anlegung der Rinnsteine aus sanitätspolizeilichen Gründen gefordert wird.

## Nr. 99.

**Endurteil des I. Senats vom 25. Mai 1887.**

1) Eine anderweite Abgrenzung zwischen Fahrdamm und Bürgersteig ist, da beide zur städtischen Straße gehören, und die Straßenfluchtlinien nur deren äußerste Grenzen gegen die nicht zur Straße gehörigen Grundstücke bilden, als eine Änderung der Fluchtlinie nicht anzusehen.

2) Aus der Bestimmung des § 81 A. L.-R. I, 8 kann die Verpflichtung der Hausbesitzer, die städtischen Bürgersteige vor ihren Häusern zu unterhalten, nicht hergeleitet werden.

3) Die Einführung einer solchen Verpflichtung kann durch Polizeiverordnung nicht erfolgen, sondern nur durch Ortsstatut oder Observanz.

## Nr. 100.

**Endurteil des I. Senats vom 25. Mai 1887.**

1) Eine Verbindung der verschiedenen Klagen aus § 56 des Zuständ.-Ges. — nämlich der Klage gegen die Wegepolizeibehörde auf Aufhebung der erlassenen Verfügung und eventuell gegen den an Stelle des Klägers für verpflichtet Erachteten, welche nur für den einzelnen Baufall formelles Recht schafft, ein vorhergegangenes Einspruchsverfahren voraussetzt und an eine zweiwöchige Frist gebunden ist, einerseits und andrerseits der Klage zwischen den Wegebaupflichtigen über die Wegebaulast im Allgemeinen (Abs. 5 a. a. O.), in welcher die Polizeibehörde nicht Partei ist, der kein Einspruchsverfahren vorausgeht, und welche an keine Frist gebunden ist — in demselben Verfahren ist nicht zulässig.

2) Bahnhofszufuhrwege, welche lediglich den Zweck haben, einen neu errichteten Bahnhof an öffentliche Wege anzuschließen, können als öffentliche Wege von vornherein angelegt oder später zu solchen gemacht werden. Wo dies aber nicht klar erkennbar ist, muß angenommen werden, daß dieselben zu der Bahnhofsanlage selbst gehören, da ohne sie ein Betrieb des Transportgewerbes überhaupt nicht möglich wäre. Auch so sind sie nicht Privatwege im gewöhnlichen Sinne, sondern nehmen insofern eine den öffentlichen analoge Stellung ein, als sie einen Teil einer öffentlichen Transportanstalt bilden und ihre

Unterhaltung nicht in das Belieben des Eisenbahnunternehmers gestellt ist, sondern der Kontrolle der Aufsichtsbehörde untersteht. In wegepolizeilicher Hinsicht unterscheiden sie sich aber dadurch von den öffentlichen Wegen, daß ihre Unterhaltung dem Eisenbahnunternehmer und nicht dem ordentlichen Wegebaupflichtigen obliegt, und daß sie überhaupt nicht zur Verfügung der ordentlichen Wegepolizeibehörde, sondern derjenigen Behörde stehen, welche die Aufsicht über das Eisenbahnunternehmen führt. Diese genehmigt auch die Einziehung oder Verlegung solcher Wege, und ein aufgehobener Weg fällt in das Eigentum des Eisenbahnunternehmers, nicht des Wegebaupflichtigen, zurück.

## Nr. 101.

**Endurteil des I. Senats vom 18. Juni 1887.**

Die Dorfauen, wennschon im Eigentum der Gutsherrschaft, unterliegen nicht deren freier Disposition, sondern sie dienen öffentlichen Zwecken, namentlich dem gemeinen Verkehr und stehen in dieser Eigenschaft unter dem Schutze der Polizei. Eine Polizeiverfügung, welche die Entfernung einer Einzäunung von der Dorfaue verlangt, ist daher als eine wegepolizeiliche im Sinne des § 56 Zuständ.-Ges., als die Inanspruchnahme eines Platzes für den öffentlichen Verkehr, zu behandeln.

## Nr. 102.

**Endurteil des I. Senats vom 25. Juni 1887.**

1) Nach Märkischem Provinzialrecht sind die Städte und Dörfer sowie die Gutsbesitzer die öffentlichen Wege je innerhalb ihrer kommunalen Bezirke zu unterhalten verpflichtet. Ist eine Wegeunterhaltungspflicht bereits vor Regulirung der gutsherrlich-bäuerlichen Verhältnisse nachweisbar vorhanden gewesen, so ist dieselbe im Zweifel als eine kommunale und nicht als eine dem lassitischen Verhältnis entspringende Last zu betrachten.

2) Zwischen der dem gemeinen Gebrauch freistehenden Dorfaue und den über dieselbe führenden öffentlichen Wegezügen besteht hinsichtlich der Verhältnisse des öffentlichen Verkehrs und der Verkehrspolizei ein rechtlicher Unterschied nicht. Wo also die Unterhaltung der Straße den adjazierenden Gemeinden obliegt, ist die Dorfaue als solche nicht ein an die Straße grenzendes Grundstück; sie ist vielmehr, solange sie dem Verkehr in gleicher Weise wie die Straße freisteht, nur als eine platzähnliche Erweiterung derselben anzusehen dergestalt, daß die die Unterhaltung regelnde Adjazenz nicht durch diejenigen Grundstücke, welche den eigentlichen Wegekörper begrenzen, sondern durch diejenigen, welche den platzähnlich erweiterten Weg begrenzen, bestimmt wird.

## Nr. 103.

**Endurteil des I. Senats vom 29. Juni 1887.**

1) Die Folgerung, daß ein Weg lediglich um deswillen, weil er thatsächlich die einzige Zufahrt zu einem für den öffentlichen Verkehr bestimmten Bahnhofe bildet, auch nach dem allgemeinen Wegerecht ein öffentlicher sein müsse, ist rechtsirrtümlich.

2) Solche Wege, welche Bestandteile der Eisenbahnanlagen bilden, unterliegen nicht dem öffentlichen Wegerecht, sondern qualifizieren sich als Privatwege, wenn auch mit den aus der Bestimmung der ganzen Anlage für den

öffentlichen Verkehr sich ergebenden Einschränkungen. Die Polizeibehörde kann hier nicht aus wegepolizeilichen, sondern nur aus sicherheitspolizeilichen Rücksichten einschreiten.

3) Die Verpflichtung, das bestehende Netz der öffentlichen Wege derartig umzugestalten und zu vervollständigen, daß dasselbe den durch den Bahnbetrieb gesteigerten und veränderten Bedürfnissen des öffentlichen Verkehrs entspricht, liegt dem Wegebaupflichtigen ob.

## Nr. 104.

**Endurteil des I. Senats vom 10. September 1887.**

1) Das Vorhandensein des Bedürfnisses für einen öffentlichen Weg reicht nicht aus, dem Eigentümer des Grund und Bodens, auf welchem sich ein Privatweg befindet, anders als im Enteignungsverfahren die Gestattung der öffentlichen Kommunikation aufzubürden.

2) Weder die förmliche Erklärung eines Weges für einen öffentlichen noch die ausdrückliche Widmung desselben zum öffentlichen Verkehr Seitens des Eigentümers bildet eine notwendige Vorbedingung für die Oeffentlichkeit.

3) Wenn das thatsächliche Bestehen eines öffentlichen Verkehrs auf einem Wege festgestellt ist, so liegt, da für die Rechtmäßigkeit des bestehenden Zustandes die Vermutung streitet, demjenigen, welcher die Widerrechtlichkeit oder bittweise Gestattung dieses Verkehrs behauptet, der Beweis dafür ob.

## Nr. 105.

**Endurteil des II. Senats vom 30. September 1887.**

Die hannoverschen Wegeverbandslasten unterscheiden sich wesentlich von den gewöhnlichen Kreisabgaben. Sie werden nach einem besonderen Veranlagungsmodus — als Zuschläge nicht zu den einzelnen Staatssteuern, sondern zu dem zusammengerechneten Betrage aller direkten Staatssteuern — erhoben, charakterisieren sich sonach nicht als reine auf das Einkommen gelegte Abgaben; auch findet eine Forensalbesteuerung nicht statt. Demnach finden auf diese Abgaben weder die §§ 10—16 der hannoverschen Kreisordnung, noch § 13 des Kommunalabgabengesetzes vom 27. Juli 1885 Anwendung.

## Nr. 106.

**Endurteil des I. Senats vom 15. Oktober 1887.**

Daß Wege in unmittelbarer Nähe einer bevölkerten Ortschaft, zumal wenn sie im Eigenthum der Kommune stehen, und eine regelmäßige Aufsicht über dieselben nicht stattfindet, hin und wieder auch unbeanstandet von fremden Fuhrwerken benutzt werden, kann als ein Merkmal der Öffentlichkeit solcher Wege noch nicht angesehen werden.

## Nr. 107.

**Endurteil des II. Senats vom 18. Oktober 1887.**

Die Verpflichtung städtischer Grundbesitzer, zu den Kosten der Anlegung neuer Straßen beizutragen, kann nur durch Ortsstatut auferlegt werden. Auch nachträgliche Berichtigungen und Ergänzungen eines solchen Statuts können nur in den für den Erlaß von Ortsstatuten vorgeschriebenen Formen festgesetzt werden.

## Nr. 108.

**Endurteil des I. Senats vom 22. Oktober 1887.**

1) Die Öffentlichkeit eines Weges ist nicht die notwendige Voraussetzung für die polizeiliche Anforderung seiner Beleuchtung. Vielmehr kann diese Forderung auch hinsichtlich eines Privatweges gestellt werden, wenn ein die Beleuchtung erheischender Verkehr von demselben nicht fern gehalten werden kann; doch ist in diesem Falle, soweit thunlich, dem Betreffenden die Wahl zu lassen, den Verkehr auszuschließen oder zu beleuchten.

2) Die Inanspruchnahme eines Weges für den öffentlichen Verkehr ist an eine bestimmte Form nicht geknüpft. Wenn eine polizeiliche Verfügung von der Aufsichtsbehörde dahin ausgelegt wird, daß sie eine solche Inanspruchnahme enthalte, und demgemäß die erhobene Beschwerde an die Wegepolizeibehörde zur Beschlußfassung überwiesen wird, so kann diese nunmehr sofort zur Beschlußfassung schreiten, ohne daß es einer vorherigen nochmaligen Verfügung, welche die Inanspruchnahme ausdrücklich ausspricht, bedarf.

3) Die Zustimmung der Gemeindebehörde ist nur zu Polizeiverordnungen, nicht aber zu polizeilichen Einzelverfügungen erforderlich.

## Nr. 109.

**Endurteil des I. Senats vom 29. Oktober 1887.**

1) Die Observanz macht eine objektive Rechtsnorm aus, deren Bestehen daher auch in der Revisionsinstanz der selbständigen, freien richterlichen Prüfung unterliegt.

2) Die Observanz besteht in der Rechtsüberzeugung, welche sich unter den Teilnehmern einer gewissen rechtlichen oder thatsächlichen Gemeinheit — unter Umständen auch einer bestimmten Klasse, eines bestimmten Inbegriffs von Personen — an einem Orte oder in einem größeren Distrikte gebildet hat. Eine solche Gemeinschaft kann durch die Thatsache, daß Dominium und Gemeinde in derselben Flur Grundstücke besitzen, für die Unterhaltung der Wege und Brücken sehr wohl begründet werden.

## Nr. 110.

**Endurteil des I. Senats vom 5. November 1887.**

Aus dem Umstand, daß Jemand zur Unterhaltung eines öffentlichen Kommunikationsmittels aus einem privatrechtlichen Titel verpflichtet ist, folgt nicht, daß daneben nicht auch ein nach öffentlichem Recht Verpflichteter vorhanden sein könnte. Die öffentlich-rechtliche Wegeunterhaltungspflicht erlischt der Wegepolizeibehörde gegenüber nicht dadurch, daß dieselbe von dem öffentlich-rechtlich Verpflichteten auf einen lediglich nach Privatrecht Verpflichteten übergeht.

## Nr. 111.

**Endurteil des I. Senats vom 9. November 1887.**

1) Die Klage gemäß §§ 56, Abs. 5 und 6 Zuständ.-Ges., welche lediglich die Feststellung des zur Erfüllung einer an sich unbestrittenen Wegebaulast Verpflichteten zum Gegenstande hat, kann nicht mit gegen die Wegepolizeibehörde gerichtet werden und kann nicht den Antrag auf Aufhebung der polizeilichen Verfügung enthalten, welche vielmehr die Grundlage des zwischen den Parteien obwaltenden Streites bildet.

2) Nach Schlesischem Provinzialrecht (Wegereglement vom 11. Januar 1767) ist die Wegebaulast grundsätzlich ebensowohl in den Stadtbezirken als auf dem platten Lande eine kommunale Verpflichtung, und durch vorbehaltslose Inkommunalisierung geht die Wegeunterhaltungslast auf die Gemeinde über. Doch können Ausnahmen von dieser Regel durch Observanz gebildet werden.

## Nr. 112.

### Endurteil des I. Senats vom 16. November 1887.

1) Die Klage gemäß § 56, Abs. 4 Zuständ.-Ges. muß gegen die Wegepolizeibehörde gerichtet werden und nicht nur gegen den für verpflichtet Erachteten. Der Beschluß der Polizeibehörde hat nicht den Charakter einer vorläufigen Entscheidung zwischen den Parteien, welche durch Klage und die weiteren Rechtsmittel wiederum nur zwischen den Parteien angefochten werden könnte. Vielmehr verpflichtet der Beschluß Denjenigen, an welchen er ergangen ist, der Wegepolizeibehörde und nicht einem Dritten gegenüber zu der geforderten Leistung. Es genügt daher die Beiladung derselben nicht, weil in diesem Falle nicht der Polizeibehörde gegenüber die Aufhebung des Beschlusses ausgesprochen werden kann.

2) Die Klage gegen einen wegepolizeilichen Beschluß des Amtsvorstehers ist gemäß Abs. 4 und 6 Zuständ.-Ges. und § 63 Landesverw.-Ges. binnen 2 Wochen bei dem zuständigen Kreisausschuß anzubringen. Die Ausnahmebestimmung des § 129 Landesv.-Ges. — wonach in Verbindung mit § 127, Abs. 1 ebendas. das Rechtsmittel bei derjenigen Behörde einzureichen ist, gegen deren Entscheidung Beschwerde geführt wird, sofern die Gesetze nicht etwas Anderes vorschreiben — findet hier nicht Anwendung.

## Nr. 113.

### Endurteil des I. Senats vom 10. Dezember 1887.

1) Die Vorschrift des § 477, Abs. 2 Civ.-Proz.-Ordn., wonach die Einlegung der Berufung vor Zustellung des Urteils unwirksam ist, findet auf das Verwaltungsstreitverfahren keine Anwendung.

2) Von dem vollständigen Ausbau eines Weges ist der Beginn der Unterhaltungslast für den Wegebaupflichtigen nicht abhängig. Es genügt, daß der Weg als öffentlicher Weg in Benutzung genommen ist, um den Wegebaupflichtigen zur Unterhaltung desselben zu verpflichten.

3) Ebensowenig bedarf es einer formellen Übergabe des Weges oder einer besonderen Übernahme der Unterhaltungspflicht seitens des Wegebaupflichtigen, um dessen öffentlich-rechtliche Obliegenheiten ins Leben treten zu lassen.

## Nr. 114.

### Endurteil des I. Senats vom 21. Dezember 1887.

1) Die gegen eine wegepolizeiliche Verfügung gerichtete Klage kann nur solche Anordnungen zum Gegenstande haben, welche diese Verfügung selbst trifft, nicht dagegen diejenigen Maßregeln, welche etwa der mit der Ausführung beauftragte Gemeindevorsteher über deren Inhalt hinaus ergriffen hat.

2) Wenn die Sperrung eines Weges, welcher für den öffentlichen Verkehr in Anspruch genommen wird, durch rechtskräftige Entscheidung untersagt ist, so kann der die Beseitigung eines neuen Sperrmittels fordernden Verfügung nicht von Neuem der Einwand entgegengesetzt werden, daß der Weg kein öffentlicher sei.

### Nr. 115.

**Endurteil des I. Senats vom 21. Dezember 1887.**

1) Über eine, in der Wegeunterhaltungspflicht nicht eingeschlossene, sondern über dieselbe hinausgehende Reinigungspflicht — und eine solche liegt vor, wenn es sich um die sog. polizeimäßige Reinigung handelt — findet ein Verwaltungsstreitverfahren unter den Beteiligten nicht statt. Diese Frage kann vielmehr zur Entscheidung durch den Verwaltungsrichter nur so gelangen, daß eine die Reinigungspflicht zur Voraussetzung habende polizeiliche Anordnung angefochten wird.

2) Unter Bürgersteigen sind diejenigen für den Fußgängerverkehr bestimmten Teile der öffentlichen städtischen Straßen zu verstehen, welche an die Häuser und Baugrundstücke stoßen — im Gegensatz zu sonstigen Fußwegen, wie sie innerhalb der Städte über öffentliche Plätze laufen oder in der Mitte breiter Straßen angelegt sind. Dagegen gehört es nicht notwendig zum Begriff des Bürgersteigs, daß derselbe an ein als Haus zu bezeichnendes Bauwerk grenzen müsse.

### Nr. 116.

**Endurteil des I. Senats vom 31. Dezember 1887.**

1) Wenn in einem Streitverfahren der Fiskus beigeladen ist, und der Regierungspräsident als Vertreter desselben, bezw. als Vorsitzender der denselben vertretenden Behörde sich an dem Verfahren beteiligt hat, so ist derselbe kraft Gesetzes — § 61 Landesverw.-Ges., § 41. 4 Civ.-Proz.-Ordn. — von der Teilnahme an der Urteilsfällung im Bezirksausschuß ausgeschlossen.

2) Wenn ein Weg von einem nicht Wegebaupflichtigen hergestellt oder ausgebaut wird, so erwächst diesem daraus nicht die Verpflichtung zur dauernden Unterhaltung desselben. Aber die Thatsache des Ausbaues allein entzieht dem Wegebaupflichtigen auch nicht das Recht, die Uebernahme der Unterhaltungspflicht abzulehnen, wenn die polizeiliche Notwendigkeit, den Weg als öffentlichen zu erhalten, nicht besteht, oder wenn die Größe der zu bringenden Opfer mit dem Umfange des beteiligten Verkehrsinteresses in einem offenbaren Mißverhältniß steht. Es muß im Streitfalle über diese Fragen ganz ebenso und nach denselben Gesichtspunkten entschieden werden, als wenn es sich um den ersten Neubau des Weges, oder um die Umwandelung eines Privatweges in einen öffentlichen handelte.

# VII.

# Das Gewerbe.

(Vergl. P. Rechtsgrundsätze, Stammwerk und Supplementband I, XIX A.)

## 1. Die Gast- und Schankwirtschaft, Handel mit Spiritus und mit Giften.

### Nr. 1.

**Endurteil vom 23. April 1877.**

Um dem Widerspruch der Ortspolizeibehörde gegenüber die Erteilung einer Schankkonzession zu begründen, ist eine ausdrückliche Feststellung erforderlich, daß ein Bedürfnis zu derselben vorhanden sei; dieselbe kann durch den Hinweis auf Billigkeitsgründe nicht ersetzt werden.

## Nr. 2.

**Endurteil vom 8. Dezember 1877.**

Anweisungen, welche die Landespolizeibehörde darüber erläßt, welche Anforderungen der Regel nach an Gast- und Schanklokale zu stellen sind, können zwar den örtlichen Polizeibehörden bei Prüfung der ihrer Begutachtung unterliegenden Anträge einen an sich völlig zulässigen Anhalt gewähren. Sie sind jedoch keineswegs als die gesetzlichen Bestimmungen ergänzende Normen dergestalt anzusehen, daß die Konzession überall da versagt werden müßte, wo diesen Anforderungen nicht genügt ist. Vielmehr hat die zur Entscheidung berufene Behörde in jedem Falle nach eigenem Ermessen zu prüfen, ob das zum Betriebe des Gewerbes bestimmte Lokal den im polizeilichen Interesse zu stellenden Ansprüchen genügt oder nicht.

## Nr. 3.

**Endurteil vom 3. April 1878.**

Den Ortspolizeibehörden steht in Schank- und Gastwirtschafts-Konzessionssachen eine selbstständige Entscheidung und Verfügung nicht zu. Dieselben sind nur befugt, der Konzessionserteilung zu widersprechen, und berufen, im weiteren Verfahren das öffentliche Interesse wahrzunehmen. Die Entscheidung über Erteilung oder Versagung der Konzession steht dem Verwaltungsrichter nach freiem Ermessen zu. Insbesondere hat derselbe nicht nur zu prüfen, ob den polizeilichen Anforderungen genügt ist, sondern auch, ob diese Anforderungen dem Gesetze und einer sachgemäßen Handhabung desselben entsprechen.

## Nr. 4.

**Endurteil des I. Senats vom 29. Mai 1878.**

Die Konzession zum Betriebe des Schankgewerbes ist stets ausschließlich auf den zeitigen Inhaber des Lokals beschränkt. Tritt ein Wechsel in der Person des Inhabers ein, so hat die zuständige Behörde das Recht, die Bedürfnisfrage für den von Neuem zu konzessionierenden Schankwirtschaftsbetrieb einer erneuten Prüfung zu unterziehen.

## Nr. 5.

**Endurteil des I. Senats vom 5. Juni 1878.**

Einem Gast- oder Schankwirt kann die Konzession zum Gewerbebetriebe auch dann entzogen werden, wenn derselbe sich in seinem Privatleben, ohne direkten Zusammenhang mit dem Gewerbebetriebe, Handlungen oder Unterlassungen zu Schulden kommen läßt, welche die Befürchtung eines Mißbrauchs des Gewerbebetriebes zur Förderung der Völlerei zu rechtfertigen geeignet sind.

## Nr. 6.

**Endurteil des I. Senats vom 10. Juli 1878.**

Die zur Aufnahme von Gästen bestimmten — und bei der Konzessionserteilung als solche bezeichneten — Räume eines Gasthofs müssen stets für diese Aufnahme in Bereitschaft gehalten werden. Es ist als ein ausreichender Grund zur Konzessionsentziehung anzusehen, wenn ein Gastwirt die zur Beherbergung von Fremden bestimmten Zimmer mit seiner Familie selbst bewohnt hat.

## Nr. 7.

**Endurteil des I. Senats vom 13. Juli 1878.**

Die Schankkonzession wird nur für die bezeichnete Person und das bezeichnete Lokal erteilt. Bei einem Wechsel in der Person tritt eine neue Prüfung in vollem Umfange ein, ob die Vorbedingungen der Konzessionserteilung vorliegen. Der Besitznachfolger kann die Konzession nicht schon deshalb verlangen, weil sie früher für dasselbe Lokal erteilt worden ist.

## Nr. 8.

**Endurteil des II. Senats vom 31. Oktober 1878.**

Die Versagung der Genehmigung zum Betriebe eines Gewerbes ist nicht überall da auszusprechen, wo der Unternehmer noch nicht im Besitz des für den Gewerbebetrieb bestimmten Lokals, oder solches noch nicht den polizeilichen Anforderungen entsprechend hergestellt ist. Es kann vielmehr nur gefordert werden, daß der Unternehmer sich in Bezug auf Lage und Beschaffenheit des Lokals für denjenigen Zeitpunkt ausweise, zu welchem die Eröffnung des Gewerbebetriebes stattfinden soll. Grundsätzlich steht der Erteilung einer Konzession unter dem Vorbehalt oder unter der Bedingung der Vervollständigung der Anlage ein Bedenken nicht entgegen.

## Nr. 9.

**Endurteil des I. Senats vom 26. Februar 1879.**

Minist.-Bl. f. d. inn. Verw. S. 232.

1) Wenn Jemand das Schankgewerbe ohne Konzession betreibt, so ist die Polizeibehörde berechtigt, den Weiterbetrieb des Gewerbes zu untersagen, gleichviel ob die Erlaubnis zu demselben bereits nachgesucht war oder nicht, und eventuell den unstatthaften Betrieb zu verhindern.

2) Dagegen hat die Polizei nicht das Recht, für den Fall der Übertretung des Verbots besondere Exekutivstrafen anzudrohen. Sie kann ein solches Lokal zwangsweise schließen oder in anderer Weise den Betrieb unmöglich machen, aber sie darf nicht Handlungen unter Strafe stellen, welche durch besondere gesetzliche Vorschrift (§ 147 1 R.-Gew.-Ordn.) bereits mit Strafe bedroht sind.

## Nr. 10.

**Endurteil des I. Senats vom 3. Mai 1879.**

Wenn ein Amtsvorsteher der Eigentümer eines Grundstücks ist, in welchem die Gast- und Schankwirtschaft durch einen Pächter betrieben wird, so ist er bei der beabsichtigten Anlage eines neuen Gasthofs in seinem Amtsbezirk als interessiert anzusehen und kann in dem sich daraus entwickelnden Streitverfahren das öffentliche Interesse nicht vertreten.

## Nr. 11.

**Endurteil des II. Senats vom 5. Mai 1879.**

Die zuständige Behörde hat bei Entscheidung der Bedürfnisfrage für Anlage von Schankwirtschaften nicht davon auszugehen, ob das Fehlen der Wirtschaft von dem Publikum überhaupt als ein Mangel empfunden werden würde, sondern für die Erteilung der Konzession genügt schon der Umstand, daß bestimmte Kreise der Bevölkerung mit Vorliebe das fragliche Lokal besuchen und den Fortbestand bezw. die Herstellung der Schankwirtschaft als wünschenswert erachten.

## Nr. 12.

**Endurteil des I. Senats vom 1. Oktober 1879.**

Bei einem auf Erteilung der Erlaubnis zum Betriebe der Gastwirtschaft gerichteten Antrage ist die Bedürfnisfrage dann nicht zu erörtern, wenn zu der Zeit, als ein mit der Revision angefochtenes Erkenntnis II. Instanz gefällt wurde, die Erteilung der Konzession von einem Nachweise des Bedürfnisses noch nicht abhängig war. (Vergl. Minister.-Bekanntmachung v. 14. September 1879.)

## Nr. 13.

**Endurteil des I. Senats vom 25. Oktober 1879.**

1) Mit der Erlaubnis zum Gastwirtschaftsbetriebe ohne Hinzufügung einer besonderen Einschränkung ist zugleich die Konzession zur unbeschränkten Schankwirtschaft als mit erteilt anzusehen.

2) Widersprechen sowohl die Ortspolizeibehörde als die Gemeindebehörde der Konzessionserteilung, so sind die baren Auslagen des im Verwaltungsstreitverfahren obsiegenden Gegners beiden Behörden zur Erstattung aufzugeben.

## Nr. 14.

**Endurteil des I. Senats vom 18. Februar 1880.**

Wiewohl die Androhung von Exekutivstrafen gegen Handlungen, welche bereits durch Gesetz unter Strafe gestellt sind — z. B. Ausübung des Schankgewerbes ohne Konzession — nicht zulässig ist, so kann der Betroffene doch, wenn er die Androhungsverfügung nicht angefochten hat, hieraus der demnächst erfolgenden Straffestsetzung gegenüber einen Einwand nicht mehr herleiten. (Vergl. Entsch.-Band V, S. 426.)

## Nr. 15.

**Endurteil des I. Senats vom 1. März 1880.**

Der Erfolg der Klage auf Entziehung der Schankkonzession ist von dem Nachweise eines bereits erfolgten Mißbrauchs des Gewerbes nicht abhängig. Selbst wenn die festgestellten Handlungen und Unterlassungen sich unter diesen Gesichtspunkt nicht bringen lassen, können dieselben sehr wohl geeignet sein, die Annahme zu begründen, daß für die Folge ein solcher Mißbrauch des Gewerbes zu besorgen sei.

## Nr. 16.

**Endurteil des I. Senats vom 17. April 1880.**

1) Die Frage, ob zur Anlage einer Gastwirtschaft ein Bedürfnis vorhanden, ist thatsächlicher Natur und die ergangene Entscheidung kann mit der Revision nur insoweit angefochten werden, als sie auf einem aktenwidrigen Beweisergebnis oder auf rechtsirrtümlicher Gesetzesanwendung beruht.

2) Für die richterliche Entscheidung bilden auf dem Gebiete des Verwaltungsrechts jedesmal die zur Zeit derselben in Kraft stehenden gesetzlichen Vorschriften die bindende Rechtsnorm.

Nr. 17.

**Endurteil des I. Senats vom 1. Mai 1880.**

1) Das mehrmalige Dulden von Gästen über die Polizeistunde hinaus kann einen selbstständigen Grund zur Entziehung der Schankkonzession abgeben.

2) Wenn dem Verwaltungsrichter auch im Allgemeinen die Befugnis zusteht, auf die Erklärungen einer öffentlichen Behörde unter Umständen den entgegenstehenden Behauptungen einer Privatperson gegenüber ohne Weiteres seine Ueberzeugung zu gründen, so beschränkt sich das doch der Natur der Sache nach auf die Fälle, wo diese Behörde ihre eigenen amtlichen Wahrnehmungen über ihr dienstlich unterstellte Gegenstände bekundet.

Nr. 18.

**Endurteil des I. Senats vom 26. Mai 1880.**

Der Rechtsgrundsatz, daß neue Gesetze auf ältere Handlungen und Begebenheiten nicht zurückbezogen werden sollen (A. L.-R. Einl. § 14), findet nur auf wohlerworbene Rechtsansprüche Anwendung, nicht aber auf allgemein abstrakte Befugnisse aller Menschen, welche nur die Möglichkeit gewähren, bestimmte Rechtsverhältnisse zu schaffen. Deshalb gewährt der Antrag auf Erteilung der Schankkonzession keinen Anspruch darauf, daß die Entscheidung über dessen Zulässigkeit nach den im Moment der Antragstellung geltenden Bestimmungen getroffen werde. Maßgebend ist vielmehr der Rechtszustand, wie er zur Zeit der Urteilsfällung besteht.

Nr. 19.

**Endurteil des II. Senats vom 21. Juni 1880.**

Bei Beurteilung der Frage, ob ein Bedürfnis zur Erteilung einer neuen Schankkonzession vorliegt, wird allerdings wesentlich das Verhältnis der bereits bestehenden Schankwirtschaften zu der Größe und Art der Bevölkerung sowie zu dem Umfang des Verkehrs ins Gewicht fallen. Damit ist aber die Berücksichtigung anderer berechtigter Gesichtspunkte nicht ausgeschlossen. Namentlich ist es dem Verwaltungsrichter unbenommen, das Bedürfnis anzuerkennen, wenn die Benutzung der bestehenden Wirtschaften mit Uebelständen und Unzuträglichkeiten verbunden ist, sei es daß dieselben für die Besucher der Schankstellen oder auch für das größere Publikum hervortreten.

Nr. 20.

**Endurteil des I. Senats vom 13. Oktober 1880.**

Bei Anwendung des § 53 R.-Gew.-Ordn. kommt es nicht darauf an, daß Jemand der Völlerei bereits Vorschub geleistet habe, sondern nur darauf, ob er durch sein Verhalten zu der Besorgnis Anlaß gegeben hat, daß er das Gewerbe zur Förderung der Völlerei mißbrauchen werde.

Nr. 21.

**Endurteil des I. Senats vom 31. Januar 1881.**

Die Bestrafung eines Gastwirts wegen Hehlerei rechtfertigt die Entziehung der Konzession, auch wenn die Strafthat nicht im Zusammenhange mit dem Gewerbebetriebe begangen ist. Welche Folgen die Konzessionsentziehung für die persönlichen Verhältnisse des Konzessionsinhabers haben wird, kann nicht berücksichtigt werden.

## Nr. 22.

**Endurteil des II. Senats vom 17. März 1881.**

Wenn ein Gastwirt es duldet, daß seine Ehefrau den unsittlichen Verkehr der Kellnerinnen mit den Gästen fördert, ohne die zur Verhütung desselben erforderlichen Maßnahmen zu treffen, so liegt in einem solchen Unterlassen ein Verhalten, welches die Besorgnis, der Wirt werde fernerhin sein Gewerbe zur Förderung der Unsittlichkeit mißbrauchen, begründet und sonach die Zurücknahme der Konzession gemäß § 53, Abs. 2 Gew.-Ordn. gerechtfertigt.

## Nr. 23.

**Endurteil des I. Senats vom 20. April 1881.**

Wenn der Gemeindevorsteher zu einem am Orte ansässigen Schankwirt in nahem Verwandtschaftsverhältnis steht, so ist derselbe bei dem Verfahren auf Erteilung einer Schankkonzession an einen anderen Bewerber als persönlich beteiligt anzusehen und daher nicht befähigt, in diesem Verfahren das öffentliche Interesse zu vertreten.

## Nr. 24.

**Endurteil des I. Senats vom 30. April 1881.**

1) Wenn ein Gastwirt durch sein Verhalten eine Mißachtung der zur Verhütung der Völlerei gegebenen Vorschriften zu erkennen giebt, so kann wegen gegründeter Besorgnis, daß er in Zukunft sein Gewerbe zur Förderung der Völlerei mißbrauchen werde, die Konzessionsentziehung ausgesprochen werden.

2) Auf Konzessionsentziehung darf nicht lediglich auf Grund der von dem Beklagten zugestandenen Verurteilungen erkannt werden. Es bedarf vielmehr einer selbständigen Feststellung der derselben zu Grunde liegenden Thatsachen seitens des Verwaltungsrichters. Zu diesem Behuf müssen die Akten dem Beklagten vorgelegt, und es darf deren Inhalt für die Entscheidung nur insoweit verwertet werden, als die Parteien von demselben in Kenntnis gesetzt sind, und ihnen zur Äußerung darüber Gelegenheit gegeben ist.

## Nr. 25.

**Endurteil des II. Senats vom 20. Mai 1881.**

Die Frage, ob eine Schankkonzession, welche längere Zeit geruht hat, noch in Kraft ist, unterliegt im Allgemeinen nicht der Entscheidung des Verwaltungsrichters, sondern der der Verwaltungs-Aufsichtsbehörden. Der Verwaltungsrichter muß jedoch die Rechtsbeständigkeit einer solchen Konzession prüfen, wenn der auf Grund derselben ausgeübte Geschäftsbetrieb durch polizeiliche Anordnungen gehemmt wird, und ebenso, wenn für das Lokal eine neue Konzession beantragt wird, da natürlich nicht zwei gleiche Konzessionen für dasselbe Lokal erteilt werden können.

## Nr. 26.

**Endurteil des I. Senats vom 5. November 1881.**

Beim Prüfen der Bedürfnisfrage behufs Erteilung oder Versagung eines nachgesuchten Konsenses zum Betriebe der Gastwirtschaft ist nicht allein auf das Verhältnis der vorhandenen Lokale zum Umfange der Stadt, sondern auch auf die Lage und Entfernung derselben von dem Lokale des Antragstellers, sowie auf ihre Beschaffenheit Rücksicht zu nehmen.

## Nr. 27.

**Endurteil des II. Senats vom 10. November 1881.**

Die Erlaubnis zum Betriebe des Kleinhandels mit Spirituosen ist auch dann von einer vorgängigen Prüfung des Bedürfnisses abhängig zu machen, wenn der Verkauf ausschließlich in Gebinden und versiegelten Flaschen erfolgen soll.

## Nr. 28.

**Endurteil des I. Senats vom 19. November 1881.**

Der Umstand, daß ein Schanklokal von bestimmten Gesellschaftsklassen besucht wird, ist an sich nicht ausreichend, das Bedürfnis zum ferneren Bestehen dieses Lokals zu erweisen; derselbe kann vielmehr nur bei Prüfung der Bedürfnisfrage als ein Beweismoment mit in Betracht gezogen werden.

## Nr. 29.

**Endurteil des I. Senats vom 26. November 1881.**

Aus dem Umstande, daß wiederholt von den Gästen eines Schanklokals nach dem Verlassen desselben auf der Straße Gewaltthätigkeiten und Exzesse stattgefunden haben, berechtigt ohne Nachweis eines näheren Causalzusammenhangs noch nicht zu dem Schlusse, daß der Inhaber des Schanklokals sein Gewerbe zur Förderung der Völlerei mißbrauche, und genügt daher nicht, um die Zurücknahme der Konzession zu rechtfertigen.

## Nr. 30.

**Endurteil des II. Senats vom 8. Dezember 1881.**

1) Wenn das Verfahren auf Entziehung der Schankkonzession auf Grund gerichtlicher Bestrafung eingeleitet wird, so bedarf es, sofern der Thatbestand unstreitig ist, einer nochmaligen Beweisaufnahme durch Zeugenvernehmung nicht; vielmehr genügt die Feststellung desselben aus den Untersuchungsakten.

2) Zur Feststellung einer begründeten Besorgnis, daß das Gewerbe zur Förderung verbotenen Spieles mißbraucht werde, bedarf es nicht notwendig des Nachweises wiederholter Handlungen oder Unterlassungen; einmalige Bestrafung wegen Duldung von Hazardspielen kann genügen, um diese Annahme zu rechtfertigen.

## Nr. 31.

**Endurteil des II. Senats vom 16. Dezember 1881.**

Die Entziehung der Schankkonzession ist gerechtfertigt, wenn erwiesen ist, daß der Schankwirt unsittliches Treiben in seinem Lokale geduldet hat. Der Einwand, daß er in anderen Fällen eingeschritten sei, kann nicht berücksichtigt werden.

## Nr. 32.

**Endurteil des II. Senats vom 5. Januar 1882.**

Bei Prüfung der Bedürfnisfrage in Schankkonzessionssachen ist der Verwaltungsrichter an allgemeine Verfügungen der Regierungen nicht gebunden; diese haben keine Gesetzeskraft, sondern sind nur Instruktionen für die nachgeordneten, mit Schankangelegenheiten befaßten Verwaltungsorgane. — Auf die behauptete Verletzung einer solchen Regierungsverfügung kann daher auch das Rechtsmittel der Revision nicht gegründet werden.

## Nr. 33.

**Endurteil des II. Senats vom 5. Januar 1882.**

1) Welche polizeilichen Anforderungen an das zum Betriebe des Schankgewerbes bestimmte Lokal zu stellen sind, schreibt die Reichs-Gewerbe-Ordnung (§ 33 ²) nicht vor. Die Beurteilung dieser Frage ist je nach den besonderen Verhältnissen des Einzelfalles dem pflichtmäßigen Ermessen der für die Konsenserteilung zuständigen Behörde bezw. des Verwaltungsrichters überlassen.

2) Ansprüche an die Beschaffenheit des Schanklokals, welche an sich berechtigt erscheinen, können nicht um deshalb für unzulässig erachtet werden, weil auch andere Lokale an demselben Ort oder in der Nachbarschaft diesen Bedingungen nicht genügen.

## Nr. 34.

**Endurteil des I. Senats vom 11. Februar 1882.**

1) Die Verabfolgung von Branntwein an Schulkinder ist ein ausreichender Grund zur Entziehung der Schankkonzession.

2) Die Feststellung, daß gegründete Besorgnis des Mißbrauchs der Schankberechtigung zur Förderung der Völlerei vorliege, setzt eine bereits erfolgte Bestrafung des Schankwirts wegen solcher Handlungen oder Unterlassungen, welche diese Besorgnis zu rechtfertigen geeignet sind, nicht notwendig voraus.

## Nr. 35.

**Endurteil des II. Senats vom 11. März 1882.**

Die Lage eines Schanklokals entspricht nicht den polizeilichen Anforderungen im Sinne des § 33 ² Reichs-Gew.-Ordn., wenn durch dieselbe ein Zustand herbeigeführt wird, welcher die Polizeibehörde nötigt, zum Privatvorteil des Inhabers den Kreis ihrer Thätigkeit in einer Weise zu vergrößern, welche das Maß der durch die sonstigen örtlichen Verhältnisse gebotenen Veranstaltungen überschreitet.

## Nr. 36.

**Endurteil des I. Senats vom 18. März 1882.**

1) Ein von dem Vertreter der Partei ausdrücklich aufgegebenes Klagefundament kann in der Revisionsinstanz nicht wieder aufgenommen werden.

2) Das Bedürfnis für die Erteilung einer Schankkonzession ist in gleicher Weise zu prüfen, ob es sich um Einrichtung einer neuen oder den Weiterbetrieb einer bereits bestehenden Schankstelle durch einen anderen Konzessionssucher handelt.

## Nr. 37.

**Endurteil des II. Senats vom 20. April 1882.**

In dem Verfahren auf Zurücknahme der Schankkonzession gemäß § 53 Reichs-Gew.-Ordn. ist der Verwaltungsrichter prozessualisch nicht behindert, den Inhalt der vorgelegten gerichtlichen Untersuchungsakten auch ohne Wiederholung der im gerichtlichen Verfahren stattgefundenen Beweisaufnahme als Beweismittel zu benutzen.

## Nr. 38.

**Endurteil des II. Senats vom 11. Mai 1882.**

Wenn eine im Besitz der Schankkonzession befindliche Witwe einen wegen Vergehen gegen des Eigentum bestraften Mann ohne Kenntnis dieser Strafe heiratet, so kann hierin allein eine Thatsache, welche die Zurücknahme der Konzession gemäß § 53 Reichs-Gew.-Ordn. rechtfertigt, nicht gefunden werden.

## Nr. 39.

**Endurteil des I. Senats vom 13. Mai 1882.**

1) Ein persönliches Interesse an dem Ausgange einer Gewerbekonzessionssache ist auch bei nahem verwandtschaftlichem Verhältnis zu dem Inhaber einer Konkurrenzanlage als vorhanden anzunehmen.

2) Eine erteilte Schankkonzession erlischt mit einem Wechsel in der Person des Geschäftsinhabers. Die für den Besitznachfolger nachgesuchte Konzession ist eine vollständig neue, deren Erteilung eine wiederholte, selbständige Prüfung der Bedürfnisfrage vorauszugehen hat.

## Nr. 40.

**Endurteil des II. Senats vom 14. Juni 1882.**

1) Das zum Betriebe der Gastwirtschaft bestimmte Lokal hat nicht mehr die bei Erteilung der Konzession vorausgesetzten Eigenschaften, wenn die Fremdenzimmer entweder nicht mehr vorhanden oder zum Gebrauch nicht ordnungsmäßig hergerichtet sind, auch wenn dieselben nur vorübergehend und zeitweise dem bestimmten Gebrauche entzogen sind.

2) Schon die vorübergehende Benutzung eines Fremdenzimmers als Badezimmer rechtfertigt die Konzessionsentziehung, und es kommt nicht in Betracht, ob dasselbe zur Zeit der Urteilsfällung bereits wieder zum ordnungsmäßigen Gebrauch hergestellt ist.

## Nr. 41.

**Endurteil des II. Senats vom 14. Juni 1882.**

Als eine den polizeilichen Anforderungen entsprechende Lage eines Gast- oder Schanklokals im Sinne des § 33 R.-Gew.-Ordn. kann nur eine solche angesehen werden, welche nach Maßgabe der im einzelnen Falle in Betracht kommenden Verhältnisse die Ausübung der erforderlichen polizeilichen Kontrolle ohne unverhältnißmäßige Erschwerung und mit den zu Gebote stehenden polizeilichen Mitteln gestattet.

## Nr. 42.

**Endurteil des I. Senats vom 9. September 1882.**

Da die Qualifikation zum Betriebe des Schankgewerbes von persönlichen Eigenschaften abhängig ist, so kann eine Schankkonzession immer nur an eine physische Person, nicht aber zum Beispiel an eine Aktiengesellschaft verliehen werden.

## Nr. 43.

**Endurteil des II. Senats vom 11. September 1882.**

Die Versagung der Schankkonzession, weil das Lokal den polizeilichen Anforderungen nicht entspricht, ist gerechtfertigt, wenn aus dem Betriebe der

Schankwirtschaft eine Störung des Unterrichts in einer benachbarten Schule zu besorgen ist, wie in jedem Falle, wo durch den Gewerbebetrieb an der in Aussicht genommenen Stelle Interessen gefährdet oder beeinträchtigt werden, deren Schutz der Obhut der Polizeibehörde anvertraut ist.

## Nr. 44.

**Endurteil des II. Senats vom 30. September 1882.**

Das Gebot der Polizeistunde verfolgt — mag dabei auch die Wahrung der Ordnung und Ruhe während der Nacht mit in Berücksichtigung gezogen sein — wesentlich den Zweck, dem die Völlerei fördernden Sitzen in den Wirtshäusern während der Nacht vorzubeugen. Wiederholte Übertretungen dieses Gebots rechtfertigen daher die Zurücknahme der Schankkonzession.

## Nr. 45.

**Endurteil des II. Senats vom 2. Oktober 1882.**

Ein zum Betriebe der Gast- oder Schankwirtschaft bestimmtes Lokal muß zur Zeit, da die Konzession erteilt werden soll, den polizeilichen Anforderungen entsprechen; anderenfalls ist die Konzession zu versagen. Es kommt nicht darauf an, ob das Lokal bei gleicher wie der jetzt beabsichtigten Verwendung etwa früher und nach der Auffassung einer anderen Behörde den polizeilichen Anforderungen genügt hat. Es steht auch nicht in der Macht der Behörde, eine vermeintliche Härte des Gesetzes zu mildern oder von den gesetzlichen Erfordernissen um deshalb abzusehen, weil die Beschaffenheit etwaiger Konkurrenzlokale eine noch minder genügende ist.

## Nr. 46.

**Endurteil des I. Senats vom 9. Oktober 1882.**

Wenn durch Polizeiverordnung die Erfordernisse festgestellt sind, denen behufs Erlangung der Konzession zur Gastwirtschaft genügt werden muß, so ist die Konzession zu versagen, sobald eine dieser Vorbedingungen nicht erfüllt ist, und es kann der Einwand nicht zugelassen werden, daß nach Lage der Umstände die Erfüllung dieser Vorbedingung nicht möglich gewesen sei.

## Nr. 47.

**Endurteil des II. Senats vom 11. Oktober 1882.**

Der Apfelwein gehört zu den geistigen Getränken im Sinne des § 33, Abs. 3 Reichs-Gew.-Ord.; es kann daher die Erlaubnis zum Ausschank desselben durch Ortsstatut vom Nachweise des Bedürfnisses abhängig gemacht werden.

## Nr. 48.

**Endurteil des I. Senats vom 28. Oktober 1882.**

1) Ein Amtsvorsteher, der in seinem Bezirk eine Gastwirtschaft besitzt, ist, gleichviel ob er diese selbst betreibt oder verpachtet hat, persönlich beteiligt und daher zur Vornahme von Amtshandlungen nicht befugt, wenn es sich um Erteilung oder Entziehung einer Schankkonzession oder Untersagung eines Schankgewerbebetriebes handelt.

2) Das Rechtsmittel der Berufung im Verwaltungsstreitverfahren muß schriftlich eingelegt werden.

3) Der Antrag auf Wiederaufnahme des Verfahrens ist in einer besonderen Klage geltend zu machen.

4) Die Fortsetzung eines konzessionspflichtigen, aber nicht konzessionierten Gewerbebetriebes darf, da sie bereits gesetzlich unter Strafe gestellt ist, nicht unter Androhung polizeilicher Exekutivstrafen verboten werden.

## Nr. 49.

### Endurteil des II. Senats vom 11. November 1882.

Die Erteilung einer auf bestimmte Arten von geistigen Getränken (Rum, Arrak, Cognak pp.) beschränkten Schankkonzession ist zulässig.

## Nr. 50.

### Endurteil des I. Senats vom 2. Dezember 1882.

1) Um zur Konzessionsentziehung zu gelangen, bedarf es des klaren Nachweises von Handlungen oder Unterlassungen des Inhabers eines Schanklokals, welche — wie das Ausschänken von Spirituosen im Übermaße oder deren Verabfolgung an bereits betrunkene oder im Rufe der Trunksucht stehende Personen — den unmittelbaren Schluß gestatten, daß derselbe, wenn im Besitz der Konzession belassen, in Zukunft sein Gewerbe zur Förderung der Völlerei mißbrauchen werde.

2) Die Erteilung des Konsenses zum Umbau der Schanklokalitäten enthält nur die baupolizeiliche Genehmigung desselben, präjudizirt aber der Frage nicht, ob in den veränderten Lokalitäten der Weiterbetrieb des Schankgewerbes zu gestatten sei. Aus dem gleichem Grunde steht die erfolgte baupolizeiliche Genehmigung einer Gasthofsanlage niemals der freien Prüfung eines nachfolgenden Konzessionsgesuchs hinsichtlich der Lokalbeschaffenheit entgegen.

3) Ob die Konzessionsurkunde die Lokalitäten, für welche die Genehmigung erteilt ist, ihrer Beschaffenheit nach ausdrücklich bezeichnet oder nicht, ist unerheblich. In dieser Beziehung findet die Urkunde ihre selbstverständliche Ergänzung in dem voraufgegangenen Konzessionsgesuche.

## Nr. 51.

### Endurteil des I. Senats vom 5. März 1883.

Wenn die Schankberechtigung mit dem Grundstücke, für welches die Konzession nachgesucht wird, verbunden ist, findet eine Prüfung der Bedürfnisfrage nicht statt. Der Umstand allein, daß die Realschankberechtigung in das Grundbuch nicht eingetragen ist, schließt das Bestehen derselben nicht aus.

## Nr. 52.

### Endurteil des II. Senats vom 10. Mai 1883.

1) Ob Veranlassung zur Einlegung eines Rechtsmittels im öffentlichen Interesse vorliegt, ist lediglich dem Ermessen der zur Einlegung berufenen Instanz überlassen. Eine Beweiserhebung über das Vorhandensein eines öffentlichen Interesses findet nicht statt.

2) Die Frage, ob ein Gewerbebetrieb durch Stellvertretung ausgeübt wird, ist thatsächlicher Natur. Der Begriff der Stellvertretung wird dadurch nicht ausgeschlossen, daß dem Vertreter Prozente des Ertrages als Vergütung gewährt werden.

Nr. 53.

**Endurteil des II. Senats vom 10. Mai 1883.**

Wenn ein Herbergswirt das Zusammennächtigen von Personen verschiedenen Geschlechts in demselben Raume geduldet hat, so ist die Konzessionsentziehung wegen Unzuverlässigkeit selbst dann gerechtfertigt, wenn nach einem ausdrücklichen polizeilichen Verbot solchen Zusammennächtigens dasselbe nicht wieder vorgekommen ist.

Nr. 54.

**Endurteil des II. Senats vom 7. Juni 1883.**

Wenn der Gemeindevorsteher zu dem die Erteilung einer Schankkonzession Beantragenden in einem Feindschaftsverhältnis steht, so ist derselbe nicht geeignet, im Verwaltungsstreitverfahren eine Parteirolle zu übernehmen, für ihn hat vielmehr sein Stellvertreter einzutreten.

Nr. 55.

**Endurteil des I. Senats vom 27. Juni 1883.**

1) Wenn die Polizeibehörde in billiger Berücksichtigung erheblicher Vermögensinteressen, welche bei dem Halten einmal im Betriebe befindlicher Tanzlokale in Frage stehen, für diese erteilte Konzessionen fortgewährt, welche sie für neue derartige Lokale versagt, so wird durch diese Verwaltungspraxis doch kein örtliches Polizeirecht geschaffen, dessen Handhabung der Verwaltungsrichter nach allgemeinen Normen zu kontrollieren hätte. Jene Praxis kann nur insoweit in Betracht kommen, als etwa nach der besonderen Lage des Falles aus ihrer durch nichts begründeten Durchbrechung der Vorwurf der willkürlichen Handhabung der Polizeigewalt hergeleitet werden könnte.

2) „Neues“ Tanzlokal und „neue“ Tanzerlaubnis sind keine Rechtsbegriffe, deren zutreffende oder unzutreffende Anwendung auf den vorliegenden Fall in Frage kommen kann.

Nr. 56.

**Endurteil des II. Senats vom 13. September 1883.**

Zur Anwendung des § 53 Reichs-Gew.-Ordn. genügt nicht schon die Feststellung, daß der Konzessionsinhaber das Gewerbe nach einer der im § 33, Nr. 1 a. a. O. vorgesehenen Richtungen gemißbraucht hat; es muß vielmehr gegründete Besorgniß vorliegen, daß ein solcher Mißbrauch auch in Zukunft stattfinden werde. Dabei ist auf das Vorleben des Konzessionars Rücksicht zu nehmen.

Nr. 57.

**Endurteil des II. Senats vom 3. Dezember 1883.**

1) Wenn durch eine örtliche Polizeiverordnung die Anforderungen festgestellt sind, welche an solche Lokale, welche zum Betriebe der Schankwirtschaft bestimmt sind, gestellt werden sollen, so bestimmt eine solche Vorschrift die

**Grenze, unter welche nicht hinabgegangen werden darf. Es ist dagegen dem Verwaltungsrichter unbenommen, auch aus anderen Gründen die Konzession zu versagen, sofern er dies in Anwendung des § 33, Nr. 2 Reichs-Gew.-Ordn. für geboten erachtet.**

2) Wenn die thatsächlichen Verhältnisse die Annahme rechtfertigen, daß ein Schanklokal als Zusammenkunftsort für liederliche Dirnen und deren Anhang dienen werde, so liegt hierin ein ausreichender Grund zur Versagung der Schankkonzession.

## Nr. 58.

**Endurteil des I. Senats vom 5. Januar 1884.**

1) Ein Rechtsgrundsatz, daß regelmäßig auf je 500 Einwohner eines Ortes eine Verkaufsstelle weingeisthaltiger Flüssigkeiten zu rechnen sei, besteht nicht. Weder die Gewerbe-Ordnung noch die ministerielle Bekanntmachung vom 14. September 1879 (Min.-Bl. f. d. inn. Verw. S. 254) oder die Kab.-Ordre vom 7. Februar 1835 schreiben für die Bemessung des Bedürfnisses einen bestimmten Maßstab vor.

2) Bei Prüfung der Bedürfnisfrage ist auch auf die fortschreitende Entwickelung eines Orts und die Zunahme seiner Einwohnerzahl gebührende Rücksicht zu nehmen.

## Nr. 59.

**Endurteil des I. Senats vom 9. Januar 1884.**

Vorbestrafungen eines Schankwirts wegen Übertretung der Polizeistunde und Duldens verbotenen Hazardspiels sind geeignet, die Besorgnis zu begründen, daß derselbe sein Gewerbe zur Förderung der Völlerei und des verbotenen Spieles mißbrauchen werde, und rechtfertigen daher die Zurücknahme der Schankkonzession.

## Nr. 60.

**Endurteil des I. Senats vom 23. Januar 1884.**

In der Konzession zum Betriebe der Schankwirtschaft ist zugleich die zum Betriebe des Kleinhandels mit Branntwein enthalten. Daher ist bei Prüfung der Bedürfnisfrage für den Kleinhandel auch auf die vorhandenen Schankwirtschaften Rücksicht zu nehmen.

## Nr. 61.

**Endurteil des I. Senats vom 11. Juni 1884.**

1) Ein Bedürfnis zur Erteilung der Schankkonzession für Bahnhofs-Restaurationen ist für solche kleine Stationen, auf welchen die Züge nur ganz kurzen Aufenthalt nehmen, zwar nicht im Interesse des durchreisenden Publikums, wohl aber im Interesse derjenigen Reisenden anzuerkennen, welche auf einer solchen Station den Zug besteigen oder verlassen.

2) Die Versagung der Konzession kann damit nicht begründet werden, daß das Bahnhofsgebäude keine Wohnung für den Restaurateur und keine Küche enthalte. Denn da die Restaurationsräume auf den Bahnhöfen der fortwährenden dienstlichen Aufsicht des Stationsvorstehers unterstellt sind, so muß ein Mißbrauch derselben zu Wohnungszwecken oder zur Aufstellung von Kochgerätschaften für ausgeschlossen erachtet werden.

## Nr. 62.

**Endurteil des I. Senats vom 6. September 1884.**

Es liegt für den Verwaltungsrichter kein Anlaß vor, bei Prüfung der Bedürfnisfrage in Schankkonzessionssachen von Amts wegen Ermittelungen anzustellen, ob die an einem Orte thatsächlich bestehenden Gast- und Schankwirtschaften sämtlich mit der erforderlichen polizeilichen Genehmigung betrieben werden, sofern das Fehlen solcher Genehmigung von dem Konzessionssucher nicht ausdrücklich behauptet worden ist.

## Nr. 63.

**Endurteil des I. Senats vom 13. September 1884.**

Es ist zulässig, eine nachträgliche Änderung der bei Erteilung der Konzession zur Gastwirtschaft bezüglich der Benutzung der dem Gewerbebetriebe dienenden Rämlichkeiten vorgeschriebenen Bedingungen nachzusuchen, und bedarf es hierzu nicht eines förmlichen Antrags auf Erteilung einer neuen Konzession unter den abgeänderten Bedingungen.

## Nr. 64.

**Endurteile des II. Senats vom 25. September 1884.**

Der Verwaltungsrichter ist in der Entscheidung über die Erteilung oder Versagnng einer nachgesuchten Schankkonzession durch eine bestehende Polizeiverordnung, welche die an die Lokalität polizeilich zu stellenden Anforderungen allgemein festsetzt, nicht derart gebunden, daß er nicht befugt wäre, nach Lage des Falls höhere Anforderungen zu stellen und die Konzession wegen Ungeeignetheit des Lokals auch dann zu versagen, wenn dasselbe die in der Polizeiververordnung bestimmten Bedingungen erfüllt.

## Nr. 65.

**Endurteil des I. Senats vom 25. Oktober 1884.**

1) Unter „Völlerei" auch im Sinne der Reichsgewerbeordnung kann nur die Gewohnheit verstanden werden, unmäßig zu essen oder zu trinken.

2) Zur Zurücknahme der Schankkonzession gemäß § 53 R.-G.-O. ist es nicht erforderlich, daß gerade gegen den Inhaber der Konzession bereits Fälle des Mißbrauchs des Gewerbes zur Förderung der Völlerei, des verbotenen Spiels, der Hehlerei oder Unsittlichkeit vorliegen. Es genügt vielmehr, wenn derselbe durch sein Verhalten klar zu erkennen gegeben hat, daß die Besorgniß, er *werde* sein Gewerbe in einer der gedachten Arten mißbrauchen, nicht mehr ausgeschlossen erscheint. *Woraus* der Verwaltungsrichter solche Besorgniß zu entnehmen hat, ist seinem pflichtmäßigen Ermessen überlassen, wenn auch natürlich zur Begründung derselben der Beweis des bereits vorgekommenen Mißbrauchs am besten geeignet sein wird.

## Nr. 66.

**Endurteil des I. Senats vom 19. November 1884.**

1) Anderen als physischen Personen kann die Genehmigung zum Betriebe der Gastwirtschaft, der Schankwirtschaft und des Kleinhandels mit Branntwein nicht ertheilt werden.

2) Ebenso kann einem Konsumverein die Schankkonzession zur Ausübung durch einen Lagerhalter nicht gegeben werden, weil dann das konzessionspflichtige Gewerbe durch eine auf ihre Zuverlässigkeit nicht geprüfte Persönlichkeit ausgeübt werden würde.

## Nr. 67.

**Endurteil des I. Senats vom 25. November 1884.**

Bei Prüfung der Bedürfnißfrage für die Konzessionierung von Vergnügungslokalen auf dem Lande, welche auch von anderen Personen als den Ortsbewohnern besucht werden, ist auf das dort verkehrende auswärtige Publikum Rücksicht zu nehmen.

## Nr. 68.

**Endurteil des II. Senats vom 8. Dezember 1884.**

1) Verbote der Verabfolgung von Branntwein an Betrunkene enthalten lediglich Bestimmungen über die Art der Ausübung des Gewerbebetriebes der Branntweinschenker, welche durch die Gewerbeordnung nicht berührt sind. Bei Anwendung solcher Verbote ist kein Unterschied zu machen, ob der Branntwein zum sofortigen Genuß oder zum Nachhausenehmen verabreicht wird.

2) Wiederholte Uebertretung solcher Verbotsvorschriften begründet die Besorgnis des ferneren Mißbrauchs des Gewerbebetriebes zur Förderung der Völlerei und rechtfertigt somit die Zurücknahme der Schankkonzession.

## Nr. 69.

**Endurteil des II. Senats vom 11. Dezember 1884.**

Wenn der Gemeindevorsteher an der Versagung einer nachgesuchten Schankkonzession ein persönliches Interesse hat, so ist derselbe von vorne herein unfähig, als Partei aufzutreten und bei dem Verfahren sich zu beteiligen; es muß vielmehr ein Vertreter für denselben bestellt, und dies eventuell nachgeholt und das ganze Verfahren nochmals wiederholt werden, wenn sich die persönliche Beteiligung des Gemeindevorstehers erst im Laufe des Verfahrens herausstellt.

## Nr. 70.

**Endurteil des I. Senats vom 28. Januar 1885.**

Das Gesetz schreibt nicht vor, daß bei Prüfung der Bedürfnisfrage für Erteilung einer neuen Schankkonzession bezüglich jeder einzelnen als Konkurrenzanstalt in Betracht kommenden Schankanlage zu ermitteln und darüber zu befinden sei, ob dieselbe zu Recht besteht oder nicht. Eine Verpflichtung des Verwaltungsrichters zu solcher Prüfung besteht nicht; vielmehr genügt die Feststellung, daß die betreffenden Schankstätten thatsächlich und unbehelligt von der beaufsichtigenden Polizeibehörde im Betriebe sind.

## Nr. 71.

**Endurteil des I. Senats vom 14. Februar 1885.**

Die Zurücknahme einer Schankkonzession ist gerechtfertigt, wenn der Konzessionsinhaber ohne Genehmigung der zuständigen Behörde mit dem konzessionirten Lokale eine Veränderung vorgenommen hat, welche das öffentliche Interesse verletzt.

## Nr. 72.

**Endurteil des I. Senats vom 25. Februar 1885.**

Die Polizeibehörden sind berechtigt, den Schankwirten ihres Bezirks die Verabreichung von Getränken an notorische Trunkenbolde und das Dulden derselben in ihren Lokalen unter Strafandrohung zu untersagen.

## Nr. 73.

**Endurteil des I. Senats vom 11. März 1885.**

Die hartnäckige Nichtachtung der gesetzlichen Vorschriften, welche im Interesse der öffentlichen Ordnung zur Steuer des übermäßigen Wirtshauslebens und der Völlerei erlassen sind, rechtfertigt die Befürchtung, daß ein gleiches Verhalten auch in Zukunft fortgesetzt werden werde. Daher kann einem Gastwirt, der wiederholt wegen Uebertretung der Polizeistunde bestraft worden ist, die Konzession wegen begründeter Besorgnis, daß er sein Gewerbe fernerhin zur Förderung der Völlerei mißbrauchen werde, entzogen werden. Dabei macht es keinen Unterschied, ob die über die Polizeistunde hinaus geduldeten Personen lediglich zum Zweck der Bewirtung oder zu einem anderen Zweck sich in dem Lokale versammelt haben, und ob dieselben zu dem Wirte als Verwandte, Freunde pp. in besonderer Beziehung stehen.

## Nr. 74.

**Endurteil des I. Senats vom 1. April 1885.**

Ein Stellvertretungsverhältnis im Schankgewerbe kann auch dann vorliegen, wenn der Vertreter die ihm übergebenen Getränke und Zigarren für Rechnung des Inhabers zu verkaufen hat und dafür neben freier Wohnung pp. eine Tantième bezieht. Der Vorbehalt, daß der Stellvertreter gewisse Genußmittel von seinem Machtgeber zu beziehen verbunden ist, schließt nicht aus, daß er im Uebrigen die volle rechtliche Vertretung des Geschäfts übernommen habe. Die Art der Entlohnung ist hierbei ganz gleichgiltig.

## Nr. 75.

**Endurteil des I. Senats vom 28. November 1885.**

1) Der § 1 der Reichsgewerbeordnung untersagt nur Beschränkungen in Bezug auf die Zulassung zum Gewerbebetriebe, hindert aber nicht polizeiliche Verordnungen, welche die Ausübung des Gewerbebetriebes im öffentlichen Interesse regeln. Eine Verordnung, welche den Branntweinverkauf vor 8 Uhr Morgens verbietet, ist rechtsgiltig.

2) Die Zurücknahme der Genehmigung zum Kleinhandel mit Branntwein wegen Beförderung der Völlerei kann ausgesprochen werden, wenn der Händler, ohne die Schankkonzession zu besitzen, Branntwein zum Genuß auf der Stelle verkauft und die den Branntweinverkauf regelnden polizeilichen Verordnungen übertreten — im vorliegenden Falle gegen das Verbot mit dem Verkauf vor 8 Uhr Morgens begonnen — hat.

## Nr. 76.

**Endurteil des I. Senats vom 30. Dezember 1885.**

In Angelegenheiten, betreffend die Entziehung der Gast- und Schankwirtschaftskonzessionen ist im Geltungsbereiche der Städteordnung vom 30. Mai

1853 der Bürgermeister zur Anstellung der Klage aus § 119, Nr. 2 des Zuständigkeitsges. vom 1. August 1883 legitimiert, und in Städten von weniger als 10,000 Einwohnern hat der Kreisausschuß darüber zu entscheiden. Jedoch darf in solchen Fällen derselbe Bürgermeister nicht als Untersuchungskommissar fungiren (§§ 76. 77. Landesverw.-Ges. vom 30. Juli 1883.) Thut er das gleichwohl, so kann der hierin liegende wesentliche Mangel des Verfahrens nur dadurch beseitigt werden, daß der Verwaltungsrichter die sämmtlichen — nicht etwa nur einzelne — der Beurteilung des Falles zu Grunde liegenden Thatsachen durch erneute Beweisaufnahme selbstständig feststellt. Ebenso muß auf Grund dieser Thatsachen die ausdrückliche Feststellung erfolgen, daß dem betreffenden Wirt diejenigen Eigenschaften mangeln, welche bei Erteilung der Konzession vorausgesetzt werden mußten (§§ 33. 53. Reichs-Gew.-Ordn.)

## Nr. 77.

**Endurteil des I. Senats vom 2. Januar 1886.**

Einer in Gemäßheit des § 119 Nr. 2 des Zuständigkeitsgesetzes vom 1. August 1883 und des § 53 der Reichs-Gewerbeordnung erhobenen Klage der Polizeibehörde auf Zurücknahme einer Konzession zum Betriebe der Gast- nnd Schankwirtschaft kann nicht stattgegeben werden, wenn die nach § 33 a. a. O. zu erteilende Erlaubnis nicht von der zuständigen Behörde ausgefertigt war. Vielmehr befindet sich in diesem Falle der Beklagte überhaupt nicht im Besitze einer Konzession, die ihm also auch nicht entzogen werden kann.

## Nr. 78.

**Endurteil des I. Senats vom 24. März 1886.**

Eine zur Entziehung der Schankkonzession berechtigende Unzuverlässigkeit des Schankwirts, welche die Besorgnis rechtfertigt, er werde sein Gewerbe zur Förderung der Völlerei mißbrauchen, kann angenommen werden, wenn nachgewiesen ist, daß derselbe selbst dem Trunke ergeben ist und wiederholt über die Polizeistunde hinaus Gäste in seinem Lokal geduldet hat.

## Nr. 79.

**Endurteil des I. Senats vom 3. April 1886.**

1) Um die Entziehung der Schankkonzession wegen Besorgnis des Mißbrauchs zur Förderung der Völlerei zu begründen, bedarf es nicht des Nachweises, daß ein solcher Mißbrauch bereits stattgefunden habe, sondern es genügt die Feststellung von Thatsachen, welche den Schluß rechtfertigen, daß derselbe in Zukunft stattfinden werde.

2) Die Ablehnung eines angebotenen Gegenbeweises aus dem Grunde, weil die zu erweisende Thatsache bereits als genügend dargethan anzusehen sei, enthält — von besonders zu begründenden Ausnahmefällen abgesehen — eine unzuläßige Beschränkung der Verteidigung.

Der Schluß, daß eine Zeugenaussage durch die entgegengesetzte Bekundung eines andern Zeugen nicht erschüttert werden könne, ist in der Regel erst statthaft, nachdem auch dieser Gegenzeuge vernommen ist.

## Nr. 80.

**Endurteil des I. Senats vom 2. Juni 1886.**

1) Einem Schankwirte, dessen Ehefrau früher im Auslande, wenn auch mit Erlaubnis der dortigen Behörden, ein öffentliches Haus unterhalten hat, kann

in Deutschland die Konzession wieder entzogen werden, wenn jene Thatsache erst nach Erteilung der Konzession zur Kenntnis der diesseitigen Behörden gelangt.

2) Bloße Berichtigungen des Klagefundamentes in der höheren Instanz sind als Veränderungen desselben nicht anzusehen.

Nr. 81.

**Endurteil des III. Senats vom 3. Februar 1887.**

Die Bestrafung eines Schankwirts wegen Betrugs rechtfertigt die Zurücknahme der demselben erteilten Konzession.

Nr. 82.

**Endurteil des III. Senats vom 10. Februar 1887.**

Ein Gastwirt, welcher in seinen Räumen Unsittlichkeiten geschehen läßt, macht sich dadurch einer so groben Vernachlässigung seiner Pflichten schuldig, daß die Konzessionsentziehung gerechtfertigt erscheint.

Nr. 83.

**Endurteil des III. Senats vom 2. Mai 1887.**

Die Zurücknahme einer Konzession gemäß § 53 Reichs-Gew.-Ordn. setzt voraus, daß eine Konzession überhaupt erteilt war. Die Duldung eines konzessionspflichtigen Gewerbebetriebes, ohne daß die erforderliche Konzession erteilt ist, steht dem nicht gleich. Vielmehr muß in solchem Falle die Klage der Polizeibehörde auf Zurücknahme der — garnicht bestehenden — Konzession als gegenstandslos abgewiesen werden.

Nr. 84.

**Endurteil des III. Senats vom 8. September 1887.**

Die Entziehung der Konzession zum Kleinhandel mit Branntwein wegen Beförderung der Völlerei ist gerechtfertigt, wenn der Händler ohne Konzession das Schankgewerbe ausübt und Branntwein auf Borg verabfolgt.

Nr. 85.

**Endurteil des III. Senats vom 15. September 1887.**

1) Die Anfechtungsklage aus § 126 des Landesverw.-Gesetzes kann nicht darauf gegründet werden, daß die beschließende Behörde eine thatsächliche Frage — z. B. die Bedürfnisfrage bei Schankkonzessionssachen — sachwidrig entschieden habe.

2) Ministerielle Instruktionen sind nicht als Verordnungen im Sinne des § 126 a. a. O. anzusehen, deren Verletzung mit der Anfechtungsklage gerügt werden kann.

Nr. 86.

**Endurteil des III. Senats vom 6. Oktober 1887.**

1) Eine Polizeiverordnung, welche die Polizeistunde generell regelt und Abweichungen von dieser Festsetzung der Polizeibehörde überläßt, ist rechtsverbindlich.

Macht die Polizeibehörde von dieser Befugnis Gebrauch, so ist lediglich die Rechtmäßigkeit, nicht auch die Zweckmäßigkeit der ergangenen Anordnung von dem Verwaltungsrichter zu prüfen.

Auch in dem Erlaß gleichlautender Einzelverfügnngen an eine größere Anzahl von Schankwirten ist eine Überschreitung dieser Befugnis nicht zu finden.

2) Die Bekämpfung der gemeinschädlichen Laster der Trunksucht und Völlerei gehört innerhalb des der polizeilichen Zuständigkeit zugewiesenen Gebiets der Festsetzung der Polizeistunde zu den Aufgaben der Polizei.

## Nr. 87.

**Endurteil des III. Senats vom 6. Oktober 1887.**

1) Auf die Klage gegen eine die Fortsetzung des Gewerbebetriebes untersagende polizeiliche Verfügung ist im Verwaltungsstreitverfahren nur darüber zu entscheiden, ob die Polizeibehörde zum Erlaß der Verfügung berechtigt war. Das Urteil hat daher zu lauten: daß die Verfügung aufrecht zu erhalten oder — ganz oder teilweise — aufzuheben sei. Dagegen ist nicht dahin zu erkennen: daß Kläger zur Fortsetzung des Gewerbebetriebes berechtigt oder nicht berechtigt sei.

2) Die Fortsetzung eines konzessionspflichtigen, aber nicht konzessionirten Gewerbebetriebes kann von der Polizeibehörde verboten und durch Anwendung unmittelbaren Zwanges verhindert werden. Dagegen ist es nicht zulässig, Zuwiderhandlungen gegen das Verbot mit Exekutivstrafen zu belegen, weil dieselben bereits unter die Strafandrohung des § 147, Nr. 1 der Gew.-Ordn. fallen.

## Nr. 88.

**Endurteil der III. Senats vom 17. Oktober 1887.**

Der Handel mit Giften ist in Preußen ein konzessionspflichtiges Gewerbe. Die Konzession soll nur erteilt werden, wenn die Behörde sich von der Zuververlässigkeit des Antragstellers in Bezug auf den beabsichtigten Gewerbebetrieb überzeugt hat. — R.-G.-O. § 34, Abs. 3. Preuß. Allgem. Gew.-O. vom 17. Januar 1845 und 22. Juni 1861, § 45. — Dieselbe kann zurückgezogen werden, wenn Thatsachen vorliegen, aus welchen der Mangel der vorausgesetzten Zuverlässigkeit erhellt, insbesondere wegen Zuwiderhandlungen gegen die über den Verkehr mit Giften erlassenen polizeilichen Bestimmungen.

## Nr. 89.

**Endurteil des III. Senats vom 17. Oktober 1887.**

Die Feststellung eines Falles, in welchem ein Schankwirt seinen Gewerbebetrieb zur Förderung der Völlerei mißbraucht hat, genügt um die Annahme zu rechtfertigen, daß ein gleicher Mißbrauch auch fernerhin stattfinden werde, und begründet daher die Entziehung der Schankkonzession.

## Nr. 90.

**Endurteil des III. Senats vom 5. Dezember 1887.**

1) Wer das Schankgewerbe mit polizeilicher Genehmigung durch einen Vertreter ausübt, ist für die Handlungen und Unterlassungen desselben in Bezug auf den Gewerbebetrieb wie für seine eigenen verantwortlich.

2) Ein Schankwirt ermangelt der bei der Konzessionserteilung vorausgesetzten Zuverlässigkeit, und demselben ist daher die Konzession zu entziehen,

**wenn er es unterläßt, die erforderliche Kontrolle — in Person oder durch einen geeigneten Stellvertreter — zu üben und die notwendigen Maßregeln zu ergreifen, um jeden unsittlichen Verkehr zwischen seinen Gästen und den Kellnerinnen zu verhindern.**

Nr. 91.

**Endurteil des III. Senats vom 12. Dezember 1887.**

Wenn die Ehefrau Inhaberin der Konzession zum Betriebe der Gastwirtschaft oder des Schankgewerbes ist, so können derselben Bestrafungen ihres Ehemanns, welche dessen Unzuverlässigkeit für den Gewerbebetrieb darthun, nicht ohne Weiteres und ohne daß festgestellt wird, inwiefern aus denselben auch die Unzuverlässigkeit der Ehefrau sich ergebe, angerechnet werden.

Nr. 92.

**Endurteil des III. Senats vom 12. Dezember 1887.**

1) Der Betrieb einer Speisewirtschaft ist nicht konzessionspflichtig.

2) Die Schankkonzession muß ausdrücklich erteilt werden. In einer polizeilichen Anordnung, welche den Ausschank von Branntwein, aber nicht von Bier untersagt, kann sonach die Erteilung der Konzession zum Bierausschank nicht gefunden werden.

## 2. Schauspielunternehmer.

(Vergl. P. Rechtsgrundsätze, Stammwerk XIX B.)

**Endurteil des II. Senats vom 27. Februar 1882.**

Die Entziehung der Concession als Schauspieldirektor wegen Mangels der sittlichen Zuverlässigkeit zur Leitung eines Theaters ist gerechtfertigt, wenn nachgewiesen wird, daß sich der Beklagte wiederholt gegen die Schauspieler und Schauspielerinnen scham- und sittenverletzender Ausdrücke bedient hat.

## 3. Straßengewerbe und Geschäftsvermittler.

(Vergl. P. Rechtsgrundsätze, Stammwerk und Supplementband I, XIX C.)

Nr. 1.

**Endurteil des II. Senats von 3. Oktober 1881.**

Wenn die Erteilung eines Legitimationsscheines zum Drehorgelspiel im Umherziehen von der zuständigen Behörde deshalb versagt ist, weil nach deren Ermessen bereits eine ausreichende Anzahl solcher Legitimationsscheine vergeben ist, so kann diese Entscheidung im Verwaltungsstreitverfahren mit Erfolg nicht angefochten werden.

Nr. 2.

**Endurteil des II. Senats vom 6. Dezember 1881.**

Wenn nach örtlichem Recht die Entziehung einer Dienstmannskonzession stattfindet, wenn ein Dienstmann wegen Vergehens gegen das Eigentum bestraft ist, so kann, sofern die Thatsache der Bestrafung feststeht, der Einwand, daß dieselbe zu Unrecht erfolgt sei, nicht zugelassen werden.

## Nr. 3.

**Endurteil des II. Senats vom 27. März 1884.**

1) Die Regelung des Straßengewerbes gemäß § 37 R.-Gew.-Ordn. kann nur durch Polizeiverordnung, nicht durch polizeiliche Einzelverfügung erfolgen.

2) Wenn nach dem örtlichen Recht ein Fuhrwerksunternehmer eines polizeilichen Erlaubnisscheines bedarf, so kann dessen Erteilung, da dieses Gewerbe nicht zu den konzessionspflichtigen gehört, nicht wegen mangelnden Bedürfnisses versagt werden.

3) Die Genehmigung zur Einrichtung einer Omnibuslinie darf nicht deshalb verweigert werden, weil dadurch eine andere, bestehende Transportanstalt in ihrer Erwerbs- und Lebensfähigkeit gefährdet werden würde, wohl aber deshalb, weil durch dieselbe der Verkehr in den berührten Straßen überlastet werden würde.

## Nr. 4.

**Endurteil des II. Senats vom 30. Oktober 1884.**

1) Der Betrieb des Transportgewerbes oder Frachtgeschäfts charakterisiert sich als der eines stehenden Gewerbes und beschränkt sich begrifflich nicht auf die Fortbewegung von Gütern, sondern erstreckt sich auf eine Reihe von vorbereitenden, gleichzeitigen und nachfolgenden Maßnahmen rein thatsächlicher und rechtsgeschäftlicher Natur (Abschluß der Frachtverträge, Einziehung der Frachtgelder 2c.).

2) Der Betrieb des Frachtgewerbes kann sonach an mehreren Orten gleichzeitig stattfinden. Eine Betriebsstätte ist überall da anzunehmen, wo ein zur selbstständigen Erledigung dieser Rechtsgeschäfte ermächtigter Vertreter bestellt ist. Ob der Vertreter in einem dem Gewerbetreibenden gehörigen oder im eigenen Lokale, mit Kräften, die jenem, oder die ihm selbst dienstbar sind, arbeitet, ist unerheblich.

## Nr. 5.

**Endurteil des I. Senats vom 14. März 1885.**

Die Ortspolizeibehörde ist befugt, das Plakatwesen von allen polizeilich überhaupt zu wahrenden Gesichtspunkten aus zu überwachen und demgemäß das Anheften von Bildern zu verhindern, welche derartig anstößig sind, daß ihre Veröffentlichung durch Anschlag in sittenpolizeilicher Hinsicht zu Bedenken Anlaß bietet. — § 10 A. L.-R. II 17. — Preuß. Preßgesetz vom 12. Mai 1851 § 10. — Reichspreßgesetz vom 7. Mai 1874 § 30, Abs. 2. —

## Nr. 6.

**Endurteil des II. Senats vom 30. April 1885.**

Die Bestimmung in § 1, Abs. 2 Reichs-Gew.-Ordn. dient dem Zweck, den Fortbetrieb eines bestehenden Gewerbes zu sichern. Voraussetzung seiner Anwendung ist, daß beim Inkrafttreten eines neuen Gesetzes — also zum Beispiel hinsichtlich des § 35, Abs. 3 am 1. Januar 1884 — ein Gewerbe berechtigter Weise bereits betrieben wurde.

## Nr. 7.

**Endurteil des II. Senats vom 4. Juni 1885.**

Behufs Verfolgung eines Rechts im Verwaltungsstreitverfahren bedarf es nicht einer fortdauernden Verletzung dieses Rechts, sondern es genügt schon eine einmalige Verletzung. Ein Droschkenführer, welchem der Fahrschein entzogen ist, kann, auch wenn ihm derselbe demnächst zurückgegeben wird, die ihm zugefügte Rechtsverletzung durch Klage verfolgen.

## Nr. 8.

**Endurteil des II. Senats vom 29. Juni 1885.**

1) Die Untersagung des Gewerbebetriebes als Stellenvermittler, Agent und Rechtskonsulent auf Grund des § 35 der Reichs-Gew.-Ordn. in der Fassung vom 1. Juli 1883 kann nicht auf Thatsachen gestützt werden, welche in die Zeit vor dem Inkrafttreten dieses Gesetzes — 1. Januar 1884 — fallen.

2) In der Vornahme von Zeugenvernehmungen ohne Zuladung der Parteien liegt ein wesentlicher Mangel des Verfahrens, welcher die Aufhebung des auf dem Ergebnis dieser Zeugenvernehmungen beruhenden Urteils nach sich zieht.

## Nr. 9.

**Endurteil des III. Senats vom 27. September 1886.**

Die Entziehung der Konzession zum Gewerbebetrieb als Gesindevermieterin ist einer Ehefrau gegenüber gerechtfertigt, welche ihren der Konzession verlustig erklärten Ehemann nicht nur als Gehilfen beschäftigt, sondern ihn in hervorragendem Maße an dem Gewerbebetriebe teilnehmen läßt.

## Nr. 10.

**Endurteil des III. Senats vom 9. Dezember 1886.**

Einer Gesindevermieterin kann der Betrieb dieses Gewerbes untersagt werden, wenn derselbe ihrem wegen Kuppelei vorbestraften Ehemann bereits früher untersagt worden ist, und dieser bei ihrem Gewerbebetriebe mit thätig ist.

## Nr. 11.

**Endurteil des III. Senats vom 3. Februar 1887.**

Einem Droschkenkutscher, welcher einen Fahrgast unhöflich behandelt, oder wohl gar thätlich angreift, kann, wenn er bereits mehrfach wegen Zuwiderhandelns gegen das Droschkenreglement bestraft worden ist, der Fahrschein entzogen werden.

## Nr. 12.

**Endurteil des III. Senats vom 10. Februar 1887.**

Einem Rechtskonsulenten und Agenten kann der Gewerbebetrieb untersagt werden, wenn er, selbst vor der Anmeldung des Gewerbes, wegen Teilnahme an einem betrüglichen Bankrott bestraft worden ist.

## Nr. 13.

**Endurteil des III. Senats vom 21. März 1887.**

Zur Untersagung des Gewerbebetriebes als Gesindevermieterin genügt die bloße Thatsache der gerichtlichen Bestrafung zwar nicht; die Untersagung ist aber gerechtfertigt, wenn sich aus den im Strafverfahren ermittelten Thatsachen die Unzuverlässigkeit in Bezug auf den Gewerbebetrieb ergiebt.

Nr. 14.

**Endurteil des III. Senats vom 8. September 1887.**

1) Die Untersagung des Gewerbebetriebes als Rechtskonsulent gemäß § 35 der Reichs-Gew.-Ordn. kann nicht auf Thatsachen gegründet werden, welche vor dem Inkrafttreten dieser Bestimmung sich zugetragen haben.

2) Die Unzuverlässigkeit eines Rechtskonsulenten in Bezug auf seinen Gewerbebetrieb kann auch daraus gefolgert werden, daß derselbe wissentlich unwahre Behauptungen aufgestellt und in Schriftsätzen Behörden beleidigt hat.

## 4. Hebammen und Entbindungsanstalten.

(Vergl. P. Rechtsgrundsätze, Stammwerk und Supplementband I., XIX E.)

Nr. 1.

**Endurteil vom 5. Mai 1877.**

Zum Betriebe des Hebammengewerbes ist völlige Unbescholtenheit erforderlich. Die Zurücknahme des Prüfungszeugnisses ist daher gerechtfertigt, wenn eine Hebamme wegen Teilnahme an einem Diebstahl und an vorsätzlicher Körperverletzung vorbestraft ist.

Nr. 2.

**Endurteil des I. Senats vom 30. Januar 1884.**

1) Die bei Erteilung des Prüfungszeugnisses als Hebamme vorausgesetzten Eigenschaften — deren Mangel die Entziehung des Zeugnisses gemäß § 53 Reichs-Gew.-Ordn. rechtfertigt — werden durch das Landesrecht bestimmt. In Preußen gehört hierzu vor allem Unbescholtenheit; in dieser Beziehung sind an die Hebammen die strengsten Anforderungen zu stellen, weil denselben bei Ausübung ihres Berufes notwendigerweise eine besondere Vertrauensstellung eingeräumt werden muß.

2) Die festgestellte Begehung eines Diebstahls seitens einer Hebamme rechtfertigt unter allen Umständen die Zurücknahme des Prüfungszeugnisses wegen Bescholtenheit.

Nr. 3.

**Endurteil des I. Senats vom 16. September 1885.**

Wenn eine Hebamme es in einem Falle unterlassen hat, dem Arzte von einer bei neugeborenen Kindern beobachteten gefährlichen Krankheit Anzeige zu machen, so reicht diese Ordnungswidrigkeit bei sonstiger Unbescholtenheit und guter Führung nicht aus, sofort die Zurücknahme des Prüfungszeugnisses zu rechtfertigen.

## 5. Apotheker.

(Vergl. P. Rechtsgrundsätze, Stammwerk, XIX F.)

**Endurteil des I. Senats vom 10. September 1884.**

Die Polizeibehörde ist befugt, einem Drogenhändler die Führung eines Schildes mit der Aufschrift „Medizinal-Drogenhandlung“ zu untersagen, weil dadurch in dem Publikum der Irrtum erweckt werden kann, daß es sich um eine Apotheke handele.

## 6. Wandergewerbeschein.

(Vergl. P. Rechtsgrundsätze, Stammwerk und Supplementband I, XIX H.)

### Nr. 1.

**Endurteil des II. Senats vom 9. Juni 1884.**

Die Bestrafung wegen einfachen Bankerotts charakterisiert sich als eine Bestrafung wegen Vergehens gegen das Eigentum und rechtfertigt daher die Versagung des Wandergewerbescheins. — Reichs=Gew.=Ordn. § 57, Nr. 3. —

### Nr. 2.

**Endurteil des II. Senats vom 1. Dezember 1884.**

Die Abtreibung von Bandwürmern durch Verordnung von Arznei nach vorheriger Diagnose ist als Ausübung der Heilkunde anzusehen. Dieselbe darf daher nicht im Umherziehen betrieben werden, und die Ausstellung eines Wandergewerbescheines ist zu versagen.

## 7. Gewerbliche Anlagen.

(Vergl. P. Rechtsgrundsätze, Stammwerk und Supplementband I, XIX J.)

### Nr. 1.

**Endurteil des II. Senats vom 3. April 1884.**

Ob eine Anlage als Fabrik anzusehen und den für diese bestehenden Baubeschränkungen zu unterwerfen ist, hängt von der Art des Betriebes ab. Die Anwendung der Beschränkungen ist daher unzulässig, solange die Anlage noch nicht im Betriebe ist. Gasmotoren finden häufig auch bei gewerblichen, nicht fabrikmäßigen Anlagen Anwendung; die beabsichtigte Verwendung eines solchen reicht daher nicht aus, um die projektirte Anlage zweifellos als eine Fabrik zu charakterisieren.

### Nr. 2.

**Endurteil des I. Senats vom 11. Juni 1884.**

1) Zu der der Polizei obliegenden Ordnung des Verkehrs auf den öffentlichen Straßen gehört auch die Fernhaltung jeder den Verkehr störenden Unreinlichkeit. Schon vor einer bloßen Belästigung — z. B. durch übermäßige Staubentwickelung — hat das auf einer öffentlichen Straße verkehrende Publikum Anspruch sichergestellt zu werden.

2) Die in § 16 der Reichs=Gew.=Ordn. nicht erwähnten gewerblichen Anlagen sind dem Gesetzgeber nicht als solche erschienen, welche wegen der damit regelmäßig verbundenen Gefahren oder Belästigungen für die Nachbarschaft oder das allgemeine Publikum einer vorgängigen gewerbepolizeilichen Untersuchung und einer besonderen Erlaubnis bedürfen. Keineswegs aber hat durch ihre Nichterwähnung ausgesprochen werden sollen, daß sie niemals gefährlich, nachteilig oder belästigend wirken können und deshalb jeder polizeilichen Einwirkung von diesen Gesichtspunkten aus enthoben sein sollen.

## Nr. 3.

**Endurteil des II. Senats vom 15. September 1884.**

Schon seit Erlaß der Preuß. Gew.=Ordn. vom 17. Januar 1845 bedurfte es zum Gerbereibetriebe einer besonderen Genehmigung. Ist diese Genehmigung für ein Grundstück erteilt, so folgt hieraus nicht die Berechtigung, den Gerbereibetrieb auf einem anderen, von diesem getrennten, wenn auch demselben Eigentümer gehörigen Grundstücke auszuüben.

## Nr. 4.

**Endurteil des II. Senats vom 18. September 1884.**

Gegen Fabrik= und sonstige Schornsteinanlagen ist die Polizeibehörde aus sanitätspolizeilichen Gründen, wenn durch den Rauch Gefahren für die Gesundheit entstehen, nicht aber wegen bloßer Belästigungen der Nachbarschaft einzuschreiten befugt.

## Nr. 5.

**Endurteil des II. Senats vom 6. Oktober 1884.**

1) Die Untersagung der Ausübung des Gewerbebetriebes gemäß § 54 Reichs=Gew.=Ordn. darf nicht durch Vorbescheid des Vorsitzenden des Bezirksausschusses — Land.=Verw.=Ges. § 64, Abs. 2 — sondern nur von dem Collegium in öffentlicher Sitzung nach Ladung und Anhörung der Parteien ausgesprochen werden. — Gew.=Ordn. § 21. Land.=Verw.=Ges. § 157 '. —

2) Die erste Voraussetzung eines Vorgehens auf Grund des § 35 Reichs=Gew.=Ordn. ist, daß der zu untersagende Gewerbebetrieb thatsächlich bereits begonnen ist oder doch seine Eröffnung unmittelbar bevorsteht, da anders kein Grund vorliegt, auf Untersagung zu erkennen.

## Nr. 6.

**Endurteil des II. Senats vom 13. November 1884.**

Bei Prüfung der Frage, ob ein Fabrikbetrieb für feuergefährlich zu erachten ist, muß auf die Gesamtheit der vorliegenden Verhältnisse Rücksicht genommen und in Betracht gezogen werden, ob und in welchem Umfange eine Gefahr daraus erwächst, daß ein Personal von bestimmtem Umfange zur Verarbeitung des dort verwendeten Materials in den dazu bestimmten Räumen, wie diese nun einmal belegen und zugänglich sind, verwendet wird. Es hindert hierbei namentlich nichts, auch den baulichen Zustand der zum Betriebe benutzten Räume angemessen zu berücksichtigen.

## Nr. 7.

**Endurteil des II. Senats vom 24. September 1885.**

1) In der durch § 147 der Gew.=Ordn. der Polizeibehörde beigelegten Befugnis, in gewissen Fällen die Wegschaffung einer gemeinschädlichen Anlage oder die Herstellung eines den gesetzlichen Bedingungen entsprechenden Zustandes anzuordnen, ist auch das Recht derselben enthalten, als das den Unternehmer minder Drückende die vorläufige Außerbetriebsetzung der Anlage zu fordern. Es handelt sich in diesem Falle darum, einem eigenmächtigen, vom Gesetze verbotenen und unter Strafe gestellten Verfahren des Unternehmers entgegenzutreten, nicht um eine Zwangsenteignung im Sinne des § 51 Gew.=Ordn.

2) **Die Ersetzung eines konsentirten Ofens durch einen anderen von abweichender Konstruktion ist eine gemäß § 147 a. a. O. der Genehmigung bedürfende Veränderung der Betriebsstätte, auch wenn dieselbe in der Absicht und mit dem Erfolge vorgenommen wird, die belästigenden Einwirkungen des Ofens für die Anwohner zu vermindern oder zu beseitigen.**

3) Auch die Auflage der Polizeibehörde, in einer konzessionspflichtigen gewerblichen Anlage Änderungen der Betriebsstätte vorzunehmen, ersetzt die hiezu erforderliche behördliche Genehmigung nicht oder macht dieselbe entbehrlich.

4) Die gleichzeitige Androhung zweier gesetzlicher Zwangsmittel ist unstatthaft. Ebenso ist es unzulässig, eine Geldstrafe von bestimmter Höhe für jeden Tag der Übertretung anzudrohen. Denn wenn das Gesetz auch die Erzwingung einer Unterlassung durch Geldstrafen gestattet, so kann doch die verbotswidrige Fortsetzung des Gewerbebetriebes nicht in dieser Weise in eine ungemessene Zahl von Zuwiderhandlungen aufgelöst, und darauf in einer Verfügung eine ebenso ungemessene Zahl von Strafen gesetzt werden.

## Nr. 8.

**Endurteil des III. Senats vom 20. September 1886.**

Die in § 27 Reichs-Gew.-Ordn. vorgeschriebene Anzeige von der Errichtung solcher Anlagen, deren Betrieb mit ungewöhnlichem Geräusch verbunden ist, hat nur die Bedeutung einer wesentlich im Interesse des Unternehmers selbst — um ihn gegen die Untersagung des Betriebes oder die Anordnung von Beschränkungen desselben zu sichern — gegebenen Mahnung. Ist die Anzeige unterlassen, so hat die Polizeibehörde, welche das Stattfinden eines geräuschvollen Betriebes bereits amtlich festgestellt hat, nicht die Befugnis, die nachträgliche Erstattung der Anzeige zu fordern, weil es an einem polizeilichen Interesse hierfür fehlt. Insbesondere ist die Einleitung des Verfahrens auf Untersagung oder Beschränkung des Betriebes von der vorgängigen Anzeige des Unternehmers keineswegs abhängig.

## Nr. 9.

**Endurteil des III. Senats vom 10. Januar 1887.**

1) Der Grundsatz des § 91 der Einl. zum A. L.-R., daß „das Recht zum Größeren oder Mehreren auch das Recht zum Geringeren oder Wenigeren gleicher Art in sich schließt", gilt nicht nur im Gebiet des Privatrechts, sondern auch im Gebiet des öffentlichen Rechts. Somit ist in dem der Polizeibehörde beigelegten Recht, die Wegschaffung einer gewerblichen Anlage zu fordern, auch die Befugnis enthalten, deren Außerbetriebsetzung anzuordnen.

2) Der Umstand, daß eine gewerbliche Anlage bei ihrer Errichtung als nicht konzessionspflichtig behandelt worden ist, behindert die Polizeibehörde, wenn dieselbe demnächst zu der entgegengesetzten Auffassung gelangt, nicht, nachträglich die Nachsuchung der Konzession zu fordern. Die Strafandrohung des § 147 Nr. 2 Reichs-Gew.-Ordn. richtet sich nicht nur gegen denjenigen, der eine konzessionspflichtige gewerbliche Anlage ohne Genehmigung neu errichtet, sondern auch gegen denjenigen, welcher eine solche Anlage betreibt und benutzt.

3) Handlungen, welche bereits durch ein allgemeines Strafgesetz unter Strafe gestellt sind, dürfen von der Polizeibehörde nicht unter nochmaliger Androhung einer Exekutivstrafe verboten werden. Und zwar kommt es lediglich darauf an, ob die Handlung objektiv unter eine allgemeine Strafbestimmung fällt, nicht aber darauf, ob der Thäter sich in dem speziellen Falle subjektiv strafbar gemacht hat.

## 8. Innungen.

(Vergl. P. Rechtsgrundsätze, Stammwerk und Supplement I, XIX L.)

### Nr. 1.

**Endurteil des II. Senats vom 12. März 1883.**

Die Bedingungen für die Mitgliedschaft in einer Innung und für die Aufnahme in dieselbe (Höhe des Eintrittsgeldes) richten sich nach dem zur Zeit der Aufnahme bezw., sofern hierüber ein Verwaltungsstreitverfahren eröffnet wird, zur Zeit der ergehenden Entscheidung geltenden Recht. Aus einer früher erfolgten Anmeldung kann der die Aufnahme Beantragende ein Recht auf Aufnahme zu den damaligen günstigeren Bedingungen nicht herleiten.

### Nr. 2.

**Endurteil des II. Senats vom 1. Dezember 1884.**

Der Erwerb der Mitgliedschaft einer Innung vollzieht sich nicht infolge einseitiger Schritte des Bewerbers, namentlich nicht durch dessen Eintrittserklärung, sondern erst durch eine zustimmende Erklärung der Innung oder ihrer berufenen Organe, die entweder freiwillig erfolgt, oder, wenn sie ohne gesetzlichen Grund versagt wird, auf Anrufen des Beteiligten durch die Aufsichtsbehörde und schließlich durch den Verwaltungsrichter ergänzt werden kann. In solchem Falle erfolgt also der Erwerb der Mitgliedschaft erst durch die definitive dem Bewerber günstige verwaltungsgerichtliche Entscheidung, und es ist also bei Prüfung des Antrages von demjenigen Rechtszustande auszugehen, wie er zur Zeit der Urteilsfällung sich vorfindet.

### Nr. 3.

**Endurteil des II. Senats vom 17. September 1885.**

Ein nicht von dem Vater des Lehrlings, sondern in dessen Abwesenheit von der Mutter abgeschlossener schriftlicher Lehrvertrag ist unverbindlich und rechtfertigt die polizeiliche Zurückführung des entlaufenen Lehrlings gemäß § 130 R.=Gew.=Ordn. nicht.

### Nr. 4.

**Endurteil des II. Senats vom 28. Januar 1886.**

Wenn der Eintritt von Innungsmitgliedern in eine ältere, d. h. nach §§ 81—96 der R.=Gew.=Ordn. in der Fassung der Bekanntmachung vom 1. Juli 1883 zu beurteilende Innung zweifellos rite erfolgt ist, so muß, um das Aufhören der Mitgliedschaft derselben zu konstatieren, seitens der Innung der freiwillige Austritt nachgewiesen werden. Die Nichtzahlung der Innungsbeiträge stellt einen derartigen freiwilligen Austritt nicht dar, ebensowenig die Einstellung des Gewerbebetriebes, welche letztere auch das Aufhören des Stimmrechts, z. B. bei den Vorstandswahlen, nicht zur Folge hat. Entgegenstehende Bestimmungen könnten, selbst wenn sie beständen, jedenfalls nicht gegen solche Personen geltend gemacht werden, welche schon vor dem Inkrafttreten der Reichs=Gewerbe=Ordnung Mitglieder der Innung gewesen sind, auch können sich solchen Mitgliedern gegenüber entgegenstehende Observanzen nicht bilden.

## Nr. 5.

**Endurteil des II. Senats vom 1. März 1886.**

Wenn ein in Gemäßheit des Art. III. des R.-Ges. vom 18. Juli 1881 umgewandeltes Innungsstatut die neu hinzugefügte Bestimmung enthält, daß Mitglieder, welche sich trotz wiederholter Ordnungsstrafen fortgesetzter Verletzung ihrer Mitgliedspflichten schuldig machen, aus der Innung ausgeschlossen werden können, so stellen nur solche Thatsachen einen Ausschließungsgrund dar, welche sich unter der Herrschaft des neuen Statuts ereignet haben. Bestimmt das Statut ferner, daß ein Antrag auf Ausschließung dem Auszuschließenden spätestens acht Tage vor der Innungsversammlung, in welcher derselbe zur Verhandlung gelangen soll, unter Angabe der geltend gemachten Ausschließungsgründe mitgeteilt werden soll, so ist dies dahin aufzufassen, daß zwischen dem Tage der Zustellung und dem Tage der Verhandlung sieben volle Tage frei bleiben müssen. Ein stillschweigender Verzicht auf Innehaltung dieser Frist wird nicht präsumiert.

## Nr. 6.

**Endurteil des III. Senats vom 2. Dezember 1886.**

Nach dem gewöhnlichen Sprachgebrauch und dem Sprachgebrauch der Gesetze besteht ein Unterschied zwischen Schlächter- und Fleischergewerbe nicht. Wer gewerbsmäßig für eigene Rechnung Schweine schlachtet und das Fleisch derselben in einem öffentlichen Laden feilhält, betreibt das Fleischergewerbe, und ihm kann beim Vorhandensein der sonstigen gesetzlichen und statutarischen Voraussetzungen der Eintritt in die Fleischerinnung nicht deshalb versagt werden, weil sein Gewerbebetrieb sich nicht auch auf die übrigen schlachtbaren Viehgattungen erstreckt.

## Nr. 7.

**Endurteil des III. Senats vom 26. September 1887.**

1) Eine Innung, welche bereits bei Erlaß der Reichs-Gewerbe-Ordnung bestand und demnächst nicht nach Maßgabe des Gesetzes vom 18. Juli 1881 reorganisiert worden ist, ist hinsichtlich der Rechtsverhältnisse ihrer Mitglieder, insbesondere des Verlustes der Mitgliedschaft, lediglich nach den Bestimmungen der §§ 81—96 der Gew.-Ordn. zu beurteilen.

2) Die Veräußerung einer privilegierten Stelle, deren Besitz Vorbedingung der Aufnahme in die Innung war, kann für sich allein als ein stillschweigender Verzicht auf die Mitgliedschaft nicht angesehen werden.

3) Bei Prüfung von Innungswahlen können festgestellte Unregelmäßigkeiten zu einer Ungiltigkeitserklärung der Wahl nicht führen, wenn feststeht, daß sie eine Wirkung auf das Ergebnis derselben nicht haben konnten.

## Nr. 8.

**Endurteil des III. Senats vom 3. Oktober 1887.**

Die Versagung der Genehmigung eines Innungsstatuts gemäß § 98b Abs. 3 der Gew.-Ordn. aus dem Grunde, weil in demselben Bezirk für die gleichen Gewerbe bereits eine Innung besteht, ist in das Ermessen der für die Genehmigung zuständigen Behörde gestellt. Ist die Versagung aus sachlichen Gründen und nicht aus Willkür erfolgt, so unterliegt die Zweckmäßigkeit derselben nicht der Nachprüfung des Verwaltungsrichters.

## 9. Pfandleiher und Rückkaufshändler.

(Vergl. P. Rechtsgrundsätze, Stammwerk XIX. N.)

Nr. 1.

**Endurteil des II. Senats vom 26. Februar 1885.**

Die Untersagung der Fortsetzung eines nach dem 1. Januar 1884 begonnenen Trödlergewerbes kann auch auf solche, die Unzuverlässigkeit in Bezug auf den Gewerbebetrieb darthuenden Handlungen gestützt werden, welche vor der Eröffnung des Gewerbebetriebes begangen sind.

Nr. 2.

**Endurteil des I. Senats vom 27. März 1885.**

Einem Pfandleiher, welcher die vorgeschriebenen Bücher nicht regelmäßig führt, ist der Gewerbebetrieb zu untersagen, auch wenn die Unterlassung nur aus Bequemlichkeit geschehen ist, und ihm bestimmte Ordnungswidrigkeiten nicht nachgewiesen sind.

# VIII.

# Das Bauwesen.

(Vergl. P. Rechtsgrundsätze, Stammwerk und Supplementband I., XXI.

Nr. 1.

**Endurteil des II. Senats vom 5. September 1878.**

Wenn durch ministerielle Anordnung (Erlaß vom 12. Oktober 1872 — Min.-Bl. S. 258) die Staatseisenbahnbehörden von der Nachsuchung förmlicher Baukonsense für ihre Hochbauten entbunden sind, so ist dies nicht so zu verstehen, daß den Ortspolizeibehörden jede Einwirkung auf diese Bauten entzogen wäre, sondern nur dahin, daß dieselbe nicht in der Privaten gegenüber gebräuchlichen Form der Erteilung oder Versagung der Bauerlaubnis bethätigt werden soll. Dagegen bleibt es Recht und Pflicht der Ortspolizeibehörden, auch den Neuhochbauten einer Staatseisenbahnverwaltung gegenüber die polizeilichen und statutarischen Bestimmungen, welche für Privatbauten des Orts bestehen, zur Geltung zu bringen, und ein Streit hierüber kann nur vor den Verwaltungsgerichten zum Austrage gebracht werden.

Nr. 2.

**Endurteil des II. Senats vom 2. Dezember 1878.**

Für die Befugnisse der Polizeibehörde zum Erlaß bau- und feuerpolizeilicher Vorschriften, durch welche im öffentlichen Interesse in die Baufreiheit und damit in das Eigentum des Einzelnen eingegriffen wird, sind nur die Vorschriften der §§ 66 ff. Th. I. Tit. 8 und § 10 Th. II. Tit. 17 A. L.-R., sowie § 6 des Gesetzes über die Polizeiverwaltung vom 11. März 1850 maßgebend. Es unterliegt keinem Zweifel, daß durch eine auf Grund des letzteren Gesetzes erlassene Polizeiverordnung das Eigentum im allgemeinen Interesse Beschränkungen unterworfen werden kann.

### Nr. 3.

**Endurteil des II. Senats vom 15. September 1879.**

Die Verletzung der Pflicht, nicht ohne Konsens zu bauen, giebt nicht schon an sich und ohne Weiteres der Polizeibehörde das Recht, den Abbruch des konsenslosen Bauwerkes zu verlangen. Diese Befugnis ist vielmehr auf solche Fälle beschränkt, in welchen aus besonderen Gründen das öffentliche Interesse die Beseitigung des Baues erheischt. Dies trifft dann zu, wenn der Bau mit absolut gebietenden baupolizeilichen Vorschriften in Widerspruch steht, so daß dessen Errichtung niemals hätte genehmigt werden können.

### Nr. 4.

**Endurteil des II. Senats vom 13. Oktober 1879.**

Die Erteilung eines in einer Bau-Polizei-Ordnung nachgelassenen Ausnahmekonsenses kann nicht im Verwaltungsstreitverfahren verfolgt werden. Dem Verwaltungsrichter steht eine Rechtskontrolle nur gegenüber solchen polizeilichen Verfügungen zu, welche in subjektive Rechte des Einzelnen eingreifen. Ein solches subjektives Recht liegt aber nicht vor, wenn eine Polizeiverordnung der Behörde gestattet, in gewissen Fällen von ihren Vorschriften ausnahmsweise Dispens zu erteilen. Die Dispenserteilung ist dann dem freien administrativen Ermessen der Behörde überlassen, und dem Einzelnen steht ein im Streitverfahren verfolgbares Recht auf Erteilung des Dispenses nicht zu.

### Nr. 5.

**Endurteil des II. Senats vom 21. Oktober 1880.**

Grundbuchlich eingetragene Baubeschränkungen gewähren, auch wenn die Eintragung zu Gunsten einer Behörde erfolgt ist, nur einen privatrechtlichen Anspruch, reichen daher nicht aus, die Versagung des Baukonsenses, welche nur aus Gründen des öffentlichen Interesses erfolgen darf, zu rechtfertigen.

### Nr. 6.

**Endurteil des II. Senats vom 30. Januar 1881.**

Die Erlaubnis zu einer baulichen Anlage kann auch aus allgemeinen sicherheitspolizeilichen Rücksichten untersagt werden; die Befugnis der Polizeibehörde hierzu ergiebt sich aus ihrer Verpflichtung, für Leben und Gesundheit der Einwohner Fürsorge zu treffen. (§ 10 A. L.-R. T. II Tit. 17 und Ges. über die Polizeiverwaltung vom 11. März 1850.)

### Nr. 7.

**Endurteil des II. Senats vom 7. Februar 1881.**

1) Der Umstand, daß ein Unternehmer von dem mit Bedingungen beschwerten Konsense Gebrauch gemacht hat, schließt dessen Befugnis, diese Bedingungen noch nachträglich anzufechten, nicht aus.

2) Die baupolizeilichen Normen beruhen sämtlich auf Anforderungen der Sicherheits-, Feuer- und Gesundheitspolizei. Es steht daher nichts entgegen, eine Baubedingung aus Rücksichten der Sicherheits- oder Gesundheitspolizei, deren Beachtung der Polizeibehörde bei jeder Thätigkeit nach ihrer allgemeinen Aufgabe obliegt, dem Unternehmer zur Pflicht zu machen.

3) Die Auferlegung einer Baubedingung kann deshalb, weil dieselbe etwa auch unabhängig von dem Bau im Wege besonderer Verfügung hätte angeordnet werden können, nicht für unstatthaft erachtet werden.

4) Neue Baupolizeiordnungen kommen in höherer Instanz nicht zur Anwendung, wenn dieselben erst nach der Vorentscheidung erlassen worden sind.

5) Wenn in einer Baupolizeiordnung bestimmt ist, daß Thüren, Thorwege und Fensterläden im Erdgeschoß nicht nach außen aufschlagen dürfen, so bezieht sich dieses Verbot nicht nur auf solche Oeffnungen, welche an einer öffentlichen Straße liegen.

## Nr. 8.

**Endurteil des II. Senats vom 16. Mai 1881.**

1) Als Nachbargrundstücke im Sinne der baupolizeilichen Bestimmungen über Brandmauern können solche Grundstücke, welche in Niemandes Privateigentum stehen, wie öffentliche Land- oder Wasserstraßen, nicht angesehen werden.

2) Auch an einem Wasserlauf ist Privateigentum möglich, und bildet derselbe in solchem Falle gleichfalls ein Nachbargrundstück im baupolizeilichen Sinne.

3) Die Polizeibehörde ist der Regel nach nicht einmal berechtigt, noch viel weniger aber verpflichtet, von Demjenigen, welcher als Eigentümer im Grundbuche eingetragen steht, noch einen weiteren Nachweis der Legitimation als Eigentümer zu erfordern.

## Nr. 9.

**Endurteil des II. Senats vom 16. Juni 1881.**

1) Regierungs-Polizeiverordnungen, in welchen nicht auf § 11 des Gesetzes über die Polizeiverwaltung vom 11. März 1850 Bezug genommen ist, sind ungiltig.

2) Ein Zaun ist nicht als ein Bauwerk anzusehen, zu dessen Herstellung es eines polizeilichen Baukonsenses bedarf.

3) Die Klage gegen eine den Baukonsens versagende polizeiliche Verfügung ist als unbegründet abzuweisen, wenn sich herausstellt, daß es im vorliegenden Falle eines Konsenses überhaupt nicht bedurfte, sondern der Bau ohne solchen gestattet war.

## Nr. 10.

**Endurteil des II. Senats vom 8. September 1881.**

1) Die Baufälligkeit eines Gebäudes berechtigt die Polizeibehörde zunächst nur, den Eigentümer zur Veranstaltung der erforderlichen Reparatur anzuhalten. Die Beseitigung desselben kann erst dann gefordert werden, wenn den im öffentlichen Interesse zu stellenden Ansprüchen in keiner anderen Weise zu genügen ist.

2) Bei einem Verkehrsbedürfnisse, sei es, daß es sich um eine im Interesse des Verkehrs erforderliche neue Anlage oder um die Hinwegräumung eines Hindernisses handelt, hat die Polizeibehörde sich der Regel nach und zunächst an denjenigen zu halten, dem überhaupt und allgemein die Verpflichtung obliegt, Straßen herzustellen und im vorschriftsmäßigen Zustande zu erhalten. Ein unmittelbares Vorgehen gegen den Eigentümer des den Verkehr hindernden Baues oder sonstigen Gegenstandes ist nur dann zulässig, wenn dieser das Hindernis selbst geschaffen hat, und es sich darum handelt, die Folgen eines unberechtigten Uebergriffs sofort wieder zu beseitigen.

## Nr. 11.

**Endurteil des II. Senats vom 24. Oktober 1881.**

Es besteht an sich und ohne Weiteres keine Baubeschränkung des Eigentümers eines Grundstückes schon um deshalb, weil das letztere für den öffentlichen Verkehr in Anspruch genommen werden muß. Allein dieserhalb darf daher auch der Baukonsens nicht versagt werden.

## Nr. 12.

**Endurteil des II. Senats vom 10. November 1881.**

Ältere Bebauungspläne, welche den derzeitigen Bestimmungen gemäß vor Inkrafttreten des Fluchtliniengesetzes vom 2. Juli 1875 festgestellt sind, sind auch nach diesem Gesetze in Geltung geblieben. § 19 des Gesetzes steht dem nicht entgegen.

## Nr. 13.

**Endurteil des II. Senats vom 22. Dezember 1881.**

Für die Entscheidung, ob ein Bauwerk zu seiner Errichtung eines polizeilichen Konsenses bedarf, müssen auch Polizeiverordnungen, welche erst im Laufe des Streitverfahrens erlassen und in Kraft getreten sind, in Betracht gezogen werden.

## Nr. 14.

**Endurteil des II. Senats vom 23. Januar 1882.**

Die Polizeibehörde ist berechtigt, ein Bauprojekt nicht nur in baupolizeilicher, sondern auch in sicherheits- und ordnungspolizeilicher Hinsicht zu prüfen und den Konsens zu versagen, wenn eine öffentliche Gefahr zu befürchten ist.

## Nr. 15.

**Endurteil des II. Senats vom 13. März 1882.**

Der nachgesuchte Konsens zur Errichtung eines städtischen Gebäudes kann nicht deshalb versagt werden, weil eine Baufluchtlinie für die betreffende Straße noch nicht festgesetzt ist. Der Polizeibehörde fehlt es in diesem Falle an einem Recht, die Baufreiheit zu beschränken.

## Nr. 16.

**Endurteil des II. Senats vom 20. März 1882.**

Die Polizeibehörde kann die Beseitigung einer baulichen Anlage, welche gegen das bestehende Recht verstößt, auch dann fordern, wenn zur Errichtung derselben ein besonderer polizeilicher Konsens nicht erforderlich gewesen ist.

## Nr. 17.

**Endurteil des II. Senats vom 20. April 1882.**

Eine Versagung des Baukonsenses liegt auch dann vor, wenn derselbe zur Zeit nicht erteilt, und die Entscheidung über das Gesuch — z. B. bis zu der noch ausstehenden Festsetzung eines Fluchtlinienplans — vertagt wird.

### Nr. 18.

**Endurteil des II. Senats vom 11. Mai 1882.**

Daß eine Polizeiverordnung als solche gerade in der Ueberschrift bezeichnet werde, ist nicht vorgeschrieben. Es genügt z. B., wenn dieselbe die Ueberschrift „Baupolizeiordnung" trägt, und sodann in der Einleitung gesagt ist, daß sie eine Polizeiverordnung sei.

### Nr. 19.

**Endurteil des II. Senats vom 30. Juni 1882.**

Eine „historische" Straße im Sinne des Baufluchtengesetzes vom 2. Juli 1875 ist dann vorhanden, wenn die Straße, wiewohl ursprünglich zu einer öffentlichen städtischen Straße nicht bestimmt und nicht geeignet, thatsächlich an das Straßennetz angeschlossen und für den öffentlichen Verkehr benutzt worden ist, — namentlich wenn dieselbe demnächst von der Stadt unterhalten, beleuchtet und an städtische Einrichtungen (Wasserleitung) angeschlossen wurde.

### Nr. 20.

**Endurteil des I. Senats vom 23. September 1882.**

Zur Versagung eines Baukonsenses bedarf es nicht ausschließlich Gründe rein baupolizeilicher Natur; dieselbe darf vielmehr auch aus anderen polizeilichen Rücksichten erfolgen.

### Nr. 21.

**Endurteil des II. Senats vom 12. Oktober 1882.**

Das Fehlen des Putzes an einem an einer städtischen Straße belegenen Gebäude kann sehr wohl den Thatbestand einer Verunstaltung dieser Straße darstellen und daher die Polizeibehörde zum Einschreiten berechtigen.

### Nr. 22.

**Endurteil des II. Senats vom 30. November 1882.**

Ein auf der Grundstücksgrenze errichteter Spalierzaun ist ein Bauwerk im baupolizeilichen Sinne. Die Polizeibehörde ist daher befugt, dessen Beseitigung zu verlangen, wenn er über die festgestellte Baufluchtlinie hinausgeht.

### Nr. 23.

**Endurteil des II. Senats vom 4. Januar 1883.**

1) Die Errichtung eines Erkers an einem Dachgeschoß kann als ein Ausbau desselben zu Wohnzwecken nicht angesehen werden.

2) Der Umstand, daß die Polizeibehörde zu einer verschärften Aufsichtsführung genötigt sein würde, um die unzulässige Benutzung eines Raumes zu Wohnzwecken zu verhüten, kann keinen Grund abgeben, um eine an sich zulässige bauliche Veränderung zu untersagen.

### Nr. 24.

**Endurteil des I. Senats vom 10. Januar 1883.**

1) Der Baumeister — auch wenn er Beamter ist — darf nicht bauen, bevor der polizeiliche Konsens erteilt ist — Str.=G.=B. § 367 [15] —; er ist ver=

pflichtet, sich des Vorhandenseins des Konsenses zu vergewissern und in dessen Ermangelung nicht sowohl dem Auftrage seiner Behörde als dem Gesetze nachzukommen. Auch der Beamte ist nicht blinden Gehorsam schuldig, wenn ihm von seinem Vorgesetzten eine offenbar rechtswidrige Handlung aufgegeben wird.

2) Die Königlichen Garnison-Bauinspektoren können auf Grund der bestehenden Ressortverhältnisse bei den von ihnen technisch zu leitenden Bauten weder als „Bauherr" noch als „Baumeister" im Sinne des § 367 Nr. 15 Str.-G.-B. angesehen werden.

## Nr. 25.

**Endurteil des II. Senats vom 25. Januar 1883.**

1) Ein Bretterzaun kann als eine konsenspflichtige bauliche Anlage nicht angesehen werden.

2) Eine Regierungs-Baupolizei-Ordnung ist ungiltig, wenn in derselben nicht auf § 11 des Gesetzes über die Polizeiverwaltung vom 11. März 1850 Bezug genommen ist.

## Nr. 26.

**Endurteil des II. Senats vom 1. Februar 1883.**

Die Forderung der Beseitigung einer die Sicherheit gefährdenden baulichen Anlage ist nur unter der Voraussetzung zulässig, daß es — thatsächlich oder rechtlich — unmöglich war, die Gefahr anders als mittelst dieser äußersten, den Eigentümer am empfindlichsten treffenden Maßregel abzuwenden.

## Nr. 27.

**Endurteil des II. Senats vom 5. März 1883.**

Eine Verfügung der Polizeibehörde, welche dem Bauenden die ordnungsmäßige Herstellung einer nicht genehmigten baulichen Anlage unter Androhung der Zwangsausführung aufgiebt, ist nicht als die nachträgliche Auferlegung einer Baubedingung, sondern als eine ortspolizeiliche Verfügung anzusehen und daher mit den gegen eine solche zulässigen Rechtsmitteln anzufechten.

## Nr. 28.

**Endurteil des II. Senats vom 5. März 1883.**

Durch die Erteilung des polizeilichen Konsenses zu einer baulichen Anlage erwirbt der Bauende nicht ein Recht, welches ihn gegen alle weiteren polizeilichen Angriffe gegen den Bau schützt. Stellen sich später unzulässige Zustände heraus, so ist die Polizeibehörde befugt, auf deren Beseitigung zu dringen, kann allerdings zu diesem Zweck die Entfernung des konsentierten Baues nicht verlangen.

## Nr. 29.

**Endurteil des II. Senats vom 10. September 1883.**

Wenn eine Baupolizeiordnung die Errichtung von Gebäuden untersagt, welche einen Ausgang nach einer noch nicht regulierten Straße erhalten sollen, so ist dieses Verbot nicht nur dann anwendbar, wenn das Gebäude einen direkten, sondern auch wenn es einen indirekten Ausgang nach einer solchen Straße erhalten soll.

## Nr. 30.

**Endurteil des II. Senats vom 13. September 1883.**

**Die Umwandelung eines Fensters in eine Eingangsthür zu dem Zweck, um in bisher als Wohnung benutzten Räumen einen Laden nebst Zubehör einzurichten, stellt einen Umbau im baupolizeilichen Sinne dar.**

## Nr. 31.

**Endurteil des II. Senats vom 1. Oktober 1883.**

Wenn eine Baupolizeiordnung nach Einführung der Kanalisation die Anlage von Retiraden mit Senkgruben untersagt, so erstreckt sich dieses Verbot — in Ermangelung einer ausdrücklichen Ausnahme — auch auf Retiradenanlagen an öffentlichen Bahnhöfen.

## Nr. 32.

**Endurteil des II. Senats vom 11. Oktober 1883.**

1) Bei Handhabung der Baupolizei — wie der Ortspolizei überhaupt — steht in den Städten des Geltungsgebiets der Städte-Ordnung vom 30. Mai 1853 dem kollegialischen Gemeindevorstande eine Mitwirkung nicht zu; dieselbe gebührt vielmehr ausschließlich dem Bürgermeister (§ 62).

2) Die Polizeibehörde ist befugt, die Abänderung einer unzulässigen baulichen Anlage zu verlangen, auch wenn dieselbe ausdrücklich konsentiert war. Erweist sich eine Abänderung als unausführbar, so folgt daraus nicht die Pflicht der Polizei, den bestehenden Zustand auch ferner zu dulden, sondern die Notwendigkeit der gänzlichen Beseitigung der Anlage.

## Nr. 33.

**Endurteil des II. Senats vom 11. Oktober 1883.**

1) Die Bauerlaubnis betrifft nur die polizeiliche Zulässigkeit des Baues und wird unbeschadet der Rechte Dritter erteilt. Es ist daher nicht Sache der Polizeibehörde, dem Bauunternehmer gegenüber die privatrechtlichen Interessen Dritter, z. B. der Stadtgemeinde, wahrzunehmen.

2) Die Interessen und Ansprüche des einzelnen Hauseigentümers dürfen nur aus zwingenden Gründen der öffentlichen Ordnung und Sicherheit um der Interessen des Publikums willen soweit nachgestellt werden, daß dem ersteren eine über den gemeingewöhnlichen Gebrauch nicht hinausgehende Art der Benutzung seines Eigentums — z. B. die Anlegung einer Ladenthüre und von Schaufenstern in der Hausfront — verwehrt wird.

## Nr. 34.

**Endurteil des II. Senats vom 29. Oktober 1883.**

Eine erst in der Entwickelung begriffene, dem Straßennetz noch nicht eingefügte und den hierzu notwendigen Erfordernissen nicht genügende Straße kann als eine „historische“ im Sinne des Fluchtliniengesetzes vom 2. Juli 1875 nicht bezeichnet werden.

## Nr. 35.

**Endurteil des II. Senats vom 29. Oktober 1883.**

Das Prinzip des Fluchtliniengesetzes vom 2. Juli 1875 geht dahin (§ 1), daß die Straßenfluchtlinien regelmäßig zugleich die Baufluchtlinien bilden sollen, über welche hinaus die Bebauung ausgeschlossen ist. Es ist daher nicht in das Ermessen der Polizeibehörden gestellt, ob sie von ihrem Rechte, eine Überschreitung der Fluchtlinie zu hindern, Gebrauch machen wollen; vielmehr haben dieselben von dem in § 11 a. a. O. bezeichneten Zeitpunkte ab allen Neubauten, Um- und Ausbauten über die Fluchtlinie hinaus entgegenzutreten.

Nr. 36.

**Endurteil des II. Senats vom 5. November 1883.**

Wenn ein aufgeführtes Gebäude einer geltenden Baupolizeiordnung zuwiderläuft, so kann die Polizeibehörde die Herstellung eines derselben entsprechenden Zustandes verlangen. Darin wird sie auch weder durch die Erteilung der baupolizeilichen Erlaubnis zum Bau noch durch eine unbeanstandet erfolgte Abnahme desselben behindert. Denn darin kann weder ein Verzicht der Polizeibehörde auf fernere Wahrung des öffentlichen gesetzlich geschützten Interesses gefunden werden, noch wäre ein solcher Verzicht überhaupt rechtlich möglich.

Nr. 37.

**Endurteil des II. Senats vom 26. November 1883.**

1) Eine polizeiliche Anordnung verliert dadurch nicht den Charakter einer Baubedingung, daß sie im Wesentlichen nur in der Wiederholung einer allgemein geltenden gesetzlichen Norm besteht.

2) Die Einreichung einer Gegenvorstellung gegen eine polizeiliche Verfügung hat eine Erstreckung der Klagefrist nicht zur Folge. Nur dann, wenn auf die Eingabe auf Grund erneuter Ermittelungen und einer wiederholten Prüfung ein neuer Bescheid erteilt wird, ist dieser als eine neue, an Stelle der ersterlassenen getretene und durch Rechtsmittel anfechtbare Verfügung anzusehen.

Nr. 38.

**Endurteil des II. Senats vom 3. Dezember 1883.**

Das durch eine ordnungsmäßig erlassene Baupolizeiordnung geschaffene geltende Recht kann auch auf solche bauliche Anlagen, welche bereits vor deren Erlaß bestanden haben, zur Anwendung gebracht werden, sofern nicht diese Anlagen entweder seinerzeit mit polizeilicher Genehmigung errichtet sind oder nach dem damals geltenden Recht einer solchen Genehmigung nicht bedurften.

Nr. 39.

**Endurteil des II. Senats vom 10. Januar 1884.**

Weder die Erteilung des Baukonsenses noch die Gestattung der Inangriffnahme eines Baues hindern die Polizei, dessen Fortführung zu sistieren, wenn dieselbe mit einer dringenden Gefahr für das Publikum verbunden ist.

Nr. 40.

**Endurteil des II. Senats vom 10. Januar 1884.**

1) Durch das Bestehen einer Baupolizeiordnung wird ein Zurückgreifen auf die subsidiäre Bestimmung des § 10 A. L.-R. II 17 jedenfalls insoweit nicht ausgeschlossen, als jene nicht über den einschlagenden Gegenstand erschöpfende Bestimmungen enthält.

**2) Es ist Sache des Klägers, der polizeilichen Verfügung gegenüber nachzuweisen, daß dieselbe auf einer unrichtigen Voraussetzung beruhe, und daß der von ihm unternommene Bau ohne Gefahr sei.**

## Nr. 41.

**Endurteile des I. Senats vom 16. Januar 1884, 5. April 1884 und 10. Mai 1884.**

Die Polizeibehörde ist auf Grund des § 10 Tit. 17 T. II A. L.-R. befugt, auf eine solche Zahl und Einrichtung von Aborten in bewohnten Häusern zu dringen, als zur Fernhaltung von Gefahren für die Gesundheit der Hausbewohner und der Nachbarn sowie im sittenpolizeilichen Interesse erforderlich erscheint.

## Nr. 42.

**Endurteil des I. Senats vom 21. Januar 1884.**

Die Beseitigung einer Anlage ist nicht schon deshalb zu fordern, weil beim Hinzukommen gewisser thatsächlicher Voraussetzungen ein unzulässiger Zustand entstehen würde, und die Kontrolle hierüber schwer auszuüben sei. — So kann die Polizeibehörde nicht die Wegnahme einer Treppe und Kochmaschine, welche in einem bewohnten Raume unzulässig wären, verlangen, so lange der Raum zum Wohnen nicht benutzt wird. Erst mit dem Beginn dieser Benutzung würde sie berechtigt sein, einzuschreiten und die Schließung desselben als Wohnraum mit den gesetzlichen Mitteln zu erzwingen.

## Nr. 43.

**Endurteil des II. Senats vom 28. Januar 1884.**

Der Abbruch eines auf Grund erteilten Baukonsenses errichteten Gebäudes kann nur dann gefordert werden, wenn nachgewiesen wird, daß dasselbe einen nach gesetzlichen oder polizeilichen Vorschriften unzulässigen Zustand herbeiführt.

## Nr. 44.

**Endurteil des II. Senats vom 28. Februar 1884.**

Sind von einem Miether konsenspflichtige bauliche Anlagen ohne Konsens hergestellt, welche sich als feuergefährlich darstellen, so ist die Polizeibehörde zu verlangen befugt, daß dieselben in einer die Gefahr beseitigenden Weise abgeändert oder ganz fortgenommen werden. Sie ist berechtigt, sich dieserhalb an den Hauseigentümer zu halten, der der Polizei gegenüber einen an seinem Eigentum bestehenden, unzulässigen Zustand zu vertreten hat.

## Nr. 45.

**Endurteil des II. Senats vom 10. März 1884.**

Baupolizeiliche und solche Verordnungen, welche bestimmte Anforderungen an den baulichen Zustand gewissen Zwecken — z. B. der Aufbewahrung von Sprengstoffen — dienender Gebäude stellen, erstrecken sich, sofern nicht eine entgegengesetzte Absicht aus der betreffenden Vorschrift klar erkennbar ist, nur auf diejenigen Bauten, welche nach Erlaß der Verordnung vorgenommen werden sollen.

## Nr. 46.

**Endurteil des II. Senats vom 21. April 1884.**

1) Die Beseitigung bezw. Abänderung einer baulichen Anlage, welche einer Verbotsvorschrift des örtlichen Baurechts zuwiderläuft, zu fordern, ist die Polizeibehörde jederzeit befugt. Sie verliert diese Befugniß auch nicht dadurch, daß sie eine frühere Gelegenheit zum Einspruch gegen die beanstandete oder eine Einrichtung gleicher Art nicht wahrgenommen hat.

2) Das Vorgehen der Polizeibehörde, welches darauf gerichtet ist, ein im öffentlichen Interesse ergangenes allgemeines Verbot zur Geltung zu bringen, bleibt von privatrechtlichen Abmachungen der Nächstbeteiligten unberührt.

## Nr. 47.

**Endurteil des II. Senats vom 9. Juni 1884.**

Wenn eine Fluchtlinie zwar noch nicht endgiltig festgestellt, dies aber von der Stadtgemeinde in Aussicht genommen, und eine dahin gehende Absicht ausgesprochen ist, so ist die Polizeibehörde befugt, den Konsens zu Um- und Neubauten, welche über die beabsichtigte Fluchtlinie hinausgehen würden, zu versagen.

## Nr. 48.

**Endurteil des II. Senats vom 16. Juni 1884.**

Die Umwandlung eines bisher als Bodenraum benutzten Stockwerks zu Wohnungen stellt sich als ein Umbau dar, auf welchen die bezüglichen baupolizeilichen Vorschriften, insbesondere auch die betreffend die Treppenanlagen in Wohngebäuden, Anwendung finden.

## Nr. 49.

**Endurteil des II. Senats vom 4. September 1884.**

Die Legung eines Ableitungsrohrs ist eine bauliche Anlage, welche von der Polizeibehörde untersagt werden kann, wenn sie unter Ueberschreitung der Baufluchtlinie auf Straßenterrain errichtet wird.

## Nr. 50.

**Endurteil des II. Senats vom 20. Oktober 1884.**

Die Verlegung einer neuen Eigentumsgrenze an eine bereits vorhandene Wand steht in baupolizeilicher Hinsicht und namentlich bezüglich der Vorschriften über die Errichtung der Grenzwände als Brandmauern der Errichtung einer neuen Wand an einer schon bestehenden Eigentumsgrenze gleich.

## Nr. 51.

**Endurteil des I. Senats vom 3. November 1884.**

1) Wenn ein Ortsstatut vorschreibt, daß Wohnhäuser nach unregulierten Straßen, d. h. nach solchen, welche noch nicht den polizeilichen Bestimmungen entsprechend befestigt und entwässert sind, keinen Ausgang haben dürfen, so ist die Anwendbarkeit dieser Bestimmungen von dem Erlaß polizeilicher Vorschriften über die Voraussetzungen abhängig, unter welchen eine Straße als reguliert anzusehen ist. Auch alsdann kann das Verbot auf solche Bauten, welche bereits

vor dem Inkrafttreten der Polizeiverordnung als Wohngebäude bestanden haben, nicht angewendet werden.

2) Die Einrichtung eines bisher zum Bewohnen nicht bestimmt gewesenen Gebäudes zum Wohnraum ist als Errichtung eines Wohngebäudes im baupolizeilichen Sinne anzusehen.

## Nr. 52.

**Endurteil des II. Senats vom 3. November 1884.**

Die Erteilung des Baukonsenses zur Errichtung eines Bethauses für eine geduldete Religionsgesellschaft auf einem Privatgrundstücke darf von einer vorherigen staatlichen Genehmigung nicht abhängig gemacht werden. — Unter „Kirchen" im Sinne des § 176 A. L.-R. Teil II. Titel 11 sind nur die Bethäuser der vom Staate anerkannten Religionsgesellschaften zu verstehen. § 24 das. schreibt die staatliche Genehmigung nicht für die Erbauung eines Bethauses, sondern nur für die Uebertragung des Eigentums auf die Religionsgesellschaft vor.

## Nr. 53.

**Endurteil des I. Senats vom 5. November 1884.**

Die erfolgte Erteilung eines polizeilichen Baukonsenses befreit nicht von der Verpflichtung, für denselben Bau auch noch eine Ansiedelungsgenehmigung nachzusuchen. Die Regelung der Ansiedelungsfreiheit ist durch das Gesetz vom 25. August 1876 als ein Teil der öffentlichen polizeilich zu handhabenden Ordnung gestaltet, und zwar nicht nur dann, wenn das öffentliche Interesse unmittelbar beteiligt ist (§ 14), sondern auch zum Schutz der Interessen der Nachbargrundstücke (§ 15), welche wegen ihrer Bedeutung für das allgemeine Wohl gleichfalls unter den Schutz der Polizei gestellt sind. Die Erteilung des Baukonsenses bezw. die Erfüllung der durch denselben auferlegten Bedingungen stellt den Konsenssucher nicht außerhalb dieser allgemeinen gesetzlichen Vorschriften.

## Nr. 54.

**Endurteil des II. Senats vom 13. November 1884.**

Ein Umbau im baupolizeilichen Sinne liegt auch dann vor, wenn ein bestehender durchsichtiger Spalierzaun durch einen höheren und dichteren Zaun von anderem Material ersetzt wird, selbst wenn die früheren Säulen und Riegel stehen geblieben sind.

## Nr. 55.

**Endurteil des II. Senats vom 13. November 1884.**

Die Polizeibehörde ist die Räumung oder Beseitigung eines Bauwerks, welches zur Zeit seiner Errichtung eines polizeilichen Konsenses nicht bedurfte, nicht schon deshalb, weil es dem gegenwärtig geltenden Baurecht zuwiderläuft, sondern nur aus überwiegenden Gründen der öffentlichen Sicherheit zu fordern berechtigt.

## Nr. 56.

**Endurteil des I. Senats vom 14. Februar 1885.**

Beschlüsse der Verwaltungsbeschlußbehörden, welche eine vorläufige Bestimmung vorbehaltlich des ordentlichen Rechtsweges treffen — wie z. B. Beschlüsse des Bezirksausschusses in Rayonsachen gemäß § 153 Zuständ.-Ges. — können von dem Vorsitzenden mit der Klage aus § 126 Landesverw.-Ges. nicht angefochten werden.

Nr. 57.

**Endurteil des II. Senats vom 16. Februar 1885.**

Einem zwar der polizeilichen Erlaubniß an sich bedürftigen, aber ohne solche Erlaubniß ausgeführten Bauwerke gegenüber ist die Polizeibehörde zunächst nur berechtigt, dessen Umänderung in einen vorschriftsmäßigen Zustand zu fordern, dagegen kann dieselbe nicht ohnes Weiteres den Abbruch anordnen.

Nr. 58.

**Endurteil des II. Senats vom 19. März 1885.**

1) Wird auf eine Remonstration gegen eine polizeiliche Verfügung nach erneuter Prüfung eine neue, wenn auch die frühere inhaltlich aufrecht erhaltende, Verfügung erlassen, so unterliegt diese Verfügung, welche als an Stelle der ersterlassenen getreten anzusehen ist, der Anfechtung durch die zulässigen Rechtsmittel.

2) Einem Grundstückbesitzer, welcher sich durch grundbuchliche Eintragung gesichert hat, daß auf dem Nachbargrundstücke Neubauten nur in der baupolizeilich vorgeschriebenen Entfernung errichtet werden dürfen, kann die Anlegung von Fenstern und Oeffnungen in seinem Gebäude polizeilich nicht untersagt werden, wenn der Nachbar rechtswidrig in zu naher Entfernung baut.

Nr. 59.

**Endurteil des II. Senats vom 23. März 1885.**

Der Besitzer eines Gebäudes, welchem wegen gefahrdrohenden Zustandes desselben die Benutzung bis zur Vorkehrung gewisser Sicherheitsmaßregeln polizeilich untersagt ist, kann diese Verfügung mit Erfolg nur durch den strikten Nachweis anfechten, daß die behauptete Gefahr nicht vorhanden ist.

Nr. 60.

**Endurteil des II. Senats vom 23. März 1885.**

Eine polizeiliche Verfügung, durch welche nicht die Errichtung eines Gebäudes gehindert, sondern die Benutzung desselben für einen bestimmten Zweck bis zur Erfüllung gewisser Bedingungen — z. B. eines Zirkusgebäudes bis zum Massivbau — untersagt wird, ist nicht bau- sondern sicherheitspolizeilicher Natur und bedarf daher als Grundlage nicht einer rechtsgiltigen Bau-Polizei-Ordnung.

Nr. 61.

**Endurteil des I. Senats vom 1. April 1885.**

Selbst wenn eine Anlage seit langer Zeit besteht und wenigstens mit stillschweigender Genehmigung der Polizei früher errichtet ist und seither bestanden hat, so wird dadurch dieser Zustand gleichwohl kein unabänderlicher bezw. kein solcher, welcher nur im Wege der Zwangsenteignung abgestellt werden könnte — vorausgesetzt, daß derselbe einer Genehmigung der Polizei nach dem allgemeinen oder örtlichen Baurecht benötigt. Denn solche Genehmigung ist der Natur der Sache nach keine unwiderrufliche, für alle Zeiten giltige; sie ist vielmehr nach Maßgabe des wechselnden Verkehrsbedürfnisses jederzeit beschränkbar und widerruflich.

### Nr. 62.

**Endurteil des II. Senats vom 22. Juni 1885.**

Einem von der zuständigen Behörde festgestellten Bebauungsplan gegenüber spricht die Vermutung dafür, daß derselbe unter Beobachtung der gesetzlichen Formvorschriften zu Stande gekommen ist; doch ist der Gegenbeweis nicht ausgeschlossen.

### Nr. 63.

**Endurteil des II. Senats vom 10. September 1885.**

1) In dem Verwaltungsstreitverfahren wegen Verweigerung eines Baukonsenses ist nur über diejenigen Versagungsgründe Entscheidung zu treffen, welche in dem Bescheide geltend gemacht sind, und gegen welche die Klage sich richtet, nicht aber über andere, welche etwa im Laufe des Verfahrens nachträglich beigebracht werden.

2) Erheischt das Verkehrsinteresse die Verbreiterung einer Straße, so hat die Polizeibehörde das hiezu Erforderliche auf dem gesetzlich geordneten Wege (Ges. vom 2. Juli 1875) unmittelbar zu veranlassen. Dagegen ist es nicht zulässig, zur Erreichung dieses Zwecks einen einzelnen Adjazenten in seinem aus dem Eigentum fließenden Baurecht zu beschränken.

### Nr. 64.

**Endurteil des II. Senats vom 5. Oktober 1885.**

1) Durch die Versagung eines Konsenses zu einer Anlage, welche einer polizeilichen Genehmigung überhaupt nicht bedarf, wird kein subjektives Recht verletzt; eine gegen diese Versagung erhobene Klage muß daher abgewiesen werden.

2) Zu den konsenspflichtigen baulichen Neuanlagen oder Veränderungen muß auch die Aufstellung eines eisernen Gitters an Stelle eines vorhandenen Bretterzaunes gerechnet werden.

3) Ein in das Grundbuch eingetragener Vermerk begründet lediglich einen privatrechtlichen Anspruch und rechtfertigt daher die Versagung des Baukonsenses nicht, welche vielmehr nur aus Gründen des öffentlichen Rechts erfolgen darf.

### Nr. 65.

**Endurteil des II. Senats vom 22. Oktober 1885.**

1) Die Erfüllung der durch die baupolizeilichen Vorschriften an eine Brandmauer gestellten Anforderungen kann in jedem Zeitpunkt gefordert werden, in welchem eine Wand diejenige Eigenschaft erhält, welche sie als Brandmauer kennzeichnet.

2) Der Eigentümer eines Grundstücks kann sich gegen die polizeiliche Auflage, einen unstatthaften Zustand zu beseitigen, nicht durch die Einrede schützen, daß er denselben beim Erwerbe des Grundstücks bereits vorgefunden habe.

## Nr. 66.

**Endurteil des II. Senats vom 26. Oktober 1885.**

1) Die in § 17 des Ges. über die Polizei-Verwaltung vom 11. März 1850 für die Polizeirichter ausgesprochene Beschränkung, daß sie nur die gesetzliche Giltigkeit, nicht aber die Notwendigkeit und Zweckmäßigkeit polizeilicher Anordnungen zu prüfen haben, besteht in gleichem Umfange auch für den Verwaltungsrichter bezüglich der ihm durch § 127 des Landesverw.-Gesetzes übertragenen Rechtskontrolle.

2) Baupolizeiordnungen finden im Allgemeinen und abgesehen von besonderen positiven Vorschriften nur Anwendung auf solche baulichen Anlagen, welche unter ihrer Geltung entstehen, können dagegen nicht ohne Weiteres rückwirkend auf bereits bestehende Anlagen angewendet werden.

3) Eine bauliche Anlage, welche zur Zeit ihrer Errichtung einer ausdrücklichen polizeilichen Genehmigung nicht bedurfte, ist, sofern dieses Erfordernis durch eine spätere Vorschrift eingeführt wird, gleichwohl als eine „nicht genehmigte" nicht anzusehen, wenn der ganze Bau, zu welchem sie gehört, mit polizeilichem Konsens aufgeführt ist.

## Nr. 67.

**Endurteil des II. Senats vom 28. Oktober 1885.**

1) Die Verwaltungsgerichte sind nicht befugt, Streitigkeiten über das Vorhandensein und die Lage von Fluchtlinien in einem eigenen Verfahren endgiltig zu entscheiden. Eine solche Entscheidung kann denselben vielmehr nur als Inzidentpunkt unterbreitet werden; auf Klagen aus § 155 des Zuständigk.-Ges. vom 26. Juli 1875 kann zu Gunsten des Klägers nur dahin erkannt werden, daß der versagte Konsens zu erteilen, oder die auf einen bestimmten Grund gestützte Versagung als ungerechtfertigt zu erachten sei.

2) Der Nachweis, daß eine Fluchtlinienfestsetzung in bestimmter Weise erfolgt sei, ist von der Polizeibehörde zu erbringen. Eine Vermutung spricht nicht dafür, daß Fluchtlinien stets in gerader Linie verlaufen.

## Nr. 68.

**Endurteil des I. Senats vom 31. Oktober 1885.**

1) Ein Rechtssatz, daß jedes bewohnte Grundstück einen Zugang durch einen *öffentlichen* Weg haben müsse, besteht nicht. Vielmehr schreibt auch § 14 des Ansiedelungsgesetzes vom 25. August 1876 nur vor, daß eine neue Ansiedelung durch einen *jederzeit offenen* Weg zugänglich sein muß.

2) Dem Eigentümer eines Privatweges kann nur dann polizeilich aufgegeben werden, denselben in einen öffentlichen umzugestalten, wenn er zugleich wegebaupflichtig ist.

## Nr. 69.

**Endurteil des II. Senats vom 14. Dezember 1885.**

Die Ortspolizeibehörde ist befugt, den vollständigen Abbruch baufälliger, die Straße verunzierender und über die gesetzlich festgestellte Fluchtlinie hinausreichender Reste von Bauwerken zu verlangen, und der Eigentümer dieser Bauwerke hat nicht das Recht, den polizeilichen Anforderungen durch eine bloße Reparatur genügen zu wollen.

## Nr. 70.

**Endurteil des I. Senats vom 4. Januar 1886.**

Die Polizeibehörde ist befugt, zu verlangen, daß die in neu aufgeführten massiven Seitenwänden, entgegen den geltenden baupolizeilichen Vorschriften, angebrachten Fensteröffnungen beseitigt werden, selbst wenn dergleichen Öffnungen in den vorher bestandenen Lehmfachwerkswänden vorhanden gewesen sind, und der Massivbau an sich mit polizeilicher Erlaubnis ausgeführt worden war.

## Nr. 71.

**Endurteil des II. Senats vom 25. Januar 1886.**

Die Polizeibehörde hat sich wegen Abänderung oder Beseitigung polizeilich unzulässiger Bauwerke der Regel nach lediglich an den Bauenden oder an den Eigentümer — als den Inhaber der thatsächlichen und rechtlichen Herrschaft über dieselben — zu halten. Als Eigentümer gilt nach außen hin, also auch der Polizeibehörde gegenüber, der in das Grundbuch als solcher Eingetragene.

## Nr. 72.

**Endurteil des II. Senats vom 4. Februar 1886.**

Ein Baukonsens kann Seitens der Polizeibehörde auch dann versagt werden, bezw. diese Versagung muß auf die Klage des Bauunternehmers aufrechterhalten werden, wenn die den Versagungsgrund bildende Festsetzung der Fluchtlinien in Gemäßheit des Gesetzes vom 2. Juli 1875 erst während des Streitverfahrens zum Abschlusse gelangt.

## Nr. 73.

**Endurteil des II. Senats vom 18. Februar 1886.**

1) Die Beseitigung eines Badehauses kann aus Gründen des öffentlichen Anstandes von der Polizeibehörde nicht gefordert werden. Denn die Anstalt als solche kann das sittliche Gefühl nicht verletzen, und jedenfalls wäre die Beseitigung derselben nicht das geeignete Mittel, um einem in dieser Beziehung bestehenden Übelstande abzuhelfen.

2) Die Bestimmungen der §§ 66 ff. A. L.-R. I. 8, welche die Verhinderung von Bauten gestatten, sofern dieselben eine Verunstaltung öffentlicher Straßen und Plätze zur Folge haben würden, finden zwar auch auf Bauten Anwendung, welche auf an öffentliche Plätze stoßenden und mit denselben im Zusammenhange stehenden Privatgrundstücken errichtet werden sollen. Ein See ist jedoch als ein öffentlicher Platz im Sinne des § 66 nicht anzusehen.

3) Besteht eine Badeanstalt aus einem bedachten Bekleideraum und einem eingefriedigten, aber nicht überdachten Badebassin, so ist zwar der erstere, nicht aber das letztere als ein den baupolizeilichen Bestimmungen unterliegendes Gebäude zu behandeln.

## Nr. 74.

**Endurteil des II. Senats vom 25. Februar 1886.**

Die Polizeibehörde kann sich wegen Abänderung oder Beseitigung eines polizeilich unzulässigen Bauwerkes in der Regel an den Bauenden oder an den

**Eigentümer des Grundstücks halten. Als Eigentümer gilt auch der Polizei gegenüber ausschließlich derjenige, welcher im Grundbuch als solcher eingetragen ist.**

Nr. 75.

**Endurteil des II. Senats vom 13. Mai 1886.**

Wenn sich ein städtischer Grundstücksbesitzer durch die Eintragung einer Baubeschränkung auf das Nachbargrundstück derart sichergestellt hat, daß dadurch die Innehaltung der in der maßgebenden Baupolizeiordnung vorgeschriebenen Entfernungen gesichert ist, und wenn demungeachtet der Besitzer des mit der eingetragenen Baubeschränkung behafteten Grundstückes auf diesem einen Bau in polizeiwidriger Nähe errichtet, so kann dem durch die Eintragung gesicherten Nachbar die Anlegung von Fenstern und sonstigen Öffnungen nach dem Nachbargrundstücke hin polizeilich nicht untersagt werden.

Nr. 76.

**Endurteil des II. Senats vom 17. Mai 1886.**

Wenn eine städtische Polizeiverwaltung auf Grund einer geltenden baupolizeilichen Bestimmung an einen Hausbesitzer das Ansinnen stellt, einen ihm gehörigen, an der Straße belegenen freien Platz einzuzäunen, so muß sich aus der betreffenden Verfügung ergeben, in welcher Weise die Einfriedigung erfolgen soll.

Nr. 77.

**Endurteil des II. Senats vom 10. Juni 1886.**

Wenn das Gesetz den Bau von Wohngebäuden an noch nicht für den öffentlichen Verkehr und Anbau fertigen Straßen verbietet, so bezieht sich dieses Verbot nach § 12 des Gesetzes vom 2. Juli 1875 (und in der Regel auch des betreffenden Ortsstatutes) auch auf solche Bauten, die an Privatstraßen zu liegen kommen sollen.

Nr. 78.

**Endurteil des II. Senats vom 19. Juni 1886.**

Wenn eine Polizeiverordnung aus feuerpolizeilichen Rücksichten bestimmt, daß Häuserdurchfahrten von allen Hemmnissen für die Löschmannschaften stets frei gehalten werden müssen, so kann sich dies nur auf bauliche Einrichtungen beziehen, nicht aber auf transportable, vorkommenden Falls leicht hinwegzuräumende Vorrichtungen.

Nr. 79.

**Endurteil des II. Senats vom 21. Juni 1886.**

1) In der Zulassung einer in den Luftraum der Straße vorspringenden Balkonanlage kann eine Aufhebung oder Abänderung der bestehenden Fluchtlinie nicht gefunden werden.

2) Bei Handhabung des im § 11 des Fluchtliniengesetzes vom 2. Juli 1875 enthaltenen Bauverbotes ist die Polizeibehörde an die Zustimmung des Gemeindevorstandes nicht gebunden.

3) Die Polizeibehörden dürfen behufs Durchführung ihrer Absichten auf die Bevölkerung ihres Verwaltungsbezirkes keinen Druck ausüben durch Anforderungen, welche außerhalb des Rahmens des eigentlich Gewollten liegen.

So ist es z. B. nicht zulässig, die Anlegung eines einem Verbotsgesetz oder einem polizeilichen Interesse an sich nicht zuwiderlaufenden Balkons zu dem Zwecke zu untersagen, um den Bauenden dadurch zu der von dem Magistrate gewünschten Beseitigung einer bestehenden Freitreppe zu veranlassen, selbst wenn diese Beseitigung auch im polizeilichen Interesse erwünscht ist.

4) Die Polizeibehörden sind nicht berufen, die Privatinteressen einer Stadtgemeinde den Bürgern gegenüber wahrzunehmen.

## Nr. 80.

### Endurteil des II. Senats vom 28. Juni 1886.

1) Wo es sich um die Abstellung eines im polizeilichen Interesse nicht zu duldenden Zustandes eines Grundstücks handelt, kann der Eigentümer dieserhalb in Anspruch genommen werden ohne Rücksicht darauf, ob der Zustand gerade durch ihn verschuldet ist oder nicht.

2) Durch Erteilung eines Baukonsenses wird die Behörde nicht derart gebunden, daß es ihr verwehrt wäre, das hierbei etwa Uebersehene oder Versäumte, im polizeilichen Interesse aber Notwendige nachzuholen und nachträglich anzuordnen.

3) Die dem Grundeigentümer obliegenden Anlagen sind von demselben auf seine Kosten auszuführen. Ueber einen hieraus etwa resultierenden Entschädigungsanspruch ist im Verwaltungsstreitverfahren nicht zu entscheiden.

## Nr. 81.

### Endurteil des II. Senats vom 17. September 1886.

Ob eine städtische Straße als eine zur Bebauung fertig gestellte sog. „historische“ Straße anzusehen ist, ist nach den konkreten Verhältnissen des einzelnen Falles zu beurteilen. Dabei ist nicht ausgeschlossen, daß an Vorstadtstraßen geringere Anforderungen gestellt werden als an solche, welche im Mittelpunkt des städtischen Verkehrs gelegen sind. Das Vorhandensein von Bürgersteigen ist keineswegs eine unumgängliche Vorbedingung für das Bestehen einer solchen historischen Straße. Der Umstand, daß die Stadtgemeinde die Unterhaltung einer Straße übernommen hat, spricht dafür, daß dieselbe als eine fertige angesehen worden ist.

## Nr. 82.

### Endurteil des II. Senats vom 19. Oktober 1886.

1) Eine erteilte Bauerlaubnis kann nachträglich abgeändert werden, wenn es sich darum handelt, der Entstehung eines nach dem zur Zeit geltenden örtlichen Baurecht unzulässigen Zustandes entgegenzutreten.

2) Es besteht kein gesetzliches Hindernis, eine bereits publizierte, aber ungiltig befundene Polizeiverordnung im Wege wiederholter Verkündigung ins Leben zu rufen, nachdem diejenigen Vorbedingungen beschafft sind, welche nach dem geltenden Rechte für die Gesetzeskraft polizeilicher Verordnungen bestehen.

3) Enthält eine Polizeiverordnung eine das der erlassenden Behörde zustehende Maß übersteigende Strafandrohung, so folgt daraus nicht die Rechtsungiltigkeit der ganzen Verordnung, sondern nur die Ungiltigkeit der weitergehenden Strafandrohung.

## Nr. 83.

**Endurteil des II. Senats vom 19. Oktober 1886.**

Wo die Erteilung eines Ausnahmekonsenses in das pflichtmäßige Ermessen der Polizeibehörde gestellt ist, hat sich die verwaltungsrichterliche Prüfung darauf zu beschränken, ob dieselbe bei Versagung des Konsenses sich überhaupt noch von polizeilichen Gesichtspunkten hat leiten lassen oder willkürlich oder chikanös verfahren ist, oder ob sie sich in Bezug auf die thatsächlichen Voraussetzungen in offenen Widerspruch mit dem klar vorliegenden Thatbestande gesetzt hat.

## Nr. 84.

**Endurteil des II. Senats vom 19. Oktober 1886.**

1) Eine als Grund zur Versagung des Baukonsenses zu verwertende Verunstaltung der Stadt kann nur da vorkommen, wo die bauliche Anlage entweder unmittelbar an einer öffentlichen Straße, bezw. einem öffentlichen Platze liegt oder doch in einem solchem Zusammenhange mit einer Straße, bezw. einem Platze steht, daß dadurch indirekt die Straße oder der Platz verunstaltet, dem daselbst verkehrenden Publikum ein Ärgernis bereitet wird.

2) Die Befürchtung, daß durch eine projektierte Bebauung die Ausübung der polizeilichen Befugnisse wesentlich erschwert werden würde, reicht nicht aus, den Grundeigentümer in der ihm gesetzlich zustehenden Baufreiheit zu beschränken, sofern nicht bestimmte allgemeine oder ortsrechtliche Vorschriften der Genehmigung des projektierten Baues entgegenstehen.

## Nr. 85.

**Endurteil des II. Senats vom 27. Oktober 1886.**

Durch eine einem Bauunternehmer auferlegte Baubedingung wird nur eine persönliche Verpflichtung, nicht aber eine dingliche, ohne Weiteres auf jeden Besitznachfolger übergehende Servitut begründet. Der Nachfolger kann zur Erfüllung nur dann angehalten werden, wenn die Bedingung in bestehenden gesetzlichen oder gleichstehenden baupolizeilichen Vorschriften ihre Begründung findet.

## Nr. 86.

**Endurteil des II. Senats vom 23. November 1886.**

Wenn eine Baupolizeiverordnung Bestimmungen über die zulässige „Fronthöhe" der Gebäude trifft, so ist unter diesem Ausdrucke dem gewöhnlichen Sprachgebrauche gemäß die Höhe der an die Straße stoßenden, bezw. dieser zugekehrten Umfassungsmauer zu verstehen.

## Nr. 87.

**Endurteil des II. Senats vom 7. Dezember 1886.**

1) Das eigenmächtige Abweichen von einem polizeilich genehmigten Bauplane giebt der Polizeibehörde nicht ohne weiteres das Recht, die Beseitigung des konsenswidrig errichteten Neubaues zu fordern oder dem Bauherrn beliebige Abänderungen des Bauwerkes aufzugeben. Diese Befugnis steht der Polizeibehörde vielmehr nur zu, wenn und soweit die Anlage gegen das bestehende öffentliche Recht verstößt, also wenn z. B. der Bau für das Publikum schädlich

**oder gefährlich ist oder zur groben Verunstaltung einer Straße, bezw. eines Platzes gereicht.**

**2) Eine für unzulässig erkannte polizeiliche Verfügnng ist aufzuheben, dagegen liegt es dem Verwaltungsrichter nicht ob, dieselbe so umzugestalten, wie sie dem bestehenden Rechte entsprechen würde.**

## Nr. 88.

**Endurteil des II. Senats vom 4. Januar 1887.**

1) Es ist zulässig, im Wege der baupolizeilichen Bestimmung die ausnahmsweise Gestattung gewisser baulicher Anlagen, welche der Regel nach nicht geduldet werden, dem Ermessen der Polizeibehörde zu überlassen. In solchem Falle unterliegt die Entschließung derselben der verwaltungsrichterlichen Nachprüfung nur aus dem Gesichtspunkte, ob sich die Behörde dabei überhaupt von der Rücksicht auf das öffentliche Interesse hat leiten lassen oder etwa willkürlich verfahren ist.

2) Über die Handhabung eines solchen Ermessens kann die Polizeibehörde für sich selber allgemeine Normen aufstellen. Diese haben aber nicht die Natur polizeilicher Vorschriften, und die Behörde ist an dieselben nicht gebunden.

3) Die Vermutung streitet dafür, daß die Polizeibehörde bei ihren Anordnungen sich von polizeilichen Gesichtspunkten hat leiten lassen. Das Gegenteil ist von dem, der es behauptet, zu beweisen.

## Nr. 89.

**Endurteil des II. Senats vom 21. Januar 1887.**

1) Ein an der Ecke zweier Straßen errichtetes Gebäude ist als an beiden Straßen liegend anzusehen.

2) Nach § 15 des Ges. vom 2. Juli 1875 ist die Gemeinde, nachdem sie die Anlegung einer Straße beschlossen und die Fluchtlinie derselben festgesetzt hat, berechtigt, von den Anliegern deren Herstellung in natura zu fordern. Sie kann statt dessen auch die Herstellung selbst ausführen und die entstandenen Kosten — und zwar einschließlich der Ausgaben für Enteignung der in das Straßenterrain fallenden Flächen — von den Adjazenten einziehen.

3) Mit Feststellung der Fluchtlinien beginnt die Anlegung der Straße. Jeder später vorgenommene Neubau an der Straße begründet die Beitragspflicht zu den Anlagekosten.

4) Wenn durch Ortsstatut bestimmt ist, daß die Verteilung und Einziehung der Anlagekosten erst nach völliger Fertigstellung der Straße vorgenommen werden soll, so darf die Gemeinde nicht schon zu einer früheren Zeit die bis dahin entstandenen teilweisen Kosten einfordern.

5) Die Kosten sind in der Regel auf alle Anlieger der ganzen Straße zu verteilen, und es findet eine Zerlegung derselben in mehrere Teile, für welche die Anlagekosten getrennt berechnet und repartiert werden, nicht statt.

## Nr. 90.

**Endurteil des II. Senats vom 11. Februar 1887.**

Gegen die Verweigerung der beantragten Genehmigung zur Anlegung einer im Bebauungsplan nicht vorgesehenen Straße ist nicht die Klage im Verwaltungsstreitverfahren, sondern lediglich die Beschwerde an die Aufsichtsinstanz zulässig.

## Nr. 91.

**Endurteil des III. Senats vom 17. Februar 1887.**

1) Wenn der Baukonsens zur Errichtung eines Gebäudes nachgesucht wird, welches sich zugleich als die Gründung einer neuen Ansiedelung darstellt, so darf, wofern die Erteilung der Ansiedelungsgenehmigung nicht zugleich ausdrücklich beantragt ist, über dieses Gesuch nicht in den Formen des Ansiedelungsgesetzes vom 25. August 1876 entschieden werden.

2) In Baukonsenssachen findet in der Provinz Westfalen ein verwaltungsgerichtliches Verfahren nicht statt. (Westfäl. Kreisordnung § 102.) Für dieselben bewendet es vielmehr bei dem bisherigen administrativen Verfahren und dessen Instanzenzug.

## Nr. 92.

**Endurteil des II. Senats vom 25. Februar 1887.**

1) Die Polizeibehörde hat nicht nur das Recht, sondern auch die Pflicht, die zur Abwendung von Gefahren für das Publikum als notwendig erkannten Sicherungsmaßregeln anzuordnen und nötigenfalls zwangsweise durchzuführen. Ist auf diesem Wege die Beseitigung der einem projektierten Neubau drohenden Gefährdung möglich, so kann eine unmittelbare Gefahr nicht als vorliegend angenommen und daraufhin die Erteilung des Baukonsenses nicht verweigert werden. Ob der für verpflichtet Erachtete ausdrücklich anerkennt und sich bereit erklärt, die erforderlichen Sicherungsmaßregeln anzuwenden, ist unerheblich.

2) Die Klage gegen eine den Baukonsens versagende polizeiliche Verfügung kann nur auf Aufhebung dieser Verfügung, nicht aber zugleich darauf gerichtet werden, daß der Verwaltungsrichter den verweigerten Konsens seinerseits erteile.

## Nr. 93.

**Endurteil des II. Senats vom 11. März 1887.**

1) Wenn ein Fluchtlinienplan auf erhobenen Einspruch verworfen wird, so ist damit das Feststellungsverfahren für diesen Plan beendigt, und ein neuer Plan kann nur in einem völlig neuen Verfahren festgestellt werden. In der Zwischenzeit zwischen der Beendigung des ersten und der Eröffnung des zweiten Verfahrens dürfen den Grundeigentümern Baubeschränkungen auf Grund des Fluchtliniengesetzes nicht auferlegt werden.

2) Der Umstand, daß ein Bauwerk ohne Konsens errichtet ist, berechtigt die Polizeibehörde noch nicht, dessen Beseitigung zu verlangen; dies ist vielmehr nur dann zulässig, wenn die unkonsentierte Anlage gegen das bestehende, dem Schutz der Polizei anvertraute öffentliche Recht verstößt.

## Nr. 94.

**Endurteil des II. Senats vom 11. März 1887.**

1) Eine Satzung, daß polizeiliche Verfügungen nicht zurückgenommen, ergänzt oder abgeändert werden dürfen, besteht als Regel nicht. Insbesondere darf eine bereits erteilte Bauerlaubnis, solange das Gebäude noch nicht fertiggestellt und abgenommen ist, auch dann durch nachträglich auferlegte Baubedingungen beschränkt werden, wenn es sich nicht um die Verhinderung einer unbedingt unzulässigen, sondern einer solchen Anlage handelt, welche die Polizeibehörde ausnahmsweise dulden kann, aber unter den obwaltenden Verhältnissen nicht zuzulassen sich entschließt.

2) **Erfolgt die nachträgliche Beschränkung einer Bauerlaubnis lediglich in der Form, daß die Polizeibehörde in dem ihr wieder vorgelegten Projekt einzelne früher nicht beanstandete Gebäudeteile (Dachaufbauten) streicht, so kann hierin eine binnen zwei Wochen anzufechtende „Verfügung" schon deshalb nicht erblickt werden, weil es mehr oder minder dem Zufall überlassen bleibt, ob und in welchem Sinne der Beteiligte von den nur angedeuteten Absichten der Behörde Kenntnis nimmt.**

### Nr. 95.

**Endurteil des II. Senats vom 11. März 1887.**

1) Die Vorschrift in § 140 des Landesverwaltungsgesetzes, nach welcher polizeiliche Vorschriften unter der ausdrücklichen Bezeichnung als „Polizeiverordnung" zu publizieren sind, ist nicht dahin auszulegen, daß dieselben diese Bezeichnung notwendigerweise gerade als Überschrift tragen müssen. Ebensowenig ist aus § 5 des Polizeiverwaltungsgesetzes vom 11. März 1850 zu folgern, daß solche Polizeiverordnungen, welche nach Beratung mit dem Gemeindevorstande zu erlassen sind, einen ausdrücklichen Hinweis darauf enthalten, daß eine solche Beratung stattgefunden habe.

2) Treppenanlagen in einem Wohngebäude sind unbedingt zu denjenigen baulichen Anlagen zu rechnen, welche von wesentlichem Einfluß auf die Feuersicherheit eines Gebäudes sind.

### Nr. 96.

**Endurteil des II. Senats vom 5. April 1887.**

1) Es gehört zu den Aufgaben der Polizei, der aus der Errichtung unsicherer Baulichkeiten hervorgehenden Gefahr durch geeignete Vorkehrungen entgegenzutreten und nötigenfalls die Bauausführung, wenn sie im konkreten Falle gegen das Eintreten jener Gefahr nicht die erforderliche Sicherheit gewährt, zu verhindern.

2) Einer solchen Verfügung gegenüber liegt dem Bauherrn der Nachweis ob, daß die thatsächlichen Voraussetzungen derselben nicht vorhanden sind, d. h. daß die Durchführung des beanstandeten Projektes jede Gefahr in Beziehung auf die Stabilität des Gebäudes ausschließe. Bleiben in dieser Hinsicht begründete Zweifel bestehen, so kann die auf Aufhebung der Verfügung gerichtete Klage keinen Erfolg haben.

### Nr. 97.

**Endurteil des II. Senats vom 19. April 1887.**

Ein im Widerspruch mit bestehenden baupolizeilichen Bestimmungen erteilter Baukonsens giebt dem Bauenden kein Recht auf Ausführung des vorschriftswidrigen Baues. Der Grundsatz, daß jeder Staatsbürger gehalten ist, die Gesetze zu kennen und Unkenntnis derselben nicht schützt, gilt auch für Polizeiverordnungen. Die Polizeibehörde ist befugt, trotz des erteilten Konsenses die Vollendung des vorschriftswidrig begonnenen Baues zu untersagen.

### Nr. 98.

**Endurteil des II. Senats vom 22. April 1887.**

Balkons sind als Teile des Gebäudes, vor bezw. an welchem sie angebracht werden, anzusehen. Auf sie finden daher auch die baupolizeilichen Vorschriften über

**Einhaltung bestimmter Entfernungen von der Nachbargrenze oder von benachbarten Gebäuden Anwendung.**

## Nr. 99.

**Endurteil des II. Senats vom 3. Mai 1887.**

1) Einen Baukonsens kann auch derjenige nachsuchen, welcher das zu bebauende Grundstück noch nicht definitiv als Eigentum erworben, vielmehr die Auflassung davon abhängig gemacht hat, daß ihm der polizeiliche Baukonsens erteilt werde.

2) Die Polizeibehörde hat kein Recht, von dem den Konsens Nachsuchenden die Bewirkung grundbuchlicher Eintragungen zu fordern, welche außerhalb des Baupolizeirechtes liegen oder durch welche dem Hausbesitzer dauernde Beschränkungen auferlegt werden.

## Nr. 100.

**Endurteil des II. Senats vom 3. Mai 1887.**

1) Zur Klage gegen eine den Baukonsens versagende polizeiliche Verfügung ist nicht nur der Eigentümer des zu bebauenden Grundstücks, sondern Jeder legitimiert, der an der Erledigung des Baugesuchs ein rechtliches Interesse hat, so namentlich derjenige, welcher ein Grundstück zur Bebauung gekauft hat, wenn er auch noch nicht eingetragener Eigentümer desselben ist.

2) Die Polizeibehörde hat bei Prüfung der Baugesuche nur mit den zur Zeit vorhandenen thatsächlichen Verhältnissen zu rechnen, nicht aber Vorsorge zu treffen, daß nicht in Zukunft von dem Eigentümer Veränderungen mit dem Grundbesitze vorgenommen werden können, welche möglicherweise polizeilich unzulässige Zustände hervorzurufen geeignet sind.

3) Grundbuchliche Eintragungen gewähren der Polizeibehörde an sich keine Handhabe zum Einschreiten mit ihrer Amtsgewalt, die Grundlage hierfür ist vielmehr unter allen Umständen dem öffentlichen Recht zu entnehmen.

## Nr. 101.

**Endurteil des III. Senats vom 12. Mai 1887.**

1) Die Ortspolizeibehörde hat die Befugnis, mit Zustimmung des Gemeindevorstandes bestimmte Regeln für die Abwässerung der an den städtischen Straßen belegenen Gebäude durch Polizeiverordnung vorzuschreiben.

2) Eine polizeiliche Anordnung kann nicht lediglich darum für unzulässig erachtet werden, weil sie den Betroffenen an der Ausübung eines ihm zustehenden Privatrechts, z. B. der hypothekarisch eingetragenen Befugnis zur Entwässerung über das Nachbargrundstück, hindert.

## Nr. 102.

**Endurteil des II. Senats vom 7. Juni 1887.**

1) Die Erteilung oder Versagung des Baukonsenses enthält nur eine Äußerung der Baupolizeibehörde darüber, ob aus dem bestehenden öffentlichen Rechte ein Hindernis für die Ausführung des Projekts zu entnehmen sei oder nicht. Für die Entscheidung der Behörde dürfen daher nur diejenigen Bestimmungen maßgebend sein, welche zur Zeit der Fällung derselben sich in Geltung befinden. Die Klage gegen eine den Konsens verweigernde Verfügung verfolgt den Zweck, eine Erklärung zu erwirken, daß dem beabsichtigten Bau ein gesetzliches Hinder-

**nis nicht entgegenstehe; der Verwaltungsrichter ist hierbei an diejenigen Bestimmungen gebunden, welche zur Zeit der Urteilsfällung das öffentliche Recht darstellen.**

2) Die Bestimmung im § 5 des Gesetzes vom 11. März 1850, daß die Bezirksregierungen über die Art der Verkündigung der ortspolizeilichen Vorschriften, sowie über die Formen, von deren Beachtung die Gültigkeit derselben abhängt, die erforderlichen Bestimmungen zu erlassen haben, ist keine absolut zwingende, sondern stellt es in das Ermessen der berufenen Behörde, ob für den Erlaß solcher Bestimmungen überhaupt ein Bedürfnis vorliegt.

3) Die Ergänzung der von dem Gemeindevorstande versagten Zustimmung zu einer ortspolizeilichen Vorschrift steht für Berlin an Stelle des Bezirksausschusses gemäß § 43 des Landesverwaltungsgesetzes dem Oberpräsidenten zu. Die Frage, ob die erforderliche Zustimmung versagt und nach Lage der Sache zu ergänzen ist, hat das Gesetz den dazu berufenen Verwaltungsbehörden zur Erledigung in einem besonders geregelten Verfahren überwiesen; dieselbe unterliegt der Prüfung des Verwaltungsrichters nicht.

## Nr. 103.

### Endurteil des II. Senats vom 17. Juni 1887.

Wird die Feststellung der Fluchtlinie lediglich in einem Bescheide als Grund der Versagung eines Baukonsenses erwähnt, so bildet dieselbe nicht eine selbständige polizeiliche Verfügung, welche binnen 2 Wochen mit Klage angefochten werden müßte. Der Anfechtung unterliegt vielmehr nur der wesentliche Inhalt der Verfügung, die Verweigerung des Konsenses, nicht die einzelnen dafür angegebenen Gründe.

## Nr. 104.

### Endurteil des I. Senats vom 29. Juni 1887.

1) Die Polizeibehörde ist, auch wenn ihr die örtliche Baupolizeiordnung eine spezielle Handhabe hierzu nicht bietet, auf Grund des § 10, A. L.-R. II, 17 zu verlangen berechtigt, daß die Höfe so gestaltet und eingerichtet werden, daß die Anwendung der üblichen Feuerlösch- und Rettungsgerätschaften (mechanischen Feuerleitern) auch für die Hinterwohnungen gesichert ist.

2) Unter den hierzu geeigneten Mitteln hat die Polizeibehörde dasjenige auszuwählen, welches dem Beteiligten die geringsten Beschränkungen und Kosten auferlegt, und eventuell demselben unter mehreren gleich geeigneten die Auswahl zu überlassen.

## Nr. 105.

### Endurteil des II. Senats vom 6. September 1887.

1) Bei der Entscheidung über Versagung oder Erteilung eines Baukonsenses sind lediglich die zur Zeit dieser Entscheidung geltenden Rechtsnormen zur Anwendung zu bringen, wenn auch die erste Vorlegung des Projekts unter der Herrschaft eines älteren, dem Bauenden günstigeren Rechts erfolgt ist.

2) Die Frage, ob auf Grund der Versagung eines Baukonsenses dem Antragsteller ein Enschädigungsanspruch gegen die versagende Behörde zusteht, ist nicht im Verwaltungsstreitverfahren zu entscheiden.

## Nr. 106.

**Endurteil des II. Senats vom 16. September 1887.**

Unter einem zum dauernden Aufenthalt von Menschen bestimmten Raum im baupolizeilichen Sinne ist nicht nur ein solcher zu verstehen, in welchem Menschen wohnen und schlafen. Insbesondere fallen auch Werkstätten unter diesen Begriff und unterliegen daher den für solche Räume geltenden baupolizeilichen Bestimmungen.

## Nr. 107.

**Endurteil des II. Senats vom 14. Oktober 1887.**

1) Die Zulässigkeit der Klage gegen eine polizeiliche Verfügung wird dadurch nicht beseitigt, daß diese Verfügung inzwischen im Zwangswege bereits zur Ausführung gelangt ist.

2) Wenn von der Polizeibehörde die Beseitigung einer baulichen Anlage wegen Feuergefährlichkeit verlangt wird, so liegt dem Betroffenen, welcher die Aufhebung dieser Verfügung fordert, der Nachweis ob, daß die thatsächlichen Voraussetzungen für dieselbe nicht vorhanden sind, d. h. daß die angenommene Feuergefährlichkeit nicht besteht. Nur bei vollständiger Führung dieses Gegenbeweises kann auf Aufhebung der Verfügung erkannt werden.

## Nr. 108.

**Endurteil des I. Senats vom 16. November 1887.**

1) Eine polizeiliche Verfügung, welche die Freihaltung von Höfen und Durchfahrten anordnet, ist nicht eine baupolizeiliche, sondern eine feuersicherheitspolizeiliche und kann als solche, sofern der Gegenstand nicht durch allgemeine polizeiliche Verordnungen anderweit geregelt ist, auf der Grundlage des § 10 II. 17 A. L.-R. erlassen werden.

2) Der Grundstückseigentümer hat als solcher dafür zu sorgen, daß sein Grundstück in dem polizeilich vorgeschriebenen Zustande erhalten wird, darf daher auch Zuwiderhandlungen seiner Mieter nicht dulden, bezw. ist verpflichtet, den dadurch verursachten unzulässigen Zustand abzustellen.

## Nr. 109.

**Endurteil des II. Senats vom 18. November 1887.**

Die Klage im Verwaltungsstreitverfahren gegen die Ortspolizeibehörde auf Zurücknahme des einem Andern erteilten Baukonsenses, durch welchen sich der Kläger in seinen Rechten verletzt glaubt, ist nicht zulässig. Remedur ist in solchen Fällen vielmehr nur auf dem Wege der Beschwerde gegen die Polizeibehörde bei deren vorgesetzter Instanz oder auf dem Wege der Civilklage auf Untersagung des beabsichtigten Baues zu erlangen.

## Nr. 110.

**Endurteil des II. Senats vom 20. Dezember 1887.**

1) Ein zur Genehmigung vorgelegtes einheitliches Bauprojekt ist die Baupolizeibehörde befugt in seiner Totalität zurückzuweisen, wenn sie dasselbe in einem wesentlichen Teile für unannehmbar erachtet.

2) Wenn für einen Bezirk im Wege der Baupolizeiordnung die Anforderungen, welchen zu bebauende Grundstücke hinsichtlich ihrer Zugängigkeit im

öffentlichen, insbesondere im feuerpolizeilichen Interesse zu genügen haben, speziell bestimmt sind, ist die Polizeibehörde nicht befugt, auf die allgemeine Vorschrift des § 10 A. L.-R. II. 17 zurückzugehen und daraus ihre Berechtigung zur Aufstellung noch weiterer Anforderungen herzuleiten.

## IX.

## Ansiedlungen und Kolonieen.

(Vergl. P. Rechtsgrundsätze, Stammwerk und Supplementband I., XXII.)

### Nr. 1.

**Endurteil des I. Senats vom 20. September 1879.**

1) Das Gesetz vom 3. Januar 1845 hat die Regelung der öffentlich-rechtlichen Verhältnisse bei Teilung eines Grundstücks bezw. Gründung einer neuen Ansiedelung zum Zweck. Bei den Verhandlungen sind die Vertreter der öffentlich-rechtlichen Korporationen zuzuziehen.

2) Die auf Grund des Gesetzes vom 3. Januar 1845 erfolgten Festsetzungen sind für die Gemeinde verbindlich und bilden einen Teil der Ortsverfassung, deren Abänderung nur nach Maßgabe des Gesetzes vom 14. April 1856 erfolgen kann.

### Nr. 2.

**Endurteil des I. Senats vom 3. Juni 1881.**

Wenn in einem vor Erlaß des Gesetzes vom 3. Januar 1845 abgeschlossenen Parzellierungsvertrage festgesetzt ist, daß alle Gemeindeabgaben von dem Besitzer des Restguts getragen werden sollen, so ist dieses privatrechtliche Abkommen für die Gemeinde nur dann verbindlich und ein Teil des öffentlichen Gemeinderechts geworden, wenn die Gemeinde demselben zugestimmt, und die Aufsichtsbehörde dies bestätigt hat.

### Nr. 3.

**Endurteil des I. Senats vom 2. Dezember 1882.**

Die Anwendung des § 20 Ansiedel.-Ges. vom 25. August 1876, wonach die Polizeibehörde die Weiterführung einer nicht genehmigten Ansiedelung verhindern und die Wegschaffung der errichteten Anlagen anordnen kann, erfordert, daß die Beseitigung der Ansiedelung im geordneten Verfahren für im öffentlichen Interesse geboten erachtet worden ist. Fehlt es an dieser Voraussetzung, so kann der Amtsvorsteher nur die Nachsuchung der Ansiedelungsgenehmigung binnen einer bestimmten Frist vorschreiben und nach fruchtlosem Verlauf dieser Frist die Beseitigung der zur Benutzung des Hauses als Wohnhaus vorhandenen Anlagen anordnen.

### Nr. 4.

**Endurteil des I. Senats vom 20. Juni 1883.**
Minist.-Bl. f. d. inn. Verw. 1883, S. 214.

1) Die Straßenpolizei umfaßt nicht die sonstige den öffentlichen Verkehr betreffende Ortspolizei.

2) Die Landespolizeibehörde führt die Aufsicht über die Verwaltung der Ortspolizei und kann kraft dieses Aufsichtsrechts zwar nicht willkürlich Gegen-

stände der Ortspolizei durch landespolizeiliche Verfügungen regeln, wohl aber in dringenden Fällen unmittelbar an Stelle der Ortspolizeibehörde verfügen.

3) Die Entscheidung über Aufrechterhaltung oder Aufhebung einer polizeilichen Verfügung ist nicht davon abhängig, ob dieselbe bei ihrem Erlaß ausreichend begründet gewesen ist, sondern davon, ob ihr objektiv die erforderlichen thatsächlichen Grundlagen fehlen oder nicht.

### Nr. 5.

**Endurteil des I. Senats vom 19. März 1884.**

Der Mangel der Zugänglichkeit einer projektierten neuen Ansiedelung — § 14 des Ges. vom 25. August 1876 — kann nur von der Polizeibehörde im öffentlichen Interesse gerügt und als Grund für die Versagung der Ansiedelungsgenehmigung verwertet werden. Dagegen ist ein Privatinteressent nicht befugt, hierauf einen Einspruch gegen die Erteilung der Genehmigung zu gründen.

### Nr. 6.

**Endurteil des I. Senats vom 26. März 1884.**

1) Das Verwaltungsstreitverfahren aus § 17 des Ansiedelungsges. vom 25. August 1876 ist nicht auf die im Vorverfahren geltend gemachten Einwendungen beschränkt; vielmehr sind die Kläger befugt, auch in der Berufungsinstanz noch ihre Ausführungen zu ergänzen und zu vervollständigen.

2) Das Einspruchsrecht gemäß § 15 a. a. O. beschränkt sich auf den Schutz der Nutzungen der benachbarten Grundstücke. Zur Wahrnehmung der öffentlichen Interessen sind lediglich die Behörden, nicht aber Privatpersonen legitimiert.

### Nr. 7.

**Endurteil des I. Senats vom 28. Mai 1884.**

Es ist nicht erforderlich, daß ein Antrag ausdrücklich als auf Erteilung der Ansiedelungsgenehmigung gerichtet bezeichnet ist. Vielmehr genügt zur Einleitung des vorgeschriebenen Verfahrens, daß aus dem materiellen Inhalt der Eingabe und der Erklärungen des Antragstellers dessen Absicht erhellt, die polizeiliche Genehmigung zur Errichtung eines Hauses an einem außerhalb einer im Zusammenhang gebauten Ortschaft belegenen Platze nachzusuchen.

### Nr. 8.

**Endurteil des I. Senats vom 10. September 1884.**

Für das Vorhandensein eines jederzeit offenen Zuganges zu einer Ansiedelung hat in Ermangelung anderer öffentlich-rechtlich Verpflichteter, also namentlich wenn dieser Zugang nicht in einem öffentlichen Wege gegeben ist, der Eigentümer derselben Sorge zu tragen, und nur an ihn kann sich die Polizeibehörde dieserhalb halten.

### Nr. 9.

**Endurteil des I. Senats vom 5. November 1884.**

In dem Verfahren auf Erteilung der Ansiedelungsgenehmigung ist nur darüber zu entscheiden, ob eine Ansiedelung an einer bestimmten Stelle überhaupt errichtet werden darf oder nicht. Es ist unzulässig, die Genehmigung an polizeiliche Beschränkungen in Bezug auf den Gebrauch des künftigen Ge-

**bäudes zu knüpfen, und zwar selbst dann, wenn der Antragsteller sich denselben unterwirft; denn die polizeiliche Zuständigkeit kann sich nur nach objektiven, öffentlich-rechtlichen Normen regeln.**

## Nr. 10.

**Endurteil des I. Senats vom 27. Juni 1885.**

1) Bei Anlegung neuer Kolonieen ist weder die Frage, in welcher Weise die Regelung der Gemeinde-, Kirchen- und Schulverhältnisse zu erfolgen hat — § 19 des Ansiedel.-Gesetzes vom 25. August 1876 — noch auch, ob bis zu dieser Regelung die Ansiedelungsgenehmigung zu versagen ist, und ob ein Bedürfnis solcher Regelung besteht, im Verwaltungsstreitverfahren zu entscheiden.

2) Die Ansiedelungsgenehmigung ist stets dann erforderlich — § 13 a. a. O. — wenn die neue Niederlassung „außerhalb einer im Zusammenhang gebauten Ortschaft“, d. h. nicht innerhalb einer solchen liegen soll, namentlich also auch dann, wenn die benachbarte Ortschaft zusammenhanglos gebaut ist. Der Nachdruck ruht auf „außerhalb“, nicht auf „im Zusammenhang gebaut“; der Gegensatz ist also: innerhalb einer Ortschaft, nicht: außerhalb einer zusammenhanglosen Ortschaft.

3) Zum Begriff einer Kolonie gehört nicht notwendig eine Mehrzahl von einander getrennter Wohngebäude; eine solche kann vielmehr auch dann als projektiert angenommen werden, wenn eine größere Anzahl von Wohnräumen unter einem Dache vereinigt werden soll.

## Nr. 11.

**Endurteil des I. Senats vom 5. September 1883.**

1) Die Genehmigung einer Ansiedelung kann nur aus den in §§ 14, 15 des Gesetzes vom 25. August 1876 vorgeführten Gründen, nicht aber aus allgemeinen wohlfahrtspolizeilichen Rücksichten versagt werden.

2) Aus der Erteilung der Ansiedelungsgenehmigung folgt nicht, daß demnächst der Konsens zur Errichtung eines Wohngebäudes nicht aus polizeilichen Gründen versagt werden dürfe, namentlich wenn nachgewiesen wird, daß aus der Lage des Hauses den Bewohnern desselben Gefahr droht.

## Nr. 12.

**Endurteil des I. Senats vom 2. Januar 1886.**

Der bei einer Ansiedelungsgenehmigung in Gemäßheit des § 14 des Gesetzes vom 25. August 1876 (G.-S. S. 405) zu erbringende Nachweis, daß der Platz, auf welchem die Ansiedelung gegründet werden soll, durch einen jederzeit offenen Weg zugänglich oder daß die Beschaffung eines solchen Weges gesichert ist, kann lediglich von der Ortspolizeibehörde gefordert werden, dagegen sind die Gründe, aus denen Privatinteressenten zu einem Einspruche gegen die beabsichtigte Ansiedelung befugt sind, in dem § 15 des Gesetzes enthalten.

## Nr. 13.

**Endurteil des I. Senats vom 13. Januar 1886.**

1) Wenn es sich um die Entscheidung darüber handelt, ob die in Gemäßheit der §§ 47, 48 der Feld- und Forstpolizeiordnung vom 1. April 1880 (G.-S. S. 230) zu erteilende Genehmigung zur Errichtung von Feuerstellen innerhalb

einer Entfernung von 75 Metern von mehr als 100 Hektaren im räumlichen Zusammenhange umfassenden Waldungen zu versagen oder an Bedingungen zum Zwecke der Verhütung von Feuersgefahr zu knüpfen ist, so ist aus dem Worte „darf" im § 48 a. a. O. zu entnehmen, daß die damit der zuständigen Polizeibehörde erteilte Befugnis zwar nicht die Berechtigung zu willkürlicher Erteilung der Genehmigung, wohl aber das Recht und die Verpflichtung in sich schließt, entgegengesetzte öffentliche (nicht Privat-) Interessen, z. B. dasjenige der Volkswohlfahrt, dabei in Betracht zu ziehen.

2) Ob die Behörde die Anlegung der Feuerstelle versagen, oder zur Erreichung des im Gesetze vorgeschriebenen Zweckes das mildere Mittel der Gestattung unter Bedingungen wählen will, bleibt ihrem freien sachgemäßen Ermessen überlassen, und es ist nicht richtig, die Auferlegung der Bedingungen als die Regel, die Versagung aber als die Ausnahme hinzustellen.

3) Die Parteien haben den Anspruch zu erheben, daß die thatsächlichen Verhältnisse auf der Grundlage einer nicht rechtsirrtümlichen Gesetzauslegung gewürdigt werden.

4) Partei im Streitverfahren über die Erteilung dieser Genehmigung ist die Ortspolizeibehörde (§ 50 a. a. O.), denn es handelt sich um polizeiliche Verfügungen und nicht um interimistische Entscheidungen über Privatrechte. Die Polizeibehörde hat ihren Beschluß im Streitverfahren zu verteidigen. Neben diese Behörde tritt aber als Partei diejenige Privatperson, deren rechtliches Interesse im Sinne des Gesetzes (§ 50) mit dem des Klägers kollidiert.

5) Der Begriff der „im Zusammenhange gebauten Ortschaft" ist im § 8 a. a. O. kein anderer als in dem Ansiedelungsgesetze vom 25. August 1876 (G.-S. S. 405) und hat nicht die Feststellung eines Bebauungsplanes nach dem Gesetze vom 2. Juli 1875 zur Voraussetzung. (cf. das Endurteil vom 29. November 1882 — Entsch. Band IX. S. 340.) Unter „Ortschaft" ist nicht nur ein Wohnplatz mit kommunaler Selbständigkeit, eine Stadt- oder Landgemeinde, sondern auch ein Häuserkomplex und ein thatsächlich im Zusammenhange gebauter Teil einer Gemeinde zu verstehen. (Endurteil des I. Senats vom 4. Juni 1879 — Entsch. Band V. S. 400.) Bei der Beurteilung der Lage der von dem Unternehmer ausersehenen Bauplätze kommen alle in der Nähe vorhandenen Häuser, mögen sie mit oder ohne polizeiliche Genehmigung entstanden sein, in Betracht.

6) Für die Prüfung der Frage, ob die Genehmigung zu versagen oder unter Bedingungen zu erteilen sei, fällt der Umstand wesentlich ins Gewicht, ob bei etwaigen in den Häusern entstehenden Feuersbrünsten auf die prompte Hilfe der bestehenden Feuerlöscheinrichtungen zu rechnen ist.

7) Steht dem Unternehmer der Feuerstellen außerhalb des Schutzstreifens von 75 Metern reichlich Bauterrain zur Verfügung, so daß sein Projekt ohne unverhältnismäßige Opfer sehr wohl derartig durchgeführt werden kann, daß damit nicht zugleich berechtigte und gesetzlich geschützte Interessen des Waldeigentümers geschädigt werden, so hat dies der Verwaltungsrichter sorgfältig festzustellen.

8) Die Frage der Ansiedelungsgenehmigung steht mit der Frage über Anlegung von Feuerstellen in der Nähe eines Waldes nicht im Zusammenhange. An die Stelle der §§ 64 und 70a des Gesetzes vom 3. Juli 1875 sind die §§ 94 und 101 des Landesverwaltungsgesetzes vom 30. Juli 1883 getreten.

9) Wenn der Einwand des Waldeigentümers, daß sein Wald durch das Fliegen der Funken aus den Schornsteinen der projektierten Häuser gefährdet werde, seitens des Verwaltungsrichters dadurch widerlegt werden soll, daß sich

die gedachten Gefahren durch die Einrichtung sogenannter Funkenfänger mit voller Sicherheit vollständig verhindern lassen, so ist dies ein thatsächliches Moment, welches durch Sachverständige erwiesen werden muß. Gehört dieser Sachverständige zu dem als Verwaltungsgericht fungierenden Kollegium, z. B. als Baurat, so hat derselbe nach § 91 des Gesetzes vom 1. April 1880 bei der Entscheidung auch mitzuwirken, denn er gehört nicht zu den „Sachverständigen" im Sinne des § 41 Nr. 5 der Zivilprozeßordnung vom 30. Januar 1875, auch steht er nicht außerhalb des Kollegiums, sondern er ist in den seinen Geschäftskreis angehenden Angelegenheiten vollständig stimmberechtigtes Mitglied desselben.

10) Auf die Mitteilung von Abschriften des Gutachtens dieses Mitgliedes haben die Parteien vor dem Termin zur mündlichen Verhandlung keinen Anspruch, auch stellt die Ablehnung der Nichterteilung von Abschriften auch von wirklichen Beweisverhandlungen allein noch keinen wesentlichen Mangel des Verfahrens dar.

11) Bei der Beurteilung der Frage, ob dem Unternehmer außerhalb des vorgedachten Schutzstreifens auch genügendes Bauterrain zur Verfügung stehe, ist, wenn der Unternehmer eine offene Handelsgesellschaft ist, nur das Eigentum der Gesellschaft und nicht das der einzelnen Mitglieder der Gesellschaft in Betracht zu ziehen, wenn auch die offene Handelsgesellschaft als eine juristische Person nicht angesehen werden kann; denn die nicht in die Gesellschaft eingebrachten Grundstücke des einzelnen Gesellschafters stehen so wenig zur Verfügung der Gesellschaft wie die dritter Personen.

12) Wenn Funkenfänger geeignet sind, die Feuersgefahr für einen benachbarten Wald zu vermeiden, so kann bei der polizeilichen Überwachung der Ausführung der Bauten durch die Ortspolizeibehörde die Wahl solcher Funkenfänger, welche ihrem Zwecke am besten entsprechen, angeordnet und nötigenfalls erzwungen werden, event. würde es dem Waldbesitzer zustehen, zur Durchführung dieser Maßnahme das Einschreiten der Landespolizeibehörde als Aufsichtsinstanz im Beschwerdewege herbeizuführen. (§ 50 Abs. 3 des Landesverwaltungsgesetzes vom 30. Juli 1883 — G.-S. S. 207.) Vergl. auch Endurteil desselben Senats vom 13. Februar 1884 — Entscheid. Band 10, S. 322, Rechtsgrunds. S. 426.

### Nr. 14.

**Endurteil des I. Senats vom 10. März 1886.**

Die Ansiedelungsgenehmigung darf nach § 15 des Ges. vom 25. August 1876 wegen Schwierigkeit der polizeilichen Ueberwachung dann nicht versagt werden, wenn in der Nähe der projektierten Ansiedelung bereits andere Wohngebäude, welche eine solche Ueberwachung erforderlich machen, vorhanden sind.

### Nr. 15.

**Endurteil des I. Senats vom 28. April 1886.**

Die Frage der Regelung der Gemeinde-, Kirchen- und Schulverhältnisse bei Anlegung einer Kolonie ist nicht Gegenstand des Verwaltungsstreitverfahrens im Sinne des Ansiedelungsgesetzes vom 25. August 1876.

### Nr. 16.

**Endurteil des I. Senats vom 5. Mai 1886.**

Die behördliche Genehmigung zur Gründung einer neuen Ansiedelung hat immer die Stellung eines Antrages zur Voraussetzung. Die Einleitung des in dem Gesetze vom 25. August 1876 vorgesehenen Aufgebotsverfahrens ist unzulässig, wenn ein Antrag des Unternehmers der Ansiedelung nicht vorliegt.

## Nr. 17.

**Endurteil des I. Senats vom 8. September 1886.**

In Ansiedelungssachen findet das Verwaltungsstreitverfahren nur auf Grund der §§ 14 bis 17 des Gesetzes vom 25. August 1876 statt. Dagegen ist die Entscheidung darüber, ob überhaupt eine Kolonie in Frage steht oder nicht, ob es einer weiteren Regelung ihrer kommunalen Verhältnisse bedarf, oder ob diese ausreichend erfolgt, bezw. gesichert ist, im Verwaltungsstreitverfahren nicht zulässig.

## Nr. 18.

**Endurteil des I. Senats vom 18. September 1886.**

1) Der Grundsatz, daß Veränderungen nicht vermutet werden, kann auch im Verwaltungsrecht — wie dies für das bürgerliche Recht durch wiederholte Entscheidungen des Obertribunals festgestellt ist — nur so angewendet werden, daß aus dem nachgewiesenen Bestehen rechtlicher Verhältnisse geschlossen wird, daß dieselben in der Folgezeit sich nicht geändert haben; derselbe darf dagegen nicht dahin umgekehrt werden, daß aus diesem Bestehen gefolgert wird, daß die gleichen Verhältnisse auch zu einer früheren Zeit vorhanden gewesen sind.

2) Die Qualität einer Ansiedelung als Landgemeinde ist nur dann anzunehmen, wenn dieselbe entweder nachweisbar bereits vor Publikation des Allgemeinen Landrechtes eine Gemeinde gebildet hat, oder derselben nach diesem Zeitpunkt die Rechte einer Gemeinde ausdrücklich durch landesherrlichen Erlaß beigelegt sind.

3) Fehlt es an diesem Nachweise und ist auch nicht festzustellen, daß die eine solche Niederlassung bildenden Grundstücke einem andern Gemeindeverbande zugehören, so sind dieselben, auch wenn sie äußerlich sich als ein besonderes Gemeinwesen darstellen, als kommunalfreie Grundstücke anzusehen.

4) Entstehen im Laufe des Verwaltungsstreitverfahrens Zweifel über die Gemeindezugehörigkeit solcher Grundstücke, so sind die beteiligten Gemeinden zu dem Verfahren zuzuziehen.

## Nr. 19.

**Endurteil des III. Senats vom 23. September 1886.**

1) Zu den Gründen, aus welchen die Ansiedelungsgenehmigung versagt werden kann — §§ 14, 15 des Gesetzes vom 25. August 1876 — gehören Einsprüche wegen Verletzung straßenpolizeilicher Vorschriften nicht.

2) Die polizeiliche Bauerlaubnis ist in der Ansiedelungsgenehmigung nicht enthalten — § 13 a. a. O. —, sondern besonders nachzusuchen und zu erteilen.

## Nr. 20.

**Endurteil des III. Senats vom 13. Dezember 1886.**

Die Frage, ob eine erbetene polizeiliche Genehmigung zur Gründung einer Kolonie oder einer Ansiedelung um deswillen zu versagen sei, weil zunächst für den letzteren Fall die Gemeinde- und Schulverhältnisse zu regeln seien, entzieht sich der Erörterung im Verwaltungsstreitverfahren (Parey, Rechtsgrundsätze S. 428).

### Nr. 21.

**Endurteil des III. Senats vom 17. Februar 1887.**

1) Die Erteilung einer Ansiedelungsgenehmigung kann versagt werden, wenn die Gefährdung der Nutzungen benachbarter Grundstücke zu besorgen ist, sie muß aber nicht notwendig jedesmal versagt werden, wenn diese Voraussetzung vorliegt. Vielmehr sind die entgegenstehenden Interessen gegen einander abzuwägen und wenn ein überwiegendes öffentliches Interesse für die Genehmigung der Ansiedelung vorliegt, kann dieselbe trotz der bestehenden Gefährdung erteilt werden.

2) Wenn zur Sicherung eines öffentlichen Interesses verschiedene Mittel zur Auswahl gestellt sind, so muß — vorausgesetzt daß dieselben gleich geeignet sind, das erstrebte Ziel zu erreichen – dasjenige angewendet werden, welches für die Freiheit des Eigentums die geringste Belastung enthält.

### Nr. 22.

**Endurteil des III. Senats vom 21. März 1887.**

Es ist als ein wesentliches Merkmal einer neuen Ansiedelung anzusehen, daß Gebäude außerhalb einer im Zusammenhange gebauten Ortschaft errichtet werden. Dabei fällt der Umstand nicht in das Gewicht, daß die projektierten Wohnhäuser auf einem bisher unbewohnten Grundstücke, welches zu einem anderen bereits bewohnten Grundstücke gehört, errichtet werden sollen.

## X.

## Versicherungen (auch Krankenversicherung).

(Vergl. P. Rechtsgrundsätze, Stammwerk und Supplementband I, XXIII.)

### Nr. 1.

**Endurteil des II. Senats vom 22. Mai 1882.**

Die Polizeibehörde ist nicht befugt, die Genehmigung der Aushändigung einer Feuerversicherungspolize von der Beibringung einer ausführlichen Taxe der versicherten Gebäude behufs Prüfung der Angemessenheit der Versicherung abhängig zu machen; sie kann vielmehr nur Einreichung des Versicherungsantrages und einer Deklaration fordern.

### Nr. 2.

**Endurteil des II. Senats vom 22. Januar 1885.**

Bei der Versicherung von Vieh kann die Ortspolizeibehörde von dem die Versicherung Beantragenden die Angabe der Stückzahl der einzelnen zu versichernden Viehgattungen fordern; sie ist dagegen nicht befugt den Nachweis zu verlangen, daß das nach Stückzahl zu versichernde Vieh den im Antrage angegebenen Wert habe.

### Nr. 3.

**Endurteil des II. Senats vom 9. Februar 1885.**

Beträge, welche eine Versicherungsgesellschaft statutgemäß zu gemeinnützigen Zwecken zu verwenden verpflichtet ist, unterliegen der Kommunalbesteuerung nicht, sind vielmehr bei Berechnung des steuerpflichtigen Reineinkommens in Abzug zu bringen.

### Nr. 4.

**Endurteil des III. Senats vom 9. Dezember 1886.**

1) Die Vorschrift des Krankenversicherungsgesetzes (§ 31 Abs. 2), nach welcher die Beiträge, soweit sie den Kassenmitgliedern selbst zur Last fallen, zwei Prozent des durchschnittlichen Tagelohnes nicht übersteigen sollen, bezieht sich nur auf die versicherungspflichtigen Personen, welche nur $^2/_3$ der Beiträge selbst zu entrichten haben, nicht aber auf die freiwilligen Mitglieder, welchen diese Beiträge zum vollen Betrage zur Last fallen.

2) Erfolgt die Beitragserhebung in verschiedenen, nach der Höhe des Durchschnitts-Tagelohnes abgestuften Klassen, so müssen in allen Klassen die Beiträge nach dem gleichen Prozentsatze des Tagelohnes bemessen werden. Es ist nicht zulässig und widerspricht der sozialpolitischen Grundlage der Krankenversicherung, einzelne Mitgliederklassen — etwa zur Ausgleichung eines größeren Risikos — mit verhältnismäßig höheren Leistungen heranzuziehen.

### Nr. 5.

**Endurteil des III. Senats vom 10. Februar 1887.**

Personen, welche zur Ortskrankenkasse versicherungspflichtig sind, werden mit dem Eintritt in die Arbeit bei einem Meister Mitglieder der Kasse, ohne daß es eines besonderen Aufnahmeaktes bedarf und selbst wenn sie bei der Erlangung dieser Mitgliedschaft krank sind. Dagegen verhält sich dies anders bei Personen, welche der Versicherungspflicht nicht unterliegen und der Kasse freiwillig beitreten.

### Nr. 6.

**Endurteil des III. Senats vom 14. März 1887.**

Die statutarische Bestimmung einer Ortskrankenkasse, nach welcher ein Mitglied, welches sich vorsätzlich eine Krankheit zugezogen hat, des Anspruchs auf Krankengeld verlustig geht, kann nicht dahin ausdehnend interpretiert werden, daß auch im Falle des Selbstmordes die Zahlung des Sterbegeldes zu verweigern sei.

### Nr. 7.

**Endurteil des III. Senats vom 21. April 1887.**

Nach § 57, Abs. 5 des Krankenversicherungsgesetzes vom 15. Juni 1883 ist die Ortskrankenkasse nur verpflichtet, dem Ortsarmenverbande für die von ihm verauslagten Kur- und Verpflegungskosten Ersatz in Höhe der gesetzlich ihr obliegenden Leistungen zu gewähren. Dagegen ist der Armenverband berechtigt, von dem Verpflegten selbst geleistete Zahlungen auf seine, diesen erstattungsfähigen Betrag übersteigenden Auslagen zu verrechnen.

### Nr. 8.

**Endurteil des II. Senats vom 13. September 1887.**

1) Die Versicherung auf Gegenseitigkeit stellt keinen Gewerbebetrieb dar, das Einkommen aus derselben unterliegt daher nicht der Gemeindebesteuerung gemäß § 1 des Kommunalsteuergesetzes vom 27. Juli 1885.

2) Die zinsbare Belegung verfügbarer Bestände kann als eine selbständige, auf Erwerb gerichtete Thätigkeit nicht angesehen werden, bildet vielmehr einen integrierenden Teil der Gesamtverwaltung einer Gesellschaft und kann in steuerlicher Beziehung nicht von dieser getrennt behandelt werden.

### Nr. 9.

**Endurteil des III. Senats vom 29. September 1887.**

1) Die Vorschriften des Krankenversicherungsgesetzes über die Entziehung des Krankengeldes und die Ausschließung von der Mitgliedschaft sind unbedingt bindend und dürfen durch Kassenstatuten nicht erweitert werden.

2) Die Zugehörigkeit zu einer Ortskrankenkasse und der Anspruch auf die Leistungen derselben werden nicht durch den Aufenthalt, sondern nur durch die Beschäftigung in deren Bezirk bedingt.

3) Eine Abstufung der Mitgliederbeiträge der einzelnen Lohnklassen nach verschiedenen Prozentsätzen des der Berechnung zu Grunde zu legenden Wochenlohns ist nicht statthaft.

4) Die Krankenkassen sind nicht befugt, durch statutarische Anordnung die Arbeiter zur Beitragsleistung für einen Zeitraum zu verpflichten, während welches dieselben nicht wirklich der Kasse als Mitglieder angehört haben.

### Nr. 10.

**Endurteil des III. Senats vom 3. Oktober 1887.**

Die Bestimmung im § 28 des Krankenversicherungsgesetzes vom 15. Juni 1883, daß Kassenmitglieder, welche erwerblos geworden sind, noch für die Dauer der Erwerblosigkeit, jedoch nicht für einen längeren Zeitraum, als sie der Kasse angehört haben, und höchstens für 3 Wochen im Erkrankungsfalle ihre Ansprüche auf die gesetzlichen Mindestleistungen der Kasse gegenüber behalten, ist dahin zu verstehen: daß, wenn der Erkrankungsfall binnen der im § 28 festgesetzten Frist eintritt, der Erkrankte die Leistungen der Kasse für die ganze gesetzliche Dauer — also bis zu 13 Wochen — zu beanspruchen hat.

### Nr. 11.

**Endurteil des III. Senats vom 17. Oktober 1887.**

Die Entschädigungspflicht der Krankenkasse ist auf die Dauer von 13 Wochen beschränkt, und diese Beschränkung greift auch dann Platz, wenn im Verlaufe der Krankheit der Erkrankte sich vorübergehend wieder zur Arbeit begiebt und dann abermals krank meldet. In diesem Falle beginnt nicht etwa mit der neuen Krankmeldung wiederum eine auf 13 Wochen zu bemessende Entschädigungsperiode.

### Nr. 12.

**Endurteil des III. Senats vom 12. Dezember 1887.**

Der Anspruch einer Krankenkasse gegen die Berufsgenossenschaft auf Erstattung nach Ablauf der Karrenzzeit gezahlter Kur- und Pflegekosten kann nicht im Verwaltungsstreitverfahren verfolgt werden.

## XI.

## Handelskammern. (Börsenangelegenheiten.)

(Vergl. P. Rechtsgrundsätze, Stammwerk XXIV.)

### Nr. 1.

**Endurteil des II. Senats vom 5. März 1885.**

Einem vereideten Börsenmakler kann die Bestallung auf Grund des § 71 der Preuß. Gew.-Ordn. vom 17. Januar 1845 wegen Mangels der voraus-

**gesetzten Eigenschaften auch dann entzogen werden, wenn die Handlungen, aus welchen dieser Mangel klar erhellt, nicht zu der amtlichen Thätigkeit desselben in Beziehung stehen, sondern seinem Privatleben angehören.**

Nr. 2.

**Endurteil des II. Senats vom 13. April 1885.**

Wenn eine Börsen-Ordnung das laute Rufen an der Börse untersagt, so rechtfertigt die Uebertretung dieses Verbotes die zeitweilige Ausschließung vom Besuche der Börsenversammlungen wegen Ruhestörung.

Nr. 108.

**Endurteil des III. Senats vom 3. Oktober 1887.**

Wenn eine Börsenordnung die Fortweisung von der Börse wegen Beleidigung eines andern Börsenbesuchers zuläßt, so genügt zur Anwendung dieser Vorschrift die objektive Feststellung, daß durch die ausgesprochene Beleidigung die Ordnung in der Börsenversammlung gestört worden ist. Dagegen kommt es nicht darauf an, ob etwa die subjektive Strafbarkeit des Beleidigers wegen besonderer Umstände — z. B. in den Fällen der §§ 193 (Wahrnehmung berechtigter Interessen) und 199 (Compensation gegenseitiger Beleidigungen) Str.-G.-B — ausgeschlossen ist.

## XII.

## Veterinärangelegenheiten.

(Vergl. P. Rechtsgrundsätze, Stammwerk XXV.)

**Endurteil des II. Senats vom 15. September 1884.**

Wo die obligatorische Fleischschau durch Polizeiverordnung eingeführt ist, können auch von der Polizeibehörde Schaubezirke eingerichtet werden, und es ist zulässig, den bestellten Fleischbeschauern die Vornahme von Untersuchungen außerhalb des ihnen zugewiesenen Schaubezirks zu untersagen.

## XIII.

## Staatsangehörigkeit.

(Vergl. P. Rechtsgrundsätze, Supplementband I, XXV.)

Nr. 1.

**Endurteil des I. Senats vom 4. November 1885.**

1) Vor dem Inkrafttreten des Reichsgesetzes vom 1. Juni 1870 bestand in Preußen kein einheitlicher Rechtszustand, nach welchem sich der Erwerb und Verlust der Eigenschaft als preußischer Unterthan regelte. Insbesondere ist durch die Gesetze vom 20. September und 24. Dezember 1866 in den neu erworbenen Landesteilen das bis dahin geltende Recht aufrecht erhalten.

2) Nach dänischem — in Schleswig-Holstein maßgebendem — Staatsrecht haftet das Indigenat an der Geburt im Inlande. Dasselbe geht nicht verloren, sondern ruht nur während des Aufenthalts außer Landes und lebt bei der Rückkehr von selbst wieder auf. Dagegen wird das Indigenat durch formelle Entlassung aus dem Unterthanenverbande aufgehoben und kann in diesem Falle nur durch ebenso formelle Wiederaufnahme wieder erworben werden.

## Nr. 2.

**Endurteil des I. Senats vom 6. Oktober 1886.**

Eine Entscheidung im Verwaltungsstreitverfahren über die Frage allein, ob Jemand die preußische Staats- oder deutsche Reichsangehörigkeit besitze, ist nicht zulässig. Diese Frage ist vielmehr nur als Inzidentpunkt zu entscheiden, wenn es sich um die Anfechtung von Ausweisungsverfügungen handelt.

# Vierte Abteilung.

## Der Verwaltungsprozeß.

---

### I.

### Das Streitverfahren.

(Vergl. P. Rechtsgrundsätze, Stammwerk, XXVI.)

#### Nr. 1.

**Endurteil vom 12. Mai 1877.**

Minister.-Blatt f. d. inn. Verw. 1877, S. 248.

Die Frist zur Einlegung eines Rechtsmittels ist für gewahrt zu erachten, wenn es unterlassen ist, der Partei eine Ausfertigung des Urteils zuzustellen. Alsdann ist das Rechtsmittel ohne Rücksicht auf den Zeitpunkt der Urteilspublikation zuzulassen.

#### Nr. 2.

**Endurteil vom 3. Oktober 1877.**

Minist.-Bl. f. d. inn. Verw. 1878, S. 7.

Der im Instanzenzuge nachgeordneten Behörde steht das — den Parteien gegen polizeiliche Verfügungen eingeräumte — Recht der förmlichen Beschwerde oder Klage gegen die Entscheidung der vorgesetzten Aufsichtsbehörde in polizeilichen Angelegenheiten nicht zu.

#### Nr. 3.

**Endurteil vom 1. Mai 1878.**

Der Berufungsrichter ist, wenn er das angefochtene Endurteil für in einer nicht zum Verwaltungsstreitverfahren geeigneten Sache ergangen ansieht, nicht befugt, die Entscheidung abzulehnen oder die Entscheidung des Oberverwaltungsgerichts über die Zuständigkeitsfrage anzurufen. Zu dieser Entscheidung beruft vielmehr das Gesetz — § 83 des Ges. vom 3. Juli 1875 — für die Fälle, in welchen Berufung eingelegt wird, ihn selbst.

#### Nr. 4.

**Endurteil des I. Senats vom 4. Dezember 1878.**

1) Die Verwaltungsgerichte haben die Berechtigung, nicht aber die Verpflichtung, Zeugen eidlich zu vernehmen.

2) Vermöge des ihm zustehenden Rechts der freien Beweiswürdigung kann der Verwaltungsrichter auch der Aussage eines nicht vereidigten Zeugen vollen Glauben beimessen.

## Nr. 5.

**Endurteil des I. Senats vom 4. September 1879.**

In der Wahl der Beweismittel, durch welche eine streitige erhebliche Thatsache festgestellt werden soll, ist der Verwaltungsrichter durch die Anträge der Parteien nicht beschränkt.

## Nr. 6.

**Endurteil des I. Senats vom 8. September 1880.**

Für die Entscheidung, ob die Berufung rechtzeitig eingelegt ist, ist nicht der Zeitpunkt der Ablieferung des die Berufungsschrift enthaltenden Briefes an die Post, sondern der Zeitpunkt des Einganges dieses Briefes bei dem zuständigen Gericht maßgebend.

## Nr. 7.

**Endurteil des II. Senats vom 4. November 1880.**

Die Abnahme des Offenbarungseides behufs Ermittelung des Einkommens im Verfahren auf Ermäßigung der veranlagten Gemeindesteuer ist im Verwaltungsstreitverfahren nicht zulässig.

## Nr. 8.

**Endurteil des II. Senats vom 7. Februar 1881.**

Der Verwaltungsrichter ist nicht verpflichtet, die Zeugen, welche er vernimmt, und deren Aussage er für die Begründung seiner Entscheidung verwerten will, zu beeidigen; er kann sich vielmehr auch mit einer unbeschworenen Aussage begnügen, wenn er dieselbe ohne Eid für glaubwürdig erachtet.

## Nr. 9.

**Endurteil des I. Senats vom 20. Juni 1881.**

1) Die nachträgliche Ablehnung eines Richters, der an der Entscheidung teilgenommen hat, wegen Befangenheit durch Einlegung eines Rechtsmittels an die höhere Instanz ist unzulässig.

2) Dagegen kann die Teilnahme eines gesetzlich ausgeschlossenen Richters an der Entscheidung durch Rechtsmittel geltend gemacht werden, da die Entscheidung alsdann von einem nicht gehörig besetzten Gericht gefällt, also nichtig ist. Aber auch in diesem Falle liegt ein Anlaß, die Sache, wenn sie spruchreif ist, in die Vorinstanz zurückzuverweisen, nicht vor.

## Nr. 10.

**Endurteil des II. Senats vom 10. November 1881.**

Dem Verwaltungsrichter ist es so wenig als dem ordentlichen Richter verwehrt, Thatsachen, welche bei dem Gerichte offenkundig sind, ohne Weiteres als erwiesen anzunehmen. Selbst wenn aus der Begründung nicht zu ersehen ist, woraus der erkennende Richter seine Wissenschaft geschöpft hat, so ist hierin ein *wesentlicher* Mangel des Verfahrens nicht zu erblicken; es genügt, daß die Thatsache als „notorisch" bezeichnet war.

## Nr. 11.

**Endurteil des II. Senats vom 14. November 1881.**

Wenn nach rechtzeitiger Anmeldung der Berufung und Gewährung einer Nachfrist zur Rechtfertigung derselben binnen dieser Frist eine Rechtfertigungsschrift nicht eingereicht wird, so ist das Rechtsmittel als desert zu verwerfen.

## Nr. 12.

**Endurteil des I. Senats vom 19. November 1881.**

Wenn die Klage in eingeschriebenem, an den beurlaubten Vorsitzenden des Kreisausschusses adressiertem Briefe rechtzeitig eingegangen ist, dieser Brief aber demnächst erst bei Rückkehr desselben nach Ablauf der Klagefrist geöffnet und präsentiert wird, so ist die Frist gleichwohl als gewahrt zu betrachten.

## Nr. 13.

**Endurteil des I. Senats vom 17. Dezember 1881.**

Der Verwaltungsrichter ist befugt, gutachtliche Äußerungen von Sachverständigen schriftlich erstatten zu lassen und dieselben, auch ohne daß sie eidlich erhärtet wären, für die Beweiswürdigung zu verwerten. Doch müssen dieselben zuvor ihrem Inhalte nach den Parteien mitgeteilt und diesen Gelegenheit geboten sein, sich über dieselben zu äußern.

## Nr. 14.

**Endurteil des II. Senats vom 6. Februar 1882.**

Der Verwaltungsrichter ist befugt, die beantragte Beweisaufnahme durch Einnahme des Augenscheins abzulehnen, wenn er den streitigen Zustand durch die Aussagen der vernommenen Zeugen und Sachverständigen bereits für genügend aufgeklärt erachtet.

## Nr. 15.

**Endurteil des I. Senats vom 28. Oktober 1882.**

Die Gutachten der Sachverständigen sind auch im Verwaltungsstreitverfahren lediglich Beweismittel für Thatsachen, dazu bestimmt, den Richter in der ihm obliegenden Rechtsprechung zu unterstützen. Sie haben für denselben keine formell bindende Kraft, unterliegen vielmehr seiner Beurteilung und brauchen jedenfalls nicht notwendig zum Zweck der Entscheidung, welche sich auf sie stützt, abgegeben zu sein.

## Nr. 16.

**Endurteil des II. Senats vom 13. November 1882.**

1) Wenn ein Verwaltungsgericht mit einer geraden Anzahl von Mitgliedern besetzt gewesen ist — jetzt Landesverw.-Ges. §§ 33, 40 —, so muß aus der Entscheidung selbst ersichtlich sein, daß das jüngste Mitglied an der Abstimmung nicht teilgenommen hat.

2) Ist die Berufung nur angemeldet, aber nicht gerechtfertigt worden, so kann dem Rechtsmittel nicht stattgegeben werden.

## Nr. 17.

**Endurteil des I. Senats vom 7. Februar 1883.**

Thatsachen, welche auf Notorietät beruhen, können von dem Verwaltungsrichter auch ohne die ausdrückliche Erklärung der Parteien berücksichtigt werden; des Beweises derselben bedarf es nicht. — Reichs-Civ.-Proz.-Ordn. § 264. —

## Nr. 18.

**Endurteil des II. Senats vom 17. Mai 1883.**

Der zur Wahrnehmung des öffentlichen Interesses im Verwaltungsstreitverfahren bestellte Kommissar befindet sich rechtlich in der Stellung einer Partei und ist daher auch zur Einlegung von Rechtsmitteln befugt.

## Nr. 19.

**Endurteil des I. Senats vom 25. Juni 1883.**

Die Revision im Verwaltungsstreitverfahren muß schriftlich eingelegt und gerechtfertigt werden. Unterbleibt die schriftliche Rechtfertigung binnen der gesetzlichen Frist (oder bewilligten Nachfrist), so ist das Rechtsmittel als desert zurückzuweisen, und es kann in eine sachliche Prüfung nicht eingetreten werden.

## Nr. 20.

**Endurteil des I. Senats vom 17. Oktober 1883.**

In der Erklärung des Klägers, daß er wegen Krankheit an Einreichung der Klage verhindert gewesen sei, ist ein Antrag auf Wiedereinsetzung in den vorigen Stand zu erblicken. Ein Urteil, welches, ohne diesen Antrag zu prüfen, die Klage wegen Fristversäumniß abweist, unterliegt der Aufhebung.

## Nr. 21.

**Endurteil des I. Senats vom 14. November 1883.**

Der Anspruch auf Erstattung verauslagter Armenpflegekosten gegen den unterstützungspflichtigen Armenverband kann im Verwaltungsstreitverfahren nicht verfolgt werden.

## Nr. 22.

**Endurteil des I. Senats vom 14. November 1883.**

Gegen die verspätete Einlegung eines Rechtsmittels infolge unrichtiger Rechtsbelehrung durch den Anwalt findet die Wiedereinsetzung in den vorigen Stand nicht statt.

## Nr. 23.

**Endurteile des I. Senats vom 8. Dezember 1883.**

1) Wenn die Klage bei einer unrichtigen Behörde eingereicht und von dieser erst nach Ablauf der Klagefrist an die zuständige Instanz weitergegeben wird, so muß dieselbe als verspätet abgewiesen werden.

2) Die Wahrung der Klagefrist ist auch in der Revisionsinstanz von Amtswegen zu prüfen.

## Nr. 24.

**Endurteil des II. Senats vom 6. Oktober 1884.**

Hat an der Entscheidung ein kraft Gesetzes ausgeschlossener Richter teilgenommen, so liegt schon in seiner Mitwirkung allein unter allen Umständen eine Rechtsverletzung. Dagegen ist es in das Ermessen des erkennenden Richters der höheren Instanz gestellt, ob er infolge solcher Rechtsverletzung die Rückverweisung der Sache in die Vorinstanz eintreten lassen oder jenes Mangels ungeachtet in der Berufungsinstanz sachlich selbst erkennen will.

## Nr. 25.

**Endurteil des I. Senats vom 15. Oktober 1884.**

Gegen die Versäumnis einer Rechtsmittelfrist, welche dadurch veranlaßt ist, daß das rechtzeitig zur Post gegebene Schreiben durch Verschulden der Postverwaltung verspätet bestellt wurde, ist die Wiedereinsetzung in den vorigen Stand zu gewähren.

## Nr. 26.

**Endurteil des I. Senats vom 1. November 1884.**

1) Wenn auch die Zeugen gemäß §§ 356, 359, 360 Civ.-Proz.-Ordn. einzeln verhört und vereidigt und zunächst über die Personalien befragt werden sollen, so stellt doch ein Verstoß gegen diese Vorschriften nicht eine solche Verletzung wesentlicher Prozeßvorschriften dar, welche unter allen Umständen zur Aufhebung der darauf gegründeten Entscheidung führen müßte.

2) Das Gericht kann die Beweisaufnahme selbst vornehmen oder durch eines seiner Mitglieder bewirken lassen. Im Falle einer vom Kreisausschusse beschlossenen kommissarischen Beweisaufnahme ist der Vorsitzende befugt, diese entweder selbst auszuführen oder einem von ihm bezeichneten Mitgliede zu übertragen.

## Nr. 27.

**Endurteil des I. Senats vom 1. November 1884.**

Es steht dem Revisionsrichter nicht zu, zu prüfen, ob der Vorderrichter aus den Zeugenaussagen in thatsächlicher Beziehung richtige Schlüsse gezogen hat, sofern dieselben nur nicht gegen deren klaren Inhalt verstoßen.

## Nr. 28.

**Endurteil des II. Senats vom 3. November 1884.**

Der Nachweis der Zustellung einer Entscheidung behufs Berechnung der Rechtsmittelfrist ist nicht unbedingt von der Beibringung einer Zustellungsurkunde abhängig, sofern nur auf andere Weise der Tag der Zustellung zuverlässig festgestellt werden kann.

## Nr. 29.

**Endurteil des I. Senats vom 8. November 1884.**

Die Nichtladung der Parteien zu einem Beweistermin ist ein Mangel des Verfahrens, jedoch kein wesentlicher, wenn es sich um ein Gutachten handelt, welches auch unmittelbar schriftlich hätte erfordert werden können, wofern nur dessen Inhalt demnächst den Parteien durch schriftliche Mitteilung oder mündlichen Vortrag zur Kenntnis gebracht und diesen Gelegenheit gegeben ist, sich darüber zu äußern.

## Nr. 30.

**Endurteil des I. Senats vom 25. November 1884.**

Ist über einen Gegenstand im Verwaltungsstreitverfahren einmal rechtskräftig entschieden, so ist — vorausgesetzt, daß das Urteil nicht blos formell, sondern auch materiell rechtskräftig geworden ist (§ 86 Landesverw.=Ges.) — eine abermalige Entscheidung über denselben Gegenstand ausgeschlossen, selbst wenn sich der Kreis der Beteiligten durch Hinzutritt neuer Kläger, Beklagter oder Beigeladener erweitert hat.

## Nr. 31.

**Endurteil des I. Senats vom 6. Dezember 1884.**

Die den Gemeindevorstehern beigelegte Befugnis, die Gemeinde im Verwaltungsstreitverfahren ohne Beibringung einer besonderen Vollmacht zu vertreten, ermächtigt dieselben auch, sich hierbei der Hilfe eines Rechtsanwalts zu bedienen und denselben Namens der Gemeinde mit Vollmacht zu versehen.

## Nr. 32.

**Endurteil des II. Senats vom 22. Dezember 1884.**

Ein Zugeständnis kann im Verwaltungstreitverfahren nur insoweit der Entscheidung zur Grundlage dienen, als es eine Einräumung von Thatsachen enthält. Die Beurteilung der aus diesen Thatsachen sich ergebenden rechtlichen Folgen steht nur dem Richter zu. Die Entscheidung unterliegt der Aufhebung, wenn sie auch für diese rechtliche Beurteilung das Zugeständnis der Partei als ausschlaggebend angenommen hat.

## Nr. 33.

**Endurteil des II. Senats vom 12. Januar 1885.**

Die Bezeichnung eines Rechtsmittels (als Klage, Beschwerde pp.) ist überall da von erheblicher Bedeutung, wo das Gesetz zwischen mehreren Rechtsmitteln die Wahl läßt. Überall da hingegen, wo gegen einen Rechtsnachteil ausschließlich auf *einem* Wege Abhilfe gesucht werden kann, und der Beteiligte soviel zum unverkennbaren Ausdruck gebracht hat, daß er sich durch die getroffene Entscheidung beschwert fühle und eine höhere Instanz anzurufen bezwecke, steht ihm die Vermutung zur Seite, daß er auch das rechtlich allein zulässige Rechtsmittel gewollt habe.

## Nr. 34.

**Endurteil des I. Senats vom 14. Februar 1885.**

1) Aus der Einheit der Polizeigewalt und aus dem Verhältnis der nachgeordneten zur vorgesetzten Behörde folgt die Verpflichtung der ersteren, den ihr erteilten Anweisungen der vorgesetzten Behörde unbedingt Folge zu leisten und die von ihr demgemäß erlassenen Verfügungen als ihre eigenen zu vertreten.

2) Auch im Verwaltungsstreitverfahren hat der Polizeiverwalter nicht etwa seine persönliche Ansicht zu vertreten, sondern seine Erklärungen nach den ihm

erteilten Weisungen der vorgesetzten Behörde abzugeben. Nicht er persönlich, sondern die durch ihn vertretene Behörde ist Partei.

3) Die anweisende Behörde kann nicht mit verklagt werden, da über Anweisungen, welche eine nachgeordnete von ihrer vorgesetzten Behörde empfängt, im Verwaltungsstreitverfahren nicht zu befinden ist.

## Nr. 35.

### Endurteil des I. Senats vom 27. Mai 1885.

1) Die Versäumnis einer präklusivischen Klagefrist hat den Verlust des Rechtsmittels zur Folge. Ist binnen der gesetzlichen Frist eine Klageschrift nicht eingegangen, und dieselbe somit versäumt, so können die Folgen dieser Versäumnis auch nicht nachträglich durch Bewilligung einer Nachfrist beseitigt werden.

2) Zur Wahrung der Frist bezw. Herbeiführung der Möglichkeit einer Verlängerung derselben genügt aber eine Erklärung, daß die Entscheidung des Verwaltungsrichters angerufen werde. Die Erteilung der Nachfrist ist von einem Antrage der Partei nicht abhängig.

3) Ist wegen Versäumnis der Klagefrist die polizeiliche Verfügung unanfechtbar geworden, so haften wegen der Ausführung der geforderten Leistung die einmal in Anspruch genommenen Personen der Polizei selbst dann, wenn sie nicht die nach öffentlichem Recht Verpflichteten sind, vorbehaltlich ihres Erstattungsanspruchs an den vermeintlich verpflichteten Dritten für das Geleistete.

## Nr. 36.

### Endurteil des II. Senats vom 24. September 1885.

1) Die Eideszuschiebung findet im Verwaltungsstreitverfahren nicht statt.

2) Die Frage, ob Jemand als ein selbständiger Gewerbetreibender anzusehen ist, kann durch Berufung auf polizeiliche Auskunft nicht entschieden werden.

3) Der Antrag auf Vorlegung der gesamten Korrespondenz behufs Klarstellung des geschäftlichen Verhältnisses zwischen zwei Personen ist kein zulässiger Beweisantrag über eine bestimmte Thatsache.

## Nr. 37.

### Endurteil des I. Senats vom 26. September 1885.

Aus dem § 61 des Landesverw.=Ges. vom 30. Juli 1883 in Verbindung mit § 41 Nr. 1 und 6 der Civ.=Proz.=Ordn. vom 30. Januar 1877, nach welchem die Bestimmungen der bürgerlichen Prozeßgesetze über Ausschließung und Ablehnung der Gerichtspersonen für das Verwaltungsstreitverfahren sinngemäße Anwendung finden, und nach welchem ferner aus der innerhalb seiner Zuständigkeit geübten amtlichen Thätigkeit des Landrates bezw. des Regierungspräsidenten kein Grund zur Ablehnung desselben wegen Besorgnis der Befangenheit entnommen werden darf, läßt sich nicht schließen, daß ein Regierungspräsident, auf dessen Anweisung der Beschluß eines Magistrates durch den Bürgermeister als gesetzwidrig beanstandet wird, nicht befugt sei, an der Entscheidung über die gegen die Beanstandung erhobene Klage als Vorsitzender teilzunehmen.

## Nr. 38.

**Endurteil des I. Senats vom 6. Januar 1886.**

Zu den Gründen der Wiedereinsetzung in den vorigen Stand im Sinne des § 112 des Landesverw.-Ges. vom 30. Juli 1883 (G.-S. S. 221 und 222) gehört es nicht, insbesondere kann es nicht als ein „unabwendbarer Zufall" angesehen werden, wenn jemand einen vor dem Königlichen Ober-Verwaltungsgerichte angesetzten Termin um deshalb versäumt, weil er gleichzeitig einen anderen Termin in einer Zivilprozeßsache vor einem anderen Gerichte wahrzunehmen hat oder durch den letzteren länger aufgehalten wird, als er vermutet hatte.

## Nr. 39.

**Endurteil des II. Senats vom 11. Januar 1886.**

Unter den „Grundsätzen" des Revisionserkenntnisses, welche bei Zurückverweisung der Streitsache in die Vorinstanz für diese nach § 101 des Landesverw.-Ges. maßgebend sein sollen, sind nur Rechtsgrundsätze zu verstehen.

## Nr. 40.

**Endurteil des I. Senats vom 20. März 1886.**

Ein Bescheid des Kreisausschusses, der die in § 64 des Landesverw.-Ges. vorgeschriebene Rechtsmittelbelehrung nicht enthält, beruht auf einem wesentlichen Mangel des Verfahrens. Derselbe ist aber darum nicht ipso jure nichtig, sondern wird rechtskräftig, sofern er nicht fristzeitig mit dem geeigneten Rechtsmittel angefochten wird.

## Nr. 41.

**Endurteil des II. Senats vom 25. März 1886.**

1) Eine für den Bezirksausschuß bestimmte, aber an die Königliche Regierung gerichtete, bei dieser Behörde rechtzeitig eingegangene Rechtsmittelschrift kann allein wegen dieser unrichtigen Adresse als verspätet eingegangen nicht angesehen werden.

2) Wenn der Verwaltungsrichter bei Zweifeln dieser Art stillschweigend über diesen Punkt hinweggeht, weil in dieser Beziehung Bedenken von seiten der Gegenpartei nicht angeregt waren, so ist darin ein wesentlicher Mangel des Verfahrens nicht zu finden.

## Nr. 42.

**Endurteil des II. Senats vom 25. März 1886.**

1) Der in den §§ 28 und 33 des Landesverw.-Ges. vom 30. Juli 1883 vorkommende Ausdruck „zum Richteramte befähigt" ist nicht gleichbedeutend mit dem Ausdrucke „aus dem Richterstande hervorgegangen".

2) Die Partei im Verwaltungsstreitverfahren hat kein Recht, zu verlangen, daß der Gerichtshof aus sieben Mitgliedern besteht und in dieser Anzahl berät und beschließt, vielmehr kann dieselbe nur fordern, daß derselbe ordnungsmäßig, d. h. mit mindestens fünf Mitgliedern, besetzt ist. (Landesverw.-Ges. § 33.)

### Nr. 43.

**Endurteil des I. Senats vom 24. Mai 1886.**

Die Frage, ob ein für die Fristverlängerung in Anspruch genommener Tag als allgemeiner Feiertag im Sinne der Vorschrift im § 200, Abs. 2 der Reichs-Civ.-Prozeß.-Ordn. anzusehen ist, kann nur nach den Landesgesetzen desjenigen Ortes beurteilt werden, an dem die Handlung, für welche die Frist läuft, vorzunehmen ist.

### Nr. 44.

**Endurteil des I. Senats vom 29. Mai 1886.**

Der Beigeladene bezw. Mitbeklagte ist zur selbständigen Einlegung eines Rechtsmittels nur dann legitimirt, wenn er in eigenen, seiner Verfügung unterliegenden Rechten verletzt ist, und wenn es sich um solche Ansprüche handelt, welche überhaupt im Verwaltungsstreitverfahren verfolgt werden können.

### Nr. 45.

**Endurteil des II. Senats vom 7. Juni 1886.**

Der Verwaltungsrichter ist durch prozessualische Regeln in der freien Würdigung der von ihm erhobenen Beweise und des den einzelnen Beweismitteln beizulegenden Gewichts nicht beschränkt. Insbesondere ist es ihm unbenommen, den Inhalt von Akten, welche in einem Termine unter Ladung der Parteien vorgelegt worden sind, als Beweismaterial zu verwerten.

### Nr. 46.

**Endurteil des I. Senats vom 15. September 1886.**

1) Die Klage auf Wiederaufnahme des Verfahrens ist gegenüber einer noch nicht rechtskräftig gewordenen Entscheidung nicht zulässig.

2) Eine von der Partei zur Begründung ihrer Ansprüche erst extrahierte Bescheinigung ist als eine „neu aufgefundene" Urkunde, welche zu dem Antrage auf Wiederaufnahme des Verfahrens berechtigt, nicht anzusehen.

### Nr. 47.

**Endurteil des III. Senats vom 27. September 1886.**

1) Die Ausführung einer vom Bezirksausschusse beschlossenen Beweisaufnahme durch einen beauftragten Regierungsreferendar enthält zwar einen wesentlichen Mangel des Verfahrens. Derselbe kann jedoch zur Aufhebung des angefochtenen Urteils nicht führen, wenn diese Beweisaufnahme auf die Entscheidung ohne Einfluß geblieben ist.

2) Rechte und Pflichten einzelner Rechtssubjekte können durch Observanz nur in Beziehung auf einen vorhandenen gemeinsamen Zustand entstehen. Dagegen kann von einer Observanz da nicht die Rede sein, wo es sich lediglich um die Berechtigung und Verpflichtung einer einzelnen Person einem andern Rechtssubjekte gegenüber handelt.

### Nr. 48.

**Endurteil des II. Senats vom 12. November 1886.**

Gegenvorstellungen gegen den auf erhobenen Einspruch ergangenen abweisenden Bescheid unterbrechen in der Regel und jedenfalls dann den Lauf der Klagefrist nicht, wenn dieselben der angerufenen Behörde keinen Anlaß zu neuen Erörterungen geboten und lediglich die Folge gehabt haben, daß diese eine Abänderung des erlassenen Bescheides ablehnte.

## Nr. 49.

**Endurteil des III. Senats vom 3. Februar 1887.**

Die unterlassene Rechtfertigung der Berufung zieht den Verlust des Rechtsmittels ohne Weiteres nach sich.

## Nr. 50.

**Endurteil des III. Senats vom 10. Februar 1887.**

1) Die Räumung eines Wasserlaufs kann von der Polizeibehörde nicht nur aus Gründen des öffentlichen Interesses, sondern auch dann verlangt werden, wenn aus der Vernachlässigung derselben Nachteile für andere entstehen.

2) In Ausübung der ihm durch § 79 Landesverw.-Ges. beigelegten Befugnis der freien Beweiswürdigung hat der Verwaltungsrichter auch den Wert mit einander kollidierender Beweismittel zu prüfen und nach seiner freien Überzeugung zu entscheiden.

3) Die Räumungspflicht umfaßt die Beseitigung aller Hindernisse, welche dem zur Schaffung der Vorflut erforderlichen Wasserabflusse dadurch entstehen, daß das Flußbett die dazu dienenden Eigenschaften mehr oder minder einbüßt, insbesondere auch die Erhaltung der Ufer.

## Nr. 51.

**Endurteil des I. Senats vom 12. März 1887.**

Die Wiedereinsetzung in den vorigen Stand gemäß § 112 des Landesverw.-Ges. findet im Verwaltungsstreitverfahren nur gegen Fristversäumnis, nicht auch gegen Terminsversäumnis statt.

## Nr. 52.

**Endurteil des I. Senats vom 26. März 1887.**

Die Wiederaufnahme des Verfahrens gemäß § 100 des Landesverwaltungsgesetzes findet statt, wenn an der Entscheidung der Bruder einer der streitenden Parteien als Richter teilgenommen hat. (Civ.-Proz.-Ordn. § 41 Nr. 3. — Landesverw.-Ges. § 61.)

## Nr. 53.

**Endurteil des I. Senats vom 18. Mai 1887.**

Zum Nachweise einer Observanz genügt nicht die allgemeine Bezugnahme auf Akten öffentlicher Behörden ohne nähere Angabe, welche Thatsachen aus denselben entnommen werden sollen. Es ist Sache der Parteien, nicht des Richters, die rechtserzeugenden Thatsachen, welche zur Begründung eines Anspruchs dienen sollen, nachzuweisen.

## Nr. 54.

**Endurteil des I. Senats vom 18. Mai 1887.**

1) Eine Observanzbildung, welche sich auf einen Teil des Gemeinderechts, also eine Norm des objektiven Rechts bezieht, unterliegt als solche der freien Prüfung auch in der Revisionsinstanz.

2) Für die Bildung eines lokalen Gewohnheitsrechts ist das Bestehen einer korporativen oder auch nur rechtlichen Gemeinschaft unter den Beteiligten nicht ausschließliche Voraussetzung; es kann hierzu vielmehr auch eine thatsächliche, unter Umständen eine blos örtliche Gemeinschaft genügen.

3) Der Rechtsbegriff der Unterbrechung, welche den Lauf einer Verjährung allerdings hemmt, ist auf die Bildung, bezw. Feststellung einer Observanz nicht anwendbar.

4) Ueber die Beiladung eines Interessenten, auch wenn dieselbe von einer Partei beantragt wird, befindet der Verwaltungsrichter nach freiem Ermessen; die Kosten desselben fallen daher dem unterliegenden Teile, nicht demjenigen, der die Beiladung beantragte, zur Last.

## Nr. 55.

**Endurteil des I. Senats vom 15. Juni 1887.**

Die Sachverständigen sind begrifflich Gehilfen des Richters in der Erkenntnis und Würdigung thatsächlicher Verhältnisse. Das Gesetz verpflichtet den Verwaltungsrichter nicht, sich dieser Gehilfen auch da zu bedienen, wo er sich die erforderliche Sachkunde selbst beimißt. Die Ablehnung eines angebotenen Sachverständigenbeweises aus diesem Grunde ist kein wesentlicher Mangel des Verfahrens.

## Nr. 56.

**Endurteil des II. Senats vom 21. Juni 1887.**

Die Innehaltung der Beschwerde- und Klagefristen nachzuweisen, ist Sache des Klägers, und es kann dem Beklagten nicht der Nachweis der Fristversäumnis zugemutet werden.

## Nr. 57.

**Endurteil des III. Senats vom 23. Juni 1887.**

Entscheidungen der Verwaltungsbehörden werden — der Regel nach — nicht in dem Sinne rechtskräftig, daß eine wiederholte Geltendmachung desselben Anspruchs durch den Einwand der rechtskräftig entschiedenen Sache beseitigt werden könnte. Ein Rechtsgrundsatz, daß die Ordnung des Staats eine endgiltige Feststellung der dem öffentlichen Rechte angehörenden Verhältnisse verlange, und daß dieserhalb die nochmalige Vorbringung eines einmal in der obersten Verwaltungsinstanz abgewiesenen Begehrens nicht geduldet werden könne, besteht nicht.

## Nr. 58.

**Endurteil des I. Senats vom 1. Oktober 1887.**

1) Die Bewilligung einer Nachfrist zur Rechtfertigung des Rechtsmittels der Berufung (§ 86 Land-Verw.-Ges.) ist an keine Form gebunden; sie kann auch stillschweigend erteilt, d. h. aus Handlungen des Richters gefolgert werden, welche auf die Absicht der Bewilligung mit Sicherheit schließen lassen, so z. B. wenn eine Nachfrist ausdrücklich erbeten wird, und hierauf ein Bescheid nicht erfolgt.

2) Der erste Richter hat über die verspätete Anmeldung, nicht aber über die verspätete Rechtfertigung des Rechtsmittels zu befinden. Daher liegt in der Mitteilung einer fristzeitig eingegangenen Anmeldung an die Gegenpartei zur Gegenerklärung nicht die stillschweigende Bewilligung einer nicht ausdrücklich beantragten Nachfrist zur Rechtfertigung.

Nr. 59.

**Endurteil des III. Senats vom 20. Oktober 1887.**

Die Klage aus § 130 des Landesverw.-Ges. ist nur gegen polizeiliche Verfügungen, nicht aber gegen solche Anordnungen zulässig, welche eine Behörde in Ausübung ihres Aufsichtsrechts erlassen hat. Auch die Frage, ob die Behörde hierbei innerhalb der Grenzen ihrer Zuständigkeit von ihrem Aufsichtsrecht Gebrauch gemacht hat, unterliegt nicht der Prüfung des Verwaltungsrichters.

Nr. 60.

**Endurteil des III. Senats vom 5. Dezember 1887.**

Die bloße Anmeldung der Berufung unter gleichzeitiger Abgabe der Erklärung, daß eine Rechtfertigungsschrift nachgereicht werden werde, kann als eine ausreichende Rechtfertigung des Rechtsmittels, wenn die Einreichung des in Aussicht gestellten Schriftsatzes demnächst unterbleibt, nicht angesehen werden, und in solchem Falle ist daher die Berufung als nicht formgerecht eingelegt zu verwerfen.

## II.

## Verfahren in Disziplinarsachen.

(Vergl. P. Rechtsgrundsätze, Stammwerk und Supplementband I, XXVIII.)

**Endurteil des I. Senats vom 19. Dezember 1885.**

1) Eine von dem Regierungspräsidenten als Landespolizei- oder Kommunalaufsichtsbehörde oder als Disziplinarbehörde erlassene Strafverfügung ist nicht als in „eigener Sache" ergangen anzusehen, denn die Vereinigung dieser amtlichen Funktionen in derselben Person, welche zugleich den Vorsitz im Bezirksausschuß führt, ist durch das Gesetz gegeben. (§ 18 Landesverw.-Ges. vom 30. Juli 1883. §§ 7, 20 Zuständ.-Ges. vom 1. August 1883.)

2) Die Beteiligung eines Beamten (z. B. eines Magistratsmitgliedes) an einem strafbaren Kollegialbeschlusse ist von demselben der Disziplinarbehörde gegenüber zu vertreten, und er ist strafbar, sofern er nicht nachweist, daß er dem Beschlusse nicht zugestimmt habe.

3) Ordnungsstrafen können im Disziplinarwege auch ohne vorherige Anhörung des Beschuldigten verhängt werden.

## III.

## Konflikte.

(Vergl. P. Rechtsgrundsätze, Stammwerk und Supplementband I, XXIX.)

Nr. 1.

**Endurteil des I. Senats vom 26. März 1881.**

Äußerungen, welche ein Amtsvorsteher in seiner Eigenschaft als Hilfsbeamter der Staatsanwaltschaft in amtlichen Schreiben gethan hat, und welche nicht in ihrer Fassung die Absicht zu beleidigen erkennen lassen, stellen eine Überschreitung der Amtsbefugnisse nicht dar und können daher nicht zum Gegenstande einer Privatbeleidigungsklage gemacht werden.

Nr. 2.

**Endurteil des I. Senats vom 8. Oktober 1881.**

Das Amt eines Lehrers schließt das Erziehungsrecht und die Handhabung der Schulzucht in sich. Vermöge dessen hat der Lehrer die Pflicht, über das sittliche Verhalten der Kinder auch außer der eigentlichen Schulzeit zu wachen. Er ist berechtigt, sofern ihm Ausschreitungen der Schüler zu Ohren kommen, diese nicht blos in der Schule selbst, sondern auch außerhalb des Ortes und der Zeit des Unterrichts in den zulässigen Grenzen zu rügen und zu strafen. Er überschreitet mit einer Vorhaltung seine Amtsbefugnisse nicht, sofern er deren thatsächlichen Inhalt für wahr hält, wenn er es auch in Wirklichkeit nicht war. Gegen eine gerichtliche Verfolgung wegen Beleidigung des Schulkindes schützen ihn, sofern er nicht wider besseres Wissen handelt, die Verordnung vom 14. Mai 1825 sowie § 193 des Strafgesetzbuches.

Nr. 3.

**Endurteil des I. Senats vom 18. Januar 1882.**

Jeder Lehrer — nicht blos der Klassenlehrer — hat das Recht, einem Schüler sein ungehöriges Betragen auch auf offener Straße vorzuhalten und ihn geeignetenfalls zu züchtigen. Er überschreitet damit seine Amtsbefugnisse nicht, wenn er nicht die Züchtigung zu gesundheitsschädlicher Mißhandlung ausdehnt.

Nr. 4.

**Endurteil des I. Senats vom 12. April 1882.**

Der Schulvorstand ist die nächste dem Schullehrer und der Schulgemeinde vorgesetzte Behörde. Die Mitglieder desselben — gleichviel ob sie gewählt oder ernannt sind — sind Beamte im Sinne der §§ 68, 69, II, 10 A. L.-R. Amtliche Mitteilungen, welche dieselben dem Kreisschulinspektor über das Verhalten des Lehrers machen, stellen eine Überschreitung ihrer Amtsbefugnisse nicht dar und können nicht gerichtlich verfolgt werden.

Nr. 5.

**Endurteil des I. Senats vom 24. Januar 1883.**

Die freie Bewegung eines Forstschutzbeamten ist — den Fall der Verfolgung eines Forstfrevlers ausgenommen — auf das ihm anvertraute Forstrevier beschränkt. Begeht derselbe ein fremdes Jagdrevier ohne Genehmigung des Jagdberechtigten außerhalb der zum gemeinen Gebrauch bestimmten öffentlichen Wege mit Jagdausrüstung, so macht er sich einer Überschreitung seiner Amtsbefugnisse schuldig, und die strafrechtliche Verfolgung kann durch Erhebung des Konflikts nicht gehindert werden.

Nr. 6.

**Endurteil des I. Senats vom 2. Juni 1883.**

Ein Polizeibeamter, welcher sich in privatrechtliche Streitigkeiten zwischen Mieter und Vermieter mischt, überschreitet seine Amtsbefugnisse. Insbesondere kann derselbe, wenn er den Vermieter, welcher die Räumung einer Mietswohnung erzwingen will, dadurch unterstützt, daß er die von demselben angenommenen Arbeiter auffordert, gegen den Willen des Mieters in die Wohnung einzudringen, wegen Anstiftung zum Hausfriedensbruch verfolgt, und diese Verfolgung nicht durch Erhebung des Konflikts gehindert werden.

Nr. 7.

**Endurteil des I. Senats vom 2. Juni 1883.**

Die vom Konfliktsrichter zu prüfende Frage, ob ein Beamter sich der Überschreitung seiner Amtsbefugnisse oder der Unterlassung einer ihm obliegenden

**Amtshandlung schuldig gemacht hat, ist eine vollkommen selbständige. Ihre Beantwortung hängt lediglich von der objektiven Beurteilung des Verhaltens des Beamten nach Maßgabe der ihm obliegenden Pflichten ab und ist ganz unabhängig davon, ob der ordentliche Richter in der Lage ist, einen dem Beamten günstigen oder ungünstigen Ausspruch zu thun.**

### Nr. 8.

**Endurteil des I. Senats vom 27. Juni 1883.**

Ein Polizeibeamter, welcher — zumal ohne Auftrag eines Dienstvorgesetzten — zur Nachtzeit in eine Wohnung eindringt, um eine zwangsweise Sistierung vorzunehmen, überschreitet seine Amtsbefugnisse und kann der gerichtlichen Strafverfolgung durch Erhebung des Konflikts nicht entzogen werden.

### Nr. 9.

**Endurteil des I. Senats vom 27. Oktober 1883.**

Geistliche einer vom Staate anerkannten Religionsgesellschaft sind nicht als Beamte im Sinne des § 1 des Ges. vom 13. Februar 1854 und § 11 des Einführungsges. zum Ger.-Verf.-Ges. vom 27. Januar 1877 anzusehen, wenn sie sich zwar in Ausübung ihres Kirchenamts, aber nicht in staatsamtlicher Funktion befinden. Die Strafverfolgung wegen in ersterer Eigenschaft begangener Handlungen kann daher durch die Erhebung des Konflikts nicht ausgeschlossen werden.

### Nr. 10.

**Endurteil des I. Senats vom 7. November 1883.**

Wenn ein Lehrer in Ausübung des Züchtigungsrechts die in der Kab.-Ordre vom 14. Mai 1825 gesteckte Grenze nicht durch Anwendung der Gesundheit schädlicher Mißhandlungen überschritten hat, so hat er sich einer Überschreitung seiner Amtsbefugnisse nicht schuldig gemacht. Ob die innerhalb dieser Grenze verhängte Strafe im richtigen Verhältnis zu dem Verschulden des Kindes stand, unterliegt lediglich der Beurteilung der Schulaufsichtsbehörde.

### Nr. 11.

**Endurteil des I. Senats vom 28. November 1883.**

Wenn ein Bürgermeister in seiner Eigenschaft als Hilfsbeamter der Staatsanwaltschaft eine Strafanzeige erstattet, so macht er sich einer Überschreitung seiner Amtsbefugnisse selbst dann nicht schuldig, wenn er in der Darstellung des Sachverhalts rechtlich oder sachlich irrt. Ein abfälliges Urteil über die Person des Angezeigten in der Anzeigeschrift enthält eine Beleidigung desselben nicht, da diese nicht für die Öffentlichkeit bestimmt, sondern ein Teil der Korrespondenz zwischen den Behörden der Staatsanwaltschaft ist.

### Nr. 12.

**Endurteil des I. Senats vom 25. Juni 1884.**

Ein Lehrer macht sich einer Überschreitung seiner Amtsbefugnisse nicht schuldig, wenn er einem ungehorsamen Schulkinde durch den Schuldiener in seiner Gegenwart und mit Genehmigung des Schuldirektors unter Anwendung eines zulässigen Instruments eine Züchtigung in die Gesundheit nicht gefährdendem Maße verabreichen läßt.

## Nr. 13.

**Endurteil des I. Senats vom 29. Oktober 1884.**

1) Die Vorschriften der Königl. Verordnung vom 1. August 1879 beziehen sich allein auf die Kompetenzkonflikte gemäß § 17, Abs. 2 des Einführungsges. zum Gerichtsverfassungsgesetz. Dagegen ist es für die zur Entscheidung des Oberverwaltungsgerichts gelangenden Konflikte im Sinne des § 11 a. a. O. bei den Bestimmungen des Gesetzes vom 8. April 1847 verblieben.

2) Ein an sich zur richterlichen Zuständigkeit gehöriges Vergehen kann der richterlichen Beurteilung nur dann entzogen werden, wenn der Konfliktsrichter aus dem gesamten Sachverhalt die positive Überzeugung gewinnt, daß der Angeschuldigte sich eine Überschreitung seiner Amtsbefugnisse nicht hat zu Schulden kommen lassen. Besteht hierüber irgend ein Zweifel, so darf der Konflikt nicht für begründet erklärt werden.

## Nr. 14.

**Endurteil des I. Senats vom 8. November 1884.**

Die Erhebung des Konflikts ist nicht schon deshalb wegen rechtskräftig entschiedener Sache unzulässig — § 1 Ges. vom 13. Februar 1854, § 2 Ges. vom 8. April 1847 — weil von dem erkennenden Richter durch Zwischenurteil der Einwand der mangelnden Passivlegitimation des Beklagten verworfen ist.

## Nr. 15.

**Endurteil des I. Senats vom 12. November 1884.**

Der wegen Verletzung seiner Amtspflicht in Anspruch genommene Beamte tritt in dem Prozesse als Privatperson und nicht Namens der Behörde, die er sonst vertritt, auf. Seine Parteierklärungen sind privater Natur und nicht Erklärungen der Behörde. Die Verwerfung der von ihm aufgestellten Einrede der Unzulässigkeit des Rechtsweges schließt daher die Erhebung des Konflikts nicht aus. — § 2 Ges. vom 8. April 1847.

## Nr. 16.

**Endurteil des I. Senats vom 17. Dezember 1884.**

1) Ein Polizeibeamter überschreitet nicht minder seine Amtsbefugnisse, wenn derselbe eine jeder thatsächlichen Voraussetzung entbehrende, durch kein wenn auch noch so weit ausgedehntes arbiträres Ermessen zu deckende, sachwidrige Verfügung auf einem an sich seiner Zuständigkeit unterstehenden Gebiete erläßt, als wenn er sich überhaupt nicht auf diesem Gebiete bewegt.

2) Dagegen begründet der Irrtum eines Beamten in den thatsächlichen Voraussetzungen seines Einschreitens dann nicht den Vorwurf einer Überschreitung der Amtsbefugnisse, wenn derselbe trotz völlig pflichtmäßigen amtlichen Handelns entstanden ist.

## Nr. 17.

**Endurteil des I. Senats vom 9. September 1885.**

Wenn ein Forstschutzbeamter, welchem die Eigenschaft eines Hilfsbeamten der Staatsanwaltschaft abgeht, behufs Feststellung eines Holzdiebstahls eine Durchsuchung fremder Wohnräume vornimmt, so befindet er sich nicht in der rechtmäßigen Ausübung seines Amtes. Ebenso überschreitet derselbe seine

Amtsbefugnisse und macht sich eventuell eines Hausfriedensbruchs schuldig, wenn er zum Zweck der Überführung des Thäters ein befriedetes Besitztum betritt und sich trotz Aufforderung des Berechtigten aus demselben nicht entfernt.

## Nr. 18.

**Endurteil des I. Senats vom 30. Januar 1886.**

Ein Polizeibeamter, welcher den Auftrag hat, eine Theatervorstellung zu überwachen und dabei dafür zu sorgen, daß während der Vorstellung das Tabak- und Cigarrenrauchen unterbleibt, befindet sich in der Ausübung seines Berufes, wenn er einer anwesenden Person das Rauchen während der vorgedachten Zeit untersagt und derselben im Falle des Ungehorsams die Cigarre oder dergl. fortnimmt, dieselbe zerbricht und fortwirft. Dem auf diese Weise Betroffenen steht es nicht zu, den Beamten im Rechtswege zur Verantwortung zu ziehen.

## Nr. 19.

**Endurteil des I. Senats vom 6. November 1886.**

Ein Gemeindevorsteher macht sich der Überschreitung seiner Amtspflichten nicht schuldig, wenn er einen ihm erteilten, auch inkorrekten, Auftrag des Amtsvorstehers ausführt. Der Pflicht des Gehorsams darf er sich nur dann entziehen, wenn der erteilte Auftrag gegen ein Verbotsgesetz verstößt.

## Nr. 20.

**Endurteil des I. Senats vom 26. März 1887.**

Ein Polizeibeamter, welcher einen Arrestanten in grober und vorsätzlicher Weise auf dem Transporte mißhandelt, macht sich einer Überschreitung seiner Amtsbefugnis schuldig. Ein gegen die dieserhalb eingeleitete Untersuchung erhobener Konflikt (Einführungsges. zum Gerichtsverfass.-Ges. vom 27. Januar 1877 § 11) ist unbegründet, und der Rechtsweg zulässig.

## Nr. 21.

**Endurteil des I. Senats vom 26. Oktober 1887.**

Wenn ein Forstschutzbeamter in den durch das Gesetz vom 31. März 1837 zugelassenen Fällen ohne Überschreitung seiner Amtsbefugnisse von seiner Schußwaffe Gebrauch macht, so ist eine Civil-Entschädigungsklage des hierdurch Verletzten ausgeschlossen.

# Chronologisches Register.

# Verzeichnis der Entscheidungen.

| Datum der Entscheidung. | Senat | Bezeichnung des Inhalts. | Seite | Nr. |
|---|---|---|---|---|
| 18. März | I. | Schankkonzession . . . . . . . | 137 | 36 |
| 20. „ | II. | Baupolizei . . . . . . . . | 161 | 16 |
| 12. April | I. | Konflikt . . . . . . . . | 205 | 4 |
| 13. „ | II. | Gemeindebesteuerung . . . . . | 3 | 11 |
| 19. „ | I. | Gewerbepolizei . . . . . . . | 67 | 12 |
| 20. „ | II. | Schankkonzession . . . . . . . | 137 | 37 |
| 20. „ | II. | Baupolizei . . . . . . . . | 161 | 17 |
| 11. Mai | II. | Polizeiverordnungen . . . . . | 162 | 18 |
| 11. „ | II. | Schankkonzession . . . . . . . | 138 | 38 |
| 13. „ | I. | Wegepolizei . . . . . . . . | 104 | 8 |
| 13. „ | I. | Schankkonzession . . . . . . . | 138 | 39 |
| 22. „ | II. | Feuerversicherungsangelegenheiten . . | 188 | 1 |
| 1. Juni | II. | Jagdpolizei . . . . . . . . | 87 | 2 |
| 14. „ | II. | Schankkonzession . . . . . . . | 138 | 40 |
| 14. „ | II. | dto. . . . . . . . . | 138 | 41 |
| 30. „ | II. | Baupolizei . . . . . . . . | 162 | 19 |
| 9. September | I. | Schankkonzession . . . . . . . | 138 | 42 |
| 11. „ | II. | dto. . . . . . . . . | 138 | 43 |
| 23. „ | I. | Baupolizei . . . . . . . . | 162 | 20 |
| 23. „ | I. | Kommunalverhältnisse . . . . . | 48 | 1 |
| 30. „ | II. | Schankkonzession . . . . . . . | 139 | 44 |
| 2. Oktober | II. | dto. . . . . . . . . | 139 | 45 |
| 9. „ | I. | dto. . . . . . . . . | 139 | 46 |
| 11. „ | II. | dto. . . . . . . . . | 139 | 47 |
| 12. „ | II. | Polizeiliche Verfügungen. Amtsvorsteher . | 46 | 2 |
| 12. „ | II. | dto. . . . . . . . | 162 | 21 |
| 28. „ | I. | Verfahren . . . . . . . . . | 195 | 15 |
| 28. „ | I. | Schankkonzession. Verfahren. Wiederaufnahme | 139 | 48 |
| 2. November | I. | Jagdpolizei . . . . . . . . | 87 | 3 |
| 11. „ | II. | Schankkonzession . . . . . . . | 140 | 49 |
| 13. „ | II. | Verfahren . . . . . . . . | 195 | 16 |
| 18. „ | I. | Wegepolizei . . . . . . . . | 104 | 9 |
| 28. „ | I. | Angelegenheiten der Landgemeinde . . | 53 | 1 |
| 29. „ | I. | Polizeiliche Verfügungen . . . . | 67 | 13 |
| 30. „ | II. | Baupolizei . . . . . . . . | 162 | 22 |
| 2. Dezember | I. | Schankkonzession . . . . . . . | 140 | 50 |
| 2. „ | I. | Ansiedelungsangelegenheiten . . . | 182 | 3 |
| 11. „ | II. | Baupolizei . . . . . . . . | 104 | 10 |
| 16. „ | I. | Gemeindebesteuerung . . . . . | 3 | 12 |
| 30. „ | I. | dto. . . . . . . . | 3 | 12 |
| 1883. | | . . . . . . . | | |
| 3. Januar | I. | Wegepolizei . . . . . . . . | 104 | 11 |
| 4. „ | II. | Baupolizei . . . . . . . . | 162 | 23 |
| 10. „ | I. | Konflikt . . . . . . . . . | 162 | 24 |
| 11. „ | II. | Gemeindebesteuerung . . . . . | 3 | 13 |
| 24. „ | I. | Konflikt . . . . . . . . . | 205 | 5 |
| 25. „ | I. | Ausweisungsbefugnis . . . . . | 67 | 14 |
| 25. „ | II. | Baupolizei . . . . . . . . | 163 | 25 |

| Datum der Entscheidung. | Senat | Bezeichnung des Inhalts. | Seite | Nr. |
|---|---|---|---|---|
| 19. Mai | II. | Polizeiliche Verfügungen . . . . | 69 | 23 |
| 27. „ | I. | Kommunalangelegenheiten . . . . | 49 | 4 |
| 28. „ | I. | Wegepolizei . . . . . . . . . | 107 | 24 |
| 28. „ | I. | do. . . . . . . . . | 107 | 25 |
| 28. „ | I. | Ansiedelungsgenehmigung . . . . | 183 | 7 |
| 5. Juni | II. | Polizeiliche Verfügungen . . . . | 70 | 24 |
| 9. „ | II. | Baupolizei . . . . . . . . . | 167 | 47 |
| 9. „ | II. | Gewerbepolizei . . . . . . . . | 153 | 1 |
| 11. „ | I. | Schankkonzession . . . . . . . | 142 | 61 |
| 16. „ | II. | Baupolizei . . . . . . . . . | 153 | 2 |
| 16. „ | II. | do. . . . . . . . . . | 167 | 48 |
| 21. „ | I. | Gemeindebesteuerung . . . . . . | 5 | 19 |
| 23. „ | II. | Verfahren. Zustellung. Zwangsetatisierung . | 42 | 1 |
| 23. „ | II. | Kreisbesteuerung . . . . . . . | 5 | 20 |
| 25. „ | I. | Wegepolizei . . . . . . . . . | 108 | 26 |
| 25. „ | I. | Konflikt . . . . . . . . . . | 206 | 12 |
| 28. „ | I. | Wegepolizei . . . . . . . . . | 92 | 10 |
| 28. „ | I. | Verfahren. Zustellung. Zwangsetatisierung . | 42 | 2 |
| 21. Juli | II. | Gemeindebesteuerung . . . . . . | 5 | 21 |
| 3. September | I. | Kreisbesteuerung . . . . . . . | 5 | 22 |
| 4. „ | II. | Wasserpolizei . . . . . . . . | 92 | 11 |
| 4. „ | II. | Baupolizei . . . . . . . . . | 167 | 49 |
| 6. „ | I. | Schankkonzession . . . . . . . | 143 | 62 |
| 6. „ | I. | Wegepolizei . . . . . . . . . | 92 | 12 |
| 6. „ | I. | do. . . . . . . . . . | 108 | 27 |
| 8. „ | II. | Jagdpolizei . . . . . . . . . | 88 | 3 |
| 10. „ | I. | Ansiedelungsgenehmigung . . . . | 183 | 8 |
| 10. „ | I. | Gewerbepolizei . . . . . . . . | 152 | — |
| 13. „ | I. | Schankkonzession . . . . . . . | 143 | 63 |
| 15. „ | II. | Gewerbepolizei . . . . . . . . | 143 | 64 |
| 15. „ | II. | „ . . . . . . . . | 154 | 3 |
| 15. „ | II. | Fleischschau . . . . . . . . . | 191 | — |
| 18. „ | II. | Polizeiliche Verfügungen . . . . | 154 | 4 |
| 25. „ | II. | Schankkonzession . . . . . . . | 143 | 65 |
| 27. „ | I. | Angelegenheiten der Stadtgemeinden . . | 70 | 25 |
| 30. „ | I. | Städtische Bürgersteige . . . . . | 45 | 3 |
| 30. „ | I. | Wegepolizei . . . . . . . . . | 108 | 28 |
| 1. Oktober | I. | dto. . . . . . . . . . | 109 | 29 |
| 2. „ | II. | Wasserpolizei . . . . . . . . | 93 | 13 |
| 6. „ | II. | Verfahren . . . . . . . . . | 197 | 24 |
| 6. „ | II. | Gewerbepolizei . . . . . . . . | 154 | 5 |
| 8. „ | I. | Wegepolizei . . . . . . . . . | 109 | 30 |
| 8. „ | I. | Polizeiliche Verfügungen . . . . | 70 | 26 |
| 13. „ | II. | Kreisbesteuerung . . . . . . . | 5 | 23 |
| 15. „ | I. | Wegepolizei . . . . . . . . . | 109 | 32 |
| 15. „ | I. | dto. (Bürgersteig) . . . . | 109 | 31 |
| 15. „ | I. | Wiedereinsetzung in den vorigen Stand . | 197 | 25 |
| 15. „ | I. | Kommunalverhältnisse . . . . . . | 6 | 24 |

| Datum der Entscheidung. | Senat | Bezeichnung des Inhalts. | Seite | Nr. |
|---|---|---|---|---|
| 23. September | I. | Angelegenheiten der Stadtgemeinden . . | 44 | 1 |
| 24. „ | II. | Wasserpolizei . . . . . . . | 94 | 19 |
| 24. „ | II. | Polizeiliche Verfügungen . . . . . | 154 | 7 |
| 24. „ | II. | Verfahren. Beweismittel . . . . | 199 | 36 |
| 26. „ | I. | Angelegenheiten der Landgemeinden . . | 54 | 2 |
| 26. „ | I. | Verfahren . . . . . . . . . . | 199 | 37 |
| 5. Oktober | II. | Baupolizei . . . . . . . . . | 170 | 64 |
| 10. „ | I. | Polizeiliche Verfügungen . . . . . | 114 | 54 |
| 12. „ | II. | Wasserpolizei. Verfahren . . . . | 94 | 20 |
| 12. „ | II. | dto. . . . . . . . . . | 94 | 21 |
| 14. „ | I. | Wegepolizei. Verfahren . . . . . | 114 | 55 |
| 15. „ | II. | Wasserpolizei . . . . . . . | 95 | 22 |
| 17. „ | I. | Wegepolizei . . . . . . . . . | 74 | 45 |
| 17. „ | I. | Schulbeiträge . . . . . . . | 61 | 14 |
| 22. „ | II. | Baupolizei . . . . . . . . . | 170 | 65 |
| 26. „ | II. | dto. . . . . . . . . . . | 171 | 66 |
| 28. „ | II. | dto. . . . . . . . . . . | 171 | 67 |
| 31. „ | I. | Ansiedelungsgenehmigung . . . . | 171 | 68 |
| 31. „ | I. | Kommunalverhältnisse . . . . . . | 61 | 15 |
| 4. November | I. | Staatsangehörigkeit . . . . . . | 191 | 1 |
| 6. „ | II. | Gemeindebesteuerung . . . . . . | 13 | 62 |
| 7. „ | I. | Polizeiliche Verfügungen . . . . . | 74 | 46 |
| 7. „ | I. | Gewerbepolizei. Innungswesen . . . . | 90 | — |
| 12. „ | II. | Straßenreinigung . . . . . . . | 14 | 63 |
| 14. „ | I. | Wegepolizei . . . . . . . . . | 114 | 56 |
| 16. „ | II. | Verfahren . . . . . . . . . | 75 | 47 |
| 16. „ | II. | Gemeindebesteuerung . . . . . . | 14 | 64 |
| 19. „ | II. | dto. . . . . . . . . | 14 | 65 |
| 19. „ | II. | dto. . . . . . . . . | 14 | 66 |
| 21. „ | I. | Polizeiliche Verfügungen . . . . . | 75 | 48 |
| 25. „ | I. | Verkehrspolizei . . . . . . . | 114 | 57 |
| 28. „ | I. | Gewerbepolizei . . . . . . . | 145 | 75 |
| 30. „ | II. | Gemeindebesteuerung . . . . . . | 14 | 67 |
| 9. Dezember | I. | Polizeiliche Verfügungen . . . . . | 75 | 49 |
| 9. „ | I. | dto. . . . . . . | 75 | 50 |
| 12. „ | I. | Schullasten . . . . . . . . | 61 | 16 |
| 14. „ | II. | Gemeindebesteuerung . . . . . . | 15 | 68 |
| 14. „ | II. | dto. . . . . . . . | 15 | 69 |
| 14. „ | II. | Baupolizei . . . . . . . . . | 171 | 69 |
| 19. „ | I. | Disziplinarsache . . . . . . . | 204 | — |
| 30. „ | I. | Schankkonzession . . . . . . . | 145 | 76 |
| **1886.** | | | | |
| 2. Januar | I. | Gewerbepolizei. Schankkonzession . . . . | 146 | 77 |
| 2. „ | I. | Ansiedelungsgenehmigung . . . . . | 184 | 12 |
| 4. „ | I. | Baupolizei . . . . . . . . . | 172 | 70 |
| 6. „ | I. | Wegepolizei. Schneeräumung . . . . | 115 | 59 |
| 6. „ | I. | Wiedereinsetzung in den vorigen Stand . . | 200 | 38 |
| 6. „ | I. | Wegebaupflicht . . . . . . . . | 114 | 58 |

| Datum der Entscheidung. | Senat | Bezeichnung des Inhalts. | Seite | Nr. |
|---|---|---|---|---|
| 8. Januar | I. | Polizeiliche Verfügungen. Zwangsmittel . | 82 | 75 |
| 10. " | III. | Wasserpolizei. Polizeiverordnungen . . | 97 | 31 |
| 10. " | III. | Gewerbepolizei. Strafandrohung . . . | 155 | 9 |
| 11. " | II. | Synagogenbeiträge . . . . . . | 56 | 5 |
| 12. " | I. | Wegepolizei . . . . . . . . | 122 | 89 |
| 13. " | III. | Wasserpolizei. Verfahren . . . . . | 98 | 32 |
| 15. " | I. | Angelegenheiten der Landgemeinden . . | 50 | 9 |
| 15. " | I. | Wegepolizei . . . . . . . . | 47 | 8 |
| 15. " | I. | dto. . . . . . . . . . | 123 | 90 |
| 17. " | III. | Wasserpolizei. Verfahren . . . . . | 98 | 33 |
| 18. " | II. | Gemeindebesteuerung . . . . . . | 26 | 123 |
| 18. " | II. | dto. . . . . . . | 26 | 124 |
| 21. " | II. | Baupolizei . . . . . . . . | 176 | 89 |
| 21. " | II. | Gemeindebesteuerung . . . . . . | 27 | 125 |
| 27. " | III. | Polizeiliche Verfügungen . . . . . | 99 | 34 |
| 28. " | II. | Gemeindebesteuerung . . . . . . | 27 | 126 |
| 28. " | II. | dto. . . . . . . | 27 | 127 |
| 29. " | I. | Polizeiliche Verfügungen. Sittenpolizei . | 83 | 76 |
| 2. Februar | I. | Wegepolizei . . . . . . . . | 123 | 91 |
| 3. " | III. | Gewerbepolizei . . . . . . . . | 151 | 11 |
| 3. " | III. | Verfahren. Rechtsmittel . . . . . | 83 | 77 |
| 3. " | III. | Schankkonzession . . . . . . . | 147 | 81 |
| 3. " | III. | Verfahren . . . . . . . . | 202 | 49 |
| 7. " | II. | Kommunalverhältnisse . . . . . . | 51 | 10 |
| 10. " | III. | Wasserpolizei . . . . . . . | 202 | 50 |
| 10. " | III. | Gewerbepolizei . . . . . . . | 151 | 12 |
| 10. " | III. | Schankkonzession . . . . . . . | 147 | 82 |
| 10. " | III. | Krankenversicherung . . . . . . | 189 | 5 |
| 10. " | III. | Wasserpolizei . . . . . . . | 99 | 35 |
| 11. " | II. | Polizeiliche Verfügungen . . . . . | 83 | 78 |
| 11. " | II. | Gemeindebesteuerung . . . . . . | 27 | 128 |
| 11. " | II. | dto. . . . . . . | 27 | 129 |
| 11. " | II. | Straßenanlegung . . . . . . . | 176 | 90 |
| 12. " | I. | Gutslasten . . . . . . . . | 28 | 130 |
| 16. " | I. | Schullasten . . . . . . . . | 63 | 23 |
| 17. " | II. | Ansiedelungsgenehmigung . . . . . | 188 | 21 |
| 17. " | II. | Baupolizei . . . . . . . . | 177 | 91 |
| 19. " | I. | Kirchenlasten . . . . . . . . | 55 | 2 |
| 25. " | II. | Baupolizei . . . . . . . . | 177 | 92 |
| 25. " | III. | Angelegenheiten der Kreise . . . . | 42 | 3 |
| 3. März | III. | Wasserpolizei . . . . . . . | 99 | 36 |
| 4. " | II. | Gemeindebesteuerung . . . . . . | 28 | 131 |
| 9. " | I. | Wegepolizei . . . . . . . . | 123 | 92 |
| 10. " | III. | Polizeiliche Verfügungen . . . . . | 83 | 79 |
| 11. " | II. | Baupolizei . . . . . . . . | 177 | 93 |
| 11. " | II. | Polizeiverordnungen. Baupolizei . . . | 178 | 95 |
| 11. " | II. | Baupolizei . . . . . . . . | 177 | 94 |
| 12. " | I. | Wiedereinsetzung in den vorigen Stand . | 202 | 51 |

# Alphabetisches Register.

Die beigefügten Zahlen verweisen auf die Seiten.

## A.

## F.



## G.

## H.



## J.



## K.

## L.



## M.

## R.



## S.

## T.



## U.

## V.



## W.

## Z.



Druck von Albert Koenig in Guben.

# Verjährungsbeginn der Ansprüche von AG und GmbH gegen ihre Geschäftsleiter gemäß § 199 I BGB

# Schriften zum Gesellschafts-, Bilanz- und Unternehmensteuerrecht

Herausgegeben von Barbara Grunewald und Joachim Hennrichs

Band 30

*Zur Qualitätssicherung und Peer Review der vorliegenden Publikation*

Die Qualität der in dieser Reihe erscheinenden Arbeiten wird vor der Publikation durch den Herausgeber der Reihe geprüft.

*Notes on the quality assurance and peer review of this publication*

Prior to publication, the quality of the work published in this series is reviewed by the editor of the series.

Benjamin Baisch

# Verjährungsbeginn der Ansprüche von AG und GmbH gegen ihre Geschäftsleiter gemäß § 199 I BGB

## Eine Sonderkonstellation der Wissenszurechnung

PETER LANG

**Bibliografische Information der Deutschen Nationalbibliothek**
Die Deutsche Nationalbibliothek verzeichnet diese Publikation in der Deutschen Nationalbibliografie; detaillierte bibliografische Daten sind im Internet über http://dnb.d-nb.de abrufbar.

Zugl.: Köln, Univ., Diss., 2018

D 38
ISBN 978-3-631-76182-3 (Print)
E-ISBN 978-3-631-76183-0 (E-PDF)
E-ISBN 978-3-631-76184-7 (EPUB)
E-ISBN 978-3-631-76185-4 (MOBI)
DOI 10.3726/b14395



Peter Lang – Berlin · Bern · Bruxelles · New York · Oxford · Warszawa · Wien



Diese Publikation wurde begutachtet.

www.peterlang.com

*Meiner Familie*
*und*
*meiner Sabine*

# Vorwort

Die vorliegende Arbeit wurde im Wintersemester 2017/2018 von der Rechtswissenschaftlichen Fakultät der Universität zu Köln als Dissertation angenommen. Rechtsprechung und Literatur sind bis Oktober 2017 berücksichtigt.

Mein besonderer Dank gilt meinem Doktorvater, Herrn Prof. Dr. Christoph Thole, für die wertvollen Anregungen, die ausgezeichnete Betreuung und die äußerst zügige Korrektur. Ebenso bedanken möchte ich mich bei Frau Prof. Dr. Barbara Grunewald für die sehr zügige Erstellung des Zweitgutachtens. Ihr und Herrn Prof. Dr. Joachim Hennrichs danke ich für die Aufnahme meiner Arbeit in diese Schriftenreihe.

Herzlich danken möchte ich meinen Geschwistern Carolin, Alexander und Roland Baisch, die mich in vielfältiger Weise unterstützt und stets motiviert haben. Mein herzlicher Dank gilt auch meiner Freundin Sabine Eppinger für die aufgebrachte Geduld sowie dafür, dass sie mich bei meinem Vorhaben liebevoll und unermüdlich unterstützt hat, insbesondere beim Korrekturlesen der Arbeit.

Schließlich danke ich ganz besonders meinen Eltern Georg und Corinna Baisch, die mich während meiner gesamten juristischen Ausbildung in jeder Hinsicht bedingungslos gefördert und unterstützt haben. Ihnen, meinen Geschwistern und meiner Freundin ist diese Arbeit gewidmet.

Stuttgart, im Juli 2018
*Benjamin Baisch*

# Inhaltsverzeichnis

# 1. Teil: Einleitung

## § 1 Einführung in die Problematik und Ziel der Untersuchung

Durch das Gesetz zur Modernisierung des Schuldrechts[1] vom 26. November 2001 ist das Verjährungsrecht grundlegend umgestaltet worden. Das alte Verjährungsrecht, das wegen einer Vielzahl nicht aufeinander abgestimmter Sonderverjährungsregeln einem Zustand der Rechtszersplitterung glich[2], sollte einem einfachen und angemessenen Verjährungssystem weichen[3]. Kernstück der Reform sind die Generalklauseln gemäß §§ 195, 199 BGB[4], die in Verbindung mit der Reduzierung von Sonderverjährungsvorschriften der größtmöglichen Vereinheitlichung dienen[5] und dem neuen Verjährungsrecht sein entscheidendes Gepräge geben. Durch die §§ 195, 199 BGB erhält das Verjährungsrecht den Charakter eines Mischsystems aus einer subjektiven Verjährungsfrist (§§ 195, 199 I BGB), die durch objektive Höchstfristen (§ 199 II–IV BGB) flankiert wird. Gegenüber dem früheren Verjährungsrecht des BGB, das mit Ausnahme des § 852 I BGB a. F. nur objektive Verjährungsfristen kannte[6], hat die subjektive Regelverjährung nach §§ 195, 199 I BGB einen Paradigmenwechsel bewirkt[7]. Dieser hat auch erhebliche Auswirkungen auf den Verjährungsbeginn der Ansprüche juristischer Personen. Für juristische Personen wird der Beginn der Verjährungsfrist nach § 199 I BGB generell zur Frage der Wissenszurechnung. Während die Wissenszurechnung vor der Reform nur für den Verjährungsbeginn deliktsrechtlicher Ansprüche nach § 852 I BGB a. F. relevant war, treten Zurechnungsfragen beim Verjährungsbeginn nach § 199 I BGB in Bezug auf Ansprüche jedweden Rechtsgrundes auf. Dadurch wird die Verjährungsregel des § 199 I BGB bei juristischen Personen zum Einfallstor für unzählige Streitfragen der Wissenszurechnung.

---

1 BGBl. 2001, Teil I, S. 3138 ff.

2 Siehe Begr. FraktE, BT-Drucks. 14/6040, S. 102; *Mansel/Budzikiewicz,* Verjährungsrecht, § 1 Rn. 14.

3 Zum Reformziel siehe Begr. FraktE, BT-Drucks. 14/6040, S. 104; *Mansel/Budzikiewicz,* Verjährungsrecht, § 1 Rn. 15.

4 So MüKo BGB/*Grothe* § 199 Rn. 1; ebenso *Otto* S. 64, 71.

5 So Begr. FraktE, BT-Drucks. 14/6040, S. 104.

6 So *Heinrichs* NJW 1982, 2021, 2026; siehe *Mansel/Budzikiewicz,* Verjährungsrecht, § 1 Rn. 20; *Witt* JuS 2002, 105; außerhalb des BGB gab es schon vor der Schuldrechtsmodernisierung vereinzelt weitere subjektive Verjährungsfristen, dazu MüKo BGB/*Grothe* § 199 Rn. 24.

7 So *Witt* JuS 2002, 105, 106; *Mansel/Budzikiewicz,* Verjährungsrecht, § 1 Rn. 20; *Otto* S. 74 f.

Die heftigste Diskussion rankt sich um die Frage, ob die Verjährung nach § 199 I BGB schon dann beginnt, wenn die juristische Person bei ordnungsgemäßer Organisation der internen Kommunikation Kenntnis i. S. v. § 199 I BGB hätte[8]. Das Meinungsspektrum reicht hier von der strikten Ablehnung einer Wissensorganisationspflicht bis zu einer Wissensorganisationspflicht im Hinblick auf alle Arten von Ansprüchen. Unter den Befürwortern einer Wissensorganisationspflicht ist man sich uneins, ob Organisationsmängel Kenntnis oder grob fahrlässige Unkenntnis i. S. v. § 199 I BGB begründen[9]. Der Streit erhellt zum einen, dass bisher kaum erforscht ist, wie aus dem Merkmal (grob) fahrlässiger Unkenntnis eine Obliegenheit zur Informationsorganisation erwachsen soll[10], zum anderen, dass das Verhältnis der Wissensorganisationspflicht zum Merkmal (grob) fahrlässiger Unkenntnis bisher nicht hinreichend geklärt ist.

Die Problemfelder der Wissenszurechnung bei § 199 I BGB potenzieren sich, wenn es um den Verjährungsbeginn von Ansprüchen der juristischen Person gegen ihre Geschäftsleiter geht. Im Hinblick auf diese Sonderkonstellation ist beinahe alles umstritten, manches noch gänzlich unbeantwortet.

Umstritten ist schon die grundlegende Frage, auf die Kenntnis bzw. grob fahrlässige Unkenntnis welchen Organs es für den Verjährungsbeginn nach § 199 I BGB ankommt. Die ganz h. M., die auf das vertretungsberechtigte Organ abstellt, hat sich bisher nicht mit den beachtlichen Argumenten der Gegenansicht auseinandergesetzt, die für den Verjährungsbeginn auf dasjenige Organ abstellt, das über die Geltendmachung des Anspruchs gegen den Geschäftsleiter zu entscheiden hat[11].

Bisher nicht untersucht wurde die Frage, ob Hilfspersonen, die zur anspruchsvorbereitenden Tatsachenermittlung gegen Geschäftsleiter eingesetzt werden, Wissensvertreter sind, sodass auch ihre Kenntnis bzw. grob fahrlässige Unkenntnis die Verjährungsfrist nach § 199 I BGB beginnen lässt. Dies könnte deshalb problematisch sein, weil nach h. M. das Merkmal des Außenkontakts für den Wissensvertreterbegriff konstitutiv ist; indessen liegt bei einer rein internen Tatsachenermittlung gegen Geschäftsleiter kein Außenkontakt vor.

Eine weitere Besonderheit, die nur bei Ansprüchen der juristischen Person gegen Geschäftsleiter auftritt, besteht darin, dass der Schuldner-Geschäftsleiter zugleich mögliches Zurechnungssubjekt auf der Gläubigerseite ist. Nach allgemeiner Ansicht ist dieses Problem dadurch zu lösen, dass die Kenntnis desjenigen Geschäftsleiters, gegen den sich der Anspruch der juristischen Person richtet,

---

8 Zum Meinungsstand 5. Teil:§ 2C.I.

9 Siehe 5. Teil:§ 2C.I.

10 Siehe 2. Teil:§ 3B und 5. Teil:§ 2C.III.

11 *Sturms* Monographie „Die Verjährung von Schadensersatzansprüchen der Gesellschaft gegen Leitungsorganmitglieder gemäß §§ 93 Abs. 6 AktG, 43 Abs. 4 GmbH, 34 Abs. 6 GenG“ behandelt auch den Fristbeginn nach § 199 I BGB bezogen auf Ansprüche der juristischen Person gegen Geschäftsleiter. Mit seinen Ausführungen zur Wissenszurechnung hat sich bisher niemand auseinandergesetzt.

den Verjährungsbeginn nach § 199 I BGB nicht bewirken kann. Die dogmatischen Grundlagen dieses Zurechnungsausschlusses bleiben aber im Dunkeln; eine rechtswissenschaftliche Aufarbeitung fehlt völlig. Die fehlende dogmatische Fundierung ist besonderes deshalb bedenklich, weil der BGH den Zurechnungsausschluss neuerdings ausweitet. Nach seiner Auffassung unterliegt nicht lediglich die Kenntnis des Schuldner-Geschäftsleiters im Rahmen des § 199 I BGB einem Zurechnungsausschluss, sondern auch die Kenntnis anderer Personen, von denen eine seriöse Anspruchsverfolgung gegen den Schuldner nicht zu erwarten ist[12].

Wenig geklärt ist auch die Frage, ob die Verjährung nach § 199 I BGB beginnt, wenn unzuständige Organmitglieder oder unzuständige Mitarbeiter ihre Kenntnis vom Anspruch gegen den Geschäftsleiter nicht an das zuständige Organ weiterleiten. Hier ringen verschiedene Lösungsansätze miteinander, namentlich die Wissenszurechnung aufgrund der Wissensorganisationspflicht, die Annahme treuwidrige Unkenntnis (§ 242 BGB) und die Bejahung grob fahrlässiger Unkenntnis (§ 199 I Nr. 2 Var. 2 BGB)[13].

Der Verjährungsbeginn nach § 199 I BGB hat im Hinblick auf Ansprüche von AG und GmbH gegen Geschäftsleiter auch rechtspraktische Bedeutung. Zwar bestimmen die §§ 93 VI AktG, 43 IV GmbHG i. V. m. § 200 S. 1 BGB für die besonders wichtigen organschaftlichen und anstellungsvertraglichen Schadensersatzansprüche gegen Geschäftsleiter den Verjährungsbeginn ohne Rücksicht auf die Kenntnis bzw. grob fahrlässige Unkenntnis der AG oder GmbH. Die übrigen Ansprüche unterliegen aber grundsätzlich der Verjährung nach §§ 195, 199 I BGB. Dies gilt auch für solche Schadensersatzansprüche, die mit organschaftlichen und anstellungsvertraglichen konkurrieren. Besondere Relevanz kommt häufig deliktsrechtlichen Schadensersatzansprüchen der AG und GmbH zu, gerade weil sie wegen des subjektiven Verjährungsbeginns später als die Schadensersatzansprüche nach §§ 93 II, III AktG, 43 II, III GmbHG verjähren können[14].

Die Vielzahl an Zurechnungsproblemen, die sich im Zusammenhang mit dem Verjährungsbeginn bei Ansprüchen von AG bzw. GmbH gegen Geschäftsleiter nach § 199 I BGB ergeben, gibt Anlass, sich ihrer erstmals[15] in einer umfassenden

---

12 Siehe BGH, Urt. v. 23. 1. 2014, III ZR 436/12, NJW 2014, 1294.

13 Siehe 5. Teil:§ 3D.

14 Siehe beispielsweise BGH, Urt. v. 12. 6. 1989, II ZR 334/87, juris Rn. 49; Urt. v. 9. 2. 2009, II ZR 292/07, juris Rn. 11 ff. (=BGHZ 179, 344–361). Das gilt allerdings nicht für Schadensersatzansprüche börsennotierter Aktiengesellschaften. Ihre organschaftlichen Schadensersatzansprüche verjähren gemäß § 93 VI AktG erst 10 Jahre nach Anspruchsentstehung (§ 200 S. 1 BGB), was dem spätestmöglichen Verjährungseintritt für ihre deliktsrechtlichen Schadensersatzansprüche nach § 199 III 1 Nr. 1 BGB entspricht.

15 Die Monographien von *Otto* und *Riedhammer* zu § 199 I Nr. 2 BGB behandeln auch die Wissenszurechnung, aber nicht im Hinblick auf Ansprüche der juristischen Person gegen Geschäftsleiter. *Sturm* behandelt in seiner Dissertation „Die Verjährung von Schadensersatzansprüchen der Gesellschaft gegen Leitungsorganmitglieder

Untersuchung anzunehmen. Ziel ist es, für AG und GmbH ein Gesamtbild des Verjährungsbeginns nach § 199 I BGB bei Ansprüchen gegen Geschäftsleiter zu zeichnen und nicht nur die einzelnen Zurechnungsprobleme isoliert zu beleuchten. Erst durch die Gesamtbetrachtung können bisher bestehende Wertungswidersprüche in Fragen der Wissenszurechnung aufgedeckt und ein in sich stimmiges Zurechnungssystem entwickelt werden.

## § 2 Untersuchungsgegenstand und wichtige Begriffsbestimmungen

### A. Untersuchung von AG und GmbH

In dieser Arbeit wird nur der Verjährungsbeginn nach § 199 I BGB für Ansprüche der Aktiengesellschaft (AG) und der Gesellschaft mit beschränkter Haftung (GmbH) untersucht. Weitere Gesellschaftsformen werden nicht behandelt. Es wird auch nicht auf die Frage eingegangen, ob der AG und der GmbH im Konzern die Kenntnis konzernverbundener Unternehmen i. S. v. § 199 I BGB zugerechnet werden kann. Die Wissenszurechnung im Konzern kann wegen zahlreicher bis heute ungeklärter Fragen und ihrer Komplexität[16] nur Gegenstand einer eigenen umfangreichen Untersuchung sein. Sie wird hier deshalb ausgeklammert.

### B. Zurechnungssubjekt und Zurechnungsadressat

Wissenszurechnung findet immer von einem Rechtssubjekt zum anderen statt. Für die beiden an der Wissenszurechnung beteiligten Rechtssubjekte gibt es keine einheitliche Terminologie. Im privatrechtlichen Schrifttum wird vornehmlich das Begriffspaar Zurechnungssubjekt und Zurechnungsobjekt verwendet, wobei das Wissen vom Zurechnungssubjekt an das Zurechnungsobjekt zugerechnet wird[17]. Demgegenüber wird im öffentlich-rechtlichen Schrifttum häufig derjenige, an den zugerechnet wird, als Zurechnungssubjekt bezeichnet[18]. Um Missverständnissen vorzubeugen, wird in dieser Arbeit ein neues, unzweideutiges Begriffspaar gebildet: *Zurechnungssubjekt* und *Zurechnungsadressat* sind die fortan verwendeten Termini. Diese selbsterklärenden Begriffe machen deutlich, dass es sich um

---

gemäß §§ 93 Abs. 6 AktG, 43 Abs. 4 GmbH, 34 Abs. 6 GenG" zwar auch den kenntnisabhängigen Verjährungsbeginn nach § 199 I BGB bei Ansprüchen gegen Geschäftsleiter. Sein Schwerpunkt liegt aber auf den objektiven Verjährungsfristen gemäß §§ 93 Abs. 6 AktG, 43 Abs. 4 GmbH, 34 Abs. 6 GenG.

16 Zum aktuellen Stand der Wissenszurechnung im Konzern *Spindler* ZHR 181 (2017), 311, 332 ff.; *Schürnbrand* ZHR 181 (2017), 357 ff.

17 Siehe *Taupitz*, Karlsruher Forum 1994, S. 16, 17; ihm folgend *Baum* S. 40.

18 Siehe *Henning* S. 48 f.

zwei Rechtssubjekte handelt[19] und die Kenntnis vom Zurechnungssubjekt an den Zurechnungsadressaten zugerechnet wird.

## § 3 Gang der Untersuchung

Zunächst ist auf die Grundlagen der Wissenszurechnung bei juristischen Personen einzugehen (2. Teil). Dabei werden die Begriffe Kenntnis, Kennenmüssen und die Rechtstechnik der Zurechnung erläutert. Überdies wird der Einfluss der Wissensnorm auf die Wissenszurechnung herausgearbeitet. Die Erörterung dieser Grundlagen ist unentbehrlich. Man sollte zwar erwarten, dass bei einer so intensiv diskutierten Materie wie der Wissenszurechnung bei juristischen Personen[20] über die Grundlagen Einigkeit herrscht. Das Gegenteil ist aber der Fall. Durch die stetige Fortentwicklung der Wissenszurechnung, insbesondere im Hinblick auf die Wissensorganisationsverantwortung juristischer Personen, werden viele grundlegende Fragen, die lange Zeit geklärt schienen, wieder in Zweifel gezogen. Dies betrifft beispielsweise die Frage, ob der herkömmliche privatrechtliche Wissensbegriff zu erweitern ist, indem die von juristischen Personen in Datenspeichern vorgehaltenen Informationen zum Wissen im Rechtssinne zählen (sog. Aktenwissen). Dies betrifft aber auch die Frage, ob der Begriff des Kennenmüssens die Grundlage für eine Obliegenheit juristischer Personen zur Informationsorganisation sein kann. Besonderes Augenmerk verdient auch die aktuell immer mehr in den Fokus rückende Frage, wie groß der Einfluss von Wissensnormen auf die Zurechnung ist.

Im Anschluss ist zu klären, inwieweit das Verständnis des § 199 I BGB der Wissenszurechnung Grenzen setzt oder sie konkretisiert (3. Teil). Nachfolgend sind die Ansprüche der AG und GmbH gegen Geschäftsleiter zu identifizieren, für die der subjektive Verjährungsbeginn nach § 199 I BGB gilt (4. Teil). Es folgt die den Kern dieser Arbeit bildende Untersuchung, wessen Kenntnis bzw. grob fahrlässige Unkenntnis AG und GmbH sich im Rahmen des § 199 I BGB zurechnen lassen müssen (5. Teil). Um die Besonderheiten der Wissenszurechnung deutlich zu machen, die sich im Rahmen des § 199 I BGB bei Ansprüchen der juristischen Person gegen Geschäftsleiter ergeben, wird zunächst der Verjährungsbeginn bei Ansprüchen der juristischen Person gegen Dritte dargestellt. Im Kontrast dazu werden dann die spezifischen Wissenszurechnungsprobleme bei Ansprüchen der juristischen Person gegen Geschäftsleiter herausgearbeitet und gesondert von allgemeinen Zurechnungsproblemen beleuchtet.

---

19 Der Begriff Zurechnungsobjekt ist missverständlich, weil damit auch das Wissen als Gegenstand der Zurechnung gemeint sein könnte. *Schüler* S. 48 spricht beispielsweise vom „Wissen als Zurechnungsobjekt". Ähnlich kritisch *Henning* S. 48 f.

20 Die Wissenszurechnung zählt zu den am meisten diskutierten Fragen des Zivilrechts, siehe *Faßbender/Neuhaus* WM 2002, 1253; *Koch* ZIP 2015, 1757; *Grigoleit* ZHR 181, 160, 162.

# 2. Teil: Die Grundlagen der Wissenszurechnung in der juristischen Person

Die Wissenszurechnung in juristischen Personen ist, auch was ihre Grundlagen anbelangt, immer noch im Fluss. Verschiedene Ansätze im Schrifttum zielen darauf ab, den herkömmlichen privatrechtlichen Kenntnisbegriff zu erweitern, indem die von juristischen Personen in Datenspeichern vorgehaltenen Informationen als Kenntnis im Rechtssinne gewertet werden. Auch die Pflicht zur ordnungsgemäßen Organisation der Kommunikation lässt den herkömmlichen Kenntnisbegriff nicht unangetastet. Es ist daher zu klären, ob solches „Aktenwissen“ zur Kenntnis im Rechtssinne zählt. Nicht ausreichend erforscht ist auch die Frage, ob aus dem Merkmal der fahrlässigen Unkenntnis für juristische Personen eine Obliegenheit zur Informationsorganisation folgt. Aktuell rückt auch mehr und mehr die Frage in den Fokus, wie groß der Einfluss von Wissensnormen auf die Zurechnung ist.

All diese grundlegenden Fragen sind für die Wissenszurechnung im Rahmen des § 199 I BGB von zentraler Bedeutung. Es ist daher unerlässlich, unter Auswertung des aktuellen Meinungsstands die Begriffe Kenntnis und Kennenmüssen zu definieren, die Rechtstechnik der Wissenszurechnung zu eruieren und den Einfluss von Wissensnormen auf die Wissenszurechnung zu konkretisieren.

## § 1 Der Wissensbegriff

Zahlreiche Vorschriften des Privatrechts enthalten das Tatbestandsmerkmal Kenntnis oder Kennenmüssen[21]. Solche Vorschriften bezeichnet man gewöhnlich als *Wissensnormen*[22]. An die Kenntnis bzw. das Kennenmüssen knüpft das Gesetz stets Rechtsnachteile für denjenigen, der weiß oder wissen muss[23]. Der Rechtsnachteil kann dabei – je nach Wissensnorm – in einem Rechtsverlust oder im Vorenthalten von Rechtsvorteilen liegen[24].

---

21 Gleichbedeutend sind die Begriffe Kenntnis und Wissen sowie die Begriffe Kennenmüssen und Wissenmüssen, siehe *Buck* S. 47 (dort in Fn. 1); *Baum* S. 27 (dort in Fn. 1); *Schüler* S. 36 (dort in Fn. 36); *Ertel* S. 7; *Fatemi* NJOZ 2010, 2637, 2640.

22 Siehe *Buck* S. 16, 20 ff.; *Baum* S. 32.

23 Siehe *Schilken* S. 51 f.; *Baum* S. 44; *Goldschmidt* S. 86; *Schrader*, Wissen, S. 440; *Grigoleit* ZHR 181, 160, 169.

24 *Buck* S. 21.

## A. Der herkömmliche Wissensbegriff im Privatrecht

Das BGB enthält keine Definition des Begriffs Kenntnis. Bis zum Jahr 1991[25] war es allgemein anerkannt, dass Kenntnis im Sinne des Privatrechts nur der *Bewusstseinszustand einer natürlichen Person*[26] sein kann; plastisch könnte man vom Gedächtniswissen eines Menschen sprechen[27]. Nach diesem herkömmlichen Wissensbegriff stand fest, dass juristische Personen mangels menschlichen Bewusstseins keine eigene Kenntnis im Sinne einer Wissensnorm haben können; nur durch Zurechnung menschlichen Wissens können sie Kenntnis erlangen[28].

Die entscheidende Frage ist somit, wie das menschliche Bewusstsein beschaffen sein muss, damit die tatbestandliche Kenntnis einer Wissensnorm erfüllt ist. Im Schrifttum wird oft betont, dass jede Wissensnorm ihren individuellen Kenntnisbegriff habe, es mithin nicht einen, sondern eine Vielzahl von Kenntnisbegriffen gebe[29]. Der Grund hierfür sei, dass das Gesetz den Begriff der Kenntnis in den verschiedensten Kontexten verwende, weshalb das Merkmal der Kenntnis entsprechend der *ratio* der jeweiligen Wissensnorm spezifisch auszulegen sei[30]. Dies ist zwar richtig, steht einer allgemeinen Kenntnisdefinition aber nicht entgegen, weil es einen festen gemeinsamen Kern aller Kenntnisbegriffe gibt[31]. Hiervon gehen auch der historische Gesetzgeber und das herrschende Schrifttum aus, die sich bemüht haben, diesen allgemeinen Kenntnisbegriff zu finden. Der historische Gesetzgeber definierte Kenntnis als das „Fürwahrhalten“ einer in Wirklichkeit bestehenden Tatsache[32]. Im Schrifttum ist Kenntnis so definiert worden: Kenntnis sei eine durch äußere Ereignisse (Sinneseindrücke) oder durch geistige Vorgänge (Schlussfolgerungen) hergestellte, der Wirklichkeit entsprechende Vorstellung einer Tatsache[33]. Kenntnis sei eine innere Tatsache[34]; Kenntnis sei das Wissen von

---

25 Erstmals für die Erweiterung des Wissensbegriffs *Bohrer* DNotZ 1991, 124 ff.

26 Siehe *Buck* S. 17 f.; *Schilken* S. 54 ff.; *Römmer-Collmann* S. 22; *Schüler* S. 36. Längst überholt ist die Ansicht von *Oldenbourg* S. 9, der Wissen im Jahr 1934 noch nicht als Bewusstseinszustand, sondern als menschliches Verhalten qualifizierte.

27 Sehr anschaulich *Adler* S. 7; siehe auch *Römmer-Collmann* S. 49.

28 Heute einhellige Ansicht: RG, Urt. v. 3. 12. 1921, V 218/21, Seufferts Arch. Bd. 77, S. 110, 112; BGHZ 109, 327, 330 f.; BGH NJW 1996, 1339, 1340; *Buck* S. 25, 217 f., 220; *Taupitz*, Karlsruher Forum 1994, S. 16, 29; *ders.* JZ 1996, 734; *Römmer-Collmann* S. 49; *Baumann* ZGR 1973, 284, 289; *Koenen* S. 8, 14 ff.; *Henning* S. 33, 35, 37, 43; *Ertel* S. 16; *Schilken* S. 129, 134, der allerdings zwischen unmittelbarer und mittelbarer Zurechnung unterscheidet; *Bohrer* DNotZ 1991, 124, 126, der aber verkennt, dass auch *von Gierkes* Theorie der realen Verbandspersönlichkeit auf dem Zurechnungsprinzip basierte, hierzu *K. Schmidt,* GesR, § 10 I 2. c).

29 Siehe *Buck* S. 29; *Schrader,* Wissen, S. 12.

30 Ausführlich *Schrader,* Wissen, S. 12, 387 ff.

31 Krit. aber *Schrader,* Wissen, S. 12, 387 ff.

32 Siehe Protokolle III, S. 86 (zu einer Vorgängerregelung des heutigen § 892 BGB).

33 So *v. Thur,* BGB AT, S. 130.

34 So *Baur/Stürner* § 23 Rn. 30.

Tatsachen (einer Rechtslage), sie sei die Übereinstimmung der subjektiven Vorstellung mit dem objektiv Gegebenen; sie sei die Entsprechung des Erkennens mit dem Erkannten[35]. Der gemeinsame Nenner all dieser Definitionen besteht darin, dass der Mensch eine bestimmte Vorstellung von Tatsachen haben muss, die mit der Wirklichkeit übereinstimmt[36].

Der herkömmliche Wissensbegriff hat demnach zwei Komponenten: den Grad an Überzeugung, mit dem ein Mensch sich eine Tatsache vorstellt und die Übereinstimmung des Vorgestellten mit der Wirklichkeit. Fehlt dem Menschen eine gewisse Überzeugung vom Vorliegen einer Tatsache, z. B. weil er zweifelt, vermutet oder einen bloßen Verdacht hat, liegt keine Kenntnis vor[37]. Stimmt das Vorgestellte nicht mit der Wirklichkeit überein, irrt der Mensch, sodass auch in diesem Fall keine Kenntnis vorliegt[38]. Je nach *ratio* der Wissensnorm kann das Merkmal der Kenntnis einen unterschiedlichen Grad an Gewissheit oder Überzeugung voraussetzen[39]. Als Fazit bleibt festzuhalten, dass alle Kenntnisbegriffe eine gewisse menschliche Überzeugung von Tatsachen verlangen, die mit der Wirklichkeit übereinstimmt.

Diese herkömmliche Wissensdefinition ist auch heute noch unstreitiger Kern des privatrechtlichen Wissensbegriffs. Umstritten ist nur, ob und inwieweit dieser herkömmliche Begriff durch die rechtsmissbräuchliche Unkenntnis und das sogenannte Aktenwissen zu erweitern ist.

## B. Erweiterung des herkömmlichen Wissensbegriffs um die rechtsmissbräuchliche Unkenntnis (bewusstes Sichverschließen)

§ 122 II BGB trennt per Legaldefinition zwischen Kenntnis und fahrlässiger Unkenntnis. Wo eine Wissensnorm Kenntnis verlangt, schadet dem Normadressaten (grob) fahrlässige Unkenntnis nicht[40]. Als innere Tatsache, die fremder Wahrnehmung nicht zugänglich ist, lässt sich die tatbestandsmäßige Kenntnis des Gegenübers im Zivilprozess allerdings nur schwer beweisen[41]. Ein direkter Beweis ist ausschließlich über eine Parteivernehmung gemäß §§ 445 I, 448 ZPO denkbar, sofern die Kenntnis der zu vernehmenden Partei bewiesen werden soll[42]. Der

---

35 So *Sallawitz* S. 50, m. w. N.

36 Siehe *Fatemi* NJOZ 2010, 2637.

37 Zweifel können die Kenntnis ausschließen, siehe BGHZ 26, 256, 261; *Schilken* S. 7; *Sallawitz* S. 51; *Fatemi* NJOZ 2010, 2637 f.

38 Siehe *Sallawitz* S. 50; *Fatemi* NJOZ 2010, 2637.

39 Siehe *Sallawitz* S. 54 ff.; *Schilken* S. 7; *Buck* S. 53 f.; *Taupitz*, Karlsruher Forum 1994, S. 16, 17; a. A. *Fatemi* NJOZ 2010, 2637, 2638.

40 St. Rspr., BGH NJW 1985, 2022, 2023; NJW 1987, 3120; NJW 1989, 2323, 2324; siehe *Buck* S. 66 ff.; *Grigoleit* ZHR 181, 160, 170.

41 Zur Beweislast *Grigoleit* ZHR 181, 160, 176.

42 So *Sallawitz* S. 71; *Buck* S. 51 f.

direkte Beweis wird aber selten gelingen, sodass im Regelfall nur der Indizienbeweis bleibt, um Kenntnis nachzuweisen[43]. Diese Beweisschwierigkeiten haben Teile des Schrifttums veranlasst, das Merkmal der Kenntnis in einzelnen Wissensnormen hin zu einer – leichter beweisbaren – grob fahrlässigen Unkenntnis zu lockern[44]. Dieses Vorgehen verstößt aber gegen die in § 122 II BGB niedergelegte Unterscheidung von Kenntnis und Kennenmüssen.

Um die Schwierigkeiten des Kenntnisnachweises abzumildern, ohne zugleich die Grenze zur fahrlässigen Unkenntnis zu überschreiten, ist in der Rechtsprechung und dem überwiegenden Schrifttum hinsichtlich zahlreicher Wissensnormen anerkannt, dass die *rechtsmissbräuchliche Unkenntnis* der Kenntnis gleichzustellen ist[45]. Eine natürliche Person kann sich nach Treu und Glauben nicht auf Unkenntnis berufen, wenn sie sich rechtsmissbräuchlich vor der tatbestandsmäßigen Kenntnis verschlossen hat[46]. Die Grenze zum Rechtsmissbrauch ist dabei erst überschritten, wenn jemand es versäumt, eine auf der Hand liegende Erkenntnismöglichkeit, die weder besondere Kosten noch nennenswerte Mühe verursacht, zu nutzen und bewusst vor der Erkenntnis die Augen verschließt[47]. Um nicht die Grenze zur grob fahrlässigen Unkenntnis zu tangieren, müssen an das rechtsmissbräuchliche Sichverschließen allerdings stets strengere Anforderungen als an die grob fahrlässige Unkenntnis gestellt werden[48].

Die Gleichstellung von Kenntnis und rechtsmissbräuchlicher Unkenntnis stützen manche auf eine Analogie zu § 162 BGB, die auf dem verallgemeinerungsfähigen Gedanken basiere, dass niemand aus eigenem treuwidrigem Verhalten Vorteile für sich ziehen dürfe[49]. Rechtsfolge wäre die Fiktion der Kenntnis zu dem Zeitpunkt, zu dem die Kenntniserlangung bei treugemäßem Verhalten eingetreten wäre[50]. Andere wollen dem sich treuwidrig Verschließenden die Berufung auf

---

43 So *Sallawitz* S. 71; *Buck* S. 51 f.

44 Eingehend *Buck* S. 66 ff. m. w. N.

45 Siehe BGH NJW-RR 1988, 411, 412; NJW 1989, 2323, 2324 (jeweils zu § 852 I BGB a. F.); NJW 1992, 1953, 1954 (zu § 463 BGB a. F.); BGHZ 32, 76, 92 (zu § 990 I 2 BGB); *Sallawitz* S. 55 f., 58; *Buck* S. 69 ff.; *Henning* S. 40; *Fatemi* NJW 2011, 29; MüKo $BGB_6$/*Schramm* § 166 Rn. 30; Staudinger/*Bork* § 162 Rn. 15; BeckOK BGB/*Rövekamp* Rn. 11; krit. wegen Verwischung der Grenze zur groben Fahrlässigkeit *Larenz/Canaris,* Schuldrecht II (13. Aufl. 1986), S. 685.

46 Hierzu ausführlich *Buck* S. 69 ff.

47 Siehe z. B. BGH NJW 1987, 3120; *Buck* S. 69.

48 Siehe BGH NJW 1989, 2323, 2324; *Buck* S. 71 ff.; Bedenken haben: *Larenz/Canaris,* Schuldrecht II (13. Aufl. 1986), S. 685; Erman/*Schmidt-Räntsch* § 199 Rn. 19.

49 So BGH NJW 1989, 2323, 2324 m. w. N. zur Rechtsprechung; *Buck* S. 74 f.; siehe auch PWW/*Brinkmann* § 162 Rn. 10; BeckOK BGB/*Rövekamp* Rn. 10; die Reichweite des Rechtsgedankens enger fassend MüKo BGB/*H. P. Westermann* § 162 Rn. 18.

50 So OLG Düsseldorf NJW 1981, 463, 464; *Buck* S. 75 f.; siehe auch PWW/*Brinkmann* § 162 Rn. 9; nach dem Gegenstand der Bedingung differenzierend Staudinger/*Bork* Rn. 12.

Unkenntnis nach § 242 BGB versagen[51]. Nach einer weiteren Ansicht lässt sich die Gleichstellung von Kenntnis und dem bewussten Sichverschließen teilweise schon durch Auslegung der Wissensnorm erreichen[52].

Es erscheint vorzugswürdig, die treuwidrige Unkenntnis in Form des bewussten Sichverschließens unter die Fallgruppe des unredlichen Verhaltens[53] gemäß § 242 BGB zu fassen. § 242 BGB bietet eine breitere dogmatische Basis zur Erfassung der Fälle treuwidriger Unkenntnis als § 162 I BGB, weil es bei § 162 I BGB letztlich nur um die Durchsetzung des rechtsgeschäftlichen Parteiwillens geht[54], indes § 242 BGB auch Fälle ohne rechtsgeschäftlichen Bezug erfasst. Es ist auch nicht geboten, die treuwidrige Unkenntnis der Kenntnis nur in Bezug auf bestimmte Wissensnormen gleichzustellen. Wer seine Kenntnisnahme unredlich vereitelt, sollte sich generell nicht auf seine tatsächlich bestehende Unkenntnis berufen können[55]. Da § 242 BGB entsprechend dem Normzweck der jeweiligen Wissensnorm eine individuelle Schranke des Rechtsmissbrauchs für jede Wissensnorm statuiert[56], ist auch nicht zu erwarten, dass die Gleichstellung von rechtsmissbräuchlicher Unkenntnis und Kenntnis gegen die Auslegung des Kenntnismerkmals einer Wissensnorm verstößt.

Bei juristischen Personen sind zwei Arten rechtsmissbräuchlicher Unkenntnis denkbar. Sie liegt in jedem Fall dann vor, wenn das maßgebliche Zurechnungssubjekt der juristischen Person, z. B. ihr Geschäftsleiter, sich bewusst vor der Kenntniserlangung verschließt. Sie könnte aber auch dann gegeben sein, wenn die juristische Person deshalb unwissend ist, weil es bestimmte Personen entgegen ihrer Informationsweiterleitungspflicht unterlassen haben, ihre Kenntnis an das maßgebliche Zurechnungssubjekt weiterzugeben. Insoweit werden verschiedene Fälle rechtsmissbräuchlicher Unkenntnis der juristischen Person diskutiert: erstens wenn einzelne Organmitglieder eines Kollegialorgans ihre Kenntnis nicht rechtzeitig ans Gremium weitergeben[57], zweitens wenn ein unzuständiges Organ seine Kenntnis nicht rechtzeitig ans zuständige Organ weitergibt[58] oder drittens wenn eine juristische Person insgesamt ein Mindestmaß an gesellschaftsinternem Informationsaustausch unter den Mitarbeitern sowie zwischen Mitarbeitern und der Geschäftsleitung vermissen lässt[59]. Diese verschiedenen Fallgruppen

---

51 So *Henning* S. 40; siehe auch *Fatemi* NJW 2011, 29; *Buck* S. 448 ff., 453, die in erster Linie § 242 BGB statt § 162 BGB heranzieht.

52 So Staudinger/*Bork* § 162 Rn. 15 zu § 852 I BGB a. F.

53 Eingehend Staudinger/*Looschelders/Olzen* § 242 Rn. 245; Jauernig/*Mansel* Rn. 46.

54 Siehe MüKo BGB/*H. P. Westermann* § 162 Rn. 18; Staudinger/*Bork* Rn. 15.

55 A.A. *Schrader,* Wissen, S. 394, 396 f.

56 Siehe *Buck* S. 456 ff.; zur Schrankenfunktion des § 242 BGB, siehe Jauernig/*Mansel* § 242 Rn. 33.

57 Siehe 5. Teil:§ 3A.III.1.)c.)bb.).

58 Zum Schrifttum siehe 5. Teil:§ 3D.I.2.), zur Rechtsprechung siehe 5. Teil:§ 3D.II.2.).

59 Siehe 5. Teil:§ 2C.IV.1.).

rechtsmissbräuchlicher Unkenntnis bei juristischen Personen sind sehr umstritten. Für AG und GmbH werden sie später eingehend erörtert.

## C. Erweiterung des herkömmlichen Wissensbegriffs um das sogenannte Aktenwissen

Umstritten ist, ob die herkömmliche Wissensdefinition um das sog. Aktenwissen zu erweitern ist. Gerade für AG und GmbH hätte diese Erweiterung des Wissensbegriffs erhebliche negative[60] Auswirkungen, weil sie häufig Unmengen an Informationen in Akten und anderen künstlichen Datenspeichern vorhalten.

### *I. Das »Aktenwissen« im Schrifttum*

Für eine „wertende Öffnung des Tatbestandsmerkmals Kenntnis" hat sich erstmals *Bohrer* im Jahr 1991 in Anmerkung zu einer BGH-Entscheidung[61] ausgesprochen[62]. *Bohrer* selbst gebrauchte den Begriff Aktenwissen zwar nicht, seine Ausführungen bildeten aber das Begriffsfundament. *Bohrer* stellt die tatsächliche Kenntnis und die aus Akten oder anderen Datenspeichern verfügbare Kenntnis gleich, und zwar bezogen auf alle Rechtssubjekte[63].

Den Grund für diese Gleichstellung sieht er in einer neu zu entwickelnden zivilrechtlichen Organisationslehre: dem Prinzip der Wissensverantwortung[64]. Nach dieser Lehre habe das wissensverantwortliche Rechtssubjekt den Rechtsverkehr – ähnlich wie bei Verkehrssicherungspflichten – vor dem Risiko von Informationsdefiziten zu schützen, indem es typischerweise aktenmäßig festgehaltene Informationen so organisiere, dass diese zur rechten Zeit bei der maßgeblichen Person vorlägen[65]. Aufgrund dieser Wissensverantwortung habe das wissensverantwortliche Rechtssubjekt sowohl für tatsächliche Kenntnis als auch für die nach den Anforderungen des Rechtsverkehrs verfügbare Kenntnis einzustehen.[66] Dass der privatrechtliche Kenntnisbegriff solchen normativen Wertungen offenstehe, versucht *Bohrer* mit prozessualen Erwägungen zu belegen: Im Prozess ergebe sich die zu beweisende Kenntnis letztlich immer aus einer normativen Wertung, da der Kenntnisbeweis als Beweis einer inneren Tatsache nur über Hilfstatsachen geführt

---

60 Das Gesetz knüpft an das Tatbestandsmerkmal der Kenntnis stets nachteilige Rechtsfolgen, siehe die Nachweise in Fn. 23.

61 Urt. v. 8. 12. 1989, V ZR 246/87, BGHZ 109, 327 ff. Diese Entscheidung wird von *Buck* S. 228 ff. und *Baum* S. 320 zutreffend als Wende in der Rechtsprechung des BGH zitiert, der sich damit erstmals einer wertenden Wissenszurechnung in Organisationen öffnete.

62 Siehe *Bohrer* DNotZ 1991, 124, 129 f.

63 Siehe *Bohrer* DNotZ 1991, 124, 130.

64 So *Bohrer* DNotZ 1991, 124, 125.

65 So *Bohrer* DNotZ 1991, 124, 129 f.

66 So *Bohrer* DNotZ 1991, 124, 129.

werden könne, aus denen der Richter im Rahmen seiner freien Beweiswürdigung gemäß § 286 I 1 ZPO auf Kenntnis zu schließen habe. Ob Kenntnis vorliege, lasse sich im Prozess somit nur durch eine Bewertung objektiver Tatsachen beurteilen, ähnlich wie dies bei der Beurteilung materiell-rechtlichen Kennenmüssens der Fall sei[67].

Im Ergebnis bewertet *Bohrer* verfügbare Informationen als tatbestandsmäßige Kenntnis des wissensverantwortlichen Rechtssubjekts[68]. Verfügbare Akteninformationen werden dem Wissensverantwortlichen – z. B. einer juristischen Person – also nicht im Wege der Wissenszurechnung angelastet, sondern erfüllen unmittelbar das Merkmal der Kenntnis[69].

In enger Anlehnung an *Bohrer* hat *Medicus* als erster den Begriff „Aktenwissen" im Schrifttum verwendet[70]. Er definiert Aktenwissen als „alles Wissen, das in Datenspeichern außerhalb von menschlichen Gehirnen enthalten ist"[71]. Damit soll der Inhalt von künstlichen Datenspeichern[72] dem Gedächtniswissen von Menschen gleichgestellt werden[73], allerdings mit Einschränkungen. Eine Gleichstellung sei nur dann gerechtfertigt, wenn ein *Anlass* bestehe, den konkreten Akteninhalt abzurufen[74]. Zudem müsse eine *Vergleichbarkeit* bestehen zwischen dem Aufwand, mit dem man Informationen aus dem menschlichen Gedächtnis abrufe und jenem Aufwand, mit dem man Informationen aus künstlichen Speichermedien abrufe[75].

---

67 So *Bohrer* DNotZ 1991, 124, 127 f.

68 So werden *Bohrers* Ausführungen in der Rechtsprechung und im überwiegenden Schrifttum verstanden, siehe BGHZ 117, 104, 107 f.; *Medicus*, Karlsruher Forum 1994, S. 4, 6, 8, *Buck* S. 29, *Römmer-Collmann* S. 55; a. A. *Heidrich* S. 31 f., der irrigerweise annimmt, *Bohrer* verfolge nicht den dogmatischen Ansatz, das Tatbestandsmerkmal Kenntnis auszuweiten.

69 *Bohrer* DNotZ 1991, 124, 129 f.: „[...] das vom BGH erreichte Ergebnis läßt sich nicht mit Wissenszurechnung [...] begründen". „Es bedarf keiner konstruktiven Zurechnung tatsächlichen Wissens einzelner/ehemaliger Organmitglieder; die Kenntnis der juristischen Person ergibt sich vielmehr aus der Verfügbarkeit der Information, deren Erfassung und Nutzung nicht im Belieben steht, sondern normativen (Verkehrsschutz-) Anforderungen unterliegt." „Im Ergebnis nimmt die Entscheidung Abschied von Wissenszurechnungsmodellen [...]."

70 *Medicus*, Karlsruher Forum 1994, S. 4, 14 hat den Begriff wiederum aus der Rechtsprechung des BGHZ 117, 104, 107 ff. aufgegriffen. Der BGH hat den Begriff seinerseits zur Veranschaulichung *Bohrers* Lehre von der Wissensverantwortung verwandt.

71 So *Medicus*, Karlsruher Forum 1994, S. 4, 14.

72 Der Begriff umfasst alle Informationsspeicher außer dem Gehirn; erfasst sind also Akten und elektronische Datenträger, siehe *Medicus/Petersen* BGB AT Rn. 904b.

73 So *Medicus*, Karlsruher Forum 1994, S. 4, 14 f.; *ders./Petersen* BGB AT Rn. 904b f.

74 Dies sollte zunächst nur für computergespeicherte Daten gelten; bezüglich Daten aus Akten nahm *Medicus*, Karlsruher Forum 1994, S. 4, 7 eine restriktivere Haltung ein. Inzwischen hat er diese Differenzierung aufgegeben, siehe *Medicus/Petersen* BGB AT Rn. 904b.

75 So *Medicus*, Karlsruher Forum 1994, S. 4, 7, 14 f.

Es zählten nur solche künstlich gespeicherten Informationen zum Wissen, die mit einem geringen Aufwand – vergleichbar der bloßen Anstrengung des Gedächtnisses – verfügbar seien; ein geringer Aufwand bestehe insbesondere, wenn Gegenstand und Ort der gespeicherten Information der suchenden Person bekannt seien[76]. *Medicus* folgert hieraus, dass das „Aktenwissen" von Organisationen personenunabhängig werde, da es nur noch auf die Verfügbarkeit versachlichter Informationsträger ankomme[77]. Die Anzahl relevanter Informationen sei in Organisationen so groß, dass sie in menschlichen Gehirnen nicht gespeichert werden könnten[78]. Der Wissensstand einer Organisation dürfe auch nicht von Personalwechseln abhängig sein[79].

Wie *Bohrer* kommt *Medicus* zu dem Ergebnis, dass Informationen aus Datenspeichern – ihre Verfügbarkeit und ein Anlass zum Abrufen unterstellt – als Wissen der Organisation anzusehen sind. Aus seinen Ausführungen geht allerdings nicht klar hervor, ob die aus Akteninformationen konstruierte Kenntnis das Ergebnis einer Wissenszurechnung oder einer Erweiterung des herkömmlichen Wissensbegriffs ist[80].

Schließlich versucht auch *Taupitz*, den herkömmlichen Wissensbegriff in Bezug auf arbeitsteilige Organisationen zu erweitern[81]. Er unterwirft Organisationen einer Pflicht zur ordnungsgemäßen Organisation der Kommunikation und unterscheidet hierbei grundlegend zwischen der internen Informationsweiterleitungspflicht als Problem der *Wissenszurechnung* und der internen Informationsabfragepflicht als

---

76 So *Medicus*, Karlsruher Forum 1994, S. 4, 7, 14.

77 So *Medicus*, Karlsruher Forum 1994, S. 4, 7, 12.

78 So *Medicus*, Karlsruher Forum 1994, S. 4, 7, 14.

79 So *Medicus*, Karlsruher Forum 1994, S. 4, 7, 14.

80 *Medicus*, Karlsruher Forum 1994, S. 4, 7, 12, 14; *ders./Petersen* BGB AT Rn. 904b f.: „Daher ist der Gemeinde ihr Aktenwissen zuzurechnen." Die Ausführungen *Medicus'* deuten teilweise darauf hin, dass er das Aktenwissen als Form der Wissenszurechnung ansieht (Karlsruher Forum 1994, S. 4, 14: „... Aktenwissen in die Wissenszurechnung einzuordnen."). Als Wissenszurechnung im technischen Sinne könnte man das Aktenwissen aber nur begreifen, wenn man es als Wissen eines für die Organisation handelnden Rechtssubjekts ansähe. Denn Wissenszurechnung ist immer die Zurechnung der Kenntnis von einem Rechtssubjekt zum anderen. Im Sinne einer echten Wissenszurechnung können *Medicus'* Ausführungen daher letztlich doch nicht verstanden werden, da er der Organisation nicht das „Aktenwissen des Mitarbeiters", sondern ihr eigenes Aktenwissen anlastet. Insbesondere spricht er vom personenunabhängigen Aktenwissen der Organisation (Karlsruher Forum 1994, S. 4, 12). Auch nach *Medicus'* Ansicht ist das Aktenwissen daher wohl als eine Erweiterung des herkömmlichen Wissensbegriffs zu verstehen. *Medicus'* Ausführungen ähnlich interpretierend *Steffen*, Karlsruher Forum 1994, S. 32.

81 *Taupitz*, Karlsruher Forum 1994, S. 16, 27 möchte nur Organisationen mit der Wissensorganisationspflicht belegen, nicht den Privatmann mit mehreren Bevollmächtigten.

Problem des *Wissensbegriffs*[82]. Hat ein Mitarbeiter Anlass, innerhalb der Organisation verfügbares Wissen abzufragen, tut dies aber nicht, soll dies nach *Taupitz* einerseits die Kenntnis dieses Mitarbeiters und andererseits – infolge Zurechnung der Mitarbeiterkenntnis – die Kenntnis der Organisation zur Folge haben[83]. *Taupitz* dehnt also den herkömmlichen Wissensbegriff insoweit aus, als Mitarbeiter innerhalb der Organisation bei Verletzung der Informationsabfragepflicht so behandelt werden, als hätten sie Kenntnis von den abzurufenden, verfügbaren Informationen erlangt.

*Fatemi* setzt sich mit dem Begriff des Aktenwissens, wie ihn *Medicus* verwendet, auseinander. Er lehnt ihn ab, weil der Kenntnisbegriff nach dem natürlichen Sprachgebrauch zumindest im Ausgangspunkt eine tatsächliche Kenntniserlangung voraussetze, sonst werde die Grenze zur fahrlässigen Unkenntnis überschritten[84]. Zudem sei das Kriterium des *Anlasses* zur Informationsabfrage ein Einfallstor für eine nahezu unkontrollierbare Einzelfallentscheidungspraxis[85]. Doch auch *Fatemi* will gespeicherte Informationen nicht gänzlich aus dem Wissensbegriff ausgrenzen. Die auf dinglichen Informationsträgern gespeicherten Informationen zählten dann zur Kenntnis einer Person, wenn die Person die betreffenden Informationen nach Kenntniserlangung bewusst auf Datenträger ausgelagert habe, die Person über den dinglichen Informationsträger Sachherrschaft ausübe und dadurch die tatsächliche Zugriffsmöglichkeit auf die Information habe[86].

An *Bohrers* und *Medicus'* Begriff des Aktenwissens ist häufig kritisiert worden, dass er gegen die von § 122 II BGB vorgegebene Unterscheidung von Kenntnis und Kennenmüssen verstoße[87]. Obwohl man *Taupitz'* erweitertem Wissensbegriff prinzipiell die gleichen Einwände entgegenhalten könnte, ist sein erweiterter Wissensbegriff erstaunlicherweise nicht kritisiert worden. Im Gegenteil, er hat sich durchgesetzt. Dies zeigt der Umstand, dass sich *Taupitz'* Lehre von der ordnungsgemäßen Organisation der Kommunikation mitsamt der dogmatischen Einordnung der Informationsabfragepflicht als kenntnisbegriffserweiterndem Kriterium durchgesetzt hat[88]. Mit *Fatemis* Erweiterung des Kenntnisbegriffs hat sich bislang, soweit ersichtlich, niemand auseinandergesetzt.

---

82 Siehe *Taupitz,* Karlsruher Forum 1994, S. 16, 17 ff. (These 1), 28 f., 51.

83 Sehr deutlich *Taupitz,* Karlsruher Forum 1994, S. 16, 29 „als Wissen des für die Organisation konkret Handelnden gelten"; siehe auch *Medicus,* Karlsruher Forum 1994, S. 4, 7, 14.

84 Siehe *Fatemi* NJOZ 2010, 2637, 2640 ff.

85 Siehe *Fatemi* NJOZ 2010, 2637, 2641.

86 Siehe *Fatemi* NJOZ 2010, 2637, 2641 f.

87 Siehe *Baum* S. 194 ff.; *Henning* S. 36 f.; *Fatemi* NJOZ 2010, 2637, 2641; jüngst auch *Grigoleit* ZHR 181, 160, 173 f.; siehe auch *Buck* S. 97 ff., 102, 440 f., 456, 461, die die Herleitung positiver Kenntnis aus der Verletzung von Organisationspflichten generell ablehnt.

88 Explizit der dogmatischen Einordnung von *Taupitz* folgend BGH NJW 1996, 1339, 1341; Großkomm HGB/*Habersack* § 125 Rn. 22; Spindler/Stilz/*Fleischer* § 78 Rn. 54.

Im neueren Schrifttum wird der Begriff des Aktenwissens meist in einem anderen Sinne gebraucht. Er umschreibt dort das in Organisationen typischerweise aktenmäßig festgehaltene „Wissen“, das bei ordnungsgemäßer Wissensorganisation verfügbar wäre[89]. Damit wird das Aktenwissen mit dem bei ordnungsgemäßer Wissensorganisation verfügbaren Wissen gleichgesetzt. Wird der Begriff in diesem Sinne gebraucht, dann umfasst er sowohl eine Erweiterung des Kenntnisbegriffs, was die Informationsabfragepflicht anbelangt, als auch eine Erweiterung der Wissenszurechnung bei Verletzung der Informationsspeicherpflicht und der Informationsweiterleitungspflicht.

## *II. Das »Aktenwissen« in der Rechtsprechung*

In der Rechtsprechung des Reichsgerichts taucht der Begriff „Aktenwissen“ nicht auf. Das RG war der Ansicht, dass bloße Akteninhalte keine Kenntnis im Sinne des BGB darstellen[90]. So führte das RG aus: „Mit Recht legt der Berufungsrichter auch darauf kein Gewicht, ob etwa der Fiskus die im Verkehr erforderliche Sorgfalt insofern außer acht gelassen hat, als er bei genauer Durchforschung seiner Akten und bei gehöriger Umfrage bei den Beamten seines Ressorts Kenntnis von der Grundsteuerentschädigungsrente hätte haben müssen. Hierauf kann es nach § 439 Abs. 1 B. G. B. nicht ankommen, weil nur die wirkliche Kenntnis des Mangels die Vertretungspflicht des Käufers ausschließen soll, nicht auch das Kennenmüssen oder die auf Fahrlässigkeit beruhende Unkenntnis.“

Geboren wurde der Begriff „Aktenwissen“ im sog. Knollenmergel-Urteil des BGH vom 24. Januar 1992[91]. In diesem hatte der BGH zu entscheiden, ob die beklagte Gemeinde Kenntnis vom Sachmangel des Grundstücks hatte, das sie verkaufte. Der beim Verkauf für sie handelnde Vertreter des Liegenschaftsamts hatte keine Kenntnis des Sachmangels, indes ein Sachbearbeiter ihres Baurechtsamts die rechtserhebliche Kenntnis hatte. Da der Sachbearbeiter des Baurechtsamts am Verkauf aber nicht beteiligt war, stellte sich die Frage, ob dessen Kenntnis der beklagten Gemeinde zurechenbar war. In diesem Zusammenhang diskutierte der BGH *Bohrers* Ansatz, wonach die Verfügbarkeit typischerweise aktenmäßig festgehaltener Informationen zu organisieren sei und führte aus: „Nach dieser [Bohrers] Ansicht soll sich die Kenntnis der juristischen Person daraus ergeben, daß sie das Aktenwissen besitze und seine Nutzung nicht in ihrem Belieben stehe, sondern normativen Verkehrsschutz-Anforderungen unterliege“[92]. Zunächst umschrieb der BGH mit dem Begriff des Aktenwissens also die Ansicht *Bohrers,* nach der

---

89 Siehe BGH NJW 1996, 1339, 1340; Roth/Altmeppen/*Altmeppen* § 35 Rn. 113; *Rodewald* GmbHR 2014, 639, 642; *Koch* ZIP 2015, 1757, 1760 ff.

90 RG, Urt. v. 28. 1. 1905, V 251/04, RGZ 59, 400, 408.

91 BGHZ 117, 104, 107 ff.

92 BGHZ 117, 104, 107.

typischerweise aktenmäßig festgehaltene Informationen unmittelbar als tatbestandliche Kenntnis des wissensverantwortlichen Rechtssubjekts zu werten seien.

In seiner für die Wissenszurechnung wegweisenden Entscheidung vom 2. Februar 1996 gebrauchte der BGH den Begriff des Aktenwissens erneut, allerdings in einem anderen Sinne[93]. Da sich der BGH der von *Taupitz* begründeten Lehre von der ordnungsgemäßen Organisation der Kommunikation ausdrücklich sowohl in der Begründung als auch in ihren Ergebnissen anschloss[94], muss der Begriff des Aktenwissens dort so verstanden werden, dass er nunmehr die bei Erfüllung der Wissensorganisationspflicht verfügbaren Informationen meint. Im Ergebnis strebt der BGH nicht die von *Bohrer* propagierte, aber die von *Taupitz* favorisierte Erweiterung des herkömmlichen Wissensbegriffs an.

Als Fazit lässt sich festhalten, dass der BGH den Begriff des Aktenwissens zur Umschreibung der typischerweise aktenmäßig festgehaltenen Informationen verwendet, die bei ordnungsgemäßer Organisation der Kommunikation bei den relevanten Entscheidungsträgern verfügbar wären. Er erweitert den herkömmlichen Kenntnisbegriff wie *Taupitz* und wertet damit die in Datenspeichern enthaltenen Informationen als Kenntnis des zur Informationsabfrage Verpflichteten[95].

## *III. Analyse und kritische Würdigung*

Die Erweiterung des herkömmlichen Wissensbegriffs um das Aktenwissen findet im Gesetz keine Stütze. Weder durch Auslegung noch durch Rechtsfortbildung lässt sich der Kenntnisbegriff so erweitern, dass er die in künstlichen Speichern verfügbaren Informationen als Kenntnis erfasst.

Anzusetzen ist zunächst beim Wortlaut der Wissensnormen. Sie alle verwenden den Terminus Kenntnis oder eine gleichsinnige Umschreibung. Nach dem allgemeinen Sprachgebrauch[96] umfasst Kenntnis ausschließlich das Gedächtniswissen eines Menschen[97]. Kenntnis entsteht durch die Verknüpfung von Informationen im Gehirn. Informationen außerhalb des menschlichen Gehirns können den Kenntnisstand einer Person nicht beeinflussen und daher ausgehend vom üblichen Wortsinn nicht als Kenntnis bezeichnet werden. Was ein Mensch in seinem Gedächtnis hat, weiß er. Was er nicht in seinem Gedächtnis hat, weiß er nicht. Dieses simple Verständnis legte schon der historische Gesetzgeber des BGB zugrunde und Rechtsprechung sowie Rechtslehre ließen es bis ins Jahr 1991 unangetastet[98].

---

93 Siehe BGH NJW 1996, 1339, 1340.
94 Siehe BGH NJW 1996, 1339, 1340 f.
95 Zu *Taupitz'* Erweiterung des Kenntnisbegriffs siehe 2. Teil:§ 1C.I.
96 Auf diesen ist zunächst abzustellen, siehe *Larenz,* Methodenlehre, S. 320 ff.
97 So auch *Grigoleit* ZHR 181, 160, 173; *Römmer-Collmann* S. 56 f.; im Ausgangspunkt auch *Fatemi* NJOZ 2010, 2637, 2640; *Schrader,* Wissen, S. 2 f., 7 f., 12 f. trennt sauber zwischen der Information (z. B. dem Akteninhalt) und ihrer Aufnahme durch einen Menschen, wodurch sie zum Wissen wird.
98 Zum herkömmlichen Wissensbegriff siehe 2. Teil:§ 1A.

Zu beachten ist auch, dass die Anerkennung des Aktenwissens den herkömmlichen Wissensbegriff nicht erweitern, sondern vollständig umdefinieren würde. Sollen nämlich Gedächtniswissen und Aktenwissen unter einen einheitlichen Wissensbegriff gefasst werden, kann dies nicht erreicht werden, indem man dem Gedächtniswissen das Aktenwissen hinzustellt[99]. Vielmehr muss eine Wissensdefinition gefunden werden, die beide Phänomene in sich vereinigt. Da sich das Aktenwissen auf den Bewusstseinszustand einer natürlichen Person naturgemäß nicht auswirkt, bleibt als gemeinsamer Nenner für das Gedächtnis- und das Aktenwissen nur die für einen Menschen verfügbare Information, mag diese im Gedächtnis oder in einem künstlichen Datenspeicher vorhanden sein. Um nicht jede verfügbare Information aus künstlichen Datenspeichern als Kenntnis zu werten, müsste man die Verfügbarkeit der Information näher definieren. Dies geschieht auch im Schrifttum, das einschränkende Kriterien entwickelt und Aktenwissen nur annimmt, wenn ein Anlass[100] oder eine Pflicht[101] oder eine sachherrschaftlich gesicherte Zugriffsmöglichkeit[102] zum Abrufen der verfügbaren Information aus dem künstlichen Datenspeicher besteht. Der einheitlichen Wissensdefinition halber müsste man diese einschränkenden Kriterien zwingend aber auch auf verfügbare Gedächtnisinformationen übertragen. Gedächtniswissen würde dementsprechend voraussetzen, dass ein Anlass oder eine Pflicht zum Abrufen der Information aus dem Gedächtnis oder eine sachherrschaftlich gesicherte Zugriffsmöglichkeit auf die Gedächtnisinformation bestand. Nun erweisen sich diese Kriterien aber als völlig unpassend zur Konkretisierung von Gedächtniswissen. Die Kriterien der Informationsabfragepflicht und der sachherrschaftlich gesicherten Zugriffsmöglichkeit ergeben im Zusammenhang mit Gedächtnisinformationen keinerlei Sinn. Ebenso wenig kann die Kenntnis einer natürlichen Person davon abhängen, ob sie einen Anlass hatte, die Gedächtnisinformationen abzurufen. *Medicus* versucht zwar, eine Vergleichbarkeit zwischen dem anlassbezogenen Abrufen von Gedächtnis- und Akteninformationen herzustellen und wertet deshalb nur solche künstlich gespeicherten Informationen als Kenntnis, die mit einem geringen Aufwand – vergleichbar der bloßen Anstrengung des Gedächtnisses – verfügbar seien[103]. *Medicus'* Ansatz muss aber scheitern. Ließe man sich auf ein solches Vergleichbarkeitskriterium ein, müsste man doch schnell zu dem Schluss kommen, dass das Abrufen

---

99 So aber *Medicus*, dessen Definition des Aktenwissens schon deshalb Kritik verdient, weil sie auf dem herkömmlichen Wissensbegriff aufbaut: „alles Wissen, das in Datenspeichern außerhalb des menschlichen Gehirns enthalten ist." Mit dieser Definition ignoriert *Medicus* schlicht jeglichen Unterschied zwischen Information und Wissen.

100 So *Medicus*, Karlsruher Forum 1994, S. 4, 12.

101 Stellvertretend für die heute herrschende Meinung *Taupitz*, Karlsruher Forum 1994, S. 51.

102 Siehe *Fatemi* NJOZ 2010, 2637, 2641 f.

103 So *Medicus*, Karlsruher Forum 1994, S. 4, 7, 14.

von Informationen aus dem Gedächtnis immer einen viel geringeren Aufwand bedeutet, als die Suche nach Informationen auf künstlichen Datenträgern. So oder so ließen sich mit einem derart diffusen Vergleichbarkeitskriterium, das an der medizinischen Frage aufgehängt ist, mit welchem Aufwand sich Informationen aus dem Gedächtnis abrufen lassen, keine sachgerechten Ergebnisse erzielen.

Definierte man das Merkmal der Kenntnis abweichend vom allgemeinen Sprachgebrauch als verfügbare Kenntnis, hätte der Kenntnisbegriff – wegen der unterschiedlichen Abrufbarkeit von Informationen aus dem Gedächtnis und aus künstlichen Informationsspeichern – keinerlei scharfe Konturen mehr[104]. Zu bedenken ist auch, dass die Kenntnis eines zur Informationsabfrage Verpflichteten innerhalb einer Organisation nicht anders definiert werden kann als die Kenntnis natürlicher Personen außerhalb von Organisationen. Es kann daher kein besonderer Kenntnisbegriff innerhalb von Organisationen anerkannt werden.

Es widerspräche auch der Systematik des BGB, verfügbare Akteninformationen als Kenntnis zu definieren. § 122 II BGB unterscheidet per Legaldefinition zwischen der Kenntnis und dem Kennenmüssen, wobei das Letztere als Unkenntnis infolge von Fahrlässigkeit definiert wird. In der gesetzlichen Terminologie des BGB sind Kenntnis und Kennenmüssen also ein Gegensatzpaar. Kenntnis und (fahrlässige) Unkenntnis sind gegensätzliche Bewusstseinszustände. Durch das Merkmal der Fahrlässigkeit, das sich auf die Unkenntnis bezieht, wird deutlich, worin der Gegensatz besteht. Der Wissende hat die rechtserhebliche Information bereits im Gedächtnis, indes der fahrlässig Unwissende die Information mangels gebotener Nachforschungen nicht hat[105]. Diese herkömmliche Abgrenzung wird auch durch das bewusste Sichverschließen, das der Kenntnis gleichgestellt wird, nicht berührt[106]. Denn das bewusste Sichverschließen wird als rechtsmissbräuchliche Unkenntnis oder fingierte – weil in Wahrheit nicht vorhandene – Kenntnis behandelt[107]. Selbst im Hinblick auf das bewusste Sichverschließen, das der Kenntnis gleichgestellt wird, wird also anerkannt, dass es sich um einen Bewusstseinszustand der Unkenntnis handelt. Bezieht man demgegenüber auch solche Informationen in den Wissensbegriff ein, die nicht im Gedächtnis, aber in Akten verfügbar sind, hätte das zur Folge, dass Kenntnis und (fahrlässige) Unkenntnis keine gegensätzlichen Begriffe mehr wären. Vielmehr bestünde nur noch ein *gradueller Unterschied* zwischen Kenntnis und (fahrlässiger) Unkenntnis. Denn sowohl Kenntnis als auch (fahrlässige) Unkenntnis könnten vorliegen, wenn rechtserhebliche Informationen außerhalb des Gedächtnisses verfügbar sind. Die beiden Tatbestandsmerkmale

---

104 Siehe auch den Befund von *Grigoleit* ZHR 181, 160, 174: „Es sind keine Kriterien ersichtlich, die es gestatten, bestimmte nur objektiv verfügbare Informationen verlässlich und überzeugend dem subjektiven Wissen gleichzustellen."

105 Siehe *Buck* S. 42; *Grigoleit* ZHR 181, 160, 173 f.

106 So auch *Grigoleit* ZHR 181, 160, 175.

107 Siehe oben 2. Teil:§ 1B; das bewusste Sichverschließen als treuwidrige Unkenntnis und nicht als tatbestandliche Kenntnis einordnend, *Schrader,* Wissen, S. 155.

ließen sich dann nur noch graduell abgrenzen, indem man Kenntnis z. B. bei einem Anlass oder einer Pflicht zum Abrufen von typischerweise aktenmäßig festgehaltenen Informationen annähme, indes man fahrlässige Unkenntnis nur noch bei Unterlassen der gebotenen Nachforschungen in Bezug auf andere rechtserhebliche Informationen bejahen könnte. Aus dem Gegensatzpaar Kenntnis und fahrlässige Unkenntnis würden auf diese Weise zwei fließend ineinander übergehende Merkmale. Das wäre mit § 122 II BGB, der Kenntnis und Unkenntnis als Gegensätze für das gesamte BGB festschreibt, nicht vereinbar. Auch hieran wird wiederum deutlich, dass die Ausweitung des Kenntnisbegriffs, wie sie die h. M. im Anschluss an *Taupitz* vertritt, nur auf Organisationen zugeschnitten ist. Denn bei Privatleuten lässt sich die Frage, welche Informationen sie typischerweise aktenmäßig festzuhalten haben, gar nicht vernünftig stellen. Doch wie bereits erwähnt, lässt sich der Kenntnisbegriff für Menschen innerhalb von Organisationen nicht anders definieren als für Menschen außerhalb von Organisationen.

Auch die teleologische Auslegung jeder einzelnen Wissensnorm steht der Einbeziehung des Aktenwissens in den Wissensbegriff entgegen. Unzweifelhaft ist dies für solche Wissensnormen, die den Fristbeginn an die Kenntniserlangung knüpfen[108]. Denn bei diesen Normen (z. B. §§ 121 I 1, 124 II 1, 199 I, 626 II 2 BGB) begrenzt der Gesetzgeber die Rechtsausübung in zeitlicher Hinsicht, weil er annimmt, dass der Rechtsinhaber sein Recht aufgrund der erlangten Kenntnis ausüben kann[109]. Da diese Annahme nicht zuträfe, wenn man aus Akten verfügbare Informationen als Kenntnis interpretierte, kann Kenntnis i. S. solcher Wissensnormen ausschließlich Gedächtniswissen sein. Aber auch bei anderen Wissensnormen ist der Befund kein anderer. Wegen der Verschiedenheit der Wissensnormen kann es eine allgemeingültige *ratio* aller Wissensnormen zwar nicht geben[110]. Man erhält aber eine Art übereinstimmende *Grundratio* aller Wissensnormen, wenn man danach fragt, ob es einen einheitlichen Grund gibt, aus dem das Gesetz dem Wissenden den Schutz der Rechtsordnung entzieht bzw. Rechtsnachteile auferlegt. Das Schrifttum hat sich darum bemüht, eine solche *Grundratio* von Wissensnormen zu finden. Als gemeinsame Prinzipien der Wissensnormen werden vornehmlich der Vertrauensschutz[111], die Möglichkeit des Wissenden zum Selbstschutz[112]

108 So auch *Buck* S. 57.

109 Zu § 199 I BGB siehe z. B. Staudinger/*Peters/Jacoby* § 199 Rn. 1; zu § 626 BGB siehe z. B. Staudinger/*Preis* § 626 Rn. 289.

110 *Schrader,* Wissen, S. 387 ff. hält es wegen der unterschiedlichen Kontexte, in denen das Gesetz den Begriff Wissen verwendet, für ausgeschlossen, einen allgemeingültigen Wissensbegriff zu entwickeln.

111 Siehe *Wetzel,* Zurechnung, S. 48 f.; als allgemeingültiges Prinzip ablehnend *Schilken* S. 52 f.; differenzierend *Buck* S. 18.

112 Siehe *Schilken* S. 52 ff., der die Möglichkeit des Wissenden zum Selbstschutz als allgemeingültigen Grund dafür ansieht, dass das Gesetz dem Wissenden Rechtsnachteile auferlegt; ihm zustimmend *Riedhammer* S. 57; *Henning* S. 99; *Baum* S. 68; *Schüler* S. 82; kritisch *Buck* S. 18.

und das Prinzip des *venire contra factum proprium*[113] diskutiert. Es gibt aber noch weitere Prinzipien, auf denen die Wissensbegriffe einzelner Wissensnormen basieren[114]. Viele dieser Ansätze können nur für eine bestimmte Gruppe, nicht aber für alle Wissensnormen Geltung beanspruchen[115]. Mögen den Wissensnormen auch verschiedene Prinzipien zugrunde liegen, kristallisiert sich als Grundkonsens doch heraus, dass die Wissensnormen dem Wissenden einen Rechtsnachteil auferlegen, weil er sein Verhalten an seinem Wissen ausrichten kann[116]. Ausrichten kann der Wissende sein Verhalten aber nur an seinem Gedächtniswissen, nicht am Aktenwissen, das noch nicht Eingang in sein Bewusstsein gefunden hat. Auch die *ratio* der Wissensnormen spricht daher eindeutig dafür, nur Gedächtniswissen unter den Wissensbegriff zu fassen[117].

Zusammenfassend lässt sich festhalten, dass die verschiedenen Auslegungsmethoden zu dem übereinstimmenden Ergebnis gelangen, dass Kenntnis im privatrechtlichen Sinne nur Gedächtniswissen eines Menschen sein kann. Man könnte zwar noch eine analoge Anwendung der einzelnen Wissensnormen erwägen, um das „Aktenwissen" dem Gedächtniswissen gleichzustellen. Es fehlt aber eindeutig an der für eine Analogie notwendigen Ähnlichkeit von „Aktenwissen" und Gedächtniswissen. Zum einen können Menschen ihr Verhalten nur am Gedächtniswissen, aber nicht am „Aktenwissen" ausrichten. Zum anderen besteht keinerlei Ähnlichkeit hinsichtlich der Möglichkeit und des Aufwands, die verfügbaren Informationen aus dem Gedächtnis oder aus künstlichen Speichern abzurufen. Selbstverständlich hätte auch eine rechtsfortbildende Erweiterung des Kenntnisbegriffs die Unterscheidung von Kenntnis und Kennenmüssen nach § 122 II BGB zu beachten, was der Begriff „Aktenwissen" missachtet. Da der privatrechtliche Wissensbegriff also immer ein Gedächtniswissen voraussetzt, ist der Begriff „Aktenwissen" als in sich widersprüchlich abzulehnen. Es gibt nur Akteninformationen; zu Wissen werden sie erst, wenn sie von Menschen wahrgenommen werden. Der Begriff „Aktenwissen" sollte daher aus dem juristischen Vokabular gestrichen werden.

---

113 Siehe *Hupka* S. 60 ff.; *Rabe* S. 155 ff.; *Richardi* AcP 169, 385, 390; als allgemeingültiges Prinzip ablehnend *Schilken* S. 56 f.; *Buck* S. 17 f.

114 Siehe nur die jüngste, wohl erste umfassende monographische Untersuchung des Wissensbegriffs von *Schrader,* Wissen, S. 12, 387 ff.

115 Ebenso *Buck* S. 17 f.; *Schrader,* Wissen, S. 387 ff.

116 So auch *Schilken* S. 52; *Koller* JZ 1998, 75, 78; *Römmer-Collmann* S. 75; *Faßbender* S. 30 ff.; *Grigoleit* ZHR 181, 160, 171, 177.

117 So auch *Koller* JZ 1998, 75, 78 (siehe dort Fn. 48); im Ergebnis auch *Schrader,* der zwar auf der einen Seite betont, dass es eine übereinstimmende Funktion der Wissensbegriffe und somit eine allgemeingültige Wissensdefinition nicht gebe (*Schrader,* Wissen, S. 12, 387), auf der anderen Seite aber wie selbstverständlich davon ausgeht, dass Wissen immer einen personalen Bezug hat und somit Gedächtniswissen eines Menschen sein muss (*Schrader,* Wissen, S. 7 f., 12 f., 387 ff., 391, 435 „Kenntnis als innere Tatsache").

Insgesamt erweisen sich die verschiedenen Ansätze des Schrifttums zur Erweiterung des Kenntnisbegriffs als ergebnisorientierte Konstruktionen, mit deren Hilfe das organisationsbedingte Risiko der Wissensaufspaltung der Organisation zugewiesen werden soll, weil dies als gerecht empfunden wird[118]. Um eine fundierte methodische Absicherung des erweiterten Kenntnisbegriffs war man offenbar wenig bemüht. Dies zeigt sich bei dem von *Taupitz* begründeten und von der h. M. akzeptierten erweiterten Kenntnisbegriff schon daran, dass der Kenntnisbegriff für Menschen innerhalb der Organisation, namentlich für den zur Informationsabfrage Verpflichteten, ein anderer sein soll als der Kenntnisbegriff für Menschen außerhalb von Organisationen, was methodisch nicht überzeugt. *Bohrer* und wohl auch *Medicus* übersehen, dass sich ihr Begriff des „Aktenwissens“ seiner eigenen Funktion beraubt. Denn wenn man typischerweise aktenmäßig festgehaltene Informationen direkt als tatbestandsmäßige Kenntnis des wissensverantwortlichen Rechtssubjekts wertet, erreicht man damit gleichwohl keine rechtsrelevante Kenntnis des Wissensverantwortlichen. Schließlich kommt es nach § 166 I, Var. 1, II BGB auf die eigene Kenntnis des Geschäftsherrn bei der Vornahme von Rechtsgeschäften grundsätzlich nicht an. *Bohrers* und wohl auch *Medicus'* Ansatz, Akteninformationen – ohne Zurechnung – direkt als Kenntnis der juristischen Person zu werten, führt also zur grundsätzlichen Unbeachtlichkeit des „Aktenwissens“ nach § 166 I Var. 1 BGB.

## D. Zeitpunktbezogene Relevanz der Kenntnis

Alle Wissensnormen haben gemein, dass die tatbestandsmäßige Kenntnis immer nur die Kenntnis zu einem bestimmten Zeitpunkt ist. Kenntnis muss nicht dauerhaft vorliegen. Vielmehr ist hinreichend, aber auch notwendig, dass die Kenntnis zu dem rechtlich relevanten Zeitpunkt vorliegt, der durch Auslegung der jeweiligen Wissensnorm zu ermitteln ist[119].

Beispielsweise kommt es bei § 199 I Nr. 2 BGB und § 626 II 2 BGB schon nach dem Wortlaut nur auf den Zeitpunkt der Kenntniserlangung an. Sobald die Kenntnis erlangt worden ist, ist das Tatbestandsmerkmal erfüllt und ein späteres Vergessen der relevanten Umstände innerhalb der Frist für die Tatbestandserfüllung unerheblich[120]. Nach dem Wortlaut des § 442 I 1 BGB kommt es auf die Kenntnis des Mangels bei Vertragsschluss an. Dies ist so auszulegen, dass jener Zeitpunkt für die Kenntnis des Käufers vom Mangel relevant ist, in dem der Käufer seine auf den Vertragsschluss gerichtete Willenserklärung abgibt[121]. Beim Erwerb vom Nichtberechtigten gemäß § 892 I BGB schadet dem Erwerber grundsätzlich dessen Kenntnis über die Rechtsstellung des Veräußerers im Zeitpunkt der Vollendung

---

118 Zum Zweck der Wissensorganisationspflicht siehe 5. Teil:§ 2C.II.1.).

119 Siehe BGH WM 1987, 1285, 1286; *Buck* S. 30, 425; *Goldschmidt* S. 245; *Römmer-Collmann* S. 22.

120 Zu § 199 BGB, Staudinger/*Peters/Jacoby* § 199 Rn. 53, 87; *Otto* S. 118, 184 f.

121 So BeckOK BGB/*Faust* § 442 Rn. 7.

des Rechtserwerbs[122]. In den Fällen des § 892 II, Halbs. 1 BGB kommt es hingegen auf den Zeitpunkt der Antragstellung an; genauer auf den Zeitpunkt der Entgegennahme des Antrags durch das Grundbuchamt[123]. Maßgeblicher Zeitpunkt des guten Glaubens nach § 932 I 1 BGB soll der Zeitpunkt der Übergabe sein[124].

Dass die Kenntnis nach der jeweiligen Wissensnorm nur zu einem bestimmten Zeitpunkt rechtserheblich ist, hat beachtliche Konsequenzen. Zum einen schadet die Kenntniserlangung *nach* dem relevanten Zeitpunkt dem Wissenden nicht mehr, zum anderen führt das Vergessen relevanter Umstände *vor* dem maßgeblichen Zeitpunkt dazu, dass der Tatbestand der Wissensnorm nicht erfüllt ist[125].

Kenntnis im Sinne des Privatrechts ist somit Kenntnis einer natürlichen Person von rechtserheblichen Umständen im rechtserheblichen Zeitpunkt.

## § 2 Die Zurechnung

Juristische Personen wie AG und GmbH haben als reine Rechtsgebilde kein menschliches Bewusstsein. Ihnen fehlt daher die geistige Fähigkeit, eigene Kenntnis zu bilden. Nach dem zutreffenden herkömmlichen Kenntnisbegriff können juristische Personen daher nur kraft Zurechnung Kenntnis erlangen[126]. Auf die Grundlagen der Zurechnung wird im Folgenden näher eingegangen.

### A. Begriff und Wesen der Zurechnung

Die Zurechnung ist eine Rechtstechnik[127]. Sie ist nirgends gesetzlich definiert[128]. Das Gesetz gebraucht nicht den Begriff Zurechnung, sondern andere Formulierungen, um eine Zurechnung anzuordnen[129]. Die Zurechnung zu definieren, bereitet erhebliche Schwierigkeiten, weil eine einheitliche Definition äußerst abstrakt ausfallen muss, um alle Arten und Formen der Zurechnung zu erfassen[130]. Zu verschiedenartig sind die Regelungsgegenstände der Zurechnung: Zurechnungsnormen finden sich in allen Rechtsgebieten zu den verschiedensten Zurechnungsgegenständen (Verhalten, Wissen, tatsächliche Gewalt, etc.)[131]. Eine *allgemeine*

---

122 So BeckOK BGB/*Eckert* § 892 Rn. 14.
123 Hierzu näher MüKo BGB/*Kohler* § 892 Rn. 54.
124 So MüKo BGB/*Oechsler* § 932 Rn. 37; BeckOK BGB/*Kindl* § 932 Rn. 14; Jauernig/*Berger* § 932 Rn. 16.
125 Exemplarisch zu § 932 I 1 BGB siehe BeckOK BGB/*Kindl* § 932 Rn. 14.
126 Siehe 2. Teil:§ 1A.
127 So *Bork* ZGR 1994, 237, 238; *Henning* S. 45.
128 Siehe *Bork* ZGR 1994, 237.
129 Siehe *Bork* ZGR 1994, 237, 239.
130 So auch *Bork* ZGR 1994, 237 f.
131 Zur Zurechnung von Verhalten siehe §§ 31, 164, 278 BGB; zur Zurechnung von *Wissen* siehe § 166 I BGB; zur Zurechnung tatsächlicher Gewalt siehe § 855 BGB; *Bork* ZGR 1994, 237, 238 mit weiteren Beispielen.

zivilrechtliche Zurechnungslehre, die aus einer Gesamtschau aller Zurechnungsnormen unabhängig vom konkreten Zurechnungsgegenstand gültige Prinzipien formuliert, ist bisher nur in Ansätzen erkennbar[132]. Der zivilrechtlichen Zurechnungslehre wird daher von manchen attestiert, dass sie teilweise noch stark entwicklungsbedürftig sei[133].

Soweit sich das Schrifttum einer allgemeinen Definition annimmt, wird Zurechnung so beschrieben, dass eine Person für ein Verhalten oder einen Erfolg im Hinblick auf eine Rechtsfolge verantwortlich ist[134]. Dahinter stecke das rechtsethische Prinzip der Selbstverantwortung der Person, welches besage, dass man entweder für sein eigenes Verhalten oder den eigenen Geschäftskreis verantwortlich sein könne[135]. Zurechnung ist hiernach eine Rechtstechnik zur Begründung von Verantwortlichkeit. Die Verantwortlichkeit ist das Ergebnis, die Zurechnung die Methode, dieses Ergebnis zu erreichen. Mit dieser allgemeinen Definition ist allerdings nicht viel gewonnen, verlagert sie die Zurechnungsprobleme doch nur von der Zurechnung auf den Verantwortlichkeitsbegriff.

Gewisse Mindestvoraussetzungen einer Zurechnung lassen sich aus dem Begriff der Verantwortlichkeit aber immerhin ableiten. Jede Zurechnung setzt Zurechnungsfähigkeit des Verantwortlichen (hier als Zurechnungsadressat bezeichnet[136]) voraus[137]. Der Zurechnungsadressat muss ein Rechtssubjekt sein, um verantwortlich sein zu können[138]. Der Zurechnungsadressat muss die erforderliche Einsichts- und Willensfähigkeit besitzen[139]. Zudem ist eine Beziehung zwischen dem Gegenstand der Zurechnung (Verhalten, Wissen, Besitz) und dem Zurechnungsadressaten zu fordern[140]. Ohne eine irgendwie geartete Beziehung zwischen Zurechnungsgegenstand und Zurechnungsadressat scheidet eine Zurechnung von vornherein aus[141]. Die Zurechnung bedarf somit stets eines *Zurechnungsgrundes*, der die erforderliche Beziehung zwischen Zurechnungsgegenstand und Zurechnungsadressat herstellt und angibt, warum und unter welchen tatbestandlichen Voraussetzungen eine Zurechnung zu erfolgen hat[142]. Bei § 166 I BGB liegt der Zurechnungsgrund z. B. vereinfacht darin, dass der Geschäftsherr einen mit Vertretungsmacht ausgestatteten Vertreter zur Vornahme von Rechtsgeschäften

---

132 So *Canaris*, Vertrauenshaftung, S. 467 f., *Buck* S. 108.
133 So *Canaris*, Vertrauenshaftung, S. 467 f.
134 So *Deutsch*, Fahrlässigkeit, S. 64; siehe auch *Canaris*, Vertrauenshaftung, S. 468.
135 So *Canaris*, Vertrauenshaftung S. 468, siehe auch *Larenz*, Hegels Zurechnungslehre, S. 89 f.
136 Zu diesem Begriff siehe 1. Teil:§ 2B.
137 So *Canaris*, Vertrauenshaftung, S. 468 f.
138 Siehe *Buck* S. 108.
139 So *Canaris*, Vertrauenshaftung, S. 468 f.
140 Dazu ausführlich *Canaris*, Vertrauenshaftung, S. 468 ff.
141 Siehe *Canaris*, Vertrauenshaftung, S. 469; siehe auch *Bork* ZGR 1994, 237,239.
142 Siehe *H. Westermann* JuS 1961, 333, 334; *Bork* ZGR 1994, 237, 239; *Henning* S. 47 f.

eingesetzt hat. Bei der Rechtsfigur des Wissensvertreters liegt der Zurechnungsgrund nach dem Rechtsgedanken des § 166 I BGB darin, dass der Geschäftsherr die Hilfsperson mit der eigenverantwortlichen Erledigung einer bestimmten Aufgabe betraut hat[143].

## B. Funktionsweise der Zurechnung

Nachfolgend wird die Funktionsweise der Zurechnung im Allgemeinen und die Rechtstechnik der Wissenszurechnung im Besonderen dargestellt.

### *I. Eigenzurechnung und Fremdzurechnung*

Das Schrifttum pflegt zwischen Eigen- und Fremdzurechnung zu unterscheiden. Jede Form der Zurechnung unterfällt einer dieser beiden Kategorien. Eigen- und Fremdzurechnung werden gewöhnlich wie folgt voneinander abgegrenzt: Dient die Zurechnung dazu, Verantwortlichkeit für eigene tatbestandsrelevante Verhältnisse, z. B. für das eigene Verhalten, zu begründen, spricht man von Eigenzurechnung[144]. Von Fremdzurechnung spricht man hingegen, wenn die Verantwortlichkeit des Zurechnungsadressaten begründet wird, indem man ihm fremde tatbestandsrelevante Verhältnisse zurechnet, die bei einer anderen Person vorliegen[145]. Nach einer Faustformel lassen sich Eigen- und Fremdzurechnung durch die Anzahl der beteiligten Rechtssubjekte unterscheiden. An der Eigenzurechnung ist grundsätzlich nur ein Rechtssubjekt[146], an der Fremdzurechnung sind zwei beteiligt[147].

Ein klassischer Fall der Eigenzurechnung ist z. B. die objektive Zurechnung[148]. Mithilfe der Lehre von der objektiven Zurechnung lässt sich bewerten, ob ein Geschehen als Tat einer Person anzusehen ist[149]. Es dient dazu, die eigene Tat vom zufälligen Geschehen abzugrenzen[150]. Die subjektive Zurechnung von Geschehnissen wird hingegen durch Verschulden begründet[151]. Solange für eigenes Verschulden eingestanden wird, liegt auch darin ein Fall der Eigenzurechnung. Fälle der Fremdzurechnung sind z. B. die Zurechnung des Verhaltens anderer

---

143 Zur Rechtsfigur des Wissensvertreters später noch ausführlich, 5. Teil:§ 2B.

144 Siehe *Henning* S. 49 f.

145 Siehe *Henning* S. 50; *K. Schmidt*, GesR, § 10 I., der allerdings von Drittzurechnung spricht.

146 Siehe *Henning* S. 50.

147 Ähnlich *Henning* S. 50, die allerdings meint, dass in Fällen der Zusammenrechnung mehr als zwei Rechtssubjekte an der Fremdzurechnung beteiligt sein können. Dem ist entgegenzuhalten, dass im Falle der Zusammenrechnung die einzelnen Zurechnungsverhältnisse zwischen Zurechnungsadressat und dem jeweiligen Zurechnungssubjekt auseinanderzuhalten sind.

148 Zum Begriff *Larenz*, Hegels Zurechnungslehre, S. 60.

149 *Larenz*, Hegels Zurechnungslehre, S. 60; *Bork* ZGR 1994, 237; *Schüler* S. 27.

150 So *Larenz*, Hegels Zurechnungslehre, S. 61 ff.

151 Siehe *Canaris*, Vertrauenshaftung, S. 469 f.

(§§ 164, 278 BGB), des Wissens anderer (§ 166 I BGB) und der tatsächlichen Gewalt anderer (§ 855 BGB)[152].

Die Wissenszurechnung in juristischen Person ist immer eine Zurechnung im Zweipersonenverhältnis. Juristische Personen können nur kraft Zurechnung Kenntnis erlangen. Es bedarf somit eines Zurechnungssubjekts, dessen Kenntnis der juristischen Person zugerechnet werden kann. Es wäre daher naheliegend bei der juristischen Person generell von einer Fremdzurechnung zu sprechen. Hingegen werten die Anhänger der heute herrschenden[153] Organtheorie die Zurechnung von Organmitgliederwissen als Eigenzurechnung; lediglich die Kenntnis der übrigen Hilfspersonen könne ihr im Wege der Fremdzurechnung angelastet werden[154]. Da Organe als organisationsrechtlicher Teil der juristischen Person zu behandeln seien, sei ihr Wissen kraft Zurechnung als eigenes der juristischen Person zu qualifizieren[155]. Demgegenüber müssen die Anhänger der Vertretertheorie, die Organmitglieder als Vertreter einordnen, die Zurechnung von Organmitgliederwissen konsequent als Fremdzurechnung werten.

Die Frage, ob Organmitgliederwissen der juristischen Person durch Eigen- oder Fremdzurechnung angelastet wird, hat auf die Zurechnungstechnik nach richtiger Ansicht keinen Einfluss[156]. Für die *Rechtstechnik* der Wissenszurechnung ist nur von Belang, dass sie im Zweipersonenverhältnis stattfindet, nicht ob sie als Eigen- oder Fremdzurechnung zu werten ist. Bei der Zurechnung im Zweipersonenverhältnis werden tatbestandsrelevante Umstände von einem Rechtssubjekt auf ein anderes Rechtssubjekt projiziert[157], um Letzteres der Rechtsfolge einer Norm zu unterwerfen[158]. Der Zweck der Wissenszurechnung besteht also – gleich ob Organmitgliederwissen oder das Wissen anderer Hilfspersonen zugerechnet wird – allein darin, den defizitären Tatbestand der Wissensnorm zu vervollständigen[159]. Zurechnung findet also immer rechtsfolgenorientiert statt, weshalb es für die Rechtstechnik keinen Unterschied machen kann, ob Organmitgliederwissen oder das Wissen anderer Hilfspersonen zugerechnet wird. Kennt z. B. eine GmbH bei Kaufvertragsschluss den Mangel der Kaufsache, stehen ihr als Käuferin nach § 442 I 1 BGB keine Mängelrechte zu, gleich ob ihr diese Kenntnis durch den Geschäftsführer oder einen rechtsgeschäftlichen Vertreter vermittelt wird; Rechtsfolge und Rechtstechnik sind identisch.

---

152 Siehe *Bork* ZGR 1994, 237, 238; *Schüler* S. 28.

153 So *Martinek*, Repräsentantenhaftung, S. 27; *Waltermann* AcP 192, 181, 219; *Beuthien* NJW 1999, 1142.

154 Siehe *K. Schmidt*, GesR, § 10 I.; *Martinek*, Repräsentantenhaftung, S. 30; *Beuthien* NJW 1999, 1142 ff.; *Buck* S. 217.

155 Siehe *K. Schmidt*, GesR, § 10 I.; *Martinek*, Repräsentantenhaftung, S. 30; *Beuthien* NJW 1999, 1142 ff.; *Buck* S. 217.

156 So auch *Henning* S. 51; a. A. *Bork* Rn. 1668.

157 So *Koller* JZ 1998, 75, 76; ebenso *Henning* S. 49.

158 Zur Rechtstechnik der Zurechnung sogleich ausführlich.

159 Zum Zurechnungszweck sogleich ausführlich.

Für die Rechtstechnik der Wissenszurechnung ist es daher nicht sinnvoll, zwischen Eigen- und Fremdzurechnung zu unterscheiden. Relevant ist vielmehr, dass Wissenszurechnung immer eine Zurechnung im Zweipersonenverhältnis ist.

## *II. Rechtstechnik zur Zurechnung von Wissen*

Bei der Zurechnung tatbestandsrelevanter Umstände von einem Rechtssubjekt zum anderen muss begrifflich zwischen dem Zurechnungssubjekt, dem Zurechnungsadressaten, dem Zurechnungsgegenstand, der Zurechnungsnorm und der Bezugsnorm unterschieden werden; ferner zwischen dem Zurechnungszweck und dem Zurechnungsgrund.

Die Begriffe Zurechnungssubjekt und Zurechnungsadressat wurden für die vorliegende Arbeit bereits definiert[160]. *Zurechnungsgegenstand* ist der tatbestandsrelevante Umstand, der zugerechnet wird – hier also die Kenntnis. Unter *Zurechnungsnorm* versteht man jene Norm, die eine Zurechnung anordnet[161]. Die einzige positivrechtliche Regelung des Zivilrechts zur Zurechnung von Wissen ist § 166 I BGB[162]. *Bezugsnorm* ist hingegen diejenige Norm, deren Tatbestand durch Zurechnung komplettiert werden soll[163]. Im Bereich der Wissenszurechnung sind das die Wissensnormen, die das Tatbestandsmerkmal Wissen(müssen) enthalten. *Zurechnungszweck* ist es, die Anwendung der Bezugsnorm (Wissensnorm) auf den Zurechnungsadressaten zu gewährleisten, damit die Bezugsnorm (Wissensnorm) nicht umgangen wird und ihre *ratio legis* zur Geltung kommt[164]. Der *Zurechnungsgrund* gibt hingegen den Grund an, der die Zurechnung tatbestandsrelevanter Umstände an den Zurechnungsadressaten legitimiert[165]. Der Zurechnungsgrund ergibt sich aus der Zurechnungsnorm, die regelt, wie die Beziehung zwischen Zurechnungssubjekt und Zurechnungsadressat beschaffen sein muss, damit eine Zurechnung gerechtfertigt ist.

Jede Zurechnung hat bei der Bezugsnorm (Wissensnorm) anzusetzen. Da der Zurechnungsadressat nicht alle Tatbestandsmerkmale der Bezugsnorm (Wissensnorm) erfüllt, ist zu fragen, ob der defizitäre Tatbestand der Bezugsnorm (Wissensnorm) durch Zurechnung komplettiert werden kann. Die defizitären Tatbestandsmerkmale der Bezugsnorm (Wissensnorm) geben somit vor, welche tatbestandsrelevanten tatsächlichen Umstände[166] dem Zurechnungsadressaten

---

160 Siehe 1. Teil:§ 2B.

161 Siehe *Bork* ZGR 1994, 237, 239.

162 So *Grigoleit* ZHR 181, 160.

163 Siehe *Bork* ZGR 1994, 237, 239.

164 So *Bork* ZGR 1994, 237, 240.

165 Zum Zurechnungsgrund siehe 2. Teil:§ 2B.II.

166 Etwas ungenau *Schüler* S. 28 f., der davon spricht, dass „Tatbestandsmerkmale" zugerechnet werden; missverständlich auch *H. Westermann* JuS 1961, 333 „Zusammenrechnung von Tatbestandsteilen"; richtig dagegen *Bork* ZGR 1994, 237, 238: „tatbestandsrelevante Verhältnisse".

zugerechnet werden müssen, damit der Tatbestand vervollständigt wird. Der Zurechnungsgegenstand wird also von der Wissensnorm vorgegeben. Durch Zurechnung werden die tatbestandsrelevanten tatsächlichen Umstände, die in der Person des Zurechnungssubjekts vorliegen, so auf den Zurechnungsadressaten projiziert[167], dass der Zurechnungsadressat der Rechtsfolge der Bezugsnorm (Wissensnorm) unterworfen wird, weil er deren Tatbestand verwirklicht[168].

Im Ergebnis treffen die Rechtsfolgen der Bezugsnorm (Wissensnorm) den Zurechnungsadressaten, weil alle Tatbestandsmerkmale der Bezugsnorm (Wissensnorm) erfüllt sind; jene, die der Zurechnungsadressat in eigener Person erfüllt und jene, die er erfüllt, weil ihm tatbestandsrelevante tatsächliche Umstände eines anderen Rechtssubjekts zugerechnet werden. Durch die Zurechnung findet die Bezugsnorm (Wissensnorm) also unmittelbare Anwendung auf den Zurechnungsadressaten[169]. Es ist daher treffend, wenn *Bork* die Zurechnung abstrakt definiert als „Gesamtschau („Addition") tatbestandsrelevanter Verhältnisse bei gleichzeitiger Zuordnung zu einem Rechtssubjekt"[170]. Verkürzt spricht *H. Westermann*[171] von einer „Zusammenrechnung von Tatbestandsteilen".

Es ist jedoch stets zu beachten, dass nur tatsächliche Umstände, nicht aber Tatbestandsmerkmale zugerechnet werden. Dies folgt im Regelfall schon daraus, dass das Zurechnungssubjekt die Tatbestandsmerkmale der Bezugsnorm (Wissensnorm) regelmäßig nicht selbst erfüllen kann. Ein Beispiel soll dies verdeutlichen: Kauft der Vertreter einer GmbH in deren Namen einen Gegenstand, dessen Mangelhaftigkeit er kennt, so erfüllt seine Kenntnis vom Mangel nicht etwa das entsprechende Tatbestandsmerkmal des § 442 I 1 BGB[172]. Denn § 442 I 1 BGB setzt tatbestandlich die Kenntnis *des Käufers* voraus. Käufer ist aber nur die GmbH als Vertretene (§ 164 I BGB), nicht der Vertreter, der für sie handelt. Die tatsächliche Kenntnis des Vertreters kann aber der GmbH nach § 166 I BGB zugerechnet werden, sodass der GmbH nach § 442 I 1 BGB keine Mängelrechte zustehen. Im außervertraglichen Bereich ist es hingegen möglich, dass das Zurechnungssubjekt selbst Tatbestandsmerkmale der Bezugsnorm verwirklicht. Nach h. M. soll die Verhaltens- und Verschuldenszurechnung an Körperschaften gemäß § 31 BGB im deliktischen Bereich sogar voraussetzen, dass der organschaftliche Vertreter den Tatbestand der Deliktsnorm selbst komplett verwirklicht hat[173]. Aber auch in

---

167 Treffend *Koller* JZ 1998, 75, 76; ebenso *Henning* S. 49.
168 Siehe *Bork* ZGR 1994, 237, 238 f.
169 Siehe *Bork* ZGR 1994, 237, 241; *Schüler* S. 34.
170 *Bork* ZGR 1994, 237, 238.
171 JuS 1961, 333.
172 A.A. *Faßbender* S. 26 f., 48 ff., 78, der entgegen der ganz h. M. annimmt, dass § 166 I BGB keine Zurechnungsnorm sei, sondern eine Tatbestandsverschiebung bewirke.
173 Siehe BGH NJW 1987, 1193, 1194; Soergel/*Hadding* § 31 Rn. 13; Staudinger/*Weick* Rn. 4; RGRK/*Steffen* Rn. 1; Erman/*H.P. Westermann* Rn. 8; *Buck* S. 253; *Altmeppen* ZIP 1995, 881, 888; *Brüggemeier* AcP 191, 33, 37; *Martinek,* Repräsentantenhaftung, S. 25; a. A. *Küpperfahrenberg* S. 53 f.; MüKo BGB/*Arnold* § 31 Rn. 31.

diesen Fällen werden dem Zurechnungsadressaten nur tatbestandsrelevante tatsächliche Umstände wie das tatsächliche Verhalten von Organwaltern zugerechnet.

Auf die Wissenszurechnung bezogen heißt das, dass zunächst bei der Wissensnorm anzusetzen ist. Durch Auslegung der Wissensnorm sind die individuellen Konturen ihres Kenntnisbegriffs zu ermitteln[174]. Hat der Zurechnungsadressat keine tatbestandsmäßige Kenntnis, etwa weil er eine juristische Person ohne Bewusstseinszustand ist, ist der Tatbestand der Wissensnorm nicht erfüllt. Kann dem Zurechnungsadressaten aber die tatbestandsrelevante tatsächliche Kenntnis bestimmter Hilfspersonen zugerechnet werden, ist das Merkmal der Kenntnis in der Person des Zurechnungsadressaten erfüllt. Sind auch die übrigen Merkmale der Wissensnorm erfüllt, tritt die Rechtsfolge der Wissensnorm zulasten des Zurechnungsadressaten ein.

Da die Zurechnung einen defizitären Tatbestand der Bezugsnorm (Wissensnorm) voraussetzt, geht die Auslegung der Zurechnung logisch voraus[175]. Erst wenn die Auslegung ergibt, dass der Tatbestand defizitär ist, kommt eine Komplettierung des Tatbestands durch Zurechnung in Betracht. Allerdings kann die Auslegung einer Zurechnungsnorm auch die Auslegung der Bezugsnorm beeinflussen, z. B. wenn die Schaffung einer Zurechnungsnorm nach Ansicht des Gesetzgebers notwendig war, um den defizitären Tatbestand der Bezugsnorm durch Zurechnung auszufüllen. Scheidet eine Zurechnung aus, bleibt aus methodischer Sicht noch die analoge Anwendung der Bezugsnorm. Unter methodischen Gesichtspunkten steht die Zurechnung daher nach der Auslegung, aber vor der Analogie[176].

# § 3 Der Begriff des Wissenmüssens und die Zurechnung

Da der Verjährungsbeginn nach § 199 I BGB nicht nur von der Kenntnis des Gläubigers, sondern auch von seiner grob fahrlässigen Unkenntnis abhängt, ist auch auf die Grundlagen des Wissenmüssens einzugehen. Untersucht wird zunächst das Wissenmüssen der natürlichen Person. Im Anschluss werden die Formen des Wissenmüssens juristischer Personen eruiert.

## A. Wissenmüssen

Wissenmüssen liegt nach der Legaldefinition des § 122 II BGB vor, wenn jemand infolge von Fahrlässigkeit keine Kenntnis hat. Wie die Verbindung von Fahrlässigkeit und Unkenntnis rechtsdogmatisch einzuordnen ist, ist bis heute ungeklärt[177].

---

174 Jede Wissensnorm hat ihren eigenen Kenntnisbegriff, siehe 2. Teil:§ 1A.

175 Siehe *Bork* ZGR 1994, 237, 241; ablehnend *Henning* S. 43.

176 Siehe *Bork* ZGR 1994, 237, 241.

177 Siehe nur *Buck* S. 31 ff.; *Riedhammer* S. 49 ff.

Der Gesetzgeber hat hier zwei Merkmale miteinander verbunden, die nicht reibungsfrei ineinander greifen.

Nach der gesetzlichen Systematik ist die Fahrlässigkeit eine Verschuldensform (§ 276 II BGB), die sich auf ein rechtswidriges Verhalten (Pflichtverletzung, Rechtsgutsverletzung, Rechtsverletzung) bezieht, aber streng vom rechtswidrigen Verhalten zu unterscheiden ist[178]. Die Unkenntnis als solche ist jedoch weder ein Verhalten[179] noch kann sie rechtswidrig sein, weil ein Bewusstseinszustand für sich genommen nie im Widerspruch zur Rechtsordnung stehen kann[180]. Von einer fahrlässigen, im Sinne einer „verschuldeten", Unkenntnis ließe sich daher nur sprechen, wenn es eine Pflicht gäbe, sich unter bestimmten Voraussetzungen die rechtserheblichen Informationen zu verschaffen (Nachforschungspflicht). Eine solche Pflicht kann aber nicht aus dem Fahrlässigkeitsmerkmal, das im Kennenmüssen enthalten ist, folgen, denn als reine Verschuldensform hat die Fahrlässigkeit keinen Pflichtengehalt; das Merkmal der Fahrlässigkeit kann eine Nachforschungspflicht nicht begründen, es setzt sie vielmehr voraus[181]. An sich können Nachforschungspflichten also nicht aus dem Merkmal der Fahrlässigkeit, sondern nur aus der übrigen Rechtsordnung abgeleitet werden. Inwieweit Nachforschungspflichten aus der übrigen Rechtsordnung folgen, ist umstritten.

Teile des Schrifttums nehmen generell eine Nachforschungspflicht an und leiten sie innerhalb von Sonderverbindungen aus Schutzpflichten, außerhalb von Sonderverbindungen aus Verkehrspflichten ab[182].

Demgegenüber nimmt die ganz h. M. grundsätzlich nur eine Obliegenheit zur Nachforschung an[183]. Denn die Annahme einer Pflicht zur Nachforschung hätte zur Folge, dass fahrlässige Unkenntnis stets mit Schadensersatzpflichten einherginge, indes der Gesetzgeber als adäquate Folge der fahrlässigen Unkenntnis anstatt des Schadensersatzes doch die Rechtsfolge der Wissensnorm vorgesehen habe[184]. Allenfalls im Rahmen von Sonderverbindungen könne es echte Nachforschungspflichten geben, z. B. als besondere Ausprägung von Schutzpflichten aus c. i. c.[185].

---

178 H.M., Erman/*H. P. Westermann* § 276 Rn. 4 f.; MüKo BGB/*Grundmann* Rn. 6; Staudinger/*Wiegand* § 932 Rn. 43; *Deutsch*, Fahrlässigkeit, S. 461 ff.; *ders.* JZ 2002, 588, 591; *Larenz*, Schuldrecht AT, S. 288 ff.; *Riedhammer* S. 32 ff.; im Ansatz auch *Spickhoff* NJW 2002, 2530, 2532; a. A. *Hart* FS Heinrichs, S. 291, 315.

179 Es ist heute allgemein anerkannt, dass Kenntnis und Unkenntnis reine Bewusstseinszustände und damit kein Verhalten sind, siehe nur *Wetzel*, Zurechnung, S. 50; *Buck* S. 17 f.; *Schilken* S. 54 ff.

180 Siehe *Schilken* S. 54; *Buck* S. 35.

181 Siehe *Riedhammer* S. 36; siehe auch *Larenz*, Schuldrecht AT, S. 288 ff.

182 So *Grigoleit* ZHR 181, 160, 172 f., 194; siehe auch MüKo BGB/*Oechsler* § 932 Rn. 41.

183 Siehe BGH NJW 2012, 1789, 1791; *R. Schmidt*, Obliegenheiten, S. 307 (zu § 932 BGB); *Riedhammer* S. 49 ff.; Staudinger/*Wiegand* § 932 Rn. 43; jurisPK BGB/*Beckmann* Rn. 24; BeckOK BGB/*Spindler* § 199 Rn. 19a; MüKo BGB/*Grothe* Rn. 31; *Schrader*, Wissen, S. 410.

184 Siehe *Buck* S. 34; *Sturm*, Verjährung, S. 518.

185 Siehe *Buck* S. 34, 39; *Bohrer* DNotZ 1991, 124, 130.

Obliegenheiten sind hingegen Pflichten minderer Intensität, die nicht einklagbar sind und deren Verletzung keine Schadensersatzfolge auslöst, aber zu einem Nachteil im eigenen Rechtskreis führt[186].

Nach h. M. ist das Merkmal der Fahrlässigkeit im Rahmen des Kennenmüssens also grundsätzlich untechnisch zu verstehen. Es bezeichnet im Regelfall keine Verschuldensform i. S. v. § 276 II BGB, die sich auf eine gegenüber anderen bestehende Nachforschungspflicht bezieht[187], sondern meint ein Verschulden gegen sich selbst[188], das sich verkürzt mit einer Obliegenheit zur anlassbezogenen Informationsbeschaffung umschreiben lässt[189]. Nach überwiegender Ansicht gründet die Nachforschungsobliegenheit also im Fahrlässigkeitsmerkmal, wodurch der Fahrlässigkeit letztlich doch ein Pflichtengehalt zugeschrieben wird. Andere leiten die Obliegenheit indes aus dem der Wissensnorm immanenten Gebot des Selbstschutzes her[190].

Eine weitere Ansicht verneint sowohl eine Rechtspflicht als auch eine Obliegenheit, sich einen bestimmten Kenntnisstand zu verschaffen[191]. Unsere Rechtsordnung kenne keine Pflicht oder Obliegenheit, sich selbst bösgläubig zu machen[192]. Außerdem wäre es ein seltsames Ergebnis, wenn man eine Obliegenheit zur Kenntniserlangung annähme, deren Erfüllung wie deren Verletzung gleichermaßen zum Eintritt der nachteiligen Rechtsfolge der Wissensnorm führte[193]. Fahrlässige Unkenntnis beruhe also nicht auf der Verletzung von Nachforschungspflichten oder –obliegenheiten; fahrlässige Unkenntnis sei vielmehr die Zusammenfassung der Umstände, die es nach der Wertung des Gesetzgebers als unbillig erscheinen lassen, dass jemand aus seiner Nichtkenntnis einen Rechtsvorteil zieht[194].

So unterschiedlich die dogmatischen Ansätze auch sind, sie erzielen weitgehend übereinstimmende Ergebnisse. Fahrlässige Unkenntnis liegt vor, wenn der Normadressat bestimmte signifikante Hinweise nicht beachtet oder gebotene Nachforschungen unterlässt[195]. Nachforschungen muss der Betroffene grundsätzlich nur

---

186 Siehe *R. Schmidt,* Obliegenheit, S. 315 f.; *Riedhammer*S. 51.

187 So *Buck* S. 34 f.; *Sturm,* Verjährung, S. 518; siehe auch Staudinger/*Wiegand* § 932 Rn. 43.

188 Siehe z. B. Begr. zu § 199 FraktE, BT-Drucks. 14/6040 S. 108; BGH NJW 2012, 1789, 1791; MüKo BGB/*Grothe* § 199 Rn. 31; siehe auch *Buck*S. 40.

189 Siehe *Riedhammer*S. 51.

190 Nach *Riedhammer* S. 49 ff. gründet die Obliegenheit zur Kenntniserlangung nicht im Merkmal der fahrlässigen Unkenntnis, das keinen Pflichtengehalt habe, sondern in dem Gebot zum Selbstschutz, das aus jeder Wissensnorm erwachse. Die fahrlässige Unkenntnis sei eine Zurechnungsform, nach der die Verletzung des Gebots zum Selbstschutz zugerechnet werden könne.

191 So *Buck* S. 34 f.; ebenso *Sturm,* Verjährung, S. 518 ff.

192 So *Buck*S. 41.

193 So *Sturm,* Verjährung, S. 519 f.

194 So *Wetzel,* Zurechnung, S. 49; *Buck*S. 37.

195 Siehe *Buck* S. 38; Staudinger/*Wiegand* § 932 Rn. 51.

bei konkretem Anlass unternehmen, also wenn es Verdachtsgründe gibt, die einen sorgfältig denkenden Menschen dazu brächten, Zweifel an der Richtigkeit bestimmter Umstände zu haben[196]. Welche Verdachtsgründe hierfür nötig sind, hängt davon ab, wie das Merkmal des Kennenmüssens der jeweiligen Wissensnorm auszulegen ist und welcher Fahrlässigkeitsmaßstab der Wissensnorm zugrunde liegt – einfache oder grobe Fahrlässigkeit. Es soll auch von der Auslegung der jeweiligen Wissensnorm abhängen, ob das Unterlassen gebotener Nachforschungen kausal für die Unkenntnis gewesen sein muss, um fahrlässige Unkenntnis anzunehmen[197]. Während bei § 932 II BGB überwiegend auf einen solchen Kausalzusammenhang verzichtet wird[198], ist er bei § 199 I BGB nach Wortlaut und Telos unentbehrlich[199]. Denn bei § 199 I BGB wird der Fristbeginn durch jenen Zeitpunkt markiert, in dem die gebotenen Nachforschungen zu Kenntnis geführt hätten.

## B. Zurechnung

Die vorstehenden Ausführungen charakterisieren den Begriff des Kennenmüssens für die natürliche Einzelperson. Im Folgenden ist darauf einzugehen, unter welchen Voraussetzungen eine juristische Person kennen muss.

Zunächst muss man sich bewusst machen, dass das Kennenmüssen einer juristischen Person immer auf Zurechnung basiert[200]. Denn fahrlässige Unkenntnis setzt, wie gezeigt, voraus, dass signifikante Hinweise nicht beachtet oder gebotene Nachforschungen unterlassen werden. Da die juristische Person als solche nicht handeln kann, vielmehr ihrer Organe und Mitarbeiter bedarf, um Hinweise zu beachten oder gebotene Nachforschungen anzustellen, ist das Kennenmüssen der juristischen Person zwingend eine Zurechnungsfrage. Es geht stets darum, inwieweit sich die juristische Person das Verhalten von Organen und Mitarbeitern zurechnen lassen muss, die signifikante Hinweise nicht beachtet oder gebotene Nachforschungen unterlassen haben. Dass das Tatbestandsmerkmal des Kennenmüssens bei juristischen Personen nur durch Zurechnung konstituiert werden kann, wird gelegentlich verkannt. So nehmen manche an, nur die Kenntnis, nicht aber das Kennenmüssen basiere bei der juristischen Person auf Zurechnung[201].

---

196 Siehe *Buck* S. 42 ff.; aus dem Lager der Nachforschungsobliegenheit BGH NJW 1975, 735, 736; NJW 2012, 1789, 1791; Staudinger/*Wiegand* § 932 Rn. 68 ff.; jurisPK BGB/*Beckmann* Rn. 25 f.; BeckOK BGB/*Spindler* § 199 Rn. 19a; MüKo BGB/*Grothe* Rn. 31; aus dem Lager der Nachforschungspflicht MüKo BGB/*Oechsler* § 932 Rn. 44.

197 So *R. Schmidt,* Obliegenheiten, S. 318; siehe auch *Otto* S. 274 ff.

198 So die Rechtsprechung seit RGZ 143, 14, 18 f.; siehe BGH NJW 1991, 1415, 1417; Staudinger/*Wiegand* § 932 Rn. 84; Soergel/*Henssler* Rn. 24; a. A. Jauernig/*Berger* Rn. 15; *Bartels* AcP 205, 687, 710 ff.

199 Siehe BGH NJW 2009, 587, 588; MüKo BGB/*Grothe* § 199 Rn. 31.

200 Ebenso *Henning* S. 55 f.

201 So *Rickert/Heinrichs* GWR 2017, 112, 113.

Dies vorausgeschickt sind verschiedene Arten fahrlässiger Unkenntnis einer juristischen Person denkbar. Unstreitig ist die juristische Person fahrlässig unwissend, wenn ihr relevantes Zurechnungssubjekt (z. B. rechtsgeschäftlich handelndes Organ/handelnder Vertreter) fahrlässig unwissend ist. Unterlässt das relevante Zurechnungssubjekt trotz konkreter Verdachtsmomente gebotene Nachforschungen, muss sich die juristische Person dies als fahrlässige Unkenntnis zurechnen lassen[202].

Relativ unerforscht ist die Frage, ob eine nicht sorgfaltsgerechte Informationsorganisation als Wissenmüssen der juristischen Person gewertet werden kann. Die Forschungslücke erklärt sich daraus, dass die herrschende Lehre von der ordnungsgemäßen Organisation der Kommunikation Organisationsmängel bislang als Kenntnis der juristischen Person einordnet. Daher ist die Frage vernachlässigt worden, ob und wie solche Organisationsmängel als Wissenmüssen der juristischen Person qualifiziert werden können. Zwar behaupten viele, dass eine mangelhafte Informationsorganisation stets fahrlässige Unkenntnis der juristischen Person begründe, hierbei lassen sich aber erhebliche Begründungsdefizite ausmachen[203]. Noch weniger geklärt ist, ob die pflichtwidrig unterlassene Informationsweitergabe von Organ zu Organ oder innerhalb eines Organs als fahrlässige Unkenntnis der juristischen Person qualifiziert werden kann.

All diese Problemkreise der fahrlässigen Unkenntnis juristischer Personen spielen bei § 199 I BGB eine erhebliche Rolle. Denn zum einen wird vielfach aus dem Merkmal der grob fahrlässigen Unkenntnis gemäß § 199 I BGB abgeleitet, dass die juristische Person als Gläubigerin ihre Informationen über anspruchsbegründende Tatsachen organisieren müsse. Zum anderen muss im Rahmen des § 199 I BGB die Frage beantwortet werden, ob die juristische Person fahrlässig unwissend ist, wenn einzelne Mitglieder des Kollektivorgans ihre rechtserhebliche Kenntnis pflichtwidrig nicht (rechtzeitig) ins Gremium einbringen oder ein unzuständiges Organ seine Kenntnis nicht ans zuständige Organ weitergibt. Diese Fragen bedürfen einer vertieften Auseinandersetzung mit dem Begriff des Wissenmüssens in juristischen Personen und den damit verbundenen Zurechnungsfragen. Daher wird auf die problemvertiefenden Ausführungen zu § 199 I BGB verwiesen[204].

---

202 Zu dieser Form fahrlässiger Unkenntnis siehe 5. Teil:§ 2C.III.1.).

203 Hierzu später ausführlich, 5. Teil:§ 2C.III.

204 Zum Wissenmüssen bei Informationsorganisationsmängeln siehe 5. Teil:§ 2C.III; zum Wissenmüssen bei pflichtwidrig unterlassener Informationsweitergabe innerhalb eines Organs siehe 5. Teil:§ 3A.III.1.)d.); zur pflichtwidrig unterlassenen Informationsweitergabe von Organ zu Organ siehe 5. Teil:§ 3D.III.3.).

## § 4 Der Einfluss von Wissensnormen auf die Zurechnung von Wissen und Wissenmüssen

Dass Wissensnormen Einfluss auf die Wissenszurechnung haben, ist anerkannt[205]. Bei § 2283 II 2, Var. 2 BGB hält man eine Wissenszurechnung insgesamt für ausgeschlossen, weil die tatbestandsmäßige Kenntnis die Grundlage für eine höchstpersönliche Anfechtungsentscheidung des Erblassers sei, sodass es nur auf dessen Kenntnis ankommen könne[206]. Bei § 826 BGB lehnt es der BGH ab, den Vorwurf der Sittenwidrigkeit mit einer pflichtenbasierten Wissenszusammenrechnung zu konstruieren, weil sich das moralische Unwerturteil des § 826 BGB nicht aus einer fehlerhaften Wissensorganisation ergeben könne[207]. Im Kontrast hierzu[208] stützt der BGH bei § 463 S. 2 BGB a. F. das arglistige Verschweigen, das seiner Ansicht nach ein moralisches Unwerturteil nicht voraussetzt[209], auch auf eine Verletzung der Wissensorganisationspflicht[210]. Schon diese wenigen Beispiele zeigen, dass Rechtsprechung und Literatur aus der Wissensnorm u. a. ableiten, ob eine Wissenszurechnung überhaupt möglich ist und ob die Pflicht zur ordnungsgemäßen Organisation der Kommunikation anwendbar ist.

Der Einfluss der Wissensnorm auf die Wissenszurechnung folgt aus dem Wesen der Zurechnung. Zurechnungszweck ist es, die *ratio* der Wissensnorm zur Geltung zu bringen, indem man unter bestimmten Voraussetzungen die Kenntnis bzw. das Kennenmüssen des Zurechnungssubjekts auf den Zurechnungsadressaten projiziert[211]. Die Zurechnung verhindert eine Umgehung der Wissensnorm und sichert so deren Normzweck. Die Wissenszurechnung steht somit im Dienste der Wissensnorm[212]. Daher darf die Wissenszurechnung den Regelungszweck der Wissensnorm nur ausfüllen, nicht aber verändern oder korrigieren[213]. Wissenszurechnung findet daher immer mit Blick auf die *ratio* der Wissensnorm statt, wodurch der Einfluss der Wissensnorm auf die Zurechnung begründet wird[214].

---

205 Siehe BGH, Urt. v. 28. 6. 2016, VI ZR 536/15, juris Rn. 23; BGH, Urt. v. 10. 12. 2010, V ZR 203/09, juris Rn. 15 ff.; *Richardi* AcP 169, 385, 389; *Waltermann* AcP 192, 181, 185 f.; *Buck* S. 116 ff.; *Taupitz* FS Lorenz, S. 680 f.; *Bork* ZGR 1994, 237, 265; *Reuter* ZIP 2017, 310, 313 ff.; *Grigoleit* ZHR 181, 160, 168 f.

206 Siehe *Waltermann* AcP 192, 181, 186; *Richardi* AcP 169, 385, 389; *Buck* S. 117; zustimmend MüKo BGB/*Musielak* § 2283 Rn. 3; Staudinger/*Schilken* § 166 Rn. 9 a. E.

207 Siehe BGH, Urt. v. 28. 6. 2016, VI ZR 536/15, juris Rn. 23.

208 *Grigoleit* ZHR 181, 160, 163 ff. sieht in diesem „Kontrast" sogar einen Widerspruch der BGH-Rechtsprechung.

209 Siehe BGH NJW 1990, 975, 976; a. A. beispielsweise *Meyer* WM 2012, 2040, 2044.

210 Siehe BGH, Urt. v. 10. 12. 2010, V ZR 203/09, juris Rn. 15 ff.

211 Siehe 2. Teil:§ 2B.II.

212 Allgemein dazu *Bork* ZGR 1994, 237, 240.

213 Siehe *Grigoleit* ZHR 181, 160, 178 ff., der in der Pflicht zur ordnungsgemäßen Organisation der Kommunikation eine unzulässige rechtsfortbildende Korrektur des Kenntnismerkmals sieht.

214 So auch *Buck* S. 116.

Obwohl der Einfluss der Wissensnorm auf die Wissenszurechnung anerkannt ist, besteht wenig Klarheit über die Reichweite des Einflusses. Zwei methodisch völlig unterschiedliche Ansätze stehen sich gegenüber. Der eine wird teilweise als *Einheitslösung*[215] bezeichnet, den anderen könnte man als *differenzierende Lösung* titulieren. Während die Einheitslösung Zurechnungsgrundsätze in Rechtsfortbildung zu den Zurechnungsnormen (§§ 166 I, 31 BGB) entwickelt, will die differenzierende Lösung für jede Wissensnorm individuelle Zurechnungskriterien durch Auslegung der jeweiligen Wissensnorm gewinnen. Doch auch die Einheitslösung berücksichtigt bei der Entwicklung von Zurechnungsgrundsätzen die *ratio* der konkreten Wissensnorm.

## A. Differenzierende Lösung

Nach der differenzierenden Lösung sind Fragen der Wissenszurechnung allein ein Problem der Auslegung der jeweiligen Wissensnorm.

Schon bei den Gesetzesberatungen zum BGB wurde von manchen vorgeschlagen, wegen der Verschiedenartigkeit der Wissensnormen auf eine allgemeine Wissenszurechnungsregel zu verzichten – auch für das Stellvertretungsrecht[216]. Der Gesetzgeber hat sich dagegen entschieden und die §§ 117, 118 BGB a. F. (Vorgängerregelungen zu § 166 BGB) geschaffen, weil „die Sicherheit der Rechtsprechung gefährdet werden würde, wenn man den Richter bezüglich der in §§ 117, 118 geregelten Fragen ohne Anhaltspunkt ließe“[217].

Ähnliche Überlegungen wie in den Gesetzesberatungen zum BGB stellt auch *Müller-Freienfels* an, der in seinem 1955 erschienenen Werk »Die Vertretung beim Rechtsgeschäft« ausführte, dass die Frage, wessen Kenntnis in welchem Maße im Rahmen der Stellvertretung zu berücksichtigen ist, keiner Einheitslösung über § 166 BGB zugänglich sei, sondern „in Abwägung der verschiedenen beteiligten Interessen jeweils nach Sinn und Zweck der einzelnen“ Wissensnorm entschieden werden müsse[218].

Auch *Goldschmidt* lehnt eine Einheitslösung in seiner 2001 erschienenen Monographie ab[219]. Im Gegensatz zu *Müller-Freienfels* achtet *Goldschmidt* zwar den Anwendungsbereich des § 166 BGB[220], strebt im Übrigen aber eine nach der jeweiligen Wissensnorm differenzierende Wissenszurechnung an[221]. Aus den Wissensnormen ergebe sich, inwieweit einem arbeitsteilig handelnden Geschäftsherrn das Wissen seiner Hilfspersonen zugerechnet werden könne[222]. Denn jede Wissensnorm schränke

215 So benannt von *Goldschmidt* S. 84 f.; wohl zurückgehend auf *Müller-Freienfels* S. 392.
216 Siehe *Mugdan I,* Protokolle S. 740.
217 *Mugdan I,* Protokolle S. 740.
218 *Müller-Freienfels,* Vertretung, S. 392.
219 Siehe *Goldschmidt* S. 84 ff.
220 Siehe *Goldschmidt* S. 47 ff.
221 So *Goldschmidt* S. 48 f.
222 So *Goldschmidt* S. 270.

die Handlungs- und Bewegungsfreiheit dessen, der weiß oder wissen muss, zum Schutz des Rechtsverkehrs ein und treffe damit eine Entscheidung darüber, wie Verkehrsschutzinteressen und das Individualinteresse an Handlungsfreiheit gegeneinander abzuwägen seien[223]. Aus diesem Grund sei der Umfang der Wissenszurechnung letztlich kein Zurechnungsproblem, sondern ein Problem der Auslegung der jeweiligen Wissensnorm[224].

Inspirieren ließ sich *Goldschmidt* bei seiner These „Die Wissenszurechnung – Ein Problem der jeweiligen Wissensnorm" wohl von dem Gedanken des Selbstschutzes, den er im Anschluss an *Schilken* als ein tragendes Prinzip der Wissenszurechnung versteht[225]. *Schilken* begreift den Gedanken des Selbstschutzes als allgemeingültige Begründung dafür, warum das Gesetz an die Tatbestandsmerkmale Kenntnis oder Kennenmüssen Rechtsnachteile für den Betroffenen knüpft[226]. Nach *Schilken* entzieht das Gesetz demjenigen, bei dem tatbestandsmäßige Kenntnis oder tatbestandsmäßiges Kennenmüssen vorliegt, Rechtsvorteile, weil jener aufgrund seiner (gebotenen) Kenntnis die Möglichkeit habe, sich selbst vor Rechtsnachteilen zu schützen[227]. Beispielsweise könne der Käufer einer Sache, der bei Vertragsschluss Kenntnis vom Mangel habe, sich vor den rechtlichen und wirtschaftlichen Nachteilen des § 442 I 1 BGB schützen, indem er nur einen reduzierten Kaufpreis biete oder vom Vertragsschluss Abstand nehme[228]. Da die einzelne Wissensnorm Ausdruck der Möglichkeit zum Selbstschutz sei, sei der Selbstschutz auch für die Wissenszurechnung bei der jeweiligen Wissensnorm entscheidend. Der Geschäftsherr müsse sich nur die Kenntnis jener Hilfspersonen zurechnen lassen, die die Möglichkeit zum Selbstschutz für ihn wahrnähmen[229].

## B. Einheitslösung

H. L. und Rechtsprechung entwickeln hingegen keine individuellen Zurechnungskriterien aus der jeweiligen Wissensnorm, sondern erarbeiten allgemeine Zurechnungsgrundsätze durch Rechtsfortbildung zu verschiedenen Zurechnungsnormen. Für die Zurechnung von Organwissen werden die § 166 I BGB, § 31 BGB oder die Regeln zur passiven Einzelvertretungsmacht (§§ 26 II 2 BGB, 78 II 2 AktG, 35 II

---

223 So *Goldschmidt* S. 86 f.

224 So die verkürzte These von *Goldschmidt* S. 96.

225 Siehe *Goldschmidt* S. 44, 224 ff., demzufolge *Schilken* die Zurechnung nicht bei der Zurechnungsnorm verankere, sondern bei der Wissensnorm.

226 Siehe *Schilken* S. 53; ebenso *Riedhammer* S. 57; krit. *Buck* S. 17 f.

227 So *Schilken* S. 57.

228 Siehe *Schilken* S. 95.

229 Siehe *Goldschmidt* S. 34, 226; so auch schon *Schilken* S. 59 ff., der im Gegensatz zu *Goldschmidt* den Selbstschutzgedanken als Basis für *allgemeine* Wissenszurechnungsgrundsätze ansieht. *Schilken* ist demnach als Anhänger der Einheitslösung einzugruppieren.

2 GmbHG)[230] als Zurechnungsgrundlage diskutiert. Die Zurechnung des Wissens von stellvertreterähnlichen Personen ist aus dem Rechtsgedanken des § 166 I BGB entwickelt worden (Wissensvertreter)[231]. Eine Pflicht zur ordnungsgemäßen Organisation der Kommunikation ist in Rechtsfortbildung zu § 242 BGB und anderen Zurechnungsprinzipien konstruiert worden[232].

Die Herleitung der Grundsätze der Wissenszurechnung aus den Zurechnungsnormen führt aber nicht dazu, dass die *ratio* der jeweiligen Wissensnorm außer Acht bliebe. Es besteht vielmehr Konsens, dass der Normzweck der Wissensnorm der Wissenszurechnung komplett entgegenstehen oder ihr partiell Grenzen setzen kann[233]. Wo diese Grenzen im Einzelnen liegen, wird aber unterschiedlich beurteilt. Im Fokus steht die Frage, inwieweit die *ratio* einer Wissensnorm einer organisationspflichtenbasierten Wissenszurechnung entgegenstehen kann. Hier stehen sich derzeit zwei Extrempositionen gegenüber.

Nach einer Ansicht ist das Merkmal der Kenntnis mit einem pflichtenbasierten Wissenszurechnungsmodell wie der Wissensorganisationspflicht generell unvereinbar[234]. Aus der Abgrenzung von Kenntnis und Kennenmüssen folge, dass beim Merkmal der Kenntnis keine Pflichten im Umgang mit Informationen bestünden[235]. Im Übrigen erleide der Wissende nach der jeweiligen Wissensnorm Rechtsnachteile, weil ihm der Vorwurf des „Handelns trotz Wissens" zu machen sei[236]. Dieser Zusammenhang von Handeln und Wissen müsse auch bei der Zurechnung berücksichtigt werden. Das Merkmal der Kenntnis könne im Zurechnungswege nur dann widerspruchsfrei ausgefüllt werden, wenn die in Frage stehende Handlungsverantwortung mit der Wissensträgerschaft in einer natürlichen Person zusammenfalle[237]. Die Pflicht von der ordnungsgemäßen Organisation der Kommunikation, bei der Handlungsverantwortung und Wissensträgerschaft bei verschiedenen

---

230 Zur Zurechnungsgrundlage bei Organwissen siehe 5. Teil:§ 2A.I.2.).

231 Zur Rechtsfigur des Wissensvertreters siehe 5. Teil:§ 2B.

232 Zur Rechtsgrundlage der Wissensorganisationspflicht siehe 5. Teil:§ 2C.II.3.).

233 Siehe BGH, Urt. vom 28. 6. 2016, VI ZR 536/15, juris Rn. 23; BGH, Urt. v. 10. 12. 2010, V ZR 203/09, juris Rn. 15 ff.; *Richardi* AcP 169, 385, 389; *Waltermann* AcP 192, 181, 185 f.; *Buck* S. 116 ff.; *Taupitz* FS Lorenz, S. 680 f.; *Bork* ZGR 1994, 237, 265; *Reuter* ZIP 2017, 310, 313 ff.

234 Siehe *Waltermann* AcP 192, 181, 213 f.; *Grigoleit* ZHR 181, 160, 195; *Buck* S. 454 ff.; *Spindler*, Unternehmensorganisationspflichten, S. 659 f.

235 So *Grigoleit* ZHR 181, 160, 170.

236 So *Grigoleit* ZHR 181, 160, 177, der allerdings übersieht, dass es nicht bei allen Wissensnormen um ein Handeln trotz Wissens geht. Es geht vielmehr ausschließlich um die Möglichkeit, das Verhalten am Wissen auszurichten. Zu dieser gemeinsamen *ratio* der Wissensnormen siehe 2. Teil:§ 1C.III. Der Unterschied wird klar, wenn man die Wissensnormen in den Blick nimmt, die einen Fristbeginn an die Kenntnis knüpfen (§§ 121 I 1, 124 II 1, 199 I, 626 II 2 BGB). Der Fristbeginn tritt allein wegen der Kenntnis ein, nicht wegen eines Verhaltens trotz Kenntnis. Die Kenntnis soll nur die Grundlage bilden, ein bestimmtes künftiges Verhalten zu ermöglichen.

237 So *Grigoleit* ZHR 181, 160, 177.

Personen liegen können, könne daher keine Rechtsgrundlage zur Zurechnung von Kenntnis sein[238].

Der BGH geht hingegen davon aus, dass die Wissensorganisationspflicht nur dann keine Kenntnis im Sinne einer Wissensnorm begründen könne, wenn mit dieser Kenntnis ein moralisches Unwerturteil verbunden sei, wie z. B. bei der Sittenwidrigkeit bei § 826 BGB[239].

Nicht einzugehen ist hier auf die Diskussion, ob die Wissensorganisationspflicht nur im rechtsgeschäftlichen Verkehr oder auch außerhalb anwendbar ist[240]. Denn insoweit geht es um die Grenzen der Wissenszurechnung, die aus dem Wesen der Wissensorganisationspflicht folgen, nicht aber um die Grenzen, die aus der jeweiligen Wissensnorm folgen.

Im Ergebnis berücksichtigt auch die Einheitslösung die *ratio* der jeweiligen Wissensnorm. Doch sind die Grenzen der Wissenszurechnung, welche sich aus der Wissensnorm ergeben, sehr umstritten.

## C. Stellungnahme

Beide Ansichten zeigen, dass bei der Wissenszurechnung die *ratio* der Wissensnorm zu beachten ist. Das ist der entscheidende Gesichtspunkt, der in der aktuellen Rechtsprechung und Literatur auch immer mehr in den Vordergrund rückt[241]. Der Einfluss der Wissensnorm auf die Zurechnung folgt aus dem Zurechnungszweck, die *ratio* der Wissensnorm zur Geltung zu bringen.

Was den methodischen Ansatz anbelangt, ist die Einheitslösung vorzugswürdig. Schon die Wissenszurechnungsregel des § 166 I BGB zeigt, dass es sehr wohl möglich ist, übergreifende Zurechnungsgrundsätze zu entwickeln, die bei einer Vielzahl von Wissensnormen zu sachgerechten Ergebnissen führen. Mit § 166 I BGB hat der Gesetzgeber für die Fälle der Vornahme von Rechtsgeschäften durch Vertreter einen einheitlichen Zurechnungsgrundsatz aufgestellt, der von der individuellen Abwägungsentscheidung der konkreten Wissensnorm unabhängig ist. Dass der historische Gesetzgeber irrigerweise davon ausging, § 166 I BGB sei die logische Folge der Repräsentationstheorie[242], ändert hieran nichts, denn Rechtsprechung und Rechtslehre haben § 166 BGB durch die teleologische Ausweitung des § 166 II BGB inzwischen eine nachvollziehbare Wertung gegeben haben[243]. Soweit *Müller-Freienfels* auch im Anwendungsbereich des

238 So das Fazit von *Grigoleit* ZHR 181, 160, 195 f.

239 So lässt sich der BGH, Urt. v. 28. 6. 2016, VI ZR 536/15, juris Rn. 23 in Bezug auf § 826 BGB verstehen.

240 Zu dieser Diskussion siehe 5. Teil:§ 2C.II.3.).

241 Siehe nur BGH, Urt. v. 28. 6. 2016, VI ZR 536/15, juris Rn. 23; *Reuter* ZIP 2017, 310, 313 ff.; *Grigoleit* ZHR 181, 160, 168 f.

242 Siehe MüKo $BGB_6$/*Schramm* § 166 Rn. 1; *Schilken* S. 11 f.

243 Siehe nur *Baum* S. 63 ff.; *Buck* S. 137 ff.; MüKo $BGB_6$/*Schramm* § 166 Rn. 58; Staudinger/*Schilken* Rn. 27.

§ 166 I BGB die rechtlichen Kriterien zur Wissenszurechnung aus der individuellen Wissensnorm ableitet, verstößt seine Ansicht gegen § 166 I BGB und ist schon deshalb abzulehnen.

Wenn aber § 166 I BGB für eine Vielzahl von Wissensnormen eine sachgerechte Wertung für die Wissenszurechnung enthält, ist kein Grund dafür ersichtlich, warum nicht weitere sachgerechte Zurechnungsgrundsätze entwickelbar sein sollen, die an die Wertung des § 166 I BGB oder an die Wertung anderer Zurechnungsregeln (z. B. § 31 BGB) anknüpfen. Zurechnungsnormen ist stets ein Zurechnungsgrund immanent, also eine Wertung, die die Rechtfertigung dafür bildet, dass der Zurechnungsadressat sich tatbestandsrelevante Umstände zurechnen lassen muss[244]. Zurechnungsgrund bei Organen ist z. B. der Umstand, dass Organe als organisationsrechtlicher Teil für die juristische Person handeln, wollen und wissen. Es liegt daher nahe, Grundsätze organschaftlicher Wissenszurechnung unabhängig von der einzelnen Wissensnorm zu formulieren. Insoweit muss auch *Goldschmidt* einräumen, dass die „Wissenszurechnung bei juristischen Personen [...] anders als die Wissenszurechnung bei natürlichen Personen ein echtes Zurechnungsproblem" enthalte[245]. *Goldschmidts* differenzierende Lösung findet ihre Grenze also bei der Zurechnung von Organwissen. Hierdurch wird sein System aber insgesamt in Frage gestellt, weil die einzelne Wissensnorm nicht danach differenziert, ob der Wissensträger ein Organmitglied oder ein anderer Mitarbeiter der juristischen Person ist.

Als Fazit lässt sich festhalten, dass für die Wissenszurechnung allgemeine Zurechnungsgrundsätze aus § 166 I BGB und anderen Zurechnungsnormen zu entwickeln sind. Diese Zurechnungsgrundlagen enthalten den die Zurechnung legitimierenden Grund (Zurechnungsgrund), der auch im Wege der Rechtsfortbildung für die Wissenszurechnung fruchtbar gemacht werden kann. Der *ratio* der jeweiligen Wissensnorm kommt aber erhebliche Bedeutung für die Wissenszurechnung zu. Die Wissensnorm kann der Wissenszurechnung Grenzen setzen.

Auf diese zurechnungsbegrenzende Funktion der Wissensnorm haben Rechtsprechung und Schrifttum bisher den Fokus gelegt. Nur vereinzelt ist erkannt worden, dass die *ratio* der Wissensnorm die Wissenszurechnung auch *konkretisieren* kann, z. B. was die Frage anbelangt, welches Organ im Rahmen der Wissensnorm maßgebliches Zurechnungssubjekt ist[246]. Wie noch zu zeigen sein wird, konkretisiert z. B. die *ratio* des § 199 I BGB das maßgebliche Organ für die Wissenszurechnung[247].

---

244 Zum Zurechnungsgrund siehe 2. Teil:§ 2B.II.

245 So *Goldschmidt* S. 208.

246 Siehe z. B. *Ihrig* ZHR 181, 381, 406, der für die Frage, ob im Rahmen des Art. 17 MAR das Wissen des Aufsichtsrats zuzurechnen ist, methodisch korrekt beim Normzweck der Bestimmung ansetzt.

247 Siehe 5. Teil:§ 3A.I.1.).

## § 5 Zusammenfassung des 2. Teils

Rechtsnormen, die das Tatbestandsmerkmal Kenntnis oder (grob) fahrlässige Unkenntnis enthalten, bezeichnet man als Wissensnormen. Wissensnormen sehen stets Rechtsnachteile für jenen vor, der weiß oder wissen muss. Jede Wissensnorm hat ihren individuellen Kenntnisbegriff, der durch Auslegung zu bestimmen ist. Dennoch lässt sich aus der Gesamtschau privatrechtlicher Wissensnormen ein gemeinsamer privatrechtlicher Kenntnisbegriff ableiten, der als Kern allen Kenntnisbegriffen zugrunde liegt. Kenntnis im privatrechtlichen Sinne ist eine der Wirklichkeit entsprechende Vorstellung von Tatsachen im rechtlich relevanten Zeitpunkt. Je nach Wissensnorm kann der Grad an Gewissheit, mit dem man sich die Tatsachen vorstellen muss, variieren. Auch der für die Kenntnis relevante Zeitpunkt ergibt sich durch Auslegung der jeweiligen Wissensnorm. Der Kenntnisbegriff beschreibt also immer den Bewusstseinszustand einer natürlichen Person, mithin das Gedächtniswissen eines Menschen.

Erst seit 1991 gibt es verschiedene Ansätze im Schrifttum, diesen herkömmlichen Kenntnisbegriff um das sog. „Aktenwissen“ zu erweitern. Neben dem Gedächtniswissen seien auch verfügbare Informationen aus künstlichen Speichermedien als Kenntnis im Rechtssinne zu werten. Unterschiedlich beurteilt wird, unter welchen Voraussetzungen das „Aktenwissen“ dem Gedächtniswissen gleichstehen soll. Manche verlangen einen Anlass, andere eine Pflicht, die Informationen aus dem Datenspeicher abzufragen. Wiederum andere halten die Informationsspeicherung durch den Kenntnisträger und dessen sachherrschaftlich gesicherte Zugriffsmöglichkeit auf den Datenspeicher für erforderlich. Durchgesetzt hat sich der Ansatz, dass bei arbeitsteiligen Organisationen die in Datenspeichern verfügbaren Informationen als Kenntnis des zur Informationsabfrage Verpflichteten zu werten sind; diese Form des „Aktenwissens“ ist die Konsequenz aus der Lehre von der ordnungsgemäßen Organisation der Kommunikation, die heute herrschend ist.

Alle Ansätze, „Aktenwissen“ als Wissen im privatrechtlichen Sinne zu werten, müssen scheitern. Der herkömmliche Kenntnisbegriff lässt sich weder durch Auslegung noch durch Rechtsfortbildung für das sog. Aktenwissen öffnen. Nach dem allgemeinen Sprachgebrauch setzt Kenntnis eine Verknüpfung von Informationen im menschlichen Gehirn voraus. Durch die Anerkennung von „Aktenwissen“ bestünde zudem nur noch ein gradueller Unterschied zwischen Kenntnis und fahrlässiger Unkenntnis, was mit der systembildenden Unterscheidung von Kenntnis und fahrlässiger Unkenntnis nach § 122 II BGB unvereinbar wäre. Unter teleologischen Aspekten muss das Merkmal der Kenntnis bei allen Wissensnormen im Sinne einer verhaltenssteuernden Kenntnis verstanden werden. Eine Person kann ihr Verhalten aber nur an ihrem Gedächtniswissen, nicht an Akteninformationen ausrichten. Auch eine rechtsfortbildende Erweiterung des Kenntnismerkmals muss ausscheiden. Es besteht keinerlei Ähnlichkeit zwischen der Verfügbarkeit der Informationen aus dem Gedächtnis und der Verfügbarkeit der Informationen aus künstlichen Speichern.

Methodisch nicht überzeugend ist der Ansatz der herrschenden Lehre von der ordnungsgemäßen Organisation der Kommunikation, den Kenntnisbegriff innerhalb von Organisationen anders zu definieren als außerhalb von Organisationen.

Lediglich die rechtsmissbräuchliche Unkenntnis kann der Kenntnis nach § 242 BGB gleichgestellt werden. Sie liegt vor, wenn jemand versäumt, eine auf der Hand liegende Erkenntnismöglichkeit, die weder besondere Kosten noch nennenswerte Mühe verursacht, zu nutzen und bewusst vor der Erkenntnis die Augen verschließt. Lediglich bei einem solchen bewussten Sichverschließen ist es gerechtfertigt, den Sichverschließenden den gleichen Rechtsfolgen zu unterwerfen, die auch den Wissenden treffen. Wer seine Kenntniserlangung unredlich vereitelt, hat den Schutz der Rechtsordnung genauso wenig verdient wie der Wissende. Durch die Anerkennung rechtsmissbräuchlicher Unkenntnis wird letztlich zwar auch ein bestimmter Bewusstseinszustand der Unkenntnis der Kenntnis gleichgesetzt, aber diese Gleichstellung beruht auf der allgemeingültigen normimmanenten Schranke des Rechtsmissbrauchs (§ 242 BGB), weshalb die Gleichstellung nur extreme Ausnahmefälle erfasst und die Grenze zur fahrlässigen Unkenntnis nicht überschreitet. Die Gleichstellung von rechtsmissbräuchlicher Unkenntnis und Kenntnis hat daher einen völlig anderen Charakter als die Gleichstellung von Gedächtniswissen und „Aktenwissen".

Rechtsmissbräuchliche Unkenntnis einer juristischen Person liegt unstreitig vor, wenn sich ihr maßgebliches Zurechnungssubjekt bewusst der Kenntniserlangung verschließt. Kontrovers diskutiert werden weitere Fallgruppen der rechtsmissbräuchlichen Unkenntnis der juristischen Person, erstens wenn einzelne Organmitglieder eines Kollegialorgans ihre Kenntnis nicht rechtzeitig ans Gremium weitergeben, zweitens wenn ein unzuständiges Organ seine Kenntnis nicht rechtzeitig ans zuständige Organ weitergibt oder drittens wenn eine juristische Person insgesamt ein Mindestmaß an gesellschaftsinternem Informationsaustausch unter den Mitarbeitern sowie zwischen Mitarbeitern und der Geschäftsleitung vermissen lässt.

Da juristische Personen als reine Rechtsgebilde kein menschliches Bewusstsein haben, können sie nur kraft Zurechnung Kenntnis erlangen. Der Begriff der Zurechnung ist nirgends gesetzlich definiert. Im Schrifttum wird die Zurechnung abstrakt als eine Rechtstechnik zur Begründung von Verantwortlichkeit umschrieben. Man pflegt, zwischen Eigen- und Fremdzurechnung zu unterscheiden. Für die Rechtstechnik der *Wissens*zurechnung ist diese Unterscheidung jedoch nicht sinnvoll, weil sie verschleiert, dass in der juristischen Person immer eine Wissenszurechnung im Zweipersonenverhältnis stattfindet, auch was die organschaftliche Wissenszurechnung anbelangt. Vorzugswürdig ist es daher, für die Rechtstechnik der Wissenszurechnung darauf abzustellen, dass es sich stets um eine Zurechnung im Zweipersonenverhältnis handelt.

Durch Zurechnung wird die tatsächliche Kenntnis des Zurechnungssubjekts so auf den Zurechnungsadressaten projiziert, dass der Zurechnungsadressat der Rechtsfolge der Wissensnorm unterworfen wird. Die Rechtsfolge der Wissensnorm trifft den Zurechnungsadressaten, weil alle Tatbestandsmerkmale der Bezugsnorm

erfüllt sind; jene, die der Zurechnungsadressat in eigener Person erfüllt und jene, die er erfüllt, weil ihm die Kenntnis des Zurechnungssubjekts zugerechnet wird. Die Zurechnung hat den Zweck, die Anwendung der Wissensnorm auf den Zurechnungsadressaten zu gewährleisten, um eine Umgehung der Wissensnorm auszuschließen und ihre *ratio* zur Geltung zu bringen. Die Zurechnung hat also nur eine dienende Funktion. Sie soll die Wissensnorm ihrer *ratio* entsprechend ausfüllen. Da die Zurechnung den Zurechnungsadressaten der nachteiligen Rechtsfolge der Wissensnorm unterwirft, bedarf sie einer besonderen Rechtfertigung. Erforderlich ist stets eine Zurechnungsgrundlage und ein Zurechnungsgrund. Zurechnungsgrundlage ist eine Zurechnungsnorm wie § 166 I BGB oder eine rechtsfortbildende Erweiterung von Zurechnungsvorschriften (z. B. § 31 BGB). Die Zurechnungsgrundlage enthält den Zurechnungsgrund, der angibt, worin die Legitimation der Zurechnung liegt, wie z. B. die Erteilung von Vertretungsmacht (§ 166 I BGB) oder die Betrauung mit bestimmten Aufgaben zur eigenverantwortlichen Erledigung (Wissensvertreter).

Kennenmüssen wird nach § 122 II BGB als fahrlässige Unkenntnis definiert. Die Dogmatik der fahrlässigen Unkenntnis ist bis heute umstritten. Der Gesetzgeber hat hier zwei Merkmale miteinander verbunden, die nicht reibungsfrei ineinander greifen. Versteht man die Fahrlässigkeit technisch, mithin als Verschuldensform (§ 276 II BGB), setzt fahrlässige Unkenntnis eine gegenüber einem anderen bestehende Pflicht zur Kenntniserlangung voraus (Nachforschungspflicht). Als Verschuldensform könnte das Merkmal der Fahrlässigkeit diese Pflicht allerdings nicht begründen; es würde die Pflicht vielmehr voraussetzen. Eine Ansicht im Schrifttum nimmt generell eine solche Nachforschungspflicht an und leitet sie innerhalb von Sonderverbindungen aus Schutzpflichten, außerhalb von Sonderverbindungen aus Verkehrspflichten her. Die h. M. versteht das Merkmal der Fahrlässigkeit hingegen untechnisch und beschreibt es als Obliegenheit, bei konkretem Anlass gebotene Nachforschungen anzustellen. Hierdurch vermeidet die h. M. das befremdliche Ergebnis, dass Schadensersatzpflichten zur steten Begleiterscheinung der fahrlässigen Unkenntnis werden. Eine dritte Ansicht verneint sowohl die Pflicht als auch die Obliegenheit zur Kenntniserlangung und beschreibt fahrlässige Unkenntnis als die Zusammenfassung der Umstände, die es nach der Wertung des Gesetzgebers als unbillig erscheinen lassen, dass jemand aus seiner Nichtkenntnis einen Rechtsvorteil zieht.

Alle Ansichten kommen zu dem Ergebnis, dass fahrlässige Unkenntnis vorliegt, wenn der Normadressat bestimmte signifikante Hinweise nicht beachtet oder gebotene Nachforschungen unterlässt. Nachforschungen muss der Betroffene grundsätzlich nur bei konkretem Anlass unternehmen, also wenn es Verdachtsgründe gibt, die einen sorgfältig denkenden Menschen dazu brächten, Zweifel an der Richtigkeit bestimmter Umstände zu haben. Welche Verdachtsgründe hierfür nötig sind, hängt von der jeweiligen Wissensnorm und vom Maßstab der Fahrlässigkeit ab, namentlich ob die Rechtsfolgen der Wissensnorm bei fahrlässiger oder grob fahrlässiger Unkenntnis eintreten. Es soll auch von der Auslegung der jeweiligen Wissensnorm abhängen, ob das Unterlassen gebotener Nachforschungen

kausal für die Unkenntnis gewesen sein muss, um fahrlässige Unkenntnis anzunehmen.

Bei der juristischen Person basiert Kennenmüssen immer auf Zurechnung. Das wird gelegentlich verkannt. Fahrlässige Unkenntnis einer juristischen Person liegt unstreitig vor, wenn ihr maßgebliches Zurechnungssubjekt gebotene Nachforschungen unterlassen hat. Relativ unerforscht ist die Frage, ob eine nicht sorgfaltsgerechte Informationsorganisation als Wissenmüssen der juristischen Person gewertet werden kann. Noch weniger geklärt ist, ob die pflichtwidrig unterlassene Informationsweitergabe von Organ zu Organ oder innerhalb eines Organs als fahrlässige Unkenntnis der juristischen Person qualifiziert werden kann. Diese Problemfelder des Wissensmüssens juristischer Personen spielen bei § 199 I BGB eine große Rolle. Sie werden daher erst im Rahmen der problemvertiefenden Ausführungen zu § 199 I BGB einer Lösung zugeführt.

Wissensnormen haben Einfluss auf die Wissenszurechnung, genauer: der Inhalt der Merkmale Kenntnis bzw. Kennenmüssen hat Einfluss auf die Wissenszurechnung. Dieser Einfluss resultiert aus dem Zweck der Zurechnung, die *ratio* der Wissensnorm zur Geltung zu bringen. Durch Zurechnung wird die Umgehung der Wissensnorm verhindert und ihr Normzweck gesichert. Die Wissenszurechnung steht also im Dienste der Wissensnorm. Daher darf die Wissenszurechnung den Regelungszweck der Wissensnorm und damit die Merkmale Kenntnis bzw. Kennenmüssen nur ausfüllen, nicht aber verändern oder korrigieren.

Obwohl der Einfluss der Wissensnorm auf die Wissenszurechnung anerkannt ist, besteht wenig Klarheit über die Reichweite des Einflusses. Zwei verschiedene Methoden stehen sich gegenüber: die Einheitslösung und die differenzierende Lösung. Während die Einheitslösung Zurechnungsgrundsätze durch Rechtsfortbildung zu den Zurechnungsnormen (§§ 166 I, 31 BGB) entwickelt, will die differenzierende Lösung für jede Wissensnorm individuelle Zurechnungskriterien durch Auslegung der jeweiligen Wissensnorm gewinnen. Nach der Einheitslösung sind Zurechnungsfragen ein Problem der Zurechnungsnorm, nach der differenzierenden Lösung sind sie ein Problem der Wissensnorm. Auch die Einheitslösung berücksichtigt bei der Entwicklung von Zurechnungsgrundsätzen die *ratio* der konkreten Wissensnorm. Die von der Rechtsprechung und der h. L. vertretene Einheitslösung ist vorzugswürdig, weil sie dem Regelungskonzept des § 166 I BGB entspricht und es möglich und durchaus sachgerecht ist, weitere wissensnormübergreifende Zurechnungsgrundsätze zu entwickeln. Die Schwäche der differenzierenden Lösung zeigt sich auch daran, dass sie für die organschaftliche Wissenszurechnung ausnahmsweise keine Geltung beansprucht und insoweit der Einheitslösung weicht. Im Ergebnis kann die Wissensnorm der Wissenszurechnung komplett entgegenstehen, ihr partiell Grenzen setzen oder sie konkretisieren. Die begrenzende Funktion der Wissensnorm entzündet sich an der Frage, inwieweit die Wissensnorm einer Zurechnung entgegenstehen kann, die auf einer Wissensorganisationspflicht basiert. Die konkretisierende Funktion der Wissensnorm wird erst allmählich erkannt. Sie spielt z. B. bei der Frage eine Rolle, welches Organ im Rahmen des § 199 I BGB das maßgebliche Zurechnungssubjekt ist.

# 3. Teil: Die Begriffe Kenntnis und grob fahrlässige Unkenntnis bei § 199 I BGB

Da der Zweck der Wissenszurechnung darin besteht, die *ratio* der Wissensnorm zur Geltung zu bringen, hat jede Wissenszurechnung zunächst bei der Wissensnorm und ihrer Auslegung anzusetzen[248]. Der Inhalt der Merkmale Kenntnis und grob fahrlässiger Unkenntnis i. S. v. § 199 I BGB kann die Wissenszurechnung begrenzen und konkretisieren. Die konkretisierende Funktion der subjektiven Merkmale wird vor allem bei der Frage relevant, welches Organ maßgebliches Zurechnungssubjekt im Rahmen des § 199 I BGB ist. Die begrenzende Funktion der subjektiven Merkmale entzündet sich an der Frage, ob bei § 199 I BGB Raum für eine Wissenszurechnung ist, die sich auf eine Wissensorganisationspflicht des Gläubigers stützt. Ob der Gläubiger im Rahmen des § 199 I BGB einer etwaigen Wissensorganisationspflicht unterliegt, hängt davon ab, ob die Merkmale Kenntnis und grob fahrlässige Unkenntnis auch das Interesse des Schuldners oder des Rechtsverkehrs an einem frühzeitigen Verjährungseintritt schützen sollen. Funktion, Schutzrichtung und Inhalt der subjektiven Merkmale des § 199 I BGB sind daher vorab zu ermitteln, um die Wissenszurechnung zu konkretisieren und ihre Grenzen auszuloten.

Ein treffendes Verständnis der subjektiven Merkmale des § 199 I BGB entwickelt man am besten, wenn man sich ihrer Begriffsbestimmung schrittweise nähert. Im Folgenden ist zunächst auf die teleologischen Grundlagen des Rechtsinstituts der Verjährung einzugehen. Anschließend sind Funktion und Schutzrichtung der subjektiven Merkmale des § 199 I BGB im gesamten Verjährungssystem zu bestimmen. Abschließend ist zu klären, wie Kenntnis und grob fahrlässige Unkenntnis gemäß § 199 I BGB zu definieren sind.

## § 1 Zwecke der Verjährung

Übergeordnetes Ziel des Verjährungsrechts ist es, das Interesse des (vermeintlichen) Schuldners sowie das öffentliche Interesse[249] an einer zeitlichen Begrenzung der Inanspruchnahme des Schuldners auf der einen Seite und das Interesse des Gläubigers an der Durchsetzung seines Anspruchs auf der anderen Seite in einen

---

248 Siehe 2. Teil:§ 4.

249 Nach h. M. bezweckt die Verjährung auch den Schutz öffentlicher Interessen, siehe BGH NJW 1983, 388, 389 f.; BGHZ 59, 72, 74; Z 128, 74, 82 f.; *Otto* S. 33; *Mansel/Budzikiewicz*, Verjährungsrecht, § 1 Rn. 37, Rn. 43 ff.; a. A. *Spiro* S. 8, 23 f.; Staudinger/*Peters/Jacoby* Vor §§ 194 ff. Rn. 7.

gerechten Ausgleich zu bringen[250]. Das Verjährungsrecht hat sich somit dem Ausgleich und Schutz verschiedener Interessen verschrieben und wird daher durch verschiedene Zwecke legitimiert[251]. Bis heute ist man sich nicht ganz einig, welche Folgen die Verjährung bezweckt und welche sie nur reflexartig bewirkt[252]. Uneinig ist man sich auch über das Verhältnis der verschiedenen Zwecke zueinander.

## A. Schutz des Nichtschuldners

Unstreitig dient die Verjährung in erster Linie[253] dem Schutz des vermeintlichen Schuldners vor der Geltendmachung nicht oder nicht mehr bestehender Ansprüche, die aus einem weit zurückliegenden Sachverhalt herrühren[254]. Insoweit soll der Nichtschuldner vor einer *Beweisnot* geschützt werden[255]. Dass das Rechtsinstitut der Verjährung auch den Nichtschuldner schützt, scheint auf den ersten Blick befremdlich, weil die Verjährungseinrede sich nach §§ 194 I, 214 I BGB auf bestehende Ansprüche bezieht und daher bei nicht bestehenden Ansprüchen an sich ins Leere geht. Aus rechtsdogmatischer Sicht ist ein nicht entstandener oder untergegangener Anspruch ohnehin nicht durchsetzbar, sodass der Verjährungseinrede insoweit keine materiellrechtliche Wirkung zukommen kann[256].

Rechtspraktisch hat die Verjährungseinrede dennoch gerade bei nicht bestehenden Ansprüchen ihre zentrale Bedeutung, weil sie die pauschale Abwehr des geltend gemachten (vermeintlich bestehenden) Anspruchs unter dem Gesichtspunkt der Verjährung ermöglicht[257], ohne dass es noch auf das Entstehen oder Erlöschen des Anspruchs ankäme. Im Zivilprozess führt die Verjährungseinrede in jedem Fall zur Unbegründetheit der Klage, ohne dass der Richter noch prüfen müsste, ob der der Klage zugrunde liegende Anspruch tatsächlich bestand[258]. Dies ist allerdings nicht damit zu erklären, dass auch nicht bestehende Ansprüche der Verjährung unterliegen[259], sondern damit, dass der Richter im Zivilprozess seine

---

250 Siehe Begr. FraktE, BT-Drucks. 14/6040, S. 95 f.; besonders deutlich *Otto* S. 33; siehe auch Staudinger/*Peters/Jacoby* Vor §§ 194 ff. Rn. 8; *Mansel/Budzikiewicz*, Verjährungsrecht, § 1 Rn. 37; *Riedhammer* S. 162 f.; zur Ausgleichsfunktion auch *Sturm*, Verjährung, S. 41 ff.; BGH NJW 1983, 388, 389 f.; BGHZ 59, 72, 74; BGHZ 128, 74, 82 f.

251 Siehe *Otto* S. 33; *Riedhammer* S. 162.

252 Siehe *Riedhammer* S. 164.

253 So Begr. FraktE, BT-Drucks. 14/6040, S. 96; BGH NJW 1993, 2054, 2055.

254 Siehe BGH ZIP 2003, 524, 526; *Spiro* S. 8 ff.; *Peters/Zimmermann* S. 104; *Mansel/Budzikiewicz*, Verjährungsrecht, § 1 Rn. 38 f.; *Otto* S. 35; *Riedhammer* S. 164; *Sturm*, Verjährung, S. 36 f.; Staudinger/*Peters/Jacoby* Vor §§ 194 ff. Rn. 5.

255 Siehe *Mansel/Budzikiewicz*, Verjährungsrecht, § 1 Rn. 38 f.; *Riedhammer* S. 164.

256 Ebenso *Peters/Zimmermann* S. 104.

257 So *Peters/Zimmermann* S. 104; Staudinger/*Peters/Jacoby* Vor §§ 194 ff. Rn. 5; näher *Otto* S. 35 f.

258 Siehe BGH ZIP 2003, 524, 526; *Reinelt* NJW 2009, 1, 8.

259 Ein nicht bestehender Anspruch kann nicht verjähren; a. A. wohl *Otto* S. 35 f.

Klageabweisung aus Gründen der Prozessökonomie auf diejenige Einwendung oder Einrede stützen darf, mit der sich der klageweise geltend gemachte Anspruch am leichtesten zu Fall bringen lässt; das ist in aller Regel die Verjährungseinrede[260].

Die Verjährung soll also insbesondere den Nichtschuldner vor Beweisnot schützen. Im Laufe der Zeit wird es für den Nichtschuldner zunehmend schwieriger, den Beweis für anspruchshindernde, anspruchsvernichtende und anspruchshemmende Tatsachen zu führen. Die „verdunkelnde Macht der Zeit"[261] führt dazu, dass Beweismittel an Kraft verlieren, schwieriger zu beschaffen oder überhaupt nicht mehr auffindbar sind[262]. Die Erinnerung von Zeugen verblasst oder entschwindet, Urkunden oder sonstige Dokumente sind nicht mehr auffindbar, der richterliche Augenschein kann ggf. nicht mehr eingenommen werden. Die im Laufe der Zeit zunehmende Beweisnot trifft zwar Nichtschuldner und Gläubiger gleichermaßen, der Gläubiger kann sich aber im Regelfall durch rechtzeitige Geltendmachung seines Anspruchs vor ihr schützen, wohingegen der Nichtschuldner regelmäßig zuwarten muss, bis der Anspruch gegen ihn geltend gemacht wird[263]. Eine vorsorgliche negative Feststellungsklage des Nichtschuldners gegen alle denkbaren Ansprüche ist ihm jedenfalls nicht zumutbar[264].

## B. Schutz des Schuldners

Daneben bezweckt das Rechtsinstitut der Verjährung den Schutz des tatsächlichen Schuldners. Es soll ihn insbesondere in seiner *Dispositionsfreiheit* schützen[265]. Mit dem Ablauf der Verjährungsfrist soll es dem Schuldner wieder erlaubt sein, Dispositionen über sein Vermögen zu treffen, auch soweit sie die Erfüllung der verjährten Forderung beeinträchtigen würden. Ohne das Rechtsinstitut der Verjährung wäre der Schuldner auf unabsehbare Zeit in seinem finanziellen Handlungsspielraum beschnitten[266]. Der Schuldner müsste z. B. auf unbestimmte Zeit Rückstellungen bilden, um sich gegen das Risiko einer späteren Inanspruchnahme abzusichern[267] und könnte sich auch nicht mit der nötigen wirtschaftlichen Freiheit

---

260 Etwas anderes ist dann denkbar, wenn auch über die Frage der Verjährung Beweis erhoben werden muss, Staudinger/*Peters/Jacoby* § 214 Rn 12; siehe auch den Rechtsgedanken des § 313 III ZPO, BeckOK ZPO/*Elzer* § 313 Rn. 121.

261 *Mugdan I,* Motive S 512.

262 So *Spiro* S. 8; siehe auch *Peters/Zimmermann* S. 189; *Sturm,* Verjährung, S. 37.

263 So *Spiro* S. 8; ihm folgend BGH NJW 1993, 2054, 2055; zustimmend auch *Sturm,* Verjährung, S. 37. Dieses häufig vorgetragene Argument trägt allerdings nicht immer. Die Argumentation setzt voraus, dass der Gläubiger seinen Anspruch kennt.

264 So *Spiro* S. 8 f.; ihm folgend *Sturm,* Verjährung, S. 37.

265 Siehe Begr. FraktE, BT Drucks. 14/6040, S. 96; BGH NJW 1990, 2065, 2066; *Mansel/Budzikiewicz,* Verjährungsrecht, § 1 Rn. 40; *Otto* S. 37 ff.

266 So *Mansel/Budzikiewicz,* Verjährungsrecht, § 1 Rn. 40; siehe auch Staudinger/*Peters/Jacoby* Vor § 194 ff. Rn. 5; *Spiro* S. 14 f.; *Sturm,* Verjährung, S. 38; *Otto* S. 39.

267 Siehe *Otto* S. 39; *Mansel/Budzikiewicz,* Verjährungsrecht, § 1 Rn. 40.

neuen Geschäften widmen[268]. Auch durch den Abschluss von Versicherungen könnte sich der Schuldner vor einer späteren Inanspruchnahme nicht ausreichend schützen[269].

Die Verjährung soll dem Schuldner auch die Möglichkeit erhalten, seinerseits *Regressansprüche* erfolgreich durchzusetzen[270]. Durch eine zeitlich unbegrenzte Inanspruchnahme könnte der Schuldner seine Regressmöglichkeit verlieren, etwa weil der Regressschuldner insolvent geworden, nicht mehr auffindbar ist oder erforderliche Beweismittel zum Nachweis des Regressanspruchs nicht mehr beschafft werden können. Das häufig gebrauchte Argument, die Regressmöglichkeit des Schuldners könne auch dadurch verloren gehen, dass der Regressschuldner seinerseits die Verjährungseinrede erhebt[271], kann das Rechtsinstitut der Verjährung aber nicht stützen. Denn wenn es das Rechtsinstitut der Verjährung nicht gäbe, könnte der Anspruch des Schuldners gegen den Regressschuldner genauso wenig verjähren wie der Anspruch des Gläubigers gegen den Schuldner.

## C. Rechtsfrieden und Rechtssicherheit

Inwieweit die Verjährung auch öffentlichen Interessen dient, die über das Schuldnerinteresse hinausgehen, wird bis heute unterschiedlich beurteilt[272]. Überwiegend wird das öffentliche Interesse an *Rechtssicherheit und Rechtsfrieden* anerkannt[273]. Rechtssicherheit entstehe dadurch, dass nach einer bestimmten Zeit die Ungewissheit über das Bestehen und die Durchsetzbarkeit des Anspruchs beendet sei[274]. Rechtssicherheit setzt aber voraus, dass das Verjährungsrecht klare und praktikable Regeln enthält[275], damit die Frage des Verjährungseinritts nicht selbst zum Gegenstand von Prozessen wird. Indem Rechtsstreitigkeiten über den Anspruch nach Ablauf der Verjährungsfrist vermieden werden, erzeuge die Verjährung Rechtsfrieden[276]. Dem wird zum Teil entgegengehalten, dass es nicht zu

---

268 Siehe BGH NJW 1990, 2065, 2066; Staudinger/*Peters/Jacoby* Vor § 194 ff. Rn. 5.

269 Siehe *Otto* S. 39; *Mansel/Budzikiewicz,* Verjährungsrecht, § 1 Rn. 40.

270 So Begr. FraktE, BT-Drucks. 14/6040, S. 96; siehe *Mansel/Budzikiewicz,* Verjährungsrecht, § 1 Rn. 41.

271 So *Otto* S. 39; auch *Mansel/Budzikiewicz,* Verjährungsrecht, § 1 Rn. 41.

272 Dagegen *Spiro* S. 23 f.; *Heinrichs,* Karlsruher Forum 1991, S. 3, 7; *Riedhammer* S. 166 f.; dafür *Gill* S. 14; wohl auch *Otto* S. 39 f.

273 Siehe Begr. FraktE, BT-Drucks. 14/6040, S. 100; BGH NJW 1955, 1225, 1227; NJW 1966, 1021, 1026; NJW 1983, 388, 389 f.; NJW 1993, 2054, 2056; MüKo BGB/*Grothe* Vor §§ 194 ff. Rn. 7; *Mansel/Budzikiewicz,* Verjährungsrecht, § 1 Rn. 45; *Piekenbrock* S. 317 f.; diese Gesichtspunkte besonders hervorhebend *Heinrichs,* Karlsruher Forum 1991, S. 3, 7; ausführlich auch *Otto* S. 41 f.; *Schrader,* Wissen, S. 115.

274 Siehe Begr. FraktE, BT-Drucks. 14/6040, S. 100; *Schrader,* Wissen, S. 116.

275 So Begr. FraktE, BT-Drucks. 14/6040, S. 96; siehe auch *Otto* S. 41 ff.; *Riedhammer* S. 166 f.

276 Siehe *Otto* S. 41 f.; *Sturm,* Verjährung, S. 39 f.; *Gill* S. 13.

Rechtsfrieden, sondern zu Verbitterung führe, wenn ein unstreitig entstandener und noch bestehender Anspruch allein infolge Verjährung abgewiesen werde[277]. Versteht man unter Rechtsfrieden aber lediglich den Zustand, dass mögliche Konflikte und Streitigkeiten nicht mehr gerichtlich entschieden werden können[278], steht selbst ein auf Verbitterung beruhender emotionaler Unfriede des Gläubigers dem durch Verjährung bewirkten Rechtsfrieden nicht entgegen.

## § 2 Berücksichtigung der entgegengesetzten Gläubigerinteressen im Rahmen des Verjährungsrechts

Zwecke zugunsten des Gläubigers verfolgt das Rechtsinstitut der Verjährung nicht[279]. Nichtsdestotrotz hat das Verjährungsrecht die rechtlichen Interessen des Gläubigers zu wahren. Aus Sicht des Gläubigers begründet die Verjährungseinrede gemäß § 214 I BGB einen faktischen Anspruchsverlust[280], ist mit ihr doch ein dauerhaftes Leistungsverweigerungsrecht des Schuldners verbunden[281]. Der mit § 214 I BGB verbundene Eingriff in die Rechtsposition des Gläubigers ist an Art. 14 I 1 GG zu messen, weil die Eigentumsgarantie den Schutz privater vermögenswerter Rechte, einschließlich des Schutzes schuldrechtlicher Ansprüche, umfasst[282]. Das Eigentumsgrundrecht ist seinem Wesen nach auch auf inländische juristische Personen wie AG und GmbH anwendbar[283], sodass ihre vermögensrechtlichen Ansprüche ebenfalls nach Art. 19 III, 14 I 1, Var. 1 GG geschützt sind.

Da nach jüngster bundesverfassungsgerichtlicher Rechtsprechung eine Enteignung gemäß Art. 14 III GG nicht nur den Entzug des Eigentums durch Änderung der Eigentumszuordnung voraussetzt, sondern auch eine Güterbeschaffung zugunsten der öffentlichen Hand oder des sonst Enteignungsbegünstigten[284], lassen sich die Verjährungsvorschriften eindeutig als Inhalts- und Schrankenbestimmungen i. S. v. Art. 14 I 2 GG qualifizieren[285]. Sie sind nämlich als generelle und abstrakte Festlegung von Rechten und Pflichten durch den Gesetzgeber ohne Güterbeschaffung

---

277 So Staudinger/*Peters/Jacoby* Vor §§ 194 ff. Rn. 7; zustimmend *Otto* S 42; ebenso *Mansel/Budzikiewicz,* Verjährungsrecht, § 1 Rn. 46; *Schrader,* Wissen, S. 116.

278 Der Begriff des Rechtsfriedens ist unscharf, siehe MüKo StPO/*Kudlich* Einl. Rn. 10.

279 So Staudinger/*Peters/Jacoby* Vor §§ 194 ff. Rn. 6; *Spiro* S. 20 f.

280 So Begr. FraktE, BT-Drucks. 14/6040, S. 100; *Peters/Zimmermann* S. 103; ebenso *Otto* S. 35.

281 Zur Dogmatik siehe MüKo BGB/*Grothe* § 214 Rn. 1.

282 So BVerfG NJW 2005, 879, 880; NJW 2006, 1191, 1192 (jeweils m. w. N.); Staudinger/*Peters/Jacoby* Vor §§ 194 ff. Rn. 8.

283 Nach BVerfG, Urt. v. 20. 7. 1954, 1 BvR 459/52, juris Rn. 33 können sich juristische Personen auf das Grundrecht berufen.

284 Siehe BVerfG NJW 2017, 217, 224 ff.

285 Siehe auch Staudinger/*Peters/Jacoby* Vor §§ 194 ff. Rn. 8; *Otto* S. 52.

einzuordnen[286]. Bei der Gestaltung von Inhalts- und Schrankenbestimmungen ist der Gesetzgeber nicht frei, vielmehr muss er die Interessen der Beteiligten in einen gerechten Ausgleich und ein ausgewogenes Verhältnis bringen[287]. Eine einseitige Bevorzugung oder Benachteiligung ist mit Art. 14 I 2, II GG[288] nicht vereinbar[289]. Der Inhalt und Schranken des Eigentums bestimmende Gesetzgeber hat bei der Interessenabwägung den Verhältnismäßigkeitsgrundsatz und den Gleichheitssatz des Art. 3 I GG zu beachten[290].

Für das Verjährungsrecht folgt hieraus, dass der Gesetzgeber das Interesse des Schuldners und der Öffentlichkeit an der zeitlichen Begrenzung der Inanspruchnahme mit dem Interesse des Gläubigers an der effektiven Durchsetzung seines Anspruchs in einen gerechten Ausgleich zu bringen hat[291].

## A. Das Interesse des Gläubigers: Die faire Chance zur Anspruchsdurchsetzung

Um die Gläubigerinteressen in gebotenem Umfang zu schützen, so die gängige Formel, müsse das Gesetz dem Gläubiger eine reale bzw. faire Chance zur Anspruchsdurchsetzung einräumen[292]. Eine faire Chance in diesem Sinne bestehe, wenn der Gläubiger ausreichend Gelegenheit habe, die Existenz der Forderung zu erkennen, ihre Berechtigung zu prüfen, Beweise zu sammeln und ihre gerichtliche

---

286 Siehe BVerfG NJW 2004, 2073, 2077; NJW 2017, 217, 224; nach BVerfG NJW 2005, 879, 880 sind Regelungen, die wie das Verjährungsrecht Rechtspositionen zum Ausgleich privater Interessen entziehen, als Inhalts- und Schrankenbestimmungen zu qualifizieren; dazu auch Maunz/Dürig/*Papier* Art. 14 Rn. 361.

287 So BVerfG, Beschl. v. 15. 9. 2011, 1 BvR 2232/10, juris Rn. 35; BVerfG NJW 2005, 879, 880; siehe auch Maunz/Dürig/*Papier* Art. 14 Rn. 308 ff.

288 Bei Art. 14 I 2 GG und Art. 14 II GG handelt es sich nicht um zwei verschiedene Eigentumsschranken, sondern um einen einheitlichen Gesetzesvorbehalt, siehe Maunz/Dürig/*Papier* Art. 14 Rn. 306; ebenso BVerfG, Urt. v. 10. 3. 1981, 1 BvR 92/71, 1 BvR 96/71, juris Rn. 45; siehe auch BVerfG, Beschl. v. 19. 6. 1985, 1 BvL 57/79, juris Rn. 28; Beschl. v. 15. 7. 1981, 1 BvL 77/78, juris Rn. 146; a. A. wohl noch BVerfG, Beschl. v. 17. 11. 1966, 1 BvL 10/61, juris Rn. 34.

289 Siehe BVerfG NJW 2005, 879, 880.

290 So BVerfG, Beschl. v. 15. 9. 2011, 1 BvR 2232/10, juris Rn. 35; Beschl. v. 17. 11. 1966, 1 BvL 10/61, juris Rn. 34; Maunz/Dürig/*Papier* Art. 14 Rn. 315; *Kischel* JZ 2003, 604 ff.

291 Siehe BVerfG NJW 2005, 879, 880; Staudinger/*Peters/Jacoby* Vor §§ 194 ff. Rn. 8; *Peters/Zimmermann* S. 188.

292 Siehe Begr. FraktE, BT-Drucks. 14/6040, S. 95; *Mansel/Budzikiewicz*, Verjährungsrecht, § 1 Rn. 56; *Sturm*, Verjährung, S. 45; *Peters/Zimmermann* S. 288; *Piekenbrock* S. 337; *Otto* S. 49 ff.; *Eidenmüller* JZ 2001, 283, 285; *Amann* DNotZ 2002, 94, 97; *Rolland* NJW 1992, 2377, 2383; *Riedhammer* S. 202 f.; MüKo BGB/*Grothe* Vor §§ 194 ff. Rn. 9; *Weck/Ludyga* ZRP 2006, 261, 262; scheinbar a. A. *Heinrichs*, Karlsruher Forum 1991, S. 3, 7, der jedoch nur eine einzelfallbezogene Betrachtung vornimmt.

Durchsetzung einzuleiten[293]. Der Eintritt der Verjährung setze aber nicht voraus, dass der Gläubiger in jedem Einzelfall diese reale Chance zur Durchsetzung seines Anspruchs habe, vielmehr genüge es, wenn er die Chance im Regelfall habe[294]. In den Motiven zum BGB, die in diesem Zusammenhang häufig herangezogen werden[295], heißt es, dass jener Gläubiger, der im konkreten Fall ohne Durchsetzungsmöglichkeit seinen begründeten Anspruch durch Verjährung verliere, dem Gemeinwohl dadurch ein Opfer bringe[296].

Die Formel, der Gläubiger müsse im Regelfall eine reale Chance zur Anspruchsdurchsetzung haben, wird zum Teil als unscharf kritisiert[297]. Das Kriterium der fairen Chance sei nicht aussagekräftig, da sich kaum bestimmen lasse, nach welcher Zeitspanne ein Gläubiger *ausreichend* Gelegenheit hatte, die Existenz seiner Forderung zu erkennen[298]. Es stellt sich beispielsweise die Frage, ob ein Gläubiger, der infolge grober Fahrlässigkeit in Unkenntnis blieb (§ 199 I Nr. 2 BGB), durch die Dreijahresfrist des § 195 BGB ausreichend Gelegenheit erhält, seinen Anspruch zu erkennen[299].

## B. Verfassungsrechtliche Vorgaben des Art. 14 I GG für das Verjährungsrecht

Nach ständiger Rechtsprechung des Bundesverfassungsgerichts müssen Eigentumsbindungen im Sinne von Art. 14 I 2 GG stets, das heißt in allen erdenklichen Fällen verhältnismäßig sein[300]. Inhalts- und Schrankenbestimmungen, die bezogen auf den Regelfall verhältnismäßig, bezogen auf einzelne Härtefälle

---

293 So Begr. FraktE, BT-Drucks. 14/6040, S. 95; *Peters/Zimmermann* S. 188; *Mansel/Budzikiewicz*, Verjährungsrecht, § 1 Rn. 56; MüKo BGB/*Grothe* Vor §§ 194 ff. Rn. 9; *Otto* S. 49.

294 Siehe Begr. FraktE, BT-Drucks. 14/6040, S. 95; *Sturm*, Verjährung, S. 45; *Mansel/Budzikiewicz*, Verjährungsrecht, § 1 Rn. 56; *Otto* S. 49; a. A. *Gill* S. 16, der stets eine reale Chance zur Durchsetzung begründeter Ansprüche verlangt.

295 So *Otto* S. 51; *Gill* S. 16; krit. *Riedhammer* S. 169.

296 Siehe *Mugdan I*, Motive, S. 512.

297 Ähnlich kritisch *Riedhammer* S. 168 f.; bei sehr kurzen objektiven Verjährungsfristen, die eine spezifische Risikoverteilung verfolgen, führt die Formel in die Irre, siehe z. B. *Flume* AcP 193, 89, 107 zu § 477 BGB a. F. (§ 438 BGB n. F.).

298 Siehe nur *Peters/Zimmermann* S. 187: „ob ein Anspruch nach 2 oder 3, nach 3 oder 4 Jahren verjähren soll, ist eine Frage, über die nicht mit dem Anspruch gestritten und entschieden werden kann, das „richtige" Ergebnis zu erzielen."

299 Eine reale Chance zur Anspruchsdurchsetzung ist nach *Piekenbrock* S. 340 jedenfalls nicht gegeben, wenn der Verjährungsbeginn auch bei einer Unkenntnis einsetzt, die auf einfacher Fahrlässigkeit beruht.

300 Siehe BVerfG, Beschl. v. 15. 7. 1981, 1 BvL 77/78, juris Rn. 179 („Nassauskiesung"); Beschl. v. 14. 7. 1981, 1 BvL 24/78, juris Rn. 43 ff. („Pflichtexemplar"); BVerfG NJW 2017, 217, 226 („Atomausstieg").

jedoch unverhältnismäßig oder gleichheitswidrig sind, müssen daher besondere Ausgleichsregelungen enthalten, welche die Verhältnismäßigkeit und Gleichheit auch für Härtefälle herstellen[301]. Die finanziell ausgleichspflichtige Inhalts- und Schrankenbestimmung hat jedoch die Ausnahme zu bleiben. Eigentumsbelastende Regelungen sind vorrangig ohne kompensatorische Ausgleichszahlungen verhältnismäßig auszugestalten, etwa durch Ausnahmen und Befreiungen[302].

Die Verjährung darf den Gläubiger also nie unverhältnismäßig belasten. Für die Frage der Verhältnismäßigkeit sind die Verjährungsregeln in Gesamtschau zu würdigen[303], d. h. der Verjährungsbeginn, die Länge der Verjährungsfrist, die Hemmung, die Ablaufhemmung und der Neubeginn sind im Zusammenhang zu bewerten[304]. Trotz der Gesamtschau muss der Fokus der Verhältnismäßigkeitsprüfung aber auf Verjährungsbeginn und Länge der Verjährungsfrist liegen[305], denn von diesen beiden Aspekten hängt es ab, ob der Gläubiger innerhalb der Frist von seinem Anspruch Kenntnis erlangt. Mit seiner Anspruchskenntnis steht und fällt seine faire Chance zur Anspruchsdurchsetzung. Wer seinen Anspruch nicht kennt, kann ihn nicht fristgemäß durchsetzen[306]; ohne Kenntnis des Anspruchs können auch Hemmungs-, Ablaufhemmungs- und Neubeginntatbestände dem Gläubiger im Regelfall nicht zur Anspruchsdurchsetzung verhelfen[307].

Das Verjährungsrecht muss dem Gläubiger daher ausreichend Gelegenheit geben, von seinem Anspruch Kenntnis zu erlangen[308]. Dies tut es auf zweierlei Art: Einerseits durch subjektive Verjährungsfristen, deren Beginn von der Kenntnis oder der Möglichkeit zur Kenntnisnahme des Gläubigers abhängt, andererseits durch ausreichend lange objektive Verjährungsfristen[309].

Subjektive Verjährungsfristen schützen die Durchsetzungsinteressen des Gläubigers, indem die Frist erst beginnt, wenn der Gläubiger Kenntnis der anspruchsrelevanten Tatsachen erlangt oder ohne (grobe) Fahrlässigkeit erlangen müsste[310]. Wegen des subjektiven Fristbeginns ist der Gläubiger im Hinblick auf die Fristlänge

---

301 So *Kischel* JZ 2003, 604, 612; siehe BVerfG, Beschl. v. 15. 9. 2011, 1 BvR 2232/10, juris Rn. 38; Beschl. v. 14. 7. 1981, 1 BvL 24/78, juris Rn. 45; ferner BVerfG, Beschl. v. 2. 3. 1999, 1 BvL 7/91, juris Rn. 89 ff; BVerfG NJW 2017, 217, 226.

302 So BVerfG, Beschl. v. 2. 3. 1999, 1 BvL 7/91, juris Rn. 90; BVerfG NJW 2017, 217, 226.

303 So Begr. FraktE, BT-Drucks. 14/6040, S. 95; *Otto* S. 56.

304 Siehe Begr. FrakE, BT-Drucks. 14/6040, S. 95; *Zimmermann* JZ 2000, 853, 857.

305 Hierauf konzentriert sich auch die Begr. des FraktE, BT-Drucks. 14/6040, S. 107.

306 Ebenso Staudinger/*Peters/Jacoby* § 199 Rn. 1.

307 Die meisten Tatbestände, die den Verjährungseintritt hinauszögern, setzen Maßnahmen des Gläubigers voraus, die dieser nur bei Kenntnis seines Anspruchs vornehmen kann, siehe z. B. §§ 203, 204 BGB.

308 Siehe Begr. FraktE, BT-Drucks. 14/6040, S. 95; MüKo BGB/*Grothe* Vor §§ 194 ff. Rn. 9.

309 So MüKo BGB/*Grothe* Vor §§ 194 ff. Rn. 9; *Sturm,* Verjährung, S. 45 ff.; *Zimmermann* JZ 2000, 853, 861 ff.; *Otto* S. 50 ff.; siehe auch *Piekenbrock* S. 403 f., 410. In diese Richtung auch Begr. FraktE, BT-Drucks. 14/6040, S. 107.

310 So *Sturm,* Verjährung, S. 47.

weniger schutzwürdig, sodass die Frist relativ kurz bemessen sein kann[311]. Der subjektive Verjährungsbeginn wahrt die faire Chance des Gläubigers zur Anspruchsdurchsetzung besonders gut[312], ist jedoch mit Abstrichen bei der Rechtssicherheit verbunden, weshalb subjektive Verjährungsfristen zum Teil stark kritisiert werden[313].

Objektive Verjährungsfristen schaffen einen gerechten Interessenausgleich zwischen Gläubiger und Schuldner und belasten den Gläubiger nicht unverhältnismäßig, wenn die Fristlänge so bemessen ist, dass der Gläubiger typischerweise innerhalb der Frist von der Existenz seines Anspruchs erfährt und ihm noch hinreichend Zeit bleibt, sich die Rechtsverfolgung zu überlegen, Beweise zu sammeln und verjährungshemmende Maßnahmen einzuleiten[314]. Objektive Verjährungsfristen sind daher gewöhnlich länger als subjektive Verjährungsfristen, weil sie noch eine typisierte Zeitspanne für die Kenntniserlangung enthalten. Nach Ansicht des Schuldrechtsmodernisierungsgesetzgebers ist eine objektive Verjährungsfrist von 10 Jahren in der Regel ausreichend, um dem Gläubiger eine faire Chance zur Anspruchsdurchsetzung zu geben[315]. Nach Ablauf angemessen langer objektiver Fristen ist auch für jene Gläubiger, die keine Kenntnis von ihren Ansprüchen innerhalb der Frist erlangt haben, der Verjährungseintritt eine verhältnismäßige Rechtsfolge. Je länger die objektive Frist läuft, desto größer ist für den (vermeintlichen) Schuldner das Risiko der Beweisnot, das Risiko des Verlusts der Regressmöglichkeit oder das Verlangen nach Dispositionsfreiheit. Dementsprechend wächst das Interesse des Schuldners an der zeitlichen Begrenzung seiner Inanspruchnahme stetig und überwiegt nach Ablauf einer angemessen langen objektiven Verjährungsfrist auch das Durchsetzungsinteresse desjenigen Gläubigers, der seinen Anspruch nicht kennt[316].

Es besteht daher Einigkeit, dass die Verjährungsvorschriften der §§ 194 ff. BGB grundsätzlich mit Art. 14 I 1 GG und dem Verhältnismäßigkeitsprinzip vereinbar sind, auch soweit sie die Verjährung eines Anspruchs anordnen, von dessen Existenz der Gläubiger im konkreten Fall nichts wusste[317]. Als verfassungsrechtlich problematisch wurden bisher nur einzelne sehr kurze objektive Verjährungsfristen angesehen, bei denen zweifelhaft war, ob eine ausreichende Legitimation für die erhebliche Belastung des Gläubigers gegeben war[318]. So wurden z. B. Bedenken gegen die vor der Schuldrechtsreform geltenden Halbjahresfristen des

---

311 Siehe *Zimmermann* JZ 2000, 853, 862; *Otto* S. 57.

312 Siehe *Otto* S. 75; *Sturm,* Verjährung, S. 47.

313 Siehe *Otto* S. 75 m. w. N.

314 So *Sturm,* Verjährung, S. 46, 529.

315 Siehe die Begr. zu § 199 II FraktE, BT-Drucks. 14/6040, S. 108.

316 Dies andeutend *Mansel/Budzikiewicz,* Verjährungsrecht, § 3 Rn. 2; *Otto* S. 51.

317 Siehe *Sturm,* Verjährung, S. 45 f.; *Otto* S. 50 ff.; *Mansel/Budzikiewicz,* Verjährungsrecht, § 1 Rn. 55; MüKo BGB/*Grothe* Vor §§ 194 ff. Rn. 9.

318 Siehe *Peters/Zimmermann* S. 187 ff.; Staudinger/*Peters/Jacoby* Vor §§ 194 ff. Rn. 9.

Gewährleistungsrechts bei Kauf – und Werkvertrag (§§ 477, 638 BGB a. F.) erhoben, da sich Mängel häufig erst nach Fristablauf zeigten, der Gläubiger somit häufig rechtlos gestellt war[319]. Im Zuge der Schuldrechtsreform wurden diese Fristen bekanntlich zugunsten des Gläubigers entschärft (§§ 438, 634a BGB)[320]. Ferner wurde beispielsweise die objektive Verjährungsfrist des § 37a WpHG a. F., wonach Schadensersatzansprüche von Anlegern aus schuldhafter Verletzung von Beratungspflichten innerhalb von drei Jahren nach Entstehen des Anspruchs verjähren, als unangemessen kurz empfunden[321]. Auch diese Sonderverjährungsregel wurde inzwischen aufgehoben[322]. Manche gehen im Hinblick auf subjektive Verjährungsfristen davon aus, dass eine reale Chance zur Anspruchsdurchsetzung nicht gegeben ist, wenn der Verjährungsbeginn auch bei einer Unkenntnis einsetzt, die auf einfacher Fahrlässigkeit beruht[323].

## C. Die faire Chance zur Anspruchsdurchsetzung bei § 199 I BGB

### *I. Entstehungsgeschichte des § 199 I BGB*

Die Entstehungsgeschichte erhellt die Bedeutung und Funktion des § 199 I BGB im ganzheitlichen Verjährungssystem. § 199 BGB geht auf die §§ 54, 55 ALR[324] zurück[325]. Diese bestimmten, dass ein Gläubiger seinen Schadensersatzanspruch aus unerlaubter Handlung verliert, wenn er ihn nicht innerhalb von 3 Jahren einklagt, nachdem ihm Schaden und Schädiger bekannt wurden oder wenn 30 Jahre seit der Schadenszufügung verstrichen sind, ohne dass der Anspruch

---

319 Kritisch dazu *Peters/Zimmermann* S. 188; ausführlich zur Problematik *Haug* S. 85 ff.; die Frist verteidigend *Flume* AcP 193, 89, 107 f.

320 Begr. FraktE, BT-Drucks. 14/6040, S. 88 f.

321 Siehe z. B. die verfassungsrechtlichen Bedenken bei *Weck/Ludyga* ZRP 2006, 261, 262.

322 Aufgehoben durch Art. 4 des Gesetzes zur Neuregelung der Rechtsverhältnisse bei Schuldverschreibungen aus Gesamtemissionen und zur verbesserten Durchsetzbarkeit von Ansprüchen von Anlegern aus Falschberatung vom 31. 07. 2009 (BGBl. I, 2009, Nr. 50, S. 2518) und damit der Regelverjährung unterstellt (siehe Begr. RegE, BT-Drucks. 16/12814, S. 14).

323 So *Piekenbrock* S. 340.

324 Preußisches Allgemeines Landrecht, Erster Theil, Sechster Titel; § 54 lautete: „Wer einen außerhalb dem Falle eines Contrakts erlittenen Schaden innerhalb dreyer Jahre, nachdem das Daseyn und der Urheber desselben zu seiner Wissenschaft gelangt sind, gerichtlich einzuklagen vernachläßigt, der hat sein Recht verloren." § 55 lautete: „Sind seit dem Zeitpunkte der Schadenszufügung dreyßig Jahre verflossen, so kommt es auf den Zeitpunkt der erlangten Wissenschaft nicht weiter an." Online abrufbar unter: http://www.koeblergerhard.de/Fontes/ALR1fuerdiepreussischenStaaten1794teil1.htm; zuletzt abgerufen am 10. 10. 2014.

325 So *Riedhammer* S. 160 f.

eingeklagt wurde. Die §§ 54, 55 ALR kombinierten damit eine subjektive Dreijahresfrist mit einer parallel laufenden objektiven Maximalfrist von 30 Jahren. Durch diese Regelungssystematik waren die §§ 54, 55 ALR damals ein Stück moderner Gesetzgebung[326]. Indem sie erstmals einen subjektiven Verjährungsbeginn für deliktsrechtliche Schadensersatzansprüche vorsahen[327] und im gleichen Zug die Verjährungsfrist erheblich verkürzten, befriedigten sie ein schon damals bestehendes praktisches Bedürfnis[328]. Dem römischen Recht waren grundsätzlich nur objektive dreißigjährige[329] Verjährungsfristen für deliktsrechtliche Schadensersatzansprüche bekannt[330].

An diese moderne Gesetzgebung wollte der historische Gesetzgeber des BGB anknüpfen. In Anlehnung an die §§ 54, 55 ALR hatte er eine deliktsrechtliche Verjährungsregelung geschaffen[331], die bis zur Schuldrechtsmodernisierung in § 852 I BGB a. F. niedergelegt war[332]. § 852 I BGB a. F. lautete: „Der Anspruch auf Ersatz des aus einer unerlaubten Handlung entstandenen Schadens verjährt in drei Jahren von dem Zeitpunkt an, in welchem der Verletzte von dem Schaden und der Person des Ersatzpflichtigen Kenntnis erlangt, ohne Rücksicht auf diese Kenntnis in dreißig Jahren von der Begehung der Handlung an." Da sich die Kombination aus objektiver und subjektiver Verjährungsfrist nach § 852 I BGB a. F. bewährt und besonders gut geeignet hatte, die Gläubiger- und Schuldnerinteressen zu einem gerechten Ausgleich zu bringen[333], entschied sich der Gesetzgeber im Zuge der Schuldrechtsmodernisierung, eine Regelverjährung nach dem Vorbild des § 852 I BGB a. F. einzuführen – die §§ 195, 199 BGB[334].

Dieser Schritt des Gesetzgebers bewirkte einen Paradigmenwechsel im Verjährungsrecht[335]. Das frühere Verjährungssystem des BGB, das bis auf die subjektive Verjährungsfrist in § 852 I BGB a. F. ausschließlich objektive Verjährungsfristen

---

326 So der historische Gesetzgeber, siehe *Mugdan II,* Motive, S. 414.

327 Siehe *Riedhammer* S. 160.

328 Siehe *Mugdan II,* Motive, S. 414.

329 Siehe *Otto* S. 64; *Zimmermann* JZ 2000, 853, 859.

330 Anderes galt nur für die prätorischen und aedilizischen Klagerechte, die kürzere „Verjährungsfristen" kannten und für deren Fristbeginn auch die Kenntnis eine Rolle spielen konnte, ausführlich *Riedhammer* S. 155 ff.; siehe auch *Mugdan II,* Motive, S. 414.

331 Siehe *Mugdan II,* Motive, S. 414; *Riedhammer* S. 161.

332 BGBl. 2001, Teil I, S. 3138 ff., 3169.

333 Siehe nur DiskE des Bundesministeriums der Justiz zum Schuldrechtsmodernisierungsgesetz zu § 200, abgedruckt in *Canaris,* Schuldrechtsreform, S. 125; *Peters/Zimmermann* S. 223; *Zimmermann* JZ 2000, 853, 861; *Rabe* NJW 1992, 2395, 2398; *Otto* S. 64; *Riedhammer* S. 201; *Sturm,* Verjährung, S. 514; *Haug* S. 142.

334 Siehe Begr. FraktE, BT-Drucks. 14/6040, S. 107; *Otto* S. 63; Erman/*Schmidt-Räntsch* § 199 Rn. 1; *Mansel* NJW 2002, 89, 91.

335 So *Witt* JuS 2002, 105, 106; *Mansel/Budzikiewicz,* Verjährungsrecht, § 1 Rn. 20; *Otto* S. 74 f.

kannte[336], ist einem neuen Verjährungssystem gewichen, das in §§ 195, 199 BGB auf eine subjektive Verjährungsfrist und objektive Höchstfristen setzt.

Anstoß zur umfassenden Reform des Verjährungsrechts im Zuge der Schuldrechtsmodernisierung gaben die Defizite des früheren Verjährungsrechts. Das frühere Verjährungsrecht befand sich in einem Zustand der Rechtszersplitterung. „In über 80 Gesetzen f[a]nden sich [...] mehr als 130 Verjährungsvorschriften, die nicht aufeinander abgestimmt [waren] und zu einem unübersichtlichen Neben- und Durcheinander verjährungsrechtlicher Vorschriften geführt ha[tt]en" [337], so der Befund der Gesetzesbegründung. Zudem galten viele Verjährungsfristen als zu kurz oder zu lang[338]. Durch die Vielzahl an Sonderverjährungsregeln wurden viele Streitfragen und Wertungswidersprüche verursacht, die die Rechtsanwendung erheblich erschwerten[339], dem Rechtsfrieden abträglich waren[340] und zu großer Rechtsunsicherheit führten[341].

Da das alte Verjährungsrecht seine Zielsetzung, Rechtssicherheit und Rechtsfrieden zu schaffen, somit kaum erfüllen konnte, war es anerkannt überarbeitungsbedürftig[342]. Reformziel war es, ein einfaches und angemessenes Verjährungssystem zu schaffen[343]. Kernstück der Reform sind die Generalklauseln gemäß §§ 195, 199 BGB[344], die in Verbindung mit der Reduzierung von Sonderverjährungsregeln die Verjährung stark vereinheitlichen sollten[345]. Der subjektive Verjährungsbeginn nach § 199 I BGB ermöglichte diese starke Vereinheitlichung und gibt dem heutigen Verjährungsrecht sein maßgebliches Gepräge.

---

336 So *Heinrichs* NJW 1982, 2021, 2026; siehe *Mansel/Budzikiewicz,* Verjährungsrecht, § 1 Rn. 20; *Witt* JuS 2002, 105. Außerhalb des BGB gab es schon vor der Schuldrechtsmodernisierung vereinzelt weitere subjektive Verjährungsfristen, dazu MüKo BGB/*Grothe* § 199 Rn. 27.

337 Begr. FraktE, BT-Drucks. 14/6040, S. 91.

338 Dazu näher Begr. FraktE, BT-Drucks. 14/6040, S. 91; *Mansel/Budzikiewicz,* Verjährungsrecht, § 1 Rn. 14.

339 Siehe Begr. FraktE, BT-Drucks. 14/6040, S. 102; *Mansel/Budzikiewicz,* Verjährungsrecht, § 1 Rn. 14.

340 So *Heinrichs,* Karlsruher Forum 1991, S. 3, 7 f.

341 So *Rabe* NJW 1992, 2395, 2396.

342 Siehe Begr. FraktE, BT-Drucks. 14/6040, S. 107; *Peters/Zimmermann* S. 244 ff.

343 Siehe Begr. FraktE, BT-Drucks. 14/6040, S. 104; *Mansel/Budzikiewicz,* Verjährungsrecht, § 1 Rn. 15.

344 So MüKo BGB/*Grothe* § 199 Rn. 1; ebenso *Otto* S. 64, 71.

345 Die Begr. des FraktE, BT-Drucks. 14/6040, S. 104 spricht vom „größtmöglichen Vereinfachungseffekt", der in Anlehnung an § 852 I BGB a. F. erzielt wird.

## *II. Funktion und Schutzrichtung der subjektiven Merkmale des § 199 I BGB*

Inwieweit die Auslegung des § 199 I BGB die Wissenszurechnung begrenzt oder konkretisiert, hängt entscheidend von Funktion und Schutzrichtung der subjektiven Merkmale ab.

Vor Inkrafttreten des Gesetzes zur Modernisierung des Schuldrechts betrug die objektive regelmäßige Verjährungsfrist gemäß § 195 BGB a. F. 30 Jahre[346]. Demgegenüber beträgt die subjektive regelmäßige Verjährungsfrist nach § 195 BGB n. F. nur drei Jahre. Wie die Gesetzessystematik zeigt, kann die Rechtfertigung für diese enorme Fristdifferenz von 27 Jahren nur darin liegen, dass der Beginn der regelmäßigen Verjährungsfrist nach § 199 I BGB von subjektiven Voraussetzungen abhängt. Nur wegen des subjektiven Fristbeginns nach § 199 I BGB hielt der Gesetzgeber die Verjährungsfrist von drei Jahren (§ 195 BGB) zur Anspruchsdurchsetzung für ausreichend. Er hielt sie aber auch für nötig, weil seiner Einschätzung nach eine Frist von weniger als drei Jahren oft nicht zur effektiven Rechtsverfolgung ausreichen würde. Das gelte besonders für den Bereich der unerlaubten Handlung, wo Ursache und Verursacher einer Rechts(guts)verletzung regelmäßig nicht einfach festzustellen seien[347].

Da die Verjährungsfrist von drei Jahren demnach so bemessen ist, dass der Gläubiger bei manchen Anspruchsarten die gesamte Frist benötigt, um seinen Anspruch effektiv zu verfolgen, kommt dem Merkmal der Kenntnis i. S. v. § 199 I BGB die entscheidende Bedeutung zu: An sich kann nur das Merkmal der Kenntnis die nach Art. 14 I 1 GG garantierte faire Chance des Gläubigers zur Anspruchsdurchsetzung sichern und seine unverhältnismäßige Belastung vermeiden. Denn nur wenn das Merkmal der Kenntnis erfüllt ist, hat der Gläubiger von Fristbeginn an die tatsächliche Möglichkeit, Beweise zu sammeln, sich die Geltendmachung zu überlegen und den Anspruch durchzusetzen. Bei (grob fahrlässiger) Unkenntnis hat der Gläubiger diese Möglichkeit nicht, denn ohne Kenntnis des Anspruchs scheidet seine Verfolgung aus. Hieraus folgt, dass die Kenntnis das zentrale Merkmal ist, das die faire Chance des Gläubigers zur Anspruchsdurchsetzung sichert[348]. Das Merkmal der grob fahrlässigen Unkenntnis hat demgegenüber nur sekundäre Funktion[349]; eine unverhältnismäßige Beeinträchtigung des Gläubigers in seinem Eigentumsgrundrecht gemäß Art. 14 I 1 GG lässt sich angesichts der kurzen Verjährungsfrist von drei Jahren nur vermeiden, wenn man das Merkmal der grob fahrlässigen Unkenntnis sehr eng versteht und nur diejenigen Fälle unter das Merkmal fasst, in denen der Gläubiger nicht schutzwürdig ist, weil sich ihm die

---

346 Siehe Begr. FraktE, BT-Drucks. 14/6040, S. 100.

347 Siehe Begr. FraktE, BT-Drucks. 14/6040, S. 105.

348 So auch *Sturm*, Verjährung Diss., S. 418 ff.; *Schrader*, Wissen, S. 442; siehe auch *Richardi* AcP 169, 385, 390.

349 So *Schrader*, Wissen, S. 442; siehe *Sturm*, Verjährung Diss., S. 418 ff.

anspruchsrelevanten Informationen derart aufdrängen, dass es geradezu unverständlich erscheint, dass er keine Kenntnis nimmt[350].

Die subjektiven Merkmale des § 199 I Nr. 2 BGB dienen daher ausschließlich dem Gläubigerschutz und sind so auszulegen, dass sie dessen nach Art. 14 I 1 GG garantierte faire Chance zur Anspruchsdurchsetzung gewährleisten. Demgegenüber schützen die subjektiven Merkmale des § 199 I BGB nicht das Interesse des Schuldners an einem möglichst frühzeitigen Beginn der Verjährungsfrist[351]. Nach der gesetzlichen Systematik wird der Schuldner allein durch die objektiven Höchstfristen (§ 199 II–VI BGB) und die kurze Dauer der regelmäßigen Verjährungsfrist (§ 195 BGB) geschützt, nicht aber durch den subjektiven Fristbeginn (§ 199 I BGB)[352]. Die objektiven Höchstfristen verhindern, dass der Verjährungseintritt durch den subjektiven Fristbeginn nach § 199 I BGB zu Lasten des Schuldners unangemessen lange hinausgeschoben wird. Der Schuldner profitiert zwar von einem frühzeitigen Fristbeginn nach § 199 I BGB, aber nur reflexartig. Einen Anspruch auf den frühzeitigen Fristbeginn hat er nicht[353].

Aus Funktion und Schutzrichtung des Merkmals der *Kenntnis* i. S. v. § 199 I BGB lässt sich somit herleiten, dass es ausschließlich Gläubigerinteressen schützt. Es hat die Funktion, dem Gläubiger seine durch Art. 14 I 1 GG garantierte faire Chance zur Anspruchsdurchsetzung zu sichern[354]. Der Gläubiger soll kraft seiner Kenntnis von Fristbeginn an befähigt sein, sich die Anspruchsgeltendmachung zu überlegen, die erforderlichen Beweise zusammen zu tragen und seinen Anspruch durchzusetzen. Das Merkmal der Kenntnis soll also die Handlungsfähigkeit des Gläubigers bei Fristbeginn herstellen[355]. Es soll dem Gläubiger ermöglichen, eine informierte Entscheidung über die Anspruchsgeltendmachung zu treffen[356]. Mithilfe seiner Kenntnis kann der Gläubiger die komplette Verjährungsfrist dazu nutzen, sich die Anspruchsgeltendmachung zu überlegen, sodass die regelmäßige

---

350 Im Ergebnis interpretieren auch der BGH und Teile des Schrifttums den Begriff der grob fahrlässigen Unkenntnis so eng, hierzu sogleich 3. Teil:§ 3B.III.1.).

351 So ausdrücklich zum Merkmal grob fahrlässiger Unkenntnis i. S. v. § 199 I BGB, BGH NJW 2012, 1789, 1791; NJW 2010, 3292, 3295; NJW-RR 2010, 681, 683 f.; NJW-RR 2010, 1623, 1624; NJW 2011, 3573, 3574; MDR 2014, 390 (Rn. 16); NJW 2015, 2956 (Tz. 11); MDR 2017, 642 (Rn. 8); *Sturm,* Verjährung Diss., S. 418 f.; a. A. *Otto* S. 186, der davon ausgeht, dass wegen des Merkmals grob fahrlässiger Unkenntnis ein Interesse des Schuldners an einem frühzeitigen Verjährungseintritt anzuerkennen sei.

352 Siehe *Sturm,* Verjährung Diss., S. 181 ff., 415 ff.

353 So *Sturm,* Verjährung, S. 47.

354 Siehe MüKo BGB/*Grothe* Vor §§ 194 ff. Rn. 9; Heidel BGB/*Mansel/Stürner* § 199 Rn. 7; *Otto* S. 51, 171; *Sturm,* Verjährung, S. 47; siehe auch *Zimmermann* JZ 2000, 853, 857 f.; *Eidenmüller* JZ 2001, 283, 285.

355 So *Sturm,* Verjährung Diss., S. 426 f., 188.

356 So *Schrader,* Wissen, S. 158 f.

Verjährungsfrist (§ 195 BGB) durch den kenntnisabhängigen Fristbeginn den Charakter einer Überlegungsfrist erhält[357].

Aus Funktion und Schutzrichtung des Merkmals der *grob fahrlässigen Unkenntnis* i. S. v. § 199 I BGB lässt sich herleiten, dass es ebenfalls nur die nach Art. 14 I 1 GG garantierte faire Chance des Gläubigers zur Anspruchsgeltendmachung sichern soll. Es dient nicht dem Interesse des Schuldners an einem möglichst frühzeitigen Verjährungsbeginn, sondern soll die Fälle erfassen, in denen der Gläubiger ein weiteres Hinausschieben des Verjährungsbeginns trotz fehlender Kenntnis nicht verdient. Das Merkmal beruht also nicht auf einer besonderen Schutzbedürftigkeit des Schuldners, sondern auf der mangelnden Schutzwürdigkeit des Gläubigers[358]. Um dem Gläubiger auch bei grob fahrlässiger Unkenntnis nicht die faire Chance zur Anspruchsdurchsetzung zu nehmen, muss das Merkmal sehr eng an die Kenntnis angelehnt und äußerst restriktiv interpretiert werden. Es ist nur erfüllt, wenn sich dem Gläubiger die anspruchsbegründenden Umstände derart aufdrängen, dass es geradezu unverständlich erscheint, dass er keine Kenntnis nimmt[359].

# § 3 Auslegung der subjektiven Merkmale des § 199 I Nr. 2 BGB

## A. Die Kenntnis gemäß § 199 I Nr. 2 BGB

### *I. Der Begriff in der Rechtsprechung und im Schrifttum*

Jede Wissensnorm hat ihren individuellen Kenntnisbegriff[360]. Da § 199 I BGB der früheren deliktsrechtlichen Verjährungsregel des § 852 I BGB a. F. nachgebildet ist, interpretieren Rechtsprechung[361] und Literatur[362] die Kenntnis i. S. v. § 199 I BGB grundsätzlich wie bei § 852 I BGB a. F.

---

357 So MüKo BGB/*Grothe* § 199 Rn. 2; *Mansel* NJW 2002, 89, 90; *Otto* S. 117; *Riedhammer* S. 203; ebenso BGH NJW 2007, 1584, 1586.

358 So auch *Sturm*, Verjährung, S. 47, 528 f.

359 Siehe 3. Teil:§ 3B.III.3.).

360 Siehe 2. Teil:§ 1A; sehr deutlich *Schrader*, Wissen, S. 12, 387 ff.

361 So ausdrücklich BGH NJW 2008, 2576, 2578; NJW 2009, 587, 588; NJW-RR 2009, 1471, 1472; NJW 2010, 1195, 1196; NJW 2011, 1799, 1800; NJW 2012, 447, 449; NJW 2012, 1789 f.; NJW 2012, 2644, 2645; nicht ausdrücklich, jedoch in der Sache auf die Rechtsprechung zu § 852 I BGB a. F. rekurrierend BGH NJW-RR 2011, 832, 833.

362 Siehe MüKo BGB/*Grothe* § 199 Rn. 27; BeckOK BGB/*Spindler* Rn. 18 f.; Heidel BGB/*Mansel/Stürner* Rn. 41; *Mansel/Budzikiewicz*, Verjährungsrecht, § 3 Rn. 102; *Otto* S. 132 f.; *Riedhammer* S. 187 ff., 201 ff.; *Sturm*, Verjährung, S. 517; *Schmidt-Räntsch*, Das neue Schuldrecht, S. 16 f.; siehe auch Staudinger/*Peters/Jacoby* § 199 Rn. 70 f.

Kenntnis i. S. v. § 199 I BGB liegt nach ganz h. M. vor, wenn der Gläubiger gegen eine bestimmte Person Klage – sei es auch nur Feststellungsklage[363] – erheben kann, die bei verständiger Würdigung der dem Gläubiger bekannten Tatsachen hinreichende Aussicht auf Erfolg hat[364]. Eine sichere Überzeugung (Gewissheit) des Vorliegens anspruchsbegründender Tatsachen ist für den Verjährungsbeginn ebenso wenig erforderlich[365] wie die Kenntnis aller Einzelheiten des Sachverhalts, die für die rechtliche Beurteilung möglicherweise Bedeutung haben[366]. Es genügt, wenn der Gläubiger den anspruchsbegründenden Sachverhalt in den Grundzügen kennt und weiß, dass dieser Sachverhalt erhebliche Anhaltspunkte für die Entstehung eines Anspruchs bietet[367]. Bloße Befürchtungen, Vermutungen oder der Verdacht, aus dem Sachverhalt könnten sich Gründe für einen Anspruch ergeben, genügen aber nicht, um die Verjährungsfrist in Gang zu setzen[368]. Aufgrund der bekannten Tatsachen muss die Klageerhebung dem Gläubiger möglich und zumutbar[369], aber nicht risikolos sein[370]. Da § 199 I Nr. 2 BGB nur die Kenntnis der anspruchsbegründenden Umstände verlangt, soll es grundsätzlich unerheblich sein, ob der Gläubiger die anspruchsbegründenden Tatsachen zutreffend

---

363 So RGZ 157, 14, 18; BGHZ 102, 246, 248; Z 122, 317, 325; Z 138, 247, 252; BGH NJW-RR 2004, 1069, 1070; NJW-RR 2009, 1471, 1473. Grundsätzlich sollte man auf die Möglichkeit zur Erhebung einer Leistungsklage abstellen (§ 204 I Nr. 1, Var. 1 BGB). Auf die Möglichkeit zur Erhebung einer Feststellungsklage (§ 204 I Nr. 1, Var. 2 BGB) sollte nur bei Schadensersatzansprüchen wegen des Grundsatzes der Schadenseinheit zurückgegriffen werden, siehe Staudinger/*Peters/Jacoby* § 199 Rn. 3, 6, 34; *Otto* S. 108, 135 f.; gegen die Gleichwertigkeit von Leistungs- und Feststellungsklage, *Gill* S. 117.

364 Schon der Begriff der „Wissenschaft" in § 54 ALR I.6 wurde so ausgelegt, siehe *Otto* S. 133 m.w.N. Auch § 852 I BGB a.F. wurde von der st. Rspr. des RG und des BGH so ausgelegt: RGZ 142, 280, 282 f.; Z 157, 14, 18; Z 168, 214, 219; BGHZ 6, 195, 201 f.; Z 48, 181, 183; Z 97, 97, 111; Z 102, 246, 248; Z 122, 317, 324 f.; Z 138, 247, 252; BGH NJW 2003, 2610, 2611; NJW 2004, 510; NJW-RR 2004, 1069, 1070. Zu § 199 I BGB wurde diese Rechtsprechung fortgesetzt: BGH NJW 2008, 2576, 2578; NJW-RR 2008, 1237 f.; NJW 2009, 587, 588; NJW-RR 2009, 1471, 1473; NJW 2010, 1195, 1196; NJW-RR 2010, 681, 683; BGH Urt. v. 11. 09. 2014, III ZR 217/13, juris Rn. 15; BGH NJW 2014, 3092, 3093; nahezu einhellig folgt das Schrifttum bis heute dieser Definition, siehe MüKo BGB/*Grothe* § 199 Rn. 28; Palandt/*Ellenberger* Rn. 28; Heidel BGB/*Mansel/Stürner* Rn. 65; *Mansel/Budzikiewicz*, Verjährungsrecht, § 3 Rn. 124; *Heinrichs* BB 2001, 1417, 1418; *Otto* S. 133; krit. und die Definition korrigierend *Reinelt* NJW 2009, 1, 7 f.

365 So BGHZ 97, 97, 111; Staudinger/*Peters/Jacoby* § 199 Rn. 71.

366 So BGH NJW 2008, 2576, 2578 (Tz. 27).

367 So BGHZ 97, 97, 111; BGH NJW 1990, 176, 179; MüKo BGB/*Grothe* § 199 Rn. 28.

368 So BGH NJW 1993, 648, 653; hierzu ausführlich *Otto* S. 162 m. w. N.

369 So BGHZ 102, 246, 248; Z 122, 317, 325; BGH NJW 2003, 2610, 2611; NJW-RR 2004, 1069, 1070; ebenso MüKo BGB/*Grothe* § 199 Rn. 28.

370 So BGHZ 102, 246, 248; BGH NJW 2004, 510; NJW-RR 2009, 1471, 1473.

rechtlich würdigt[371]. Eine Ausnahme hiervon macht der BGH nur bei verworrener Rechtslage, die selbst ein rechtskundiger Dritter nicht zuverlässig einzuschätzen vermag[372]. Es hindert den Fristbeginn daher im Regelfall nicht, wenn der Gläubiger rechtsirrig annimmt, er habe keinen Anspruch. Schließlich kommt es auch nicht darauf an, ob der Anspruchsinhaber *in persona* aufgrund der ihm bekannten Tatsachen Klage erheben kann, sondern ob ein verständiger Gläubiger, der das Wissen des Anspruchsinhabers hätte, zumutbar Klage erheben könnte[373]. Aus Gründen der Rechtssicherheit dürfe der Beginn der Verjährungsfrist nicht von – kaum nachprüfbaren – intellektuellen Fähigkeiten des konkreten Anspruchsinhabers abhängen[374]. Die genannte Kenntnisdefinition der h. M. stellt deshalb darauf ab, ob bei *verständiger* Würdigung der bekannten Tatsachen eine Klage erhoben werden kann.

*Schrader* kommt in seiner 2017 erschienenen Habilitationsschrift mit dem Titel »Wissen im Recht« im Wesentlichen zu den gleichen Ergebnissen bei der Bestimmung des Wissensbegriffs des § 199 I BGB[375]. Seine Wissensdefinition i. S. v. § 199 I BGB weist aber ein klareres Konzept und in einigen Punkten schärfere Konturen auf, weil er eine zweistufige Methode zur Bestimmung des Vorliegens tatbestandsmäßiger Kenntnis anwendet, die klar zwischen der Definition des Merkmals Kenntnis und der Bestimmung des rechtlich relevanten Kenntnisstands trennt[376]. *Schrader* arbeitet heraus, dass die Kenntnis anspruchsbegründender Umstände i. S. v. § 199 I BGB weder die Kenntnis bloßer Einzeltatsachen noch die Rechtskenntnis des bestehenden Anspruchs ist, sondern eine „Kontextuierung" der relevanten Tatsachen in Form einer rechtlichen Bewertung bekannter Einzelinformationen[377]. Der Gläubiger müsse den rechtlichen Kontext der Einzelinformationen erkennen und die einzelnen Informationen als eine für die Rechtsfolge »Anspruch« relevante Information bewerten[378]. Erkenne der Gläubiger die rechtliche Relevanz der Information für den Anspruch hingegen nicht, scheide Kenntnis aus[379]. In der Sache wende die h. M. ähnliche Kriterien an, wenn sie für die Kenntnis verlange, dass der Gläubiger den anspruchsbegründenden Sachverhalt in den Grundzügen kenne

---

371 Siehe BGH NJW 1991, 2351; NJW 1993, 648, 653; NJW 1996, 117, 118; Staudinger/*Peters/Jacoby* § 199 Rn. 62; Jauernig/*Mansel* Rn. 5; *Otto* S. 136 f.

372 Nach BGH NJW-RR 2008, 1237 f. und BGH NJW 2009, 984 soll eine unübersichtliche und zweifelhafte Rechtslage den Verjährungsbeginn ausnahmsweise hinausschieben können. A.A. *Bitter/Alles* NJW 2011, 2081 ff.

373 Siehe BGH NJW 1984, 661; *Taupitz* NJW 1984, 662, 663; zustimmend *Riedhammer* S. 187 f.

374 Siehe BGH NJW 1984, 661.

375 Siehe *Schrader*, Wissen, S. 115 ff., 146 ff.

376 Nach *Schrader*, Wissen, S. 155 ff., 435 vermischt die Rechtsprechung häufig diese beiden Ebenen.

377 Siehe *Schrader*, Wissen, S. 157 ff., 403 ff., 440 ff.

378 So *Schrader*, Wissen, S. 157.

379 So *Schrader*, Wissen, S. 157.

und wisse, dass dieser Sachverhalt erhebliche Anhaltspunkte für die Entstehung eines Anspruchs biete[380]. Stelle man auf die „Kontextuierung" der Tatsachen ab, zeige sich, dass das von der h. M. gebrauchte Kriterium der Zumutbarkeit der Klageerhebung überflüssig sei[381]. Das Kriterium der „Kontextuierung" relevanter Tatsachen könne auch konsequent erklären, warum bei verworrener Rechtslage keine Kenntnis des Gläubigers vorliege. Denn ein Gläubiger, dem es bei Kenntnis der relevanten Tatsachen nicht möglich sei, deren anspruchsbegründenden Gehalt zu erkennen, könne die Tatsachen nicht in den erforderlichen rechtlichen Kontext setzen[382].

Wie die h. M. stellt auch *Schrader* auf einen verständigen Dritten ab, wenn es darum geht, ob aus den dem Gläubiger bekannten Einzelinformationen auf die tatbestandlich geforderte Kenntnis geschlossen werden kann. Entscheidend sei, ob der gedachte Dritte die erforderliche „Kontextuierung" der dem Gläubiger bekannten Einzelinformationen vorgenommen hätte[383].

### *II. Stellungnahme*

Zwischen der Kenntnisdefinition der h.M. und derjenigen von *Schrader* braucht nicht entschieden zu werden. *Schraders* zweistufige Methode scheint vorzugswürdig, die Wertungen der h. M. sind dadurch aber keineswegs hinfällig, weil sie inhaltlich das Richtige meinen und im Wesentlichen zu den gleichen Ergebnissen wie *Schraders* Kontextuierungsansatz führen. Die funktionale Wissensdefinition der h.M., die auf eine zumutbare Klagemöglichkeit abstellt, verdient freilich insoweit methodische Kritik, als die dem Gläubiger „bekannten Tatsachen" Bestandteil der Definition sind. Dadurch setzt die Wissensdefinition der h. M. voraus, was sie eigentlich definieren soll. Wollte man diese Schwäche beheben, ließe sich Kenntnis i.S.d. § 199 I BGB sinnerhaltend so definieren: Kenntnis im Sinne des § 199 I BGB ist eine der Wirklichkeit entsprechende Vorstellung der anspruchsbegründenden Umstände und der Person des Schuldners, die es einem verständigen Gläubiger ermöglichen würde, eine ihm zumutbare und schlüssige[384] Klage zu erheben.

## B. Die grob fahrlässige Unkenntnis gemäß § 199 I Nr. 2 BGB

Vor der großen Reform des Verjährungsrechts wurde kontrovers diskutiert, ob der Fristbeginn nach § 199 I BGB von einem so amorphen Tatbestandsmerkmal wie

---

380 So *Schrader*, Wissen, S. 158.
381 So *Schrader*, Wissen, S. 159.
382 So *Schrader*, Wissen, S. 159 f.
383 Siehe *Schrader*, Wissen, S. 161 f.
384 Stellt man auf eine Klage mit Erfolgsaussicht ab, droht nach *Reinelt* NJW 2009, 1, 7 f. ein Zirkelschluss. Gemeint ist eigentlich die Schlüssigkeit der Klage, siehe BGH NJW-RR 1990, 606; ebenso Heidel BGB/*Mansel/Stürner* § 199 Rn. 65; jurisPK BGB/*Lakkis* Rn. 2; *Schrader*, Wissen, S. 150; siehe auch *Sturm*, Verjährung, S. 517.

der grob fahrlässigen Unkenntnis abhängig gemacht werden darf. Im Folgenden werden die Gründe, die den Gesetzgeber veranlassten, das Merkmal in § 199 I BGB aufzunehmen und die Kritik hieran gegenübergestellt. Im Anschluss daran ist der Begriff der grob fahrlässigen Unkenntnis unter Auswertung aktueller Rechtsprechung und Literatur zu bestimmen.

## *I. Gesetzgeberische Motive zur Einführung grob fahrlässiger Unkenntnis*

Der Fristbeginn des § 199 I BGB wurde dem des § 852 I BGB a. F. nachgebildet, aber um das Merkmal der grob fahrlässigen Unkenntnis ergänzt. Der Reformgesetzgeber folgte hierdurch dem Reformvorschlag von *Peters* und *Zimmermann*[385]. Sie schlugen vor, die Merkmale Kenntnis und grob fahrlässige Unkenntnis im Rahmen des Verjährungsbeginns tatbestandlich gleichzustellen[386]. Verschiedene Gründe hatten den Gesetzgeber zu dieser Gleichstellung bewogen.

Zum einen wollte der Gesetzgeber die Rechtsprechung, die den Kenntnisbegriff des § 852 I BGB a. F. in verschiedene Richtungen erweitert hatte, durch die Einführung der grob fahrlässigen Unkenntnis gesetzlich absichern und in § 199 I BGB integrieren[387]. Die Gesetzesmaterialien verweisen insoweit ausdrücklich auf die Rechtsprechung, die im Rahmen des § 852 I BGB a. F. die missbräuchliche Unkenntnis der tatbestandlichen Kenntnis gleichstellte und auf die Rechtsprechung zur Schadenseinheit, nach der schon die lediglich voraussehbaren Schadensfolgen als „bekannt“ galten[388]. Mit Einführung der grob fahrlässigen Unkenntnis gab der Gesetzgeber dieser nicht unumstrittenen Rechtsprechung[389] eine gesetzliche Basis[390].

Sein weiteres Anliegen war die Anknüpfung an die Trends internationaler Rechtsentwicklung, die darin bestanden, Verjährungsfristen zu verkürzen, sie zu vereinheitlichen und den Fristbeginn nicht erst mit Kenntnis, sondern schon mit bloßer Erkennbarkeit der anspruchsbegründenden Umstände beginnen zu lassen[391]. Die Gesetzesbegründung lehnt sich an das Verjährungsmodell der *Principles of European Contract Law*[392] an[393], das eine regelmäßige Verjährungsfrist von drei

385 Die Begr. des FraktE, BT-Drucks. 14/6040, S. 108 bezieht sich ausdrücklich auf den Vorschlag von *Peters/Zimmermann*, grob fahrlässige Unkenntnis der Kenntnis gleichzustellen.

386 *Peters/Zimmermann* S. 316.

387 Siehe Begr. FraktE, BT-Drucks. 14/6040, S. 108.

388 Siehe Begr. FraktE, BT-Drucks. 14/6040, S. 108.

389 An der Rechtsprechung zur Schadenseinheit wird immer wieder Kritik geübt: *Gill* S. 128 ff. (zu § 852 I BGB a. F.); Staudinger/*Peters/Jacoby* § 199 Rn. 47 ff.; siehe auch *Mansel* NJW 2002, 89, 91 (beide zu § 199 I BGB).

390 Ebenso BGHZ 193, 67, 74 (Rn. 13).

391 Die Begr. des FraktE, BT-Drucks. 14/6040, S. 103 zitiert *Zimmermann* ZEuP 2001, 217, 220 wörtlich. Ausführlich zur internationalen Entwicklung des Verjährungsrechts, *ders.* JZ 2000, 853, 859 ff.

392 Abgedruckt in Deutsch unter ZEuP 2001, 400 ff.

393 Begr. FraktE, BT-Drucks. 14/6040, S. 103 f.

Jahren und eine Hemmung der Verjährungsfrist vorsieht, solange der Gläubiger die Person seines Schuldners oder die anspruchsbegründenden Umstände nicht kennt und vernünftigerweise nicht kennen kann[394]. Das Merkmal des „vernünftigerweise nicht Kennenkönnens“ ist dann ins deutsche Recht als grob fahrlässige Unkenntnis gemäß § 199 I Nr. 2 BGB übersetzt worden[395]. Anders als bei den Principles of European Contract Law und dem Reformvorschlag von *Peters* und *Zimmermann* hat sich der Gesetzgeber aber dazu entschieden, den Beginn der Verjährungsfrist vom Vorliegen der subjektiven Merkmale abhängig zu machen, das Fehlen der subjektiven Kriterien also nicht als Hemmungstatbestand auszugestalten[396].

Die Gesetzesbegründung zieht auch § 277 BGB zur Rechtfertigung heran. Nach dem Rechtsgedanken des § 277 BGB schade grobe Fahrlässigkeit auch in eigenen Angelegenheiten, zu denen auch die Erlangung der Kenntnis vom eigenen Anspruch zähle[397].

Schließlich verweist der Gesetzgeber noch auf die Verjährungsregelung des § 12 ProdHaftG, wo die Angleichung von fristbeginnauslösender Kenntnis und fahrlässiger Unkenntnis schon vollzogen worden war[398].

## *II. Kritik an der Einführung der grob fahrlässigen Unkenntnis*

Im Vorfeld und nach der Reform gab es viel Kritik daran, den Fristbeginn nach § 199 I BGB von grob fahrlässiger Unkenntnis abhängig zu machen. Zunächst einmal wurde das subjektive Verjährungssystem insgesamt kritisiert. Durch die subjektiven Kriterien des § 199 I Nr. 2 BGB werde Rechtsunsicherheit und Rechtsunfriede in das Verjährungsrecht hineingetragen[399]. Bemängelt wurden die dadurch verursachten Beweisprobleme des Schuldners[400], der nach allgemeinen Regeln die

---

394 Siehe Art. 17:102 und Art. 17:105 Principles of European Contract Law (ZEuP 2001, 400). Die Principles of European Contract Law sind kein geltendes Recht, sie sind unverbindliche Vertragsgrundsätze, die auf rechtsvergleichender Grundlage erarbeitet wurden und der Vereinheitlichung des Vertragsrechts dienen sollen; dazu näher *Zimmermann* Jura 2005, 289 ff., 441 ff.

395 Zu den inhaltlichen Unterschieden dieser beiden Erkennbarkeitskriterien *Riedhammer* S. 198 f.

396 Die unterschiedlichen Gestaltungsvarianten hätten eine unterschiedliche Beweislastverteilung zur Folge. Während der Verjährungsbeginn und somit das Vorliegen der subjektiven Kriterien des § 199 I BGB vom Schuldner zu beweisen ist, wäre die Verjährungshemmung vom Gläubiger zu beweisen. Siehe *Peters/Zimmermann* S. 306; *Riedhammer* S. 204.

397 Siehe Begr. FraktE, BT-Drucks. 14/6040, S. 108.

398 Siehe Begr. FraktE, BT-Drucks. 14/6040, S. 108.

399 Siehe *Honsell* JZ 2001, 18, 20; Abschlussbericht S. 36; nach *Spiro*, FS Müller-Freienfels, S. 622 ist die Einführung eines subjektiven Verjährungsbeginns für alle Ansprüche „nicht ungefährlich“.

400 So *Otto* S. 75.

Darlegungs- und die Beweislast für die subjektiven Kriterien des § 199 I Nr. 2 BGB trägt[401]. Für den Schuldner seien die inneren Tatsachen aus der Sphäre des Gläubigers nur schwer einsehbar sind[402]. Es sei zu erwarten, dass gerade über die Frage, ob die subjektiven Kriterien erfüllt sind, Prozesse geführt würden[403].

Besonders kritisiert wurde das Merkmal der grob fahrlässigen Unkenntnis, weil dessen Unschärfe zu Auslegungsschwierigkeiten führe, die Rechtsstreitigkeiten geradezu provozierten[404]. Schwierigkeiten bereite die Abgrenzung der grob fahrlässigen Unkenntnis von anderen Fahrlässigkeitsformen[405]. Weitere Auslegungsprobleme entstünden dadurch, dass der Begriff der groben Fahrlässigkeit nach der Rechtsprechung eine subjektive Komponente[406] habe, die das Fahrlässigkeitsurteil von den individuellen Verhältnissen des Gläubigers abhängig mache[407]. Hierdurch erhielte der Richter einen großen Beurteilungsspielraum, was der Rechtssicherheit abträglich sei[408]. Erschwerend komme hinzu, dass der Schuldner dem Gläubiger fast immer grobe Fahrlässigkeit vorwerfen und der Gläubiger selten um eine Ausrede verlegen sein werde[409]. Auch *Peters* und *Zimmermann,* deren Reformvorschlag zur Einführung der grob fahrlässigen Unkenntnis geführt hatte, mussten konzedieren, dass der Begriff der grob fahrlässigen Unkenntnis ein Unsicherheitselement sei und noch einer Präzisierung durch die Rechtsprechung bedürfe[410].

Alle Kritik konnte letztlich nicht verhindern, dass der Gesetzgeber das Merkmal der grob fahrlässigen Unkenntnis einführte. Verloren hat die Kritik ihre Bedeutung aber nicht, wie die zahlreichen Rechtsstreitigkeiten zeigen, die über die Frage des Verjährungseintritts bei § 199 I BGB bis in die Revisionsinstanz geführt worden sind[411]. *De lege lata* ist die Kritik bei der Auslegung des Merkmals der grob fahrlässigen Unkenntnis zu berücksichtigen. Insoweit muss die Rechtssicherheit als

---

401 Siehe nur Heidel BGB/*Mansel/Stürner* § 199 Rn. 122; MüKo BGB/*Grothe* Rn. 46.

402 So die Kritik der Schuldrechtskommission im Abschlussbericht S. 36 zum Reformvorschlag von *Peters/Zimmermann.* Zum Ganzen ausführlich *Otto* S. 66 ff.

403 Siehe *Heinrichs,* Karlsruher Forum 1991, S. 3, 8; *Spiro* FS Müller-Freienfels, S. 622; *ders.,* Karlsruher Forum 1991, S. 11, 13; *Haug* S. 157 f.; *Otto* S. 75.

404 Siehe *Spiro,* Karlsruher Forum 1991, S. 11, 13: „Eine solche Vorschrift lädt ein zu Streit und Trölerei"; Heinrichs NJW 1982, 2021, 2026.

405 Siehe *Heinrichs* NJW 1982, 2021, 2026.

406 Siehe BGHZ 10, 14, 17; BGH NJW 1972, 475, 476.

407 So *Heinrichs* NJW 1982, 2021, 2026.

408 So *Heinrichs* NJW 1982, 2021, 2026; *Spiro* FS Müller-Freienfels, S. 622 zufolge ist der Eindruck der Willkür für den Richter schwer zu vermeiden; die Verjährung werde zum Objekt der Spekulation.

409 So *Spiro,* Karlsruher Forum 1991, S. 11, 13.

410 Siehe *Peters/Zimmermann* S. 306.

411 Siehe nur BGH NJW 2010, 3292, 3295; NJW-RR 2010, 681, 683 f.; NJW-RR 2010, 1623, 1624; NJW 2011, 3573, 3574; NJW 2012, 1789, 1791; MDR 2014, 390 (Rn. 16); NJW 2015, 2956 (Tz. 11); MDR 2017, 642 (Rn. 8); ähnlich OLG Frankfurt a. M. BKR 2015, 169, 171.

wesentlicher Verjährungszweck auf die Auslegung des Merkmals der grob fahrlässigen Unkenntnis ausstrahlen, um seine rechtssichere Handhabung zu ermöglichen.

## *III. Der Begriff in der Rechtsprechung und im Schrifttum*

### *1.) Definition der grob fahrlässigen Unkenntnis i. S. v. § 199 I BGB*

Zur inhaltlichen Bestimmung grob fahrlässiger Unkenntnis i. S. v. § 199 I BGB griff der Gesetzgeber auf die vom Reichsgericht aufgestellte und in ständiger Rechtsprechung bis heute fortgeführte Definition zur groben Fahrlässigkeit zurück: Grobe Fahrlässigkeit liege vor, wenn die im Verkehr erforderliche Sorgfalt in ungewöhnlich großem Maße verletzt worden ist, ganz naheliegende Überlegungen nicht angestellt oder beiseitegeschoben wurden und dasjenige unbeachtet geblieben ist, was im gegebenen Fall jedem hätte einleuchten müssen[412].

Seit Inkrafttreten des § 199 I BGB sind inzwischen mehr als 15 Jahre vergangen und der BGH hatte mehrfach die Gelegenheit, zur Auslegung grob fahrlässiger Unkenntnis Stellung zu nehmen. Er bringt dieses subjektive Merkmal üblicherweise auf folgende Formel: „*Grobe Fahrlässigkeit setzt einen objektiv schwerwiegenden und subjektiv nicht entschuldbaren Verstoß gegen die Anforderungen der im Verkehr erforderlichen Sorgfalt voraus. Grob fahrlässige Unkenntnis i.S. von § 199 I Nr. 2 BGB liegt demnach nur vor, wenn dem Gläubiger die Kenntnis deshalb fehlt, weil er ganz naheliegende Überlegungen nicht angestellt und nicht beachtet hat, was im gegebenen Fall jedem hätte einleuchten müssen. Ihm muss persönlich ein schwerer Obliegenheitsverstoß in seiner eigenen Angelegenheit der Anspruchsverfolgung („Verschulden gegen sich selbst") vorgeworfen werden können, weil sich ihm die den Anspruch begründenden Umstände förmlich aufgedrängt haben, er davor aber letztlich die Augen verschlossen hat. Hierbei trifft den Gläubiger generell keine Obliegenheit, im Interesse des Schuldners an einem möglichst frühzeitigen Beginn der Verjährungsfrist Nachforschungen zu betreiben; vielmehr muss das Unterlassen von Ermittlungen nach Lage des Falls als geradezu unverständlich erscheinen, um ein grob fahrlässiges Verschulden des Gläubigers bejahen zu können.*"[413]

---

412 Die Begr. des FraktE, BT-Drucks. 14/6040, S. 108 stützt sich für die Definition auf BGHZ 10, 14, 16; Z 89, 153, 161; NJW-RR 1994, 1469, 1471; NJW 1992, 3235, 3236. Von diesen zitierten Entscheidungen betrifft aber nur BGHZ 10, 14, 16 die grob fahrlässige Unkenntnis, die übrigen Entscheidungen befassen sich hingegen mit grob fahrlässigen Pflichtverletzungen. Die Definition findet sich schon bei RGZ 141, 129, 131 (zu § 932 BGB); Z 166, 98, 101 f.; ähnlich RGZ 163, 104, 106.

413 BGH NJW 2012, 1789, 1791; siehe auch NJW 2010, 3292, 3295; NJW-RR 2010, 681, 683 f.; NJW-RR 2010, 1623, 1624; NJW 2011, 3573, 3574; MDR 2014, 390 (Rn. 16); NJW 2015, 2956 (Tz. 11); MDR 2017, 642 (Rn. 8); ähnlich OLG Frankfurt a. M. BKR 2015, 169, 171.

Das überwiegende Schrifttum folgt dieser Definition[414]. Es gibt jedoch auch Gegenstimmen, die einzelne Bestandteile der Rechtsprechungsdefinition angreifen. Auf die wichtigsten Streitpunkte ist nachfolgend einzugehen.

### *2.) Objektiver oder gemischt objektiv-subjektiver Fahrlässigkeitsbegriff*

Während der einfachen Fahrlässigkeit gemäß § 276 II BGB ein objektiv-typisierender Fahrlässigkeitsbegriff zugrunde liegt[415], ist die grobe Fahrlässigkeit nach h.M. grundsätzlich durch einen objektiv-subjektiven Fahrlässigkeitsbegriff geprägt[416]. Grobe Fahrlässigkeit setze einen objektiv schweren und subjektiv nicht entschuldbaren Verstoß gegen die Anforderungen der verkehrserforderlichen Sorgfalt voraus[417]. Der Vorwurf grober Fahrlässigkeit sei daher auch von den individuellen Kenntnissen, Erfahrungen und der Einsichtsfähigkeit des Betroffenen abhängig[418].

Auf diesem gemischt objektiv-subjektiven Fahrlässigkeitsbegriff beruht auch die vorgenannte Definition der grob fahrlässigen Unkenntnis, die der BGH und Teile des Schrifttums zu § 199 I BGB entwickelt haben. Die subjektive Komponente hat eigenständige Bedeutung, denn aus einem objektiv schweren darf nicht auf einen subjektiv unentschuldbaren Sorgfaltsverstoß geschlossen werden[419]. Die Rechtsprechung begründet die subjektive Komponente des Fahrlässigkeitsbegriffs bei § 199 I BGB nicht eigens, sie scheint vielmehr davon auszugehen, dem Begriff der groben Fahrlässigkeit bei § 199 I BGB das gleiche Verständnis wie im übrigen Zivilrecht beilegen zu müssen. Teile des Schrifttums rechtfertigen die subjektive Komponente damit, dass der Verjährungsbeginn in der Praxis nicht zu Lasten des Gläubigers vorschnell bejaht werden dürfe[420].

Nach der Gegenansicht, die mehrere Anhänger hat, die sich monographisch mit dem Begriff der groben Fahrlässigkeit in § 199 I BGB auseinandergesetzt haben, ist die grobe Fahrlässigkeit dort objektiv-typisierend auszulegen[421].

---

414 Siehe BeckOK BGB/*Spindler* § 199 Rn. 19a; BeckOGK BGB/*Piekenbrock* Rn. 107; Jauernig/*Mansel* Rn. 6; PWW/*Deppenkemper* Rn. 17; jurisPK BGB/*Lakkis* Rn. 101 ff.; Heidel BGB/*Mansel/Stürner* Rn. 69.

415 Siehe Staudinger/*Caspers* § 276 Rn. 29 ff.; MüKo BGB/*Grundmann* Rn. 50 f.

416 Siehe BGH, Urt. v. 11. 7. 1967, VI ZR 14/66, juris Rn. 9; Staudinger/*Caspers* § 276 Rn. 94 ff.

417 So BGH a. a. O.; Staudinger/*Caspers* § 276 Rn. 94.

418 Siehe *Riedhammer* S. 86; Staudinger/*Caspers* § 276 Rn. 95; ausführlich *König* S. 185 ff.

419 So BGH NJW 2003, 1118, 1119; ebenso *Mansel* NJW 2002, 89, 91; *Otto* S. 205; a. A. *König* S. 179, dessen Ansicht nach ein objektiv grober Verstoß eine Vermutung für subjektiv grobes Fehlverhalten begründet.

420 So *Mansel* NJW 2002, 89, 91.

421 So *Riedhammer* S. 189 ff.; *Otto* S. 206 f.; *Sturm*, Verjährung, S. 526 f.; MüKo BGB/*Grothe* § 199 Rn. 31; wohl auch *Schudnagies* NJW 2002, 396, 399; zur grob fahrlässigen Unkenntnis allgemein *Buck* S. 32.

Methodisch sei dies zulässig, weil die Rechtsprechung ihren subjektiv-objektiven Fahrlässigkeitsbegriff für das Merkmal der groben Fahrlässigkeit ohnehin nicht stringent durchhalte und beispielsweise bei § 932 II BGB die grob fahrlässige Unkenntnis rein objektiv bestimme[422]. Die grob fahrlässige Unkenntnis enthalte daher nicht stets eine subjektive Komponente, sondern sei je nach *ratio* der auf grobe Fahrlässigkeit abstellenden Norm zu interpretieren – also normspezifisch[423]. Gegen die subjektive Komponente im Fahrlässigkeitsbegriff des § 199 I BGB werden jene Einwände vorgebracht, die schon gegen die Einführung der grob fahrlässigen Unkenntnis im Zuge der Schuldrechtsmodernisierung angeführt wurden[424]. Eine subjektive Komponente vertrage sich nicht mit dem Verjährungszweck, Rechtsicherheit zu schaffen[425]. Die subjektive Komponente im Fahrlässigkeitsbegriff stelle den Schuldner auch vor Beweisprobleme, da er die Beweislast für den objektiven und subjektiven Sorgfaltsverstoß trage[426], indes es ihm kaum möglich sei, die subjektiven Umstände, die in der Sphäre des Gläubigers liegen, zu erkennen[427]. Die Beweisführung könne dem Schuldner auch nicht durch einen Anscheinsbeweis erleichtert werden, sofern die grobe Fahrlässigkeit eine subjektive Komponente enthalte. Denn die Rechtsprechung erkenne in Bezug auf innere Tatsachen einen typischen Geschehensablauf nicht an[428], sodass ein Anscheinsbeweis wegen der subjektiven Komponente im Fahrlässigkeitsbegriff ausscheide[429].

---

422 So *Sturm,* Verjährung, S. 526 f.; in diese Richtung auch *Otto* S. 203 f.

423 Eingehend *Riedhammer* S. 95 f.; ebenso *Otto* S. 207; der Sache nach auch *Sturm,* Verjährung, S. 526 f.; allgemein zu den Ausnahmen vom subjektiven Kriterium MüKo BGB/*Grundmann* § 276 Rn. 95.

424 Zur Kritik an der Einführung grob fahrlässiger Unkenntnis siehe 3. Teil:§ 3B.II.

425 Siehe nur *Otto* S. 206; *Sturm,* Verjährung, S. 527; *Riedhammer* S. 188.

426 So BGH NJW 2003, 1118, 1119; siehe Staudinger/*Caspers* § 276 Rn. 97; a. A. MüKo BGB/*Grothe* § 199 Rn. 46; *König* S. 179. Die beiden Letztgenannten nehmen an, dass nur die Darlegungs- und die Beweislast für den *objektiven* Sorgfaltsverstoß beim Schuldner, hingegen die Darlegungs- und die Beweislast für das Nichtvorliegen des *subjektiven* Sorgfaltsverstoßes beim Gläubiger liege. Dem ist nicht zu folgen. *König* a. a. O. lässt eine tragfähige Begründung vermissen. *Grothe* a. a. O. beruft sich auf eine nicht rechtskräftige Entscheidung des OLG Celle BKR 2008, 429, 433. Diese Entscheidung kann seine Ansicht aber nicht stützen, da das OLG Celle a. a. O. dem Gläubiger nur eine sekundäre Darlegungslast auferlegt hat. Ebenfalls nur eine sekundäre Darlegungslast annehmend BGHZ 193, 67, 77 (Rn. 23); Erman/*Schmidt-Räntsch* § 199 Rn. 20a.

427 So *Sturm,* Verjährung, S. 527; *Otto* S. 80.

428 So schon RGZ 130, 357, 359; ebenso BGH NJW 1985, 3080, 3082; NJW 1988, 2040, 2041.

429 Siehe *Otto* S. 80, 206; *Mansel* NJW 2002, 89, 91; Staudinger/*Caspers* § 276 Rn. 97.

### 3.) *Der Maßstab grob fahrlässiger Unkenntnis i. S. v. § 199 I BGB im Vergleich zu jenem missbräuchlicher Unkenntnis i. S. v. § 852 I BGB a. F.*

Nach ständiger Rechtsprechung war die Unkenntnis im Rahmen des § 852 I BGB a. F. rechtsmissbräuchlich, wenn der Gläubiger es versäumte, eine gleichsam auf der Hand liegende Erkenntnismöglichkeit wahrzunehmen und das Sichberufen auf Unkenntnis deshalb als Förmelei erscheinte, weil jeder andere in der Lage des Gläubigers unter denselben konkreten Umständen die Kenntnis gehabt hätte[430]. Dabei muss es dem Gläubiger möglich gewesen sein, sich die erforderliche Kenntnis in zumutbarer Weise ohne nennenswerte Mühe und ohne besondere Kosten zu beschaffen[431]. In solchen Fällen bejahte die Rechtsprechung den Verjährungsbeginn und stützte sich hierfür auf den Rechtsgedanken des § 162 BGB[432]. Der BGH hob aber stets hervor, dass die Fälle missbräuchlicher Unkenntnis Ausnahmecharakter hätten und nur sie, nicht hingegen die Fälle grob fahrlässiger Unkenntnis der Kenntnis im Rahmen des § 852 I BGB a. F. gleichstünden[433].

Damit diese Rechtsprechung auch auf § 199 I BGB Anwendung findet, hatte der Gesetzgeber das Merkmal der grob fahrlässigen Unkenntnis in § 199 I BGB aufgenommen[434]. Er nahm hierbei an, das Merkmal der grob fahrlässigen Unkenntnis i. S. v. § 199 I BGB sei „nicht weit entfernt"[435] von der missbräuchlichen Unkenntnis, wie sie bei § 852 I BGB a. F. von der Rechtsprechung definiert worden ist.

Seit Inkrafttreten des § 199 I BGB wird kontrovers diskutiert, ob die grob fahrlässige Unkenntnis i. S. v. § 199 I BGB nur die Fälle rechtsmissbräuchlicher Unkenntnis erfasst oder darüber hinausgeht. Man ist sich insoweit einig, als die Fälle rechtsmissbräuchlicher Unkenntnis, die von der Rechtsprechung bei § 852 I BGB a. F. der Kenntnis gleichgestellt worden sind, nun zwanglos unter das Merkmal der grob fahrlässigen Unkenntnis bei § 199 I BGB subsumiert werden können[436]. Ob das Merkmal der grob fahrlässigen Unkenntnis bei § 199 I BGB breiter als die Fallgruppe rechtsmissbräuchlicher Unkenntnis ist, ist allerdings umstritten. Der Streit ist nicht zuletzt auf das allgemeine Problem zurückzuführen, dass sich die Definitionen von rechtsmissbräuchlicher Unkenntnis und grob fahrlässiger Unkenntnis stark ähneln, sodass eine Inkongruenz beider Begriffe von vornherein

---

430 BGH NJW 2000, 953; NJW 1999, 423, 425; BGHZ 133, 192, 199.
431 BGH NJW 2000, 953; BGHZ 133, 192, 198.
432 BGH NJW 2000, 953; NJW 1999, 423, 424; BGHZ 133, 192, 198.
433 BGH NJW 2000, 953; BGHZ 133, 192, 198 f.
434 Zu den gesetzgeberischen Motiven siehe 3. Teil:§ 3B.I.
435 Begr. FraktE, BT-Drucks. 14/6040, S. 108.
436 Siehe *Otto* S. 199; *Riedhammer* S. 185 f., 205; *Sturm,* Verjährung Diss., S. 421; *Buck* S. 36 (dort Fn. 40); *Mansel* NJW 2002, 89, 91; Heidel BGB/*ders./Stürner* § 199 Rn. 71; MüKo BGB/*Grothe* Rn. 31; BeckOK BGB/*Spindler* Rn. 19; Palandt/*Ellenberger* Rn. 40; Erman/*Schmidt-Räntsch* Rn. 19 f. geht sogar davon aus, dass die Definitionen sich im Ergebnis kaum unterscheiden.

schwer auszumachen ist. Trotz allem lassen sich zwei unterschiedliche Interpretationsansätze identifizieren.

Die wohl herrschende Literaturansicht geht davon aus, dass der Begriff der grob fahrlässigen Unkenntnis i. S. v. § 199 I BGB eine bedeutende Weiterung gegenüber dem Begriff der missbräuchlichen Unkenntnis gebracht hat[437]. Der Wortlaut des § 199 I Nr. 2 BGB enthalte keine Anhaltspunkte für ein enges Verständnis der groben Fahrlässigkeit[438]. Ferner wird das systematische Argument angeführt, dass der Begriff der groben Fahrlässigkeit nach überwiegender Ansicht im gesamten Zivilrecht einheitlich auszulegen sei, was gegen ein besonders enges Verständnis in § 199 I BGB spreche[439]. Auch sei von der Rechtsprechung in der Vergangenheit immer betont worden, dass nur die rechtsmissbräuchliche Unkenntnis, nicht aber die grob fahrlässige Unkenntnis, der Kenntnis gleichstehe[440], weshalb die rechtsmissbräuchliche Unkenntnis von der grob fahrlässigen Unkenntnis deutlich zu unterscheiden sei[441].

Die entgegengesetzte Literaturansicht versteht die grob fahrlässige Unkenntnis i. S. v. § 199 I BGB sehr eng und nimmt an, dass sie sich annähernd mit der rechtsmissbräuchlichen Unkenntnis decke. Im Vergleich zur rechtsmissbräuchlichen Unkenntnis sei die grob fahrlässige Unkenntnis i. S. v. § 199 I BGB allenfalls eine geringfügige Weiterung[442]. Sie sei nur eine Randkorrektur, die auf Praktikabilitätserwägungen, aber nicht auf abweichenden Wertungsgesichtspunkten beruhe[443]. Die grob fahrlässige Unkenntnis in § 199 I BGB meine die Fälle handgreiflicher Erkennbarkeit, die im Anwendungsbereich des § 852 I BGB a. F. als missbräuchliche Unkenntnis bezeichnet wurden[444]. Lediglich wenn die Möglichkeit zur Kenntnisnahme evident ist, sich also die Kenntnis dem Gläubiger besonders aufdrängt, könne von grob fahrlässiger Unkenntnis bei § 199 I BGB gesprochen werden[445]. Das Merkmal der grob fahrlässigen Unkenntnis betreffe bei § 199 I BGB nur Fälle des Verdachts, der Gläubiger habe Kenntnis bzw. Vorsatz[446].

---

437 Siehe Heidel BGB/*Mansel/Stürner* § 199 Rn. 71; MüKo BGB/*Grothe* Rn. 31; Staudinger/*Peters/Jacoby* Rn. 73 ff. („radikale Änderung"); *Peters/Zimmermann* S. 306.

438 So MüKo BGB/*Grothe* § 199 Rn. 31.

439 So MüKo BGB/*Grothe* § 199 Rn. 31.

440 Siehe z. B. BGH NJW 2000, 953 zu § 852 I BGB a. F.: „Der erkennende Senat hat indes mehrfach mit Nachdruck darauf hingewiesen, dass selbst eine grob fahrlässige Unkenntnis der vom Gesetz erforderten positiven Kenntnis grundsätzlich nicht gleichsteht".

441 Siehe MüKo BGB/*Grothe* § 199 Rn. 31; sinngemäß auch Heidel BGB/*Mansel/Stürner* Rn. 70 f.

442 Siehe *Sturm,* Verjährung, S. 525 f.; Henssler/Graf v. Westphalen/*Bereska* § 199 Rn. 22 („nur in Nuancen"); zu dieser Ansicht zählt wohl auch Erman/*Schmidt-Räntsch* Rn. 20 („leicht verschärften Anforderungen").

443 *Canaris,* Schuldrechtsreform, S. LI.

444 So *Leenen* DStR 2002, 34, 35.

445 So *Sturm,* Verjährung, S. 525 f.; ähnlich *Riedhammer* S. 201 ff., 204 f.

446 So *Riedhammer* S. 197 f., 205.

Begründet wird dieses enge Begriffsverständnis vor allem mit der kurzen Dauer der regelmäßigen Verjährungsfrist[447], die nach § 195 BGB nur drei Jahre beträgt und damit erheblich kürzer als die frühere regelmäßige Verjährungsfrist von dreißig Jahren (§ 195 BGB a. F.) und auch erheblich kürzer als die geltenden objektiven Höchstfristen von zehn und dreißig Jahren (§ 199 II–IV BGB) ist. Eine so kurze Verjährungsfrist sei im Regelfall nur bei fristbeginnauslösender Kenntnis des Gläubigers gerechtfertigt. Der Fristbeginn bei grob fahrlässiger Unkenntnis sei hingegen nur dann für den Gläubiger hinnehmbar, wenn ihm die anspruchsbegründenden Umstände dergestalt vor Augen gelegen haben, dass er ohne besondere Aufmerksamkeit und erst recht ohne besonderes Nachforschen von ihnen Kenntnis nehmen konnte[448]. Nur bei dieser Interpretation der grob fahrlässigen Unkenntnis habe der Gläubiger eine faire Chance zur Anspruchsdurchsetzung innerhalb der regelmäßigen Verjährungsfrist[449]. Auch nach der Gesetzesbegründung sei die rechtsmissbräuchliche Unkenntnis „nicht weit entfernt" von der grob fahrlässigen Unkenntnis nach § 199 I BGB[450]. Der Gesetzgeber habe nicht das Ziel verfolgt, den Verjährungsbeginn zulasten des Gläubigers erheblich auszudehnen, sondern eine Beweiserleichterung für den Schuldner herbeizuführen, indem der Schuldner nicht mehr die Kenntnis des Gläubigers als innere Tatsache, sondern nur noch die objektiven Umstände zu beweisen habe, aufgrund derer sich dem Gläubiger die Kenntnis aufdrängen musste[451].

Zu letztgenannter Literaturansicht neigt auch die Rechtsprechung. Der BGH hat zwar stets mit Nachdruck den Unterschied zwischen rechtsmissbräuchlicher und grob fahrlässiger Unkenntnis betont. Seine bisherigen Entscheidungen zu § 199 I Nr. 2 BGB zeigen aber, dass er das Merkmal der grob fahrlässigen Unkenntnis sehr eng auslegt. Zunächst einmal schreibt er dem Fahrlässigkeitsbegriff zum Schutz des Gläubigers eine subjektive Komponente zu. Zudem sieht er in der Kenntnis i. S. v. § 199 I BGB nach der Grundentscheidung des Gesetzgebers das zentrale Merkmal für den Fristbeginn[452]. Er geht auch davon aus, dass der Gesetzgeber durch das Merkmal der grob fahrlässigen Unkenntnis vor allem die praktischen Ergebnisse der Rechtsprechung zu § 852 I BGB a.F. nachvollziehen und in § 199 I Nr. 2 BGB integrieren, nicht aber korrigierend in die frühere Rechtsprechung zu § 852 I BGB a. F. eingreifen wollte[453]. Nach Auffassung des BGH wollte der Gesetzgeber durch

---

447 Siehe *Sturm*, Verjährung, S. 521 ff.; *Riedhammer* S. 202.

448 So *Sturm*, Verjährung, S. 523; ähnlich *Riedhammer* S. 201 ff.

449 Siehe *Riedhammer* S. 201 ff; *Sturm*, Verjährung, S. 521, 525.

450 So *Sturm*, Verjährung, S. 525.

451 So *Sturm*, Verjährung, S. 523; ebenso *Riedhammer* S. 197 ff., 202; krit. *Otto* S. 199 f.; auch der Reformvorschlag von *Peters/Zimmermann* S. 306 geht auf die Nachweisschwierigkeiten ein, allerdings unter der nicht Gesetz gewordenen Prämisse, dass der Gläubiger die Beweislast für das Nichtvorliegen der subjektiven Kriterien trägt.

452 Siehe BGH NJW 2012, 1789, 1791.

453 So BGHZ 193, 67, 74.

die Aufnahme der grob fahrlässigen Unkenntnis in § 199 I BGB also u. a. die praktischen Ergebnisse der Rechtsprechung zur rechtsmissbräuchlichen Unkenntnis gesetzlich verankern, aber keine inhaltliche Korrektur vornehmen[454]. Die restriktive Handhabung des subjektiven Merkmals lässt sich auch daran erkennen, dass der BGH die grob fahrlässige Unkenntnis i. S. v. § 199 I Nr. 2 BGB anders als seine Vorinstanzen bisher wohl durchgehend verneint hat[455].

### *4.) Zeitpunkt des Verjährungsbeginns bei grob fahrlässiger Unkenntnis*

Nach dem Wortlaut des § 199 I Nr. 2 BGB kommt es für den Verjährungsbeginn auf den Zeitpunkt an, zu welchem der Gläubiger von den anspruchsbegründenden Umständen und der Person des Schuldners ohne grobe Fahrlässigkeit Kenntnis erlangen müsste. Entscheidend ist also nicht der Zeitpunkt, in welchem der Schuldner grob fahrlässig handelt, sondern derjenige, in dem der Gläubiger seine Unkenntnis bei gebotener Sorgfalt frühestens hätte beseitigen können[456]. Dabei ist auf den gewöhnlichen Lauf der Dinge abzustellen[457]. Sind vom Gläubiger Nachforschungen zu verlangen, kommt es dementsprechend nicht darauf an, wann er diese unterlassen hat, sondern in welchem Zeitpunkt die Nachforschungen Kenntnis zur Folge gehabt hätten[458]. Die Verjährungsfrist beginnt nach § 199 I BGB mit dem Schluss des Jahres, in das der relevante Zeitpunkt fällt.

## *IV. Stellungnahme*

Die Motive des Gesetzgebers, den Fristbeginn bei § 199 I BGB auch von grob fahrlässiger Unkenntnis abhängig zu machen, sind in vielerlei Hinsicht angreifbar. Seine Bezugnahme auf die Verjährungsregel des § 12 I ProdHaftG, wonach

---

454 Bei BGHZ 193, 67, 74 ging es dem BGH zwar vor allem darum, trotz Einführung der grob fahrlässigen Unkenntnis die Wissensorganisationspflicht des Gläubigers abzulehnen. Zu den praktischen Ergebnissen der früheren Rechtsprechung zählt aber auch die Rechtsprechung zur missbräuchlichen Unkenntnis. Deshalb kann die Argumentation des BGH auch ohne Weiteres herangezogen werden, um dem Merkmal der grob fahrlässigen Unkenntnis ein enges Verständnis beizulegen.

455 Siehe BGH NJW 2007, 1584, 1587; NJW-RR 2009, 544, 546; NJW-RR 2009, 547, 548; NJW 2010, 3292, 3295; NJW-RR 2010, 681 ff.; NJW 2011, 3573, 3575; NJW 2012, 1789 ff.; BGH, Urt. v. 11. 09. 2014, III ZR 217/13, juris Rn. 15 ff. hat zwar die Bejahung grob fahrlässiger Unkenntnis erwogen, im konkreten Fall aber verneint; anders möglicherweise BGH NJW 2009, 587, 588.

456 Siehe BGH NJW 2009, 587, 588; so *Mansel* NJW 2002, 89, 91 f.; zustimmend BeckOK BGB/*Spindler* § 199 Rn. 17.

457 So Heidel BGB/*Mansel/Stürner* § 199 Rn. 73; nach *Riedhammer* S. 190 f. soll dies nur möglich sein, wenn die grobe Fahrlässigkeit rein objektiv bestimmt wird.

458 Siehe BGH NJW 2009, 587, 588; MüKo BGB/*Grothe* § 199 Rn. 31. Der gleiche Zeitpunkt ist auch bei der missbräuchlichen Unkenntnis maßgeblich, BGH NJW-RR 2010, 681, 683.

Produkthaftungsansprüche gegen den Hersteller schon mit Kenntnis oder Kennenmüssen des Geschädigten beginnen, ist schon deshalb verfehlt, weil der Fristbeginn bei Kennenmüssen zum einen von Art. 10 I ProdHaft-RL zwingend vorgegeben worden ist[459] und zum anderen den Hersteller privilegieren soll, um dessen verschuldensunabhängige Produkthaftung zu kompensieren[460]. An solchen zwingenden europarechtlichen Vorgaben oder Sonderwertungen fehlt es bei der Grundverjährungsregel des § 199 I BGB[461].

Auch § 277 BGB ist keine passende Stütze für die Einführung grob fahrlässiger Unkenntnis. § 277 BGB regelt einen Verschuldensmaßstab für Pflichtverletzungen. Eine Pflicht des Gläubigers gegenüber dem Schuldner, sich einen bestimmten Kenntnisstand zu verschaffen, kann aber grundsätzlich nicht anerkannt werden[462].

Zu kritisieren ist auch, dass die Gesetzesbegründung eher widersprüchliche Vorgaben zur Auslegung der grob fahrlässigen Unkenntnis macht. Auf der einen Seite nimmt der Gesetzgeber in seiner Begründung zu § 199 I BGB auf den herkömmlichen Begriff der groben Fahrlässigkeit Bezug. Das spricht dafür, dem Merkmal der grob fahrlässigen Unkenntnis einen wesentlich weiteren Anwendungsbereich als dem Begriff der rechtsmissbräuchlichen Unkenntnis beizumessen, weil auch der BGH in der Vergangenheit grob fahrlässige Unkenntnis und rechtsmissbräuchliche Unkenntnis deutlich unterschieden hat[463]. Auf der anderen Seite soll die grob fahrlässige Unkenntnis bei § 199 I BGB nach Ansicht des Gesetzgebers „nicht weit entfernt“ von der rechtsmissbräuchlichen Unkenntnis liegen und nur die Rechtsprechung zur rechtsmissbräuchlichen Unkenntnis gesetzlich absichern. Mit dieser schwankenden Gesetzesbegründung hat der Gesetzgeber der Rechtssicherheit keinen Dienst erwiesen, wie auch die völlig entgegengesetzten Stellungnahmen des BGH und verschiedener Oberlandesgerichte zur Auslegung des Merkmals der grob fahrlässigen Unkenntnis i. S. v. § 199 I BGB zeigen[464]. Die Auslegungsprobleme entzünden sich besonders im Rahmen der Wissenszurechnung, wenn es um die Frage geht, ob für den Gläubiger aus dem Merkmal der grob fahrlässigen Unkenntnis eine Wissensorganisationspflicht folgt[465]. Das Merkmal der grob fahrlässigen Unkenntnis ist dadurch zum Schauplatz einer heftigen Diskussion um die Pflicht zur ordnungsgemäßen Organisation der Kommunikation geworden. Entgegen dem eigentlichen Ziel der Verjährung, Prozesse zu vermeiden[466], sind etliche Prozesse über die Frage des Verjährungseintritts geführt worden, in denen Hauptstreitpunkt die Wissensorganisationspflicht des Gläubigers war[467].

---

459 Siehe BT-Drucks. 11/2447, S. 24; Staudinger/*Oechsler* § 12 ProdHaftG Rn. 3.
460 Siehe *Schrader*, Wissen, S. 142 f.
461 So auch *Schrader*, Wissen, S. 142 f.
462 Allenfalls kann eine Obliegenheit angenommen werden, siehe 2. Teil:§ 3A.
463 Siehe z. B. BGH NJW 2000, 953.
464 Zu den unterschiedlichen Ansichten in der Rechtsprechung siehe 5. Teil:§ 2C.I.3.).
465 Zum Streitstand siehe 5. Teil:§ 2C.I.
466 Zu den Verjährungszwecken Rechtssicherheit und Rechtsfrieden siehe 3. Teil:§ 1C.
467 Siehe 5. Teil:§ 2C.I.3.).

Der Gesetzgeber hat dies bei Einführung des Merkmals der grob fahrlässigen Unkenntnis offenbar nicht vorhergesehen. Bei der Auslegung des Merkmals der grob fahrlässigen Unkenntnis gemäß § 199 I BGB ist jedenfalls besonders darauf zu achten, der Rechtssicherheit genüge zu tun und das Verjährungsrecht nicht zum Einfallstor für Prozesse werden zu lassen.

Dies vorausgeschickt ist der Fahrlässigkeitsbegriff in § 199 I BGB zwingend objektiv-typisierend zu verstehen. Was den privatrechtlichen Kenntnisbegriff anbelangt, ist allgemein anerkannt, dass jede Wissensnorm ihren individuellen Kenntnisbegriff hat, der sich an der Funktion des konkreten Kenntnismerkmals orientiert[468]. Für die grob fahrlässige Unkenntnis kann nichts anderes gelten, auch sie ist anhand ihrer Funktion normspezifisch zu interpretieren. Es verbietet sich daher, der grob fahrlässigen Unkenntnis generalisierend einen objektiv-subjektiven Fahrlässigkeitsbegriff zugrunde zu legen. Da das Verjährungsrecht, um dem Zweck der Rechtssicherheit zu dienen, in besonderem Maße auf klare Regelungen angewiesen ist, muss der Fahrlässigkeitsbegriff in § 199 I BGB streng objektiv bestimmt werden. Das ergibt auch ein *argumentum a maiore ad minus.* Wenn schon der Kenntnisbegriff des § 199 I BGB nach allgemeiner Ansicht zu objektivieren ist, indem auf die Kontextuierungsfähigkeiten eines verständigen Gläubigers abgestellt wird[469], gilt dies für den Begriff der grob fahrlässigen Unkenntnis erst recht. Beim Merkmal der grob fahrlässigen Unkenntnis ist erst recht kein Raum für die individuelle Einsichtsfähigkeit und das individuelle Urteilsvermögen des Gläubigers. Hinzukommt, dass in dieser Arbeit nur die grob fahrlässige Unkenntnis von AG und GmbH behandelt wird. Bei solchen Unternehmen ist das Merkmal der groben Fahrlässigkeit ohnehin stets objektiv auszulegen, weil es bei Unternehmen um einheitlich zu bestimmende Markterwartungen geht, die sich nicht danach richten können, ob das Fehlverhalten des konkreten Mitarbeiters subjektiv vorwerfbar ist[470].

Grob fahrlässige Unkenntnis i. S. v. § 199 I BGB setzt also einen objektiv schwerwiegenden Verstoß gegen die im Verkehr erforderliche Sorgfalt voraus. Um dem Gläubiger seine durch Art. 14 I 1 GG garantierte faire Chance[471] zur Anspruchsdurchsetzung zu erhalten und ihn nicht unverhältnismäßig zu belasten, ist das Merkmal der groben Fahrlässigkeit zwingend sehr eng zu verstehen. Da die Gläubigerinteressen aus Gründen der Rechtssicherheit nicht durch eine subjektive Komponente im Fahrlässigkeitsbegriff geschützt werden können, ist für die grob fahrlässige Unkenntnis ein sehr schwerer Verstoß gegen die Nachforschungsobliegenheit zu verlangen. Hierfür kann durchaus auf die Definition der

---

468 Siehe 2. Teil:§ 1A; besonders deutlich *Schrader,* Wissen, S. 12, 387 ff.

469 Es wird darauf abgestellt, ob bei verständiger Würdigung der dem Gläubiger bekannten Tatsachen eine Klageerhebung möglich und zumutbar wäre. Siehe 3. Teil:§ 3A.I.

470 Siehe MüKo BGB/*Grundmann* § 276 Rn. 95; Staudinger/*Caspers* Rn. 96; *Röhl* JZ 1974, 521, 526.

471 Siehe hierzu 3. Teil:§ 2B.

grob fahrlässigen Unkenntnis des BGH zurückgegriffen werden, unter Verzicht auf eine subjektive Komponente im Fahrlässigkeitsbegriff. Der schwere Obliegenheitsverstoß setzt daher voraus, dass sich die anspruchsrelevanten Informationen dem Gläubiger in außerordentlicher Weise aufgedrängt haben, er vor ihnen aber die Augen verschlossen hat. Nur diese enge Auslegung wahrt die faire Chance des Gläubigers zur Anspruchsdurchsetzung und sie rückt den Begriff der grob fahrlässigen Unkenntnis automatisch in die Nähe der rechtsmissbräuchlichen Unkenntnis. Im Ergebnis gebietet Art. 14 I 1 GG zugunsten des Gläubigers eine Auslegung der grob fahrlässigen Unkenntnis, die sich vom Begriff der rechtsmissbräuchlichen Unkenntnis kaum unterscheidet.

## § 4 Zusammenfassung des 3. Teils

Funktion, Schutzrichtung und Inhalt der subjektiven Merkmale des § 199 I BGB mussten ermittelt werden, um zu klären, inwieweit § 199 I BGB die Wissenszurechnung begrenzt oder konkretisiert. Dies erforderte die Klärung der teleologischen Grundlagen des Rechtsinstituts der Verjährung, die Analyse von Funktion und Schutzrichtung der subjektiven Merkmale des § 199 I BGB im ganzheitlichen Verjährungssystem und schließlich die Definition der Kenntnis und grob fahrlässigen Unkenntnis i. S. v. § 199 I BGB.

Übergeordnetes Ziel des Verjährungsrechts ist es, die Interessen des (vermeintlichen) Schuldners sowie der Öffentlichkeit an einer zeitlichen Begrenzung der Inanspruchnahme des Schuldners und das Interesse des Gläubigers an der Durchsetzung seines Anspruchs in einen gerechten Ausgleich zu bringen. Das Rechtsinstitut der Verjährung verfolgt verschiedene Zwecke zum Schutz des (vermeintlichen) Schuldners und öffentlicher Interessen. Es soll den Nichtschuldner, der sich gegen nicht oder nicht mehr bestehende Ansprüche aus lange zurückliegenden Sachverhalten zur Wehr setzen muss, vor einer Beweisnot schützen. Die verdunkelnde Macht der Zeit lässt Beweismittel verblassen oder entschwinden. Weitere Zwecke der Verjährung liegen darin, die Dispositionsfreiheit des Schuldners nach Ablauf einer gewissen Zeitspanne wiederherzustellen und seine Regresschancen durch zeitliche Begrenzung seiner eigenen Inanspruchnahme zu verbessern. Richtigerweise dient das Verjährungsrecht auch besonders den öffentlichen Interessen an Rechtssicherheit und Rechtsfrieden.

Auch wenn das Rechtsinstitut der Verjährung keine Zwecke zugunsten des Gläubigers verfolgt, so muss das Verjährungsrecht dessen rechtliche Interessen dennoch wahren. Die Ansprüche des Gläubigers, insbesondere die von AG und GmbH, genießen den Schutz des Art. 14 I 1 GG (ggf. i. V. m. Art. 19 III GG). Das Leistungsverweigerungsrecht nach § 214 I BGB hindert die Durchsetzung des Anspruchs dauerhaft und hat letztlich einen faktischen Anspruchsverlust zur Folge. § 214 I BGB stellt daher einen einschneidenden Eingriff in Form einer Inhalts- oder Schrankenbestimmung gemäß Art. 14 I 2 GG dar. Inhalts- und Schrankenbestimmungen dürfen den Gläubiger nie unverhältnismäßig belasten. Aus Art. 14 I GG ist daher abzuleiten, dass der Gläubiger stets eine faire Chance zur

Anspruchsdurchsetzung haben muss. Eine faire Chance besteht, wenn der Gläubiger ausreichend Gelegenheit hat, die Existenz seiner Forderung zu erkennen, ihre Berechtigung zu prüfen, Beweise zu sammeln und ihre gerichtliche Durchsetzung einzuleiten. Die faire Chance des Gläubigers hängt entscheidend von Beginn und Dauer der Verjährungsfrist ab. Zwei Konzepte zum Schutz der fairen Chance des Gläubigers lassen sich unterscheiden: Subjektive Verjährungsfristen, die den Fristbeginn an dessen Kenntnis bzw. Erkennbarkeit des Anspruchs knüpfen oder ausreichend lange objektive Verjährungsfristen, die eine typisierte Zeitspanne zur Forderungserkennung enthalten.

Die subjektiven Merkmale des § 199 I BGB schützen ausschließlich die Interessen des Gläubigers an der Durchsetzung seines Anspruchs, jedoch nicht das Interesse des Schuldners oder der Allgemeinheit an einem möglichst frühzeitigen Beginn der Verjährungsfrist. Dieses Verständnis der subjektiven Merkmale ist durch Art. 14 I 1 GG und die Systematik des Verjährungsrechts geboten. Die subjektiven Merkmale des § 199 I BGB sollen die faire Chance des Gläubigers zur Anspruchsdurchsetzung sichern. Die regelmäßige Verjährungsfrist von nur drei Jahren (§ 195 BGB) ist vom Gesetzgeber bewusst knapp bemessen worden, nach Einschätzung des Gesetzgebers würde eine Frist von weniger als drei Jahren ab Kenntnis oft nicht zur effektiven Rechtsverfolgung ausreichen. Eine faire Chance zur Anspruchsverfolgung hat der Gläubiger daher an sich nur, wenn die Verjährungsfrist erst mit seiner Kenntnis beginnt; denn ohne Anspruchskenntnis kommt eine Anspruchsverfolgung von vornherein nicht in Betracht. Der kenntnisabhängige Fristbeginn nach § 199 I Nr. 2, Var. 1 BGB bildet somit die zentrale Rechtfertigung dafür, dass der Gesetzgeber die Verjährungsfrist nach § 195 BGB um 27 bzw. 7 Jahre gegenüber den objektiven Höchstfristen nach § 199 II–IV BGB verkürzt hat. Das Merkmal der grob fahrlässigen Unkenntnis nach § 199 I Nr. 2, Var. 2 BGB hat demgegenüber nur eine sekundäre Funktion. Es muss ebenfalls die faire Chance des Gläubigers zur Anspruchsdurchsetzung sichern, ist hierzu aber nur geeignet, wenn es sehr eng ausgelegt wird. Für die Berücksichtigung von Schuldnerinteressen lassen die subjektiven Merkmale des § 199 I BGB keinen Raum. Nach der Gesetzessystematik ist der Schuldner nicht durch eine schuldnerfreundliche Auslegung der subjektiven Merkmale nach § 199 I BGB zu schützen, vielmehr durch die kenntnisunabhängigen Höchstfristen nach §§ 199 II–IV BGB.

Die Untersuchung von Funktion und Schutzrichtung der subjektiven Merkmale des § 199 I BGB hat somit ergeben, dass der Gläubiger kraft seiner Kenntnis von Fristbeginn an befähigt sein soll, seinen Anspruch zu prüfen, Beweise zu sammeln und Schritte zur Anspruchsdurchsetzung einzuleiten. Das Merkmal der Kenntnis soll die Handlungsfähigkeit des Gläubigers bei Fristbeginn herstellen. Es soll dem Gläubiger ermöglichen, eine informierte Entscheidung über die Anspruchsgeltendmachung zu treffen. Mithilfe seiner Kenntnis kann der Gläubiger die komplette Verjährungsfrist dazu nutzen, sich die Anspruchsgeltendmachung zu überlegen, sodass die regelmäßige Verjährungsfrist (§ 195 BGB) durch den kenntnisabhängigen Fristbeginn den Charakter einer Überlegungsfrist erhält. Um dem Gläubiger auch im Falle des § 199 I Nr. 2, Var. 2 BGB nicht die faire Chance zur

Anspruchsdurchsetzung zu nehmen, muss das Merkmal der grob fahrlässigen Unkenntnis sehr eng an die Kenntnis angelehnt und äußerst restriktiv interpretiert werden.

Kenntnis i. S. v. § 199 I BGB ist eine der Wirklichkeit entsprechende Vorstellung der anspruchsbegründenden Umstände und der Person des Schuldners, die es einem verständigen Gläubiger ermöglichen würde, eine ihm zumutbare und schlüssige Klage zu erheben. Für die tatbestandsmäßige Kenntnis genügt es, wenn der Gläubiger den anspruchsbegründenden Sachverhalt in den Grundzügen kennt und weiß, dass dieser Sachverhalt erhebliche Anhaltspunkte für die Entstehung eines Anspruchs bietet. Die reine Tatsachenkenntnis genügt also nicht. Auf der anderen Seite ist die Rechtskenntnis des Anspruchs nicht erforderlich. Entscheidend ist vielmehr, dass ein verständiger Gläubiger den rechtlichen Kontext der Einzeltatsachen erkennen und die Einzeltatsachen als eine für die Rechtsfolge »Anspruch« relevante Information bewerten würde.

Grob fahrlässige Unkenntnis i. S. v. § 199 I BGB setzt nach der von der Rechtsprechung und der h. L. vertretenen Definition „einen objektiv schwerwiegenden und subjektiv nicht entschuldbaren Verstoß gegen die Anforderungen der im Verkehr erforderlichen Sorgfalt voraus. Grob fahrlässige Unkenntnis i. S. von § 199 I Nr. 2 BGB liegt demnach nur vor, wenn dem Gläubiger die Kenntnis deshalb fehlt, weil er ganz naheliegende Überlegungen nicht angestellt und nicht beachtet hat, was im gegebenen Fall jedem hätte einleuchten müssen. Ihm muss persönlich ein schwerer Obliegenheitsverstoß in seiner eigenen Angelegenheit der Anspruchsverfolgung („Verschulden gegen sich selbst") vorgeworfen werden können, weil sich ihm die den Anspruch begründenden Umstände förmlich aufgedrängt haben, er davor aber letztlich die Augen verschlossen hat. Hierbei trifft den Gläubiger generell keine Obliegenheit, im Interesse des Schuldners an einem möglichst frühzeitigen Beginn der Verjährungsfrist Nachforschungen zu betreiben; vielmehr muss das Unterlassen von Ermittlungen nach Lage des Falls als geradezu unverständlich erscheinen, um ein grob fahrlässiges Verschulden des Gläubigers bejahen zu können."

Diese Definition ist in einem Punkt zu korrigieren, in einem anderen zu präzisieren. Einer Korrektur bedarf die Definition insoweit, als es auf die subjektive Unentschuldbarkeit des Sorgfaltsverstoßes nicht ankommt. Eine subjektive Komponente im Fahrlässigkeitsbegriff des § 199 I Nr. 2, Var. 2 BGB verträgt sich nicht mit dem Zweck der Verjährung, Rechtssicherheit zu schaffen. Selbst beim Merkmal der Kenntnis i. S. v. § 199 I BGB wird nicht auf die intellektuellen Fähigkeiten des Gläubigers abgestellt, sondern die Rechtsfigur des verständigen Gläubigers bemüht. Die grobe Fahrlässigkeit i. S. v. § 199 I BGB ist daher objektiv auszulegen. Bei AG und GmbH ist das Merkmal der groben Fahrlässigkeit ohnehin stets objektiv auszulegen, weil es bei Unternehmen um einheitlich zu bestimmende Markterwartungen geht, die sich nicht danach richten können, ob das Fehlverhalten des konkreten Bediensteten subjektiv vorwerfbar ist. Zu präzisieren ist die Definition insoweit, als die grob fahrlässige Unkenntnis sehr eng verstanden werden muss, um die faire Chance des Gläubigers zur Anspruchsdurchsetzung zu erhalten und

ihn nicht unverhältnismäßig zu belasten, Art. 14 I GG. Daher ist die grob fahrlässige Unkenntnis im Sinne einer rechtsmissbräuchlichen Unkenntnis zu interpretieren.

Nachdem Funktion, Schutzrichtung und Inhalt der Merkmale des § 199 I BGB offenliegen, lassen sich hieraus konkrete Ableitungen für die Grenzen und die Konkretisierung der Wissenszurechnung gewinnen. Diese Ableitungen sollen jedoch nicht an dieser Stelle vor die Klammer gezogen, sondern im Zusammenhang mit den bei §199 I BGB auftretenden Einzelproblemen an jeweils relevanter Stelle ausgebreitet werden.

# 4. Teil: Nach § 199 I BGB verjährende Ansprüche von AG und GmbH gegen Geschäftsleiter

Um den Anwendungsbereich und die praktische Bedeutung des § 199 I BGB bei Ansprüchen von AG und GmbH gegen Geschäftsleiter zu überblicken, ist kurz zu skizzieren, welche Ansprüche gegen Geschäftsleiter dem subjektiven Fristbeginn des § 199 I BGB unterliegen.

## § 1 Von § 199 I BGB erfasste Ansprüche

§ 199 I BGB regelt den Beginn der regelmäßigen Verjährungsfrist (§ 195 BGB), soweit nicht ein anderer Verjährungsbeginn bestimmt ist. § 199 I BGB folgt damit einem einfachen Regelungskonzept: Die Vorschrift greift als Auffangtatbestand immer ein, wenn weder Dauer noch Beginn der Verjährungsfrist durch eine Sonderverjährungsvorschrift bestimmt werden[472]. Die regelmäßige Verjährungsfrist gemäß § 195 BGB gilt, wenn ausdrücklich auf die Vorschrift verwiesen wird oder wenn keine abweichenden gesetzlichen oder rechtsgeschäftlichen Regelungen über die Dauer der Verjährungsfrist existieren, sodass § 195 BGB als Auffangtatbestand greift[473]. Bestimmt eine Verjährungsvorschrift ohne Bezugnahme auf § 195 BGB eine Verjährungsfrist von drei Jahren, so ist damit nicht die regelmäßige Verjährungsfrist des § 195 BGB gemeint, sodass sich der Fristbeginn bei solchen Ansprüchen nicht nach § 199 I BGB richtet, sondern nach speziellen Verjährungsvorschriften oder hilfsweise nach § 200 BGB[474].

## § 2 Rechtsverhältnisse zwischen AG bzw. GmbH und ihrem Geschäftsleiter

Da § 199 I BGB als Auffangtatbestand konzipiert ist, können die Ansprüche von AG und GmbH gegen Geschäftsleiter, die nach § 199 I BGB verjähren, nicht erschöpfend aufgezählt werden. Die Anwendungsfelder des § 199 I BGB können aber zumindest grob abgesteckt werden, wenn man die Ansprüche gegen Geschäftsleiter nach verschiedenen Rechtsverhältnissen strukturiert und innerhalb der

---

472 Siehe MüKo BGB/*Grothe* § 199 Rn. 58.

473 Siehe *Mansel/Budzikiewicz*, Verjährungsrecht, § 3 Rn. 3; MüKo BGB/*Grothe* § 195 Rn. 3, § 199 Rn. 3.

474 Siehe Begr. zu § 199 I FraktE, BT-Drucks. 14/6040, S. 108; *Mansel/Budzikiewicz*, Verjährungsrecht, § 3 Rn. 64; MüKo BGB/*Grothe* § 199 Rn. 3; Erman/*Schmidt-Räntsch* § 195 Rn. 2.

möglichen Rechtsverhältnisse bedeutende Sonderverjährungsregeln aufzeigt, die § 199 I BGB verdrängen.

## A. Organschaftliches und anstellungsvertragliches Rechtsverhältnis

Die ganz h. M. gliedert die rechtlichen Beziehungen zwischen Geschäftsleiter und juristischer Person in zwei Rechtsverhältnisse, die rechtlich selbständig nebeneinander stehen: das durch Bestellung begründete organschaftliche Rechtsverhältnis und das durch Anstellung begründete schuldvertragliche Rechtsverhältnis[475].

Dieses Trennungsdogma hat im Gesetz nur unvollkommen Ausdruck gefunden. Im Aktienrecht ist die Trennung in den §§ 84 I 1, 5, III 1, 5, 87 II 3, 4, III AktG noch am deutlichsten zu erkennen[476]. Im GmbH-Recht scheint § 38 I GmbHG Ausdruck des Trennungsdogmas zu sein; seine Entstehungsgeschichte zeigt aber, dass er ursprünglich keineswegs auf dem Trennungsgedanken fußte. Ursprünglich sollten die im Wortlaut identischen § 24 III 2 GenG und § 38 I GmbHG nur den einheitlichen Widerruf der gesamten Rechtsbeziehung erfassen und klarstellen, dass Schadensersatzansprüche des Geschäftsleiters, die infolge der Beendigung der gesamten Rechtsbeziehung entstehen, unberührt bleiben[477]. Inzwischen[478] wird § 38 I GmbHG von der h.M. aber im Sinne der Trennungstheorie so interpretiert, dass der Widerruf der Organbestellung nicht automatisch das Dienstverhältnis und die damit verbundenen Vergütungsansprüche entfallen lässt[479]. Genau genommen

---

475 St. Rspr. BGH NJW 1978, 1435, 1436 (GmbH); NJW 1980, 2415 ff. (GmbH); NJW 1981, 757, 758 (öff.-rechtl. Kreditanstalt); NJW 1984, 733, 734 (GmbH); NJW 1989, 2683 f. (AG); NJW-RR 1990, 1123, 1124 (GmbH); NJW 1997, 318, 319 (eG); NJW 2003, 351 (GmbH); Hüffer AktG/*Koch* § 84 Rn. 2; Spindler/Stilz/*Fleischer* Rn. 7; Großkomm AktG/*Kort* Rn. 16; MüKo AktG/*Spindler* Rn. 10; Baumbach/Hueck/*Zöllner/Noack* § 35 Rn. 15 f. mit Einschränkungen; Michalski/*Römermann* § 46 Rn. 194 f.; MüKo GmbHG/*Liebscher* Rn. 102; Großkomm GmbHG/*Hüffer/Schürnbrand* Rn. 51; *Seibt* NJW-Spezial 2004, 123; *Nägele* BB 2001, 305; allgemein *K. Schmidt*, GesR, § 14 III. 2.; a. A. MüKo $BGB_6$/*Reuter* § 27 Rn. 4 f., der zwar auch zwischen Organ- und Anstellungsverhältnis trennt, aber ein Verhältnis von Kausalgeschäft (Anstellungsvertrag) zu abstraktem Geschäft (Organbestellung) annimmt; ihm folgend Staudinger/*Weick* Rn. 11 f.; a. A. im Sinne der sog. Einheitslehre, siehe *v. Godin* ZAkDR 1938, 596 f.; *Schilling* JZ 1961, 545 f.; MünchHdb GesR V/*Waldner* § 27 Rn. 7; differenzierend danach, ob der Anstellungsvertrag bei oder nach der Bestellung abgeschlossen wird, *Baums*, Geschäftsleitervertrag, S. 51 ff.

476 Siehe nur Hüffer AktG/*Koch* § 84 Rn. 2; Spindler/Stilz/*Fleischer*Rn. 7.

477 Siehe *Baums*, Geschäftsleitervertrag, S. 12.

478 Zum langen Entwicklungsprozess dieser Sichtweise *Baums*, Geschäftsleitervertrag, S. 9 ff.

479 So BGH NJW-RR 1990, 1123, 1124 (zu § 38 I GmbHG); NJW 1997, 318, 319 f. (zu § 24 III 2 GenG); ebenso *K. Schmidt*, GesR, § 14 III 2.; siehe auch *Baums*, Geschäftsleitervertrag, S. 15 f.

wird das Trennungsdogma aus § 38 I GmbHG also nicht herausgelesen, sondern in die Vorschrift hineingelesen.

Die Organbestellung begründet alle zugehörigen Rechte und Pflichten des Organmitglieds im Innen- und Außenverhältnis[480], insbesondere die Pflicht zur sorgfältigen Geschäftsleitung gegenüber der Gesellschaft (Innenverhältnis)[481]. Das Pflichtenprogramm aus dem Organverhältnis wird durch das Gesetz weiter konkretisiert, darüber hinaus wird noch eine ungeschriebene organschaftliche Treuepflicht des Geschäftsleitungsmitglieds angenommen[482].

Der Anstellungsvertrag regelt den genauen Leistungsumfang der Tätigkeit des Geschäftsleitungsmitglieds und die Gegenleistung der juristischen Person[483]. Der Anstellungsvertrag kann das organschaftliche Pflichtenprogramm des Geschäftsleitungsmitglieds wiederholen, konkretisieren oder auch durch zusätzliche Pflichten ergänzen[484]. Die zusätzlichen Pflichten dürfen aber nicht in Widerspruch zum Inhalt des organschaftlichen Pflichtenprogramms stehen; dem Organverhältnis kommt bei Regelungskonflikten Vorrang zu[485]. Wird die Geschäftsleitungstätigkeit vergütet, ist der Anstellungsvertrag regelmäßig ein Dienstvertrag, der eine Geschäftsbesorgung zum Gegenstand hat (§§ 611, 675 BGB)[486]. Als entgeltlich Tätiger ist der Geschäftsleiter aber kein Arbeitnehmer, er erbringt vielmehr freie Dienste und erfüllt Arbeitgeberfunktionen[487].

## *I. Primäransprüche von AG und GmbH*

Organschaftliche und anstellungsvertragliche Primäransprüche[488] von AG und GmbH gegen Geschäftsleiter auf pflichtgemäße Geschäftsführung[489] und Treue[490] beginnen zwar mangels Sonderverjährungsvorschriften nach § 199 I BGB zu

---

480 So BGH NJW 1951, 881; Spindler/Stilz/*Fleischer* § 84 Rn. 5; MüKo AktG/*Spindler*Rn. 9.

481 Siehe Hüffer AktG/*Koch* § 84 Rn. 9; *Baums*, Geschäftsleitervertrag, S. 50.

482 Siehe Hüffer AktG/*Koch* § 84 Rn. 10.

483 H.M., siehe Spindler/Stilz/*Fleischer* § 84 Rn. 7, 43 ff., 75; MüKo AktG/*Spindler* 56, Rn. 87 ff., 104 ff.; Michalski/*Römermann* § 46 Rn. 195; Muster des Anstellungsvertrags eines Vorstandsmitglieds bei Beck´sches Formularbuch/*Hoffmann-Becking*, X. 13.; a. A. *Baums*, Geschäftsleitervertrag, S. ff.

484 Siehe Michalski/*Ziemons* § 43 Rn. 8 ff.

485 Siehe *Sturm*, Verjährung, S. 144 f.

486 Siehe BGH NJW 1962, 340, 343; NJW 1953, 1465; MüKo AktG/*Spindler* § 84 Rn. 56; *Seibt* NJW-Spezial 2004, 123.

487 So BGH NJW 1953, 1465; NJW 1978, 1435, 1437; ebenso *Nägele* BB 2001, 305, 306 f.; a. A. BAG NJW 1999, 3731, 3732 in Bezug auf weisungsabhängige GmbH-Geschäftsführer, die im Einzelfall nach allgemeinen Regeln als Arbeitnehmer einstufbar sein sollen.

488 Zur üblichen Terminologie siehe Staudinger/*Olzen* § 241 Rn. 142.

489 Hierzu näher MüKo AktG/*Spindler* § 93 Rn. 22 ff.; Michalski/*Ziemons* § 43 Rn. 1 f.

490 Siehe Michalski/*Ziemons* § 43 Rn. 204vff.

verjähren. Verjährungsfragen haben hinsichtlich solcher Primäransprüche aber im Regelfall keine praktische Bedeutung. Soweit der Geschäftsleiter im Rahmen der Dauerschuldbeziehung nicht nachholbare Dienste schuldet, führt die Nichterfüllung zum Erlöschen der Pflicht gemäß § 275 I BGB[491]. Weigert sich der Geschäftsleiter nachholbare wesentliche Dienste zu erbringen, werden AG und GmbH keine große Zeitspanne verstreichen lassen, sondern den dienstunwilligen Geschäftsleiter *ad hoc* abberufen und außerordentlich kündigen[492]. In diesen Fällen erlöschen die Primäransprüche der Gesellschaft mit Beendigung der Organstellung[493] und der Anstellung. Im Übrigen sind die Dienstpflichten von Geschäftsleitern ohnehin nicht mit staatlichem Zwang durchsetzbar, § 888 III ZPO[494]. Verjährungsfragen sind im Bereich der Primäransprüche also weitgehend irrelevant.

Ausnahmsweise können auch bei Primäransprüchen Verjährungsfragen praktisch bedeutsam werden, z. B. bei der organschaftlichen und anstellungsvertraglichen Pflicht des Geschäftsleiters, die im Zusammenhang mit der Geschäftsführung erlangten Vorteile herauszugeben[495]. Der Anspruch auf Vorteilsherausgabe ist für AG und GmbH von besonderer Relevanz, da er nicht den Nachweis eines Schadens verlangt. Rechtspraktische Bedeutung hat der Anspruch häufig im Zusammenhang mit Provisionen und Schmiergeldzahlungen, die Geschäftsleiter im Zusammenhang mit der Geschäftsführung erlangen[496]. Die Verjährung des Herausgabeanspruchs richtet sich nach §§ 195, 199 I BGB[497], ohne Rücksicht darauf, ob der AG oder GmbH infolge der Vorteilserlangung zugleich ein konkurrierender Schadensersatzanspruch aus dem Organverhältnis und dem Anstellungsvertrag gegen den Geschäftsleiter zusteht. Denn die Sonderverjährungsvorschriften der §§ 93 VI AktG, 43 IV GmbHG, die für organschaftliche und anstellungsvertragliche Schadensersatzansprüche aus pflichtwidriger Geschäftsführung gelten, sind nicht auf den konkurrierenden Vorteilsherausgabeanspruch anzuwenden[498].

---

491 Siehe BGH ZIP 1988, 568, 569; *Sturm,* Verjährung, S. 499; allgemein MüKo BGB/*Ernst* § 275 Rn. 48.

492 Siehe BGH a. a. O.

493 Zum Fortwirken mancher Organpflichten nach Beendigung der Organstellung siehe Michalski/*Ziemons* § 43 Rn.v48.

494 Siehe BGH NJW 1980, 2415, 2416 (=BGHZ 78, 82).

495 Die organschaftliche Pflicht zur Vorteilsherausgabe folgt aus der Treuepflicht und der analogen Anwendung des § 667 BGB, siehe Henssler/Strohn/*Oetker* § 35 GmbHG Rn. 25; BGH NJW 2001, 2476, 2477. Als anstellungsvertragliche Pflicht folgt sie aus §§ 611, 675 I, 667 BGB.

496 Siehe RGZ 96, 53; BGH NJW 2001, 2476, 2477; *Fleischer* WM 2003, 1045, 1056; Baumbach/Hueck/*Zöllner/Noack* § 43 Rn. 62.

497 Siehe MüKo BGB/*Seiler* § 667 Rn. 25; *Mansel/Budzikiewicz,* Verjährungsrecht, § 3 Rn. 9.

498 So RGZ 96, 53, 55 f. (zur AG); *Sturm,* Verjährung, S. 299 ff., 513; Scholz GmbHG/*U. H. Schneider* § 43 Rn. 280.

## *II. Sekundäransprüche*

Der Verjährungsbeginn von Sekundäransprüchen[499], die der AG oder GmbH zustehen, wenn Geschäftsleiter ihre organschaftlichen oder anstellungsvertraglichen Geschäftsleiterpflichten verletzen, richtet sich in aller Regel nicht nach § 199 I BGB.

Die organschaftliche Innenhaftung von Geschäftsleitern gegenüber AG und GmbH hat der Gesetzgeber einem speziellen Verjährungsregime unterworfen, um deren unternehmerisches Handeln zu privilegieren[500]. Bei schuldhafter Verletzung organschaftlicher[501] Geschäftsführungspflichten (Sorgfalts- und Treuepflichten) haften Geschäftsleiter der Gesellschaft gemäß § 93 II, III AktG bzw. § 43 II, III GmbHG auf Schadensersatz, sofern keine spezielleren Haftungsnormen eingreifen. Diese Schadensersatzansprüche hat der Gesetzgeber gemäß §§ 93 VI AktG, 43 IV GmbHG einer Verjährungsfrist von 5 Jahren, bei börsennotierten AGs einer Verjährungsfrist von 10 Jahren unterstellt. Diese Verjährungsfristen beginnen nach § 200 S. 1 BGB mit der Entstehung des Schadensersatzanspruchs zu laufen[502], sodass § 199 I BGB nicht anwendbar ist.

Der Zweck der Sonderverjährung nach §§ 93 VI AktG, 43 IV GmbHG i. V. m. § 200 S. 1 BGB besteht darin, Geschäftsleitern durch den objektiven Fristbeginn Gewissheit zu geben, von welchem Zeitpunkt an ihnen für ein bestimmtes Fehlverhalten keine Inanspruchnahme mehr droht[503]. Der objektive Fristbeginn soll unternehmerisches Handeln, das durch einen großen Verantwortungsbereich und eine strenge Haftung[504] gekennzeichnet ist, privilegieren[505]. Die organschaftliche Haftung aus den Generalklauseln (§§ 93 II AktG, 43 II GmbHG) kann durch speziellere Haftungsnormen verdrängt werden. § 93 II AktG verdrängende Haftungsnormen

---

499 Zur üblichen Terminologie Staudinger/*Olzen* § 241 Rn. 142.

500 So BGH ZIP 2000, 699, 700 unter Berufung auf *Fleck* ZIP 1991, 1269, 1270; angedeutet in der Begr. RegE, BT-Drucks. 15/3653, S. 12.

501 Weitgehend einig ist man sich darüber, dass die §§ 93 II AktG, 43 II GmbHG jedenfalls die Haftung aus der Verletzung organschaftlicher Pflichten erfassen, siehe Großkomm AktG/*Hopt/Roth* § 93 Rn. 45 f.; KK AktG/*Mertens/Cahn* Rn. 3; *K. Schmidt*, GesR, § 28 II 4. b), § 36 II 4. a); Scholz GmbHG/*U. H. Schneider* § 43 Rn. 14, 17; BGH ZIP 1997, 199, 200; ZIP 1989, 1390, 1392 (jeweils zu § 43 GmbHG); a. A. *Baums*, Geschäftsleitervertrag, S. 211 f.

502 Siehe BGH NJW 2009, 68, 70; OLG Stuttgart WM 2010, 120, 126; *Sturm*, Verjährung, S. 502; *Harbarth/Jaspers* NZG 2011, 368; Hüffer AktG/*Koch* § 93 Rn. 87.

503 So der Gesetzesentwurf zur Anpassung von Verjährungsvorschriften an das Gesetz zur Modernisierung des Schuldrechts, BT-Drucks. 15/3653, S. 12; zum Normzweck näher *Sturm*, Verjährung, S. 60 ff.; siehe auch *Wahlers/Wolff* AG 2011, 605, 608.

504 Es handelt sich um eine Haftung aus widerlegbar vermuteter Pflichtwidrigkeit und widerlegbar vermutetem Verschulden, § 93 II 2 AktG; dieselben Grundsätze gelten nach BGH NZG 2003, 81 ff. auch in der GmbH.

505 So BGH ZIP 2000, 699, 700 unter Berufung auf *Fleck* ZIP 1991, 1269, 1270; siehe auch die Begr. RegE, BT-Drucks. 15/3653, S. 12; ausführlich zum Kompensationszweck *Sturm*, Verjährung, S. 62 ff.

sind §§ 88 II 1[506], 117 II 1, 309 II 1, 310 I 1, 317 III, 318 I 1, 323 I AktG[507]. Spezieller als § 43 II GmbHG sind die §§ 9a I, 57 IV GmbHG[508], nicht aber § 64 S. 1, S. 3 GmbHG[509]. Der Verjährungsbeginn all dieser speziellen Schadensersatzansprüche richtet sich nicht nach § 199 I BGB, weil spezielle Verjährungsregeln existieren[510]. Im Ergebnis ist § 199 I BGB auf Schadensersatzansprüche aus Verletzung organschaftlicher Geschäftsführungspflichten also generell nicht anwendbar.

Im Hinblick auf die Verjährung anstellungsvertraglicher Schadensersatzansprüche ist zu differenzieren. *Soweit* sich organschaftliche und anstellungsvertragliche Geschäftsführungspflichten decken und das Fehlverhalten des Geschäftsleiters sowohl das organschaftliche als auch das anstellungsvertragliche Pflichtenprogramm verletzt, verjährt die Haftung des Geschäftsleiters nach allgemeiner Ansicht ausschließlich nach §§ 93 VI AktG, 43 IV GmbHG[511] i. V. m. § 200 S. 1 BGB[512]. Die dogmatische Begründung ist aber umstritten[513]. Nach Ansicht des BGH und der h. L. nehmen die §§ 93 II AktG, 43 II GmbHG die anstellungsvertragliche Haftung in sich auf, wodurch auch die anstellungsvertragliche Haftung der Sonderverjährung nach §§ 93 VI AktG, 43 IV GmbHG unterliege[514]. Die Gegenansicht nimmt Anspruchskonkurrenz[515] für Schadensersatzansprüche aus Organ- und Vertragshaftung an, wendet aber die Sonderverjährungsregeln aus §§ 93 VI AktG, 43 IV GmbHG analog auf die konkurrierenden vertraglichen Schadensersatzansprüche aus §§ 280 ff. BGB an[516]. Bei Anspruchskonkurrenz verjähre jeder

---

506 Richtigerweise verdrängt § 88 II 1 AktG die Haftung aus § 93 II 1 AktG, ebenso *Sturm*, Verjährung, S. 323 f.; offen lassend Großkomm AktG/*Kort* § 88 Rn. 62.

507 Siehe Großkomm $AktG_4$/*Hopt* § 93 Rn. 29.

508 So Baumbach/Hueck/*Zöllner/Noack* § 43 Rn. 63.

509 Siehe Scholz GmbHG/*K. Schmidt* § 64 Rn. 220.

510 Siehe §§ 88 III, 117 VI, 309 V, 310 IV, 317 IV, 318 IV, 323 I 2 AktG; die Schadensersatzansprüche aus §§ 9a I, 57 IV GmbHG verjähren nach § 43 IV GmbHG, siehe Scholz GmbHG/*U. H. Schneider* § 43 Rn. 278.

511 Siehe BGH NJW-RR 1989, 1255, 1256; Michalski/*Ziemons* § 43 Rn. 14; Baumbach/Hueck/*Zöllner/Noack* Rn. 4, 58; MüKo GmbHG/*Fleischer* Rn. 8; MüKo AktG/*Spindler* § 93 Rn. 288; Großkomm AktG/*Hopt/Roth* Rn. 580; *K. Schmidt*, GesR, § 36 II. 4.; *Sturm*, Verjährung, S. 120 ff.

512 Siehe MüKo GmbHG/*Fleischer* § 43 Rn. 331; KK AktG/*Mertens/Cahn* § 93 Rn. 200.

513 Der Streit wirkt sich im praktischen Ergebnis nicht aus, Großkomm AktG/*Hopt/Roth* § 93 Rn. 46; Michalski/*Ziemons* § 43 Rn. 12 ff.; MüKo GmbHG/*Fleischer* Rn. 8.

514 So BGH NJW-RR 1989, 1255, 1256; NJW 1997, 741, 742; NZG 2008, 104; Baumbach/Hueck/*Zöllner/Noack* § 43 Rn. 4; Großkomm GmbHG/*Paefgen* Rn. 275; MüKo GmbHG/*Fleischer* Rn. 8; Lutter/Hommelhoff/*Kleindiek* Rn. 6; Großkomm AktG/*Hopt/Roth* § 93 Rn. 618.

515 Zum Begriff und seiner Bedeutung im Verjährungsrecht, Staudinger/*Peters/Jacoby* § 195 Rn. 32.

516 So *K. Schmidt*, GesR, § 36 II. 4.; Michalski/*Ziemons* § 43 Rn. 13 f.; Scholz GmbHG/*U. H. Schneider* Rn. 18, 278; *Fleck* ZHR 149 (1985), 387, 397; *ders.* ZIP 1991, 1269 f.

Anspruch zwar grundsätzlich nach eigenen Regeln, etwas anderes gelte aber, wenn die für einen Anspruch angeordnete Sonderverjährung ihren Zweck nur dann erfüllen könne, wenn sie auch auf den anderen Anspruch angewandt werde[517]. Der Zweck der §§ 93 VI AktG, 43 IV GmbHG, dem Geschäftsleiter durch den objektiven Fristbeginn Gewissheit über den zeitlichen Horizont seiner Inanspruchnahme zu geben, würde ausgehebelt, wenn man die Haftung des Geschäftsleiters aus dem Anstellungsvertrag den Verjährungsregelungen der §§ 195, 199 BGB unterwürfe. Die analoge Anwendung der §§ 93 VI AktG, 43 IV GmbHG auf anstellungsvertragliche Schadensersatzansprüche sei daher geboten[518].

*Soweit* der Geschäftsleiter hingegen eine Pflicht aus dem Anstellungsvertrag verletzt, die in keinem sachlichen Zusammenhang zur Organstellung steht, verjährt der anstellungsvertragliche Schadensersatzanspruch nach §§ 199 I, 195 BGB[519]. Dies muss unabhängig davon gelten, ob man den Anstellungsvertrag in diesem Fall als selbständige Haftungsgrundlage[520] einordnet oder nicht. Denn Zweck der §§ 93 VI AktG, 43 IV GmbHG ist die Privilegierung unternehmerischen Handelns von Geschäftsleitern. Die direkte oder analoge Anwendung dieser Verjährungsvorschriften verbietet sich daher, wenn es um eine vertragliche Schadensersatzhaftung geht, bei der sich nicht das spezifische Risiko der Geschäftsleitertätigkeit, sondern das Risiko einer vertraglich übernommenen Pflicht realisiert, die in keinem sachlichen Zusammenhang zur Organstellung steht[521].

## B. Andere Schuldverträge

Darüber hinaus können AG und GmbH zu ihren Geschäftsleitern jede Rechtsbeziehung eingehen, die sie auch mit Dritten begründen könnten[522]. Es kommen schuldrechtliche Verträge aller Art in Betracht, insbesondere Kauf-, Miet-, Dienst-, Darlehensverträge, etc. Primäransprüche der Gesellschaft aus solchen Verträgen unterliegen meist der Regelverjährung nach §§ 195, 199 I BGB. Das Gleiche gilt für Schadensersatzansprüche der Gesellschaft aus der Verletzung solcher Verträge, weil die §§ 93 VI AktG, 43 IV GmbHG insoweit nicht anwendbar sind[523]. Zu beachten ist, dass es bei verschiedenen Schuldverträgen auch Sonderverjährungsregeln geben kann, die einen abweichenden Fristbeginn festlegen, wie z. B. die §§ 438 II, 548, 634a II BGB.

---

517 So *K. Schmidt*, GesR, § 36 II. 4., S. 1077 f., ausführlich *Sturm*, Verjährung Diss., S. 76 ff., 81 ff.

518 So *Sturm*, Verjährung, S. 139, 511.

519 Zutreffend *Sturm*, Verjährung, S. 144 ff.

520 So MüKo GmbHG/*Fleischer* § 43 Rn. 8; Baumbach/Hueck/*Zöllner/Noack* Rn. 4; Henssler/Strohn/*Oetker* Rn. 3.

521 Im Ergebnis richtig *Sturm*, Verjährung, S. 149 f.

522 Zu Drittgeschäften siehe MüKo AktG/*Habersack* § 112 Rn. 15.

523 Siehe Großkomm GmbHG/*Paefgen* § 43 Rn. 275; Scholz GmbHG/*U. H. Schneider* Rn. 278.

## C. Gesetzliche Schuldverhältnisse

Auch aus gesetzlichen Schuldverhältnissen können sich Ansprüche von AG und GmbH gegen Geschäftsleiter ergeben. In Betracht kommen Ansprüche aus ungerechtfertigter Bereicherung (§§ 812 ff. BGB) und unerlaubter Handlung (§§ 823 ff. BGB).

Inwieweit Ansprüche aus Geschäftsführung ohne Auftrag der Gesellschaft zustehen können, ist umstritten. Überschreiten die Geschäftsleiter von AG oder GmbH ihre Geschäftsführungsbefugnisse, handeln sie nicht ohne, sondern entgegen ihrem Auftrag, sodass die §§ 677 ff. BGB nicht anwendbar sind[524]. Nach h. M. können der juristischen Person gegen ihren Geschäftsleiter auch keine Ansprüche aus angemaßter Eigengeschäftsführung gemäß § 687 II BGB zustehen, weil diese von der organschaftlichen Haftung konsumiert würden[525]. Nur wenn organschaftliches und anstellungsvertragliches Rechtsverhältnis unwirksam sind, sind die §§ 677 ff. BGB anwendbar[526]. Doch werden die Lehre vom fehlerhaften Organverhältnis und die Lehre vom fehlerhaften Anstellungsvertrag in aller Regel dazu führen, dass auch fehlerhafte Organverhältnisse bzw. fehlerhafte Anstellungsverträge wirksam sind, solange sie nicht formal korrekt beendet wurden[527].

Ansprüche von AG und GmbH gegen Geschäftsleiter aus §§ 823 ff. BGB oder aus §§ 812 ff. BGB verjähren nach §§ 195, 199 BGB[528]. Das gilt nach h.M. grundsätzlich auch für deliktsrechtliche Schadensersatzansprüche und bereicherungsrechtliche Ansprüche der Gesellschaft, die ihren Entstehungsgrund in einer pflichtwidrigen Geschäftsführungshandlung haben und daher mit organschaftlichen Schadensersatzansprüchen konkurrieren[529]. Denn insoweit besteht eine Anspruchskonkurrenz gleichrangiger und gleichwertiger Ansprüche[530].

Ausnahmsweise ist eine analoge Anwendung der §§ 93 VI AktG, 43 IV GmbHG auf konkurrierende deliktsrechtliche Schadensersatzansprüche der Gesellschaft geboten, wenn die Verletzung organschaftlicher Geschäftsführungspflichten

---

524 So BGH NJW-RR 1989, 1255, 1256 f.; Baumbach/Hueck/*Zöllner/Noack* § 43 Rn. 62; *Fleck* ZIP 1991, 1269, 1271 f.

525 Siehe BGH NJW-RR 1989, 1255, 1256 f.; Baumbach/Hueck/*Zöllner/Noack* § 43 Rn. 62; MüKo GmbHG/*Fleischer* Rn. 9; Großkomm GmbHG/*Paefgen* Rn. 6; a. A. *Fleck* ZIP 1991, 1269, 1271 f.

526 A.A. *Reich* DB 1967, 1663, 1666.

527 Siehe BGH NJW 2000, 2983; zur Anwendung der Lehren und ihren tatbestandlichen Voraussetzungen, Spindler/Stilz/*Fleischer* § 84 Rn. 20 ff., 84 ff.; Michalski/*Lenz* § 35 Rn. 27, 130.

528 Siehe Großkomm GmbHG/*Paefgen* § 43 Rn. 277; Lutter/Hommelhoff/*Kleindiek* Rn. 68.

529 Siehe BGH, Urt. v. 9. 2. 2009, II ZR 292/07, juris Rn. 33 (zu § 826 BGB); BeckOK GmbHG/*Haas/Ziemons* § 43 Rn. 355; Scholz GmbHG/*U. H. Schneider* Rn. 279.

530 Siehe BGH, Urt. v. 17. 3. 1987, VI ZR 282/85, juris Rn. 37; BeckOK GmbHG/*Haas/Ziemons* § 43 Rn. 355.

automatisch zugleich einen Deliktstatbestand erfüllt[531] oder wenn ein Deliktstatbestand überhaupt nur vom Geschäftsleiter erfüllt werden kann[532]. Beispielsweise verjährt ein deliktsrechtlicher Schadensersatzanspruch der Gesellschaft, dem eine Untreue des Geschäftsleiters zugrunde liegt (§§ 823 II BGB, 266 StGB), nach §§ 195, 199 BGB. Denn weder haben organschaftliche Pflichtverletzungen stets eine Untreue zur Folge noch kann eine Untreue nur von Geschäftsleitern begangen werden[533].

### D. Mitgliedschaft

Die Geschäftsleiter von GmbH und AG können zugleich Mitglieder der Gesellschaft sein. Dies hat zur Folge, dass neben das Organverhältnis das Rechtsverhältnis der Mitgliedschaft tritt[534]. Aus der Mitgliedschaft ergeben sich dann eigenständige Ansprüche der Gesellschaft gegen den Gesellschafter-Geschäftsleiter, insbesondere der Anspruch auf mitgliedschaftliche Treue. Die Ansprüche der Gesellschaft aus dem mitgliedschaftlichen Verhältnis unterliegen der Regelverjährung nach §§ 195, 199 BGB. Das gilt auch für Schadensersatzansprüche der AG oder GmbH aus der Verletzung der mitgliedschaftlichen Treuepflicht, die mit der Organhaftung des Gesellschafter-Geschäftsleiters konkurrieren[535]. Die §§ 93 VI AktG, 43 IV GmbHG gälten für solche Ansprüche nicht analog, weil sich der Zweck der Sonderverjährung nicht auf die Haftung von Gesellschaftern übertragen lasse[536].

## § 3 Zusammenfassung des 4. Teils

§ 199 I BGB folgt einem einfachen Regelungskonzept. Die Vorschrift regelt als Generalklausel den Fristbeginn für alle Ansprüche, bei denen weder Dauer noch Beginn der Verjährungsfrist durch Sonderverjährungsvorschriften bestimmt ist. Die Ansprüche von AG und GmbH gegen Geschäftsleiter unterliegen daher der Regelverjährung nach §§ 195, 199 I BGB, soweit Sonderverjährungsvorschriften nichts Abweichendes festlegen.

Organschaftliche und anstellungsvertragliche Primäransprüche der AG und der GmbH gegen Geschäftsleiter unterliegen zwar der Regelverjährung nach §§ 195, 199 BGB, Verjährungsfragen haben insoweit aber grundsätzlich keine praktische Bedeutung. Denn zum einen sind die vom Geschäftsleiter geschuldeten Dienste

---

531 Siehe BGH, Urt. v. 17. 3. 1987, VI ZR 282/85, juris Rn. 37 f.; BeckOK GmbHG/*Haas/Ziemons* § 43 Rn. 356; Lutter/Hommelhoff/*Kleindiek* Rn. 68.

532 So BGH, Urt. v. 17. 3. 1987, VI ZR 282/85, juris Rn. 37 f.

533 So BGH, Urt. v. 17. 3. 1987, VI ZR 282/85, juris Rn. 37.

534 Siehe *Sturm*, Verjährung, S. 158.

535 Siehe BGH GmbHR 1999, 186; Lutter/Hommelhoff/*Kleindiek* § 43 Rn. 68; Großkomm GmbHG/*Paefgen* Rn. 280; a. A. *Sturm*, Verjährung, S. 158 ff., 512.

536 Siehe BGH GmbHR 1999, 186.

ohnehin nicht mit staatlichem Zwang durchsetzbar (§ 888 III ZPO), zum anderen wird die Gesellschaft in der Praxis bei schuldhafter Nichterfüllung von Primärpflichten *ad hoc* mit Abberufung und außerordentlicher Kündigung reagieren. Ausnahmsweise können Verjährungsfragen auch bei Primäransprüchen eine Rolle spielen, insbesondere beim Anspruch auf Vorteilsherausgabe nach §§ 675 I, 667 BGB, z. B. wenn Geschäftsleiter im Zusammenhang mit der Geschäftsführung Provisionen oder Schmiergeldzahlungen entgegengenommen haben. Der Anspruch auf Vorteilsherausgabe verjährt nach §§ 195, 199 BGB.

Organschaftliche Sekundäransprüche von AG und GmbH, die bei schuldhafter Verletzung der Geschäftsführungspflichten entstehen, verjähren nicht nach §§ 195, 199 BGB. Diese Schadensersatzansprüche hat der Gesetzgeber dem speziellen Verjährungsregime der §§ 93 VI AktG, 43 IV GmbHG (i. V. m. § 200 S. 1 BGB) unterworfen. Der Zweck dieser Sonderverjährung besteht darin, Geschäftsleitern durch den objektiven Fristbeginn Gewissheit zu geben, von welchem Zeitpunkt an ihnen für ein bestimmtes Fehlverhalten keine Inanspruchnahme mehr droht. Der objektive Fristbeginn soll unternehmerisches Handeln, das durch einen großen Verantwortungsbereich und eine strenge Haftung gekennzeichnet ist, privilegieren.

Anstellungsvertragliche Schadensersatzansprüche gegen Geschäftsleiter verjähren grundsätzlich ebenfalls nach §§ 93 VI AktG, 43 IV GmbHG (analog). Über dieses Ergebnis besteht Einigkeit, wenn auch die dogmatischen Begründungen differieren. Nur soweit der Geschäftsleiter Pflichten aus dem Anstellungsvertrag verletzt, die in keinem sachlichen Zusammenhang zur Organstellung stehen, verjähren anstellungsvertragliche Schadensersatzansprüche ausnahmsweise nach §§ 195, 199 BGB.

Umgekehrt ist es bei Ansprüchen von AG und GmbH aus Bereicherungs- und Deliktsrecht. Diese Ansprüche unterliegen grundsätzlich der Regelverjährung nach §§ 195, 199 BGB, auch wenn sie mit organschaftlichen Schadensersatzansprüchen konkurrieren. Denn insoweit besteht eine Anspruchskonkurrenz gleichwertiger und gleichrangiger Ansprüche. Ausnahmsweise unterliegen deliktsrechtliche Schadensersatzansprüche von AG und GmbH der Sonderverjährung analog §§ 93 VI AktG, 43 IV GmbHG, und zwar wenn die Verletzung organschaftlicher Geschäftsführungspflichten automatisch zugleich einen Deliktstatbestand erfüllt oder wenn ein Deliktstatbestand ausschließlich vom Geschäftsleiter erfüllt werden kann.

Schadensersatzansprüche von AG und GmbH aus Verletzung der mitgliedschaftlichen Treuepflicht verjähren nach h. M. nach §§ 195, 199 BGB, nicht in analoger Anwendung der §§ 93 VI AktG, 43 IV GmbHG. Der Zweck der §§ 93 VI AktG, 43 IV GmbHG lasse sich auf die mitgliedschaftliche Haftung von Gesellschafter-Geschäftsleitern nicht übertragen.

# 5. Teil: Die Zurechnung von Kenntnis und grob fahrlässiger Unkenntnis an AG und GmbH im Rahmen des § 199 I BGB

Nachdem die Grundlagen der Wissenszurechnung in juristischen Personen herausgearbeitet, Funktion, Schutzrichtung und Inhalt der subjektiven Merkmale des § 199 I BGB bestimmt und Anwendungsbereich sowie praktische Bedeutung des § 199 I BGB im Hinblick auf Ansprüche gegen Geschäftsleiter offengelegt worden sind, kann man sich nun den eigentlichen Zurechnungsfragen im Rahmen des § 199 I BGB widmen. Um die Besonderheiten der Wissenszurechnung deutlich zu machen, die sich im Rahmen des § 199 I BGB bei Ansprüchen von AG und GmbH gegen Geschäftsleiter ergeben, wird eine Zweiteilung erfolgen: Zunächst wird der Verjährungsbeginn nach § 199 I BGB bei Ansprüchen der juristischen Person gegen Dritte dargestellt; in diesem Zusammenhang werden die allgemeinen Zurechnungsprobleme erörtert (§ 2). Anschließend werden die spezifischen Zurechnungsprobleme im Rahmen des § 199 I BGB bei Ansprüchen gegen Geschäftsleiter aufgezeigt und gesondert von allgemeinen Zurechnungsproblemen analysiert (§ 3).

Vorab ist jedoch zu klären, wer als Gläubiger i. S. v. § 199 I Nr. 2 BGB zu qualifizieren ist (§ 1).

## § 1 AG und GmbH als Zurechnungsadressat im Rahmen des § 199 I BGB

Über den Verjährungsbeginn entscheidet nach § 199 I Nr. 2 BGB die Kenntnis oder grob fahrlässige Unkenntnis des Gläubigers. Gläubiger im Sinne der Vorschrift ist grundsätzlich der Inhaber des Anspruchs[537]. Stehen allerdings Inhaberschaft und Verfügungsbefugnis über den Anspruch zwei verschiedenen Rechtssubjekten zu, kommt es nach zutreffender Ansicht für den Fristbeginn allein auf die Kenntnis oder grob fahrlässige Unkenntnis des Verfügungsbefugten an[538], weil in solchen

---

537 So BGH NJW 2013, 448, 449 (Tz. 18); Staudinger/*Peters/Jacoby* § 199 Rn.53; Erman/*Schmidt-Räntsch* Rn. 12.

538 Ausführlich *Sturm*, Verjährung, S. 528 ff.; BeckOGK BGB/*Piekenbrock* § 199 Rn. 97; im Ergebnis ebenso BGH NJW 2015, 3299, 3300; LG Dresden, Urt. v. 31. 05. 2013, 10 O 3091/12, juris Rn. 45 f.; so auch schon zu § 852 I BGB a. F. RGRK/*Kreft* § 852 Rn. 34; anders Staudinger/*Peters/Jacoby* § 199 Rn. 55, die davon auszugehen scheinen, dass die Kenntnis des Verfügungsbefugten *neben* der Kenntnis des Gläubigers relevant ist. Das kann jedoch nur in dem Fall zutreffen, in dem sowohl der Gläubiger als auch der Dritte, z. B. durch Ermächtigung nach § 185 I BGB, verfügungsberechtigt sind.

Fällen nur er verjährungshemmende Maßnahmen ergreifen kann[539]. Besitzen sowohl der Anspruchsinhaber als auch ein anderer die Verfügungsbefugnis, den Anspruch geltend zu machen, muss konsequenterweise die Kenntnis bzw. grob fahrlässige Unkenntnis beider den Verjährungsbeginn nach § 199 I BGB herbeiführen. Dies gilt z. B. dann, wenn der Gläubiger einen anderen ermächtigt, seinen Anspruch im eigenen Namen geltend zu machen, etwa in Form einer gewillkürten Prozessstandschaft[540]. Gläubiger im Sinne des § 199 I Nr. 2 BGB sind also alle Rechtssubjekte, die materiell berechtigt sind, den Anspruch im eigenen Namen geltend zu machen[541].

Ist eine AG oder eine GmbH Anspruchsinhaberin, kommt es nach § 199 I BGB somit auf ihre Kenntnis bzw. grob fahrlässige Unkenntnis an, es sei denn, ihr fehlt die Verfügungsbefugnis über den Anspruch. Fälle, in denen AG und GmbH die Verfügungsbefugnis über den Anspruch fehlt, werden hier nicht behandelt, da es in dieser Arbeit darum geht, Zurechnungsfragen in AG und GmbH zu untersuchen.

Da AG und GmbH nur kraft Zurechnung Kenntnis haben oder in grob fahrlässiger Unkenntnis sein können, stellt sich die Frage des Verjährungsbeginns nach § 199 I BGB bei Ansprüchen von AG und GmbH stets als Zurechnungsfrage.

## § 2 Die maßgeblichen Zurechnungssubjekte in AG und GmbH bei Ansprüchen gegen Dritte

Richten sich die Ansprüche von AG und GmbH gegen ihre Geschäftsleiter, gelten im Rahmen des § 199 I BGB viele Besonderheiten für die Wissenszurechnung. Um diese Besonderheiten von allgemeinen Zurechnungsproblemen zu trennen, ist zunächst die Wissenszurechnung im Rahmen des § 199 I BGB bei Ansprüchen der

---

539 Nach ganz h. M. ist die Verfügungsberechtigung des Klägers notwendige Voraussetzung für die Hemmungswirkung nach § 204 I Nr. 1 BGB, obwohl sich das Erfordernis der Verfügungsberechtigung der Vorschrift – anders als noch der Vorgängernorm § 209 I BGB a. F. – nicht mehr entnehmen lässt, siehe BGH NJW 2010, 2270, 2271 (Tz. 38); NJW 2011, 2193, 2194; MüKo BGB/*Grothe* § 204 Rn. 17; Jauernig/*Mansel* Rn. 2; *Rabe* NJW 2006, 3089 ff., a. A. *Kähler* NJW 2006, 1769 ff.

540 Siehe MüKo BGB/*Grothe* § 199 Rn. 37; Staudinger/*Peters/Jacoby* Rn. 55.

541 Es gibt zwei Methoden, dieses Ergebnis zu erreichen. Man könnte den Gläubiger i. S. v. § 199 I BGB abweichend vom üblichen zivilrechtlichen Begriffsverständnis nicht als Anspruchsinhaber, sondern als den zur Anspruchsgeltendmachung materiell Berechtigten definieren. Man könnte den Gläubiger i. S. v. § 199 I BGB aber auch nach dem üblichen Begriffsverständnis als Anspruchsinhaber definieren und solche Gläubiger aus dem Tatbestand entfernen, denen die Verfügungsbefugnis über den Anspruch fehlt (teleologische Reduktion) und den Tatbestand um solche Personen erweitern, die die materielle Berechtigung haben, den Anspruch des Gläubigers geltend zu machen (Analogie). Letztere Methode erscheint umständlicher, wäre aber um ein einheitliches zivilrechtliches Verständnis des Begriffs Gläubiger bemüht.

juristischen Person gegen Dritte darzustellen. Hierbei sind zunächst die allgemeinen Zurechnungsprobleme zu analysieren.

## A. Maßgebliches Zurechnungssubjekt auf Organebene

### *I. Meinungsstand*

#### *1.) Das für die Wissenszurechnung maßgebliche Organ*

Nach h. M. müssen sich juristische Personen im Rahmen des § 199 I BGB die Kenntnis oder grob fahrlässige Unkenntnis jenes Organs zurechnen lassen, dem die Vertretung im Prozess obliegt, das also zur Vertretung der Gesellschaft bei der Verfolgung des konkreten Anspruchs zuständig ist[542].

Dem widerspricht nur *Sturm*. Er vertritt die Ansicht, dass bei § 199 I BGB nicht auf das vertretungsberechtigte Organ, sondern auf das Organ abzustellen sei, das über den konkreten Anspruch der juristischen Person verfügen könne[543]. *Sturm* argumentiert mit der *ratio* des § 199 I BGB. Das Merkmal der Kenntnis gemäß § 199 I BGB solle dem Gläubiger ermöglichen, die komplette Verjährungsfrist als Überlegungsfrist zu nutzen und ihn befähigen, den Rechtsnachteil der Verjährung durch (verjährungshemmende) Geltendmachung des Anspruchs abzuwenden[544]. Wegen dieser *ratio* sei es allgemeine Meinung, dass bei Auseinanderfallen von Anspruchsinhaberschaft und Verfügungsbefugnis im Rahmen des § 199 I BGB allein auf die Kenntnis des Verfügungsberechtigten abzustellen sei, weil nur er sich die Geltendmachung des Anspruchs überlegen und nur er die Verjährungsfrist gemäß § 204 I Nr. 1 BGB hemmen könne[545]. Übertrage man diese anerkannten Grundsätze auf die Binnenverfassung der juristischen Person, müsse es auf die Kenntnis desjenigen Organs ankommen, das über den Anspruch der juristischen Person verfügen könne[546]. Denn nur dieses Organ könne die Verjährungsfrist als Überlegungsfrist nutzen[547], schließlich über die Geltendmachung des Anspruchs der juristischen Person entscheiden[548] und der prozessualen Geltendmachung des Anspruchs verjährungshemmende Wirkung nach § 204 I Nr. 1 BGB verleihen[549].

542 Siehe BGH NJW-RR 1989, 1255, 1258 f.; NJW-RR 2011, 832, 833; NJW-RR 2013, 1321, 1324; MüKo BGB/*Grothe* § 199 Rn. 36; Erman/*Schmidt-Räntsch* Rn. 14; Jauernig/*Mansel* Rn. 4; siehe auch *Sturm,* Verjährung Diss., S. 196, 426 ff., der dies als allgemeine Meinung bezeichnet.

543 *Sturm,* Verjährung Diss., S. 186–202, 426 ff.

544 Siehe *Sturm,* Verjährung Diss., S. 187–189, 426 f.

545 Siehe *Sturm,* Verjährung Diss., S. 184–186, 426 ff.

546 Siehe *Sturm,* Verjährung Diss., S. 190, 426 f.

547 Siehe *Sturm,* Verjährung Diss., S. 196, 426.

548 *Sturm,* Verjährung Diss., S. 200, 427.

549 Siehe *Sturm,* Verjährung Diss., S. 200, 214 ff., 428.

Zu unterschiedlichen Ergebnissen kommen die h.M. und *Sturm* nur, wenn die Entscheidung über die Anspruchsverfolgung und die Vertretung bei der Anspruchsverfolgung in die Zuständigkeit verschiedener Organe fallen[550]. Welcher Auffassung zu folgen ist, kann hier zunächst dahinstehen, da im Hinblick auf Ansprüche der juristischen Person gegen Dritte beide Auffassungen zu dem Ergebnis gelangen, dass es für den Verjährungsbeginn nach § 199 I BGB auf die Kenntnis bzw. grob fahrlässige Unkenntnis der Mitglieder des Leitungsorgans ankommt[551]. Denn bei Ansprüchen gegen Dritte ist das Leitungsorgan zuständig, über die Anspruchsverfolgung zu entscheiden und die juristische Person bei der Geltendmachung zu vertreten[552]. Diese Entscheidungs- und Vertretungszuständigkeit folgt für den AG-Vorstand aus §§ 77 I, 78 I 1 AktG, die ihm die Geschäftsführungs- und Vertretungskompetenz einräumen; für die Geschäftsführer der GmbH folgt sie aus deren Geschäftsführungs-[553] und Vertretungskompetenz gemäß § 35 I 1 GmbHG. AG und GmbH müssen sich im Rahmen des § 199 I BGB somit die Kenntnis bzw. grob fahrlässige Unkenntnis des Vorstands bzw. der Geschäftsführer zurechnen lassen.

## *2.) Zurechnungsnorm*

Der allgemeine Streit über die richtige Rechtsgrundlage zur Zurechnung von Organmitgliederwissen[554] erstreckt sich auch auf § 199 I BGB. Auch bei § 199 I BGB wird unterschiedlich beurteilt, ob eine Rechtsfortbildung zu § 166 I BGB[555], zu § 31 BGB[556] oder eine Gesamtanalogie zu §§ 26 II 2 BGB, 78 II 2 AktG, 35 II 2 GmbHG[557] die richtige Grundlage ist, um Kenntnis bzw. grob fahrlässige Unkenntnis von Geschäftsleitern der juristischen Person zuzurechnen.

Da § 199 I BGB im Vergleich zu anderen Wissensnormen die Besonderheit aufweist, dass die Kenntnis bzw. grob fahrlässige Unkenntnis als solche

---

550 Siehe *Sturm*, Verjährung Diss., S. 190, 426.

551 Siehe BGH NJW 1990, 975, 976; Erman/*Schmidt-Räntsch* § 199 Rn. 14; MüKo BGB/*Grothe* Rn. 36; Staudinger/*Peters/Jacoby* Rn. 58; PWW/*Deppenkemper* Rn. 12; jurisPK BGB/*Lakkis* Rn. 180; MüKo GmbHG/*Stephan/Tieves* § 35 Rn. 214; Hüffer AktG/*Koch* § 78 Rn. 24; *Sturm*, Verjährung Diss., S. 189 f.

552 Siehe *Sturm*, Verjährung Diss., S. 189 f., 426.

553 Den Geschäftsführern ist jedenfalls die laufende Geschäftsführung zugeordnet, so Scholz GmbHG/*U. H. Schneider/S. H. Schneider* § 37 Rn. 1.

554 Zum Meinungsstand *Buck* S. 205 ff. m. w. N.

555 So GmbHG Großkomm/*Paefgen* § 35 Rn. 199.

556 So Erman/*Schmidt-Räntsch* § 199 Rn. 14; *Otto* S. 177.

557 Siehe BGH NJW 1956, 869; BAG MDR 1985, 258 (zu § 626 II 2 BGB); *Wiesner* BB 1981, 1533, 1536; *Lüders* BB 1990, 790, 793 f. (beide zu § 626 II 2 BGB); MüKo AktG/*Spindler* § 78 Rn. 93 stützt die Zurechnung auf §§ 31 BGB, 78 II 2 AktG. Die Ansichten zu § 626 II 2 BGB lassen sich auf § 199 I BGB übertragen, weil § 626 II 2 BGB und § 199 I BGB strukturgleiche Wissensnormen sind, die beide eine Frist mit Kenntniserlangung beginnen lassen.

rechtsfolgebegründend ist, wird bei § 199 I BGB noch eine weitere Zurechnungsgrundlage befürwortet. *Baum* zufolge kann Organmitgliederwissen im Rahmen des § 199 I BGB weder aufgrund analoger Anwendung des § 166 I BGB noch aufgrund analoger Anwendung des § 31 BGB zugerechnet werden, weil beide Normen nur eine handlungsbegleitende Wissenszurechnung ermöglichten[558]. Bei § 199 I BGB gehe es aber nicht um eine handlungsbegleitende, sondern um eine handlungsunabhängige Wissenszurechnung[559]. Richtige Zurechnungsgrundlage für eine handlungsunabhängige Wissenszurechnung sei der in § 164 III BGB zum Ausdruck kommende Rechtsgedanke[560].

Viele verzichten im Rahmen des § 199 I BGB auch gänzlich darauf, sich zur Rechtsgrundlage zur Zurechnung von Geschäftsleiterwissen zu äußern[561].

Relevant ist der Streit über die richtige Zurechnungsgrundlage zwar nicht für die Frage, ob die Kenntnis bzw. grob fahrlässige Unkenntnis von Geschäftsleitern überhaupt der juristischen Person zuzurechnen ist. Denn daran zweifelt im Ergebnis niemand. Konsequenzen hat der Streit aber für die Frage, ob bei einer juristischen Person mit mehrköpfigem Leitungsorgan der Verjährungsbeginn nach § 199 I BGB schon durch die Kenntnis bzw. grob fahrlässige Unkenntnis eines einzelnen Organmitglieds bewirkt werden kann. Nach h. M. genügt für den Verjährungsbeginn nach § 199 I BGB, dass einer der Geschäftsleiter Kenntnis hat bzw. in grob fahrlässiger Unkenntnis ist, gleich ob Einzel- oder Gesamtvertretungsberechtigung besteht[562]. Begründet wird dies heute überwiegend mit den Regeln über die passive Einzelvertretungsmacht (§ 26 II 2 BGB, § 78 II 2 AktG, § 35 II 2 GmbHG)[563]; zum Teil erscheint diese Ansicht aber auch als Relikt der früher herrschenden

---

558 Siehe *Baum* S. 350, 353. Das *Baumsche* Zurechnungsmodell differenziert im Grundsatz richtig zwischen einer handlungsabhängigen und einer handlungsunabhängigen Wissenszurechnung. Ist im Hinblick auf eine Wissensnorm deren Tatbestandsmerkmal Kenntnis nur erheblich in Verbindung mit einer rechtsgeschäftlichen, rechtsgeschäftsähnlichen oder tatsächlichen Handlung (z. B. bei § 932 I 1 BGB), bedarf es einer handlungsabhängigen Wissenszurechnung; ist bei einer Wissensnorm das Tatbestandsmerkmal Kenntnis als solches rechtsfolgebegründend, bedarf es hingegen einer handlungsunabhängigen Wissenszurechnung (z. B. bei §§ 199 I, 626 II 2 BGB), siehe *Baum* S. 32 ff.

559 So *Baum* S. 146 zu § 852 a. F.

560 Dies soll allerdings nur für die juristische Person mit mehrköpfigem Leitungsorgan gelten, siehe *Baum* S. 364 f., 359. Zur dogmatischen Herleitung einer Zurechnungsgrundlage aus § 164 III BGB *Baum* S. 140 ff.

561 Siehe jurisPK BGB/*Lakkis* § 199 Rn. 180; PWW/*Deppenkemper* Rn. 12; Staudinger/*Peters/Jacoby* Rn. 58; MüKo BGB/*Grothe* Rn. 33.

562 So Staudinger/*Peters/Jacoby* § 199 Rn. 58; PWW/*Deppenkemper* Rn. 12; BeckOGK BGB/*Piekenbrock* Rn. 99; so auch schon RGRK/*Kreft* § 852 Rn. 36 zu § 852 I BGB a. F.; eingehend *Wiesner* BB 1981, 1533, 1535 f.

563 Siehe *Sturm*, Verjährung Diss., S. 220; *Wiesner* BB 1981, 1533, 1535 f.

absoluten Wissenstheorie[564], nach der das Wissen eines jeden vertretungsberechtigten Organmitglieds als Wissen der juristischen Person galt[565]. Nach der Gegenansicht soll die Frist erst mit der Kenntnis bzw. grob fahrlässigen Unkenntnis sämtlicher Geschäftsleiter in Lauf gesetzt werden[566]. Andere leiten aus dem Normzweck des § 199 I BGB[567] oder aus dem Rechtsgedanken des § 164 III BGB[568] ab, dass es nur auf die Kenntnis bzw. grob fahrlässige Unkenntnis des ressortzuständigen Geschäftsleiters für den Verjährungsbeginn ankommen könne. Nach Sinn und Zweck des § 199 I BGB solle das subjektive Erfordernis dem Gläubiger eine faire Chance zur Anspruchsdurchsetzung geben, sodass es nur auf die Kenntnis bzw. grob fahrlässige Unkenntnis des für die Anspruchsdurchsetzung zuständigen Organmitglieds ankomme[569]. Das gleiche Ergebnis wird aus dem Rechtsgedanken des § 164 III BGB gefolgert, weil nur das ressortzuständige Organmitglied vom Geschäftsherrn als sog. Wissensempfangsvertreter dazu eingesetzt sei, bestimmte Informationen – in diesem Fall über anspruchsbegründende Tatsachen – für ihn zu empfangen[570].

## *II. Stellungnahme*

In größeren Unternehmen werden Ansprüche des Unternehmensträgers – hier einer AG oder GmbH – gegen Dritte üblicherweise durch Mitarbeiter unterhalb der Organebene erfasst und geltend gemacht. In solchen Unternehmen werden Geschäftsleiter in der Regel keine Kenntnis von anspruchsbegründenden Umständen erlangen und auch nicht erlangen müssen[571]. Dennoch kann nicht zweifelhaft sein, dass sich AG und GmbH im Rahmen des § 199 I BGB in jedem Fall auch die Kenntnis bzw. grob fahrlässige Unkenntnis ihrer Organe zurechnen lassen müssen,

---

564 Zu den Grundlagen der absoluten Wissenstheorie *Buck* S. 209 ff.; zur Ablehnung der absoluten Wissenstheorie: *Flume*, Juristische Person, S. 404 „Begriffsjurisprudenz", „Mystifikation der Organtheorie"; Staudinger/*Weick* § 31 Rn. 3 „Erbe der Begriffsjurisprudenz"; *Baumann* ZGR 1973, 284, 291 „Wertungen des Gesetzes [...] haben an die Stelle einer Ignorierung des Gesetzes [...] zu treten"; *Fleischer* NJW 2006, 3239, 3242 *„naturalistischer Fehlschluss aus der Organtheorie"*; siehe auch *Taupitz*, Karlsruher Forum 1994, S. 16, 26.

565 Grundlegend RG JW 1935, 2044; siehe auch *Wiesner* BB 1981, 1533 m. w. N. zum damaligen Schrifttum.

566 So *Densch/Kahlo* DB 1987, 581, 582 ff. zum Fristbeginn bei § 626 II 2 BGB.

567 So *Buck* S. 391, 457 zu § 852 BGB a. F.

568 So *Baum* S. 364 f.

569 So *Buck* S. 117, 391 zu § 852 BGB a. F.

570 Siehe *Baum* S. 140 ff., 364 f.

571 So Erman/*Schmidt-Räntsch* § 199 Rn. 14; zustimmend *Otto* S. 178. Ganz allgemein gilt, dass bei großen Unternehmen die Wissenszurechnung über Nichtorganmitglieder wegen der dezentralen Wissensstruktur größere Bedeutung hat als die Wissenszurechnung über Organmitglieder, siehe *Heidrich* S. 108 f., 223.

mag der Verjährungsbeginn in der Praxis auch regelmäßig durch die Kenntnis von Mitarbeitern unterhalb der Organebene ausgelöst werden[572]. Fraglich ist daher nur, welches Organ bei § 199 I BGB maßgebliches Zurechnungssubjekt ist. Im Hinblick auf Ansprüche gegen Dritte sind dies der AG-Vorstand und die GmbH-Geschäftsführung, weil nur diese Leitungsorgane kraft ihrer Geschäftsführungs- und Vertretungskompetenz sich die Anspruchsgeltendmachung überlegen, über sie entscheiden, verjährungshemmende Maßnahmen nach § 204 I Nr. 1 BGB ergreifen und die Gesellschaft bei der Anspruchsgeltendmachung vertreten können.

Auch wenn die Zurechenbarkeit der Kenntnis bzw. grob fahrlässigen Unkenntnis des Leitungsorgans von niemandem bezweifelt wird, bedarf sie dennoch einer Rechtsgrundlage[573]. Die Regeln zur passiven Einzelvertretungsmacht scheiden von vornherein als taugliche Zurechnungsgrundlage aus, weil aus ihnen keine allgemeine Regel für die organschaftliche Wissenszurechnung zu gewinnen ist[574]. Diskussionswürdig ist eine Rechtsfortbildung zu § 166 I BGB oder zu § 31 BGB, um die Kenntnis oder grob fahrlässige Unkenntnis von Leitungsorganmitgliedern zuzurechnen. Richtigerweise ist bei der organschaftlichen Wissenszurechnung zu differenzieren: Soweit die Kenntnis bzw. das Kennenmüssen von Organmitgliedern die rechtlichen Folgen einer Willenserklärung beeinflusst, ist § 166 I BGB entsprechend anzuwenden; im Übrigen ist die Zurechnung auf den Rechtsgedanken des § 31 BGB zu stützen[575]. Grund für diese Differenzierung ist, dass der Rechtsgedanke des § 31 BGB den organschaftlichen Charakter der Zurechnung grundsätzlich am besten zum Ausdruck bringt, für eine Rechtsfortbildung zu § 31 BGB aber kein Raum ist, soweit § 166 I BGB aufgrund der Verweisungsnorm des § 26 I 2, Hs. 2 BGB auf juristische Personen entsprechende Anwendung findet. Indem § 26 I 2, Hs. 2 BGB den Leitungsorganmitgliedern sämtlicher juristischer Personen[576] die *Stellung* von gesetzlichen Vertretern zuschreibt, ordnet er für die organschaftliche Vertretung grundsätzlich die entsprechende Anwendung der Vorschriften über die Stellvertretung (§§ 164 ff. BGB) an[577]. Kraft des Verweises auf die §§ 164 ff. BGB ist

572 Siehe BGH NJW-RR 2006, 771, 772.

573 Zum Erfordernis der Zurechnungsgrundlage siehe 2. Teil:§ 2B.II.

574 Zutreffend *Buck* S. 256 ff.; *Baum* S. 355; Erman/*H. P. Westermann* § 26 Rn. 5. Hinzu kommt, dass es bei § 199 I BGB nicht um die passive Entgegennahme von Wissen geht, sondern um Wissen als Grundlage für die Hemmung der Frist. Zu diesem Unterschied siehe 5. Teil:§ 3A.III.1.)c.)cc.)(1.).

575 Wie hier einen differenzierenden Ansatz vertretend, *Grigoleit* ZHR 181, 160, 188; ähnlich Baumbach/Hueck/*Zöllner/Noack* § 35 Rn. 147 ff., 152; *Ellers* GmbHR 2004, 934, 935; zu den verschiedenen Ansätzen *Buck* S. 206.

576 Die Wertung des § 26 I 2, Hs. 2 BGB gilt nicht nur für den Verein, sondern für alle juristischen Personen, so *Baumann* ZGR 1973, 284, 290 f.; *Beuthien* NJW 1999, 1142, 1144.

577 Siehe *Baumann* ZGR 1973, 284, 291; *Römmer-Collmann* S. 95 f.; *Beuthien* NJW 1999, 1142, 1144; *K. Schmidt*, GesR, § 10. II. 1.; MüKo $BGB_6$/*Schramm* Vor §§ 164 ff. Rn. 9; MüKo AktG/*Spindler* § 78 Rn. 93.

prinzipiell auch § 166 BGB auf Leitungsorganmitglieder entsprechend anwendbar. Dennoch wird vielfach eine Anwendung des § 166 I BGB auf Leitungsorganmitglieder von der Gefolgschaft der Organtheorie mit der Begründung abgelehnt, die organschaftliche Wissenszurechnung habe eine andere Qualität als die Zurechnung der Kenntnis eines rechtsgeschäftlichen bzw. gesetzlichen Stellvertreters[578]. Denn bei § 166 I BGB gehe es um die Zurechnung der Kenntnis im Verhältnis zweier verschiedener Subjekte (Fremdzurechnung), während es bei organschaftlicher Wissenszurechnung um Wissen eines Wissensträgers als organisationsrechtlicher Teil eines anderen gehe (Eigenzurechnung)[579]. Dieser Einwand kann, obwohl er in der Sache zutrifft, die entsprechende Anwendung des § 166 I BGB nicht ausschließen[580]. Denn der Gesetzgeber bezweckte mit der neutralen Formulierung in § 26 I 2, Hs. 2 BGB „Stellung eines gesetzlichen Vertreters" die entsprechende Anwendung der §§ 164 ff. BGB gerade unabhängig davon, ob die Rechtswissenschaft sich der Organ- oder der Vertretertheorie anschließt[581]. Die gesetzgeberische Entscheidung, organschaftliche Vertreter von gesetzlichen zu unterscheiden, die Regeln über die gesetzliche Vertretung aber dennoch auf die organschaftliche Vertretung (entsprechend) anzuwenden, ist daher zu respektieren. Die vom Gesetzgeber gemäß § 26 I 2, Hs. 2 BGB angeordnete entsprechende Anwendung der §§ 164 ff. BGB ist daher unabhängig davon zu beachten, welcher Theorie man sich anschließt. Aus diesem Grund darf man den Verweis auf die §§ 164 ff. BGB vom Blickwinkel der Organtheorie aus nicht mit dem Argument ignorieren, organschaftliche Vertreter seien keine gesetzlichen.

Der Verweis in § 26 I 2, Hs. 2 BGB bedingt daher die entsprechende Anwendbarkeit aller Vorschriften der §§ 164 ff. BGB, soweit sich deren *Rechtsfolgen* mit der organschaftlichen Vertretung vereinbaren lassen, mag der dogmatische Unterbau der organschaftlichen Vertretung auch ein gänzlich anderer als der der gesetzlichen Vertretung sein.

Nachfolgend ist zu zeigen, dass die Rechtsfolge des § 166 I BGB auch auf Organmitglieder passt.

Zunächst einmal ist es unstreitig, dass das Wissen(müssen) eines Leitungsorganmitglieds, das rechtsgeschäftlich für die juristische Person handelt, dieser zuzurechnen ist[582]. Diese Rechtsfolge ergibt sich zwanglos, wenn man § 166 I[583] BGB auf die juristische Person entsprechend anwendet.

---

578 So Großkomm HGB/*Habersack* § Rn. 20; Spindler/Stilz/*Fleischer* § 78 Rn. 53; *K. Schmidt,* GesR, § 10 V. 2.

579 So *K. Schmidt,* GesR, § 10 V. 2.; ähnlich Großkomm HGB/*Habersack* § 125 Rn. 20.

580 So auch MüKo BGB$_6$/*Schramm* Vor §§ 164 ff. Rn. 9.

581 Siehe *Mugdan I,* Protokolle, S. 609; Soergel/*Hadding* § 26 Rn. 2; Staudinger/*Weick* Rn. 8; Erman/*H.P. Westermann* Rn. 2; *Martinek,* Repräsentantenhaftung, S. 31.

582 Siehe *Buck* S. 203 f.

583 Die Rechtsfolge des § 166 I Var. 1 BGB, dass auf die Person des Vertretenen nicht abzustellen ist, steht einer Anwendung auf die juristische Person nicht entgegen.

Teilweise wird ein Rückgriff auf § 166 I BGB abgelehnt, weil die Anwendung der Vorschrift zur Folge hätte, dass die Kenntnis der am Rechtsgeschäft unbeteiligten Leitungsorganmitglieder nicht zurechenbar wäre, indes aufgrund der Organqualität das Wissen(müssen) aller Leitungsorganmitglieder zuzurechnen sei[584]. Dieser Einwand geht fehl, und zwar ganz unabhängig davon, ob es zutrifft, dass das Wissen(müssen) aller Leitungsorganmitglieder zurechenbar ist. Denn § 166 I BGB enthält keine abschließende Aussage in dem Sinne, es sei nur das Wissen(müssen) des rechtsgeschäftlich Handelnden zuzurechnen, wie § 166 II BGB zeigt. Davon abgesehen lässt sich nicht einmal dem Rechtsgedanken des § 31 BGB die Wertung entnehmen, dass die Kenntnis unbeteiligter Leitungsorganmitglieder der juristischen Person zwingend schaden muss.

Auch der bereits diskutierte Einwand, dass auf Grundlage von § 166 I BGB Kenntnis nur als *fremde* zugerechnet werden könne, indes die Kenntnis von Organmitgliedern der juristischen Person zwingend als *eigene* zuzurechnen sei[585], schlägt nicht durch. Denn die dogmatische Einordnung als Eigen- oder Fremdzurechnung[586] bewirkt keine unterschiedliche Rechtsfolge bei der Wissenszurechnung. Der Grund hierfür liegt im Wesen der Zurechnung. Die Wissenszurechnung dient allein dem Zweck, den defizitären Tatbestand der Wissensnorm durch Zurechnung zu vervollständigen, um den Zurechnungsadressaten den Rechtsfolgen ebenjener Wissensnorm zu unterwerfen[587]. Wissenszurechnung bewirkt daher immer nur tatbestandsrelevante Kenntnis im Sinne einer Wissensnorm. Die Rechtsfolge von Eigen- und Fremdzurechnung ist somit dieselbe: tatbestandsrelevante Kenntnis. So spielt es z. B. für § 442 I 1 BGB keine Rolle, ob dem Käufer die Kenntnis eines Organmitglieds oder eines rechtsgeschäftlichen Vertreters zugerechnet wird, denn in beiden Fällen ist § 442 I 1 BGB erfüllt.

Die entsprechende Anwendbarkeit des § 166 I BGB auf Organmitglieder kraft des Verweises gemäß § 26 I 2, Hs. 2 BGB könnte daher nur scheitern, wenn der Umfang der Zurechnung gemäß § 166 I BGB in Form der Zurechnung privater und geschäftlicher Kenntnis auf Organmitglieder nicht passen würde.

Nach h. M. ist gemäß § 166 I BGB privates und geschäftliches Wissen des *rechtsgeschäftlich* Handelnden zuzurechnen, da der Wortlaut nicht nach privater und geschäftlicher Kenntnis differenziert und der Kenntnisstand eines Vertreters nicht in privat und geschäftlich aufspaltbar ist[588]. Dieser Gedanke gilt

---

Die Anordnung dieser Rechtsfolge ist bei juristischen Personen, die nur kraft Zurechnung Kenntnis erlangen können, zwar überflüssig, aber nicht falsch.

584 So *K. Schmidt,* GesR, § 10 V. 2.; *Bork* DB 2012, 33, 34.

585 Siehe z. B. Großkomm HGB/*Habersack* § 125 Rn. 20; *K. Schmidt,* GesR, § 10 I., § 10 V. 2.; *Martinek,* Repräsentantenhaftung, S. 30; *Beuthien* NJW 1999, 1142 ff.; *Buck* S. 217.

586 Zur Abgrenzung von Eigen- und Fremdzurechnung siehe 2. Teil:§ 2B.I.

587 Siehe 2. Teil:§ 2B.II.

588 Siehe *Buck* S. 245; *Römmer-Collmann* S. 190; *Baum* S. 81 ff.; *Taupitz,* Karlsruher Forum 1994, S. 16, 24 f.; *Grigoleit* ZHR 181, 160, 182.

uneingeschränkt auch für rechtsgeschäftlich handelnde Organmitglieder, gleich auf welcher Rechtsgrundlage man ihre Kenntnis der juristischen Person zurechnet[589]. Sowohl § 166 I BGB als auch § 31 BGB beruhen hauptsächlich auf dem Prinzip der Vorteil-Nachteil-Korrelation[590]. Hiernach hat derjenige, der die Vorteile aus der Arbeitsteilung zieht, auch deren Nachteile zu tragen. Da jeder, der für die juristische Person rechtsgeschäftlich handelt, gleich ob Organmitglied oder nicht, naturgemäß sein privates und sein geschäftliches Wissen gleichermaßen bei der Vornahme des Rechtsgeschäfts zugunsten der juristischen Person einsetzt, hat die juristische Person auch die Nachteile aus diesem privaten Wissen zu tragen. Die Annahme, Organmitglieder würden nur ihr geschäftliches Wissen bei der Vornahme von Rechtsgeschäften zugunsten der juristischen Person einsetzen, ist realitätsfern und begreift Organmitglieder als schizophrene Wissensträger[591], was abzulehnen ist.

Für AG und GmbH gilt also gleichermaßen, dass ihnen das Wissen(müssen) ihrer Geschäftsleiter analog § 26 I 2, Hs. 2 BGB i. V. m. § 166 I BGB zuzurechnen ist, soweit die rechtlichen Folgen einer Willenserklärung durch das Wissen(müssen) beeinflusst werden; im Übrigen ist eine organschaftliche Wissenszurechnung auf den Rechtsgedanken des § 31 BGB zu stützen. Da die Kenntnis bzw. grob fahrlässige Unkenntnis bei § 199 I BGB nicht die rechtlichen Folgen einer Willenserklärung beeinflusst, kann die organschaftliche Zurechnung bei § 199 I BGB nicht auf § 166 I BGB, sondern nur auf den Rechtsgedanken des § 31 BGB gestützt werden[592]. Bei rechtsgeschäftlichen Ansprüchen könnte man zwar erwägen, ob die Kenntnis bzw. grob fahrlässige Unkenntnis gemäß § 199 I BGB nicht die rechtlichen Folgen einer Willenserklärung beeinflusst. Dies ist aber nicht der Fall. Denn der Verjährungsbeginn des § 199 I BGB ist von den rechtlichen Folgen der Willenserklärung losgelöst. Dies zeigt sich schon daran, dass der Verjährungsbeginn nicht mit dem Abschluss des anspruchsbegründenden Verpflichtungsgeschäfts zusammenfallen muss, z. B. im Hinblick auf ungewöhnliche Ansprüche aus dem Vertrag, die erst später bekannt werden[593], womit dann auch die Verjährung erst zu dem späteren Zeitpunkt beginnt.

---

589 So auch *Grigoleit* ZHR 181, 160, 188.

590 Zu diesem Teilzweck des § 166 I BGB siehe *Baum* S. 64 ff. m. w. N.; zum Vorteil-Nachteil-Ausgleich nach § 31 BGB, siehe *Schürnbrand*, Organschaft, S. 102; *Küpperfahrenberg* S. 24; *Martinek*, Repräsentantenhaftung, S. 21 f., der von der „Vorteil-Nachteil-Korrelation“ als unangefochtener Basis der Organhaftung nach § 31 BGB spricht.

591 So zutreffend *Fleischer* NJW 2006, 3239, 3242; ähnlich *Wiesner* BB 1981, 1533, 1536.

592 Siehe BGH NJW 2014, 1294, 1295; *Otto* S. 177; MüKo BGB/*Schubert* § 166 Rn. 76; Erman/*Maier-Reimer* Rn. 33; *Wiesner* BB 1981, 1533, 1535 (zu § 852 I BGB a. F.); im Ergebnis auch MüKo BGB/*Grothe* § 199 Rn. 38; siehe auch *Buck* S. 190 zu § 852 I BGB a. F.

593 Siehe Staudinger/*Peters/Jacoby* § 199 Rn. 77; *Otto* S. 96 f.

Auf den Rechtsgedanken des § 164 III BGB kann die Zurechnung der Kenntnis bzw. grob fahrlässigen Unkenntnis von Organmitgliedern hingegen nicht gestützt werden, weil der in § 31 BGB zum Ausdruck kommende Rechtsgedanke für die organschaftliche Zurechnung besser passt. Insoweit kann die Vorrangigkeit des § 164 III BGB auch nicht aus § 26 I 2, Hs. 2 BGB hergeleitet werden. Denn § 164 III BGB kann nicht aufgrund des Verweises in § 26 I 2, Hs. 2 BGB, sondern allenfalls aufgrund einer Rechtsfortbildung für die Wissenszurechnung im Rahmen des § 199 I BGB fruchtbar gemacht werden[594].

Für die Frage, ob beim mehrköpfigen Leitungsorgan nur die Kenntnis bzw. grob fahrlässige Unkenntnis des Gesamtorgans oder jedes einzelnen Geschäftsleiters zuzurechnen ist, lässt sich aus dem Rechtsgedanken des § 31 BGB nichts gewinnen.

Man könnte erwägen, die Regeln über die passive Einzelvertretungsmacht von Geschäftsleitern (§§ 78 II 2 AktG, 35 II 2 GmbHG), wenn auch nicht als Zurechnungsgrundlage, so doch wenigstens zur Konkretisierung der Wissenszurechnung nach § 31 BGB heranzuziehen. Das erscheint aber äußerst zweifelhaft[595], weil Rechtsprechung und h. L. beim AG-Vorstand die Kenntnis jedes einzelnen Mitglieds, beim AG-Aufsichtsrat hingegen nur die Kenntnis des beschlussfähigen Gremiums für zurechenbar halten[596], indes für beide Organe gemäß § 78 II 2 AktG (i. V. m. § 112 S. 2 AktG) passive Einzelvertretungsmacht angeordnet ist. Obwohl in beiden Fällen die Vorschriften über die passive Einzelvertretungsmacht anwendbar sind, sollen die Ergebnisse unterschiedlich sein. Begründet wird diese Differenzierung damit, dass beim Aufsichtsrat trotz § 112 S. 2 AktG nur die Gremiumskenntnis maßgeblich sein könne, weil es anders als bei der Passivvertretungsmacht nicht um den Empfang von Willenserklärungen, sondern darum gehe, dass der Aufsichtsrat als Kollegialorgan auf Grundlage der rechtserheblichen Kenntnis Beschlüsse fassen könne[597]. Für Vorstandsmitglieder ließe sich aber genauso argumentieren, dass die rechtserhebliche Kenntnis als Grundlage der Beschlussfassung des Vorstands benötigt wird und zumindest im Fall der Gesamtgeschäftsführungsbefugnis daher bei allen Vorstandsmitgliedern vorliegen muss. Es zeigt sich, dass die h. M. ohne stichhaltige Unterscheidungskriterien aus den Regeln zur passiven Einzelvertretungsmacht beim Vorstand Rückschlüsse auf die Zurechenbarkeit zieht, während sie beim Aufsichtsrat solche Rückschlüsse verneint.

---

594 Zur dogmatischen Herleitung *Baum* S. 140 ff., 364 f.

595 Siehe *Buck* S. 256 ff.

596 Zum Meinungsstand *Wiesner* BB 1981, 1533 ff.; zur alleinigen Relevanz der Gremiumskenntnis beim Aufsichtsrat MüKo AktG/*Habersack* § 112 Rn. 25; Spindler/Stilz/*Spindler* Rn. 42; Großkomm AktG/*Hopt/Roth* Rn. 78; *Stein* ZGR 1999, 264, 286 f.; *Sturm*, Verjährung Diss., S. 219 ff.; *Buck* S. 283 ff.; *dies.* AG 2015, 801, 804 f.; *dies.* WM 2016, 1469; *Koch* ZIP 2015, 1757, 1758.

597 So Spindler/Stilz/*Spindler* § 112 Rn. 42; MüKo AktG/*Habersack* Rn. 25; *Densch/Kahlo* DB 1987, 581, 583; *Buck* S. 262; *Sturm*, Verjährung Diss., S. 223.

Dies belegt, dass sich die Regeln über die passive Einzelvertretungsmacht nur in sehr begrenztem Umfang für die Wissenszurechnung fruchtbar machen lassen: Nur wenn eine *Wissens*erklärung an die juristische Person, vertreten durch das Leitungsorgan, adressiert wird, so muss sich die juristische Person analog §§ 26 II 2 BGB, 35 II 2 GmbHG, 78 II 2 AktG die Kenntnis jedes einzelnen Leitungsorganmitglieds zurechnen lassen[598]. Teilt der Schuldner z. B. einem Vorstandsmitglied der AG oder einem Geschäftsführer der GmbH mit, dass die AG bzw. GmbH einen Anspruch gegen ihn hat, beginnt die Verjährung nach § 199 I BGB zu laufen.

In allen übrigen Fällen ist zunächst bei der Wissensnorm anzusetzen und zu ermitteln, ob ihre *ratio* konkretisierende Vorgaben für die Wissenszurechnung bei mehrköpfigen Organen enthält[599]. Bei § 199 I BGB ist dies der Fall. Das Merkmal der Kenntnis i. S. v. § 199 I BGB soll den Gläubiger in den Stand setzen, sich die Anspruchsgeltendmachung von Fristbeginn an zu überlegen und eine informierte Entscheidung über die Geltendmachung zu treffen[600]. Demgemäß muss die Kenntnis bei jenen Mitgliedern des Leitungsorgans vorliegen, die über die Geltendmachung des Anspruchs zu entscheiden haben. Die Entscheidungsbefugnis innerhalb des Leitungsorgans bemisst sich danach, ob Einzel- oder Gesamtgeschäftsführungsbefugnis besteht. Sind die Geschäftsleiter von AG und GmbH abweichend vom gesetzlichen Regelfall einzelgeschäftsführungsbefugt, ist die Kenntnis jedes einzelnen Geschäftsleiters im Rahmen des § 199 I BGB zurechenbar. Sind sie hingegen gesamtgeschäftsführungsbefugt nach § 77 I 1 AktG (analog[601]), können sie nur gemeinsam über die Anspruchsverfolgung entscheiden, sodass die Zurechnung voraussetzt, dass alle Geschäftsleiter Kenntnis haben. Hat ein Geschäftsleiter Kenntnis von anspruchsbegründenden Tatsachen und der Person des Schuldners, informiert die anderen Geschäftsleiter aber nicht in angemessener Zeit hierüber, müssen sich AG und GmbH nach § 242 BGB so behandeln lassen, als hätten sie Kenntnis i. S. v. § 199 I BGB. Diese Zurechnungsgrundsätze für gesamtgeschäftsführungsbefugte Geschäftsleiter stimmen mit denen überein, die für die fristbeginnauslösende Kenntnis des Aufsichtsrats im Rahmen des § 626 II 2 BGB entwickelt worden sind[602]. Diese Übereinstimmung ist auch dogmatisch konsistent, denn auch die fristbeginnauslösende Kenntnis i. S. v. § 626 II 2 BGB soll den Entscheidungsträgern eine informierte Entscheidung ermöglichen, weshalb im Rahmen des § 199 I BGB auf die zu § 626 II 2

598 So auch *Buck* S. 77 ff.

599 Zur zurechnungskonkretisierenden Wirkung von Wissensnormen siehe 2. Teil:§ 4C.

600 Siehe 3. Teil:§ 2C.II.

601 Die Vorschrift wird von der h. M. analog auf die GmbH angewandt, siehe RGZ 98, 98, 100; Baumbach/Hueck/*Zöllner/Noack* § 37 Rn. 29; MüKo GmbHG/*Stephan/Tieves* Rn. 78; Michalski/*Lenz* Rn. 28 f.; a. A. *van Veenroy* GmbHR 1999, 685 ff.

602 Siehe hierzu 5. Teil:§ 3A.III.1.)c.).

BGB entwickelten Zurechnungsgrundsätze vorsichtig zurückgegriffen werden kann[603].

## B. Das maßgebliche nichtorganschaftliche Zurechnungssubjekt: Wissensvertreter

### *I. Einführung*

Der Verjährungsbeginn gemäß § 199 I BGB kann auch durch die Kenntnis bzw. grob fahrlässige Unkenntnis von Hilfspersonen ausgelöst werden, die keinem Organ angehören. Die Vertretungsmacht einer Hilfsperson begründet aber nicht die Zurechenbarkeit ihrer Kenntnis bzw. grob fahrlässigen Unkenntnis[604]. § 166 I BGB ist nicht einschlägig, weil bei § 199 I BGB die Kenntnis bzw. grob fahrlässige Unkenntnis nicht die rechtlichen Folgen einer Willenserklärung beeinflusst[605]. Damit ist die Vertretungsmacht einer Hilfsperson für die Wissenszurechnung bei § 199 I BGB unerheblich[606]; sie ist weder notwendige noch hinreichende Voraussetzung einer Zurechnung.

Nach allgemeiner Ansicht ist im Rahmen des § 199 I BGB dem Gläubiger aber die Kenntnis bzw. grob fahrlässige Unkenntnis sog. Wissensvertreter zuzurechnen[607]. Als Zurechnungsgrundlage wird meist der Rechtsgedanke des § 166 I BGB[608], teilweise aber auch Treu und Glauben genannt[609]. Die Rechtsfigur des Wissensvertreters ist ursprünglich im Versicherungsrecht entwickelt[610] und in modifizierter Weise ins allgemeine Privatrecht übernommen worden[611]. Sie genießt heute weitgehend Anerkennung[612] als privatrechtliches

---

603 Zur Übertragbarkeit der zu § 626 II 2 BGB entwickelten Wissenszurechnungsgrundsätze auf § 199 I BGB siehe 5. Teil:§ 3A.III.1.)c.)cc.).

604 Siehe BGH NJW 2014, 1294, 1295; Palandt/*Ellenberger* § 199 Rn. 24; Erman/*Schmidt-Räntsch* Rn. 15; RGRK/*Kreft* § 852 Rn. 37; *Gill* S. 58 (zu § 852 BGB a. F.).

605 Siehe 5. Teil:§ 2A.II.

606 So BGH NJW 2014, 1294, 1295.

607 Siehe BGHZ 171, 1, 11 f. (Rn. 35); BGH NJW 2012, 1789, 1790; NJW 2014, 1294, 1295; Palandt/*Ellenberger* § 199 Rn. 24; Heidel BGB/*Mansel/Stürner* Rn. 76; PWW/*Deppenkemper* Rn. 12; MüKo BGB/*Grothe* Rn. 38; Staudinger/*Peters/Jacoby* Rn. 60; Erman/*Schmidt-Räntsch* Rn. 15; Heidel BGB/*Stoffels* § 166 Rn. 28; wohl auch *Faßbender* S. 116 f. (zu § 852 I BGB a. F.).

608 So z. B. BGH NJW 1994, 1150, 1151; NJW 1997, 2049, 2050; BGHZ 171, 1, 12 (Rn. 35); für eine Analogie *Bork* Rn. 1663; *Wolf/Neuner* § 49 Rn. 79; a. A. *Baum* S. 192, der die Zurechnung auf den Rechtsgedanken des § 164 III BGB stützt.

609 Siehe BGH NJW 2013, 448, 449; NJW 2014, 1294, 1295.

610 Siehe *Möller* WuRdVers 1938, S. 9 ff.

611 Grundlegend *Richardi* AcP 169, 385 ff.

612 Siehe *Richardi* AcP 169, 385 ff.; *Schultz* NJW 1990, 477, 478; *Waltermann* AcP 192, 181, 198; *Buck* S. 155 ff.; *Wolf/Neuner* § 49 Rn. 79; *Bork* Rn. 1662 f.; *Medicus/Petersen*

Zurechnungsprinzip[613], auch wenn einzelne Voraussetzungen der Wissensvertretung bis heute streitig geblieben sind[614]. Einen ihrer Hauptanwendungsbereiche hat die Zurechnungsfigur des Wissensvertreters bei § 199 I BGB[615].

## *II. Allgemeine Definition des Wissensvertreters*

In der Rechtsprechung des BGH tauchen zwei verschiedene Wissensvertreterbegriffe auf, die in der Sache das Gleiche meinen. Aufgrund des in § 166 I BGB zum Ausdruck kommenden Rechtsgedankens muss sich – nach einer älteren Formel der Rechtsprechung – derjenige, der einen anderen mit der Erledigung bestimmter Angelegenheiten in eigener Verantwortung betraut, das in diesem Rahmen erlangte Wissen des anderen – unabhängig von einem Vertretungsverhältnis – zurechnen lassen[616]. Nach neuerer Formel der Rechtsprechung ist Wissensvertreter jeder, der nach der Arbeitsorganisation des Geschäftsherrn dazu berufen ist, im Rechtsverkehr als dessen Repräsentant bestimmte Aufgaben in eigener Verantwortung zu erledigen und die dabei angefallenen Informationen zur Kenntnis zu nehmen sowie gegebenenfalls weiterzuleiten[617]. Das moderne Schrifttum bedient sich sowohl des neueren[618] als auch des älteren Wissensvertreterbegriffs[619].[620]

## *III. Erweiterter Wissensvertreterbegriff nach Grigoleit*

Jüngst hat *Grigoleit* eine grundlegende Erweiterung des herkömmlichen Wissensvertreterbegriffs favorisiert[621]. Er setzt auf dem herkömmlichen Wissensvertreterbegriff auf[622], erweitert diesen aber, indem er all jene Hilfspersonen unter den Wissensvertreterbegriff fasst, „die den kritischen Geschehensablauf überblicken,

---

Rn. 904d; Heidel BGB/*Stoffels* § 166 Rn. 5; Palandt/*Ellenberger* Rn. 6; *Grigoleit* ZHR 181, 160, 183; ablehnend *Faßbender/Neuhaus* WM 2002, 1253, 1255.

613 *Richardi* AcP 169, 385, 395 spricht bei der Wissensvertretung von einem eigenständigen Zurechnungsprinzip; terminologische Kritik bei *Buck* S. 156.

614 Siehe *Buck* S. 158 ff.

615 So *Faßbender* S. 116 zu § 852 I BGB a. F. Die Bedeutung der Wissensvertretung ist bei § 199 I BGB noch größer, weil letztere Vorschrift den Verjährungsbeginn für alle Anspruchsarten regelt.

616 So BGHZ 83, 293, 296.

617 St. Rspr. seit BGH NJW 1992, 1099, 1100; NJW 2005, 365, 367; NJW 2011, 2874, 2877 (Tz. 26); NJW 2013, 448, 449.

618 Siehe MüKo BGB/*Schubert* § 166 Rn. 27; Palandt/*Ellenberger* Rn. 6; *Scheuch* GmbHR 1996, 828, 829; *Grigoleit* ZHR 181, 160, 183.

619 Siehe Erman/*Maier-Reimer* § 166 Rn. 25; auf beide Begriffe zurückgreifend PWW/*Frensch* Rn. 13; *Bork* Rn. 1662 f.

620 Krit. zu beiden Formeln *Medicus*, Karlsruher Forum 1994, S. 4, 10 f.

621 Siehe *Grigoleit* ZHR 181, 160, 184 f.

622 Siehe *Grigoleit* ZHR 181, 160, 183 f.

ohne Weiteres in der Lage sind, ihr Wissen der zuständigen Stelle zur Kenntnis zu bringen, und dadurch sowie aufgrund eines Mindestmaßes an funktionsspezifischem Einfluss die aus der Wissensnorm resultierenden Rechtsnachteile vermeiden können."[623]

Zu dieser Definition gelangt *Grigoleit,* indem er die seiner Ansicht nach überflüssigen Kriterien der „Repräsentanz im Außenverhältnis" und der „Eigenverantwortlichkeit" aus dem herkömmlichen Wissensvertreterbegriff eliminiert und dem Merkmal des „Einflusses auf den Geschehensablauf" entscheidende Bedeutung beimisst[624]. Ausgangspunkt für diesen erweiterten Wissensvertreterbegriff ist seiner Ansicht nach die im BGB angelegte Koinzidenz von Handlungsverantwortlichkeit und Wissensträgerschaft[625]. Bei allen Wissensnormen sei die für den Wissenden nachteilige Rechtsfolge dadurch gerechtfertigt, dass der Wissende trotz seines Wissens handle („Handeln trotz Wissens")[626]. Die tatbestandsmäßige Kenntnis im Sinne einer Wissensnorm könne daher nur dann im Wege der Zurechnung widerspruchsfrei ausgefüllt werden, wenn das Handeln trotz Wissens sich darin ausdrücke, dass die Handlungsverantwortung mit der Wissensträgerschaft in einer natürlichen Person zusammenfalle[627]. Da die Lehre von der Wissensorganisationspflicht gegen diesen Grundsatz verstoße, sei sie, was die Zurechnung von Kenntnis anbelange, abzulehnen[628]; stattdessen seien die Probleme organisationsbedingter Wissensverlagerung über die Rechtsfigur des erweiterten Wissensvertreters zu lösen[629]. Diese Rechtsfigur achte die Koinzidenz von Handlungsverantwortung und Wissensträgerschaft und habe gegenüber der Wissensorganisationspflicht sowohl eine zurechnungserweiternde als auch eine zurechnungseinschränkende Tendenz[630]. Erweitert ist die Zurechnung insoweit, als die Kenntnis von Hilfspersonen mit Einfluss auf den Geschehensablauf zurechenbar ist, selbst wenn bei ordnungsgemäßer Wissensorganisation deren Kenntnis nicht zurechenbar wäre. Eingeschränkt ist die Zurechnung insoweit, als Hilfspersonen ohne Einfluss auf den Geschehensablauf kein Zurechnungssubjekt sind, selbst wenn deren Kenntnis nach ordnungsgemäßer Organisation zurechenbar wäre[631].

Für seine Ansicht stützt sich *Grigoleit* auf Literaturstimmen, die auch schon bisher die Merkmale des Außenkontakts und der Eigenverantwortlichkeit als nicht konstitutiv für den Wissensvertreterbegriff ansahen[632]. Anders als diese bisherigen

623 *Grigoleit* ZHR 181, 160, 184.
624 Siehe *Grigoleit* ZHR 181, 160, 184.
625 Siehe *Grigoleit* ZHR 181, 160, 184 f., 176 ff.
626 So *Grigoleit* ZHR 181, 160, 177.
627 So *Grigoleit* ZHR 181, 160, 177.
628 So *Grigoleit* ZHR 181, 160, 177 ff., 193 f.
629 Siehe *Grigoleit* ZHR 181, 160.
630 So *Grigoleit* ZHR 181, 160, 185.
631 Siehe *Grigoleit* ZHR 181, 160, 185.
632 Siehe *Grigoleit* ZHR 181, 160, 184.

Literaturstimmen formt *Grigoleit* aus den begriffsnotwendigen Merkmalen aber einen neuen Wissensvertreterbegriff und schreibt ihm die Funktion zu, in Konkurrenz zu der Lehre von der Wissensorganisationspflicht eine stichhaltigere Lösung für die Probleme der organisationsbedingten Wissensaufspaltung parat zu halten[633]. Die rechtsdogmatische Absicherung sucht *Grigoleit* im Rechtsgedanken des § 166 I BGB, der auch schon als dogmatische Basis des herkömmlichen Wissensvertreterbegriffs dient[634]. Im nichtrechtsgeschäftlichen Bereich will er für die Wissenszurechnung aber auf § 831 BGB mit der Möglichkeit des Entlastungsbeweises rekurrieren[635].

Da *Grigoleits* Ansatz den herkömmlichen Wissensvertreterbegriff vollständig abdeckt und im Übrigen erweitert, wird zunächst auf Grundlage des herkömmlichen Begriffs der Wissensvertreter bei § 199 I BGB bestimmt, bevor schließlich darauf eingegangen wird, ob der Wissensvertreterbegriff des § 199 I BGB im Sinne *Grigoleits* zu erweitern ist.

## *IV. Eigenständiger Wissensvertreterbegriff bei § 199 I BGB*

Will man klären, wer in AG und GmbH als Wissensvertreter im Rahmen des § 199 I BGB in Frage kommt, darf man nicht beim herkömmlichen Wissensvertreterbegriff stehen bleiben. Vielmehr ist zu untersuchen, wie Rechtsprechung und Literatur die Zurechnungsfigur des Wissensvertreters im Anwendungsbereich des § 199 I BGB konkret geformt haben.

### *1.) Herkömmlicher Wissensvertreterbegriff der h.M.*

Wissensvertreter im Rahmen des § 199 I BGB soll nach h. M. derjenige sein, der in eigener Verantwortung für die Vorbereitung oder Verfolgung des konkreten Anspruchs zuständig ist[636] und hierbei anspruchsbegründende Tatsachen zu ermitteln oder festzustellen hat[637]. Nur wenige befassen sich mit der Frage, ob diese Definition mit dem

---

633 Siehe *Grigoleit* ZHR 181, 160, 185.

634 Siehe *Grigoleit* ZHR 181, 160, 183 f.

635 Siehe *Grigoleit* ZHR 181, 160, 186 f., der allerdings übersieht, dass die Rechtsfigur des Wissensvertreters im deliktsrechtlichen Bereich zumindest bei manchen Wissensnormen allgemeiner Ansicht entspricht, wie z. B. bei § 852 I BGB a. F.

636 St. Rspr., siehe BGH NJW 1994, 1150, 1151; Z 133, 129, 139; NJW 2007, 834, 835; NJW-RR 2009, 1471, 1472; siehe auch Palandt/*Ellenberger* § 199 Rn. 24; BeckOK BGB/*Spindler* Rn. 35; *Bork* DB 2012, 33, 34; Palandt$_{60}$/*Thomas* § 852 a. F. Rn. 4b; zweifelnd *Buck* S. 191, die die Zuständigkeit zur bloßen *Vorbereitung* der Anspruchsverfolgung nicht für ausreichend hält.

637 Siehe BGH NJW 1985, 2583; NJW 1989, 2323; NJW 2013, 448, 449; Heidel BGB/*Mansel/Stürner* § 199 Rn. 76; Palandt/*Ellenberger* Rn. 24; siehe auch zu § 852 I BGB a. F. Erman$_{10}$/*Schiemann* Rn. 12; RGRK/*Kreft* Rn. 37.

allgemeinen Wissensvertreterbegriff übereinstimmt[638]. Da das Schrifttum bei § 199 I BGB den Begriff Wissensvertreter verwendet, scheint es davon auszugehen, dass auch § 199 I BGB der herkömmliche Wissensvertreterbegriff zugrunde liegt. Ein Vergleich der Wissensvertreterbegriffe wird hingegen ergeben, dass dies nicht der Fall ist.

Um die Wissensvertreterbegriffe miteinander zu vergleichen, sollen erst die einzelnen Merkmale des herkömmlichen Wissensvertreterbegriffs herausgearbeitet und anschließend mit den Merkmalen des Wissensvertreterbegriffs des § 199 I BGB abgeglichen werden. Aus der herkömmlichen Definition des Wissensvertreters lassen sich drei Voraussetzungen für die Qualifikation als Wissensvertreter herausfiltern. Die Hilfsperson müsse erstens mit einer bestimmten Aufgabe betraut sein (Aufgabenzuständigkeit), zweitens selbständige Entscheidungsgewalt besitzen (Eigenverantwortlichkeit) und drittens als Repräsentant Außenkontakt haben[639]. Die einzelnen Merkmale werden zum Teil unterschiedlich interpretiert.

Einhellig anerkannt ist, dass der Geschäftsherr die Hilfsperson mit einer *Aufgabe betraut* haben muss, sodass die Hilfsperson mit Wissen und Wollen des Geschäftsherrn an seiner Stelle handelt[640]. Nicht nötig ist ein gesonderter Bestellungsakt zum Wissensvertreter[641]. So wie bei § 166 I BGB die Bevollmächtigung zwingende Voraussetzung der Wissenszurechnung ist, ist es bei der Wissensvertretung die Übertragung einer Aufgabe[642]. Wissensvertreter kann daher nur sein, wer mit Wissen und Wollen des Geschäftsherrn die rechtserhebliche Kenntnis haben und erlangen kann[643]. Die Aufgabenzuständigkeit grenzt auch den Geschäftskreis ein, innerhalb dem das Wissens der Hilfsperson zurechenbar ist. Denn die Kenntnis der Hilfsperson ist nicht im gesamten Geschäftskreis des Geschäftsherrn zurechenbar, sondern nur innerhalb des ihr zugeteilten Aufgabenbereichs, in welchem sie kraft ihrer Stellung Einfluss auf die von der Wissensnorm betroffenen Regelungsbereiche – Geschäftsabschlüsse, Ermittlung anspruchsbegründender Tatsachen, etc. – hat[644].

---

638 Nach *Faßbender* S. 116 f. wird die Rechtsfigur des Wissensvertreters durch das Merkmal des „konkreten Anspruchs“ im Rahmen des § 199 I BGB enger gefasst als nach allgemeiner Definition.

639 Eingehend *Buck* S. 160 ff.

640 Siehe *Buck* S. 160; *Waltermann* AcP 192, 181, 198; *Richardi* AcP 169, 385, 398; *Medicus,* Karlsruher Forum 1994, S. 4, 10 f.; Heidel BGB/*Stoffels* § 166 Rn. 5.

641 Siehe BGHZ 117, 104, 106; Palandt/*Ellenberger* § 166 Rn. 6.

642 Nach *Richardi* AcP 169, 385, 398 ist die Aufgabenübertragung Voraussetzung, nicht aber Rechtsgrund der Zurechnung; nach *Waltermann* AcP 192, 181, 198 ist die Aufgabenübertragung der privatautonome Legitimationsakt der Zurechnung; *Buck* S. 161 wie *Waltermann.*

643 So *Richardi* AcP 169, 385, 398.

644 Siehe BGH NJW 2011, 1799, 1800; *Grigoleit* ZHR 181, 160, 183; Staudinger/*Schilken* § 166 Rn. 4. Auch in den allgemeinen Wissensvertreterdefinitionen kommt dies zum Ausdruck, siehe 5. Teil:§ 2B.II („das in diesem Rahmen erlangte Wissen“/„die dabei angefallenen Informationen“).

Als zweite Voraussetzung verlangt die h.M. die selbständige Entscheidungsgewalt der Hilfsperson. Nach Ansicht des BGH und der h. L. kommt es darauf an, dass die Aufgabe der Hilfsperson zur *eigenverantwortlichen* Erledigung übertragen ist[645]. Da die Wissensvertretung aus dem Rechtsgedanken des § 166 I BGB abzuleiten sei, müsse der Wissensvertreter wie ein Stellvertreter eigene Entscheidungsgewalt besitzen[646]. Als Wissensvertreter schieden daher Hilfspersonen aus, denen nur eine untergeordnete Rolle zukomme[647]. Nach anderer Ansicht sind geringere Anforderungen an die Eigenverantwortlichkeit zu stellen. Ihr zufolge kommt es darauf an, dass die Hilfsperson mit Wissen und Wollen des Geschäftsherrn so eingesetzt ist, dass gerade die Möglichkeit der Kenntniserlangung auf sie verlagert werde[648]. Denn auch dem Stellvertreter komme nicht zwingend Entscheidungsgewalt zu, etwa im Fall der Erteilung konkreter Weisungen[649]. Nach einer dritten Ansicht soll es nur auf die Selbständigkeit der Hilfsperson beim Akt der Kenntnisnahme ankommen. Entscheidend sei hiernach, ob die Hilfsperson nach der Arbeitsorganisation dazu berufen sei, bestimmte Umstände – mit Wirkung für den Geschäftsherrn – zur Kenntnis zu nehmen[650]. Wieder andere plädieren dafür, das Merkmal der Eigenverantwortlichkeit vollständig fallen zu lassen[651]. Wenn für den Wissensvertreter in analoger Anwendung des § 166 I BGB das Merkmal der Vertretungsmacht entbehrlich sei, sei es bei funktionaler Betrachtung nicht schlüssig, das Merkmal der Eigenverantwortlichkeit aufrecht zu erhalten[652].

Als dritte Voraussetzung verlangt die h. M., dass die Hilfsperson *im Rechtsverkehr als Repräsentant* des Geschäftsherrn bestimmte Aufgaben erledigt. Im Rahmen von Vertragsverhandlungen werden daher z. B. nur solche Hilfspersonen als Wissensvertreter angesehen, die dem Vertragspartner gegenüber als für den Geschäftsherrn handelnd in Erscheinung treten[653]. Nur solche Hilfspersonen hätten eine vertreterähnliche Stellung[654]. Verlangt wird also Außenkontakt. Hilfspersonen, die

---

645 Siehe BGH NJW 1992, 1099, 1100; NJW 2005, 365, 367; NJW 2011, 2874, 2877 (Tz. 26); NJW 2013, 448, 449; siehe auch *Schultz* NJW 1990, 477, 479; *Bork* Rn. 1663; *Wolf/Neuner* § 49 Rn. 79; *Scheuch* GmbHR 1996, 828, 829; Heidel BGB/*Stoffels* § 166 Rn. 5; MüKo BGB/*Schubert* Rn. 27 f. Geringere Anforderungen an die Eigenverantwortlichkeit stellen *Waltermann* AcP 192, 181, 199 f. und *Buck* S. 163.

646 Siehe *Waltermann* AcP 192, 181, 199.

647 Siehe BGH, Urt. v. 16. 05. 1957, II ZR 86/56, VersR 1957, 386; Heidel BGB/*Stoffels* § 166 Rn. 5; *Buck* S. 162; *Richardi* AcP 169, 385, 397.

648 So *Waltermann* AcP 192, 181, 199 f.; ihm zustimmend *Buck* S. 163.

649 So *Waltermann* AcP 192, 181, 200; ihm zustimmend *Buck* S. 163.

650 So *Schultz* NJW 1990, 477, 479; so im Ergebnis auch *Medicus,* Karlsruher Forum 1994, S. 4, 10 f.

651 So *Grigoleit* ZHR 181, 160, 184.

652 So *Grigoleit* ZHR 181, 160, 184.

653 So BGH, Urt. v. 23. 10. 1963, V ZR 256/62, WM 1964, 94, 97 (Grundstücksverwalter); Urt. v. 18. 01. 1974, I ZR 17/73, WM 1974, 312, 313 (Rechtsanwalt).

654 So BGH, Urt. v. 18. 01. 1974, I ZR 17/73, WM 1974, 312, 313.

nur intern beraten, scheiden nach dieser Ansicht als Wissensvertreter aus[655]. Die Gegenansicht sieht den Außenkontakt der Hilfsperson als entbehrlich an, weil die Repräsentantenstellung des Stellvertreters nur Begleiterscheinung, nicht aber Voraussetzung der Wissenszurechnung nach § 166 I BGB sei[656].

### *2.) Vergleich mit dem Wissensvertreterbegriff des § 199 I BGB*

Vergleicht man die Anforderungen, die die h.M. an den allgemeinen Wissensvertreter und den bei § 199 I BGB stellt, zeigt sich Folgendes: Übereinstimmung besteht zunächst hinsichtlich des ersten Merkmals. Aufgabe des Wissensvertreters des § 199 I BGB ist die Tatsachenermittlung oder –feststellung zur Vorbereitung oder Verfolgung bestimmter Ansprüche des Geschäftsherrn. Wem diese Aufgabe übertragen ist, der ist mit Wissen und Wollen des Geschäftsherrn im Geschäftskreis der Anspruchserfassung tätig. Auch im Hinblick auf das zweite Merkmal besteht Übereinstimmung. Denn der Wissensvertreter des § 199 I BGB muss in eigener Verantwortung für die Vorbereitung oder Verfolgung des konkreten Anspruchs zuständig sein. Auf das dritte Merkmal, das nach h. M. für den herkömmlichen Wissensvertreterbegriff konstitutiv ist, verzichtet der Wissensvertreterbegriff des § 199 I BGB hingegen gänzlich. Außenkontakt wird für den Wissensvertreter im Rahmen des § 199 I BGB nicht verlangt.

### *3.) Richtige Anforderungen an den Wissensvertreterbegriff des § 199 I BGB*

Zu klären ist nun, welche Anforderungen richtigerweise an den Wissensvertreterbegriff bei § 199 I BGB zu stellen sind: namentlich, inwieweit der Wissensvertreter eine eigenverantwortliche Stellung haben muss und ob auch für ihn Außenkontakt notwendig ist[657].

#### a.) Eigenverantwortlichkeit des Wissensvertreters bei § 199 I BGB

Worauf sich die Eigenverantwortlichkeit des Wissensvertreters bei § 199 I BGB beziehen soll, wird – wie auch beim allgemeinen Wissensvertreterbegriff – unterschiedlich beurteilt. Drei Ansichten sind zu unterscheiden.

---

655 Siehe BGH, Urt. v. 23. 10. 1963, V ZR 256/62, WM 1964, 94, 97; Urt. v. 18. 01. 1974, I ZR 17/73, WM 1974, 312, 313; NJW 1992, 1099, 1100; Heidel BGB/*Stoffels* § 166 Rn. 5; Palandt/*Ellenberger* Rn. 7.

656 Siehe *Schilken* S. 226 f.; *Buck* S. 165; *Grigoleit* ZHR 181, 160, 184; wohl auch *Medicus*, Karlsruher Forum 1994, S. 4, 10 f., der nur auf die Einsetzung der Hilfsperson zur Informationsaufnahme und -weiterleitung abstellt.

657 Die Betrauung mit einer Aufgabe ist zwingendes Merkmal des Wissensvertreterbegriffs. Handelt eine Hilfsperson ohne Wissen und Wollen des Geschäftsherrn, fehlt jegliche Legitimation für eine Wissenszurechnung.

Nach Ansicht des BGH und der h. L. ist eine Hilfsperson im Rahmen des § 199 I BGB nur dann Wissensvertreter, wenn sie mit der eigenverantwortlichen Aufklärung des Sachverhalts und der Ermittlung des Schuldners betraut ist[658]. Fehlen soll die notwendige Eigenverantwortlichkeit der Hilfsperson z. B., wenn ihr nur marginale Aufklärungsaufgaben im Bereich der Vorbereitung der Anspruchsverfolgung zukommen[659]. Teilweise wird sogar angenommen, die Eigenverantwortlichkeit fehle stets, wenn die Hilfsperson nur im Bereich der Anspruchsvorbereitung Tatsachen zu ermitteln habe[660].

Stellt man mit einer zweiten Ansicht geringere Anforderungen an die Eigenverantwortlichkeit, ist Wissensvertreter im Rahmen des § 199 I BGB schon derjenige, der vom Geschäftsherrn so eingesetzt wird, dass die Möglichkeit zur Erlangung der Kenntnis von anspruchsbegründenden Umständen i. S. v. § 199 I BGB auf ihn verlagert wird[661].

Nach einer dritten Ansicht ist Wissensvertreter i. S. v. § 199 I BGB derjenige, der nach der Arbeitsorganisation des Geschäftsherrn dazu berufen ist, Tatsachen über Anspruchsgrund und Schuldner mit Wirkung für den Geschäftsherrn zur Kenntnis zu nehmen[662]. Denn die Kenntnisnahme als solche müsse zu den eigenverantwortlichen Aufgaben der Hilfsperson gehören; unerheblich sei hingegen, ob die Anspruchsvorbereitung oder die Anspruchsverfolgung, die der Kenntniserlangung nachfolge, eigenverantwortliche Aufgabe der Hilfsperson sei[663]. Dies folge einerseits aus einer Parallele zum Empfangsvertreter, der sich in Abgrenzung zum Empfangsboten durch seine Selbständigkeit beim Akt der Entgegennahme der Willenserklärung auszeichne und andererseits aus der Arbeitsteilung, die es dem Geschäftsherrn ermögliche, die Informationsaufnahme auf Mitarbeiter zu verlagern[664]. Es komme daher nur darauf an, dass die Hilfsperson nach der internen Arbeitsorganisation dazu berufen sei, Tatsachen i. S. v. § 199 I Nr. 2 BGB mit Wirkung für den Geschäftsherrn zur Kenntnis zu nehmen[665]. Mit einer solchen Aufgabe könne auch eine Hilfsperson betraut sein, die nicht berechtigt sei, aus den erlangten Kenntnissen Konsequenzen zu ziehen oder gar Entscheidungen zu

---

658 Eingehend BGH NJW 1985, 2583; NJW 1994, 1150; NJW 1996, 2508, 2510; NJW 2000, 1411, 1412; Heidel BGB/*Mansel/Stürner* § 199 Rn. 76; PWW/*Deppenkemper* Rn. 12; Heidel BGB/*Stoffels* § 166 Rn. 28.

659 Siehe BGH NJW 1985, 2583.

660 So *Buck* S. 191.

661 So zum allgemeinen Wissensvertreterbegriff *Waltermann* AcP 192, 181, 199 f.; ihm zustimmend *Buck* S. 163.

662 Siehe *Schultz* NJW 1990, 477, 478 f.

663 Siehe *Schultz* NJW 1990, 477, 478 f.; ihm zustimmend *Buck* S. 162 f.; ähnlich *Waltermann* AcP 192, 181, 198 ff.; in diese Richtung auch *Medicus,* Karlsruher Forum 1994, S. 4, 10 f.

664 Siehe *Schultz* NJW 1990, 477, 479.

665 So *Schultz* NJW 1990, 477, 478 f.; zustimmend *Buck* S. 162 f.; ähnlich *Waltermann* AcP 192, 181, 198 ff.; *Medicus,* Karlsruher Forum 1994, S. 4, 10 f.

treffen, die die erlangten Kenntnisse aber speichern oder weitergeben soll, damit ein anderer entscheide[666]. Maßgeblich sei somit die Zuständigkeit zur Kenntnisnahme bestimmter Tatsachen innerhalb des zugewiesenen Aufgabenbereichs[667].

Ob die verschiedenen Ansichten zu § 199 I BGB überhaupt zu unterschiedlichen Ergebnissen kommen, ist zweifelhaft, nicht zuletzt weil die Kriterien der verschiedenen Ansichten scharfe Konturen vermissen lassen. In aller Regel wird derjenige, der anspruchsbegründende Tatsachen mit Wirkung für den Geschäftsherrn zur Kenntnis nehmen soll, auch derjenige sein, der nach der Arbeitsorganisation des Geschäftsherrn zur Ermittlung anspruchsbegründender Tatsachen zuständig ist[668] oder derjenige, auf den die Möglichkeit zur Kenntnisnahme von anspruchsbegründenden Umständen verlagert worden ist. Denn in der Praxis wird der Geschäftsherr seinen Mitarbeitern Aufgaben wie etwa die Anspruchserfassung zuweisen, nicht aber Zuständigkeitsbereiche zur Kenntniserlangung festlegen[669]. Letztlich steht hinter den verschiedenen Ansätzen derselbe richtige Gedanke: Wenn der Geschäftsherr die Anspruchserfassung an Mitarbeiter zur eigenverantwortlichen Wahrnehmung delegiert, muss auch deren Kenntnis für den Verjährungsbeginn nach § 199 I BGB relevant sein, sonst zöge der Geschäftsherr aus der Kenntnis seiner Mitarbeiter nur die Vorteile (Möglichkeit zur Anspruchsgeltendmachung), nicht aber die Nachteile (Verjährungsbeginn). Dies liefe dem Rechtsgedanken des § 166 I BGB zuwider, durch die Wissenszurechnung einen Vorteil-Nachteil-Ausgleich herbeizuführen.

Die Zuständigkeit zur Kenntniserlangung mit Wirkung für den Geschäftsherrn kann sich daher nur an der Aufgabe orientieren, die dem einzelnen Mitarbeiter übertragen ist. Letztlich hängt die Zuständigkeit zur Kenntniserlangung i. S. v. § 199 I BGB davon ab, ob der Mitarbeiter nach der Arbeitsorganisation des Geschäftsherrn mit der Ermittlung des anspruchsbegründenden Sachverhalts betraut ist. Es kann hierbei keinen Unterschied machen, ob sich der Mitarbeiter, der die anspruchsbegründenden Tatsachen zu ermitteln hat, lediglich mit der Anspruchsvorbereitung oder der Anspruchsgeltendmachung befasst. Denn wenn Hilfspersonen eigens dazu eingesetzt sind, den anspruchsbegründenden Sachverhalt zu ermitteln, haben sie schon kraft ihrer Aufgabe eine eigenverantwortliche Stellung im Rahmen der Arbeitsorganisation, weil sie anstelle des Geschäftsherrn Kenntnis von anspruchsbegründenden Umständen i. S. v. § 199 I BGB nehmen und zum Nutzen der Gesellschaft einsetzen sollen. Bei Personen mit marginalen Aufklärungsaufgaben kann nicht von einer Zuständigkeit zur Tatsachenermittlung gesprochen werden. Die Aufgabe der Tatsachenermittlung begründet bei § 199

---

666 So *Schultz* NJW 1990, 477, 479; *Medicus,* Karlsruher Forum 1994, S. 4, 10 f.

667 So *Schultz* NJW 1990, 477, 480.

668 *Schultz* NJW 1990, 477, 480 meint selbst, seine Ansicht gehe, wenn überhaupt, nicht erheblich weiter als die Rechtsprechung des BGH zum Wissensvertreter.

669 Da in der Praxis niemand Personen zum „Wissensvertreter“ bestellt, ist dies auch keine Voraussetzung der Wissensvertretung.

I BGB also *per se* die Zurechenbarkeit der Kenntnis. Entscheidend ist allerdings, dass der konkrete Anspruch zum Kreis der Ansprüche zählt, die in die Ermittlungszuständigkeit des Mitarbeiters fallen.

Im Ergebnis kann daher die Wissensvertreterdefinition der h. M. zu § 199 I BGB unter Verzicht auf die Hervorhebung der Eigenverantwortlichkeit übernommen werden, denn die Eigenverantwortlichkeit liegt schon in der Zuständigkeit zur Tatsachenermittlung begründet. Wissensvertreter i. S. v. § 199 I BGB ist somit jeder, der für die Vorbereitung oder Verfolgung des konkreten Anspruchs zuständig ist und hierbei anspruchsbegründende Tatsachen zu ermitteln oder festzustellen hat.

### b.) Außenkontakt

Das Merkmal des Außenkontakts ergäbe bei § 199 I BGB keinen Sinn. Der Fristbeginn des § 199 I BGB ist an die Kenntniserlangung als solche bzw. an die grob fahrlässige Unkenntnis geknüpft. Für den Fristbeginn genügen daher rein interne Vorgänge. Von einem Außenkontakt des Gläubigers hängt der Fristbeginn bei § 199 I BGB somit nicht ab. Daher kann es auch bei Hilfspersonen des Gläubigers nicht auf Außenkontakt ankommen. Außenkontakt ist kein erforderliches Merkmal für die Wissenszurechnung im Rahmen des § 199 I BGB. Der h.M. ist daher auch darin zu folgen, bei § 199 I BGB auf Außenkontakt des Wissensvertreters zu verzichten.

## *4.) Die Rechtsfigur des „Wissensempfangsvertreters" nach Baum*

Für § 199 I BGB schlägt *Baum* ein alternatives Konzept zur Rechtsfigur des Wissensvertreters vor. Er ist der Ansicht, dass eine handlungsunabhängige Wissenszurechnung wie bei § 199 I BGB nicht auf eine analoge Anwendung des § 166 I BGB gestützt werden könne, weil § 166 I BGB nur die handlungsbegleitende Wissenszurechnung regle[670]. Für Wissensnormen wie § 199 I BGB, bei denen es um eine handlungsunabhängige Wissenszurechnung gehe, entwickelt er aus dem Rechtsgedanken des § 164 III BGB die Rechtsfigur des sog. *Wissensempfangsvertreters*[671]. Nur diese Rechtsfigur ermögliche es, Wissen handlungsunabhängig zuzurechnen. Wissensempfangsvertreter sei eine Hilfsperson, die dazu eingesetzt sei, bestimmte Informationen für den Geschäftsherrn zu empfangen, sei es in Form von empfangenen Wissenserklärungen oder in anderer Weise[672]. Die tatbestandlichen Voraussetzungen der Wissensempfangsvertretung seien: Erstens, dass der Geschäftsherr die Hilfsperson gerade zum Empfang der konkreten Wissenserklärung oder zur Aufnahme der konkreten Information eingesetzt habe, zweitens, dass der Hilfsperson wie dem Empfangsvertreter eine gewisse Selbständigkeit in Abgrenzung vom unselbständigen „Wissensempfangsboten" zukomme und drittens, dass die Stellung als Wissensempfangsvertreter beim Empfang von Wissenserklärungen

670 So *Baum* S. 122 ff.
671 Siehe *Baum* S. 140 ff.
672 So *Baum* S. 143.

offenkundig sei, indes beim Empfang sonstiger Informationen keine Offenkundigkeit verlangt werden könne[673]. Rechtsfolge sei die Zurechnung dienstlich erlangten Wissens, da die Hilfsperson gerade dazu eingesetzt sei, dienstliche Informationen für den Geschäftsherrn zu erlangen[674].

*Baums* Ansicht unterscheidet sich vor allem in der Dogmatik, nicht aber in den praktischen Ergebnissen vom Wissensvertreterbegriff der h. M. bei § 199 I BGB. Die tatbestandlichen Voraussetzungen des Wissensempfangsvertreters und des Wissensvertreters decken sich weitgehend. Auch *Baum* verlangt, dass der „Wissensempfangsvertreter" mit Wissen und Wollen des Geschäftsherrn zur Informationserlangung eingesetzt ist und eine gewisse Eigenverantwortlichkeit bei der Informationsaufnahme hat. Soweit *Baum* Offenkundigkeit der Wissensempfangsvertretung beim Empfang von Wissenserklärungen verlangt, ist dies verfehlt, weil der Empfangsvertreter den Offenkundigkeitsgrundsatz nach zutreffender Ansicht nicht wahren muss[675]. Inhaltlich entspricht *Baums* Ansicht jener Ansicht, die für den Wissensvertreter bei § 199 I BGB die Eigenverantwortlichkeit beim Akt der Kenntnisnahme verlangt und darauf abstellt, dass Wissensvertreter derjenige sei, der mit Wirkung für den Geschäftsherrn Informationen entgegennehme[676]. Es ist daher davon auszugehen, dass nach *Baums* Ansicht wie auch nach ganz h.M. derjenige nichtorganschaftliches Zurechnungssubjekt i. S. v. § 199 I BGB ist, der für die Vorbereitung oder Verfolgung des konkreten Anspruchs zuständig ist und hierbei anspruchsbegründende Tatsachen zu ermitteln oder festzustellen hat. Letztlich unterscheiden sich *Baums* Rechtsfigur des Wissensempfangsvertreters und die Rechtsfigur des Wissensvertreters bei § 199 I BGB nur in der Zurechnungsgrundlage; *Baum* rekurriert auf § 164 III BGB analog, indes die h. M. sich auf den Rechtsgedanken des § 166 I BGB beruft.

### *5.) Die Erweiterung des Wissensvertreterbegriffs des § 199 I BGB im Sinne Grigoleits*

Zu klären ist noch, ob dem erweiterten Wissensvertreterbegriff *Grigoleits* gefolgt werden kann mit der Folge, dass im Rahmen des § 199 I BGB auch das Wissen jener Hilfspersonen zurechenbar ist, die den kritischen Geschehensablauf überblicken, ohne Weiteres in der Lage sind, ihr Wissen der zuständigen Stelle zur Kenntnis zu bringen, und dadurch sowie aufgrund eines Mindestmaßes an funktionsspezifischem Einfluss den Rechtsnachteil der Verjährung vermeiden können.

*Grigoleits* Ausrichtung des Wissensvertreterbegriffs an der Koinzidenz von Handlungsverantwortlichkeit und Wissensträgerschaft führt dazu, dass seine

---

673 Siehe *Baum* S. 145 f.

674 So *Baum* S. 146.

675 Siehe BGH NJW 2002, 1041, 1042; MüKo BGB/*Schubert* § 164 Rn. 241; a. A. Staudinger/*Schilken* Rn. 22.

676 Zu dieser Ansicht siehe 5. Teil:§ 2B.IV.3.)a.).

Definition nicht nur den herkömmlichen Wissensvertreter erfasst, sondern auch den „Wissensvertreter hinter dem Wissensvertreter", also jene Hilfsperson, die nicht unmittelbar für die Aufgabe zuständig sind, aber den für die Wissensnorm relevanten Geschehensablauf überblicken und ihre Kenntnis der zuständigen Stelle mitteilen kann. Durch das Erfordernis des Mindestmaßes an funktionsspezifischem Einfluss ist zugleich gesichert, dass der „Wissensvertreter hinter dem Wissensvertreter" nicht jede beliebige Person innerhalb der Organisation sein kann; hierin liegt freilich auch die Schwäche des Kriteriums, weil bislang noch klare Vorgaben dafür fehlen, wie das Mindestmaß funktionsspezifischen Einflusses zu bestimmen ist.

*Grigoleits* Ansatz weist in die richtige Richtung für die Bewältigung der Probleme der Wissensverlagerung in arbeitsteiligen Organisationen. Sein erweiterter Wissensvertreterbegriff bietet nicht nur ein tragfähiges dogmatisches Konzept in Fällen der organisationsbedingten Wissensverlagerung, sein Ansatz wahrt auch die *ratio* der jeweiligen Wissensnorm. Er führt die Wissenszurechnung auf ihre wesentliche Funktion zurück: die *ratio* der jeweiligen Wissensnorm zu sichern[677]. Indem er bei der *ratio* der Wissensnorm ansetzt, das Handeln trotz Wissens als normprägend herausarbeitet[678] und die Wissenszurechnung hieran ausrichtet[679], kann seine Zurechnungsfigur des erweiterten Wissensvertreters von vornherein nicht gegen die *ratio* der Wissensnorm verstoßen. *Grigoleits* Ansatz vermeidet damit die Schwäche der Lehre von der ordnungsgemäßen Organisation der Kommunikation, deren Ziel zwar auch die Lösung der Probleme der organisationsbedingten Wissensaufspaltung ist, die jedoch weder eine tragfähige Rechtsgrundlage hat noch mit dem privatrechtlichen Wissensbegriff vereinbar ist[680].

Diskussionswürdig ist aber, ob sich *Grigoleits* erweiterter Wissensvertreterbegriff, wie er dies annimmt, auf den Rechtsgedanken des § 166 I BGB stützen lässt. Dagegen spricht, dass er letztlich den „Wissensvertreter hinter dem Wissensvertreter" definiert, sodass es nicht fernliegt, seinen Wissensvertreterbegriff an den Wertungen des § 166 II BGB zu messen. Nicht zufällig erinnern die Merkmale *Grigoleits* Wissensvertreterbegriffs an die Voraussetzungen, unter denen die Kenntnis des Vertretenen im Rahmen des § 166 II BGB zu berücksichtigen ist. Auch der Vertretene muss sich seine Kenntnis nach § 166 II BGB entgegenhalten lassen, wenn er den Geschehensablauf überblickt und auf das Vertretergeschäft Einfluss nehmen

---

677 Zum Zurechnungszweck siehe 2. Teil:§ 2B.II.

678 *Grigoleit* übersieht, dass das „Handeln trotz Wissens" nicht bei allen Wissensnormen passt. Z. B. passt es nicht bei § 199 I BGB; dort geht es um die Kenntnis als Grundlage der Fristhemmung, also um das Handeln infolge von Kenntnis, nicht um ein Handeln trotz Kenntnis. Allen Wissensnormen gemein ist, dass es um eine verhaltenssteuernde Kenntnis geht, siehe 2. Teil:§ 1C.III.

679 Zur rechtsfortbildenden Normkorrektur siehe *Grigoleit* ZHR 181, 160, 177 ff.

680 Ausführlich zur Ablehnung der Lehre von der ordnungsgemäßen Organisation der Kommunikation, 5. Teil:§ 2C.II.4.).

kann, etwa wenn er bei dem Vertretergeschäft anwesend ist[681]. Im Schrifttum gab es auch schon Ansätze, § 166 II BGB auszudehnen, um der arbeitsteiligen Organisation nicht nur ihre eigene Kenntnis anzulasten, sondern auch die Kenntnis aller unterorganschaftlichen Hilfspersonen, die gegenüber dem maßgeblichen unterorganschaftlichen Zurechnungssubjekt weisungsberechtigt sind und es anweisen oder veranlassen, in bestimmter Weise zu handeln[682]. Auf den Rechtsgedanken des § 166 I BGB als Zurechnungsgrundlage zu rekurrieren, ist dennoch schlüssig. Denn *Grigoleits* Zurechnungsfigur ist letztlich das Resultat des herkömmlichen, aus dem Rechtsgedanken des § 166 I BGB entwickelten Wissensvertreterbegriffs, aus dem die Merkmale der Eigenverantwortlichkeit und des Außenkontakts entfernt wurden. Diese Merkmale aus dem Wissensvertreterbegriff auszuscheiden, begegnet keinen Bedenken. Denn selbst die Kenntnis von Stellvertretern, die weisungsgebunden und somit nicht eigenverantwortlich handeln, wird nach § 166 I BGB zugerechnet. Die Eigenverantwortlichkeit kann daher kein wesensprägendes Merkmal des Wissensvertreterbegriffs sein; ebenso wenig der Außenkontakt, der bei manchen Wissensnormen wie z. B. § 199 I BGB ohnehin gänzlich aufgegeben wird.

Auf § 831 BGB als Zurechnungsgrundlage im nichtrechtsgeschäftlichen Bereich kann allerdings nicht zurückgegriffen werden. Die Vorschrift enthält generell keine passenden Wertungen für die Wissenszurechnung. Der Entlastungsbeweis des § 831 I 2 BGB passt nicht ins Konzept der Wissenszurechnung, weil die Kenntnis des Verrichtungsgehilfen nie in Widerspruch zur Rechtsordnung stehen kann[683]; es fehlt daher bereits an einem rechtswidrigen Ereignis, für das sich der Geschäftsherr entlasten müsste bzw. könnte.

Im Ergebnis ist im Rahmen des § 199 I BGB auch das Wissen jener Hilfspersonen der AG oder GmbH zuzurechnen, die den kritischen Geschehensablauf überblicken, ohne Weiteres in der Lage sind, ihr Wissen der zuständigen Stelle zur Kenntnis zu bringen, und dadurch sowie aufgrund eines Mindestmaßes an funktionsspezifischem Einfluss die Anspruchsermittlung oder die Geltendmachung des Anspruchs in die Wege leiten können[684].

## *V. Nur geschäftliches Wissen zurechenbar*

Nach h.M. kann nach dem Rechtsgedanken des § 166 I BGB nur das dienstlich erlangte Wissen des Wissensvertreters, das dieser innerhalb seines Aufgabenbereichs für den Geschäftsherrn erlangt hat, dem Geschäftsherrn zugerechnet

---

681 Siehe BGHZ 50, 364, 368; MüKo BGB/*Schubert* § 166 Rn. 95; Erman/*Maier-Reimer* Rn. 38; Staudinger/*Schilken* Rn. 27, 34; *Römmer-Collmann* S. 77.

682 Siehe *Henning* S. 134 f., 149. Ein Subordinationsverhältnis bei § 166 II BGB für erforderlich haltend *Buck* S. 276 ff.

683 Der Bewusstseinszustand eines Menschen (Kenntnis, Unkenntnis) kann nie im Widerspruch zur Rechtsordnung stehen, siehe *Schilken* S. 54; *Buck* S. 35.

684 Im Ergebnis ähnlich Staudinger/*Peters/Jacoby* § 199 Rn. 60.

werden[685]. Dasselbe Ergebnis leitet *Baum* aus dem Rechtsgedanken des § 164 III BGB her[686]. Demgegenüber rechnen andere Literaturstimmen sowohl privates als auch geschäftliches Wissen des Wissensvertreters dem Geschäftsherrn zu, weil für den Wissensvertreter in Rechtsfortbildung zu § 166 I BGB nichts anderes gelten könne, als für den Stellvertreter in unmittelbarer Anwendung des § 166 I BGB, dessen private und geschäftliche Kenntnis unstreitig zurechenbar sei[687].

Zu folgen ist der Ansicht, die nur das geschäftlich erlangte Wissen des Wissensvertreters dem Geschäftsherrn zurechnet. *Baums* Ansicht kann dies widerspruchsfrei erklären. Denn nach dem Rechtsgedanken des § 164 III BGB muss sich der Geschäftsherr nur diejenige Kenntnis des Wissensempfangsvertreters zurechnen lassen, zu deren Empfang er den Wissensvertreter eingesetzt hat; das ist dienstlich erlangtes Wissen. Doch auch der Rechtsgedanke des § 166 I BGB kann die Zurechnung ausschließlich geschäftlichen Wissens erklären. Bei unmittelbarer Anwendung des § 166 I BGB ist anerkannt, dass sowohl die private als auch die dienstliche Kenntnis des Vertreters zurechenbar ist[688]. Dies hat zwei Gründe. Erstens differenziert der Wortlaut des § 166 I BGB nicht zwischen privat und geschäftlich erlangter Kenntnis. Zweitens beruht § 166 I BGB mitunter auf dem Prinzip der Vorteil-Nachteil-Korrelation, wonach derjenige, der die Vorteile der Arbeitsteilung nutzt, auch die Nachteile daraus zu tragen hat[689]. Da es generell fernliegt, dass der Vertreter bei der Vornahme von Rechtsgeschäften in schizophrener Weise zwischen privater und geschäftlicher Kenntnis zu trennen vermag und nur seine geschäftliche Kenntnis zugunsten des Geschäftsherrn einsetzt[690], muss der Geschäftsherr auch die Nachteile aus der privaten Kenntnis des Vertreters tragen[691]. Anders liegt dies aber beim Wissensvertreter im Rahmen des § 199 I BGB. Hilfspersonen, die mit Wissen und Wollen des Geschäftsherrn im Geschäftskreis der Anspruchserfassung tätig sind, sind nur mit der Aufgabe betraut, anspruchsbegründende Tatsachen geschäftlich zu ermitteln; sie müssen weder private Ermittlungen anstellen noch müssen sie privates Sonderwissen über anspruchsbegründende Umstände zur Anspruchserfassung zugunsten des Geschäftsherrn einsetzen. Der Einsatz privaten Sonderwissens über anspruchsbegründende Umstände zählt also nicht zum Aufgabenbereich des Wissensvertreters, weshalb schon die Legitimation fehlt, dem Geschäftsherrn die privat erlangte Kenntnis im Rahmen des § 199 I BGB zuzurechnen. Genauso

---

685 Siehe BGHZ 83, 293, 296 „das in diesem Rahmen erlangte Wissen"; BGH NJW 1992, 1099, 1100 „die dabei angefallenen Informationen"; *Medicus/Petersen* Rn. 904d; Palandt/*Ellenberger* § 166 Rn. 6; *Schultz* NJW 1990, 477, 480.

686 Siehe *Baum* S. 146.

687 Siehe *Buck* S. 166 ff.; ihr folgend *Grigoleit* ZHR 181, 160, 185.

688 Siehe *Buck* S. 166 ff., 245; *Römmer-Collmann* S. 190; *Baum* S. 81 ff.; *Taupitz,* Karlsruher Forum 1994, S. 16, 24 f.; *Grigoleit* ZHR 181, 160, 182.

689 Hierzu *Baum* S. 64 ff.

690 Siehe *Fleischer* NJW 2006, 3239, 3242.

691 Ebenfalls diesen Aspekt hervorhebend *Grigoleit* ZHR 181, 160, 182.

wenig müsste sich ein Geschäftsherr die Kenntnis eines Stellvertreters nach § 166 I BGB zurechnen lassen, den er nicht zur Vornahme des konkreten Rechtsgeschäfts bevollmächtigt hat[692], der also außerhalb des ihm übertragenen Aufgabenbereichs handelt.

Setzt der Wissensvertreter entgegen seinem Auftrag auch sein privates Sonderwissen zur Anspruchserfassung zugunsten des Geschäftsherrn ein, ist diese private Kenntnis dem Geschäftsherrn im Rahmen des § 199 I BGB nur in den Fällen ausnahmsweise zurechenbar, wenn der Geschäftsherr sich die private Kenntnis des Wissensvertreters bei der Anspruchsverfolgung zunutze macht. Insoweit kann nämlich nichts anderes gelten, als bei einem Geschäftsherrn, der sich die Kenntnis eines Vertreters zurechnen lassen muss, den er zur Vornahme des konkreten Rechtsgeschäfts nicht bevollmächtigt, dessen Vertretergeschäft er aber nachträglich genehmigt hat[693]. Zurechenbar ist im Rahmen des § 199 I BGB somit grundsätzlich nur die geschäftliche Kenntnis des Wissensvertreters.

## C. Wissenszurechnung bei „fehlerhafter Wissensorganisation"

Fehlt Geschäftsleitern oder Wissensvertretern die Kenntnis bzw. grob fahrlässige Unkenntnis von anspruchsbegründenden Umständen, hätten sie aber Kenntnis, wenn in der AG bzw. GmbH eine „ordnungsgemäße" Informationsorganisation bestünde, könnte dies als Kenntnis oder grob fahrlässige Unkenntnis i. S. v. § 199 I BGB zu behandeln sein. Dies ist äußerst umstritten. Streitig sind bei genauer Betrachtung zwei Fragen: Zum einen, ob und inwieweit arbeitsteilig organisierte Gläubiger im Rahmen des § 199 I BGB eine ordnungsgemäße Wissensorganisation einrichten müssen, zum anderen, ob – falls man eine solche Organisation verlangt – eine fehlerhafte Informationsorganisation Kenntnis oder grob fahrlässige Unkenntnis der Gesellschaft zur Folge hat.

### *I. Der Streit über die Wissensorganisationsverantwortung des Gläubigers im Rahmen des § 199 I BGB*

#### *1.) Entwicklung des Streits*

Schon im Hinblick auf die deliktsrechtliche Verjährungsregel des § 852 I BGB a. F. war umstritten, ob arbeitsteilig organisierte Gläubiger – insbesondere Gesellschaften – ihr Wissen über anspruchsbegründende Umstände organisieren müssen. Der Streit über die Wissensorganisationsverantwortung des Gläubigers wird bei § 199 I BGB aber heftiger geführt, weil § 199 I BGB anders als § 852 I BGB a. F. auch rechtsgeschäftlich begründete Ansprüche erfasst und schon grob fahrlässige Unkenntnis für den Verjährungsbeginn genügen lässt.

---

692 Siehe Staudinger/*Schilken* § 166 Rn. 2 f.

693 Siehe BGH NJW 1992, 899, 900; NJW 2000, 2272, 2273; Erman/*Maier-Reimer* § 166 Rn. 2; Staudinger/*Schilken* Rn. 3.

Bei § 852 I BGB a. F. lehnte der BGH eine Wissensorganisationspflicht des arbeitsteilig organisierten Gläubigers ab, weil der Deliktsschuldner keinen Anspruch darauf habe, dass der Gläubiger – etwa unter dem Gesichtspunkt des Schuldnerschutzes – eine Organisationsform schaffe, die die Kenntnis im Sinne des § 852 I BGB a. F. zum frühestmöglichen Zeitpunkt eintreten lasse[694]. Diese Rechtsprechung basierte letztlich auf der Wertung, dass eine Pflicht zur ordnungsgemäßen Organisation der Kommunikation jedenfalls im deliktsrechtlichen Bereich nicht anzuerkennen sei[695]. Diese Rechtsprechung zu § 852 I BGB a. F. wurde vom Schrifttum überwiegend gebilligt[696], zum Teil aber auch abgelehnt[697]. Entgegengehalten wurde ihr, dass die tragenden Grundsätze der Wissensorganisationpflicht, namentlich die gerechte Risikoverteilung bei Wissensaufspaltung und der Vertrauensschutz, auch im Verjährungsrecht anwendbar seien, und zwar ohne Rücksicht auf die konkrete Rechtsnatur des Anspruchs, um dessen Verjährung es gehe[698]. Auch das Gleichstellungsargument, wonach arbeitsteilige Organisationen nicht besser und nicht schlechter als Einzelpersonen stehen dürften, gebiete es, von arbeitsteiligen Organisationen im Rahmen des § 852 I BGB a. F. eine ordnungsgemäße Wissensorganisation zu verlangen[699].

Im Zuge der Schuldrechtsmodernisierung hat der Gesetzgeber die Generalklauseln gemäß §§ 195, 199 BGB nach dem Vorbild des § 852 I BGB a. F. geschaffen, die aber nicht nur deliktsrechtliche Schadensersatzansprüche, sondern Ansprüche jedweden Rechtsgrundes erfassen. Zudem wurde in § 199 I Nr. 2 BGB die grob fahrlässige Unkenntnis als subjektives Kriterium, das die Verjährung beginnen lässt, aufgenommen[700]. Aufgrund dieser Abweichungen von § 852 I BGB a. F. wird bei § 199 I BGB heftig darüber gestritten, inwieweit arbeitsteilig organisierte Gläubiger eine Wissensorganisation schaffen müssen, um (möglichst früh) von ihren Ansprüchen Kenntnis zu nehmen. Seit Inkrafttreten des § 199 I BGB haben sich hierzu verschiedene Auffassungen herausgebildet. Im Schrifttum lassen sich grob drei Ansichten unterscheiden, die Rechtsprechung vertritt eine vierte.

---

694 So schon BGH NJW 1986, 2315, 2316, allerdings noch bevor die Rechtsprechung zur Wissensorganisationspflicht entwickelt war; nachdem die Wissensorganisationspflicht anerkannt war, BGHZ 133, 129, 139; BGH NJW 2012, 447, 448 m. w. N.

695 Siehe BGH NJW 2012, 447, 448.

696 Siehe RGRK/*Kreft* § 852 Rn. 40; $\text{Erman}_{10}$/*Schiemann* § 852 Rn. 12; $\text{Palandt}_{60}$/*Thomas* § 852 Rn. 4b; *Buck* S. 317 m. w. N.

697 Siehe *Medicus,* Karlsruher Forum 1994, S. 4, 13; *Taupitz,* Karlsruher Forum 1994, S. 16, 30; *Grunewald,* FS Beusch 1993, S. 301, 317; *Baum* S. 398 ff.; MüKo $\text{BGB}_3$/*Stein* § 852 Rn. 14.

698 So MüKo $\text{BGB}_3$/*Stein* § 852 Rn. 14; *Baum* S. 398 ff.

699 So *Baum* S. 190.

700 Zu den Änderungen im Detail siehe 3. Teil:§ 2C.I.

### *2.) Meinungsstand im Schrifttum*

Nach weit verbreiteter Auffassung im Schrifttum müssen arbeitsteilig organisierte Gläubiger im Rahmen des § 199 I BGB ihr Wissen über anspruchsbegründende Umstände organisieren, und zwar in Bezug auf Ansprüche jedweden Rechtsgrundes[701]. Juristische Personen müssten hiernach eine ordnungsgemäße Informationsorganisation einrichten und unterhalten. Ist also die Kenntnis von Anspruchsgrund und Schuldner bei Mitarbeitern der juristischen Person vorhanden und wäre diese Mitarbeiterkenntnis bei ordnungsgemäßer Informationsorganisation einem zuständigen Wissensvertreter verfügbar, ist nach dieser Literaturansicht der Verjährungsbeginn nach § 199 I BGB anzunehmen. Zur Begründung stützen sich manche auf die Pflicht zur ordnungsgemäßen Organisation der Kommunikation, deren Verletzung Kenntnis zur Folge habe[702]; andere werten den Organisationsmangel schlicht als grob fahrlässige Unkenntnis[703]. Teilweise werden beide Begründungsansätze vermischt, etwa indem aus der Lehre von der ordnungsgemäßen Organisation der Kommunikation die Anforderungen an die notwendige Wissensorganisation entnommen werden, deren Nichterfüllung dann den Vorwurf grob fahrlässiger Unkenntnis begründen soll[704]. Trotz der unterschiedlichen Ansätze ist bei allen Anhängern dieser Ansicht das wesentliche Argument für den Verjährungsbeginn, dass Mängel in der Informationsorganisation des Gläubigers zumindest seine grob fahrlässige Unkenntnis bewirken. Denn § 199 I Nr. 2, Var. 2 BGB erfasse Fälle des Verschuldens gegen sich selbst[705] und ein solches liege vor, wenn der arbeitsteilig organisierte Gläubiger sein Wissen nicht ordnungsgemäß organisiere[706]. Da grob fahrlässige Unkenntnis des Gläubigers nach § 199 I Nr. 2 BGB bei allen Arten von Ansprüchen die Verjährungsfrist beginnen lasse, bestehe die Wissensorganisationsverantwortung des Gläubigers in Bezug auf alle Anspruchsarten[707].

---

701 So *Schmid* ZGS 2002, 180, 181; *Heß* NZV 2002, 65, 66; *Krämer* ZGS 2003, 379, 381; MüKo BGB/*Grothe* § 199 Rn. 31, 36; Erman/*Schmidt-Räntsch* Rn. 14 ff.; *Mansel* NJW 2002, 89, 92; Heidel BGB/*ders./Stürner* § 199 Rn. 78; Staudinger/*Peters/Jacoby* Rn. 59, 77 f.

702 So tendenziell *Schmid* ZGS 2002, 180, 181; MüKo BGB/*Grothe* § 199 Rn. 36; Palandt/*Ellenberger* Rn. 25.

703 Siehe *Heß* NZV 2002, 65, 66; *Krämer* ZGS 2003, 379, 381; Staudinger/*Peters/Jacoby* § 199 Rn. 59, 77 f.; *Mansel* NJW 2002, 89, 92.

704 Siehe BeckOK BGB/*Spindler* § 199 Rn. 36; *Schmid* ZGS 2002, 180, 181; MüKo BGB/*Grothe* § 199 Rn. 31; Erman/*Schmidt-Räntsch* Rn. 14b.

705 Zur dogmatischen Einordnung der grob fahrlässigen Unkenntnis als Verschulden gegen sich selbst siehe 2. Teil:§ 3A.

706 So Erman/*Schmidt-Räntsch* § 199 Rn. 14b; ähnlich Heidel BGB/*Mansel/Stürner* Rn. 78; MüKo BGB/*Grothe* Rn. 35; *Krämer* ZGS 2003, 379, 381; *Heß* NZV 2002, 65, 66.

707 Siehe MüKo BGB/*Grothe* § 199 Rn. 39; Erman/*Schmidt-Räntsch* Rn. 14b („verallgemeinerungsfähig"); Staudinger/*Peters/Jacoby* Rn. 77.

Nach anderer, vereinzelt vertretener Ansicht muss der arbeitsteilig organisierte Gläubiger im Rahmen des § 199 I BGB sein Wissen nur im Hinblick auf rechtsgeschäftliche Ansprüche und Ansprüche, die durch rechtsgeschäftlichen Kontakt entstanden sind, organisieren[708]. Hinsichtlich deliktsrechtlicher Schadensersatzansprüche müsse der Gläubiger sein Wissen also nur organisieren, wenn ihnen ein rechtsgeschäftlicher Kontakt zugrunde liege[709]. Diese Ansicht leitet die Organisationspflicht des Gläubigers aus der Lehre von der ordnungsgemäßen Organisation der Kommunikation her und schränkt den Umfang der erforderlichen Wissensorganisation entsprechend dem Anwendungsbereich dieser Lehre ein: Da die Lehre von der ordnungsgemäßen Organisation der Kommunikation im Verkehrsschutz gründe, könne auch eine Wissensorganisationspflicht nur für rechtsgeschäftliche Ansprüche und solche mit rechtsgeschäftlichem Kontakt gelten[710]. Die Verletzung der Organisationspflicht begründe Kenntnis. In Bezug auf Ansprüche ohne rechtsgeschäftlichen Kontakt könnten Organisationsmängel dagegen nur zum Vorwurf grob fahrlässiger Unkenntnis führen, was aber voraussetze, dass die anspruchsbegründenden Umstände auf der Hand lägen[711].

Eine dritte Ansicht lehnt jegliche Pflicht oder Obliegenheit des Gläubigers zur Wissensorganisation im Rahmen des § 199 I BGB ab[712]. Da die subjektiven Merkmale des § 199 I Nr. 2 BGB nur den Gläubiger, nicht aber den Schuldner oder den Rechtsverkehr schützten, seien die im Verkehrsschutz wurzelnden Grundsätze der ordnungsgemäßen Organisation der Kommunikation nicht anwendbar[713]. Insbesondere das Merkmal grob fahrlässiger Unkenntnis i. S. v. § 199 I BGB sei eng auszulegen, weil auch dieses Merkmal die faire Chance des Gläubigers zur Anspruchsdurchsetzung zu wahren habe. Der Schuldner habe demgegenüber kein schutzwürdiges Vertrauen auf einen möglichst frühen Beginn der Verjährungsfrist; er sei durch die kurze Dreijahresfrist (§ 195 BGB) und die objektiven Höchstfristen gemäß § 199 II bis IV BGB ausreichend geschützt[714]. Außerdem passten die Grundsätze zur Informationsverantwortung bei § 199 I BGB nicht, weil es dort häufig an einem konkreten Anlass zur Informationsabfrage fehle[715].

---

708 So BeckOK BGB/*Spindler* § 199 Rn. 34; andeutend *Heinrichs* BB 2001, 1417, 1419; siehe auch *Spindler* ZHR 181, 311, 318.

709 Siehe BeckOK BGB/*Spindler* § 199 Rn. 34.

710 Siehe BeckOK BGB/*Spindler* § 199 Rn. 34.

711 So BeckOK BGB/*Spindler* § 199 Rn. 34.

712 Siehe *Sturm*, Verjährung Diss., S. 428 ff.; Erman/*Maier-Reimer* § 166 Rn. 33; *Bork* Rn. 1667.

713 So im Ergebnis *Sturm*, Verjährung Diss., S. 428 ff.

714 So *Sturm*, Verjährung Diss., S. 181 ff., 415 ff.

715 So Erman/*Maier-Reimer* § 166 Rn. 33.

### *3.) Meinungsstand in der Rechtsprechung*

Auch die Rechtsprechung hatte schon mehrmals Gelegenheit, zur Frage Stellung zu nehmen, ob und inwieweit arbeitsteilig organisierte Gläubiger im Rahmen des § 199 I BGB ihr Wissen organisieren müssen. Bisher betrifft die Rechtsprechung zwar nur die Wissensorganisation in juristischen Personen des öffentlichen Rechts[716]. Diese Rechtsprechung kann aber ohne Weiteres auf juristische Personen des Privatrechts übertragen werden, weil die Gerichte die Lehre von der Wissensorganisationspflicht ohne Unterschiede auf alle arbeitsteiligen Organisationsformen anwenden[717].

Bevor sich der BGH mit der Wissensorganisationsverantwortung des Gläubigers im Rahmen des § 199 I BGB erstmals auseinandersetzte, hatten das OLG Saarbrücken und das OLG Hamm entschieden, dass einer juristischen Person des öffentlichen Rechts als Gläubigerin deliktsrechtlicher Schadensersatzansprüche grob fahrlässige Unkenntnis i.S.d. § 199 I Nr. 2 BGB vorzuwerfen sei, wenn sie keine Organisation schaffe, die sicherstelle, dass behördeninternes Wissen an die zuständige Abteilung weitergeleitet werde[718]. Organisationsmängel führten zum Vorwurf grob fahrlässiger Unkenntnis i.S.d. § 199 I BGB[719]. Zur Begründung stützt sich diese Rechtsprechung u. a. auf die Gesetzesmaterialien zu § 199 I BGB. Zwar habe sich der Gesetzgeber bei Einführung des Maßstabs der grob fahrlässigen Unkenntnis (§ 199 I Nr. 2 BGB) an der früheren Rechtsprechung zur missbräuchlichen Unkenntnis bei § 852 I BGB a. F. orientiert, die Merkmale seien aber nicht identisch; vielmehr gehe die grob fahrlässige Unkenntnis über die Fälle missbräuchlicher Unkenntnis hinaus und begründe eine Organisationsverantwortung des Gläubigers[720]. § 199 I BGB differenziere auch nicht zwischen rechtsgeschäftlichen und anderen Ansprüchen, sodass der Gläubiger hinsichtlich aller Anspruchsarten die Obliegenheit zur aktiven Informationsbeschaffung habe[721]. Außerdem gründe die Wissensorganisationspflicht im Vertrauens- und im Verkehrsschutz; beide Gesichtspunkte kämen beim Rechtsinstitut der Verjährung insgesamt zum Tragen, ohne Rücksicht auf die konkrete Anspruchsart[722].

---

716 Siehe BGH NJW-RR 2009, 1471, 1472; NJW 2011, 1799, 1800; NJW 2012, 447, 449; NJW 2012, 1789, 1790; NJW 2012, 2644, 2645; OLG Saarbrücken, Urt. v. 31. 8. 2010, 4 U 550/09, juris; OLG Karlsruhe, Urt. v. 9. 5. 2012, 7 U 44/11, juris; OLG Hamm r+s 2011, 225.

717 Grundlegend BGH NJW 1996, 1339, 1341.

718 So OLG Saarbrücken, Urt. v. 31. 8. 2010, 4 U 550/09, juris Rn. 47; ihm folgend OLG Hamm r+s 2011, 225, 227.

719 Siehe OLG Hamm r+s 2011, 225, 228; OLG Saarbrücken, Urt. v. 31. 8. 2010, 4 U 550/09, juris Rn. 47.

720 Siehe OLG Saarbrücken, Urt. v. 31. 8. 2010, 4 U 550/09, juris Rn. 52, 60.

721 So OLG Saarbrücken, Urt. v. 31. 8. 2010, 4 U 550/09, juris Rn. 60.

722 Sinngemäß OLG Saarbrücken, Urt. v. 31. 8. 2010, 4 U 550/09, juris Rn. 61.

Der BGH ist dieser OLG-Rechtsprechung nicht gefolgt. Er vertritt bezüglich juristischer Personen des öffentlichen Rechts vielmehr die Auffassung, dass für die Verjährung ihrer deliktsrechtlichen Ansprüche an der bisherigen Rechtsprechung zu § 852 I BGB a. F. festzuhalten sei[723], Organisationsmängel für den Verjährungsbeginn insoweit also unerheblich seien[724]. Lediglich in Bezug auf rechtsgeschäftliche Ansprüche müsse die juristische Person ihr Wissen organisieren[725]. Denn nur insoweit greife die Pflicht zur ordnungsgemäßen Organisation der Kommunikation[726]. Da diese Pflicht im Verkehrsschutz gründe, könne für nichtrechtsgeschäftliche Ansprüche keine Wissensorganisationspflicht bestehen[727]. Dass § 199 I Nr. 2 BGB im Gegensatz zu § 852 I BGB a. F. schon grob fahrlässige Unkenntnis für den Verjährungsbeginn genügen lasse, ändere daran nichts. Denn den Gesetzesmaterialien zu § 199 I BGB könne nicht entnommen werden, dass juristische Personen des öffentlichen Rechts bei § 199 I BGB höheren Anforderungen an die Wissensorganisation unterliegen sollten als nach alter Rechtslage gemäß § 852 I BGB a. F.[728] Der BGH deutet die Gesetzesmaterialien zu § 199 I BGB also im entgegengesetzten Sinne als das OLG Saarbrücken und das OLG Hamm: Nach den Gesetzesmaterialien sei das Merkmal der grob fahrlässigen Unkenntnis in § 199 I BGB aufgenommen worden, um vor allem die bereits vorhandenen Auflockerungstendenzen in der Rechtsprechung und damit die praktischen Ergebnisse der Rechtsprechung zu § 852 I BGB a. F. nachzuvollziehen[729]. Der Gesetzgeber habe demnach nicht in die Rechtsprechung zu der Frage eingreifen wollen, ob und in welchem Umfang die Kenntnis von Personen einer juristischen Person des öffentlichen Rechts zugerechnet werden könne[730].

Im Ergebnis bejaht der BGH eine Wissensorganisationspflicht des Gläubigers im Rahmen des § 199 I BGB für rechtsgeschäftliche Ansprüche und verneint sie im Übrigen. Selbst wenn ein rechtsgeschäftlicher Kontakt zwischen Schuldner und Gläubiger stattgefunden hat, lehnt der BGH eine Wissensorganisationpflicht des Gläubigers für nichtrechtsgeschäftliche Ansprüche ab. Dies ergibt sich deutlich daraus, dass der BGH sogar bezüglich vertraglicher Schadensersatzansprüche (§ 280 I BGB), denen ohne Zweifel ein rechtsgeschäftlicher Kontakt zugrunde liegt, einer Wissensorganisationspflicht des Gläubigers ablehnend gegenübersteht[731].

---

723 Siehe BGH NJW-RR 2009, 1471, 1472; NJW 2012, 447, 449.

724 Siehe BGH NJW 2012, 447, 449; NJW 2012, 1789, 1790; NJW 2012, 2644, 2645.

725 So BGH NJW 2012, 1789, 1790 f.; siehe auch BGH NJW 2012, 447, 449; BGH NJW 2012, 2644, 2645.

726 Siehe BGH NJW 2012, 1789, 1790 f.

727 Siehe BGH NJW 2012, 1789, 1790 f.

728 So BGH NJW 2012, 447, 449; NJW 2012, 1789, 1790; NJW 2012, 2644, 2645.

729 So BGH NJW 2012, 447, 449; NJW 2012, 1789, 1790; NJW 2012, 2644, 2645.

730 So BGH NJW 2012, 447, 449; NJW 2012, 1789, 1790; NJW 2012, 2644, 2645.

731 Siehe BGH NJW 1789, 1790; dort ging es um die Verjährung von Schadensersatzansprüchen aus schuldhafter Verletzung des ärztlichen Behandlungsvertrags.

Dies unterscheidet die Rechtsprechung des BGH von der zweitgenannten Literaturansicht.

### *4.) Analyse und weiterer Gang der Untersuchung*

Die verschiedenen Ansichten offenbaren, dass bei arbeitsteilig organisierten Gläubigern – insbesondere juristischen Personen – das Verhältnis von der Pflicht zur ordnungsgemäßen Organisation der Kommunikation zu dem Merkmal der grob fahrlässigen Unkenntnis bisher im Dunkeln liegt und einer Ordnung bedarf. Teilweise wird der Eindruck erweckt, wegen des Merkmals der grob fahrlässigen Unkenntnis finde die Lehre von der ordnungsgemäßen Organisation der Kommunikation auf § 199 I BGB Anwendung[732]. Teilweise wird die Pflicht zur ordnungsgemäßen Organisation der Kommunikation in Bezug auf rechtsgeschäftliche Ansprüche bejaht, im Übrigen aber nicht untersucht, ob sich aus dem Merkmal der grob fahrlässigen Unkenntnis noch weitere Organisationsanforderungen für den Gläubiger in Bezug auf die übrigen Ansprüche ergeben[733]. Dies zeigt, dass zwei Problemkreise vermischt werden, die dogmatisch streng auseinander zu halten sind. Der eine Problemkreis betrifft die Frage, wie das Tatbestandsmerkmal grob fahrlässige Unkenntnis in § 199 I BGB auszulegen ist und ob aus diesem Tatbestandsmerkmal für arbeitsteilig organisierte Gläubiger eine Wissensorganisations*obliegenheit* folgt, deren Verletzung den Vorwurf *grob fahrlässiger Unkenntnis* begründet. Der andere Problemkreis betrifft die Frage, ob und inwieweit eine *Pflicht* zur ordnungsgemäßen Organisation der Kommunikation im Rahmen des § 199 I BGB besteht, deren Verletzung die *Kenntnis* des Gläubigers begründet. Im einen Fall hätte der Organisationsmangel grob fahrlässige Unkenntnis, im anderen Fall Kenntnis zur Folge. Schon wegen dieser unterschiedlichen Rechtsfolgen muss die Lehre von der ordnungsgemäßen Organisation streng vom Merkmal der grob fahrlässigen Unkenntnis unterschieden werden.

Es bestehen aber noch weitere Unterschiede. Leitete man die Wissensorganisationsverantwortung des Gläubigers aus dem Merkmal grob fahrlässiger Unkenntnis her, müsste sich seine Organisationsverantwortung auf alle Anspruchsarten erstrecken, weil § 199 I BGB nicht nach Anspruchsarten differenziert; würde man die Organisationsverantwortung des Gläubigers hingegen aus der Pflicht zur ordnungsgemäßen Organisation der Kommunikation ableiten, würde die Reichweite dieser Pflicht vorgeben, ob der Gläubiger sein Wissen nur hinsichtlich rechtsgeschäftlicher oder auch hinsichtlich anderer Ansprüche zu organisieren hätte. Zudem ist es denkbar, dass die Wissensorganisationsobliegenheit, resultierend aus dem Merkmal grob fahrlässiger Unkenntnis, andere Anforderungen an eine Wissensorganisation stellt als die Pflicht zur ordnungsgemäßen Organisation der Kommunikation.

---

732 Siehe *Schmid* ZGS 2002, 180, 181; Erman/*Schmidt-Räntsch* § 199 Rn. 14, 14b; BeckOK BGB/*Spindler* Rn. 34.

733 Siehe *Heinrichs* BB 2001, 1417, 1419.

Im Folgenden wird daher untersucht, ob die Pflicht zur ordnungsgemäßen Organisation der Kommunikation im Rahmen des § 199 I BGB anwendbar ist und – falls dies zu bejahen ist – bezüglich welcher Art von Ansprüchen eine Informationsorganisation zu errichten ist (siehe unten, II.). Insoweit muss der Anwendungsbereich der Wissensorganisationspflicht ermittelt werden. Weiter wird untersucht, ob aus dem Merkmal grob fahrlässiger Unkenntnis gemäß § 199 I BGB für den Gläubiger eine Obliegenheit zur Wissensorganisation hinsichtlich aller Anspruchsarten folgt (siehe unten, III.). Falls der Gläubiger weder der Pflicht zur ordnungsgemäßen Organisation der Kommunikation noch der Obliegenheit zur Wissensorganisation unterliegt, ist noch zu untersuchen, ob nicht nach § 242 BGB gewisse Mindestanforderungen an eine Informationsorganisation des Gläubigers zu stellen sind (siehe unten, IV.).

## *II. Fehlerhafte Wissensorganisation als Kenntnis i.S.d. § 199 I BGB aufgrund der Lehre von der ordnungsgemäßen Organisation der Kommunikation*

Die Pflicht zur ordnungsgemäßen Organisation der Kommunikation ist das Ergebnis richterlicher Rechtsfortbildung[734]. Entsprungen ist diese Organisationspflicht einer Lehre, die Anfang der 1990er Jahre von *Bohrer*[735], *Grunewald*[736], *Medicus*[737] und *Taupitz*[738] im Wechsel mit dem BGH schrittweise entwickelt worden ist. Der BGH, der mit seiner Schlachthof-Entscheidung vom 8. Dezember 1989[739] den Anstoß für diese Rechtsentwicklung gegeben hatte[740], schloss sich später der Lehre von der ordnungsgemäßen Organisation der Kommunikation, wie sie *Taupitz* prägte, sowohl in der Begründung als auch in den Ergebnissen ausdrücklich an[741]. Diese Lehre entspricht heute ganz herrschender Meinung[742]. Ablehnende oder kritische

---

734 Ausführlich *Hagen* DRiZ 1997, 157; Erman/*Maier-Reimer* § 166 Rn. 22.
735 Siehe 2. Teil:§ 1C.I.
736 FS Beusch 1993, S. 301 ff.
737 Karlsruher Forum 1994, S. 4 ff.
738 Karlsruher Forum 1994, S. 16 ff.
739 NJW 1990, 975.
740 Zur Entstehung der Lehre im Wechselspiel von Rechtsprechung und Literatur *Hagen* DRiZ 1997, 157.
741 Siehe BGH NJW 1996, 1339, 1341 (V. Zivilsenat).
742 Grundlegend BGH NJW 1996, 1339, 1342; *Taupitz,* Karlsruher Forum 1994, S. 16, 25 ff.; siehe auch MüKo BGB/*Schubert* § 166 Rn. 49 ff.; Staudinger/*Schilken* Rn. 6; BeckOK BGB/*Schäfer* Rn. 22; Hüffer AktG/*Koch* § 78 Rn. 24 f.; Großkomm Akt/*Habersack* Rn. 24 .; Baumbach/Hueck/*Zöllner/Noack* § 35 Rn. 150; Scholz GmbHG/*U. H. Schneider/S. H. Schneider* Rn. 124 ff.; *Koch* ZIP 2015, 1757, 1760; *Thomale* AG 2015, 641, 648; *Weller* ZGR 2016, 384, 401 ff.; *Gasteyer/Goldschmidt* AG 2016, 116, 118 ff.; *Naumann/Siegel* ZHR 181, 273 ff.; *Schürnbrand* ZHR 181, 357, 359 f.; *Ihrig* ZHR 181, 381, 388 ff.; *Rickert/Heinrichs* GWR 2017, 112, 113; zumindest eine Pflicht zur

Gegenstimmen[743] fanden lange Zeit keine Beachtung, nehmen neuerdings aber zu[744]. Gemäß der Lehre unterliegen arbeitsteilige Organisationsformen der Pflicht zur ordnungsgemäßen Organisation der Kommunikation, die heute schlagwortartig als Wissensorganisationspflicht bezeichnet wird.

### *1.) Zweck und Inhalt der Pflicht zur ordnungsgemäßen Organisation der Kommunikation*

Der arbeitsteilige Einsatz von Hilfspersonen birgt das Risiko der Wissensverlagerung. Darunter versteht man das Risiko, dass rechtserhebliches Wissen innerhalb der Organisation bei bestimmten Hilfspersonen vorhanden ist oder war, dass es aber nicht den Hilfspersonen zur Verfügung steht, deren Wissen der arbeitsteiligen Organisation nach herkömmlichen Regeln[745] zugerechnet werden könnte[746]. In Fällen der Wissensverlagerung könnte sich eine arbeitsteilige Organisation nach herkömmlichen Zurechnungsregeln auf Unkenntnis berufen, obwohl das Personenwissen organisationsintern vorhanden, wenn auch verlagert, ist. Die arbeitsteilige Organisation könnte damit Vorteile aus ihrer Wissensverlagerung ziehen. Um dies zu verhindern und das Risiko der Wissensverlagerung gerecht zwischen der arbeitsteiligen Organisation und Dritten zu verteilen, haben Rechtsprechung und Schrifttum die Pflicht zur ordnungsgemäßen Organisation der Kommunikation entwickelt, die bei arbeitsteiligen Organisationen die herkömmlichen Wissenszurechnungsregeln ergänzen soll[747]. Die Wissensorganisationspflicht wird als Zurechnungskriterium[748] eingesetzt, anhand dessen zu beurteilen

---

Einrichtung einer Informationsorganisation unterhalb der Organebene bejahend Großkomm GmbHG/*Paefgen* § 35 Rn. 208 f.; *K. Schmidt,* GesR, § 10 V. 2.; *Bork* DB 2012, 33, f.

743 Siehe *Buck* S. 439 ff.; *Waltermann* AcP 192, 181, 224 ff.; *Spindler,* Unternehmensorganisationspflichten, S. 659 f.; *Faßbender/Neuhaus* WM 2002, 1253, 1258 f.; krit. zur Methodik Erman/*Maier-Reimer* § 166 Rn. 21 f.

744 Siehe *Grigoleit* ZHR 181, 160, 189 ff.; *Wagner* ZHR 181, 203, 261 f.; die Wissensorganisationspflicht zwar ablehnend, aber letztlich doch einen „Hybrid" aus normativer Zurechnung und Verkehrspflichten anerkennend *Spindler* ZHR 181, 311, 318 ff., 355 f.; kritisch zur Wissensorganisationspflicht bei Unternehmenskäufen, *Hoenig/Klingen* NZG 2013, 1046, 1049; *Meyer* WM 2012, 2040, 2044.

745 Gemeint sind § 166 I BGB, die Zurechnungsfigur des Wissensvertreters (Rechtsgedanke des § 166 I BGB), die organschaftliche Zurechnung (entsprechende Anwendung des § 166 I BGB oder Rechtsgedanke des § 31 BGB).

746 Siehe *Buck* S. 312 ff.; *Baum* S. 226; Großkomm GmbHG/*Paefgen* § 35 Rn. 209.

747 Siehe BGH NJW 1990, 975, 976 zur „Risikoverteilung bei Grundstücksgeschäften"; *Buck* S. 314 ff.; 433, 441.

748 Es wird gern übersehen, dass die Wissensorganisationspflicht in Wahrheit ein Hybrid ist: einerseits ist sie Zurechnungskriterium (Informationsweiterleitungspflicht), andererseits erweitert sie den privatrechtlichen Kenntnisbegriff (Informationsabfragepflicht). Siehe hierzu 5. Teil:§ 2C.II.4.)b.).

sei, in welchen Fällen der Wissensverlagerung einer arbeitsteiligen Organisation Wissen zugerechnet werden könne[749]. Letztlich soll die Wissensorganisationspflicht eine Regelungslücke für die Wissenszurechnung in Fällen organisationsbedingter Wissensverlagerung schließen, die eine am Normtext des § 166 BGB orientierte Lösung angeblich nicht sachgerecht zu schließen vermag[750].

Die Wissensorganisationspflicht ist somit wesentlich geprägt vom Gedanken gerechter Risikoverteilung in Fällen der Wissensverlagerung. Das gesamte Recht der Wissenszurechnung sei Ausdruck des Prinzips gerechter Risikoverteilung[751]. Dies gelte auch für § 166 I BGB[752]. Diese Zurechnungsregel enthalte die Wertung, dass sich der Vertretene im Rechtsverkehr das Wissen seiner Vertreter entgegenhalten lassen müsse, weil er durch den Einsatz von Vertretern das Risiko schaffe, selbst keine Kenntnis von rechtserheblichen Umständen zu erlangen, während er gleichzeitig aus dem arbeitsteiligen Einsatz von Vertretern profitiere und das genannte Risiko beherrschen könne[753]. Bei § 166 I BGB gehe es dementsprechend um die Zuweisung des vom Vertretenen beherrschbaren Risikos[754]. In Übereinstimmung mit diesem Gedanken verteile die Wissensorganisationspflicht das Risiko aus der Wissensaufspaltung gerecht, indem das Risiko grundsätzlich der Organisation, die es durch den arbeitsteiligen Einsatz von Hilfspersonen verursacht habe, zugewiesen werde, soweit das Risiko durch zweckmäßige Organisation beherrschbar sei[755]. Die Organisation unterliege deshalb einer Kommunikationsorganisationspflicht, die ähnlich wie eine Verkehrspflicht in der Beherrschung eines selbst eröffneten Verkehrsbereichs gründe[756].

---

749 Siehe *Taupitz*, Karlsruher Forum 1994, S. 50, 51; Großkomm GmbHG/*Paefgen* § 35 Rn. 209. Teilweise wird die Wissensorganisationspflicht als echte Verkehrspflicht interpretiert, siehe 5. Teil:§ 2C.II.3.)d.).

750 H. M., siehe *Bork* DB 2012, 33, 34; MüKo $BGB_6$/*Schramm* § 166 Rn. 28; a. A. sind freilich die Gegner der Wissensorganisationspflicht, siehe Fn. 747.

751 Siehe *Römmer-Collmann* S. 71; *Buck* S. 314 ff.; 433, 441; Erman/*Maier-Reimer* § 166 Rn. 23; a. A. *Gasteyer/Goldschmidt* AG 2016, 116 ff., die die Wissenszurechnung unzutreffenderweise als reines Haftungsinstrument einordnen. Ebenfalls gegen die Reduzierung der Wissenszurechnung auf Haftungsfragen *Wagner* ZHR 181, 203, 260.

752 Siehe *Waltermann* AcP 192, 181, 197 f.

753 Siehe *Waltermann* AcP 192, 181, 197; *Taupitz*, Karlsruher Forum 1994, S. 16, 27.

754 So *Canaris*, Bankvertragsrecht, Rn. 106; *Schultz* NJW 1990, 477, 480; *Bohrer* DNotZ 1991, 124, 129; *Waltermann* AcP 192, 181, 197; *Taupitz*, Karlsruher Forum 1994, S. 16, 27.

755 Siehe *Medicus*, Karlsruher Forum 1994, S. 4, 11; deutlicher *Taupitz*, Karlsruher Forum 1994, S. 16, 27; zustimmend BGH NJW 1996, 1339, 1341; *Scheuch* GmbHR 1996, 828, 830.

756 So *Taupitz*, Karlsruher Forum 1994, S. 51; zustimmend BGH NJW 1996, 1339, 1341.

Die Pflicht zur ordnungsgemäßen Organisation der Kommunikation wird in eine Informationsspeicherpflicht, eine Informationsweiterleitungspflicht und eine Informationsabfragepflicht gegliedert[757].

Eine am Rechtsverkehr teilnehmende Organisation müsse alle Informationen speichern, die mit einiger Wahrscheinlichkeit später rechtserheblich werden[758] und habe diese Speicherung so lange aufrechtzuerhalten, wie es der erkennbaren Bedeutung der Information entspreche[759]. Wenn Rechtsprechung und Schrifttum vom „typischerweise aktenmäßig festgehaltenen Wissen" sprechen[760], ist damit dieses bei ordnungsgemäßer Speicherung in der Organisation verfügbare Wissen gemeint[761]. Die Informationsspeicherpflicht wird nicht als Informationsbeschaffungspflicht verstanden. Die Speicherpflicht beziehe sich nur darauf, bereits intern vorhandenes Wissen von Mitarbeitern abzuspeichern, jedoch nicht darauf, organisationsexterne Informationen zu beschaffen[762]. Denn eine unterlassene Informationsbeschaffung könne sowohl bei der Einzelperson als auch bei arbeitsteiligen Organisationen allenfalls fahrlässige Unkenntnis begründen, während es im Rahmen der Wissensorganisationspflicht allein um die Zurechnung von Kenntnis gehe[763]. Zudem solle die Wissensorganisationspflicht nur das Risiko der internen Wissensverlagerung ausgleichen, nicht aber das Risiko, etwas nicht zu wissen, weil man Informationen extern nicht beschafft habe[764]. Sehr kritisch werden deshalb einzelne BGH-Entscheidungen bewertet, die andeuten, dass Organisationen auch die Informations*beschaffung* zu organisieren hätten[765]. Bei der Lehre von der ordnungsgemäßen Organisation der Kommunikation gehe es letztlich nie um Informationsbeschaffung von außen, sondern um die Gewährleistung des organisationsinternen Austausches bereits vorhandener Mitarbeiterinformationen[766].

---

757 Siehe BGH NJW 1996, 1339, 1341; *Bork* DB 2012, 33, 35; Spindler/Stilz/*Fleischer* § 78 Rn. 54; Großkomm HGB/*Habersack* § 125 Rn. 22 f.; Großkomm GmbHG/*Paefgen* § 35 Rn. 209.

758 So *Medicus,* Karlsruher Forum 1994, S. 4, 11 ff.; bestätigt von BGH NJW 1996, 1339, 1341.

759 So *Medicus,* Karlsruher Forum 1994, S. 4, 11 ff.; bestätigt von BGH NJW 1996, 1339, 1341.

760 Siehe BGH NJW 1990, 975, 976; *Bohrer* DNotZ 1991, 124, 129; *Faßbender/Neuhaus* WM 2002, 1253, 1257; Roth/Altmeppen/*Altmeppen* § 35 Rn. 113.

761 Siehe BGH NJW 1996, 1339, 1340; ebenso *Rodewald* GmbHR 2014, 639, 642; *Koch* ZIP 2015, 1757, 1760 ff.

762 Ebenso *Grunewald,* FS Beusch 1993, S. 301, 312; *Bork* DB 2012, 33, 35; *Scheuch* GmbHR 1996, 828, 832; *Buck* S. 425 f.

763 Unsere Privatrechtsordnung kennt hinsichtlich des Merkmals „Kenntnis" keine Pflicht, sich einen bestimmten Wissensstand zu verschaffen, siehe *Bork* DB 2012, 33, 38; *Scheuch* GmbHR 1996, 828, 832; *Buck* S. 35; hierzu näher 2. Teil:§ 3A.

764 So auch *Bork* DB 2012, 33, 38.

765 Siehe BGH NJW-RR 2006, 771, 773; dies zu Recht ablehnend *Bork* DB 2012, 33, 38.

766 Siehe Staudinger/*Schilken* § 166 Rn. 6.

Zu speichern sei folglich das Wissen, das Mitarbeiter der Organisation zu irgendeinem Zeitpunkt erlangt haben, soweit es mit einiger Wahrscheinlichkeit später rechtserheblich werde. Nicht einheitlich beurteilt wird, ob eine ordnungsgemäße Wissensorganisation nur die Speicherung des rechtserheblichen Wissens von Mitarbeitern verlangt, die als (Wissens-)Vertreter eingesetzt sind[767] oder ob sie auch die Speicherung des rechtserheblichen Wissens anderer Mitarbeiter fordert[768].

Die Organisation müsse ferner so organisiert sein, dass „Informationen, deren Relevanz für andere Personen innerhalb dieser Organisation bei den konkret Wissenden erkennbar ist, tatsächlich an jene Personen weitergegeben werden (Informationsweiterleitungspflicht als Problem der Wissenszurechnung)"[769]. Auch insoweit ist unklar, ob eine ordnungsgemäße Organisation nur gewährleisten muss, dass (Wissens-)Vertreter ihre rechtserheblichen Kenntnisse an die zuständige Stelle weitergeben[770] oder ob auch andere Mitarbeiter dies tun müssen. Weiter müsse die Organisation dafür sorgen, dass „gegebenenfalls nach erkennbar anderswo innerhalb der Organisation vorhandenen und für den eigenen Bereich wesentlichen Informationen nachgefragt [werde] (Informationsabfragepflicht als Problem des Wissens)"[771]. Eine Abfrage von Informationen müsse allerdings nur erfolgen, wenn in der konkreten Situation ein besonderer Anlass bestehe, auf Informationsspeicher zuzugreifen[772].

Die Rechtsfolge bei fehlerhafter Wissensorganisation sei die Zurechnung von Kenntnis an die arbeitsteilige Organisation[773]. Fehle der Geschäftsleitung[774] infolge fehlerhafter Informationsorganisation Kenntnis, müsse sich die Organisation so behandeln lassen, als habe sie Kenntnis. Da die Lehre von der ordnungsgemäßen Organisation der Kommunikation im Risikoprinzip und nicht im Verschuldensprinzip wurzle, komme es auch nicht darauf an, ob die Wissensorganisationspflicht schuldhaft verletzt werde[775].

---

767 Siehe BGH NJW 1999, 284, 286; *Bork* DB 2012, 33, 35 f.

768 So wohl *Rodewald* GmbHR 2014, 639: Zurechnung des Wissens des „einfachen Mitarbeiters".

769 BGH NJW 1996, 1339, 1341, in Anlehnung an *Taupitz,* Karlsruher Forum 1994, S. 16, 28 f., 51.

770 So BGH NJW 1999, 284, 286; *Bork* DB 2012, 33, 35 f.

771 BGH NJW 1996, 1339, 1341 in Anlehnung an *Taupitz,* Karlsruher Forum 1994, S. 16, 28 f., 51 und *Medicus,* Karlsruher Forum 1994, S. 4, 7, 14.

772 So BGH NJW 1996, 1339, 1341; *Medicus,* Karlsruher Forum 1994, S. 4, 7, 14; *Taupitz,* Karlsruher Forum 1994, S. 16, 28 f.

773 Siehe BGH NJW 1990, 975, 976; NJW 1996, 1339, 1340 f.; *Taupitz,* Karlsruher Forum 1994, S. 16, 26 ff.; Großkomm HGB/*Habersack* § 125 Rn. 24; Großkomm GmbHG/*Paefgen* § 35 Rn. 209; MüKo $BGB_6$/*Schramm* § 166 Rn. 28 ff.

774 Adressiert wird die Wissensorganisationspflicht im Schrifttum hauptsächlich an das Leitungsorgan, siehe *Koch* ZIP 2015, 1757, 1761 ff.; Spindler/Stilz/*Fleischer* § 78 Rn. 55; *Rodewald* GmbHR 2014, 639, 641 ff.; *Buck* S. 393 ff., 414.

775 Siehe *Buck* S. 433, 441; *Taupitz,* Karlsruher Forum 1994, S. 51; *Medicus,* Karlsruher Forum 1994, S. 51; *Drexl* ZHR 161, 491, 503 ff. Anders ist dies zu beurteilen, wenn

Teilweise scheinen Anhänger der Wissensorganisationspflicht aus deren Verletzung nur den Vorwurf fahrlässiger Unkenntnis abzuleiten[776]. Dies widerspricht dem Grundgedanken der Lehre. Denn das wesentliche Charakteristikum der Lehre von der ordnungsgemäßen Organisation der Kommunikation besteht gerade darin, dass Organisationsmängel Kenntnis begründen. Lehnt man diese Rechtsfolge ab und sieht aufgrund des Organisationsmangels nur den Vorwurf fahrlässiger Unkenntnis begründet, so liegt darin zwingend auch die Ablehnung der Lehre von der ordnungsgemäßen Organisation der Kommunikation.

### *2.) Personeller Anwendungsbereich*

Die h. L. wendet die Pflicht zur ordnungsgemäßen Organisation der Kommunikation auf alle arbeitsteiligen Organisationsformen an, die eine rechtliche Einheit[777] darstellen, gleich ob die Organisation in der Rechtsform einer juristischen Person, einer Personengesellschaft oder eines Einzelkaufmanns betrieben wird[778]. Ob die Wissensorganisationspflicht darüber hinaus auf Privatleute mit arbeitsteilig eingesetzten Hilfspersonen anzuwenden ist[779], ist umstritten, kann hier aber offen bleiben, da sich die vorliegende Arbeit nur mit AG und GmbH als Organisationsträgern befasst.

Die BGH-Rechtsprechung ist uneinheitlich. Während der V. Zivilsenat, der die Rechtsprechung zur Wissensorganisationspflicht wesentlich prägte[780], der

---

man mit einer Mindermeinung die Wissensorganisationspflicht als echte Verkehrspflicht einordnet, siehe hierzu 5. Teil:§ 2C.II.3.)d.).

776 Missverständlich z. B. Staudinger/*Schilken* § 166 Rn. 6 „Im Übrigen sind in diesem Zusammenhang die Grenzen zwischen Wissen und Wissenmüssen stets zu beachten; wo nur Kenntnis schadet, darf unterlassene (akten- oder datenmäßige) Speicherung nicht als Wissen und schon gar nicht als Arglist gewertet werden"; wortgleich mit *Schilken* MüKo $BGB_6$/*Schramm* Rn. 30.

777 Eine Wissenszurechnung über die Grenzen der rechtlichen Einheit hinaus, insbesondere eine konzernweite Wissenszurechnung, erfolgt nach h.M. grundsätzlich nicht: BGH NJW 2001, 359, 360; *Bork* ZGR 1994, 237, 264 f.; *Drexl* ZHR 161, 491, 519 f.; *Schürnbrand* ZHR 181, 357 ff.; *Spindler* ZHR 181, 311 ff.; MüKo BGB/*Schubert* § 166 Rn. 61; a. A., aber mit anerkannten Wissenszurechnungsgrundsätzen unvereinbar *Schwintowski* ZIP 2015, 617, 622 f.

778 Siehe nur *Medicus*, Karlsruher Forum 1994, S. 4, 12; *Taupitz*, Karlsruher Forum 1994, S. 16, 25 ff.; Großkomm HGB/*Habersack* § 125 Rn. 22; PWW/*Frensch* § 166 Rn. 18 f.; Erman/*Maier-Reimer* Rn. 18; *Scheuch* GmbHR 1996, 828, 831; *Bork* Rn. 1666; *Flume* AcP 197, 441, 444 f.; a. A. *Canaris*, Bankvertragsrecht, Rn. 800a (Anwendung nur auf Unternehmen).

779 Ablehnend *Taupitz*, Karlsruher Forum 1994, S. 16, 27; Erman/*Maier-Reimer* § 166 Rn. 18; OLG Düsseldorf NJW-RR 1997, 718; a. A. *Grunewald*, FS Beusch 1993, S. 301, 313 (dort Fn. 43).

780 Der V. Zivilsenat hat die Entwicklung der Wissensorganisationspflicht eingeleitet und die meisten Entscheidungen hierzu getroffen, siehe *Hagen* DRiZ 1997, 157 ff.

h. L. folgt und alle arbeitsteiligen Organisationsformen eine Wissensorganisationspflicht auferlegt[781], bejahte der VIII. Zivilsenat die Wissensorganisationspflicht nur in Bezug auf juristische Personen und lehnte sie für Personengesellschaften ab[782]. Der IX. Zivilsenat hat sich dem V. Zivilsenat angeschlossen und bejahte eine Wissensorganisationspflicht auch in Bezug auf die GbR[783]. Auch nach Ansicht des BGH sind also jedenfalls juristische Personen wie AG und GmbH der Wissensorganisationspflicht zu unterwerfen.

### *3.) Bestimmung des sachlichen Anwendungsbereichs anhand der verschiedenen dogmatischen Begründungsansätze*

Das Risiko der organisationsbedingten Wissensverlagerung besteht im rechtsgeschäftlichen wie im nichtrechtsgeschäftlichen Bereich. Schließlich wird das Risiko durch die arbeitsteilige Struktur der Organisation und nicht durch ihr rechtsgeschäftliches Tätigwerden verursacht. Hieraus kann aber nicht schon geschlossen werden, dass die Wissensorganisationspflicht im rechtsgeschäftlichen wie im nichtrechtsgeschäftlichen Bereich anwendbar ist[784]. Dass die Wissensorganisationspflicht auf dem Prinzip der Risikozuweisung beruht, besagt noch nicht, wie dieses Risiko gerecht zu verteilen ist. Nur die rechtlichen Grundlagen, auf denen die Wissensorganisationspflicht basiert, können die gerechte Risikoverteilung vorgeben[785]. Nach diesen rechtlichen Grundlagen bestimmt sich dann auch der Anwendungsbereich der Wissensorganisationspflicht. Die verschiedenen dogmatischen Begründungsansätze aus Schrifttum und Rechtsprechung sind somit darauf zu untersuchen, ob sie für eine Anwendbarkeit nur im rechtsgeschäftlichen Verkehr oder auch außerhalb sprechen.

### a.) Gleichstellungsargument

Hervorgebracht und geprägt wurde das sog. Gleichstellungsargument durch die Rechtsprechung des BGH[786]. Nach dieser Rechtsprechung besagt das Gleichstellungsargument, dass der Vertragspartner einer arbeitsteiligen Organisation

---

781 BGH NJW 1996, 1339, 1341; NJW 2001, 359, 360.

782 BGH NJW 1995, 2159, 2160; NJW 1996, 1205, 1206; krit. dazu *K. Schmidt,* GesR, § 10 V. 2.

783 Siehe BGH NJW 1999, 284, 286.

784 Ebenso *Buck* S. 315.

785 Siehe z. B. *Taupitz,* Karlsruher Forum 1994, S. 26, 51, der zwar auf den Risikogedanken abstellt, aber dennoch den Rechtsgedanken des § 166 II BGB als Rechtsgrundlage der Wissensorganisationspflicht nennt; auch *Medicus,* Karlsruher Forum 1994, S. 4, 13 will weniger aus dem allgemeinen Risikogedanken als aus dem Gleichstellungsargument die Wissensorganisationspflicht ableiten.

786 Zur schrittweisen Entwicklung der Rechtsprechung, die auch durch Impulse aus dem Schrifttum geleitet war, *Hagen* DRiZ 1997, 157 ff.

nicht schlechter, aber auch nicht besser stehen darf als der Vertragspartner einer Einzelperson[787]. Der BGH zog das Gleichstellungsargument[788] erstmals in seiner „Schlachthofentscheidung“ heran und verwendete es dort neben Verkehrsschutzerwägungen als Stütze für eine wertende Wissenszurechnung von Organmitgliederwissen[789]. Es folgten weitere Entscheidungen[790], in denen der BGH das Gleichstellungsargument bemühte, bis er schließlich in seiner Entscheidung vom 2. 2. 1996[791] das Gleichstellungsargument als zentrale Rechtfertigung der Wissensorganisationspflicht einstufte[792] und aus ihm sogar Kriterien für die Konkretisierung der Wissensorganisationspflicht ableitete. Konkret folgert der BGH aus der Gleichstellung, dass die Wissenszurechnung auf Grundlage der Wissensorganisationspflicht sowohl persönliche als auch zeitliche Grenzen habe[793]: Die *Speicherpflicht* einer Organisation richte sich danach, mit welcher Wahrscheinlichkeit Informationen später rechtserheblich würden, weil auch das menschliche Gedächtnis bedeutende Informationen eher speichere als unbedeutende. Die *Speicherdauer* hänge in der Organisation von der Bedeutung der Information ab, weil auch die Einzelperson sich wichtige Informationen länger merken könne als unwichtige. Auch die *Informationsabfragepflicht* wird anhand des Gleichstellungsarguments konkretisiert. Eine Abfrage sei nur nötig, wenn ein konkreter *Anlass* bestehe, sich bestimmter Informationen zu vergewissern, da sich auch das Erinnerungsvermögen des Menschen typischerweise nach der Bedeutung der Wahrnehmung richte. Diese Gleichstellung wird bis heute von der Rechtsprechung fortgeführt[794].

Zur dogmatischen Herkunft des Gleichstellungsarguments verliert der BGH kein Wort[795], bezieht es aber ausschließlich auf den rechtsgeschäftlichen Verkehr. Dies geht schon aus seiner Definition des Gleichstellungsargumentes hervor, nach der nur der Vertragspartner einer Organisation beim Vertragsabschluss vor dem Risiko der Wissensaufspaltung durch Gleichstellung zu schützen sei[796].

---

787 So BGH NJW 1996, 1339, 1340 f.

788 Auch der BGH verwendet diesen Begriff, siehe NJW 1996, 1339, 1340; Urt. v. 10. 12. 2010, V ZR 203/09, juris Rn. 16.

789 Siehe BGH NJW 1990, 975, 976. In dieser Entscheidung hat der BGH noch nicht von einer Wissensorganisationspflicht, sondern noch von einer Wissenszurechnung in wertender Beurteilung gesprochen.

790 BGH NJW 1992, 1099, 1100 („Knollenmergelfall“); NJW 1995, 2159 („Omnibusfall“).

791 Siehe BGH NJW 1996, 1339.

792 So auch *Buck* S. 319.

793 Eingehend BGH NJW 1996, 1339, 1341 in Anlehnung an *Bohrer* DNotZ 1991, 124, 129 f., an *Medicus,* Karlsruher Forum 1994, S. 4, 11 ff. und an *Taupitz,* Karlsruher Forum 1994, S. 16, 28 ff.

794 Siehe BGH NJW 1997, 1917; NJW 1999, 3777, 3778; NJW 2001, 359; OLG Düsseldorf NJW 2004, 783, 785; BGH, Urt. v. 10. 12. 2010, V ZR 203/09, juris Rn. 16.

795 Ebenso *Baum* S. 178, dort Fn. 450.

796 Siehe BGH NJW 1990, 975, 976; NJW 1996, 1339, 1340 „Der Bürger, der mit der Gemeinde einen wirtschaftlich bedeutsamen Vertrag schließe und ihr dabei im

Im deliktsrechtlichen Bereich hingegen rekurrierte der BGH bislang nicht auf das Gleichstellungsargument und lehnte eine Wissensorganisationspflicht stets ab. So verneinte der BGH z. B. eine Wissensorganisationspflicht des Gläubigers in Bezug auf die deliktsrechtliche Verjährung nach § 852 I BGB a. F., weil der Deliktsschuldner den Schutz vor dem Risiko der Wissensaufspaltung nicht verdiene[797]. Eine wertende Wissenszurechnung auf Grundlage der Wissensorganisationspflicht, „die im Bereich rechtsgeschäftlichen Handelns geboten sein mag [...], kommt im deliktischen Rahmen des § 852 BGB nicht in Betracht [...]"[798]. Zuletzt hat der BGH eine Wissensorganisationspflicht auch im Rahmen des § 826 BGB abgelehnt, dabei aber offengelassen, ob die Wissensorganisationspflicht im deliktsrechtlichen Bereich generell nicht anwendbar sei[799]. Bisher verwendet der BGH das Gleichstellungsargument stets in Verbindung mit Verkehrsschutzerwägungen zur Begründung der Wissensorganisationspflicht[800]. Verkehrsschutz und Gleichstellung sind in der Argumentation des BGH miteinander verwoben[801]: Der Verkehrsschutz ist das tragende Fundament der Wissensorganisationspflicht, die Gleichstellung hingegen das Mittel, den Verkehrsschutz zu erreichen[802]. Das Gleichstellungsargument bedeutet in der Rechtsprechung des BGH also ausschließlich Gleichstellung im Rechtsverkehr.

Im Schrifttum hat das aus der Rechtsprechung stammende Gleichstellungsargument viel Zustimmung gefunden[803]. Für viele enthält das Gleichstellungsargument

---

Zweifel sogar erhöhtes Vertrauen entgegenbringe, dürfe im Prinzip nicht schlechter gestellt werden, als wenn er es nur mit einer einzigen natürlichen Person zu tun hätte."

797 Siehe BGH NJW 1986, 2315 f.; NJW 1992, 1755 f.; NJW 1994, 1150 ff.; NJW 1997, 1584 ff.; zu dieser Rechtsprechung ausführlich *Baum* S. 189 f.

798 So BGH NJW 1997, 1584, 1585.

799 Siehe BGH, Urt. v. 28. 06. 2016, VI ZR 536/15, juris Rn. 23.

800 Siehe BGH NJW 1990, 975, 976; NJW 1996, 1339, 1340.

801 So fasst *Hagen* DRiZ 1997, 157, 161 das Gleichstellungsargument der Rechtsprechung zusammen.

802 Siehe z. B. BGH NJW 1996, 1339, 1341: „[...] denn die Wissenszurechnung gründet nicht in der Organstellung oder einer vergleichbaren Position des Wissensvermittlers (Organtheorie), sondern im Gedanken des Verkehrsschutzes und der daran geknüpften Pflicht zu ordnungsgemäßer Organisation der gesellschaftsinternen Kommunikation."

803 Siehe *Canaris,* Bankvertragsrecht, Rn. 106, 800a; *Waltermann* AcP 192, 181, 207 f.; *ders.* NJW 1993, 889, 894; *Medicus,* Karlsruher Forum 1994, S. 4, 11 .; *ders.* WuB IV A. § 166 BGB 1.96, S. 726; *Scheuch* GmbHR 1996, 828, 830; *Hagen* DRiZ 1997, 157, 161; *Drexl* ZHR 161, 491, 505; *Römmer-Collmann* S. 78; *Bork* Rn. 1666; *ders.* DB 2012, 33, 34; MüKo $BGB_6$/*Schramm* § 166 Rn. 29; Heidel BGB/*Stoffels* Rn. 12; Erman/*Schmidt-Räntsch* § 199 Rn. 14a; MüKo BGB/*Arnold* § 26 Rn. 21; Großkomm GmbHG/*Paefgen* § 35 Rn. 208; MüKo GmbHG/*Stephan/Tieves* Rn. 217.

die tragende Begründung der Wissensorganisationspflicht[804]. Zunehmend gerät das Gleichstellungsargument aber in Kritik und wird abgelehnt[805]. Auch das Schrifttum äußert sich gewöhnlich nicht zur Herkunft des Gleichstellungsarguments, und falls doch werden kaum greifbare Rechtsgrundlagen wie Art. 3 GG[806] oder die Rechtsordnung[807] genannt. Die Befürworter des Gleichstellungsarguments sind geteilter Ansicht, ob es nur die Gleichstellung im Rechtsverkehr oder auch außerhalb begründe. So interpretieren viele das Gleichstellungsargument wie der BGH als Gleichstellung im Rechtsverkehr, allerdings ohne nähere Begründung[808]. Andere dehnen das Gleichstellungsargument auf den nichtrechtsgeschäftlichen Bereich aus, weil das Gleichstellungsargument nicht in rechtsgeschäftlichen Verkehrserwartungen, sondern in der Rechtsordnung selbst wurzle[809]. Es widerspräche daher dem Kern des Gleichstellungsarguments, wenn man Organisation und Einzelperson im Rechtsverkehr gleichstelle, im Übrigen aber ungleich stelle[810]. Entweder sei das Gleichstellungsargument insgesamt abzulehnen oder – wenn man es für zutreffend halte – sowohl im rechtsgeschäftlichen als auch im nichtrechtsgeschäftlichen Bereich anzuwenden[811]. Dementsprechend bejahen manche Literaturstimmen mithilfe des Gleichstellungsarguments im Rahmen des § 852 I BGB a. F. – entgegen der BGH-Rechtsprechung – eine Wissensorganisationspflicht des Deliktsgläubigers[812]. Je nach Ansicht lässt sich mit dem Gleichstellungsargument also die Anwendung der Wissensorganisationspflicht im rechtsgeschäftlichen Verkehr oder auch außerhalb begründen.

---

804 Siehe z. B. *Medicus*, Karlsruher Forum 1994, S. 4, 13; MüKo BGB/*Arnold* § 26 Rn. 21; *Bork* DB 2012, 33, 34; *Koch* ZIP 2015, 1757, 1760.

805 Das Gleichstellungsargument ablehnend *Buck* S. 322 f.; *Baum* S. 208; *Bott* S. 59 ff.; *Faßbender/Neuhaus* WM 2002, 1253, 1258; *Reischl* JuS 1997, 783, 787; *Koller* JZ 1998, 75; 77 ff.; *Meyer* WM 2012, 2040, 2044; *Sajnovits* WM 2016, 765, 768; *Grigoleit* ZHR 181, 160, 190 ff.; *Spindler* ZHR 181, 311, 315 ff.; zumindest krit. zur Gleichstellung *Bohrer* DNotZ 1991, 124, 127; *Taupitz*, Karlsruher Forum 1994, S. 16, 27; *Grunewald*, Karlsruher Forum 1994, S. 41.

806 So *Baum* S. 176 ff.

807 So *Voit* WuB IV A. § 852 BGB 1.97, S. 671, 673.

808 So *Drexl* ZHR 161, 491, 505; MüKo $BGB_6$/*Schramm* § 166 Rn. 29, der auf das Gleichstellungsargument des BGH rekurriert.

809 So *Voit* WuB IV A. § 852 BGB 1.97, S. 671, 673; siehe auch *Baum* S. 176.

810 So *Voit* WuB IV A. § 852 BGB 1.97, S. 671, 674.

811 Diese Konsequenz ziehend *Voit* WuB IV A. § 852 BGB 1.97, S. 671, 674.

812 So *Voit* WuB IV A. § 852 BGB 1.97, S. 671, 673; *Baum* S. 189 f., 278; *Medicus*, Karlsruher Forum 1994, S. 13; *Hagen* DRiZ 1997, 157, 163.

### b.) Verkehrsschutz

Nach Ansicht des BGH gründet die Wissensorganisationspflicht im Gedanken des Verkehrsschutzes[813]. Auch im Schrifttum wird der Verkehrsschutz häufig als Grundlage der Wissensorganisationspflicht genannt[814]. Präzisiert werden die Verkehrsschutzerwägungen jedoch weder beim BGH noch im Schrifttum. Im Dunkeln bleibt insbesondere die in der BGH-Rechtsprechung angedeutete Verbindung des Gleichstellungsarguments zum Verkehrsschutz. Folgt man der weit verbreiteten Ansicht, dass die Wissensorganisationspflicht im Verkehrsschutz gründet, muss man ihren Anwendungsbereich auf den rechtsgeschäftlichen Verkehr, dessen Schutz sie dient, beschränken.

### c.) Rechtsgedanke des § 166 II BGB

*Taupitz,* der mit seinen Ausführungen die Dogmatik und den Inhalt der heute herrschenden Wissensorganisationspflicht entscheidend geprägt hat, und ihm folgend der BGH sowie weitere Literaturstimmen leiten die Lehre von der ordnungsgemäßen Organisation der Kommunikation aus dem Rechtsgedanken des § 166 II BGB her[815]. Nach dieser Vorschrift ist neben dem Wissen des Vertreters auch das Wissen des Vertretenen rechtserheblich, sofern eine Steuerung des Vertreters durch Weisung erfolgt[816]. Von der Maßgeblichkeit der erfolgten Steuerung, wie sie § 166 II BGB mit dem Merkmal der Weisung umschreibe, sei es nur noch ein unbedeutender Schritt zur Maßgeblichkeit der möglichen und von der Rechtsordnung erwarteten *Steuerung durch Information*[817]. Die Organisation, die ihre Vertreter durch eine Informationsorganisation „steuere", soll letztlich so behandelt werden wie der Geschäftsherr, der seine Vertreter durch Weisungen i. S. v.

---

813 Grundlegend BGH NJW 1996, 1339, 1341; siehe auch BGH NJW 2012, 1789, 1790: „Maßgebender Grund für eine Zurechnung des Wissens von Mitarbeitern anderer als der gerade handelnden Abteilungen entsprechend § 166 BGB ist der Schutz des Rechtsverkehrs."

814 Siehe *Bohrer* DNotZ 1991, 124, 149 „normative Verkehrsschutzanforderungen"; MüKo $BGB_6$/*Schramm* § 166 Rn. 28; nach *Medicus* WuB IV A. § 166 BGB 1.96, S. 726 ist eine mangelhafte Wissensorganisation „verkehrsfeindlich und ungerecht"; siehe auch *Hagen* DRiZ 1997, 157, 161; *Drexl* ZHR 161, 491, 503 ff.; *Bork* Rn. 1671; Baumbach/Hueck/*Zöllner/Noack* § 35 Rn. 150; *Flume* AcP 197, 441, 451 erkennt die Wissensorganisationspflicht aus Gründen des Verkehrsschutzes an, leitet aus ihrer Verletzung aber keine Wissenszurechnung, sondern nur eine Fahrlässigkeitshaftung ab.

815 So *Taupitz,* Karlsruher Forum 1994, S. 16, 26; *Schultz* NJW 1996, 1392, 1393; *Römmer-Collmann* S. 165 f.; *Bork* Rn. 1671 für eine analoge Anwendung; ablehnend *Buck* S. 434 f.

816 Siehe *Taupitz,* Karlsruher Forum 1994, S. 16, 26; *Römmer-Collmann* S. 165.

817 So *Taupitz,* Karlsruher Forum 1994, S. 16, 26; ähnlich *Römmer-Collmann* S. 166; ähnlich *Schultz* NJW 1996, 1392, 1393; ähnlich *Bork* Rn. 1671.

§ 166 II BGB steuere[818]. Aus dogmatischer Sicht besteht freilich die Hürde, wie die Anwendung des Rechtsgedankens des § 166 II BGB zu einer Wissenszurechnung an die juristische Person führen soll, indes die Rechtsfolge des § 166 II BGB nur darin besteht, das Wissen des Vertretenen – neben dem Wissen des Vertreters – für rechtserheblich zu erklären[819]. Da § 166 II BGB keine Wissenszurechnung im Zweipersonenverhältnis regelt, juristische Personen aber nur kraft Zurechnung Kenntnis erlangen können, scheint § 166 II BGB bei juristischen Personen ins Leere zu gehen[820]. Diese dogmatischen Ungereimtheiten versucht *Bork* zu lösen, indem er die Rechtsfortbildung zu § 166 II BGB rechtskonstruktiv in zwei Schritte gliedert: Zum einen sei die Anwendung des § 166 II BGB – unter Verdrängung der Anwendung des § 166 I BGB – auszudehnen, damit es generell auch auf die Kenntnis des arbeitsteilig organisierten Geschäftsherrn ankomme. Zum anderen sei analog § 166 II BGB das Aktenwissen dem Geschäftsherrn zuzurechnen und als sein rechtserhebliches Wissen zu berücksichtigen[821].

Zum Anwendungsbereich der Wissensorganisationspflicht auf Grundlage von § 166 II BGB äußern sich nur *Taupitz* und *Bork. Taupitz* zufolge besteht die auf den Rechtsgedanken des § 166 II BGB gestützte Pflicht zur ordnungsgemäßen Organisation der Kommunikation „zumindest“ im rechtsgeschäftlichen Verkehr[822]. Seine weiteren Ausführungen zeigen aber, dass er die Wissensorganisationspflicht auch außerhalb des rechtsgeschäftlichen Verkehrs für anwendbar hält. So bejaht er eine Wissensorganisationspflicht des Gläubigers im Rahmen des § 852 I BGB a. F.[823], obwohl diese Verjährungsregel nur deliktsrechtliche Ansprüche betrifft. *Bork* hingegen wendet die Wissensorganisationspflicht nur im rechtsgeschäftlichen Verkehr an[824].

Nur *Borks* Ansicht lässt sich mit dem Rechtsgedanken des § 166 II BGB vereinbaren, denn § 166 BGB regelt ausschließlich die Wissenszurechnung bei der Vornahme von Rechtsgeschäften, also im rechtsgeschäftlichen Verkehr. Hält man die Wissensorganisationspflicht auch außerhalb des rechtsgeschäftlichen Verkehrs für anwendbar, ist dies nicht mehr von § 166 II BGB gedeckt.

---

818 Siehe *Taupitz,* Karlsruher Forum 1994, S. 16, 26; *Römmer-Collmann* S. 166; *Schultz* NJW 1996, 1392, 1393.

819 Zur Rechtsfolge des § 166 II BGB MüKo BGB/*Schubert* § 166 Rn. 97; Staudinger/*Schilken* Rn. 27, 37.

820 Bei Einzelkaufleuten wäre die Anwendung des § 166 II BGB zwar rechtskonstruktiv möglich. Sie stößt dort aber auf die gleichen Bedenken. Denn bei der genannten Anwendung des § 166 II BGB geht es nicht darum, nur dasjenige Wissen des Einzelkaufmanns als rechtserheblich anzusehen, das er tatsächlich hat, sondern auch das typischerweise aktenmäßig festgehaltene Wissen als rechtserheblich anzusehen, das der Einzelkaufmann sicher nicht vollständig im Gedächtnis hat.

821 Siehe *Bork* Rn. 1671.

822 So *Taupitz,* Karlsruher Forum 1994, S. 16, 25 (dort These 3).

823 Siehe *Taupitz,* Karlsruher Forum 1994, S. 16, 30.

824 Siehe *Bork* DB 2012, 33, 35.

## d.) Verkehrspflicht

Die Lehre von der ordnungsgemäßen Organisation der Kommunikation versteht gleichnamige Pflicht als objektives Zurechnungskriterium. Verschuldensgesichtspunkte spielten keine Rolle, weil es nicht um Verschulden, sondern um Risikozuweisung gehe[825]. Genannte Lehre beurteilt die Wissensorganisationspflicht auch nicht als echte Verkehrspflicht, sondern nimmt nur eine Ähnlichkeit zu Verkehrspflichten an[826].

Demgegenüber wollen Teile des Schrifttums die Wissensorganisationspflicht als echte Verkehrspflicht qualifizieren[827] und nur bei schuldhafter Verkehrspflichtverletzung Wissen zurechnen[828]. Grundgedanke der Verkehrspflichten sei die rechtliche Verantwortung für die Schaffung von Risiken[829]. Wer eine Gefahrenquelle schaffe oder andauern lasse, habe alle erforderlichen und zumutbaren Sicherungsmaßnahmen zum Schutze anderer zu treffen[830]. Aufgrund dieses allgemeinen Prinzips der Verantwortung für die Schaffung von Risiken[831] treffe den Geschäftsherrn einer arbeitsteiligen Organisation die Pflicht, mit zumutbarem Aufwand dafür zu sorgen, dass sich das Risiko der Wissensaufspaltung nicht zum Nachteil Dritter verwirkliche[832]. Konkret folge aus diesem Prinzip die Pflicht des Geschäftsherrn, Mitarbeiterwissen mit zumutbarem Aufwand sich selbst und anderen zuständigen Hilfspersonen verfügbar zu machen und zu halten[833]. Bei schuldhafter Organisationspflichtverletzung, die ursächlich für die Nichtverfügbarkeit des Wissens sein müsse, hafte der Geschäftsherr auf Schadensersatz und müsse sich im Wege des Schadensersatzes so behandeln lassen, als habe er Kenntnis[834]. Der Schadensersatz diene vornehmlich dem Interesse des Geschädigten, seine einzelnen Güter zu erhalten. Dieses Interesse sei am wirkungsvollsten geschützt, wenn man als Schadensersatzfolge die Wissenszurechnung anerkenne[835]. Rechtsfolge der schuldhaften Pflichtverletzung sei also

---

825 Siehe 5. Teil:§ 2C.II.1.).

826 Siehe *Taupitz,* Karlsruher Forum 1994, S. 51; zustimmend BGH NJW 1996, 1339, 1341.

827 Eine Gegenüberstellung beider Entwicklungslinien findet sich bei *Heidrich* S. 38 ff.

828 So *Schlechtriem,* FS Heiermann 1995, S. 281, 290 ff.; *Scheuch* GmbHR 1996, 828, 831 f.; ausführlich *Baum* S. 250 ff., 295; auf das Organisationsverschulden abstellend *Meyer-Reim/Testorf* VersR 1994, 1137, 1141.

829 So *Baum* S. 250.

830 So *Baum* S. 250 m. w. N.

831 Dieses allgemeine Prinzip leitet *Baum* S. 251 ff., 295 durch Induktion aus den Verkehrspflichten ab.

832 So *Baum* S. 264 f.

833 So *Baum* S. 306; ähnlich *Schlechtriem,* FS Heiermann 1995, S. 281, 291 f.

834 So *Baum* S. 290 ff., 307; ebenso *Schlechtriem,* FS Heiermann 1995, S. 281, 292; siehe auch *Scheuch* GmbHR 1996, 828, 832.

835 So *Baum* S. 292.

die Wissenszurechnung[836]. Die Wissenszurechnung wird hierdurch zum Fall des Organisationsverschuldens[837].

Ordnet man die Wissensorganisationspflicht als echte Verkehrspflicht ein, so teilt sie den Anwendungsbereich der Verkehrspflichten. Als Verkehrspflicht wäre die Wissensorganisationspflicht im rechtsgeschäftlichen und nichtrechtsgeschäftlichen Bereich anwendbar[838]. Doch könne die Wissensorganisationspflicht im rechtsgeschäftlichen Bereich intensiver sein und vom Geschäftsherrn größere Anstrengungen zur Wissensorganisation als im nichtrechtsgeschäftlichen Bereich verlangen[839].

## e.) Vertrauensschutz

Teile des Schrifttums[840] und die Rechtsprechung[841] bedienen sich auch des Vertrauensschutzes, um die Wissensorganisationspflicht zu begründen. Der Vertragspartner einer Organisation erwarte, dass diese ordnungsgemäß organisiert sei und dass der für die Organisation Handelnde die Informationen kenne und ggf. mitteile, die bei Organisationen desselben Zuschnitts üblicherweise abrufbar sind und abgerufen werden[842]. Er sei daher schutzwürdig in seinem Vertrauen darauf, dass die Organisation ihren internen Informationsaustausch ordnungsgemäß organisiere und der für die Organisation Handelnde mit den nötigen Informationen versorgt sei[843]. Infolge des Vertrauensschutzes sei der Organisation daher diejenige Kenntnis zuzurechnen, von der der Vertragspartner bei ordnungsgemäßer Organisation erwarten könnte, dass sie dem Handelnden zur Verfügung stünde[844].

Stützt man die Wissensorganisationspflicht auf den Gedanken des Vertrauensschutzes, ist sie nur im rechtsgeschäftlichen Verkehr anwendbar[845]. Denn die Vertrauenshaftung greift nur im rechtgeschäftlichen Verkehr[846]. Das hindert jedoch manche Befürworter des Vertrauensschutzkonzepts nicht daran, die

---

836 So *Baum* S. 307; ebenso *Schlechtriem,* FS Heiermann 1992, S. 281, 292; differenzierend *Scheuch* GmbHR 1996, 828, 832.

837 So *Schlechtriem,* FS Heiermann 1992, S. 281, 292; *Scheuch* GmbHR 1996, 828, 831.

838 So *Baum* S. 254.

839 So *Baum* S. 274 f.

840 So *Grunewald,* FS Beusch 1993, S. 301, 304 ff.; *Taupitz,* FS Lorenz 1994, S. 673, 683; *ders.*, Karlsruher Forum 1994, S. 51; *Schultz* NJW 1996, 1392, 1393; Scholz GmbHG/ *U. H. Schneider/S. H. Schneider* § 35 Rn. 125; grundsätzlich ablehnend *Baum* S. 210 ff.

841 Siehe BGH NJW 1996, 1339, 1341 in Anlehnung an *Taupitz* a. a. O; NJW 1997, 1917.

842 So *Grunewald,* FS Beusch 1993, S. 301, 304, 306, 311; *Taupitz,* FS Lorenz 1994, S. 673, 683; ähnlich *Schultz* NJW 1996, 1392, 1393.

843 So *Taupitz,* FS Lorenz 1994, S. 673, 683; *ders.*, Karlsruher Forum 1994, S. 51.

844 So *Grunewald,* FS Beusch 1993, S. 301, 313.

845 Siehe *Baum* S. 222 f.; *Grunewald,* FS Beusch 1993, S. 301, 317; *Spindler* ZHR 181, 311, 317 f.

846 So *Baum* S. 223; *Grunewald,* FS Beusch 1993, S. 301, 317.

Wissensorganisationspflicht auch außerhalb des rechtsgeschäftlichen Bereichs anzuwenden, weil ihrer Ansicht nach die juristische Person aus einer fehlerhaften Organisation keine Vorteile ziehen dürfe[847]. Vom Vertrauensschutzgedanken ist diese Argumentation aber nicht mehr gedeckt.

### f.) Treu und Glauben (§ 242 BGB)

Teile des Schrifttums stützen die Pflicht zur ordnungsgemäßen Organisation der Kommunikation ferner auf § 242 BGB[848]. Wegen der Beherrschung eines selbst eröffneten Verkehrsbereichs treffe die Organisation eine auf Treu und Glauben zu stützende Wissensorganisationspflicht[849]. Der Organisation sei es wegen widersprüchlichen Verhaltens versagt, sich bei fehlerhafter Wissensorganisation auf Unkenntnis zu berufen[850]. Stützt man mit dieser Ansicht die Wissensorganisationspflicht auf § 242 BGB, ist sie im rechtsgeschäftlichen Verkehr und außerhalb anwendbar. Denn die Anwendung des § 242 BGB setzt lediglich ein Schuldverhältnis zwischen Gläubiger und Schuldner voraus, gleich ob es sich um ein rechtsgeschäftliches oder gesetzliches Schuldverhältnis handelt[851].

### g.) Zwischenergebnis

Das amorphe Gleichstellungsargument erlaubt keine zwingenden Rückschlüsse auf den Anwendungsbereich der Wissensorganisationspflicht. Stützt man die Wissensorganisationspflicht auf Verkehrsschutzerwägungen, den Rechtsgedanken des § 166 II BGB oder auf Vertrauensschutzgesichtspunkte, ist ihr Anwendungsbereich auf den rechtsgeschäftlichen Verkehr beschränkt. Ordnet man die Wissensorganisationspflicht demgegenüber als echte Verkehrspflicht ein oder leitet sie aus § 242 BGB her, ist sie im rechtsgeschäftlichen wie im nichtrechtsgeschäftlichen Bereich anwendbar. Teilweise wird der Anwendungsbereich der Wissensorganisationspflicht vom rechtsgeschäftlichen auf den nichtrechtsgeschäftlichen Bereich auch bloß deshalb erweitert, weil man eine Differenzierung für nicht sachgerecht hält.

Die verschiedenen Ansätze zeigen eindrücklich, wie wenig geklärt die dogmatische Basis der Wissensorganisationspflicht und ihr Anwendungsbereich ist. Die heute überwiegende Ansicht, die auch der BGH vertritt, stützt die Wissensorganisationspflicht auf eine Zusammenschau aus Gleichstellungsargument,

---

847 So *Grunewald*, FS Beusch 1993, S. 301, 317.

848 Siehe *Taupitz*, Karlsruher Forum 1994, S. 51, dem offenbar § 166 II BGB und § 242 BGB als dogmatische Basis dienen; *Meyer-Reim/Testorf* VersR 1994, 1137, 1141; *Buck* S. 447 ff. rekurriert zwar auch auf § 242 BGB, zieht hieraus aber andere Schlüsse und lehnt die Lehre von der ordnungsgemäßen Organisation der Kommunikation ab, siehe 5. Teil:§ 2C.IV.1.).

849 So *Taupitz*, Karlsruher Forum 1994, S. 51.

850 So *Meyer-Reim/Testorf* VersR 1994, 1137, 1141.

851 Siehe Staudinger/*Looschelders/Olzen* § 242 Rn. 125 ff.; Jauernig/*Mansel* Rn. 10.

Verkehrsschutz und Vertrauensschutz und beschränkt ihren Anwendungsbereich auf den rechtsgeschäftlichen Verkehr.

### *4.) Stellungnahme zur Lehre von der ordnungsgemäßen Organisation der Kommunikation im Allgemeinen*

Die Lehre von der ordnungsgemäßen Organisation der Kommunikation ist abzulehnen. Sie findet im Gesetz keine Stütze, verstößt gegen zentrale zivilrechtliche Wertungen und ist der Rechtssicherheit abträglich. Eine Lehre mit solchen Unschärfen ins Verjährungsrecht hineinzutragen, weckt starke Bedenken, zumal ein Hauptzweck des Verjährungsrechts darin besteht, Rechtssicherheit zu schaffen.

Erstens fehlt für die Wissensorganisationspflicht eine tragfähige Rechtsgrundlage. Zweitens missachtet sie durch die Rechtskonstruktion der Informationsabfragepflicht die zivilrechtlich vorgegebene Unterscheidung von Kenntnis und fahrlässiger Unkenntnis (§ 122 II BGB), ist also mit dem zivilrechtlichen Kenntnisbegriff unvereinbar. Drittens verstößt sie durch die Rechtskonstruktion der Informationsweiterleitungspflicht gegen die dem zivilrechtlichen Kenntnisbegriff immanente Koinzidenz von Handlungsverantwortlichkeit und Wissensträgerschaft, was ebenfalls als Verletzung des zivilrechtlichen Kenntnisbegriffs zu werten ist. Viertens ist ihr personeller und sachlicher Anwendungsbereich bis heute umstritten, weil über ihre dogmatischen Grundlagen keine Einigkeit herrscht[852]. Fünftens erlaubt ihr Tatbestand keine rechtssichere Anwendung, weil die Informationsspeicher- und die Informationsabfragepflicht anhand des Gleichstellungsarguments „konkretisiert" werden, was zu beliebigen Ergebnissen führt.

Dass die Lehre von der ordnungsgemäßen Organisation der Kommunikation trotz dieser gravierenden Mängel so verbreitet Zuspruch gefunden hat, lässt sich vor allem auf zwei ihrer Grundgedanken zurückführen, die auf den ersten Blick eine dem Rechtsgefühl nach gerechte Lösung bewirken. Das ist zum einen der Gedanke des Organisationsrisikos, demzufolge grundsätzlich die Organisation das Risiko aus der Wissensverlagerung zu tragen hat, weil sie dieses Risiko verursacht hat und in gewissem Umfang beherrschen kann. Zum anderen ist dies der Gedanke der Gleichstellung[853]. Stellt man beide Gedanken auf den Prüfstand, erweisen sie sich aber als nicht tragfähig. Im Gegenteil, die angebliche „Gleichstellung" durch das Gleichstellungsargument bewirkt im Vergleich zur Einzelperson

---

852 Bestes Beispiel ist die ausufernde Anwendung der Wissensorganisationspflicht durch *Schwintowski* ZIP 2015, 617 ff., der sich auf die Lehre von der ordnungsgemäßen Organisation der Kommunikation zu stützen glaubt, in Wahrheit aber weit über ihre Grenzen hinausgeht. Zu Recht Kritik an *Schwintowski* übend *Koch* ZIP 2015, 1757 ff.

853 Man kann vom Siegeszug des Gleichstellungsarguments sprechen, weil es fast in jeder Gerichtsentscheidung und jedem Beitrag aus dem Schrifttum betreffend die Wissensorganisationspflicht zur Begründung derselben herangezogen wird, siehe 5. Teil:§ 2C.II.3.)a.).

eine bedeutende Schlechterstellung von arbeitsteiligen Organisationen im Rechtsverkehr.

## a.) Keine tragfähige Rechtsgrundlage

### aa.) Ablehnung des Gleichstellungsarguments

Das Gleichstellungsargument ist für viele die zentrale Gerechtigkeitsgrundlage[854] der Wissensorganisationspflicht. Daher hat es sich als Rechtsgrundlage der Wissensorganisationspflicht faktisch durchgesetzt. Das ist erstaunlich, wenn man bedenkt, dass das Gleichstellungsargument selbst einer gesetzlichen Stütze bedarf, die zu finden bisher nicht gelungen ist. Treffender ist daher der Begriff Gleichstellungsthese[855]. Die These ist, dass Personen, die einer Organisation gegenüberstehen, im Hinblick auf die Kenntnis der Organisation (im rechtsgeschäftlichen Verkehr oder auch außerhalb) so zu stellen sind, als stünden sie einer Einzelperson gegenüber. Im Grunde schließt sich hieran noch die Hypothese an, dass wenn die vorgenannte These zutrifft, die Gleichstellung nur durch die Anwendung der Pflicht zur ordnungsgemäßen Organisation der Kommunikation zu erreichen ist.

Die Gleichstellungsthese wird zu Recht zunehmend in Zweifel gezogen[856]. Kritisiert wird, dass durch die Gleichstellungsthese die Zurechnungs- und die Wissensebene vermischt werden, weil es bei der Einzelperson um ihr Gedächtniswissen gehe, während die Frage des Wissens bei der juristischen Person stets ein Zurechnungsproblem sei[857]. Den Informationsfluss innerhalb einer Organisation am menschlichen Gehirn zu messen, sei unfair, weil das menschliche Gehirn eine viel effektivere Informationsverknüpfung schaffe[858]. Auch das Vergleichsobjekt sei falsch gewählt: Der Vergleich zwischen Einzelperson und Organisation sei unpassend, die Organisation müsse viel eher mit einer anderen ordnungsgemäßen Organisation verglichen werden[859]. Ferner wird es als ungerecht angesehen, dass

---

854 So schon *Medicus,* Karlsruher Forum 1994, S. 4, 13. Jüngst wird das Gleichstellungsargument als leitendes Zurechnungskriterium betont bei *Buck-Heeb* AG 2015, 801, 803; *Verse* AG 2015, 413, 416.

855 Deshalb trifft *Bohrer* DNotZ 1991, 124, 127 ins Schwarze, wenn er meint, dass das Gleichstellungsargument „behauptet, was es beweisen will"; *Meyer* WM 2012, 2040, 2044 „Gleichstellungshypothese". *Medicus,* Karlsruher Forum 1994, S. 52 betonte demgegenüber noch, dass das Gleichstellungsargument ein bloßes Argument sei und nicht als Gleichstellungsthese zur Falllösung eingesetzt werden dürfe. Auch wenn das Gleichstellungsargument, wie *Medicus* dies meint, nur als juristisches Argument eingesetzt wird, bedarf es gleichwohl einer Rechtsgrundlage.

856 Siehe *Grigoleit* ZHR 181, 160, 190 ff., dessen Ablehnung des Gleichstellungsarguments auf dem ZHR-Symposium 2017 überwiegend auf Zustimmung der Teilnehmer stieß, *Diskussionsbericht* ZHR 181, 302.

857 So *Buck* S. 322.

858 So *Bott* S. 60.

859 So *Bott* S. 61; ähnlich *Baum* S. 208.

der Vertragspartner einer juristischen Person zwar den Nutzen der arbeitsteiligen Leistungserbringung der juristischen Person genieße, auf der anderen Seite aber keine Nachteile aus der organisationsbedingten Wissensaufspaltung trage[860]. Außerdem ignoriere die Gleichstellungsthese den Unterschied, dass eine Organisation ihr Verhalten nicht an ihrem Wissen ausrichten könne, wenn das Wissen ihrer unbeteiligten Mitarbeiter berücksichtigt werde, während eine Einzelperson ihr Verhalten stets an ihrem präsenten Wissen ausrichten könne[861]. Die Gleichstellungsthese sei auch deshalb falsch, weil der Vertragspartner einer Organisation bei einer Zusammenrechnung des Wissens einzelner Mitarbeiter viel besser stünde, als wenn er es mit einer Einzelperson zu tun hätte, weil die Organisation viel mehr wisse als ein einzelner Mensch je wissen könne[862]. Insoweit ist die Gleichstellungsthese auch in sich widersprüchlich: Was die Anforderungen an die Informationsorganisation anbelangt, soll die Organisation an der informationsordnenden Funktion des Gehirns eines einzelnen Menschen gemessen werden. Was hingegen den Umfang der möglichen Informationsaufnahme angeht, soll die Organisation nicht am Aufnahmevermögen des Gehirns des einzelnen Menschen gemessen werden; insoweit stellt das Gleichstellungsargument inkohärent auf das rechtserhebliche Wissen aller Menschen innerhalb der Organisation ab, das bei ordnungsgemäßer Organisation verfügbar wäre[863].

Die vorgenannten Einwände zeigen deutlich, dass das Gleichstellungsargument, wie es heute gebraucht wird, nicht tragfähig ist[864]. Hinzukommt ein weiterer entscheidender Einwand gegen die Gleichstellungsthese, der bisher noch nicht Gegenstand der juristischen Diskussion gewesen ist. Entscheidend gegen die Gleichstellungsthese spricht die Wertung des § 166 BGB. Bei funktionaler Betrachtung regelt § 166 BGB den Fall der Wissensaufspaltung bei Zweipersonengebilden, namentlich die Wissensaufspaltung zwischen Vertreter und Vertretenem. Nach § 166 I BGB kommt es immer auf das Wissen(müssen) des Vertreters an, nur ausnahmsweise kann nach § 166 II BGB daneben auch das Wissen(müssen) des Vertretenen berücksichtigt werden, wenn ein Weisungsfall vorliegt[865]. § 166 BGB als einzige positivrechtliche Wissenszurechnungsregel des BGB zeigt somit, dass nicht einmal der Vertragspartner, der es bloß mit einem Zweipersonengebilde – bestehend aus Vertreter und Vertretenem – zu tun hat, so gestellt werden soll, als

---

860 So *Koller* JZ 1998, 75, 77; *Reuter* ZIP 2017, 310, 313.

861 So *Koller* JZ 1998, 75, 78; *Grigoleit* ZHR 181, 160, 190; ähnlich *Faßbender/Neuhaus* WM 2002, 1253, 1258, „Wo innerbetriebliches Wissen nicht mit einem konkreten Handelnden zusammentrifft, stiftet es keinen Nutzen [für die Organisation], und es besteht daher auch kein Bedürfnis für irgendeinen Vorteilsausgleich."

862 So *Faßbender/Neuhaus* WM 2002, 1253, 1258; *Meyer* WM 2012, 2040, 2044; *Taupitz*, Karlsruher Forum 1994, S. 16, 27; *Baum* S. 208; *Grigoleit* ZHR 181, 160, 190.

863 *Grigoleit* ZHR 181, 160, 191 spricht insoweit von einem unzulässigen *ceteris paribus*-Vergleich.

864 In dieser Schärfe auch *Grigoleit* ZHR 181, 160, 192 „substanzlos".

865 Siehe BGHZ 51, 141, 146 f.; *Buck* S. 135.

hätte er es nur mit einer Einzelperson zu tun. Denn nach der Grundregel des § 166 I BGB geht die Wissensaufspaltung zu Lasten des Vertragspartners, wenn nur der Vertretene, nicht aber der Vertreter die rechtserhebliche Kenntnis hat. Wäre die Gleichstellungsthese richtig, müsste hingegen diese Wissensaufspaltung zu Lasten des Vertretenen gehen, weil bei einer Einzelperson, bei der eine Wissensaufspaltung naturgemäß unmöglich ist[866], das rechtserhebliche Wissen vorhanden gewesen wäre. Schon diese grundlegenden Überlegungen zeigen, dass § 166 BGB dem Vertretenen keineswegs stets das Risiko der Wissensverlagerung in Fällen auferlegt, in denen der Vertretene dieses Risiko verursacht hat und beherrschen kann[867]. Denn ohne Zweifel hat der Vertretene im Fall des § 166 I BGB das Risiko der Wissensverlagerung durch Einschaltung eines Vertreters verursacht, und er kann das Risiko auch zweifellos beherrschen, weil es für ihn ein Leichtes ist, den Informationsaustausch zwischen sich und dem Vertreter herzustellen.

Entgegen der Gleichstellungsthese hat nach § 166 BGB bei Zweipersonengebilden also in aller Regel der Vertragspartner das Risiko der Wissensaufspaltung zu tragen; nur in Weisungsfällen gemäß § 166 II BGB stünde die Gleichstellungsthese im Einklang mit der Gesetzeslage. Die Befürworter des Gleichstellungsarguments konnten bislang nicht überzeugend begründen, weshalb das Gleichstellungsargument für arbeitsteilige Organisationen gelten soll, indes es nicht einmal in einer simplen Vertreter-Konstellation gemäß § 166 BGB gilt. Dabei wäre der Informationsaustausch für den Geschäftsherrn im Zweipersonenverhältnis viel leichter zu organisieren, zu steuern und zu beherrschen als in einer größeren arbeitsteiligen Organisation. Im Schrifttum versucht man, diesen Wertungswiderspruch des Gleichstellungsarguments zu verschleiern, indem man die Pflicht zur ordnungsgemäßen Organisation der Kommunikation von vornherein nur auf arbeitsteilige Organisationen anwendet, nicht aber auf Privatleute mit arbeitsteilig eingesetzten Hilfspersonen[868], da bei Letzteren der Konflikt zwischen § 166 BGB und dem Gleichstellungsargument ans Licht käme. Warum die Wissensorganisationspflicht für arbeitsteilige Organisationen und nicht für arbeitsteilig agierende Privatpersonen gelten soll, lässt sich auf Basis des Gleichstellungsarguments aber ohnehin nicht begründen[869]. Die partielle Gleichstellung ist vielmehr ein weiterer Beleg für die mangelnde Stichhaltigkeit der Gleichstellungsthese, und sie kann den

---

866 Auf diesem Vergleich der Organisation mit der gedachten Einzelperson basiert die Gleichstellungsthese, so auch *Grigoleit* ZHR 181, 160, 190.

867 So aber die Befürworter der Wissensorganisationspflicht, siehe 5. Teil:§ 2C.II.1.).

868 Siehe *Taupitz,* Karlsruher Forum 1994, S. 16, 27; Erman/*Maier-Reimer* § 166 Rn. 18; OLG Düsseldorf NJW-RR 1997, 718.

869 So auch *Spindler* ZHR 181, 311, 316; *Grigoleit* ZHR 181, 160, 196; *Taupitz,* Karlsruher Forum 1994, S. 16, 27 als einer der Hauptbegründer der Wissensorganisationspflicht erkennt diese Inkonsequenz der partiellen Gleichstellung, sieht sich zur Begrenzung des Anwendungsbereichs auf arbeitsteilige Organisationen aber aus nicht näher dargelegten Gründen gezwungen.

Wertungswiderspruch zu § 166 BGB allenfalls verdecken, aber nicht aus der Welt schaffen.

#### bb.) Keine konkreten Ableitungen aus dem Verkehrsschutz

Der Verkehrsschutz durchzieht zwar das Zivilrecht. Er muss aber immer an konkreten gesetzlichen Wertungen aufgehängt werden, um Gestalt anzunehmen und operationabel zu sein. Die Wissensorganisationspflicht kann daher nur dann auf Verkehrsschutzerwägungen gestützt werden, wenn sie aus gesetzlichen Wertungen geschöpft wird, in denen der Verkehrsschutz zum Ausdruck kommt. Da der Verkehrsschutz als solcher nicht die Rechtsgrundlage der Wissensorganisationspflicht sein kann, genügt es zu prüfen, inwieweit gesetzliche Wertungen die Wissensorganisationspflicht stützen können.

#### cc.) Rechtsgedanke des § 166 II BGB unvereinbar mit dem Modell der Wissensorganisationspflicht

Es ist heute allgemein anerkannt, dass der Tatbestand des § 166 II BGB sehr weit zu verstehen ist. Der Normzweck bedingt die weite Auslegung des Tatbestandsmerkmals der bestimmten Weisung. Zweck des § 166 II BGB ist es zu vermeiden, dass der Vertretene durch Bevollmächtigung eines arglosen Dritten die gesetzliche Folge der Mangelhaftigkeit eines Rechtsakts umgeht[870]. Der Kenntnisstand des Vertretenen ist daher neben demjenigen des Vertreters zu berücksichtigen, wenn der Vertretene den Geschäftsabschluss beeinflusst[871]. Ausgehend vom Normzweck genügt es für das Merkmal der bestimmten Weisung, dass der Vertretene den Vertreter zur Vornahme eines bestimmten[872] Rechtsgeschäfts veranlasst hat[873]. Einer Weisung steht es sogar gleich, wenn der Vertretene von einem bevorstehenden Geschäft des Vertreters weiß, in den Geschäftsabschluss aber nicht eingreift, obwohl er hierzu in der Lage wäre[874]. Hält der Vertretene den bevorstehenden Geschäftsabschluss des Vertreters nur für möglich, greift § 166 II BGB hingegen nicht[875].

Selbst bei diesem weiten Verständnis des § 166 II BGB lässt sich der Vorschrift nichts dafür entnehmen, dass der Vertretene seine Vertreter durch Information zu steuern habe. Eine Informationsorganisationspflicht ist vom Sinn und Zweck des § 166 II BGB in keiner Weise gedeckt. Die Vorschrift enthält keinen Hinweis

---

870 Siehe RG JW 1916, 317, 318; BGHZ 38, 65, 67; Z 50, 364, 368; MüKo BGB/*Schubert* § 166 Rn. 90; *Buck* S. 135.

871 Siehe BGHZ 51, 141, 146 f.; *Buck* S. 135.

872 Hierzu Staudinger/*Schilken* § 166 Rn. 34.

873 Siehe BGHZ 38, 65, 68; BeckOK BGB/*Schäfer* § 166 Rn. 25; MüKo BGB/*Schubert* Rn. 95; Erman/*Maier-Reimer* Rn. 38.

874 Siehe BGHZ 50, 364, 368; MüKo BGB/*Schubert* § 166 Rn. 95; Staudinger/*Schilken* Rn. 33; Erman/*Maier-Reimer* Rn. 38.

875 So Erman/*Maier-Reimer* § 166 Rn. 38; Staudinger/*Schilken* Rn. 34; a. A. *Beuthien* NJW 1999, 3585, 3586.

darauf, dass der Vertretene verpflichtet ist, den Vertreter über ihm bekannte Tatsachen zu informieren[876]. § 166 II BGB regelt schon seiner Rechtsfolge nach keine Verhaltenspflicht des Vertretenen, vielmehr bestimmt er, bei welchem Verhalten der Vertretene sein Wissen(müssen) gegen sich gelten lassen muss[877]. § 166 II BGB ist daher keine analogiefähige Grundlage für eine Wissensorganisationspflicht.

### dd.) Rechtsfolge der Verkehrspflichtverletzung unvereinbar mit dem Modell der Wissensorganisationspflicht

Auch der Ansatz, die Wissensorganisationspflicht als echte Verkehrspflicht einzuordnen, führt nicht weiter. Denn es ist nicht möglich, aus der Verkehrspflichtverletzung die Rechtsfolge der Wissenszurechnung abzuleiten[878]. Stuft man die Wissensorganisationspflicht als echte Verkehrspflicht der arbeitsteiligen Organisation ein, so führen schuldhafte Organisationsmängel zur Schadensersatzpflicht der Organisation. Naturalrestitution (§ 249 I BGB) in Form einer rückwirkenden Wissenszurechnung kommt aber nicht in Betracht. Wissensnormsnormen verlangen die rechtserhebliche Kenntnis zu einem bestimmten Zeitpunkt; die Kenntniserlangung nach diesem Zeitpunkt ist nicht tatbestandsmäßig[879]. Sofern die Organisation im rechtlich relevanten Zeitpunkt aufgrund von Organisationsmängeln keine rechtserhebliche Kenntnis hatte, kann an diesem Zustand auch die nachträgliche Erfüllung des Schadensersatzanspruchs nichts ändern. Der zu leistende Schadensersatz soll im Zeitpunkt der Erfüllung des Schadensersatzanspruchs zwar den Zustand herstellen, der ohne schädigendes Ereignis bestünde[880], er kann die Schädigung aber selbstverständlich nicht rückwirkend, sondern nur *ex nunc* beseitigen. Die Wissenszurechnung kann also generell keine Folge von Schadensersatzansprüchen sein.

### ee.) Kein Vertrauensschutz mangels Vertrauenstatbestands und Rechtsfolge unvereinbar mit dem Modell der Wissensorganisationspflicht

Die Wissensorganisationspflicht aus dem Vertrauensschutz abzuleiten, ist nicht möglich. Der rechtsgeschäftliche Verkehr genießt kein schutzwürdiges Vertrauen auf eine „ordnungsgemäße“ Informationsorganisation.

*Baum* prüft eingehend anhand des von *Canaris* erarbeiteten Systems der Vertrauenshaftung, ob es berechtigte Erwartungen des Rechtsverkehrs auf eine ordnungsgemäße Informationsorganisation gibt[881]. In Betracht zieht er nur eine

876 So *Buck* S. 435.
877 Zutreffend *Buck* S. 435.
878 Siehe *Spindler* ZHR 181, 311, 318 f.
879 Siehe 2. Teil:§ 1D.
880 Siehe Staudinger/*Schiemann* Vor § 249 Rn. 81; MüKo BGB/*Oetker* Rn. 309 ff.
881 Siehe *Baum* S. 210 ff.

Vertrauenshaftung kraft rechtsethischer Notwendigkeit, deren Voraussetzungen namentlich sind: Vertrauenstatbestand, schutzwürdiges Vertrauen, Zurechenbarkeit des Vertrauenstatbestands und Vertrauensinvestition[882]. Einige Literaturstimmen zweifeln schon am Vertrauenstatbestand, weil sich *die* ordnungsgemäße Informationsorganisation gar nicht definieren lasse; es gebe sie gar nicht[883]. Die Informationsorganisationen verschiedener Unternehmen hingen so stark von der jeweiligen Realstruktur und etlichen weiteren Faktoren ab, dass sie im Ergebnis so stark voneinander abwichen, dass eine ordnungsgemäße oder ideale Informationsorganisation nicht bestimmt werden könne[884]. Da das Recht eine bestimmte Informationsorganisation nicht vorschreibe, diese vielmehr eine unternehmerische Entscheidung sei, gebe es erhebliche Gestaltungsspielräume[885]. Hieraus folgert *Baum*, dass der Rechtsverkehr allenfalls darauf vertrauen dürfe, dass eine arbeitsteilige Organisation in irgendeiner Form den Informationsaustausch organisiere und diese Organisation auch funktioniere[886]. Überdies weist *Spindler* darauf hin, dass auch unklar sei, ob der Vertragspartner nur auf einen Informationsaustausch innerhalb der Zweigniederlassung, des Unternehmens oder des Konzerns vertraue[887]. In der Gesamtschau sei bei einem so diffusen und schwachen Vertrauenstatbestand ein bloßer Vertragsschluss zwischen einem Teilnehmer des Rechtsverkehrs und der Organisation zudem keine ausreichende Vertrauensinvestition des Ersteren[888]. Außerdem werde der Vertragspartner einer Organisation auch die Risiken der Arbeitsteilung in Rechnung stellen[889].

Der Kritik am Vertrauensschutzkonzept ist zuzustimmen. Zunächst einmal ist zu konstatieren, dass sich das Vertrauensschutzkonzept mit dem Gleichstellungsargument, das als zentrale Stütze der Wissensorganisationspflicht gilt, nicht verträgt. Denn beide Konzepte basieren auf einem völlig unterschiedlichen Ansatz: Das Gleichstellungsargument soll den Rechtsverkehr so stellen, als habe er es – statt mit der konkreten Organisation – mit einer Einzelperson zu tun, demgegenüber soll das Vertrauensschutzkonzept den Rechtsverkehr so stellen, als habe er es – statt mit der konkreten Organisation – mit einer ordnungsgemäß organisierten Organisation des gleichen Zuschnitts zu tun. Diese unterschiedlichen Konzepte lassen sich nicht vereinen. Hält man das Gleichstellungsargument als prägend für

---

882 Siehe *Baum* S. 212 f.

883 Siehe *Baum* S. 213 ff., 225; noch deutlicher *Spindler,* Unternehmensorganisationspflichten, S. 656–658.

884 Siehe *Baum* S. 213 ff.; *Spindler,* Unternehmensorganisationspflichten, S. 656–658.

885 So *Baum* S. 217; siehe auch *Naumann/Siegel* ZHR 181, 273, 276 („grundsätzlich flexible Ausgestaltung der Wissensorganisation"), 288 ff.

886 So *Baum* S. 218; a. A. *Spindler,* Unternehmensorganisationspflichten, S. 659, der für Wissensorganisationspflichten bei Tatbeständen, die auf positive Kenntnis abstellen, kein Raum sieht.

887 So *Spindler* ZHR 181, 311, 318.

888 Siehe *Baum* S. 221 f.

889 So *Spindler* ZHR 181, 311, 318.

die Wissensorganisationspflicht, ist für das Vertrauensschutzkonzept kein Raum. Davon abgesehen ist das Vertrauen des Rechtsverkehrs auf eine „ordnungsgemäße" Informationsorganisation letztlich viel zu vage, um daraus die konkrete Pflicht zur ordnungsgemäßen Organisation der Kommunikation abzuleiten, wie *Baum* überzeugend nachgewiesen hat.

Zu Recht wird im Schrifttum auch darauf hingewiesen, dass die Rechtsfolge enttäuschten Vertrauens nicht die Wissenszurechnung, sondern nur eine Schadensersatzhaftung aus *culpa in contrahendo* oder positiver Vertragsverletzung sein könne[890]. Der Vertrauensschutz ist damit keine taugliche Basis für die Wissensorganisationspflicht und die damit verbundene Wissenszusammenrechnung.

### ff.) Ordnungsgemäße Organisation folgt nicht aus Treu und Glauben gemäß § 242 BGB

Die Pflicht zur ordnungsgemäßen Organisation der Kommunikation lässt sich auch nicht auf Treu und Glauben stützen. § 242 BGB statuiert die Grenze des Rechtsmissbrauchs. Fehlerhafte Informationsorganisationen können aber nicht stets als rechtsmissbräuchlich angesehen werden[891]. Die Einzelperson kann sich nach § 242 BGB nur dann nicht auf ihre Unkenntnis berufen, wenn sie die Kenntniserlangung treuwidrig vereitelt hat, indem sie sich der aufdrängenden Kenntnis bewusst verschlossen hat. In diesem Fall wäre es rechtsmissbräuchlich, wenn sich die Einzelperson auf ihre Unkenntnis berufen würde.

Überträgt man diesen Maßstab von der Einzelperson auf arbeitsteilige Organisationen, folgt daraus, dass die arbeitsteilige Organisation sich nur dann nicht auf Unkenntnis berufen kann, wenn Mängel in ihrer Informationsorganisation dem bewussten Sichverschließen gleichkommen. Das kann nur bei einem eklatanten Versagen der Informationsorganisation der Fall sein[892]. Die Grenze des Rechtsmissbrauchs ist nach § 242 BGB bei arbeitsteiligen Organisationen somit erst erreicht, wenn die eingerichtete Informationsorganisation nicht einmal Mindeststandards wahrt und hierin eine unredliche Vereitelung der Kenntnisnahme zu sehen ist. Eine ideale oder eine ordnungsgemäße Informationsorganisation im Sinne der Lehre von der ordnungsgemäßen Organisation der Kommunikation kann nach Treu und Glauben jedenfalls nicht verlangt werden.

## b.) Informationsabfragepflicht verstößt gegen die gesetzlich vorgegebene Unterscheidung von Kenntnis und Kennenmüssen

Bisher wird nicht hinreichend beachtet, dass die Wissensorganisationspflicht genau genommen kein reines Zurechnungskriterium ist, denn sie definiert – im

890 So *Spindler* ZHR 181, 311, 318.
891 Siehe 5. Teil: § 2C.IV.
892 Siehe 5. Teil: § 2C.IV.

Rahmen der Informationsabfragepflicht[893] – auch den Wissensbegriff in Bezug auf die Einzelperson. Sie ist daher ein Hybrid aus Zurechnungsgrundlage und einer Erweiterung des privatrechtlichen Kenntnisbegriffs[894]. Hat ein Mitarbeiter Anlass, innerhalb der Organisation verfügbares Wissen abzufragen, tut dies aber nicht, soll dies einerseits die Kenntnis dieses Mitarbeiters und andererseits – infolge Zurechnung – die Kenntnis der Organisation zur Folge haben[895]. Der BGH, der sich dieser Dogmatik in Anlehnung an *Medicus* und *Taupitz* bedient, ist sich dieser Rechtskonstruktion bewusst. In seinen Entscheidungen trennt er zwischen der Informationsweiterleitungspflicht als Problem der Wissenszurechnung und der Informationsabfragepflicht als Problem des Wissens, also des Kenntnisbegriffs[896]. Es wurde bereits nachgewiesen, dass die Erweiterung des herkömmlichen Kenntnisbegriffs hin zur Verfügbarkeit von Informationen, die abzurufen Anlass bestand („Aktenwissen"), mit dem Wissensbegriff des BGB nicht vereinbar ist und allenfalls ein Kennenmüssen des zur Informationsabfrage Verantwortlichen begründen kann[897]. Die Wissensorganisationspflicht verstößt also gegen den zivilrechtlichen Kenntnisbegriff und ist schon deshalb zwingend abzulehnen.

Davon abgesehen ist nicht erklärlich, warum die Kenntnis einer bestimmten Hilfsperson innerhalb der Organisation von der Verletzung einer dem Geschäftsherrn obliegenden Organisationspflicht abhängen soll. Die rechtserhebliche Kenntnis eines Menschen kann sicher nicht von organisatorischen Vorkehrungen der Organisation abhängen, für die er arbeitet. Die Wissensorganisationspflicht trägt hierdurch Wertungen in den Kenntnisbegriff, die dem Privatrecht vollkommen fremd sind. Es ist auch methodisch nicht überzeugend, dass durch die Wissensorganisationspflicht der Kenntnisbegriff für Menschen innerhalb von Organisationen, namentlich für die zur Informationsabfrage Verpflichteten, anders definiert wird als für Menschen außerhalb von Organisationen[898].

### c.) Informationsweiterleitungspflicht verstößt gegen den Grundsatz der Koinzidenz von Handlungsverantwortlichkeit und Wissensträgerschaft

Wissensnormen sehen stets nachteilige Rechtsfolgen für den Wissenden vor. Die Rechtfertigung für diese Rechtsfolgenanordnung liegt bei allen Wissensnormen darin, dass der Wissende sein Verhalten an seinem Wissen ausrichten und

---

893 Siehe hierzu 5. Teil:§ 2C.II.1.).
894 Siehe 2. Teil:§ 1C.I.
895 Sehr deutlich *Taupitz,* Karlsruher Forum 1994, S. 16, 29, „als Wissen des für die Organisation konkret Handelnden gelten"; siehe auch *Medicus,* Karlsruher Forum 1994, S. 4, 7, 14.
896 Siehe BGH NJW 1996, 1339, 1341.
897 Siehe 2. Teil:§ 1C.III.
898 Siehe 2. Teil:§ 1C.III.

sich daher nach Maßgabe der Rechtsordnung verhalten kann[899]. Wissensnormen umschreiben also stets eine Kenntnis als Grundlage der Verhaltenssteuerung. Diesen verhaltenssteuernden Charakter des Kenntnismerkmals der jeweiligen Wissensnorm achtet die Wissenszurechnung nur dann, wenn Wissensträgerschaft und Handlungsverantwortlichkeit im Zurechnungssubjekt zusammenfallen[900]. Diese Koinzidenz von Handlungsverantwortlichkeit und Wissensträgerschaft wird aufgegeben, wenn man einer Organisation bei Verletzung der Informationsweiterleitungspflicht Kenntnis zurechnet[901]. Denn in diesem Fall hat die Person, die handlungsverantwortlich ist und den rechtsrelevanten Vorgang für die Organisation steuert (z. B. ein Rechtsgeschäft vornimmt), keine rechtserhebliche Kenntnis und kann ihr Verhalten dementsprechend nicht an einer rechtserheblichen Kenntnis ausrichten; im Ergebnis bedeutet das, dass die Organisation so behandelt wird, als hätte sie rechtserhebliche Kenntnis, obwohl sie ihr Verhalten nicht an der rechtserheblichen Kenntnis ausrichten kann. Eine solche Wissenszurechnung läuft auf eine rechtsfortbildende Korrektur der Wissensnorm hinaus, deren Kenntnismerkmal zu einem Merkmal fahrlässiger Unkenntnis uminterpretiert wird, was in aller Regel methodisch unzulässig ist[902]. Die Wissenszurechnung bei Verletzung der Informationsweiterleitungspflicht verstößt somit ebenfalls gegen den privatrechtlichen Kenntnisbegriff, der stets eine verhaltenssteuernde Kenntnis verlangt und somit die Koinzidenz von Handlungsverantwortung und Wissensträgerschaft voraussetzt.

### d.) Anwendungsbereich nicht geklärt

Wegen der Unschärfen des dogmatischen Fundaments der Wissensorganisationspflicht wird auch die grundlegende Frage des personellen und sachlichen Anwendungsbereichs der Wissensorganisationspflicht bis heute nicht einheitlich beantwortet. Während *Taupitz*, der die heutige Erscheinungsform der Wissensorganisationspflicht mit seiner Dogmatik maßgeblich geprägt hat, der Wissensorganisationspflicht einen Anwendungsbereich außerhalb des rechtsgeschäftlichen Verkehrs zuschreibt[903], beschränkt der BGH ihre Anwendung auf den rechtsgeschäftlichen Verkehr[904], obwohl er nach eigener Aussage der rechtlichen Begründung und den Ergebnissen von *Taupitz* folgt[905]. Genauso wenig konnte der personelle Anwendungsbereich der Wissensorganisationspflicht bislang einer abschließenden Klärung zugeführt werden. Während manche sie nur auf arbeitsteilige Organisationen anwenden, favorisieren andere darüber hinaus ihre Anwendung auf Privatleute mit

---

899 Siehe 2. Teil:§ 1C.III.
900 So *Grigoleit* ZHR 181, 160, 177; *Römmer-Collmann* S. 75 f.
901 So *Grigoleit* ZHR 181, 160, 193 f.
902 Siehe *Grigoleit* ZHR 181, 160, 178 ff.
903 Siehe 5. Teil:§ 2C.II.3.)c.).
904 Siehe 5. Teil:§ 2C.II.3.)a.).
905 Siehe BGH NJW 1996, 1339, 1341.

arbeitsteilig eingesetzten Hilfspersonen[906]. Dass nicht einmal in so zentralen Fragen wie dem Anwendungsbereich der Wissensorganisationspflicht Einigkeit herrscht, steht ihrer rechtssicheren Anwendung entgegen und stellt die Rechtskonstruktion insgesamt in Frage.

### e.) Konkretisierung der Wissensorganisationspflicht anhand des Gleichstellungsarguments führt zu beliebigen Ergebnissen

Als Rechtsgrundlage der Wissensorganisationspflicht taugt das Gleichstellungsargument nicht. Unter dem Aspekt der Rechtssicherheit ist es überdies äußerst bedenklich, das Gleichstellungsargument zur Konkretisierung der Informationsspeicherpflicht und der Informationsabfragepflicht heranzuziehen[907]. So soll z. B. die Speicherdauer in der Organisation von der Bedeutung der Information abhängen, weil auch der Mensch sich wichtige Informationen länger merken könne als unwichtige; die Informationsabfrage soll z. B. nur bei konkretem Anlass nötig sein, weil sich auch das Erinnerungsvermögen des Menschen typischerweise nach der Bedeutung der Wahrnehmung bestimme. Indem man die Informationsabfrage und die Speicherdauer in Organisationen daran misst, wie stark sich Menschen erinnern oder wie lange sie sich Informationen merken können, nimmt man der Wissensorganisationspflicht jegliche Konturen. Das Gehirn des Menschen als Vergleichsmaßstab ist ein völlig ungeeignetes Zurechnungskriterium, denn niemand vermag zu sagen, wie lange Menschen bestimmte Informationen speichern oder wie gut sie sich erinnern können. Das ist auch von Mensch zu Mensch verschieden. Die Folge wären willkürliche Ergebnisse.

Wenn man eine Wissensorganisationspflicht anerkennen würde, müsste sie sich freilich an den Anforderungen des geschäftlichen Verkehrs und nicht an der Gehirnleistung natürlicher Personen orientieren. Das Gleichstellungsargument bietet keine scharf umrissenen oder brauchbaren Kriterien, um zu beantworten, wie lange Informationen in Organisationen zu speichern oder wann sie abzurufen sind.

### *5.) Stellungnahme zur Anwendung der Lehre von der ordnungsgemäßen Organisation der Kommunikation auf § 199 I BGB*

Selbst wenn man die Pflicht zur ordnungsgemäßen Organisation der Kommunikation entgegen hier vertretener Ansicht im Grundsatz anerkennt, folgt daraus nicht automatisch ihre Anwendbarkeit auf § 199 I BGB. Dies verkennt das überwiegende Schrifttum und die Rechtsprechung zu § 199 I BGB, die ganz selbstverständlich davon ausgehen, dass die Lehre von der ordnungsgemäßen Organisation der Kommunikation grundsätzlich auf § 199 I BGB anwendbar ist[908]. Nur *Grothe*

906 Siehe 5. Teil:§ 2C.II.2.).
907 Siehe hierzu 5. Teil:§ 2C.II.3.)a.).
908 Zum Meinungsstand siehe 5. Teil:§ 2C.I.

thematisiert die Frage, ob die Pflicht zur ordnungsgemäßen Organisation der Kommunikation bei § 199 I BGB überhaupt einen Anwendungsbereich haben kann. Er fragt, ob sich die Wertungen der Wissensorganisationspflicht auf das subjektive Moment in § 199 I BGB sinngemäß übertragen lassen[909]. Im Ergebnis bejaht *Grothe* dies, weil der „Gedanke, dass das Risiko aus der Wissensaufspaltung im Unternehmen im Verhältnis zu Dritten derjenige zu tragen hat, der sie veranlasst hat und durch zweckmäßige Organisation beherrschen kann, [...] gerade auch bei der Verjährung, die ihrerseits Elemente des Vertrauensschutzes enthält, seine Berechtigung" habe[910]. Auch der Schuldner dürfe erwarten, dass sich die Gesellschaft so organisiere, dass die Weiterleitung bedeutender Informationen an das hierfür zuständige Organ gewährleistet sei[911].

Die Anwendbarkeit der Wissensorganisationspflicht auf § 199 I BGB ist keineswegs selbstverständlich. Denn die Wissensorganisationspflicht ist anhand praktischer Fälle entwickelt worden, bei denen es um die gerechte Verteilung des Risikos der Wissensaufspaltung bei Vertragsschlüssen und somit um Verkehrsschutz ging[912]. Indessen geht es bei § 199 I BGB nicht um die gerechte Risikoverteilung bei Vertragsschlüssen, sondern um den subjektiven Verjährungsbeginn bei Ansprüchen jeglicher Art, gleich ob sie auf Vertragsschlüssen oder anderen Rechtsgründen beruhen. Das ist ein bedeutender Unterschied. Bei §§ 442 I, 444 Var. 1 BGB spielen Verkehrsschutzerwägungen z. B. eine Rolle, weil das Merkmal der Kenntnis dort Ausdruck einer gerechten Abwägung von Verkehrsschutzinteressen und dem Interesse des Wissenden an Handlungsfreiheit ist[913]. Bei § 199 I BGB soll das Merkmal der Kenntnis hingegen die faire Chance des Gläubigers zur Anspruchsdurchsetzung sichern[914].

Es ist daher zu untersuchen, ob das Merkmal der Kenntnis gemäß § 199 I BGB überhaupt Raum für Verkehrsschutz und Vertrauensschutz lässt. Das Merkmal der grob fahrlässigen Unkenntnis i. S. v. § 199 I BGB ist bei dieser Untersuchung auszublenden, denn das Wesen der Lehre von der ordnungsgemäßen Organisation der Kommunikation liegt darin, (verlagerte) Kenntnis zuzurechnen.

---

909 So MüKo BGB/*Grothe* § 199 Rn. 36.

910 MüKo BGB/*Grothe* § 199 Rn. 36.

911 So MüKo BGB/*Grothe* § 199 Rn. 36.

912 Siehe BGH NJW 1990, 975 (Grundstückskauf); NJW 1992, 1099 (Grundstückskauf); NJW 1995, 2159 (KfZ-Kauf); NJW 1996, 1205 (KfZ-Kauf); NJW 1996, 1339 (Grundstückskauf).

913 So *Goldschmidt* S. 86 f.; tendenziell auch *Schilken* S. 53 ff., der dem Wissenden auferlegt, sich selbst vor den Rechtsnachteilen der Wissensnorm zu schützen, wodurch die Handlungs- und Bewegungsfreiheit des Wissenden beschränkt wird.

914 Siehe 3. Teil:§ 2C.II.

### a.) Teleologische, systematische und historische Auslegung des § 199 I BGB stehen Anwendbarkeit der Wissensorganisationspflicht entgegen

Ausschlaggebend, die Wissensorganisationspflicht auf § 199 I BGB anzuwenden, ist *Grothes* Ansicht nach, dass auch das Verjährungsrecht Elemente des Vertrauensschutzes aufweise. Diese Begründung trägt nicht. Es stimmt zwar, dass Teile des Schrifttums im Vertrauensschutz das dogmatische Fundament des Rechtsinstituts der Verjährung erblicken und annehmen, das Verjährungsrecht schütze das (typisierte) Vertrauen des Schuldners, nach einer gewissen Zeitspanne nicht mehr in Anspruch genommen zu werden[915]. Es geht hier aber nicht um die allgemeine Frage, ob das Rechtsinstitut der Verjährung in seiner Gesamtheit auf Vertrauensschutzgedanken beruht, sondern um die viel speziellere Frage, ob § 199 I BGB das Vertrauen des Rechtsverkehrs auf einen frühzeitigen Verjährungsbeginn schützt. Dies ist zu verneinen.

Funktion und Schutzrichtung des Merkmals der Kenntnis i. S. v. § 199 I BGB wurden anhand der *ratio* des § 199 I BGB und der gesetzlichen Systematik bereits herausgearbeitet[916]. Hierbei hat sich gezeigt, dass das Merkmal der Kenntnis ausschließlich Gläubigerinteressen schützt. Es hat die Funktion, dem Gläubiger seine durch Art. 14 I 1 GG geschützte faire Chance zur Anspruchsdurchsetzung zu geben. Demgegenüber schützt das Kenntnismerkmal nicht das Interesse des Schuldners an einem möglichst frühzeitigen Beginn der Verjährungsfrist. Nach der gesetzlichen Systematik wird der Schuldner allein durch die objektiven Höchstfristen (§ 199 II-IV BGB) und die kurze Dauer der regelmäßigen Verjährungsfrist (§ 195 BGB) geschützt, nicht aber durch den subjektiven Fristbeginn (§ 199 I BGB). Mit dem gläubigerschützenden Charakter des Kenntnismerkmals gemäß § 199 I BGB ist es nicht vereinbar, im Interesse des Schuldners bzw. des Rechtsverkehrs den Gläubiger einer Wissensorganisationspflicht zu unterwerfen, die ihm seine faire Chance zur Anspruchsdurchsetzung regelmäßig nimmt, indem die Frist nach § 199 I BGB schon mit der Kenntnis solcher Personen beginnt, die nicht für die Anspruchsvorbereitung oder –verfolgung zuständig sind.

Bisher wurde in Rechtsprechung und Schrifttum auch zu wenig beachtet, dass die historische Entwicklung des Verjährungsrechts dagegen spricht, dass der Gläubiger sein Wissen im Rahmen des § 199 I BGB im Interesse des Schuldners zu organisieren hat. Vor der Schuldrechtsmodernisierung war es dem Verjährungsrecht fremd, dass Gläubiger ihr Wissen über anspruchsbegründende Umstände organisieren müssen. Denn das Verjährungsrecht des BGB kannte vor der Schuldrechtsmodernisierung abgesehen von § 852 I BGB a. F. ausschließlich objektive Verjährungsfristen; nicht anders war es im Preußischen Allgemeinen

---

915 Siehe *Zimmermann* JuS 1984, 409, 410; *Riedhammer* S. 170 ff.; a. A. Staudinger/*Peters/Jacoby* Vor §§ 194 ff. Rn. 20.

916 Siehe 3. Teil:§ 2C.II.

Landrecht[917]. Bei objektiven Verjährungsfristen besteht kein Zweifel daran, dass die Wissensorganisation im Belieben des Gläubigers steht und allein seinem Interesse an der Anspruchsverfolgung dient, indes der Schuldner keinerlei Interesse an der Wissensorganisation des Gläubigers hat, da er durch den objektiven Fristbeginn ohnehin geschützt wird. Im Gegenteil, bei objektiven Verjährungsfristen hat der Schuldner sogar ein Interesse daran, dass der Gläubiger sein Wissen nicht organisiert und eine Geltendmachung des Anspruchs innerhalb der Frist deshalb unterbleibt. Auch bei der einzigen subjektiven Verjährungsfrist gemäß § 852 I BGB a. F. lehnten Rechtsprechung und h. L. eine Wissensorganisationspflicht des Gläubigers ab[918].

Vor der Schuldrechtsreform war der Gläubiger also weder bei der einzigen subjektiven Verjährungsfrist des BGB noch bei den übrigen Verjährungsfristen dazu verpflichtet, sein Wissen über anspruchsbegründende Umstände zu organisieren. Dem Gläubiger im Rahmen der Regelverjährung nach §§ 195, 199 I BGB nun erstmals eine Wissensorganisationspflicht aufzuerlegen, würde daher eine fundamentale Änderung des Verjährungsrechts bedeuten, für die in der Gesetzesbegründung zu § 199 I BGB jeder Anhaltspunkt fehlt[919].

Die Gesetzesbegründung erlaubt noch weitere Rückschlüsse, die gegen eine Wissensorganisationspflicht des Gläubigers sprechen. Mit der Einführung grob fahrlässiger Unkenntnis bezweckte der Gesetzgeber, die „Auflockerungstendenzen" in der Rechtsprechung in § 199 I BGB zu verankern, vor allem was die Gleichstellung von Kenntnis und rechtsmissbräuchlicher Unkenntnis anbelangt[920]. Nach zutreffender Ansicht ist das Merkmal grob fahrlässiger Unkenntnis deswegen so zu verstehen, dass es nur die Fälle rechtsmissbräuchlicher Unkenntnis abdeckt[921]. Die Fälle rechtsmissbräuchlicher Unkenntnis sind dadurch gekennzeichnet, dass sich der Gläubiger die Kenntnis in zumutbarer Weise ohne nennenswerte Mühe und ohne besondere Kosten beschaffen konnte[922]. Nicht einmal das Merkmal der grob fahrlässigen Unkenntnis hatte daher den Zweck, die mit der Einrichtung einer Wissensorganisation verbundenen beträchtlichen Mühen und Kosten[923] dem Gläubiger zuzumuten. Erst recht kann dann aus dem Merkmal der Kenntnis gemäß § 199 I BGB nicht gefolgert werden, der Gläubiger müsse sein Wissen mit großem Aufwand und erheblichen Kosten ordnungsgemäß organisieren.

---

917 Siehe 3. Teil:§ 2C.I.

918 Siehe 5. Teil:§ 2C.I.1.).

919 Siehe BT-Drucks. 14/6040, S. 108.

920 Siehe BT-Drucks. 14/6040, S. 108. Die Gesetzesmaterialien ebenso interpretierend BGH NJW 2012, 1789, 1790.

921 Siehe 3. Teil:§ 3B.III.3.).

922 So der BGH zur rechtsmissbräuchlichen Unkenntnis bei § 852 I BGB a. F., siehe 3. Teil:§ 3B.III.1.).

923 Zur Steigerung des Organisationsaufwands und der Organisationskosten in Unternehmen bei Anerkennung einer Wissensorganisationspflicht siehe *Koller* JZ 1998, 75, 78.

### b.) Verjährungszweck der Rechtssicherheit steht Anwendung der Wissensorganisationspflicht entgegen

Einer der Hauptzwecke des Verjährungsrechts ist die Rechtssicherheit[924]. Rechtssicherheit durch Verjährung setzt aber voraus, dass das Verjährungsrecht klare und praktikable Regeln enthält[925], damit die Frage des Verjährungseinritts nicht selbst zum Gegenstand von Prozessen wird. Die Rechtssicherheit war auch ein besonderes Anliegen des Reformgesetzgebers, dessen Ziel es war, das Verjährungsrecht im Zuge der Schuldrechtsmodernisierung von Widersprüchen zu befreien und es zu vereinfachen[926].

Mit Blick auf die Wissensorganisationspflicht, der es in jeder Hinsicht an scharfen Konturen fehlt, steht außer Frage, dass sich eine solche Rechtskonstruktion mit dem Reformziel des Gesetzgebers und dem Verjährungszweck der Rechtssicherheit nicht verträgt.

### c.) Zwischenergebnis

Die Auslegung des § 199 I BGB hat ergeben, dass das Merkmal der Kenntnis ausschließlich den Gläubiger schützt. Es sichert die durch Art. 14 I 1 GG geschützte faire Chance des Gläubigers an der Anspruchsdurchsetzung. Das Interesse des Schuldners auf einen möglichst frühzeitigen Beginn der Verjährungsfrist wird durch das Merkmal der Kenntnis hingegen nicht geschützt. Eine Wissensorganisationspflicht des Gläubigers kann im Rahmen des § 199 I BGB daher nicht anerkannt werden. Ihr steht auch der Verjährungszweck der Rechtssicherheit entgegen.

## *III. Fehlerhafte Wissensorganisation als grob fahrlässige Unkenntnis i. S. v. § 199 I BGB?*

Verbreitet wird eine grob fahrlässige Unkenntnis i. S. v. § 199 I BGB angenommen, wenn arbeitsteilig organisierte Gläubiger ihr Wissen nicht ordnungsgemäß organisieren[927]. Nachzugehen ist daher der Frage, ob aus dem Merkmal der grob fahrlässigen Unkenntnis gemäß § 199 I BGB für arbeitsteilig organisierte Gläubiger wie AG und GmbH die Obliegenheit erwächst, ihr Wissen zu organisieren. Dem Problem sollte man sich in zwei Schritten nähern. Zunächst ist zu untersuchen, ob im Allgemeinen aus dem Merkmal der fahrlässigen Unkenntnis für juristische Personen eine Obliegenheit zur Wissensorganisation folgt. Sodann ist darauf einzugehen, ob dies speziell beim Merkmal der grob fahrlässigen Unkenntnis des § 199 I BGB der Fall ist.

---

924 Siehe 3. Teil:§ 1C.

925 So BT-Drucks. 14/6040, S. 96; siehe auch *Otto* S. 41 ff.; *Riedhammer* S. 166 f.

926 Siehe Begr. FraktE, BT-Drucks. 14/6040, S. 104; *Mansel/Budzikiewicz*, Verjährungsrecht, § 1 Rn. 15.

927 Siehe 5. Teil:§ 2C.I.2.).

### *1.) Formen (grob) fahrlässiger Unkenntnis bei juristischen Personen*

Fahrlässige Unkenntnis einer juristischen Person ist in zwei Formen denkbar. Eine juristische Person ist dann fahrlässig unwissend, wenn ihr maßgebliches Zurechnungssubjekt fahrlässig unwissend ist. Kauft beispielsweise ein organschaftlicher oder ein bevollmächtigter Vertreter eine mangelhafte Sache im Namen der juristischen Person, muss sich die juristische Person dessen grob fahrlässige Unkenntnis i. S. v. § 442 I 2 BGB gemäß § 166 I BGB i. V. m. § 26 I 2, Hs. 2 BGB (analog)[928] bzw. nach § 166 I BGB zurechnen lassen. Auch im Rahmen des § 199 I BGB muss sich die juristische Person unstreitig die grob fahrlässige Unkenntnis ihrer Geschäftsleiter und Wissensvertreter zurechnen lassen[929]. Diese Form der Zurechnung fahrlässiger Unkenntnis an die juristische Person ist unstreitig.

Von Interesse ist an dieser Stelle aber allein die zweite Form der Zurechnung fahrlässiger Unkenntnis bei juristischen Personen. Die Zurechnung fahrlässiger Unkenntnis an die juristische Person infolge fehlerhafter Informationsorganisation. Diese Form fahrlässiger Unkenntnis ist bisher wenig erforscht. Teile der Literatur und verschiedene Oberlandesgerichte sind der Ansicht, dass Mängel in der Wissensorganisation fahrlässige Unkenntnis der juristischen Person begründen können[930]. Mit dieser Ansicht ist zugleich eine Absage an die herrschende Lehre von der ordnungsgemäßen Organisation der Kommunikation verbunden[931], weil diese Lehre bei fehlerhafter Wissensorganisation Kenntnis, aber nicht fahrlässige Unkenntnis, annimmt. Schließt z. B. der organschaftliche oder bevollmächtigte Vertreter einer juristischen Person in deren Namen einen Vertrag, hat aber infolge mangelhafter Wissensorganisation keine Kenntnis von rechtserheblichen Umständen, ist die juristische Person nach dieser Ansicht als (grob) fahrlässig unwissend zu behandeln[932]. Zur Bestimmung der Anforderungen an die gebotene Wissensorganisation orientiert sich diese Ansicht an der Lehre von der ordnungsgemäßen Organisation der Kommunikation und deren Anforderungen an

---

928 Zur Zurechnung von Organmitgliederwissen bei der Vornahme von Rechtsgeschäften siehe 5. Teil:§ 2A.II.

929 Zu den zuständigen Organen und Wissensvertretern siehe 5. Teil:§ 2A, 5. Teil:§ 2B.

930 Siehe OLG Hamm r+s 2011, 225, 228; OLG Saarbrücken, Urt. v. 31. 8. 2010, 4 U 550/09, juris Rn. 47; siehe *Waltermann* AcP 192, 181, 206 ff.; *Grunewald,* FS Beusch 1993, 301, 305 f., 312; *Flume* AcP 197, 441, 445; *Koller* JZ 1998, 75, 85; *Buck* S. 349; *Altmeppen* BB 1999, 749, 750 f.; *Meyer* WM 2012, 2040, 2044; *Hoenig/Klingen* NZG 2013, 1046, 1050; *Weißhaupt* WM 2013, 782, 788; *Grigoleit* ZHR 181, 160, 194; *Henning* S. 55 f.; *Spindler,* Unternehmensorganisationspflichten, S. 659; *ders.* jetzt anderer Ansicht, ZHR 181, 311, 319 ff.

931 Siehe *Waltermann* AcP 192, 181, 206 ff.; *Flume* AcP 197, 441, 443 ff.; *Hoenig/Klingen* NZG 2013, 1046, 1050.

932 Siehe OLG Hamm r+s 2011, 225, 228; OLG Saarbrücken, Urt. v. 31. 8. 2010, 4 U 550/09, juris Rn. 47; *Flume* AcP 197, 441, 443 ff.; *Waltermann* AcP 192, 181, 206 ff.; *Hoenig/Klingen* NZG 2013, 1046, 1050.

Informationsspeicherung, Informationsweiterleitung und Informationsabfrage[933]. Als (grob) fahrlässige Unkenntnis der juristischen Person kämen daher die unterlassene Informationsspeicherung[934], die unterlassene Informationsweiterleitung[935] und die unterlassene Informationsabfrage[936] in Betracht. Die Gesellschaft müsse alle geeigneten organisatorischen Maßnahmen treffen, um das von Mitarbeitern erlangte Wissen dorthin gelangen zu lassen, wo es benötigt werde[937]. Erreiche die Gesellschaft die Kenntnis ihrer Hilfsperson nicht und beruhe dies auf mangelhafter Organisation, so liege mangelnde Sorgfalt und somit fahrlässige Unkenntnis der Gesellschaft vor[938].

Nur vereinzelt wird darauf hingewiesen, dass das Merkmal der fahrlässigen Unkenntnis i.S.d. jeweiligen Wissensnorm die Anforderungen an die Informationsorganisation determinieren und der Organisationsobliegenheit auch gänzlich entgegenstehen könne[939]. So steht z. B. nach Ansicht des BGH die Auslegung der grob fahrlässigen Unkenntnis bei § 199 I BGB einer Organisationsverantwortung des arbeitsteilig organisierten Gläubigers – insbesondere juristischen Person – entgegen[940].

### *2.) Ableitung einer Obliegenheit zur Wissensorganisation aus dem Merkmal (grob) fahrlässiger Unkenntnis*

Es scheint so, als halte es das Schrifttum ohne Weiteres für möglich, aus dem Merkmal der fahrlässigen Unkenntnis für juristische Personen eine Obliegenheit zur Informationsorganisation herzuleiten. Die Auswertung der Literaturstimmen ergibt aber, dass sich die wenigsten damit auseinandersetzen, wie eine Obliegenheit zur Informationsorganisation aus dem Merkmal fahrlässiger Unkenntnis dogmatisch zu gewinnen ist. Meist bleibt es ohne jede Begründung bei der Behauptung, die juristische Person hätte ihr Wissen zu organisieren, wenn sie sich nicht dem Vorwurf (grob) fahrlässiger Unkenntnis aussetzen wolle[941]. Das Begründungsdefizit rührt offenbar aus dem verbreiteten Fehlschluss her, die Begründungslast zur Bejahung fahrlässiger Unkenntnis bei Organisationsmängeln sei niedrig, weil die h. M. bei mangelhafter Informationsorganisation sogar Kenntnis annehme, sich fahrlässige Unkenntnis also erst recht begründen lasse[942]. Stattdessen ist es

---

933 Siehe *Otto* S. 267 f.; *Koller* JZ 1998, 75, 85; *Hoenig/Klingen* NZG 2013, 1046, 1050.
934 Dazu ausführlich *Otto* S. 257 ff.
935 Siehe ausführlich *Otto* S. 257 ff.; siehe auch *Waltermann* AcP 192, 181, 208 f.
936 So z. B. *Hoenig/Klingen* NZG 2013, 1046, 1050.
937 So *Waltermann* AcP 192, 181, 209; zustimmend *Buck* S. 353.
938 So *Buck* S. 353.
939 Siehe *Waltermann* AcP 192, 181, 192 f., 209.
940 Zur Auslegung durch den BGH siehe 5. Teil:§ 2C.I.3.).
941 So zu § 199 I BGB MüKo BGB/*Grothe* § 199 Rn. 31, 39; Heidel BGB/*Mansel/Stürner* Rn. 78; *Krämer* ZGS 2003, 379, 381; *Schmid* ZGS 2002, 180; 181; *Otto* S. 257 ff.
942 Dieser Fehlschluss deutet sich an bei *Flume* AcP 1997, 441, 445 ff.; *Buck* S. 456; *Hoenig/Klingen* NZG 2013, 1046, 1050; *Meyer* WM 2012, 2040, 2044.

gesondert zu begründen, ob sich aus dem Merkmal der fahrlässigen Unkenntnis eine Obliegenheit zur Wissensorganisation arbeitsteiliger Gebilde ableiten lässt.

Es ist keineswegs selbstverständlich, aus dem Merkmal fahrlässiger Unkenntnis eine Obliegenheit zur Informationsorganisation zu konstruieren. Versteht man die Fahrlässigkeitskomponente des Kennenmüssens als Verschuldensform gemäß § 276 II BGB, kann ihr kein pflichtenbegründender Charakter zukommen[943]. Die Fahrlässigkeitskomponente setzt dann vielmehr die Verletzung einer informationellen Sorgfaltspflicht voraus, in diesem Fall der Pflicht, durch eine sorgfaltsgerechte Informationsorganisation Kenntnis zu erlangen. Eine solche informationelle Organisationspflicht müsste aus der übrigen Privatrechtsordnung folgen. Es wäre zu klären, inwieweit innerhalb von Sonderverbindungen aus den Schutzpflichten gemäß § 241 II BGB und außerhalb von Sonderverbindungen aus Verkehrspflichten eine solche Informationsorganisationspflicht hergeleitet werden könnte[944]. Damit würde sich die Frage der Informationsverantwortung der arbeitsteiligen Organisation ins Schuldrecht verlagern.

Der Ansatz, aus (quasi-)vertraglichen Schutzpflichten und außervertraglichen Verkehrspflichten das Merkmal des Kennenmüssens zu konstruieren, wird von der h.M. aber zu Recht grundsätzlich abgelehnt, weil das Merkmal des Kennenmüssens sonst stets mit Schadensersatzpflichten des fahrlässig Unwissenden einherginge, indes das Gesetz statt der Schadensersatzpflicht die Rechtsfolge der Wissensnorm als adäquate Folge vorgesehen hat[945]. Die h. M. versteht die Fahrlässigkeitskomponente des Kennenmüssens daher untechnisch. Sie sei keine Verschuldensform i. S. v. § 276 II BGB, sondern beschreibe ein Verschulden gegen sich selbst, das sich verkürzt mit einer Obliegenheit zur anlassbezogenen Informationsbeschaffung umschreiben lasse[946]. Nach h. M. folgt somit aus der Fahrlässigkeitskomponente selbst die Obliegenheit, signifikante Hinweise zu beachten und gebotene Nachforschungen anzustellen. Nachforschungen sind aber nur geboten, wenn ein konkreter Anlass für sie besteht, also wenn es Verdachtsgründe gibt, die einen sorgfältig denkenden Menschen dazu brächten, Zweifel an der Richtigkeit bestimmter Umstände zu haben[947]. Welche Verdachtsgründe hierfür nötig sind, hängt davon ab, wie das Merkmal des Kennenmüssens der jeweiligen Wissensnorm auszulegen ist und welcher Fahrlässigkeitsmaßstab der Wissensnorm zugrunde liegt – einfache oder grobe Fahrlässigkeit. Prägend für das Merkmal des Kennenmüssen ist also, dass Nachforschungen nur bei konkretem Anlass, an der Richtigkeit bestimmter Umstände zu zweifeln, anzustellen sind. Es besteht somit keine generelle Obliegenheit, sondern nur eine anlassbezogene Obliegenheit, nach der Wahrheit zu forschen. Der BGH formuliert dies für § 199 I BGB so: „Hierbei trifft den Gläubiger

943 Zur Dogmatik des Merkmals fahrlässiger Unkenntnis siehe 2. Teil:§ 3A.
944 Siehe 2. Teil:§ 3A.
945 Siehe 2. Teil:§ 3A.
946 Siehe 2. Teil:§ 3A.
947 Siehe 2. Teil:§ 3A.

generell keine Obliegenheit, [...] Nachforschungen zu betreiben; vielmehr muss das Unterlassen von Ermittlungen nach Lage des Falls als geradezu unverständlich erscheinen, um ein grob fahrlässiges Verschulden des Gläubigers bejahen zu können."[948]

Im Schrifttum fehlt bislang eine tragfähige Begründung dafür, wie aus dieser *anlassbezogenen* Obliegenheit, signifikante Hinweise zu beachten und gebotene Nachforschungen anzustellen, für die juristische Person eine *Dauerobliegenheit* zur Einrichtung und Unterhaltung einer Informationsorganisation erwachsen soll. Im Gegenteil, die Befürworter der herrschenden Lehre von der ordnungsgemäßen Organisation der Kommunikation argumentieren gegen eine solche Obliegenheit zur Informationsorganisation. Ihrer Ansicht nach setzt ein Kennenmüssen immer die pflichtwidrig fehlende Kenntnis an der zuständigen Stelle voraus, indes die vorhandene Kenntnis an der falschen Stelle nie als fahrlässige Unkenntnis zu werten sei[949]. Nach diesem Ansatz kann die unterlassene Kenntnisweiterleitung an das zuständige Zurechnungssubjekt kein Kennenmüssen der juristischen Person begründen.

Es ist jedoch insgesamt zweifelhaft, wie Organisationsgesichtspunkte Einzug in das Merkmal der fahrlässigen Unkenntnis halten sollen[950]. Auf die Anlassbezogenheit der Nachforschungsobliegenheit würde weitgehend verzichtet, wenn man der Geschäftsleitung der juristischen Person ohne konkreten Anlass eine Dauerobliegenheit zur Einrichtung und Unterhaltung einer sorgfaltsgerechten Informationsorganisation auferlegte. Dies liefe auf eine Verformung des Tatbestandsmerkmals Kennenmüssen i.S.d. jeweiligen Wissensnorm hinaus. Zu erwägen wäre, ob die Anlassbezogenheit der Nachforschungsobliegenheit nicht dadurch gewahrt werden könnte, indem man die Organisation so einrichtet, dass das intern vorhandene Mitarbeiterwissen nur bei Anlass abgerufen, gespeichert und weitergeleitet wird. Bei einer Obliegenheit zur Informationsweiterleitung wäre dies jedenfalls nicht möglich. Denn das unwissende Zurechnungssubjekt hat, weil es an der Richtigkeit der Umstände nicht zweifelt, keinen Anlass zu Nachforschungen und der Wissensträger hat, weil er nichts von dem aktuellen rechtsrelevanten Vorgang und von der Unkenntnis des Zurechnungssubjekts weiß, keinen konkreten Anlass, seine Kenntnis an das zuständige Zurechnungssubjekt weiterzugeben. Ein Beispiel soll dies verdeutlichen: Erwirbt eine juristische Person eine bewegliche Sache vom Nichtberechtigten nach §§ 929 S. 1, 932 I BGB durch ihren bevollmächtigten Vertreter A, weiß aber nur Mitarbeiter B, dass die Sache dem Veräußerer nicht gehört, so fehlt für A ein konkreter Anlass nachzuforschen und für B ein konkreter Anlass, seine Kenntnis an A weiterzugeben, sofern B nicht weiß, dass die juristische Person die Sache erwirbt und A die Nichtberechtigung des Veräußerers nicht kennt. Verlangte man eine Informationsorganisation, die dem B in diesem

---

948 Siehe 3. Teil:§ 3B.III.1.).

949 Siehe nur MüKo $BGB_6$/*Schramm* § 166 Rn. 30; ebenso BGH NJW 2012, 2644 ff.

950 A.A. *Buck* S. 400 f., allerdings ohne nähere Begründung.

Fall die Weiterleitung seiner Kenntnis an A gebietet, verzichtete man völlig auf die Anlassbezogenheit der Nachforschungsobliegenheit. Auch beim Merkmal des Kennenmüssens kommt es somit auf die Koinzidenz von Handlungsverantwortlichkeit und gebotener Kenntnis an[951], das heißt, der Verdacht der Unrichtigkeit bestimmter Umstände muss sich gerade demjenigen Zurechnungssubjekt aufdrängen, dessen Kenntnis zurechenbar wäre[952].

Eine Obliegenheit zur Organisation der Informationsabfrage ließe sich hingegen mit dem Merkmal des Kennenmüssens vereinbaren, weil insoweit die Anlassbezogenheit der Nachforschungen gewahrt werden kann. Eine Informationsorganisation, die es dem zuständigen Zurechnungssubjekt nicht angemessen ermöglicht, intern verfügbare Informationen bei Verdachtsgründen abzurufen (Informationsabfrageobliegenheit), könnte daher ein Kennenmüssen der juristischen Person begründen. Auch eine gewisse Speicherobliegenheit der juristischen Person wäre mit dem Merkmal des Kennenmüssens vereinbar, weil die Speicherung bei funktionaler Betrachtung dem Vergessen entgegenwirken soll. Auch bei der Einzelperson ist anerkannt, dass das Vergessen rechtserheblicher Informationen dem Kennenmüssen nicht entgegensteht[953]. Dies führt aber nicht dazu, dass die juristischen Personen alle Informationen, die je rechtserheblich werden können, speichern muss. Vielmehr muss nur die zuständige Stelle bzw. Abteilung der juristischen Person die Informationen speichern, die in ihrem Tätigkeitsfeld rechtlich relevant sind. Gewährleistet eine Informationsorganisation dies nicht, wäre es möglich, Kennenmüssen der juristischen Person anzunehmen.

Die vorstehenden Ausführungen zeigen, dass eine Lehre zur Informationsorganisation aus dem Merkmal der fahrlässigen Unkenntnis erst noch zu entwickeln wäre. Eine tragfähige Organisationslehre ist bisher nicht einmal in Ansätzen erkennbar. Keinesfalls kann insoweit einfach auf die Anforderungen zurückgegriffen werden, die die abzulehnende Lehre von der ordnungsgemäßen Organisation der Kommunikation an eine Informationsorganisation stellt. Diese verfolgt andere Zwecke. Während es bei der Wissensorganisationspflicht primär um die gerechte Verteilung des Risikos der Wissensverlagerung geht, soll das Merkmal der fahrlässigen Unkenntnis eine anlassbezogene Nachforschungsobliegenheit begründen und dem Vergessen nur eingeschränkte Relevanz beimessen.

Weitere Überlegungen zu einer etwaigen Obliegenheit zur Wissensorganisation brauchen hier nicht angestellt zu werden. Wie sich zeigen wird, steht das Merkmal grob fahrlässiger Unkenntnis gemäß § 199 I BGB einer Obliegenheit zur Wissensorganisation ohnehin entgegen.

---

951 A.A. *Grigoleit* ZHR 181, 160, 180.
952 So auch *Sturm*, Verjährung Diss., S. 428 ff.
953 Siehe *Buck* S. 32.

### 3.) *Keine grob fahrlässige Unkenntnis infolge von Organisationsmängeln bei § 199 I BGB*

Selbst wenn man es entgegen hier vertretener Ansicht für möglich hält, aus dem Merkmal der fahrlässigen Unkenntnis eine Obliegenheit zur Informationsorganisation zu entwickeln, die sich an der Lehre von der ordnungsgemäßen Organisation der Kommunikation orientiert, entscheidet letztlich die Auslegung der konkreten Wissensnorm über das Bestehen einer solchen Obliegenheit. Grund hierfür ist der Einfluss der Wissensnorm auf die Wissenszurechnung[954]. Zu eruieren ist daher, ob Funktion, Schutzrichtung und Inhalt der grob fahrlässigen Unkenntnis i. S. v. § 199 I Nr. 2, Var. 2 BGB einer Obliegenheit zur Wissensorganisation entgegenstehen.

Das Merkmal grob fahrlässiger Unkenntnis i. S. v. § 199 I BGB schützt ausschließlich Gläubigerinteressen. Es schützt die Interessen des Gläubigers an der effektiven Durchsetzung seines Anspruchs zwar weniger gut als das Merkmal der Kenntnis. Gleichwohl knüpft es den Fristbeginn nach § 199 I BGB an eine beachtenswerte Kenntnisnahmemöglichkeit, der die Funktion zukommt, die nach Art. 14 I 1 GG geschützte faire Chance des Gläubigers an der Anspruchsdurchsetzung zu sichern[955]. Demgegenüber dient das Merkmal grob fahrlässiger Unkenntnis nicht dem Interesse des Schuldners an einem möglichst frühzeitigen Verjährungsbeginn[956]. Vor einem zeitlich unbegrenzten Hinausschieben des Verjährungsbeginns wird der Schuldner nur durch die objektiven Höchstfristen gemäß § 199 II-IV BGB geschützt. Um dem Gläubiger auch bei grob fahrlässiger Unkenntnis nicht die faire Chance zur Anspruchsdurchsetzung zu nehmen, muss das Merkmal sehr eng an die Kenntnis angelehnt und äußerst restriktiv, im Sinne einer rechtsmissbräuchlichen Unkenntnis, interpretiert werden[957]. Es ist nur erfüllt, wenn sich dem Gläubiger die anspruchsbegründenden Umstände derart aufdrängen, dass es geradezu unverständlich erscheint, dass er keine Kenntnis nimmt[958]. Hieraus folgt, dass der Gläubiger nicht im Interesse seiner Schuldner oder des Rechtsverkehrs eine ordnungsgemäße Informationsorganisation einrichten muss, die einen möglichst frühzeitigen Verjährungsbeginn nach § 199 I BGB gewährleistet.

Dies bestätigt auch die Nähe des Merkmals der grob fahrlässigen Unkenntnis zur rechtsmissbräuchlichen Unkenntnis. Als rechtsmissbräuchliche Unkenntnis lassen sich nämlich nur die Fälle bewerten, in denen es dem Gläubiger ohne besondere Aufmerksamkeit, ohne besondere Mühe und ohne besondere Kosten möglich ist, Kenntnis von den anspruchsbegründenden Tatsachen und der Person des

954 Siehe 2. Teil:§ 4.
955 Siehe 3. Teil:§ 2B.
956 Zu Funktion und Schutzrichtung des Merkmals grob fahrlässiger Unkenntnis siehe 3. Teil:§ 2C.II.
957 Siehe 3. Teil:§ 3B.III.3.).
958 Siehe 3. Teil:§ 3B.III.3.).

Schuldners zu erlangen[959]. Da die grob fahrlässige Unkenntnis i. S. v. § 199 I BGB praktisch wie eine rechtsmissbräuchliche Unkenntnis zu interpretieren ist[960], darf dem Gläubiger gerade keine aufwändige und kostenträchtige ordnungsgemäße Informationsorganisation aufgebürdet werden.

Letztlich spricht auch der Zweck der Rechtssicherheit, dem sich das Verjährungsrecht besonders verschrieben hat, gegen die Bejahung einer Obliegenheit zur ordnungsgemäßen Wissensorganisation. Es kann nicht davon ausgegangen werden, dass der Reformgesetzgeber, der das Verjährungsrecht vereinfachen wollte, das Verjährungsrecht durch Einführung grob fahrlässiger Unkenntnis zum Schauplatz zahlreicher Streitfragen machen wollte, die mit einer so undurchsichtigen Rechtskonstruktion wie der Obliegenheit zur Informationsorganisation zweifellos verbunden wären.

Eine Obliegenheit des Gläubigers zu ordnungsgemäßer Wissensorganisation ist mit dem Merkmal der grob fahrlässigen Unkenntnis i. S. v. § 199 I BGB nicht vereinbar.

## *IV. Fehlerhafte Wissensorganisation als rechtsmissbräuchliche Unkenntnis nach § 242 BGB*

### *1.) Bucks Lösungsansatz für das Problem der Wissensverlagerung in Organisationen*

*Buck* lehnt die Lehre von der ordnungsgemäßen Organisation der Kommunikation ab, weil sie sich nicht begründen lasse[961]. Stattdessen verfolgt sie einen Lösungsansatz, der Fehler in der Informationsorganisation erst dann zu Lasten der juristischen Person berücksichtigt, wenn die Grenze zum Rechtsmissbrauch nach § 242 BGB überschritten ist[962]. Die juristische Person schulde nach § 242 BGB keine *ordnungsgemäße* Informationsorganisation[963]. Erst wenn die Informationsorganisation so mangelhaft sei, dass sie gegen Treu und Glauben verstoße, könne sich die juristische Person nicht mehr auf Unkenntnis berufen[964]. Voraussetzung einer rechtsmissbräuchlichen Informationsorganisation seien gravierende Organisationsfehler, die es als widersprüchlich[965] oder unredlich[966] erscheinen ließen, wenn sich die juristische Person auf ihre Unkenntnis beriefe. Wie ein Organisationsmangel als widersprüchliches Verhalten der juristischen Person qualifiziert

---

959 Zur Rechtsprechung über die rechtsmissbräuchliche Unkenntnis bei § 852 I BGB a. F. siehe 3. Teil:§ 3B.III.3.).
960 Siehe 3. Teil:§ 3B.III.3.).
961 Siehe *Buck* S. 439 ff.
962 Siehe *Buck* S. 448 ff.
963 Siehe *Buck* S. 458.
964 Siehe *Buck* S. 451 ff., 454 f.
965 So *Buck* S. 451 ff.
966 So *Buck* S. 453.

werden soll, wird von *Buck* allerdings nicht näher ausgeführt[967]. Das unredliche Verhalten sieht *Buck* darin, dass sich die juristische Person aus der auf der eigenen Pflichtverletzung basierenden Unkenntnis Rechte gegen andere herleite[968].

*Buck* begründet ihren Lösungsansatz über § 242 BGB mit einer Parallele zur rechtsmissbräuchlichen Unkenntnis bei natürlichen Personen[969]. Bei natürlichen Personen könne die Unkenntnis nur in Ausnahmefällen der Kenntnis gleichgestellt werden, namentlich wenn die Unkenntnis rechtsmissbräuchlich sei, weil sich die Person der gleichsam auf der Hand liegenden Erkenntnismöglichkeit, welche weder besondere Kosten noch Mühe verursache, bewusst verschlossen habe. Informationsorganisationsmängel der juristischen Person könnten daher nur dann ihrer Kenntnis gleichgestellt werden, wenn sie wie ein rechtsmissbräuchliches Sichverschließen der juristischen Person zu werten seien[970]. Die Verletzung einer etwaigen Pflicht zur ordnungsgemäßen Organisation der Kommunikation begründe lediglich fahrlässige Unkenntnis, indes ein rechtsmissbräuchliches Sichverschließen der juristischen Person gravierendere Organisationsmängel verlange[971].

Dieses Lösungsmodell habe auch den Vorteil, dass die Informationsorganisation der juristischen Person immer mit der *ratio* der jeweiligen Wissensnorm in Einklang stehe, weil sich die Frage der Rechtsmissbräuchlichkeit nach § 242 BGB automatisch an der *ratio* der jeweiligen Wissensnorm orientiere[972]. Der Maßstab der Treuwidrigkeit der Informationsorganisation variiere daher von Wissensnorm zu Wissensnorm[973]. Eine treuwidrige Informationsorganisation liege aber stets vor, wenn die juristische Person vorsätzlich ihre Kenntnis durch unsachgemäße Organisation verhindere[974]. Unterbleibe eine hinreichende Informationsorganisation hingegen aus bloßer Fahrlässigkeit, sei die Unkenntnis der juristischen Person hingegen nie treuwidrig[975]. Die Schwierigkeit des Lösungsmodells liege darin, für jede Wissensnorm den Grad zu bestimmen, von dem an eine Informationsorganisation den Anforderungen von Treu und Glauben nicht mehr gerecht werde[976].

## *2.) Stellungnahme*

*Bucks* Lösung, anhand der Grenze des Rechtsmissbrauchs Mindestanforderungen an eine Informationsorganisation juristischer Personen zu bestimmen, überzeugt sowohl im Ansatz als auch im Ergebnis. Lediglich ihrer Herleitung der

---

967 Siehe *Buck* S. 451vff.
968 Siehe *Buck* S. 453.
969 Siehe *Buck* S. 455.
970 Siehe *Buck* S. 455.
971 Siehe *Buck* S. 456.
972 So *Buck* S. 450 f., 456 f.
973 *Buck* S. 456 f.
974 So *Buck* S. 457; ebenso *Grigoleit* ZHR 181, 160, 191.
975 So *Buck* S. 457.
976 Siehe *Buck* S. 458.

Rechtsmissbräuchlichkeit aus widersprüchlichem und treuwidrigem Verhalten der juristischen Person muss teilweise widersprochen werden.

Zu Recht lehnt *Buck* die Lehre von der ordnungsgemäßen Organisation der Kommunikation als mit geltendem Recht unvereinbar ab. Überzeugend ist auch ihr Ansatz, die Unkenntnis einer juristischen Person in Parallele zur Unkenntnis der natürlichen Person nur dann der Kenntnis gleichzustellen, wenn die Kenntniserlangung nach § 242 BGB rechtsmissbräuchlich vereitelt wird. Da eine natürliche Person sich nach § 242 BGB nur dann nicht auf Unkenntnis berufen kann, wenn sie sich bewusst der Kenntnisnahme verschließt[977], muss Gleiches auch für die juristische Person gelten. Die entscheidende Frage ist daher, welche Organisationsfehler als bewusstes Sichverschließen der juristischen Person zu werten sind. Insoweit ist *Buck* entgegen manchen Literaturstimmen[978] Recht zu geben, dass die Grenze zur rechtsmissbräuchlichen Unkenntnis erst bei sehr gravierenden Organisationsfehlern überschritten ist, also wenn selbst ein Mindestmaß an Informationsorganisation zu vermissen ist; die Nichterfüllung der Anforderungen der Pflicht zur „ordnungsgemäßen" Informationsorganisation begründet hingegen noch kein bewusstes Sichverschließen und damit keine Rechtsmissbräuchlichkeit.

Unzweifelhaft ist *Buck* darin zu folgen, dass die vorsätzliche Kenntnisvereitelung durch unsachgemäße Organisation stets zur Bejahung rechtsmissbräuchlicher Unkenntnis führt. Schon im Ansatz abzulehnen sind daher aktuelle Bestrebungen im Schrifttum, nach denen die sog. *knowledge governance* als sinnvolle Strategie zur Vermeidung von Kenntnis angesehen wird. Hinter der *knowledge governance* verbirgt sich eine Informationsorganisation, die darauf gerichtet ist, Organisationen gegen Wissenszurechnung zu schützen, indem Personen mit Sonderwissen gezielt von bestimmten Geschäften abgeschirmt werden[979]. Eine solche *knowledge governance,* die gezielt die Kenntnis der juristischen Person durch eine bestimmte Organisation vermeidet, wäre geradezu ein Paradebeispiel für eine rechtsmissbräuchliche Informationsorganisation, die selbstverständlich dadurch zu sanktionieren wäre, dass sich die juristische Person nicht auf Unkenntnis berufen könnte, § 242 BGB[980].

Richtige Fallgruppe im Rahmen des § 242 BGB, um Organisationsmängel als treuwidrige Unkenntnis einzuordnen, ist entgegen *Buck* aber nicht die Fallgruppe des widersprüchlichen Verhaltens, sondern allein die Fallgruppe des unredlichen Verhaltens. Widersprüchliches Verhalten i. S. v. § 242 BGB setzt voraus, dass sich jemand zu seinem früheren Verhalten in Widerspruch setzt und entweder ein

977 Siehe 2. Teil:§ 1B.

978 Siehe *Gasteyer/Goldschmidt* AG 2016, 116, 118, die auch bei nicht ordnungsgemäßer Informationsorganisation schon ein bewusstes Sichverschließen des Geschäftsherrn annehmen.

979 Siehe *Thomale* AG 2015, 641, 650 f.; *Weller* ZGR 2016, 384, 409 f. Beide halten eine solche *knowledge governance* im Grundsatz für zulässig.

980 Dies übersehen *Thomale* a. a. O. und *Weller* a. a. O.

durch früheres Verhalten geschaffenes schutzwürdiges Vertrauen der Gegenpartei enttäuscht[981] oder sich in einem unauflösbaren Selbstwiderspruch befindet[982]. Ein widersprüchliches Verhalten wäre nur vorstellbar, wenn sich die juristische Person in Bezug auf intern vorhandene, rechtserhebliche Informationen zunächst so verhält, als werde sie davon Kenntnis nehmen, indes sie letztlich keine Kenntnis nimmt. Ein solches Vorverhalten ist praktisch ausgeschlossen. Weder durch die Teilnahme am Rechtsverkehr noch durch die Einrichtung einer Informationsorganisation gibt die juristische Person zu erkennen, dass sie hinsichtlich einer bestimmten rechtserheblichen Information Kenntnis nehmen wird. Erst recht gibt sie dies nicht zu erkennen, wenn sie eine eklatant unzureichende Informationsorganisation hat, die gerade Ursache für die unterbliebene Kenntnisnahme ist. Es gibt daher kein Vorverhalten, zu dem sich die juristische Person durch mangelhafte Informationsorganisation in Widerspruch setzen könnte.

Eine unzureichende Informationsorganisation kann daher nur unter dem Aspekt des unredlichen Verhaltens gegen Treu und Glauben gemäß § 242 BGB verstoßen. Dies entspricht auch der Einordnung rechtsmissbräuchlicher Unkenntnis bei der natürlichen Person[983]. Wenn sich die juristische Person der Kenntniserlangung bewusst verschließt, vereitelt sie ihre Kenntnisnahme unredlich, denn niemand darf Vorteile daraus ziehen, die Rechte anderer zu vereiteln. Die Unredlichkeit kann allerdings nicht, wie *Buck* annimmt, aus der verletzten Organisationspflicht hergeleitet werden. Das wäre ein Zirkelschluss. Denn erst aus der Bewertung einer unredlichen Informationsorganisation als unredlich folgt die Pflicht der juristischen Person, für ein Mindestmaß an gesellschaftsinternem Informationsaustausch nach § 242 BGB zu sorgen; nicht umgekehrt. Im Ergebnis kann sich eine juristische Person auf die Unkenntnis ihrer maßgeblichen Zurechnungssubjekte nicht berufen, wenn ihre Informationsorganisation einer unredlichen Vereitelung der Kenntnisnahme gleichkommt. Der Maßstab treuwidriger Unkenntnis richtet sich dabei nach der jeweiligen Wissensnorm, wie *Buck* überzeugend darlegt.

*Buck* befasst sich nicht mit der Frage, wie sich Mindestanforderungen an eine Informationsorganisation mit dem Begriff der rechtsmissbräuchlichen Unkenntnis vertragen, der bei natürlichen Personen voraussetzt, dass sie ohne besondere Mühe und Kosten Kenntnis nehmen können[984]. Auch eine nur Mindestanforderungen genügende Informationsorganisation verursacht je nach Unternehmensgröße beträchtliche Mühe und Kosten. Die Implementierung künstlicher Speicher, die der Speicherung und dem Abrufen von Daten dienen, ist stets kostenträchtig. Es scheint ein Widerspruch zu sein, die rechtsmissbräuchliche Unkenntnis

---

981 Siehe BGH NJW 2009, 435 f.; Staudinger/*Looschelders/Olzen* § 242 Rn. 290 ff.; Jauernig/*Mansel* Rn. 50.
982 Siehe BGHZ 130, 371, 375; Staudinger/*Looschelders/Olzen* § 242 Rn. 296 ff.; Jauernig/*Mansel* Rn. 49.
983 Siehe 2. Teil:§ 1B.
984 Siehe 2. Teil:§ 1B.

natürlicher Personen von der weitgehend mühelosen und kostenlosen Kenntnisnahmemöglichkeit abhängig zu machen, indes juristische Personen dem Vorwurf rechtsmissbräuchlicher Unkenntnis auch durch den Einsatz von Mühe und Kosten nicht (vollständig) entgehen können. Der scheinbare Widerspruch lässt sich aber auflösen. Indem § 242 BGB nur Mindestanforderungen an eine Informationsorganisation der juristischen Person stellt, die jede juristische Person im eigenen Interesse zu erfüllen hat, um überhaupt sinnvoll am Rechtsverkehr teilnehmen zu können, sind die dafür erforderlichen Kosten solche, die ohnehin anfallen. Man könnte von Sowiesokosten sprechen. Es handelt sich um diejenige Mühe und diejenigen Kosten, die eine juristische Person für eine Informationsorganisation ohnehin aufwenden muss, weil sie ohne Mindestinformationsorganisation gar nicht auskommt und nicht sinnvoll agieren kann. Demgegenüber verlangt die Lehre von der ordnungsgemäßen Organisation der Kommunikation erhebliche Mühe und Kosten von der juristischen Person, die die Mühe und die Kosten zur Einrichtung einer Mindestinformationsorganisation weit übersteigen.

### *3.) Übertragung Bucks Ansatzes auf § 199 I BGB*

*Bucks* Ansatz lässt sich auf § 199 I BGB übertragen. Eine rechtsmissbräuchliche Informationsorganisation dürfte im Rahmen des § 199 I BGB aber praktisch kaum vorkommen, denn jeder Gläubiger hat ein ureigenes Interesse daran, seine Ansprüche gegen Dritte zu kennen, um sie zu verfolgen.

Als *Bucks* Habilitationsschrift »Wissen und juristische Person« 2001 erschien, war § 199 BGB n.F. noch nicht in Kraft. Zu dem zentralen Problem, inwieweit arbeitsteilig organisierte Gläubiger im Rahmen des § 199 I BGB einer Verantwortung zur Wissensorganisation nach § 242 BGB unterliegen, konnte sie daher keine Stellung nehmen. Sie befasste sich aber mit dem kenntnisabhängigen Verjährungsbeginn deliktsrechtlicher Schadensersatzansprüche nach § 852 I BGB a. F. Sie kam zu dem Ergebnis, dass es nach der *ratio* des § 852 I BGB a. F. nur auf die Kenntnis der zur Anspruchsverfolgung zuständigen Personen ankommen könne. Der Gläubiger sei daher grundsätzlich nicht zur Wissensorganisation verpflichtet[985]. Sie folgerte daraus, dass sich der Gläubiger nach § 242 BGB nur bei eklatantem Versagen der Informationsorganisation nicht auf seine Unkenntnis berufen könne[986].

Diese Argumentation lässt sich auch auf § 199 I BGB übertragen. Wie gezeigt, stehen Funktion, Schutzrichtung und Inhalt der subjektiven Merkmale des § 199 I BGB einer Wissensorganisationspflicht des Gläubigers oder einer Obliegenheit des Gläubigers zur Wissensorganisation entgegen. Was die Anforderungen an eine Informationsorganisation anbelangt, verbleibt es somit auch im Anwendungsbereich des § 199 I BGB bei einer reinen Missbrauchskontrolle anhand des § 242 BGB. Auch bei § 199 I BGB setzt die rechtsmissbräuchliche Unkenntnis der juristischen Person also das eklatante Versagen der Informationsorganisation voraus.

---

985 Siehe *Buck* S. 444 f.

986 Siehe *Buck* S. 453.

Daneben kann sich eine juristische Person nach § 242 BGB auch nicht auf Unkenntnis berufen, wenn ihr vom Schuldner die anspruchsbegründenden Umstände in Form einer an die juristische Person adressierten *Wissenserklärung* mitgeteilt worden sind[987]. Gelangen solche Erklärungen durch eine fehlerhafte Informationsorganisation nicht zur Kenntnis des zuständigen Wissensvertreters, kann sich die juristische Person nicht auf Unkenntnis berufen.

## V. *Zusammenfassung zur Wissenszurechnung bei Organisationsmängeln*

Bei § 199 I BGB ist sehr umstritten, ob die Verjährungsfrist zulasten arbeitsteilig organisierter Gläubiger auch dann beginnt, wenn sie bei ordnungsgemäßer Organisation der internen Kommunikation Kenntnis von anspruchsbegründenden Umständen hätten. Das Schrifttum ist in drei Lager gespalten, der BGH vertritt eine vierte Ansicht. Eine Literaturansicht lehnt jegliche Wissensorganisationsverantwortung des Gläubigers ab, weil die subjektiven Merkmale des § 199 I BGB ausschließlich dem Gläubigerschutz dienten. Nach der Gegenansicht muss der Gläubiger sein Wissen in Bezug auf Ansprüche jedweden Rechtsgrundes organisieren; begründet wird dies z.T. mit der Lehre von der ordnungsgemäßen Organisation der Kommunikation und z.T. mit dem Merkmal grob fahrlässiger Unkenntnis i. S. v. § 199 I BGB. Eine vermittelnde Ansicht bejaht eine Wissensorganisationspflicht des Gläubigers nur im Hinblick auf rechtsgeschäftliche Ansprüche und solche mit rechtsgeschäftlichem Kontakt, weil die Wissensorganisationspflicht nur im rechtsgeschäftlichen Verkehr anwendbar sei. Mit der gleichen Begründung bejaht der BGH eine Wissensorganisationspflicht des Gläubigers im Hinblick auf rechtsgeschäftliche Ansprüche, nicht aber im Hinblick auf solche mit rechtsgeschäftlichem Kontakt.

Zunächst war in methodischer Hinsicht klarzustellen, dass die Lehre von der ordnungsgemäßen Organisation der Kommunikation nicht mit dem Merkmal grob fahrlässiger Unkenntnis i. S. v. § 199 I BGB vermischt werden darf. Folgende Ansätze müssen streng auseinandergehalten werden: die Frage, ob die Verletzung der Wissensorganisationspflicht Kenntnis i. S. v. § 199 I BGB begründet, die Frage, ob die Verletzung einer Obliegenheit zur Wissensorganisation grob fahrlässige Unkenntnis i. S. v. § 199 I BGB begründet und die Frage, ob bei eklatantem Versagen der Informationsorganisation rechtsmissbräuchliche Unkenntnis nach § 242 BGB anzunehmen ist.

Es konnte gezeigt werden, dass die subjektiven Merkmale des § 199 I BGB einer Wissenszurechnung entgegenstehen, die auf einer Wissensorganisationsverantwortung des Gläubigers basiert. Die Merkmale Kenntnis und grob fahrlässige Unkenntnis schützen ausschließlich die Interessen des Gläubigers an einer fairen

987 Siehe *Buck* S. 80–82 zur treuwidrigen Unkenntnis bei zugegangenen Willenserklärungen. Bei zugegangenen Wissenserklärungen kann nichts anderes gelten. *Baum* S. 141 stützt dieses Ergebnis auf eine analoge Anwendung des § 164 III BGB.

Chance zur Anspruchsdurchsetzung und nicht die Interessen des Schuldners an einem möglichst frühzeitigen Verjährungsbeginn. Mit dieser Zielsetzung ist es nicht vereinbar, den Gläubiger im Interesse des Schuldners einer Wissensorganisationsverantwortung zu unterwerfen. Im Ergebnis findet im Rahmen des § 199 I BGB daher nur eine Missbrauchskontrolle statt: Erst wenn die Informationsorganisation des Gläubigers so eklatante Mängel aufweist, dass die Grenze zum bewussten Sichverschließen und damit die Grenze zum Rechtsmissbrauch überschritten ist, kann sich der Gläubiger nach § 242 BGB nicht auf seine Unkenntnis berufen.

Im Übrigen ist die Lehre von der ordnungsgemäßen Organisation der Kommunikation nicht nur bei § 199 I BGB, sondern generell abzulehnen. Erstens fehlt für sie eine tragfähige Rechtsgrundlage. Zweitens missachtet sie durch die Rechtskonstruktion der Informationsabfragepflicht die zivilrechtlich vorgegebene Unterscheidung von Kenntnis und fahrlässiger Unkenntnis (§ 122 II BGB), ist also mit dem zivilrechtlichen Kenntnisbegriff unvereinbar. Drittens verstößt sie durch die Rechtskonstruktion der Informationsweiterleitungspflicht gegen die dem zivilrechtlichen Kenntnisbegriff immanente Koinzidenz von Handlungsverantwortlichkeit und Wissensträgerschaft. Viertens ist ihr personeller und sachlicher Anwendungsbereich bis heute derart unklar, dass sie mit dem Prinzip der Rechtssicherheit kaum vereinbar ist. Fünftens erlaubt ihr Tatbestand keine rechtssichere Anwendung, weil die Informationsspeicher- und die Informationsabfragepflicht anhand des Gleichstellungsarguments „konkretisiert" werden, was zu beliebigen Ergebnissen führt.

## D. Verhältnis von Wissensvertretung und Wissensorganisationspflicht

Bejaht man entgegen hier vertretener Auffassung eine Wissensorganisationspflicht der juristischen Person bei § 199 I BGB, muss man sich Gedanken zum Verhältnis von Wissensvertretung und Wissensorganisationspflicht machen. Das Konkurrenzverhältnis dieser Zurechnungsfiguren ist unklar. Manche gehen davon aus, dass im Rahmen des § 199 I BGB die Wissensorganisationspflicht in ihrem Anwendungsbereich das Zurechnungsprinzip der Wissensvertretung verdrängt[988]. Wenn man die Wissensorganisationspflicht auf alle Ansprüche mit rechtsgeschäftlichem Kontakt für anwendbar hält, gilt die Wissensvertretung dementsprechend nur bei Ansprüchen ohne rechtsgeschäftlichen Kontakt[989]. Demgegenüber deutet *Buck* an, dass für die Zurechnung aufgrund der Wissensorganisationspflicht kein Bedarf bestehe, soweit die Wissensvertretung greife[990].

---

988 Siehe BeckOK BGB/*Spindler* § 199 Rn. 34 f.

989 Siehe BeckOK BGB/*Spindler* § 199 Rn. 34 f.

990 Siehe *Buck* S. 152 f.: „Fest steht nur eines: Je umfassender das Gehilfenwissen der juristischen Person [im Wege der Wissensvertretung] zugerechnet werden kann,

Richtig ist, dass alle herkömmlichen Zurechnungsregeln (§ 166 I BGB, Rechtsgedanke des § 31 BGB) und auch die Zurechnungsfigur des Wissensvertreters (Rechtsgedanke des § 166 I BGB) der Wissensorganisationspflicht vorgehen. Grund hierfür ist, dass der Zweck der Lehre von der ordnungsgemäßen Organisation der Kommunikation darin besteht, das Risiko der Wissensverlagerung gerecht zwischen Organisation und Dritten zu verteilen[991]. Gemäß diesem Zweck hat die Wissensorganisationspflicht lediglich den Charakter einer ergänzenden Zurechnungsfigur in Fällen der Wissensverlagerung. Eine Wissensverlagerung liegt aber nicht vor, wenn das maßgebliche Zurechnungssubjekt Kenntnis hat. In diesem Fall ist kein Raum für die Lehre von der ordnungsgemäßen Organisation der Kommunikation. Sofern der Kenntnisträger Wissensvertreter ist, ist seine Kenntnis zurechenbar. Es kommt dann nicht mehr darauf an, ob der Wissensvertreter auch bei ordnungsgemäßer Organisation der Kommunikation Kenntnis gehabt hätte.

## § 3 Die Zurechnungssubjekte in AG und GmbH bei Ansprüchen gegen Geschäftsleiter

Die vorstehende Untersuchung des Verjährungsbeginns bei Ansprüchen von AG und GmbH gegen Dritte hat die allgemeinen Zurechnungsprobleme im Zusammenhang mit § 199 I BGB beleuchtet. Richtet sich der Anspruch der AG oder GmbH stattdessen gegen einen ihrer Geschäftsleiter, entstehen im Rahmen des § 199 I BGB spezifische Zurechnungsprobleme, die sonst nicht auftreten: Die Zurechnungssubjekte auf Organebene sind andere, Zurechnungsausschlüsse wegen Interessenkollisionen spielen eine bedeutende Rolle, als Wissensvertreter kommen nur ganz bestimmte Personen in Betracht und für die Organisationsverantwortung von AG und GmbH gelten weitere Besonderheiten. Diesen spezifischen Zurechnungsproblemen widmet sich diese Arbeit nun schwerpunktmäßig.

### A. Maßgebliches Zurechnungssubjekt auf Organebene

Die h. M. stellt für den Verjährungsbeginn gemäß § 199 I BGB auf die Kenntnis des Organs ab, das die juristische Person im Prozess gegen den Schuldner bei der Geltendmachung des konkreten Anspruchs vertritt (vertretungsberechtigtes Organ). Demgegenüber stellt *Sturm* auf das Organ ab, das über den Anspruch gegen den Schuldner verfügen kann und daher über die Geltendmachung des Anspruchs zu entscheiden hat (entscheidungsbefugtes Organ)[992].

---

desto mehr lassen sich Lösungen der Wissenszurechnungsfragen beim Vorliegen von Personenmehrheiten auf der »Vertreter« seite finden. Je weiter die Zurechnung personell ausgedehnt ist, umso unerheblicher ist es, ob im Einzelfall eine Aufspaltung von Wissen aufgrund arbeitsteiliger Organisationen vorliegt oder nicht."

991 Siehe 5. Teil:§ 2C.II.1.).

992 Zu beiden Ansichten siehe 5. Teil:§ 2A.I.1.).

Was den Verjährungsbeginn von Ansprüchen der AG und GmbH gegen Dritte anbelangt, stellen beide Ansichten auf die Kenntnis der Leitungsorgane der juristischen Person ab, weil die Leitungsorgane insoweit vertretungsberechtigtes und entscheidungsbefugtes Organ zugleich sind[993]. Bei Ansprüchen von AG und GmbH gegen Geschäftsleiter ist dies anders. Dort können vertretungsberechtigtes und entscheidungsbefugtes Organ auseinanderfallen. In der AG kann z. B. die Hauptversammlung nach § 147 I AktG über die Geltendmachung bestimmter Ersatzansprüche gegen Vorstandsmitglieder entscheiden, ohne die AG bei der Geltendmachung dieser Ansprüche zu vertreten. Die Vertretungszuständigkeit liegt beim Aufsichtsrat nach § 112 S. 1 AktG oder beim besonderen Vertreter nach § 147 II AktG. In der GmbH, gleich ob mit oder ohne Aufsichtsrat, hat die Gesellschafterversammlung nach § 46 Nr. 8 Var. 1 GmbHG über die Geltendmachung bestimmter Ersatzansprüche gegen Geschäftsführer zu entscheiden, ohne die GmbH bei der Anspruchsgeltendmachung zu vertreten. Die Vertretungszuständigkeit liegt in diesem Fall beim Aufsichtsrat (§ 112 S. 1 AktG i. V. m. §§ 52 I GmbHG, 25 I 1 Nr. 2 MitbestG, 1 I Nr. 3 DrittelbG), beim Prozessvertreter (§ 46 Nr. 8 Var. 2 GmbHG) oder bei vertretungsberechtigten Mitgeschäftsführern (§ 35 I GmbHG). Da die h.M. und *Sturm* in solchen Fällen auf die Kenntnis bzw. grob fahrlässige Unkenntnis verschiedener Organe für den Verjährungsbeginn nach § 199 I BGB abstellen, ist zunächst zu bestimmen, welche Ansicht vorzugswürdig ist.

## *I. Kritische Analyse der h. M. und der Ansicht Sturms*

Wissensnormen können die Wissenszurechnung begrenzen oder sie konkretisieren, weil die Wissenszurechnung allein dazu dient, der *ratio* der Wissensnorm Geltung zu verschaffen[994]. Es ist daher zu klären, inwieweit die Auslegung des § 199 I BGB das Zurechnungssubjekt im Rahmen der organschaftlichen Wissenszurechnung konkretisieren kann. Erkenntnisse lassen sich möglicherweise auch aus der Rechtsprechung zur Wissenszurechnung im Rahmen des § 199 I BGB in öffentlich-rechtlichen Körperschaften gewinnen. Denn dort stellt der BGH für den Verjährungsbeginn auf die Kenntnis bzw. grob fahrlässige Unkenntnis der verfügungsberechtigten und nicht der vertretungsberechtigten Behörde ab. Diese Wertung lässt sich eventuell auf die organschaftliche Wissenszurechnung in juristischen Personen des Privatrechts übertragen. Unter systematischen Gesichtspunkten ist der Blick auch auf die §§ 113 III HGB, 88 III 1 AktG und deren Wertungen zu richten. Denn diese Vorschriften regeln einen subjektiven Verjährungsbeginn für Ansprüche der Gesellschaft gegen ihre Geschäftsleiter und geben dabei das Zurechnungssubjekt vor.

---

993 Siehe 5. Teil:§ 2A.I.1.).
994 Siehe 2. Teil:§ 4.

### *1.) Sinn und Zweck des § 199 I BGB*

Das Merkmal der Kenntnis gemäß § 199 I BGB soll dem Gläubiger ermöglichen, erstens die komplette Verjährungsfrist als Überlegungsfrist zu nutzen und zweitens den Rechtsnachteil der Verjährung durch Hemmung abzuwenden[995]. Diese beiden Zwecke sind nun darauf zu untersuchen, inwieweit sie die Wissenszurechnung auf Organebene konkretisieren.

### a.) Verjährungsfrist als Überlegungsfrist

Die subjektiven Merkmale des § 199 I BGB sollen die nach Art. 14 I 1 GG garantierte faire Chance des Gläubigers zur Anspruchsdurchsetzung sichern. Dem Merkmal der Kenntnis kommt hierbei zentrale Bedeutung zu, weil es die faire Chance des Gläubigers naturgemäß am besten sichert. Das Merkmal grob fahrlässiger Unkenntnis i. S. v. § 199 I BGB muss hingegen sehr eng an die Kenntnis angelehnt werden und dem Gläubiger eine beachtliche Kenntnisnahmemöglichkeit verschaffen, sonst wäre die faire Chance des Gläubigers zur effektiven Rechtsverfolgung gefährdet, was mit Art. 14 I 1 GG nicht vereinbar wäre[996]. Das Merkmal grob fahrlässiger Unkenntnis hat daher nur eine Auffangfunktion. Prägend für den Charakter des § 199 I BGB ist somit das Kenntnismerkmal[997]. Das Merkmal der Kenntnis hat die Funktion, dem Gläubiger eine informierte Entscheidung über die Anspruchsdurchsetzung zu ermöglichen[998]. Es soll die regelmäßige Verjährungsfrist (§ 195 BGB) zur Überlegungsfrist des Gläubigers werden lassen[999]. Die Auslegung des § 199 I BGB lässt daher eindeutige Rückschlüsse zur Konkretisierung des Zurechnungssubjekts auf Organebene zu. Zurechenbar ist im Rahmen des § 199 I BGB die Kenntnis bzw. grob fahrlässige Unkenntnis jenes Organs, das über die Anspruchsgeltendmachung gegen den Geschäftsleiter zu entscheiden hat. Denn nur dieses Organ kann eine informierte Entscheidung über die Anspruchsgeltendmachung treffen und auch nur dieses Organ kann sich die Anspruchsgeltendmachung überlegen.

### b.) Befähigung zur Fristhemmung

§ 199 I BGB spricht zwar vom „Gläubiger" als relevantem Kenntnisträger. Nach allgemeiner Ansicht kommt es nach § 199 I BGB aber präziser auf die Kenntnis desjenigen an, der die materielle Berechtigung hat, den Anspruch geltend zu machen[1000]. Auf den materiell Berechtigten wird abgestellt, weil nur er durch

---

995 So auch *Sturm;* ausführlich zu seiner Ansicht, 5. Teil:§ 2A.I.1.).
996 Siehe 3. Teil:§ 2B.
997 Siehe 3. Teil:§ 2C.II.
998 Siehe 3. Teil:§ 2C.II.
999 Siehe 3. Teil:§ 2C.II.
1000 Siehe 5. Teil:§ 1.

Rechtsverfolgung die Verjährungsfrist nach § 204 I BGB hemmen kann[1001]. Es ist somit allgemein anerkannt, dass die Befähigung zur Fristhemmung das entscheidende Kriterium ist, um den für § 199 I BGB relevanten Kenntnisträger zu bestimmen. Fallen Anspruchsinhaberschaft und Verfügungsberechtigung zwei verschiedenen Rechtssubjekten zu, ist im Rahmen des § 199 I BGB daher auf die Kenntnis des Verfügungsberechtigten abzustellen, der die Verjährungsfrist durch die Anspruchsverfolgung i. S. v. § 204 I BGB hemmen kann[1002]. Ob und wie sich diese allgemein anerkannten Grundsätze auf das Binnenverhältnis der juristischen Person übertragen lassen und vorgeben, auf welches Organ der juristischen Person für die Wissenszurechnung im Rahmen des § 199 I BGB abzustellen ist, ist unklar.

*Sturm* wendet diese Grundsätze auf das Binnenverhältnis der juristischen Person an und meint, dass es bei § 199 I BGB nur auf die Kenntnis des verfügungsberechtigten Organs ankomme, weil erst die Entscheidung dieses Organs, den Anspruch geltend zu machen, der juristischen Person die materielle Berechtigung zur Anspruchsgeltendmachung verleihe und ihrer Klage somit die verjährungshemmende Wirkung nach § 204 I Nr. 1 BGB gebe[1003]. Beispielsweise erhalte eine GmbH erst durch den Ermächtigungsbeschluss der Gesellschafterversammlung nach § 46 Nr. 8 Var. 1 GmbHG die materielle Berechtigung, den Ersatzanspruch gegen ihren Geschäftsführer geltend zu machen; die verjährungshemmende Wirkung der Klage gegen den Geschäftsführer setze daher den Beschluss nach § 46 Nr. 8 Var. 1 GmbHG voraus[1004]. Erst von der Beschlussfassung an sei für den Schuldner die Ernsthaftigkeit der Rechtsverfolgung ersichtlich, was Voraussetzung der Verjährungshemmung sei[1005].

Aus dem allgemein anerkannten Grundsatz, dass es bei § 199 I BGB auf die Kenntnis des zur Fristhemmung fähigen Rechtssubjekts ankommt, ist richtigerweise zu schließen, dass es bei juristischen Personen nur auf die Kenntnis derjenigen Organe ankommt, die einer Klage der juristischen Person verjährungshemmende Wirkung verleihen können. Denn insoweit dürfen juristische Personen nicht schlechter gestellt werden als natürliche Personen, deren Kenntnis den Verjährungsbeginn nur herbeiführt, wenn sie kraft ihrer Verfügungsberechtigung die Möglichkeit zur Fristhemmung haben. Im Ergebnis ist *Sturm* daher zu folgen. Seiner Begründung kann aber nur teilweise gefolgt werden.

---

1001 Obwohl sich das Erfordernis der Berechtigung des Klägers dem Tatbestand des § 204 I Nr. 1 BGB – anders als der Vorgängerregelung § 209 I BGB a. F. – nicht entnehmen lässt, hält die h.M. an diesem Erfordernis fest, siehe BGH NJW 2010, 2270, 2271 (Tz. 38); NJW 2011, 2193, 2194; MüKo BGB/*Grothe* § 204 Rn. 17; Jauernig/*Mansel* Rn. 2; Rabe NJW 2006, 3089 ff., a. A. *Kähler* NJW 2006, 1769 ff.

1002 Siehe 5. Teil:§ 1.

1003 So *Sturm,* Verjährung Diss., S. 200, 214, 426 ff.

1004 Siehe *Sturm,* Verjährung Diss., S. 214; so im Ergebnis auch Großkomm HGB/*Schäfer* § 113 Rn. 30, wenn die OHG Klage gegen ihren Geschäftsführer ohne den nach § 113 II HGB erforderlichen Ermächtigungsbeschluss erhebt.

1005 Siehe *Sturm,* Verjährung Diss., S. 214.

Zunächst ist in terminologischer Hinsicht klarzustellen, dass es ein „verfügungsberechtigtes" Organ nicht gibt. Die Organe können die Verfügungsbefugnis der juristischen Person zwar für die juristische Person im Wege organschaftlichen Handelns ausüben, sofern sie nach der gesellschaftsrechtlichen Kompetenzverteilung zuständig sind. Die Verfügungsberechtigung ist aber Ausfluss der Anspruchsinhaberschaft[1006] und steht daher immer der juristischen Person als Gläubigerin selbst zu. Als Anspruchsinhaberin ist die GmbH daher auch dann verfügungsbefugt, wenn der nach § 46 Nr. 8 Var. 1 GmbHG erforderliche Ermächtigungsbeschluss zur Geltendmachung des Anspruchs nicht gefasst worden ist. Auch ohne den nach § 46 Nr. 8 Var. 1 GmbHG erforderlichen Beschluss kann der GmbH daher nicht die Sachlegitimation abgesprochen werden, den Ersatzanspruch gegen ihren Geschäftsführer geltend zu machen. Es überzeugt daher nicht, wenn *Sturm* die verjährungshemmende Wirkung einer solchen Klage der GmbH wegen fehlender Sachlegitimation verneint.

Solange der erforderliche Beschluss i. S. v. § 46 Nr. 8 Var. 1 GmbHG nicht gefasst worden ist, fehlt der GmbH allerdings der Rechtsverfolgungswille. Vereinfacht gesagt: Ohne den erforderlichen Ermächtigungsbeschluss i. S. v. § 46 Nr. 8 Var. 1 GmbHG fehlt es der GmbH zwar nicht an der Verfügungsbefugnis, aber am Willen, den Anspruch geltend zu machen. Der fehlende Rechtsverfolgungswille der GmbH nimmt ihrer Klage dann in der Tat die verjährungshemmende Wirkung. Denn nach zutreffender Ansicht hat eine Klage, die allein zum Zwecke der Verjährungshemmung und nicht zur Anspruchsgeltendmachung erhoben wird, keine verjährungshemmende Wirkung[1007]. Nach Sinn und Zweck des § 204 I Nr. 1 BGB beruht die verjährungshemmende Wirkung der Klage nämlich darauf, dass der Gläubiger durch seine Klage unmissverständlich seinen Willen zum Ausdruck bringt, seinen Anspruch durchzusetzen, sodass der Schuldner damit rechnen muss, auch nach Ablauf der ursprünglichen Verjährungsfrist in Anspruch genommen zu werden[1008]. Verfolgt der Gläubiger mit seiner Klage dagegen ausschließlich das Ziel, die Verjährung zu hemmen, fehlt ihm der ernsthafte Wille, seinen Anspruch durchzusetzen, sodass seiner Klage keine verjährungshemmende Wirkung zukommt[1009].

Methodisch ist dies als teleologische Reduktion des § 204 I Nr. 1 BGB einzuordnen. Wohl aus Gründen der Rechtssicherheit wird hiergegen eingewandt, dass

---

1006 Die Verfügungsbefugnis ist vom Schutzbereich des Eigentums gemäß Art. 14 I 1 GG erfasst, siehe BVerfG NJW 1979, 699, 702 f. m. w. N. zur Rechtsprechung; MüKo BGB/*Säcker* § 903 Rn. 12.

1007 Siehe RGZ 66, 412, 414 f.; MüKo BGB/*Grothe* § 204 Rn. 3, 26; a. A. Staudinger/*Peters/Jacoby* Rn. 4; nach der Begr. des RegE, BT-Drucks. 14/6857, S. 44 entfällt nur bei Rechtsmissbrauch die Verjährungshemmung.

1008 St. Rspr., siehe BGH NJW 1998, 1058, 1059; NJW 2012, 2180, 2181 (Tz. 16) m. w. N.; MüKo BGB/*Grothe* § 204 Rn. 3; jurisPK BGB/*Lakkis* Rn. 1.

1009 Siehe RGZ 66, 412, 414 f.

die verjährungshemmende Wirkung nicht vom Willen des Gläubigers abhängig sein dürfe[1010]. Der Aspekt der Rechtssicherheit spielt für die Auslegung von Verjährungsvorschriften eine erhebliche Rolle und ist daher beachtlich[1011]. Sofern die teleologische Reduktion aber auf klar abgrenzbare Ausnahmefälle beschränkt wird, ist die Rechtssicherheit nicht beeinträchtigt. So ist es bei der hier diskutierten teleologischen Reduktion. Denn sie führt nicht dazu, dass bei jeder Klage zu prüfen wäre, ob der Gläubiger Rechtsverfolgungswillen besitzt. Vielmehr kann aufgrund der Klageerhebung grundsätzlich unterstellt werden, dass der Gläubiger einen solchen Rechtsverfolgungswillen hat. Lediglich in Ausnahmefällen, in denen der Gläubiger selbst zu erkennen gibt, dass er mit seiner Klage nicht die Anspruchsverfolgung, sondern allein die Verjährungshemmung bezweckt, wird ihm im Wege der teleologischen Reduktion des § 204 I Nr. 1 BGB die verjährungshemmende Wirkung seiner Klage versagt.

Einen so eindeutigen Ausnahmefall hatte das Reichsgericht zu entscheiden. Es versagte einem Beweissicherungsantrag die verjährungsunterbrechende Wirkung, weil der Gläubiger erklärte, dass er eine richterliche Verfügung nicht wünsche, den Beweissicherungsantrag vielmehr nur zur Unterbrechung der Verjährung stelle[1012]. Ähnlich offensichtlich fehlt der Rechtsverfolgungswille, wenn Geschäftsführer den Ersatzanspruch der GmbH gegen einen Mitgeschäftsführer einklagen, ohne dass die hierfür zuständige Gesellschafterversammlung zuvor den Rechtsverfolgungswillen der GmbH gemäß § 46 Nr. 8 Var. 1 GmbHG gebildet hat. Denn eine solche Klage zeigt: Die GmbH will die Verjährungsfrist hemmen, ist aber nicht willens, den Anspruch zu verfolgen[1013]. Der Rechtsverfolgungswille der klagenden Geschäftsführer ist unbeachtlich, weil die GmbH ihren Rechtsverfolgungswillen bei Ersatzansprüchen gegen Geschäftsführer ausschließlich durch die Gesellschafterversammlung nach § 46 Nr. 8 Var. 1 GmbHG bilden kann.

Ohne Ermächtigung i. S. v. § 46 Nr. 8 Var. 1 GmbHG fehlt der GmbH nach außen eindeutig erkennbar der Rechtsverfolgungswille, sodass kraft teleologischer Reduktion des § 204 I Nr. 1 BGB die Klage die Verjährungsfrist nicht hemmen kann. Der Ansicht der h. M., nach der die Klage einer GmbH gegen ihren Geschäftsführer auch ohne erforderlichen Ermächtigungsbeschluss nach § 46 Nr. 8 Var. 1 GmbHG die Verjährung des eingeklagten Ersatzanspruchs hemmt[1014], kann daher nicht gefolgt werden. Ein nachträglich gefasster Ermächtigungsbeschluss nach § 46

---

1010 In diese Richtung Staudinger/*Peters/Jacoby* § 204 Rn. 4.

1011 Zur Rechtssicherheit als einem der Hauptzwecke der Verjährung siehe 3. Teil:§ 1C.

1012 Siehe RGZ 66, 412, 414.

1013 Ohne Beschluss nach § 46 Nr. 8 Var. 1 GmbHG ist die Klage unbegründet, siehe 5. Teil:§ 3A.IV.2.)b.).

1014 Siehe BGH NJW 1999, 2115; Scholz GmbHG/*K. Schmidt* § 46 Rn. 159; Großkomm GmbHG/*Hüffer/Schürnbrand* Rn. 111; Lutter/Hommelhoff/*Bayer* Rn. 40; Roth/Altmeppen/*Roth* Rn. 60; MüKo GmbHG/*Liebscher* Rn. 256; Großkomm GmbHG/*Paefgen* § 43 Rn. 293; Scholz GmbHG/*U. H. Schneider* Rn. 283.

Nr. 8 Var. 1 GmbHG, der die Klageerhebung genehmigt und den Anspruch durchsetzbar macht, hemmt die Verjährung nur *ex nunc*, nicht rückwirkend[1015].

Auch insoweit führt die Auslegung des § 199 I BGB also zu dem eindeutigen Ergebnis, dass es für den Verjährungsbeginn nur auf die Kenntnis bzw. grob fahrlässige Unkenntnis desjenigen Organs ankommen kann, das den Willen der juristischen Person zur Geltendmachung des Anspruchs zu bilden hat, das also über die Geltendmachung des Anspruchs zu entscheiden hat. Denn ohne die Entscheidung dieses Organs zur Anspruchsverfolgung fehlt es am Rechtsverfolgungswillen der juristischen Person, ohne den eine Klage keine verjährungshemmende Wirkung nach § 204 I BGB hat.

### *2.) Die Rechtsprechung des BGH zum Verjährungsbeginn zivilrechtlicher Ansprüche öffentlich-rechtlicher Körperschaften gemäß § 199 I BGB*

In ständiger Rechtsprechung stellt der BGH bei § 199 I BGB für den Verjährungsbeginn zivilrechtlicher Ansprüche öffentlich-rechtlicher Körperschaften auf die Kenntnis bzw. grob fahrlässige Unkenntnis des zuständigen Bediensteten der verfügungsberechtigten Behörde ab[1016]. Als verfügungsberechtigt sieht er die Behörde an, der die Kompetenz zur Entscheidung über die Verfolgung zivilrechtlicher Ansprüche zukommt, wobei die konkrete behördliche Zuständigkeitsverteilung zu respektieren sei[1017]. Für irrelevant hält der BGH, welche Behörde den Anspruch im Auftrag der entscheidungsbefugten Behörde nach außen beizutreiben hat[1018].

Die dogmatischen Grundlagen dieser Rechtsprechung treten nicht immer deutlich zum Vorschein[1019]. In vielen Entscheidungen hebt der BGH die zuständigen Bediensteten der verfügungsberechtigten Behörde als maßgebliche Zurechnungssubjekte hervor, ohne auf die Zurechnungsgrundlage einzugehen[1020]. In anderen Entscheidungen qualifiziert er die zuständigen Bediensteten als Wissensvertreter, weil sie für die Vorbereitung und Verfolgung des zivilrechtlichen Anspruchs zuständig sind[1021]. Nur wenige Entscheidungen[1022] erhellen, dass es in der Sache

---

1015 § 185 II 1 BGB gilt nach h. M. weder direkt noch analog, siehe BGH NJW 1958, 338, 339; *Wussow* NJW 1963, 1756, 1757; Staudinger/*Gursky* § 185 Rn. 99; MüKo BGB/*Grothe* § 204 Rn. 20; *Bülow* MDR 1958, 421, 422; a. A. *Baur* JZ 1958, 246f., der die Rückwirkung der Genehmigung aus § 89 II ZPO herleitet.

1016 So z. B. BGH NJW-RR 2009, 1471, 1472; NJW 2011, 1799, 1800; NJW 2012, 2644, 2645.

1017 So BGH NJW-RR 2009, 1471, 1472 m. w. N. zur Rechtsprechung.

1018 Siehe BGH NJW-RR 2009, 1471, 1472: „Da die Krankenkassen lediglich als Einzugsstellen im Auftrag der Rentenversicherungsträger tätig werden, denen eine vorrangige Prüfungs- und Entscheidungskompetenz zusteht, ist es sachgerecht, für die Verjährung auf die Kenntnis der Bediensteten der Rentenversicherungsträger abzustellen."

1019 Krit. auch *Koller* JZ 1998, 75, 76.

1020 Siehe BGH NJW-RR 2009, 1471, 1472; NJW 2011, 1799, 1800.

1021 Siehe BGH NJW 2012, 447, 448; siehe auch BGH NJW 2007, 834, 835.

1022 Siehe BGH NJW 1997, 1584 f.; NJW 2012, 447, 448.

nicht um unterschiedliche Zurechnungsprinzipien geht. Vielmehr werden die zuständigen Bediensteten der verfügungsberechtigten Behörde vom BGH als Wissensvertreter eingeordnet[1023]. Im Ergebnis kommt es nach dieser Rechtsprechung für den Fristbeginn nicht auf die Kenntnis der Behörde an, die für den Rechtsträger den Anspruch gegenüber Außenstehenden eintreiben soll, sondern auf die Bediensteten der verfügungsberechtigten Behörde, die über die Anspruchsverfolgung intern zu entscheiden hat. Eine tiefergehende Begründung, weshalb es bei öffentlich-rechtlichen Körperschaften für den Verjährungsbeginn auf die Kenntnis der verfügungsberechtigten und nicht der vertretungsberechtigten Behörde ankommen soll, liefert der BGH nicht. Einer Entscheidung lässt sich immerhin entnehmen, dass er auf die entscheidungsbefugte Behörde abstellt, damit diese den Beginn der Verjährungsfrist nicht beliebig hinauszögern kann[1024]. Es widerstrebt dem BGH offenbar, wenn die Verjährungsfrist trotz Kenntnis bzw. grob fahrlässiger Unkenntnis der entscheidungsbefugten Behörde nicht begänne.

Es erscheint widersprüchlich, dass der BGH bei juristischen Personen des öffentlichen Rechts auf die verfügungsberechtigte Behörde, bei juristischen Personen des Privatrechts auf das vertretungsberechtigte Organ für den Verjährungsbeginn nach § 199 I BGB abstellt. Es ist zu bezweifeln, dass es sachgerechte Wertungen gibt, die eine solche Differenzierung rechtfertigen. Da die Wertungen der Rechtsprechung zum Verjährungsbeginn bei öffentlich-rechtlichen Körperschaften im Dunkeln bleiben, lässt sich dies aber nur schwer beurteilen. Als Fazit lässt sich festhalten, dass auch die Rechtsprechung zum Verjährungsbeginn bei öffentlich-rechtlichen Körperschaften dafür spricht, dass es in juristischen Personen des Privatrechts für den Verjährungsbeginn nach § 199 I BGB auf die Kenntnis bzw. grob fahrlässige Unkenntnis desjenigen Organs ankommt, das über die Geltendmachung des Anspruchs entscheiden kann.

### *3.) Systematik der §§ 113 III HGB, 88 III AktG*

§ 113 III, Hs. 1 HGB und § 88 III 1 AktG regeln die Verjährung von Ansprüchen der Gesellschaft, die ihr gegen ihre Geschäftsführer bei Verstößen gegen das Wettbewerbsverbot zustehen. Sie enthalten eine subjektive Verjährungsfrist und bestimmen zugleich den maßgeblichen Personenkreis, mit dessen Kenntnis bzw. grob fahrlässiger Unkenntnis die Verjährungsfrist beginnt. Hieraus lassen sich möglicherweise Erkenntnisse gewinnen, um die für den Fristbeginn nach § 199 I BGB maßgeblichen Zurechnungssubjekte der juristischen Person bei Ansprüchen gegen Geschäftsleiter zu bestimmen.

Eine verallgemeinerungsfähige Aussage zu den maßgeblichen Zurechnungssubjekten könnte den Normen aber nur dann entnommen werden, wenn sie sich

---

1023 So auch Soergel$_{12}$/*Zeuner* § 852 Rn. 13; *Schultz* NJW 2012, 2644, 2647; Palandt/*Ellenberger* § 199 Rn. 25.

1024 Siehe BGH NJW-RR 2009, 1471, 1473.

mit Fragen der Wissenszurechnung überhaupt befassen. Ausgehend vom Wortlaut der §§ 113 III, Hs. 1 HGB, 88 III 1 AktG erscheint dies zweifelhaft. Nach der gesetzlichen Formulierung legen diese Vorschriften nämlich lediglich die für den Verjährungsbeginn relevanten Personen fest. Dass es sich bei diesen Personen um die Zurechnungssubjekte handeln soll, deren Kenntnis bzw. grob fahrlässige Unkenntnis der Gesellschaft zuzurechnen ist, geht aus dem Wortlaut nicht hervor. Das ist aber nicht verwunderlich, denn Zurechnungsnormen bedienen sich in aller Regel nicht des Begriffs der Zurechnung[1025]. Das Schrifttum geht nicht auf die Frage ein, ob die besagten Normen Zurechnungsfragen behandeln. Nach Systematik und Entstehungsgeschichte können die §§ 113 III, Hs. 1 HGB, 88 III 1 AktG jedoch nur so verstanden werden, dass sie auf dem Zurechnungsprinzip beruhen und die Zurechnungssubjekte der Gesellschaft für den Verjährungsbeginn festlegen.

Bei den §§ 113 III, Hs. 1 HGB, 88 III 1 AktG geht es um die Verjährung von Ansprüchen der *Gesellschaft*, wie sich aus § 113 I HGB und § 88 II, III 1 AktG zweifelsfrei ergibt. Nach der Systematik des Verjährungsrechts muss es daher auf die Kenntnis bzw. grob fahrlässige Unkenntnis der Gesellschaft als Gläubigerin für den Verjährungsbeginn ankommen. Denn § 199 I BGB stellt als Generalklausel des subjektiven Verjährungsbeginns auf die Kenntnis bzw. grob fahrlässige Unkenntnis des Gläubigers ab. Für die §§ 113 III, Hs. 1 HGB, 88 III 1 AktG kann nichts anderes gelten, zumal es das Bestreben des Gesetzgebers war, den subjektiven Fristbeginn der §§ 113 III HGB, 88 III 1 AktG an den von § 199 I BGB anzugleichen und so eine Vereinheitlichung des Verjährungsrechts herbeizuführen[1026]. Systematisch betrachtet wird durch die Kenntnis bzw. grob fahrlässige Unkenntnis bestimmter Personen gemäß §§ 113 III, Hs. 1 HGB, 88 III 1 AktG damit letztlich nur die Kenntnis bzw. grob fahrlässige Unkenntnis der Gesellschaft als Gläubigerin definiert.

Dieses Verständnis wird auch durch die Entstehungsgeschichte bestätigt. § 113 III HGB geht auf Art. 97 ADHGB zurück[1027]. Auch § 88 III AktG geht mittelbar auf Art. 97 ADHGB zurück[1028]. Nach Art. 97 ADHGB war der Fristbeginn noch

---

1025 Siehe *Bork* ZGR 1994, 237,239.

1026 Zum Zwecke der Vereinheitlichung ist durch das Gesetz zur Anpassung von Verjährungsvorschriften an das Gesetz zur Modernisierung des Schuldrechts vom 9. Dezember 2004 (BGBl. 2004, I, S. 3214) bei § 113 III HGB und bei § 88 III AktG das Merkmal der grob fahrlässigen Unkenntnis eingeführt worden. Hierzu Begr. zu §§ 61 II, 113 III HGB, 88 III AktG RegE, BT-Drucks. 15/3653, S. 18, 22; KK AktG/*Mertens/Cahn* § 88 Rn. 30; Großkomm HGB/*Schäfer* § 113 Rn. 34.

1027 Siehe Großkomm HGB/*Schäfer* § 113 Rn. 2.

1028 § 88 AktG findet seine Vorgängerregelung in § 79 AktG (1937), dessen Vorgängerregelung § 236 HGB war, der wiederum auf Art. 232 ADHGB (Aktiengesellschaft) zurückgeht, der eine Verweisung auf Art. 196a ADHGB (KGaA) enthält, der auf Art. 97 ADHGB (OHG) weiterverweist. Zu dieser Entstehungsgeschichte Spindler/Stilz/*Fleischer* § 88 Rn. 3; *Schubert/Hommelhoff* S. 387 ff.

von der Kenntnis *der Gesellschaft* abhängig[1029]. Erst die darauffolgenden Regelungen aus der ersten Fassung des HGB vom 10. 5. 1897 stellten dann nicht mehr auf die Kenntnis der Gesellschaft, sondern auf die der übrigen Gesellschafter bzw. der übrigen Vorstandsmitglieder und Aufsichtsratsmitglieder ab. Begründet wurde diese Änderung bei § 113 HGB i. d. F. vom 10. 5. 1897 mitunter damit, dass die frühere Formulierung „Kenntnis der Gesellschaft" Meinungsverschiedenheiten über ihre Auslegung hervorgerufen hatte[1030]. Für die AG fehlt eine Begründung in den Materialien zu § 236 HGB i. d. F. vom 10. 5. 1897[1031] – einer Vorgängerregelung des § 88 AktG[1032]. Auch insoweit ist davon auszugehen, dass die Änderung der textlichen Fassung nichts daran geändert hat, dass es nach wie vor für den Verjährungsbeginn auf die Kenntnis der Gesellschaft ankommen sollte.

Die Systematik des Verjährungsrechts und die Entstehungsgeschichte lassen daher keinen Zweifel, dass durch die Festlegung der Personenkreise in den §§ 113 III, Hs. 1 HGB, 88 III 1 AktG letztlich nur die Kenntnis bzw. grob fahrlässige Unkenntnis des Gläubigers umschrieben wird. Da jedoch sowohl die Aktiengesellschaft als auch die OHG Kenntnis bzw. grob fahrlässige Unkenntnis nur kraft Zurechnung erlangen, ist damit nachgewiesen, dass die §§ 113 III, Hs. 1 HGB, 88 III 1 AktG auf dem Zurechnungsprinzip basieren und durch die Festlegung bestimmter Personenkreise die maßgeblichen Zurechnungssubjekte bestimmen. Aus dogmatischer Sicht ist sowohl § 113 III, Hs. 1 HGB als auch § 88 III 1 AktG Wissensnorm und Zurechnungsnorm in einem[1033].

Bei § 113 HGB gibt es eine Kongruenz zwischen dem Personenkreis, der über die Geltendmachung des Anspruchs zu beschließen hat (§ 113 II HGB) und dem Personenkreis, dessen Kenntnis bzw. grob fahrlässige Unkenntnis für den Verjährungsbeginn relevant ist (§ 113 III, Hs. 1 HGB). Sowohl für die Entscheidung als auch für den Verjährungsbeginn kommt es auf die übrigen Gesellschafter an. Gemeint sind jeweils *sämtliche* Mitgesellschafter des pflichtvergessenen Gesellschafters[1034]. Die Entstehungsgeschichte zeigt, dass diese Kongruenz nicht zufällig besteht. Aus den Gesetzesmaterialien zu § 113 HGB i. d. F. vom 10. 5. 1897 geht hervor, dass gerade deshalb auf die Kenntnis aller übrigen Gesellschafter für den Verjährungsbeginn abgestellt wurde, weil die Geltendmachung des Anspruchs

1029 „Das Recht der Gesellschaft, in ein von dem Gesellschafter für eigene Rechnung gemachtes Geschäft einzutreten oder Schadensersatz zu fordern, erlischt nach drei Monaten, von dem Zeitpunkte an gerechnet, in welchem die Gesellschaft von dem Abschlusse des Geschäfts Kenntniß erhalten hat."

1030 Siehe *Schubert/Schmiedel/Krampe*, Band II, 2. Halbband, Denkschrift zu § 111 Entw. HGB, S. 1019.

1031 Damalige Fassung bei *Hahn/Mugdan,* HGB, S. 45.

1032 Siehe *Hahn/Mugdan,* HGB, Denkschrift zu § 232 Entw. HGB, S 306 f.

1033 Zur Dogmatik *H. Westermann* JuS 1961, 333, 335, demzufolge § 831 BGB Zurechnungs- und Haftungsnorm in sich vereinigt.

1034 Siehe Großkomm HGB/*Schäfer* § 113 Rn. 27, 38; E/B/J/S/*Bergmann* Rn. 35 f., 42.

von ihrer Entscheidung abhängig ist[1035]. Ohne den Beschluss nach § 113 II HGB ist eine erfolgreiche Anspruchsgeltendmachung ausgeschlossen[1036]. Eine Klage ohne den erforderlichen Beschluss hätte keine verjährungshemmende Wirkung und wäre unbegründet bis der Beschluss gefasst wird[1037]. Aus § 113 III HGB lässt sich also schlussfolgern, dass es für den Verjährungsbeginn bei Ansprüchen gegen Geschäftsführer auf die Kenntnis jener Gesellschafter ankommt, die über die Geltendmachung des Anspruchs gegen den Geschäftsführer zu entscheiden haben. Demgegenüber ist die Kenntnis bzw. grob fahrlässige Unkenntnis der *vertretungsberechtigten* Gesellschafter, die die OHG gemäß §§ 125, 126 I HGB bei der Geltendmachung des Anspruchs gegen den Geschäftsführer zu vertreten haben[1038], für den Fristbeginn unerheblich[1039]. Denn selbst wenn der Gesellschaftsvertrag nur manche Gesellschafter zur Vertretung der Gesellschaft ermächtigt hätte (§ 125 I HGB), begänne die Verjährungsfrist nicht schon mit deren Kenntnis bzw. grob fahrlässiger Unkenntnis, weil § 113 III HGB die Kenntnis bzw. grob fahrlässige Kenntnis aller übrigen Gesellschafter verlangt[1040]. § 113 III HGB kann somit für Personenhandelsgesellschaften die Wertung entnommen werden, dass es bei Ansprüchen gegen Geschäftsführer für den Verjährungsbeginn auf die Kenntnis der entscheidungsbefugten Gesellschafter und nicht der vertretungsberechtigten Gesellschafter ankommt.

Diese Wertung kann auch auf juristische Personen übertragen werden. Die organisationsrechtlichen Unterschiede zwischen juristischer Person und Personengesellschaft stehen dem nicht entgegen. Denn die Wertung des § 113 III HGB beruht – wie die Entstehungsgeschichte gezeigt hat – nicht auf rechtsformspezifischen Besonderheiten[1041], sondern darauf, dass für den Verjährungsbeginn nur auf die Kenntnis bzw. grob fahrlässige Unkenntnis jener Personen abgestellt werden kann, die über die Geltendmachung des Anspruchs zu entscheiden haben. Das gilt für OHG, GmbH und AG gleichermaßen. Liegen Entscheidungskompetenz und Vertretungskompetenz bei verschiedenen Organen von AG bzw. GmbH, muss es daher für den Fristbeginn nach § 199 I BGB immer auf die Kenntnis bzw. grob fahrlässige Unkenntnis des entscheidungsbefugten Organs ankommen.

---

1035 Siehe *Schubert/Schmiedel/Krampe*, Band II, 2. Halbband, Denkschrift zu § 111 Entw. HGB, S. 1019.

1036 Siehe BGH NJW 1981, 1512, 1514; Baumbach/Hopt/*Roth* § 113 Rn. 9; E/B/J/S/*Bergmann* Rn. 28; Oetker HGB/*Lieder* Rn. 18, 22.

1037 So Großkomm HGB/*Schäfer* § 113 Rn. 30 unter Verweis auf MüKo HGB/*Langhein* § 113 Rn. 22, dessen Ausführungen dieses Ergebnis aber nicht tragen. Richtigerweise ergibt sich die fehlende Verjährungshemmung aus dem fehlenden Rechtsverfolgungswillen, siehe 5. Teil:§ 3A.I.1.).

1038 Siehe MüKo HGB/*Langhein* § 113 Rn. 19.

1039 Siehe Oetker HGB/*Lieder* § 113 Rn. 26.

1040 Siehe Großkomm HGB/*Schäfer* § 113 Rn. 34.

1041 Schließlich gehen sowohl § 88 III 1 AktG als auch § 113 III HGB auf dieselbe Verjährungsvorschrift zurück, namentlich auf Art. 97 ADHGB.

§ 88 III 1 AktG liegt an sich die gleiche Wertung zugrunde. Sie lässt sich aus dieser Vorschrift aber nicht herauslesen, weil bei der AG entscheidungsbefugtes und vertretungsberechtigtes Organ identisch sind, wenn es um die Geltendmachung von Ansprüchen gegen Vorstandsmitglieder geht. Hinzukommt, dass die Vorschrift in mehrfacher Hinsicht missglückt ist, was es unmöglich macht, ihr verallgemeinerungsfähige Aussagen zu entnehmen. § 88 III 1 AktG legt für den Fristbeginn Zurechnungssubjekte fest, die nach herkömmlichen Grundsätzen der Wissenszurechnung keine wären. Bei § 88 III 1 AktG besteht keine vollständige Kongruenz zwischen dem Personenkreis, der über die Geltendmachung des Anspruchs gegen das Vorstandsmitglied zu entscheiden hat und dem Personenkreis, dessen Kenntnis bzw. grob fahrlässige Unkenntnis den Verjährungsbeginn auslöst. Über die Geltendmachung des Anspruchs hat nach § 112 S. 1 AktG nämlich der Aufsichtsrat zu entscheiden[1042], während der Verjährungsbeginn gemäß § 88 III 1 AktG von der Kenntnis bzw. grob fahrlässigen Unkenntnis der übrigen Vorstandsmitglieder und der Aufsichtsratsmitglieder abhängt. Die Entstehungsgeschichte erhellt, wie diese Inkongruenz zustande gekommen ist. Dem Kommissionsbericht zum Entwurf des § 236 HGB a. F. – einer Vorgängerregelung zu § 88 AktG – ist zu entnehmen, dass „es genügen müsse, dem Vorstand und Aufsichtsrath drei Monate Frist zu geben von dem Zeitpunkte der Kenntniß an, um solche Ansprüche gegen die pflichtwidrigen Vorstandsmitglieder zu verfolgen“[1043]. Der Kommissionsbericht ging noch – was damals verbreiteter Denkweise entsprach – davon aus, dass sowohl Vorstand als auch Aufsichtsrat zur Verfolgung der Ansprüche gegen Vorstandsmitglieder zuständig seien[1044], weshalb auf ihre Kenntnis abgestellt wurde. Diese Denkweise resultierte daraus, dass der Aufsichtsrat nach § 247 HGB 1897 und nach § 97 AktG 1937 lediglich *befugt* war, die Gesellschaft bei Angelegenheiten mit dem Vorstand zu vertreten, sodass verbreitet angenommen wurde, die Aufsichtsratszuständigkeit zur Verfolgung der Ansprüche verdränge nicht diejenige des Vorstands, sondern lasse sie bestehen[1045]. Dies erklärt, warum der damalige Gesetzgeber sowohl auf die Kenntnis der Vorstandsmitglieder als auch auf die Kenntnis der Aufsichtsratsmitglieder für den Fristbeginn abgestellt hat. Unerklärbar bleibt allerdings auch aus Sicht des damaligen Rechts, weshalb der Fristbeginn von der Kenntnis der übrigen Vorstandsmitglieder *und* von der Kenntnis der Aufsichtsratsmitglieder abhängig gemacht wurde. Stattdessen hätte auf die Kenntnis der übrigen Vorstandsmitglieder *oder* auf die Kenntnis der Aufsichtsratsmitglieder abgestellt werden müssen. Denn Vorstand und Aufsichtsrat waren jeweils befugt, über die Anspruchsverfolgung zu entscheiden und den Anspruch zu verfolgen.

---

1042 Siehe hierzu sogleich 5. Teil:§ 3A.III.1.)a.).

1043 Siehe *Hahn/Mugdan*, HGB, Kommissionsbericht zu § 232 Entw. HGB, S. 594.

1044 Siehe Großkomm AktG/*Hopt/Roth* § 112 Rn. 1 f.

1045 Siehe Großkomm AktG/*Hopt/Roth* § 112 Rn. 1 f.; *Werner* ZGR 1989, 369, 370; *Schmits* AG 1992, 149.

Abgesehen davon hat sich das aktienrechtliche Kompetenzgefüge mit Inkrafttreten des heutigen § 112 S. 1 AktG gewandelt und kennt nun eine die Zuständigkeit des Vorstands verdrängende ausschließliche Zuständigkeit des Aufsichtsrats zur Geltendmachung von Ansprüchen gegen Vorstandsmitglieder[1046]. Im Zuge dieser Änderung hat es der Gesetzgeber bedauerlicherweise versäumt, § 88 III 1 AktG anzupassen und den Verjährungsbeginn lediglich von der Kenntnis der Aufsichtsratsmitglieder abhängig zu machen. Dass § 88 III 1 AktG auch auf die Kenntnis bzw. grob fahrlässige Unkenntnis der übrigen Vorstandsmitglieder abstellt, ist mit Blick auf § 112 S. 1 AktG systemwidrig und sollte vom Gesetzgeber dringend korrigiert werden[1047]. Es gibt keinerlei sachliche Rechtfertigung und stellt eine ungerechtfertigte Privilegierung der AG dar, den Verjährungsbeginn auch an die Kenntnis bzw. grob fahrlässige Unkenntnis der übrigen Vorstandsmitglieder zu knüpfen, obwohl diese über die Anspruchsgeltendmachung nicht zu entscheiden haben und keine Vertretungszuständigkeit besitzen, den Anspruch zu verfolgen. *De lege lata* lässt sich diese Systemwidrigkeit nicht korrigieren, weil der klare Wortlaut des § 88 III 1 AktG einer teleologischen Reduktion entgegensteht. Doch selbst wenn § 88 III 1 AktG vom Gesetzgeber an die aktienrechtliche Kompetenzverteilung angepasst würde, ließe sich dieser Vorschrift nicht entnehmen, ob es für den Fristbeginn auf das Organ ankommt, das über die Anspruchsverfolgung zu entscheiden hat oder auf das Organ, das die AG bei der Geltendmachung des Anspruchs gegen das Vorstandsmitglied vertritt. Denn der Aufsichtsrat vereinigt beide Kompetenzen in sich.

### *4.) Ergebnis*

Aus der *ratio* des § 199 I BGB, aus der Rechtsprechung des BGH zum Fristbeginn in öffentlich-rechtlichen Körperschaften gemäß § 199 I BGB und aus der Wertung des § 113 III HGB folgt, dass es in der juristischen Person für den Verjährungsbeginn nach § 199 I BGB auf die Kenntnis bzw. grob fahrlässige Unkenntnis desjenigen Organs ankommt, das im Rahmen der internen Willensbildung über die Anspruchsverfolgung zu entscheiden hat. Stärkstes Argument für diese Ansicht ist die *ratio* des § 199 I BGB. Das Merkmal der Kenntnis soll dem Gläubiger einerseits ermöglichen, eine informierte Entscheidung über die Anspruchsverfolgung zu treffen und die Verjährungsfrist als Überlegungsfrist zu nutzen. Andererseits soll das Merkmal der Kenntnis den Gläubiger in den Stand setzen, die Frist zu hemmen. Bei einer juristischen Person als Gläubigerin muss daher zwingend auf die Kenntnis desjenigen Organs abgestellt werden, das den Willen der juristischen Person hinsichtlich der Anspruchsverfolgung bildet. Denn nur dieses Organ kann sich die Anspruchsgeltendmachung überlegen, eine informierte Entscheidung über sie treffen und den für die Verjährungshemmung erforderlichen

---

1046 So BGH NJW 1988, 1384, 1385; MüKo AktG/*Habersack* § 112 Rn. 1; Hüffer AktG/*Koch* Rn. 5.

1047 So auch Spindler/Stilz/*Fleischer* § 88 Rn. 41; KK AktG/*Mertens/Cahn* Rn. 30.

Rechtsverfolgungswillen der juristischen Person bilden. Auch die Wertung des § 113 III HGB und die Rechtsprechung des BGH zur Wissenszurechnung in öffentlich-rechtlichen Körperschaften legen nahe, dass es nur auf das entscheidungsbefugte Organ ankommen kann. *Sturms* Ansicht ist daher vorzugswürdig. Die h.M. hingegen hält zu starr an dem Grundsatz fest, es komme – wie bei § 166 I BGB – für die Wissenszurechnung auf das vertretungsberechtigte Organ an. Sie übersieht, dass die Vertretungsmacht im Rahmen des § 199 I BGB gar keine Rolle spielt[1048]. Dies überrascht, weil die h. M. in Bezug auf unterorganschaftliche Zurechnungssubjekte erkennt, dass es bei § 199 I BGB nicht auf deren Vertretungsmacht ankommt, sondern ob sie die Qualität eines Wissensvertreters haben[1049]. Was die organschaftliche Wissenszurechnung anbelangt, verliert die h.M. die Besonderheiten des § 199 I BGB und dessen konkretisierenden Einfluss auf die Wissenszurechnung aus dem Blick.

Da die Auslegung des § 199 I BGB die Wissenszurechnung zwar auf ein bestimmtes Organ hin konkretisieren, sie aber nicht begründen kann[1050], bedarf es noch einer Zurechnungsgrundlage, um diese organschaftliche Wissenszurechnung zu legitimieren.

## *II. Konzeption der organschaftlichen Wissenszurechnung*

### *1.) Rechtsgrundlage der organschaftlichen Zurechnung im Rahmen des § 199 I BGB*

Verschiedene Rechtsnormen werden diskutiert, um die Kenntnis bzw. grob fahrlässige Unkenntnis von Organen im Rahmen des § 199 I BGB der juristischen Person zuzurechnen. Die wichtigsten sind § 166 I BGB, § 31 BGB und die §§ 26 II 2 BGB, 78 II 2 AktG, 35 II 2 GmbHG[1051]. Es wurde bereits herausgearbeitet, dass der in § 31 BGB zum Ausdruck kommende Rechtsgedanke die richtige Zurechnungsgrundlage für die organschaftliche Wissenszurechnung im Rahmen des § 199 I BGB ist[1052]. Aus einer am Normzweck des § 199 I BGB ausgerichteten und auf den Rechtsgedanken des § 31 BGB gestützten Wissenszurechnung ergibt sich, dass der juristischen Person die Kenntnis bzw. grob fahrlässige Unkenntnis jenes Organs zuzurechnen ist, das im Rahmen der internen Willensbildung über die Anspruchsgeltendmachung entscheiden kann. Im Folgenden wird dieses Organ als entscheidungsbefugtes Organ bezeichnet.

---

1048 Siehe 5. Teil:§ 2A.II.
1049 Siehe 5. Teil:§ 2B.I.
1050 Siehe 2. Teil:§ 4.
1051 Siehe 5. Teil:§ 2A.I.2.).
1052 Siehe 5. Teil:§ 2A.II.

### *2.) Rechtsgedanke des § 31 BGB ist Zurechnungsgrundlage für Außen- und Innenorgane*

Umstritten ist, ob § 31 BGB und dessen Rechtsgedanke der organschaftlichen Zurechnung nur für Außenorgane oder auch für Innenorgane gilt. Teilweise wird in enger Anlehnung an den unmittelbaren Anwendungsbereich des § 31 BGB vertreten, dass die Vorschrift nur zur organschaftlichen Zurechnung bei solchen Organen herangezogen werden könne, die wie der Vorstand und verfassungsmäßig berufene Vertreter die juristische Person nach außen repräsentieren[1053]. Diese Einschränkung auf Außenorgane ist nicht gerechtfertigt. § 31 BGB ist Ausdruck des verbandsrechtlichen Grundgedankens, dass die juristische Person durch ihre Organe wissens-, willens- und handlungsfähig wird, sowohl im rechtsgeschäftlichen als auch im nichtrechtsgeschäftlichen Bereich[1054]. Dieser Grundgedanke des § 31 BGB gilt nicht nur für Außenorgane, er greift auch bei Innenorganen[1055]. Daher kann das Wissen von Innen- und Außenorganen der juristischen Person gleichermaßen nach dem Rechtsgedanken des § 31 BGB zugerechnet werden. Einschränkungen der Zurechnung ergeben sich für jedes Organ ausschließlich aus dem Tatbestandsmerkmal „in Ausführung der ihm zustehenden Verrichtungen“[1056], also letztlich aus dem Zuständigkeitsbereich des Organs.

Doch selbst wenn man die organschaftliche Wissenszurechnung bei Innenorganen nicht mehr von dem in § 31 BGB zum Ausdruck gebrachten Rechtsgedanken erfasst sieht, kann in der Sache kein Zweifel bestehen, dass auch das Wissen von Innenorganen innerhalb ihres Zuständigkeitsbereichs zurechenbar sein muss[1057]. Denn niemand vertritt die Ansicht, dass das Wissen des Aufsichtsrats der AG oder GmbH oder der Gesellschafterversammlung der GmbH generell nicht zurechenbar ist.

### *3.) Die herrschende Lehre von der doppelten Zurechnung*

Die im Zivilrecht heute h. M. unterscheidet sowohl in der Sache als auch terminologisch zwischen dem Organ als abstrakter Institution der Verbandsverfassung und den Personen, mit denen das Organ besetzt ist, namentlich den

---

1053 Siehe MüKo BGB/*Arnold* § 31 Rn. 24; in der Tendenz wohl auch BGH NJW 1962, 864, 867; im Ergebnis ebenso *Küpperfahrenberg* S. 33 ff., der die Anwendung des § 31 BGB auf organschaftliche Vertreter allerdings nicht aus der Unterscheidung von Außen- und Innenorganen herleitet, sondern aus dem Prinzip der Vorteil-Nachteil-Korrelation.

1054 Siehe *Schürnbrand,* Organschaft, S. 104; Soergel/*Hadding* § 31 Rn. 11.

1055 Siehe *Schürnbrand,* Organschaft, S. 105 f.; Soergel/*Hadding* § 31 Rn. 11; Staudinger/*Weick* Rn. 38; BeckOK BGB/*Schöpflin* Rn. 9.

1056 So *Schürnbrand,* Organschaft, S. 106.

1057 Zur organschaftlichen Zurechnung ohne Außenwirkung siehe *Hüffer,* FS 100 Jahre GmbHG 1992, S. 521, 529 f.

Organmitgliedern[1058]. Was unter einem Organ zu verstehen ist, ist umstritten. Für die weitere Untersuchung wird der im öffentlichen Recht ganz herrschende, zunehmend auch im Zivilrecht favorisierte *institutionell-funktionelle Organbegriff* zugrunde gelegt, der mit anderen Organbegriffen des Zivilrechts viele Überschneidungen aufweist und zwei Komponenten hat[1059]: Das Organ ist danach ein durch organisierenden Rechtssatz gebildetes, selbständiges institutionelles Subjekt von transitorischen Zuständigkeiten (institutionelle Komponente) zur funktionellen Wahrnehmung von Aufgaben einer (teil-)rechtsfähigen Organisation (funktionelle Komponente)[1060]. Organe sind zwar nicht rechtsfähig[1061], wegen ihrer transitorischen Zuständigkeit werden sie aber häufig als gedankliches Zurechnungssubjekt oder Zurechnungszwischensubjekt bezeichnet[1062]. Viele gehen dementsprechend davon aus, die Wissenszurechnung an die juristische Person vollziehe sich in zwei Schritten: Zunächst vom Organmitglied an das Organ, im zweiten Schritt vom Organ an die juristische Person als „Zurechnungsendsubjekt"[1063]. Wer hingegen auch dem einzelnen Organmitglied Organqualität zuschreibt, geht von einer direkten Zurechnung vom Organmitglied zur juristischen Person aus[1064].

Im Ausgangspunkt ist der Differenzierung zwischen Organ und Organmitglied zu folgen. Das Organ als Institution der Verbandsverfassung ist auf Kontinuität angelegt, wohingegen die Amtsträger wechseln. Organe sind Teil der Verbandsverfassung, ihre Existenz ist unweigerlich mit der ihres Rechtsträgers verbunden[1065]. Sie entstehen mit der Gründung der juristischen Person und lösen sich mit deren Beendigung auf[1066]. Demgegenüber sind Organmitglieder nur in der Zeitspanne zwischen Bestellung und Abberufung Teil der Verbandsverfassung der juristischen Person. Ob jedoch aus der Differenzierung zwischen Organ und Organmitglied

---

1058 Siehe BGHZ 109, 327, 331; BGHZ 160, 385, 390; *Schürnbrand,* Organschaft, S. 42; *Buck* S. 195; *K. Schmidt,* GesR, § 14 III. 1.b); *Fleischer* NJW 2006, 3239, 3243; a. A. *Flume,* Jur. Person, S. 377 (dort Fn. 3); Soergel/*Hadding* § 26 Rn. 3; KK AktG/*Mertens/Cahn* § 76 Rn. 80.

1059 Hierzu grundlegend *Schürnbrand,* Organschaft, S. 43 ff., 48–95. Für die vorliegende Untersuchung brauchen die verschiedenen Organbegriffe nicht diskutiert zu werden, da es hier nur darum geht, die Unterscheidung von Organ und Organwalter hervorzuheben.

1060 Zurückgehend auf den öffentlich-rechtlichen Organbegriff, begründet von *Wolff,* siehe *Wolff/Bachof,* Verwaltungsrecht II, S. 48.

1061 So *Schürnbrand,* Organschaft, S. 58; *Zöllner* ZGR 1988, 392, 412.

1062 Siehe *Buck* S. 195; *Schürnbrand,* Organschaft, S. 42; siehe auch BGHZ 109, 327, 331 f., der die juristische Person als „Zurechnungsendsubjekt" bezeichnet.

1063 So BGHZ 109, 327, 331 f.; *Schürnbrand,* Organschaft, S. 45; *Frels* ZHR 122, 173, 181; Großkomm AktG/*Kort* § 76 Rn. 20; Scholz GmbHG/*U. H. Schneider/S. H. Schneider* § 35 Rn. 122.

1064 So *Buck* S. 196; Soergel/*Hadding* § 26 Rn. 3; KK AktG/*Mertens/Cahn* § 76 Rn. 80.

1065 Siehe *Schürnbrand,* Organschaft, S. 64 f.

1066 Siehe *Schürnbrand,* Organschaft, S. 44; *Beuthien* NJW 1999, 1142, 1144.

zwingend auf die Dogmatik doppelter Zurechnung zu schließen ist, ist zweifelhaft. Die doppelte Zurechnung scheint mit dem Wesen der Zurechnung zu konfligieren. Die Zurechnung ist eine Rechtstechnik mit dem Zweck, Verantwortlichkeit einer Person im Hinblick auf die Rechtsfolge der Bezugsnorm zu begründen[1067]. Der Zurechnungsadressat muss daher zur Verantwortung fähig und somit stets ein Rechtssubjekt sein. Wissenszurechnung findet nur an Rechtssubjekte statt. Die Zurechnung vom Organwalter zum nicht rechtsfähigen Organ ist hiermit nicht in Einklang zu bringen. Aus dogmatischer Sicht spricht daher viel für eine direkte Wissenszurechnung von den Organmitgliedern an die juristische Person, ohne allerdings den einzelnen Organmitgliedern Organstatus zuzuerkennen. Damit soll freilich nicht gesagt werden, dass das Wissen eines jeden Organmitglieds der juristischen Person zurechenbar ist, vielmehr kann die Zurechenbarkeit häufig auch das Kollektivwissen mehrerer Organmitglieder im Rahmen einer bestimmten Zusammenkunft erfordern.

Letztlich ist der Streit, ob die Zurechnung direkt oder in zwei Schritten an die juristische Person erfolgt, auf die Wissenszurechnungsfragen bei § 199 I BGB aber ohne Einfluss, sodass die Streitfrage offen bleiben kann.

### *4.) Privat und geschäftlich erlangte Kenntnis*

Umstritten ist, ob sich juristische Personen wie AG und GmbH neben der geschäftlich erlangten Kenntnis eines Organmitglieds auch dessen privat erlangte Kenntnis zurechnen lassen müssen. Die Frage ist hier von durchaus praktischer Bedeutung, weil gut vorstellbar ist, dass Organmitglieder auch außerhalb ihrer Amtsausübung von Ansprüchen der Gesellschaft gegen Geschäftsleiter erfahren.

Was die Zurechnung von Organmitgliederwissen anbelangt, lassen sich nach derzeitigem Stand der Rechtsentwicklung drei verschiedene Literaturansichten unterscheiden: Manche favorisieren eine generelle Wissenszurechnung, die nicht zwischen privat und geschäftlich erlangter Kenntnis unterscheidet[1068], weil der Kenntnisstand einer natürlichen Person anders als ihr Verhalten nicht in geschäftlich und privat aufteilbar sei[1069]. Andere rechnen privat erlangte Kenntnisse des Organmitglieds nur zu, wenn sie verpflichtet sind, ihre privaten Kenntnisse amtlich nutzbar zu machen[1070]. Zunehmend wird ein differenzierender Ansatz vorgeschlagen[1071]: Haben Organmitglieder an einem Geschäft mitgewirkt, sei auch ihr privat

---

1067 Siehe 2. Teil:§ 2A.

1068 Siehe *Buck* S. 244 f.; *Wiesner* BB 1981, 1533, 1536; *Kieser/Kloster* GmbHR 2001, 176, 179; Scholz GmbHG/*U. H. Schneider/S. H. Schneider* § 35 Rn. 122.

1069 Siehe *Buck* S. 244 f.; *Wiesner* BB 1981, 1533, 1536; *Kieser/Kloster* GmbHR 2001, 176, 179.

1070 Siehe Großkomm AktG/*Kort* § 76 Rn. 205; KK AktG/*Mertens/Cahn* Rn. 88; Großkomm GmbHG/*Paefgen* § 35 Rn. 202.

1071 Siehe *Römmer-Collmann* S. 190 f.; *Fleischer* NJW 2006, 3239, 3242; BeckOGK BGB/*Segna* § 26 Rn. 55; MüKo GmbHG/*Stephan/Tieves* § 35 Rn. 214, 218; *Thomale* AG 2015, 641, 649; *Schürnbrand* ZHR 181, 357, 376 f.

erlangtes Wissen zuzurechnen, weil eine künstliche Trennung von privater und geschäftlicher Kenntnis insoweit auf eine Art Schizophrenie hinauslaufe[1072]. Werde hingegen die Kenntnis am Geschäft unbeteiligter Organmitglieder aufgrund der Wissensorganisationspflicht zugerechnet, so sei ihre private Kenntnis regelmäßig nicht zurechenbar, denn eine ordnungsgemäße Informationsorganisation verlange in aller Regel nicht die Einspeisung und Verfügbarkeit privater Kenntnisse[1073].

Die Rechtsprechung des BGH ist nicht einheitlich. Während der II. Zivilsenat des BGH im Jahr 1955 die privat erlangte Kenntnis eines Geschäftsführers der GmbH auf Grundlage der Organtheorie zurechnete[1074], lehnte der gleiche Zivilsenat 1990 die Zurechnung kurzer Hand ab, weil es sich um privates Wissen des GmbH-Geschäftsführers handle, das mit der Geschäftsführungstätigkeit nichts zu tun habe[1075]. In einer neueren Entscheidung aus 2013 lässt es der II. Zivilsenat ausdrücklich offen, welcher Literaturansicht zu folgen ist, um anschließend festzustellen, dass jedenfalls dann, wenn es sich bei dem privat erlangten Wissen um einen Umstand handelt, der für den Erfolg des Gesellschaftsunternehmens von ganz wesentlicher Bedeutung ist, die private Kenntnis des Geschäftsleiters zuzurechnen ist[1076].

Am meisten überzeugt der differenzierende Ansatz aus dem Schrifttum. Dahinter steckt der richtige Gedanke, dass die Zurechnung privater Kenntnis von der Wertung der jeweiligen Zurechnungsgrundlage abhängt. Soweit Organmitgliederwissen nach dem Rechtsgedanken des § 31 BGB zugerechnet wird, muss auch die privat erlangte Kenntnis des Organmitglieds berücksichtigt werden. Dies folgt aus Sinn und Zweck des § 31 BGB. Durch den Passus „in Ausführung der ihm zustehenden Verrichtungen“ gibt das Gesetz zu erkennen, dass im Bereich organschaftlicher Zurechnung grundsätzlich zwischen Privats- und Amtssphäre zu trennen ist. Diese Unterscheidung beruht auf dem Gedanken des Vorteil-Nachteil-Ausgleichs, der das Verständnis des § 31 BGB wesentlich prägt[1077]. Dieser Ausgleich wird meist dahin beschrieben, dass eine juristische Person, die sich die Vorteile der Arbeitsteilung zunutze mache, auch die Nachteile daraus zu tragen habe[1078]. Bezogen auf die von

---

1072 So *Fleischer* NJW 2006, 3239, 3242; im Ergebnis ebenso *Römmer-Collmann* S. 190 f.; BeckOGK BGB/*Segna* § 26 Rn. 55; MüKo GmbHG/*Stephan/Tieves* § 35 Rn. 214; *Thomale* AG 2015, 641, 649; *Schürnbrand* ZHR 181, 357,376.

1073 Siehe *Fleischer* NJW 2006, 3239, 3242; *Römmer-Collmann* S. 191; BeckOGK BGB/*Segna* § 26 Rn. 55; MüKo GmbHG/*Stephan/Tieves* § 35 Rn. 218; *Thomale* AG 2015, 641, 649; *Schürnbrand* ZHR 181, 357, 377; Großkomm AktG/*Habersack/Foerster* § 78 Rn. 42.

1074 Siehe BGH WM 1955, 830,832.

1075 So BGH NJW 1990, 2544,2545.

1076 Siehe BGH, Urt. v. 09. 07. 2013, II ZR 193/11, juris Rn. 31.

1077 Siehe *Schürnbrand,* Organschaft, S. 102; *Küpperfahrenberg* S. 24; *Martinek*, Repräsentantenhaftung, S. 21 f. („Vorteil-Nachteil-Korrelation“ als unangefochtene Basis der Organhaftung nach § 31 BGB).

1078 Zu den unterschiedlichen Formulierungen siehe *Baum* S. 64 f.

§ 31 BGB unmittelbar geregelte Verhaltens- und Verschuldenszurechnung bedeutet das, dass sich die juristische Person nur das amtsbezogene Verhalten ihrer Organmitglieder zurechnen lassen muss, weil sie auch nur aus diesem Verhalten Vorteile ziehen kann. Übertragen auf die organschaftliche Wissenszurechnung nach dem Rechtsgedanken des § 31 BGB bedeutet das hingegen, dass eine juristische Person, die sich das Wissen ihrer Organmitglieder zunutze macht, auch die Nachteile hieraus – in Form der Wissenszurechnung – zu tragen hat. Die juristische Person zieht aber nicht nur Vorteile aus der geschäftlich erlangten Kenntnis des Organmitglieds. Soweit Organmitglieder für die juristische Person (rechtsgeschäftlich) handeln oder, wie bei § 199 I BGB, nach dem Rechtsgedanken des § 31 BGB das maßgebliche Zurechnungssubjekt sind, setzen sie automatisch ihren gesamten Kenntnisstand zugunsten der juristischen Person ein, sodass sich die juristische Person auch die private Kenntnis des Organmitglieds zurechnen lassen muss. Etwas anderes könnte ausnahmsweise für dasjenige privat erlangte Wissen gelten, das aufgrund einer Verschwiegenheitspflicht gegenüber der Gesellschaft nicht offenbart werden darf[1079].

Soweit Organmitglieder am konkreten Geschäft nicht beteiligt sind, man ihr Wissen aber nach den Grundsätzen über die ordnungsgemäße Organisation der Kommunikation der juristischen Person für zurechenbar hält, kommt nur eine Zurechnung geschäftlich erlangten Wissens in Betracht, denn nur geschäftlich erlangtes Wissen ist typischerweise aktenmäßig festzuhalten.

Da im Rahmen des § 199 I BGB die Kenntnis von Organen nach dem Rechtsgedanken des § 31 BGB zurechenbar ist, ist an sich ihr geschäftliches wie privates Wissen zuzurechnen. Das kann jedoch nur für solche Organe von AG und GmbH gelten, bei denen die Kenntnis eines einzelnen Organmitglieds der Gesellschaft zurechenbar ist[1080]. Soweit es im Rahmen des § 199 I BGB hingegen auf die Gremiumskenntnis eines Kollegialorgans ankommt, kann nur jene Kenntnis der juristischen Person zugerechnet werden, die das informierte Gremium besitzt – also geschäftlich erlangte Kenntnis. Privates Sonderwissen einzelner Organmitglieder, das nicht ins Gremium eingebracht wurde, muss insoweit unberücksichtigt bleiben, weil es dem Gremium nicht zur Verfügung steht.

### *III. Maßgebliches Zurechnungssubjekt bei der AG*

Es konnte gezeigt werden, dass es für den Verjährungsbeginn nach § 199 I BGB entgegen der h.M. nicht auf die Kenntnis bzw. grob fahrlässige Unkenntnis des vertretungsberechtigten Organs ankommt. Vielmehr ist auf dasjenige Organ abzustellen, das über die Geltendmachung des konkreten Anspruchs gegen den Geschäftsleiter zu entscheiden hat. Zu untersuchen ist nun, welchen Organen der AG diese Entscheidungskompetenz zukommt und wie sich die Wissenszurechnung über diese Organe vollzieht.

---

1079 Eingehend 5. Teil:§ 3B.II.
1080 Siehe 5. Teil:§ 2A.II.

### *1.) Aufsichtsrat*

#### a.) Kompetenz des Aufsichtsrats, § 112 S. 1 AktG

Gemäß § 112 S. 1 AktG obliegt es dem Aufsichtsrat, die AG gegenüber Vorstandsmitgliedern gerichtlich und außergerichtlich zu vertreten. Hieraus folgt auch die Zuständigkeit des Aufsichtsrats, die AG bei der Geltendmachung von Ansprüchen gegen Vorstandsmitglieder zu vertreten[1081]. Der Zweck des zwingenden[1082] § 112 AktG liegt darin, die unbefangene Wahrung von Gesellschaftsinteressen zu gewährleisten, indem verhindert wird, dass Vorstandsmitglieder die AG bei Rechtsgeschäften oder Rechtsstreitigkeiten mit Vorstandskollegen vertreten[1083]. Es wäre nämlich zu befürchten, dass Vorstandsmitglieder gegenüber Kollegen nicht unbefangen agieren. Der Maßstab der Befangenheit bestimmt sich bei § 112 S. 1 AktG danach, ob bei typisierender Betrachtung ein abstraktes Befangenheitsrisiko besteht, eine konkrete Gefahr der Befangenheit ist nicht erforderlich[1084]. Diesem Zweck entsprechend begründet § 112 S. 1 AktG eine ausschließliche Vertretungszuständigkeit des Aufsichtsrats, die – soweit sie reicht – die Vertretungszuständigkeit des Vorstands nach § 78 AktG verdrängt[1085].

Soweit der Aufsichtsrat als vertretungsberechtigtes Organ für die Anspruchsverfolgung gemäß § 112 S. 1 AktG zuständig ist, obliegt ihm auch die *Entscheidung* darüber, ob der Anspruch der AG gegen das Vorstandsmitglied verfolgt wird[1086]. Denn § 112 S. 1 AktG verleiht dem Aufsichtsrat – was im Wortlaut allerdings nicht zum Ausdruck kommt – nicht nur die reine Zuständigkeit zur Vertretung der AG (Außenverhältnis), sondern weist ihm insoweit die Geschäftsführungsbefugnis im Ganzen und somit auch die interne Willensbildung zu (Innenverhältnis)[1087]. Denn sonst könnte der potentiell befangene Vorstand insoweit den Willen der AG bilden (§ 77 AktG), was mit dem Normzweck des § 112 S. 1 AktG nicht vereinbar wäre. Im Rahmen des § 112 S. 1 AktG obliegt es dem Aufsichtsrat daher auch, „Bestehen und Durchsetzbarkeit des [A]nspruchs zu

---

1081 Siehe BGH NJW 1997, 1926, 1927 („ARAG/Garmenbeck“); MüKo AktG/*Habersack* § 111 Rn. 34 f.; Spindler/Stilz/*Spindler* § 111 Rn. 27.

1082 Siehe Hüffer AktG/*Koch* § 112 Rn. 1; Spindler/Stilz/*Spindler*Rn. 2.

1083 Ganz h.M., siehe BGH NJW 1988, 1384, 1385; NJW 1989, 2055, 2056; NJW-RR 1991, 926; NZG 2005, 276; Hüffer AktG/*Koch* § 112 Rn. 1; MüKo AktG/*Habersack* Rn. 1 m. w. N. auch zur Gegenansicht.

1084 Siehe BGH NJW-RR 1991, 926; AG 2002, 458, 459; Marsch-Barner Hdb AG/*E. Vetter* § 26 Rn. 52; MüKo AktG/*Habersack* § 112 Rn. 1; *Schmits* AG 1992, 149, 153.

1085 Siehe BGH NJW 1988, 1384, 1385; MüKo AktG/*Habersack* § 112 Rn. 1; Hüffer AktG/*Koch* Rn. 5; *Schmits* AG 1992, 149 f.

1086 So BGH NJW 1997, 1926, 1927; ebenso MüKo AktG/*Habersack* § 111 Rn. 34, *ders.* NZG 2016, 321. (jeweils Schadensersatzansprüche betreffend). Siehe aber auch BGH NZG 2009, 550, 552 zu bereicherungsrechtlichen Ansprüchen.

1087 So *Semler*, FS Rowedder 1994, S. 441, 443 f.; *Verhoeven* ZIP 2008, 245, 247; K. Schmidt/Lutter/*Drygala* § 112 Rn. 2; siehe auch Hölters/*Hambloch-Gesinn/Gesinn* § 112 Rn. 13; Hüffer AktG/*Koch* Rn. 7; *ders.* ZIP 2015, 1757, 1758.

prüfen sowie eine eigenständige Entscheidung über die gerichtliche Geltendmachung zu treffen“[1088]. Die Willensbildung erfolgt durch ausdrücklichen Aufsichtsratsbeschluss gemäß § 108 I AktG[1089], der grundsätzlich mit einfacher Mehrheit gefasst werden kann[1090]. Solange die Hauptversammlung von ihrem Recht nach § 147 I AktG keinen Gebrauch macht, hat der Aufsichtsrat die uneingeschränkte Befugnis, über die Geltendmachung des Anspruchs gegen das Vorstandsmitglied pflichtgemäß zu entscheiden[1091].

Die Reichweite der Zuständigkeit des Aufsichtsrats nach § 112 S. 1 AktG soll kurz umrissen werden, um seiner Zuständigkeit im Bereich der Anspruchsgeltendmachung Konturen zu verleihen. Es ist zwischen der Geltendmachung von Ansprüchen gegen amtierende, gegen ausgeschiedene und gegen prospektive Vorstandsmitglieder zu differenzieren. Schon bei wörtlicher Auslegung des § 112 S. 1 AktG ergibt sich, dass Ansprüche der AG gegen amtierende Vorstandsmitglieder vom Aufsichtsrat geltend zu machen sind. Die Zuständigkeit des Aufsichtsrats umfasst insoweit die Geltendmachung von Ansprüchen jedweden Rechtsgrundes[1092]. Auch Ansprüche aus Geschäften des täglichen Lebens oder aus sonstigen Geschäften, bei denen das Vorstandsmitglied der AG wie ein gewöhnlicher Dritter gegenüber steht, sind gegen amtierende Vorstandsmitglieder vom Aufsichtsrat geltend zu machen, da bei typisierender Betrachtung stets die Gefahr besteht, dass Vorstandsmitglieder solche Ansprüche gegen amtierende Kollegen nicht unbefangen verfolgen[1093]. Auch wenn dies dem Wortlaut des § 112 S. 1 AktG nicht unmittelbar zu entnehmen ist, ist der Aufsichtsrat auch zuständig, Ansprüche der AG gegen ausgeschiedene Vorstandsmitglieder geltend zu machen, sofern der Anspruchsgrund seinen Ursprung in der vormaligen Vorstandsmitgliedschaft hat[1094]. Dementsprechend werden z. B. Schadensersatzansprüche aus

---

1088 So BGH NJW 1997, 1926, 1927 zu Schadensersatzansprüchen.

1089 Siehe BGH NJW 1964, 1367; NJW-RR 2013, 485; NZG 2013, 792, 794; Henssler/Strohn/*Henssler* § 112 AktG Rn. 6; Spindler/Stilz/*Spindler* Rn. 33.

1090 Siehe BGH NJW-RR 2013, 485 f.; NZG 2013, 792, 794; MüKo AktG/*Habersack* § 108 Rn. 20 ff.

1091 Siehe BGH NJW 1997, 1926, 1927; *Sturm,* Verjährung Diss., S. 207; Großkomm AktG/*Bezzenberger* § 147 Rn. 38; Spindler/Stilz/*Mock* § 147 Rn. 21.

1092 Zu Bereicherungsansprüchen siehe BGH NZG 2009, 550, 552; zu Schadensersatzansprüchen siehe BGH NJW 1997, 1926, 1927; Spindler/Stilz/*Spindler* § 112 Rn. 26; Hüffer AktG/*Koch* Rn. 5; MüKo AktG/*Habersack* § 111 Rn. 35.

1093 Parallel hierzu nimmt die ganz h. M. die Vertretungszuständigkeit des Aufsichtsrats für den Abschluss von Geschäften des täglichen Lebens und neutralen Geschäften mit amtierenden Vorstandsmitgliedern an, siehe *Semler,* FS Rowedder 1994, S. 441, 445; MüKo AktG/*Habersack* § 112 Rn. 19; Spindler/Stilz/*Spindler* Rn. 29; Hölters/*Hambloch-Gesinn/Gesinn* Rn. 11; a. A. KK AktG/*Mertens/Cahn* Rn. 22.

1094 Siehe Spindler/Stilz/*Spindler* § 112 Rn. 26; MüKo AktG/*Habersack* Rn. 13; im Ergebnis ebenso BGH NJW 1989, 2055, 2056.

pflichtwidriger Geschäftsführung auch gegen ausgeschiedene Vorstandsmitglieder vom Aufsichtsrat geltend gemacht[1095]. Grundlage hierfür ist eine analoge Anwendung des § 112 S. 1 AktG[1096], die die Zuständigkeit des Aufsichtsrats wegen der abstrakten Gefahr der Befangenheit des Vorstands[1097] und aus Gründen der Klarheit und Kontinuität der Vertretung[1098] gebietet. Unklar ist, wer Ansprüche gegen prospektive Vorstandsmitglieder geltend zu machen hat, also gegen natürliche Personen, mit denen die AG in Verhandlung über deren Bestellung zum Vorstandsmitglied steht. Vornehmlich geht es dabei um Ansprüche der AG aus c.i.c., §§ 280 I, 311 II, 241 II BGB. Inzwischen ist weitgehend anerkannt, dass der Aufsichtsrat die AG nach § 112 S. 1 AktG analog[1099] bereits bei Vorverhandlungen mit Personen vertritt, die sich um das Vorstandsamt bewerben[1100]. Insoweit soll der Aufsichtsrat die AG auch bei Rechtsstreitigkeiten aus den Vorverhandlungen vertreten[1101]. Dies gilt für die Vertretung der AG, soweit der Bewerber Ansprüche gegen sie geltend macht[1102]; nichts anderes kann aber für die Vertretung der AG bei der Geltendmachung von Ansprüchen gegen den Bewerber gelten. Nach h. M. hängt diese Zuständigkeit des Aufsichtsrats auch nicht davon ab, ob der Bewerber später

---

1095 Siehe BGH NJW 1989, 2055; OLG Saarbrücken NZG 2014, 343; *Werner* ZGR 1989, 369, 380; *Semler,* FS Rowedder 1994, S. 441, 447; *Brandner,* FS Quack 1991, S. 201, 206 f.; Marsch-Barner Hdb AG/*E. Vetter* § 26 Rn. 52; Spindler/Stilz/*Spindler* § 112 Rn. 14; MüKo AktG/*Habersack* Rn. 13; *Schmits* AG 1992, 149, 153.

1096 Methodisch stützt sich die h. M. auf eine erweiternde Auslegung, siehe BGH NJW 1989, 2055, 2056; *Brandner,* FS Quack 1991, S. 201, 206; MüKo AktG/*Habersack* § 112 Rn. 12 f.; Hölters/*Hambloch-Gesinn/Gesinn* Rn. 9. Da ausgeschiedene Vorstandsmitglieder keine Vorstandsmitglieder mehr sind, ist eine analoge Anwendung geboten; so auch *Schmits* AG 1992, 149, 150.

1097 Siehe MüKo AktG/*Habersack* § 112 Rn. 12 f.; Spindler/Stilz/*Spindler* Rn. 14; *Schmits* AG 1992, 149, 153.

1098 „Klarheit" bedeutet insofern, dass die Praxis von Anfang an Klarheit darüber haben muss, wer im Falle eines Rechtsstreits mit einem ausgeschiedenen Vorstandsmitglied als gesetzlicher Vertreter der Gesellschaft zu gelten hat. „Kontinuität" bedeutet, dass der Aufsichtsrat auch nach Ausscheiden des Vorstandsmitglieds weiter vertretungsbefugt bleibt, weil es letztlich vom Zufall abhängt, ob der Anspruch vor oder nach Ausscheiden des Vorstandsmitglieds geltend gemacht wird. So BGH NJW 1989, 2055, 2056; zu dieser Rspr. *Brandner,* FS Quack 1991, S. 201 ff.

1099 Methodisch korrekt *Werner* ZGR 1989, 369, 376.

1100 So die Rspr. seit BGH NJW 1958, 419, 420; siehe auch Großkomm AktG/*Hopt/Roth* § 112 Rn. 19; MüKo AktG/*Habersack* Rn. 11; Spindler/Stilz/*Spindler* Rn. 7; KK AktG/*Mertens/Cahn* Rn. 15; *Semler,* FS Rowedder 1994, S. 441, 445; *Werner* ZGR 1989, 369, 376; a. A. *Schmits* AG 1992, 149, 150.

1101 So Spindler/Stilz/*Spindler* § 112 Rn. 7.

1102 Zur Auslagenerstattung siehe KK AktG/*Mertens/Cahn* § 112 Rn. 15; Spindler/Stilz/*Spindler* Rn. 7. Zum Schadensersatz aus c.i.c. siehe Großkomm AktG/*Hopt/Roth* § 112 Rn. 20; a. A. *Schmits* AG 1992, 149, 150.

Vorstandsmitglied der AG wird[1103]. Entstehen der AG aus den Vorverhandlungen Ansprüche gegen den Bewerber, sind diese also vom Aufsichtsrat analog § 112 S. 1 AktG geltend zu machen, und zwar unabhängig davon, ob der Bewerber später zum Vorstandsmitglied bestellt wird. Denn Klarheit und Kontinuität der Vertretung verlangen, dass die – wegen abstrakter Befangenheit des Vorstands – einmal gegebene Zuständigkeit des Aufsichtsrats auch nach Abbruch bzw. Abschluss der Verhandlungen mit dem Bewerber fortbesteht[1104].

### b.) Zurechenbarkeit seiner Kenntnis bzw. grob fahrlässigen Unkenntnis

Sofern der Aufsichtsrat nach § 112 S. 1 AktG zuständig ist, über die Geltendmachung von Ansprüchen gegen amtierende, ehemalige oder prospektive Vorstandsmitglieder zu entscheiden, hängt der Verjährungsbeginn nach § 199 I BGB von seiner Kenntnis bzw. grob fahrlässigen Unkenntnis ab[1105]. Die h. M. kommt zum gleichen Ergebnis, weil sie die Zurechenbarkeit der Kenntnis bzw. grob fahrlässigen Unkenntnis des Aufsichtsrats daraus herleitet, dass er nach § 112 S. 1 AktG zur Vertretung der AG berufen ist[1106]. Zurechnungsgrundlage ist der Rechtsgedanke des § 31 BGB, der auch auf Innenorgane wie den Aufsichtsrat anwendbar ist[1107].

### c.) Kenntnis und treuwidrige Unkenntnis des Aufsichtsrats

Steht die Zurechenbarkeit fest, bleibt noch zu klären, wann Kenntnis bzw. der Kenntnis gleichgestellte treuwidrige Unkenntnis des Aufsichtsrats vorliegt. In Bezug auf § 199 I BGB ist bisher kaum untersucht worden, unter welchen Voraussetzungen der Aufsichtsrat der AG rechtserhebliche Kenntnis hat oder sich in treuwidriger Unkenntnis befindet. Demgegenüber haben sich Rechtsprechung und Schrifttum ausführlich mit der Kenntnis und treuwidrigen Unkenntnis des Aufsichtsrats im Hinblick auf den kenntnisabhängigen Fristbeginn des § 626 II 2 BGB auseinandergesetzt. Im Folgenden wird daher zunächst der Meinungsstand zu § 626 II 2 BGB dargestellt. Im Anschluss daran ist zu überlegen, inwieweit sich die zu § 626 II 2 BGB entwickelten Grundsätze zur Wissenszurechnung auf § 199 I BGB übertragen lassen.

---

1103 Siehe Spindler/Stilz/*Spindler* § 112 Rn. 7; MüKo AktG/*Habersack* Rn. 11; Großkomm AktG/*Hopt/Roth* Rn. 20; a. A. KK AktG/*Mertens/Cahn* Rn. 15; *Schmits* AG 1992, 149, 150.

1104 Siehe Großkomm AktG/*Hopt/Roth* § 112 Rn. 20.

1105 So im Ergebnis auch *Sturm*, Verjährung Diss., S. 426 f., 207 f.

1106 Statt vieler MüKo BGB/*Grothe* § 199 Rn. 37; Erman/*Schmidt-Räntsch* Rn. 14; Jauernig/*Mansel* Rn. 4; MünchHdb GesR IV/ *Wiesner* § 23 Rn. 31.

1107 Siehe 5. Teil:§ 3A.II.2.).

### aa.) Meinungsstand zur Kenntnis des Aufsichtsrats bei § 626 II 2 BGB

Im Rahmen der außerordentlichen Kündigung des Anstellungsvertrags von Vorstandsmitgliedern stellt sich die Frage, wann der Aufsichtsrat Kenntnis i. S. v. § 626 II 2 BGB hat. Hierüber besteht Streit. Diskutiert wird, ob die Kenntnis des Aufsichtsrats als „Kollektivwissen" bei dem zur Entscheidung über die Kündigung befugten und bereiten Gremium vorliegen muss oder ob es genügt, wenn ein einzelnes Aufsichtsratsmitglied oder der Aufsichtsratsvorsitzende Kenntnis hat.

Die Ansichten haben sich im Laufe der Zeit gewandelt. Im Jahr 1964 entschied der II. Zivilsenat des BGH noch, die Kenntnis eines Aufsichtsratsmitglieds reiche aus, um Kenntnis der AG zu begründen[1108]. Diese Entscheidung fußte auf der Organtheorie in ihrer strengsten Ausprägung, nach der schon die Kenntnis eines Mitglieds des in der Angelegenheit vertretungsberechtigten Organs als Wissen der juristischen Person galt[1109]. Demgegenüber entschied der II. Zivilsenat des BGH im Jahr 2001, dass Kenntnis des GmbH-Aufsichtsrats erst vorliege, wenn das Aufsichtsratsplenum als das zur Entscheidung befugte und bereite Gremium rechtserhebliche Kenntnis erlange; verschiedene Oberlandesgericht haben diese Rechtsprechung auch schon auf den AG-Aufsichtsrat angewendet[1110].

Der Sichtwandel des BGH vollzog sich anhand einer Reihe von Entscheidungen zu § 626 II 2 BGB, in denen es um die Kenntnis der kündigungsberechtigten Innenorgane (Aufsichtsrat, Gesellschafterversammlung, Generalversammlung) von dem wichtigen Grund zur außerordentlichen Kündigung von Geschäftsleitern ging[1111]. Zunächst ging der BGH davon aus, dass Kenntnis des Innenorgans i. S. v. § 626 II 2 BGB mit der Kenntnis aller hinsichtlich der Kündigung stimmberechtigten Organmitglieder gleichzusetzen sei, sofern das Kollegialorgan innerhalb der Zweiwochenfrist zusammentreten, wirksam beschließen und die Kündigungserklärung dem Geschäftsleiter zugehen lassen könne[1112]. Die Kenntniserlangung des Innen- und Kollegialorgans setzte also nicht voraus, dass seine Mitglieder in einer Sitzung oder Versammlung zusammengetreten sind; vielmehr konnte die Kenntnis auch außerhalb von Aufsichtsratssitzungen, Gesellschafterversammlungen und Generalversammlungen erlangt werden. Falls Organmitglieder außerhalb solcher Versammlungen Kenntnis erlangt haben, sie aber aus satzungsrechtlichen Gründen

1108 Siehe BGH, Urt. v. 6. 4. 1964, II ZR 75/62, juris Rn. 20.

1109 So BGH, Urt. v. 6. 4. 1964, II ZR 75/62, juris Rn. 20.

1110 Siehe BGH, Urt. v. 10. 9. 2001, II ZR 14/00, juris Rn. 11; ebenso zum AG-Aufsichtsrat OLG Karlsruhe, Urt. v. 28. 04. 2004, 7 U 62/03, juris Rn. 7; OLG München AG 2012, 753, 756.

1111 Siehe BGH NJW 1981, 166; NJW 1984, 2689, 2690; NJW 1998, 3274, 3275; BGH, Urt. v. 10. 09. 2001, II ZR 14/00, juris Rn. 11; siehe auch OLG Jena NZG 1999, 1069; OLG Karlsruhe, Urt. v. 28. 04. 2004, 7 U 62/03, juris Rn. 7.

1112 Siehe BGH WM 1976, 379, 380; NJW 1980, 2411, 2412; DStR 1997, 1338 (2. Leitsatz); siehe auch *Stein* ZGR 1999, 264, 268 f.; *Goette* DStR 1996, 676, 678; *ders.* DStR 1997, 1338, 1340.

erst nach Ablauf der Zweiwochenfrist zur Beschlussfassung über die Kündigung zusammentreten konnten, war das Kündigungsrecht aus § 626 BGB nicht verwirkt, die Frist vielmehr entsprechend auszudehnen[1113]. Inzwischen hat der BGH seine Rechtsprechung geändert und stellt seither für den Fristbeginn nach § 626 II 2 BGB auf die Kenntnis des zusammengetretenen Innenorgans ab, und zwar in Form der Kenntnis des zur Entscheidung über die Kündigung befugten und bereiten Gremiums[1114].

Der BGH begründete diese Kehrtwende damit, dass Innenorgane wie Aufsichtsrat, Gesellschafterversammlung der GmbH und Generalversammlung der eG Kollegialorgane seien, die ihren Willen durch Beschlussfassung bilden müssten, weshalb es für die Wissenszurechnung an die Gesellschaft nur auf die Kenntnis der Organmitglieder in ihrer Eigenschaft als Mitwirkende an der kollektiven Willensbildung ankommen könne[1115]. Kenntnis eines solchen kollegialen Beratungs- und Beschlussorgans liege daher erst dann vor, wenn der für die rechtserhebliche Kenntnis maßgebliche Sachverhalt dem zusammengetretenen und entscheidungsbereiten Gremium unterbreitet werde[1116]. Das folge auch aus dem Zweck des § 626 II 2 BGB, wonach dem Kündigungsberechtigten die komplette Kündigungsfrist als Überlegungsfrist dienen solle; diesem Normzweck sei nur genügt, wenn man die Frist erst mit der Kenntnis des zusammengetretenen und zur Entscheidung über die Kündigung bereiten Gremiums abstelle, denn nur das Gremium könne sich die Kündigung überlegen[1117]. Selbst wenn alle Organmitglieder außerhalb des zusammengetretenen Gremiums Kenntnis erlangt hätten, läge somit keine Kenntnis des Kollegialorgans vor[1118]. Diese Ansicht entspricht heute gefestigter Rechtsprechung[1119].

Die h. L. folgt dieser nunmehr gefestigten Rechtsprechung zur Kenntnis von Kollegialorganen sowohl in der Begründung als auch im Ergebnis. Sie rechnet der AG nicht schon die Kenntnis einzelner Aufsichtsratsmitglieder zu, sondern nur die Kenntnis des zur Entscheidung über die Kündigung befugten und bereiten Aufsichtsratsgremiums[1120]. Im Fokus stehen auch im Schrifttum die Fälle der

---

1113 Siehe BGH NJW 1980, 2411, 2412; *Goette* DStR 1996, 676, 678.

1114 Noch zurückhaltend zum AG-Aufsichtsrat BGH NJW 1981, 166; deutlich zum GmbH-Aufsichtsrat BGH, Urt. v. 10. 09. 2001, II ZR 14/00, juris Rn. 11; zur GmbH-Gesellschafterversammlung siehe BGH NJW 1998, 3274, 3275; zur Generalversammlung einer eG siehe BGH NJW 1984, 2689, 2690.

1115 So explizit zur Gesellschafterversammlung der GmbH, BGH NJW 1998, 3274, 3275.

1116 Siehe BGH NJW 1998, 3274, 3275.

1117 Siehe BGH NJW 1998, 3274, 3275; NJW 1984, 2689, 2690.

1118 Siehe BGH NJW 1998, 3274, 3275; OLG München AG 2012, 753, 756.

1119 Zuletzt BGH NJW 2013, 2425, 2426.

1120 Siehe MüKo AktG/*Habersack* § 112 Rn. 25; Spindler/Stilz/*Spindler* Rn. 42; Großkomm AktG/*Hopt/Roth* Rn. 78; *Stein* ZGR 1999, 264, 286 f.; *Sturm*, Verjährung Diss., S. 219 ff.; *Buck* S. 283 ff.; *dies.* AG 2015, 801, 804 f.; *dies.* WM 2016, 1469; *Koch* ZIP 2015, 1757, 1758 f.; grundsätzlich auch *Wiesner* BB 1981, 1533, 1536 ff.

fristauslösenden Kenntnis nach § 626 II 2 BGB[1121]. Im Schrifttum wird noch ergänzt, dass es für die Wissenszurechnung genüge, wenn das ordnungsgemäß einberufene und beschlussfähige Aufsichtsratsgremium Kenntnis hat, mögen der Sitzung auch mehrere Aufsichtsratsmitglieder fern geblieben sein[1122]. Auch das stimmt in der Sache mit der Rechtsprechung des BGH überein.

Nach einer Mindermeinung kann in Fällen der Passivvertretung die Kenntnis einzelner Aufsichtsratsmitglieder der AG zugerechnet werden[1123]. Passive Einzelvertretungsmacht gelte seit Einführung des § 112 S. 2 AktG durch das MoMiG[1124] erstmals auch für den Aufsichtsrat[1125] und rechtfertige die Zurechnung der Kenntnis einzelner Aufsichtsratsmitglieder[1126]. Der Anwendungsbereich dieser Mindermeinung ist aber unklar. Auf § 626 II 2 BGB soll die Mindermeinung – selbst nach Ansicht der Anhänger der Mindermeinung – nicht anwendbar sein, weil angesichts der kurzen Frist des § 626 II BGB sonst kaum eine realistische Chance zum rechtzeitigen Ausspruch der Kündigung bestehe[1127]. Diskutiert wird auch, ob nicht zumindest die Kenntnis des Aufsichtsratsvorsitzenden wegen seiner herausgehobenen Stellung und seiner passiven Vertretungsmacht der AG zugerechnet werden kann. Der BGH verneint dies[1128], das Schrifttum ist gespalten[1129].

Die Formel des BGH und der h. L., es komme im Rahmen des § 626 II 2 BGB auf die Kenntnis des zur Entscheidung über die Kündigung berufenen und „bereiten" Aufsichtsratsgremiums an, bedarf der Präzisierung. Da sich Rechtsprechung und h. L. von dem Zweck des § 626 II 2 BGB leiten lassen, dem Aufsichtsrat die komplette Frist als Überlegungsfrist zu erhalten, ist ihre Ansicht so zu verstehen, dass

---

1121 KK AktG/*Mertens/Cahn* § 112 Rn. 34 sprechen vom praktisch wichtigsten Fall.

1122 Siehe *Sturm,* Verjährung Diss., S. 228; *Wiesner* BB 1981, 1533, 1540; *Stein* ZGR 1999, 264, 272.

1123 Siehe KK AktG/*Mertens/Cahn* § 112 Rn. 34; Bürgers/Körber/*Israel* Rn. 7; siehe auch *Lüders* BB 1990, 790, 795.

1124 Gesetz zur Modernisierung des GmbH-Rechts und zur Bekämpfung von Rechtsmissbräuchen (MoMiG) vom 23. 10. 2008, BGBl. I, S. 2026 ff., 2035.

1125 Siehe KK AktG/*Mertens/Cahn* § 112 Rn. 34; *Lüders* BB 1990, 790, 795 stützte sich noch auf ein allgemeines Rechtsprinzip der passiven Einzelvertretungsmacht.

1126 A. A. die h. M., derzufolge das Inkrafttreten des § 112 S. 2 AktG keinen Einfluss auf die Wissenszurechnung hatte: Spindler/Stilz/*Spindler* § 112 Rn. 42; MüKo AktG/*Habersack* Rn. 25; *Densch/Kahlo* DB 1987, 581, 583; *Buck* S. 262; *Sturm,* Verjährung Diss., S. 223.

1127 Siehe KK AktG/*Mertens/Cahn* § 112 Rn. 34.

1128 BGH, Urt. v. 10. 09. 2001, II ZR 14/00, juris Rn. 11.

1129 Bejahend Großkomm AktG/*Hopt/Roth* § 112 Rn. 78; KK AktG/*Mertens/Cahn* Rn. 34; *Wiesner* BB 1981, 1533, 1537 f., der letztlich aber zu keinem anderen Ergebnis als die h. M. kommt, weil er analog § 90 V 3 AktG das Wissen des Aufsichtsratsvorsitzenden der AG erst dann zurechnet, wenn dieser seine Kenntnis in der nächsten Aufsichtsratssitzung an die anderen Aufsichtsratsmitglieder weitergibt; ablehnend MüKo AktG/*Habersack* § 112 Rn. 25; Spindler/Stilz/*Spindler* Rn. 42.

der Aufsichtsrat Kenntnis nur in einer solchen Aufsichtsratssitzung erlangen kann, in der er zugleich über die Kündigung wirksam beschließen kann[1130]. Indem BGH und h. L. auf das „beschlussbereite" Gremium abstellen, setzen sie für die Kenntniserlangung des Aufsichtsrats somit voraus, dass er in einer ordnungsgemäß einberufenen und beschlussfähigen[1131] Aufsichtsratssitzung, deren Tagesordnung die Kündigung des Geschäftsleiters erlaubt[1132], über die kündigungsrelevanten Tatsachen informiert worden ist.

Zu klären ist daher, unter welchen Voraussetzungen der Aufsichtsrat über die Kündigung des Geschäftsleiters beschließen kann. Einer förmlichen Tagesordnung bedürfen Aufsichtsratssitzungen nicht, analog § 32 I 2 BGB sind aber die Beschlussgegenstände im Rahmen der Einberufung hinreichend genau anzugeben[1133].[1134] Der Beschlussgegenstand muss so genau angegeben und den Aufsichtsratsmitgliedern so zeitig mitgeteilt werden, dass die Aufsichtsratsmitglieder eine ausreichende Grundlage und ausreichend Zeit haben, sich auf die Beschlussfassung vorzubereiten[1135]. Der Beschlussgegenstand kann daher auch nach der Einberufung noch mitgeteilt werden, solange den Aufsichtsratsmitgliedern ausreichend Vorbereitungszeit verbleibt[1136]. Wenn hingegen Satzung oder Geschäftsordnung eine Einberufungsfrist festlegen, müssen die Beschlussgegenstände unter Beachtung dieser Frist bekannt gegeben werden[1137]. Wird ein Beschlussgegenstand den Aufsichtsratsmitgliedern nicht rechtzeitig, also z. B. erst in der laufenden Sitzung mitgeteilt, ist ein dennoch gefasster Beschluss nichtig, es sei denn, keines der anwesenden Aufsichtsratsmitglieder rügt die geänderte Tagesordnung und abwesenden Mitgliedern ist ermöglicht worden, der Beschlussfassung innerhalb angemessener Frist zu widersprechen oder nachträglich ihre Stimme abzugeben[1138]. Insbesondere wenn sämtliche Aufsichtsratsmitglieder in der Sitzung anwesend sind und keines

---

1130 So Großkomm GmbHG/*Paefgen* § 38 Rn. 113; *Schürnbrand,* Organschaft, S. 132 (jew. zur Gesellschafterversammlung).

1131 Siehe *Sturm,* Verjährung Diss., S. 193.

1132 So deutlich bisher nur Großkomm GmbHG/*Paefgen* § 38 Rn. 113; Baumbach/Hueck/*Zöllner/Noack* § 35 Rn. 225 (jeweils zur Kenntniserlangung einer GmbH-Gesellschafterversammlung); *Wiesner* BB 1981, 1533, 1540 (zur Generalversammlung der eG).

1133 Siehe Spindler/Stilz/*Spindler* § 110 Rn. 19; Großkomm AktG/*Hopt/Roth* Rn. 21; MüKo AktG/*Habersack* Rn. 18.

1134 In der Praxis unterbleibt vielfach eine genaue Bezeichnung des Beschlussgegenstands, siehe Semler/v. Schenck/*v. Schenck* § 5 Rn. 57.

1135 Siehe MüKo AktG/*Habersack* § 110 Rn. 18 f.; Großkomm AktG/*Hopt/Roth* Rn. 22 f.; KK AktG/*Mertens/Cahn* Rn. 4, Spindler/Stilz/*Spindler* Rn. 19 f.

1136 Siehe KK AktG/*Mertens/Cahn* § 110 Rn. 4; Großkomm AktG/*Hopt/Roth* Rn. 22.

1137 So KK AktG/*Mertens/Cahn* § 110 Rn. 4, MüKo AktG/*Habersack* Rn. 18; Großkomm AktG/*Hopt/Roth* Rn. 22.

1138 So KK AktG/*Mertens/Cahn* § 110 Rn. 5; MüKo AktG/*Habersack* Rn. 21.

von ihnen der verspäteten Mitteilung des Tagesordnungspunkts widerspricht, ist ein gefasster Beschluss trotz Verfahrensfehlers wirksam[1139].

Folgte man dem BGH und der h. L., könnte der Aufsichtsrat Kenntnis von den für die Kündigung maßgebenden Tatsachen i. S. v. § 626 II 2 BGB in einer Sitzung daher nur erlangen, wenn der Beschlussgegenstand der Kündigung des Geschäftsleiters unter Beachtung einer in der Satzung oder der Geschäftsordnung bestimmten Frist oder, falls eine solche Frist nicht existiert, in angemessener Frist vor der Sitzung mitgeteilt worden ist. Ist dieser Beschlussgegenstand hingegen verspätet bekannt gegeben worden, widerspricht aber keines der Aufsichtsratsmitglieder diesem Verfahrensfehler, obwohl alle hierzu Gelegenheit hatten, kann die Kenntnis i. S. v. § 626 II 2 BGB auch in einer solchen Sitzung erlangt werden. Wird der Beschlussgegenstand in der Aufsichtsratssitzung vertagt, läge Kenntnis des Aufsichtsratsgremiums nach Ansicht des BGH und der h. L. wohl schon in der laufenden Aufsichtsratssitzung vor. Denn das Gremium hatte schon in der laufenden Sitzung die Möglichkeit, sich die Anspruchsgeltendmachung zu überlegen und über sie zu beschließen[1140].

### bb.) Meinungsstand zur treuwidrigen Unkenntnis des Aufsichtsrats bei § 626 II 2 BGB

Für den Fristbeginn auf die Kenntnis des zusammengetretenen und entscheidungsbereiten Aufsichtsratsgremiums abzustellen, führt dazu, dass es in der Hand der Aufsichtsratsmitglieder liegt, wann die AG Kenntnis erlangt. Z. B. könnte ein Aufsichtsratsmitglied, nachdem es von den für die Kündigung des Vorstandsmitglieds maßgebenden Tatsachen erfahren hat, es unterlassen, den Aufsichtsrat hierüber zu informieren oder die Informierung des Aufsichtsrats zumindest verzögern[1141]. Um der Gefahr zu begegnen, dass der Fristbeginn bei § 626 II 2 BGB bewusst hinausgeschoben wird, hat der BGH Leitlinien zur unangemessen verzögerten Informierung von Kollegialorganen entwickelt, namentlich für die Gesellschafterversammlung einer GmbH und die Generalversammlung einer eG.

Zur Einberufung der Gesellschafterversammlung einer GmbH entschied der BGH: Wenn ein einberufungsberechtigter Gesellschafter die Einberufung des Gremiums unangemessen verzögere, nachdem er rechtserhebliche Kenntnis erlangt habe, müsse sich die Gesellschaft so behandeln lassen, als wäre die Gesellschafterversammlung mit billigerweise zumutbarer Beschleunigung zusammengetreten und informiert worden[1142]. Einberufungsberechtigt im Sinne dieser Rechtsprechung sind solche Mitglieder des Kollegialorgans, die entweder selbst zur Einberufung

---

1139 So OLG Karlsruhe AG 1996, 224, 226 f.; MüKo AktG/*Habersack* § 108 Rn. 77.
1140 So auch *Wiesner* BB 1981, 1533, 1540.
1141 Siehe *Buck* S. 290.
1142 Siehe BGH NJW 1998, 3274, 3275.

des Gremiums berechtigt sind oder das Recht haben, die Einberufung vom zuständigen Organwalter zu verlangen[1143].

Abweichend hiervon hat der BGH entschieden, dass die unterlassene Einberufung der kündigungsberechtigten Generalversammlung durch eine einberufungsberechtigte Genossenminderheit i. S. v. § 45 GenG nicht zum Fristbeginn nach § 626 II 2 BGB führe[1144]. Der BGH argumentiert, dass die einberufungsberechtigte Genossenminderheit anders als der Aufsichtsrat der eG nicht gesetzlich verpflichtet sei, die Generalversammlung einzuberufen und zu informieren[1145]. Aus der fehlenden Einberufungspflicht der Genossenminderheit i. S. v. § 45 GenG schließt der BGH, dass sich die Genossenschaft die Kenntnis der Genossenminderheit nicht entgegenhalten lassen muss.

Im Ergebnis muss sich die juristische Person nach der Rechtsprechung des BGH bei verzögerter Informierung des Kollegialorgans nur dann als wissend behandeln lassen, wenn die Einberufung von solchen Mitgliedern des Kollegialorgans verzögert wird, die zur Einberufung berechtigt und verpflichtet sind[1146]. Nach anderer Ansicht soll es nicht darauf ankommen, ob das kenntniserlangende Mitglied des Kollegialorgans einberufungsberechtigt ist, auschlaggebend soll allein seine Pflicht sein, die Kenntnis ans Gremium weiterzugeben[1147]. Bezogen auf den Aufsichtsrat einer AG kämen beide Ansichten zu dem gleichen Ergebnis, weil jedes Aufsichtsratsmitglied nach § 110 I AktG die Einberufung verlangen kann und verlangen muss, wenn es von einem wichtigen Grund zur Kündigung eines Vorstandsmitglieds erfährt[1148].

Zur unangemessen verzögerten Informierung des AG-Aufsichtsrats musste der BGH, soweit ersichtlich, noch nicht Stellung nehmen. Die OLG-Rechtsprechung[1149] und h. L.[1150] wenden die vom BGH entwickelten Leitlinien zur verzögerten Informierung von Kollegialorganen aber auch auf den AG-Aufsichtsrat an. Sorgen die kenntniserlangenden Aufsichtsratsmitglieder nicht gemäß § 110 I, II AktG mit der gebotenen Beschleunigung für die Einberufung des Gremiums, beginne die Frist nach § 626 II 2 BGB zu laufen, sobald der mit der gebotenen Beschleunigung einberufene Aufsichtsrat hätte zusammentreten und informiert werden können[1151].

---

1143 Siehe BGH NJW 1998, 3274, 3275.

1144 Siehe BGH NJW 1984, 2689, 2690.

1145 So BGH NJW 1984, 2689, 2690.

1146 So auch *Stein* ZGR 1999, 264, 277.

1147 So *Stein* ZGR 1999, 264, 278 ff.; siehe auch Großkomm GmbHG/*Paefgen* § 38 Rn. 116; Lutter/Hommelhoff/*Kleindiek* Anh. § 6 Rn. 64.

1148 Siehe MüKo AktG/*Spindler* § 84 Rn. 171; Spindler/Stilz/*Fleischer* § 84 Rn. 160.

1149 Siehe OLG Karlsruhe, Urt. v. 28. 04. 2004, 7 U 62/03, juris Rn. 8; KG NZG 2004, 1165, 1167.

1150 Siehe *Stein* ZGR 1999, 264, 286 f.; Spindler/Stilz/*Spindler* § 112 Rn. 42; MüKo AktG/*ders.* § 84 Rn. 171; Großkomm AktG/*Hopt/Roth* § 112 Rn. 79; Spindler/Stilz/*Fleischer* § 84 Rn. 159; *Buck* S. 290 ff.

1151 Siehe OLG Karlsruhe, Urt. v. 28. 04. 2004, 7 U 62/03, juris Rn. 8; KG NZG 2004, 1165, 1167; *Stein* ZGR 1999, 264, 286 f.

Denn wenn einzelne Aufsichtsratsmitglieder Kenntnis von den kündigungsrelevanten Umständen erlangen, seien sie gemäß § 110 I, II AktG berechtigt und zugleich verpflichtet, den Aufsichtsrat mit der billigerweise zumutbaren Beschleunigung einzuberufen und zu informieren[1152].

Die dogmatische Begründung dafür, dass sich die juristische Person bei verzögerter Informierung des Gremiums nach § 626 II 2 BGB als wissend behandeln lassen muss, variiert. Eine Ansicht beruft sich auf den Zweck des § 626 II 2 BGB[1153]. Dem Geschäftsleiter dürfe nach § 626 II 2 BGB nicht zugemutet werden bis zu einer unabsehbaren Zusammenkunft des Gremiums zuwarten zu müssen[1154]. Andere leiten das Ergebnis aus § 242 BGB her und werten die verzögerte Informierung des Kollegialorgans als rechtsmissbräuchliche Unkenntnis der juristischen Person[1155]. Die AG verhalte sich nach § 242 BGB widersprüchlich, wenn sie sich auf ihre Unwissenheit berufe, indes sie sich durch Unterlassung des gebotenen Verhaltens unwissend gehalten habe[1156]. Wiederum andere sehen bei unzulässiger Verzögerung der Informierung des Aufsichtsrats das Recht zur außerordentlichen Kündigung als verwirkt an, ohne dies dogmatisch näher zu fundieren[1157].

Entgegen der Rechtsprechung und h. L. vertritt *Sturm* die Ansicht, dass die Kenntnis einzelner Aufsichtsratsmitglieder für den Fristbeginn nach § 626 II 2 BGB unbeachtlich sei[1158]. Verletzten einzelne Aufsichtsratsmitglieder ihre Pflicht, den Aufsichtsrat über die kündigungsrelevanten Tatsachen mit gebotener Beschleunigung zu informieren, begründe dies keine rechtsmissbräuchliche Unkenntnis der juristischen Person nach § 242 BGB[1159]. Rechtsmissbräuchliche Unkenntnis nach § 242 BGB könne nur dann angenommen werden, wenn das zusammengetretene Aufsichtsratsplenum seine Kenntniserlangung unredlich vereitele, z. B. wenn es sich mit den rechtserheblichen Tatsachen bewusst nicht befasse, um die Kenntnis des Gremiums zu vermeiden[1160]. Die bloße pflichtwidrige Nichtweitergabe von Wissen durch einzelne Mitglieder begründe hingegen keine treuwidrige Unkenntnis.

---

1152 Siehe OLG Karlsruhe, Urt. v. 28. 04. 2004, 7 U 62/03, juris Rn. 8; KG NZG 2004, 1165, 1167 (jeweils zum Aufsichtsratsvorsitzenden); Spindler/Stilz/*Fleischer* § 84 Rn. 160; MüKo AktG/*Spindler* Rn.171.

1153 Siehe BGH NJW 1998, 3274, 3275; Großkomm GmbHG/*Paefgen* § 38 Rn. 114.

1154 So BGH NJW 1998, 3274, 3275.

1155 Siehe BGH NJW 1984, 2689, 2690; *Buck* S. 291 f.; siehe auch *Stein* ZGR 1999, 264, 277 „treuwidrige Verzögerung".

1156 So *Buck* S. 291, 455.

1157 So Spindler/Stilz/*Fleischer* § 84 Rn. 160; Hüffer AktG/*Koch* Rn. 54.

1158 Siehe *Sturm*, Verjährung Diss., S. 235 f.

1159 Siehe *Sturm*, Verjährung Diss., S. 235 f.

1160 Siehe *Sturm*, Verjährung Diss., S. 236.

### cc.) Stellungnahme zum Fristbeginn bei § 626 II 2 BGB und zur Übertragbarkeit der dort geltenden Wissenszurechnungsgrundsätze auf § 199 I BGB

Die Kenntnis und die treuwidrige Unkenntnis des Aufsichtsrats bei § 626 II 2 BGB werden bislang nicht richtig bestimmt. Alle Ansichten arbeiten zwar die richtigen rechtlichen Eckpunkte heraus, ziehen aus ihnen aber die falschen Schlüsse für die Bestimmung der Kenntnis bzw. treuwidrigen Unkenntnis des Aufsichtsrats. An dieser Stelle sind daher neue Begriffe der Kenntnis und der treuwidrigen Unkenntnis des Aufsichtsrats zu entwickeln, die bei § 626 II 2 BGB allerdings zu keinen abweichenden praktischen Ergebnissen kommen werden. Für die richtige Dogmatik bei § 199 I BGB sind die neuen Begriffe aber von entscheidender Relevanz.

Über zwei rechtliche Eckpunkte herrscht Konsens. Zum einen darüber, dass nach dem Normzweck des § 626 II 2 BGB dem Kündigungsberechtigten die komplette Frist als Überlegungsfrist zustehen soll. Hieraus wird zu Recht gefolgert, dass das kündigungsberechtigte Organ von Fristbeginn an die Möglichkeit haben muss, sich die Kündigung zu überlegen und einzuleiten. Zum anderen ist der Aufsichtsrat ein Kollegialorgan, das seinen Willen nur durch Beschluss bilden kann, § 108 AktG. Hieraus wird zutreffend geschlossen, dass es für den Fristbeginn auf die Kenntnis des Gremiums ankommen muss, weil nur das Gremium als Entscheidungsträger sich die Kündigung überlegen kann. Diese rechtlichen Eckpunkte sind unstreitig. Sie führen aber nicht zu der Dogmatik, die heute herrschend ist. Dies wird augenscheinlich, wenn man die zu § 626 II 2 BGB entwickelten Zurechnungsgrundsätze eins zu eins auf § 199 I BGB zu übertragen versucht.

Übertrüge man die Wissenszurechnungsgrundsätze eins zu eins auf § 199 I BGB, ergäbe sich folgendes Bild: Erlangt ein Aufsichtsratsmitglied Kenntnis von anspruchsbegründenden Umständen und der Person des Schuldner-Vorstandsmitglieds i. S. v. § 199 I BGB, hätte es mit der billigerweise zumutbaren Beschleunigung eine Aufsichtsratssitzung einzuberufen, deren Tagesordnung den Beschlussgegenstand der Anspruchsgeltendmachung gegen das Schuldner-Vorstandsmitglied vorzusehen hätte. Würde das Aufsichtsratsmitglied in dieser beschlussfähigen Sitzung den Aufsichtsrat über die anspruchsbegründenden Umstände und die Person des Schuldner-Vorstandsmitglieds informieren, hätte der Aufsichtsrat nach herkömmlicher Dogmatik Kenntnis i. S. v. § 199 I BGB erlangt – und somit auch die AG. Hätte das Aufsichtsratsmitglied, nachdem es Kenntnis erlangt hatte, die Einberufung und Informierung des Aufsichtsratsgremiums hingegen unangemessen verzögert, müsste sich die AG nach § 242 BGB so behandeln lassen, als hätte sie in dem Zeitpunkt Kenntnis erlangt, in dem der Aufsichtsrat bei gebotener Beschleunigung der Einberufung zusammengetreten und informiert worden wäre. Hieran zeigt sich der zentrale Mangel der von Rechtsprechung und Schrifttum entwickelten Dogmatik zu § 626 II 2 BGB, der bei § 199 I BGB noch viel stärker zum Vorschein kommt: Indem man von der juristischen Person verlangt, in einer mit gebotener Beschleunigung einberufenen Aufsichtsratssitzung über die Kündigung bzw. Anspruchsgeltendmachung zu *beschließen*, schreibt man

ihr vor, schon im Zeitpunkt des Fristbeginns den Willen über die Kündigung bzw. Anspruchsgeltendmachung zu bilden. Bei § 199 I BGB hätte dies zur Folge, dass die juristische Person die regelmäßige Verjährungsfrist von drei Jahren (§ 195 BGB) überhaupt nicht ausschöpfen könnte. Während die Einzelperson die komplette Frist nutzen kann, um sich die Anspruchsgeltendmachung zu überlegen und den Willen zur Anspruchsgeltendmachung zu bilden, soll die juristische Person über die Anspruchsgeltendmachung schon bei Fristbeginn entscheiden müssen. Damit würde der juristischen Person eine Pflicht auferlegt, die dem Normzweck des § 199 I BGB widerspräche und die die juristische Person gegenüber der Einzelperson schlechter stellte. Die Übertragung der zu § 626 II 2 BGB entwickelten Dogmatik auf § 199 I BGB erhellt somit, dass schon die zum Fristbeginn des § 626 II 2 BGB entwickelten Grundsätze nicht richtig sein können.

Die Schwäche der herkömmlichen Dogmatik beruht bei § 626 II 2 BGB auf folgendem Fehlschluss: Aus dem zutreffenden rechtlichen Ausgangspunkt, die juristische Person müsse schon bei Fristbeginn die Möglichkeit haben, den Willen zur Kündigung zu bilden, um die Ausschlussfrist als Überlegungsfrist komplett nutzen zu können, wird der falsche Schluss gezogen, dass sie ihren Willen schon im Zeitpunkt des Fristbeginns bilden müsse. Konkret: Aus der zutreffenden Pflicht einzelner Aufsichtsratsmitglieder, nach Kenntniserlangung das Aufsichtsratsgremium mit der gebotenen Beschleunigung über den relevanten Sachverhalt zu informieren, wird zugleich die – so nicht begründbare – Pflicht des Aufsichtsratsmitglieds verbunden, mit der gebotenen Beschleunigung für eine Beschlussfassung über die Kündigung (§ 626 II 2 BGB) oder über die Anspruchsgeltendmachung (§ 199 I BGB) zu sorgen. Letztere Pflicht ist grundsätzlich nicht anzuerkennen, weil Ausschlussfristen und Verjährungsfristen grundsätzlich immer bis zum letzten Tag ausgeschöpft werden dürfen[1161].

Auch wenn sich die Pflicht der juristischen Person, mit der gebotenen Beschleunigung über die Kündigung i. S. v. § 626 BGB Beschluss zu fassen, nicht begründen lässt, so ist doch zuzugeben, dass aus praktischer Sicht ein faktischer Zwang der juristischen Person zur schnellstmöglichen Beschlussfassung besteht. Denn in der Praxis wäre es aufwändig, wenn der über den Kündigungsgrund mit der gebotenen Beschleunigung informierte Aufsichtsrat innerhalb der kurzen Zweiwochenfrist des § 626 II 2 BGB ein weiteres Mal zusammentreten müsste, um einen Beschluss über die Kündigung des Vorstandsmitglieds zu fassen. Es wird daher naheliegen, schon in der ersten, mit der gebotenen Beschleunigung einberufenen Sitzung auch Beschluss über die Kündigung zu fassen. Diese praktischen Gesichtspunkte ändern aber nichts an der richtigen Dogmatik, dass zunächst nur eine Pflicht der einzelnen Aufsichtsratsmitglieder besteht, das Gremium mit der gebotenen Beschleunigung über die kündigungsrelevanten Tatsachen zu informieren. Zur Beschlussfassung bleiben dem Gremium dann weitere zwei Wochen. Es ist auch praktisch durchaus

1161 Zum Verhältnis der Fristen der §§ 195, 626 II BGB zum Institut der Verwirkung, siehe Staudinger/*Looschelders/Olzen* § 242 Rn. 311–314.

möglich, dass der Aufsichtsrat innerhalb von zwei Wochen erneut zusammentritt, um über die Kündigung zu beschließen[1162].

### (1.) Kenntnis des Aufsichtsrats i. S. v. § 199 I BGB

Es ist grundsätzlich geboten, die Kenntnis des Aufsichtsrats i. S. v. § 199 I BGB nach den gleichen Grundsätzen wie bei § 626 II 2 BGB bestimmen. Denn es handelt sich um strukturgleiche Wissensnormen, bei denen Funktion, Schutzrichtung und Inhalt des Kenntnismerkmals ähnlich sind[1163]. Beide Normen knüpfen den Fristbeginn an die Kenntnis des Rechtsinhabers. Bei beiden Normen hat das Kenntnismerkmal die Funktion, dem Wissenden die Rechtsausübung innerhalb der Frist zu ermöglichen. Kraft seiner Kenntnis soll der Rechtsinhaber die Frist als Überlegungsfrist nutzen und von Fristbeginn an eine informierte Entscheidung über die Rechtsausübung treffen können[1164].

Wegen der insoweit übereinstimmenden Normzwecke der §§ 626 II 2, 199 I BGB, dem Rechtsinhaber mittels des kenntnisabhängigen Fristbeginns eine Überlegungsfrist zur Rechtsausübung zu geben und wegen der Eigenschaft des Aufsichtsrats, die Rechtsausübung als Kollegialorgan nur im Gremium beschließen zu können, ist die Kenntnis des Aufsichtsrats i. S. v. §§ 626 II 2, 199 I BGB wie folgt zu bestimmen: Zurechenbare *Kenntnis* des Aufsichtsrats liegt vor, wenn der Aufsichtsrat als beschlussfähiges Gremium (§ 108 II AktG) von den rechtserheblichen Tatsachen erfährt. Unerheblich ist dabei, ob die Tagesordnung den Beschlussgegenstand »Kündigung des Vorstandsmitglieds« bzw. »Anspruchsgeltendmachung gegen das Vorstandsmitglied« vorsieht[1165]. Die Kenntniserlangung durch den Aufsichtsrat setzt nämlich nicht voraus, dass der Aufsichtsrat in der Sitzung über die Kündigung bzw. Anspruchsgeltendmachung beschließen kann. Genügend ist vielmehr, dass der Aufsichtsrat die Möglichkeit hatte, die Beschlussgegenstände der Kündigung bzw. Anspruchsgeltendmachung so rechtzeitig auf die Tagesordnung zu setzen, dass ein Beschluss hätte gefasst werden können. Denn auch bei der Einzelperson kommt es nicht darauf an, dass sie sich schon im Zeitpunkt der Kenntniserlangung zur Kündigung bzw. Anspruchsgeltendmachung entschließt, sondern dass sie die Möglichkeit hierzu hatte. Der Einzelperson steht es frei, die jeweilige Frist bis zum letzten Tag auszuschöpfen und erst dann einen Entschluss über die Kündigung bzw. Anspruchsgeltendmachung zu fassen. Kenntnis kann der Aufsichtsrat somit in jeder Aufsichtsratssitzung erlangen, sofern er

---

1162 Siehe *Stein* ZGR 1999, 264, 289; Lutter/Hommelhoff/*Kleindiek* Anh. § 6 Rn. 64 (zur Gesellschafterversammlung).

1163 So im Ergebnis auch *Sturm*, Verjährung Diss., S. 195 f.

1164 Siehe 3. Teil:§ 2C.II.

1165 Dem Aufsichtsrat ist es stets erlaubt, über die Kündigung oder die Anspruchsgeltendmachung in der Sitzung *ad hoc* zu beraten, denn bloße Beratungsgegenstände müssen nicht mit der Tagesordnung bekannt gemacht werden. Siehe Großkomm AktG/*Hopt/Roth* § 110 Rn. 21.

im Vorhinein die Möglichkeit hatte, den Beschlussgegenstand »Kündigung« bzw. »Anspruchsgeltendmachung« auf die Tagesordnung zu setzen. Diese Möglichkeit des Aufsichtsrats wird ihm durch seine Mitglieder vermittelt. Erlangt beispielsweise ein Aufsichtsratsmitglied Kenntnis von anspruchsbegründenden Umständen und der Person des Schuldner-Vorstandsmitglieds, hat es die Möglichkeit, nach § 110 I AktG mit der gebotenen Beschleunigung für die Einberufung zu sorgen und hierbei Zweck und Gründe der Einberufung anzugeben, also auch den Beschlussgegenstand der Anspruchsgeltendmachung auf die Tagesordnung setzen zu lassen[1166]. Sofern zwischen der Kenntniserlangung durch ein Aufsichtsratsmitglied und der nächsten Aufsichtsratssitzung genug Zeit war, den Beschlussgegenstand der Anspruchsgeltendmachung auf die Tagesordnung setzen zu lassen, kann der Aufsichtsrat in dieser nächsten Aufsichtsratssitzung rechtserhebliche Kenntnis i. S. v. § 199 I BGB erlangen, wenn er über die rechtserheblichen Tatsachen informiert wird. Erlangt ein Aufsichtsratsmitglied von den rechtserheblichen Tatsachen i. S. v. § 199 I BGB erst so spät Kenntnis, dass nicht genügend Zeit verbleibt, um den Beschlussgegenstand der Anspruchsgeltendmachung auf die Tagesordnung der nächsten Aufsichtsratssitzung zu setzen, kann der Aufsichtsrat in dieser nächsten Sitzung keine Kenntnis i. S. v. § 199 I BGB erlangen, weil für die AG nicht die Möglichkeit bestand, den Beschlussgegenstand »Anspruchsgeltendmachung« rechtzeitig[1167] auf die Tagesordnung der nächsten Aufsichtsratssitzung zu setzen. Ein solcher Fall liegt z. B. vor, wenn ein Aufsichtsratsmitglied erst einen Tag vor der turnusmäßigen[1168] Aufsichtsratssitzung die rechtserhebliche Kenntnis erlangt, sodass eine rechtzeitige Ergänzung der auf der Tagesordnung stehenden Beschlussgegenstände nicht mehr möglich ist. In der anstehenden turnusmäßigen Sitzung kann der Aufsichtsrat dann keine rechtserhebliche Kenntnis erlangen. Die rechtserhebliche Kenntnis i. S. v. § 199 I BGB tritt dann aber automatisch ein, sobald nach dieser turnusmäßigen Aufsichtsratssitzung eine Zeitspanne verstrichen ist, innerhalb der es dem Aufsichtsrat bei unverzüglicher Einberufung einer neuen Sitzung gelungen wäre, eine Sitzung mit dem Beschlussgegenstand »Anspruchsgeltendmachung« abzuhalten. Fristbeginn ist dann der Zeitpunkt dieser fiktiven neuen Sitzung.

Zusammenfassend ist die fristbeginnauslösende Kenntnis des Aufsichtsrats bei § 626 II 2 BGB und bei § 199 I BGB so zu definieren: Rechtserhebliche Kenntnis des Aufsichtsrats liegt vor, wenn der Aufsichtsrat als beschlussfähiges Gremium (§ 108 II AktG) in irgendeiner Sitzung von den rechtserheblichen Tatsachen Kenntnis erlangt, es sei denn, die AG hatte keine Möglichkeit, den Beschlussgegenstand »Kündigung« bzw. »Anspruchsgeltendmachung« so zeitig auf die Tagesordnung

---

1166 Siehe K. Schmidt/Lutter/*Drygala* § 110 Rn. 4.
1167 Siehe hierzu 5. Teil:§ 3A.III.1.)c.)cc.)(1.).
1168 Den Mindestturnus regelt § 110 III AktG. Hierzu K. Schmidt/Lutter/*Drygala* § 110 Rn. 17 f.

der Sitzung zu setzen, dass hierüber hätte Beschluss gefasst werden können. In letzterem Fall tritt die Kenntnis automatisch in dem Zeitpunkt ein, in dem das informierte Gremium fiktiv eine neue Sitzung mit dem Beschlussgegenstand »Kündigung« bzw. »Anspruchsgeltendmachung« frühestens hätte durchführen können. Auf diese Weise ist gesichert, dass die Frist nie zu laufen beginnt, bevor das informierte Aufsichtsratsgremium die *Möglichkeit* hatte, über die Kündigung oder die Anspruchsgeltendmachung zu beschließen; auf der anderen Seite wird das Aufsichtsratsgremium nach dieser Dogmatik nicht dazu verpflichtet, bei Fristbeginn zu beschließen und kann die Frist somit ausschöpfen.

Die Kenntnis einzelner oder aller Aufsichtsratsmitglieder außerhalb des beschlussfähigen Gremiums kann demgegenüber nicht als Kenntnis des Aufsichtsrats qualifiziert werden. Denn nur das beschlussfähige Gremium hat die Kompetenz, sich die Kündigung oder Anspruchsgeltendmachung zu überlegen und über sie zu entscheiden. Nur im Gremium kann über Kündigung und Anspruchsgeltendmachung beraten werden, was einem Überlegen gleichkommt. Es überzeugt daher nicht, die Kenntnis einzelner oder aller Aufsichtsratsmitglieder außerhalb des beschlussfähigen Gremiums der AG zuzurechnen. Hieran ändert auch die herausgehobene Stellung des Aufsichtsratsvorsitzenden nichts, selbst wenn man ihn als Organ qualifizierte[1169]; auch als Organ wäre er nicht für die Entscheidung über die Kündigung bzw. Anspruchsgeltendmachung zuständig, sodass seine Kenntnis mangels Entscheidungskompetenz nicht zurechenbar wäre. Auch die passive Einzelvertretungsmacht der Aufsichtsratsmitglieder nach §§ 112 S. 2, 78 II 2 AktG kann nicht generell dazu führen, dass die Kenntnis einzelner Aufsichtsratsmitglieder der AG zuzurechnen ist. Wie gezeigt, lassen sich die Regeln über die passive Einzelvertretungsmacht nur in sehr begrenztem Umfang für die Wissenszurechnung fruchtbar machen[1170]. Nur wenn das Schuldner-Vorstandsmitglied an die AG, vertreten durch den Aufsichtsrat, eine *Wissens*erklärung adressiert, in der es den Aufsichtsrat über den Anspruch informiert, muss sich die AG analog §§ 112 S. 2, 78 II 2 AktG schon die Kenntnis eines einzelnen Aufsichtsratsmitglieds zurechnen lassen. Im Übrigen kann aus den Regeln der passiven Einzelvertretungsmacht nichts für die Wissenszurechnung hergeleitet werden. Dies gilt besonders für die Aufsichtsratskenntnis i. S. v. §§ 626 II 2, 199 I BGB, die die Rechtsinhaber zu einem aktiven Tätigwerden befähigen soll, indes es bei § 112 S. 2 AktG um die rein passive Entgegennahme von Willenserklärungen und die damit verbundene Kenntnis bzw. Kenntnisnahmemöglichkeit geht. Für eine Analogie fehlt es an der Ähnlichkeit der Sachverhalte[1171].

---

1169 So *Schürnbrand,* Organschaft, S. 60 f.; a. A. die h.M., siehe Großkomm AktG/*Hopt/Roth* § 107 Rn. 63; KK AktG/*Mertens/Cahn* Rn. 38.

1170 Siehe 5. Teil:§ 2A.II.

1171 Treffend *Buck* S. 262.

### (2.) Treuwidrige Unkenntnis des Aufsichtsrats im Rahmen des § 199 I BGB

Zu klären ist noch, wie es zu behandeln ist, wenn einzelne Aufsichtsratsmitglieder Kenntnis von anspruchsbegründenden Umständen und der Person des Schuldner-Vorstandsmitglieds erlangen, ihre Kenntnis aber nicht oder nicht mit der gebotenen Beschleunigung ans beschlussfähige Gremium weitergeben. Auch insoweit ist zunächst die Dogmatik zu § 626 II 2 BGB zu bewerten und anschließend deren Übertragung auf § 199 I BGB zu prüfen.

Mit der Rechtsprechung und der h. L. zu § 626 II 2 BGB ist davon auszugehen, dass die Frist auch bei Unkenntnis des Aufsichtsrats beginnt, wenn zur Einberufung berechtigte und verpflichtete Mitglieder die Informierung des Aufsichtsrats unangemessen verzögern. Aufsichtsratsmitglieder sind zur Einberufung und zur Informierung des Gremiums verpflichtet, wenn sie von Sachverhalten erfahren, deren Behandlung im Gremium notwendig ist, um eine Gefährdung oder Beeinträchtigung des Gesellschaftsinteresses abzuwenden[1172]. Verstoßen Aufsichtsratsmitglieder gegen ihre Pflicht, den Aufsichtsrat mit billigerweise zumutbarer Beschleunigung zu informieren, muss sich die AG nach zutreffender h.M. so behandeln lassen, als wäre ihr mit zumutbarer Beschleunigung zusammengetretener Aufsichtsrat informiert worden.

Die richtige Rechtsgrundlage für den Fristbeginn nach § 626 II 2 BGB bei unangemessen verzögerter Informierung des Aufsichtsrats ist § 242 BGB; es liegt ein Fall unredlicher Unkenntnis vor. Auf den Normzweck des § 626 II 2 BGB oder den Gedanken der Verwirkung kann der Fristbeginn hingegen nicht gestützt werden. § 626 II 2 BGB schützt den zu Kündigenden nur durch die kurze Frist, nicht aber durch den Fristbeginn. Der kenntnisabhängige Fristbeginn schützt allein den Kündigungsberechtigten vor dem Verfall ihm unbekannter Kündigungsrechte, er schützt aber gerade nicht das Interesse des Schuldners an einem möglichst frühzeitigen Fristbeginn[1173]. § 626 II 2 BGB mutet es dem zu Kündigenden zu, solange auf den Fristbeginn zu warten bis der Kündigungsberechtigte von den für die Kündigung maßgebenden Tatsachen Kenntnis erlangt. Vorher genießt der zu Kündigende keinerlei schutzwürdiges Vertrauen darauf, dass die Kündigung ihm gegenüber nicht (mehr) ausgesprochen wird. Solange das beschlussfähige Aufsichtsratsgremium keine Kenntnis erlangt, gibt es somit kein schutzwürdiges Vertrauen des Betroffenen, nicht gekündigt zu werden. Aus dem Normzweck des § 626 II 2 BGB kann daher nicht hergeleitet werden, dass die Frist bei unangemessen verzögerter Informierung des Aufsichtsrats beginnt. Daher kommt nur ein Fall rechtsmissbräuchlicher Unkenntnis nach § 242 BGB in Betracht. Die Fallgruppe des widersprüchlichen Verhaltens ist aber nicht einschlägig. Denn es gibt kein (Vor-)

---

1172 Siehe MüKo AktG/*Habersack* § 110 Rn. 39; Großkomm AktG/*Hopt/Roth* Rn. 40.

1173 Insoweit kann nichts anderes als bei § 199 I BGB gelten. Zu Funktion und Schutzrichtung des Kenntnismerkmals bei § 199 I BGB siehe 3. Teil:§ 2C.II.

Verhalten des beschlussfähigen Aufsichtsratsgremiums, aus dem der zu Kündigende hätte schließen können, das Gremium werde Kenntnis nehmen[1174]. Auch die Verwirkung als Unterfall widersprüchlichen Verhaltens[1175] scheidet somit aus[1176]. In der unangemessenen Verzögerung der Informierung des Aufsichtsrats liegt aber eine unredliche Vereitelung der Kenntnisnahme der AG nach § 242 BGB[1177]. Konstruktiv bereitet zwar auch diese Einordnung Schwierigkeiten, weil die Kenntniserlangung nicht durch das Aufsichtsratsgremium als solches unredlich vereitelt wird, sondern durch einzelne seiner Mitglieder. Aber auch die pflichtwidrig unterlassene Weitergabe der Kenntnis einzelner Aufsichtsratsmitglieder ans Gremium muss entgegen *Sturm* als unredliche Unkenntnis der AG nach § 242 BGB gewertet werden, wie eine stufenweise Wertung ergibt.

Unstreitig liegt rechtsmissbräuchliche Unkenntnis des Aufsichtsrats vor, wenn das beschlussfähige Gremium die Kenntnisnahme treuwidrig vereitelt[1178]. Gleich zu bewerten ist der Fall, wenn alle Aufsichtsratsmitglieder außerhalb des Gremiums Kenntnis erlangt haben. Auch in diesem Fall hat die AG keine Kenntnis, weil ihr nur die Kenntnis des beschlussfähigen Gremiums zugerechnet werden kann. Obwohl alle Aufsichtsratsmitglieder Kenntnis haben, könnten sie die Kenntniserlangung des Aufsichtsrats und somit den Fristbeginn nach § 626 II 2 BGB hinausschieben, bis sie ihre Kenntnis ins beschlussfähige Gremium einbringen. Es kann nicht zweifelhaft sein, dass dies eine unredliche Vereitelung der Kenntnisnahme wäre. Nichts anderes kann gelten, wenn einzelne Aufsichtsratsmitglieder ihre Kenntnis nicht rechtzeitig ins Gremium einbringen. Denn Kollegialorgane sind, um überhaupt Kenntnis zu erlangen, darauf angewiesen, dass ihre Mitglieder das „Kenntnisnahmeverfahren" durch Einberufung einleiten. Wenn dieses Verfahren der Kenntnisnahme ausgehebelt wird, indem Aufsichtsratsmitglieder ihre rechtserhebliche Kenntnis entgegen ihrer Verpflichtung nicht ans Gremium weitergeben, muss dies als unredliche Kenntnisvereitelung der AG nach § 242 BGB gewertet werden. Sonst könnten Kollegialorgane ihre Kenntniserlangung praktisch immer so lange hinausschieben, wie sie wollen. Die Unredlichkeit ist in der Vereitelung des Einberufungs- und Informationsmechanismusses des Kollegialorgans zu sehen. Es ist daher sachgerecht, dass der BGH die rechtsmissbräuchliche Unkenntnis von Kollegialorganen davon abhängig macht, dass *einberufungsberechtigte* Mitglieder

---

1174 Zur Einordnung als unredlicher Unkenntnis siehe 5. Teil:§ 2C.IV.2.).

1175 Siehe Staudinger/*Looschelders/Olzen* § 242 Rn. 300; Jauernig/*Mansel* Rn. 55.

1176 Siehe BGH NJOZ 2011, 1409, 1411 (Tz. 12), „Eine infolge Unkenntnis verspätete Geltendmachung eines Rechtsmittels kann aber bei objektiver Beurteilung nicht als ein Verstoß gegen Treu und Glauben betrachtet werden und daher auch nicht den Einwand der Verwirkung rechtfertigen"; Staudinger/*Looschelders/Olzen* § 242 Rn. 311.

1177 Allgemein zur Fallgruppe der unredlichen Vereitelung der Kenntnisnahme siehe 2. Teil:§ 1B.

1178 Siehe 2. Teil:§ 1B.

entgegen ihrer Pflicht die Einberufung und Informierung des Gremiums unangemessen verzögern. Denn nur einberufungsberechtigte Mitglieder können den Einberufungsmechanismus vereiteln.

Im Ergebnis kann sich die AG im Rahmen des § 626 II 2 BGB nicht mehr auf ihre Unkenntnis berufen, sobald das Aufsichtsratsgremium bei gebotener Beschleunigung der Einberufung zusammengetreten und von einzelnen Aufsichtsratsmitgliedern über den wichtigen Grund zur Kündigung des Vorstandsmitgliedes informiert worden wäre. Denn die pflichtwidrig unterlassene Weitergabe der rechtserheblichen Kenntnis einberufungsberechtigter Mitglieder ans Gremium begründet rechtsmissbräuchliche Unkenntnis des Kollegialorgans, § 242 BGB.

Diese Grundsätze zu § 626 II 2 BGB lassen sich prinzipiell auch auf § 199 I BGB übertragen, allerdings sind sie zu modifizieren, was den zeitlichen Horizont der unangemessenen Verzögerung anbelangt. Erfahren Aufsichtsratsmitglieder von Ansprüchen der AG gegen Vorstandsmitglieder, müssen sie für die Einberufung des Aufsichtsrats sorgen (§ 110 I, II AktG) und das zusammengetretene Gremium hierüber informieren. Denn Aufsichtsratsmitglieder sind zur Einberufung und Informierung des Gremiums verpflichtet, wenn sie von Sachverhalten erfahren, deren Behandlung im Gremium notwendig ist, um eine Gefährdung oder Beeinträchtigung des Gesellschaftsinteresses abzuwenden[1179]. Die Verfolgung von Ansprüchen gegen Vorstandsmitglieder ist Sache des Aufsichtsratsgremiums und berührt die Vermögensinteressen der AG. Zu betonen ist, dass die Aufsichtsratsmitglieder lediglich verpflichtet sind, das Gremium mit der gebotenen Beschleunigung einzuberufen und über den Anspruch zu informieren, jedoch nicht verpflichtet sind, mit der gebotenen Beschleunigung für eine Beschlussfassung über die Anspruchsgeltendmachung zu sorgen. Insoweit muss auch der AG zugestanden werden, die Verjährungsfrist bis zum letzten Tag auszuschöpfen.

Aus der Ultimo-Regel des § 199 I BGB ergeben sich gegenüber § 626 II 2 BGB deutliche Modifikationen, was die Zeitspanne der unangemessenen Verzögerung angeht: Erlangen Aufsichtsratsmitglieder Kenntnis von den für die Kündigung eines Vorstandsmitglieds maßgebenden Tatsachen, so müssen sie den Aufsichtsrat mit der billigerweise zumutbaren Beschleunigung[1180] einberufen und informieren, worunter eine *unverzügliche*[1181] Einberufung und Informierung verstanden wird. Das Zuwarten bis zur nächsten turnusmäßigen Sitzung wird diesen zeitlichen Anforderungen im Regelfall nicht genügen, vielmehr wird häufig eine außerordentliche Aufsichtsratssitzung einzuberufen sein[1182]. Bei § 199 I BGB muss ein

---

1179 Siehe MüKo AktG/*Habersack* § 110 Rn. 39; Großkomm AktG/*Hopt/Roth* Rn. 40.

1180 Siehe NJW 1984, 2689, 2690; NJW 1998, 2374, 2375; Spindler/Stilz/*Spindler* § 112 Rn. 42; Hölters/*Hambloch-Gesinn/Gesinn* Rn. 18; nach *Stein* ZGR 1999, 264, 273 legt die Rspr. damit einen großzügigen Maßstab an.

1181 So Spindler/Stilz/*Fleischer* § 84 Rn. 160; Großkomm AktG/*Hopt/Roth* § 112 Rn. 79; *Wiesner* BB 1981, 1533, 1539; Großkomm GmbHG/*Paefgen* § 38 Rn. 115.

1182 Siehe Großkomm AktG/*Hopt/Roth* § 112 Rn. 79.

anderer zeitlicher Maßstab angelegt werden, weil die Dreijahresfrist (§ 195 BGB) immer erst mit dem Schluss eines Jahres beginnt (sog. Ultimo-Verjährung[1183]). Dies hat zur Folge, dass von einer unangemessenen Verzögerung der Einberufung und Informierung des Aufsichtsrats nicht gesprochen werden kann, sofern der Aufsichtsrat noch innerhalb desjenigen Kalenderjahres über anspruchsbegründende Umstände und die Person des Schuldner-Vorstandsmitglieds informiert wird, in dem Aufsichtsratsmitglieder erstmals von diesen Umständen Kenntnis erlangt haben. Sofern der Aufsichtsrat nämlich im gleichen Kalenderjahr informiert wird, bleibt ihm die komplette Dreijahresfrist als Überlegungsfrist erhalten und der Fristbeginn wird nicht zulasten des Schuldners hinausgeschoben. Aufsichtsratsmitglieder dürfen daher bis zur letzten turnusmäßigen Aufsichtsratssitzung im laufenden Kalenderjahr mit der Informierung des Aufsichtsrats warten. Ist die nächste turnusmäßige Aufsichtsratssitzung erst im darauffolgenden Kalenderjahr muss der Aufsichtsrat noch im laufenden Kalenderjahr zu einer außerordentlichen Sitzung einberufen, sofern ihm dies bei unverzüglicher Einberufung möglich ist.

Rechtsmissbräuchliche Unkenntnis der AG kommt im Rahmen des § 199 I BGB somit nur in Betracht, wenn einzelne oder alle Aufsichtsratsmitglieder Kenntnis von den anspruchsbegründenden Tatsachen erlangt haben, das Gremium aber erst im darauffolgenden Kalenderjahr über den Anspruch gegen das Vorstandsmitglied informieren, obwohl die Einberufung und Informierung im laufenden Kalenderjahr möglich war. Die Verjährungsfrist beginnt dann mit dem Schluss des Kalenderjahres, in dem der Aufsichtsrat hätte informiert werden können, § 242 BGB.

## d.) Grob fahrlässige Unkenntnis des Aufsichtsrats

Zwei Formen grob fahrlässiger Unkenntnis des Aufsichtsrats i. S. v. § 199 I BGB sind denkbar. Erstens, wenn sich dem beschlussfähigen Gremium als solchem die anspruchsbegründenden Umstände förmlich aufdrängen, es vor ihnen aber die Augen verschließt, zweitens, wenn einzelne Aufsichtsratsmitglieder ihre rechtserhebliche Kenntnis nicht (in angemessener Zeit) an das Gremium weitergeben.

Die erstgenannte Variante ist ein gesicherter Anwendungsfall grob fahrlässiger Unkenntnis des Aufsichtsrats. So wie das beschlussfähige Aufsichtsratsgremium Kenntnis haben kann, kann es auch in grob fahrlässiger Unkenntnis sein. Auch beim Merkmal grob fahrlässiger Unkenntnis ist auf das beschlussfähige Aufsichtsratsgremium als Zurechnungssubjekt abzustellen, weil die Zurechnungssubjekte im Rahmen der Merkmale Kenntnis und grob fahrlässige Unkenntnis i. S. v. § 199 I BGB grundsätzlich identisch sein müssen[1184]. Grob fahrlässige Unkenntnis des Aufsichtsrats i. S. v. § 199 I BGB liegt somit in jedem Fall vor, wenn sich dem beschlussfähigen Gremium in einer Aufsichtsratssitzung die Kenntnis der

1183 Siehe Erman/*Schmidt-Räntsch* § 199 Rn. 30.
1184 Zutreffend *Sturm*, Verjährung Diss., S. 428 f.

anspruchsbegründenden Umstände und der Person des Schuldner-Vorstandsmitglieds förmlich aufdrängt, es vor ihr aber die Augen verschließt[1185]. Welche Beschlussgegenstände die Tagesordnung der Aufsichtsratssitzung vorsieht, ist schon in Bezug auf das Merkmal der Kenntnis unerheblich[1186], muss also erst recht für das Merkmal der grob fahrlässigen Unkenntnis unerheblich sein. Denn dem Merkmal grob fahrlässiger Unkenntnis ist immanent, dass die Willensbildung mangels Kenntnis nicht möglich ist; das gilt für natürliche wie für juristische Personen. Ein Fall grob fahrlässiger Unkenntnis liegt z. B. vor, wenn der Aufsichtsrat in einer Sitzung über Berichte des Vorstands gemäß § 90 AktG unterrichtet wird, wodurch sich ihm Ansprüche gegen ein Vorstandsmitglied aufdrängen. Bei solchen Verdachtsgründen muss der Aufsichtsrat die gebotenen Nachforschungen anstellen, sonst setzt sich die AG bei grober Verletzung ihrer Nachforschungsobliegenheit dem Vorwurf grob fahrlässiger Unkenntnis i. S. v. § 199 I BGB aus.

Zu beachten ist, dass die Nachforschungsobliegenheit der AG nicht mit der Pflicht des Aufsichtsrats verwechselt werden darf, beim Verdacht auf Fehlverhalten von Vorstandsmitgliedern Ermittlungen anzustellen[1187]. Diese Ermittlungspflicht des Aufsichtsrats besteht gegenüber der AG, indes die aus § 199 I Nr. 2, Var. 2 BGB resultierende Nachforschungsobliegenheit der AG gegenüber dem Schuldner-Vorstandsmitglied besteht. Während die Verletzung der Ermittlungspflicht durch den Aufsichtsrat Schadensersatzansprüche der AG gegen den Aufsichtsrat nach §§ 116 S. 1, 93 II AktG begründet, folgt aus der groben Verletzung der Nachforschungsobliegenheit durch den Aufsichtsrat grob fahrlässige Unkenntnis der AG nach § 199 I BGB.

Kaum untersucht wurde bisher, ob grob fahrlässige Unkenntnis des Aufsichtsrats auch dann vorliegt, wenn einzelne Aufsichtsratsmitglieder die Informierung des Aufsichtsrats unangemessen verzögern. Solche Fälle wurden in dieser Arbeit als unredliche Unkenntnis nach § 242 BGB eingeordnet[1188]. Für einen Rückgriff auf § 242 BGB wäre aber kein Raum, wenn die unangemessene Verzögerung der Informierung des Gremiums bei § 199 I BGB unter das Merkmal grob fahrlässiger Unkenntnis zu subsumieren wäre. *Sturm* verneint grob fahrlässige Unkenntnis in diesen Fällen[1189]. Er begründet dies damit, dass das Aufsichtsratsgremium bei beiden subjektiven Merkmalen des § 199 I BGB das maßgebliche Zurechnungssubjekt sei, sodass eine grob fahrlässige Unkenntnis nur dann vorliege, wenn das Gremium selbst gebotene Nachforschungen unterlassen habe, nicht aber, wenn einzelne seiner Mitglieder ihre Kenntnis nicht weitergäben[1190]. Es gehe beim Merkmal der grob

1185 Siehe *Sturm,* Verjährung Diss., S. 428 f.
1186 Siehe 5. Teil:§ 3A.III.1.)c.)cc.)(1.).
1187 Zur Ermittlungspflicht des Aufsichtsrats bei Hinweisen auf Fehlverhalten siehe Großkomm AktG/*Hopt/Roth* § 111 Rn. 238 ff.; KK AktG/*Mertens/Cahn* Rn 22.
1188 Siehe 5. Teil:§ 3A.III.1.)c.)cc.)(2.).
1189 Siehe *Sturm,* Verjährung Diss., S. 436.
1190 So *Sturm,* Verjährung Diss., S. 428 ff., 436.

fahrlässigen Unkenntnis i.S.d. § 199 I BGB nicht um die Verletzung von Informationsweitergabepflichten durch einzelne Aufsichtsratsmitglieder, sondern um das sorgfaltswidrige Unterlassen der Kenntnisnahme durch den Aufsichtsrat selbst[1191]. Außer *Sturm* hat diese Problematik im Schrifttum und in der Rechtsprechung bisher niemand spezifisch behandelt, soweit man dies ersehen kann.

*Sturms* Ansicht ist im Ergebnis zu folgen. Grob fahrlässige Unkenntnis erfasst grundsätzlich nur das Unterlassen gebotener Nachforschungen durch das zuständige Zurechnungssubjekt – also durch das Aufsichtsratsgremium. Demgegenüber ließe sich die unterlassene Informationsweiterleitung innerhalb des Aufsichtsrats nur dann als grob fahrlässige Unkenntnis des Aufsichtsrats qualifizieren, wenn dem Merkmal grob fahrlässiger Unkenntnis i. S. v. § 199 I BGB eine Organisationskomponente dergestalt zukäme, dass der Aufsichtsrat die organinterne Informationsweiterleitung zu organisieren hätte. Wäre dies der Fall, könnte die unterlassene Informationsweiterleitung ans Gremium als grob fahrlässige Unkenntnis des Aufsichtsrats gewertet werden, sofern das Unterlassen auf eine fehlerhafte Informationsorganisation zurückzuführen wäre. Wie gezeigt, folgt aus dem Merkmal grob fahrlässiger Unkenntnis i. S. v. § 199 I BGB keine Obliegenheit zur Einrichtung einer ordnungsgemäßen Informationsorganisation[1192]. Die pflichtwidrig unterlassene Informierung des Aufsichtsratsgremiums durch einzelne Aufsichtsratsmitglieder ist daher nicht als grob fahrlässige Unkenntnis des Aufsichtsrats zu beurteilen.

Doch selbst wenn man aus dem Merkmal grob fahrlässiger Unkenntnis i. S. v. § 199 I BGB mit der h. L. eine Obliegenheit der AG zur Informationsorganisation ableitete[1193], würde sich diese Organisationsobliegenheit der AG nicht auf den Informationsaustausch innerhalb des Aufsichtsrats erstrecken[1194]. Dem Vorstand, dem die Organisationshoheit in der AG zusteht, fehlt die Kompetenz, den Informationsaustausch im Aufsichtsrat zu organisieren[1195]. Die Informationsorganisation im Aufsichtsrat könnte somit nur der Aufsichtsrat kraft seines Selbstorganisationsrechts festlegen[1196]. Der gebotene Informationsaustausch innerhalb des Aufsichtsrats wird aber durch das organschaftliche Pflichtenprogramm fixiert. Die organschaftlichen Informationspflichten der Aufsichtsratsmitglieder geben vor, inwieweit Aufsichtsratsmitglieder bei Erlangung rechtserheblicher

---

1191 So *Sturm,* Verjährung Diss., S. 436, 433 f.

1192 Siehe 5. Teil:§ 2C.III.3.).

1193 Zur h. L. siehe 5. Teil:§ 2C.I.2.); a. A. BGH NJW 2012, 2644, 2645 (Tz. 14), der nur beim Unterlassen gebotener Nachforschungen durch die *zuständige Stelle* eine fahrlässige Unkenntnis annimmt.

1194 A. A. und sogar eine Pflicht des Aufsichtsrats zur ordnungsgemäßen Organisation des aufsichtsratsinternen Informationsaustausches annehmend *Rickert/Heinrichs* GWR 2017, 112 ff.

1195 Siehe *Leyendecker-Langner/Kleinhenz* AG 2015, 72, 74; *Koch* ZIP 2015, 1757, 1761 f.; *Buck-Heeb* AG 2015, 801, 807 f.; *Sturm,* Verjährung Diss., S. 202 f., 435.

1196 Siehe Großkomm AktG/*Hopt/Roth* § 107 Rn. 209, 217.

Informationen verpflichtet sind, den Aufsichtsratsvorsitzenden oder das Gremium zu informieren[1197]. Aufsichtsratsmitglieder sind verpflichtet, den Aufsichtsrat einzuberufen und zu informieren, wenn dies für die Erfüllung der Aufgaben des Aufsichtsrats erforderlich erscheint[1198], insbesondere bei Pflichtverstößen des Vorstands[1199]. Ein Mehr an organinternem Informationsaustausch im Sinne einer ordnungsgemäßen Informationsorganisation verlangt das Organisationsrecht der AG nicht[1200]. Für eine Pflicht oder Obliegenheit zur Informationsorganisation im Aufsichtsrat ist daher kein Raum. Defizite im organinternen Informationsaustausch beruhen somit nie auf Organisationsmängeln, sondern stets auf individuellen Informationspflichtverletzungen der einzelnen Aufsichtsratsmitglieder. Die pflichtwidrig unterlassene Informierung des Aufsichtsratsgremiums kann daher, selbst wenn man aus dem Merkmal grob fahrlässiger Unkenntnis grundsätzlich eine Organisationsobliegenheit ableitet, nicht als grob fahrlässige Unkenntnis der AG gewertet werden.

### e.) Beschließender Aufsichtsratsausschuss als Zurechnungssubjekt

Die Entscheidung über die Geltendmachung von Ansprüchen der AG gegen Vorstandsmitglieder kann der Aufsichtsrat auf einen beschließenden Ausschuss übertragen, da weder die geschriebenen Delegationsverbote des § 107 III 4 AktG noch anerkannte ungeschriebene Delegationsverbote[1201] entgegenstehen. Das gilt insbesondere für Ersatzansprüche der AG aus pflichtwidriger Geschäftsführung[1202]. Denn nur die allgemeine Überwachung des Vorstands (§ 111 I AktG) ist Kernaufgabe des Gesamt-Aufsichtsrats und kann kraft Natur der Sache nicht an Ausschüsse delegiert werden[1203]. Konkret definierte Kontrollaufgaben wie die Geltendmachung bestimmter Ansprüche können hingegen von Fall zu Fall an einen Ausschuss delegiert werden[1204].

Sofern der Aufsichtsrat die Anspruchsgeltendmachung an einen beschließenden Ausschuss delegiert hat, der aus mindestens drei Aufsichtsratsmitgliedern bestehen muss[1205], kommt es für den Verjährungsbeginn auch auf die Kenntnis

---

1197 Siehe Großkomm AktG/*Hopt/Roth* § 110 Rn. 40, 47; KK AktG/*Mertens/Cahn* Rn. 26; MüKo AktG/*Habersack* Rn. 39.

1198 So Großkomm AktG/*Hopt/Roth* § 110 Rn. 40; KK AktG/*Mertens/Cahn* Rn. 26; MüKo AktG/*Habersack* Rn. 39.

1199 So Großkomm AktG/*Hopt/Roth* § 110 Rn. 40.

1200 Siehe 5. Teil:§ 3D.III.1.)b.).

1201 Zu den ungeschriebenen Delegationsverboten siehe MüKo AktG/*Habersack* § 107 Rn. 142 ff.

1202 Siehe *Semler* AG 2005, 321, 329; *Eichner/Höller* AG 2011, 885, 887.

1203 So MüKo AktG/*Habersack* § 107 Rn. 142 f.; Spindler/Stilz/*Spindler* Rn. 90.

1204 Siehe MüKo AktG/*Habersack* § 107 Rn. 143; Spindler/Stilz/*Spindler* Rn. 90.

1205 Sonst könnte § 108 II 3 AktG unterlaufen werden, siehe BGH NJW 1976, 145; Hüffer AktG/*Koch* § 107 Rn. 21; Spindler/Stilz/*Spindler* Rn. 98.

bzw. grob fahrlässige Unkenntnis des beschlussfähigen Ausschusses an[1206]. Denn der Ausschuss kann über die Geltendmachung des Anspruchs gegen das Vorstandsmitglied entscheiden. Für die Wissenszurechnung ist es unerheblich, ob man beschließende Ausschüsse als eigenständige Organe[1207] oder lediglich als Organteil[1208] einordnet. Denn so oder so lässt sich eine organschaftliche Zurechnung begründen. Auch wenn man den beschließenden Ausschuss als Organteil qualifiziert, handelt und weiß der Aufsichtsrat durch den Ausschuss[1209], sodass es im Rahmen der Wissenszurechnung auch auf die Kenntnis bzw. grob fahrlässige Unkenntnis des Ausschussgremiums ankommt. Da der Gesamtaufsichtsrat die delegierte Entscheidungsbefugnis jederzeit wieder durch Beschluss an sich ziehen kann[1210], bleibt auch seine Kenntnis bzw. grob fahrlässige Unkenntnis im Rahmen des § 199 I BGB zurechenbar. Das vorstehend zur Zurechnung der Kenntnis bzw. grob fahrlässigen Unkenntnis des Aufsichtsratsgremiums Ausgeführte gilt für den beschließenden Ausschuss entsprechend.

### *2.) Vorstand*

#### a.) Kompetenz des Vorstands, §§ 77, 78 I 1 AktG

Die Zuständigkeit des Aufsichtsrats nach § 112 S. 1 AktG ist als Ausnahme von der Regelzuständigkeit des Vorstands gemäß §§ 77, 78 I 1 AktG zu verstehen[1211]. Soweit der Aufsichtsrat nach § 112 S. 1 AktG also nicht zuständig ist, über die Geltendmachung von Ansprüchen gegen Vorstandsmitglieder zu entscheiden und sie im Namen der AG geltend zu machen, verbleibt die Zuständigkeit hierzu nach §§ 77, 78 I 1 AktG beim Vorstand. Wegen der umfassenden Zuständigkeit des Aufsichtsrats nach § 112 S. 1 AktG (analog) bei der Geltendmachung von Ansprüchen gegen amtierende, ehemalige und prospektive Vorstandsmitglieder beschränkt sich die Zuständigkeit des Vorstands allerdings auf die Verfolgung von Ansprüchen der AG gegen ehemalige Vorstandsmitglieder, soweit sie auf einem Rechtsgeschäft mit dem ehemaligen Vorstandsmitglied beruhen, das in die Verantwortung des Vorstands nach § 78 AktG fällt oder soweit die Ansprüche erst nach dem Ausscheiden des Vorstandsmitglieds entstanden sind und keinen Bezug zur früheren Vorstandstätigkeit haben[1212].

---

1206 Siehe MüKo AktG/*Spindler* § 84 Rn. 171.

1207 So zum öffentlichen Recht *Wolff/Bachof/Stober,* Verwaltungsrecht III, § 83 Rn. 166; *Bleutge,* Kommunalverfassungsstreit, S. 46 f.

1208 So *Schürnbrand,* Organschaft, S. 60; Großkomm AktG/*Hopt/Roth* § 107 Rn. 240.

1209 Siehe *Schürnbrand,* Organschaft, S. 60; Großkomm AktG/*Hopt/Roth* § 107 Rn. 240.

1210 Siehe OLG Hamburg AG 1996, 84, 85 f.; K. Schmidt/Lutter/*Drygala* § 107 Rn. 41.

1211 Siehe BGH NJW 1988, 1384, 1385; MüKo AktG/*Habersack* § 112 Rn. 1; KK AktG/*Mertens/Cahn* Rn. 12; *Brandner,* FS Quack 1991, S. 201, 202.

1212 Siehe 5. Teil:§ 3A.III.1.)a.).

### b.) Zurechenbarkeit seiner Kenntnis bzw. grob fahrlässigen Unkenntnis

Soweit der Vorstand im Rahmen seiner Geschäftsführungsbefugnis (§ 77 AktG) zuständig ist, über die Geltendmachung von Ansprüchen gegen ehemalige Vorstandsmitglieder zu entscheiden, kommt es für den Verjährungsbeginn nach § 199 I BGB auf seine Kenntnis bzw. grob fahrlässige Unkenntnis an. Die h. M. kommt zum gleichen Ergebnis, weil sie auf den Vorstand als dasjenige Organ abstellt, das nach § 78 I 1 AktG insoweit zur Vertretung der AG bei der Anspruchsgeltendmachung gegen ehemalige Vorstandsmitglieder berufen ist[1213]. Rechtsgrundlage für die Zurechnung ist der Rechtsgedanke des § 31 BGB[1214].

### c.) Kenntnis bzw. grob fahrlässige Unkenntnis des Vorstands

Entgegen der h.M. kann bei Leitungsorganen wie dem Vorstand nicht generell die Kenntnis bzw. grob fahrlässige Unkenntnis jedes einzelnen Organmitglieds zugerechnet werden. Vielmehr ist auch in Bezug auf die organschaftliche Wissenszurechnung der konkretisierende Einfluss der jeweiligen Wissensnorm zu beachten[1215]. Das Merkmal der Kenntnis i. S. v. § 199 I BGB soll dem Entscheidungsträger als Grundlage für eine informierte Entscheidung über die Anspruchsgeltendmachung dienen[1216]. Soweit Vorstandsmitglieder einer AG einzeln über die Anspruchsgeltendmachung zu entscheiden befugt sind, ist im Rahmen des § 199 I BGB die Kenntnis bzw. grob fahrlässige Unkenntnis einzelner Vorstandsmitglieder zurechenbar. Soweit sie nur gemeinschaftlich über die Anspruchsgeltendmachung entscheiden können, kommt es im Rahmen des § 199 I BGB auf die Kenntnis bzw. grob fahrlässige Unkenntnis des Entscheidungsgremiums an. Die Zurechenbarkeit hängt also von der Einzel- oder Gesamtgeschäftsführungsbefugnis der Vorstandsmitglieder ab. Sind Vorstandsmitglieder entsprechend dem gesetzlichen Regelfall gesamtgeschäftsführungsbefugt (§ 77 I 1 AktG), kann die Kenntnis eines einzelnen Vorstandsmitglieds im Rahmen des § 199 I BGB nicht zugerechnet werden. Erforderlich ist die Kenntnis bzw. grob fahrlässige Unkenntnis des beschlussfähigen Vorstandsgremiums. Grundsätzlich gilt daher das zur Kenntnis bzw. grob fahrlässigen Unkenntnis des beschlussfähigen Aufsichtsratsgremiums Ausgeführte[1217]. Im Hinblick auf die Beschlussfähigkeit des Vorstands ist jedoch zu beachten, dass das Aktienrecht für die Beschlussfassung im Vorstands anders als für den Aufsichtsrat keine bestimmte Form oder ein bestimmtes Verfahren vorschreibt[1218].

---

1213 Siehe MüKo BGB/*Grothe* § 199 Rn. 36; PWW/*Deppenkemper* Rn. 12; Erman/*Schmidt-Räntsch* Rn. 14.
1214 Siehe 5. Teil:§ 2A.II.
1215 Siehe 2. Teil:§ 4C.
1216 Siehe 3. Teil:§ 2C.II.
1217 Auf 5. Teil:§ 3A.III.1.)c.) und 5. Teil:§ 3A.III.1.)d.) wird daher verwiesen.
1218 Siehe K. Schmidt/Lutter/*Seibt* § 77 Rn. 8.

Besteht Gesamtgeschäftsführungsbefugnis und hat ein Vorstandsmitglied Kenntnis von anspruchsbegründenden Tatsachen und der Person des ehemaligen Schuldner-Vorstandsmitglieds, informiert die anderen aber nicht rechtzeitig[1219] hierüber, muss sich die AG nach § 242 BGB so behandeln lassen, als wären die anderen Vorstandsmitglieder rechtzeitig informiert worden.

### *3.) Hauptversammlung*

#### a.) Praktische Relevanz der Zurechnung

Aus Sicht der h. M. stellt sich die Frage nicht, ob die Kenntnis bzw. grob fahrlässige Unkenntnis der Hauptversammlung den Verjährungsbeginn nach § 199 I BGB bewirken kann. Die h. M. rechnet im Rahmen des § 199 I BGB nur die Kenntnis vertretungsberechtigter Organe zu, wozu die Hauptversammlung nicht zählt. Demgegenüber ist nach hier vertretener Auffassung für den Verjährungsbeginn nicht auf das vertretungsberechtigte, sondern auf das Organ abzustellen, das über die Geltendmachung des Anspruchs gegen das Vorstandsmitglied entscheiden kann. Mit Blick auf § 147 I AktG könnte die Kenntnis bzw. grob fahrlässige Unkenntnis der Hauptversammlung für den Verjährungsbeginn der von § 147 I AktG erfassten Ersatzansprüche gegen Vorstandsmitglieder also relevant sein[1220].

Selbst wenn man insoweit die Kenntnis bzw. grob fahrlässige Unkenntnis der Hauptversammlung im Rahmen des § 199 I BGB für zurechenbar hielte, wäre die praktische Bedeutung dieser Wissenszurechnung für den Verjährungsbeginn gering. Denn in aller Regel wird der Aufsichtsrat vor der Hauptversammlung oder zeitgleich von den anspruchsbegründenden Tatsachen und der Person des Schuldner-Vorstandsmitglieds erfahren, sodass im Regelfall seine Kenntnis den Verjährungsbeginn nach § 199 I BGB auslöst. Auf die Zurechenbarkeit der Kenntnis bzw. grob fahrlässigen Unkenntnis der Hauptversammlung kommt es dann nicht an. Es kann jedoch in seltenen Fällen auch vorkommen, dass die Hauptversammlung vor dem Aufsichtsrat Kenntnis erlangt, beispielsweise in der Einmann-AG. Daher ist auch die Zurechenbarkeit der Kenntnis bzw. grob fahrlässigen Unkenntnis der Hauptversammlung zu untersuchen.

#### b.) Kompetenz der Hauptversammlung, § 147 I AktG

Nach § 147 I 1 AktG müssen bestimmte Ersatzansprüche gegen Vorstandsmitglieder geltend gemacht werden, wenn die Hauptversammlung es mit einfacher Stimmenmehrheit beschließt. § 147 I AktG ist zwingend[1221]. Das Geltendmachungsverlangen kann sich nach § 147 I AktG nur auf die dort aufgeführten Ersatzansprüche beziehen,

---

1219 Zur Rechtzeitigkeit bei § 199 I BGB siehe 5. Teil:§ 3A.III.1.)c.)cc.)(2.).

1220 Das übersieht *Sturm,* Verjährung Diss., S. 207 f., 426 ff., der die Hauptversammlung als Zurechnungssubjekt gar nicht thematisiert.

1221 Unstr., KK AktG/*Rieckers/Vetter* § 147 Rn. 13; MüKo AktG/*Schröer* Rn. 15.

wobei der Begriff des Ersatzanspruchs meist weit ausgelegt wird[1222]. Darunter fallen jedenfalls auch Ansprüche, die nach §§ 195, 199 I BGB kenntnisabhängig verjähren, wie z. B. die mit den Schadensersatzansprüchen aus § 93 II, III AktG konkurrierenden Schadensersatzansprüche aus Deliktsrecht[1223] (§§ 823 ff. BGB)[1224]. Das Recht der Hauptversammlung aus § 147 I AktG betrifft die Geltendmachung von Ansprüchen gegen amtierende, aber auch gegen ehemalige Vorstandsmitglieder[1225].

Verlangt die Hauptversammlung die Geltendmachung von Ersatzansprüchen gegen (ehemalige) Vorstandsmitglieder, liegt es in der Zuständigkeit des Aufsichtsrats nach § 112 S. 1 AktG, die Ersatzansprüche geltend zu machen[1226], sofern nicht ein besonderer Vertreter nach § 147 II AktG mit der Anspruchsverfolgung betraut worden ist[1227]. Trotz des eindeutigen Wortlauts des § 147 I AktG („müssen geltend gemacht werden") wird unterschiedlich beurteilt, inwieweit dem Aufsichtsrat ein Entscheidungsspielraum zusteht, sich dem Hauptversammlungsverlangen zu widersetzen und von einer Anspruchsverfolgung abzusehen. Es geht dabei um die Frage, inwieweit das Hauptversammlungsverlangen i. S. v. § 147 I AktG den Aufsichtsrat in seiner Entscheidung über die Geltendmachung des Anspruchs bindet. Ohne Beschluss nach § 147 I AktG kann der Aufsichtsrat nach der ARAG-Rechtsprechung von der Anspruchsgeltendmachung gegen Vorstandsmitglieder absehen, erstens wenn er nach gründlicher Prüfung zu dem Ergebnis kommt, dass der Anspruch nicht besteht, zweitens wenn er den aus seiner Sicht bestehenden Anspruch nach einer sorgfältigen und sachgerechten Risikoanalyse für nicht durchsetzbar hält oder drittens wenn gegen die Geltendmachung des aus seiner Sicht durchsetzbaren Anspruchs ausnahmsweise überwiegende Gründe des Gesellschaftswohls sprechen[1228].

Verbreitet wird angenommen, dass sich dieser Entscheidungsspielraum des Aufsichtsrats bei einem Beschluss gemäß § 147 I AktG so verenge, dass der Aufsichtsrat über das „Ob" der Geltendmachung nicht mehr eigenständig entscheiden

---

1222 Siehe Hüffer AktG/*Koch* § 147 Rn. 2; KK AktG/*Rieckers/Vetter* Rn. 127 ff.; krit. MüKo AktG/*Schröer* Rn. 19.

1223 Siehe MüKo AktG/*Schröer* § 147 Rn. 18; Spindler/Stilz/*Mock* Rn 12; KK AktG/*Rieckers/Vetter* Rn. 128.

1224 Für deliktsrechtliche Schadensersatzansprüche gilt nicht die Sonderverjährung nach § 93 VI AktG, sondern die Regelverjährung nach §§ 195, 199 BGB, siehe 4. Teil:§ 2C.

1225 Unstr., RGZ 74, 301, 302; Hüffer AktG/*Koch* § 147 Rn. 2; KK AktG/*Rieckers/Vetter* Rn. 151; Großkomm AktG/*Bezzenberger* Rn. 17; Spindler/Stilz/*Mock* Rn. 16.

1226 So Hölters/*Hirschmann* § 147 Rn. 6; K. Schmidt/Lutter/*Spindler* Rn. 5. Da die Ersatzansprüche i. S. d. § 147 I AktG gegen Vorstandsmitglieder ihren Ursprung immer in der Vorstandstätigkeit haben, ist auch für die Geltendmachung gegen ehemalige Vorstandsmitglieder stets der Aufsichtsrat und nicht der Vorstand zuständig; zur Zuständigkeitsabgrenzung siehe 5. Teil:§ 3A.III.1.)a.).

1227 Siehe KK AktG/*Rieckers/Vetter* § 147 Rn. 230.

1228 So BGH NJW 1997, 1926, 1927; hierzu *Habersack* ZHR 177, 782, 786; *ders.* NZG 2016, 321 ff.

könne und den Anspruch, selbst wenn er ihn für nicht gegeben hält, geltend machen müsse[1229]. Nach anderer Ansicht soll ein Beschluss nach § 147 I AktG dem Aufsichtsrat nur die Möglichkeit nehmen, sich aus gewichtigen Gründen des Gesellschaftswohls gegen eine Anspruchsverfolgung zu entscheiden[1230], indes der Aufsichtsrat im Übrigen von einer Anspruchsverfolgung absehen könne, namentlich wenn er den Anspruch nach gründlicher Prüfung für nicht gegeben halte, die Verfolgung als aussichtslos beurteile oder den Anspruch aufgrund einer Prozessrisikoanalyse für nicht durchsetzbar halte[1231]. Diese Ansicht stützt sich darauf, dass eine schlüssige Klageerhebung bei nicht gegebenem Anspruch ohne Verletzung der prozessualen Wahrheitspflicht nach § 138 I ZPO gar nicht möglich sei[1232] und die ARAG-Rechtsprechung im Hinblick auf die Prozessrisikoanalyse auch bei einem Hauptversammlungsverlangen i. S. v. § 147 I AktG beachtet werden müsse[1233].

Richtig erscheint, zunächst nach der Reichweite des Prüfungsauftrags gemäß dem Hauptversammlungsbeschluss zu differenzieren. Die Frage, ob der Beschluss gemäß § 147 I AktG dem Aufsichtsrat einen Ermessensspielraum hinsichtlich der Geltendmachung einräumt und die Frage, ob der Aufsichtsrat einen solchen Ermessensspielraum hat, auch wenn der Hauptversammlungsbeschluss ihm keinen Spielraum belässt, sind nämlich zu unterscheiden[1234]. Das OLG München hält es für zulässig, dem Aufsichtsrat im Beschluss nach § 147 I AktG einen gewissen Beurteilungsspielraum bezogen auf die Anspruchsgeltendmachung einzuräumen. Die Hauptversammlung könne z. B. nach § 147 I AktG die Geltendmachung des Ersatzanspruchs aus einem bestimmten Sachverhalt verlangen, ohne dem Aufsichtsrat genau vorzugeben, gegen welche Vorstandsmitglieder der Anspruch geltend zu machen sei[1235]. Dem ist zuzustimmen. Ein solcher Hauptversammlungsbeschluss wäre zulässig, weil man der Hauptversammlung zugestehen muss, wegen ihrer begrenzten Möglichkeiten zur Sachverhaltsaufklärung[1236] die

---

1229 Siehe BGH NJW 1997, 1926, 1927 („muß der Aufsichtsrat nach der eindeutigen Regelung des § 147 Abs. 1 AktG diesen Beschluß umsetzen"); KG NZG 2005, 319; im Ergebnis gleich OLG München WM 2008, 1971, 1974 ff.; OLG München NZG 2008, 230, 233; siehe Großkomm AktG/*Bezzenberger* § 147 Rn. 38; K. Schmidt/Lutter/*Spindler* Rn. 6; Spindler/Stilz/*Mock* Rn. 36; im Ergebnis auch Hüffer AktG/*Koch* Rn. 4; Hölters/*Hirschmann* Rn. 6; Henssler/Strohn/*Liebscher* Rn. 6; MüKo AktG/*Schröer* Rn. 33; *Kling* ZGR 2009, 190, 195.

1230 So KK AktG/*Rieckers/Vetter* § 147 Rn. 231.

1231 So KK AktG/*Rieckers/Vetter* § 147 Rn. 243 ff.

1232 KK AktG/*Rieckers/Vetter* § 147 Rn. 244.

1233 Siehe KK AktG/*Rieckers/Vetter* § 147 Rn. 247.

1234 In Bezug auf den besonderen Vertreter ebenso differenzierend *U. H. Schneider* ZIP 2013, 1985, 1990; Hüffer AktG/*Koch* § 147 Rn. 8.

1235 Siehe OLG München WM 2008, 1971, 1974 ff.

1236 So Spindler/Stilz/*Mock* § 147 Rn. 29 f.; OLG München WM 2008, 1971, 1975, „dass der Kenntnisstand der Hauptversammlung unbeschadet der Auskunfts- und Informationsrechte der Aktionäre zumindest hinsichtlich konkreter Details wesentlich

Geltendmachung nach § 147 I AktG auch dann zu verlangen, wenn der Sachverhalt noch nicht vollständig geklärt ist und die Anspruchsgegner im Beschluss deshalb nicht bestimmt, aber bestimmbar angegeben werden können[1237]. Zu verlangen ist letztlich, dass der Beschluss nach § 147 I AktG den allgemeinen Bestimmtheitsanforderungen genügt, also den anspruchsbegründenden Sachverhalt hinreichend konkret benennt[1238]. Soweit die Hauptversammlung dementsprechend einen hinreichend bestimmten Beschluss gemäß § 147 I AktG fasst, der dem Aufsichtsrat einen Ermessensspielraum einräumt, kann der Aufsichtsrat diesen auch ausschöpfen.

Auf der anderen Seite gilt aber, dass der Aufsichtsrat den Anspruch grundsätzlich geltend zu machen hat, soweit ihm im Hauptversammlungsbeschluss kein Ermessensspielraum eingeräumt ist. Bei differenzierter Betrachtung bedeutet dies Folgendes: Unstreitig darf der Aufsichtsrat von der Anspruchsverfolgung nicht aus überwiegenden Gründen des Gesellschaftswohls absehen. Das ergibt sich sowohl aus dem Wortlaut des § 147 I AktG als auch aus dem Normzweck, eine unbefangene und von Interessenkonflikten unbeeinträchtigte Geltendmachung der Ersatzansprüche zu gewährleisten[1239] sowie aus einem Umkehrschluss zu § 148 I 2 Nr. 4 AktG[1240]. Wortlaut und Normzweck des § 147 I AktG gebieten darüber hinaus, dass der Aufsichtsrat den Ersatzanspruch auch dann geltend machen muss, wenn er den Anspruch aufgrund einer Risikoanalyse für nicht durchsetzbar hält oder wenn er das Bestehen des Anspruchs in tatsächlicher und rechtlicher Hinsicht als unsicher oder nicht bestehend beurteilt. Denn sowohl bei der tatsächlichen und rechtlichen Würdigung des Bestehens des Anspruchs als auch bei der Prognose über die prozessuale Durchsetzbarkeit bietet sich dem Aufsichtsrat ein breiter Ermessensspielraum, den er nutzen könnte, um die Anspruchsgeltendmachung aus kollegialer Verbundenheit zum Vorstand und damit aus sachfremden Erwägungen abzulehnen. Die Durchsetzungsdefizite, die durch solche sachfremden Entscheidungen des Aufsichtsrats entstehen, soll § 147 I AktG verhindern. Lediglich wenn es *offensichtlich* ist, dass der Anspruch *unter keinem rechtlichen Gesichtspunkt* in Betracht kommt, was kaum vorkommen wird, muss dem Aufsichtsrat das Recht zugestanden werden, einen Beschluss nach § 147 I AktG nicht umzusetzen und von einer

---

von der Vollständigkeit und Transparenz der von den Vertretungsorganen zugänglich gemachten Informationen abhängt, also gerade vom Verhalten derjenigen, die von einem Beschluss nach § 147 AktG betroffen sein könnten".

1237 So OLG München WM 2008, 1971, 1975; ebenso KK AktG/*Rieckers/Vetter* § 147 Rn. 177; *H. P. Westermann* AG 2009, 237, 240.

1238 Zu den Anforderungen an die Bestimmtheit des Beschlusses siehe OLG Frankfurt NJW-RR 2004, 686; OLG München WM 2008, 1971, 1976; KK AktG/*Rieckers/Vetter* § 147 Rn. 173 ff.; Spindler/Stilz/*Mock* Rn. 29 f.

1239 Siehe Begr. des RegE zum UMAG, BT-Drucks. 15/5092, S. 19 f.; KK AktG/*Rieckers/Vetter* § 147 Rn. 16 ff.; Hüffer AktG/*Koch* Rn. 1.

1240 Das dürfte unstreitig sein, siehe *Habersack* ZHR 177, 782, 789 f.; auch KK AktG/*Rieckers/Vetter* § 147 Rn. 231.

Anspruchsverfolgung abzusehen. Der Normzweck des § 147 I AktG steht dem nicht entgegen. In solchen Ausnahmefällen besteht nämlich nicht die Gefahr, dass der Aufsichtsrat befangen entscheidet, weil er ohnehin keinen Entscheidungsspielraum hat, wenn es offensichtlich ist, dass es unter keinem Gesichtspunkt rechtlich vertretbar erscheint, einen Ersatzanspruch anzunehmen. Auch mit dem Wortlaut des § 147 I AktG ließe sich diese Auslegung vereinbaren, weil von einem Ersatzanspruch der AG dann nicht mehr die Rede sein kann, wenn ein solcher Anspruch offensichtlich unter keinem rechtlichen Aspekt in Betracht kommt. Insoweit wäre es dem Aufsichtsrat tatsächlich unmöglich, eine substantiierte und schlüssige Klage zu erheben. In diesem Fall kann der Aufsichtsrat auch eigenmächtig von der Anspruchsverfolgung absehen, ohne einen erneuten Beschluss der Hauptversammlung herbeizuführen[1241]. Insgesamt hat der Aufsichtsrat die Nichtgeltendmachung gegenüber der AG nach §§ 116 S. 1, 93 AktG zu verantworten, falls sich nachträglich herausstellt, dass er kein Recht hatte, von der Anspruchsverfolgung abzusehen.

### c.) Zurechenbarkeit ihrer Kenntnis bzw. grob fahrlässigen Unkenntnis

§ 147 I AktG gibt der Hauptversammlung das Recht, den Willen der AG zur Geltendmachung bestimmter Ersatzansprüche gegen Vorstandsmitglieder zu bilden. Der Wille der Hauptversammlung ist für den Aufsichtsrat in aller Regel verbindlich. Nur in seltenen Ausnahmefällen, wenn der Anspruch offensichtlich unter keinem rechtlichen Gesichtspunkt bestehen kann, darf der Aufsichtsrat sich dem Verlangen der Hauptversammlung widersetzen. In diesen Fällen existiert schon kein Anspruch, sodass sich Verjährungsfragen nicht stellen. Soweit die Hauptversammlung nach § 147 I AktG über die Geltendmachung von Ersatzansprüchen gegen Vorstandsmitglieder verbindlich entscheiden kann, hängt der Verjährungsbeginn nach § 199 I BGB nicht nur von der Kenntnis bzw. grob fahrlässigen Unkenntnis des Aufsichtsrats, sondern auch von jener der Hauptversammlung ab.

Zurechnungsgrundlage ist auch für das Innenorgan Hauptversammlung eine am Normzweck des § 199 I BGB ausgerichtete, auf den Rechtsgedanken des § 31 BGB gestützte organschaftliche Wissenszurechnung[1242]. Es ist nicht etwa § 166 II BGB einschlägig mit der Folge, dass die Kenntnis bzw. grob fahrlässige Unkenntnis der Hauptversammlung erst zurechenbar wird, wenn die Hauptversammlung dem Aufsichtsrat die Weisung nach § 147 I AktG erteilt, den Anspruch gegen das Vorstandsmitglied geltend zu machen. Denn nach dem Normzweck des § 199 I BGB kommt es für den Verjährungsbeginn auf alle Organe gleichermaßen an, die den Willen der juristischen Person zur Anspruchsgeltendmachung bilden und sich die Anspruchsgeltendmachung somit überlegen können[1243]. Ob der Wille in

---

1241 Siehe KK AktG/*Rieckers/Vetter* § 147 Rn. 248.
1242 Siehe 5. Teil:§ 3A.II.2.).
1243 Siehe 5. Teil:§ 3A.I.4.).

eine Weisung i. S. v. § 147 I AktG oder in eine andere Form gekleidet ist, spielt keine Rolle.

### d.) Kenntnis bzw. grob fahrlässige Unkenntnis der Hauptversammlung

In der Mehrpersonen-AG ist die Hauptversammlung wie der Aufsichtsrat ein Kollegialorgan, das seinen Willen nach §§ 118, 133 I AktG durch Beschluss bilden muss[1244]. In der Mehrpersonen-AG kann man sich im Ausgangspunkt daher an die Definition der Kenntnis bzw. grob fahrlässigen Unkenntnis des Aufsichtsrats anlehnen.

Kenntnis der Hauptversammlung i. S. v. § 199 I BGB liegt vor, wenn das beschlussfähige[1245] Gremium im Rahmen der Hauptversammlung von den anspruchsbegründenden Umständen und der Person des Schuldner-Vorstandsmitglieds Kenntnis erlangt. Unerheblich ist dabei, ob die Tagesordnung gemäß §§ 121 III 2, 122 I, II, 124 AktG einen Beschlussgegenstand vorsieht, der es der Hauptversammlung erlaubt, einen Beschluss nach § 147 I 1 AktG zu fassen[1246]. Entscheidend ist nämlich nicht, ob der Beschlussgegenstand des § 147 I AktG auf der Tagesordnung steht, sondern ob die Hauptversammlung die Möglichkeit hatte, ihn so rechtzeitig auf die Tagesordnung zu setzen, dass ein Beschluss hätte gefasst werden können. Kenntnis der Hauptversammlung ist also Kenntnis des beschlussfähigen Gremiums in irgendeiner Hauptversammlung, es sei denn, es bestand im Voraus keine Möglichkeit, den Beschlussgegenstand der Anspruchsgeltendmachung rechtzeitig auf die Tagesordnung der Hauptversammlung zu setzen. In letzterem Fall tritt die Kenntnis der Hauptversammlung aber automatisch in dem Zeitpunkt ein, in dem die Hauptversammlung ihren Willen über die Anspruchsgeltendmachung in einer weiteren, außerordentlichen Hauptversammlung frühestens hätte bilden können[1247]. Zu beachten ist, dass eine Vollversammlung gemäß § 121 VI AktG, bei der alle Aktionäre erschienen oder vertreten sind, ihren Willen *ad hoc* bilden kann, wenn kein Aktionär der Beschlussfassung widerspricht. In diesem

---

1244 Siehe *K. Schmidt,* GesR, § 28 IV. 4.; Hüffer AktG/*Koch* § 133 Rn. 2.

1245 Gesetzliche Vorgaben zur Beschlussfähigkeit gibt es nicht, sodass Beschlüsse gefasst werden können, wenn mindestens eine Aktie mit einer Stimme in der Hauptversammlung vertreten ist und die Satzung nichts anderes vorsieht, siehe RGZ 82, 386, 388; Spindler/Stilz/*Rieckers* § 133 Rn. 10 f.; Hüffer AktG/*Koch* Rn. 8.

1246 Zu den möglichen Gegenständen der Tagesordnung, die einen Beschluss nach § 147 I 1 AktG ermöglichen, siehe Spindler/Stilz/*Mock* § 147 Rn. 32. In jedem Fall kann die Hauptversammlung über die Anspruchsgeltendmachung beraten, denn Beratungen ohne Beschlussfassung müssen gemäß § 124 IV 2 Var. 3 AktG nicht in der Tagesordnung angekündigt werden, siehe Großkomm AktG/*Butzke* § 124 Rn. 107.

1247 Auf die Ausführungen zum Aufsichtsrat wird insoweit verwiesen, 5. Teil:§ 3A.III.1.) c.)cc.)(1.).

Fall hat die Vollversammlung stets die Möglichkeit zur Willensbildung im Sinne von § 147 I AktG und somit auch zur Kenntniserlangung.

Die Kenntnis des Alleinaktionärs ist stets Kenntnis der AG[1248]. Erlangt er Kenntnis von den anspruchsbegründenden Umständen und der Person des Schuldner-Vorstandsmitglieds, kann er sich die Anspruchsgeltendmachung sofort überlegen und seinen Willen hierüber auch sofort bilden, weil er gemäß § 121 VI AktG nicht an die strengen Einberufungsvorschriften der §§ 121–128 AktG gebunden ist[1249], um einen Beschluss nach § 147 I AktG zu fassen. Sobald der Alleinaktionär Kenntnis i. S. v. § 199 I BGB erlangt, wird sie der AG mit der Folge des Fristbeginns zugerechnet.

Grob fahrlässige Unkenntnis der Hauptversammlung liegt vor, wenn sie als beschlussfähiges Gremium ohne grobe Fahrlässigkeit Kenntnis erlangen müsste[1250]. Anders als beim Aufsichtsrat ist eine grob fahrlässige Unkenntnis der Hauptversammlung allerdings kaum denkbar. Grund hierfür ist die Kompetenzverteilung in der AG. Die AG trifft im Rahmen des § 199 I BGB eine Nachforschungsobliegenheit, wenn sich erhebliche Anhaltspunkte für Ansprüche gegen den Schuldner ergeben. Soweit es um Ersatzansprüche gegen Vorstandsmitglieder i. S. v. § 147 I AktG geht, ist die Nachforschungsobliegenheit der AG vom Aufsichtsrat wahrzunehmen, denn er ist nach § 111 I AktG dafür zuständig, Ersatzansprüche gegen Vorstandsmitglieder zu ermitteln[1251]. Zwar könnte die AG ihre Nachforschungsobliegenheit auch erfüllen, indem die Hauptversammlung bei Verdachtsgründen einen Sonderprüfer nach § 142 I AktG bestellt, um Ersatzansprüche gegen Vorstandsmitglieder nachzuforschen. Das Unterlassen von Nachforschungen durch die Hauptversammlung ist für den Verjährungsbeginn nach § 199 I BGB aber unerheblich. Denn wenn sich der Hauptversammlung Anhaltspunkte für Ersatzansprüche gegen Vorstandsmitglieder aufdrängen, drängen sich solche Anhaltspunkte auch dem Aufsichtsrat auf, dessen Mitglieder an der Hauptversammlung teilnehmen müssen (§ 118 III 1 AktG)[1252] und das Aufsichtsratsgremium über die Anhaltspunkte informieren müssen[1253]. Wenn die Hauptversammlung konkrete Anhaltspunkte für Ersatzansprüche gegen Vorstandsmitglieder hat, hat also der Aufsichtsrat die gebotenen Nachforschungen für die AG vorzunehmen, die Hauptversammlung muss keine eigenen Nachforschungen anstellen. Unterlässt der Aufsichtsrat, nachdem er von den an der Hauptversammlung teilnehmenden Aufsichtsratsmitgliedern über *mögliche* Ersatzansprüche gegen Vorstandsmitglieder informiert worden ist, die

---

1248 Zur Parallele bei der Einmann-GmbH siehe *Wiesner* BB 1981, 1533, 1540; Großkomm GmbHG/*Paefgen* § 38 Rn. 118.

1249 Siehe Spindler/Stilz/*Rieckers* § 121 Rn. 86; Hüffer AktG/*Koch* Rn. 20.

1250 Auf die grob fahrlässige Unkenntnis des Aufsichtsrats wird verwiesen, 5. Teil:§ 3A. III.1.)d.).

1251 Siehe Großkomm AktG/*Hopt/Roth* § 111 Rn. 31 ff.; Hüffer AktG/*Koch* Rn. 7 ff.

1252 So Hüffer AktG/*Koch* § 118 Rn. 21; Spindler/Stilz/*Hoffmann* Rn. 20; siehe auch *Hoffmann-Becking* NZG 2017, 281 ff.

1253 Zur Pflicht, das Gremium zu informieren, siehe 5. Teil:§ 3A.III.1.)c.)cc.)(2.).

gebotenen Nachforschungen, ist die AG als grob fahrlässig unwissend im Sinne von § 199 I BGB zu behandeln[1254]. Unterlassen die an der Hauptversammlung teilnehmenden Aufsichtsratsmitglieder die Informierung des Aufsichtsratsgremiums über mögliche Ansprüche gegen Vorstandsmitglieder, wird die Frist nach § 199 I BGB durch die treuwidrige Unkenntnis des Aufsichtsrats in Gang gesetzt. So oder so kommt es auf unterlassene Nachforschungen durch die Hauptversammlung für den Fristbeginn nach § 199 I BGB nicht an.

### e.) Treuwidrige Unkenntnis

Wenn Mitglieder des Aufsichtsrats ihre Kenntnis i. S. v. § 199 I BGB nicht mit der gebotenen Beschleunigung ans Gremium weitergeben, ist dies als treuwidrige Unkenntnis der AG nach § 242 BGB zu werten[1255]. Die Rechtsmissbräuchlichkeit setzt dabei voraus, dass einberufungsberechtigte Mitglieder des Kollegialorgans ihre Pflicht zur rechtzeitigen Einberufung und Informierung des Kollegialorgans verletzen[1256]. Dieser Grundsatz wurde schon für den Aufsichtsrat, die GmbH-Gesellschafterversammlung und die Generalversammlung der eG bestätigt[1257]. Für die Hauptversammlung gelten die gleichen Kriterien. Wäre also ein einberufungsberechtigter Aktionär, der Kenntnis von den anspruchsbegründenden Umständen und der Person des Schuldner-Vorstandsmitglieds erlangt, verpflichtet, die Hauptversammlung einzuberufen und zu informieren, könnte sich die AG im Rahmen des § 199 I BGB bei pflichtwidrig unterlassener Informierung nicht auf Unkenntnis berufen, § 242 BGB.

Einberufungsberechtigt in diesem Sinne[1258] ist gemäß § 122 I AktG ein Aktionär, dessen Anteile zusammen fünf Prozent des Grundkapitals erreichen, sofern die Satzung keine geringere Beteiligungsschwelle vorsieht. Unklar ist aber, inwieweit ein solcher Aktionär verpflichtet ist, die Hauptversammlung einzuberufen und über den anspruchsbegründenden Sachverhalt zu informieren, von dem er Kenntnis erlangt hat. Der BGH entschied, dass in der GmbH ein nach § 50 I GmbHG einberufungsberechtigter Gesellschafter verpflichtet sei, die nach § 626 BGB kündigungsberechtigte Gesellschafterversammlung über die für die Kündigung des Geschäftsführers maßgebenden Tatsachen zu informieren[1259]. Demgegenüber soll in der eG eine nach § 45 I GenG einberufungsberechtigte Genossenminderheit trotz ihrer Kenntnis des kündigungsrelevanten Sachverhalts nach Ansicht des BGH nicht verpflichtet sein, die kündigungsberechtigte Generalversammlung einzuberufen und zu informieren[1260]. Warum eine

---

1254 Siehe 5. Teil:§ 3A.III.1.)d.).
1255 Siehe 5. Teil:§ 3A.III.1.)c.)cc.)(2.).
1256 Siehe 5. Teil:§ 3A.III.1.)c.)cc.)(2.).
1257 So zum Fristbeginn bei § 626 II 2 BGB, siehe 5. Teil:§ 3A.III.1.)c.)bb.).
1258 Nach h.M. genügt das Recht, die Einberufung vom zuständigen Organwalter zu verlangen, siehe 5. Teil:§ 3A.III.1.)c.)bb.).
1259 Siehe BGH NJW 1998, 3274, 3275.
1260 So BGH NJW 1984, 2689, 2690.

Gesellschafterminderheit i. S. v. § 50 I GmbHG zur Einberufung und Informierung verpflichtet sein soll, die Genossenminderheit i. S. v. § 45 I GenG hingegen nicht, lässt der BGH im Unklaren. Sein Hinweis, das Recht aus § 45 GenG sei ein Selbsthilferecht zum Schutz von Minderheiten[1261], das für Ausnahmefälle geschaffen sei und Initiativen innerhalb der Genossenschaft voraussetze, ist kein taugliches Unterscheidungsmerkmal, weil auch § 50 GmbHG Minderheiten- und Selbsthilferechte enthält[1262]. Ein taugliches Unterscheidungsmerkmal hat aber das Schrifttum herausgearbeitet. Als Rechtsgrundlage für die Einberufungspflicht hat es die mitgliedschaftliche Treuepflicht der Gesellschafter identifiziert. Nur aus der Treuepflicht könne sich die Pflicht des Gesellschafters zur Einberufung und Informierung des Gesellschaftergremiums ergeben[1263]. Die weniger stark ausgeprägte Treuepflicht von Aktionären und Mitgliedern einer eG könne auch erklären, warum GmbH-Gesellschafter zur Einberufung und Informierung der Gesellschafterversammlung verpflichtet seien, indes die Aktionäre und Genossen dies nicht seien[1264]. Zu untersuchen ist daher, inwieweit die Treuepflicht den Aktionären gebietet, die Hauptversammlung einzuberufen und über Ersatzansprüche gegen Vorstandsmitglieder zu informieren.

Dass das geschriebene Aktienrecht eine Pflicht zur Einberufung und Informierung von Aktionären nicht kennt[1265], steht nicht entgegen, denn die ungeschriebene Treuepflicht ist inzwischen auch im Aktienrecht anerkannt[1266]. Man ist sich heute einig, dass Aktionäre gegenüber der AG und anderen Aktionären zur Treue verpflichtet sind[1267]. Der Treuepflicht unterliegen alle Aktionäre, Mehrheits- wie Minderheitsaktionäre[1268]. Einerseits verpflichtet die Treuebindung die Aktionäre, auf die Interessen der Gesellschaft und die gesellschaftsbezogenen Belange der übrigen Aktionäre angemessen Rücksicht zu nehmen[1269]. Diese Pflicht zur Rücksichtnahme setzt der Ausübung von Aktionärsrechten Schranken (Rücksichtnahmepflicht)[1270]. Andererseits müssen Aktionäre aufgrund der Treuepflicht durch aktives Tun den

---

1261 Siehe BGH NJW 1984, 2689, 2690.

1262 Siehe Scholz GmbHG/*Seibt* § 50 Rn. 1; Großkomm GmbHG/*Hüffer/Schürnbrand* Rn. 1.

1263 Siehe *Stein* ZGR 1999, 264, 280 f.; Großkomm GmbHG/*Paefgen* § 38 Rn. 115 f.; *Rottnauer* NZG 1998, 636; Lutter/Hommelhoff/*Kleindiek* Anh. § 6 Rn. 64.

1264 Siehe *Stein* ZGR 1999, 264, 280 f.; Großkomm GmbHG/*Paefgen* § 38 Rn. 116 (dort Fn. 347).

1265 Zu den Einberufungspflichten von Vorstand und Aufsichtsrat siehe aber §§ 111 III, 121 I, II 1 AktG.

1266 Siehe MüKo AktG/*Bungeroth* Vor § 53a Rn. 17.

1267 Siehe BGHZ 103, 184, 194 f. („Linotype"); BGHZ 129, 136, 142 („Girmes"); BGHZ 142, 167, 169 f. („Hilgers"); *K. Schmidt,* GesR, § 28 I. 4.; K. Schmidt/Lutter/*Fleischer* § 53a Rn. 42.

1268 Siehe BGHZ 129, 136, 142 ff.; MüKo AktG/*Bungeroth* Vor § 53a Rn. 26.

1269 Siehe BGHZ 129, 136, 143 f.; K. Schmidt/Lutter/*Fleischer* § 53a Rn. 54.

1270 Siehe K. Schmidt/Lutter/*Fleischer* § 53a Rn. 54; MüKo AktG/*Bungeroth* Vor § 53a Rn. 25 ff.

Gesellschaftszweck fördern (Förderpflicht)[1271]. Die Pflicht zur Einberufung und Informierung der Hauptversammlung wäre eine Pflicht zu aktivem Tun, sie könnte daher nur aus der Förderpflicht der Aktionäre folgen. Nach h. M. ist die Förderpflicht der Aktionäre jedoch auf seltene Ausnahmefälle beschränkt, weil sich ihre Förderpflicht nach der aktienrechtlichen Leitidee grundsätzlich in der Einlagepflicht und ggf. statutarischen Nebenpflichten gemäß §§ 54, 55 AktG erschöpft[1272]. Zwar bilden die §§ 54, 55 AktG eine abschließende Regelung nur für Vermögensopfer, sodass eine nicht das Vermögen betreffende Mitwirkung, wie die Einberufung und Informierung der Hauptversammlung über Ersatzansprüche gegen Vorstandsmitglieder, hierdurch nicht ausgeschlossen scheint. Doch auch abseits von Vermögensopfern hat das Aktiengesetz die Tendenz, Aktionären Mitwirkungsrechte einzuräumen, nicht aber Mitwirkungspflichten aufzuerlegen[1273]. Bei der Annahme konkreter Förderpflichten ist daher äußerste Zurückhaltung geboten[1274].

Diese aktienrechtliche Ausgangslage berücksichtigend bemessen sich Grad, Intensität und der konkrete Inhalt der Förderpflicht nach der Realstruktur der AG, was bedeutet, dass die Förderpflicht der Aktionäre bei der atypischen personalistischen AG stärker ausgeprägt ist als bei der typischen Publikums-AG[1275]. Ob eine Förderpflicht im konkreten Fall besteht, ergibt letztlich eine einzelfallbezogene Interessenabwägung, bei der zu berücksichtigen ist, inwieweit die Mitwirkung für den Aktionär zumutbar ist und inwieweit die AG oder die Mitaktionäre auf dessen Mitwirkung angewiesen sind[1276]. Wegen ihres Ausnahmecharakters kommt die Förderpflicht nur in Betracht, wenn die AG oder die Mitaktionäre in ganz besonderem Maße auf die Mitwirkung des Aktionärs angewiesen sind und die Belastung für den Aktionär gering und nach Abwägung aller Umstände daher zumutbar ist[1277]. Umstritten ist, ob Großaktionäre stärker zur Förderung verpflichtet sind als Kleinaktionäre[1278]. Dies ist abzulehnen, weil dies letztlich auf eine am Einfluss des

---

1271 Siehe Großkomm AktG/*Henze/Notz* Anh. § 53a Rn. 81; K. Schmidt/Lutter/*Fleischer* § 53a Rn. 54.

1272 Siehe BGHZ 129, 136, 151; Großkomm AktG/*Henze/Notz* Anh. § 53a Rn. 81; K. Schmidt/Lutter/*Fleischer* § 53a Rn. 55; MüKo AktG/*Bungeroth* Vor § 53a Rn. 28.

1273 So Großkomm AktG/*Henze/Notz* Anh. § 53a Rn. 81; MüKo AktG/*Bungeroth* Vor § 53a Rn. 28.

1274 So Großkomm AktG/*Henze/Notz* Anh. § 53a Rn. 81; MüKo AktG/*Bungeroth* Vor § 53a Rn. 28.

1275 So K. Schmidt/Lutter/*Fleischer* § 53a Rn. 54; Großkomm AktG/*Henze/Notz* Anh. § 53a Rn. 8.

1276 Siehe Großkomm AktG/*Henze/Notz* Anh. § 53a Rn. 82; MüKo AktG/*Bungeroth* Vor § 53a Rn. 29.

1277 Siehe Großkomm AktG/*Henze/Notz* Anh. § 53a Rn. 82; MüKo AktG/*Bungeroth* Vor § 53a Rn. 29; K. Schmidt/Lutter/*Fleischer* § 53a Rn. 58.

1278 Für ein „Recht zum Desinteresse" des Kleinaktionärs MüKo AktG/*Bungeroth* Vor § 53a Rn. 29; *Lutter* ZHR 153, 446, 452 f.; a. A. Großkomm AktG/*Henze/Notz* Anh. § 53a Rn. 82.

jeweiligen Aktionärs ausgerichtete Treuepflicht hinausliefe[1279], die Rechtsfigur der wirkungsbezogenen Treuepflicht aber zu Recht überwiegend nicht anerkannt wird[1280].

Nach vorstehenden Grundsätzen kann aus der Treuepflicht nicht die Pflicht von Aktionären hergeleitet werden, die Hauptversammlung über Ersatzansprüche gegen Vorstandsmitglieder zu informieren. Das gilt jedenfalls für die Publikums-AG ausnahmslos. Zwar drohen der AG und mittelbar auch den Mitaktionären Schäden, wenn bislang unerkannte Ersatzansprüche der AG i. S. v. § 147 I 1 AktG gegen Vorstandsmitglieder mangels Informierung der Hauptversammlung nicht verfolgt werden. Z. B. kann die Verjährung der Ersatzansprüche nach § 93 VI AktG oder nach § 199 III, IV BGB eintreten, was aus wirtschaftlicher Sicht zum vollen Anspruchsverlust führt. Um solche Schäden von der AG abzuwenden, wird die AG aber nur selten auf die Informierung der Hauptversammlung durch Aktionäre angewiesen sein. Denn die AG hat extra ein Kontrollorgan, dem die Aufgabe zugewiesen ist, den Vorstand zu überwachen (§ 111 I AktG), Ersatzansprüche gegen Vorstandsmitglieder mithilfe der Informationsinstrumente nach §§ 90, 111 II AktG zu identifizieren und sie nach den Grundsätzen der ARAG-Rechtsprechung geltend zu machen. Auf die Informierung der Hauptversammlung kann die AG daher nur angewiesen sein, wenn der Anspruch gegen das Vorstandsmitglied weder der Öffentlichkeit noch dem Aufsichtsrat der AG bekannt ist. Verfolgt der Aufsichtsrat ihm bekannte Ansprüche pflichtwidrig nicht, ist ebenfalls zu erwägen, ob die AG und Mitaktionäre auf die Informierung der Hauptversammlung angewiesen sind, damit ein Hauptversammlungsbeschluss nach § 147 I AktG gefasst werden kann. Darauf kommt es aber nicht an, weil die Informierung der Hauptversammlung dem Aktionär der Publikums-AG in keinem Fall zumutbar ist[1281]. Es ist Aktionären nicht zumutbar, die komplexe Frage zu beurteilen, inwieweit die Informierung der Hauptversammlung dem Wohl der AG und den damit verbundenen mitgliedschaftlichen Interessen der Mitaktionäre dient. In der Praxis ist damit zu rechnen, dass Informationen, die der Hauptversammlung gegeben werden, an die Öffentlichkeit gelangen[1282]. Werden bislang unerkannte Ersatzansprüche gegen Vorstandsmitglieder publik, kann dies erhebliche Reputationsschäden[1283] und sonstige Schäden der AG aus rechtlichen Sanktionen (Geldbußen, Vermögensabschöpfungen, Schadensersatzzahlungen[1284]) zur Folge haben. Unter Umständen können diese Schäden, die

---

1279 So Großkomm AktG/*Henze/Notz* Anh. § 53a Rn. 82.

1280 Siehe MüKo AktG/*Bungeroth* Vor § 53a Rn. 26; Großkomm AktG/*Henze/Notz* Anh. § 53a Rn. 73; K. Schmidt/Lutter/*Fleischer* § 53a Rn. 50; a. A. *Dreher* ZHR 157, 150, 156 ff.

1281 Dies andeutend *Stein* ZGR 1999, 264, 280 f.; ihr folgend Großkomm GmbHG/*Paefgen* § 38 Rn. 116 (dort Fn. 347).

1282 Siehe KK AktG/*Kersting* § 131 Rn. 286; MüKo AktG/*Kubis* Rn. 104; *Klöhn/Schmolke* NZG 2015, 689, 694.

1283 Ausführlich *Klöhn/Schmolke* NZG 2015, 689, 694.

1284 Siehe *Schockenhoff* NZG 2015, 409 f.

der AG bei Publikwerden des fehlerhaften Vorstandsverhaltens drohen, den Vermögensvorteil der Geltendmachung des Anspruchs sogar überwiegen. Daher ist es dem Aufsichtsrat nach Maßgabe der ARAG-Rechtsprechung gestattet, von einer Anspruchsverfolgung gegen das Vorstandsmitglied abzusehen, wenn die damit verbundene Geheimhaltung des fehlerhaften Vorstandsverhaltens dem Wohl der AG mehr dient[1285]. Der Aufsichtsrat hat hierbei Vor- und Nachteile der Inanspruchnahme des Vorstands gegeneinander abzuwägen und die Abwägungsentscheidung allein am Unternehmenswohl auszurichten[1286]. Diese komplexe Folgenabwägung erwartet das Aktienrecht auch vom Vorstand, der gemäß § 131 III 1 Nr. 1 AktG zu entscheiden hat, ob er die Hauptversammlung über bislang unbekannte Verfehlungen von Vorstandsmitgliedern informiert. Die Vorschrift gewährt dem Vorstand das Recht, die Auskunft gegenüber Aktionären in der Hauptversammlung zu verweigern, wenn die Auskunft nach vernünftiger kaufmännischer Beurteilung geeignet ist, der AG oder einem verbundenen Unternehmen einen nicht unerheblichen Nachteil zuzufügen. Hintergrund ist, dass Auskünfte an Aktionäre an die Öffentlichkeit durchsickern, was der AG erheblichen Schaden zufügen kann[1287]. Jedenfalls ist es für den Aktionär einer Publikums-AG, anders als für den Vorstand nach § 131 III 1 Nr. 1 AktG oder den Aufsichtsrat, kaum möglich und auf alle Fälle nicht zumutbar ist, zu beurteilen, ob die Informierung der (Hauptversammlungs-) Öffentlichkeit über bislang unerkannte Ersatzansprüche dem wohlverstandenen Interesse der AG entspricht. Eine entsprechende Treuepflicht zur Informierung der Hauptversammlung kann nicht anerkannt werden. Allenfalls kann ein Aktionär verpflichtet sein, den Aufsichtsrat zu informieren, der dann beurteilen kann, ob der Ersatzanspruch gegen das Vorstandsmitglied geltend zu machen ist.

Anders könnte dies nur bei einer personalistischen AG sein. Zu einer personalistisch strukturierten GmbH hat der BGH entschieden, dass ein Gesellschafter aufgrund der gesellschaftsrechtlichen Treuepflicht grundsätzlich verpflichtet ist, einen Mitgesellschafter über Vorgänge, die dessen mitgliedschaftliche Vermögensinteressen berühren und ihm nicht bekannt sein können, vollständig und zutreffend zu informieren[1288]. Die Entscheidung betraf aber eine GmbH ohne Aufsichtsrat. Demgegenüber hat die personalistische AG einen Aufsichtsrat, zu dessen zentralen Aufgaben es gehört, über die Geltendmachung von Ersatzansprüchen gegen Vorstandsmitglieder zu entscheiden. Aus der mitgliedschaftlichen

---

1285 Siehe BGH NJW 1997, 1926, 1927 f. (ARAG/Garmenbeck); MüKo AktG/*Habersack* § 111 Rn. 37; Hüffer AktG/*Koch* Rn: 10; *Klöhn/Schmolke* NZG 2015, 689, 694; *Schockenhoff* NZG 2015, 409, 411.

1286 Siehe MüKo AktG/*Habersack* § 111 Rn. 36; Hüffer AktG/*Koch* Rn. 10.

1287 Siehe MüKo AktG/*Kubis* § 131 Rn. 104; KK AktG/*Kersting* Rn. 286.

1288 Siehe BGH NZG 2007, 185, 186; siehe auch Roth/Altmeppen/*Altmeppen* § 13 Rn. 51; Henssler/Strohn/*Verse* § 14 GmbHG Rn. 114. Demgegenüber ist man bei der kapitalistisch geprägten GmbH mit der Annahme von Förderpflichten äußerst zurückhaltend, siehe Scholz GmbHG/*Seibt* § 14 Rn. 60.

Treuepflicht des Aktionärs lässt sich daher allenfalls die Pflicht ableiten, den Aufsichtsrat über den Ersatzanspruch gegen das Vorstandsmitglied zu informieren. Eine Pflicht zur Informierung der Hauptversammlung erscheint grundsätzlich nicht begründbar.

Als Fazit lässt sich festhalten, dass Aktionäre nicht verpflichtet sind, die Hauptversammlung über bislang unbekannte Ersatzansprüche gegen Vorstandsmitglieder zu informieren. Eine treuwidrige Unkenntnis der AG bei unterlassener Informierung der Hauptversammlung kommt daher nicht in Betracht.

### *4.) Der besondere Vertreter*

### a.) Praktische Relevanz der Zurechnung

Für den Verjährungsbeginn nach § 199 I BGB ist die Kenntnis bzw. grob fahrlässige Unkenntnis des besonderen Vertreters kaum relevant. Denn seine Bestellung nach § 147 II AktG setzt stets einen Geltendmachungsbeschluss der Hauptversammlung nach § 147 I AktG voraus, der gefasst wird, weil der Aufsichtsrat den Ersatzanspruch nicht sachgerecht verfolgt oder zu erwarten ist, dass er ihn nicht sachgerecht verfolgen wird. In der Praxis werden Aufsichtsrat und Hauptversammlung im Regelfall vor dem besonderen Vertreter von den anspruchsbegründenden Umständen und der Person des Schuldner-Vorstandsmitglieds Kenntnis erlangen, was zum Fristbeginn nach § 199 I BGB führt. Es kann aber vorkommen, dass der besondere Vertreter zur Geltendmachung von Ersatzansprüchen gegen Vorstandsmitglieder eingesetzt wird, obwohl noch nicht abschließend geklärt ist, gegen welche von mehreren Vorstandsmitgliedern sich der Anspruch richtet. In diesem Fall ist es nicht ausgeschlossen, dass die Kenntnis des besonderen Vertreters, der den Sachverhalt dann im Rahmen seiner Befugnisse[1289] aufzuklären hat, den Verjährungsbeginn nach § 199 I BGB bewirkt.

### b.) Kompetenz des besonderen Vertreters, § 147 II AktG

In Anlehnung an die Vorgaben für Vorstands- und Aufsichtsratsmitglieder gemäß §§ 76 III 1, 100 I 1 AktG können nur natürliche, unbeschränkt geschäftsfähige Personen zu besonderen Vertretern bestellt werden[1290]. Der von der Hauptversammlung oder vom Gericht nach § 147 II AktG bestellte besondere Vertreter tritt innerhalb seines Aufgabenbereichs als vertretungsberechtigtes

---

1289 Welche Informationsrechte der besondere Vertreter im Vergleich zum Sonderprüfer hat, ist umstritten. Für ein abgeschwächtes Informationsrecht des besonderen Vertreters OLG München ZIP 2008, 73, 76 f.; *Kling* ZGR 2009, 190, 217 f.; MüKo AktG/*Schröer* § 147 Rn. 49; a. A. LG München I ZIP 2007, 1809; Spindler/Stilz/*Mock* § 147 Rn. 104.

1290 H.M., Spindler/Stilz/*Mock* § 147 Rn. 72; *Kling* ZGR 2009, 190, 198 f.; MüKo AktG/*Schröer* Rn. 43; a. A. *Verhoeven* ZIP 2008, 245, 248.

Organ[1291] an die Stelle des Aufsichtsrats, um den von der Hauptversammlung oder vom Gericht näher bestimmten Ersatzanspruch gegen das pflichtvergessene Vorstandsmitglied gerichtlich oder außergerichtlich[1292] geltend zu machen[1293]. Soweit der besondere Vertreter zur Geltendmachung von Ersatzansprüchen zuständig ist, wird die Zuständigkeit des Aufsichtsrats verdrängt[1294]. Im Rahmen seines Aufgabenbereichs ist der besondere Vertreter vertretungsbefugt und geschäftsführungsbefugt[1295]. Die Bestellung des besonderen Vertreters, gleich ob sie von der Hauptversammlung (§ 147 II 1 AktG) oder vom Gericht (§ 147 II 2 AktG) vorgenommen wird, setzt immer einen wirksamen[1296] Hauptversammlungsbeschluss nach § 147 I 1 AktG voraus[1297].

Für den Ermessensspielraum des besonderen Vertreters, sich trotz eines Hauptversammlungsverlangens i. S. v. § 147 I 1 AktG gegen die Anspruchsverfolgung zu entscheiden, gelten ähnliche Grundsätze wie für den Aufsichtsrat[1298]. Der Ermessensspielraum des besonderen Vertreters wird überwiegend an der Reichweite seines Prüfungsauftrags festgemacht[1299]. Der Prüfungsauftrag des besonderen Vertreters ergibt sich in erster Linie aus dem Geltendmachungsbeschluss nach § 147 I 1 AktG, auf den der Bestellungsbeschluss der Hauptversammlung (§ 147 II 1 AktG) oder die gerichtliche Bestellung (§ 147 II 2 AktG) Bezug nimmt[1300]. Aus dem Geltendmachungsbeschluss (§ 147 I AktG) in Verbindung mit der Bestellung (§ 147 II AktG) muss sich der Prüfungsauftrag des besonderen Vertreters so genau ergeben, dass klar ist, welche Ersatzansprüche der besondere Vertreter unter

---

1291 H.M., BGH NJW 1981, 1097, 1098; NZG 2011, 1383, 1384; LG München I NZG 2007, 916 f.; NJW 2009, 3794, 3795; Spindler/Stilz/*Mock* § 147 Rn. 91; Hüffer AktG/*Koch* Rn. 8; *Verhoeven* ZIP 2008, 245, 246 ff.; *Kling* ZGR 2009, 190, 211 ff.; offenlassend *Bayer/Lieder* NZG 2012, 1, 8; a. A. OLG München NZG 2008, 230, 235; OLG München WM 2008, 1971, 1975 „organähnliche Stellung".

1292 So *Kling* ZGR 2009, 190, 199; Spindler/Stilz/*Mock* § 147 Rn. 84.

1293 Statt aller BGH NJW 1981, 1097, 1098; *U. H. Schneider* ZIP 2013, 1985, 1987; *Kling* ZGR 2009, 190, 212.

1294 So Spindler/Stilz/*Mock* § 147 Rn. 91; Hüffer AktG/*Koch* Rn. 8; Hölters/*Hirschmann* Rn. 10; *Kling* ZGR 2009, 190, 212.

1295 So *Verhoeven* ZIP 2008, 245, 247; *U. H. Schneider* ZIP 2013, 1985, 1988; KK AktG/*Rieckers/Vetter* § 147 Rn. 514.

1296 Der Hauptversammlungsbeschluss darf nicht nichtig sein, siehe KK AktG/*Rieckers/Vetter* § 147 Rn. 382.

1297 Siehe *Kling* ZGR 2009, 190, 194 f.; *Hüffer* ZHR 174, 642, 666 f.; KK AktG/*Rieckers/Vetter* § 147 Rn. 302 ff., 380 ff.; K. Schmidt/Lutter/*Spindler* Rn. 14 f.

1298 So auch KK AktG/*Rieckers/Vetter* § 147 Rn. 531.

1299 Nach der Reichweite des Prüfungsauftrags differenzierend *U. H. Schneider* ZIP 2013, 1985, 1989 f.; Hüffer AktG/*Koch* § 147 Rn. 8; stillschweigend von solch einer Differenzierung ausgehend OLG München WM 2008, 1971, 1974 ff.; ablehnend *Humrich* NZG 2014, 441, 443 f.

1300 Hierzu ausführlich *Hüffer* ZHR 174, 642, 666 f.

Verdrängung der Kompetenz des Aufsichtsrats verfolgen soll[1301]. Hierfür muss der anspruchsbegründende Sachverhalt im Beschluss nach § 147 I 1 AktG hinreichend konkret angegeben werden und der Aufgabenkreis des besonderen Vertreters aus der Bestellung nach § 147 II AktG so deutlich hervorgehen, dass im Falle der „Klageerhebung durch den besonderen Vertreter festgestellt werden kann, ob der Gegenstand der Klage mit den von der Hauptversammlung genannten Ersatzansprüchen übereinstimmt“[1302]. Soweit sich aus dem Prüfungsauftrag des besonderen Vertreters ein zulässiger Ermessensspielraum ergibt, darf er diesen ausschöpfen[1303]. Beispielsweise kann dem besonderen Vertreter durch den Prüfungsauftrag die Beurteilung überlassen werden, gegen welche von mehreren möglichen Anspruchsgegnern eine Klage Erfolg verspricht[1304]. Sofern dem besonderen Vertreter nach dem Prüfungsauftrag hingegen kein Ermessensspielraum zusteht, ist er grundsätzlich verpflichtet, den Ersatzanspruch zu verfolgen, weil die Hauptversammlung dann abschließend über das „Ob“ der Geltendmachung entschieden hat[1305]. Ausnahmsweise soll er auch ohne eingeräumten Ermessensspielraum von einer Anspruchsverfolgung absehen können, wenn er bei der Anspruchsprüfung zu dem Ergebnis kommt, dass der Anspruch nicht besteht oder das Prozessrisiko unvertretbar hoch ist[1306]. Diese Ausnahme muss sehr restriktiv gehandhabt werden, weil § 147 III 3 AktG i. d. F. vom 9. 6. 1998, der den besonderen Vertreter nur dann zur Anspruchsgeltendmachung verpflichtete, „soweit nach seiner pflichtgemäßen Beurteilung die Rechtsverfolgung eine hinreichende Aussicht auf Erfolg bietet“, durch das UMAG[1307] aufgehoben wurde[1308]. Umstritten ist überdies, ob der besondere Vertreter, wenn er ausnahmsweise von der Anspruchsverfolgung absehen darf, die Anspruchsverfolgung schlicht unterlassen kann[1309] oder auf die Aufhebung

---

1301 Siehe *Hüffer* ZHR 174, 642, 666.

1302 Siehe OLG Stuttgart AG 2009, 169, 170; *U. H. Schneider* ZIP 2013, 1985, 1986; *H. P. Westermann* AG 2009, 237, 240; *Hüffer* ZHR 174, 642, 666.

1303 Siehe OLG München WM 2008, 1971, 1974 ff.; *U. H. Schneider* ZIP 2013, 1985, 1989 f.; Hüffer AktG/*Koch* § 147 Rn. 8; Spindler/Stilz/*Mock* Rn. 84; K. Schmidt/Lutter/*Spindler* Rn. 24.

1304 So OLG München WM 2008, 1971 (4. Leitsatz).

1305 Siehe KK AktG/*Rieckers/Vetter* § 147 Rn. 531 ff.; Spindler/Stilz/*Mock* Rn. 84; K. Schmidt/Lutter/*Spindler* Rn. 24; *Verhoeven* ZIP 2008, 245, 250; *U. H. Schneider* ZIP 2013, 1985, 1990.

1306 So LG Berlin, 09. 09. 2011, 100 O 35/11, juris Rn. 38; Großkomm AktG/*Bezzenberger* § 147 Rn. 56; Spindler/Stilz/*Mock* Rn. 86; KK AktG/*Rieckers/Vetter* Rn. 540; *U. H. Schneider* ZIP 2013, 1985, 1990; siehe *Verhoeven* ZIP 2008, 245, 250 f.; ähnlich MüKo AktG/*Schröer* § 147 Rn. 46; tendenziell auch OLG Hamburg AG 2007, 331, 332; OLG München WM 2008, 1971, 1975.

1307 Gesetz zur Unternehmensintegrität und Modernisierung des Anfechtungsrechts v. 22. 9. 2005, BGBl. I, S. 2802 ff.

1308 Siehe *Verhoeven* ZIP 2008, 245, 250; siehe hierzu BGBl. 2005, I, S. 2804.

1309 So *Kling* ZGR 2009, 190, 207 f.

des Geltendmachungsbeschlusses (§ 147 I AktG) hinwirken und, falls dies erfolglos bleibt, sein Amt niederlegen muss[1310].

Umstritten ist auch, inwieweit der besondere Vertreter nach erfolgter Bestellung Weisungen unterliegt. Einig ist man sich insoweit, als der besondere Vertreter keinen Weisungen des Vorstands oder des Aufsichtsrats unterliegt[1311]. Die Hauptversammlung soll dem besonderen Vertreter nach überwiegender Ansicht zwar im Bestellungsbeschluss nähere Vorgaben zur Anspruchsverfolgung machen können, ihm nachträglich aber keine Weisungen erteilen dürfen[1312]. Der Hauptversammlung bleibe nur die Möglichkeit, den besonderen Vertreter durch Mehrheitsbeschluss abzuberufen[1313].

### c.) Zurechenbarkeit seiner Kenntnis bzw. grob fahrlässigen Unkenntnis

Nach hier vertretener Ansicht kommt es für die organschaftliche Wissenszurechnung im Rahmen des § 199 I BGB darauf an, ob ein Organ über die Geltendmachung des Anspruchs gegen das Vorstandsmitglied entscheiden, also den Willen der AG zur Anspruchsgeltendmachung bilden kann[1314]. Die Zurechenbarkeit der Kenntnis bzw. grob fahrlässigen Unkenntnis des besonderen Vertreters im Rahmen des § 199 I BGB hängt somit davon ab, inwieweit der Wille der AG zur Geltendmachung des Ersatzanspruchs vom besonderen Vertreter gebildet wird. Soweit die Hauptversammlung nach § 147 I AktG abschließend über die Anspruchsgeltendmachung entscheidet, ist kein Raum für eine eigenständige Willensbildung des besonderen Vertreters. Man muss daher differenzieren. Soweit der Hauptversammlungsbeschluss gemäß § 147 I 1 AktG und die Bestellung nach § 147 II AktG dem besonderen Vertreter einen Ermessensspielraum zur Geltendmachung eines konkreten Ersatzanspruchs belassen, hat der besondere Vertreter bezüglich dieses Anspruchs Entscheidungsbefugnis. Überlässt die Hauptversammlung dem besonderen Vertreter z. B. die Entscheidung, gegen welche Vorstandsmitglieder die Rechtsverfolgung Erfolg verspricht und zu betreiben ist[1315], so hat die Hauptversammlung den Willen zur Anspruchsgeltendmachung nur allgemein, aber nicht im Hinblick auf den konkreten Anspruch gegen das konkrete Vorstandsmitglied

1310 So Großkomm AktG/*Bezzenberger* § 147 Rn. 56; KK AktG/*Rieckers/Vetter* Rn. 541; *Hüffer* ZHR 174, 642, 664; siehe LG Berlin, 09. 09. 2011, 100 O 35/11, juris Rn. 38.

1311 Siehe *Westermann* AG 2009, 237, 240; MüKo AktG/*Schröer* § 147 Rn. 58; Spindler/Stilz/*Mock* Rn. 98.

1312 Siehe LG München I AG 2008, 794, 796; Spindler/Stilz/*Mock* § 147 Rn. 98; K. Schmidt/Lutter/*Spindler* § 147 Rn. 27; krit. *Westermann* AG 2009, 237, 240 f.; a. A. MüKo AktG/*Schröer* Rn. 58 für den Fall, dass der besondere Vertreter von der Hauptversammlung bestellt worden ist.

1313 Siehe Spindler/Stilz/*Mock* § 147 Rn. 98; K. Schmidt/Lutter/*Spindler* Rn. 27.

1314 Siehe 5. Teil:§ 3A.I.4.).

1315 Dieser Fall lag OLG München WM 2008, 1971 ff. zugrunde.

gebildet. Insoweit ist der Wille zur Anspruchsverfolgung gegen das konkrete Vorstandsmitglied vom besonderen Vertreter zu bilden. Der Verjährungsbeginn nach § 199 I BGB wird insoweit nicht nur durch die Kenntnis bzw. grob fahrlässige Unkenntnis der Hauptversammlung, sondern auch durch die Kenntnis bzw. grob fahrlässige Unkenntnis des besonderen Vertreters bewirkt. Zurechnungsgrundlage ist der Rechtsgedanke des § 31 BGB.

Anders ist dies aber, wenn der besondere Vertreter keinen Ermessensspielraum hat. In diesem Fall entscheidet die Hauptversammlung abschließend darüber, ob der konkrete Ersatzanspruch geltend zu machen ist. Insoweit ist der besondere Vertreter nur ein Organ mit „gebundener Marschroute“, das sich dem Geltendmachungsverlangen nach § 147 I AktG nicht widersetzen kann; dem besonderen Vertreter bleibt nur die Amtsniederlegung, wenn er den Ersatzanspruch nicht verfolgen möchte. Eine organschaftliche Zurechnung der Kenntnis bzw. grob fahrlässigen Unkenntnis des besonderen Vertreters scheidet in diesem Fall aus, weil die Zurechnung nach dem Rechtsgedanken des § 31 BGB die Kompetenz zur Entscheidung über die Anspruchsverfolgung voraussetzt. Möglicherweise lässt sich der besondere Vertreter mit gebundener Marschroute aber als Wissensvertreter qualifizieren, was im Ergebnis letztlich doch eine Wissenszurechnung im Rahmen des § 199 I BGB ermöglichen würde[1316].

Stellt man mit der h. M. im Rahmen des § 199 I BGB auf das Organ ab, das die AG bei der Geltendmachung des Anspruchs im Prozess vertritt, muss man der AG konsequenterweise stets die Kenntnis bzw. grob fahrlässige Unkenntnis des besonderen Vertreters zurechnen. Denn der besondere Vertreter ist in seinem Aufgabenkreis vertretungsberechtigtes Organ, das anstelle des Aufsichtsrats bestimmte Ersatzansprüche der AG gegen Vorstandsmitglieder geltend macht.

#### d.) Kenntnis bzw. grob fahrlässige Unkenntnis

Da der besondere Vertreter nach ganz h.M. stets eine natürliche, unbeschränkt geschäftsfähige Person zu sein hat, beurteilt sich seine Kenntnis bzw. grob fahrlässige Unkenntnis i. S. v. § 199 I BGB wie die der Einzelperson.

### *5.) Qualifizierte Aktionärsminderheit*

#### a.) Praktische Relevanz der Kenntnis bzw. grob fahrlässigen Unkenntnis für den Verjährungsbeginn nach § 199 I BGB

Die Kenntnis bzw. grob fahrlässige Unkenntnis einer qualifizierten Aktionärsminderheit i.S.d. § 148 I 1 AktG ist für den Verjährungsbeginn nach § 199 I BGB praktisch nicht relevant. Zulassungsantrag und Aktionärsklage sind nach § 148 I 2 Nr. 2, IV 1 AktG subsidiäre Notbehelfe, die stets eine Aufforderung an die AG voraussetzen, selbst zu klagen. Der Aufsichtsrat wird somit spätestens durch die

---

1316 Zum besonderen Vertreter als Wissensvertreter siehe 5. Teil:§ 3C.III.5.).

Aufforderung nach § 148 I 2 Nr. 2 AktG oder – wie die Aktionäre auch – durch Medienveröffentlichungen nach § 148 I 2 Nr. 1 AktG[1317] davon erfahren, dass Ansprüche gegen Vorstandsmitglieder bestehen (können). Der Aufsichtsrat hat dann die anspruchsbegründenden Umstände zu ermitteln. Da die Kenntnis bzw. grob fahrlässige Unkenntnis einer qualifizierten Aktionärsminderheit frühestens im Zeitpunkt der Aufforderung zur Geltendmachung nach § 148 I 2 Nr. 2 AktG den Fristbeginn nach § 199 I BGB bewirken kann[1318], hat sie neben der Kenntnis bzw. grob fahrlässigen Unkenntnis des Aufsichtsrats keine Bedeutung für den Verjährungsbeginn nach § 199 I BGB. Die nachfolgenden Ausführungen sind daher nicht von praktischer, aber von dogmatischer Relevanz.

## b.) Kompetenz der qualifizierten Aktionärsminderheit, § 148 I AktG

§ 148 AktG ist zwingend. Die Satzung darf weder zum Nachteil noch zum Vorteil der Aktionäre von der Regelung des § 148 AktG abweichen[1319]. Nach § 148 AktG können Aktionäre, deren Anteile im Zeitpunkt der Antragstellung zusammen den einhundertsten Teil des Grundkapitals oder einen anteiligen Betrag von EUR 100.000 erreichen (qualifizierte Aktionärsminderheit), die in § 147 I 1 AktG bezeichneten Ersatzansprüche der AG im eigenen Namen gegen Vorstandsmitglieder geltend machen. Da sich die Aktionärsklage gemäß § 148 I 1 AktG auf die in § 147 I 1 AktG bezeichneten Ersatzansprüche der AG bezieht, erstreckt sie sich auf Ersatzansprüche gegen amtierende und ehemalige Vorstandsmitglieder[1320]. Die prozessuale Geltendmachung des Anspruchs erfolgt in einem zweistufigen Verfahren[1321].

Zunächst muss die qualifizierte Aktionärsminderheit ein Klagezulassungsverfahren vor dem Landgericht erfolgreich durchlaufen (§ 148 I, II AktG). Dieser Verfahrensteil hat eine Filterfunktion. Es sollen missbräuchliche und nicht erfolgsversprechende Aktionärsklagen verhindert werden[1322]. Erst wenn die Klage vom Landgericht zugelassen worden ist, kann die qualifizierte Aktionärsminderheit, deren Klage zugelassen wurde[1323], den Ersatzanspruch gegen das Vorstandsmitglied vor Gericht einklagen (§ 148 IV AktG).

Antragsgegner des Zulassungsverfahrens und Klagegegner der anschließenden Aktionärsklage ist nach § 148 IV 2, Hs. 1 AktG das pflichtvergessene (ehemalige)

---

1317 Hierzu K. Schmidt/Lutter/*Spindler* § 148 Rn. 17.
1318 Siehe 5. Teil:§ 3A.III.5.)c.).
1319 So KK AktG/*Rieckers/Vetter* § 148 Rn. 11.
1320 So KK AktG/*Rieckers/Vetter* § 148 Rn. 158.
1321 Das Verfahren richtet sich insgesamt nach der ZPO, nicht nach dem FamFG, so Begr. RegE, BT-Drucks. 15/5092, S. 20.
1322 Siehe Begr. RegE, BT-Drucks. 15/5092, S. 20 f.; Hüffer AktG/*Koch* § 148 Rn. 1.
1323 Siehe Begr. RegE, BT-Drucks. 15/5092, S. 22, 23; K. Schmidt/Lutter/*Spindler* § 148 Rn. 40.

Vorstandsmitglied[1324]. Zulassungsverfahren und Aktionärsklage sind subsidiär gegenüber einer eigenen Klage der AG, § 148 I 2 Nr. 2, III, IV 1 AktG[1325]. Subsidiarität bedeutet zum einen, dass die qualifizierte Aktionärsminderheit sowohl vor Einleitung des Zulassungsverfahrens als auch vor Erhebung der Klage die AG auffordern muss, den Ersatzanspruch selbst einzuklagen. Sie bedeutet zum anderen, dass die AG trotz des Antrags auf Zulassung und trotz Erhebung der Klage durch die qualifizierte Aktionärsminderheit berechtigt bleibt, die Ersatzansprüche jederzeit selbst einzuklagen, wodurch das anhängige Zulassungs- oder Klageverfahren über den Ersatzanspruch unzulässig wird, § 148 III AktG. Dogmatisch lässt sich die Aktionärsklage als gesetzlich geregelten Fall der *actio pro socio* einordnen[1326].

§ 148 IV 1 AktG verleiht der qualifizierten Aktionärsminderheit die Befugnis, über die Geltendmachung von Ersatzansprüchen der AG gegen Vorstandsmitglieder zu entscheiden. Diese Entscheidungsbefugnis ist in der prozessrechtlichen Terminologie eine gerichtlich verliehene *Prozessstandschaft*[1327], weil mit der Klagezulassung das Recht der Aktionärsminderheit verbunden ist, den Ersatzanspruch der AG im eigenen Namen gegen das Vorstandsmitglied einzuklagen. Das Klagezulassungsverfahren bildet aber eine sehr hohe Hürde für die Erlangung der Prozessstandschaft. Die Klagezulassung kann wegen § 148 I 2 Nr. 3 AktG nur bei besonders schwerwiegenden Pflichtverletzungen von Organmitgliedern erreicht werden[1328], wodurch die Aktionärsklage zu einem Notbehelf[1329] für Ausnahmefälle wird[1330] und kaum praktische Bedeutung hat[1331]. Zudem scheidet eine Klagezulassung nach § 148 I 2 Nr. 4 AktG aus, wenn überwiegende Gründe des Gesellschaftswohls entgegenstehen[1332].

---

1324 Unstr., KK AktG/*Rieckers/Vetter* § 148 Rn. 144; Großkomm AktG/*Bezzenberger/Bezzenberger* Rn. 177.

1325 Siehe Hüffer AktG/*Koch* § 148 Rn. 1.

1326 So Begr. RegE UMAG, BT-Drucks. 15/5092, S. 23; siehe Großkomm AktG/*Bezzenberger/Bezzenberger* § 148 Rn. 2; K. Schmidt/Lutter/*Spindler* Rn. 2; Spindler/Stilz/*Mock* Rn. 2; *Verse*, FS U. H. Schneider 2011, S. 1325, 1326; relativierend KK AktG/*Rieckers/Vetter* Rn. 111 f.

1327 So Großkomm AktG/*Bezzenberger/Bezzenberger* § 148 Rn. 2; KK AktG/*Rieckers/Vetter* Rn. 550. Häufig wird auch ungenau von einer gesetzlichen Prozessstandschaft gesprochen, so z. B. *Fleischer* NJW 2005, 3525, 3526; Hüffer AktG/*Koch* § 148 Rn. 15; K. Schmidt/Lutter/*Spindler* Rn. 40.

1328 Dazu ausführlich Großkomm AktG/*Bezzenberger/Bezzenberger* § 148 Rn. 127 ff.; siehe auch Begr. RegE, BT-Drucks. 15/5092, S. 22.

1329 So Großkomm AktG/*Bezzenberger/Bezzenberger* § 148 Rn. 128.

1330 So Hüffer AktG/*Koch* § 148 Rn. 8.

1331 Siehe Hüffer AktG/*Koch* § 148 Rn. 3; *Habersack* ZHR 177, 782, 789 ff.; zu den in der Praxis bekannten Fällen näher KK AktG/*Rieckers/Vetter* § 148 Rn. 81 ff., 87.

1332 Demgegenüber kann die Hauptversammlung nach § 147 I AktG die Geltendmachung auch bei entgegenstehenden überwiegenden Gründen des Gesellschaftswohls verlangen, siehe 5. Teil: § 3A.III.3.)b.).

Trotz alledem wird die Verjährungsfrist durch Beantragung der Klagezulassung gehemmt, § 148 II 5 AktG[1333].

Nicht ganz einig ist man sich darüber, ob die Aktionäre der zur Klage zugelassenen Aktionärsminderheit einzeln oder nur gemeinsam klageberechtigt sind. Dies hängt von der Parteistellung und der Prozessführungsbefugnis der einzelnen Aktionäre ab. Schon in Bezug auf die Klägerstellung gibt es irreführende Äußerungen im Schrifttum. Teilweise wird behauptet, die zur Klage zugelassene Aktionärsminderheit als solche sei Klagepartei[1334]. Das trifft freilich nur in einem Teil der Fälle zu. Die nach § 148 I AktG zugelassene Aktionärsminderheit kann als solche nur Kläger sein, wenn sie nach § 50 I ZPO parteifähig ist. Besteht die zugelassene Aktionärsminderheit aus einem Aktionär, ist er parteifähig und kann selbstverständlich Kläger sein. Eine Aktionärsminderheit aus mehreren Aktionären kann aber nie als solche parteifähig sein. Das gilt selbst dann, wenn sich mehrere Aktionäre zur Erreichung des Quorums nach § 148 I 1 AktG und der anschließenden Geltendmachung des Ersatzanspruchs zusammenschließen. Denn ein solcher Personenzusammenschluss wäre als Innen-GbR einzuordnen[1335], die keine Rechtsfähigkeit und somit keine Parteifähigkeit nach § 50 I ZPO genießt[1336]. Kläger im Rahmen einer Aktionärsklage sind daher immer nur die einzelnen Aktionäre, in keinem Fall die qualifizierte Aktionärsminderheit als solche oder der Zusammenschluss mehrerer Aktionäre.

Auch im Hinblick auf die Prozessführungsbefugnis sind verschiedene Konstellationen zu unterscheiden. Wurde ein einzelner Aktionär nach § 148 IV 1 AktG zur Klage zugelassen, ist er bei der anschließenden Klage denknotwendig einzeln prozessführungsbefugt. Haben mehrere Aktionäre als Streitgenossen die Klagezulassung erreicht, ist zu differenzieren. Hat jeder dieser Aktionäre das Quorum der Klagezulassung gemäß § 148 I 1 AktG erfüllt, ist jeder von ihnen einzeln prozessführungsbefugt[1337]. Denn solchen Aktionären darf nicht daraus ein Nachteil erwachsen, dass sie sich mit anderen Streitgenossen im Klagezulassungsverfahren zusammengeschlossen haben, statt allein die Zulassung zu beantragen. Erheben mehrere von ihnen die Aktionärsklage gemeinsam, besteht wegen der Rechtskrafterstreckung nach § 148 V 1 AktG allerdings eine notwendige Streitgenossenschaft

---

1333 § 167 ZPO findet Anwendung, siehe KK AktG/*Rieckers/Vetter* § 148 Rn. 402 ff.

1334 So KK AktG/*Rieckers/Vetter* § 148 Rn. 550; Spindler/Stilz/*Mock* Rn. 137.

1335 Ausführlich Großkomm AktG/*Bezzenberger/Bezzenberger* § 148 Rn. 167 f.; ebenso Spindler/Stilz/*Mock* Rn. 49 f.; K. Schmidt/Lutter/*Spindler* Rn. 12. Ein Zusammenschluss als Außen-GbR würde voraussetzen, dass die Aktionäre ihre Aktien auf die GbR übertragen, wodurch dann aber die Außen-GbR selbst Aktionär würde, siehe Großkomm AktG/*Bezzenberger/Bezzenberger* § 148 Rn. 169; Spindler/Stilz/*Mock* Rn. 51; KK AktG/*Rieckers/Vetter* Rn. 181.

1336 Grundlegend BGH NJW 2001, 1056, 1058 ff.

1337 Insoweit zutreffend K. Schmidt/Lutter/*Spindler* § 148 Rn. 41; a. A. wohl KK AktG/*Rieckers/Vetter* Rn. 553, deren Ansicht nach aus einem Klagezulassungsverfahren nur eine Klage folgen soll.

aus prozessualen Gründen, § 62 I, Var. 1 ZPO[1338]. Klagen hingegen mehrere unabhängig voneinander, sind ihre Klagen nach § 148 IV 4 AktG zu verbinden[1339], und sie sind wiederum prozessual notwendige Streitgenossen, § 62 I, Var. 1 ZPO. Umstritten ist, wie Aktionäre klagen können, die sich zur Erreichung des Quorums i. S. v. § 148 I 1 AktG im Klagezulassungsverfahren zusammengeschlossen haben. Nach einer Ansicht sind diese Aktionäre einzeln prozessführungsbefugt, weil bereits durch das Zulassungsverfahren ausreichend gesichert sei, dass ihre zugelassenen Klagen dem Gesellschaftsinteresse nicht widersprechen[1340]. Nach anderer Ansicht sind sie nur gemeinsam prozessführungsbefugt[1341], weil sie auch schon im Klagezulassungsverfahren als materiell-rechtlich notwendige Streitgenossen nur gemeinsam antragsberechtigt waren[1342] und nach der Konzeption des § 148 AktG aus einem Klagezulassungsverfahren nur eine Klage folgen soll[1343]. Vorzugswürdig ist letztere Ansicht. Sie lässt sich besser mit dem Wortlaut des § 148 IV AktG („die Klage") in Einklang bringen und schließt zu Recht aus der materiell-rechtlich notwendigen Streitgenossenschaft im Zulassungsverfahren auf eine solche im Klageverfahren. Es sprechen daher die besseren Gründe dafür, dass eine Gruppe solcher Aktionäre nur als materiell-rechtlich notwendige Streitgenossen klagen können und dementsprechend nur gemeinsam prozessführungsbefugt sind[1344].

Sonstige Ansprüche der AG, die nicht Ersatzansprüche i.S.d. § 147 I 1 AktG sind[1345], können von Gesellschaftern nicht im Wege der actio pro socio eingeklagt werden. § 148 AktG ist insoweit abschließend[1346].

---

1338 So KK AktG/*Rieckers/Vetter* § 148 Rn. 556; Großkomm AktG/*Bezzenberger/Bezzenberger* Rn. 227; K. Schmidt/Lutter/*Spindler* Rn. 43.

1339 § 148 IV 4 AktG soll den Fall erfassen, dass Aktionäre, die verschiedene Zulassungsverfahren durchlaufen haben, unabhängig voneinander Klage erheben, siehe KK AktG/*Rieckers/Vetter* § 148 Rn 606 ff; Großkomm AktG/*Bezzenberger/Bezzenberger* Rn. 227. Wenn verschiedene Kläger, die dasselbe Zulassungsverfahren durchlaufen haben, unabhängig voneinander klagen, kann nichts anderes gelten. Der Wortlaut des § 148 IV 4 AktG deckt dies, siehe Marsch-Barner Hdb AG/*Mimberg* § 40 Rn. 49.

1340 So K. Schmidt/Lutter/*Spindler* § 148 Rn. 41; wohl auch MüKo AktG/*Schröer* Rn. 71.

1341 Siehe KK AktG/*Rieckers/Vetter* § 148 Rn. 553; Großkomm AktG/*Bezzenberger/Bezzenberger* Rn. 227.

1342 So Großkomm AktG/*Bezzenberger/Bezzenberger* § 148 Rn. 167, 227; KK AktG/*Rieckers/Vetter* Rn. 174; a.A. *Happ,* FS Westermann 2008, S. 971, 976 (prozessual notwendige Streitgenossen).

1343 So KK AktG/*Rieckers/Vetter* § 148 Rn. 553.

1344 Zur gemeinschaftlichen Prozessführungsbefugnis bei materiell-rechtlich notwendiger Streitgenossenschaft siehe BGH NJW 1985, 385; MüKo ZPO/*Schultes* § 62 Rn. 24; Musielak/Voit/ *Weth* Rn. 8.

1345 Die weiteren gesetzlich geregelten Fälle der *actio pro socio* gemäß §§ 309 IV, 317 IV AktG bleiben hier außer Betracht.

1346 So MünchHdb GesR VII/*Ghassemi-Tabar* § 8 Rn. 9; Hüffer AktG/*Koch* § 148 Rn. 2; a. A. *Wellkamp* DZWiR 1994, 221, 222 ff.

### c.) Rechtliche Relevanz ihrer Kenntnis bzw. grob fahrlässigen Unkenntnis für den Verjährungsbeginn nach § 199 I BGB

Einzelne Aktionäre oder Aktionärsminderheiten i. S. v. § 148 I 1 AktG sind nach zutreffender Ansicht keine Gesellschaftsorgane; Aktionäre sind vielmehr Mitglieder des Gesellschaftsorgans Hauptversammlung[1347]. Zudem nehmen Aktionäre keine Organfunktionen wahr, wenn sie Aktionärsklage gemäß § 148 AktG erheben, denn sie handeln nicht organschaftlich für die AG, sondern agieren im eigenen Namen, indem sie den Anspruch der AG in Prozessstandschaft einklagen. Eine *organschaftliche* Wissenszurechnung nach dem Rechtsgedanken des § 31 BGB scheidet somit von vornherein aus.

Die Relevanz der Kenntnis bzw. grob fahrlässigen Unkenntnis der qualifizierten Aktionärsminderheit könnte sich aber aus dem Gläubigerbegriff des § 199 I BGB ergeben. Gläubiger im Sinne von § 199 I BGB ist jeder, der materiell berechtigt ist, den Anspruch im eigenen Namen geltend zu machen[1348]. Jeder Dritte, der den Anspruch des Gläubigers in Prozessstandschaft geltend machen kann, ist daher Gläubiger im Sinne von § 199 I BGB oder dem Gläubiger zumindest durch analoge Anwendung der Vorschrift gleichzustellen[1349]. Die Kenntnis bzw. grob fahrlässige Unkenntnis dieser Dritten ist daher für den Verjährungsbeginn nach § 199 I BGB stets relevant.

Hat ein Aktionär, der das Quorum des § 148 I AktG erfüllt, nach § 148 IV 1 AktG das Recht zur Klage im eigenen Namen erlangt, löst seine Kenntnis bzw. grob fahrlässige Unkenntnis den Verjährungsbeginn nach § 199 I BGB aus, weil er aufgrund der Klagezulassung als materiell Berechtigter im eigenen Namen klagen und hierdurch die Verjährungsfrist nach § 204 I Nr. 1 BGB[1350] hemmen kann. Hat eine aus mehreren Aktionären bestehende Aktionärsminderheit das Klagerecht nach § 148 IV 1 AktG erworben, kann die Kenntnis bzw. grob fahrlässige Unkenntnis jedes einzelnen Aktionärs den Verjährungsbeginn nach § 199 I BGB herbeiführen, sofern sie einzeln prozessführungsbefugt sind. Denn jeder dieser Aktionäre könnte im eigenen Namen klagen und die Verjährung dadurch hemmen. Sind sie hingegen nur gemeinsam prozessführungsbefugt, muss die Kenntnis bzw. grob fahrlässige Unkenntnis bei allen Aktionären der Aktionärsminderheit vorliegen, um den Verjährungsbeginn nach § 199 I BGB zu bewirken. Denn diesen Aktionären steht das Recht zur Klage im eigenen Namen nur gemeinsam zu.

Zu klären ist noch, in welchem Zeitpunkt die Kenntnis bzw. grob fahrlässige Unkenntnis der qualifizierten Aktionärsminderheit den Verjährungsbeginn nach § 199 I BGB bewirkt. Die Kenntnis bzw. grob fahrlässige Unkenntnis der qualifizierten Aktionärsminderheit kann erst dann den Verjährungsbeginn auslösen,

---

1347 Siehe *Zöllner* ZGR 1988, 392, 412; *Schürnbrand,* Organschaft, S. 133 f.

1348 Siehe 5. Teil:§ 1.

1349 Siehe hierzu Fn. 543.

1350 So Hüffer AktG/*Koch* § 148 Rn. 15; K. Schmidt/Lutter/*Spindler* Rn. 13.

wenn die Aktionärsminderheit die materielle Berechtigung erlangt, den Anspruch der AG im eigenen Namen geltend zu machen. Denn erst mit Erlangung dieser Berechtigung ist die Aktionärsminderheit dem Gläubiger i. S. v. § 199 I BGB gleichzustellen. Es ist nicht eindeutig, ab wann diese materielle Berechtigung der Aktionärsminderheit vorliegt. Einerseits könnte man schon das Klagezulassungsverfahren als Teil der Anspruchsverfolgung ansehen, das die qualifizierte Aktionärsminderheit im eigenen Namen betreiben und hierdurch die Verjährung des Anspruchs nach § 148 II 5 AktG hemmen kann. Nach § 148 II 5 AktG hemmt bereits der Antrag auf Klagezulassung die Verjährungsfrist des Ersatzanspruchs der AG bis zur rechtskräftigen Antragsabweisung oder bis zum Ablauf der Frist für die Klageerhebung. Hieraus könnte man schließen, dass schon die Berechtigung der qualifizierten Aktionärsminderheit, den Zulassungsantrag im eigenen Namen zu stellen, ihr eine Art materielle Berechtigung zur Anspruchsverfolgung mit verjährungshemmender Wirkung gibt. Die Folge wäre, dass die Kenntnis bzw. grob fahrlässige Unkenntnis der Aktionärsminderheit den Verjährungsbeginn schon vor Stellung des Zulassungsantrags herbeiführt, sobald die Aktionärsminderheit die subjektiven Anforderungen des § 148 I 1, I 2 Nr. 1 AktG erfüllt. Andererseits hat der Gesetzgeber den Zulassungsantrag und die Aktionärsklage als subsidiäre Rechtsbehelfe ausgestaltet, die jeweils nur nach Aufforderung an die AG, selbst zu klagen, möglich sein sollen, § 148 I 2 Nr. 2, IV 1 AktG. Um den Subsidiaritätscharakter des Zulassungsantrags nicht zu unterlaufen, darf die Kenntnis bzw. grob fahrlässige Unkenntnis einer qualifizierten Aktionärsminderheit frühestens mit der Klageaufforderung an die AG i. S. v. § 148 I 2 Nr. 2 AktG den Fristbeginn nach § 199 I BGB zur Folge haben.

Da die AG berechtigt bleibt, ihren Anspruch gemäß § 148 III 1 AktG jederzeit selbst einzuklagen, bewirkt ihre Kenntnis bzw. grob fahrlässige Unkenntnis neben der der Aktionärsminderheit den Verjährungsbeginn nach § 199I BGB.

### *6.) Zusammenfassung der Ergebnisse*

Die AG muss sich im Rahmen des § 199 I BGB die Kenntnis bzw. grob fahrlässige Unkenntnis jener Organe zurechnen lassen, die über die Geltendmachung des konkreten Anspruchs gegen das Schuldner-Vorstandsmitglied entscheiden können.

Die größte praktische Bedeutung für den Verjährungsbeginn hat die organschaftliche Wissenszurechnung über den Aufsichtsrat. Denn der Aufsichtsrat entscheidet gemäß § 112 S. 1 AktG über die Geltendmachung von Ansprüchen jedweden Rechtsgrundes gegen amtierende, ausgeschiedene und prospektive Vorstandsmitglieder. Die Entscheidung über die Geltendmachung gegen ausgeschiedene Vorstandsmitglieder obliegt ihm allerdings nur insoweit, als der streitige Anspruch seinen Ursprung in der vormaligen Vorstandstätigkeit hat. Sofern dieser Ursprung nicht gegeben ist, entscheidet der Vorstand kraft seiner Geschäftsführungsbefugnis (§ 77 AktG) über die Geltendmachung des Anspruchs gegen das ausgeschiedene Vorstandsmitglied. Über die Geltendmachung von Ersatzansprüchen i. S. v. § 147 I 1 AktG gegen amtierende und ausgeschiedene Vorstandsmitglieder kann

auch die Hauptversammlung entscheiden und, soweit sie dem besonderen Vertreter einen Entscheidungsspielraum zur Anspruchsgeltendmachung überlässt, auch der besondere Vertreter i. S. v. § 147 II AktG. Diesen Entscheidungsspielraum hat der besondere Vertreter z. B., wenn ihm die Hauptversammlung die Entscheidung einräumt, gegen welches von mehreren schadensersatzpflichtigen Vorstandsmitgliedern er den Schadensersatzanspruch verfolgt. Sofern die genannten Organe über die Geltendmachung des konkreten Anspruchs gegen das Vorstandsmitglied zu entscheiden befugt sind, muss sich die AG deren Kenntnis bzw. grob fahrlässige Unkenntnis im Rahmen des § 199 I BGB zurechnen lassen. Zurechnungsgrundlage ist der Rechtsgedanke des § 31 BGB. Das Gleiche gilt für beschließende Aufsichtsratsausschüsse, an die der Aufsichtsrat die Entscheidung über die Anspruchsgeltendmachung gegen den Geschäftsleiter delegiert hat.

Kenntnis des Aufsichtsrats i. S. v. § 199 I BGB liegt vor, wenn das beschlussfähige Gremium in einer Aufsichtsratssitzung über den anspruchsbegründenden Sachverhalt informiert wird. Die Tagesordnung der Aufsichtsratssitzung ist unerheblich. Ausnahmsweise kann das beschlussfähige Gremium keine Kenntnis in einer Aufsichtsratssitzung erlangen, wenn es im Voraus nicht die Möglichkeit hatte, den Beschlussgegenstand der Anspruchsgeltendmachung gegen das Vorstandsmitglied auf die Tagesordnung setzen zu lassen. Für die Kenntniserlangung ist es somit nicht entscheidend, ob der Beschlussgegenstand der Anspruchsgeltendmachung auf der Tagesordnung war, sondern ob er auf die Tagesordnung hätte gesetzt werden können. Wird das beschlussfähige Gremium in einer Aufsichtsratssitzung über den Anspruch gegen den Geschäftsleiter informiert, ohne dass die Anspruchsgeltendmachung auf die Tagesordnung hätte gesetzt werden können, tritt Kenntnis aber automatisch ein, sobald nach dieser Aufsichtsratssitzung eine Zeitspanne verstrichen ist, innerhalb der es dem Aufsichtsrat bei unverzüglicher Einberufung einer neuen Sitzung gelungen wäre, eine Sitzung mit dem Beschlussgegenstand »Anspruchsgeltendmachung gegen das Vorstandsmitglied« abzuhalten.

Die vorstehenden Grundsätze weichen geringfügig von der herrschenden Dogmatik zur Kenntnis von Kollegialorganen bei § 626 II 2 BGB ab. Diese Abweichung ist aber nötig, weil die h. M. fälschlicherweise davon ausgeht, dass das Kollegialorgan fristauslösende Kenntnis i. S. v. § 626 II 2 BGB nur in einer Versammlung erlangen kann, in der es zugleich über die Kündigung beschließen kann. Hierdurch zwingt die h. M. das Kollegialorgan, schon im Zeitpunkt der Kenntniserlangung über die Kündigung zu beschließen. Dagegen hat die hier zu § 199 I BGB vertretene Dogmatik den Vorteil, dass die Frist des § 199 I BGB vom Aufsichtsrat bis zum letzten Tag ausgeschöpft werden kann. Die Kenntnis einzelner oder aller Aufsichtsratsmitglieder außerhalb des beschlussfähigen Gremiums kann nicht als Kenntnis des Aufsichtsrats qualifiziert werden. Denn nur das beschlussfähige Gremium hat die Kompetenz, sich die Anspruchsgeltendmachung zu überlegen und über sie zu entscheiden.

Grob fahrlässige Unkenntnis des Aufsichtsrats i. S. v. § 199 I BGB liegt nur dann vor, wenn sich dem beschlussfähigen Gremium in einer Aufsichtsratssitzung

die anspruchsbegründenden Tatsachen förmlich aufdrängen, es vor ihnen aber die Augen verschließt. Eine unangemessen verzögerte Informierung des Aufsichtsratsgremiums durch einzelne Aufsichtsratsmitglieder ist dagegen nicht als grob fahrlässige Unkenntnis des Aufsichtsrats, sondern ausschließlich als treuwidrige Unkenntnis der AG nach § 242 BGB zu beurteilen. Die Unredlichkeit der Unkenntnis liegt darin, dass einberufungsberechtigte Mitglieder den Informationsmechanismus der Einberufung pflichtwidrig vereiteln. Da § 199 I BGB eine Jahresschlussverjährung vorsieht, liegt eine unangemessen verzögerte Informierung des Aufsichtsrats aber nur vor, wenn der Aufsichtsrat nicht im laufenden Kalenderjahr informiert wird, obwohl dies möglich war. Der Fristbeginn tritt also am Ende des Kalenderjahres ein, in dem der Aufsichtsrat bei unverzüglicher Einberufung hätte informiert werden können.

In der Mehrpersonen-AG beurteilt sich die Kenntnis der Hauptversammlung i. S. v. § 199 I BGB nach den gleichen Voraussetzungen wie beim Aufsichtsrat. Die Kenntnis des Alleinaktionärs ist stets Kenntnis der AG. Eine grob fahrlässige Unkenntnis der Hauptversammlung ist wegen der aktienrechtlichen Kompetenzverteilung kaum denkbar. Selbst wenn sich der Hauptversammlung die anspruchsbegründenden Tatsachen aufdrängen, kann sie die gebotenen Nachforschungen dem Aufsichtsrat, dessen Mitglieder an der Hauptversammlung teilnehmen, überlassen. Bei Verdachtsgründen sind also Nachforschungen durch den Aufsichtsrat geboten, die Hauptversammlung muss hingegen keine eigenen Nachforschungen anstellen. Leiten einzelne Aktionäre ihre Kenntnis der anspruchsbegründenden Tatsachen und der Person des Schuldner-Vorstandsmitglieds nicht an die Hauptversammlung weiter, begründet dies keine treuwidrige Unkenntnis der AG nach § 242 BGB. Denn Aktionäre sind nicht verpflichtet, die Hauptversammlung über unbekannte Ansprüche gegen Vorstandsmitglieder zu informieren. Aktionären ist es nicht zumutbar abzuwägen, ob die Informierung der Hauptversammlungsöffentlichkeit im konkreten Fall der AG schadet oder nutzt. Allenfalls könnten Aktionäre verpflichtet sein, den Aufsichtsrat über den Anspruch gegen das Vorstandsmitglied zu informieren.

Da der besondere Vertreter gemäß § 147 II AktG nach ganz h.M. stets eine natürliche, unbeschränkt geschäftsfähige Person zu sein hat, beurteilt sich seine Kenntnis bzw. grob fahrlässige Unkenntnis i. S. v. § 199 I BGB wie die der Einzelperson.

Beim Vorstand hängt die Wissenszurechnung davon ab, ob Einzel- oder Gesamtgeschäftsführungsbefugnis besteht. Soweit Vorstandsmitglieder einzeln über die Anspruchsgeltendmachung zu entscheiden befugt sind, ist im Rahmen des § 199 I BGB die Kenntnis bzw. grob fahrlässige Unkenntnis einzelner Vorstandsmitglieder zurechenbar. Soweit sie nur gemeinschaftlich über die Anspruchsgeltendmachung entscheiden können, kommt es im Rahmen des § 199 I BGB auf die Kenntnis bzw. grob fahrlässige Unkenntnis des Entscheidungsgremiums an. Besteht Gesamtgeschäftsführungsbefugnis und hat ein Vorstandsmitglied Kenntnis von anspruchsbegründenden Tatsachen und der Person des ehemaligen Schuldner-Vorstandsmitglieds, informiert die anderen aber nicht rechtzeitig hierüber, muss sich die AG nach § 242 BGB so behandeln lassen, als wären die anderen

Vorstandsmitglieder rechtzeitig informiert worden. Die Frage der Rechtzeitigkeit ist wie beim Aufsichtsrat zu beantworten.

Bei einer qualifizierten Aktionärsminderheit i. S. v. § 148 I 1 AktG scheidet eine organschaftliche Wissenszurechnung nach dem Rechtsgedanken des § 31 BGB aus. Denn nach zutreffender Ansicht sind Aktionäre keine Gesellschaftsorgane; Aktionäre sind vielmehr Mitglieder des Gesellschaftsorgans Hauptversammlung. Zudem nehmen Aktionäre keine Organfunktionen wahr, wenn sie Aktionärsklage gemäß § 148 AktG erheben, denn sie handeln nicht organschaftlich für die AG, sondern im eigenen Namen. Dennoch kann die Kenntnis der qualifizierten Aktionärsminderheit theoretisch den Verjährungsbeginn herbeiführen, weil bei § 199 I BGB dem Gläubiger solche Personen gleichzustellen sind, die die materielle Berechtigung haben, den Anspruch des Gläubigers im eigenen Namen geltend zu machen. Praktisch ist die Kenntnis der qualifizierten Aktionärsminderheit für den Verjährungsbeginn nach § 199 I BGB aber irrelevant, weil sie frühestens im Zeitpunkt der Aufforderung zur Geltendmachung nach § 148 I 2 Nr. 2 AktG den Fristbeginn nach § 199 I BGB bewirken könnte. Letztlich wird daher immer die Kenntnis bzw. grob fahrlässige Unkenntnis des zur Geltendmachung aufgeforderten Aufsichtsrats den Verjährungsbeginn nach § 199 I BGB herbeiführen.

## *IV. Maßgebliches Zurechnungssubjekt bei der GmbH ohne Aufsichtsrat*

Im Folgenden wird untersucht, welche Organe der GmbH ohne Aufsichtsrat maßgebliches Zurechnungssubjekt im Rahmen des § 199 I BGB sind, wenn es um Ansprüche der GmbH gegen Geschäftsführer geht.

### *1.) Meinungsstand*

Bei Ansprüchen der GmbH gegen ihre Geschäftsführer stellen der BGH[1351] und die überwiegende Literatur[1352] für den Verjährungsbeginn gemäß § 199 I BGB auf die Kenntnis bzw. grob fahrlässige Unkenntnis der Mitgeschäftsführer ab, unabhängig davon, ob die Mitgeschäftsführer einzel- oder gesamtvertretungsberechtigt sind. Begründet wird dies damit, dass für den Verjährungsbeginn grundsätzlich auf das vertretungsberechtigte Organ und somit auf die Geschäftsführer abzustellen sei, dass jedoch die Kenntnis des Schuldner-Geschäftsführers den Verjährungsbeginn nicht herbeiführen könne, weil von ihm eine seriöse Anspruchsverfolgung gegen sich selbst nicht erwartet werden könne[1353].

---

1351 So BGH NJW-RR 1989, 1255, 1258 f.; NJW-RR 2013, 1321, 1323 f.

1352 Siehe MüKo BGB/*Grothe* § 199 Rn. 37; *Klose* GmbHR 2012, 1288, 1291; *Fleck* ZIP 1991, 1269, 1271; *ders.* WM 1994, 1957, 1963; so auch schon zu § 852 I BGB a. F. MüKo $BGB_3$/*Stein* § 852 Rn. 15; a. A. *Sturm,* Verjährung Diss., S. 208 ff., 426 ff.

1353 So BGH NJW-RR 1989, 1255, 1258 f.; NJW-RR 2011, 832, 833; NJW-RR 2013, 1321, 1323 f.; *Klose* GmbHR 2012, 1288, 1291; zum Ausschluss der Zurechnung des Schuldnerwissens siehe 5. Teil:§ 3B.I.

Umstritten ist, auf wen abzustellen ist, wenn Mitgeschäftsführer nicht vorhanden sind. Nach Ansicht des BGH und von Teilen der Literatur soll es für den Verjährungsbeginn dann auf die Kenntnis bzw. grob fahrlässige Unkenntnis der Gesellschafterversammlung ankommen[1354], die mangels weiterer Geschäftsführer zur Anspruchsverfolgung berufen sei[1355]. Andere Literaturstimmen gehen davon aus, dass der Verjährungsbeginn, wenn Mitgeschäftsführer fehlen, erst eintreten könne, wenn eine neue Möglichkeit zur Prozessvertretung geschaffen worden sei[1356]. Stellt man mit der erstgenannten Ansicht auf die Gesellschafterversammlung für den Verjährungsbeginn ab, ist zu beachten, dass die Kenntnis bzw. grob fahrlässige Unkenntnis der Gesellschafterversammlung ausnahmsweise dann nicht zurechenbar ist, wenn der Schuldner-Geschäftsführer zugleich einziger Gesellschafter der GmbH ist[1357].

In jüngerer Zeit hat sich *Klose*[1358] kritisch zur h. M. geäußert. Er weist darauf hin, dass es kaum sachgerecht sei, die Verjährung bereits mit Kenntnis bzw. grob fahrlässiger Unkenntnis etwaiger Mitgeschäftsführer beginnen zu lassen, sofern der Schuldner-Geschäftsführer zugleich Mehrheits- oder Alleingesellschafter ist und dadurch beherrschenden Einfluss auf die Mitgeschäftsführer sowie deren Anspruchsgeltendmachung ausüben könne[1359]. Er schlägt daher ein Kombinationsmodell vor[1360]: Was den Verjährungs*beginn* anbelange, sei im Ergebnis der h. M. zu folgen und für die verjährungsbeginnauslösende Wissenszurechnung nicht auf den Schuldner-Geschäftsführer abzustellen, sondern allein auf dessen Mitgeschäftsführer oder – falls solche nicht vorhanden sind – auf die Gesellschafterversammlung. Was den Verjährungs*eintritt* anbelange, könne sich der Schuldner-Geschäftsführer[1361] gegenüber der GmbH nach § 242 BGB nicht auf die Einrede der Verjährung berufen, sofern er gleichzeitig Gesellschafter mit beherrschendem Einfluss gewesen sei und diesen Einfluss genutzt habe, um die verjährungshemmende Geltendmachung des Anspruchs durch die Mitgeschäftsführer oder Mitgesellschafter zu verhindern[1362].

---

1354 Siehe BGH NJW-RR 2011, 832, 833; *Klose* GmbHR 2012, 1288, 1293.

1355 So BGH NJW-RR 2011, 832, 833.

1356 So MüKo BGB/*Grothe* § 199 Rn. 37; MüKo BGB$_3$/*Stein* § 852 Rn. 15; RGRK/*Kreft* § 852 Rn. 35.

1357 Siehe BGH NJW-RR 2011, 832, 833.

1358 GmbHR 2012, 1288 ff.

1359 So *Klose* GmbHR 2012, 1288, 1289 f.

1360 Hierzu *Klose* GmbHR 2012, 1288, 1291.

1361 Nach *Klose* GmbHR 2012, 1288, 1293 gilt dies nicht nur für Schuldner-Geschäftsführer, sondern auch für Schuldner, die beherrschender Gesellschafter sind, ohne zugleich Geschäftsführer zu sein. Gegenstand dieser Arbeit sind aber nur Konstellationen, in denen der Schuldner auch Geschäftsführer ist.

1362 So *Klose* GmbHR 2012, 1288, 1293.

*Sturm*[1363] untersucht nur den Verjährungsbeginn von Ersatzansprüchen gegen Geschäftsführer i. S. v. § 46 Nr. 8 Var. 1 GmbHG. In Bezug auf solche Ansprüche widerspricht er der h.M und stellt für den Verjährungsbeginn nicht auf die Kenntnis bzw. grob fahrlässige Unkenntnis von Mitgeschäftsführern ab, sondern allein auf diejenige der Gesellschafterversammlung[1364]. Da Mitgeschäftsführer den Ersatzanspruch der GmbH ohne Ermächtigungsbeschluss der Gesellschafter i. S. v. § 46 Nr. 8 Var. 1 GmbHG nicht durchsetzen könnten, könne es auch nicht auf deren Kenntnis bzw. grob fahrlässige Unkenntnis ankommen[1365]. Stattdessen müsse auf die Gesellschafterversammlung für den Verjährungsbeginn abgestellt werden, weil nur ihr die Verfügungsbefugnis über den Ersatzanspruch zustehe und nur sie über dessen Geltendmachung entscheiden könne[1366].

Auch *Gravenhorst* stellt für den Verjährungsbeginn allein auf die Kenntnis bzw. grob fahrlässige Unkenntnis der Gesellschafterversammlung ab, weil auch die Frist zur Kündigung des Geschäftsführeranstellungsvertrags gemäß § 626 II 2 BGB nach überwiegender Ansicht mit der Kenntnis der Gesellschafterversammlung beginne[1367].

Welcher Ansicht im Ergebnis zu folgen ist, wird die nachfolgende Untersuchung zeigen. Wie bereits ausführlich dargelegt, kommt es für den Verjährungsbeginn gemäß § 199 I BGB nach zutreffender Ansicht auf die Kenntnis bzw. grob fahrlässige Unkenntnis desjenigen Organs der juristischen Person an, das über die Geltendmachung des konkreten Anspruchs gegen den Geschäftsleiter zu entscheiden hat (entscheidungsbefugtes Organ)[1368]. Nachfolgend wird untersucht, welche Organe dies in der GmbH im Einzelnen sind.

### 2.) *Zurechenbarkeit der Kenntnis bzw. grob fahrlässigen Unkenntnis von Mitgeschäftsführern*

Nach der hier vertretenen Ansicht kommt es auf die Kenntnis bzw. grob fahrlässige Unkenntnis der Mitgeschäftsführer für den Verjährungsbeginn nur an, sofern die Mitgeschäftsführer über die Geltendmachung des konkreten Anspruchs gegen den Schuldner-Geschäftsführer zu entscheiden haben. Ausgehend hiervon ist zwischen Ersatzansprüchen i. S. v. § 46 Nr. 8 Var. 1 GmbHG und anderen Ansprüchen gegen Geschäftsführer zu differenzieren.

---

1363 Siehe *Sturm,* Verjährung Diss., S. 208 ff., 426 ff.
1364 Siehe *Sturm,* Verjährung Diss., S. 216, 426 f.
1365 So *Sturm,* Verjährung Diss., S. 428.
1366 So *Sturm,* Verjährung Diss., S. 214.
1367 So *Gravenhorst* EWiR 1989, 779, 780.
1368 Siehe 5. Teil:§ 3A.I.4.).

### a.) Von § 46 Nr. 8 Var. 1 GmbHG nicht erfasste Ansprüche

Regelt der Gesellschaftsvertrag nichts Abweichendes, entscheidet über die Geltendmachung von Ersatzansprüchen gegen Geschäftsführer gemäß § 46 Nr. 8 Var. 1 GmbHG die Gesellschafterversammlung. Sofern es nicht um Ersatzansprüche im Sinne dieser Vorschrift geht, entscheidet hingegen die Geschäftsführung über deren Geltendmachung gegen den Schuldner-Geschäftsführer[1369]. Der Schuldner-Geschäftsführer darf an der Entscheidung über die Geltendmachung des Anspruchs allerdings nicht mitwirken. Er unterliegt insoweit einem Stimmverbot analog §§ 28, 34 Var. 2 BGB[1370], weil die Beschlussfassung die Einleitung eines Rechtsstreits zwischen der GmbH und ihm betrifft. Auch im gesetzlichen Regelfall der Gesamtgeschäftsführungsbefugnis[1371] sind die Mitgeschäftsführer daher nicht daran gehindert, durch einstimmigen[1372] Beschluss die Anspruchsgeltendmachung gegen den Schuldner-Geschäftsführer zu beschließen.

Sofern es neben dem Schuldner-Geschäftsführer weitere Geschäftsführer gibt, können diese Mitgeschäftsführer also den Willen der GmbH zur Geltendmachung des Anspruchs gegen den Schuldner-Geschäftsführer bilden. Somit bewirkt die Kenntnis bzw. grob fahrlässige Unkenntnis der Mitgeschäftsführer den Verjährungsbeginn nach § 199 I BGB im Wege der Zurechnung. Ob die Verjährung mit der Kenntnis bzw. grob fahrlässigen Unkenntnis eines oder mehrerer Mitgeschäftsführer beginnt, hängt davon ab, ob Einzel- oder Gesamtgeschäftsführungsbefugnis besteht[1373]. Zurechnungsgrundlage ist der Rechtsgedanke des § 31 BGB.

### b.) Von § 46 Nr. 8 Var. 1 GmbHG erfasste Ansprüche

Wenn der Gesellschaftsvertrag nichts anderes regelt, obliegt der Gesellschafterversammlung die Entscheidung über die Geltendmachung von Ersatzansprüchen, welche der GmbH aus der Gründung oder der Geschäftsführung gegen Geschäftsführer zustehen, §§ 45 II, 46 Nr. 8 Var. 1 GmbHG. Zweck dieser Regelung ist es, die Gesellschafterversammlung als oberstes Gesellschaftsorgan darüber entscheiden zu lassen, ob sie die mit einer Klage verbundenen Nachteile – etwa die Preisgabe von Gesellschaftsinterna, Reputationsschäden der GmbH oder die Belastung des Vertrauensverhältnisses unter Geschäftsführern und Gesellschaftern – in Kauf

---

1369 Siehe Scholz GmbHG/*K. Schmidt* § 46 Rn. 148; Lutter/Hommelhoff/*Bayer* Rn. 37; Großkomm GmbHG/*Paefgen* § 37 Rn. 9; a. A. wohl Baumbach/Hueck/*Zöllner/Noack* Rn. 68, die dies aus § 46 Nr. 8 Var. 2 GmbHG ableiten.

1370 Siehe Großkomm GmbHG/*Paefgen* § 35 Rn. 187.

1371 Annähernd allgemeine Meinung, siehe RGZ 98, 98, 100; Baumbach/Hueck/*Zöllner/Noack* § 37 Rn. 29; MüKo GmbHG/*Stephan/Tieves* Rn. 78; Michalski/*Lenz* Rn. 28; a. A. *van Veenroy* GmbHR 1999, 685 ff.

1372 Dies folgt aus einer Analogie zu § 77 I AktG, siehe Baumbach/Hueck/*Zöllner/Noack* § 37 Rn. 29; MüKo GmbHG/*Stephan/Tieves* Rn. 79; Michalski/*Lenz* Rn. 29.

1373 Auf die Ausführungen zum Vorstand der AG wird verwiesen, 5. Teil:§ 3A.III.2.)c.).

nehmen will[1374]. Das Tatbestandsmerkmal Ersatzansprüche wird diesem Normzweck entsprechend weit ausgelegt[1375] und umfasst alle aus der Geschäftsführung hergeleiteten Ansprüche auf vertraglicher oder gesetzlicher Grundlage, die aus schädigenden Handlungen oder Unterlassungen resultieren[1376]. Neben Ersatzansprüchen aus Verletzung organschaftlicher oder anstellungsvertraglicher Pflichten fallen insbesondere konkurrierende deliktsrechtliche Schadensersatzansprüche unter § 46 Nr. 8 Var. 1 GmbHG[1377], die kenntnisabhängig nach §§ 195, 199 I BGB verjähren[1378]. Nach ganz h.M. gilt § 46 Nr. 8 Var. 1 GmbHG nicht nur für Ersatzansprüche gegen amtierende, sondern auch für Ersatzansprüche gegen ehemalige Geschäftsführer, weil auch in solchen Rechtsstreitigkeiten Gesellschaftsinterna preisgegeben würden[1379]. Ausgenommen von § 46 Nr. 8 Var. 1 GmbHG sind aber all diejenigen Ersatzansprüche, deren Geltendmachung nicht im Belieben der Gesellschafterversammlung steht, weil kapitalschutzrechtliche Vorschriften im Interesse der Gläubiger die Geltendmachung zwingend verlangen[1380]. Ebenfalls ausgenommen sind Ersatzansprüche, bei denen der Geschäftsführer der GmbH wie ein gewöhnlicher Dritter gegenübersteht, also z. B. Ersatzansprüche gegen Geschäftsführer aus sog. Drittgeschäften[1381].

Soweit die Gesellschafterversammlung nach § 46 Nr. 8 Var. 1 GmbHG über die Geltendmachung von Ersatzansprüchen gegen Geschäftsführer zu entscheiden hat, ist den Geschäftsführern die Entscheidungskompetenz entzogen. Nach ganz h. M. hat der Beschluss nach § 46 Nr. 8, Var. 1 GmbHG materiellrechtliche Außenwirkung[1382]. Das bedeutet, dass dem Ersatzanspruch ein materiellrechtlicher

---

1374 Siehe BGHZ 28, 355, 357; MüKo GmbHG/*Liebscher* § 46 Rn. 228; Lutter/Hommelhoff/*Bayer* Rn. 35; Michalski/*Römermann* Rn. 389 ff.

1375 So Michalski/*Römermann* § 46 Rn. 415; MüKo GmbHG/*Liebscher* Rn. 232.

1376 So BGH NJW 1986, 2250; GmbHR 2000, 1258, 1259 (zur Abgrenzung); Scholz GmbHG/*K. Schmidt* § 46 Rn. 147; Michalski/*Römermann* Rn. 416; siehe MüKo GmbHG/*Liebscher* Rn. 232; Lutter/Hommelhoff/*Bayer* Rn. 36.

1377 Siehe BGH NJW-RR 1989, 1255, 1258 f.; NJW-RR 2004, 1408, 1410; Lutter/Hommelhoff/*Bayer* § 46 Rn. 36; Michalski/*Römermann* Rn. 424.

1378 So Scholz GmbHG/*U. H. Schneider* § 43 Rn. 279; MüKo GmbHG/*Fleischer* Rn. 333a; siehe auch BGH NJW-RR 1989, 1255, 1258 f. (noch zu § 852 I BGB a. F.).

1379 Siehe BGH NJW 1959, 194; NJW-RR 2004, 1408, 14102; MüKo GmbHG/*Liebscher* § 46 Rn. 243; Scholz GmbHG/*K. Schmidt* Rn. 146; Lutter/Hommelhoff/*Bayer* Rn. 35; Michalski/*Römermann* Rn. 412.

1380 Siehe Michalski/*Römermann* § 46 Rn. 417; Großkomm GmbHG/*Hüffer/Schürnbrand* Rn. 105.

1381 Siehe BGH NJW 2001, 223; Bork/Schäfer/*Masuch* § 46 Rn. 31; Scholz GmbHG/*K. Schmidt* Rn. 145.

1382 Siehe BGH NJW 1959, 194 f.; NJW 1986, 2250, 2252; NJW-RR 2004, 1408, 1410; so Scholz GmbHG/*K. Schmidt* § 46 Rn. 142; Baumbach/Hueck/*Zöllner/Noack* Rn. 61; Henssler/Strohn/*Mollenkopf* Rn. 42; MüKo GmbHG/*Liebscher* Rn. 255; a. A. Michalski/*Römermann* Rn. 458.

Einwand entgegensteht, solange der Beschluss nach § 46 Nr. 8 Var. 1 GmbHG nicht gefasst worden ist[1383]. Wird der Ersatzanspruch der GmbH gegen den Schuldner-Geschäftsführer ohne den erforderlichen Ermächtigungsbeschluss von Mitgeschäftsführern eingeklagt, ist die Klage unbegründet, weil dem eingeklagten Ersatzanspruch eine materielle Anspruchsvoraussetzung fehlt[1384]. Die früher vertretene Ansicht, die den Gesellschafterbeschluss gemäß § 46 Nr. 8, Var. 1 GmbHG als Sachurteilsvoraussetzung einordnete und bei Fehlen des Beschlusses die Unzulässigkeit der Klage annahm[1385], hat sich nicht durchgesetzt. Da der Ermächtigungsbeschluss nach § 46 Nr. 8 Var. 1 GmbHG dogmatisch als materiellrechtliche Anspruchsvoraussetzung eingeordnet wird, hat sein Fehlen keine Auswirkungen auf die organschaftliche Vertretungsmacht der Geschäftsführer. Sofern die Mitgeschäftsführer die GmbH im Prozess gegen den Schuldner-Geschäftsführer satzungsgemäß vertreten können[1386], wäre ihre Klage ohne den erforderlichen Beschluss nach § 46 Nr. 8 Var. 1 GmbHG also zulässig, aber unbegründet; die Klage hätte entgegen ganz h. M.[1387] jedoch keine verjährungshemmende Wirkung nach § 204 I Nr. 1 BGB. Grund hierfür ist nicht, wie *Sturm* meint, die fehlende Sachlegitimation der GmbH, sondern ihr fehlender Rechtsverfolgungswille[1388].

Was Ersatzansprüche i. S. v. § 46 Nr. 8 Var. 1 GmbHG anbelangt, scheidet die organschaftliche Zurechnung der Kenntnis bzw. grob fahrlässigen Unkenntnis von Mitgeschäftsführern im Rahmen des § 199 I BGB aus. Denn Mitgeschäftsführer können nicht über die Geltendmachung solcher Ansprüche entscheiden, sodass eine Wissenszurechnung nach dem Rechtsgedanken des § 31 BGB nicht in Betracht kommt. Das Argument des BGH[1389], das Wissen der Mitgeschäftsführer

---

1383 Siehe Scholz GmbHG/*K. Schmidt* § 46 Rn. 159; MüKo GmbHG/*Liebscher* Rn. 255.

1384 So BGH NJW 1959, 194 f.; NJW 1986, 2250, 2252; NJW-RR 2004, 1408, 1410; OLG Frankfurt a. M. NZG 1999, 767, 768; Scholz GmbHG/*K. Schmidt* § 46 Rn. 159; Baumbach/Hueck/*Zöllner* Rn. 61; Henssler/Strohn/*Mollenkopf* Rn. 42; MüKo GmbHG/*Liebscher* Rn. 256; a. A. Michalski/*Römermann* Rn. 458.

1385 So früher Hachenburg/*W. Schmidt* § 46 Anm. 49a.

1386 Im Ergebnis ist man sich einig, dass der Schuldner-Geschäftsführer die GmbH im Prozess gegen sich selbst nicht vertreten kann, siehe RGZ 66, 240, 242 f.; BayObLG NJW 1962, 964; BGH NJW 2008, 69; Staudinger/*Schilken* § 181 Rn. 27; Erman/*Maier-Reimer* Rn. 5; BeckOK BGB/*Schäfer* Rn. 16; MüKo BGB/*Schubert* Rn. 19; PWW/*Frensch* Rn. 3; Soergel/*Leptien* Rn. 23. Dieses Vertretungshindernis führt aber nicht dazu, dass sich eine etwaige Gesamtvertretungsmacht in eine Einzelvertretungsberechtigung der übrigen Mitgeschäftsführer wandelt, so Scholz GmbHG/*K. Schmidt* § 46 Rn. 168; MüKo GmbHG/*Liebscher* Rn. 263; im Ergebnis ebenso BGH GmbHR 1992, 299 f.

1387 Siehe BGH NJW 1999, 2115; Scholz GmbHG/*K. Schmidt* § 46 Rn. 159; Großkomm GmbHG/*Hüffer/Schürnbrand* Rn. 111; Lutter/Hommelhoff/*Bayer* Rn. 40; Roth/Altmeppen/*Roth* Rn. 60; MüKo GmbHG/*Liebscher* Rn. 256; a. A. *Sturm*, Verjährung Diss., S. 427.

1388 Siehe 5. Teil:§ 3A.I.1.).

1389 NJW-RR 1989, 1255, 1258 f.

sei zurechenbar, weil diese in der Lage seien, die Gesellschafter zu unterrichten, sodass Letztere einen Beschluss nach § 46 Nr. 8 Var. 1 GmbHG herbeiführen könnten, kann eine Wissenszurechnung allenfalls unter Organisationsgesichtspunkten begründen, nicht aber eine organschaftliche Wissenszurechnung nach dem Rechtsgedanken des § 31 BGB.

### *3.) Zurechenbarkeit der Kenntnis bzw. grob fahrlässigen Unkenntnis der Gesellschafterversammlung*

#### a.) Von § 46 Nr. 8 Var. 1 GmbHG erfasste Ansprüche

Kraft ihrer Kompetenz gemäß § 46 Nr. 8 Var. 1 GmbHG kann die Gesellschafterversammlung über die Geltendmachung von Ersatzansprüchen gegen Geschäftsführer entscheiden und einer etwaigen Klage der GmbH gegen den Geschäftsführer verjährungshemmende Wirkung nach § 204 I Nr. 1 BGB verleihen[1390]. Daher muss sich die GmbH im Rahmen des § 199 I BGB die Kenntnis bzw. grob fahrlässige Unkenntnis der Gesellschafterversammlung zurechnen lassen. Zurechnungsgrundlage ist eine auf den Rechtsgedanken des § 31 BGB gestützte, am Normzweck des § 199 I BGB ausgerichtete organschaftliche Zurechnung[1391].

Entgegen dem BGH und der h. L. ist für den Verjährungsbeginn bei Ersatzansprüchen i. S. v. § 46 Nr. 8 Var. 1 GmbHG also nicht nur dann auf die Kenntnis bzw. grob fahrlässige Unkenntnis der Gesellschafterversammlung abzustellen, wenn keine Mitgeschäftsführer vorhanden sind, sondern stets. Die h.M. kann nicht erklären, warum sie im Falle des Fehlens von Mitgeschäftsführern überhaupt auf die Kenntnis bzw. grob fahrlässige Unkenntnis der Gesellschafterversammlung für den Verjährungsbeginn nach § 199 I BGB abstellt. Konsequent ist das nicht, weil die h. M. im Rahmen des § 199 I BGB der juristischen Person nach allgemeinen Grundsätzen ausschließlich die Kenntnis bzw. grob fahrlässige Unkenntnis des vertretungsberechtigten Organs zurechnet[1392]. Die Gesellschafterversammlung hat aber keinerlei Berechtigung, die GmbH wegen Fehlens weiterer Geschäftsführer im Prozess gegen den Schuldner-Geschäftsführer aktiv zu vertreten. Das folgt aus einem Umkehrschluss zu § 35 I 2 GmbHG, demzufolge die Gesellschafterversammlung nicht einmal dann aktivvertretungsberechtigt ist, wenn die GmbH keinen Geschäftsführer hat[1393].

---

1390 Erst der Beschluss gemäß § 46 Nr. 8 Var. 1 GmbHG begründet den für die Verjährungshemmung erforderlichen Rechtsverfolgungswillen, siehe 5. Teil:§ 3A.I.1.).

1391 Siehe 5. Teil:§ 3A.II.2.).

1392 Siehe 5. Teil:§ 2A.I.1.).

1393 Siehe LG Bonn, Beschl. v. 26. 05. 2009, 30 T 426/09, juris Rn. 4; Scholz GmbHG/*U. H. Schneider/S. H. Schneider* § 35 Rn. 77; MüKo GmbHG/*Stephan/Tieves* Rn. 246. Unberührt bleibt freilich das Recht der Gesellschafterversammlung, einen ihrer Gesellschafter als Prozessvertreter gemäß § 46 Nr. 8 Var. 2 GmbHG zu bestellen, siehe Scholz GmbHG/*K. Schmidt* § 46 Rn. 172; Großkomm GmbHG/*Hüffer/Schürnbrand* Rn. 123.

### b.) Von § 46 Nr. 8 Var. 1 GmbHG nicht erfasste Ansprüche

Kraft ihrer Geschäftsführungsbefugnis haben die Mitgeschäftsführer über die Geltendmachung von Ansprüchen der GmbH gegen den Schuldner-Geschäftsführer zu entscheiden, soweit die Ansprüche nicht unter § 46 Nr. 8 Var. 1 GmbHG fallen[1394]. Als oberstem Gesellschaftsorgan der GmbH steht der Gesellschafterversammlung aber das Recht zu, grundsätzlich jede Geschäftsführungsangelegenheit an sich zu ziehen[1395]. In Ausdruck dieses Prinzips kann sie gemäß § 37 I GmbHG gegenüber Geschäftsführern in Geschäftsführungsangelegenheiten Weisungen erteilen[1396]. Die Weisungskompetenz ist umfassend und deckt sowohl generelle als auch einzelfallbezogene Weisungen[1397]. Weisungen können so umfänglich erteilt werden, dass den Geschäftsführern jegliche unternehmerische Selbständigkeit bis auf wenige weisungsfeste Angelegenheiten genommen wird[1398]. Zulässig sind alle Weisungen, die mit Gesetz und Gesellschaftsvertrag in Einklang stehen[1399]. Geschäftsführer haben Weisungen Folge zu leisten, es sei denn, die Weisungen sind nichtig oder aufgrund einer Anfechtungsklage für unwirksam erklärt worden[1400]. Demgemäß ist es der Gesellschafterversammlung jederzeit gestattet, den Mitgeschäftsführern die bindende Weisung zu erteilen, einen konkreten Anspruch gegen den Schuldner-Geschäftsführer geltend zu machen, auch wenn es sich nicht um Ansprüche i. S. v. § 46 Nr. 8 Var. 1 GmbHG handelt. Sind keine Mitgeschäftsführer vorhanden, verbleibt ohnehin der Gesellschafterversammlung die Entscheidung darüber, ob Ansprüche gegen den Schuldner-Geschäftsführer geltend gemacht werden[1401].

Kraft ihrer Allzuständigkeit ist die Gesellschafterversammlung auch bei Ansprüchen, die keine Ersatzansprüche i. S. v. § 46 Nr. 8 Var. 1 GmbHG sind, entscheidungsbefugtes Organ. Sie kann auch insoweit verbindlich darüber entscheiden, ob Ansprüche gegen den Geschäftsführer geltend gemacht werden. Daher ist ihre Kenntnis bzw. grob fahrlässige Unkenntnis im Rahmen des § 199 I BGB – neben der Kenntnis von Mitgeschäftsführern – zurechenbar. Dies ergibt eine auf

---

1394 Siehe 5. Teil:§ 3A.IV.2.)a.).

1395 Zum Prinzip der Allzuständigkeit Großkomm GmbHG/*Hüffer/Schürnbrand* § 46 Rn. 134.

1396 Einzelne Gesellschafter sind – außer in der Einmann-GmbH – nicht weisungsbefugt, siehe BGH GmbHR 1993, 38, 39; Scholz GmbHG/*U. H. Schneider/S. H. Schneider* § 37 Rn. 38; Bork/Schäfer/*Jacoby* § 37 Rn. 12.

1397 Siehe Großkomm GmbHG/*Paefgen* § 37 Rn. 40 f.; Scholz GmbHG/*U. H. Schneider/S. H. Schneider* Rn. 37; Bork/Schäfer/*Jacoby* Rn. 13.

1398 So Bork/Schäfer/*Jacoby* § 37 Rn. 15 f.; Großkomm GmbHG/*Paefgen* Rn. 27 f., 46; Scholz GmbHG/*U. H. Schneider/S. H. Schneider* Rn. 46; a. A. *Hommelhoff* ZGR 1978, 119, 127 ff.

1399 Siehe Scholz GmbHG/*U. H. Schneider/S. H. Schneider* § 37 Rn. 58.

1400 So Bork/Schäfer/*Jacoby* § 37 Rn. 18; Großkomm GmbHG/*Paefgen* Rn. 61, § 43 Rn. 238 ff.;.

1401 Siehe BGH NJW-RR 2011, 832, 833 (Tz. 10).

den Rechtsgedanken des § 31 BGB gestützte, am Normzweck des § 199 I BGB ausgerichtete organschaftliche Wissenszurechnung. Hiergegen kann auch nicht eingewandt werden, § 166 II BGB sei einschlägig mit der Folge, dass die Kenntnis bzw. grob fahrlässige Unkenntnis der Gesellschafterversammlung erst zurechenbar wird, wenn sie den Geschäftsführern nach § 37 I GmbHG die Weisung erteilt, den Anspruch gegen den Schuldner-Geschäftsführer geltend zu machen. Denn nach dem Normzweck des § 199 I BGB kommt es für den Verjährungsbeginn auf alle Organe gleichermaßen an, die den Willen der juristischen Person zur Anspruchsgeltendmachung bilden und sich die Anspruchsgeltendmachung somit überlegen können[1402]. Ob der Wille in eine Weisung nach § 37 I GmbHG oder in eine andere Form gekleidet ist, spielt keine Rolle.

## c.) Kenntnis der Gesellschafterversammlung i. S. v. § 199 I BGB

In der Mehrpersonen-GmbH ist die Gesellschafterversammlung wie der AG-Aufsichtsrat ein Kollegialorgan, das seinen Willen durch Beschluss bilden muss, § 47 I GmbHG[1403]. Nach ganz h. M. ist die Kenntnis der Gesellschafterversammlung daher so zu definieren wie die des Aufsichtsrats. Nach h. M. liegt Kenntnis der Gesellschafterversammlung vor, wenn sie als beschlussfähiges und beschlussbereites Gremium Kenntnis der rechtserheblichen Tatsachen erlangt[1404]. Bezogen auf den Fristbeginn bei § 626 II 2 BGB nimmt die h. M. z. B. Kenntnis der kündigungsberechtigten Gesellschafterversammlung an, wenn sie als beschlussfähiges Gremium in einer Versammlung Kenntnis erlangt, in der sie über die außerordentliche Kündigung des Geschäftsführers beschließen kann[1405]. Übertrüge man diese Grundsätze auf den Fristbeginn bei § 199 I BGB[1406], könnte das beschlussfähige Gremium nur in einer solchen Gesellschafterversammlung Kenntnis i. S. v. § 199 I BGB erlangen, in der es über die Anspruchsgeltendmachung gegen den Geschäftsführer beschließen kann.

Wie schon zur Kenntnis des AG-Aufsichtsrats i. S. v. § 199 I BGB ausgeführt, ist die Kenntnis von Kollegialorganen bei § 626 II 2 BGB und § 199 I BGB einheitlich, aber anders als nach h. M. zu definieren[1407]. Der h. M. kann nicht gefolgt werden,

---

1402 Siehe 5. Teil:§ 3A.I.4.).

1403 Zwar fasst auch der Alleingesellschafter Beschlüsse im Rechtssinne. Diese Beschlussfassung gleicht aber nicht derjenigen im Aufsichtsrat, siehe Scholz GmbHG/*Seibt* § 48 Rn. 70.

1404 So zum Fristbeginn bei § 626 II 2 BGB, siehe BGH NJW 1998, 3274, 3275; BGH, Urt. v. 10. 9. 2001, II ZR 14/00, juris Rn. 11; *Stein* ZGR 1999, 264, 268 ff.; *Buck* S. 292 ff.; *Sturm,* Verjährung Diss., S. 219 ff.

1405 Siehe Großkomm GmbHG/*Paefgen* § 38 Rn. 113; *Schürnbrand,* Organschaft, S. 132; Baumbach/Hueck/*Zöllner/Noack* § 35 Rn. 225.

1406 So *Sturm,* Verjährung Diss., S. 195 f., 426.

1407 Auf die Ausführungen zur Kenntnis des Aufsichtsrats der AG i.S.v. § 199 I BGB kann vollumfänglich verwiesen werden, siehe 5. Teil:§ 3A.III.1.)c.)cc.).

weil sie zur Folge hätte, dass Kollegialorgane juristischer Personen die Fristen nach §§ 626 II 2, 199 I BGB nicht ausschöpfen könnten, weil sie schon im Zeitpunkt der Kenntniserlangung bzw. des Fristbeginns über die Kündigung bzw. Anspruchsgeltendmachung entscheiden müssten[1408].

Entgegen h. M. liegt Kenntnis der Gesellschafterversammlung i. S. v. § 199 I BGB vor, wenn das beschlussfähige Gremium in der Gesellschafterversammlung von den anspruchsbegründenden Umständen und der Person des Schuldner-Geschäftsführers Kenntnis erlangt. Die Tagesordnung ist dabei unerheblich. Entscheidend ist nämlich nicht, ob der Beschlussgegenstand der Anspruchsgeltendmachung auf der Tagesordnung steht, sondern ob die Gesellschafterversammlung die Möglichkeit hatte, ihn so rechtzeitig auf die Tagesordnung setzen zu lassen, dass ein Beschluss hierüber hätte gefasst werden können. Diese Möglichkeit besteht grundsätzlich, wenn einberufungsberechtigte Gesellschafter nach § 50 I, II GmbHG aufgrund ihrer Kenntnis über die anspruchsbegründenden Umstände den Beschlussgegenstand der Anspruchsgeltendmachung so rechtzeitig auf die Tagesordnung hätten setzen lassen können, dass ein Beschluss hätte gefasst werden können. Kenntnis der Gesellschafterversammlung ist also Kenntnis des beschlussfähigen Gremiums in irgendeiner Versammlung, es sei denn, es bestand im Voraus keine Möglichkeit, den Beschlussgegenstand der Anspruchsgeltendmachung rechtzeitig auf die Tagesordnung der Gesellschafterversammlung zu setzen. In letzterem Fall tritt die Kenntnis der Gesellschafterversammlung aber automatisch in dem Zeitpunkt ein, in dem sie ihren Willen über die Anspruchsgeltendmachung in einer neuen fiktiven Gesellschafterversammlung frühestens hätte bilden können[1409].

Nach *Buck* soll die Frage, unter welchen Voraussetzungen Kenntnis der Gesellschafterversammlung vorliegt, davon abhängen, ob man die Gesellschafterversammlung oder die Gesellschaftergesamtheit als Organ der GmbH qualifiziert[1410]. Betrachte man statt der Gesellschafterversammlung die Gesellschaftergesamtheit als Organ der GmbH[1411], so sei nicht nur die Kenntnis der Gesellschafterversammlung, sondern auch die Kenntnis aller Gesellschafter außerhalb der zusammengetretenen Versammlung als Kenntnis der GmbH anzusehen[1412]. Dem kann so pauschal nicht gefolgt werden. Zumindest für die Frage, unter welchen Voraussetzungen Kenntnis der Gesellschafterversammlung i. S. v. §§ 626 II 2, 199 I BGB

---

1408 Eingehend 5. Teil:§ 3A.III.1.)c.)cc.).

1409 Auf die Ausführungen zum Aufsichtsrat wird verwiesen, 5. Teil:§ 3A.III.1.)c.)cc.)(1.).

1410 So *Buck* S. 293 f.

1411 So Scholz GmbHG/*K. Schmidt* § 45 Rn. 1, 5, § 48 Rn. 1; Michalski/*Römermann* § 45 Rn. 10 ff.; Lutter/Hommelhoff/*Bayer* Rn. 3; Rowedder/*Koppensteiner/Gruber* Rn. 3; stattdessen auf die Gesellschafterversammlung als Organ abstellend *Buck* S. 293 f.; Baumbach/Hueck/*Zöllner/Noack* § 45 Rn. 4; Großkomm GmbHG/*Hüffer/Schürnbrand* Rn. 6 f.; MüKo GmbHG/*Liebscher* Rn. 80; *Hüffer*, FS 100 Jahre GmbHG 1992, S. 521, 536 f.

1412 So *Buck* S. 294; *Schürnbrand*, Organschaft, S. 132.

vorliegt, ist es unerheblich, ob man die Gesellschafterversammlung oder die Gesellschaftergesamtheit als Organ qualifiziert. Denn bei den §§ 626 II 2, 199 I BGB geht es darum, auf Grundlage der Kenntnis eine informierte Entscheidung über die Rechtsausübung zu treffen; die Kenntnis muss also beim entscheidungsfähigen Gremium vorliegen. Das GmbH-Recht kennt zwei Arten von entscheidungsfähigen Gremien: Versammlungen (§ 48 I GmbHG) und versammlungslose Gremien (§ 48 II GmbHG). Zumindest bei §§ 626 II 2, 199 I BGB kommt es also nicht auf die Organeigenschaft, sondern auf eine Gesellschafterformation an, die ein zur Willensbildung fähiges Gremium bildet. Für die Wissenszurechnung im Rahmen des § 199 I BGB bleibt allein relevant, ob die Gesellschafter als beschlussfähiges Gremium Kenntnis erlangen, sei es als beschlussfähiges Gremium i. S. v. § 48 I GmbHG oder i. S. v. § 48 II GmbHG[1413]. Werden versammlungslose Beschlüsse nach § 48 II Var. 1 GmbHG oder § 48 II Var. 2 GmbHG gefasst, soll in beiden Varianten Kenntnis des Gesellschaftergremiums nicht erst mit Stimmabgabe, sondern schon mit der Einverständniserklärung vorliegen, weil bereits der einverständliche Verzicht auf die Durchführung der Gesellschafterversammlung die Beschlussfähigkeit des Gesellschaftergremiums begründe[1414]. Dem ist zuzustimmen, wenngleich zu präzisieren ist, dass relevanter Zeitpunkt für die Zurechnung das Wirksamwerden der allseitigen Einverständniserklärung ist.

In der Einmann-GmbH liegt Kenntnis der GmbH in dem Zeitpunkt vor, in dem ihr Alleingesellschafter Kenntnis erlangt[1415], weil dieser jederzeit beschlussfähig ist und den Willen der GmbH bilden kann[1416]. Dem Alleingesellschafter stehen die üblichen Beschlussmodi nach § 48 I und II GmbHG zur Verfügung, und er gilt stets als Vollversammlung i. S. v. § 51 III GmbHG, sodass er ohne Einhaltung der Form- und Fristbestimmungen für Versammlungen Beschlüsse fassen kann[1417].

### d.) Grob fahrlässige Unkenntnis und treuwidrige Unkenntnis der Gesellschafterversammlung i. S. v. § 199 I BGB

Für den Aufsichtsrat der AG wurde herausgearbeitet, dass grob fahrlässige Unkenntnis i. S. v. § 199 I BGB nur vorliegt, wenn das beschlussfähige Aufsichtsratsgremium als solches grob fahrlässig unwissend ist. Grob fahrlässige Unkenntnis kann hingegen nicht bejaht werden, wenn einzelne Aufsichtsratsmitglieder ihre rechtserhebliche Kenntnis nicht ans Gremium weitergeben[1418].

---

1413 So im Ergebnis auch *Wiesner* BB 1981, 1533, 1540.
1414 So *Wiesner* BB 1981, 1533, 1540; ihm folgend *Buck* S. 297.
1415 Siehe *Wiesner* BB 1981, 1533, 1540; Großkomm GmbHG/*Paefgen* § 38 Rn. 118 (beide zu § 626 II BGB).
1416 Siehe Scholz GmbHG/*Seibt* § 48 Rn. 70; Michalski/*Römermann* Rn. 303 ff.; *Wiesner* BB 1981, 1533, 1540.
1417 Siehe Scholz GmbHG/*Seibt* § 48 Rn. 70; Michalski/*Römermann* Rn. 303 f.
1418 Siehe 5. Teil:§ 3A.III.1.)d.).

Für die Gesellschafterversammlung als Kollegialorgan gilt nichts anderes. Sie ist nur dann grob fahrlässig unwissend, wenn sich dem beschlussfähigen Gesellschaftergremium die Kenntnis über die anspruchsbegründenden Umstände und die Person des Schuldner-Geschäftsführers förmlich aufdrängt, es vor ihr aber die Augen verschließt. In der Einmann-GmbH ist die Gesellschafterversammlung grob fahrlässig unwissend, wenn sich dem Alleingesellschafter die Kenntnis förmlich aufdrängt, er vor ihr aber die Augen verschließt. Beim Alleingesellschafter gilt nichts anderes als bei grob fahrlässiger Unkenntnis einer natürlichen Person[1419].

Die vorstehenden Ausführungen werfen die Frage auf, wie sich die Annahme grob fahrlässiger Unkenntnis mit der fehlenden Überwachungspflicht der Gesellschafterversammlung in Einklang bringen lässt. Nach ganz h. M. gewährt § 46 Nr. 6 GmbHG der Gesellschafterversammlung das Recht zur Überwachung der Geschäftsführung, begründet aber keine Überwachungspflicht[1420]. Auch eine Überwachungsobliegenheit der Gesellschafterversammlung wird heute kaum mehr befürwortet[1421]. Gegen eine solche Obliegenheit spreche, dass sie im Gesetz keine Stütze finde und ihr Inhalt unklar sei[1422]. Man könnte sich daher fragen, wie unterlassene Nachforschungen grob fahrlässige Unkenntnis der Gesellschafterversammlung begründen sollen, indes die Gesellschafterversammlung nach § 46 Nr. 6 GmbHG nicht verpflichtet ist, bei Hinweisen auf ein Fehlverhalten von Geschäftsführern Nachforschungen anzustellen. Dies ist aber kein Widerspruch. Denn die Rechtsverhältnisse zwischen Gesellschafterversammlung und GmbH einerseits sowie zwischen GmbH und Schuldner-Geschäftsführer andererseits sind auseinanderzuhalten. Mag die Gesellschafterversammlung im Verhältnis zur GmbH auch nicht verpflichtet oder der Obliegenheit unterworfen sein, die Geschäftsführer zu überwachen, so trifft doch die GmbH im Rahmen des § 199 I BGB gegenüber dem Schuldner-Geschäftsleiter die Obliegenheit, bei Verdachtsgründen die gebotenen Nachforschungen anzustellen. Drängt sich der Gesellschafterversammlung daher der Verdacht des Anspruchs gegen einen Geschäftsleiter auf, führt das Unterlassen der gebotenen Nachforschungen zu grob fahrlässiger Unkenntnis der GmbH i. S. v. § 199 I BGB.

Geben in einer Mehrpersonen-GmbH einzelne Gesellschafter ihre Kenntnis von den anspruchsbegründenden Umständen und der Person des Schuldner-Geschäftsführers nicht oder nur verzögert ans Gremium weiter, stellt sich die

---

1419 So *Wiesner* BB 1981, 1533, 1540.

1420 Ganz h.M., siehe BGH NZG 2003, 528; BFH DStR 2007, 1625, 1626 f.; so Scholz GmbHG/*K. Schmidt* § 46 Rn. 112; Großkomm GmbHG/*Hüffer/Schürnbrand* Rn. 89; MüKo GmbHG/*Liebscher* Rn. 193; Michalski/*Römermann* Rn. 346; a. A. *Meier* DStR 1997, 1894, allerdings ohne Begründung; *Fleischer* GmbHR 2001, 45, 46 geht von einer Mindestkontrollpflicht aus.

1421 So noch *Lindacher* JuS 1984, 672, 675; neuerdings eine Aufsichtsobliegenheit verneinend Scholz GmbHG/*K. Schmidt* § 46 Rn. 112 (anders noch in der Vorauflage, Scholz GmbHG$_{10}$/*K. Schmidt* § 46 Rn 113).

1422 Zutreffend MüKo GmbHG/*Liebscher* § 46 Rn. 193; Michalski/*Römermann* Rn. 346.

Frage, ob und unter welchen Voraussetzungen dies als treuwidrige Unkenntnis der GmbH zu werten ist. Drei Ansichten sind zu unterscheiden. Der BGH und Teile der Literatur nehmen an, dass treuwidrige Unkenntnis der GmbH vorliegt, wenn ein nach § 50 I GmbHG einberufungsberechtigter Gesellschafter die Gesellschafterversammlung pflichtwidrig nicht mit der zumutbaren Beschleunigung einberuft und informiert[1423]. Nach anderer Ansicht genügt es, wenn irgendein Gesellschafter, gleich ob er nach § 50 I GmbHG die Einberufung verlangen kann oder nicht, gegen seine Treuepflicht zur unverzüglichen Informierung der Gesellschafterversammlung verstößt[1424]. Nach einer weiteren Ansicht scheidet eine treuwidrige Unkenntnis bei verzögerter Informierung der Gesellschafterversammlung generell aus[1425].

Wie bereits dargelegt, ist der Ansicht des BGH zu folgen, weil die Unredlichkeit der Unkenntnis darin liegt, dass einberufungsberechtigte Mitglieder den Informationsmechanismus der Einberufung außer Kraft setzen[1426]. Nutzen Gesellschafter, deren Geschäftsanteile mindestens 10 % des Stammkapitals betragen und die Kenntnis von anspruchsbegründenden Umständen haben, ihre Rechte aus § 50 GmbHG nicht, um mit zumutbarer Beschleunigung für die Einberufung und Informierung der Versammlung zu sorgen, so kann sich die GmbH nicht auf Unkenntnis berufen. Denn kraft der gesellschaftsrechtlichen Treuepflicht obliegt es solchen Gesellschaftern, Schaden von der Gesellschaft abzuwenden, indem sie die Gesellschafterversammlung einberufen und über den Anspruch gegen den Geschäftsführer informieren[1427]. Die GmbH muss sich nach § 242 BGB so behandeln lassen, als hätte die Gesellschafterversammlung und damit sie selbst in dem Zeitpunkt Kenntnis erlangt, in dem die Gesellschafterversammlung bei billigerweise zumutbar beschleunigter Einberufung zusammengetreten und informiert worden wäre[1428]. Wegen der Ultimo-Regel des § 199 I BGB gelten für die billigerweise zumutbare Beschleunigung der Informierung aber andere zeitliche Maßstäbe als bei § 626 II 2 BGB[1429]. Die Einberufung und Informierung der Gesellschafterversammlung im laufenden Kalenderjahr, also in dem Kalenderjahr, in dem ein einberufungsberechtigter Gesellschafter erstmal rechtserhebliche Kenntnis i. S. v. § 199 I BGB erlangt hat, stellt nie eine unangemessene Verzögerung der Informierung dar.

---

1423 Siehe BGH NJW 1998, 3274, 3275; *Buck* S. 290 ff. m. w. N.

1424 Siehe Großkomm GmbHG/*Paefgen* § 38 Rn. 114; *Stein* ZGR 1999, 264, 272 f.

1425 Siehe *Sturm,* Verjährung Diss., S. 439 f.

1426 Siehe 5. Teil:§ 3A.III.1.)c.)cc.)(2.).

1427 Siehe *Stein* ZGR 1999, 264, 281.

1428 Siehe BGH NJW 1998, 3274, 3275; Großkomm GmbHG/*Paefgen* § 38 Rn. 114; *Stein* ZGR 1999, 264, 272 f.; *Buck* S. 297; a. A. *Ellers* GmbHR 2004, 934, 938, der für eine Wissenszurechnung stets verlangt, aber auch genügen lässt, dass ein an der Gesellschafterversammlung teilnehmender Gesellschafter Kenntnis hat.

1429 Zur billigerweise zumutbaren Beschleunigung bei § 199 I BGB siehe 5. Teil:§ 3A. III.1.)c.)cc.)(2.).

Denn der Schuldner erleidet insoweit keine Verjährungsnachteile. Ausnahmsweise entspricht auch die Einberufung und Informierung im darauffolgenden Kalenderjahr noch der gebotenen Beschleunigung, wenn die Informierung unverzüglich erfolgte, nachdem ein einberufungsberechtigter Gesellschafter Kenntnis i. S. v. § 199 I BGB erlangt hatte. Wäre die unverzügliche Informierung im laufenden Kalenderjahr möglich gewesen, beginnt die Verjährung nach § 242 BGB mit dem Schluss des laufenden Kalenderjahres, sonst mit dem Schluss des darauffolgenden Kalenderjahres.

### *4.) Zurechenbarkeit der Kenntnis bzw. grob fahrlässigen Unkenntnis des Prozessvertreters i. S. v. § 46 Nr. 8 Var. 2 GmbHG*

Gemäß § 46 Nr. 8 Var. 2 GmbHG bestimmt die Gesellschafterversammlung über die Vertretung der Gesellschaft in Prozessen, welche die Gesellschaft gegen Geschäftsführer zu führen hat. Der bestellte Prozessvertreter hat die Stellung eines vertretungsberechtigten Organs[1430], das den Anspruch der GmbH anstelle und unter Verdrängung der Kompetenzen der Geschäftsführer geltend macht[1431], sofern nicht der Gesellschafterbeschluss weiterhin die Geltendmachung des Anspruchs durch die Geschäftsführer zulässt[1432]. Die Prozessvertretung bezieht sich nicht nur auf Ersatzansprüche i. S. v. § 46 Nr. 8 Var. 1 GmbHG, ein Prozessvertreter kann vielmehr zur Geltendmachung aller Arten von Ansprüchen gegen Geschäftsführer eingesetzt werden, wie schon aus dem Wortlaut des § 46 Nr. 8 Var. 2 GmbHG folgt[1433]. Die Gesellschafterversammlung kann dem Prozessvertreter wie einem Geschäftsführer analog § 37 I GmbHG Weisungen betreffend die Anspruchsgeltendmachung erteilen[1434]. Wenn die Gesellschafterversammlung einen Prozessvertreter nach § 46 Nr. 8 Var. 2 GmbHG zur Anspruchsgeltendmachung bestellt, liegt hierin auch die Entscheidung darüber, den Anspruch gegen den Geschäftsführer zu verfolgen. Der Prozessvertreter kann insoweit keine eigene Entscheidung über die Geltendmachung des Anspruchs gegen den Geschäftsführer treffen. Eine organschaftliche Zurechnung seiner Kenntnis bzw. grob fahrlässigen Unkenntnis im Rahmen des § 199 I BGB kommt also in diesem Fall nicht in Betracht.

Unklar ist, ob die Gesellschafterversammlung einen Prozessvertreter nach § 46 Nr. 8 Var. 2 GmbHG bestellen und ihm die Entscheidung über die Geltendmachung des Anspruchs in gewissen Grenzen überlassen kann. Soweit ersichtlich haben Rechtsprechung und Schrifttum diese Frage bisher nicht behandelt. Der Wortlaut des § 46 Nr. 8 Var. 2 GmbHG steht zumindest einer vollständigen Einräumung von

---

1430 Siehe Scholz GmbHG/*K. Schmidt* § 46 Rn. 173.

1431 Siehe BGH GmbHR 2016, 545, 546 (Rn. 14); Scholz GmbHG/*K. Schmidt* § 46 Rn. 168; MüKo GmbHG/*Liebscher* Rn. 278; Großkomm GmbHG/*Hüffer/Schürnbrand* Rn. 127.

1432 Siehe Scholz GmbHG/*K. Schmidt* § 46 Rn. 168.

1433 Siehe Scholz GmbHG/*K. Schmidt* § 46 Rn. 166.

1434 Siehe Scholz GmbHG/*K. Schmidt* § 46 Rn. 173; Lutter/Hommelhoff/*Bayer* Rn. 45.

Entscheidungsbefugnis an den Prozessvertreter entgegen, weil nicht von einer „Vertretung der Gesellschaft in Prozessen" gesprochen werden kann, wenn man der bestellten Person die Entscheidung überlässt, ob sie überhaupt den Anspruch geltend machen will. Dennoch muss es auch der Gesellschafterversammlung möglich sein, den Prozessvertreter zu bestellen und ihm z. B. bei unklarer Sachlage die Beurteilung zu überlassen, gegen welchen der Geschäftsführer er den Anspruch geltend macht. Denn wenn schon die Hauptversammlung der AG dem besonderen Vertreter i. S. v. § 147 II AktG diesen Entscheidungsspielraum einräumen kann[1435], obwohl das aktienrechtliche Institut des besonderen Vertreters (§ 147 II 1 AktG) wegen der erforderlichen Abgrenzung zum Sonderprüfer (§§ 142 ff. AktG) eng gefasst ist, muss dies erst Recht für die Gesellschafterversammlung gelten, deren weitreichende Kompetenzen an der Schnittstelle zwischen Sonderprüfung (§ 46 Nr. 6 GmbHG) und Prozessvertretung (§ 46 Nr. 8 Var. 2 GmbHG) umfassend und fließend sind. Im Hinblick auf Ersatzansprüche ist allerdings zu beachten, dass der Ermächtigungsbeschluss gemäß § 46 Nr. 8 Var. 1 GmbHG die möglichen geltend zu machenden Ersatzansprüche zumindest individualisieren muss, weil dem Prozessvertreter sonst von vornherein die Berechtigung fehlt, diese geltend zu machen[1436]. Letztlich ist der Gesellschafterversammlung aber die Kompetenz zuzugestehen, einen Prozessvertreter zu bestellen, dem sie die Entscheidung überlässt, gegen welchen Geschäftsführer die Anspruchsverfolgung am meisten Erfolg verspricht. Soweit der Prozessvertreter über die Anspruchsgeltendmachung gegen einen Geschäftsführer eigenständig entscheiden kann, ist seine Kenntnis bzw. grob fahrlässige Unkenntnis der GmbH im Rahmen des § 199 I BGB zuzurechnen. Zurechnungsgrundlage ist der Rechtsgedanke des § 31 BGB.

In der Wahl des Prozessvertreters ist die Gesellschafterversammlung frei. Sie kann einen Gesellschafter, einen Geschäftsführer oder auch einen Dritten als Prozessvertreter bestellen[1437]. Im Schrifttum wird nicht thematisiert, ob der Prozessvertreter i. S. v. § 46 Nr. 8 Var. 2 GmbHG eine natürliche, unbeschränkt geschäftsfähige Person sein muss. Dies ist zu bejahen. § 6 II 1 GmbHG sollte auf den Prozessvertreter analog angewendet werden. Da der Prozessvertreter als vertretungsberechtigtes Organ in seinem Aufgabenbereich, also bei der Geltendmachung eines konkreten Anspruchs, an die Stelle der Geschäftsführer (§ 35 GmbHG) tritt, sind an seine Person die gleichen Anforderungen wie an Geschäftsführer zu stellen[1438]. Eine andere Sicht ließe sich auch schwer mit dem Normzweck des § 46 Nr. 8 Var. 2 GmbHG vereinbaren. Der Normzweck des § 46 Nr. 8 Var. 2 GmbHG

---

1435 Siehe 5. Teil:§ 3A.III.4.)b.).

1436 Siehe Scholz GmbHG/*K. Schmidt* § 46 Rn. 156 m. w. N.

1437 Unstreitig, siehe Scholz GmbHG/*K. Schmidt* § 46 Rn. 172; Großkomm GmbHG/*Hüffer/Schürnbrand* Rn. 123; MüKo GmbHG/*Liebscher* Rn. 275.

1438 Im Aktienrecht werden an den besonderen Vertreter die personellen Anforderungen aus §§ 76 III 1, 100 I 1 AktG gestellt, weil er als Organ an die Stelle von Vorstand bzw. Aufsichtsrat tritt, siehe 5. Teil:§ 3A.III.4.)b.).

liegt für handlungsunfähige GmbHs darin, deren Handlungsfähigkeit durch den Prozessvertreter wiederherzustellen[1439]. Würde man eine Gesellschaft als Prozessvertreter zulassen, könnte diese ihrerseits handlungsunfähig werden[1440].

Zu Prozessvertretern können auch mehrere Personen bestellt werden[1441]. Im Zweifel sind sie gesamtvertretungsberechtigt[1442]. Ist nur eine Person als Prozessvertreter bestellt, beurteilt sich deren Kenntnis bzw. grob fahrlässige Unkenntnis wie die der Einzelperson. Sind mehrere Prozessvertreter bestellt, ist je nachdem, ob sie einzel- oder gesamtgeschäftsführungsbefugt sind, die Kenntnis bzw. grob fahrlässige Unkenntnis einzelner oder nur aller der GmbH zurechenbar. Hierzu kann auf die Ausführungen zur Kenntnis bzw. grob fahrlässigen Unkenntnis mehrerer Geschäftsleiter verwiesen werden[1443].

### *5.) Rechtliche Relevanz der Kenntnis bzw. grob fahrlässigen Unkenntnis einzelner Gesellschafter aufgrund ihrer Klagebefugnis in Form der actio pro socio*

Eine organschaftliche Wissenszurechnung nach dem Rechtsgedanken des § 31 BGB scheidet als Zurechnungsgrundlage aus, wenn es darum geht, die Kenntnis bzw. grob fahrlässige Unkenntnis *einzelner* Gesellschafter im Rahmen des § 199 I BGB der GmbH anzulasten[1444]. Denn der einzelne Gesellschafter ist in der Mehrpersonen-GmbH kein entscheidungsbefugtes Organ. Hat einer der Gesellschafter Kenntnis von den anspruchsbegründenden Umständen und der Person des Schuldner-Geschäftsführers kann dies nur treuwidrige Unkenntnis der GmbH nach § 242 BGB begründen[1445].

Die Kenntnis bzw. grob fahrlässige Unkenntnis einzelner Gesellschafter einer Mehrpersonen-GmbH könnte aber unter einem anderen Aspekt für den Verjährungsbeginn nach § 199 I BGB relevant sein. § 199 I BGB spricht zwar von der Kenntnis bzw. grob fahrlässigen Unkenntnis des Gläubigers. Dem Gläubiger sind aber Dritte gleichzustellen, die die materielle Berechtigung haben, den Anspruch des Gläubigers im eigenen Namen (prozessual) geltend zu machen[1446]. Die *actio pro*

---

1439 Siehe Scholz GmbHG/*K. Schmidt* § 46 Rn. 163; Großkomm GmbHG/*Hüffer/Schürnbrand* Rn. 118.

1440 Dieses Risiko besteht zwar auch bei natürlichen Personen nach § 104 Nr. 2 BGB, dort ist es aber sehr viel kleiner.

1441 So Großkomm GmbHG/*Hüffer/Schürnbrand* § 46 Rn. 123; BeckOK GmbHG/*Schindler* Rn. 108.

1442 Siehe BeckOK GmbHG/*Schindler* § 46 Rn. 108.

1443 Zum AG-Vorstand siehe 5. Teil:§ 3A.III.2.)c.).

1444 Siehe 5. Teil:§ 3A.IV.3.)c.).

1445 Siehe 5. Teil:§ 3A.IV.3.)d.). Etwas anderes gilt freilich in der Einmann-GmbH. Dort kann die Kenntnis bzw. grob fahrlässige Unkenntnis des Alleingesellschafters nach dem Rechtsgedanken des § 31 BGB zugerechnet werden.

1446 Siehe 5. Teil:§ 1.

*socio* verleiht den einzelnen Gesellschaftern möglicherweise eine solche Berechtigung. Dies setzt voraus, dass eine *actio pro socio* zur Geltendmachung von Ansprüchen der GmbH gegen Geschäftsführer überhaupt zulässig ist. Dies ist äußerst umstritten[1447].

Der Streit beruht im Grunde auf der unterschiedlichen Einordnung der Rechtsnatur der *actio pro socio*. Dieses Rechtsinstitut dient dem Minderheitenschutz[1448] und hat seine Ursprünge im Personengesellschaftsrecht, ist inzwischen aber im GmbH-Recht in eigener Ausprägung[1449] etabliert[1450]. Die Anerkennung der *actio pro socio* im Recht der GmbH wird jedoch stark durch den Befund relativiert, dass dort zahlreiche Fragen zu diesem Institut heftig umstritten sind[1451]. Von Gewohnheitsrecht kann daher nicht die Rede sein[1452]. Besonders bei der Gesellschafterklage gegen Geschäftsführer zeigt sich dies.

Verlangt man für die *actio pro socio* einen *eigenen* Anspruch des Gesellschafters auf Leistung an die Gesellschaft[1453], sei die *actio pro socio* allenfalls gegen Gesellschafter-Geschäftsführer möglich[1454]. Denn zwischen Gesellschafter und Fremdgeschäftsführern fehle es grundsätzlich an einer Anspruchsbeziehung[1455]. Demgegenüber hätten Gesellschafter gegenüber dem Gesellschafter-Geschäftsführer eigene Ansprüche. Verletze der Gesellschafter-Geschäftsführer seine organschaftlichen Geschäftsführungspflichten, verstoße er zugleich gegen seine Treuepflicht gegenüber den Mitgesellschaftern, weshalb Mitgesellschafter gegen

---

1447 Einen Überblick gibt *Barnert,* Gesellschafterklage, S. 243 f.

1448 Statt aller Lutter/Hommelhoff/*Bayer* § 13 Rn. 51; *Bork/Oepen* ZGR 2001, 515, 517; *Flume,* Juristische Person, S. 304. Dies darf jedoch nicht zu der Fehlvorstellung verleiten, das Institut stünde nur Minderheitsgesellschaftern zu. Als mitgliedschaftliches Individualrecht steht es jedem Gesellschafter zu, so *Kort* DStR 2001, 2162, 2163.

1449 Siehe *Mock* JuS 2015, 590, 592; MüKo GmbHG/*Merkt* § 13 Rn. 319.

1450 Siehe OLG Düsseldorf GmbHR 1994, 172, 173 f.; OLG Braunschweig GmbHR 2009, 1276, 1277; OLG Koblenz NZG 2010, 1023, 1024; so MüKo GmbHG/*Fleischer* Einleitung Rn. 192; Scholz GmbHG/*K. Schmidt* § 46 Rn. 161; MüKo GmbHG/*Merkt* § 13 Rn. 319; *Bayer* GmbHR 2016, 505, 507.

1451 Siehe Roth/Altmeppen/*Altmeppen* § 13 Rn. 15; MüKo GmbHG/*Merkt* Rn. 320; *Bayer* GmbHR 2016, 505, 507 ff. („Die Durchsicht der einschlägigen Stellungnahmen offenbart, dass nahezu alle Einzelfragen streitig sind").

1452 So aber MüKo BGB/*Schäfer* § 705 Rn. 209; zutreffend dagegen *Bork/Oepen* ZGR 2001, 515, 526.

1453 Siehe *Zöllner* ZGR 1988, 392, 401 ff., 437; Hachenburg/*Raiser* § 14 Rn. 44.

1454 So konsequent *Zöllner* ZGR 1988, 392, 437 ff.; *Verse,* FS U. H. Schneider 2011, S. 1325, 1333 f.; *Banerjea,* Gesellschafterklage, S. 188; a. A. Hachenburg/*Raiser* § 14 Rn. 46 allerdings mit gewundener Konstruktion.

1455 Ganz h. M., siehe BGHZ 110, 323, 334; *Verse,* FS U. H. Schneider 2011, S. 1325, 1333 f.; *Banerjea,* Gesellschafterklage, S. 188 f.; Baumbach/Hueck/*Zöllner/Noack* § 43 Rn. 64; MüKo GmbHG/*Fleischer* Rn. 339 f.; Großkomm GmbHG/*Paefgen* Rn. 297 f. Ein besonderes Rechtsverhältnis kann zwischen Gesellschafter und Geschäftsführer vereinbart werden, siehe BGH, Urt. v. 28. 6. 1982, II ZR 199/81, juris Rn. 7.

den Gesellschafter-Geschäftsführer im Wege der *actio pro socio* auf Leistung von Schadensersatz an die Gesellschaft klagen könnten[1456].

Demgegenüber versteht die im GmbH-Recht herrschende Prozessstandschaftslehre unter der *actio pro socio* die Klage eines Gesellschafters, der einen Sozialanspruch der Gesellschaft im eigenen Namen in Prozessstandschaft geltend macht[1457]. Anhänger dieser Lehre bejahen zum Teil generell die *actio pro socio* gegen Gesellschafter-Geschäftsführer[1458]; teilweise wird wegen der Eingrenzung der *actio pro socio* auf Sozialansprüche die Einschränkung vorgenommen, dass die Gesellschafterklage gegen Gesellschafter-Geschäftsführer nur insoweit zulässig sei, soweit die Geschäftsführungspflichten aufgrund einer besonderen Satzungsregelung zugleich mitgliedschaftliche Pflichten seien[1459]. Teilweise wird auch die *actio pro socio* gegen Gesellschafter-Geschäftsführer und Fremdgeschäftsführer gleichermaßen als zulässig erachtet[1460]. Dieses Ergebnis stützen manche darauf, dass eine unterschiedliche Haftung von Gesellschafter-Geschäftsführern und Fremdgeschäftsführern im Gesetz nicht angelegt sei[1461]. Andere verweisen darauf, dass auch die aktienrechtliche *actio pro socio* gemäß § 148 AktG die Klage gegen Verwaltungsorgane vorsehe, ohne Rücksicht darauf, ob diese zugleich Aktionär seien oder nicht[1462]. Überdies bestehe aus Gründen des Minderheitenschutzes, dem die *actio pro socio* diene, schlicht ein Bedürfnis, die *actio pro socio* auf Fremdgeschäftsführer als Klagegegner auszudehnen[1463]. Die Erstreckung der *actio pro socio* auf Fremdgeschäftsführer bedeutet eine Ausweitung des Instituts gegenüber dem

---

1456 Siehe BGHZ 65, 15, 18 f. („ITT"); BGH, Urt. v. 28. 6. 1982, II ZR 199/81, juris Rn. 7; BGH NZG 2005, 216; so *Zöllner* ZGR 1988, 392, 408; Hachenburg/*Raiser* § 14 Rn. 44.

1457 Siehe OLG Düsseldorf GmbHR 1994, 172, 173 f.; OLG Braunschweig GmbHR 2009, 1276, 1277; OLG Koblenz NZG 2010, 1023, 1024; Lutter/Hommelhoff/*Bayer* § 13 Rn. 54; MüKo GmbHG/*Merkt* Rn. 323; Scholz GmbHG/*K. Schmidt* § 46 Rn. 161; *Verse*, FS U. H. Schneider 2011, 1325, 1330; *Berger* ZHR 149, 599, 606; *Mock* JuS 2015, 590, 591; eine höchstrichterliche Klärung steht noch aus, siehe BGH NZG 2010, 783 (Tz. 3).

1458 Siehe OLG Braunschweig GmbHR 2009, 1276, 1277; *Bayer* GmbHR 2016, 505, 508; MüKo GmbHG/*Merkt* § 13 Rn. 326 f.; wohl auch Scholz GmbHG/*K. Schmidt* § 46 Rn. 161.

1459 So Michalski/*Ebbing* § 14 Rn. 101; Baumbach/Hueck/*Fastrich* § 13 Rn. 38; MünchHdb GesR III/*Schiessl/Böhm* § 31 Rn. 34.

1460 So *von Gerkan* ZGR 1988, 441, 449; *Grunewald*, Gesellschafterklage, S. 89 f.; *Verse*, FS U. H. Schneider 2011, S. 1325, 1334; tendenziell auch Lutter/Hommelhoff/*Bayer* § 13 Rn. 53; *Banerjea*, Gesellschafterklage, S. 188 ff., 193.

1461 So *Grunewald*, Gesellschafterklage, S. 89 f.

1462 Siehe *Verse*, FS U. H. Schneider 2011, S. 1325, 1334; zustimmend Lutter/Hommelhoff/*Bayer* § 13 Rn. 52 (dort Fn. 5).

1463 Siehe *Banerjea*, Gesellschafterklage, S. 189 ff.; zustimmend *Verse*, FS U. H. Schneider 2011, S. 1325, 1334.

Personengesellschaftsrecht, wo es sich ausschließlich auf Sozialansprüche gegen Gesellschafter bezieht[1464].

Eine weitere Ansicht hält es generell für ausgeschlossen, Geschäftsführerpflichten mit der *actio pro socio* durchzusetzen, weshalb die Gesellschafterklage sowohl gegen Gesellschafter-Geschäftsführer als auch gegen Fremdgeschäftsführer ausscheide[1465]. Als Grund wird die Haftungskanalisierung gemäß §§ 43, 46 Nr. 8 GmbHG angeführt, die zur Folge habe, dass ausschließlich die GmbH selbst, nicht aber ihre Gesellschafter die Ansprüche gegen Geschäftsführer verfolgen könnten[1466]. Andere sehen für eine *actio pro socio* gegen Gesellschafter-Geschäftsführer schlicht kein Bedürfnis, weil der seine Geschäftsführungspflichten verletzende (Mehrheits-)Gesellschafter-Geschäftsführer beim Beschluss gemäß § 46 Nr. 8 Var. 1 GmbHG einem Stimmverbot unterliege, sodass der Weg über den Ermächtigungsbeschluss gemäß § 46 Nr. 8 Var. 1 GmbHG gangbar sei[1467].

Folgt man den Ansichten, die einem Gesellschafter in Form der *actio pro socio* das Recht gewähren, einen Anspruch der GmbH gegen den Geschäftsführer im eigenen Namen geltend zu machen (*Prozessstandschaft*), bewirkt auch die Kenntnis bzw. grob fahrlässige Unkenntnis einzelner klageberechtigter Gesellschafter den Verjährungsbeginn nach § 199 I BGB[1468]. Denn dem Gläubiger im Sinne von § 199 I BGB sind Dritte gleichgestellt, die die materielle Berechtigung haben, den Anspruch des Gläubigers im eigenen Namen geltend zu machen. Versteht man die *actio pro socio* demgegenüber als Klage aus eigenem Recht, ist die Kenntnis bzw. grob fahrlässige Unkenntnis einzelner Gesellschafter nur für den Verjährungsbeginn ihrer eigenen Ansprüche, nicht hingegen für den Verjährungsbeginn des Anspruchs der GmbH relevant.

Vorzugswürdig ist, die *actio pro socio* im Recht der GmbH nach dem Vorbild des § 148 AktG als Klage in Prozessstandschaft einzuordnen und sie nur für Schadensersatzansprüche aus pflichtwidriger Geschäftsführung[1469] sowohl gegen Gesellschafter-Geschäftsführer als auch gegen Fremdgeschäftsführer zu erlauben[1470]. Zwar könnte man Bedenken haben, aus § 148 AktG verallgemeinerungsfähige Aussagen zur *actio pro socio* für die GmbH abzuleiten, weil § 148 AktG sich vom traditionellen Verständnis der *actio pro socio* als Klagerecht eines Gesellschafters, der Sozialansprüche der Gesellschaft gegen Mitgesellschafter geltend macht, löst[1471]. Hiergegen lässt sich aber anführen, dass die Beschränkung der *actio pro socio* auf

1464 Siehe *von Gerkan* ZGR 1988, 441, 449.

1465 Siehe *Barnert,* Gesellschafterklage, S. 237 ff., 246 f.; im Ergebnis auch *Flume,* Juristische Person, S. 306.

1466 Siehe *Barnert,* Gesellschafterklage, S. 237 ff., 246 f.

1467 So *Flume,* Juristische Person, S. 306.

1468 So schon zur Aktionärsklage nach § 148 AktG, siehe 5. Teil:§ 3A.III.5.)c.).

1469 Zu dieser zutreffenden Einschränkung *Banerjea,* Gesellschafterklage, S. 193.

1470 So überzeugend *Verse,* FS U. H. Schneider 2011, S. 1325, 1330 f.

1471 Zu den Unterschieden zwischen der traditionellen *actio pro socio* und § 148 AktG siehe *Winnen,* Innenhaftung des Vorstands, S. 317 ff.

Sozialansprüche sich vor allem dadurch erklärt, dass dieses Institut aus dem Personengesellschaftsrecht stammt[1472]. Seine Übertragung ins GmbH-Recht erfordert es aber, dieses Institut als Minderheitenschutzrecht in die andersartige Verbandsverfassung der GmbH zu integrieren und es dabei neu zu denken. Z. B. stellt sich die Problematik der *actio pro socio* gegen Geschäftsführer im Personengesellschaftsrecht nicht, weil das Personengesellschaftsrecht nur Geschäftsführungspflichten *gesellschaftsrechtlicher Art* (Sozialansprüche) kennt[1473], indes Fremdgeschäftsführer wegen des Prinzips der Selbstorganschaft grundsätzlich nicht vorkommen[1474]. Freilich ist bei der Übertragung des Instituts auf die GmbH nicht ohne Not mit herkömmlichen Regeln der *actio pro socio* aus dem Personengesellschaftsrecht zu brechen. Angesichts der zahlreichen Streitfragen, die sowohl die Rechtsnatur als auch die Voraussetzungen der *actio pro socio* betreffen, gewinnt das Institut jedoch erheblich an Rechtssicherheit, soweit es an § 148 AktG angelehnt werden kann. Verallgemeinerungsfähigen Gedanken des § 148 AktG, die auch auf das Recht der GmbH passen, sollte man sich daher nicht verschließen[1475].

In der Gesetzesbegründung zum UMAG bezeichnet der Gesetzgeber die Klage des Aktionärs nach § 148 AktG, mit der er Ersatzansprüche der Gesellschaft gegen Verwaltungsorgane im eigenen Namen in Prozessstandschaft geltend macht, als *actio pro socio*[1476]. Auch die h. L. ordnet die Aktionärsklage gemäß § 148 AktG als gesetzlich geregelten Fall der *actio pro socio* ein[1477]. Die Aktionärsklage gemäß § 148 AktG soll es einer Minderheit von Aktionären ermöglichen, u. a. die Innenhaftung von Vorstandsmitgliedern gegenüber der Gesellschaft durchzusetzen, wenn die Anspruchsgeltendmachung aus sachfremden Erwägungen, insbesondere aus Befangenheitsgründen zu unterbleiben droht. Dieser Gedanke des Minderheitenschutzes greift auch im GmbH-Recht. Auch dort besteht die Gefahr, dass Ansprüche gegen den Mehrheitsgesellschafter-Geschäftsführer aus sachfremden Erwägungen nicht durchgesetzt werden, insbesondere weil verfolgungswilligen Geschäftsführern sonst die Abberufung droht. Überdies besteht auch für die *actio pro socio* gegen Fremdgeschäftsführer ein Bedürfnis, weil der Mehrheitsgesellschafter in diesem Fall bei der Beschlussfassung nach § 46 Nr. 8 Var. 1 GmbHG keinem Stimmverbot unterliegt und es für den Minderheitsgesellschafter unzumutbar

---

1472 Selbst im Personengesellschaftsrecht sprechen sich manche für die Ausweitung der *actio pro socio* auf Ansprüche der Gesellschaft gegen Dritte aus, siehe *Kort* DStR 2001, 2162, 2164 ff.

1473 Die Pflicht zur Geschäftsführung ergibt sich im Personengesellschaftsrecht aus der Gesellschafterstellung und ist Beitragspflicht, siehe MüKo BGB/*Schäfer* § 706 Rn. 14; Erman/*H. P. Westermann* § 706 Rn. 9; siehe auch BGHZ 25, 47, 49.

1474 Siehe MüKo BGB/*Schäfer* § 709 Rn. 5 f.; Erman/*H. P. Westermann* Rn. 3.

1475 So im Ergebnis auch *Verse*, FS U. H. Schneider 2011, S. 1325 ff.; *Bayer* GmbHR 2016, 505, 510.

1476 Siehe Begr. RegE UMAG, BT-Drucks. 15/5092, S. 23.

1477 Siehe 5. Teil:§ 3A.III.5.)b.).

wäre, zunächst den ablehnenden Beschluss i. S. v. § 46 Nr. 8 Var. 1 GmbHG anzufechten und positive Beschlussfeststellungsklage zu erheben[1478]. In Anlehnung an § 148 AktG ist daher auch im GmbH-Recht die *actio pro socio* gegen Geschäftsführer zur Geltendmachung von Ansprüchen der Gesellschaft aus Verletzung organschaftlicher Geschäftsführungspflichten (§ 43 II, III GmbHG) in Prozessstandschaft zulässig.

Die Kenntnis bzw. grob fahrlässige Unkenntnis eines Gesellschafters kann den Verjährungsbeginn nach § 199 I BGB aber erst von dem Zeitpunkt an bewirken, von dem an der Gesellschafter befugt ist, den Anspruch der GmbH im eigenen Namen geltend zu machen; also mit Erlangung der Prozessstandschaft. Der Zeitpunkt der Erlangung dieses Klagerechts wird durch die *Subsidiarität* der *actio pro socio* markiert. Durch die Gesellschafterklage wird in offener Rechtsfortbildung[1479] die gesetzliche Zuständigkeitsverteilung in der GmbH durchbrochen. Diese Durchbrechung ist nur dann notwendig und gerechtfertigt, wenn die Gesellschaft ihre Ansprüche mittels der dafür vorgesehenen Organe unberechtigterweise nicht geltend macht[1480]. Daher wird die *actio pro socio* überwiegend als subsidiäre Hilfszuständigkeit eingeordnet, die an weitere Zulässigkeitsvoraussetzungen geknüpft ist, um den grundsätzlichen Vorrang des gesetzlichen Organisationsrechts der GmbH zu wahren[1481]. Nach anderer Ansicht wird die Klagebefugnis des Gesellschafters nur durch dessen mitgliedschaftliche Treuepflicht begrenzt[1482].

Welche Subsidiaritätsschranken sich aus den verschiedenen Ansichten im Einzelnen für die Gesellschafterklage im GmbH-Recht ergeben, ist streitig. Verschiedene Subsidiaritätsstufen werden diskutiert. Einig ist man sich darüber, dass der klagewillige Gesellschafter grundsätzlich verpflichtet ist, das zur Geltendmachung des Anspruchs der Gesellschaft zuständige Organ zur Anspruchsverfolgung aufzufordern[1483]. Soweit mit der *actio pro socio* gegen Geschäftsführer Ersatzansprüche i. S. v. § 46 Nr. 8 Var. 1 GmbHG geltend gemacht werden sollen, muss der klagewillige Gesellschafter nach h. M. grundsätzlich erst einen entsprechenden

---

1478 Hierzu näher *Banerjea,* Gesellschafterklage, S. 190.

1479 So *Verse,* FS U. H. Schneider 2011, S. 1325, 1333; *Bayer* GmbHR 2016, 505, 510.

1480 So *Verse,* FS U. H. Schneider 2011, S. 1325, 1335; *Bayer* GmbHR 2016, 505, 508; Scholz GmbHG/*K. Schmidt* § 46 Rn. 161.

1481 Siehe BGH, Urt. v. 28. 6. 1982, II ZR 199/81, juris Rn. 9; NZG 2005, 216; OLG Koblenz NZG 2010, 1023, 1024; Scholz GmbHG/*K. Schmidt* § 46 Rn. 161; Großkomm GmbHG/*Hüffer/Schürnbrand* Rn. 114; *Verse,* FS U. H. Schneider 2011, S. 1325, 1335; *Bayer* GmbHR 2016, 505, 508; eine strenge Subsidiarität der Leistungsklage annehmend Roth/Altmeppen/*Altmeppen* § 13 Rn. 20 ff.; a. A. *Berger* ZHR 149, 599, 607.

1482 Zur Treuepflicht als Rechtsmissbrauchsgrenze siehe BGHZ 25, 47, 50; differenzierter *Lutter* ZHR 162, 164, 182 f.; Großkomm GmbHG/*Raiser* § 14 Rn. 59 f.

1483 Siehe *Verse,* FS U. H. Schneider 2011, S. 1325, 1335 (unter Setzung einer angemessenen Frist, analog § 148 I 2 Nr. 2 AktG); *Lutter* ZHR 162, 164, 182 (unter Setzung einer angemessenen Frist); Großkomm GmbHG/*Raiser* § 14 Rn. 60.

Ermächtigungsbeschluss der Gesellschafterversammlung herbeiführen[1484]. Diese Ansicht überzeugt rechtskonstruktiv und wahrt den Normzweck des § 46 Nr. 8 Var. 1 GmbHG, wenn sie auch zur Folge hat, dass die *actio pro socio* im GmbH-Recht nur einen schmalen Anwendungsbereich hat. Ohne Ermächtigungsbeschluss gemäß § 46 Nr. 8 Var. 1 GmbHG fehlt dem Ersatzanspruch der Gesellschaft eine materielle Anspruchsvoraussetzung, was sich zwingend auch der Gesellschafter entgegenhalten lassen muss, der *ebendiesen* Ersatzanspruch der Gesellschaft in Prozessstandschaft einklagen möchte[1485]. Zudem weist § 46 Nr. 8 Var. 1 GmbHG der Gesellschafterversammlung und nicht dem einzelnen Gesellschafter die Entscheidung darüber zu, ob der Anspruch der Gesellschaft geltend gemacht wird; dieser Normzweck ist zu respektieren[1486]. Soweit allerdings ein Beschluss i. S. v. § 46 Nr. 8 Var. 1 GmbHG entbehrlich ist, z. B. namentlich in der Zweipersonen-GmbH bei einer Gesellschafterklage gegen den ohnehin nicht stimmberechtigten Gesellschafter-Geschäftsführer[1487], ist die *actio pro socio* auch ohne vorherige Ermächtigung i. S. v. § 46 Nr. 8 Var. 1 GmbHG zulässig[1488].

Nach teilweise vertretener Ansicht soll die *actio pro socio* ohne den erforderlichen Beschluss nach § 46 Nr. 8 Var. 1 GmbHG zulässig sein, wenn die Mehrheit der Gesellschafter eindeutig und endgültig zu erkennen gegeben hat, den Anspruch nicht verfolgen zu wollen[1489] oder wenn eine Klage der Gesellschaft undurchführbar geworden, durch den Schädiger selbst vereitelt worden oder infolge der Machtverhältnisse in der Gesellschaft so erschwert ist, dass es für den betroffenen Gesellschafter ein unzumutbarer Umweg wäre, müsste er die Gesellschaft erst zu einer Haftungsklage zwingen[1490]. Dieser Ansicht kann vom Standpunkt der

---

1484 Siehe BGH NJW 1991, 1884; NZG 2005, 216; OLG Koblenz NZG 2010, 1023, 1024; Großkomm GmbHG/*Hüffer/Schürnbrand* § 46 Rn. 114; MüKo GmbHG/*Liebscher* Rn. 238; Scholz GmbHG/*K. Schmidt* Rn. 161; *Bayer* GmbHR 2016, 505, 508; a. A. *Banerjea*, Gesellschafterklage, S. 190.

1485 So Scholz GmbHG/*K. Schmidt* § 46 Rn. 161. Dieses rechtskonstruktive Argument greift allerdings nicht, wenn man die *actio pro socio* als Klage aus eigenem Recht qualifiziert.

1486 Richtig Großkomm GmbHG/*Hüffer/Schürnbrand* § 46 Rn. 114; a. A. *Raiser* ZHR 153, 1, 21 f., dessen Auslegung von § 46 Nr. 8 Var. 1 GmbHG jedoch den Normzweck, der Gesellschafterversammlung die Abwägungsentscheidung über Vor- und Nachteile der Klageerhebung vorzubehalten, völlig entwertet, indem er die Abwägungsentscheidung dem klagewilligen Gesellschafter überlässt; inzwischen wohl anders Großkomm GmbHG/*Raiser* § 14 Rn. 59 f.

1487 Siehe BGH NZG 2005, 216; *Bayer* GmbHR 2016, 505, 507; Scholz GmbHG/*K. Schmidt* § 46 Rn. 153; a. A. in Bezug auf die werbende GmbH Großkomm GmbHG/*Hüffer/Schürnbrand* Rn. 116.

1488 So Scholz GmbHG/*K. Schmidt* § 46 Rn. 161.

1489 OLG Koblenz NZG 2010, 1023, 1024; Großkomm GmbHG/*Hüffer/Schürnbrand* § 46 Rn. 116 m. w. N.

1490 So BGH NZG 2005, 216.

herrschenden Prozessstandschaftslehre aus nicht gefolgt werden. Denn solange ein nach § 46 Nr. 8 Var. 1 GmbHG *erforderlicher* Beschluss nicht gefasst worden ist, steht dem Anspruch der GmbH ein materieller Einwand entgegen, den sich jeder, der den Anspruch geltend machen will, entgegenhalten lassen muss.

Lehnt die Gesellschafterversammlung die Anspruchsverfolgung aus zutreffenden, triftigen Gründen des Gesellschaftswohls durch Beschluss ab, scheidet eine Gesellschafterklage aus[1491]. Umstritten ist, welche Möglichkeiten der klagewillige Gesellschafter hat, wenn der die Anspruchsverfolgung ablehnende Gesellschafterbeschluss rechtswidrig ist. Es fragt sich dann, ob der klagewillige Gesellschafter gegen den ablehnenden Beschluss eine kombinierte Anfechtungs- und positive Beschlussfeststellungsklage erheben muss, die er mit einer Gesellschafterklage verbinden kann[1492] oder ob er direkt Gesellschafterklage erheben kann, in deren Rahmen inzident über die Rechtswidrigkeit des Beschlusses entschieden wird[1493].

Erst wenn die genannten Subsidiaritätsschranken überwunden sind, erlangt der einzelne Gesellschafter die Befugnis, den Anspruch der GmbH gegen den Geschäftsführer im eigenen Namen einzuklagen. Seine Kenntnis bzw. grob fahrlässige Unkenntnis kann der GmbH erst von diesem Zeitpunkt an im Rahmen des § 199 I BGB angelastet werden.

Im Ergebnis hat die Kenntnis bzw. grob fahrlässige Unkenntnis einzelner Gesellschafter, die in Prozessstandschaft für die GmbH klagen können, für den Verjährungsbeginn nach § 199 I BGB kaum praktische Relevanz. Denn nach hier vertretener Ansicht gewährt die *actio pro socio* dem Gesellschafter nur das Recht, Schadensersatzansprüche der GmbH aus pflichtwidriger Geschäftsführung gegen den Geschäftsführer geltend zu machen und gerade bei solchen Ansprüchen muss der Gesellschafter nach hier vertretener Ansicht stets zunächst einen Geltendmachungsbeschluss nach § 46 Nr. 8 Var. 1 GmbHG herbeiführen, bevor ihm die *actio pro socio* zur Verfügung steht. Bevor die Kenntnis bzw. grob fahrlässige Unkenntnis des Gesellschafters den Verjährungsbeginn nach § 199 I BGB bewirken kann, muss sich also die Gesellschafterversammlung im Rahmen des § 46 Nr. 8 Var. 1 GmbHG mit der Geltendmachung des Anspruchs befassen. Ihre Kenntnis wird daher den Verjährungsbeginn nach § 199 I BGB im Wege organschaftlicher Zurechnung auslösen. Relevant ist die Kenntnis bzw. grob fahrlässige Unkenntnis

---

1491 Siehe *Verse,* FS U. H. Schneider 2011, S. 1325, 1337 f., der in Analogie zu § 148 I 2 Nr. 4 AktG überwiegende Gründe des Gesellschaftswohls verlangt; Großkomm GmbHG/*Raiser* § 14 Rn. 60; *Bork/Oepen* ZGR 2001, 515, 532 f.

1492 Siehe OLG Köln GmbHR 1993, 816 f.; so grundsätzlich Baumbach/Hueck/*Fastrich* § 13 Rn. 39; Roth/Altmeppen/*Altmeppen* Rn. 20 ff.; MüKo GmbHG/*Merkt* Rn. 331; *Grunewald,* Gesellschafterklage, S. 73 ff.

1493 Tendenziell auch BGH, Urt. v. 28. 6. 1982, II ZR 199/81, juris Rn. 10; so Scholz GmbHG/*K. Schmidt* § 46 Rn. 161; Großkomm GmbHG/*Hüffer/Schürnbrand* Rn. 115; *Verse,* FS U. H. Schneider 2011, S. 1325, 1338 f.

von Gesellschaftern für den Verjährungsbeginn daher nur in Fällen, in denen ein Ermächtigungsbeschluss nach § 46 Nr. 8 Var. 1 GmbHG entbehrlich ist.

### *6.) Zusammenfassung der Ergebnisse*

Die GmbH ohne Aufsichtsrat muss sich im Rahmen des § 199 I BGB die Kenntnis bzw. grob fahrlässige Unkenntnis jener Organe zurechnen lassen, die über die Geltendmachung des konkreten Anspruchs gegen den Schuldner-Geschäftsführer entscheiden können.

Ausgehend hiervon ist für den Verjährungsbeginn grundsätzlich zwischen Ersatzansprüchen i. S. v. § 46 Nr. 8 Var. 1 GmbHG und anderen Ansprüchen zu unterscheiden. Über die Geltendmachung von Ersatzansprüchen gegen amtierende und ausgeschiedene Geschäftsführer entscheidet gemäß § 46 Nr. 8 Var. 1 GmbHG ausschließlich die Gesellschafterversammlung. Über die Geltendmachung anderer Ansprüche entscheidet die Geschäftsführung unter Ausschluss des Schuldner-Geschäftsführers oder die Gesellschafterversammlung kraft ihres Weisungsrechts nach § 37 I GmbHG. Die Gesellschafterversammlung kann für die Geltendmachung jedweder Ansprüche gegen Geschäftsführer einen Prozessvertreter nach § 46 Nr. 8 Var. 2 GmbHG bestellen. Dieser Prozessvertreter hat grundsätzlich keine Befugnis, über die Geltendmachung des Anspruchs, zu dessen Verfolgung er eingesetzt ist, zu entscheiden. In Anlehnung an die aktienrechtliche Lage bei § 147 II AktG kann die Gesellschafterversammlung dem Prozessvertreter aber beispielsweise die Entscheidung überlassen, gegen welchen von mehreren schadensersatzpflichtigen Geschäftsführern er den Schadensersatzanspruch verfolgt. In diesem Fall entscheidet die GmbH über die Geltendmachung dieses Schadensersatzanspruchs durch den Prozessvertreter. Sofern die genannten Organe über die Geltendmachung des konkreten Anspruchs gegen den Geschäftsführer zu entscheiden befugt sind, muss sich die GmbH ihre Kenntnis bzw. grob fahrlässige Unkenntnis im Rahmen des § 199 I BGB zurechnen lassen. Zurechnungsgrundlage ist der Rechtsgedanke des § 31 BGB.

In der Mehrpersonen-GmbH sind die Kenntnis und die grob fahrlässige Unkenntnis der Gesellschafterversammlung i. S. v. § 199 I BGB so wie beim AG-Aufsichtsrat zu bestimmen[1494]. Kenntnis der Gesellschafterversammlung ist also Kenntnis des beschlussfähigen Gremiums, es sei denn, es bestand im Voraus keine Möglichkeit, den Beschlussgegenstand der Anspruchsgeltendmachung rechtzeitig auf die Tagesordnung der Gesellschafterversammlung zu setzen. In letzterem Fall tritt die Kenntnis der Gesellschafterversammlung aber automatisch in dem Zeitpunkt ein, in dem sie ihren Willen über die Anspruchsgeltendmachung in einer neuen fiktiven Gesellschafterversammlung frühestens hätte bilden können. Die organschaftliche Wissenszurechnung über die Gesellschafterversammlung wird

1494 Auf die Ausführungen zum Aufsichtsrat wird daher verwiesen, 5. Teil: § 3A.III.1.) c.) und d.).

nicht dadurch beeinflusst, ob man die Gesellschaftergesamtheit oder die Gesellschafterversammlung als Organ der GmbH qualifiziert. Für die Wissenszurechnung kommt es nämlich auf die Kenntnis des beschlussfähigen Gremiums an, gleich ob es seine Beschlussfähigkeit in Form des § 48 I oder II Var. 1 oder II Var. 2 GmbHG erlangt. Rechtsmissbräuchliche Unkenntnis der GmbH nach § 242 BGB liegt vor, wenn einberufungsberechtigte Gesellschafter i. S. v. § 50 I GmbHG ihre Kenntnis vom Anspruch gegen den Geschäftsführer nur mit unangemessener Verzögerung ans beschlussfähige Gremium weiterleiten. Wegen der Ultimo-Regel des § 199 I BGB stellt es keine unangemessene Verzögerung dar, wenn das Gremium im laufenden Kalenderjahr über die anspruchsbegründenden Umstände informiert wird. Selbst eine Informierung im darauffolgenden Kalenderjahr kann ausnahmsweise rechtzeitig sein, wenn eine Informierung im laufenden Kalenderjahr selbst bei unverzüglicher Einberufung der Gesellschafterversammlung nicht möglich gewesen wäre. Kenntnis oder grob fahrlässige Unkenntnis des Alleingesellschafters ist stets als Kenntnis bzw. grob fahrlässige Unkenntnis der GmbH zu werten.

Bei den Geschäftsführern hängt die Wissenszurechnung davon ab, ob Einzel- oder Gesamtgeschäftsführungsbefugnis besteht. Soweit Geschäftsführer einzeln über die Anspruchsgeltendmachung gegen den Schuldner-Geschäftsführer zu entscheiden befugt sind, ist im Rahmen des § 199 I BGB die Kenntnis bzw. grob fahrlässige Unkenntnis einzelner Geschäftsführer zurechenbar. Soweit sie nur gemeinschaftlich über die Anspruchsgeltendmachung entscheiden können, kommt es im Rahmen des § 199 I BGB auf die Kenntnis bzw. grob fahrlässige Unkenntnis des Entscheidungsgremiums an. Besteht Gesamtgeschäftsführungsbefugnis und hat ein Geschäftsführer Kenntnis von anspruchsbegründenden Tatsachen und der Person des Schuldner-Geschäftsführers, informiert die anderen aber nur mit unangemessener Verzögerung hierüber, muss sich die GmbH nach § 242 BGB so behandeln lassen, als wären die anderen Geschäftsführer rechtzeitig informiert worden. Die Frage der unangemessenen Verzögerung ist wie bei der Gesellschafterversammlung zu beurteilen.

Gemäß § 46 Nr. 8 Var. 2 GmbHG können ein oder mehrere Prozessvertreter bestellt werden, um Ansprüche gegen Geschäftsführer geltend zu machen. Analog § 6 II 1 GmbHG können nur natürliche, unbeschränkt geschäftsfähige Personen als Prozessvertreter bestellt werden. Dies bedingt der Normzweck des § 46 Nr. 8 Var. 2 GmbHG, der unter anderem darin besteht, die Handlungsfähigkeit handlungsunfähiger GmbHs wiederherzustellen. Ausgehend von diesem Normzweck sind Gesellschaften als Prozessvertreter nicht geeignet, weil sie ihrerseits handlungsunfähig werden können. Sind mehrere Prozessvertreter bestellt, bestimmt sich die Zurechenbarkeit ihrer Kenntnis danach, ob sie Einzel- oder Gesamtgeschäftsführungsbefugt sind. Es gilt das zur Kenntnis von Geschäftsführern Gesagte.

Die Klagebefugnis in Form der *actio pro socio* führt nicht dazu, dass die Kenntnis einzelner Gesellschafter der GmbH nach dem Rechtsgedanken des § 31 BGB zugerechnet werden kann. Denn einzelne Gesellschafter sind keine Organe und im Rahmen der *actio pro socio* handeln sie nicht als Organ für die GmbH, sondern im eigenen Namen. Dennoch kann ihre Kenntnis den Verjährungsbeginn

herbeiführen, weil bei § 199 I BGB dem Gläubiger solche Personen gleichzustellen sind, die die materielle Berechtigung haben, den Anspruch des Gläubigers im eigenen Namen geltend zu machen. Im Ergebnis hat die Kenntnis einzelner Gesellschafter, die in Prozessstandschaft für die GmbH klagen können, für den Verjährungsbeginn nach § 199 I BGB aber kaum praktische Relevanz. Denn nach zutreffender Ansicht gewährt die *actio pro socio* dem Gesellschafter in Anlehnung an die aktienrechtliche Gesellschafterklage nach § 148 AktG nur das Recht, Schadensersatzansprüche der GmbH aus pflichtwidriger Geschäftsführung gegen den Geschäftsführer geltend zu machen. Gerade bei solchen Ansprüchen muss der Gesellschafter aber zunächst einen Geltendmachungsbeschluss nach § 46 Nr. 8 Var. 1 GmbHG herbeiführen, bevor ihm die *actio pro socio* zur Verfügung steht. Bevor die Kenntnis des Gesellschafters den Verjährungsbeginn nach § 199 I BGB bewirken kann, muss sich also die Gesellschafterversammlung im Rahmen des § 46 Nr. 8 Var. 1 GmbHG mit der Geltendmachung des Anspruchs befassen. Ihre Kenntnis wird daher den Verjährungsbeginn nach § 199 I BGB im Wege organschaftlicher Zurechnung auslösen. Relevant ist die Kenntnis bzw. grob fahrlässige Unkenntnis von Gesellschaftern für den Verjährungsbeginn daher nur in Fällen, in denen ein Ermächtigungsbeschluss nach § 46 Nr. 8 Var. 1 GmbHG entbehrlich ist. Doch auch in diesen Fällen ist zu beachten, dass der Gesellschafter die GmbH zunächst dazu auffordern muss, den Anspruch selbst geltend zu machen.

## *V. Maßgebliches Zurechnungssubjekt in der GmbH mit Aufsichtsrat*

Nachfolgend wird für die GmbH mit fakultativem Aufsichtsrat[1495], für die GmbH mit obligatorischem Aufsichtsrat nach DrittelbG und für die GmbH mit obligatorischem Aufsichtsrat nach MitbestG untersucht, auf welche Organe es für den subjektiven Verjährungsbeginn nach § 199 I BGB ankommt.

### *1.) Entscheidungsbefugtes Organ*

Für den Verjährungsbeginn gemäß § 199 I BGB kommt es nach richtiger Ansicht auf die Kenntnis bzw. grob fahrlässige Unkenntnis desjenigen Organs an, das über die Geltendmachung des konkreten Anspruchs gegen den Geschäftsführer entscheiden kann[1496]. Die Kenntnis bzw. grob fahrlässige Unkenntnis dieses Organs muss sich die GmbH nach dem Rechtsgedanken des § 31 BGB zurechnen lassen. Zu klären ist daher, welches Organ in der GmbH mit fakultativem oder obligatorischem Aufsichtsrat diese Entscheidungsbefugnis hat.

---

1495 Es wird nur der fakultative GmbH-Aufsichtsrat untersucht, dessen Rechte und Pflichten sich aus § 52 I GmbHG ergeben. Auf abweichende Gestaltungen des Gesellschaftsvertrags wird nicht eingegangen.

1496 Siehe 5. Teil:§ 3A.I.4.).

### a.) Ersatzansprüche i. S. v. § 46 Nr. 8 Var. 1 GmbHG

Im Hinblick auf Ersatzansprüche i. S. v. § 46 Nr. 8 Var. 1 GmbHG ist nach h. M. die Gesellschafterversammlung das entscheidungsbefugte Organ, weil § 46 Nr. 8 Var. 1 GmbHG unterschiedslos auf jede GmbH mit fakultativem oder obligatorischem Aufsichtsrat anwendbar sei[1497]. Zwar sei der Aufsichtsrat nach § 112 S. 1 AktG[1498] für die Vertretung der GmbH bei der Geltendmachung von Ansprüchen gegen Geschäftsführer zuständig, für die Willensbildung bezüglich der Anspruchsgeltendmachung bleibe hingegen auch in der GmbH mit Aufsichtsrat die Gesellschafterversammlung zuständig[1499]. Eine andere Ansicht schließt aus der Kompetenz des fakultativen und des obligatorischen GmbH-Aufsichtsrats gemäß § 112 AktG, der Aufsichtsrat habe auch über die Geltendmachung von Ersatzansprüchen i. S. v. § 46 Nr. 8 Var. 1 GmbHG gegen Geschäftsführer zu entscheiden[1500]. Eine dritte Ansicht weist nur dem GmbH-Aufsichtsrat nach MitbestG diese Entscheidungsbefugnis zu und beruft sich hierfür auf § 31 MitbestG. Sie folgert aus der Personalkompetenz des Aufsichtsrats gemäß § 31 MitbestG, der Aufsichtsrat habe kraft Sachzusammenhangs auch über die Geltendmachung von Ansprüchen gegen Geschäftsführer zu entscheiden, weil die Anspruchsverfolgung typischerweise den Fortbestand des Amts beeinflusse[1501].

Zu folgen ist der h. M., die § 46 Nr. 8 Var. 1 GmbHG auf jede GmbH mit Aufsichtsrat anwendet und somit durchweg der Gesellschafterversammlung die Entscheidung über die Geltendmachung von Ersatzansprüchen gegen Geschäftsführer zuweist.

Aus den Kompetenzen des Aufsichtsrats gemäß §§ 111, 112 AktG, die kraft Verweisung auch dem fakultativen oder obligatorischen GmbH-Aufsichtsrat zustehen[1502], folgt nichts anderes. Die Überwachungskompetenz nach § 111 I AktG berechtigt den GmbH-Aufsichtsrat nur dazu, das Bestehen von Ersatzansprüchen der Gesellschaft gegen Geschäftsführer und die Erfolgsaussichten ihrer Durchsetzung zu prüfen[1503] und verpflichtet ihn zugleich, die Gesellschafterversammlung über bestehende oder mögliche Ersatzansprüche gegen Geschäftsführer

---

1497 Siehe Scholz GmbHG/*K. Schmidt* § 46 Rn. 144; Baumbach/Hueck/*Zöllner/Noack* Rn. 59; Roth/Altmeppen/*Roth* Rn. 66.

1498 Kraft Verweisung ist § 112 AktG auch auf die GmbH mit fakultativem oder obligatorischem Aufsichtsrat anwendbar, siehe § 52 I GmbHG, § 1 I Nr. 3 DrittelbG, § 25 I 1 Nr. 2 MitbestG.

1499 So Baumbach/Hueck/*Zöllner/Noack* § 46 Rn. 59.

1500 So Scholz GmbHG/*U. H. Schneider* § 52 Rn. 181.

1501 So *Krieger* VGR 1998, 111, 113; Großkomm GmbHG/*Hüffer/Schürnbrand* § 46 Rn. 117; im Ergebnis wohl auch Lutter/Hommelhoff/*Bayer* Rn. 35.

1502 Siehe § 52 I GmbHG, § 1 I Nr. 3 DrittelbG, § 25 I 1 Nr. 2 MitbestG.

1503 Siehe Großkomm GmbHG/*Heermann* § 52 Rn. 89, 134, 232, 297; Baumbach/Hueck/*Zöllner/Noack* Rn. 108.

unverzüglich zu informieren sowie ggf. Maßnahmen zur Beweissicherung einzuleiten[1504]. Die Kompetenz des GmbH-Aufsichtsrats gemäß § 112 AktG besagt im Verhältnis zur Gesellschafterversammlung nichts darüber, welches dieser beiden Organe im Innenverhältnis den Willen der GmbH zur Anspruchsgeltendmachung zu bilden hat[1505]. Dies lässt sich zwar nicht damit begründen, dass § 112 AktG nur die Vertretungsmacht, nicht aber die interne Willensbildungskompetenz regele[1506]. Denn soweit § 112 AktG die Vertretungskompetenz dem Aufsichtsrat zuweist, ist ihm grundsätzlich auch die Kompetenz zur internen Willensbildung zugewiesen[1507]. Die entscheidende Frage ist aber, ob die Verweise gemäß § 52 I GmbHG, § 1 I Nr. 3 DrittelbG und § 25 I 1 Nr. 2 MitbestG auf § 112 AktG bezwecken, dem GmbH-Aufsichtsrat unter Verdrängung der Gesellschafterkompetenz aus § 46 Nr. 8 Var. 1 GmbHG die Willensbildungskompetenz für die Anspruchsverfolgung gegen Geschäftsführer einzuräumen. Dies ist nicht der Fall. § 25 MitbestG hat nicht das Ziel, dem mitbestimmten Aufsichtsrat rechtsformunabhängig dem AG-Aufsichtsrat angeglichene Kompetenzen zu verschaffen[1508]. Vielmehr lässt das MitbestG die rechtsformspezifische Kompetenzverteilung unberührt, soweit es keine teleologisch eindeutigen und klaren Sonderregeln enthält, die die Kompetenzverteilung ändern[1509]. Trotz Verweises auf § 112 AktG fügt sich der paritätisch besetzte GmbH-Aufsichtsrat in die hierarchische Verfassung der GmbH ein, die durch die Gesellschafterversammlung als oberstem Willensbildungsorgan und ihren Kompetenzen nach § 46 GmbHG gekennzeichnet ist[1510]. Für den GmbH-Aufsichtsrat nach DrittelbG und den fakultativen Aufsichtsrat gilt nichts anderes, weil die Verweise gemäß § 1 I Nr. 3 DrittelbG und § 52 I GmbHG auf § 112 AktG nicht anders auszulegen sind als der Verweis in § 25 I 1 Nr. 2 MitbestG[1511]. § 46 Nr. 8 Var. 1 GmbHG setzt sich daher gegenüber § 112 AktG durch.

---

1504 Siehe Großkomm GmbHG/*Heermann* § 52 Rn. 134; Baumbach/Hueck/*Zöllner/Noack* Rn. 108.

1505 Siehe BGH NJW 1984, 733, 734; siehe auch Großkomm GmbHG/*Heermann* § 52 Rn. 104, 234, 297; Baumbach/Hueck/*Zöllner/Noack* Rn. 116.

1506 So aber BGH NJW 1984, 733, 734 zur Frage, ob sich auf § 112 AktG die Vertretungszuständigkeit des Aufsichtsrats zum Abschluss des Anstellungsvertrags stützen lässt.

1507 Siehe 5. Teil:§ 3A.III.1.)a.).

1508 So U/H/H/*Ulmer/Habersack* § 25 MitbestG Rn. 44; eingehend *Hommelhoff* ZGR 1978, 119, 136 ff., 140 ff.; *Eickhoff*, Gesellschafterklage, S. 98 f.

1509 Siehe U/H/H/*Ulmer/Habersack* § 25 MitbestG Rn. 44; R/V/J/*Raiser* Rn. 69; *Rodewald/Wohlfarter* GmbHR 2013, 689, 691.

1510 Siehe Scholz GmbHG/*U. H. Schneider* § 52 Rn. 22; *Hommelhoff* ZGR 1978, 119, 136 ff., 140 ff.; *Eickhoff*, Gesellschafterklage, S. 98 f.; *Rodewald/Wohlfarter* GmbHR 2013, 689, 691.

1511 Siehe Großkomm GmbHG/*Heermann* § 52 Rn. 234, 297; U/H/H/*Habersack* § 1 DrittelbG Rn. 34.

Auch aus § 31 MitbestG lässt sich für den Aufsichtsrat der dem MitbestG unterliegenden GmbH keine Kompetenz herleiten, über die Geltendmachung von Ersatzansprüchen gegen Geschäftsführer zu entscheiden. Unmittelbar regelt § 31 MitbestG nur die Zuständigkeit des Aufsichtsrats für die Bestellung und Abberufung von Vertretungsorganmitgliedern. Aufgrund einer Annexkompetenz zu § 31 MitbestG dehnt die h. M. die Zuständigkeit des Aufsichtsrats auch auf den Abschluss und die Beendigung des Geschäftsführeranstellungsvertrags aus[1512]. Eine solche Annexkompetenz mag durch den engen Sachzusammenhang zwischen Bestellung und Anstellung oder zwischen Abberufung und Kündigung gerechtfertigt sein. Zwischen Abberufung bzw. Kündigung und der Geltendmachung von Schadensersatzansprüchen gegen Geschäftsführer besteht ein solcher enger Sachzusammenhang aber nicht. Bei der Abberufung bzw. Kündigung geht es grob um die Frage der Zumutbarkeit der Fortsetzung des Organ- und Anstellungsverhältnisses bis zum regulären Ende der Amtszeit[1513], indes es bei der Anspruchsverfolgung um die Frage geht, welche Vor- und Nachteile ein öffentlicher[1514] Schadensersatzprozess der GmbH bringt. Die beiden Fragen betreffen verschiedene Gesichtspunkte und sind sachlich nicht zwingend verknüpft. Es bestehen daher keine Bedenken, die Entscheidung über die Abberufung bzw. Kündigung in die Hände des Aufsichtsrats und die Entscheidung über die Geltendmachung von Schadensersatzansprüchen in die Hände der Gesellschafterversammlung zu legen. Die systematische Auslegung bestätigt dieses Ergebnis. Bei der eG entspricht es sogar dem gesetzlichen Normalstatut, dass verschiedene Organe über die Abberufung bzw. Kündigung von Vorstandsmitgliedern[1515] und die Anspruchsgeltendmachung gegen Vorstandsmitglieder[1516] entscheiden. Die Zuständigkeit des Aufsichtsrats zur Entscheidung über die Geltendmachung von Ansprüchen gegen Geschäftsführer lässt sich daher nicht kraft Sachzusammenhangs aus § 31 MitbestG herleiten, zumal die Änderung der rechtsformspezifischen Kompetenzverteilung stets einer klaren, für die teleologische Auslegung berücksichtigungsfähigen Zielbestimmung des MitbestG bedarf[1517], sodass eine Rechtsfortbildung zu § 31 MitbestG, die sich auf einen schwachen Sachzusammenhang stützt, zur Kompetenzbegründung des Aufsichtsrats erst recht nicht geeignet ist.

---

1512 Siehe BGH NJW 1984, 733, 734 f.; Großkomm GmbHG/*Heermann* § 52 Rn. 304; U/H/H/*Ulmer/Habersack* § 31 MitbestG Rn. 37 ff.; R/V/J/*Raiser* Rn. 23 ff., 41 f.; Scholz GmbHG/*U. H. Schneider/Hohenstatt* § 35 Rn. 317.

1513 Siehe U/H/H/*Ulmer/Habersack* § 31 MitbestG Rn. 30; R/V/J/*Raiser* Rn. 38.

1514 Siehe § 169 GVG.

1515 Zuständigkeit der Generalversammlung gemäß § 24 II 1 GenG.

1516 Zuständigkeit des Aufsichtsrats gemäß § 39 I 1, I 3 GenG.

1517 Siehe U/H/H/*Ulmer/Habersack* § 25 MitbestG Rn. 5 ff., die einen Überblick über den vielfältigen Meinungsstand zur Auslegungsmethodik im Grenzbereich zwischen Gesellschafts- und Mitbestimmungsrecht geben.

Im Ergebnis hat daher über die Geltendmachung von Ersatzansprüchen gegen Geschäftsführer gemäß § 46 Nr. 8 Var. 1 GmbHG auch in der GmbH mit fakultativem oder obligatorischem Aufsichtsrat allein die Gesellschafterversammlung zu entscheiden.

### b.) Von § 46 Nr. 8 Var. 1 GmbHG nicht erfasste Ansprüche

Über die Geltendmachung von Ansprüchen gegen Geschäftsführer, die von § 46 Nr. 8 Var. 1 GmbHG nicht erfasst werden, hat in der GmbH mit fakultativem oder obligatorischem Aufsichtsrat der Aufsichtsrat nach § 112 S. 1 AktG zu entscheiden. In der GmbH ohne Aufsichtsrat hätten insoweit die Mitgeschäftsführer über die Geltendmachung von Ansprüchen gegen den Schuldner-Geschäftsführer zu entscheiden[1518]. Den Mitgeschäftsführern wird durch § 112 AktG aber die Entscheidungsbefugnis genommen und dem Aufsichtsrat zugewiesen, weil die Vorschrift den Zweck hat, wegen potentieller Befangenheit der Geschäftsleiter dem Aufsichtsrat die Willensbildungs- und die Vertretungskompetenz zuzuweisen[1519].

Es stellt sich die Frage, ob die Gesellschafterversammlung die Entscheidung über die Anspruchsgeltendmachung an sich ziehen kann, indem sie dem Aufsichtsrat Weisungen erteilt. Nach § 4 III 2 MontanMitbestG sind Aufsichtsratsmitglieder an Aufträge und Weisungen nicht gebunden. Eine solche Regelung fehlt aber für den fakultativen Aufsichtsrat, den Aufsichtsrat nach MitbestG und den Aufsichtsrat nach DrittelbG. Dennoch nimmt die ganz h. M. an, dass auch diese GmbH-Aufsichtsräte unabhängig sind und keinen organisationsrechtlichen Weisungen der Gesellschafterversammlung unterliegen[1520]. Hergeleitet wird dies aus den §§ 116, 93, 111 V AktG, die kraft Verweisung (§§ 52 GmbHG, 1 DrittelbG, 25 MitbestG) auch für den fakultativen und obligatorischen GmbH-Aufsichtsrat gelten. Aus diesen Vorschriften wird gefolgert, der Aufsichtsrat müsse seine Aufgaben selbst und unmittelbar wahrnehmen und sei dabei nur dem Unternehmensinteresse verpflichtet, weshalb er keinen Weisungen der Gesellschafterversammlung unterworfen sei[1521]. Nach h. M. können sich Aufsichtsratsmitglieder gegenüber der Gesellschafterversammlung daher auch nicht vertraglich binden, deren Weisungen zu befolgen, andernfalls könnte die Weisungsfreiheit durch vertragliche

---

1518 Siehe 5. Teil:§ 3A.IV.2.)a.).

1519 Siehe 5. Teil:§ 3A.III.1.)a.).; Baumbach/Hueck/*Zöllner/Noack* § 52 Rn. 116, 250, 305; Scholz GmbHG/*U. H. Schneider* § 52 Rn. 181.

1520 Siehe *Rodewald/Wohlfarter* GmbHR 2013, 689, 690 f.; Großkomm GmbHG/*Heermann* § 52 Rn. 145 ff., 259, 307; MüKo GmbHG/*Spindler* Rn. 217; Scholz GmbHG/*U. H. Schneider* Rn. 327; *ders.* ZGR 1977, 335, 338 f.; U/H/H/*Ulmer/Habersack* § 25 MitbestG Rn. 78 ff., § 1 DrittelbG Rn. 39; R/V/J/*Raiser* § 25 MitbestG Rn. 125 f.

1521 So *Rodewald/Wohlfarter* GmbHR 2013, 689, 690; siehe auch U/H/H/*Ulmer/Habersack* § 25 MitbestG Rn. 79.

Absprachen unterlaufen werden[1522]. Die Weisungsabhängigkeit des Aufsichtsrats könne in der GmbH mit obligatorischem Aufsichtsrat auch durch Gesellschaftsvertrag nicht eingeführt werden, in der GmbH mit fakultativem Aufsichtsrat soll dies hingegen möglich sein[1523].

Bei der AG wird die generelle Weisungsfreiheit des Aufsichtsrats allerdings gerade für den Bereich der Anspruchsgeltendmachung gegen Geschäftsleiterdurch § 147 I AktG partiell eingeschränkt. Nach § 147 I AktG kann die Hauptversammlung den Aufsichtsrat durch Weisung dazu verpflichten, bestimmte Ersatzansprüche der AG gegen Vorstandsmitglieder geltend zu machen. Man könnte daher erwägen, dieses Weisungsrecht analog § 147 I AktG auch der Gesellschafterversammlung einer GmbH mit Aufsichtsrat zukommen zu lassen. Dieses Weisungsrecht der Gesellschafterversammlung beträfe allerdings nur Ersatzansprüche i. S. v. § 147 I AktG, indes hier das Weisungsrecht der Gesellschafterversammlung für solche Ansprüche in Frage steht, die keine Ersatzansprüche i. S. v. § 46 Nr. 8 Var. 1 GmbHG sind. Über die Geltendmachung von Ersatzansprüchen gegen Geschäftsführer entscheidet nach § 46 Nr. 8 Var. 1 GmbHG ohnehin die Gesellschafterversammlung, insoweit bedarf sie keines Weisungsrechts. Da der Begriff des Ersatzanspruchs i. S. v. § 46 Nr. 8 Var. 1 GmbHG weiter auszulegen ist als der des § 147 I AktG[1524], kann aus einer analogen Anwendung des § 147 I AktG auf die GmbH mit Aufsichtsrat kein Weisungsrecht der Gesellschafterversammlung für die Geltendmachung solcher Ansprüche hergeleitet werden, die keine Ersatzansprüche i. S. v. § 46 Nr. 8 Var. 1 GmbHG sind. Im Ergebnis hat die Gesellschafterversammlung gegenüber dem Aufsichtsrat also kein Weisungsrecht, was die Geltendmachung von Ansprüchen gegen Geschäftsführer anbelangt, die nicht unter § 46 Nr. 8 Var. 1 GmbHG fallen.

### *2.) Vertretungsberechtigtes Organ*

Nach § 112 AktG, der kraft Verweisung auch für den fakultativen und den obligatorischen Aufsichtsrat der GmbH gilt, vertritt der Aufsichtsrat die GmbH gegenüber Geschäftsführern gerichtlich und außergerichtlich. Diese Vertretungskompetenz umfasst sowohl die Geltendmachung von Ersatzansprüchen i. S. v. § 46 Nr. 8 Var. 1 GmbHG als auch die Geltendmachung der übrigen Ansprüche gegen

---

1522 So MüKo GmbHG/*Spindler* § 52 Rn. 217; Großkomm GmbHG/*Heermann* Rn. 145; U/H/H/*Ulmer/Habersack* § 25 MitbestG Rn. 79; R/V/J/*Raiser* Rn. 126; a. A. Scholz GmbHG/*U. H. Schneider* § 52 Rn. 329; *ders.* ZGR 1977, 335, 339 ff.

1523 Siehe *Rodewald/Wohlfarter* GmbHR 2013, 689, 690 f.; Scholz GmbHG/*U. H. Schneider* § 52 Rn. 328a; differenzierend Großkomm GmbHG/*Heermann* § 52 Rn. 147.

1524 Zur weiten Auslegung des § 46 Nr. 8 Var. 1 GmbHG siehe MüKo GmbHG/*Liebscher* § 46 Rn. 232; Michalski/*Römermann* Rn. 415 ff. Andererseits ist umstritten, ob § 147 I AktG in Anlehnung an § 46 Nr. 8 Var. 1 GmbHG weit auszulegen ist, siehe Hüffer AktG/*Koch* § 147 Rn. 2; ablehnend MüKo AktG/*Schröer* Rn. 19.

Geschäftsführer[1525]. Er vertritt die GmbH gegenüber amtierenden als auch gegenüber ausgeschiedenen Geschäftsführern[1526].

In der GmbH mit obligatorischem Aufsichtsrat ist § 112 AktG zwingendes Recht[1527]. In der GmbH mit fakultativem Aufsichtsrat kann der Gesellschaftsvertrag von § 112 AktG abweichen[1528]. Der zwingende Charakter des § 112 AktG bei der GmbH mit obligatorischem Aufsichtsrat hat nach h. M. zur Folge, dass die Gesellschafterversammlung keinen Prozessvertreter nach § 46 Nr. 8 Var. 2 GmbHG bestellen kann[1529]. Denn § 112 AktG würde ausgehebelt, wenn ein weisungsgebundener Prozessvertreter anstelle des Aufsichtsrats die Ansprüche der GmbH geltend machen könnte. § 46 Nr. 8 Var. 2 GmbHG ist daher nach h. M. nicht auf die GmbH mit obligatorischem Aufsichtsrat anwendbar. Für die GmbH mit fakultativem Aufsichtsrat soll das Gleiche gelten, sofern § 112 AktG durch den Gesellschaftsvertrag nicht abbedungen ist[1530].

Diskutiert wird, ob die Gesellschafterversammlung statt eines Prozessvertreter nach § 46 Nr. 8 Var. 2 GmbHG zumindest einen besonderen Vertreter analog § 147 II 1 AktG zur Geltendmachung von Ersatzansprüchen gegen Geschäftsführer bestellen kann[1531]. Die Befürworter der Analogie argumentieren, dass die Vertretungskompetenz des Aufsichtsrats nach § 112 AktG bei der AG unter dem Vorbehalt des § 147 II 1 AktG stehe, sodass dieser Vorbehalt auch für die GmbH gelten müsse, sonst blieben die Rechte der GmbH-Gesellschafter hinter denen von Aktionären zurück[1532]. Die Gegenansicht meint, das Mitbestimmungsrecht verweise gerade nicht auf § 147 II 1 AktG[1533]. Zudem würde eine Kompetenz der

---

1525 Siehe Lutter/Hommelhoff/*Bayer* § 46 Rn. 43; Großkomm GmbHG/*Hüffer/Schürnbrand* Rn. 119; Scholz GmbHG/*K. Schmidt* Rn. 165; Baumbach/Hueck/*Zöllner/Noack* § 52 Rn. 116; siehe auch U/H/H/*Ulmer/Habersack* § 25 MitbestG Rn. 52, 117a; R/V/J/*Raiser* Rn. 99.

1526 Siehe Großkomm GmbHG/*Hüffer/Schürnbrand* § 46 Rn. 119; Scholz GmbHG/*K. Schmidt* Rn. 165; zum Umfang der Vertretungskompetenz wird auf die Ausführungen zum AG-Aufsichtsrat verwiesen, siehe 5. Teil:§ 3A.III.1.)a.).

1527 Siehe Großkomm GmbHG/*Hüffer/Schürnbrand* § 46 Rn. 119; Scholz GmbHG/*K. Schmidt* Rn. 165; Lutter/Hommelhoff/*Bayer* Rn. 43.

1528 Siehe Großkomm GmbHG/*Hüffer/Schürnbrand* § 46 Rn. 119; Scholz GmbHG/*K. Schmidt* Rn. 165; Lutter/Hommelhoff/*Bayer* Rn. 43.

1529 So Scholz GmbHG/*K. Schmidt* § 46 Rn. 165; Großkomm GmbHG/*Hüffer/Schürnbrand* Rn. 119; a. A. *Eickhoff*, Gesellschafterklage, S. 100 f.

1530 Siehe OLG Brandenburg NZG 2000, 143, 144; so Großkomm GmbHG/*Hüffer/Schürnbrand* § 46 Rn. 119; Michalski/*Römermann* Rn. 472 f.; a. A. Henssler/Strohn/*Mollenkopf* Rn. 44.

1531 So Baumbach/Hueck/*Zöllner/Noack* § 46 Rn. 66; Großkomm GmbHG/*Hüffer/Schürnbrand* Rn. 119; Lutter/Hommelhoff/*Bayer* Rn. 43; Roth/Altmeppen/*Roth* Rn. 56; a. A. Michalski/*Römermann* Rn. 469 f.; MüKo GmbHG/*Liebscher* Rn. 264; Henssler/Strohn/*Mollenkopf* Rn. 44.

1532 Siehe Baumbach/Hueck/*Zöllner/Noack* § 46 Rn. 66; Großkomm GmbHG/*Hüffer/Schürnbrand* Rn. 119; Lutter/Hommelhoff/*Bayer* Rn. 43.

1533 Siehe MüKo GmbHG/*Liebscher* § 46 Rn. 264.

GmbH-Gesellschafter analog § 147 II 1 AktG nur zu vermeidbaren Kompetenzkonflikten und Friktionen führen[1534].

Den Befürwortern der analogen Anwendung des § 147 II 1 AktG ist zu folgen. Es wäre ein widersinniges Ergebnis, wenn der GmbH-Aufsichtsrat aufgrund der Verweisungen in § 52 GmbHG, § 1 DrittelbG und § 25 MitbestG letztlich mehr Vertretungskompetenzen als der AG-Aufsichtsrat hätte, indes diese Verweisungen offensichtlich nur den Zweck haben können, die Vertretungskompetenzen des GmbH-Aufsichtsrats an die des AG-Aufsichtsrats anzugleichen. Andererseits muss die h. M. ihre Methodik rechtfertigen, wegen § 112 AktG die Bestellung eines Prozessvertreters an der Unanwendbarkeit des § 46 Nr. 8 Var. 2 GmbHG scheitern zu lassen, um in Rechtsfortbildung zu § 147 II 1 AktG die Bestellung eines besonderen Vertreters letztlich doch zuzulassen. Dieses methodische Vorgehen mag auf den ersten Blick befremdlich erscheinen, ist aber richtig. Denn § 112 AktG steht nur unter dem Vorbehalt der Vertreterbestellung nach § 147 II 1 AktG, sodass die Kompetenz des Aufsichtsrats nur hinsichtlich der Geltendmachung von *Ersatzansprüchen* i. S. v. § 147 II 1 AktG verdrängt werden kann. Eine Vertreterbestellung nach § 46 Nr. 8 Var. 2 GmbHG könnte hingegen die Vertretungskompetenz des Aufsichtsrats hinsichtlich der Geltendmachung aller Ansprüche gegen Geschäftsführer verdrängen[1535]. Daher ist die Analogie zu § 147 II 1 AktG der Anwendung des § 46 Nr. 8 Var. 2 GmbHG vorzuziehen[1536].

### *3.) Konsequenzen für die Wissenszurechnung*

Stellt man mit der hier vertretenen Ansicht für die organschaftliche Wissenszurechnung bei § 199 I BGB auf das entscheidungsbefugte Organ ab, muss man in der GmbH mit Aufsichtsrat zwischen Ersatzansprüchen i. S. v. § 46 Nr. 8 Var. 1 GmbHG und anderen Ansprüchen unterscheiden.

Über die Geltendmachung von Ersatzansprüchen gegen Geschäftsführer i. S. v. § 46 Nr. 8 Var. 1 GmbHG entscheidet in der GmbH mit fakultativem oder obligatorischem Aufsichtsrat ausschließlich die Gesellschafterversammlung, weshalb insoweit nur ihre Kenntnis bzw. grob fahrlässige Unkenntnis i. S. v. § 199 I BGB der GmbH zuzurechnen ist. Hat die Gesellschafterversammlung jedoch analog § 147 II AktG einen besonderen Vertreter zur Geltendmachung der Ersatzansprüche bestellt, ist auch seine Kenntnis bzw. grob fahrlässige Unkenntnis zurechenbar, wenn ihm von der Gesellschafterversammlung ein Spielraum belassen wurde, über die Geltendmachung der Ersatzansprüche zu entscheiden[1537].

---

1534 So Michalski/*Römermann* § 46 Rn. 470; MüKo GmbHG/*Liebscher* Rn. 264.

1535 Siehe Scholz GmbHG/*K. Schmidt* § 46 Rn. 166; Großkomm GmbHG/*Hüffer/Schürnbrand* Rn. 120.

1536 A.A. *Eickhoff*, Gesellschafterklage, S. 100 f.

1537 Siehe hierzu die Rechtslage bei der AG, 5. Teil:§ 3A.III.4.)c.).

Über die Geltendmachung anderer Ansprüche gegen Geschäftsführer entscheidet in der GmbH mit Aufsichtsrat der weisungsunabhängige Aufsichtsrat, weshalb insoweit allein seine Kenntnis bzw. grob fahrlässige Unkenntnis den Verjährungsbeginn gemäß § 199 I BGB herbeiführt. Sofern der Gesellschaftsvertrag einer GmbH mit fakultativem Aufsichtsrat allerdings vorsieht, dass die Gesellschafterversammlung dem Aufsichtsrat Weisungen erteilen kann, löst auch die Kenntnis bzw. grob fahrlässige Unkenntnis der Gesellschafterversammlung den Verjährungsbeginn nach § 199 I BGB aus.

Rechtsgrundlage für diese organschaftliche Zurechnung ist jeweils der in § 31 BGB zum Ausdruck kommende Rechtsgedanke. Für die Frage, unter welchen Voraussetzungen bei der Gesellschafterversammlung, dem GmbH-Aufsichtsrat oder dem besonderen Vertreter Kenntnis, treuwidrige Unkenntnis oder grob fahrlässige Unkenntnis i. S. v. § 199 I BGB vorliegt, kann auf die Ausführungen zur Gesellschafterversammlung einer GmbH ohne Aufsichtsrat, zum AG-Aufsichtsrat und zum besonderen Vertreter verwiesen werden[1538].

Stellte man hingegen mit der h. M. für die organschaftliche Wissenszurechnung im Rahmen des § 199 I BGB auf das vertretungsberechtigte Organ ab, wäre grundsätzlich nur die Kenntnis bzw. grob fahrlässige Unkenntnis des Aufsichtsrats der GmbH zuzurechnen, weil dieser nach § 112 AktG die GmbH bei der Geltendmachung von Ansprüchen gegen Geschäftsführer vertritt. Sofern ein besonderer Vertreter analog § 147 II AktG bestellt worden ist, der als vertretungsberechtigtes Organ den Ersatzanspruch geltend zu machen hat, ist auch seine Kenntnis bzw. grob fahrlässige Unkenntnis der GmbH im Rahmen des § 199 I BGB zuzurechnen. Dies zeigt einmal mehr sehr deutlich, dass die h. M. im Rahmen des § 199 I BGB auf die falschen Zurechnungskriterien abstellt. Es ist nicht nachvollziehbar, weshalb für den Verjährungsbeginn von Ersatzansprüchen i. S. v. § 46 Nr. 8 Var. 1 GmbHG nur auf die Kenntnis bzw. grob fahrlässige Unkenntnis des vertretungsberechtigten Aufsichtsrats abzustellen sein soll, indes der Aufsichtsrat den Willen der GmbH zur Anspruchsgeltendmachung nicht bilden, sich die Anspruchsgeltendmachung nicht überlegen und die Verjährungsfrist ohne Ermächtigungsbeschluss nach § 46 Nr. 8 Var. 1 GmbHG auch nicht hemmen kann.

## B. Zurechnungsausschlüsse auf organschaftlicher Ebene

Die vorstehend behandelte organschaftliche Wissenszurechnung ließ bisher unberücksichtigt, dass die Zurechnung der Kenntnis bzw. grob fahrlässigen Unkenntnis bestimmter Organmitglieder ausgeschlossen sein kann.

---

1538 Zur Gesellschafterversammlung siehe 5. Teil:§ 3A.IV.3.); zum AG-Aufsichtsrat siehe 5. Teil:§ 3A.III.1.)c.) und d.); zum besonderen Vertreter siehe 5. Teil:§ 3A.III.4.)d.).

## *I. Zurechnungsausschluss wegen Interessenkollision*

Nach einhelliger Ansicht kann die Kenntnis[1539] desjenigen Geschäftsleiters, gegen den sich der Anspruch der juristischen Person richtet, nicht den Verjährungsbeginn nach § 199 I BGB zum Nachteil der juristischen Person herbeiführen[1540]. Richtet sich der Anspruch gegen mehrere Geschäftsleiter, z. B. weil sie die juristische Person durch unerlaubte Handlung mittäterschaftlich geschädigt haben, sei das Wissen all dieser Geschäftsleiter für den Verjährungsbeginn des Anspruchs der Gesellschaft unbeachtlich[1541]. Begründet wird diese Unbeachtlichkeit des Schuldnerwissens heute damit, dass mit einer seriösen Anspruchsverfolgung des Schuldners gegen sich selbst nicht zu rechnen sei[1542]. Eine sehr viel aussagekräftigere und differenziertere Begründung liefert die Rechtsprechung des Reichsgerichts[1543]: „*Der Widerstreit des Interesses des ungetreuen Geschäftsführers, das auf Verdeckung seiner und seiner Mittäter Tat geht, zu dem Interesse der GmbH an der Leistung von Ersatz für die Schädigung macht es unmöglich, die Kenntnis des Geschäftsführers der Gesellschaft als ihre eigene zuzurechnen. Dies muß für den gesamten Anspruch sowohl gegen den Geschäftsführer selbst wie gegen seine Mittäter gelten. Auch diese* [Mittäter] *können sich für die Kenntnis der von ihnen sittenwidrig geschädigten Gesellschaft vom Entstehen des Schadens und der Person des Täters nicht auf die Kenntnis des ungetreuen alleinigen Geschäftsführers berufen, der mit ihnen zusammen die Schädigung der* [...] *Gesellschaft* [...] *durchgeführt hat.*“ Diese Ausführungen des Reichsgerichts erhellen, worum es in der Sache geht: um einen Zurechnungsausschluss wegen Interessenkollision. Auch das aktuelle Schrifttum und der BGH qualifizieren die Unbeachtlichkeit der Kenntnis des Schuldner-Geschäftsleiters bei AG und GmbH dogmatisch als Zurechnungsausschluss[1544]. Auf die Rechtsgrundlage

---

1539 Der Zurechnungsausschluss greift zwar auch bei grob fahrlässiger Unkenntnis, spielt bei ihr praktisch aber keine Rolle. Denn wie sich zeigen wird, kommen Zurechnungsausschlüsse nur bei Organmitgliedern in Betracht, die den Anspruch der Gesellschaft gegen den Geschäftsleiter kennen. Zur Vereinfachung der Darstellung wird daher nur auf den Ausschluss der Zurechnung von Kenntnis eingegangen.

1540 So schon RG JW 1936, 3111; diese Rechtsprechung fortführend BGH NJW-RR 1989, 1255, 1258 f.; NJW 2009, 2127, 2130; NJW-RR 2011, 832, 833; NJW-RR 2013, 1321, 1324 (jeweils zur GmbH); Staudinger/*Peters/Jacoby* § 199 Rn. 61; MüKo BGB/*Grothe* Rn. 37; Großkomm GmbHG/*Paefgen* § 43 Rn. 278; Roth/Altmeppen/*Altmeppen* Rn. 145; Spindler/Stilz/*Fleischer* § 93 Rn. 304; krit., aber im Ergebnis ebenso *Klose* GmbHR 2012, 1288, 1289 ff.

1541 Siehe RG JW 1936, 3111; BGH NJW-RR 1989, 1255, 1258 f.; NJW-RR 2013, 1321, 1324.

1542 Siehe BGH NJW-RR 2011, 832, 833; so Staudinger/*Peters/Jacoby* § 199 Rn. 61; ähnlich Großkomm GmbHG/*Paefgen* § 43 Rn. 278.

1543 RG JW 1936, 3111.

1544 Siehe BGH NJW-RR 2011, 832, 833; NJW-RR 2013, 1321, 1324; NJW 2014, 1294, 1295; Staudinger/*Peters/Jacoby* § 199 Rn. 61; Großkomm GmbHG/*Paefgen* § 43 Rn. 278; Roth/Altmeppen/*Altmeppen* Rn. 145; Spindler/Stilz/*Fleischer* § 93 Rn. 304.

solcher Zurechnungsausschlüsse wird im Schrifttum nicht eingegangen; der BGH hat einen solchen Zurechnungsausschluss jüngst auf § 242 BGB gestützt[1545].

Zurechnungsausschlüsse erlangen nur dort Bedeutung, wo die Kenntnis einer Person an sich zurechenbar wäre. Da in dieser Arbeit nur Ansprüche der juristischen Person gegen Geschäftsleiter behandelt werden, ist der Blick dementsprechend nur auf Zurechnungsausschlüsse bei den Organwaltern jenes Organs zu richten, das über die Geltendmachung des Anspruchs der juristischen Person gegen den Geschäftsleiter zu entscheiden hat. Denn nur die Kenntnis dieser entscheidungsbefugten Organe ist der juristischen Person im Rahmen des § 199 I BGB zurechenbar[1546]. Besonders bedeutend wird daher sein, inwieweit die Kenntnis einzelner Aufsichtsratsmitglieder oder einzelner GmbH-Gesellschafter einem Zurechnungsausschluss unterliegt. Da Zurechnungsausschlüsse bisher fast ausschließlich in Bezug auf die Kenntnis von Geschäftsleitern diskutiert worden sind, ohne dass die Grundlagen und Voraussetzungen solcher Zurechnungsausschlüsse herausgearbeitet worden wären, ist es Aufgabe dieser Arbeit, im Rahmen des § 199 I BGB eine Dogmatik der Zurechnungsausschlüsse bei Interessenkollision aus dem Fallmaterial zu Zurechnungsausschlüssen bei Geschäftsleitern zu entwickeln.

Im Ausgangspunkt sollte man zwei Arten von Zurechnungsausschlüssen bei Interessenkollision unterscheiden: Den Zurechnungsausschluss in Bezug auf die Kenntnis des Schuldners, von dem eine seriöse Anspruchsverfolgung gegen sich selbst nicht zu erwarten ist und den Zurechnungsausschluss im Hinblick auf das Wissen anderer Personen, von denen eine Anspruchsverfolgung gegen den Schuldner genauso wenig zu erwarten ist, wie vom Schuldner selbst. Konkret ist also der Zurechnungsausschluss hinsichtlich der Kenntnis des Schuldner-Geschäftsleiters vom Zurechnungsausschluss hinsichtlich der Kenntnis von Organwaltern des entscheidungsbefugten Organs, von denen ebenso wenig eine seriöse Anspruchsverfolgung gegen den Schuldner-Geschäftsleiter zu erwarten ist, zu unterscheiden.

### *1.) Konkretisierung der Nichtzurechenbarkeit der Kenntnis des Schuldner-Geschäftsleiters bei § 199 I BGB*

Im Ergebnis ist man sich einig, dass die Kenntnis desjenigen Geschäftsleiters, gegen den sich der Anspruch der juristischen Person richtet, der juristischen Person im Rahmen des § 199 I BGB nicht zugerechnet werden kann[1547]. Der Zurechnungsausschluss wurzelt in dem starken Interessenkonflikt des Schuldners, der wider seine eigenen Interessen handeln müsste, wenn er den Anspruch gegen sich selbst verfolgte. Da der Zurechnungsausschluss in der Interessenkollision des Schuldners gründet, ist der Zurechnungsausschluss zwingend an die Schuldnerstellung gebunden. Daher ist es für den Zurechnungsausschluss unerheblich, welchem

---

1545 Siehe BGH NJW 2014, 1294, 1295.
1546 Siehe 5. Teil:§ 3A.I.4.).
1547 Siehe die Nachweise in Fn. 1548.

Organ der Schuldner angehört, insbesondere ob der Schuldner-Geschäftsleiter zugleich dem entscheidungsbefugten Organ angehört oder später in dieses wechselt. Dementsprechend sah sich der BGH gehindert, einer GmbH die Kenntnis ihres Alleingeschäftsführers, gegen den sich ihr Anspruch richtete, im Rahmen des § 199 I BGB zuzurechnen, obwohl der Alleingeschäftsführer zugleich Alleingesellschafter war[1548]. Nach Ansicht des BGH schloss die Interessenkollision des Schuldners nicht nur die organschaftliche Wissenszurechnung seiner Geschäftsführerkenntnis, sondern auch die organschaftliche Wissenszurechnung seiner Gesellschafterkenntnis aus, obgleich es nach der Rechtsprechung des BGH im Rahmen des § 199 I BGB mangels weiterer Geschäftsführer an sich auf die Kenntnis des Alleingesellschafters angekommen wäre[1549]. Da mit einer seriösen Anspruchsverfolgung des Schuldners gegen sich selbst auch dann nicht zu rechnen ist, wenn der Schuldner dem zur Entscheidung über die Anspruchsverfolgung berufenen Organ angehört, muss der Zurechnungsausschluss auch insoweit greifen[1550]. Das Gleiche muss gelten, wenn der Schuldner beispielsweise vom Vorstand einer AG in deren Aufsichtsrat wechselt[1551]; auch dann ist seine Kenntnis als Aufsichtsratsmitglied über den Anspruch gegen sich selbst für den Verjährungsbeginn nach § 199 I BGB unbeachtlich. Denn auch von einem Aufsichtsratsmitglied kann nicht erwartet werden, dass es einen Anspruch der AG gegen sich selbst als ehemaliges Vorstandsmitglied seriös verfolgt.

Im Schrifttum wird gelegentlich verkannt, wie weit der Anwendungsbereich des Zurechnungsausschlusses bei Interessenkollision reicht. *Wiesner*[1552] meint beispielsweise, die BGH-Rechtsprechung zum Zurechnungsausschluss betreffend die Kenntnis des Schuldner-Geschäftsleiters spiele bei der AG keine Rolle, weil es bei ihr in solchen Fällen nach § 112 AktG ohnehin auf die Kenntnis des Aufsichtsrats und nicht die der Geschäftsleiter ankomme[1553]. Er leitet die Nichtzurechenbarkeit also allein aus der fehlenden Kompetenz des Vorstands ab, über die Anspruchsverfolgung zu entscheiden. *Wiesner* verkennt, dass der Zurechnungsausschluss wegen Interessenkollision im Aktienrecht aber dann relevant wird, wenn das Schuldner-Vorstandsmitglied in den Aufsichtsrat wechselt oder Alleinaktionär der AG ist oder wird. *Wiesners* Ansicht zeigt, wie sehr sich das Schrifttum bisher auf Wissenszurechnungsausschlüsse bei Geschäftsleitern fokussiert hat und wie wenig solche Ausschlüsse bei Aufsichtsratsmitgliedern und Gesellschaftern untersucht worden sind.

---

1548 Siehe BGH NJW-RR 2011, 832, 833.
1549 Siehe BGH NJW-RR 2011, 832, 833.
1550 So BGH NJW-RR 2011, 832, 833.
1551 Wegen § 105 I AktG ist eine sich zeitlich überschneidende Mitgliedschaft in beiden Organen ausgeschlossen.
1552 So dürfte MünchHdb GesR IV/*Wiesner* § 23 Rn. 31 zu verstehen sein.
1553 MünchHdb GesR IV/*Wiesner* § 23 Rn. 31.

*Wiesner* ist aber insoweit Recht zu geben, als die Grundsätze zum Zurechnungsausschluss bei Interessenkollision nur dort zur Geltung kommen, wo die Zurechnung der Kenntnis an sich möglich ist. Fehlt es im Einzelfall schon an den Voraussetzungen einer Wissenszurechnung, braucht ein Zurechnungsausschluss wegen Interessenkollision nicht diskutiert zu werden. Die nachfolgende Untersuchung der Nichtzurechenbarkeit der Kenntnis von Schuldner-Geschäftsleitern wird daher verschiedene Zurechnungshindernisse nacheinander abschichten, zunächst solche, die die Voraussetzungen der Wissenszurechnung betreffen, namentlich: die gesellschaftsrechtliche Kompetenzverteilung, die ausschließliche Relevanz der Gremiumskenntnis, Stimmverbote und die Selbstbelastungsfreiheit des Schuldners. Soweit diese Zurechnungshindernisse einer Zurechnung der Kenntnis des Schuldner-Geschäftsleiters entgegenstehen, bedarf es eines Rückgriffs auf die Grundsätze des Zurechnungsausschlusses bei Interessenkollision nicht. Erst im Anschluss ist auf den Zurechnungsausschluss bei Interessenkollision, dessen rechtliche Bedeutung und dessen Begründung im Rahmen des § 199 I BGB näher einzugehen.

### *2.) Konkretisierung der Nichtzurechenbarkeit der Kenntnis sonstiger Personen, von denen eine seriöse Verfolgung des Anspruchs gegen den Schuldner-Geschäftsleiter wegen Interessenkonflikts nicht zu erwarten ist*

In einer viel beachteten Entscheidung aus 2014 zum Verjährungsbeginn nach § 199 I BGB hat der BGH[1554] den Zurechnungsausschluss nicht nur auf die Schuldnerkenntnis bezogen, sondern auch auf die Kenntnis anderer Personen, von denen eine seriöse Anspruchsverfolgung gegen den Schuldner ebenso wenig zu erwarten war, wie vom Schuldner. Nach Ansicht des BGH kann auch der Verjährungsbeginn von Ansprüchen des Verbands *gegen Dritte* nicht durch die Kenntnis des zur Anspruchsverfolgung berufenen organschaftlichen Vertreters ausgelöst werden, wenn zu befürchten ist, dass der organschaftliche Vertreter den Anspruch des Verbands gegen den Dritten nicht sachgerecht verfolgen werde, weil ihm sonst die eigene Inanspruchnahme durch den Verband droht[1555]. Der BGH-Entscheidung lag folgende Konstellation zugrunde: Eine Wohnungseigentümergemeinschaft hatte einen Anspruch gegen einen Dritten, ihr stand aber zudem ein bisher unentdeckter Schadensersatzanspruch gegen ihren organschaftlichen Vertreter zu, der zugleich zuständig war, den Anspruch gegen den Dritten zu verfolgen. Für den Verjährungsbeginn des Anspruchs der Wohnungseigentümergemeinschaft gegen den Dritten wäre es im Rahmen des § 199 I BGB nach der Rechtsprechung des BGH an sich auf die Kenntnis des organschaftlichen Vertreters der Wohnungseigentümergemeinschaft angekommen. Doch der BGH entschied anders: Stehe der Anspruch

---

1554 Urt. v. 23. 1. 2014, III ZR 436/12, NJW 2014, 1294.

1555 Siehe BGH NJW 2014, 1294, 1295.

gegen den Dritten in einem so engen Zusammenhang mit dem Anspruch gegen den organschaftlichen Vertreter, dass bei Geltendmachung des Anspruchs gegen den Dritten zu erwarten sei, dass der Anspruch gegen den organschaftlichen Vertreter aufgedeckt und infolgedessen möglicherweise geltend gemacht werde, befinde sich der organschaftliche Vertreter in einer vergleichbaren Interessenkollision wie bei der Durchsetzung von Schadensersatzansprüchen gegen sich selbst[1556]. Eine Zurechnung der Kenntnis des organschaftlichen Vertreters scheide daher aus. Im Ergebnis wird wiederum die Interessenkollision des organschaftlichen Vertreters, die ihn von einer seriösen Anspruchsverfolgung abhält, als tragender Grund des Zurechnungsausschlusses angesehen[1557]. Diese jüngere Entscheidung des BGH hat überwiegend Zustimmung[1558], nur vereinzelt Kritik[1559] erfahren. Um seine Entscheidung zu stützen, glaubte der BGH, sich auf eine BGH-Entscheidung aus 2013[1560] berufen zu können.

In seiner Entscheidung aus 2013 hatte der BGH über den kenntnisabhängigen Verjährungsbeginn von Schadensersatzansprüchen einer GmbH aus Existenzvernichtungshaftung (§ 826 BGB) zu entscheiden[1561]. An dem existenzvernichtenden Eingriff gegen die GmbH waren ihre Geschäftsführer, einer ihrer Gesellschafter, ihr Gesellschafter-Gesellschafter mit beherrschendem Einfluss und ihre Schwestergesellschaft beteiligt, weshalb sich die Schadensersatzansprüche der GmbH gegen diese Rechtssubjekte richteten[1562]. Zum Verjährungsbeginn dieser Schadensersatzansprüche der GmbH führte der BGH aus, dass es grundsätzlich auf die Kenntnis bzw. grob fahrlässige Unkenntnis der Geschäftsführer der GmbH ankomme, eine Zurechnung ihrer Kenntnis allerdings dann ausscheide, wenn die Geschäftsführer an dem existenzvernichtenden Eingriff mitgewirkt hätten und damit selbst Schädiger seien[1563].

Die besondere Bedeutung dieser höchstrichterlichen Entscheidung für die Wissenszurechnung tritt zum Vorschein, wenn man sich bewusst macht, dass der BGH die Kenntnis der Geschäftsführer der GmbH auch insoweit als für den Verjährungsbeginn nach § 199 I BGB unerheblich angesehen hat, als es um den Verjährungsbeginn von Ansprüchen der GmbH gegen ihren Gesellschafter, ihren Gesellschafter-Gesellschafter und die Schwestergesellschaft ging – also um den Verjährungsbeginn von Ansprüchen gegen Dritte. Ausschlaggebend für den

---

1556 Siehe BGH NJW 2014, 1294, 1295.

1557 Ebenso *Nassall* NJW 2014, 3681, 3682.

1558 Siehe PWW/*Deppenkemper* § 199 Rn. 12; Staudinger/*Peters/Jacoby* Rn. 61; Heidel BGB/*Mansel/Stürner* Rn. 76a; Palandt/*Ellenberger* Rn. 24; *Schubert* BB 2014, 1042; *Nassall* NJW 2014, 3681, 3682.

1559 *Schwab* JuS 2014, 1032, 1033 f. („grob ungerecht").

1560 In BGH NJW 2014, 1294, 1295, Tz. 21 verweist er auf BGH NJW-RR 2013, 1321.

1561 Hierbei ließ der BGH NJW-RR 2013, 1321, 1323 f. offen, ob der Anspruch nach § 852 I BGB a. F. oder nach § 199 I BGB verjährt.

1562 Siehe BGH NJW-RR 2013, 1321, 1323 f.

1563 So BGH NJW-RR 2013, 1321, 1323 f.

Zurechnungsausschluss war aus Sicht des BGH, dass die Geschäftsführer neben den anderen Schädigern an dem existenzvernichtenden Eingriff mitgewirkt hatten, was zu einer gesamtschuldnerischen Haftung[1564] aller am Eingriff Beteiligten führte. Schon aus der Entscheidung von 2013 folgt somit, dass die Kenntnis von Geschäftsleitern auch den Verjährungsbeginn von Schadensersatzansprüchen der juristischen Person *gegen Dritte* nicht herbeiführen kann, wenn der Geschäftsleiter an der Schädigung der juristischen Person mitgewirkt hat und neben dem Dritten als Gesamtschuldner gegenüber der juristischen Person haftet.

Diese höchstrichterlichen Grundsätze wirken neu, die sorgfältige Analyse der Rechtsprechung ergibt aber, dass sie es nicht sind. Das Reichsgericht hatte schon 1936 genau so entschieden[1565]. Nach Ansicht des Reichsgerichts konnte der Verjährungsbeginn von Schadensersatzansprüchen der GmbH gegen ihre Gesellschafter nicht mit der Kenntnis des Geschäftsführers beginnen, wenn Letzterer neben den Gesellschaftern an der sittenwidrigen Schädigung der GmbH mitgewirkt hatte und als Gesamtschuldner mit ihnen haftete[1566]. In ähnlicher Weise hat der BGH – abseits von § 199 I BGB und § 852 I BGB a. F. – die Kenntnis eines (Wissens-)Vertreters der Gesellschaft nicht zugerechnet, weil der (Wissens-)Vertreter mit dem Geschäftsgegner zum Nachteil der Gesellschaft gehandelt hatte (Kollusion)[1567]. Wegen dieses kollusiven Zusammenwirkens sei es dem Geschäftsgegner nach Treu und Glauben (§ 242 BGB) verwehrt, sich auf die der Gesellschaft zugerechnete Kenntnis des (Wissens-)Vertreters zu berufen[1568]. Auch die Fälle der Kollusion sind dadurch gekennzeichnet, dass ein (organschaftlicher oder nichtorganschaftlicher) Vertreter unter Verletzung seiner Pflichten mit einem Dritten einverständlich zum Nachteil der Gesellschaft handelt, um die Gesellschaft zu schädigen[1569]. (Organschaftlicher oder nichtorganschaftlicher) Vertreter und Dritter haften wegen kollusiven Zusammenwirkens gegenüber der geschädigten Gesellschaft gesamtschuldnerisch auf Schadensersatz aus §§ 826, 840 BGB[1570].

Abschließend ist zu klären, ob die genannte BGH-Entscheidung aus 2014 mit jener aus 2013 und mit der Rechtsprechung zum Zurechnungsausschluss bei Kollusion in Einklang steht oder ob sie einen darüber hinausgehenden Zurechnungsausschluss begründet. Die Analyse der Entscheidung aus 2014 ergibt, dass auch ihr ein Fall von Kollusion zugrunde lag, was vom BGH allerdings nicht herausgearbeitet worden ist. Die Entscheidung aus 2014 betraf eine

---

1564 Siehe Lutter/Hommelhoff/*Bayer* § 13 Rn. 44; Rowedder/*Pentz* Rn. 111.
1565 Siehe RG JW 1936, 3111.
1566 Siehe RG JW 1936, 3111.
1567 Siehe BGH NJW-RR 2008, 977, 978; siehe auch BGH NJW 2000, 1405, 1406.
1568 Siehe BGH NJW 2000, 1405, 1406.
1569 Siehe BGH NZG 2014, 389, 390; BeckOGK BGB/*Segna* § 26 Rn. 44; *Lieder* JuS 2014, 681, 685.
1570 Siehe *Lieder* JuS 2014, 681, 685.

Wohnungseigentümergemeinschaft, deren Verwalter (organschaftlicher Vertreter[1571]) ihr Vermögen veruntreute, indem er EUR 10.000 von ihrem Konto ohne rechtlichen Grund auf das Konto einer anderen, ebenfalls von ihm verwalteten Wohnungseigentümergemeinschaft (Dritte) überwies[1572]. Hierin liegt ein kollusives Verhalten, weil der Verwalter als organschaftlicher Vertreter auf der Seite der geschädigten Wohnungseigentümergemeinschaft und als organschaftlicher Vertreter auf der Seite der Dritten agierte, um die Untreue (§ 266 StGB) zu begehen[1573]. Somit hätte die Nichtzurechenbarkeit der Kenntnis des organschaftlichen Vertreters an die geschädigte Wohnungseigentümergemeinschaft damit begründet werden können, dass der organschaftliche Vertreter und die Dritte, die sich das Verhalten des organschaftlichen Vertreters zurechnen lassen muss[1574], zum Nachteil der geschädigten Wohnungseigentümergemeinschaft zusammengewirkt hatten. Infolge kollusiven Zusammenwirkens haften der organschaftliche Vertreter und die Dritte der geschädigten Wohnungseigentümergemeinschaft als Gesamtschuldner aus §§ 826, 840 BGB. Aufgrund der Kollusion ist die Dritte nicht schutzwürdig und nur deshalb erscheint es gerechtfertigt, die Verjährungsfrist des Schadensersatzanspruchs, der sich gegen die Dritte richtet, nicht schon mit der Kenntnis des organschaftlichen Vertreters der geschädigten Wohnungseigentümergemeinschaft nach § 199 I BGB beginnen zu lassen. Im Ergebnis ist die Entscheidung des BGH somit richtig. Man muss sich aber davor hüten, diesem höchstrichterlichen Judikat unkritisch verallgemeinerungsfähige Aussagen zu entnehmen. Denn es ist grundsätzlich äußerst problematisch, bei Ansprüchen einer juristischen Person gegen *Dritte* den Verjährungsbeginn zu Lasten des Dritten durch einen Zurechnungsausschluss auf Seiten der juristischen Person auszuhebeln. Grundsätzlich hat nämlich die juristische Person das Risiko von Interessenkollisionen ihrer Geschäftsleiter im Verhältnis zu Dritten zu tragen; nur ausnahmsweise, wenn der Dritte, wie z. B. im Fall einer Kollusion, nicht schutzwürdig ist, darf ihm dieses Risiko der Interessenkollision auferlegt werden[1575].

Es ist daher zu kritisieren, dass der BGH den Zurechnungsausschluss im konkreten Fall nicht mit der Kollusion begründet hat. Stattdessen liest sich seine Entscheidung so, als wäre ein Zurechnungsausschluss immer opportun, wenn

---

1571 Der Verwalter wird als solcher qualifiziert, siehe BGH NJW 2005, 2061, 2063; NJW 2014, 1294, Tz. 12.

1572 Siehe BGH NJW 2014, 1294.

1573 Zur Kollusion in Fällen, in denen der organschaftliche Vertreter auf beiden Seiten handelt, siehe BGH NZG 2014, 389, 390; *Lieder* JuS 2014, 681, 685.

1574 Die Zurechnung ist auf eine analoge Anwendung des § 31 BGB i.V.m. der Zuständigkeit des Verwalters zur Verwaltung eingenommener Gelder auf Konten (§ 27 I Nr. 6, III 1 Nr. 5 WEG) zu stützen, siehe BGH NJW 2012, 2955, 2957 (Tz. 18); BeckOGK BGB/*Offenloch* § 31 Rn. 24; MüKo BGB/*Arnold* Rn. 14.

1575 Die juristische Person hat im Verhältnis zu Dritten grundsätzlich das Risiko des Missbrauchs der Vertretungsmacht zu tragen, siehe BGH, Urt. v. 29. 6. 1999, XI ZR 277/98, juris Rn. 12; Staudinger/*Schilken* § 167 Rn. 91.

aufgrund eines – irgendwie gearteten – engen Zusammenhangs der Ansprüche des Verbands gegen seinen organschaftlichen Vertreter und den Dritten damit zu rechnen ist, dass der organschaftliche Vertreter den Anspruch gegen den Dritten nicht seriös verfolgen wird, weil ihm sonst die eigene Inanspruchnahme droht. Mit dieser Argumentation des BGH ließe sich über die Fälle der Kollusion hinaus ein Zurechnungsausschluss für alle Fälle begründen, in denen bislang unentdeckte Ansprüche der Gesellschaft gegen einen Geschäftsleiter bestehen, die aufgedeckt würden, wenn dieser Geschäftsleiter einen Anspruch der Gesellschaft gegen Dritte verfolgt. Ob ein so weitgehender Zurechnungsausschluss gerechtfertigt ist, wird die nachfolgende Untersuchung ergeben.

### *3.) Rechtsfolge: absoluter oder relativer Zurechnungsausschluss?*

Der Umfang des Zurechnungsausschlusses ist unklar. Schon das Reichsgericht hatte Wissenszurechnungsausschlüsse wegen Interessenkollision des Schuldner-Geschäftsleiters im Rahmen von § 852 I BGB a. F. angenommen, soweit er Ansprüche der juristischen Person gegen sich selbst oder gegen Dritte, für deren Verbindlichkeiten er mithaftete, verfolgen sollte[1576]. Es differenzierte für den Umfang des Zurechnungsausschlusses wie folgt: „*Die Gesellschaft kann in einem solchen Falle die von § 852 BGB verlangte Kenntnis erst erlangen, wenn […] oder wenn der ungetreue Geschäftsführer selbst seine Haltung ändert, Schritte zur Durchsetzung des entstandenen Schadensersatzanspruchs ergreift und damit seine Kenntnis im Interesse der Gesellschaft und daher als ihre Kenntnis verwertet.*“[1577] Die Kenntnis des Schuldner-Geschäftsleiters war für den Verjährungsbeginn nach § 852 I BGB a. F. also nur solange nicht zurechenbar, wie sich die Interessenkollision zum Nachteil der Gesellschaft auswirkte. Sobald der Schuldner-Geschäftsleiter die Interessen der Gesellschaft an der Anspruchsverfolgung über seine eigenen stellt und den Anspruch der Gesellschaft geltend macht, entfällt nach Ansicht des Reichsgerichts die Grundlage für den Zurechnungsausschluss. In der Rechtsprechung des Reichsgerichts ist der Zurechnungsausschluss somit nur ein temporärer. Nachfolgend wird insoweit von einem *relativen Zurechnungsausschluss* gesprochen.

BGH und Schrifttum diskutieren die zeitlichen Grenzen des Zurechnungsausschlusses nicht. In den vom BGH entschiedenen Fällen war dies auch nicht nötig, weil dort die Geschäftsleiter stets von einer Verfolgung des Anspruchs der juristischen Person gegen sich selbst oder gegen Dritte, für deren Verbindlichkeit sie mithafteten, abgesehen hatten[1578]. Als Gegenposition wäre ein dauerhafter Zurechnungsausschluss zumindest denkbar. Insoweit ließe sich von einem *absoluten Zurechnungsausschluss* sprechen. Die nachfolgende Untersuchung hat daher auch

---

1576 Siehe RG JW 1936, 3111.
1577 RG JW 1936, 3111.
1578 Siehe BGH NJW-RR 1989, 1255, 1258 f.; NJW 2009, 2127, 2130; NJW-RR 2011, 832, 833; NJW-RR 2013, 1321, 1324.

darauf einzugehen, ob der Zurechnungsausschluss bei Interessenkollision ein relativer oder ein absoluter ist.

### *4.) Zu untersuchende Konstellationen*

Aus dem Vorstehenden ergibt sich, dass Zurechnungsausschlüsse in ganz verschiedenen Konstellationen relevant werden. Zu untersuchen sind hier aber nur solche Zurechnungsausschlüsse, die sich auf den Verjährungsbeginn von Ansprüchen der juristischen Person gegen Geschäftsleiter auswirken können. Das ist nur in folgenden Konstellationen denkbar: Erstens könnte das Wissen des Geschäftsleiters, gegen den sich der konkrete Anspruch der juristischen Person richtet, im Rahmen des § 199 I BGB wegen eines Zurechnungsausschlusses nicht zurechenbar sein. Zweitens könnte das Wissen des Schuldner-Geschäftsleiters wegen eines Zurechnungsausschlusses auch insoweit für den Verjährungsbeginn unbeachtlich sein, als er dem zur Entscheidung über die Anspruchsverfolgung berufenen Organ (entscheidungsbefugtes Organ) angehört oder in dieses wechselt. Drittens könnte auch die Kenntnis der Mitglieder des entscheidungsbefugten Organs im Rahmen des § 199 I BGB wegen eines Zurechnungsausschlusses unerheblich sein, wenn sie an der Pflichtverletzung des Schuldner-Geschäftsleiters (kollusiv) mitgewirkt haben und infolgedessen zusammen mit dem Schuldner-Geschäftsleiter gesamtschuldnerisch gegenüber der juristischen Person haften. Viertens könnte die Kenntnis der Mitglieder des entscheidungsbefugten Organs auch dann für den Verjährungsbeginn wegen eines Zurechnungsausschlusses unerheblich sein, wenn sie bei einer Geltendmachung des Anspruchs gegen den Schuldner-Geschäftsleiter fürchten müssen, selbst von der Gesellschaft in Anspruch genommen zu werden, ohne dass ein Fall von Kollusion vorliegt. Die Zurechnungsausschlüsse in der dritten und vierten Konstellation wurden im Hinblick auf den Verjährungsbeginn von Ansprüchen gegen Geschäftsleiter vom Schrifttum bisher nicht behandelt.

### *5.) Stellungnahme zur Nichtzurechenbarkeit der Kenntnis des Schuldner-Geschäftsleiters*

Zunächst ist der Frage nachzugehen, ob und wie es sich begründen lässt, die Kenntnis des Schuldner-Geschäftsleiters i. S. v. § 199 I BGB der juristischen Person als Gläubigerin nicht zuzurechnen. Als tragender Grund für den Zurechnungsausschluss hat sich in Rechtsprechung und Schrifttum die Interessenkollision des Schuldners herauskristallisiert, die eine seriöse Anspruchsverfolgung durch ihn nicht erwarten lässt. Inwieweit diese Interessenkollision des Schuldners geeignet ist, den Zurechnungsausschluss zu tragen, wird die nachfolgende Analyse zeigen. Hierbei wird sich auch ergeben, ob der Zurechnungsausschluss ein relativer oder absoluter ist. Bevor auf den Zurechnungsausschluss als solchen eingegangen wird, sind zunächst die Zurechnungshindernisse abzuschichten, die der Zurechnung der Kenntnis des Schuldner-Geschäftsleiters unabhängig von einem spezifischen Zurechnungsausschluss bei Interessenkollision entgegenstehen.

## a.) Wertung der §§ 113 III HGB, 88 III 1 AktG

§ 113 III HGB und § 88 III 1 AktG bestimmen den subjektiven Verjährungsbeginn für Ansprüche der Gesellschaft gegen persönlich haftende Gesellschafter[1579] bzw. Vorstandsmitglieder aus Wettbewerbsverstößen. Beide Vorschriften legen den Personenkreis fest, dessen Kenntnis bzw. grob fahrlässige Unkenntnis den Verjährungsbeginn auslöst. § 113 III HGB stellt auf die übrigen Gesellschafter, § 88 III 1 AktG u. a. auf die übrigen Vorstandsmitglieder ab. Obwohl der gegen das Wettbewerbsverbot Verstoßende zum Kreis der Gesellschafter bzw. zum Kreis der Vorstandsmitglieder zählt, scheint seine Kenntnis für den Verjährungsbeginn unbeachtlich zu sein. Aus welchen Gründen die Schuldnerkenntnis unbeachtlich ist, lässt sich den Vorschriften allerdings, auch unter Heranziehung ihrer Entstehungsgeschichte, nicht entnehmen. Ein allgemeiner Rechtsgrundsatz der Unbeachtlichkeit des Schuldnerwissens für den subjektiven Verjährungsbeginn lässt sich aus den §§ 113 III HGB, 88 III 1 AktG daher nicht ableiten. Die Vorschriften sind aber ein erstes Indiz für die Richtigkeit des Grundsatzes.

## b.) Keine Wissenszurechnung infolge gesellschaftsrechtlicher Kompetenzverteilung

Der Gesetzgeber geht davon aus, dass die Anspruchsgeltendmachung der juristischen Person gegen Geschäftsleiter durch Interessenkollisionen der Geschäftsleiter und ihnen kollegial verbundener Organmitglieder sachwidrig beeinflusst werden kann. Mithilfe der gesellschaftsrechtlichen Kompetenzverteilung sollen solche Interessenkollisionen weitgehend vermieden werden. So weist § 112 S. 1 AktG im Recht der AG die ausschließliche Kompetenz zur Entscheidung über die Anspruchsgeltendmachung gegen das Vorstandsmitglied dem Aufsichtsrat zu, um die unbefangene Wahrung der Gesellschaftsbelange im Verhältnis zwischen Gesellschaft und Vorstand zu gewährleisten[1580], weil nicht zu erwarten ist, dass Vorstandsmitglieder Ansprüche gegen ihre (ehemaligen) Vorstandskollegen unbefangen verfolgen. Durch § 147 I AktG erhält die Hauptversammlung das Recht, den Aufsichtsrat zur Geltendmachung von Ersatzansprüchen gegen Vorstandsmitglieder zu zwingen, weil nach Ansicht des Gesetzgebers „*typischerweise nicht erwartet werden* [kann], *dass derjenige Ansprüche verfolgt, der dem Ersatzpflichtigen kollegial oder geschäftlich verbunden* [...] *ist, oder der Gefahr läuft, dass im Verfahren seine eigenen Versäumnisse aufgedeckt werden*“[1581]. Die Bestellung des besonderen Vertreters nach § 147 II AktG soll die Effizienz der Rechtsverfolgung zusätzlich

---

1579 Siehe Großkomm HGB/*Schäfer* § 112 Rn 6.

1580 Siehe BGH AG 1997, 417; Hüffer AktG/*Koch* § 112 Rn. 1; KK AktG/*Mertens/Cahn* Rn. 2; Großkomm AktG/*Hopt/Roth* Rn. 4.

1581 So Begr. RegE UMAG, BT-Drucks. 15/5092, S. 20; ähnlich Hüffer AktG/*Koch* § 147 Rn. 1; KK AktG/*Rieckers/Vetter* Rn. 16; MüKo AktG/*Schröer* Rn. 15.

steigern[1582]. Insgesamt soll § 147 AktG der strukturell bestehenden Gefahr von Interessenkonflikten bei der Anspruchsverfolgung insbesondere gegen Vorstandsmitglieder vorbeugen[1583]. Das Klagerecht der qualifizierten Aktionärsminderheit gemäß § 148 AktG soll überdies sichern, dass die Hauptversammlungsmehrheit sich nicht aus sachfremden Gründen, etwa weil sie dem Vorstandsmitglied nahe steht, gegen die Geltendmachung der Ersatzansprüche entscheiden kann[1584]. Durch die Kompetenzverteilung schützt das Aktienrecht die AG davor, dass die Anspruchsgeltendmachung gegen Vorstandsmitglieder wegen Interessenkollisionen bei Vorstand, Aufsichtsrat und Hauptversammlungsmehrheit unterbleibt.

Im Recht der GmbH entscheidet die Gesellschafterversammlung über die Geltendmachung von Ersatzansprüchen gegen Geschäftsführer, § 46 Nr. 8 Var. 1 GmbHG; diese Vorschrift soll zwar in erster Linie den Gesellschaftern die Kompetenz zur Abwägung der Vor- und Nachteile eines öffentlichen Schadensersatzprozesses vorbehalten, letztlich dient aber auch sie einer unbefangenen Entscheidungsfindung, welche Mitgeschäftsführer kaum leisten könnten. Daneben sorgt § 46 Nr. 8 Var. 2 GmbHG für die unbefangene Wahrung der Gesellschaftsbelange, indem er den Gesellschaftern ermöglicht, einen neutralen Prozessvertreter mit der Geltendmachung von Ansprüchen der Gesellschaft gegen Geschäftsführer zu betrauen[1585]. Im GmbH-Recht übernimmt somit § 46 Nr. 8 GmbH die Funktion der §§ 112, 147 AktG. In der GmbH mit fakultativem oder obligatorischem Aufsichtsrat werden Interessenkonflikte bei der Geltendmachung von Ansprüchen gegen Geschäftsführer über § 46 Nr. 8 Var. 1 GmbHG und zudem – wie bei der AG – über § 112 AktG sowie § 147 II 1 AktG analog gelöst[1586].

Alle genannten Regeln der Kompetenzverteilung haben den Zweck, Interessenkonflikte zu vermeiden, die die unbefangene, seriöse Anspruchsgeltendmachung gegen AG- und GmbH-Geschäftsleiter beeinträchtigen könnten. Soweit diese Kompetenzregeln den Leitungsorganen von GmbH und AG die Befugnis entziehen, über die Geltendmachung von Ansprüchen gegen Geschäftsleiter zu entscheiden, haben sie zur Folge, dass die Kenntnis bzw. grob fahrlässige Unkenntnis des Leitungsorgans für den Verjährungsbeginn nach § 199 I BGB unbeachtlich ist. Denn nach dem Rechtsgedanken des § 31 BGB lässt sich nur die Kenntnis bzw. grob fahrlässige Unkenntnis entscheidungsbefugter Organe zurechnen[1587]. Wenn die Kenntnis des gesamten Leitungsorgans nicht zurechenbar ist, hat dies auch die Nichtzurechenbarkeit der Kenntnis des Schuldner-Geschäftsleiters zur Folge.

---

1582 So Hüffer AktG/*Koch* § 147 Rn. 1; KK AktG/*Rieckers/Vetter* Rn. 17 f.

1583 Siehe KK AktG/*Rieckers/Vetter* § 147 Rn. 18.

1584 Siehe Großkomm AktG/*Bezzenberger* § 147 Rn. 9.

1585 Neben der Gewährleistung der Handlungsfähigkeit ist dies der weitere Zweck des § 46 Nr. 8 Var. 2 GmbHG, siehe Großkomm GmbHG/*Hüffer/Schürnbrand* § 46 Rn. 118; Scholz GmbHG/*K. Schmidt* Rn. 163; Michalski/*Römermann* Rn. 467.

1586 Siehe 5. Teil:§ 3A.V.1.) und 2.).

1587 Siehe 5. Teil:§ 3A.I.4.).

Insoweit bedarf es also keines Zurechnungsausschlusses, um die Nichtzurechenbarkeit der Schuldnerkenntnis zu begründen.

### c.) Keine Wissenszurechnung wegen ausschließlicher Zurechenbarkeit der Gremiumskenntnis

Auf die gesellschaftsrechtliche Kompetenzverteilung lässt sich die Nichtzurechenbarkeit der Kenntnis des Schuldner-Geschäftsleiters nur stützen, wenn dem Leitungsorgan die Kompetenz zur Entscheidung über die Geltendmachung des Anspruchs gegen den Schuldner-Geschäftsleiter entzogen ist und der Schuldner-Geschäftsleiter keinem anderen, entscheidungsbefugten Organ angehört. Sofern der Schuldner-Geschäftsleiter aber zugleich einem entscheidungsbefugten Organ angehört oder später in dieses wechselt, kann die Kompetenzverteilung einer Wissenszurechnung nicht entgegenstehen. Geht es z. B. um Ansprüche der GmbH gegen den Geschäftsführer, die keine Ersatzansprüche i. S. v. § 46 Nr. 8 Var. 1 GmbHG sind, ist der Schuldner-Geschäftsführer als Mitglied der Geschäftsführung Teil des entscheidungsbefugten Organs[1588]. Ist der Schuldner-Geschäftsführer zudem Gesellschafter der GmbH, ist er wegen des Weisungsrechts der Gesellschafterversammlung und wegen der Zuständigkeit zur Entscheidung über Ersatzansprüche i. S. v. § 46 Nr. 8 Var. 1 GmbHG in jedem Fall Mitglied des entscheidungsbefugten Organs[1589]. Gleiches gilt, wenn das Schuldner-Vorstandsmitglied einer AG in den nach § 112 S. 1 AktG entscheidungsbefugten Aufsichtsrat wechselt. In all diesen Fällen steht die Kompetenzverteilung einer Wissenszurechnung nicht entgegen.

Dass der Schuldner-Geschäftsleiter dem entscheidungsbefugten Organ der AG oder GmbH angehört, bedeutet aber nicht automatisch, dass seine Kenntnis im Rahmen des § 199 I BGB zurechenbar wäre. Denn bei entscheidungsbefugten Kollegialorganen kann die Kenntnis einzelner Organmitglieder in aller Regel nicht zugerechnet werden, zurechenbar ist dort nur die Kenntnis des beschlussfähigen Gremiums. Ist z. B. der Aufsichtsrat der AG oder GmbH, die Gesellschafterversammlung einer Mehrpersonen-GmbH oder die Hauptversammlung einer Mehrpersonen-AG das entscheidungsbefugte Organ, kommt es im Rahmen des § 199 I BGB auf die Kenntnis bzw. grob fahrlässige Unkenntnis des jeweiligen beschlussfähigen Gremiums an[1590]. Die Kenntnis einzelner Organmitglieder ist dagegen nicht zurechenbar. Gleiches gilt, wenn die Geschäftsführung der GmbH entscheidungsbefugtes Organ ist und Gesamtgeschäftsführungsbefugnis besteht; es kommt für den Verjährungsbeginn nach § 199 I BGB dann auf die Kenntnis aller Geschäftsführer an, die alleinige Kenntnis des Schuldner-Geschäftsführers ist nicht zurechenbar[1591].

---

1588 Siehe 5. Teil:§ 3A.IV.2.)a.).
1589 Siehe 5. Teil:§ 3A.IV.3.).
1590 Exemplarisch zum AG-Aufsichtsrat, 5. Teil:§ 3A.III.1.)c.) und 5. Teil:§ 3A.III.1.)d.).
1591 Siehe 5. Teil:§ 3A.IV.2.)a.).

Die alleinige Relevanz der Gremiumskenntnis schützt in diesen Fällen AG und GmbH davor, dass ihnen die Kenntnis des von der Interessenkollision betroffenen Schuldner-Geschäftsleiters im Rahmen des § 199 I BGB zugerechnet wird. Auch insoweit bedarf es also keines Zurechnungsausschlusses wegen Interessenkollision, um die Nichtzurechenbarkeit der Kenntnis des Schuldner-Geschäftsleiters zu begründen.

### d.) Keine Wissenszurechnung infolge von Stimmverboten

Sofern der Schuldner-Geschäftsleiter einem entscheidungsbefugten Organ der AG oder GmbH angehört, bei dem die Kenntnis jedes einzelnen Organmitglieds den Verjährungsbeginn nach § 199 I BGB auslöst, kann die Nichtzurechenbarkeit seiner Kenntnis nicht mit der Kompetenzverteilung und auch nicht mit der alleinigen Relevanz der Gremiumskenntnis erklärt werden. Solche Konstellationen kommen z. B. vor, wenn der Schuldner-Geschäftsleiter als Alleingesellschafter einziges Organmitglied der entscheidungsbefugten Gesellschafterversammlung oder der entscheidungsbefugten Hauptversammlung ist[1592]. Auch wenn man die Kenntnis einzelner Aufsichtsratsmitglieder oder des Aufsichtsratsvorsitzenden im Rahmen des § 199 I BGB für zurechenbar hält[1593], wäre die Kenntnis des in den entscheidungsbefugten Aufsichtsrat wechselnden Schuldner-Geschäftsleiters an sich zurechenbar. Unklar ist, ob und wie sich in diesen Fällen ein etwaiger Ausschluss der Zurechnung der Kenntnis des Schuldner-Geschäftsleiters begründen lässt.

Anzusetzen ist beim Zurechnungsgrund. Die Wissenszurechnung belastet den Zurechnungsadressaten mit der ihm zugerechneten Kenntnis. Sie bedarf daher einer Rechtfertigung, die sowohl die Zurechnung selbst als auch die konkreten Voraussetzungen, unter denen zugerechnet wird, legitimiert (Zurechnungsgrund)[1594]. Sofern ein Zurechnungsgrund nicht gegeben ist, ist eine Zurechnung ausgeschlossen. Als Zurechnungsgrund für die organschaftliche Wissenszurechnung im Rahmen des § 199 I BGB wurde die Organkompetenz identifiziert, über die Anspruchsgeltendmachung zu entscheiden. Allein diese Entscheidungskompetenz legitimiert die organschaftliche Zurechnung im Rahmen des § 199 I BGB. Zurechnungsgrundlage ist der in § 31 BGB zum Ausdruck kommende Rechtsgedanke.

---

1592 Zu beachten ist, dass eine Enthaftung des Schuldner-Geschäftsleiters in Betracht kommt, wenn er zugleich Alleingesellschafter ist und somit automatisch mit Einverständnis der Gesellschafterversammlung handelt (siehe § 43 III 3 GmbHG). Von Interesse sind hier nur solche Konstellationen, in denen AG und GmbH einen nach §§ 199 I, 195 BGB verjährenden Schadensersatzanspruch gegen den Geschäftsleiter haben, eine Enthaftung des Geschäftsleiters also ausgeschlossen ist. Eine mögliche Konstellation wäre z.B., dass der Gesellschafter-Geschäftsleiter einer Zweimann-Gesellschaft diese deliktisch schädigt und danach Alleingesellschafter wird.

1593 Diese Ansicht ist abzulehnen, siehe 5. Teil:§ 3A.III.1.)c.)cc.)(1.).

1594 So *Bork* ZGR 1994, 237, 239.

Da die Entscheidungskompetenz den die Zurechnung rechtfertigenden Grund bildet, ist die Kenntnis des Schuldner-Geschäftsleiters immer dann als nicht zurechenbar zu werten, wenn er durch ein Stimmverbot von der Entscheidung über die Anspruchsgeltendmachung ausgeschlossen ist. Denn Stimmverbote haben gerade den Sinn, bestimmte Organmitglieder aufgrund eines Interessenkonflikts von der Willensbildung der juristischen Person auszuschließen[1595]. Wenn sich die juristische Person den Willen solcher Organmitglieder nicht entgegenhalten lassen muss, darf ihr aber auch nicht die Kenntnis dieser Organmitglieder zugerechnet werden. Wegen vergleichbarer Interessenlage müssen Willens- und Wissenszurechnung insoweit parallel laufen. Soweit Organmitglieder bei der Entscheidung über die Geltendmachung eines Anspruchs gegen den Schuldner-Geschäftsleiter einem Stimmverbot unterliegen, sind sie von der Willensbildung ausgeschlossen, weil nicht zu erwarten ist, dass sie ihren Willen im Interesse der juristischen Person unbefangen bilden. Derselbe Interessenkonflikt, der das Stimmverbot auslöst, lässt aber auch erwarten, dass vom Stimmverbot betroffene Organmitglieder ihre Kenntnis von den anspruchsbegründenden Umständen und der Person des Schuldner-Geschäftsleiters i. S. v. § 199 I BGB nicht zugunsten der juristischen Person einsetzen werden. Soweit Organmitglieder durch Stimmverbote von der *Willensbildung* der juristischen Person ausgeschlossen sind, sind sie daher auch von der *Wissensbildung* ausgeschlossen.

Nach dem Organisationsrecht von AG und GmbH unterliegt der Schuldner-Geschäftsleiter grundsätzlich einem Stimmverbot bei der Entscheidung, ob der Anspruch der AG bzw. GmbH gegen ihn geltend gemacht wird, gleich welchem entscheidungsbefugten Organ er angehört. Als Gesellschafter einer Mehrpersonen-GmbH unterliegt der Schuldner-Geschäftsführer dem Stimmverbot aus § 47 IV 2, Var. 2 GmbHG[1596], als Mitglied der GmbH-Geschäftsführung unterliegt er dem Stimmverbot aus §§ 28, 34 Var. 2 BGB analog[1597], als Aufsichtsratsmitglied trifft ihn das Stimmverbot aus § 34 BGB analog[1598], als Aktionär einer Mehrpersonen-AG folgt das Stimmverbot aus § 136 I 1, Var. 3 AktG[1599].

Ausnahmsweise greifen die Stimmverbote aber nicht ein, wenn der Schuldner-Geschäftsleiter Alleingesellschafter der entscheidungsbefugten Gesellschafterversammlung oder der entscheidungsbefugten Hauptversammlung ist. Als Alleingesellschafter der GmbH unterliegt der Schuldner-Geschäftsleiter keinem Stimmverbot, weil es an dem für das Stimmverbot erforderlichen

1595 Siehe *K. Schmidt,* GesR, § 21 II. 2.

1596 Siehe BGHZ 116, 353, 358; Scholz GmbHG/*K. Schmidt* § 46 Rn. 155; MüKo GmbHG/*Liebscher* Rn. 248.

1597 Siehe 5. Teil:§ 3A.IV.2.)a.).

1598 Das Aktienrecht hat die Stimmverbote von Aufsichtsratsmitgliedern nicht geregelt. Meist wird § 34 BGB analog herangezogen, siehe BGH AG 2007, 484, 485; Großkomm AktG/*Hopt/Roth* § 108 Rn. 54; KK AktG/*Mertens/Cahn* Rn. 65; MüKo AktG/*Habersack* Rn. 29.

1599 Siehe K. Schmidt/Lutter/*Spindler* § 147 Rn. 7; Hüffer AktG/*Koch* Rn. 4.

Interessengegensatz zwischen dem einzelnen und den übrigen Gesellschaftern fehlt[1600]. Aus den gleichen Gründen unterliegt er auch als Alleinaktionär keinem Stimmverbot[1601].

Das Stimmverbot des Schuldner-Geschäftsleiters verhindert also im Regelfall die Zurechnung seiner Kenntnis an die AG bzw. die GmbH im Rahmen des § 199 I BGB. Doch gerade in den hier relevanten Fällen, in denen die Kenntnis des Schuldner-Geschäftsleiters als Alleingesellschafter der juristischen Person an sich zurechenbar wäre, greifen Stimmverbote nicht ein. Der Zurechnungsausschluss kann insoweit also nicht auf ein Stimmverbot gestützt werden.

### e.) Keine treuwidrige Unkenntnis der juristischen Person bei Nichtweitergabe der Kenntnis des Schuldners ans Gremium (Selbstbelastungsfreiheit des Schuldners)

Ist der Schuldner-Geschäftsleiter zugleich Organmitglied eines entscheidungsbefugten Kollegialorgans oder wird er es, stellt sich die Frage, ob es als treuwidrige Unkenntnis der juristischen Person nach § 242 BGB zu werten ist, wenn der Schuldner-Geschäftsleiter seine rechtserhebliche Kenntnis i. S. v. § 199 I BGB nicht ans Gremium des entscheidungsbefugten Organs weitergibt. Die juristische Person kann sich im Rahmen des § 199 I BGB nicht auf ihre Unkenntnis berufen, wenn einberufungsberechtigte Mitglieder des entscheidungsbefugten Organs ihre Kenntnis pflichtwidrig nicht ans Gremium weitergeben, § 242 BGB. Dementsprechend wird es als treuwidrige Unkenntnis der AG[1602] bzw. GmbH[1603] angesehen, wenn Aufsichtsratsmitglieder oder nach § 50 I GmbHG einberufungsberechtigte Gesellschafter entgegen ihrer Pflicht ihre Kenntnis der anspruchsbegründenden Umstände und der Person des Schuldner-Geschäftsleiters nicht ans entscheidungsbefugte Gremium weitergeben. Treuwidrige Unkenntnis der AG oder GmbH setzt daher voraus, dass der Schuldner-Geschäftsleiter verpflichtet ist, seine Kenntnis ans entscheidungsbefugte Organ weiter zu geben.

Nach ganz h. M. ist der Schuldner-Geschäftsleiter nicht verpflichtet, die Gesellschaft über eigenes Fehlverhalten von sich aus zu informieren[1604]. So entschied

---

1600 Zu dieser teleologischen Reduktion des § 47 IV GmbHG siehe BGH NJW 1989, 295, 297; Großkomm GmbHG/*Hüffer/Schürnbrand* § 47 Rn. 136; Scholz GmbHG/*K. Schmidt* Rn. 105.

1601 Allg. Meinung, siehe BGH NZG 2011, 950, 951; *Altmeppen* NJW 2009, 3757, 3758 f.; Spindler/Stilz/*Rieckers* § 136 Rn. 22; Hüffer AktG/*Koch* Rn. 5.

1602 Siehe 5. Teil:§ 3A.III.1.)c.)cc.)(2.).

1603 Siehe 5. Teil:§ 3A.IV.3.)d.).

1604 Siehe BGH BB 1971, 369; OLG Düsseldorf NZG 2000, 651 (Ls.); BGH NZG 2008, 908, 910; *Grunewald* NZG 2013, 841, 845; MüKo GmbHG/*Fleischer* § 43 Rn. 169a; Großkomm GmbHG/*Paefgen* Rn. 290; Baumbach/Hueck/*Zöllner/Noack* Rn. 59; *Taupitz*, Offenbarungspflicht, S. 78; a. A. *Hopt* ZGR 2004, 1, 27; *Sajnovits* WM 2016, 765, 772; MüKo AktG/*Spindler* § 93 Rn. 108; wohl auch *Ihrig* ZHR 181, 381, 404.

der BGH, dass ein Schuldner-Geschäftsführer nicht verpflichtet sei, die Gesellschaft (insbesondere Mitgeschäftsführer, Gesellschafter oder Insolvenzverwalter) über seine schädigende Handlung und damit über den Ersatzanspruch der GmbH zu informieren[1605]. Die Verheimlichung der schädigenden Handlung könne daher auch keine zusätzlichen Schadensersatzansprüche der GmbH gegen den Schuldner-Geschäftsführer begründen[1606]. Eine Pflicht zur Selbstbezichtigung des GmbH-Geschäftsführers würde das Verjährungsrecht aus seinen Angeln heben[1607]. Auch das Schrifttum hebt diesen Verjährungsaspekt hervor. Unterläge der Schuldner-Geschäftsleiter während seiner Amtszeit der permanenten Pflicht, die Gläubigerin – hier die juristische Person – über die anspruchsbegründenden Umstände zu informieren, liefe die Verjährungsfrist praktisch erst mit der Beendigung des Geschäftsleiteramts an[1608], was mit der Wertung der §§ 43 IV GmbHG, 93 VI AktG unvereinbar sei[1609]. Die Gegenansicht leitet aus der organschaftlichen Treuepflicht des Geschäftsleiters und aus seiner anstellungsvertraglichen Pflicht nach §§ 675 I, 666 BGB die Pflicht her, eigene Pflichtverletzungen gegenüber der juristischen Person offenzulegen[1610]. Auch der strafprozessuale *nemo-tenetur*-Grundsatz, demgemäß sich niemand selbst zu belasten brauche, stehe der Offenlegungspflicht nicht entgegen, weil dieser Grundsatz auf das Verhältnis zwischen Zivilrechtssubjekten nicht übertragen werden könne[1611]. Ganz in diesem Sinne sei anerkannt, dass der *nemo-tenetur*-Grundsatz auch keinerlei Auswirkungen auf die zivilprozessuale Wahrheitspflicht nach § 138 ZPO habe[1612]. Es genüge daher, dem *nemo-tenetur*-Grundsatz in strafprozessualer Hinsicht Rechnung zu tragen, indem ein etwaiges vom Schuldner-Geschäftsleiter offengelegtes strafrechtlich relevantes Verhalten einem Beweisverwertungsverbot unterliege[1613].

Der Streit wird nur an der Oberfläche geführt. Der Problemkreis der Pflicht zur Offenbarung eigenen Fehlverhaltens ist vielschichtig. *Taupitz* hat in seiner Monographie „Die zivilrechtliche Pflicht zur unaufgeforderten Offenbarung eigenen Fehlverhaltens“ von 1989 überzeugend herausgearbeitet, woraus und unter welchen Voraussetzungen sich eine Offenbarungspflicht ergeben kann. Seine Erkenntnisse wurden von Rechtsprechung und Schrifttum aber bisher, was die Offenlegungspflicht von Geschäftsleitern angeht, nicht hinreichend aufgearbeitet.

---

1605 Siehe BGH BB 1971, 369; NZG 2008, 908, 910 (Tz. 18).

1606 So BGH NZG 2008, 908, 910 (Tz. 18).

1607 So BGH BB 1971, 369; diese BGH-Entscheidung in das Rechtsprechungsmosaik zu Offenbarungspflichten einordnend *Taupitz,* Offenbarungspflicht, S. 15 f.

1608 Siehe hierzu *Taupitz,* Offenbarungspflicht, S. 79.

1609 Siehe *Grunewald* NZG 2013, 841, 845; BGH NZG 2008, 908, 910 (Tz. 18); siehe auch MüKo GmbHG/*Fleischer* § 43 Rn. 331 f.

1610 Siehe *Schmolke* RIW 2008, 365, 371 f.

1611 So *Schmolke* RIW 2008, 365, 371 f.; *Sajnovits* WM 2016, 765, 772 f.

1612 So *Sajnovits* WM 2016, 765, 772 unter Verweis auf OLG München NJOZ 2008, 617.

1613 So *Schmolke* RIW 2008, 365, 371 f.; *Sajnovits* WM 2016, 765, 772 f.

Zunächst einmal stellt *Taupitz* klar, dass Vertragspartner nicht generell verpflichtet sind, ihr Fehlverhalten der Gegenseite zu offenbaren, denn es existiere kein allgemeiner zivilrechtlicher Informationsanspruch, es gelte das Prinzip der Eigenverantwortlichkeit der Vertragspartner und es gebe auch im Zivilrecht einen Schutz vor Selbstbezichtigung nach Art. 2 I GG[1614]. Eine Offenbarungspflicht im Rahmen von Schuldverhältnissen könne es daher nur bei *berechtigtem Interesse* des an der Information Interessierten geben[1615]. Zur Konkretisierung des berechtigten Interesses setzt er bei § 666 BGB an: Die Benachrichtigungspflicht gemäß § 666 Var. 1 BGB, die für das Auftragsverhältnis und kraft Verweisung für viele andere Rechtsverhältnisse gelte, dient ihm als dogmatische Basis für die Entwicklung der Offenbarungspflicht[1616]. Aus § 666 BGB folge keineswegs, dass jede Tätigkeit in fremdem Interesse zur spontanen Offenbarung eigenen Fehlverhaltens verpflichte[1617]. *Taupitz* entwickelt aus § 666 BGB vier Kriterien, die in Kumulation eine Offenbarungspflicht begründen könnten: Tätigkeit in fremdem Interesse, Vertrauensbeziehung, Unmöglichkeit der Kontrolle der Tätigkeit des Interessenwahrers durch den Vertragspartner und die Notwendigkeit der Offenbarung zur Erfüllung der Hauptleistungspflicht[1618]. *Taupitz* versteht diese vier Kriterien aber nicht als scharf konturierte Tatbestandsmerkmale, sondern als Gesichtspunkte, die im Wege typologischer Zuordnung die Offenbarungspflicht durch eine Interessenabwägung im Einzelfall begründen können[1619]. Im Sinne eines beweglichen Systems könnten stärker ausgeprägte Kriterien schwächer ausgeprägte kompensieren[1620].

*Taupitz'* Kriterienkatalog zur Konkretisierung der Pflicht gemäß § 666 Var. 1 BGB, dem Vertragspartner die erforderlichen Nachrichten zu geben, führt zu überzeugenden Lösungen. Sein Ansatz bringt die Informationsinteressen der einen Seite und die Geheimhaltungsinteressen der anderen Seite zu einem gerechten einzelfallbezogenen Ausgleich. Aus *Taupitz'* Ansatz ergibt sich, dass GmbH-Geschäftsführer und AG-Vorstandsmitglieder generell nicht verpflichtet sind, die Gesellschaft über ihr eigenes Fehlverhalten zu informieren. Zwar sind diese Geschäftsleiter aufgrund ihres Anstellungsvertrags verpflichtet, der Gesellschaft nach §§ 675 I, 666 Var. 1 BGB die erforderlichen Nachrichten zu geben; die Informierung über eigenes Fehlverhalten ist aber nicht erforderlich. Es lässt sich zwar nicht bestreiten, dass Geschäftsleiter im Interesse der Gesellschaft und somit in fremdem Interesse tätig sind, die Offenbarung zur Erfüllung der Hauptleistungspflicht an sich notwendig ist, weil die Geschäftsleiter das Vermögen der Gesellschaft zu betreuen

---

1614 Siehe *Taupitz,* Offenbarungspflicht, S. 28 ff.
1615 So *Taupitz,* Offenbarungspflicht, S. 31.
1616 Siehe *Taupitz,* Offenbarungspflicht, S. 40 ff.
1617 Siehe *Taupitz,* Offenbarungspflicht, S. 41 f.
1618 Siehe *Taupitz,* Offenbarungspflicht, S. 81.
1619 Siehe *Taupitz,* Offenbarungspflicht, S. 81 f.
1620 Siehe *Taupitz,* Offenbarungspflicht, S. 82.

haben[1621] und aufgrund des Dauerschuldcharakters des Anstellungsverhältnisses auch eine Vertrauensbeziehung zur Gesellschaft besteht[1622]. Der Gesellschaft ist es aber nicht unmöglich, ihren Vertragspartner – den Geschäftsleiter – zu kontrollieren, weshalb kein berechtigtes Interesse der Gesellschaft an einer Offenbarung der Geschäftsleiter anzuerkennen ist[1623]. AG und GmbH haben ausreichende Möglichkeiten zur Überwachung der Geschäftsleiter, insbesondere durch den Aufsichtsrat (§ 111 I, II AktG), die Gesellschafterversammlung (§ 46 Nr. 6 GmbHG) und Sonderprüfer (§ 142 ff. AktG; § 46 Nr. 6 GmbHG), die allesamt auch ausreichend fachlich qualifiziert sind, um das Fehlverhalten der Geschäftsleiter zu erkennen[1624]. Nach *Taupitz'* Ansatz scheitert eine Offenbarungspflicht der Gesellschafter also an den Überwachungsrechten der Gesellschaft.

Allein dieses Ergebnis entspricht auch dem Normzweck der §§ 43 IV GmbHG, 93 VI AktG. Nach der Gesetzesbegründung liegt der Normzweck der Sonderverjährungsregeln gemäß §§ 43 IV GmbHG, 93 VI AktG darin, dem Geschäftsleitungsmitglied nach objektiven Kriterien Gewissheit zu geben, ab wann ihm für ein bestimmtes amtsbezogenes Fehlverhalten eine Inanspruchnahme nicht mehr droht[1625]. Belastete man Geschäftsleiter generell mit der organschaftlichen oder anstellungsvertraglichen Pflicht (§ 666 BGB) zur Offenlegung eigenen Fehlverhaltens, hätte dies zur Folge, dass die Schadensersatzansprüche gegen Geschäftsleiter bei einer Nichtoffenbarung immer erst mit der Beendigung des Geschäftsleiteramts zu verjähren begännen. Der Normzweck der §§ 93 VI AktG, 43 IV GmbHG, dem Geschäftsleiter 5 Jahre nach Entstehung des Ersatzanspruchs Gewissheit zu geben, nicht mehr in Anspruch genommen zu werden, liefe also generell leer. Das zeigt, dass eine generelle Offenbarungspflicht von Geschäftsführern und Vorstandsmitgliedern mit dem Gesetz nicht vereinbar ist.

Es überzeugt daher nicht, dass die Gegenansicht eine generelle Pflicht zur Offenbarung eigenen Fehlverhaltens der Geschäftsleiter aus der organschaftlichen Treuepflicht oder aus § 666 BGB herleitet. Genauso geht ihr Einwand fehl, die Selbstbelastungsfreiheit des Schuldner-Geschäftsleiters könne nicht aus dem strafprozessualen *nemo-tenetur*-Grundsatz abgeleitet werden. Auf die Übertragbarkeit dieses strafprozessualen Grundsatzes auf das zivilrechtliche Verhältnis zwischen

---

1621 Siehe *Taupitz,* Offenbarungspflicht, S. 65.

1622 Allgemein zur Vertrauensbeziehung siehe *Taupitz,* Offenbarungspflicht, S. 70 ff.

1623 So im Ergebnis auch *Taupitz,* Offenbarungspflicht, S. 78: „Eine vergleichbare Situation ist bei anderen, (gleichfalls) nicht auf eine Kenntnis des Geschädigten abstellenden Verjährungsnormen wie [...] § 43 Abs. 4 GmbH-Gesetz und § 93 Abs. 6 AktG zumeist nicht gegeben."

1624 Zur fehlenden Schutzbedürftigkeit des Informationsinteressierten, wenn er die Möglichkeit hat, seinen an der Geheimhaltung interessierten Vertragspartner zu kontrollieren, siehe *Taupitz,* Offenbarungspflicht, S. 73 ff.

1625 So der Gesetzesentwurf zur Anpassung von Verjährungsvorschriften an das Gesetz zur Modernisierung des Schuldrechts, BT-Drucks. 15/3653, S. 12; zum Normzweck näher *Sturm,* Verjährung, S. 60 ff.; siehe auch *Wahlers/Wolff* AG 2011, 605, 608.

Gesellschaft und Geschäftsleiter kommt es gar nicht an. Aus der Zivilrechtsordnung selbst folgt schon, dass sie von Geschäftsleitern die Offenbarung als Akt der Selbstverleugnung nicht verlangt[1626]. Den §§ 93 VI AktG, 43 IV GmbHG kann diese Wertung entnommen werden. Die Diskussion um die Übertragbarkeit des *nemo-tenetur*-Grundsatzes ins Zivilrecht verengt auch den Blick auf die strafrechtlichen oder ordnungswidrigkeitenrechtlichen Folgen der Offenlegung. Die zivilrechtlichen Folgen der Offenlegung des Fehlverhaltens bestehen in der Durchsetzung der Schadensersatzpflicht gegen den Geschäftsleiter. Die Realisierung der Schadensersatzpflicht kann für den Geschäftsleiter im schlimmsten Fall dessen wirtschaftliche Existenz ruinieren, was eine ebenso gravierende Folge wie die Strafverfolgung sein kann[1627]. Vor diesen gravierenden Folgen kann der Geschäftsleiter durch strafrechtliche oder ordnungswidrigkeitenrechtliche Beweisverwertungsverbote nicht geschützt werden. Das durch Art. 2 I GG geschützte Interesse von Zivilrechtssubjekten, eigenes Fehlverhalten dem Vertragspartner nicht offenlegen zu müssen, verdient daher ausreichend Berücksichtigung[1628].

Der Schuldner-Geschäftsleiter ist also nicht verpflichtet, seine Kenntnis an das entscheidungsbefugte Organ weiterzugeben. Die Nichtweitergabe der Kenntnis kann daher auch nicht als treuwidrige Unkenntnis der juristischen Person nach § 242 BGB gewertet werden.

In Bezug auf vertragliche Primäransprüche stellt sich die Frage nicht, ob der Geschäftsleiter verpflichtet ist, solche gegenüber der juristischen Person zu offenbaren. Denn an der Begründung vertraglicher Primäransprüche hat die juristische Person mittels ihrer entscheidungsbefugten Organe mitgewirkt, sodass ihr die Ansprüche bekannt sind. Schließt z. B. der Aufsichtsrat im Namen der AG nach § 112 S. 1 AktG einen Darlehensvertrag mit einem Vorstandsmitglied, muss sich die juristische Person die Kenntnis des über den Abschluss des Vertrags beschließenden Aufsichtsratsgremiums von anspruchsbegründenden Umständen nach dem Rechtsgedanken des § 31 BGB zurechnen lassen. § 166 I BGB kommt als Zurechnungsgrundlage nicht in Betracht, weil bei § 199 I BGB die Kenntnis nicht die rechtlichen Folgen einer Willenserklärung beeinflusst[1629].

---

1626 Hierzu *Taupitz,* Offenbarungspflicht, S. 30 f.

1627 Aus der Offenlegungspflicht des Insolvenzschuldners nach § 97 InsO kann keine andere Wertung abgeleitet werden. Denn die Verbindlichkeiten des Insolvenzschuldners, die ihn wirtschaftlich ruinieren (§§ 16–19 InsO), sind bekannt und haben bereits zur Eröffnung des Insolvenzverfahrens geführt, sodass er sein Vermögen durch Nichtoffenlegung weiterer Verbindlichkeiten nicht mehr substantiell schützen kann. Bei dem Schuldner-Vorstandsmitglied, dessen existenzbedrohende Verbindlichkeit noch nicht bekannt ist, ist das anders.

1628 Siehe *Taupitz,* Offenbarungspflicht, S. 30 f.

1629 Siehe 5. Teil:§ 2A.II.

### f.) Zurechnungsausschluss aufgrund des Normzwecks des § 199 I BGB

Es konnte gezeigt werden, dass die rechtserhebliche Kenntnis des Schuldner-Geschäftsleiters den Verjährungsbeginn nach § 199 I BGB in den meisten Fällen schon deshalb nicht bewirken kann, weil die gesellschaftsrechtliche Kompetenzverteilung oder die alleinige Relevanz der Gremiumskenntnis des entscheidungsbefugten Kollegialorgans der Wissenszurechnung entgegensteht. In diesen Fällen fehlt es schon an den Voraussetzungen einer Wissenszurechnung. Weiter konnte herausgearbeitet werden, dass die Selbstbelastungsfreiheit des Schuldner-Geschäftsleiters der Annahme treuwidriger Unkenntnis entgegensteht, weil eine Pflicht, dem Gremium eigenes Fehlverhalten zu offenbaren, nicht begründbar ist. Einen echten Zurechnungsausschluss wegen Interessenkollision des Schuldner-Geschäftsleiters können hingegen die gesellschaftsrechtlichen Stimmverbote rechtfertigen. Sie greifen jedoch nicht in den praktisch relevanten Fällen, in denen es um die Zurechnung der Kenntnis des Schuldner-Geschäftsleiters als Alleingesellschafter der AG oder der GmbH geht. Zu guter Letzt bleibt daher zu klären, ob der Normzweck des § 199 I BGB einen generellen Ausschluss der Zurechnung der Kenntnis des Schuldners rechtfertigen kann, der dann auch der Zurechnung der Kenntnis desjenigen Schuldner-Geschäftsleiters entgegensteht, der Alleingesellschafter der AG oder GmbH ist oder wird.

Da sich die Funktion der Wissenszurechnung darin erschöpft, die *ratio* der Wissensnorm zu sichern, hat die Auslegung der Wissensnorm Einfluss auf die Wissenszurechnung[1630]. Insbesondere kann die Auslegung der Wissensnorm einen (partiellen) Ausschluss der Wissenszurechnung ergeben. Aus diesem Grund hat die Wissenszurechnung grundsätzlich immer zuerst bei der Auslegung der Wissensnorm – hier bei § 199 I BGB – anzusetzen. Dass die Frage des durch § 199 I BGB bedingten Zurechnungsausschlusses hier erst am Ende der Untersuchung der Zurechnungsausschlüsse behandelt wird, hat nur den Zweck die Fälle herauszufiltern, in denen ein Zurechnungsausschluss wegen Interessenkollision überhaupt rechtlich relevant wird. Im Folgenden ist zu eruieren, ob der Normzweck des § 199 I BGB einen Zurechnungsausschluss im Hinblick auf die Kenntnis des Schuldner-Geschäftsleiters erfordert.

In seiner Gesamtheit dient das Verjährungsrecht dazu, einen gerechten Ausgleich zwischen dem Interesse des Gläubigers an einer effektiven Anspruchsdurchsetzung und dem Interesse des Schuldners an einer zeitlichen Begrenzung seiner Inanspruchnahme zu schaffen[1631]. Im Rahmen dieses Interessenausgleichs garantiert Art. 14 I 1 GG dem Gläubiger eine faire Chance zur Anspruchsdurchsetzung[1632]. Bei § 199 I BGB haben die subjektiven Merkmale die Funktion, die faire Chance des Gläubigers zur Anspruchsdurchsetzung zu gewährleisten. Die durch den subjektiven Verjährungsbeginn des § 199 I BGB eingeräumte faire Chance zur

1630 Siehe 2. Teil:§ 4.
1631 Siehe 3. Teil:§ 1.
1632 Siehe 3. Teil:§ 2.

Anspruchsgeltendmachung hätte der Gläubiger aber von vornherein nicht, wenn der Schuldner zugleich maßgebliches Zurechnungssubjekt auf der Seite des Gläubigers sein und dem Gläubiger kraft Zurechnung die verjährungsbeginnauslösende Kenntnis vermitteln könnte. Wenn der Schuldner und das Zurechnungssubjekt auf Gläubigerseite im Rahmen des § 199 I BGB personenidentisch sein könnten, gäbe es keine potentiell widerstreitenden Interessen, die in einen gerechten Ausgleich gebracht werden könnten. Stets würde sich das Interesse des Schuldners an einer zeitlichen Begrenzung seiner Inanspruchnahme durchsetzen, indes dem Gläubiger die faire Chance zur Anspruchsdurchsetzung faktisch genommen würde, weil ihm die Schuldnerkenntnis nicht zur Anspruchsdurchsetzung verhelfen wird. Dies hätte eine unverhältnismäßige Belastung des Gläubigers zur Folge, die mit Art. 14 I 1 GG nicht zu vereinbaren wäre[1633]. Eine grundrechtskonforme Auslegung des § 199 I BGB gebietet daher, den Verjährungsbeginn nicht durch die Kenntnis des insoweit nicht schutzwürdigen Schuldners eintreten zu lassen. Da § 199 I BGB dem gerechten Ausgleich der potentiell widerstreitenden Interessen von Gläubiger und Schuldner dient, kann § 199 I BGB von vornherein solche Fälle nicht erfassen, in denen wegen Personenidentität zwischen dem Schuldner und dem Wissenszurechnungssubjekt auf Gläubigerseite allein Schuldnerinteressen berücksichtigt werden. In solchen klar abgrenzbaren Fällen könnte die zugerechnete Gläubigerkenntnis dem Gläubiger nicht die faire Chance geben, seinen Anspruch durchzusetzen. Die Kenntnis der AG oder GmbH i.S.d. § 199 I BGB kann also nie die zugerechnete Kenntnis des Schuldner-Geschäftsleiters sein.

Zu klären ist noch, mit welchen Mitteln der Methodenlehre dieses Ergebnis zu erreichen ist. Methodisch handelt es sich *nicht* um eine *teleologische Reduktion* des Tatbestands des § 199 I BGB, sondern um einen durch den Normzweck des § 199 I BGB bedingten *Zurechnungsausschluss*. Hilfreich ist insoweit, sich die Rechtstechnik[1634] der Zurechnung nochmal zu vergegenwärtigen. Ist eine AG oder eine GmbH Gläubigerin eines Anspruchs, ist der Tatbestand des § 199 I BGB stets defizitär, weil diese Gesellschaften keinen Bewusstseinszustand und somit auch keine tatbestandsmäßige Kenntnis oder grob fahrlässige Unkenntnis haben können. Erst durch Zurechnung wird der defizitäre Tatbestand des § 199 I BGB komplettiert und AG oder GmbH werden so behandelt, als hätten sie Kenntnis bzw. grob fahrlässige Unkenntnis. Kann die Kenntnis des Schuldner-Geschäftsleiters dem Gläubiger wegen des Normzwecks des § 199 I BGB nicht zugerechnet werden, wird der defizitäre Tatbestand des § 199 I BGB insoweit nicht komplettiert. Da der Tatbestand des § 199 I BGB mangels Zurechnung nicht erfüllt ist, ist eine teleologische Reduktion des § 199 I BGB weder nötig noch möglich.

Die Frage, ob der Zurechnungsausschluss nur ein relativer ist, d.h. nur solange wirkt, bis der Schuldner-Geschäftsleiter sich dazu entscheidet, den Anspruch gegen sich selbst im Interesse der AG bzw. GmbH zu verfolgen, stellt sich in der

1633 Siehe 3. Teil:§ 2B.
1634 Siehe hierzu 2. Teil:§ 2B.II.

Praxis nicht. Denn wenn sich der Schuldner-Geschäftsleiter dazu entscheidet, den Anspruch der AG bzw. GmbH zu realisieren, wird er den Anspruch schlicht erfüllen, § 362 I BGB. Verjährungsfragen stellen sich dann nicht.

### *6.) Stellungnahme zur Nichtzurechenbarkeit der Kenntnis sonstiger Personen, von denen eine seriöse Verfolgung des Anspruchs gegen den Schuldner-Geschäftsleiter wegen Interessenkonflikts nicht zu erwarten ist*

Die Kenntnis des Schuldners ist für den Verjährungsbeginn nach § 199 I BGB irrelevant. Inwieweit die Kenntnis anderer Personen, von denen eine seriöse Geltendmachung des Anspruchs der juristischen Person gegen den Schuldner-Geschäftsleiter nicht zu erwarten ist, für den Verjährungsbeginn nach § 199 I BGB unbeachtlich ist, soll nachfolgend geklärt werden. Einzugehen ist nur auf solche Personen, deren Wissen für den Verjährungsbeginn nach § 199 I BGB relevant sein kann; also auf Organmitglieder desjenigen Organs, das zur Entscheidung über die Verfolgung des Anspruchs gegen den Geschäftsleiter berufen ist.

An folgendem Beispiel soll die Problematik verdeutlicht werden: Begeht ein Geschäftsführer zusammen mit einem Gesellschafter Untreue[1635] zum Nachteil einer Zweipersonen-GmbH, haften beide der GmbH aus §§ 823 II BGB, 266 StGB als Gesamtschuldner (§ 840 I BGB). Diese Schadensersatzansprüche verjähren nach §§ 195, 199 BGB[1636]. Scheidet der an der Untreue nicht beteiligte Gesellschafter aus der GmbH aus, stellt sich die Frage, ob die Kenntnis des Alleingesellschafters von der Untreue des Geschäftsführers den Verjährungsbeginn des Schadensersatzanspruchs der GmbH gegen den Geschäftsführer nach § 199 I BGB bewirkt.

### a.) Gesellschaftsrechtliche Kompetenzverteilung steht Wissenszurechnung nicht entgegen

Aus der gesellschaftsrechtlichen Kompetenzverteilung lässt sich die Nichtzurechenbarkeit der Kenntnis von Personen, von denen eine seriöse Anspruchsverfolgung gegen den Schuldner-Geschäftsleiter nicht zu erwarten ist, nicht herleiten. Denn solche Personen sind gerade Mitglied jenes Organs, das über die Anspruchsverfolgung gegen den Geschäftsleiter zu entscheiden hat und dessen Kenntnis der AG bzw. GmbH im Rahmen des § 199 I BGB grundsätzlich zurechenbar ist.

---

1635 Zur Vermögensbetreuungspflicht von Aufsichtsratsmitgliedern siehe BGH NJW 2002, 1585, 1588.

1636 Siehe 4. Teil:§ 2C.

### b.) Keine Wissenszurechnung wegen ausschließlicher Zurechenbarkeit der Gremiumskenntnis

In den Fällen, in denen nur die Gremiumskenntnis des entscheidungsbefugten Kollegialorgans den Verjährungsbeginn nach § 199 I BGB bewirkt, kann die Kenntnis einzelner Organmitglieder des entscheidungsbefugten Organs der AG oder GmbH ohnehin nicht zugerechnet werden. Gehören Personen, von denen eine seriöse Anspruchsverfolgung gegen den Schuldner-Geschäftsleiter nicht zu erwarten ist, einem solchen entscheidungsbefugten Kollegialorgan an, kann ihre Kenntnis den Verjährungsbeginn nach § 199 I BGB somit nicht herbeiführen. Das ist z. B. der Fall, wenn die Person Mitglied des entscheidungsbefugten Aufsichtsrats der AG oder GmbH ist oder wenn sie Mitglied der entscheidungsbefugten GmbH-Gesellschafterversammlung einer Mehrpersonen-GmbH oder der entscheidungsbefugten Hauptversammlung einer Mehrpersonen-AG ist.

### c.) Keine Wissenszurechnung infolge von Stimmverboten

Die Kenntnis von Organmitgliedern, die bei der Entscheidung über die Geltendmachung des Anspruchs gegen den Geschäftsleiter einem Stimmverbot unterliegen, kann der juristischen Person nicht zugerechnet werden[1637]. Denn derselbe Interessenkonflikt, der das Stimmverbot auslöst, lässt auch erwarten, dass das nicht stimmberechtigte Organmitglied seine Kenntnis nicht zugunsten der juristischen Person einsetzt. Soweit Organmitglieder durch Stimmverbote von der Willensbildung über die Anspruchsgeltendmachung ausgeschlossen sind, sind sie daher auch von der Wissensbildung im Rahmen des § 199 I BGB ausgeschlossen. Zu prüfen ist daher, inwieweit Organmitglieder, von denen eine seriöse Anspruchsverfolgung gegen den Schuldner-Geschäftsleiter nicht zu erwarten ist, einem Interessenkonflikt unterliegen, der ein Stimmverbot rechtfertigt.

In der Gesellschafterversammlung, die gemäß § 46 Nr. 8 Var. 1 GmbHG über die Geltendmachung eines Ersatzanspruches gegen einen Geschäftsführer entscheidet, unterliegen Gesellschafter einem Stimmverbot, wenn sie gemeinsam mit dem Schuldner-Geschäftsführer die Pflichtverletzung begangen haben[1638]. Dieses Stimmverbot stützen manche auf das Verbot des Richtens in eigener Sache, das in § 47 IV 1 GmbHG seinen Ausdruck gefunden habe[1639]. Denn alle an der Pflichtverletzung des Geschäftsführers beteiligten Gesellschafter müssten bei der Entscheidung über die Geltendmachung des Ersatzanspruchs gegen den Geschäftsführer auch ihr eigenes Fehlverhalten billigen oder missbilligen, was als Richten in eigener Sache

1637 Siehe 5. Teil:§ 3B.I.5.)d.).

1638 So BGH NJW 1986, 2051, 2052 f.; Scholz GmbHG/*K. Schmidt* § 46 Rn. 155; MüKo GmbHG/*Liebscher* Rn. 248; Großkomm GmbHG/*Hüffer/Schürnbrand* Rn. 109; Michalski/*Römermann* Rn. 437; *Lindacher* ZGR 1987, 121, 124.

1639 Siehe BGH NJW 1986, 2051, 2052 f.; siehe auch MüKo BGB/*Arnold* § 34 Rn. 16.

zu werten sei[1640]. Andere leiten das Stimmverbot aus einer erweiternden Auslegung des § 47 IV 2 Var. 2 GmbHG her[1641]. Die erste Ansicht ist vorzugswürdig, weil ein typischer Fall des Richtens in eigener Sache vorliegt, wenn Gesellschafter über eine Pflichtverletzung richten, an der sie beteiligt waren; § 47 IV 2 Var. 2 GmbHG erfasst demgegenüber Insichgeschäfte, um die es in solchen Konstellationen nicht geht. Da auch Aufsichtsratsmitglieder dem Verbot des Richtens in eigener Sache unterliegen[1642], trifft auch sie das Stimmverbot, wenn sie an der Pflichtverletzung des Schuldner-Geschäftsleiters der AG oder der GmbH beteiligt waren. Unklar ist, ob Aktionäre an der Beschlussfassung gemäß § 147 I 1 AktG mitwirken dürfen, wenn sie an der Pflichtverletzung des Vorstandsmitglieds beteiligt waren. Seinem Wortlaut nach sieht § 136 I 1 AktG für diesen Fall kein Stimmverbot des Aktionärs vor und die Vorschrift ist zudem nur beschränkt analogiefähig[1643]. Dennoch ist das Schrifttum der Ansicht, dass der an der Pflichtverletzung des Vorstandsmitglieds beteiligte Aktionär bei der Entscheidung über die Geltendmachung des Anspruchs gegen das Vorstandsmitglied einem Stimmverbot unterliegt[1644].

Zu prüfen ist noch, ob der Alleingesellschafter der AG oder der GmbH, der an der Pflichtverletzung des Schuldner-Geschäftsleiters beteiligt war, bei der Entscheidung der Hauptversammlung oder der Gesellschafterversammlung über die Anspruchsgeltendmachung[1645] einem Stimmverbot wegen Richtens in eigener Sache unterliegt. Die h. M. nimmt an, dass die Stimmverbote des § 47 IV GmbHG und des § 136 I 1 AktG für Alleingesellschafter insgesamt nicht gelten[1646], nach anderer Ansicht soll der Alleingesellschafter nur bei *Insichgeschäften* vom Stimmverbot befreit sein, beim *Richten in eigener Sache* hingegen einem Stimmverbot

---

1640 Siehe BGH NJW 1986, 2051, 2052 f.; MüKo BGB/*Arnold* § 34 Rn. 16.

1641 So Großkomm GmbHG/*Hüffer/Schürnbrand* § 46 Rn. 109; *Lindacher* ZGR 1987, 121, 123 (analoge Anwendung).

1642 Siehe BayObLG AG 2003, 427, 428; KK AktG/*Mertens/Cahn* § 108 Rn. 65; MüKo AktG/*Habersack* Rn. 29, 32; Großkomm AktG/*Hopt/Roth* Rn. 55.

1643 Zur eingeschränkten Analogiefähigkeit siehe Großkomm AktG/*Grundmann* § 136 Rn. 39 f.; Spindler/Stilz/*Rieckers* Rn. 15 ff.

1644 So Spindler/Stilz/*Rieckers* § 136 Rn. 14; siehe auch allg. zum Stimmverbot bei Gesamtschuld Hüffer AktG/*Koch* Rn. 23; MüKo AktG/*Schröer* Rn. 15; Großkomm AktG/*Grundmann* Rn. 37.

1645 Zu beachten ist, dass eine Enthaftung des Schuldner-Geschäftsleiters in Betracht kommt, wenn er mit (formellem) Einverständnis des Alleingesellschafter handelt (siehe §§ 43 III 3 GmbHG, 93 IV 1 AktG). Von Interesse sind hier daher nur solche Konstellationen, in denen eine Enthaftung des Schuldner-Geschäftsleiters nicht möglich ist. Eine mögliche Konstellation wäre z. B., dass der Schuldner-Geschäftsleiter und ein Gesellschafter einer Zweimann-Gesellschaft die Gesellschaft gemeinsam schädigen, und dieser Gesellschafter anschließend Alleingesellschafter wird.

1646 Siehe BGH NZG 2011, 950, 951; Großkomm GmbHG/*Hüffer/Schürnbrand* § 47 Rn. 136; MüKo GmbHG/*Drescher* Rn. 187; *Altmeppen* NJW 2009, 3757, 3758 f.; Spindler/Stilz/*Rieckers* § 136 Rn. 22; Hüffer AktG/*Koch* Rn. 5.

unterliegen[1647]. Der h. M. ist zu folgen. Es ist weitgehend anerkannt, dass Alleingesellschafter deshalb vom Stimmverbot befreit sind, weil es an dem für das Stimmverbot erforderlichen Interessengegensatz zwischen dem einzelnen und den übrigen Gesellschaftern fehlt[1648]. Dieser Befreiungsgrund erlaubt keine sachliche Differenzierung zwischen den Stimmverboten bei Insichgeschäften und solchen beim Richten in eigener Sache.

Soweit die Stimmverbote greifen, haben sie gemein, dass sie unabhängig davon gelten, ob das Organmitglied sich als Mittäter[1649] oder Teilnehmer[1650] an der Pflichtverletzung des Geschäftsleiters beteiligt hat. Denn Mittäter und Teilnehmer richten gleichermaßen in eigener Sache, wenn sie über die Geltendmachung des Ersatzanspruchs gegen den Geschäftsleiter entscheiden, mit dem sie die Pflichtverletzung zusammen begangen haben.

Ist ein Organmitglied des entscheidungsbefugten Organs nicht an der Pflichtverletzung des Geschäftsleiters beteiligt gewesen, droht ihm bei Geltendmachung des Anspruchs gegen den Geschäftsleiter aber die eigene Inanspruchnahme, ist von dem betreffenden Organmitglied eine seriöse Anspruchsverfolgung gegen den Schuldner-Geschäftsleiter kaum zu erwarten[1651]. Dieser Interessenkonflikt des betreffenden Organmitglieds hat aber kein Stimmverbot zur Folge[1652]. Die gesetzlichen Regelungen zu Stimmverboten (§ 47 IV 2, Var. 2 GmbHG, § 136 I 1 Var. 3 AktG, analog § 34 Var. 2 BGB) sehen für die Entscheidung über die Anspruchsgeltendmachung gegen den Schuldner-Geschäftsleiter nur ein Stimmverbot des Schuldners vor. Sofern Organmitglieder an der Pflichtverletzung des Geschäftsleiters nicht beteiligt waren, ist für sie die Entscheidung über die Anspruchsverfolgung gegen den Geschäftsleiter auch kein Richten in eigener Sache, denn sie würdigen mit dieser Entscheidung nicht ihr eigenes Fehlverhalten im Sinne einer Billigung oder Missbilligung. Selbst wenn das betreffende Organmitglied und der Geschäftsleiter gegenüber der AG bzw. GmbH als Gesamtschuldner haften, ohne dass eine gemeinsame Pflichtverletzung zugrunde liegt, begründet diese Gesamtschuld für sich kein Stimmverbot des betreffenden Organmitglieds. Dass der Geschäftsleiter

1647 So Scholz GmbHG/*K. Schmidt* § 47 Rn. 105 unter Verweis auf *Zöllner,* Schranken, S. 184 f.

1648 Siehe 5. Teil:§ 3B.I.5.)d.).

1649 Zu dieser Konstellation siehe BGH NJW 1986, 2051, 2052 f.; MüKo BGB/*Arnold* § 34 Rn. 15.

1650 So wohl auch MüKo GmbHG/*Liebscher* § 46 Rn. 248; Michalski/*Römermann* Rn. 437; noch weiter Baumbach/Hueck/*Zöllner/Noack* § 47 Rn. 93, die zufälliges Zusammenwirken genügen lassen.

1651 So z.B., wenn durch die Anspruchsgeltendmachung gegen den Geschäftsleiter ein bisher unentdeckter Schadensersatzanspruch gegen das betreffende Organmitglied aufgedeckt würde, siehe BGH NJW 2014, 1294 ff.

1652 Nicht jeder Interessenkonflikt begründet ein Stimmverbot, siehe *K. Schmidt,* GesR, § 21 II. 2.

nach seiner Inanspruchnahme durch die Gesellschaft möglicherweise im Innenverhältnis bei dem betreffenden Organmitglied Regress nimmt (§ 426 I, II BGB), ist lediglich eine mittelbare Auswirkung, die nicht schon zum Stimmverbot des betreffenden Organmitglieds führt[1653]. Im Aktienrecht wird vertreten, dass Aktionäre bei der Entscheidung über die Geltendmachung eines Anspruchs gegen ein Vorstandsmitglied analog § 136 I 1 AktG nicht stimmberechtigt sind, wenn Vorstandsmitglied und Aktionär Gesamtschuldner sind oder Ansprüche gegen beide auf demselben Lebenssachverhalt beruhen[1654]. Eindeutige Schlüsse lassen sich aus dieser Ansicht zu § 136 I 1 AktG aber nicht ziehen, weil nicht deutlich wird, ob nur eine auf gemeinsamer Pflichtverletzung beruhende Gesamtschuld oder auch andere Fälle einer Gesamtschuld gemeint sind[1655]. Nach hier vertretener Ansicht genügt der Interessenkonflikt, die eigene Inanspruchnahme zu fürchten, nur bei auf gemeinsamer Pflichtverletzung beruhender Gesamtschuld, um ein Stimmverbot zu begründen.

### d.) Keine treuwidrige Unkenntnis der juristischen Person bei Nichtweitergabe der Kenntnis durch das an der Pflichtverletzung des Geschäftsleiters beteiligte Organmitglied (Selbstbelastungsfreiheit des Organmitglieds)

Geben Organmitglieder des entscheidungsbefugten Organs ihre Kenntnis von der Pflichtverletzung des Geschäftsleiters nicht ans Gremium weiter, kann dies treuwidrige Unkenntnis der juristischen Person begründen und den Verjährungsbeginn nach § 199 I BGB auslösen. Treuwidrige Unkenntnis der juristischen Person setzt nach § 242 BGB voraus, dass ein einberufungsberechtigtes Organmitglied seine Pflicht zur Informierung des Gremiums über anspruchsbegründende Umstände verletzt[1656]. Erlangen Aufsichtsratsmitglieder einer AG oder gemäß § 50 I GmbHG einberufungsberechtigte Gesellschafter Kenntnis von dem Anspruch gegen einen Geschäftsleiter, sind sie grundsätzlich verpflichtet, den entscheidungsbefugten

---

1653 So auch, wenn es um die Folgen eines Verzichts/Vergleichs für das Innenverhältnis geht, siehe MüKo AktG/*Spindler* § 93 Rn. 252; Großkomm AktG/*Hopt/Roth* Rn. 508; allgemein zu mittelbaren Interessenkonflikten siehe Großkomm AktG/*Hopt/Roth* § 108 Rn. 61.

1654 So Spindler/Stilz/*Rieckers* § 136 Rn. 14; ähnlich Hüffer AktG/*Koch* Rn. 23; Großkomm AktG/*Grundmann* Rn. 37 (gleicher Rechtsgrund); im Ergebnis kommt auch MüKo AktG/*Schröer* Rn. 15 in diesen Fällen zu einem Stimmverbot des Aktionärs, leitet es aber aus dem Zwang zu einheitlicher Beschlussfassung ab.

1655 Siehe Hüffer AktG/*Koch* § 136 Rn. 23; Großkomm AktG/*Grundmann* Rn. 37. Beide verweisen auf die Kasuistik der Stimmverbote bei *Entlastungen.*

1656 Zum AG-Aufsichtsrat siehe 5. Teil:§ 3A.III.1.)c.)cc.)(2.); zur GmbH-Gesellschafterversammlung siehe 5. Teil:§ 3A.IV.3.)d.).

Aufsichtsrat bzw. die entscheidungsbefugte Gesellschafterversammlung hierüber zu informieren. Ausnahmsweise könnten Organmitglieder des entscheidungsbefugten Organs, von denen eine seriöse Anspruchsverfolgung gegen den Schuldner-Geschäftsleiter nicht zu erwarten ist, von dieser Pflicht befreit sein.

Soweit Organmitglieder des entscheidungsbefugten Organs an der Pflichtverletzung des Geschäftsleiters beteiligt waren, sind sie nicht verpflichtet, ihre Kenntnis von der Pflichtverletzung des Geschäftsleiters ans entscheidungsbefugte Gremium weiterzugeben. Eine solche Pflicht scheidet aus, weil kein Organmitglied verpflichtet ist, sein eigenes Fehlverhalten zu offenbaren[1657]. Diese Selbstbezichtigungsfreiheit können nicht nur pflichtvergessene Geschäftsleiter für sich beanspruchen, sie gilt auch für pflichtvergessene Aufsichtsratsmitglieder[1658] und Gesellschafter. Es ließe sich zwar einwenden, dass es nicht um die Offenlegung eigenen Fehlverhaltens, sondern um die Offenlegung des Fehlverhaltens des Geschäftsleiters gehe. Doch eine gemeinschaftlich begangene Pflichtverletzung lässt sich nicht partiell nur in Bezug auf den Geschäftsleiter offenlegen, stets würde dadurch die eigene Beteiligung an der Pflichtverletzung zutage treten. Spätestens die durch die Offenlegung ausgelösten gesellschaftsinternen Ermittlungen gegen den pflichtvergessenen Geschäftsleiter brächten das gemeinsame Fehlverhalten zum Vorschein. Zudem würde der pflichtvergessene Geschäftsleiter im Falle seiner Inanspruchnahme regelmäßig auf die anderen an der Pflichtverletzung beteiligten Organmitglieder verweisen, um seine eigene Haftung zu relativieren. Organmitglieder, die an der Pflichtverletzung des Geschäftsleiters beteiligt waren, sind also nicht verpflichtet, den Schadensersatzanspruch gegen den Geschäftsleiter gegenüber dem Gremium offenzulegen. Die Nichtinformierung des Gremiums kann daher keine treuwidrige Unkenntnis der juristischen Person begründen.

Organmitglieder, die nicht an der Pflichtverletzung des Geschäftsleiters beteiligt waren, sind hingegen nicht durch die Selbstbezichtigungsfreiheit geschützt, selbst wenn sie bei einer Anspruchsverfolgung gegen den Geschäftsleiter die eigene Inanspruchnahme zu fürchten hätten. Denn die Offenlegung der Pflichtverletzung des Geschäftsleiters gegenüber dem Gremium wäre in diesem Fall nicht automatisch mit der Offenlegung eigenen Fehlverhaltens verbunden. Die bloße Möglichkeit, dass die Offenlegung mittelbar auch zur Aufdeckung eigenen Fehlverhaltens und damit zur eigenen Inanspruchnahme führt, lässt die Selbstbezichtigungsfreiheit noch nicht zugunsten des Organmitglieds eingreifen. Insoweit sind Organmitglieder des entscheidungsbefugten Organs also verpflichtet, das Gremium über den

---

1657 Siehe 5. Teil:§ 3B.I.5.)e.).

1658 So *Grunewald* NZG 2013, 841, 846.

Schadensersatzanspruch gegen den Geschäftsleiter zu informieren. Die pflichtwidrig unterlassene Informierung begründet treuwidrige Unkenntnis der juristischen Person nach § 242 BGB.

### e.) Zurechnungsausschluss aufgrund des Normzwecks des § 199 I BGB

Aus dem Normzweck des § 199 I BGB konnte ein Zurechnungsausschluss dergestalt hergeleitet werden, dass die Kenntnis des Gläubigers nie die zugerechnete Schuldnerkenntnis sein kann. Könnten Zurechnungssubjekt auf Gläubigerseite und Schuldner personenidentisch sein, würde dem Gläubiger seine faire Chance zur Anspruchsdurchsetzung genommen, was dem Normzweck des § 199 I BGB widerspräche. Unklar ist, ob sich aus § 199 I BGB auch ein Zurechnungsausschluss für die Kenntnis weiterer Personen ergibt, von denen eine seriöse Verfolgung des Anspruchs gegen den Schuldner-Geschäftsleiter wegen eines Interessenkonflikts ebenso wenig zu erwarten ist wie vom Schuldner selbst.

Dies ist abzulehnen. Es ist zwar vorstellbar, dass Personen bei der Anspruchsgeltendmachung gegen den Schuldner einem ähnlichen Interessenkonflikt wie der Schuldner selbst unterliegen, z. B. wenn sie wegen gemeinschaftlicher Pflichtverletzung zusammen mit dem Schuldner-Geschäftsleiter gegenüber der juristischen Person haften. Dennoch besteht zumindest theoretisch der von § 199 I BGB vorausgesetzte Interessenwiderstreit bezogen auf das Durchsetzungsinteresse des Gläubigers und das Interesse an einer zeitlichen Begrenzung der Inanspruchnahme durch den Schuldner. Da Schuldner(-Geschäftsleiter) und Zurechnungssubjekt auf Gläubigerseite personenverschieden sind, sind zwei Interessenträger vorhanden, die verschiedene Interessen haben können. Es hinge daher stark vom Einzelfall ab, ob der Interessenkonflikt der zur Anspruchsverfolgung berufenen Person dem des Schuldners ähnlich wäre. Es ließe sich daher auch nur im Einzelfall beurteilen, ob die faire Chance des Gläubigers zur Anspruchsdurchsetzung faktisch wertlose wäre. Mit dem erhöhten Bedürfnis an Rechtssicherheit im Verjährungsrecht wäre es nicht vereinbar, einen an der Stärke des Interessenkonflikts des jeweiligen zur Anspruchsverfolgung berufenen Organmitglieds orientierten, einzelfallabhängigen Zurechnungsausschluss aus § 199 I BGB zu konstruieren.

Sinn und Zweck des § 199 I BGB tragen einen Zurechnungsausschluss also nicht bei sonstigen Personen, von den eine seriöse Anspruchsverfolgung gegen den Geschäftsleiter nicht zu erwarten ist.

### f.) Zurechnungsausschluss nach § 242 BGB bei gemeinschaftlicher Pflichtverletzung und Kollusion

Nach wohl noch h. M. wird ein Rechtsgeschäft nach § 138 I BGB als sittenwidrig und somit als nichtig angesehen, wenn das Rechtsgeschäft auf einem bewussten Zusammenwirken des Vertreters und des Geschäftsgegners zum Nachteil des

Vertretenen (Kollusion) beruht[1659]. Auch nach anderer Ansicht, die bei Kollusion eine analoge Anwendung der §§ 177 ff. BGB befürwortet und das Rechtsgeschäft für genehmigungsfähig hält, muss der Vertretene das Rechtsgeschäft nicht gegen sich gelten lassen, wenn er dies nicht will[1660]. Im Ergebnis muss sich der Vertretene die rechtsgeschäftlichen Handlungen seines Vertreters in Fällen von Kollusion nicht zurechnen lassen.

Im gleichen Sinne wird angenommen, dass sich der Vertretene die Kenntnis seines Vertreters im Rahmen des Geschäfts nicht nach § 166 I BGB zurechnen zu lassen braucht, wenn der Vertreter und der Geschäftsgegner zum Nachteil des Vertretenen, also kollusiv zusammenwirken[1661]. Manche stützen diesen Ausschluss der Wissenszurechnung auf die Grundsätze des Missbrauchs der Vertretungsmacht[1662], nach Ansicht des BGH ist es dem Geschäftsgegner im Falle der Kollusion nach § 242 BGB verwehrt, sich auf die dem Vertretenen zugerechnete Vertreterkenntnis zu berufen[1663]. Diese Ansicht bezieht den kollusionsbedingten Ausschluss der Wissenszurechnung nur auf die Folgen des Rechtsgeschäfts. Fraglich ist, ob der Zurechnungsausschluss wegen Kollusion auch so weit reicht, dass die Kenntnis des kollusiv handelnden Vertreters für den Verjährungsbeginn des auf Kollusion basierenden Schadensersatzanspruchs des Vertretenen unbeachtlich ist. Die Frage ist mit dem Reichsgericht zu bejahen. Das Reichsgericht hat zum Verjährungsbeginn nach § 852 I BGB a. F. entschieden[1664]: „*Auch diese* [Mittäter] *können sich für die Kenntnis der von ihnen sittenwidrig geschädigten Gesellschaft vom Entstehen des Schadens und der Person des Täters nicht auf die Kenntnis des ungetreuen alleinigen Geschäftsführers berufen, der mit ihnen zusammen die Schädigung der* [...] *Gesellschaft* [...] *durchgeführt hat.*" Wenn der Vertreter mit anderen zum Nachteil des Vertretenen zusammenwirkt und dem Vertretenen hieraus ein Schadensersatzanspruch gegen die Kollusionsbeteiligten erwächst, so muss es den Kollusionsbeteiligten nach § 242 BGB verwehrt sein, sich auf den durch die Kenntnis des Vertreters bedingten Verjährungsbeginn nach § 199 I BGB zu berufen. Denn die Kollusionsbeteiligten können sich nach § 242 BGB nicht zu ihren Gunsten auf ihr rechtswidriges kollusives Verhalten berufen[1665]. Der Verjährungsbeginn nach § 199 I BGB wäre für die Kollusionsbeteiligten aber ein rechtwidriger Vorteil aus ihrem kollusiven Verhalten, weil der Vertreter als Kollusionsbeteiligter zwingend Kenntnis vom Schadensersatzanspruch des

---

1659 Siehe BGH NJW 1989, 26, 27; NZG 2014, 389, 390 (Tz. 10); MüKo BGB/*Schubert* § 164 Rn. 212; Staudinger/*Schilken* § 167 Rn. 93, 100.

1660 Siehe *Lieder* JuS 2014, 681, 685 f.; Staudinger/*Sack/Fischinger* § 138 Rn. 497.

1661 Siehe BGH NJW 2000, 1405, 1406; NJW-RR 2008, 977, 978; *Waas* JA 2002, 511, 514 ff.; Palandt/*Ellenberger* § 166 Rn. 6a.

1662 Siehe *Waas* JA 2002, 511, 515 ff.

1663 Siehe BGH NJW 2000, 1405, 1406.

1664 RG JW 1936, 3111.

1665 Siehe MüKo BGB/*Schubert* § 166 Rn. 212.

Vertretenen gegen die anderen Kollusionsbeteiligten hat, indes der Schadensersatzanspruch vom Vertreter typischerweise wegen der gesamtschuldnerischen Haftung nicht verfolgt wird. Die anderen Kollusionsbeteiligten sind, was den Verjährungsbeginn nach § 199 I BGB anbelangt, nicht schutzwürdig, weil sie die Interessenkollision des Vertreters kennen und sie mitverursacht haben.

Überträgt man diese Grundsätze auf die hier interessierenden Konstellationen, ergibt sich Folgendes: Dem Schuldner-Geschäftsleiter ist es nach § 242 BGB verwehrt, sich auf die der juristischen Person zugerechnete Kenntnis des entscheidungsbefugten Organmitglieds (z. B. des Alleingesellschafters) nach § 199 I BGB zu berufen, wenn der Schuldner-Geschäftsleiter und das entscheidungsbefugte Organmitglied den Schadensersatzanspruch der juristischen Person durch eine gemeinsame Schädigung zum Nachteil der juristischen Person begründet haben (Kollusion). Denn der Schuldner-Geschäftsleiter verhielte sich treuwidrig nach § 242 BGB, wenn er sich für den Verjährungsbeginn auf die Kenntnis des entscheidungsbefugten Organmitglieds beriefe, indes das an der Pflichtverletzung beteiligte entscheidungsbefugte Organmitglied seine Kenntnis nicht zugunsten der juristischen Person einsetzen, den Anspruch also nicht verfolgen wird. Der Schuldner-Geschäftsleiter hat es daher hinzunehmen, dass der Verjährungsbeginn erst eintritt, wenn andere entscheidungsbefugte Organe oder Organmitglieder Kenntnis von der Pflichtverletzung des Geschäftsleiters erlangen. Falls das an der gemeinschaftlichen Pflichtverletzung beteiligte entscheidungsbefugte Organmitglied sich dazu entschließt, den Schadensersatzanspruch gegen den pflichtvergessenen Geschäftsleiter doch zu verfolgen, entfällt die Rechtfertigung des Zurechnungsausschlusses. Das kollusive Verhalten wirkt sich dann nämlich nicht länger auf die Anspruchsgeltendmachung aus und die Kenntnis des entscheidungsbefugten Organmitglieds kann der AG oder GmbH im Rahmen des § 199 I BGB zugerechnet werden. Es handelt sich also lediglich um einen temporären Zurechnungsausschluss nach § 242 BGB.

Liegt keine Kollusion vor, lässt sich ein Zurechnungsausschluss nach § 242 BGB nicht begründen. Hat das entscheidungsbefugte Organmitglied z. B. an der Pflichtverletzung des Schuldner-Geschäftsleiters nicht mitgewirkt, hat es aber die eigene Inanspruchnahme der juristischen Person zu fürchten, wenn es den Anspruch gegen den Schuldner-Geschäftsleiter geltend macht, so muss sich die juristische Person im Rahmen des § 199 I BGB die Kenntnis des entscheidungsbefugten Organmitglieds trotz seines Interessenkonflikts zurechnen lassen.

### *7.) Ergebnis*

Zwei Formen von Zurechnungsausschlüssen bei Interessenkollision sollte man im Rahmen des § 199 I BGB unterscheiden. Den Zurechnungsausschluss in Bezug auf die Kenntnis des Schuldners, von dem eine seriöse Anspruchsverfolgung gegen sich selbst nicht zu erwarten ist und den Zurechnungsausschluss im Hinblick auf das Wissen anderer Personen, von denen eine seriöse Anspruchsverfolgung gegen den Schuldner genauso wenig zu erwarten ist, wie vom Schuldner selbst. Die erste

Form des Zurechnungsausschlusses ist allgemein anerkannt. Die zweite wird vom BGH unter Zuspruch des Schrifttums propagiert, wurde bisher aber nur für Fälle der Kollusion bejaht, also für Fälle, in denen Personen von einer Anspruchsverfolgung gegen den Schuldner absahen, weil sie die juristische Person zusammen mit dem Schuldner geschädigt hatten. Die Rechtsgrundlage und die Voraussetzungen des Zurechnungsausschlusses wegen Interessenkollision sind bisher nicht näher untersucht worden.

Im Schrifttum wird gelegentlich verkannt, welchen Anwendungsbereich ein etwaiger Zurechnungsausschluss wegen Interessenkollision hätte. Daher waren zunächst die Konstellationen zu identifizieren, in denen der Zurechnungsausschluss wegen Interessenkollision hier relevant sein kann. Für den hier interessierenden Verjährungsbeginn von Ansprüchen der AG bzw. der GmbH gegen Geschäftsleiter sind vier Konstellationen von Zurechnungsausschlüssen auseinanderzuhalten. Erstens könnte das Wissen des Geschäftsleiters, gegen den sich der konkrete Anspruch der juristischen Person richtet, im Rahmen des § 199 I BGB wegen eines Zurechnungsausschlusses nicht zurechenbar sein. Zweitens könnte das Wissen des Schuldner-Geschäftsleiters wegen eines Zurechnungsausschlusses auch insoweit für den Verjährungsbeginn unbeachtlich sein, als er dem zur Entscheidung über die Anspruchsverfolgung berufenen Organ (entscheidungsbefugtes Organ) angehört oder in dieses wechselt. Drittens könnte auch die Kenntnis der Mitglieder des entscheidungsbefugten Organs im Rahmen des § 199 I BGB wegen eines Zurechnungsausschlusses unerheblich sein, wenn sie an der Pflichtverletzung des Schuldner-Geschäftsleiters mitgewirkt haben (Kollusion) und infolgedessen zusammen mit dem Schuldner-Geschäftsleiter gesamtschuldnerisch gegenüber der juristischen Person haften. Viertens könnte die Kenntnis der Mitglieder des entscheidungsbefugten Organs auch dann für den Verjährungsbeginn wegen eines Zurechnungsausschlusses unerheblich sein, wenn sie bei einer Geltendmachung des Anspruchs gegen den Schuldner-Geschäftsleiter fürchten müssen, selbst von der Gesellschaft in Anspruch genommen zu werden, ohne dass ein Fall von Kollusion vorliegt.

Zurechnungsausschlüsse sind nur relevant, wenn die Kenntnis einer Person der juristischen Person an sich zurechenbar ist. Daher waren zunächst jene Zurechnungshindernisse nacheinander abzuschichten, die einer Wissenszurechnung von vornherein entgegenstehen, namentlich die gesellschaftsrechtliche Kompetenzverteilung, die ausschließliche Relevanz der Gremiumskenntnis, Stimmverbote und die Selbstbelastungsfreiheit. Nur soweit diese Zurechnungshindernisse nicht greifen, bedarf es eines Rückgriffs auf einen Zurechnungsausschluss wegen Interessenkollision.

Es konnte gezeigt werden, dass der Zurechnung der Kenntnis des *Schuldner-Geschäftsleiters* schon die Kompetenzverteilung in AG und GmbH weitgehend entgegensteht. Durch die Kompetenzverteilung gemäß §§ 112 S. 1, 147 I, II AktG und § 46 Nr. 8 Var. 1, Var. 2 GmbHG wollte der Gesetzgeber eine unbefangene Geltendmachung von Ansprüchen gegen Geschäftsleiter gewährleisten. Diese Vorschriften weisen die Kompetenz zur Entscheidung über die Anspruchsgeltendmachung

gegen Geschäftsleiter weitgehend anderen Organen zu. Soweit der Geschäftsleitung die Entscheidungsbefugnis entzogen ist, ist die Kenntnis des Schuldner-Geschäftsleiters schon deswegen nach dem Rechtsgedanken des § 31 BGB nicht zurechenbar. Gehört der Schuldner-Geschäftsleiter (zugleich) dem entscheidungsbefugten Organ an oder wechselt in dieses, ist seine Kenntnis der juristischen Person nicht zurechenbar, wenn es sich – wie im Regelfall – um ein Kollegialorgan handelt. Bei Kollegialorganen wie dem Aufsichtsrat, der Hauptversammlung und der Gesellschafterversammlung ist nach zutreffender Ansicht nur die Kenntnis des beschlussfähigen Gremiums der juristischen Person zurechenbar. Sofern man der Gegenansicht folgt, die z. B. die Kenntnis einzelner Aufsichtsratsmitglieder für zurechenbar hält, ergibt sich der Zurechnungsausschluss aus dem Stimmverbot, das den Schuldner-Geschäftsleiter von der Entscheidung über die Anspruchsgeltendmachung ausschließt. Wegen der vergleichbaren Interessenlage ist es gerechtfertigt, den Schuldner-Geschäftsleiter von der Wissenszurechnung im Rahmen des § 199 I BGB auszuschließen, sofern er durch Stimmverbote von der Entscheidung über die Geltendmachung des Anspruchs ausgeschlossen ist.

Leitet der Schuldner-Geschäftsleiter als Mitglied des entscheidungsbefugten Kollegialorgans seine Kenntnis i. S. v. § 199 I BGB nicht an das Gremium weiter, kann dies keine treuwidrige Unkenntnis der juristischen Person nach § 242 BGB begründen, weil der Schuldner-Geschäftsleiter nicht verpflichtet ist, eigenes Fehlverhalten gegenüber dem Gremium zu offenbaren. Nach zutreffender Ansicht sind Organmitglieder generell nicht verpflichtet, ihr eigenes Fehlverhalten gegenüber der Gesellschaft unaufgefordert zu offenbaren. Eine solche Offenbarungspflicht von Geschäftsleitern ist mit den §§ 93 VI AktG, 43 IV GmbHG nicht vereinbar.

Soweit die genannten Zurechnungshindernisse nicht eingreifen, verhindert der Zurechnungsausschluss wegen Interessenkollision die Zurechnung der Kenntnis des Schuldner-Geschäftsleiters. Dieser Zurechnungsausschluss ist aus § 199 I BGB herzuleiten. Wissensnormen haben Einfluss auf die Wissenszurechnung und können der Zurechnung Grenzen setzen, mithin einen partiellen Zurechnungsausschluss bewirken. Da das Merkmal der Kenntnis in § 199 I BGB die nach Art. 14 I 1 GG garantierte faire Chance des Gläubigers zur Anspruchsdurchsetzung sichern soll, kann der Schuldner nicht zugleich das maßgebliche Zurechnungssubjekt auf der Gläubigerseite sein. Ließe man diese Personenidentität zu, würden allein die Interessen des Schuldners an der zeitlichen Begrenzung seiner Inanspruchnahme berücksichtigt. Dagegen hätte der Gläubiger faktisch keine faire Chance zur Anspruchsdurchsetzung. Das wäre mit Schutzrichtung und Funktion des Kenntnismerkmals i. S. v. § 199 I BGB nicht zu vereinbaren. Die Auslegung des § 199 I BGB ergibt also einen Zurechnungsausschluss in der Weise, dass die Gläubigerkenntnis nie die zugerechnete Schuldnerkenntnis sein kann.

Die Kenntnis *entscheidungsbefugter Organmitglieder* unterliegt nur dann einem Zurechnungsausschluss, wenn sie wegen kollusiver Schädigung der juristischen Person neben dem Schuldner-Geschäftsleiter auf Schadensersatz haften. Es ist dem Schuldner-Geschäftsleiter in Fällen der Kollusion nach § 242 BGB verwehrt, sich auf die der juristischen Person zugerechnete Kenntnis des entscheidungsbefugten

Organmitglieds im Rahmen des § 199 I BGB zu berufen. Der Schuldner-Geschäftsleiter verhält sich treuwidrig, wenn er sich auf den Verjährungsbeginn nach § 199 I BGB beruft, obwohl er weiß, dass das entscheidungsbefugte Organmitglied wegen der kollusiven Schädigung den Schadensersatzanspruch der juristischen Person gegen den Schuldner-Geschäftsleiter nicht verfolgen wird. Falls das an der gemeinschaftlichen Pflichtverletzung beteiligte entscheidungsbefugte Organmitglied sich dazu entschließt, den Schadensersatzanspruch gegen den pflichtvergessenen Geschäftsleiter zu verfolgen, entfällt die Rechtfertigung des Zurechnungsausschlusses. Das kollusive Verhalten wirkt sich dann nämlich nicht länger auf die Anspruchsgeltendmachung aus und die Kenntnis des entscheidungsbefugten Organmitglieds kann der AG oder GmbH im Rahmen des § 199 I BGB zugerechnet werden. Es handelt sich also lediglich um einen temporären Zurechnungsausschluss nach § 242 BGB.

## *II. Zurechnungsausschluss wegen Verschwiegenheitspflicht*

Ein weiterer Problemkreis der Wissenszurechnung ist der Zurechnungsausschluss wegen der Verschwiegenheitspflicht eines Organmitglieds. Für die vorliegende Untersuchung sind vor allem die Fälle der Doppelmandate relevant. Erlangt beispielsweise ein Doppelorganmitglied, das im Aufsichtsrat der Konzernober- und der Konzernuntergesellschaft sitzt, in seiner Eigenschaft als Aufsichtsratsmitglied der Konzernobergesellschaft rechtserhebliches Wissen, stellt sich die Frage, ob sich die Konzernuntergesellschaft dieses Wissen zurechnen lassen muss oder ob eine etwaige Verschwiegenheitspflicht des Doppelorganmitglieds dem entgegensteht. Solche Fälle sind keineswegs nur theoretischer Natur. Ähnliche Fälle beschäftigen Schrifttum und Gerichte[1666].

Vorstandsmitglieder und Aufsichtsratsmitglieder der AG unterliegen nach § 93 I 3 AktG (i. V. m. § 116 S. 1, 2 AktG) der Verschwiegenheit über vertrauliche Angaben und Geheimnisse der Gesellschaft, die ihnen durch ihre Amtstätigkeit bekannt geworden sind. Die unbefugte Offenbarung von Geheimnissen der Gesellschaft ist sogar strafbewehrt nach § 404 AktG. Unterstellt man, dass ein Doppelmandatsträger in amtlicher Eigenschaft in einer AG die geheime oder vertrauliche Information darüber erhält, dass eine andere Gesellschaft einen Schadensersatzanspruch gegen ihren Geschäftsleiter hat, so muss er diese Informationen vor letzterer Gesellschaft verschweigen, auch wenn er Organmitglied ihres entscheidungsbefugten Organs ist. Nachfolgend ist zu untersuchen, wie sich eine solche Verschwiegenheitspflicht auf die Wissenszurechnung im Rahmen des § 199 I BGB auswirkt.

---

1666 Siehe nur OLG Celle, 24. 8. 2011, 9 U 41/11 („VW/Porsche“, nicht veröffentlicht), besprochen bei *Koch* ZIP 2015, 1757 ff. und *Verse* AG 2015, 413 ff.; siehe auch BGH NJW 2016, 2569, besprochen bei *Habersack* DB 2016, 1551 ff.

Es ist fast einhellige Ansicht, dass die aktienrechtliche Verschwiegenheitspflicht die Wissenszurechnung ausschließt, soweit die Kenntnis aus Gründen der Verschwiegenheit nicht weitergegeben werden darf[1667]. Darf ein Doppelorganmitglied wegen seiner Verschwiegenheitspflicht geheime oder vertrauliche Informationen nicht an andere Gesellschaften, deren Organmitglied es ebenfalls ist, weitergeben, kann seine Kenntnis den anderen Gesellschaften auch nicht zugerechnet werden. Der richtigen Begründung dieser Zurechnungsschranke hat sich das Schrifttum schrittweise genähert. *Hopt* stellte zunächst darauf ab, dass die Wissenszurechnung nur den Zweck habe, der Gesellschaft die Möglichkeit abzuschneiden, aus der Vertretung durch das gutgläubige Organmitglied ungerechtfertigte Vorteile zu ziehen[1668]. Bei der Verschwiegenheitspflicht von Doppelmandatsträgern gehe es aber nicht um diesen Zweck der Wissenszurechnung, sondern um die Auseinanderhaltung von Geheimsphären[1669]. Die Zurechnung geheim zu haltenden Wissens hätte unerträgliche praktische Folgen für eine Wettbewerbsordnung, in der personelle Verflechtungen in Form von Doppelmandaten die Regel seien[1670]. Auch *Lutter* begründete das Zurechnungshindernis noch damit, dass die Wissenszurechnung nicht den Zweck haben könne, geheim zu haltendes Wissen zuzurechnen. Seine Begründung ist differenzierter: § 166 I BGB und den §§ 28 II BGB a. F., 78 II 2 AktG, 35 II 2 GmbHG könne man entnehmen, dass die Wissenszurechnung die Aufgabe habe, Außenstehende vor den Tücken einer großen Organisation zu schützen[1671]. Im Falle von Doppelmandaten gehe es aber nicht darum, Außenstehende vor dieser Gefahr zu schützen, sondern um die Frage, ob Außenstehenden ein rechtlicher Vorteil aus dem Wissen des Doppelmandatsträgers erwachsen solle. Das sei zu verneinen[1672]. Zudem setze die Wissenszurechnung immer die Redepflicht des Organmitglieds voraus, also die Pflicht, die Kenntnis an die Gesellschaft weiterzugeben, sonst müsste sich die Gesellschaft eine fiktive Kenntnis ihrer Organträger anlasten

---

1667 Siehe OLG Celle, 24. 8. 2011, 9 U 47/11, S. 13 f. („VW/Porsche“, nicht veröffentlicht); BGH NJW 2016, 2569, 2570; BGH WM 2015, 293, 294 (zur Verschwiegenheitspflicht eines Rechtsanwalts als Zurechnungshindernis); *Hopt,* Kapitalanlegerschutz, S. 474 f.; *Medicus,* Karlsruher Forum 1994, S. 4, 13 (dort Fn. 77); *Taupitz,* Karlsruher Forum 1994, S. 16, 25; *Buck* S. 464, 470 ff.; *dies.* AG 2015, 801, 810 f.; *Rodewald* GmbHR 2014, 639, 644; *Thomale* AG 2015, 641, 649 f.; *Sajnovits* WM 2016, 765, 771 f.; *Werner* WM 2016, 1474, 1477; *Verse* AG 2015, 413, 417 f.; *Koch* ZIP 2015, 1757, 1762 f.; *Habersack* DB 2016, 1551, 1553; *Mülbert/Sajnovits* NJW 2016, 2540, 2541; *Weller* ZGR 2016, 384, 405 f.; *Spindler* ZHR 181, 311, 329 ff.; *Schürnbrand* ZHR 181, 357, 372; *Ihrig* ZHR 181, 381, 399; a. A. *Schwintowski* ZIP 2015, 617, 621; nach der *ratio* der jeweiligen Wissensnorm differenzierend *Schirmer* AG 2015, 666, 668.

1668 So *Hopt,* Kapitalanlegerschutz, S. 474.

1669 So *Hopt,* Kapitalanlegerschutz, S. 474.

1670 So *Hopt,* Kapitalanlegerschutz, S. 474 f.

1671 So *Lutter* ZHR 145, 224, 242.

1672 So *Lutter* ZHR 145, 224, 242.

lassen, die sie tatsächlich nicht habe[1673]. Einer solchen zurechnungsermöglichenden Redepflicht des Organmitglieds stehe aber die Verschwiegenheitspflicht entgegen[1674]. *Buck* korrigiert *Lutter* insoweit, als es nicht um die Redepflicht, sondern um die Redemöglichkeit des Organmitglieds und die damit verbundene Frage gehe, ob das Organmitglied sein Wissen zugunsten der Gesellschaft verwenden könne[1675]. Die Wissenszurechnung setze nämlich die Möglichkeit der Weitergabe des Wissens des Organmitglieds als selbstverständlich voraus[1676].

Erst *Bucks* Begründung bringt die entscheidende Wertung zum Vorschein. Die organschaftliche Wissenszurechnung nach § 166 I BGB und nach dem Rechtsgedanken des § 31 BGB basiert im Wesentlichen auf dem Gedanken des Vorteil-Nachteil-Ausgleichs[1677]. Dieser Ausgleich wird meist dahin beschrieben, dass eine juristische Person, die sich die Vorteile der Arbeitsteilung zunutze mache, auch die Nachteile daraus zu tragen habe[1678]. Bezogen auf die Wissenszurechnung bedeutet das, dass eine juristische Person, die sich das Wissen ihrer Organmitglieder und Mitarbeiter zunutze macht, auch die Nachteile hieraus – in Form der Wissenszurechnung – zu tragen hat. Gegen das Prinzip des Vorteil-Nachteil-Ausgleichs wird häufig eingewandt, dass es im Bürgerlichen Recht nicht stringent durchgezogen worden sei[1679], es ihm deswegen an scharfen Konturen fehle und mit ihm nicht operiert werden könne[1680]. Sicher kann der Rechtsgedanke des Vorteil-Nachteil-Ausgleichs nur Teilaspekte von § 166 I BGB und § 31 BGB erklären[1681] und keine trennscharfen Kriterien für die Wissenszurechnung parat halten. Dennoch wurzeln diese Zurechnungsnormen so stark in diesem Rechtsgedanken, dass es gerechtfertigt ist, einen Zurechnungsausschluss allgemein anzunehmen, wenn nach der Rechtsordnung Wissen zugunsten einer Gesellschaft nicht verwendet werden darf, sodass ihr das Wissen keinen praktischen Nutzen bringen kann[1682]. In solchen Fällen widerspräche es den Wertungen des § 166 I BGB und des § 31 BGB, die juristische Person den Nachteil der Wissenszurechnung tragen zu lassen, weil sie aufgrund gesetzlicher Verschwiegenheitspflichten keinerlei Vorteil aus dem Wissen ziehen kann. Der durch die Verschwiegenheitspflicht bedingte

---

1673 So *Lutter* ZHR 145, 224, 242.

1674 So *Lutter* ZHR 145, 224, 242.

1675 Siehe *Buck* S. 476 f.

1676 So *Buck* S. 477.

1677 Zu dieser *ratio* des § 166 I BGB siehe *Baum* S. 64 ff. m. w. N.; zum Vorteil-Nachteil-Ausgleich nach § 31 BGB, siehe *Schürnbrand,* Organschaft, S. 102; *Küpperfahrenberg* S. 24; *Martinek*, Repräsentantenhaftung, S. 21 f., der von der „Vorteil-Nachteil-Korrelation“ als unangefochtener Basis der Organhaftung nach § 31 BGB spricht.

1678 Zu den unterschiedlichen Formulierungen siehe *Baum* S. 64 f.

1679 So *Baum* S. 65 f.

1680 So zu § 31 BGB *Schürnbrand,* Organschaft, S. 102.

1681 Nach *Baum* S. 65 f. bildet der Vorteil-Nachteil-Ausgleich nicht die einzige *ratio* des § 166 I BGB.

1682 So im Ergebnis auch *Schürnbrand* ZHR 181, 357, 376 f.

Zurechnungsausschluss gilt für jede Art der Wissenszurechnung, gleich ob sie auf § 166 I BGB, auf dem Rechtsgedanken des § 31 BGB oder sonstigen Rechtsgrundlagen beruht[1683].

Der Gegenansicht, die sich gegen einen auf Verschwiegenheit basierenden Zurechnungsausschluss ausspricht, kann nicht gefolgt werden. Nach *Schwintowski* ersetzt die Zurechnung die tatsächliche Informationsweitergabe und vermeide dadurch den Bruch der Verschwiegenheitspflicht[1684]. *Schwintowskis* Argumentation ist zu pauschal und lässt die hinter der Wissenszurechnung stehenden Wertungen völlig außer Betracht, insbesondere das Prinzip der Vorteil-Nachteil-Korrelation. Daher ist seine Ansicht abzulehnen. Auch *Schirmers* Ansatz, für den Zurechnungsausschluss im Einzelfall danach zu differenzieren, ob die *ratio* der jeweiligen Wissensnorm mit dem Schutzziel der Vertraulichkeit kompatibel sei[1685], kann nicht gefolgt werden. Denn auch dieser Ansatz berücksichtigt das Prinzip der Vorteil-Nachteil-Korrelation der Wissenszurechnung nicht. *Schirmers* Ansatz gibt aber Anlass, darüber nachzudenken, ob die Verschwiegenheitspflicht auch dann der Wissenszurechnung entgegensteht, wenn das zur Verschwiegenheit verpflichtete Organmitglied selbst ein Geschäft abschließt oder dessen Abschluss beeinflusst und die geheimen oder vertraulichen Informationen für das Geschäft relevant sind. Denn in diesem Fall ist zu erwarten, dass das Organmitglied die vertraulichen oder geheimen Informationen zugunsten der juristischen Person einsetzt, ohne dabei die vertraulichen oder geheimen Informationen gegenüber jemandem offen zu legen. Die h.M. lehnt eine Wissenszurechnung wegen der Verschwiegenheitspflicht auch in diesen Fällen ab[1686]. Das ist aber zweifelhaft, weil in diesem Fall das Wissen ohne Verschwiegenheitsbruch zugunsten der juristischen Person eingesetzt wird. Der Vorteil-Nachteil-Ausgleich stünde in diesem Fall einer Wissenszurechnung also nicht entgegen. Dem braucht hier aber nicht weiter nachgegangen zu werden, weil diese Problematik bei § 199 I BGB keine Rolle spielt. Bei § 199 I BGB muss der zur Verschwiegenheit verpflichtete Doppelmandatsträger das Wissen unter Verletzung seiner Verschwiegenheitspflicht offenbaren, wenn der Anspruch gegen den Geschäftsleiter verfolgt werden soll.

Entfällt die Verschwiegenheitspflicht des Organmitglieds nachträglich und erfährt das Organmitglied von diesem Wegfall, ist die Wissenszurechnung möglich[1687]. Eine Wissenszurechnung ist trotz Verschwiegenheitspflicht auch dann möglich, wenn der Doppelmandatsträger entgegen seiner Verschwiegenheitspflicht die geheime oder vertrauliche Information über den Anspruch gegen den Geschäftsleiter an das entscheidungsbefugte Organ weitergibt[1688]. In diesem Fall

---

1683 So auch BGH NJW 2016, 2569, 2570 (Tz. 32).

1684 So *Schwintowski* ZIP 2015, 617, 619.

1685 Siehe *Schirmer* AG 2015, 666, 668 f.

1686 Siehe *Fleischer* NJW 2006, 3239, 3242.

1687 So *Buck* S. 480 ff.

1688 Siehe *Thelen* NZG 2016, 1062, 1063.

zieht die juristische Person einen tatsächlichen Nutzen aus der geheimen oder vertraulichen Information, sodass der Vorteil-Nachteil-Ausgleich einer Wissenszurechnung nicht länger entgegensteht. Praktisch wird es auf die Zurechnung des Wissens des Organmitglieds in diesem Fall aber nicht ankommen, weil nach Weiterleitung der geheimen oder vertraulichen Information an das entscheidungsbefugte Organ ohnehin dessen Kenntnis der juristischen Person im Rahmen des § 199 I BGB zugerechnet wird.

Relevant wird der Zurechnungsausschluss nur, wenn die Kenntnis des Doppelmandatsträgers i. S. v. § 199 I BGB der juristischen Person an sich zugerechnet werden könnte. Insoweit gilt nichts anderes als beim Zurechnungsausschluss wegen Interessenkollision. Ist der Doppelmandatsträger Organmitglied eines entscheidungsbefugten Kollegialorgans, ist seine Kenntnis schon deshalb nicht zurechenbar, weil es nur auf die Kenntnis des Gremiums im Rahmen des § 199 I BGB ankommt. Rechtskonstruktiv bewirkt die Verschwiegenheitspflicht in diesen Fällen keinen echten Zurechnungsausschluss, sie lässt aber die Pflicht des Doppelmandatsträgers entfallen, das entscheidungsbefugte Organ über den Anspruch gegen den Geschäftsleiter zu informieren. Die unterlassene Informierung des entscheidungsbefugten Organs ist dann nicht pflichtwidrig und kann daher nicht als treuwidrige Unkenntnis der juristischen Person nach § 242 BGB gewertet werden.

## C. Zurechnungssubjekt: Wissensvertreter

### *I. Wissensvertretung bei Ansprüchen gegen Geschäftsleiter*

Es wurde bereits herausgearbeitet, dass Wissensvertreter i. S. v. § 199 I BGB jeder ist, der für die Vorbereitung oder Verfolgung des konkreten Anspruchs zuständig ist und hierbei anspruchsbegründende Tatsachen zu ermitteln oder festzustellen hat[1689]. Eine weitergehende Eigenverantwortlichkeit oder ein Außenkontakt der Hilfsperson ist nicht erforderlich, um sie als taugliches Zurechnungssubjekt im Rahmen des § 199 I BGB zu qualifizieren.

Hilfspersonen, die von der AG oder der GmbH dazu eingesetzt werden, zur Vorbereitung der Anspruchsverfolgung gegen Geschäftsleiter anspruchsbegründende Tatsachen zu ermitteln, sind Wissensvertreter. Sie sind zwar lediglich mit der rein internen Anspruchsermittlung gegen Geschäftsleiter betraut und haben somit keinerlei Außenkontakt. Auf dieses Merkmal kommt es für den Wissensvertreterbegriff bei § 199 I BGB aber nicht an. Ihre Kenntnis oder grob fahrlässige Unkenntnis der anspruchsbegründenden Umstände und der Person des Schuldner-Geschäftsleiters ist der juristischen Person zuzurechnen mit der Folge des Verjährungsbeginns nach § 199 I BGB.

---

1689 Siehe 5. Teil:§ 2B.IV.3.)a.).

### II. *Kompetenz der überwachungsberechtigten Organe von AG und GmbH zur Einschaltung von Hilfspersonen zur Tatsachenermittlung gegen Geschäftsleiter*

Bei AG und GmbH sind Hilfspersonen, die zur anspruchsvorbereitenden Tatsachenermittlung gegen Geschäftsleiter eingesetzt werden, durchaus relevant für den Verjährungsbeginn nach § 199 I BGB. Sie werden nämlich typischerweise eingesetzt, weil dem Überwachungsorgan die erforderliche Kenntnis i. S. v. § 199 I BGB noch fehlt. Hat beispielsweise der Aufsichtsrat einer AG Hinweise auf die Pflichtverletzung eines Vorstandsmitglieds, tritt hierdurch noch kein Verjährungsbeginn nach § 199 I BGB ein. Denn bloße Befürchtungen, Vermutungen oder der Verdacht, aus dem Sachverhalt könnten sich Ansprüche gegen Vorstandsmitglieder ergeben, genügen nicht, um die Verjährungsfrist nach § 199 I Nr. 2 Var. 1 BGB in Gang zu setzen[1690]. Bei konkreten Anhaltspunkten für eine Pflichtverletzung des Vorstandsmitglieds muss der Aufsichtsrat den Sachverhalt zur Aufdeckung möglicher Schadensersatzansprüche gegen Geschäftsleiter ermitteln[1691]. Er kann selbst ermitteln (§ 111 II 1 AktG[1692]) oder – soweit gesetzlich zulässig – Hilfspersonen damit beauftragen. Setzt er Hilfspersonen zur anspruchsvorbereitenden Tatsachenermittlung gegen Geschäftsleiter ein, löst deren Kenntnis bzw. grob fahrlässige Unkenntnis den Verjährungsbeginn nach § 199 I BGB aus. Auch die Hauptversammlung der AG kann bei Hinweisen auf eine Pflichtverletzung von Vorstandsmitgliedern Hilfspersonen zur anspruchsvorbereitenden Tatsachenermittlung einsetzen. Sie hat im Bereich der Geschäftsführungsüberwachung allerdings nur punktuelle Zuständigkeiten[1693]. Ihre wichtigste ist die zur Bestellung eines Sonderprüfers, um Vorgänge bei der Geschäftsführung gemäß §§ 119 I Nr. 7, 142 ff. AktG prüfen zu lassen[1694]. Erlangt der Sonderprüfer im Rahmen seiner Ermittlungen Kenntnis vom Schadensersatzanspruch gegen das Vorstandsmitglied oder müsste er ohne grobe Fahrlässigkeit diese Kenntnis erlangen, löst dies den Verjährungsbeginn nach § 199 I BGB aus.

Nach § 46 Nr. 6 GmbHG hat die Gesellschafterversammlung der GmbH – unabhängig davon, ob sie einen Aufsichtsrat hat[1695] – das Recht, nicht aber die Pflicht

---

1690 So BGH NJW 1993, 648, 653; hierzu ausführlich *Otto* S. 162 m. w. N.

1691 Zur Ermittlungspflicht des Aufsichtsrats bei Hinweisen auf Fehlverhalten siehe Großkomm AktG/*Hopt/Roth* § 111 Rn. 238 ff.; KK AktG/*Mertens/Cahn* Rn. 22.

1692 Ggf. i. V. m. §§ 52 I GmbHG, 25 I 1 Nr. 2 MitbestG, 1 I Nr. 3 DrittelbG, siehe Großkomm GmbHG/*Heermann* § 52 Rn. 86 ff.; U/H/H/*Ulmer/Habersack* § 25 MitbestG Rn. 45 f.; U/H/H/*Habersack* § 1 DrittelbG Rn. 35.

1693 Siehe Spindler/Stilz/*Hoffmann* § 119 Rn. 11.

1694 Siehe Spindler/Stilz/*Mock* § 142 Rn. 1.

1695 Auch in der GmbH mit Aufsichtsrat werden die Überwachungsrechte der Gesellschafterversammlung nach § 46 Nr. 6 GmbHG nach allgemeiner Ansicht nicht von der Kontrollkompetenz des Aufsichtsrats verdrängt, siehe MüKo GmbHG/*Liebscher* § 46 Rn. 191; Scholz GmbHG/*K. Schmidt* Rn. 111.

zur Überwachung der Geschäftsführung[1696]. Die Gesellschafterversammlung kann nach § 46 Nr. 6 GmbHG bei Hinweisen auf pflichtwidrige Geschäftsführung entweder selbst die Tatsachen zur Geltendmachung von Ansprüchen gegen Geschäftsführer ermitteln oder die Tatsachenermittlung an bestimmte Hilfspersonen delegieren. Im Rahmen des § 199 I BGB kommt es dann auf die Kenntnis bzw. grob fahrlässige Unkenntnis solcher Hilfspersonen an.

Was Ansprüche der juristischen Person gegen Dritte angeht, werden in größeren Unternehmen im Regelfall Personen unterhalb der Organebene, also Mitarbeiter mit der anspruchsvorbereitenden Tatsachenermittlung betraut. Für die Anspruchsgeltendmachung gegen Geschäftsleiter wird hingegen nicht auf Mitarbeiter zur anspruchsvorbereitenden Tatsachenermittlung zurückgegriffen. Mitarbeiter sind hierfür kaum geeignet, weil sie grundsätzlich dem Direktionsrecht der Geschäftsleitung unterstehen, die Kontrollorgane Mitarbeiter nur sehr eingeschränkt zur Tatsachenermittlung gegen Geschäftsleiter einsetzen dürfen und das Betriebsklima zwischen Mitarbeitern und der Geschäftsleitung gefährdet würde. In der AG ist es nach §§ 111 I, 112 S. 1 AktG Aufgabe des Aufsichtsrats, Ersatzansprüche gegen Vorstandsmitglieder geltend zu machen und – soweit erforderlich – die relevanten Tatsachen zur Anspruchsgeltendmachung zu ermitteln, § 111 II AktG. Ihm fehlt aber die Kompetenz, Mitarbeiter der AG als Tatsachenermittler und ständige Informationsvermittler zur Anspruchsgeltendmachung gegen Vorstandsmitglieder einzusetzen[1697]. In der GmbH mit und ohne Aufsichtsrat mag es der Gesellschafterversammlung wegen ihrer umfassenden Überwachungsrechte nach § 46 Nr. 6 GmbHG und wegen ihres Weisungsrechts gegenüber Geschäftsführern nach § 37 I GmbHG zwar theoretisch möglich sein, Mitarbeiter mit der anspruchsvorbereitenden Tatsachenermittlung gegen Geschäftsführer zu betrauen[1698]. Da dies nicht sinnvoll ist, dürfte auch dort die anspruchsvorbereitende Tatsachenermittlung durch die Gesellschafterversammlung selbst, durch Sonderprüfer (§ 46 Nr. 6 GmbHG) oder ggf. durch Prozessvertreter (§ 46 Nr. 8 Var. 2 GmbHG) vorherrschen.

## *III. Interne Wissensvertreter*

Nachdem abstrakt geklärt worden ist, wer als Wissensvertreter zu qualifizieren ist, soll im Folgenden gezeigt werden, welche konkreten Hilfspersonen in der AG und der GmbH typischerweise als Wissensvertreter zur anspruchsvorbereitenden Tatsachenermittlung gegen Geschäftsleiter eingesetzt werden. Hierbei kann zwischen

---

1696 Ganz h.M., siehe BGH NZG 2003, 528; BFH DStR 2007, 1625, 1626 f.; so Scholz GmbHG/*K. Schmidt* § 46 Rn. 112; Großkomm GmbHG/*Hüffer/Schürnbrand* Rn. 89; MüKo GmbHG/*Liebscher* Rn. 193; Michalski/*Römermann* Rn. 346; a. A. *Meier* DStR 1997, 1894, allerdings ohne Begründung; *Fleischer* GmbHR 2001, 45, 46 geht von einer Mindestkontrollpflicht aus.

1697 Siehe *Lutter,* Information und Vertraulichkeit im Aufsichtsrat, Rn. 319.

1698 So z. B. *Skauradszun* GmbHR 2012, 936, 939 zur GmbH-rechtlichen Sonderprüfung.

internen und externen Wissensvertretern unterschieden werden. Die nachfolgende Aufzählung erfolgt beispielhaft, nicht abschließend.

### *1.) Einzelne Aufsichtsratsmitglieder und Sachverständige, § 111 II 2 AktG*

Setzt der Aufsichtsrat der AG oder GmbH einzelne Aufsichtsratsmitglieder oder besondere Sachverständige nach § 111 II 2 AktG (ggf. i. V. m. §§ 52 I GmbHG, 25 I 1 Nr. 2 MitbestG, 1 I Nr. 3 DrittelbG) zur anspruchsvorbereitenden Tatsachenermittlung gegen Geschäftsleiter ein, sind diese Wissensvertreter. Ihre Kenntnis bzw. grob fahrlässige Unkenntnis der anspruchsbegründenden Tatsachen ist daher der AG bzw. GmbH im Rahmen des § 199 I BGB zuzurechnen.

### *2.) Untersuchungsausschüsse des Aufsichtsrats*

Die Kenntnis bzw. grob fahrlässige Unkenntnis eines Aufsichtsratsausschusses, der über die Geltendmachung eines Ersatzanspruchs gegen das Vorstandsmitglied zu entscheiden befugt ist (beschließender Ausschuss), ist der AG nach dem Rechtsgedanken des § 31 BGB zuzurechnen[1699]. Da nicht beschließenden Ausschüssen diese Entscheidungsbefugnis fehlt, ist bei ihnen eine organschaftliche Wissenszurechnung ausgeschlossen. Nicht beschließende Ausschüsse könnten aber Wissensvertreter sein, was letztlich eine Zurechnung nach dem Rechtsgedanken des § 166 I BGB ermöglichte.

Der Aufsichtsrat einer AG kann aus seiner Mitte – soweit rechtlich zulässig – einen oder mehrere Ausschüsse bestellen und seine Aufgaben an sie delegieren, § 107 III 1 AktG. Dies dient vor allem dazu, die Effizienz der Aufsichtsratsarbeit zu steigern[1700]. Die Grenzen der Delegation ergeben sich aus § 107 III 3 AktG und aus ungeschriebenen Delegationsverboten[1701]. Die Überwachung der Geschäftsführung des Vorstands gemäß § 111 I AktG gehört zu den zentralen Aufgaben des Aufsichtsrats. Es besteht daher ein ungeschriebenes Delegationsverbot des Aufsichtsrats, seine allgemeine Überwachungsaufgabe an Ausschüsse zu delegieren[1702]. Demgegenüber ist es dem Aufsichtsrat erlaubt, einzelne konkrete und genau definierte Überwachungsaufgaben von Fall zu Fall an einen Ausschuss zu delegieren[1703]. Dementsprechend kann der Aufsichtsrat bei gegebener Verdachtslage *ad hoc*[1704] einen Ausschuss einsetzen, der mit der Untersuchung des Fehlverhaltens von Vorstandsmitgliedern in einem konkreten Fall betraut ist[1705], ohne ihm

1699 Siehe 5. Teil:§ 3A.III.1.)e.).

1700 Siehe MüKo AktG/*Habersack* § 107 Rn. 92; Hüffer AktG/*Koch* Rn. 18.

1701 So MüKo AktG/*Habersack* § 107 Rn. 142.

1702 Siehe Begr. RegE bei *Kropff*, S. 149; MüKo AktG/*Habersack* § 107 Rn. 102, 125, 143; KK AktG/*Mertens/Cahn* Rn. 113, 145; Großkomm AktG/*Hopt/Roth* Rn. 371.

1703 So Großkomm AktG/*Hopt/Roth* § 107 Rn. 371; MüKo AktG/*Habersack* Rn. 143; siehe auch KK AktG/*Mertens/Cahn* Rn. 145.

1704 Siehe MüKo AktG/*Habersack* § 107 Rn. 101.

1705 Siehe MüKo AktG/*Habersack* § 107 Rn. 143, § 111 Rn. 66.

zugleich die Entscheidung über die Anspruchsverfolgung gegen Vorstandsmitglieder zu überlassen (nicht beschließender Ausschuss).

Ein solcher Untersuchungsausschuss muss aus mindestens zwei Aufsichtsratsmitgliedern bestehen[1706]. Seine Aufgabe ist es, das mögliche Fehlverhalten der Vorstandsmitglieder zu untersuchen und dabei die relevanten Tatsachen aufzuklären. An Informationsrechten steht dem Untersuchungsausschuss in jedem Fall der Berichtsanspruch gegen den Vorstand in analoger Anwendung des § 90 III AktG zu[1707]. Demgegenüber gehört das Einsichts- und Prüfungsrecht gemäß § 111 II 1 AktG nur dann zum Informationsinstrumentarium des Ausschusses, wenn der Aufsichtsrat ihn zur Einsicht und Prüfung i. S. v. § 111 II 1 AktG durch Beschluss ermächtigt[1708]. Um einen effektiven Untersuchungsausschuss einzusetzen, wird der Aufsichtsrat eine entsprechende Ermächtigung vornehmen. Erlangen die Mitglieder des Untersuchungsausschusses im Rahmen des Ermittlungsauftrags Kenntnis von anspruchsbegründenden Umständen und der Person des pflichtvergessenen Vorstandsmitglieds oder müssten sie diese Kenntnis ohne grobe Fahrlässigkeit erlangen, beginnt die Verjährungsfrist nach § 199 I BGB zu laufen. Die einzelnen Mitglieder des Untersuchungsausschusses sind Wissensvertreter, schließlich haben sie zur Vorbereitung der Anspruchsverfolgung den anspruchsbegründenden Sachverhalt zu ermitteln und ihn dem Aufsichtsrat gemäß § 107 III 5 AktG mitzuteilen. Die Kenntnis bzw. grob fahrlässige Unkenntnis der einzelnen Ausschussmitglieder ist der AG daher nach dem Rechtsgedanken des § 166 I BGB zuzurechnen.

Dieses Ergebnis scheint, was die Zurechnung der Kenntnis einzelner Ausschussmitglieder anbelangt, in Widerspruch zur Rechtslage beim beschließenden Ausschuss zu stehen. Denn die organschaftliche Wissenszurechnung nach dem Rechtsgedanken des § 31 BGB setzt beim beschließenden Ausschuss voraus, dass das beschlussfähige Gremium Kenntnis von den anspruchsbegründenden Umständen und der Person des Schuldner-Vorstandsmitglieds erlangt[1709], während beim nicht beschließenden Untersuchungsausschuss schon die Kenntnis einzelner Ausschussmitglieder für den Verjährungsbeginn genügen soll. Das hätte zur Folge, dass die Wissenszurechnung beim beschließenden Ausschuss unter strengeren Voraussetzungen als beim nicht beschließenden Ausschuss möglich wäre, obwohl der beschließende Ausschuss mehr Rechte hat und sogar über die Geltendmachung des Ersatzanspruchs gegen das Vorstandsmitglied entscheiden kann. Der scheinbare Widerspruch besteht aber nicht, da auch die einzelnen Mitglieder des beschließenden Ausschusses als Wissensvertreter zu qualifizieren sind, weil auch sie vom Aufsichtsrat mit der anspruchsvorbereitenden Tatsachenermittlung gegen

1706 So Hüffer AktG/*Koch* § 107 Rn. 21; KK AktG/*Mertens/Cahn* Rn. 116 f.

1707 Siehe MüKo AktG/*Habersack* § 107 Rn. 167; Hüffer AktG/*Koch* Rn. 29; KK AktG/*Mertens/Cahn* Rn. 137; Großkomm AktG/*Hopt/Roth* Rn. 433.

1708 Zur Möglichkeit der Ermächtigung siehe MüKo AktG/*Habersack* § 107 Rn. 167; Hüffer AktG/*Koch* Rn. 29; KK AktG/*Mertens/Cahn* Rn. 148; Großkomm AktG/*Hopt/Roth* Rn. 434.

1709 Siehe 5. Teil:§ 3A.III.1.)e.).

das Vorstandsmitglied betraut worden sind. Indem der Aufsichtsrat beschließende oder nicht beschließende Ausschüsse zur anspruchsvorbereitenden Tatsachenermittlung gegen Vorstandsmitglieder einsetzt, begibt er sich der Möglichkeit, eigene Ermittlungen nach § 111 II 1 AktG durchzuführen und selbst Kenntnis von den anspruchsbegründenden Tatsachen zu erlangen. Dies rechtfertigt es nach dem Rechtsgedanken des § 166 I BGB[1710], die Verjährungsfrist nach § 199 I BGB mit der Kenntnis bzw. grob fahrlässigen Unkenntnis einzelner Ausschussmitglieder beginnen zu lassen.

Bei beschließenden Ausschüssen überlagern sich also die Zurechnungsgründe: die Gremiumskenntnis ist nach dem Rechtsgedanken des § 31 BGB zurechenbar, indes die Kenntnis einzelner Ausschussmitglieder nach dem Rechtsgedanken des § 166 I BGB und den Grundsätzen der Wissensvertretung zurechenbar ist. Für den Fristbeginn nach § 199 I BGB ist entscheidend, auf welcher Rechtsgrundlage die Kenntnis zuerst zugerechnet werden kann. Im Ergebnis wird sich der Einsatz von Ausschussmitgliedern auf den Zeitpunkt des Verjährungsbeginns kaum auswirken, da § 199 I BGB eine Jahresschlussverjährung festlegt und ein regelmäßiger Informationsaustausch zwischen dem Ausschuss und dem Aufsichtsrat gemäß § 107 III 5 AktG gesetzlich vorgeschrieben ist.

Für die GmbH mit fakultativem Aufsichtsrat sieht das Gesetz keine Aufsichtsratsausschüsse vor[1711]. § 52 I GmbHG verweist nicht auf § 107 III AktG. Durch Satzung kann hiervon aber abgewichen werden[1712]. Soweit die Satzung Untersuchungsausschüsse im oben beschriebenen Sinne erlaubt, gilt für die Wissenszurechnung das zu Untersuchungsausschüssen der AG Ausgeführte. In der dem MitbestG oder dem DrittelbG unterliegenden GmbH sind Aufsichtsratsausschüsse zulässig, wie sich aus den entsprechenden Verweisungen auf § 107 III AktG ergibt[1713]. Das zur Wissenszurechnung im Hinblick auf Untersuchungsausschüsse der AG Gesagte gilt entsprechend.

### *3.) Sonderprüfer*

Die aktienrechtliche Sonderprüfung ist in den §§ 142 ff. AktG geregelt. Nach § 142 I 1, II 1 AktG kann die Hauptversammlung oder – auf Antrag einer qualifizierten Aktionärsminderheit – das Gericht einen Sonderprüfer zur Prüfung von Vorgängen bei der Gründung oder der Geschäftsführung bestellen. Der Zweck der Sonderprüfung besteht hauptsächlich darin, die Tatsachengrundlage bestimmter Gründungs- oder Geschäftsführungsvorgänge aufzuklären, um es der Hauptversammlung oder einer qualifizierten Aktionärsminderheit zu ermöglichen, die Geltendmachung

---

1710 Siehe *Waltermann* AcP 192, 181, 199 f.; *Buck* S. 163.

1711 So Großkomm GmbHG/*Heermann* § 52 Rn. 74.

1712 So Großkomm GmbHG/*Heermann* § 52 Rn. 74.

1713 Zu den Verweisungen gemäß § 25 I 1 Nr. 2 MitbestG und § 1 I Nr. 3 DrittelbG siehe U/H/H/*Ulmer/Habersack* § 25 MitbestG Rn. 123 ff., § 1 DrittelbG Rn. 32.

von Ansprüchen nach §§ 147, 148 AktG zu erzwingen[1714]. Die Sonderprüfung dient der Hauptversammlung bzw. einer qualifizierten Minderheit somit als außerordentliches Informationsinstrument[1715], um das Geltendmachungsverlangen i. S. v. §§ 147, 148 AktG hinreichend zu substantiieren[1716]. Dementsprechend ist es die Aufgabe des Sonderprüfers, im Rahmen seines Prüfungsauftrags die relevanten Tatsachen zu ermitteln[1717]. Ist der Sonderprüfer zur Prüfung eines bestimmten, sachlich und zeitlich abgrenzbaren Geschäftsführungsvorgangs bestellt[1718], so hat er die tatsächlichen Grundlagen für mögliche rechtliche Konsequenzen, insbesondere für die Geltendmachung von Ersatzansprüchen gegen Vorstandsmitglieder aufzuklären[1719]. Hierzu stehen dem Sonderprüfer die Informationsrechte aus § 145 I-III AktG zur Verfügung.

Erlangt der Sonderprüfer bei seinen Ermittlungen Kenntnis von anspruchsbegründenden Umständen und von der Person des Schuldner-Vorstandsmitglieds[1720], kann diese Kenntnis der AG nicht im Wege organschaftlicher Zurechnung zugerechnet werden, da der Sonderprüfer kein Organ der AG ist[1721]. Er ist aber Wissensvertreter, weil er im Rahmen seines Prüfungsauftrags zur Vorbereitung der Anspruchsverfolgung nach §§ 147, 148 AktG den anspruchsbegründenden Sachverhalt zu ermitteln und an die AG gemäß § 145 VI AktG weiterzuleiten hat. Nach dem Rechtsgedanken des § 166 I BGB ist seine Kenntnis bzw. grob fahrlässige Unkenntnis der AG im Rahmen des § 199 I BGB mit der Folge des Verjährungsbeginns zuzurechnen. Sind mehrere Sonderprüfer bestellt[1722], genügt es für den Verjährungsbeginn nach § 199 I BGB, wenn einer von ihnen Kenntnis bzw. grob fahrlässige Unkenntnis hat. Denn jeder einzelne Sonderprüfer ist Wissensvertreter, der anstelle des Geschäftsherrn für diesen Informationen zur Kenntnis nimmt[1723].

---

1714 Siehe KK AktG/*Rieckers/Vetter* § 142 Rn. 16 ff.

1715 So KK AktG/*Rieckers/Vetter* § 142 Rn. 102; siehe auch KG AG 2012, 412, 413, wonach der Zweck in der Informationsverschaffung liege.

1716 Siehe Spindler/Stilz/*Mock* § 147 Rn. 9; KK AktG/*Rieckers/Vetter* § 142 Rn. 20.

1717 Siehe KG AG 2012, 412, 413; Hüffer AktG/*Koch* § 142 Rn. 2; KK AktG/*Rieckers/Vetter* Rn. 24 f.

1718 Zu den Anforderungen an die Bestimmtheit der Bestellung siehe OLG Stuttgart AG 2009, 169, 171; KK AktG/*Rieckers/Vetter* § 142 Rn. 101 ff.; Hüffer AktG/*Koch* Rn. 2.

1719 So KG AG 2012, 412, 413.

1720 Die Bestellung des Sonderprüfers setzt nicht schon die Nennung des Schuldners im Bestellungsbeschluss voraus, falls dieser nicht bekannt ist, siehe KK AktG/*Rieckers/Vetter* § 142 Rn. 103.

1721 Siehe KK AktG/*Rieckers/Vetter* § 142 Rn. 201; K. Schmidt/Lutter/*Spindler* Rn. 37; Großkomm AktG/*Bezzenberger* Rn. 41.

1722 Dazu Hüffer AktG/*Koch* § 143 Rn. 2.

1723 Selbst bei Gesamtvertretern schadet schon die Kenntnis eines Vertreters, siehe BGHZ 20, 149, 153; Z 62, 167, 173; Erman/*Maier-Reimer* § 166 Rn. 31.

Im Recht der GmbH ist die Sonderprüfung nicht besonders geregelt. Dennoch ist sie auch im GmbH-Recht anerkannt[1724]. Umstritten ist aber die Rechtsgrundlage. Nach zutreffender Ansicht umfasst die Kompetenz der Gesellschafter zur Prüfung und Überwachung der Geschäftsführung gemäß § 46 Nr. 6 GmbHG auch das Recht, einen Sonderprüfer zu bestellen[1725]. Die eng zugeschnittene aktienrechtliche Sonderprüfung gemäß §§ 142 ff. AktG passt nicht zu den weitreichenden Kompetenzen der Gesellschafterversammlung der GmbH (§§ 37 I, 46 Nr. 6 GmbHG), weshalb die Sonderprüfung in der GmbH nicht auf eine Analogie zu den §§ 142 ff. AktG gestützt werden sollte[1726]. Zu den Aufgaben des GmbH-rechtlichen Sonderprüfers zählt ebenfalls die anspruchsvorbereitende Tatsachenermittlung gegen Geschäftsführer[1727]. Auch der GmbH-rechtliche Sonderprüfer ist somit Wissensvertreter, weshalb sich die GmbH seine Kenntnis bzw. grob fahrlässige Unkenntnis im Rahmen des § 199 I BGB zurechnen lassen muss. Sind mehrere Sonderprüfer eingesetzt, gilt für die Wissenszurechnung das zur aktienrechtlichen Sonderprüfung Gesagte.

### *4.) Interne Revision*

Die Vorstandsmitglieder einer AG haben gemäß § 91 Abs. 2 AktG geeignete Maßnahmen zu treffen, insbesondere ein Überwachungssystem einzurichten, damit eine fortbestandsgefährdende Entwicklung der Gesellschaft früh erkannt wird. Vorstandsmitglieder sind deshalb verpflichtet, ein sog. Risikofrüherkennungssystem einzurichten[1728]. Die interne Revision kann Bestandteil dieses Risikofrüherkennungssystems sein[1729]. Aufgabe der internen Revision ist, das eingerichtete Risikomanagementsystem sowie die eingerichtete Compliance-Organisation auf Effektivität und Wirtschaftlichkeit zu prüfen[1730]. Dabei soll sie die Tauglichkeit des Risikomanagements, der Kontrollen und der Führungs- und Überwachungsprozesse

---

1724 Siehe OLG Düsseldorf WM 1992, 14, 22; *Fleischer* GmbHR 2001, f.; Baumbach/Hueck/*Zöllner/Noack* § 46 Rn. 50; Scholz GmbHG/*K. Schmidt* Rn. 116; Großkomm GmbHG/*Hüffer/Schürnbrand* Rn. 90; Lutter/Hommelhoff/*Bayer* Rn. 30; Michalski/*Römermann* Rn. 336; MüKo GmbHG/*Liebscher* Rn. 190.

1725 So *Fleischer* GmbHR 2001, 45 f.; Scholz GmbHG/*K. Schmidt* § 46 Rn. 116; Großkomm GmbHG/*Hüffer/Schürnbrand* Rn. 90; offen lassend OLG Düsseldorf WM 1992, 14, 22.

1726 Siehe *Fleischer* GmbHR 2001, 45, 46; a. A. Lutter/Hommelhoff/*Bayer* § 46 Rn. 30; MüKo GmbHG/*Liebscher* Rn. 190 (beide stützen die Sonderprüfung auf eine analoge Anwendung des § 142 AktG).

1727 Siehe *Fleischer* GmbHR 2001, 45 f.

1728 Siehe Begr. zu § 91 II RegE, BT-Drucks. 13/9712, S. 15; Spindler/Stilz/*Fleischer* § 91 Rn. 34.

1729 Interne Revision für notwendig haltend *Dreher*, FS Hüffer 2010, S. 161, 167 f.; den Ermessensspielraum des Vorstands betonend Spindler/Stilz/*Fleischer* § 91 Rn. 36; MüKo AktG/*Habersack* § 107 Rn. 114; *Naumann/Siegel* ZHR 181, 273, 282.

1730 Siehe *Dreher*, FS Hüffer 2010, S. 161, 175 f.

bewerten und diese zu verbessern helfen[1731]. Die interne Revision untersteht dem Vorstand[1732] und berichtet an diesen[1733]. Der Vorstand stattet die interne Revision mit Informationsrechten aus, insbesondere mit Rechten auf Auskunft und Einsicht in Betriebs- und Geschäftsabläufe[1734]. Da Mitarbeiter dem Direktionsrecht und der Überwachung des Vorstands unterstehen, der Aufsichtsrat nach § 111 IV AktG hingegen nicht zur Geschäftsführung befugt ist, hat der Aufsichtsrat gegenüber Mitarbeitern nur sehr eingeschränkte, im einzelnen umstrittene Informationsrechte[1735]. Einigkeit besteht insofern, als der Aufsichtsrat nicht berechtigt ist, die Mitarbeiter der internen Revision eigenmächtig als Informationsvermittler einzusetzen[1736]. Der Aufsichtsrat kann daher nicht aus eigener Kompetenz auf die Mitarbeiter der internen Revision zur anspruchsvorbereitenden Tatsachenermittlung gegen Vorstandsmitglieder zugreifen. Sie sind daher keine Wissensvertreter der AG, auch wenn sie dazu eingesetzt werden, Mängel im Risikofrüherkennungssystem zu erkennen, die möglicherweise auf eine Vorstandshaftung nach § 93 II AktG hindeuten.

Je nach Realstruktur und Risikoprofil einer GmbH sind deren Geschäftsführer nach § 43 I GmbHG ebenfalls verpflichtet, ein Risikofrüherkennungssystem samt interner Revision einzurichten[1737]. Inwieweit die Gesellschafterversammlung kraft ihrer Kompetenz nach § 46 Nr. 6 GmbHG Mitarbeiter der internen Revision als Informationsvermittler einsetzen könnte, ist unklar. Das GmbH-rechtliche Schrifttum ist im Gegensatz zum aktienrechtlichen großzügiger, was direkte Informationsrechte des Kontrollorgans – hier der Gesellschafterversammlung – gegenüber Mitarbeitern anbelangt[1738]. Dies nicht zuletzt, weil die Gesellschafterversammlung kraft ihrer Allzuständigkeit jede Geschäftsführungsangelegenheit an sich ziehen und den Geschäftsführern Weisungen erteilen kann[1739] und § 46 Nr. 6 GmbHG keine Einschränkungen der möglichen Überwachungsmaßnahmen vorsieht[1740].

---

1731 So Hauschka/*Obermayr* § 44 Rn. 56 unter Verweis auf das Deutsche Institut für Interne Revision.

1732 Siehe MüKo AktG/*Habersack* § 107 Rn. 113; Hauschka/*Obermayr* § 44 Rn. 59; *Roth* AG 2004, 1, 12.

1733 Siehe Hüffer AktG/*Koch* § 91 Rn. 10; Spindler/Stilz/*Fleischer* Rn. 36.

1734 So Hauschka/*Obermayr* § 44 Rn. 104.

1735 Die Informationsrechte des Aufsichtsrats gegenüber Mitarbeitern sind sehr umstritten. Für weitreichende Informationsrechte MüKo AktG/*Habersack* § 111 Rn. 68 f.; *ders.* AG 2014, 1, 6 f.; *Roth* AG 2004, 1 ff.; dagegen Spindler/Stilz/*Spindler* § 111 Rn. 36.

1736 Siehe *Lutter*, Information und Vertraulichkeit im Aufsichtsrat, Rn. 319 f.; *Spindler* ZHR 181, 311, 329.

1737 Hierzu näher MüKo GmbHG/*Fleischer* § 43 Rn. 61.

1738 Siehe *Fleischer* GmbHR 2001, 45, 46; *Skauradszun* GmbHR 2012, 936, 939; Großkomm GmbHG/*Hüffer/Schürnbrand* § 46 Rn. 89 (Anhörung von Betriebsangehörigen).

1739 In diese Richtung *Skauradszun* GmbHR 2012, 936, 939, allerdings zur Konstellation der GmbH-rechtlichen Sonderprüfung.

1740 Siehe *Fleischer* GmbHR 2001, 45, 46 „Kontrollbefugnisse […] in ihr Belieben gestellt".

Hält man es daher für zulässig, dass die Gesellschafterversammlung Mitarbeiter der internen Revision als Hilfspersonen zur anspruchsvorbereitenden Tatsachenermittlung gegen Geschäftsführer einsetzt, wären solche Hilfspersonen als Wissensvertreter anzusehen. Für ein effektives Risikofrüherkennungssystem wäre dies aber abträglich, weil Geschäftsführer keine Anreize haben, eine interne Revision einzurichten, die die Gesellschafterversammlung gegen sie verwendet.

### *5.) Besondere Vertreter*

Soweit besonderen Vertretern i. S. v. § 147 II AktG die Kompetenz fehlt, den Willen der AG zur Anspruchsgeltendmachung zu bilden, weil die Hauptversammlung diesen Willen durch Beschluss gemäß § 147 I AktG schon abschließend gebildet hat, scheidet eine organschaftliche Wissenszurechnung nach dem Rechtsgedanken des § 31 BGB aus. Dennoch löst die Kenntnis bzw. grob fahrlässige Unkenntnis des besonderen Vertreters den Verjährungsbeginn nach § 199 I BGB aus, wenn der besondere Vertreter kraft seines Auftrags auch den anspruchsbegründenden Sachverhalt gegen das Vorstandsmitglied zu ermitteln hat. Denn in diesem Fall ist er Wissensvertreter.

Nichts anderes gilt für den Prozessvertreter nach § 46 Nr. 8 Var. 2 GmbHG. Sind mehrere Personen als Prozessvertreter zur Geltendmachung eines Anspruchs eingesetzt, ist jeder von ihnen als Wissensvertreter zu qualifizieren. Dementsprechend ist auch die Kenntnis bzw. grob fahrlässige Unkenntnis eines jeden von ihnen im Rahmen des § 199 I BGB zurechenbar.

## *IV. Externe Wissensvertreter*

### *1.) Rechtsanwalt*

Denkbar ist auch, dass die Gesellschaft einen Rechtsanwalt hinzuzieht, um sich im Umgang mit Vorfällen bei der Geschäftsführung beraten zu lassen. Besonders Aufsichtsräte von börsennotierten AGs werden Anwälte einschalten, um zu klären, welche Pflichten ihnen bei der Aufarbeitung und Geltendmachung von Ansprüchen gegen Vorstandsmitglieder obliegen[1741]. Inwieweit solche Rechtsanwälte als Wissensvertreter im Rahmen des § 199 I BGB anzusehen sind, hängt vom Umfang ihres Mandats ab. Der BGH hat Rechtsanwälte verschiedentlich als Wissensvertreter des Gläubigers im Rahmen des Verjährungsbeginns eingeordnet[1742]. Hierbei rekurriert der BGH auf die althergebrachte Definition des Wissensvertreters, nach der derjenige, der einen anderen – unabhängig von einem

---

1741 Zuständig zur Beauftragung von Rechtsanwälten ist insoweit der Aufsichtsrat kraft seiner Annexzuständigkeit zu § 112 S. 1 AktG, siehe KK AktG/*Mertens/Cahn* § 112 Rn. 24; *Werner* ZGR 1989, 369, 383 f.; *Fleischer/Wedemann* GmbHR 2010, 449, 451, 455.

1742 Siehe BGH NJW 1989, 2323; NJW-RR 1990, 222, 223; NJW-RR 1992, 282, 283; NJW 1992, 3034; NJW-RR 1994, 806, 807 (alle zu § 852 I BGB a. F.).

Vertretungsverhältnis – mit der Erledigung bestimmter Angelegenheiten in eigener Verantwortung betraut, sich das in diesem Rahmen erlangte Wissen des anderen zurechnen lassen muss[1743]. Diese Voraussetzungen seien insbesondere dann erfüllt, wenn der Gläubiger einen Rechtsanwalt speziell mit der Aufklärung des anspruchsbegründenden Sachverhalts[1744] oder allgemein mit der Wahrnehmung seiner Interessen im Rahmen der Geltendmachung des Anspruchs betraue[1745]. Das Schrifttum billigt diese Rechtsprechung[1746]. Zum Teil wird klarstellend hervorgehoben, dass Rechtsanwälte, die bloß zur Rechtsberatung eingesetzt sind, keine Wissensvertreter sind[1747].

Richtig ist, dass für Rechtsanwälte keine anderen Maßstäbe als für sonstige Wissensvertreter im Rahmen des § 199 I BGB gelten. Daher gilt auch für Rechtsanwälte die allgemeine Formel, nach der sie als Wissensvertreter zu qualifizieren sind, wenn sie mit der Vorbereitung oder Verfolgung des Anspruchs betraut sind und hierbei Tatsachen zu ermitteln oder festzustellen haben[1748]. Dies stimmt mit den vorgenannten Wertungen aus der Rechtsprechung und dem Schrifttum überein. Stets zurechenbar ist daher z. B. die Kenntnis von Rechtsanwälten, die als Prozessbevollmächtigte den Anspruch der Gesellschaft gegen den Geschäftsleiter geltend zu machen und hierzu die erforderlichen Tatsachen zu ermitteln haben. Sind Rechtsanwälte nur zur internen Rechtsberatung eingesetzt, fungieren also nicht als Tatsachenermittler, sind sie keine Wissensvertreter. Sind sie hingegen mit der Anspruchsvorbereitung betraut, kommt es darauf an, inwieweit sie für die Informationsaufnahme und -weiterleitung zuständig sind[1749]; haben sie nur eine untergeordnete Rolle im Rahmen der Tatsachenermittlung, ist ihre Kenntnis nicht zurechenbar.

### *2.) Andere Berater*

Für sonstige externe Berater gilt das zu Rechtsanwälten Ausgeführte.

---

1743 So BGH NJW 1989, 2323.
1744 So BGH NJW 1989, 2323.
1745 Siehe BGH NJW-RR 1990, 222, 223; NJW-RR 1992, 282, 283.
1746 Siehe MüKo BGB/*Grothe* § 199 Rn. 38; Heidel BGB/*Mansel/Stürner* Rn. 76.
1747 So Heidel BGB/*Mansel/Stürner* § 199 Rn. 76.
1748 Siehe 5. Teil:§ 2B.IV.
1749 Zum Meinungsstand, worauf sich das Merkmal der Eigenverantwortlichkeit bei § 199 I BGB bezieht, siehe 5. Teil:§ 2B.IV.3.)a.).

## D. Sonstige Personen als Zurechnungssubjekt: Wissensorganisationspflicht, spezielle gesellschaftsinterne Informationspflichten und grob fahrlässige Unkenntnis

AG und GmbH müssen sich im Rahmen des § 199 I BGB die Kenntnis bzw. grob fahrlässige Unkenntnis jedes zur Entscheidung über die Anspruchsverfolgung gegen den Geschäftsleiter berufenen Organs (*entscheidungsbefugtes Organ*), jedes Wissensvertreters und jedes Gesellschafters, der den Anspruch der Gesellschaft in Prozessstandschaft einklagen kann, zurechnen lassen.

Wenn andere Personen von den anspruchsbegründenden Umständen und der Person des Schuldner-Geschäftsleiters erfahren, kann ihre Kenntnis allenfalls unter dem Aspekt der Wissensweiterleitung relevant sein. Zu untersuchen ist daher, ob Organmitglieder, die nicht dem entscheidungsbefugten Organ angehören (*unzuständiges Organmitglied*) oder Mitarbeiter, die nicht Wissensvertreter sind (*unzuständige Hilfspersonen*), ihre Kenntnis von den anspruchsbegründenden Umständen und der Person des Schuldner-Geschäftsleiters an das entscheidungsbefugte Organ weiterleiten müssen und, falls ja, ob die pflichtwidrig unterlassene Weiterleitung dazu führt, dass zulasten der juristischen Person die Verjährungsfrist nach § 199 I BGB beginnt. Praktisch bedeutsam ist vor allem die Frage, ob AG-Vorstandsmitglieder und GmbH-Geschäftsführer, die von einem Anspruch der Gesellschaft gegen ihren Geschäftsleiterkollegen erfahren haben, ihre Kenntnis an das entscheidungsbefugte Organ der AG bzw. GmbH weiterleiten müssen. Denn bei Geschäftsleitern ist die Wahrscheinlichkeit, von Ansprüchen der Gesellschaft gegen Geschäftsleiterkollegen zu erfahren, am größten. Theoretisch möglich ist es aber auch, dass andere unzuständige Organmitglieder oder unzuständige Hilfspersonen von dem Anspruch gegen den Geschäftsleiter (zufällig) erfahren. Relevant ist die nachfolgende Untersuchung freilich nur für die Fälle, in denen der AG oder GmbH ihr Anspruch nicht schon bekannt ist. Das Nachstehende gilt daher in erster Linie für Schadensersatzansprüche aus pflichtwidriger Geschäftsführung, die den entscheidungsbefugten Organen und Wissensvertretern bisher nicht bekannt sind.

Als Zurechnungsgründe kommen zunächst zwei Arten von Informationspflichten in Betracht, die zu unterscheiden sind: Die Pflicht zur ordnungsgemäßen Organisation der Kommunikation und andere gesellschaftsinterne Informationsweiterleitungspflichten. Die Verletzung der ersten Pflicht hätte Kenntnis i. S. v. § 199 I BGB, die Verletzung der zweiten treuwidrige Unkenntnis zur Folge. Stattdessen könnte die unterlassene Informationsweiterleitung aber auch grob fahrlässige Unkenntnis i. S. v. § 199 I BGB begründen.

### *I. Meinungsstand im Schrifttum*

#### *1.) Wissensorganisationspflicht*

Nach der Lehre von der ordnungsgemäßen Organisation der Kommunikation muss sich eine arbeitsteilige Organisation aus Verkehrsschutzgründen die Kenntnis von Hilfspersonen zurechnen lassen, von denen bei ordnungsgemäßer Organisation

eine Informationsweiterleitung an das maßgebliche Zurechnungssubjekt zu erwarten ist. Ob diese Verkehrsschutzerwägungen im Rahmen des Verjährungsbeginns nach § 199 I BGB auch greifen, wenn es um interne Ansprüche von AG und GmbH gegen Geschäftsleiter geht, erscheint fraglich.

Im Schrifttum befassen sich nur wenige explizit mit der Frage, ob juristische Personen ihr Wissen über Umstände, die einen Anspruch gegen einen Geschäftsleiter begründen, im Rahmen des § 199 I BGB organisieren müssen. Obwohl *Grothe* arbeitsteilig organisierte Gläubiger grundsätzlich für verpflichtet hält, eine Wissensorganisation einzurichten[1750], lehnt er insoweit eine Wissensorganisationspflicht der juristischen Person ab, jedoch ohne dies näher zu begründen[1751]. Auch *Sturm* lehnt in diesem Fall eine Wissensorganisationspflicht der juristischen Person ab[1752]. Er begründet dies damit, dass die Wissensorganisationspflicht im Verkehrsschutz gründe und folgert daraus, dass die juristische Person allenfalls ihr Wissen über rechtsgeschäftliche Ansprüche gegen Außenstehende organisieren müsse. Bei Ansprüchen gegen Geschäftsleiter sei der Rechtsverkehr hingegen nicht betroffen, sodass Verkehrsschutzgesichtspunkte keine Rolle spielten und die juristische Person ihr Wissen insoweit nicht organisieren müsse[1753]. In Anlehnung an die Rechtsprechung des BAG führt *Sturm* noch einen weiteren Einwand gegen die Wissensorganisationspflicht an[1754]: Ansprüche der juristischen Person gegen Geschäftsleiter beträfen das Innenverhältnis. Es handle sich um ein Problem des Verhältnisses der Organe einer juristischen Person zueinander. Insoweit sei die Organisationsstruktur vom Gesetz vorgegeben, sodass eine andere Art der Informationsorganisation nicht möglich sei[1755].

Weitere Literaturstimmen befassen sich zwar nicht direkt mit der Frage, inwieweit eine juristische Person verpflichtet ist, ihr Wissen über Ansprüche gegen Geschäftsleiter zu organisieren. Sie behandeln aber die Frage, inwieweit der Geschäftsleiter gegenüber der juristischen Person den Schutz des Rechtsverkehrs genießt. Ihrer Auffassung nach können sich amtierende Geschäftsleiter gegenüber der Gesellschaft nicht auf Verkehrsschutz berufen[1756]. Ausgeschiedene Geschäftsleiter sollen sich hingegen auf Verkehrsschutz berufen können, weil sie keine Einblicke mehr in die

---

1750 Siehe MüKo BGB/*Grothe* § 199 Rn 36.

1751 Nach MüKo BGB/*Grothe* § 199 Rn. 37 kommt es, wenn sich der Anspruch gegen den Geschäftsleiter richtet, „für die Verjährung weder auf die Kenntnis bzw. grob fahrlässige Unkenntnis des gesetzlichen Vertreters an, noch auf die sonstiger Angestellter, sondern allein auf die der anderen gesetzlichen Vertreter bzw. auf die subjektive Situation desjenigen Organs, das die Gesellschaft gegenüber dem Schuldner vertritt."

1752 Siehe *Sturm,* Verjährung Diss., S. 202 f., 435.

1753 Siehe *Sturm,* Verjährung Diss., S. 202 f.

1754 Siehe *Sturm,* Verjährung Diss., S. 202 f., 435.

1755 So *Sturm,* Verjährung Diss., S. 202 f., 435 unter Verweis auf BAG NJW 1978, 723, 724.

1756 Siehe Spindler/Stilz/*Spindler* § 112 Rn. 42 f.; *Rickert/Heinrichs* GWR 2017, 112, 113 f.

Interna der Gesellschaft hätten[1757]. Nimmt man dies zum Maßstab für die Anwendbarkeit der Wissensorganisationspflicht[1758], die im Verkehrsschutz wurzelt, wäre die juristische Person allenfalls gegenüber ausgeschiedenen Schuldner-Geschäftsleitern zur Organisation ihres Wissens über anspruchsbegründende Tatsachen verpflichtet.

Folgt man *Sturm* und *Grothe,* besteht keine Wissensorganisationspflicht der juristischen Person, soweit es um die Organisation der Kenntnisse über Ansprüche gegen Geschäftsleiter geht. Erfahren unzuständige Organmitglieder oder unzuständige Hilfspersonen von Tatsachen, die einen Anspruch der juristischen Person gegen einen Geschäftsleiter begründen, kann ihr Wissen der juristischen Person nicht aufgrund der Wissensorganisationspflicht zugerechnet werden. Folgt man der Ansicht, nach der nur ausgeschiedene Geschäftsleiter den Schutz des Rechtsverkehrs genießen, ist die juristische Person nicht gegenüber amtierenden, aber gegenüber ausgeschiedenen Geschäftsleitern verpflichtet, ihr Wissen über den Anspruch gegen den Geschäftsleiter zu organisieren.

## *2.) Spezielle gesellschaftsinterne Informationspflichten*

Bereits behandelt und bejaht wurde die Frage, ob sich die juristische Person im Rahmen des § 199 I BGB nicht auf ihre Unkenntnis berufen kann, wenn einberufungsberechtigte Organmitglieder des entscheidungsbefugten Organs ihre Kenntnis von anspruchsbegründenden Umständen und der Person des Schuldner-Geschäftsleiters pflichtwidrig nicht ans Gremium weitergeben. Dies ist nach § 242 BGB als Fall rechtsmissbräuchlicher Unkenntnis zu behandeln[1759]. Hier geht es nun um die Frage, ob es ebenfalls als rechtsmissbräuchliche Unkenntnis der juristischen Person zu werten ist, wenn die Organmitglieder eines nicht entscheidungsbefugten Organs ihre Kenntnis pflichtwidrig nicht ans entscheidungsbefugte Organ weiterleiten. Die h. L. bejaht dies[1760]. Die meisten Ausführungen des Schrifttums beziehen sich auf den Fristbeginn des § 626 II 2 BGB im Hinblick auf die Kündigung gegenüber Leitungsorganmitgliedern. Beispielsweise könne sich eine eG im Rahmen des § 626 II 2 BGB nicht auf Unkenntnis berufen, wenn der nicht entscheidungsbefugte Aufsichtsrat seine Kenntnis der kündigungsrelevanten Tatsachen pflichtwidrig nicht an die zur Entscheidung über die Kündigung zuständige Generalversammlung weiterleite[1761].

---

1757 So Spindler/Stilz/*Spindler* § 112 Rn. 42 f.; im Ergebnis ebenso *Rickert/Heinrichs* GWR 2017, 112, 113 f.

1758 So *Rickert/Heinrichs* GWR 2017, 112, 113 f., allerdings nur zu der Pflicht des Aufsichtsrats, die Informationsflüsse innerhalb des Aufsichtsrats zu organisieren und nicht zu der Frage, ob der Aufsichtsrat Informationsflüsse von anderen Organen an sich selbst organisieren muss.

1759 Siehe 5. Teil:§ 3A.III.1.)c.)cc.)(2.); 5. Teil:§ 3A.IV.3.)d.).

1760 Siehe *Stein* ZGR 1999, 264, 275 ff. unter Abkehr von ihrer früheren Ansicht Hachenburg/*dies.* § 38 Rn. 72; *Buck* S. 301 ff., 450; *dies.* AG 2015, 801, 806 f.

1761 So *Buck* S. 301 in Anlehnung an BGH NJW1984, 2689, 2690.

Unterschiedlich beurteilt werden aber die Voraussetzungen zur Bejahung treuwidriger Unkenntnis der juristischen Person gemäß § 242 BGB. Nach *Stein* genügt die bloße Verletzung irgendeiner organschaftlichen Pflicht, die rechtserhebliche Information an das entscheidungsbefugte Organ weiterzuleiten, um treuwidrige Unkenntnis der juristischen Person anzunehmen[1762]. *Stein* leitet diese Rechtsfolge nicht aus einer Wissenszurechnung, sondern aus einer reinen Verhaltenszurechnung her[1763]. Es sei nur noch darauf abzustellen, ob das unzuständige Organmitglied seine Informationsweiterleitungspflicht verletzt habe, unerheblich sei hingegen, ob das Organmitglied zur Einberufung des entscheidungsbefugten Organs berechtigt sei oder die Informationspflicht im Einzelfall aus der Treuepflicht, aus § 93 I 1 AktG oder aus § 90 I 3 AktG folge[1764]. Demgegenüber setzt nach *Buck* die Bejahung treuwidriger Unkenntnis nach § 242 BGB in Anlehnung an den BGH voraus, dass das unzuständige Organ eine Überwachungs- und Informationspflicht habe, das Organ mithin den Geschäftsleiter zu überwachen und das entscheidungsbefugte Organ über rechtserhebliche Vorkommnisse hinsichtlich des Geschäftsleiters zu informieren habe[1765]. Leite das nicht entscheidungsbefugte Überwachungsorgan oder eines seiner Mitglieder seine rechtserhebliche Kenntnis pflichtwidrig nicht an das entscheidungsbefugte Organ weiter, liege treuwidrige Unkenntnis der juristischen Person vor[1766]. Die Ansichten können zu unterschiedlichen Ergebnissen führen. So ist umstritten, ob sich eine GmbH im Rahmen des § 626 II 2 BGB treuwidrige Unkenntnis vorwerfen lassen muss, wenn Mitgeschäftsführer ihre Kenntnis über die zur Kündigung des Geschäftsführers relevanten Tatsachen nicht an die entscheidungsbefugte Gesellschafterversammlung weiterleiten. Während *Stein* in diesem Fall die treuwidrige Unkenntnis der juristischen Person und somit den Fristbeginn nach § 626 II 2 BGB wegen der Informationsweiterleitungspflicht des Mitgeschäftsführers bejaht[1767], verneint *Buck* die Treuwidrigkeit der Unkenntnis, weil GmbH-Geschäftsführer nicht verpflichtet seien, ihre Kollegen umfassend im Sinne einer Personalaufsicht zu überwachen[1768].

Die Rechtsfolge des § 242 BGB sei, dass sich die juristische Person von dem Moment an nicht mehr auf Unkenntnis berufen könne, in dem das entscheidungsbefugte Organ als Gremium bei rechtzeitiger Informationsweiterleitung Kenntnis erlangt hätte[1769]. Was die rechtzeitige Informationsweiterleitung anbelangt, wird man zwischen § 626 II 2 BGB und § 199 I BGB zu differenzieren haben. Rechtzeitig

---

1762 So *Stein* ZGR 1999, 264, 279; ihr folgend Großkomm GmbHG/*Paefgen* § 38 Rn. 116; Lutter/Hommelhoff/*Kleindiek* Anh. § 6 Rn. 64.
1763 Siehe *Stein* ZGR 1999, 264, 280 ff.
1764 Siehe *Stein* ZGR 1999, 264, 280 ff.
1765 Siehe *Buck* S. 301 ff.
1766 So *Buck* S. 303.
1767 Siehe *Stein* ZGR 1999, 264, 282.
1768 Siehe *Buck* S. 303.
1769 Siehe *Buck* S. 301 f.; *Stein* ZGR 1999, 264, 279.

im Zusammenhang mit § 626 II 2 BGB bedeutet unverzügliche Informationsweiterleitung, indes rechtzeitig im Zusammenhang mit § 199 I BGB wegen der Ultimo-Regel grundsätzlich Informationsweiterleitung im laufenden Kalenderjahr bedeutet, es sei denn, eine Informationsweiterleitung im laufenden Kalenderjahr wäre nicht einmal bei unverzüglicher Informationsweiterleitung möglich[1770].

*Sturm* ist der gegenteiligen Ansicht, dass der Verjährungsbeginn nach § 199 I BGB nicht dadurch ausgelöst werden kann, dass unzuständige Organmitglieder ihre Kenntnis der anspruchsbegründenden Umstände und der Person des Schuldner-Geschäftsleiters pflichtwidrig nicht an das entscheidungsbefugte Organ weiterleiten. Die juristische Person verhalte sich weder unredlich noch widersprüchlich nach § 242 BGB, wenn sie sich auf Unkenntnis berufe, obwohl unzuständige Organmitglieder ihre Kenntnis pflichtwidrig nicht weitergeleitet hätten[1771]. Denn die Pflicht zur Wissensweiterleitung obliege dem unzuständigen Organmitglied lediglich im Verhältnis zur und im Interesse der juristischen Person[1772]. Die Weiterleitungspflicht bestehe nicht im Interesse des Schuldner-Geschäftsleiters, weshalb dieser kein schützenwertes Vertrauen darauf genieße, dass das unzuständige Organmitglied seine Kenntnis über den Anspruch gegen den Schuldner-Geschäftsleiter weiterleite[1773]. Außerdem spreche die Wertung des § 199 I BGB gegen die Anwendung des § 242 BGB. Bei § 199 I BGB gehe es um die Kenntnis als Grundlage für das Ergreifen von Maßnahmen zur Anspruchsverfolgung, weshalb allenfalls eine Störung bei der Wissensaufnahme beim entscheidungsbefugten Organ für den Fristbeginn relevant sein könne, nicht aber die Verletzung einer Pflicht zur Weitergabe von Informationen an das entscheidungsbefugte Organ[1774]. Auch *Hadding* hat rechtssystematische Bedenken, § 242 BGB heranzuziehen, weil die Rechtsfolge einer pflichtwidrig unterlassenen Informationsweiterleitung nach geltendem Recht die Schadensersatzpflicht des säumigen Organmitglieds gegenüber der juristischen Person sei, nicht die Wissenszurechnung[1775].

### *3.) Grob fahrlässige Unkenntnis*

Zur Frage, ob es als grob fahrlässige Unkenntnis der juristischen Person i. S. v. § 199 I BGB zu werten ist, wenn Informationen über anspruchsbegründende Umstände und die Person des Schuldner-Geschäftsleiters von einem unzuständigen Organmitglied pflichtwidrig nicht an das entscheidungsbefugte Organ weitergegeben werden, hat sich – soweit ersichtlich – nur *Sturm*[1776] geäußert. Er verneint

---

1770 Siehe 5. Teil:§ 3A.III.1.)c.)cc.)(2.).

1771 Siehe *Sturm*, Verjährung Diss., S. 232 ff., 439 f.

1772 So *Sturm*, Verjährung Diss., S. 234 f.

1773 So *Sturm*, Verjährung Diss., S. 235; auch Hachenburg/*Stein* § 38 Rn. 72 betont, dass für einen Vertrauensschutz des Geschäftsleiters jegliche Grundlage fehle.

1774 Siehe *Sturm*, Verjährung Diss., S. 235, 439.

1775 So *Hadding* ZfgG 1987, 99, 100.

1776 *Sturm*, Verjährung Diss., S. 430 ff.

grob fahrlässige Unkenntnis aus den gleichen Gründen, aus denen er auch die Anwendung des § 242 BGB ablehnt. Bei grob fahrlässiger Unkenntnis i. S. v. § 199 I BGB gehe es um die pflichtwidrig unterlassene Informationsaufnahme des entscheidungsbefugten Organs, das die Augen vor der aufdrängenden Kenntnis verschließe, nicht um eine pflichtwidrig unterlassene Informationsweiterleitung an das entscheidungsbefugte Organ[1777].

## *II. Meinungsstand in der Rechtsprechung*

### *1.) Wissensorganisationspflicht*

Die Rechtsprechung zu § 199 I BGB behandelte bisher nur die Frage, ob die juristische Person ihr Wissen über Ansprüche gegen Dritte organisieren muss[1778]. Sie hatte keine Gelegenheit, sich dazu zu äußern, ob die juristische Person ihr Wissen über Ansprüche gegen Geschäftsleiter zu organisieren hat[1779]. Die Rechtsprechung zum Verjährungsbeginn bei Ansprüchen gegen Dritte erlaubt aber Rückschlüsse auf den Verjährungsbeginn bei Ansprüchen gegen Geschäftsleiter. Der BGH geht davon aus, dass arbeitsteilig organisierte Gläubiger nur ihr Wissen über rechtsgeschäftliche Ansprüche gegen Dritte zu organisieren haben, denn nur so weit reiche der Verkehrsschutz[1780]. Nach dieser Rechtsprechung könnte es der juristischen Person daher allenfalls obliegen, ihr Wissen über rechtsgeschäftliche Ansprüche gegen Geschäftsleiter zu organisieren; diese Organisationspflicht hinge aber davon ab, ob die Rechtsprechung Geschäftsleitern den Schutz des Rechtsverkehrs gewähren würde. Insoweit ist die BAG-Rechtsprechung aufschlussreich. Das BAG hat im Jahr 1977 eine Entscheidung[1781] zum kenntnisabhängigen Fristbeginn des § 626 II 2 BGB getroffen. In dem vom BAG entschiedenen Fall hatte eine eG den Anstellungsvertrag eines Vorstandsmitglieds wegen angeblicher Wechsel- und Scheckmanipulationen außerordentlich gekündigt. Die für die Kündigung zuständige Generalversammlung hatte keine Kenntnis von den Vorwürfen gegen das Vorstandsmitglied; ein Mitglied des Aufsichtsrats hatte Kenntnis vom Kündigungsgrund, gab sie aber nicht an die Generalversammlung weiter. Dies gab dem BAG Anlass zu diskutieren, ob die eG ihren Betrieb – wenn dies sachgemäß und zumutbar ist – so organisieren muss, dass eine Verzögerung des Fristbeginns des § 626 II 2 BGB vermieden wird[1782]. Bezogen auf die Kündigung des Vorstandsmitglieds verneinte das BAG eine Verpflichtung der eG, kündigungsrelevante Informationen des Aufsichtsrats zu organisieren, weil Aufsichtsratsmitglieder nicht in die

1777 So *Sturm*, Verjährung Diss., S. 433.

1778 Siehe 5. Teil:§ 2C.I.3.).

1779 Siehe RG JW 1936, 3111; BGH NJW-RR 1989, 1255, 1258 f.; NJW 2009, 2127, 2130; NJW-RR 2011, 832, 833; NJW-RR 2013, 1321, 1324.

1780 Siehe 5. Teil:§ 2C.I.3.).

1781 BAG NJW 1978, 723 ff.

1782 Siehe BAG NJW 1978, 723, 724.

Betriebsorganisation einbezogen seien und das Gesetz insoweit eine Organisation vorschreibe, von der nicht abgewichen werden könne, sodass Organisationsmängel ausgeschlossen seien[1783]. Im Ergebnis verneinte das BAG jegliche Wissensorganisationspflicht der eG, soweit es um rechtserhebliche Informationen zur Kündigung von Geschäftsleitern geht. Übertrüge man diese Rechtsprechung auf § 199 I BGB, wären juristische Personen nicht verpflichtet, ihr Wissen über anspruchsbegründende Umstände und die Person des Schuldner-Geschäftsleiters zu organisieren.

### *2.) Spezielle gesellschaftsinterne Informationspflichten*

Es gibt nur wenige höchstrichterliche Judikate, die sich mit der Frage befassen, ob es nach § 242 BGB als treuwidrige Unkenntnis der juristischen Person zu werten ist, wenn ein unzuständiges Organ bzw. Organmitglied seine rechtserhebliche Kenntnis entgegen seiner Informationspflicht nicht an das entscheidungsbefugte Organ weiterleitet. Sie ergingen zum Fristbeginn des § 626 II 2 BGB.

Der BGH hatte die Wirksamkeit einer außerordentlichen Kündigung nach § 626 BGB zu beurteilen, die eine eG gegenüber ihrem Vorstandsmitglied ausgesprochen hatte. Für den Fristbeginn nach § 626 II 2 BGB sei grundsätzlich die Kenntnis der kündigungsberechtigten Generalversammlung maßgeblich, die Kenntnis des nicht kündigungsberechtigten Aufsichtsrats sei allerdings unter dem Aspekt der Informationsweiterleitung bedeutend[1784]. Der Aufsichtsrat habe die Pflicht, den Vorstand zu überwachen und eine Generalversammlung einzuberufen, wenn dies im Interesse der eG erforderlich sei (§ 38 GenG). Erlange der Aufsichtsrat Kenntnis vom Kündigungsgrund, komme er aber seiner Pflicht zur Einberufung und Informierung der kündigungsberechtigten Generalversammlung nicht in angemessener Zeit nach, müsse sich die eG dies nach § 242 BGB entgegen halten lassen[1785]. Sie müsse sich nach § 242 BGB in dem Zeitpunkt als wissend behandeln lassen, in dem die Generalversammlung vom Aufsichtsrat bei gebotener Beschleunigung der Einberufung informiert worden wäre[1786].

Das BAG vertritt einen anderen Standpunkt als der BGH und verneint die treuwidrige Unkenntnis einer eG im Rahmen des § 626 II 2 BGB, wenn ein einzelnes Aufsichtsratsmitglied oder der Aufsichtsrat seine Kenntnis von den zur Kündigung des Vorstandsmitglieds berechtigenden Tatsachen nicht an die kündigungsberechtigte Generalversammlung weitergibt[1787]. Zum einen obliege die Pflicht gemäß § 38 GenG, den Vorstand zu überwachen und die Generalversammlung einzuberufen dem Aufsichtsrat, nicht einzelnen seiner Mitglieder[1788]. Zum anderen sei die gebotene Informationsorganisation und der damit verbundene Informationsaustausch

---

1783 Siehe BAG NJW 1978, 723, 724.
1784 BGH NJW 1984, 2689, 2690.
1785 So BGH NJW 1984, 2689, 2690.
1786 Siehe BGH NJW 1984, 2689, 2690.
1787 Siehe BAG NJW 1978, 723, 724.
1788 Siehe BAG NJW 1978, 723, 724.

zwischen Aufsichtsrat und Generalversammlung gesetzlich vorgegeben, sodass ein Abweichen von der gebotenen Informationsorganisation nicht möglich und eine treuwidrige Unkenntnis der juristischen Person nicht begründbar sei[1789].

Der BGH hatte einen weiteren Fall[1790] zu entscheiden, der ähnliche Rechtsfragen betraf. In diesem ging es um die außerordentliche Kündigung des Anstellungsvertrags eines GmbH-Geschäftsführers. Die zentrale Frage war, ob es für den Fristbeginn nach § 626 II 2 BGB nur auf die Kenntnis der kündigungsberechtigten Gesellschafterversammlung ankommt oder ob der Fristbeginn auch dann eintritt, wenn der nicht kündigungsberechtigte Mitgeschäftsführer seine Kenntnis von den Tatsachen zur Kündigung des betroffenen Geschäftsführers nicht an die Gesellschafterversammlung weitergibt[1791]. Der BGH sah die Kenntnis des Mitgeschäftsführers für den Fristbeginn als unerheblich an. Der Mitgeschäftsführer habe zwar in gewissem Umfang seine Geschäftsführerkollegen zu überwachen, wenn die Geschäftsführungsaufgaben ressortmäßig aufgeteilt seien. Eine Art Personalaufsicht übe der Mitgeschäftsführer über seine Kollegen aber nicht aus[1792]. Daher müsse sich die GmbH nicht nach § 242 BGB so behandeln lassen, als hätte der Mitgeschäftsführer seine rechtserhebliche Kenntnis pflichtgemäß an die kündigungsberechtigte Gesellschafterversammlung weitergegeben.

### *3.) Grob fahrlässige Unkenntnis*

Nach der Rechtsprechung des BGH folgt aus dem Merkmal der grob fahrlässigen Unkenntnis i. S. v. § 199 I BGB keine Obliegenheit für den arbeitsteilig organisierten Gläubiger, sein Wissen zu organisieren[1793]. Bei juristischen Personen des öffentlichen Rechts nimmt der BGH grob fahrlässige Unkenntnis nur an, wenn sich der zuständigen Stelle die Kenntnis von anspruchsbegründenden Umständen aufdrängt, sie vor dieser Kenntnis aber die Augen verschließt. Die Nichtweiterleitung relevanter Informationen von einer unzuständigen an die zuständige Stelle ist nach Ansicht des BGH dagegen nicht als grob fahrlässige Unkenntnis der juristischen Person zu qualifizieren[1794]. Bei juristischen Personen des Privatrechts würde der BGH nicht anders urteilen, weil er das Problem der Wissensaufspaltung in allen arbeitsteiligen Organisationen nach den gleichen Grundsätzen löst[1795]. Dementsprechend würde der BGH bei der AG oder der GmbH die unterlassene

1789 Siehe BAG NJW 1978, 723, 724.

1790 Siehe BGH NJW 1993, 463 ff.

1791 Siehe BGH NJW 1993, 463, 464.

1792 So BGH NJW 1993, 463, 465.

1793 Zur Rechtsprechung des BGH und der überholten gegenteiligen OLG-Rechtsprechung siehe 5. Teil:§ 2C.I.3.).

1794 Siehe BGH NJW 2012, 2644, 2645 f.

1795 So umfasst die Lehre von der ordnungsgemäßen Organisation der Kommunikation z. B. alle arbeitsteiligen Organisationsformen unabhängig von ihrer Rechtsform, siehe 5. Teil:§ 2C.II.2.).

Informationsweiterleitung eines unzuständigen Organmitglieds oder einer unzuständigen Hilfsperson an das entscheidungsbefugte Organ nicht als grob fahrlässige Unkenntnis werten.

### *III. Stellungnahme*

#### *1.) Wissensorganisationspflicht*

Lehnt man mit der hier vertretenen Auffassung die Lehre von der ordnungsgemäßen Organisation der Kommunikation generell und besonders bei § 199 I BGB ab[1796], scheidet eine Wissenszurechnung unter dem Gesichtspunkt des Organisationsmangels von vornherein aus. Doch selbst wenn man die Lehre von der ordnungsgemäßen Organisation der Kommunikation bei § 199 I BGB für anwendbar hält, müssen AG und GmbH jedenfalls nicht ihr Wissen über Ansprüche gegen Geschäftsleiter organisieren. Dies hat verschiedene Gründe, denen im Folgenden nachgegangen wird.

#### a.) Schuldner-Geschäftsleiter genießt keinen Verkehrsschutz

Die herrschende Lehre von der ordnungsgemäßen Organisation der Kommunikation begründet die Wissensorganisationspflicht in erster Linie mit Verkehrsschutzerwägungen[1797]. Nach hier vertretener Ansicht spielt der Verkehrsschutz bei den subjektiven Merkmalen des § 199 I BGB generell keine Rolle, weil der subjektive Fristbeginn nur dem Schutz des Gläubigers zu dienen bestimmt ist, sodass der Gläubiger keine Informationsorganisation im Interesse seiner Schuldner einzurichten braucht[1798]. Selbst wenn man der Gegenansicht folgt, können sich jedenfalls Geschäftsleiter gegenüber der juristischen Person nicht auf Verkehrsschutz berufen. Denn die Geschäftsleiter sind im Verhältnis zur juristischen Person grundsätzlich nicht als Teilnehmer des Rechtsverkehrs anzusehen, sondern kraft des Bestellungsakts in die Organisation der juristischen Person eingegliedert. Soweit die Ansprüche der juristischen Person gegen den Geschäftsleiter einen Bezug zum Organverhältnis haben, greift der Verkehrsschutz somit nicht. Anders könnte man dies nur bei Ansprüchen der juristischen Person beurteilen, bei deren Entstehung der Geschäftsleiter der juristischen Person wie ein Dritter, also wie ein Teilnehmer des Rechtsverkehrs, gegenübersteht. Schließt z. B. die juristische Person mit ihrem Geschäftsleiter einen schuldrechtlichen Vertrag, insbesondere einen Kauf-, Miet-, Dienst oder Darlehensvertrag zu marktüblichen Konditionen und hat dieses Geschäft keinerlei Bezug zu dem organschaftlichen oder anstellungsvertraglichen Rechtsverhältnis, so steht der Geschäftsleiter der juristischen Person wie ein beliebiger Dritter gegenüber[1799]. Doch selbst als Teilnehmer des Rechtsverkehrs

---

1796 Siehe 5. Teil:§ 2C.II.4.), 5.).

1797 Siehe 5. Teil:§ 2C.II.3.)b.).

1798 Siehe 5. Teil:§ 2C.II.5.).

1799 Man könnte dies als neutrales Geschäft oder Drittgeschäft bezeichnen, siehe MüKo AktG/*Habersack* § 112 Rn. 15; Großkomm AktG/*Hopt/Roth* Rn. 32.

hätte der Schuldner-Geschäftsleiter nicht den Schutz des Rechtsverkehrs verdient. Denn die h. M. sieht das Fundament der Pflicht zur ordnungsgemäßen Informationsorganisation in den berechtigten Erwartungen des Rechtsverkehrs[1800] – also im Verkehrsschutz[1801] und im Vertrauensschutz[1802]. Sieht man in den berechtigten Erwartungen des Rechtsverkehrs die Grundlage der Wissensorganisationspflicht, ist derjenige nicht schutzwürdig in seinem Vertrauen auf eine ordnungsgemäße Informationsorganisation, der die tatsächlich vorhandene kennt[1803]. Da Geschäftsleiter stets Kenntnis von der vorhandenen Informationsorganisation haben, verdienen sie nicht den Schutz des Rechtsverkehrs. Auch nach ihrem Ausscheiden gilt nichts anderes. Denn mit ihrem Ausscheiden mögen sie zwar die Einblicke in die Interna verlieren, ihre Kenntnis über die tatsächlich vorhandene Informationsorganisation bleibt ihnen aber erhalten.

### b.) Keine Pflicht zur Organisation eines Informationsaustausches zwischen Organen

Man könnte sich auch die grundsätzliche Frage stellen, ob für die Lehre von der ordnungsgemäßen Organisation der Kommunikation überhaupt Raum ist, wenn es um den Informationsaustausch zwischen Organen geht. Was den Informationsaustausch von Organen an die Geschäftsleitung betrifft, verneint die h. L. generell eine Wissensorganisationspflicht der juristischen Person, weil eine etwaige Wissensorganisationspflicht dort ihre Grenze findet, wo die Organisationsmacht der Geschäftsleitung endet[1804]. Der Geschäftsleitung fehle die Kompetenz, anderen Organen (Aufsichtsrat, Gesellschafterversammlung) eine Informationsorganisation vorzuschreiben[1805]. Überdies sei die Geschäftsleitung nicht berechtigt, die Informationsweiterleitung anderer Organe zu überwachen und eine pflichtwidrig unterlassene Informationsweitergabe zu sanktionieren[1806]. Im Aufsichtsrat oder in der Gesellschafterversammlung vorhandenes Wissen sei daher der Wissensorganisationsverantwortung der Geschäftsleitung entzogen[1807]. Im Ergebnis müsse

---

1800 Siehe BGH NJW 1996, 1339, 1341; *Taupitz,* Karlsruher Forum 1994, S. 51.

1801 Siehe 5. Teil:§ 2C.II.3.)b.).

1802 Siehe 5. Teil:§ 2C.II.3.)e.).

1803 So auch *Baum* S. 218 f. Der Wissende kann sich nie auf Verkehrsschutz berufen, siehe Erman/*Bayer* Vor §§ 932 ff. Rn. 1; Erman/*Artz* § 892 Rn. 27; Staudinger/*Gursky* Rn. 129.

1804 So *Leyendecker-Langner/Kleinhenz* AG 2015, 72, 74; *Koch* ZIP 2015, 1757, 1761 f.; *Verse* AG 2015, 413, 416 f.; *Spindler* ZHR 181, 311, 328; ähnlich *Buck-Heeb* AG 2015, 801, 807 f.; a. A. nur *Schwintowski* ZIP 2015, 617, 620 ff.

1805 Siehe *Leyendecker-Langner/Kleinhenz* AG 2015, 72, 74; *Koch* ZIP 2015, 1757, 1761 f.; *Buck-Heeb* AG 2015, 801, 807 f.; *Spindler* ZHR 181, 311, 328.

1806 So *Leyendecker-Langner/Kleinhenz* AG 2015, 72, 74; *Buck-Heeb* AG 2015, 801, 808; *Spindler* ZHR 181, 311, 328.

1807 So *Leyendecker-Langner/Kleinhenz* AG 2015, 72, 74; *Verse* AG 2015, 413, 416 f.

die Geschäftsleitung keine Wissensorganisation einrichten und unterhalten, die andere Organe in den gesellschaftsinternen Informationsaustausch einbeziehe[1808]. Was den Informationsaustausch in umgekehrter Richtung, also den hier interessierenden Informationsaustausch von der Geschäftsleitung an das entscheidungsbefugte Organ anbelangt, lässt sich eine Wissensorganisationspflicht der juristischen Person zumindest nicht mit der fehlenden Organisationsmacht ihrer Organe ablehnen. Denn der Aufsichtsrat der AG und die Gesellschafterversammlung der GmbH haben die Möglichkeit, in bestimmtem Umfang den Informationsfluss von der Geschäftsleitung an den Aufsichtsrat bzw. die Gesellschafterversammlung zu organisieren.

Dennoch ist für eine Wissensorganisationspflicht, nach der unzuständige Organmitglieder ihre Kenntnis über Ansprüche gegen Geschäftsleiter an das entscheidungsbefugte Organ weitergeben, kein Raum. Der zwischen den Organen gebotene Austausch von Informationen über Ansprüche gegen Geschäftsleiter ist keine Frage der berechtigten Erwartungen des Rechtsverkehrs, sondern allein eine Frage der Binnenverfassung der juristischen Person[1809]. Der gebotene Informationsaustausch zwischen den Organen der AG oder denen der GmbH ist durch das informationelle Pflichtenprogramm dieser Organe determiniert. Dieses Pflichtenprogramm hat seine Grundlage im Gesetz, ggf. der Satzung, ggf. den Geschäftsordnungen der Organe oder bei der GmbH ggf. auch in einem Gesellschafterbeschluss. Der informationelle Pflichtenrahmen wird also durch das Organisationsrecht von AG und GmbH vorgegeben und lässt keinen Raum für eine darüber hinausgehende, an den berechtigten Erwartungen des Rechtsverkehrs ausgerichtete Wissensorganisationspflicht. Der Schuldner-Geschäftsleiter darf nur diejenige Informationsorganisation auf Organebene erwarten, die in der AG oder GmbH vorhanden ist. Ein Mehr an Informationsaustausch zwischen den Organen im Sinne einer Pflicht zur ordnungsgemäßen Organisation der Kommunikation verlangt das Gesetz nicht. Die aus dem Organisationsrecht folgenden Regeln zum gebotenen Informationsaustausch würden konterkariert, wenn man daneben eine zusätzliche Pflicht der juristischen Person gegenüber dem Schuldner-Geschäftsleiter annähme, eine ordnungsgemäße Informationsorganisation einzurichten. Das Argument, auf Organebene sei die Informationsorganisation gesetzlich vorgegeben und eine andere Art der Organisation nicht möglich[1810], geht also in die richtige Richtung. Es kann jedoch nicht vollends überzeugen, weil den Organen gewisse Gestaltungsspielräume bleiben, den gesetzlich vorgegebenen Informationsaustausch zwischen den Organen zu konkretisieren und zu modifizieren. Hierauf kommt es aber nicht an.

---

1808 Siehe *Koch* ZIP 2015, 1757, 1760 ff.

1809 Insoweit zutreffend *Werner* WM 2016, 1474, 1477 „Dass über die gesetzlichen Vorgaben hinaus kein Informationsfluss zwischen den Organen der Gesellschaft zu erfolgen hat, zeigt schließlich auch der Umstand, dass dies im Hinblick auf die Hauptversammlung der Gesellschaft als selbstverständlich hingenommen wird."

1810 So BAG NJW 1978, 723, 724; ihm folgend *Sturm,* Verjährung Diss., S. 202 f., 435.

Entscheidend ist, dass der zwischen den Organen gebotene Informationsaustausch durch das organschaftliche Pflichtenprogramm vorgegeben ist und daher automatisch im Einklang mit dem Gesetz steht. Verletzungen dieser organschaftlichen Informationspflichten sind daher als individuelle Pflichtverletzungen einzuordnen, aber nicht als Organisationsmängel. Dies soll an einigen Beispielen verdeutlicht werden.

In der AG ist der Informationsfluss vom Vorstand an den zur Entscheidung über die Anspruchsverfolgung zuständigen Aufsichtsrat in § 90 AktG geregelt. § 90 AktG regelt den zwingenden Mindestaustausch an Informationen, der durch Satzung ausgeweitet werden kann[1811], aber nicht muss. Der Aufsichtsrat kann dem Vorstand gemäß § 77 II 1 AktG eine Geschäftsordnung geben, die u. a. den Informationsaustausch nach § 90 AktG konkretisiert[1812]. Nach § 90 I 3 AktG soll der Vorstand sogar verpflichtet sein, dem Aufsichtsratsvorsitzenden über schwerwiegende Pflichtverletzungen von Vorstandskollegen zu berichten[1813]. § 90 AktG, ggf. die Satzung und ggf. die Geschäftsordnung formen also die Berichtspflicht des Vorstands gegenüber dem Aufsichtsrat. Einen weitergehenden Informationsaustausch zwischen Vorstand und Aufsichtsrat verlangt das Aktienrecht nicht. Insoweit ist die vorhandene Informationsorganisation der AG stets als ordnungsgemäß zu qualifizieren und vom Schuldner-Vorstandsmitglied hinzunehmen. Die AG muss auch nicht für eine Informationsorganisation sorgen, nach der Aktionäre ihr Wissen über Ansprüche gegen Vorstandsmitglieder an den Aufsichtsrat weitergeben. Denn zur Einrichtung einer solchen Informationsorganisation fehlt dem Vorstand[1814] und erst recht dem Aufsichtsrat schlicht die Organisationsmacht.

In der GmbH mit Aufsichtsrat richtet sich der gebotene Informationsaustausch zwischen Geschäftsführern und dem entscheidungsbefugten Aufsichtsrat nach §§ 90 III AktG i. V. m. § 52 I GmbHG, § 25 I 1 Nr. 2 MitbestG, § 1 I Nr. 3 DrittelbG. Der Informationsaustausch zwischen Geschäftsführung und der entscheidungsbefugten Gesellschafterversammlung wird hingegen in der GmbH mit und in der GmbH ohne Aufsichtsrat durch § 51a GmbHG und § 46 Nr. 6 GmbHG geregelt. Nach § 51a GmbHG hat jeder einzelne Gesellschafter Informationsansprüche gegen Geschäftsführer[1815], wohingegen der Gesellschafterversammlung das Informationsrecht aus § 46 Nr. 6 GmbHG zusteht[1816]. Aus § 46 Nr. 6 GmbHG folgt für die Geschäftsführung unabhängig von einem speziellen Auskunftsbegehren der Gesellschafterversammlung die Pflicht, über Mitteilenswertes an

---

1811 Siehe Spindler/Stilz/*Fleischer* § 90 Rn. 12; MüKo AktG/*Spindler* Rn. 8.

1812 Siehe Großkomm AktG/*Kort* § 77 Rn. 80, 91; Spindler/Stilz/*Fleischer* Rn. 59, 61; Hüffer AktG/*Koch* § 90 Rn. 1a; *Wilde* ZGR 1998, 423, 428; siehe auch Ziff. 3.4 DCGK.

1813 So *Stein* ZGR 1999, 264, 287; KK AktG/*Mertens/Cahn* § 93 Rn. 81.

1814 Siehe *Koch* ZIP 2015, 1757, 1761; *Spindler* ZHR 181, 311, 331.

1815 Streng genommen richtet sich der Anspruch gegen die Gesellschaft, siehe Großkomm GmbHG/*Hüffer/Schürnbrand* § 51a Rn. 19.

1816 Siehe Scholz GmbHG/*K. Schmidt* § 46 Rn. 114.

die Gesellschafterversammlung zu berichten[1817]. § 46 Nr. 6 GmbHG verleiht der Gesellschafterversammlung auch das Recht, darüber hinaus eine Berichtspflicht der Geschäftsführung nach dem Vorbild des § 90 AktG einzuführen[1818]. Nach ganz h. M. erwächst der Gesellschafterversammlung aus § 46 Nr. 6 GmbHG aber nur das Recht, nicht die Pflicht, den Informationsaustausch zwischen Geschäftsführung und Gesellschafterversammlung zu regeln. § 46 Nr. 6 GmbHG begründet nur ein Überwachungsrecht, keine Überwachungspflicht[1819]. Der Informationsaustausch zwischen Geschäftsführung und Aufsichtsrat bzw. zwischen Geschäftsführung und Gesellschafterversammlung ist durch die genannten gesetzlichen Regeln geordnet. Durch Gesellschafterbeschluss nach § 46 Nr. 6 GmbHG eine besondere Informationsorganisation einzurichten, ist die Gesellschafterversammlung nicht verpflichtet, weshalb der Schuldner-Geschäftsführer die in der GmbH vorhandene Informationsorganisation hinzunehmen hat.

Wenn einzelne Organmitglieder oder Organe der AG oder GmbH die organschaftliche Pflicht verletzen, das entscheidungsbefugte Organ zu informieren, so beruht das Informationsdefizit des entscheidungsbefugten Organs letztlich auf einer individuellen Pflichtverletzung, aber nie auf einem Organisationsmangel. Leitet z. B. der Mitgeschäftsführer der GmbH seine Kenntnis über den Anspruch gegen den Schuldner-Geschäftsführer pflichtwidrig nicht an die Gesellschafterversammlung weiter, kann die Unkenntnis der Gesellschafterversammlung im Ergebnis nie auf einem fehlerhaft organisierten Informationsaustausch zwischen den Organen beruhen. Was den Informationsaustausch zwischen Organen anbelangt, hat die Lehre von der ordnungsgemäßen Organisation der Kommunikation also keinen Anwendungsbereich. Das muss jedenfalls insoweit gelten, als es – wie bei Ansprüchen gegen Geschäftsleiter – um rein gesellschaftsinterne Sachverhalte geht.

### c.) Organisationsrecht steht der Wissensorganisation auf Mitarbeiterebene entgegen

Das Organisationsrecht von AG und GmbH steht einer Pflicht entgegen, die Kenntnis von Mitarbeitern über Ansprüche gegen Geschäftsleiter zu organisieren. Eine etwaige Wissensorganisationspflicht der AG bzw. GmbH könnte nur von ihren Organen erfüllt werden. Denn juristische Personen erlangen erst durch ihre Organe Handlungsfähigkeit. Zu klären ist daher zunächst, welches Organ zuständig wäre,

---

1817 So Scholz GmbHG/*K. Schmidt* § 46 Rn. 114.

1818 Siehe Großkomm GmbHG/*Hüffer/Schürnbrand* § 46 Rn. 89; MüKo GmbHG/*Liebscher* Rn. 190.

1819 Siehe BGH NZG 2003, 528; BFH DStR 2007, 1625, 1626 f.; so Scholz GmbHG/*K. Schmidt* § 46 Rn. 112; Großkomm GmbHG/*Hüffer/Schürnbrand* Rn. 89; MüKo GmbHG/*Liebscher* Rn. 193; Michalski/*Römermann* Rn. 346; a. A. *Meier* DStR 1997, 1894, allerdings ohne Begründung; *Fleischer* GmbHR 2001, 45, 46 geht von einer Mindestkontrollpflicht aus.

eine entsprechende Wissensorganisation einzurichten. Schrifttum[1820] und Rechtsprechung[1821] weisen die Zuständigkeit zur Wissensorganisation bisher fast ausschließlich der Geschäftsleitung zu, die aufgrund ihrer Organisationshoheit eine ordnungsgemäße Informationsorganisation einzurichten habe. *Verse* schränkte die Organisationsverantwortung der Geschäftsleitung kürzlich dahin ein, dass die Pflicht der Geschäftsleitung zur Wissensorganisation nur so weit reiche, als es um Angelegenheiten gehe, die in die Geschäftsführungs- und Vertretungsbefugnis der Geschäftsleitung fielen[1822]. Soweit es um Angelegenheiten geht, die in die Geschäftsführungs- und Vertretungsbefugnis des Aufsichtsrats fallen, wird entsprechend *Verses* Gedanken neuerdings auch geprüft, ob und inwieweit der AG-Aufsichtsrat eine Informationsorganisation einzurichten hat[1823]. Während manche die Wissensorganisationspflicht des Aufsichtsrats davon abhängig machen, ob der Aufsichtsrat als Innenorgan oder ausnahmsweise als vertretungsberechtigtes Außenorgan tätig wird[1824], sehen andere für eine Wissensorganisationspflicht des Aufsichtsrats nur Raum, soweit es sich um Wissen im Bereich seiner Zuständigkeit handle und der konkrete Zuständigkeitsbereich Außenwirkung entfalte, also bei der Vertretung der AG nach § 112 S. 1 AktG gegenüber *ausgeschiedenen* Vorstandsmitgliedern[1825]. Soweit eine Wissensorganisationspflicht des Aufsichtsrats diskutiert wird, bezieht sich diese aber ausschließlich auf die Organisation des organinternen Informationsaustausches, also auf den Austausch innerhalb des Aufsichtsrats[1826]. Das ist verständlich, denn dem Aufsichtsrat fehlt die Kompetenz, den Informationsaustausch von den Mitarbeitern an den Aufsichtsrat zu organisieren.

In der AG ist der Aufsichtsrat nach § 111 II AktG zuständig, sich Informationen über pflichtwidriges Vorstandshandeln zu verschaffen. § 111 II AktG befähigt ihn aber nicht, eine Informationsorganisation einzurichten, nach der Mitarbeiter über Fehlverhalten der Vorstandsmitglieder an den Aufsichtsrat zu berichten hätten[1827].

---

1820 Siehe *Rodewald* GmbHR 2014, 639, 641 f.; *Koch* ZIP 2015, 1757, 1760 ff.; *Buck-Heeb* AG 2015, 801, 805 ff.; *Weller* ZGR 2016, 384, 402; *Naumann/Siegel* ZHR 181, 273, 274; *Spindler* ZHR 181, 311, 328; *Ihrig* ZHR 181, 381, 409 f.; Scholz GmbHG/*U. H. Schneider/S. H. Schneider* § 35 Rn. 126; Hölters/*Hölters* § 93 Rn. 53.

1821 Entschieden sind bisher nur Fälle, in denen die Informationsorganisationsverantwortung bei der Geschäftsleitung lag, siehe z. B. BGH NJW 1990, 975, 976; NJW 2001, 359, 360; weitere Nachweise zu dieser Rechtsprechung bei *Verse* AG 2015, 413, 417 (dort. Fn. 29).

1822 So *Verse* AG 2015, 413, 417; so wohl auch *Koch* ZIP 2015, 1757, 1762.

1823 Siehe *Werner* WM 2016, 1474, 1475 ff.; *Rickert/Heinrichs* GWR 2017, 112 ff.

1824 Siehe *Werner* WM 2016, 1474, 1476 f.

1825 Siehe *Rickert/Heinrichs* GWR 2017, 112, 113 ff.

1826 Siehe *Werner* WM 2016, 1474, 1475 ff.; *Rickert/Heinrichs* GWR 2017, 112 ff.

1827 So *Roth* AG 2004, 1, 9 ff.; siehe auch *Lutter*, Information und Vertraulichkeit im Aufsichtsrat, Rn. 319.

Denn dem Aufsichtsrat fehlt die Weisungsbefugnis gegenüber Mitarbeitern[1828] und er würde durch Einrichtung einer solchen Organisation auch die Organisationsbefugnis des Vorstands verletzen[1829].

Der Vorstand könnte hingegen eine Organisation einrichten, nach der Mitarbeiter Informationen über Fehlverhalten der Vorstände an den Aufsichtsrat weitergäben. Hierfür wäre er auch zuständig. Denn wie § 90 AktG zeigt, ist es auch Sache des Vorstands, den Aufsichtsrat über das Vorstandshandeln zu informieren. Kraft seiner Organisationsbefugnis[1830] könnte der Vorstand daher z. B. ein Whistleblower-System[1831] oder eine interne Revision einrichten und deren Mitarbeiter auch an den Aufsichtsrat berichten lassen[1832]. Eine Pflicht des Vorstands, eine solche Informationsorganisation einzurichten, nach der Mitarbeiter dem Aufsichtsrat über Fehlverhalten von Vorstandsmitgliedern berichten, besteht aber nicht. Erstens kanalisiert § 90 AktG die Berichtswege in der Weise, dass grundsätzlich der Vorstand primärer Informant des Aufsichtsrats ist, nicht die Mitarbeiter der AG[1833]. Wenn das Organisationsrecht der AG von Vorstandsmitgliedern verlangte, den Aufsichtsrat über Geschäftsführungspflichtverletzungen zu informieren, wäre der Berichtsweg von Mitarbeitern zum Aufsichtsrat ein überflüssiger Umweg; nur die direkte Information vom Vorstand an den Aufsichtsrat könnte geschuldet sein. Zweitens sind Vorstandsmitglieder nach zutreffender h.M. nicht verpflichtet, ihr eigenes Fehlverhalten gegenüber dem Aufsichtsrat zu offenbaren[1834], weshalb sie auch nicht verpflichtet sein können, für eine Informationsorganisation zu sorgen, die entsprechendes tut. Selbst wenn man den Vorstand für verpflichtet hielte, eine Organisation einzurichten, nach der Mitarbeiter ihre Informationen über bisher unbekannte Ansprüche gegen Vorstandsmitglieder an den Aufsichtsrat weiterzugeben hätten, könnte sich das Schuldner-Vorstandsmitglied bei mangelhafter Informationsorganisation drittens nicht auf die Kenntnis der AG und den damit verbundenen Verjährungsbeginn berufen. Denn es wäre nach § 242 BGB rechtsmissbräuchlich, wenn das Schuldner-Vorstandsmitglied aus seinem pflichtwidrigen Unterlassen, eine ordnungsgemäße Informationsorganisation einzurichten, den Vorteil des Verjährungsbeginns ziehen könnte[1835]. Nach allgemeinen Grundsätzen

---

1828 Siehe *Roth* AG 2004, 1, 9 f.; *ders.* ZGR 2012, 343, 373; *Lutter,* Information und Vertraulichkeit im Aufsichtsrat, Rn. 319; Großkomm AktG/*Hopt/Roth* § 111 Rn. 517; Spindler/Stilz/*Spindler* Rn. 36.

1829 Siehe *Roth* AG 2004, 1, 11; siehe auch Großkomm AktG/*Hopt/Roth* § 111 Rn. 504.

1830 Siehe K. Schmidt/Lutter/*Drygala* § 111 Rn. 44; *Lutter,* Information und Vertraulichkeit im Aufsichtsrat, Rn. 319 f.

1831 Siehe hierzu K. Schmidt/Lutter/*Drygala* § 111 Rn. 44.

1832 Siehe *Roth* AG 2004, 1, 11; siehe auch MüKo AktG/*Habersack* § 111 Rn. 69.

1833 Siehe Großkomm AktG/*Hopt/Roth* § 111 Rn. 504 f.; Spindler/Stilz/*Spindler* Rn. 36.

1834 Siehe 5. Teil:§ 3B.I.5.)e.).

1835 Es ist ein allgemeiner Rechtsgrundsatz gemäß §§ 242, 162 BGB, dass niemand aus dem eigenen unredlichen Verhalten Vorteile für sich ziehen kann, siehe nur Jauernig/*Mansel* § 242 Rn. 44, 46; zum Grundsatz von Treu und Glauben im Verjährungsrecht eingehend Staudinger/*Looschelders/Olzen* § 242 Rn. 538 ff.

kann der Schuldner sich nach § 242 BGB nicht auf die Verjährung berufen, wenn er treuwidrig veranlasst, dass der Gläubiger die Verjährungsfrist nicht einhält[1836]. Dabei kann die treuwidrige Veranlassung – wie hier – auch in einem pflichtwidrigen Unterlassen liegen[1837]. Der Schuldner-Geschäftsleiter könnte somit aus seinem unredlichen Vorverhalten, namentlich der pflichtwidrig unterlassenen Informationsorganisation, nicht den Vorteil des Verjährungsbeginns ziehen.

Auch in der GmbH obliegt keinem Organ eine entsprechende Wissensorganisationspflicht. Ein etwaiger Aufsichtsrat ist, wie bei der AG, nicht berechtigt, den Informationsaustausch zwischen Mitarbeitern und dem Aufsichtsrat zu organisieren. Die Gesellschafterversammlung hätte nach § 46 Nr. 6 GmbHG wohl die Organisationsmacht, eine Informationsorganisation einzurichten, nach der Mitarbeiter Fehlverhalten von Geschäftsführern an die Gesellschafterversammlung berichten. Nach ganz h. M. ist sie nach § 46 Nr. 6 GmbHG aber nur berechtigt, nicht verpflichtet, Ersatzansprüche gegen Geschäftsführer zu ermitteln[1838]. Die Wissensorganisationspflicht könnte daher nur den Geschäftsführern kraft ihrer Organisationsbefugnisse obliegen. Eine solche Pflicht muss aber aus den gleichen Gründen ausscheiden, aus denen auch die Wissensorganisationspflicht des AG-Vorstands ausscheidet.

### *2.) Spezielle gesellschaftsinterne Informationspflichten*

Im Hinblick auf die Kündigung des Anstellungsvertrags eines Geschäftsleiters lassen sich drei Positionen zum Fristbeginn nach § 626 II 2 BGB unterscheiden. Nach der weitesten Ansicht liegt rechtsmissbräuchliche Unkenntnis der juristischen Person nach § 242 BGB vor, wenn irgendein unzuständiges Organmitglied es pflichtwidrig unterlässt, seine rechtserhebliche Kenntnis an das entscheidungsbefugte Organ weiterzugeben. Nach der Gegenansicht begründet die pflichtwidrige Nichtweiterleitung nie rechtsmissbräuchliche Unkenntnis der juristischen Person. Nach einer vermittelnden Ansicht, die auch der BGH vertritt, ist rechtsmissbräuchliche Unkenntnis der juristischen Person nur anzunehmen, wenn ein unzuständiges Organ seine Kenntnis nicht an das entscheidungsbefugte Organ weiterleitet, obwohl es zur Überwachung des Geschäftsleiters und zur Informierung des entscheidungsbefugten Organs verpflichtet ist. In diesem Fall ist aber streitig, ob das Überwachungsorgan als Gremium Kenntnis haben muss – wie das BAG[1839] annimmt – oder ob es genügt, wenn eines seiner Mitglieder Kenntnis hat[1840].

---

1836 Siehe BGH VersR 2006, 556; NJW 2008, 2776, 2779; Staudinger/*Looschelders/Olzen* § 242 Rn. 553.

1837 So Staudinger/*Looschelders/Olzen* § 242 Rn. 553, 557.

1838 Siehe MüKo GmbHG/*Liebscher* § 46 Rn. 193 m. w. N.

1839 Siehe BAG NJW 1978, 723, 724.

1840 So *Buck* S. 303.

Die vermittelnde Ansicht – also die Linie des BGH – erscheint vorzugswürdig. Wissenszurechnung ist immer eine Frage gerechter Risikoverteilung[1841]. Für die Frage rechtsmissbräuchlicher Unkenntnis, die der Kenntnis gleichgestellt wird, kann nichts anders gelten. Es ist daher nicht sachgerecht, für den Maßstab der Rechtsmissbräuchlichkeit auf eine neue Dogmatik der Verhaltenszurechnung zurückzugreifen, deren einziges Zurechnungskriterium der Verstoß gegen irgendeine Informationsweiterleitungspflicht ist[1842]. Zur Beurteilung der Frage, wann die Unkenntnis der juristischen Person rechtsmissbräuchlich ist, sind die gesetzlichen Wertungen zu berücksichtigen, die das Risiko der Informationsweiterleitung zwischen juristischer Person und dem Schuldner-Geschäftsleiter verteilen. Bei Ansprüchen gegen Vorstandsmitglieder soll § 112 S. 1 AktG die AG vor dem Risiko schützen, dass Ansprüche durch (potentiell befangene) Vorstandskollegen nicht sachgerecht verfolgt werden[1843]. Bei der GmbH soll § 46 Nr. 8 Var. 1 GmbHG die GmbH mitunter davor schützen, dass Ansprüche gegen Geschäftsführer durch andere (potentiell befangene) Geschäftsführer nicht sachgerecht verfolgt werden. Mit dieser Wertung ist es nicht in Einklang zu bringen, rechtsmissbräuchliche Unkenntnis der AG oder GmbH anzunehmen, wenn Vorstandskollegen oder Mitgeschäftsführer ihre Kenntnis vom Anspruch gegen den Schuldner-Geschäftsleiter nicht an den Aufsichtsrat oder die Gesellschafterversammlung weitergeben. Denn sonst liefen die genannten Kompetenzregeln, die der AG oder GmbH eine faire Chance zur Anspruchsverfolgung sichern sollen, leer. Im Ergebnis hat somit der Schuldner-Geschäftsleiter das Risiko zu tragen, dass seine Geschäftsleiterkollegen ihre Kenntnis vom Anspruch gegen den Schuldner-Geschäftsleiter nicht an den Aufsichtsrat oder die Gesellschafterversammlung weitergeben.

Umgekehrt weist das Gesetz der juristischen Person das Risiko der Informationsweiterleitung zu, wenn das Organ, das den Geschäftsleiter zu überwachen hat, seine Kenntnis nicht an das entscheidungsbefugte Organ weitergibt. Denn das Überwachungsorgan hat gerade die Aufgabe, im Interesse der juristischen Person für eine sachgerechte Anspruchsverfolgung zu sorgen. Dementsprechend kann sich z. B. eine GmbH mit Aufsichtsrat nach § 242 BGB nicht auf Unkenntnis berufen, wenn der überwachungspflichtige Aufsichtsrat Kenntnis von dem Ersatzanspruch gegen den Geschäftsführer hat und diese Kenntnis nicht an die gemäß § 46 Nr. 8 Var. 1 GmbHG zur Entscheidung über die Anspruchsgeltendmachung berufene Gesellschafterversammlung weiterleitet. Es stellt sich die Frage, ob das Gleiche gilt, wenn nur ein Aufsichtsratsmitglied der GmbH Kenntnis über den Anspruch gegen den Geschäftsführer hat. Dies wird man bejahen müssen. Die einzelnen Aufsichtsratsmitglieder sind zwar nicht zur Einberufung der Gesellschafterversammlung berechtigt, dies ist vielmehr der Aufsichtsrat, § 111 III AktG

1841 Siehe *Römmer-Collmann* S. 71; *Buck* S. 314 ff.; 433, 441; Erman/*Maier-Reimer* § 166 Rn. 23.; siehe auch 5. Teil:§ 2C.II.1.).
1842 So aber *Stein* ZGR 1999, 264, 275 ff.
1843 Siehe 5. Teil:§ 3A.III.1.)a.).

i. V. m. § 52 I GmbHG, § 25 I 1 Nr. 2 MitbestG, § 1 I Nr. 3 DrittelbG[1844]. Aber jedes Aufsichtsratsmitglied ist verpflichtet, an der Überwachung der Geschäftsleiter mitzuwirken[1845] und bei Anhaltspunkten pflichtwidriger Geschäftsführung eine Befassung des Aufsichtsrats herbeizuführen[1846]. Um seiner Überwachungsaufgabe nachzukommen und um informiert zu sein, ist der Aufsichtsrat somit auf die Mitwirkung seiner einzelnen Mitglieder angewiesen. Hebeln seine Mitglieder durch pflichtwidrig unterlassene Einberufung den Informationsmechanismus des Aufsichtsrats aus, muss sich die GmbH dies entgegenhalten lassen[1847].

Im Ergebnis kann die pflichtwidrig unterlassene Informierung des entscheidungsbefugten Organs durch unzuständige Organmitglieder nur dann als treuwidrige Unkenntnis der AG bzw. der GmbH gewertet werden, wenn die unzuständigen Organmitglieder einem Organ angehören, das zur Überwachung der Geschäftsleitung zuständig ist und das entscheidungsbefugte Organ von Überwachungsvorfällen unterrichten muss.

### *3.) Grob fahrlässige Unkenntnis*

Leiten unzuständige Organmitglieder ihre Kenntnis vom Anspruch gegen den Schuldner-Geschäftsleiter nicht an das entscheidungsbefugte Organ weiter, ist darin keine grob fahrlässige Unkenntnis zu sehen. Grob fahrlässige Unkenntnis kommt immer nur in Betracht, wenn das entscheidungsbefugte Organ als solches die Augen vor der aufdrängenden Kenntnis verschließt. Insoweit kann auf das zur grob fahrlässigen Unkenntnis des jeweiligen Organs Gesagte verwiesen werden.

---

1844 Siehe Großkomm GmbHG/*Heermann* § 52 Rn. 92, 232, 297.
1845 Siehe K. Schmidt/Lutter/*Drygala* § 116 Rn. 3.
1846 Siehe K. Schmidt/Lutter/*Drygala* § 116 Rn. 9.
1847 Siehe 5. Teil:§ 3A.III.1.)c.)cc.)(2.).

# 6. Teil: Zusammenfassung der wesentlichen Ergebnisse

1. Aus der *ratio* des § 199 I BGB folgt, dass es bei Ansprüchen der juristischen Person für den Verjährungsbeginn auf die Kenntnis bzw. grob fahrlässige Unkenntnis desjenigen Organs ankommt, das im Rahmen der internen Willensbildung über die Geltendmachung des konkreten Anspruchs zu entscheiden hat (entscheidungsbefugtes Organ). Denn das Merkmal der Kenntnis i. S. v. § 199 I BGB soll den Gläubiger befähigen, erstens eine informierte Entscheidung über die Anspruchsverfolgung zu treffen, zweitens die Verjährungsfrist als Überlegungsfrist zu nutzen und drittens die Verjährungsfrist zu hemmen. Diese Fähigkeiten kommen nur dem entscheidungsbefugten Organ zu. Nur dieses Organ kann sich die Anspruchsgeltendmachung überlegen, eine informierte Entscheidung über sie treffen und den für die Verjährungshemmung erforderlichen Rechtsverfolgungswillen der juristischen Person bilden.

2. Der Rechtsgedanke des § 31 BGB ist die richtige Rechtsgrundlage für die organschaftliche Wissenszurechnung im Rahmen des § 199 I BGB. Das gilt unabhängig davon, ob die Kenntnis von entscheidungsbefugten Außen- oder Innenorganen der AG oder GmbH zugerechnet wird.

3. An sich kann nach dem Rechtsgedanken des § 31 BGB sowohl das geschäftlich erlangte als auch das privat erlangte Wissen des Organmitglieds zugerechnet werden. Das kann jedoch nur insoweit gelten, als im Rahmen des § 199 I BGB die Kenntnis einzelner Organmitglieder der AG bzw. GmbH zurechenbar ist. Soweit hingegen nur die Gremiumskenntnis eines Kollegialorgans im Rahmen des § 199 I BGB zurechenbar ist, kann naturgemäß nur diejenige Kenntnis zugerechnet werden, die das informierte Gremium hat – also geschäftlich erlangte Kenntnis. Privates Sonderwissen einzelner Organmitglieder muss außer Betracht bleiben, solange es nicht ins Gremium eingebracht wurde.

4. Für den Verjährungsbeginn der Ansprüche der AG gegen Vorstandsmitglieder nach § 199 I BGB kommt es auf die Kenntnis bzw. grob fahrlässige Unkenntnis aller Organe an, die über die Geltendmachung des konkreten Anspruchs gegen das Vorstandsmitglied entscheiden können. Die größte praktische Bedeutung für den Verjährungsbeginn hat die organschaftliche Wissenszurechnung über den Aufsichtsrat. Der Aufsichtsrat entscheidet gemäß § 112 S. 1 AktG über die Geltendmachung von Ansprüchen jedweden Rechtsgrundes gegen amtierende, ausgeschiedene und prospektive Vorstandsmitglieder. Die Entscheidung über die Geltendmachung gegen ausgeschiedene Vorstandsmitglieder

obliegt ihm allerdings nur insoweit, als der streitige Anspruch seinen Ursprung in der vormaligen Vorstandstätigkeit hat. Sofern dieser Ursprung nicht gegeben ist, entscheidet der Vorstand kraft seiner Geschäftsführungsbefugnis (§ 77 AktG) über die Geltendmachung des Anspruchs gegen das ausgeschiedene Vorstandsmitglied. Innerhalb seiner Zuständigkeit kann der Aufsichtsrat die Entscheidung über die Anspruchsgeltendmachung auch an einen Aufsichtsratsausschuss delegieren. Über die Geltendmachung von Ersatzansprüchen i. S. v. § 147 I 1 AktG gegen amtierende und ausgeschiedene Vorstandsmitglieder kann auch die Hauptversammlung entscheiden und, soweit sie dem besonderen Vertreter einen Entscheidungsspielraum zur Anspruchsgeltendmachung einräumt, auch der besondere Vertreter i. S. v. § 147 II AktG. Diesen Entscheidungsspielraum hat der besondere Vertreter z. B., wenn ihm die Hauptversammlung die Entscheidung einräumt, gegen welches von mehreren schadensersatzpflichtigen Vorstandsmitgliedern er den Schadensersatzanspruch verfolgt. Sofern die genannten Organe oder der beschließende Aufsichtsratsausschuss über die Geltendmachung des konkreten Anspruchs gegen das Vorstandsmitglied zu entscheiden befugt sind, muss sich die AG deren Kenntnis bzw. grob fahrlässige Unkenntnis im Rahmen des § 199 I BGB nach dem Rechtsgedanken des § 31 BGB zurechnen lassen.

5. Für den Verjährungsbeginn der Ansprüche der GmbH gegen Geschäftsführer nach § 199 I BGB kommt es auf die Kenntnis bzw. grob fahrlässige Unkenntnis aller Organe an, die über die Geltendmachung des konkreten Anspruchs gegen den Geschäftsführer entscheiden können. In der GmbH ohne Aufsichtsrat entscheidet über die Geltendmachung von Ersatzansprüchen gegen amtierende und ausgeschiedene Geschäftsführer gemäß § 46 Nr. 8 Var. 1 GmbHG allein die Gesellschafterversammlung. Über die Geltendmachung anderer Ansprüche entscheidet die Geschäftsführung unter Ausschluss des insoweit nicht stimmberechtigten Schuldner-Geschäftsführers und die Gesellschafterversammlung kraft ihres Weisungsrechts nach § 37 I GmbHG. Die Gesellschafterversammlung kann für die Geltendmachung jedweder Ansprüche gegen Geschäftsführer einen Prozessvertreter nach § 46 Nr. 8 Var. 2 GmbHG bestellen. Dieser Prozessvertreter hat grundsätzlich keine Befugnis, über die Geltendmachung des Anspruchs zu entscheiden, es sei denn, die Gesellschafterversammlung räumt ihm einen Entscheidungsspielraum ein. Sofern die genannten Organe über die Geltendmachung des konkreten Anspruchs gegen den Geschäftsführer zu entscheiden befugt sind, muss sich die GmbH deren Kenntnis bzw. grob fahrlässige Unkenntnis im Rahmen des § 199 I BGB nach dem Rechtsgedanken des § 31 BGB zurechnen lassen.

6. In der GmbH mit fakultativem und obligatorischem Aufsichtsrat nach DrittelbG oder MitbestG entscheidet über die Geltendmachung von Ersatzansprüchen gegen Geschäftsführer gemäß § 46 Nr. 8 Var. 1 GmbHG ausschließlich die Gesellschafterversammlung. Hat die Gesellschafterversammlung analog

§ 147 II AktG einen besonderen Vertreter zur Geltendmachung der Ersatzansprüche bestellt und ihm die Entscheidung über die Geltendmachung des konkreten Anspruchs eingeräumt, kann auch er über die Geltendmachung dieses Ersatzanspruchs entscheiden. Über die Geltendmachung anderer Ansprüche gegen Geschäftsführer entscheidet in der GmbH mit Aufsichtsrat ausschließlich der weisungsunabhängige Aufsichtsrat. Sofern die genannten Organe über die Geltendmachung des konkreten Anspruchs gegen den Geschäftsführer zu entscheiden befugt sind, muss sich die GmbH deren Kenntnis bzw. grob fahrlässige Unkenntnis im Rahmen des § 199 I BGB nach dem Rechtsgedanken des § 31 BGB zurechnen lassen.

7. Theoretisch ist auch die Kenntnis bzw. grob fahrlässige Unkenntnis der qualifizierten Aktionärsminderheit i. S. v. § 148 I 1 AktG oder einzelner GmbH-Gesellschafter für den Verjährungsbeginn nach § 199 I BGB wegen der mit der *actio pro socio* verbundenen Klagebefugnis relevant. Denn nach dem Normzweck des § 199 I BGB stehen dem Gläubiger solche Personen gleich, die die materielle Berechtigung haben, den Anspruch des Gläubigers im eigenen Namen geltend zu machen. Auch die Kenntnis bzw. grob fahrlässige Unkenntnis solcher Personen löst daher den Verjährungsbeginn nach § 199 I BGB aus. Die *actio pro socio* gewährt der qualifizierten Aktionärsminderheit oder den GmbH-Gesellschaftern das Recht, einen Ersatzanspruch der AG bzw. GmbH im eigenen Namen gegen den Geschäftsleiter einzuklagen. Sobald sie in Prozessstandschaft klagen können, bewirkt ihre Kenntnis bzw. grob fahrlässige Unkenntnis den Verjährungsbeginn nach § 199 I BGB. Praktisch kommt ihrer Kenntnis bzw. grob fahrlässigen Unkenntnis für den Verjährungsbeginn nach § 199 I BGB aber keine Bedeutung zu, weil sie die Klagebefugnis erst erlangen, nachdem sie die AG bzw. GmbH aufgefordert haben, den Ersatzanspruch selbst gegen den Geschäftsleiter zu verfolgen. In aller Regel wird daher die Kenntnis bzw. grob fahrlässige Unkenntnis des entscheidungsbefugten Organs den Verjährungsbeginn nach § 199 I BGB im Zurechnungswege bewirken.

8. Bei den entscheidungsbefugten Kollegialorganen (Aufsichtsrat, Gesellschafterversammlung, Hauptversammlung) liegt Kenntnis i. S. v. § 199 I BGB vor, wenn das beschlussfähige Gremium über die anspruchsbegründenden Tatsachen informiert wird. Die Tagesordnung der Versammlung ist unerheblich. Hatte die AG bzw. GmbH jedoch keine Möglichkeit, den Beschlussgegenstand »Anspruchsgeltendmachung gegen den Geschäftsleiter« so zeitig auf die Tagesordnung der Versammlung zu setzen, dass hierüber hätte Beschluss gefasst werden können, kann das Gremium in dieser Versammlung keine rechtserhebliche Kenntnis erlangen. In letzterem Fall tritt die Kenntnis automatisch in dem Zeitpunkt ein, in dem das informierte Gremium fiktiv eine neue Sitzung mit dem Beschlussgegenstand der Anspruchsgeltendmachung frühestens hätte durchführen können.

9. Grob fahrlässige Unkenntnis der Kollegialorgane Aufsichtsrat und Gesellschafterversammlung i. S. v. § 199 I BGB liegt nur dann vor, wenn sich dem jeweiligen beschlussfähigen Gremium die anspruchsbegründenden Umstände förmlich aufdrängen, es vor ihnen aber die Augen verschließt. Bei der beschlussfähigen Hauptversammlung ist grob fahrlässige Unkenntnis nicht denkbar, weil sie dem Aufsichtsrat die gebotenen Nachforschungen überlassen kann und keine eigenen Nachforschungen anstellen muss.

10. Eine verjährungsbeginnauslösende treuwidrige Unkenntnis von Kollegialorganen liegt nach § 242 BGB vor, wenn ein einberufungsberechtigtes Organmitglied des Kollegialorgans seine rechtserhebliche Kenntnis unter Verstoß gegen seine Informationspflicht nicht oder nur mit unangemessener Verzögerung an das Gremium weitergibt. Die Verjährung beginnt in diesem Fall nach § 199 I BGB mit Schluss des Kalenderjahres, in dem das Gremium bei gebotener Beschleunigung hätte informiert werden können. Demgemäß kann eine treuwidrige Unkenntnis angenommen werden, wenn Aufsichtsratsmitglieder oder nach § 50 I GmbHG einberufungsberechtigte Gesellschafter ihre Pflicht zur Informierung des Gremiums verletzen. Bei verzögerter Informierung der Hauptversammlung kommt eine treuwidrige Unkenntnis der AG hingegen nicht in Betracht, weil Aktionäre nicht verpflichtet sind, ihre Kenntnis vom Anspruch gegen das Vorstandsmitglied an die Hauptversammlung weiterzuleiten.

11. Bei Geschäftsleitern hängt die Wissenszurechnung davon ab, ob Einzel- oder Gesamtgeschäftsführungsbefugnis besteht. Soweit Geschäftsleiter einzeln über die Anspruchsgeltendmachung gegen den Schuldner-Geschäftsleiter zu entscheiden befugt sind, ist im Rahmen des § 199 I BGB die Kenntnis bzw. grob fahrlässige Unkenntnis einzelner Geschäftsleiter zurechenbar. Soweit sie nur gemeinschaftlich über die Anspruchsgeltendmachung entscheiden können, kommt es im Rahmen des § 199 I BGB auf die Kenntnis bzw. grob fahrlässige Unkenntnis des Entscheidungsgremiums an. Besteht Gesamtgeschäftsführungsbefugnis und hat ein Geschäftsleiter rechtserhebliche Kenntnis i. S. v. § 199 I BGB, informiert die anderen Geschäftsleiter aber nur mit unangemessener Verzögerung hierüber, muss sich die AG bzw. GmbH nach § 242 BGB so behandeln lassen, als wären die anderen Geschäftsleiter rechtzeitig informiert worden.

12. Die Kenntnis des Schuldner-Geschäftsleiters, gegen den sich der Anspruch der AG bzw. GmbH richtet, kann den Verjährungsbeginn nach § 199 I BGB in keinem Fall bewirken. Letztlich scheitert die Wissenszurechnung jedenfalls daran, dass sich aus § 199 I BGB ein Zurechnungsausschluss für solche Interessenkollisionen ergibt. Wissensnormen haben Einfluss auf die Wissenszurechnung und können der Zurechnung Grenzen setzen, mithin einen partiellen Zurechnungsausschluss bewirken. Da das Merkmal der Kenntnis in § 199 I BGB die nach Art. 14 I 1 GG garantierte faire Chance des Gläubigers

zur Anspruchsdurchsetzung sichern soll, kann der Schuldner nicht zugleich das maßgebliche Zurechnungssubjekt auf der Gläubigerseite sein. Ließe man diese Personenidentität zu, würden allein die Interessen des Schuldners an der zeitlichen Begrenzung seiner Inanspruchnahme berücksichtigt und der Gläubiger hätte faktisch keine faire Chance zur Anspruchsdurchsetzung. Das wäre mit Schutzrichtung und Funktion des Kenntnismerkmals i. S. v. § 199 I BGB nicht zu vereinbaren. Die Auslegung des § 199 I BGB ergibt daher einen Zurechnungsausschluss in der Weise, dass die Gläubigerkenntnis nie die zugerechnete Schuldnerkenntnis sein kann.

13. Auch die rechtserhebliche Kenntnis anderer Organmitglieder, die von den anspruchsbegründenden Umständen und der Person des Schuldner-Geschäftsleiters erfahren haben, kann den Verjährungsbeginn nach § 199 I BGB nicht bewirken, wenn es um einen Schadensersatzanspruch der AG bzw. GmbH geht, der auf einer gemeinschaftlichen Pflichtverletzung des Schuldner-Geschäftsleiters und ebendieser Organmitglieder beruht. Letztlich scheitert die Wissenszurechnung in dieser Konstellation jedenfalls an § 242 BGB. Nach Treu und Glauben ist es dem Schuldner-Geschäftsleiter verwehrt, sich auf die der juristischen Person zugerechnete Kenntnis des an der Pflichtverletzung beteiligten Organmitglieds im Rahmen des § 199 I BGB zu berufen.

14. Gesetzliche Verschwiegenheitspflichten schließen die Wissenszurechnung aus, soweit die Kenntnis aus Gründen der Verschwiegenheit nicht weitergegeben werden darf. Der durch die Verschwiegenheitspflicht bedingte Zurechnungsausschluss gilt für jede Art der Wissenszurechnung, gleich ob sie auf § 166 I BGB, auf dem Rechtsgedanken des § 31 BGB oder sonstigen Rechtsgrundlagen beruht. Entfällt die Verschwiegenheitspflicht des Organmitglieds nachträglich und erfährt das Organmitglied von diesem Wegfall, ist die Wissenszurechnung möglich. Eine Wissenszurechnung ist trotz Verschwiegenheitspflicht möglich, wenn der zur Verschwiegenheit Verpflichtete entgegen seiner Verschwiegenheitspflicht die geheime oder vertrauliche Information über den Anspruch gegen den Geschäftsleiter an das entscheidungsbefugte Organ weitergibt.

15. AG und GmbH müssen sich im Rahmen des § 199 I BGB auch die Kenntnis bzw. grob fahrlässige Unkenntnis von Wissensvertretern nach dem Rechtsgedanken des § 166 I BGB zurechnen lassen. Nach herkömmlicher Definition ist Wissensvertreter jeder, der nach der Arbeitsorganisation des Geschäftsherrn dazu berufen ist, im Rechtsverkehr als dessen Repräsentant bestimmte Aufgaben in eigener Verantwortung zu erledigen und die dabei angefallenen Informationen zur Kenntnis zu nehmen sowie gegebenenfalls weiterzuleiten. Der Wissensvertreterbegriff des § 199 I BGB ist ein anderer. Die h. M. verzichtet für den Wissensvertreterbegriff bei § 199 I BGB zu Recht auf das Merkmal des Außenkontakts, sodass Wissensvertreter im Rahmen des § 199 I BGB auch

derjenige sein kann, der nicht als Repräsentant nach außen in Erscheinung tritt. Daher sind auch Hilfspersonen, die zur anspruchsvorbereitenden Tatsachenermittlung gegen Geschäftsleiter eingesetzt werden, Wissensvertreter im Rahmen des § 199 I BGB, obwohl sie nur für die rein gesellschaftsinterne Tatsachenermittlung ohne jeden Außenkontakt zuständig sind.

16. Wissensvertreter, die in AG und GmbH zur anspruchsvorbereitenden Tatsachenermittlung gegen Geschäftsleiter eingesetzt werden, sind beispielsweise: Aufsichtsratsmitglieder und Sachverständige, die von der AG oder der GmbH gemäß § 111 II 2 AktG mit der Tatsachenermittlung gegen Geschäftsleiter betraut wurden; Untersuchungsausschüsse des Aufsichtsrats, an die die Sachverhaltsaufklärung gegen Geschäftsleiter delegiert wurde; der aktienrechtliche und der GmbH-rechtliche Sonderprüfer, der zur Tatsachenermittlung gegen Geschäftsleiter bestellt wird; der besondere Vertreter nach § 147 II AktG und der Prozessvertreter nach § 46 Nr. 8 Var. 2 GmbHG; Rechtsanwälte können Wissensvertreter sein, wenn sie die AG bzw. GmbH nicht lediglich rechtlich beraten, sondern mit der Aufklärung des anspruchsbegründenden Sachverhalts oder allgemein mit der Wahrnehmung der Interessen der AG bzw. GmbH im Rahmen der Geltendmachung des Anspruchs betraut sind.

17. Im Rahmen des § 199 I BGB ist nur die geschäftlich erlangte Kenntnis des Wissensvertreters zurechenbar. Werden mehrere Wissensvertreter zur Tatsachenermittlung gegen den Geschäftsleiter eingesetzt, ist die Kenntnis bzw. grob fahrlässige Unkenntnis eines jeden von ihnen der AG bzw. GmbH zuzurechnen mit der Folge des Verjährungsbeginns nach § 199 I BGB.

18. AG und GmbH sind nicht verpflichtet, eine Wissensorganisation einzurichten, im Rahmen derer Organmitglieder und Mitarbeiter ihre Kenntnis über die anspruchsbegründenden Umstände und die Person des Schuldner-Geschäftsleiters an das entscheidungsbefugte Organ weitergeben. Der Schuldner-Geschäftsleiter genießt nicht den Schutz des Rechtsverkehrs.

19. Überdies ist die Lehre von der ordnungsgemäßen Organisation der Kommunikation generell abzulehnen, weil sie gegen zahlreiche gesetzliche Wertungen verstößt. Erstens fehlt für sie eine tragfähige Rechtsgrundlage. Zweitens missachtet sie durch die Rechtskonstruktion der Informationsabfragepflicht die zivilrechtlich vorgegebene Unterscheidung von Kenntnis und fahrlässiger Unkenntnis (§ 122 II BGB), ist also mit dem zivilrechtlichen Kenntnisbegriff unvereinbar. Drittens verstößt sie durch die Rechtskonstruktion der Informationsweiterleitungspflicht gegen die dem zivilrechtlichen Kenntnisbegriff immanente Koinzidenz von Handlungsverantwortlichkeit und Wissensträgerschaft. Viertens ist ihr personeller und sachlicher Anwendungsbereich bis heute derart unklar, dass sie mit dem Prinzip der Rechtssicherheit kaum vereinbar ist. Fünftens erlaubt ihr Tatbestand keine rechtssichere Anwendung,

weil die Informationsspeicher- und die Informationsabfragepflicht anhand des Gleichstellungsarguments „konkretisiert“ werden, was zu beliebigen Ergebnissen führt.

20. Die sog. *knowledge governance*, mithin eine Informationsorganisation, die das Unternehmen gegen Wissenszurechnung schützen soll, indem Personen mit Sonderwissen gezielt von bestimmten Geschäften abgeschirmt werden, verstößt gegen Treu und Glauben. Verhindert die *knowledge governance* die Wissenszurechnung, kann sich die juristische Person auf ihre Unkenntnis nicht berufen und muss sich als wissend behandeln lassen, § 242 BGB.

21. Leiten Organmitglieder eines unzuständigen Organs ihre Kenntnis vom Anspruch gegen den Geschäftsleiter nicht an das entscheidungsbefugte Organ weiter, ist dies nur dann als treuwidrige Unkenntnis der AG bzw. GmbH nach § 242 BGB zu werten, wenn die wissenden Organmitglieder einem Organ angehören, das zur Überwachung der Geschäftsleitung und zur Informierung des entscheidungsbefugten Organs verpflichtet ist. Erfährt z. B. in einer GmbH mit Aufsichtsrat der Aufsichtsrat von einem Ersatzanspruch der GmbH gegen den Geschäftsführer und gibt seine Kenntnis hierüber nicht an die Gesellschafterversammlung weiter, ist dies als treuwidrige Unkenntnis der GmbH nach § 242 BGB zu werten. Der Aufsichtsrat ist nämlich zur Überwachung der Geschäftsleitung und zur Informierung der entscheidungsbefugten Gesellschafterversammlung (§ 46 Nr. 8 Var. 1 GmbHG) verpflichtet. Geben hingegen Geschäftsleiterkollegen des Schuldner-Geschäftsleiters ihre rechtserhebliche Kenntnis nicht an das entscheidungsbefugte Organ weiter, begründet dies keine treuwidrige Unkenntnis der AG oder GmbH.

22. Leiten Organmitglieder eines unzuständigen Organs ihre Kenntnis vom Anspruch gegen den Schuldner-Geschäftsleiter nicht an das entscheidungsbefugte Organ weiter, ist darin keine grob fahrlässige Unkenntnis der AG oder GmbH i. S. v. § 199 I BGB zu sehen. Grob fahrlässige Unkenntnis kommt nur in Betracht, wenn das entscheidungsbefugte Organ als solches die Augen vor der aufdrängenden Kenntnis verschließt.

# Literaturverzeichnis

*Abschlussbericht der Kommission zur Überarbeitung des Schuldrechts*, Bundesminister der Justiz (Hrsg.), Köln 1992 (zitiert: Abschlussbericht).

*Adler, Andree*: Wissen und Wissenszurechnung, insbesondere bei arbeitsteilig aufgebauten Organisationen, Mainz 1997.

*Altmeppen, Holger*: Haftung der Geschäftsleiter einer Kapitalgesellschaft für Verletzung von Verkehrssicherungspflichten, ZIP 1995, 881 ff.

*Altmeppen, Holger*: Verbandshaftung kraft Wissenszurechnung am Beispiel des Unternehmenskaufs, BB 1999, 749 ff.

*Altmeppen, Holger*: Gibt es Stimmverbote in der Einmann-Gesellschaft?, NJW 2009, 3757 ff.

*Amann, Hermann*: Das Verjährungsrecht nach der Schuldrechtsreform aus notarieller Sicht, DNotZ 2002, 94 ff.

*Banerjea, Nirmal Robert*: Die Gesellschafterklage im GmbH- und Aktienrecht, Überlegungen zum deutschen und europäischen Recht vor dem Hintergrund der schweizerischen Verantwortlichkeitsklage und der US-amerikanischen Derivative Suit, Köln 2000 (zitiert: *Banerjea*, Gesellschafterklage).

*Barnert, Thomas*: Die Gesellschafterklage im dualistischen System des Gesellschaftsrechts, Tübingen 2003, (zitiert: *Barnert*, Gesellschafterklage).

*Bartels, Klaus*: Zur Frage der Ursächlichkeit bei den Nachforschungsobliegenheiten des § 932 BGB, Sorgfaltsanforderungen an den Erwerbswilligen zwischen Eigentumsschutz, Prävention und Umlaufinteresse, AcP 205 (2005), 687 ff.

*Baum, Marcus*: Die Wissenszurechnung, Berlin 1999 (zitiert: *Baum*).

*Baumann, Horst*: Die Kenntnis juristischer Personen des Privatrechts von rechtserheblichen Umständen, ZGR 1973, 284 ff.

*Baumbach, Adolf (Begr.); Hopt, Klaus J.; Kumpan, Christoph; Merkt, Hanno; Roth, Markus (allesamt Bearb.)*: Kurzkommentar zum Handelsgesetzbuch mit GmbH & Co., Handelsklauseln, Bank- und Börsenrecht, Transportrecht (ohne Seerecht), 37. Auflage München 2016 (zitiert: Baumbach/Hopt/*Bearbeiter*).

*Baumbach, Adolf (Begr.); Hueck, Alfred (fortgef.)*: Kurzkommentar zum Gesetz betreffend die Gesellschaft mit beschränkter Haftung, 21. Auflage München 2017.

*Baums, Theodor*: Der Geschäftsleitervertrag: Begründung, Inhalt und Beendigung der Rechtsstellung der Vorstandsmitglieder und Geschäftsführer in den Kapitalgesellschaften und Genossenschaften, Köln 1987 (zitiert: *Baums*, Geschäftsleitervertrag).

*Baur, Fritz*: Anmerkung zu BGH, Urt. v. 26. 11. 1957, VIII ZR 70/57, JZ 1958, 246 f.

*Baur, Jürgen F.*; *Stürner, Rolf*: Sachenrecht, 18. Auflage München 2009 (zitiert: *Baur/Stürner*).

*Bayer, Walter*: Die Geltendmachung von Sozialansprüchen der GmbH durch den ausgeschiedenen Gesellschafter, Rechtsfortbildung durch die Entscheidung des OLG Düsseldorf vom 10. 3. 2016 – I-6 U 89/15, GmbHR 2016, 505 ff.

*Bayer, Walter*; *Lieder, Jan*: Die Lehre vom fehlerhaften Bestellungsverhältnis – Ein Beitrag zur Institutionenbildung im Gesellschaftsrecht aus Anlass des HVB/UniCredit-Beschlusses des II. Zivilsenats des BGH vom 27. 9. 2011, NZG 2012, 1 ff.

*Beck'scher Online-Kommentar zum Bürgerlichen Gesetzbuch*: *Bamberger, Heinz Georg*; *Roth, Herbert*; *Hau, Wolfgang*; *Poseck, Roman (allesamt Hrsg.)*, 43. Edition München 2017 (zitiert: BeckOK BGB/*Bearbeiter*).

*Beck'scher Online-Kommentar zum GmbHG*: *Ziemons, Hildegard*; *Jaeger, Carsten (beide Hrsg.)*, 31. Edition München 2017 (zitiert: BeckOK GmbHG/*Bearbeiter*).

*Beck'scher Online-Kommentar zur Zivilprozessordnung*: *Vorwerk, Volkert*; *Wolf, Christian (beide Hrsg.)*, 25. Edition München 2017 (zitiert: BeckOK ZPO/*Bearbeiter*).

*beck-online.Großkommentar zum Bürgerlichen Gesetzbuch*: *Gsell, Beate*; *Krüger, Wolfgang*; *Lorenz, Stephan*; *Mayer, Jörg (allesamt Gesamthrsg.)*, München 2017 (zitiert: BeckOGK BGB/*Bearbeiter*).

*Berger, Christian*: Die actio pro socio im GmbH-Recht, ZHR 149 (1985), 599 ff.

*Beuthien, Volker*: Gibt es eine organschaftliche Stellvertretung?, NJW 1999, 1142 ff.

*Beuthien, Volker*: Zur Wissenszurechnung nach § 166 BGB, § 166 II BGB ausweiten – § 166 I BGB klarer ordnen, NJW 1999, 3585 ff.

*Bitter, Georg*; *Alles, Matthias*: Die Rechtsprechung zum Aufschub des Verjährungsbeginns bei unklarer Rechtslage, NJW 2011, 2081 ff.

*Bleutge, Rolf*: Der Kommunalverfassungsstreit, Berlin 1970.

*Bohrer, Michael*: Anmerkung zu BGH, Urteil vom 8. 12. 1989, V ZR 246/87, DNotZ 1991, 124 ff.

*Bork, Reinhard*: Zurechnung im Konzern, ZGR 1994, 237 ff.

*Bork, Reinhard*: Wissenszurechnung im Insolvenz(anfechtungs)recht, DB 2012, 33 ff.

*Bork, Reinhard*: Allgemeiner Teil des Bürgerlichen Gesetzbuchs, 4. Auflage Tübingen 2016 (zitiert: *Bork*).

*Bork, Reinhard*; *Oepen, Klaus*: Einzelklagebefugnis des Personengesellschafters, ZGR 2001, 515 ff.

*Bork, Reinhard*; *Schäfer, Carsten*: Kommentar zum GmbH-Gesetz, 3. Auflage Köln 2015.

*Bott, Kristofer*: Wissenszurechnung bei Organisationen, Frankfurt am Main 2000 (zitiert: *Bott*).

*Brandner, Hans Erich*: Zur gerichtlichen Vertretung der Gesellschaft gegenüber ausgeschiedenen Vorstandsmitgliedern/Geschäftsführern, Festschrift für Karlheinz Quack zum 65. Geburtstag, Berlin 1991.

*Brüggemeier, Gert*: Organisationshaftung. Deliktsrechtliche Aspekte innerorganisatorischer Funktionsdifferenzierung, AcP 191 (1991), 33 ff.

*Buck-Heeb, Petra*: Wissen und juristische Person. Wissenszurechnung und Herausbildung zivilrechtlicher Organisationspflichten, Tübingen 2001 (zitiert: *Buck)*.

*Buck-Heeb, Petra*: Wissenszurechnung, Informationsorganisation und Ad-hoc-Mitteilungspflicht bei Kenntnis eines Aufsichtsratsmitglieds, AG 2015, 801 ff.

*Buck-Heeb, Petra*: Wissenszurechnung und Verschwiegenheitspflicht von Aufsichtsratsmitgliedern, WM 2016, 1469 ff.

*Bülow, Peter*: Anmerkung zu BGH, Urt. v. 26. 11. 1957, VIII ZR 70/57, MDR 1958, 421 f.

*Bürgers, Tobias*; *Körber, Torsten*: Aktiengesetz, Heidelberger Kommentar, 4. Auflage Heidelberg 2017.

*Caemmerer, Ernst von*: Reformprobleme der Haftung für Hilfspersonen, ZfRV 1973, 241 ff.

*Canaris, Claus-Wilhelm*: Die Vertrauenshaftung im deutschen Privatrecht, München 1971 (zitiert: *Canaris*, Vertrauenshaftung).

*Canaris, Claus-Wilhelm*: Schuldrechtsreform 2002. Zusammengestellt und eingeleitet von *Claus-Wilhelm Canaris*, München 2002 (zitiert: *Canaris*, Schuldrechtsreform).

*Canaris, Claus-Wilhelm*: Sonderausgabe der Kommentierung des Bankvertragsrechts aus Handelsgesetzbuch, Großkommentar, 4. Auflage Berlin 1988 (zitiert: *Canaris*, Bankvertragsrecht).

*Densch, Reinhart*; *Kahlo, Michael*: Zur Ausschlussfrist des § 626 Abs. 2 BGB bei fristloser Kündigung eines leitenden Angestellten durch den Gesamtvorstand eines eingetragenen Vereins, DB 1987, 581 ff.

*Deutsch, Erwin*: Fahrlässigkeit und erforderliche Sorgfalt. Eine privatrechtliche Untersuchung, 2. Auflage Köln 1995 (zitiert: *Deutsch*, Fahrlässigkeit).

*Deutsch, Erwin*: Allgemeines Haftungsrecht, 2. Auflage Köln 1996 (zitiert: *Deutsch*, Haftungsrecht).

*Dreher, Meinrad*: Treuepflichten zwischen Aktionären und Verhaltenspflichten bei der Stimmrechtsbündelung, ZHR 157 (1993), 150 ff.

*Dreher, Meinrad*: Die Vorstandsverantwortung im Geflecht von Risikomanagement, Compliance und interner Revision, Festschrift für Uwe

Hüffer zum 70. Geburtstag, herausgegeben von *Peter Kindler*, *Jens Koch*, *Peter Ulmer* und *Martin Winter*, München 2010, S. 161 ff.

*Drexl, Josef*: Wissenszurechnung im Konzern, ZHR 161 (1997), 491 ff.

*Ebenroth, Carsten Thomas (Begr.); Boujong, Karlheinz (Begr.); Joost, Detlev (Begr. u. Hrsg.); Strohn, Lutz (Hrsg.)*: Handelsgesetzbuch, Band 1, §§ 1–342e, 3. Auflage München 2014 (zitiert: E/B/J/S/*Bearbeiter*).

*Eichner, Christian*; *Höller, Timo*: Anforderungen an das Tätigwerden des Aufsichtsrats bei Verdacht einer Sorgfaltspflichtverletzung des Vorstands, AG 2011, 885 ff.

*Eickhoff, Andreas*: Die Gesellschafterklage im GmbH-Recht. Zur Durchsetzung von Ansprüchen der GmbH durch ihre Gesellschafter, Köln 1988 (zitiert: *Eickhoff*, Gesellschafterklage).

*Eidenmüller, Horst*: Zur Effizienz der Verjährungsregeln im geplanten Schuldrechtsmodernisierungsgesetz, JZ 2001, 283 ff.

*Ellers, Holger*: Die Zurechnung von Gesellschafterwissen an die GmbH – insbesondere beim gutgläubigen Erwerb eines Sacheinlagegegenstands, GmbHR 2004, 934 ff.

*Westermann, Harm Peter (Hrsg.)*: Bürgerliches Gesetzbuch, Handkommentar mit AGBG, EGBGB, ErbbauVO, HausratsVO, HausTWG, ProdHaftG, SachenRBerG, SchuldRAnpG, VerbrKrG, Band I, 10. Auflage Köln 2000.

*Erman, Walter* (Begr.); *Westermann, Harm Peter*; *Grunewald, Barbara*; *Maier-Reimer, Georg (allesamt Hrsg.)*: Bürgerliches Gesetzbuch, Handkommentar mit AGG, EGBGB (Auszug), ErbbauRG, LPartG, ProdHaftG, VBVG, VersAusglG und WEG, Band I, II, 14. Auflage Köln 2014. (zitiert: Erman/*Bearbeiter*).

*Ertel, Karin*: Die Wissenszurechnung im deutschen und anglo-amerikanischen Zivilrecht, Mannheim 1998 (zitiert: *Ertel*).

*Faßbender, Christian A.*: Innerbetriebliches Wissen und bankrechtliche Aufklärungspflichten, Berlin 1998 (zitiert: *Faßbender*).

*Faßbender, Christian A.*; *Neuhaus, Heiner*: Zum aktuellen Stand der Diskussion in der Frage der Wissenszurechnung, WM 2002, 1253 ff.

*Fatemi, Aliresa*: Der Begriff der Kenntnis im Bürgerlichen Recht, NJOZ 2010, 2637 ff.

*Fatemi, Aliresa*: Der Begriff der Kenntnis im Bürgerlichen Recht, NJW 2011, 29 f.

*Fischer, Michael*: Der Entscheidungsspielraum des Aufsichtsrats bei der Geltendmachung von Regreßansprüchen gegen Vorstandsmitglieder, BB 1996, 225 ff.

*Fleck, Hans-Joachim*: Die Drittanstellung des GmbH-Geschäftsführers, ZHR 149 (1985), 387 ff.

*Fleck, Hans-Joachim*: Vertrag, unerlaubte Eigengeschäftsführung und Anspruchsverjährung. Zugleich eine Besprechung des BGH-Urteils vom 12. Juni 1989 – II ZR 344/87, ZIP 1991, 1269 ff.

*Fleck, Hans-Joachim*: Das Dienstverhältnis der Vorstandsmitglieder und Geschäftsführer in der Rechtsprechung des BGH, WM 1994, 1957 ff.

*Fleischer, Holger*: Die Sonderprüfung im GmbH-Recht, Überlegungen de lege lata und de lege ferenda, GmbHR 2001, 45 ff.

*Fleischer, Holger*: Zur organschaftlichen Treuepflicht der Geschäftsleiter im Aktien- und GmbH-Recht, WM 2003, 1045 ff.

*Fleischer, Holger*: Das Gesetz zur Unternehmensintegrität und Modernisierung des Anfechtungsrechts, NJW 2005, 3525 ff.

*Fleischer, Holger*: Zur Privatsphäre von GmbH-Geschäftsführern und Vorstandsmitgliedern: Organpflichten, organschaftliche Zurechnung und private Umstände, NJW 2006, 3239 ff.

*Fleischer, Holger*; *Wedemann, Frauke*: Zur sogenannten Annexkompetenz im GmbH- und Aktienrecht, GmbHR 2010, 449 ff.

*Flume, Werner*: Allgemeiner Teil des Bürgerlichen Rechts (Erster Band). Die juristische Person (Zweiter Teil), Berlin 1983 (zitiert: *Flume*, Juristische Person).

*Flume, Werner*: Gesetzesreform der Sachmängelhaftung beim Kauf? Zu dem Entwurf der Kommission zur Überarbeitung des Schuldrechts, AcP 193, 89 ff.

*Flume, Werner*: Die Haftung für Fehler kraft Wissenszurechnung bei Kauf- und Werkvertrag, AcP 197, 441 ff.

*Frels, Harro*: Überweisung von Vertretungsmacht an einzelne Mitglieder des Vorstands der Aktiengesellschaft, ZHR 122 (1959), 173 ff.

*Gasteyer, Thomas*; *Goldschmidt, Christof-Ulrich*: Wissenszurechnung bei juristischen Personen und im Konzern, AG 2016, 116 ff.

*Gerkan, Hartwin von*: Die Gesellschafterklage, ZGR 1988, 441 ff.

*Gill, Horst*: Der besondere Verjährungsbeginn für Schadensersatzansprüche in § 852 I BGB, Hamburg 1983 (zitiert: *Gill*).

*Godin, Freiherr von*: Über die Natur des Vorstandsvertrages, ZAkDR 1938, 596 f.

*Goette, Wulf*: Anmerkung zu BGH, Urteil vom 26. 2. 1996 – II ZR 114/95, DStR 1996, 677 ff.

*Goette, Wulf*: Anmerkung zu BGH, Urteil vom 2. 6. 1997 – II ZR 101/96, DStR 1997, 1339 ff.

*Goldschmidt, Christof-Ulrich*: Die Wissenszurechnung. Ein Problem der jeweiligen Wissensnorm, entwickelt am Beispiel des § 463 S. 2 BGB, Berlin 2001 (zitiert: *Goldschmidt*).

*Gravenhorst, Wulf*: Kurzkommentar zu BGH II ZR 334/87, EWiR § 43 GmbHG 1/89, 779.

*Grigoleit, Hans Christoph*: Zivilrechtliche Grundlagen der Wissenszurechnung, ZHR 181 (2017), 160 ff.

*Großkommentar zum Aktiengesetz: Hopt, Klaus J.; Wiedemann, Herbert (beide Hrsg.)*, 4. Auflage, Zweiter Band, §§ 53a–75, Berlin 2008.

*Großkommentar zum Aktiengesetz: Hopt, Klaus J.; Wiedemann, Herbert (beide Hrsg.)*, 4. Auflage, Vierter Band, §§ 95–117, Berlin 2006.

*Großkommentar zum Aktiengesetz: Hopt, Klaus J.; Wiedemann, Herbert (beide Hrsg.)*, 4. Auflage, Fünfter Band, Mitbestimmungsgesetz, §§ 118–149, Berlin 2008.

*Großkommentar zum Aktiengesetz: Hirte, Heribert; Mülbert, Peter O.; Roth, Markus (allesamt Hrsg.)*, 5. Auflage, Band 4/1, §§ 76–91, Berlin 2015.

*Großkommentar zum Aktiengesetz: Hirte, Heribert; Mülbert, Peter O.; Roth, Markus (allesamt Hrsg.)*, 5. Auflage, Band 4/2, §§ 92–94, Berlin 2015.

*Großkommentar zum Aktiengesetz: Hirte, Heribert; Mülbert, Peter O.; Roth, Markus (allesamt Hrsg.)*, 5. Auflage, Band 7/1, §§ 118–130, Berlin 2017.

*Großkommentar zum Gesetz betreffend die Gesellschaften mit beschränkter Haftung (GmbHG): Ulmer, Peter; Habersack, Mathias; Löbbe, Marc (allesamt Hrsg.)*, 2. Auflage, Band I, Einleitung, §§ 1–28, Tübingen 2013.

*Großkommentar zum Gesetz betreffend die Gesellschaften mit beschränkter Haftung (GmbHG): Ulmer, Peter; Habersack, Mathias; Löbbe, Marc (allesamt Hrsg.)*, 2. Auflage, Band II, §§ 29–52, Tübingen 2014. (zitiert: Großkomm GmbHG/*Bearbeiter*).

*Grunewald, Barbara*: Die Gesellschafterklage in der Personengesellschaft und der GmbH, Tübingen 1990 (zitiert: *Grunewald*, Gesellschafterklage).

*Grunewald, Barbara*: Wissenszurechnung bei juristischen Personen, Festschrift für Karl Beusch zum 68. Geburtstag am 31. Oktober 1993, Berlin 1993, S. 301 ff.

*Grunewald, Barbara*: Aus der Diskussion zum Karlsruher Forum 1994, Möglichkeiten der Wissenszurechnung, VersR Sonderheft, 1994, S. 41.

*Grunewald, Barbara*: Interne Aufklärungspflichten von Vorstand und Aufsichtsrat, NZG 2013, 841 ff.

*Habersack, Mathias*: Perspektiven der aktienrechtlichen Organhaftung, ZHR 177 (2013), 782 ff.

*Habersack, Mathias*: Grund und Grenzen der Compliance-Verantwortung des Aufsichtsrats der AG, AG 2014, 1 ff.

*Habersack, Mathias*: 19 Jahre „ARAG/Garmenbeck“ – und viele Fragen offen, NZG 2016, 321 ff.

*Habersack, Mathias*: Verschwiegenheitspflicht und Wissenszurechnung – insbesondere im Konzern und mit Blick auf die Pflicht zur Ad-hoc-Publizität, DB 2016, 1551 ff.

*Hachenburg, Max*: Kommentar zum Gesetz betreffend die Gesellschaften mit beschränkter Haftung, Großkommentar, Erster Band (Allgemeine Einleitung, §§ 1–34), 8. Auflage Berlin 1992.

*Hachenburg, Max*: Kommentar zum Gesetz betreffend die Gesellschaften mit beschränkter Haftung, Großkommentar, Zweiter Band (§§ 35–84), 6. Auflage Berlin 1959.

*Hachenburg, Max*: Kommentar zum Gesetz betreffend die Gesellschaften mit beschränkter Haftung, Großkommentar, Zweiter Band (§§ 35–52), 8. Auflage Berlin 1997. (zitiert: Hachenburg/*Bearbeiter*).

*Hadding, Walther*: Anmerkung zu BGH, Urt. v. 18. 6. 1984, ZfgG 1987, 99 ff.

*Hagen, Horst*: Wissenszurechnung bei Körperschaften und Personengesellschaften als Beispiel richterlicher Rechtsfortbildung, DRiZ 1997, 157 ff.

*Hahn, G.*; *Mugdan, B.*: Die gesammten Materialien zu den Reichs-Justizgesetzen, 6. Band, Materialien zum Handelsgesetzbuch, Berlin 1897.

*Happ, Wilhelm*: Vom besonderen Vertreter zur actio pro socio – Das Klagezulassungsverfahren des § 148 AktG auf dem Prüfstand, Festschrift für Harm Peter Westermann zum 70. Geburtstag, herausgegeben von *Lutz Aderhold, Barbara Grunewald, Dietgard Klingberg, Walter G. Paefgen*, Köln 2008, S. 971 ff. (zitiert: *Happ*, FS Westermann 2008)

*Harbarth, Stephan*; *Jaspers, Philipp*: Verlängerung der Verjährung von Organhaftungsansprüchen durch das Restrukturierungsgesetz, NZG 2011, 368 ff.

*Hart, Dieter*: Autonomiesicherung im Arzthaftungsrecht. Ein Beitrag zur Entkoppelung von ärztlicher Aufklärungspflicht und Körperverletzung, Festschrift für Helmut Heinrichs zum 70. Geburtstag, Recht im Spannungsfeld von Theorie und Praxis, 1998.

*Haug, Henner*: Die Neuregelung des Verjährungsrechts: Eine kritische Untersuchung des Verjährungsrechts im Entwurf zur Kommission zur Überarbeitung des Schuldrechts, Baden-Baden 1999 (zitiert: *Haug*).

*Hauschka, Christoph E.*; *Moosmayer, Klaus*; *Lösler, Thomas*: Corporate Compliance, Handbuch der Haftungsvermeidung im Unternehmen, 3. Aufl. München 2016 (zitiert: Hauschka/*Bearbeiter*).

*Heidel, Thomas*; *Hüßtege, Rainer*; *Mansel, Heinz-Peter*; *Noack, Ulrich (allesamt Hrsg.)*: Nomos Kommentar BGB, Band 1, Allgemeiner Teil/EGBGB, 3. Auflage Baden-Baden 2016 (zitiert: Heidel BGB/*Bearbeiter*).

*Heidrich, Carsten*: Das Wissen der Bank, Berlin 2001 (zitiert: *Heidrich*).

*Heinrichs, Helmut*: Überlegungen zum Verjährungsrecht, seine Mängel, seine Rechtfertigung und seine Reform, Karlsruher Forum 1991, VersR Sonderheft, 1991, S. 3 ff.

*Heinrichs, Helmut*: Entwurf eines Schuldrechtsmodernisierungsgesetzes: Neuregelung des Verjährungsrechts, BB 2001, 1417 ff.

*Heinrichs, Helmut*: Reform des Verjährungsrechts?, NJW 1982, 2021 ff.

*Henning, Brita*: Wissenszurechnung im Verwaltungsrecht – am Beispiel der verwaltungsverfahrensrechtlichen Regelungen der Ausschlussfristen bei der Rücknahme und dem Widerruf von Verwaltungsakten, Baden-Baden 2003 (zitiert: *Henning*).

*Henssler, Martin*; *Strohn, Lutz*: Kurzkommentar zum Gesellschaftsrecht, BGB, HGB, PartGG, GmbHG, AktG, GenG, UmwG, InsO, AnfG, IntGesR, 3. Auflage München 2016.

*Heß, Rainer*: Neuregelung des Verjährungsrechts: Auswirkungen auf das Verkehrszivilrecht, NZV 2002, 65 ff.

*Hölters, Wolfgang*: Kommentar zum Aktiengesetz, 2. Auflage München 2014 (zitiert: Hölters/*Bearbeiter*).

*Hoenig, Klaus Marinus*; *Klingen, Sebastian*: Grenzen der Wissenzurechnung beim Unternehmenskauf, NZG 2013, 1046 ff.

*Hoffmann-Becking, Michael*: Der Aufsichtsrat der AG und sein Vorsitzender in der Hauptversammlung. Einige bekannte und weniger bekannte Aspekte, NZG 2017, 281 ff.

*Hoffmann-Becking, Michael*; *Rawert, Peter*: Beck'sches Formularbuch, Bürgerliches-, Handels- und Wirtschaftsrecht, 11. Auflage München 2013 (zitiert: Beck'sches Formularbuch/*Bearbeiter*).

*Hommelhoff, Peter*: Unternehmensführung in der mitbestimmten GmbH, ZGR 1978, 119 ff.

*Honsell, Heinrich*: Einige Bemerkungen zum Diskussionsentwurf eines Schuldrechtsmodernisierungsgesetzes, JZ 2001, 18 ff.

*Hopt, Klaus J.*: Der Kapitalanlegerschutz im Recht der Banken. Gesellschafts-, bank- und börsenrechtliche Anforderungen an das Beratungs- und Verwaltungsverhalten der Kreditinstitute, München 1975 (zitiert: *Hopt*, Kapitalanlegerschutz).

*Hopt, Klaus J.*: Interessenwahrung und Interessenkonflikte im Aktien-, Bank- und Berufsrecht, ZGR 2004, 1 ff.

*Hüffer, Uwe*: Die Gesellschafterversammlung – Organ der GmbH oder bloßes Beschlussverfahren?, Festschrift 100 Jahre GmbH-Gesetz, Köln 1992.

*Hüffer, Uwe*: Verwaltungskontrolle und Rechtsverfolgung durch Sonderprüfer und besondere Vertreter (§§ 142, 147 Abs. 2 AktG), ZHR 174 (2010), 642 ff.

*Hüffer, Uwe*; *Koch, Jens (Bearb.)*: Hüffer, Kurzkommentar zum Aktiengesetz, 12. Auflage München 2016 (zitiert: Hüffer AktG/*Koch*).

*Humrich, Henrik*: Die (vermeintlichen) Informationsrechte des besonderen Vertreters nach § 147 II AktG, NZG 2014, 441 ff.

*Hupka, Josef*: Die Vollmacht, Leipzig 1900.

*Ihrig, Hans-Christoph*: Wissenszurechnung im Kapitalmarktrecht – untersucht anhand der Pflicht zur Ad-hoc-Publizität gemäß Art. 17 MAR, ZHR 181, 381 ff.

*Jauernig, Othmar (Begr.); Stürner, Rolf (Hrsg.)*: Bürgerliches Gesetzbuch mit Rom-I-, Rom-II-, Rom-III-VO, EG-UntVO/HUntProt und EuErbVO, 16. Auflage München 2015 (zitiert: Jauernig/*Bearbeiter*).

juris Praxiskommentar BGB: *Herberger, Maximilian*; *Martinek, Michael*; *Rüßmann, Helmut*; *Weth, Stephan*; *Würdinger, Markus* (allesamt Gesamthrsg.), Band 1, Allgemeiner Teil, 8. Auflage Saarbrücken 2017.

juris Praxiskommentar BGB: *Herberger, Maximilian*; *Martinek, Michael*; *Rüßmann, Helmut*; *Weth, Stephan*; *Würdinger, Markus* (allesamt Gesamthrsg.), Band 3, Sachenrecht, 8. Auflage Saarbrücken 2017. (zitiert: jurisPK BGB/*Bearbeiter*).

*Kähler, Lorenz*: Verjährungshemmung nur bei Klage des Berechtigten?, NJW 2006, 1769.

*Kieser, Timo*; *Kloster, Lars*: Wissenszurechnung bei der GmbH, GmbHR 2001, 176 ff.

*Kischel, Uwe*: Wann ist die Inhaltsbestimmung ausgleichspflichtig?, JZ 2003, 604 ff.

*Kling, Michael*: Der besondere Vertreter im Aktienrecht, ZGR 2009, 190 ff.

*Klöhn, Lars*; *Schmolke, Klaus Ulrich*: Unternehmensreputation (Corporate Reputation). Ökonomische Erkenntnisse und ihre Bedeutung im Gesellschafts- und Kapitalmarktrecht, NZG 2015, 689 ff.

*Klose, Andreas*: Die Verjährung von Ansprüchen einer GmbH gegen ihren Gesellschafter-Geschäftsführer, GmbHR 2012, 1288 ff.

*Koch, Jens*: Wissenszurechnung aus dem Aufsichtsrat, ZIP 2015, 1757 ff.

*Koenen, Martin*: Die Zurechnung von Organverhalten bei juristischen Personen. Insbesondere zur Haftung der abordnenden Körperschaft gemäß §§ 116, 93 AktG i. V. m. § 31 BGB und zur Systematik der §§ 117, 317 AktG, Köln 1991 (zitiert: *Koenen*, Zurechnung).

*König, Volker*: Die grobe Fahrlässigkeit, Berlin 1998 (zitiert: *König*).

*Koller, Ingo*: Wissenszurechnung, Kosten und Risiken, JZ 1998, 75 ff.

*Kort, Michael*: Actio pro socio auch bei Klagen gegen Nicht-Gesellschafter, DStR 2001, 2126 ff.

*Krämer, Ulrich*: Praxisrelevante Problemfelder des neuen Verjährungsrechts, ZGS 2003, 379 ff.

*Krieger, Gerd*: Geltendmachung von Schadensersatzansprüchen gegen GmbH-Geschäftsführer, Gesellschaftsrecht in der Diskussion, Jahrestagung 1998 der Gesellschaftsrechtlichen Vereinigung (VGR), Köln 1999 (zitiert: *Krieger*, VGR 1998).

*Kropff, Bruno*: Aktiengesetz, Textausgabe des Aktiengesetzes vom 6. 9. 1965 (BGBl. I S. 1089) und des Einführungstextes zum Aktiengesetz vom

6. 9. 1965 (BGBl. I S. 1185) mit Begründung des Regierungsentwurfs, Bericht des Rechtsausschusses des Deutschen Bundestages, Verweisungen und Sachverzeichnis, im Anhang: Aktiengesetz von 1937, Berlin 2005.

*Küpperfahrenberg, Jan*: Haftungsbeschränkungen für Verein und Vorstand unter besonderer Berücksichtigung von Sportvereinen, Berlin 2005 (zitiert: *Küpperfahrenberg*).

*Larenz, Karl*: Hegels Zurechnungslehre und der Begriff der objektiven Zurechnung. Ein Beitrag zur Rechtsphilosophie des kritischen Idealismus und zur Lehre von der „juristischen Kausalität", Leipzig 1927.

*Larenz, Karl*: Methodenlehre der Rechtswissenschaft, 6. Auflage Berlin 1991 (zitiert: *Larenz,* Methodenlehre).

*Larenz, Karl*: Lehrbuch des Schuldrechts, Erster Band, Allgemeiner Teil, 14. Auflage München 1987 (zitiert: *Larenz,* Schuldrecht AT).

*Larenz, Karl*; *Canaris, Claus-Wilhelm*: Schuldrecht II, 13. Aufl. München 1986.

*Leenen, Detlef*: Die Neugestaltung des Verjährungsrechts durch das Schuldrechtsmodernisierungsgesetz, DStR 2002, 34 ff.

*Leyendecker-Langner, Benjamin E.*; *Kleinhenz, Holger M.*: Emittentenhaftung für Insiderwissen im Aufsichtsrat bei fehlender Selbstbefreiung nach § 15 Abs. 3 WpHG, AG 2015, 72 ff.

*Lieder, Jan*: Missbrauch der Vertretungsmacht und Kollusion, JuS 2014, 681 ff.

*Lindacher, Walter F.*: Haftung des GmbH-Geschäftsführers und Einwand des Auswahl- und Überwachungsmitverschuldens (Entscheidungsrezension von BGH, NJW 1983, 1856), JuS 1984, 672 ff.

*Lindacher, Walter F.*: Fragen der Beschlussfassung und -feststellung nach § 46 Nr. 8 GmbHG, Besprechung der Entscheidung BGHZ 96, 28, ZGR 1987, 121 ff.

*Lüders, Jürgen*: Beginn der Zwei-Wochen-Frist des § 626 Abs. 2 BGB bei Kenntniserlangung durch Organmitglieder, BB 1990, 790 ff.

*Lutter, Marcus*: Bankenvertreter im Aufsichtsrat, ZHR 145 (1981), 224 ff.

*Lutter, Marcus*: Die Treupflicht des Aktionärs, Bemerkungen zur Linotype-Entscheidung des BGH, ZHR 153 (1989), 446 ff.

*Lutter, Marcus*: Treupflichten und ihre Anwendungsprobleme, ZHR 162 (1998), 164 ff.

*Lutter, Marcus*: Information und Vertraulichkeit im Aufsichtsrat, 3. Aufl. Köln 2006.

*Lutter, Marcus*; *Hommelhoff, Peter*: GmbH-Gesetz Kommentar, 19. Auflage Köln 2016.

*Mansel, Heinz-Peter*; *Budzikiewicz, Christine*: Das neue Verjährungsrecht, Bonn 2002 (zitiert: *Mansel/Budzikiewicz,* Verjährungsrecht).

*Mansel, Heinz-Peter*; *Budzikiewicz, Christine*: Die Neuregelung des Verjährungsrechts, NJW 2002, 89 ff.

*Marsch-Barner, Reinhard; Schäfer, Frank A.*: Handbuch börsennotierte AG, Aktien- und Kapitalmarktrecht, 3. Auflage Köln 2014 (zitiert: Marsch-Barner Hdb AG/*Bearbeiter*).

*Martinek, Michael*: Repräsentantenhaftung. Die Organhaftung nach § 31 BGB als allgemeines Prinzip der Haftung von Personenverbänden für ihre Repräsentanten – Ein Beitrag zum System der Verschuldenszurechnung, Berlin 1979 (zitiert: *Martinek*, Repräsentantenhaftung).

*Maunz, Theodor; Dürig, Günter (jeweils Begr.); Herzog, Roman; Scholz, Rupert; Herdegen, Matthias; Klein, Hans H. (jeweils Hrsg.)*: Grundgesetz Kommentar, Band II, Art. 6–15, Band III, Art. 16–22, 70. Ergänzungslieferung München 2013 (zitiert: Maunz/Dürig/*Bearbeiter*).

*Medicus, Dieter*: Probleme der Wissenszurechnung, Karlsruher Forum 1994, Möglichkeiten der Wissenszurechnung, VersR Sonderheft, 1994, S. 4 ff. (zitiert: *Medicus*, Karlsruher Forum 1994).

*Medicus, Dieter*: Verkauf kontaminierter Grundstücke; Arglist; Anmerkung zu BGH V ZR 239/94, WuB IV A. § 166 BGB 1.96, S. 725 ff.

*Medicus, Dieter; Petersen, Jens* (fortgeführt): Allgemeiner Teil des BGB, 11. Auflage Heidelberg 2016 (zitiert: *Medicus/Petersen*).

*Meier, Norbert*: Zum Verhältnis zwischen der Informationspflicht der Geschäftsführung und der Überwachungspflicht des fakultativen Aufsichtsrates bei einer GmbH, DStR 1997, 1894 ff.

*Meyer, Susanne*: Vereinbarungen über die Grenzen der Wissenszurechnung. Überlegungen zur Wirksamkeit von Gewährleistungsausschlüssen im Unternehmenskaufvertrag, WM 2012, 2040 ff.

*Meyer-Reim, Utz Martin; Testorf, Regina*: Wissenszurechnung im Versicherungsunternehmen, VersR 1994, 1137 ff.

*Michalski, Lutz (Begr.); Heidinger, Andreas; Leible, Stefan; Schmidt, Jessica (allesamt Hrsg.)*: Kommentar zum Gesetz betreffend die Gesellschaften mit beschränkter Haftung (GmbH-Gesetz), Band I, Systematische Darstellungen, §§ 1–34, 3. Auflage München 2017.

*Michalski, Lutz (Begr.); Heidinger, Andreas; Leible, Stefan; Schmidt, Jessica (allesamt Hrsg.)*: Kommentar zum Gesetz betreffend die Gesellschaften mit beschränkter Haftung (GmbH-Gesetz), Band II, §§ 35–88, EGGmbHG, 3. Auflage München 2017 (zitiert: Michalski/*Bearbeiter*).

*Mock, Sebastian*: Die Gesellschafterklage (actio pro socio), Jus 2015, 590 ff.

*Möller, Hans*: Wissenszurechnung und Wissenserklärungsvertretung im Versicherungsvertragsrecht, Wirtschaft und Recht der Versicherung (WuRdVers) 1938, S. 5 ff.

*Mülbert, Peter O.; Sajnovits, Alexander*: Verschwiegenheitspflichten von Aufsichtsratsmitgliedern als Schranken der Wissenszurechnung, NJW 2016, 2540 ff.

*Müller-Freienfels, Wolfram*: Die Vertretung beim Rechtsgeschäft, Tübingen 1955 (zitiert: *Müller-Freienfels,* Vertretung).

*Münchener Handbuch des Gesellschaftsrechts: Gummert, Hans*; *Weipert, Lutz (Hrsg.)*: Band 2, Kommanditgesellschaft, GmbH & Co. KG, Publikums-KG, Stille Gesellschaft, München 2014.

*Münchener Handbuch des Gesellschaftsrechts: Hoffmann-Becking, Michael (Hrsg.)*: Band 4, Aktiengesellschaft, 4. Auflage München 2015.

*Münchener Handbuch des Gesellschaftsrechts: Beuthien, Volker*; *Gummert, Hans (Hrsg.)*: Band 5, Verein, Stiftung bürgerlichen Rechts, 3. Auflage München 2009.

*Münchener Handbuch des Gesellschaftsrechts: Born, Manfred*; *Ghassemi-Tabar, Nima*; *Gehle, Burkhard*: Band 7, Gesellschaftsrechtliche Streitigkeiten (Corporate Litigation), 5. Auflage München 2016. (zitiert: MünchHdb GesR Band/*Bearbeiter*).

*Münchener Kommentar zum Aktiengesetz*: *Goette, Wulf*; *Habersack, Mathias*; *Kalss, Susanne (allesamt Hrsg.)*, Band 1, §§ 1–75, 4. Auflage München 2016.

*Münchener Kommentar zum Aktiengesetz*: *Goette, Wulf*; *Habersack, Mathias*; *Kalss, Susanne (allesamt Hrsg.)*, Band 2, §§ 76–117, MitbestG, DrittelbG, 4. Auflage München 2014.

*Münchener Kommentar zum Aktiengesetz*: *Goette, Wulf*; *Habersack, Mathias*; *Kalss, Susanne (allesamt Hrsg.)*, Band 3, §§ 118–178, 3. Auflage München 2013. (zitiert: MüKo AktG/*Bearbeiter*).

*Münchener Kommentar zum Bilanzrecht*: *Hennrichs, Joachim*; *Kleindiek, Detlef*; *Watrin, Christoph*: Band 2, §§ 238–342e, 1. Aufl. München 2013.

*Münchener Kommentar zum Bürgerlichen Gesetzbuch*: *Säcker, Franz Jürgen*; *Rixecker, Roland*; *Oetker, Hartmut*; *Limperg, Bettina (allesamt Hrsg.)*, Band 1, Allgemeiner Teil, §§ 1–240, ProstG, AGG, 6. Auflage München 2012.

*Münchener Kommentar zum Bürgerlichen Gesetzbuch*: *Säcker, Franz Jürgen*; *Rixecker, Roland*; *Oetker, Hartmut*; *Limperg, Bettina (allesamt Hrsg.)*, Band 1, Allgemeiner Teil, §§ 1–240, ProstG, AGG, 7. Auflage München 2015.

*Münchener Kommentar zum Bürgerlichen Gesetzbuch*: *Säcker, Franz Jürgen*; *Rixecker, Roland*; *Oetker, Hartmut*; *Limperg, Bettina (allesamt Hrsg.)*, Band 2, Schuldrecht Allgemeiner Teil, §§ 241–432, 7. Auflage München 2016.

*Münchener Kommentar zum Bürgerlichen Gesetzbuch*: *Säcker, Franz Jürgen*; *Rixecker, Roland*; *Oetker, Hartmut*; *Limperg, Bettina (allesamt Hrsg.)*, Band 5, Schuldrecht, Besonderer Teil III, §§ 705–853, 3. Auflage München 1997.

*Münchener Kommentar zum Bürgerlichen Gesetzbuch*: *Säcker, Franz Jürgen*; *Rixecker, Roland*; *Oetker, Hartmut*; *Limperg, Bettina (allesamt Hrsg.)*, Band 6, Schuldrecht, Besonderer Teil IV, §§ 705–853, 7. Auflage München 2017.

*Münchener Kommentar zum Bürgerlichen Gesetzbuch: Säcker, Franz Jürgen; Rixecker, Roland; Oetker, Hartmut; Limperg, Bettina (allesamt Hrsg.),* Band 7, Sachenrecht, §§ 854–1296, WEG, ErbbauRG, 7. Auflage München 2017.

*Münchener Kommentar zum Bürgerlichen Gesetzbuch: Säcker, Franz Jürgen; Rixecker, Roland; Oetker, Hartmut; Limperg, Bettina (allesamt Hrsg.),* Band 10, Erbrecht, §§ 1922–2385, §§ 27–35 BeurkG, 7. Auflage München 2017. (zitiert: MüKo BGB/*Bearbeiter*).

*Münchener Kommentar zum Gesetz betreffend die Gesellschaften mit beschränkter Haftung (GmbHG): Fleischer, Holger; Goette, Wulf (beide Hrsg.):* 2. Auflage, Band 1, §§ 1–34, München 2015.

*Münchener Kommentar zum Gesetz betreffend die Gesellschaften mit beschränkter Haftung (GmbHG): Fleischer, Holger; Goette, Wulf (beide Hrsg.):* 2. Auflage, Band 2, §§ 35–52, München 2016. (zitiert: MüKo GmbHG/*Bearbeiter*).

*Münchener Kommentar zum Handelsgesetzbuch: Karsten Schmidt (Hrsg.),* Band 2, §§ 105–160, 4. Auflage München 2016 (zitiert: MüKo HGB/*Bearbeiter*).

*Münchener Kommentar zur Insolvenzordnung: Kirchhof, Hans-Peter; Eidenmüller, Horst; Stürner, Rolf (allesamt Hrsg.),* Band 2, §§ 80–216, 3. Auflage München 2013.

*Münchener Kommentar zur Strafprozessordnung: Kudlich, Hans (Hrsg.),* Band 1, §§ 1–150 StPO, 1. Auflage München 2014 (zitiert: MüKo StPO/*Bearbeiter*).

*Münchener Kommentar zur Zivilprozessordnung mit Gerichtsverfassungsgesetz und Nebengesetzen: Rauscher, Thomas; Krüger, Wolfgang (Hrsg.),* Band 1, §§ 1–354, 4. Auflage München 2013.

*Mugdan, Benno (Hrsg.):* Die gesamten Materialien zum Bürgerlichen Gesetzbuch für das Deutsche Reich, Berlin 1899; Neudruck: Band I, Einführungsgesetz und Allgemeiner Teil, Aalen 1979. (zitiert: *Mugdan* I).

*Mugdan, Benno (Hrsg.):* Die gesamten Materialien zum Bürgerlichen Gesetzbuch für das Deutsche Reich, Berlin 1899; Neudruck: Band II, Recht der Schuldverhältnisse, Aalen 1979. (zitiert: *Mugdan* II).

*Musielak, Hans-Joachim; Voit, Wolfgang:* Zivilprozessordnung mit Gerichtsverfassungsgesetz, 12. Auflage München 2015.

*Nägele, Stefan:* Der Anstellungsvertrag des Geschäftsführers – Eine Bestandsaufnahme, BB 2001, 305 ff.

*Nassall, Wendt:* Die kenntnisabhängige Verjährung in der Rechtsprechung des BGH, NJW 2014, 3681 ff.

*Naumann, Klaus-Peter; Siegel, Daniel P.:* Wissensorganisation, ZHR 181 (2017), 273 ff.

*Oetker, Hartmut (Hrsg.):* Kommentar zum Handelsgesetzbuch, 5. Auflage München 2017.

*Oldenbourg, Hans*: Die Wissenszurechnung. Die Lehre vom Wissensgehilfen, zugleich ein Beitrag zur Lehre von der sogenannten Empfangsvertretung, Mannheim 1934 (zitiert: *Oldenbourg*).

*Otto, Mark-Oliver*: Die Bestimmung des § 199 I Nr. 2 BGB, Verjährungsbeginn wegen Kenntnis und grob fahrlässiger Unkenntnis der anspruchsbegründenden Tatsachen, Frankfurt am Main 2006 (zitiert: *Otto*).

*Palandt, Otto*: Bürgerliches Gesetzbuch mit Nebengesetzen, Kurz-Kommentar, 60. Auflage München 2001.

*Palandt, Otto*: Bürgerliches Gesetzbuch mit Nebengesetzen, Kurz-Kommentar, 75. Auflage München 2016. (zitiert: Palandt/*Bearbeiter*).

*Peters, Frank (Bearb.); Zimmermann, Reinhard (Bearb.);* Bundesminister der Justiz *(Hrsg.)*: Verjährungsfristen, Der Einfluß von Fristen auf Schuldverhältnisse; Möglichkeiten der Vereinheitlichung von Verjährungsfristen in: Gutachten und Vorschläge zur Überarbeitung des Schuldrechts, Band 1, Köln 1981, S. 77–373 (zitiert: *Peters/Zimmermann*).

*Piekenbrock, Andreas*: Befristung, Verjährung, Verschweigung und Verwirkung – Eine rechtsvergleichende Grundlagenstudie zu Rechtsänderungen durch Zeitablauf, Tübingen 2006 (zitiert: *Piekenbrock*).

*Protokolle der Kommission für die zweite Lesung des Entwurfs des Bürgerlichen Gesetzbuchs*, Band III, Sachenrecht, Berlin 1899 (zitiert: Protokolle III).

*Prütting, Hanns*; *Wegen, Gerhard*; *Weinreich, Gerd*: Bürgerliches Gesetzbuch, Kommentar, 11. Auflage Köln 2016 (zitiert: PWW/*Bearbeiter*).

*Rabe, Dieter*: Die Behandlung der Bösgläubigkeit des Besitzdieners beim Besitzerwerb in § 990 BGB, Hamburg 1970.

*Rabe, Dieter*: Vorschläge zur Überarbeitung des Schuldrechts: Verjährung, NJW 1992, 2395 ff.

*Rabe, Dieter*: Verjährungshemmung nur bei Klage des Berechtigten?, NJW 2006, 3089.

*Raiser, Thomas*: Das Recht der Gesellschafterklagen, ZHR 153 (1989), 1 ff.

*Raiser, Thomas*; *Veil, Rüdiger*; *Jacobs, Matthias*: Mitbestimmungsgesetz und Drittelbeteiligungsgesetz, 6. Auflage Berlin 2015 (zitiert: R/V/J/*Bearbeiter*).

*Reich, Norbert*: Die zivil- und strafrechtliche Verantwortlichkeit des faktischen Organmitgliedes im Gesellschaftsrecht – Zugleich eine Besprechung der BGH-Entscheidung vom 28. 6. 1966 – I StR 414/65, DB 1966, 1349; DB 1967, 1663 ff.

*Reinelt, Ekkehart*: Haftung aus Prospekt und Anlageberatung bei Kapitalanlagefonds, NJW 2009, 1 ff.

*Reischl, Klaus*: „Wissenszusammenrechnung" auch bei Personengesellschaften? – BGH, NJW 1995, 2159, JuS 1997, 783 ff.

*Reuter, Alexander*: Wissenszurechnung in Unternehmen (Zugleich Besprechung BGH v. 28. 6. 2016 – VI ZR 536, 15, ZIP 2016, 2023) ZIP 2017, 310 ff.

*RGRK*: Das Bürgerliche Gesetzbuch mit besonderer Berücksichtigung der Rechtsprechung des Reichsgerichts und des Bundesgerichtshofes, Band I, §§ 1–240, 12. Auflage Berlin/New York, 1989.

*RGRK*: Das Bürgerliche Gesetzbuch mit besonderer Berücksichtigung der Rechtsprechung des Reichsgerichts und des Bundesgerichtshofes, Band II, 6. Teil, §§ 832–853, 12. Auflage Berlin/New York, 1989. (zitiert: RGRK/*Bearbeiter*).

*Richardi, Reinhard*: Die Wissensvertretung, AcP 169 (1969), 385 ff.

*Rickert, Katharina*; *Heinrichs, Richard*: Wissenszurechnung und Wissensorganisation im Aufsichtsrat, GWR 2017, 112 ff.

*Riedhammer, Markus*: Kenntnis, grobe Fahrlässigkeit und Verjährung, Frankfurt am Main 2004 (zitiert: *Riedhammer*).

*Rodewald, Jörg*: Informationsmanagement im Unternehmen als Instrument zur Vermeidung von Organhaftung, GmbHR 2014, 639 ff.

*Rodewald, Jörg*; *Wohlfarter, Sepp*: Gesellschafterweisungen in der GmbH mit (fakultativem oder obligatorischem) Aufsichtsrat, GmbHR 2013, 689 ff.

*Röhl, Klaus F.*: Zur Abgrenzung der groben von der einfachen Fahrlässigkeit, JZ 1974, 521 ff.

*Römmer-Collmann, Carsten*: Wissenszurechnung innerhalb juristischer Personen, Frankfurt a. M. 1998 (zitiert: *Römmer-Collmann*)

*Rolland, Walter*: Schuldrechtsreform – Allgemeiner Teil, NJW 1992, 2377 ff.

*Roth, Günter H.*; *Altmeppen, Holger*: Kommentar zum Gesetz betreffend die Gesellschaft mit beschränkter Haftung, 8. Auflage München 2015.

*Roth, Markus*: Möglichkeiten vorstandsunabhängiger Information des Aufsichtsrats, AG 2004, 1 ff.

*Roth, Markus*: Information und Organisation des Aufsichtsrats, ZGR 2012, 343 ff.

*Rottnauer, Achim*: Anmerkung zu BGH, Urteil vom 15. 6. 1998 – II ZR 318/96, NZG 1998, 636.

*Rowedder, Heinz*; *Schmidt-Leithoff, Christian*: Kommentar zum Gesetz betreffend die Gesellschaft mit beschränkter Haftung, 5. Auflage München 2013 (zitiert: Rowedder/*Bearbeiter*).

*Sajnovits, Alexander*: Ad-hoc-Publizität und Wissenszurechnung, WM 2016, 765 ff.

*Sallawitz, Hans-Joachim*: Die tatbestandsmäßige Gleichstellung von grobfahrlässiger Unkenntnis mit Kenntnis, ein dogmatisches und praktisches Problem des Privatrechts, Dissertation Kiel 1973 (zitiert: *Sallawitz*).

*Scheuch, Silke*: „Wissenszurechnung" bei GmbH und GmbH & Co., GmbHR 1996, 828 ff.

*Schilling, Wolfgang*: Anmerkung zu BGH, Urteil v. 19. 1. 1961, II ZR 217/58, JZ 1961, 545 f.

*Schilken, Eberhard*: Wissenszurechnung im Zivilrecht. Eine Untersuchung zum Anwendungsbereich des § 166 BGB innerhalb und außerhalb der Stellvertretung, Bielefeld 1983 (zitiert: *Schilken*).

*Schirmer, Jan-Erik*: Kurze Gedanken zu verborgenen Gedanken – Die Wissenszurechnung ist wieder da!, AG 2015, 666 ff.

*Schlechtriem, Peter*: Organisationsverschulden als zentrale Zurechnungskategorie, Festschrift für Wolfgang Heiermann zum 60. Geburtstag, herausgegeben von *Jürgen Doerry* und *Hans-Georg Watzke*, Wiesbaden und Berlin 1995.

*Schmid, Karsten*: Der Beginn der Regelverjährung nach §§ 195, 199 BGB bei juristischen Personen, ZGS 2002, 180 ff.

*Schmidt, Karsten*: Gesellschaftsrecht, 4. Auflage, Köln 2002 (zitiert: *K. Schmidt*, GesR).

*Schmidt, Karsten*; *Lutter, Marcus (beide Hrsg.)*: Kommentar zum Aktiengesetz, I. Band, §§ 1–149, 3. Auflage Köln 2015 (zitiert: K. Schmidt/Lutter/*Bearbeiter*).

*Schmidt, Reimer*: Die Obliegenheiten. Studien auf dem Gebiet des Rechtszwanges im Zivilrecht unter besonderer Berücksichtigung des Privatversicherungsrechts, Karlsruhe 1953 (zitiert: *R. Schmidt*, Obliegenheiten).

*Schmidt-Räntsch, Jürgen*; *Maifeld, Jan*; *Meier-Göring, Anne*; *Röcken, Matthias*; *(allesamt Bearbeiter)*: Das neue Schuldrecht, Einführung – Texte – Materialien, Köln 2001 (zitiert: *Schmidt-Räntsch*, Das neue Schuldrecht).

*Schmits, Volker*: Die Vertretung der Aktiengesellschaft gegenüber ausgeschiedenen Vorstandsmitgliedern, AG 1992, 149 ff.

*Schmolke, Klaus Ulrich*: Geschäftsleiterpflicht zur Offenlegung begangenen Fehlverhaltens?, RIW 2008, 365 ff.

*Schneider, Uwe. H.*: GmbH und GmbH & Co. KG in der Mitbestimmung, ZGR 1977, 335 ff.

*Schneider, Uwe. H.*: Der mühsame Weg der Durchsetzung der Organhaftung durch den besonderen Vertreter nach § 147 AktG, ZIP 2013, 1985 ff.

*Schockenhoff, Martin*: Geheimhaltung von Compliance-Verstößen, NZG 2015, 409 ff.

*Scholz, Franz*: Kommentar zum GmbH-Gesetz mit Anhang Konzernrecht, I. Band, §§ 1–34, 11. Auflage, Köln 2012.

*Scholz, Franz*: Kommentar zum GmbH-Gesetz mit Anhang Konzernrecht, II. Band, §§ 35–52, 11. Auflage, Köln 2014.

*Scholz, Franz*: Kommentar zum GmbH-Gesetz mit Anhang Konzernrecht, III. Band, §§ 53–85, 11. Auflage, Köln 2015. (zitiert: Scholz GmbHG/*Bearbeiter*).

*Schrader, Paul Tobias*: Wissen im Recht, Definition des Gegenstandes der Kenntnis und Bestimmung des Kenntnisstandes als rechtlich relevantes Wissen, Tübingen 2017 (zitiert: *Schrader,* Wissen).

*Schubert, Christoph*: BGH: Zur Zurechnung der für den Verjährungsbeginn relevanten Kenntnis eines Wissensvertreters des Gläubigers (Anmerkung zu BGH III ZR 436/12), BB 2014, 1042.

*Schubert, Werner; Hommelhoff, Peter*: Hundert Jahre modernes Aktienrecht. Eine Sammlung von Texten und Quellen zur Aktienrechtsreform 1884 mit zwei Einführungen, ZGR 1985, Sonderheft 4 (zitiert: *Schubert/Hommelhoff*).

*Schubert, Werner; Schmiedel, Burkhard; Krampe, Christoph*: Quellen zum Handelsgesetzbuch von 1897, Band II, Denkschriften, Beratungen, Berichte, Zweiter Halbband, Frankfurt am Main 1988 (zitiert: *Schubert/Schmiedel/Krampe*, Band II, 2. Halbband).

*Schudnagies, Jörg*: Das Werkvertragsrecht nach der Schuldrechtsreform, NJW 2002, 396 ff.

*Schüler, Wolfgang*: Die Wissenszurechnung im Konzern, Berlin 2000 (zitiert: *Schüler*).

*Schürnbrand, Jan*: Organschaft im Recht der privaten Verbände, Tübingen 2007 (zitiert: *Schürnbrand,* Organschaft).

*Schürnbrand, Jan*: Wissenszurechnung im Konzern – Unter besonderer Berücksichtigung von Doppelmandaten, ZHR 181 (2017), 357 ff.

*Schultz, Michael*: Zur Vertretung im Wissen, NJW 1990, 477 ff.

*Schultz, Michael*: Anmerkung zu BGH, Urt. v. 17. 4. 2012 – VI ZR 108/11, NJW 2012, 2644 ff.

*Schultz, Wolfgang*: Die Bedeutung der Kenntnis des Vertretenen beim Vertreterhandeln für juristische Personen und Gesellschaften, NJW 1996, 1392 ff.

*Schwab, Martin*: Schuldrecht: Wissenszurechnung bei beiderseitigem Wissensvertreter (Entscheidungsbesprechung von BGH III ZR 436/12), JuS 2014, 1032 ff.

*Schwintowski, Hans-Peter*: Die Zurechnung des Wissens von Mitgliedern des Aufsichtsrats in einem oder mehreren Unternehmen, ZIP 2015, 617 ff.

*Seibt, Christoph H.*: Geschäftsführerbestellung und Anstellungsvertrag, NJW-Spezial 2004, 123 ff.

*Semler, Johannes*: Geschäfte einer Aktiengesellschaft mit Mitgliedern ihres Vorstands, Gedanken zu § 112 AktG, Festschrift für Heinz Rowedder zum 75. Geburtstag, München 1994.

*Semler, Johannes*: Zur aktienrechtlichen Haftung der Organmitglieder einer Aktiengesellschaft, AG 2005, 321 ff.

*Semler, Johannes; Schenck, Kersten von*: Arbeitshandbuch für Aufsichtsratsmitglieder, 4. Aufl. München 2013 (zitiert: Semler/v. Schenk/*Bearbeiter*).

*Skauradszun, Dominik*: Detailfragen zur Sonderprüfung im GmbH-Recht, GmbHR 2012, 936 ff.

*Soergel, Hans Theodor (begr.); Siebert, Wolfgang (Hrsg.)*: Bürgerliches Gesetzbuch mit Einführungsgesetz und Nebengesetzen, Band 5/2, Schuldrecht IV/2, §§ 823–853, 12. Auflage, Stuttgart, 1998.

*Soergel, Hans Theodor (begr.); Siebert, Wolfgang (Hrsg.)*: Bürgerliches Gesetzbuch mit Einführungsgesetz und Nebengesetzen, Band 1, Allgemeiner Teil, 13. Auflage, Stuttgart, 2000.

*Soergel, Hans Theodor (begr.); Siebert, Wolfgang (Hrsg.)*: Bürgerliches Gesetzbuch mit Einführungsgesetz und Nebengesetzen, Band 2, Allgemeiner Teil 2, §§ 104–240, 13. Auflage, Stuttgart, 1999.

*Soergel, Hans Theodor (begr.); Siebert, Wolfgang (Hrsg.)*: Bürgerliches Gesetzbuch mit Einführungsgesetz und Nebengesetzen, Band 14, Sachenrecht 1, §§ 854–984, 13. Auflage, Stuttgart, 2002. (zitiert: Soergel/*Bearbeiter*).

*Spickhoff, Andreas*: Das System der Arzthaftung im reformierten Schuldrecht, NJW 2002, 2530.

*Spindler, Gerald*: Unternehmensorganisationspflichten, Zivilrechtliche und öffentlich-rechtliche Regelungskonzepte, Köln 2001.

*Spindler, Gerald*: Wissenszurechnung in der GmbH, der AG und im Konzern, ZHR 181 (2017), 311 ff.

*Spindler, Gerald; Stilz, Eberhard*: Kommentar zum Aktiengesetz, Band 1, §§ 1–149, 3. Auflage München 2015.

*Spindler, Gerald; Stilz, Eberhard*: Kommentar zum Aktiengesetz, Band 2, §§ 150–410, IntGesR, SpruchG, SE-VO. (zitiert: Spindler/Stilz/*Bearbeiter*), 3. Auflage München 2015.

*Spiro, Karl*: Die Begrenzung privater Rechte durch Verjährungs-, Verwirkungs- und Fatalfristen, Band I, Die Verjährung von Forderungen, Bern 1975 (zitiert: *Spiro*).

*Spiro, Karl*: Zur Reform der Verjährungsbestimmungen, Festschrift für Wolfram Müller-Freienfels (*Dieckmann, Albrecht; Frank, Rainer; Hanisch, Hans; Simitis, Spiros; allesamt Hrsg.)*, 1. Auflage Baden-Baden 1986.

*Spiro, Karl*: Karlsruher Forum 1991, VersR Sonderheft, 1991, S. 11 ff.

*Staub, Hermann (begr.); Canaris, Claus-Wilhelm; Habersack, Mathias; Schäfer, Carsten (allesamt Hrsg.)*: Großkommentar zum Handelsgesetzbuch, Dritter Band, §§ 105–160, 5. Auflage Berlin 2009 (zitiert: Großkomm HGB/*Bearbeiter*).

*Staudinger, Julius von*: Kommentar zum Bürgerlichen Gesetzbuch mit Einführungsgesetz und Nebengesetzen, 13. Bearbeitung, §§ 21–79, Berlin 2005.

*Staudinger, Julius von*: Kommentar zum Bürgerlichen Gesetzbuch mit Einführungsgesetz und Nebengesetzen, 13. Bearbeitung, §§ 134–138, ProstG, Berlin 2017.

*Staudinger, Julius von*: Kommentar zum Bürgerlichen Gesetzbuch mit Einführungsgesetz und Nebengesetzen, 13. Bearbeitung, §§ 139–163, Berlin 2015.

*Staudinger, Julius von*: Kommentar zum Bürgerlichen Gesetzbuch mit Einführungsgesetz und Nebengesetzen, 13. Bearbeitung, §§ 164–240, Berlin 2014.

*Staudinger, Julius von*: Kommentar zum Bürgerlichen Gesetzbuch mit Einführungsgesetz und Nebengesetzen, 13. Bearbeitung, Einleitung zum Schuldrecht, §§ 241–243 (Treu und Glauben), Berlin 2015.

*Staudinger, Julius von*: Kommentar zum Bürgerlichen Gesetzbuch mit Einführungsgesetz und Nebengesetzen, 13. Bearbeitung, §§ 249–254 (Schadensersatzrecht), Berlin 2017.

*Staudinger, Julius von*: Kommentar zum Bürgerlichen Gesetzbuch mit Einführungsgesetz und Nebengesetzen, 13. Bearbeitung, §§ 255–304 (Leistungsstörungsrecht 1), Berlin 2014.

*Staudinger, Julius von*: Kommentar zum Bürgerlichen Gesetzbuch mit Einführungsgesetz und Nebengesetzen, 13. Bearbeitung, Vorbem. zu §§ 620 ff., §§ 620–630 (Dienstvertragsrecht 3), Berlin 2016.

*Staudinger, Julius von*: Kommentar zum Bürgerlichen Gesetzbuch mit Einführungsgesetz und Nebengesetzen, 13. Bearbeitung, §§ 826–829; §§ 1–19 ProdHaftG (Unerlaubte Handlungen 2, Produkthaftung), Berlin 2014.

*Staudinger, Julius von*: Kommentar zum Bürgerlichen Gesetzbuch mit Einführungsgesetz und Nebengesetzen, 13. Bearbeitung, §§ 883–902 (Allgemeines Liegenschaftsrecht 2), Berlin 2013.

*Staudinger, Julius von*: Kommentar zum Bürgerlichen Gesetzbuch mit Einführungsgesetz und Nebengesetzen, 13. Bearbeitung, §§ 925–984, Anh. zu §§ 929–931 (Eigentum 2 – Erwerb und Verlust des Eigentums), Berlin 2017. (zitiert: Staudinger/*Bearbeiter*).

*Steffen, Erich*: Aus der Diskussion zum Karlsruher Forum 1994, Möglichkeiten der Wissenszurechnung, VersR Sonderheft, S. 32 f.

*Stein, Ursula*: Die neue Dogmatik der Wissensverantwortung bei der außerordentlichen Kündigung von Organmitgliedern der Kapitalgesellschaften, Besprechung der Entscheidung BGH ZIP 1998, 1269, ZGR 1999, 264 ff.

*Sturm, Andreas*: Die Verjährung von Schadensersatzansprüchen der Gesellschaft gegen Leitungsorganmitglieder gemäß §§ 93 Abs. 6 AktG, 43 Abs. 4 GmbH, 34 Abs. 6 GenG, Jena 2005. (zitiert: *Sturm*, Verjährung).

*Sturm, Andreas*: Die Verjährung von Schadensersatzansprüchen der Gesellschaft gegen Leitungsorganmitglieder gemäß §§ 93 Abs. 6 AktG, 43 Abs. 4 GmbH, 34 Abs. 6 GenG, Dissertation, Universität Jena, Jena 2003. (zitiert: *Sturm*, Verjährung Diss.)

*Taupitz, Jochen*: Anmerkung zum Urteil des BGH vom 20. 9. 1983 – VI ZR 35/82, NJW 1984, 662 ff.

*Taupitz, Jochen*: Die zivilrechtliche Pflicht zur unaufgeforderten Offenbarung eigenen Fehlverhaltens, Tübingen 1989 (zitiert: *Taupitz*, Offenbarungspflicht).

*Taupitz, Jochen*: Wissenszurechnung nach englischem und deutschem Recht, Karlsruher Forum 1994, Möglichkeiten der Wissenszurechnung, VersR Sonderheft, 1994, S. 16 ff.

*Taupitz, Jochen*: Anmerkung zu BGH V ZR 239/94, JZ 1996, 734 ff.

*Taupitz, Jochen*: Die „Augen und Ohren" des Versicherers, Recht und Ökonomie der Versicherung, Festschrift für Egon Lorenz zum 60. Geburtstag, (*Hübner, Ulrich*; *Helten, Elmar*, *Albrecht, Peter*; *alle Hrsg.*), Karlsruhe 1994.

*Thelen, Martin*: Grenzen der Haftung und Wissenszurechnung bei Direktbanken, NZG 2016, 1062 f.

*Thomale, Chris*: Wissenszurechnung im Gesellschaftsrecht – deutsche Unternehmen vor französischen Strafgerichten, AG 2015, 641 ff.

*Thur, Andreas von*: Der Allgemeine Teil des Deutschen Bürgerlichen Rechts, Band 2, 1. Hälfte, Berlin 1914 (zitiert: *v. Thur*, BGB AT).

*Ulmer, Peter*; *Habersack, Mathias*; *Henssler, Martin*: Mitbestimmungsrecht, Kommentierung des MitbestG, des DrittelbG, des SEBG und des MgVG, 3. Auflage München 2013 (zitiert: U/H/H/*Bearbeiter*).

*Van Veenroy, Gerd*: Einstimmigkeitsprinzip oder Mehrheitsprinzip in der Geschäftsführung?, GmbHR 1999, 685 ff.

*Verhoeven, Thomas*: Der Besondere Vertreter nach § 147 AktG: Erwacht ein schlafender Riese?, ZIP 2008, 245 ff.

*Verse, Dirk A.*: Die *actio pro socio* im Personengesellschafts- und GmbH-Recht nach der Reform der derivativen Aktionärsklage – Ausstrahlungswirkungen des § 148 AktG auf das allgemeine Verbandsrecht?, Festschrift für *U. H. Schneider*, 2011, S. 1325 ff.

*Verse, Dirk A.*: Doppelmandate und Wissenszurechnung im Konzern, AG 2015, 413 ff.

*Voit, Wolfgang*: Wissenszurechnung innerhalb einer juristischen Person des öffentlichen Rechts im Deliktsrecht, Anm. zu BGH VI ZR 306/95, WuB IV A: § 852 BGB 1.97, S. 671 ff.

*Waas, Bernd*: Ausschluss der Wissenszurechnung gemäß § 166 I BGB bei Bevollmächtigung einer Person aus dem »Lager« des Vertragspartners?, JA 2002, 511 ff.

*Wagner, Gerhard*: Wissenszurechnung: Rechtsvergleichende und rechtsökonomische Grundlagen, ZHR 181 (2017), 203 ff.

*Wahlers, Henning W.*; *Wolff, Nikolai*: Individualabreden zur Verhinderung der drohenden Verjährung von Organhaftungsansprüchen bei der Aktiengesellschaft, AG 2011, 605 ff.

*Waltermann, Raimund*: Zur Wissenszurechnung – am Beispiel der juristischen Personen des privaten und des öffentlichen Rechts, AcP 192 (1992), 181 ff.

*Waltermann, Raimund*: Arglistiges Verschweigen eines Fehlers bei der Einschaltung von Hilfskräften, zugleich Besprechung von BGHZ 117, 104, NJW 1993, 889 ff.

*Weck, Jochen*; *Ludyga, Hannes*: § 37a WpHG – Eine der letzten verjährungsrechtlichen Spezialnormen, ZRP 2006, 261.

*Weißhaupt, Frank*: Haftung und Wissen beim Unternehmenskauf – über Gestaltungsspielräume im M&A-Recht, WM 2013, 782 ff.

*Weller, Marc-Philippe*: Wissenszurechnung in internationalen Unternehmensstrafverfahren, ZGR 2016, 384 ff.

*Wellkamp, Ludger*: Die Gesellschafterklage im Spannungsfeld von Unternehmensführung und Mitgliedsrechten, DZWiR 1994, 221 ff.

*Werner, Rüdiger*: Die Zurechnung von im Aufsichtsrat vorhandenem Wissen an die Gesellschaft und ihre Folgen, WM 2016, 1474 ff.

*Werner, Winfried*: Vertretung der Aktiengesellschaft gegenüber Vorstandsmitgliedern – Ein Beitrag zur Auslegung des § 112 AktG, ZGR 1989, 369 ff.

*Westermann, Harm Peter*: Der Besondere Vertreter im Aktienrecht, AG 2009, 237 ff.

*Westermann, Harry*: Haftung für fremdes Handeln, JuS 1961, 333 ff.

*Wetzel, Rita*: Die Zurechnung des Verhaltens Dritter bei Eigentumsstörungstatbeständen, Tübingen 1971 (zitiert: *Wetzel*, Zurechnung).

*Wiesner, Georg*: Zum Beginn der Ausschlussfrist des § 626 Abs. 2 BGB bei Kenntniserlangung durch Organmitglieder, BB 1981, 1533 ff.

*Wilde, Christian Peter*: Informationsrechte und Informationspflichten im Gefüge der Gesellschaftsorgane, ZGR 1998, 423 ff.

*Winnen, Armin*: Die Innenhaftung des Vorstandes nach dem UMAG. Eine Untersuchung des § 93 Abs. 1 S. 2 AktG und der Durchsetzungsmöglichkeiten von Innenhaftungsansprüchen, Baden-Baden 2009.

*Witt, Carl-Heinz*: Schuldrechtsmodernisierung 2001/2002 – Das neue Verjährungsrecht, JuS 2002, 105 ff.

*Wolf, Manfred; Neuner, Jörg (fortgef.)*: Allgemeiner Teil des Bürgerlichen Rechts, 11. Auflage München 2016 (zitiert: *Wolf/Neuner*).

*Wolff, Hans J.; Bachof, Otto*: Verwaltungsrecht, Band 2, 4. Aufl. München 1976 (zitiert: *Wolff/Bachof*, Verwaltungsrecht II).

*Wolff, Hans J.; Bachof, Otto; Stober, Rolf*: Verwaltungsrecht, Band 3, 5. Aufl. München 2004 (*Wolff/Bachof/Stober*, Verwaltungsrecht III).

*Wussow, Hansjoachim*: Genehmigungsfähigkeit von Handlungen, die der Wahrung gesetzlicher Fristen dienen, NJW 1963, 1756 ff.

*Zimmermann, Reinhard*: Die Verjährung, JuS 1984, 409 ff.

*Zimmermann, Reinhard*: „... ut sit finis litium“ Grundlinien eines modernen Verjährungsrechts auf rechtsvergleichender Grundlage, JZ 2000, 853 ff.

*Zimmermann, Reinhard*: Grundregeln eines Europäischen Verjährungsrechts und die deutsche Reformdebatte, ZEuP 2001, 217 ff.

*Zimmermann, Reinhard*: Die Principles of European Contract Law als Ausdruck und Gegenstand europäischer Rechtswissenschaft, Jura 2005, 289 ff., 441 ff.

*Zöllner, Wolfgang*: Die Schranken mitgliedschaftlicher Stimmrechtsmacht bei den privatrechtlichen Personenverbänden, München 1963 (zitiert: *Zöllner*, Schranken).

*Zöllner, Wolfgang*: Die sogenannten Gesellschafterklagen im Kapitalgesellschaftsrecht, ZGR 1988, 392 ff.

*Zöllner, Wolfgang, Noack, Ulrich*: Kölner Kommentar zum Aktiengesetz, Band 2/1, §§ 76–94 AktG, 3. Auflage Köln 2010.

*Zöllner, Wolfgang, Noack, Ulrich*: Kölner Kommentar zum Aktiengesetz, Band 2/2, §§ 95–117 AktG, 3. Auflage Köln 2013.

*Zöllner, Wolfgang, Noack, Ulrich*: Kölner Kommentar zum Aktiengesetz, Band 3/1, §§ 131, 132 AktG, 3. Auflage Köln 2010.

*Zöllner, Wolfgang, Noack, Ulrich*: Kölner Kommentar zum Aktiengesetz, Band 3/2, §§ 142–178, 3. Auflage Köln 2015. (zitiert: KK AktG/*Bearbeiter*).

# SCHRIFTEN ZUM GESELLSCHAFTS-, BILANZ- UND UNTERNEHMENSTEUERRECHT

Herausgegeben von Barbara Grunewald und Joachim Hennrichs

Band 1 Moritz Pöschke: Eigenkapital mittelständischer Gesellschaften nach IAS/IFRS. 2009.

Band 2 Ulrike Lehmann: Gesellschaftsrechtliche Gestaltungen im Erbschaft- und Schenkungsteuerrecht. Eine Untersuchung der Erbschaft- und Schenkungsteuersubjektivität der Personengesellschaft sowie der mittelbaren Anteilsschenkung. 2009.

Band 3 Christian Graw: Das Konzept der Anteilseignerbesteuerung nach § 22 UmwStG 2006 – insbesondere im Vergleich zu § 21 UmwStG 1995. 2009.

Band 4 Christopher M. Picot: Die Rechte der Aktionäre beim Delisting börsennotierter Gesellschaften. 2009.

Band 5 Pascal Alexander Salomon: Regelungsaufträge in der Societas Privata Europea. Einführung in eine neue Rechtsform unter besonderer Berücksichtigung des Gesetzgebungs-instruments des Regelungsauftrages. 2010.

Band 6 Anna Sabrina Cryns: Gesellschafterfremdfinanzierung in Frankreich und Zinsschranke – ein Rechtsvergleich. 2011.

Band 7 Björn Karst: Das Marktmanipulationsverbot gem. § 20a WpHG. Unter besonderer Berücksichtigung der „Safe-Harbor"-Regelung. 2011.

Band 8 Ulrike Petig: Verdeckte Sacheinlagen im GmbH- und Aktienrecht. Die Veränderungen durch MoMiG und ARUG. 2012.

Band 9 Jochen Möller: Vorteilsanrechnung bei nützlichen Pflichtverletzungen im Kapitalgesellschafts- und Kartellrecht. 2012.

Band 10 Alexander Kersten: Zinsschranke und IFRS. Rechtssystematische Einordnung einer punktuellen Maßgeblichkeit der IFSR im Steuerrecht am Beispiel der Zinsschranke. 2012.

Band 11 Tobias Strohmeier: Special Purpose Acquisition Companies. SPACs im Spannungsfeld von deutschem Aktien- und Kapitalmarktrecht. 2012.

Band 12 Ruth Winter: Die steuerliche Behandlung von Scheinauslandsgesellschaften. Eine Untersuchung zur doppelansässigen Kapitalgesellschaft. 2013.

Band 13 Daniel Krey: IFRS und Ausschüttungsbemessung. 2013.

Band 14 Gabriel Jakob Litzenberger: Sanierungspflichten in der Krise von AG und GmbH. 2014.

Band 15 Franziska Neumann: Rechtliche Probleme von PIPE-Transaktionen. 2014.

Band 16 Jan Winzen: Vorzugsaktie und KGaA. Instrumente zur Kontrollerhaltung bei der Eigenkapitalfinanzierung. Unter besonderer Berücksichtigung der Vereinheitlichung von Aktiengattungen. 2014.

Band 17 Andreas Gerten: Angemessenheit und Steuern. Verdeckte Einkommensverwendung bei Kapitalgesellschaften im internationalen Vergleich. 2014.

Band 18 Isabel Kristin Fischer: Die Partnerschaftsgesellschaft mit beschränkter Berufshaftung. Rechtliche Einordnung und Haftungsverfassung unter Berücksichtigung der englischen LLP. 2015.

Band 19 Leif Klinkert: Probleme der neuen Ansatzrechte im Sinne des § 268 Abs. 8 HGB und der entsprechenden Ausschüttungssperren. Zugleich ein Vergleich zur kalifornischen Ausschüttungsregelung. 2016.

Band 20 Kai Sofia Loth: Die Haftung der Organe einer Aktiengesellschaft bei Entscheidungen unter Rechtsunsicherheit. De lege lata et ferenda. 2016.

Band 21 Nikolaus Moench: Die Societas Unius Personae (SUP). 2016.

Band 22 Moritz Evertz: Unternehmensstrafrecht aus gesellschaftsrechtlicher Sicht. Eine Untersuchung am Beispiel des nordrhein-westfälischen Gesetzesentwurfs zur Einführung eines Verbandsstrafgesetzbuchs. 2016.

Band 23 Gudrun Dorothea von der Laage: Handelsbilanzielle und körperschaftsteuerliche Aspekte der Sitzverlegung einer Europäischen Aktiengesellschaft (SE). Profili con-tabili e fiscali (dell'IRES) del trasferimento di sede di una Società Europea (SE). 2017.

Band 24 Christina Schröter: Rechtliche Grundlagen und normzweckadäquate Unternehmensbewertung bei Kapitalgesellschaften. 2017.

Band 25 Eric Becker: Unternehmerische Freiheit in deutscher KGaA und britischer PLC. Eignet sich die PLC als Rechtsformalternative für börsenwillige Familienunternehmen in Deutschland? 2017.

Band 26 Benedikt Statz: Die Haftungsverfassung der Partnerschaftsgesellschaft mit beschränkter Berufshaftung. 2017.

Band 27 Moritz Beneke / Barbara Grunewald: Der Besondere Vertreter nach § 147 AktG. 2018.

Band 28 Florian Wirkes: Rechtsfolgen einer nicht nach § 87 Abs. 1 AktG angemessenen Vorstandsvergütung. Unter Berücksichtigung der Änderungen durch das Gesetz zur Angemessenheit der Vorstandsvergütung (VorstAG). 2018.

Band 29 Peter Schaub: Die Kapitalschutzfunktion des Jahresabschlusses nach dem BilMoG. 2018.

Band 30 Benjamin Baisch: Verjährungsbeginn der Ansprüche von AG und GmbH gegen ihre Geschäftsleiter gemäß § 199 Abs. 1 BGB. Eine Sonderkonstellation der Wissenszurechnung. 2018.

www.peterlang.com

www.ingramcontent.com/pod-product-compliance
Ingram Content Group UK Ltd.
Pitfield, Milton Keynes, MK11 3LW, UK
UKHW041119041026
8980IPUK00024B/113

9 783631 761823

FSC
www.fsc.org
MIX
Papier | Fördert gute Waldnutzung
FSC® C083411

Kolibri 360 GmbH
Ferdinand-Jühlke-Straße 7
99095 Erfurt, Deutschland
produktsicherheit@kolibri360.de

Gegenstand Vorhandene vollständig, und ist zugleich eine vollständige raisonnirende Geschichte desselben.

Der Vortrag ist des Verfassers würdig, und zeugt überall von der bewundernswürdigen Klarheit seiner, den Gegenstand überschauenden Einsicht und von der grossen Kraft seines tief eindringenden Urtheils. Besonders merkwürdig sind in diesem Betracht die Zusätze, und unter diesen der zehnte und dreizehnte.

Umfasst gleich diese Schrift Lagrange's nicht eine ganze Wissenschaft, wie die Theorie der Functionen und die analytische Mechanik, so ist dennoch auch sie ein schönes Muster mathematischer Untersuchungen. Als ein solches wird gewiss auch diese Arbeit des grossen Meisters Jedem, dem Methode wichtig ist und der den Vorzug logischer Forschung vor blindem Suchen und zufälligem Finden, würdigt, lieb und werth seyn.

Die Anmerkungen des Uebersetzers zu diesem Bande beschränken sich fast auf einige Erläuterungen und Erinnerungen. Er hätte seine Bemerkungen zu weit ausdehnen müssen, wenn er alles hätte beifügen wollen, was ihm nöthig schien. Er hat solches um so mehr unterlassen, da er eine eigene systematische Theorie der Gleichungen abzufassen gedenkt.

Der Text ist, wie in den beiden ersten Bänden, strenge wörtlich übersetzt worden; blos statt einiger unbequemer Buchstaben in den Formeln sind andere gesetzt; zur Erleichterung der Citate gehen jetzt die Paragraphen-Zahlen durch, und den Formeln sind ebenfalls Zahlen gegeben worden.

Berlin im July 1823.

# Inhalt

## der Theorie der Gleichungen.

## Zusätze.

# *Verzeichniss*

*einiger bei der Uebersetzung bemerkten Druckfehler des Originals, welche in demselben nicht angezeigt sind.*

---

*S.* 22 *Z.* 10 *v. u. steht* $y > 0$ *statt* $y > 1$.

— 24 — 7 *v. u. steht dans statt dont.*

— 45 — 12 *v. o steht* $4D^3$ *statt* $4^4 D^3$.

— 53 — 17 *v. o. steht* $-\frac{1}{\lambda^\mu + \ldots}$ *statt* $+\frac{1}{\lambda^\mu + \ldots}$.

— 56 — 9 *v. u. steht* $l^{\varrho-2}$ *statt* $l^{\varrho-1}$.

— 67 — 5 *v. u. steht* $\frac{B - {}^{\gamma+2})^2}{\varepsilon^{\gamma+}}$ *statt* $\frac{B - (\varepsilon^{\gamma+2})^2}{\varepsilon^{\gamma+3}}$

— 70 — 4 *v. u. steht* $G^\mu$ *statt* $G^\pi$.

— 72 — 7 *v. u. steht* $\lambda' < \frac{\sqrt{33}+}{3}$ *statt* $\lambda' < \frac{\sqrt{33}+0}{3}$.

— 85 — 16 *v. u steht* $\frac{n\varrho' - m\varrho'}{\varrho' n}$ *statt* $\frac{n\varrho - m\varrho'}{\varrho' n}$.

— 87 — 2 *v. u. steht* $x = \frac{t + \pi}{t + \pi'}$ *statt* $x = \frac{\varrho t + \pi}{\varrho' t + \pi'}$.

— 95 — 11 *v. u. steht* $\frac{2\left(\frac{\varrho}{\varrho'} - \zeta\right)}{\left(\frac{\varrho}{\varrho'} - \xi\right)^2 - \Psi'^2}$ *statt*

$$\frac{2\left(\frac{\varrho}{\varrho'} - \zeta\right)}{\left(\frac{\varrho}{\varrho'} - \xi\right)^2 + \Psi'^2}$$

*S.* 97 *in der unterst. Z. steht* $\frac{\mu-1}{f\Delta-1}+\frac{v}{f\Pi}=<\frac{1}{2}$

*statt* $\frac{\mu-1}{f\Delta-1}+\frac{v}{f\Pi}=$ o*u* $<\frac{1}{2}$.

— 109 *Z.* 10 *v. o. steht* $\alpha^5+\beta^5+\gamma^5+$ *etc.* $=A$ *statt* $\alpha^5+\beta^5+\gamma^5+$ *etc.* $=A_5$.

— 114 — 14 *v. o. steht* $x=0$ *statt* $X=0$.

— 122 — 13 *v. u. steht* $x$ *statt* X.

— 125 — 12 *v. u. steht* ....*etc.* $+p^m$, *statt* .... *etc.* $+p^m=0$.

— 127 — 6 *v. o. steht* 1793 *statt* 1693.

— 135 — 4 *v. u. steht* $a^{\mu}$ *statt* $\alpha^{\mu}$.

— 138 — 7 *v. o. steht* .... $+dP'-4\text{ç}$ *statt* .... $+dP'-4e$.

— 140 — 9 *v. o. steht* 0,1, 0,946 *etc. statt* 0,1, 0,0946 *etc.*

— 150 — 5 *v. o. steht a, b, c etc. statt a, b, c,*

— 161 — 9 *v. u. steht celles-ci statt celle-ci.*

— 162 — 12 *v. o. steht des racines de etc. statt des racines negatives de etc.*

— 164 — 20 *v. o. steht* $Fx\times F'x=y$ *statt* $Fx\times F''x=y$.

— 166 — 7 *v. u. steht* $y=2.3X_{,}X_{,,}$ *statt* $y=2.3X_{,}X_{,,,}$.

— 177 — 3 *v. u. steht* $-\frac{2^2f''\alpha}{2f'\alpha^2}$ *statt* $-\frac{i^2f''\alpha}{2f'\alpha^3}$

— 178 — 13 *v. u. steht* $m+n\sqrt{-}$ *statt* $m+n\sqrt{-1}$.

— 186 — 2 *v. u. scheinen die Worte de la forme* $p+q\sqrt{-1}$ *wegfallen zu müssen.*

— 187 — 11 *v. u. steht* 14 *statt* 16.

— 188 — 12 *v. u. steht* 16 *statt* 17.

S. 192 Z. 14 v. o. steht $+\alpha\gamma\delta \ldots \times \alpha\gamma\delta$ statt $+\alpha\beta\delta \ldots \times \alpha\gamma\delta$.

— 204 — 7 v. o. steht $\frac{h^{\mu-3}C}{Y}u^3$ statt $\frac{h^{\mu-3}C}{V}u^3$.

— 217 — 12 v. o. steht $\left(\frac{\varphi x \times fu}{u^{n+1}}\right)$ statt $\left(\frac{\varphi u \times fu}{u^{n+1}}\right)'$

— 221 — 3 v. o. steht $(n-1)\,n\,(2\cos\omega) + \cdot$ statt $(n-1)\,n\,(2\cos\omega)^{n-1}$.

— 221 — 5 v. o. steht $Q(n\,(2\cos\omega)^{\gamma}$ statt $Q(n\,(2\cos\omega)^{n}$.

— 223 — 7 v. u. st. $-\frac{na}{b}\left(\frac{b}{c}\right)^{n+1} + \frac{n(n-3)a^2}{2b}\left(\frac{b}{c}\right)^{n-2}$ statt $-\frac{na}{b}\left(\frac{b}{c}\right)^{n-1} + \frac{n(n-3)a^2}{2b^2}\left(\frac{b}{c}\right)^{n-2}$.

— 224 — 6 v. o. steht $\frac{1-f'x}{u-x-fx}$ statt $\frac{1-f'x}{u-x+fx}$

— 226 — 9 v. u. steht $\left(\frac{(\Psi u \times \Pi u')f^2u}{2}\right)'$ statt $\left(\frac{(\Psi u \times \Pi u)'f^2u}{2}\right)'$.

— 227 — 2 v. u. steht $(u^{n})' \times$ statt $(u^{r})' \times$

— 228 — 4 v. o. steht $r = n$ statt $r = -n$.

— 230 — 10 v. u. steht $-\frac{a^{r+4}f}{b^{r+4}}$ statt $-\frac{a^{r+4}f}{b^{r+5}}$.

— 232 — 6 v. o. steht $f$ et $F'$ statt $f$ et $F$.

— 236 — 7 v. o. steht $\left(\frac{b'}{\beta'}\right) = \frac{Mn-Nm}{M}$ statt $\left(\frac{b'}{\beta'}\right) = \frac{M}{Mn-Nm}$

— 238 — 8 v. u. steht $b-\varrho < a$ statt $b-\varrho < 0$.

— 240 — 2 v. u. steht $= \frac{5+6y}{1+y}$ statt $\frac{5+6y}{3(1+y)}$.

S. 250 Z. 7 *v. u. steht* (*No.* 23.) *statt* (*No.* 13.).

— 257 — 13 *v. o. steht au dessus de* 3 *statt au dessus de* 4.

— 263 — 9 *v. u. steht* $\tau' = A^2 \ldots$ *statt* $\tau = A^2 \ldots$

— 265 — 6 *v. u. steht* $(\xi^0 + \alpha\xi^1 + \alpha^2\xi^4)^3$ *statt* $(\xi^0 + \alpha\xi^1 + \alpha^2\xi^{11})^2$.

— 266 — 4 *v. u. steht* $-27B =$ *statt* $-27B^3 =$

— 273 — 10 *u.* 11 *v. u. fehlt hinter* $\frac{1}{m}$ *eine Klammer und hinter etc. die entgegengesetzte.*

— 283 — 3 *v. o. steht nous avons dans statt nous avons dit dans.*

— 291 — 14 *v. u. steht* $+\xi'_2+$ *statt* $+\alpha\xi'_2+$

— 292 — 9 *v. o. steht No.* 10. *statt No.* 11.

— 306 — 9 *v. u. steht* $r''' = r'^2 \ldots$ *statt* $r'' = r'^2 \ldots$

— 308 — 3 *v. u. steht* $\xi^0 + \alpha\xi,\ \xi = \ldots$ *statt* $\xi^0 + \alpha\xi^1,\ \xi^0 = \ldots$

— 309 — 9 *v. u. steht s par la somme statt s pour la somme.*

## Einleitung.

Die Auflösung jeder bestimmten Aufgabe beruht am Ende auf der Auflösung einer oder mehrerer Gleichungen, deren Coefficienten Zahlen sind, und welche man numerische Gleichungen nennen kann. Es ist daher wichtig, diese Gleichungen vollständig auflösen zu können, von welchem Grade sie auch seyn mögen. Die in den Sammlungen der Memoiren der Berliner Academie vom Jahr 1767 gegebene Auflösungs-Methode ist die einzige, durch welche sich auf directem und sichern Wege alle, sowohl die reellen als imaginairen Wurzeln einer gegebenen numerischen Gleichung finden lassen, und durch welche man sich dem Werthe der Wurzeln so weit man will, nähern kann. In der gegenwärtigen Abhandlung ist das Memoire über diese Methode mit den Zusätzen im Jahrgange 1768 der Abhandlungen der nemlichen Academie vereinigt worden. Um die Abhandlung noch interessanter zu machen, sind mehrere Bemerkungen hinzugefügt worden, von welchen die beiden letzten in der gegenwärtigen neuen Ausgabe zum erstenmale erscheinen. Diese Bemerkungen enthalten Untersuchungen über die vorzüglichsten Puncte der Theorie der algebraischen Gleichungen.

Man muss die Auflösung numerischer Gleichungen sehr wohl von derjenigen unterscheiden, die man, in der Algebra, allgemeine Gleichungs-Auflösung nennt. Die erste ist eigentlich nichts weiter als eine arithmetische Operation, die zwar im Grunde auf den allgemeinen Principien der Theorie der Gleichungen beruht, deren

Resultate aber nur Zahlen sind, an welchen man die ursprünglichen Zahlen, welche die Elemente der Aufgabe ausmachen, nicht mehr erkennt, und welche keine Spur mehr von den verschiedenen Operationen an sich tragen, durch welche sie gefunden wurden. Die Ausziehung der Quadrat- und Cubic-Wurzeln ist die einfachste Operation dieser Art; sie ist nichts anders als die Auflösung von Gleichungen des zweiten und dritten Grades, deren mittlere Glieder fehlen. Auch würde es gut seyn, die Regeln der Auflösung numerischer Gleichungen schon in die Arithmetik aufzunehmen, mit Vorbehalt des Beweises derjenigen für die Algebra, welche von der allgemeinen Theorie der Gleichungen abhängen.

Newton nennt die Algebra, allgemeine Arithmetik. Diese Benennung ist in gewissem Betrachte sehr angemessen; sie drückt aber den wesentlichen Unterschied zwischen Arithmetik und Algebra nicht aus. Die unterscheidende Eigenschaft der Algebra besteht darin, dass die Resultate ihrer Operationen nicht die individuellen Werthe der gesuchten Grössen geben, wie die Arithmetik oder die geometrischen Constructionen, sondern dass sie blos die arithmetischen oder geometrischen Operationen bezeichnen, welche man mit den gegebenen Grössen vornehmen muss, um die gesuchte Grösse zu finden; ich sage: arithmetische oder geometrische Operationen; denn seit Vieta kennt man die geometrischen Constructionen, vermittelst welcher man mit Linien eben so operiren kann, wie in der Arithmetik mit Zahlen. [*Ein ähnliches Verhältniss, wie zwischen der Arithmetik und Algebra würde zwischen der Algebra und der Functionen-Rechnung Statt finden, und zwar der allgemeinen Functionen-Rechnung, nicht blos derjenigen, welche man auch Differential- und Integral-Rechnung nennt. Die allgemeine Functio-*

*nen-Theorie würde ein Inbegriff der Sätze seyn, welche die Operationen andeuten, die die Algebra auszuführen hat. Solche Sätze sind z. B. die Grundgleichungen für die Multiplication und Division, für Potestäten, Logarithmen und Exponential-Grössen, für Facultäten, für allgemeine Entwickelungs-Formen u. s. w. Man sehe über die Behandlung und Entwickelung solcher Grundgleichungen der Functionen-Theorie, beispielsweise, die Abhandlung des Uebersetzers über die allgemeine Entwickelung der Potestäten, Facultäten und Winkel-Functionen. Berlin bei Reimer* 1823.]

Die Algebra schwebt gleichsam über der Arithmetik und der Geometrie. Ihr Zweck ist nicht, die Werthe selbst der gesuchten Grössen zu finden, sondern, das System der Operationen, welche man mit den gegebenen Grössen vornehmen muss, um daraus die Werthe der gesuchten Grössen, den Bedingungen der Aufgabe gemäss, zu finden. Das Bild dieser Operationen, durch algebraische

Zeichen dargestellt, ist was man in der Algebra Formel nennt; und wenn eine Grösse von andern Grössen so abhängt, dass sie durch einen Ausdruck dargestellt werden kann, welcher diese Grössen enthält, so nennt man sie Function dieser Grössen. [*Function ist also Ausdruck des Gesetzes der Abhängigkeit der Grössen, und die Theorie der Abhängigkeits-Gesetze wäre die Functionen-Theorie.*]

Die Algebra im weitern Sinne ist die Kunst, unbekannte Grössen durch Functionen bekannter oder als bekannt angenommener Grössen auszudrücken. Die allgemeine Auflösung der Gleichungen besteht darin, für alle Gleichungen eines beliebigen Grades die Functionen der Coefficienten dieser Gleichungen zu finden, welche alle ihre Wurzeln ausdrücken.

Es hat bis jetzt nicht gelingen wollen, dergleichen Functionen weiter als für Gleichungen des zweiten, dritten und vierten Grades zu entdecken; und, obgleich für diese Grade die Ausdrücke noch alle Wurzeln geben, so haben sie doch schon vom dritten Grade ab eine Form, in welcher es unmöglich ist, durch die blosse Substitution der Coefficienten die Zahlen-Werthe der Wurzeln zu finden, selbst wenn die Wurzeln ganz reel sind. Die Analysten bezeichnen diese Schwierigkeit durch das Wort: Irreductibilität. Sie würde [*wahrscheinlich*] noch um so mehr bei Gleichungen höherer Grade Statt finden, wenn sich dieselben durch allgemeine Ausdrücke auflösen liessen.

Glücklicherweise hat man Mittel gefunden, die Schwierigkeit für den dritten und vierten Grad, durch die Theilung des Winkels in drei Theile und durch trigonometrische Tafeln zu überwinden. Aber dieses, auf der Theilung der Winkel beruhende Mittel ist bei höhern Gleichungen nur sehr beschränkt, und nur auf einzelne Gattungen von Gleichungen anwendbar, und man kann im Voraus annehmen, [?]· dass man, wenn es auch gelänge, die Gleichungen vom fünften und höheren Graden aufzulösen, doch nur Ausdrücke finden würde, die, obgleich an sich sehr schätzbar, zur wirklichen und numerischen Auflösung der Gleichungen wenig brauchbar wären, und durch welche folglich die arithmetischen Methoden, welche den Gegenstand der gegenwärtigen Abhandlung ausmachen, nicht entbehrlich gemacht werden würden.

Vieta ist der Erste, welcher sich mit der Auflösung numerischer Gleichungen von beliebigen Graden beschäftigte. Er zeigte in seiner Abhandlung „de numerosa potestatum adfectarum resolutione," wie man mehrere solche Gleichungen durch Operationen auflösen könne, welche der der Wurzel-Ausziehung ähnlich sind.

Harriot, Ougtred, Pell und Andere haben diese Methode durch besondere Regeln, um in einzelnen, nach den Zeichen der Glieder der Gleichungen verschiedenen Fällen das Suchen zu vermindern, noch anwendbarer zu machen sich bemüht; aber wegen der Menge der Operationen und der Unsicherheit ihres Erfolges in vielen Fällen hat man diese Regeln aufgegeben.

In der That ist leicht zu sehen, dass die Methode mehr oder weniger nur auf Gleichungen anwendbar seyn kann, deren Glieder, das letzte bekannte Glied ausgenommen, alle einerlei Zeichen haben; denn da alsdann dieses Glied der Summe aller übrigen gleich ist, so kann man allerdings durch eine bestimmte Zahl von Versuchen nach und nach alle Ziffern des Werths der unbekannten Grösse finden, so weit als man will. In allen andern Fällen aber sind die Versuche, wegen der subtractiven Glieder, mehr oder weniger unsicher.

Man müsste, wenn man die Vietasche Methode mit Sicherheit anwenden wollte, durch vorherige Verwandlungen die Gleichungen immer auf diese Gestalt bringen können. In einer der Anmerkungen (der zwölften) werden wir zeigen, dass die Verwandlung allemal möglich ist, sobald man zwei Grenzen einer Wurzel hat, deren eine grösser, die andere kleiner ist als die gesuchte Wurzel, und welche von der Art sind, dass alle übrigen Wurzeln, so wie die reellen Theile aller imaginairen Wurzeln, wenn es dergleichen giebt, ausserhalb dieser Grenzen liegen. Die Schwierigkeit, diese Grenzen zu finden, ist aber wiederum sehr gross, und kann selbst grösser seyn als die der Auflösung der Gleichung selbst.

Der Vietaschen Methode folgte die Newtonsche, welche eine eigentliche Näherungs-Methode ist, weil sie voraussetzt, dass man schon eine Grösse kenne, die dem wahren Werth der Wurzel bis auf den zehnten Theil derselben nahe kommt. Man substituirt diese Grösse, zusammen genommen mit einer neuen unbekannten, sattt der unbekannten Wurzel der aufzulösenden Gleichung, und erhält dadurch eine zweite Gleichung, deren Wurzel das ist, was zu der ersten Grösse hinzugefügt werden muss, um den genauen Werth der Wurzel zu finden. Da aber, wegen der vorausgesetzten Kleinheit dieses Restes in der neuen Gleichung, das Quadrat und die höheren Potenzen der unbekannten Grösse weggelassen werden können, so reducirt sich die neue Gleichung auf eine Gleichung des ersten Grades, aus welcher man den Werth der unbekannten Grösse auf der Stelle findet. Dieser Werth nähert sich aber ebenfalls wieder erst dem wahren Werthe. Man kann sich seiner bedienen, um einen noch genauern Werth zu finden, wenn man mit der zweiten Gleichung von neuem eben so verfährt wie vorhin mit der ersten, u.s.w. Man findet auf diese Weise, durch diese verschiedenen Operationen, Grössen, welche zu den schon gefundenen hinzugethan werden müssen und dann die Wurzel der Gleichung um so genauer geben, je öfter man die Operation wiederholt.

Diese Methode ist die gewöhnliche, deren man sich bei der Auflösung numerischer Gleichungen bedient. Sie ist aber, wie man sieht, nur dann anwendbar, wenn die gegebene Gleichung schon näherungsweise aufgelöset ist. Auch ist sie nicht immer sicher; denn da man bei jeder Operation Glieder weglässt, deren Werth man nicht kennt, so ist es nicht wohl möglich, den Grad der Genauigkeit jeder neuen Correction zu beurtheilen; und es kann kommen, dass die Reihe, wenn Wurzeln einer Gleichung beinahe einander gleich sind, nur sehr wenig convergirt, und selbst wieder divergirt, nachdem sie bis zu einem gewissen Puncte convergirt hat. (Man sehe die fünfte Anmerkung.) Endlich hat sie aber auch noch die Unbequemlichkeit, selbst diejenigen Wurzeln, welche genau in Zahlen ausgedrückt werden können, nur näherungsweise zu geben, und folglich nicht anzuzeigen, ob die Wurzeln rational oder irrational sind.

Die Aufgabe, welche wir uns jetzt in diesem Theile der Analysis machen wollen, ist folgende: Aus einer gegebenen numerischen Gleichung, ohne alle vorherige Kenntniss der Grösse und Art ihrer Wurzeln, entweder die genauen Werthe aller Wurzeln, wenn es möglich ist, zu finden, oder sich diesen Werthen so weit zu nähern als man will. Diese Aufgabe war noch nicht aufgelöset worden. Sie ist der Gegenstand der folgenden Untersuchungen.

Seit der ersten Ausgabe dieses Werks (vom Jahre 1798) hat man verschiedene Methoden der Auflösung numerischer Gleichungen gegeben; aber die vollständige Auflösung der Aufgabe, worauf es ankömmt, ist auf demselben Puncte stehen geblieben, wo ich sie gelassen hatte, und bis jetzt ist Nichts gefunden worden, was in allen Fällen, der Untersuchung der Grenzen der kleinsten Differenz der Wurzeln überhöbe, oder dem zur Erleichterung dieser Untersuchung in der vierten Anmerkung angegebenen Verfahren vorzuziehen wäre.

# Erster Abschnitt.

## Die ganzzahligen Theile der reellen Wurzeln einer beliebigen numerischen Gleichung zu finden.

### 1.

### Erster Lehrsatz.

Wenn man zwei Zahlen kennt, welche, in eine beliebige Gleichung statt der unbekannten Grösse gesetzt, Resultate von entgegengesetzten Zeichen geben, so hat die Gleichung nothwendig wenigstens eine reelle Wurzel, deren Werth zwischen den beiden Zahlen liegt.

[*Beweis.*] Dieser Lehrsatz ist seit langer Zeit bekannt, und man beweiset ihn gewöhnlich durch die Theorie der Curven. Er lässt sich aber auch durch die Theorie der Gleichungen selbst, wie folgt, beweisen.

$x$ sey die unbekannte Grösse der Gleichung; $\alpha$, $\beta$, $\gamma$ *etc.* mögen die Wurzeln der Gleichung seyn: so lässt sich die Gleichung bekanntlich auf die Form

$$1.\quad (x-\alpha)(x-\beta)(x-\gamma)\ldots = 0$$

bringen. [*Denn der linkseitige Theil der gegebe-*

## *Die ganzzahligen Theile der*

*nen Gleichung, welche z. B.* $x^m + Ax^{m-1} + Bx^{m-2} \ldots + M = 0$ *seyn mag, muss für* $x = \alpha$, $x = \beta$, $x = \gamma \ldots$, *und nur für diese Werthe von* $x$, *verschwinden.*] Nun mögen $p$ und $q$ diejenigen Zahlen seyn, welche, statt $x$ gesetzt, Resultate von entgegengesetzten Zeichen geben, so sind

$$2. \begin{cases} (p-\alpha)(p-\beta)(p-\gamma) \ldots \text{ und} \\ (q-\alpha)(q-\beta)(q-\gamma) \ldots \end{cases}$$

nothwendig Grössen von entgegengesetzten Zeichen. Sie müssen also nothwendig wenigstens zwei Factoren, z. B. $p-\alpha$ und $q-\alpha$, von entgegengesetzten Zeichen haben. [*Denn hätten alle Factoren in den beiden Grössen die nämlichen Zeichen, so hätten auch die Grössen selbst einerlei Zeichen.*] Mithin muss wenigstens eine Wurzel der Gleichung, z. B. $\alpha$, zwischen $p$ und $q$ liegen, das heisst, kleiner seyn als die grösste der beiden Grössen $p$ und $q$, und grösser als die kleinste. Dieserhalb ist auch die Wurzel nothwendig reel. [*Denn eine imaginaire Grösse ist weder grösser noch kleiner, als eine reelle Grösse, weil sie eine Grösse ist, die nicht existirt.*]

2.

Erster Zusatz. Sind also die beiden Zahlen $p$ und $q$ nur um eine Einheit, oder um weniger als eine Einheit von einander verschieden, so ist die kleinste von den beiden Zahlen, wenn sie eine ganze ist, oder, wenn sie keine ganze Zahl ist, die nächst kleinere diejenige ganze Zahl, welche einer der Wurzeln der Gleichungen am nächsten kommt [*in so fern*

*man*

## *Wurzeln zu finden.*

*man nemlich voraussetzt, dass die Differenz zwischen der Wurzel und den Zahlen p und q nur positiv genommen werden soll. Sonst kann auch die grössere Zahl der Wurzel näher kommen.*] Ist der Unterschied zwischen $p$ und $q$ grösser als die Einheit, so bezeichne man die ganzen Zahlen, welche zwischen $p$ und $q$ fallen, durch $n$, $n+1$, $n+2$ *etc.* Substituirt man nun, der Reihe nach, statt der unbekannten Grösse, die Zahlen $p$, $n$, $n+1$, $n+2$ *etc.* so müssen nothwendig unter den Resultaten zwei auf einander folgende von entgegengesetzten Zeichen seyn. Da nun die Zahlen, welche diese Resultate geben, nur um eine Einheit von einander verschieden sind, so findet man, wie oben, den nächsten ganzzahligen Werth einer der Wurzeln der Gleichung.

### 3.

Zweiter Zusatz. Jede Gleichung, deren letztes Glied negativ ist, hat, wenn man das erste positiv nimmt, nothwendig eine reelle positive Wurzel, deren nächsten ganzzahligen Werth man finden kann, wenn man statt der unbekannten Grösse alle ganze Zahlen 0, 1, 2, 3.... setzt, so lange, bis man auf zwei Resultate von entgegengesetzten Zeichen kommt.

Denn das erste Glied sey $x^m$ und das letzte $-H$ (wo $H$ eine positive Zahl ist), so erhält man, wenn man $x = 0$ setzt, das negative Resultat $-H$; hingegen, wenn man $x = \infty$ setzt, das positive Resultat $\infty^m$. Also giebt es zwischen $p = 0$ und $q = \infty$, in welchem Zwischenraum alle ganzen positiven

*Die ganzzahligen Theile der*

Zahlen liegen, nothwendig eine reelle positive Wurzel (2).

Hieraus folgt:

I. dass jede Gleichung, deren Ordnungs-Zahl ungerade und deren letztes Glied negativ ist, nothwendig eine reelle positive Wurzel haben muss.

II. dass jede Gleichung, deren Ordnungs-Zahl ungerade und deren letztes Glied positiv ist, nothwendig eine reelle negative Wurzel haben muss. Denn setzt man $-x$ statt $+x$, so wird das erste Glied der Gleichung negativ. Verändert man also die Zeichen aller Glieder, um das erste Glied wieder positiv zu machen, so wird das letzte Glied negativ. Also hat die Gleichung alsdann [*zu Folge I.*] eine reelle positive Wurzel; mithin hat die ursprüngliche Gleichung eine reelle negative Wurzel.

III. dass jede Gleichung, deren Ordnungs-Zahl gerade und deren letztes Glied negativ ist, nothwendig zwei reelle Wurzeln haben muss, von welchen die eine positiv, die andere negativ ist. Denn erstlich hat sie eine reelle positive Wurzel [*zu Folge des allgemeinen Satzes* (3.)], dann aber bleibt das erste Glied, wenn man $-x$ statt $+x$ setzt, positiv. Die verwandelte Gleichung hat also ebenfalls eine positive Wurzel, mithin hat die ursprüngliche Gleichung auch noch eine negative Wurzel.

[*Wenn also das erste Glied einer Gleichung immer positiv angenommen wird, so hat eine Gleichung, deren Ordnungs-Zahl ungerade ist, immer eine reelle Wurzel, und zwar eine positive Wurzel,*

## *Wurzeln zu finden.*

*wenn ihr letztes Glied negativ, und eine negative Wurzel, wenn ihr letztes Glied positiv ist.*

*Eine Gleichung deren Ordnungs-Zahl gerade ist, kann ohne alle reelle Wurzeln seyn, wenn das letzte Glied positiv ist. Sie hat aber nothwendig zwei reelle Wurzeln, eine positive und eine negative, wenn das letzte Glied negativ ist.*

*Noch bestimmter lässt sich dieser Satz so ausdrücken:*

*Wenn der höchste Exponent der unbekannten Grösse einer beliebigen Gleichung, in welcher aber die unbekannte Grösse nur in Potenzen von ganzen positiven Exponenten vorkommen darf, eine ungerade Zahl ist, so hat die unbekannte Grösse nothwendig wenigstens einen reellen Werth, und zwar einen positiven reellen Werth, wenn die beiden Glieder der Gleichung mit der höchsten und der niedrigsten Potenz der unbekannten Grösse entgegengesetzte Zeichen haben, und einen negativen reellen Werth, wenn diese Glieder gleiche Zeichen haben. Ist der höchste Exponent eine gerade Zahl, so kann die unbekannte Grösse ohne allen reellen Werth seyn, im Fall die beiden Glieder mit den höchsten und niedrigsten Exponenten der unbekannten Grösse gleiche Zeichen haben. Haben diese Glieder ungleiche Zeichen, so hat die unbekannte Grösse nothwendig zwei reelle Werthe, einen positiven und einen negativen Werth.*]

## *Die ganzzahligen Theile der*

### 4.

Anmerkung. Da man die negativen Wurzeln einer Gleichung immer in positive verwandeln kann, indem man nur das Zeichen der unbekannten Grösse ändern darf, so werden wir fortan der Kürze wegen nur die positiven Wurzeln in Betracht ziehen. Soll man also die Wurzel einer gegebenen Gleichung suchen, so sehe man zuerst nur auf die positiven Wurzeln. Verändert man hierauf die Zeichen aller Glieder mit ungeraden Exponenten, so erhält man eine Gleichung, von welcher wiederum nur die positiven Wurzeln gesucht werden dürfen. Die Wurzeln dieser zweiten Gleichung, negativ genommen, sind die negativen Wurzeln der gegebenen.

### 5.

### Zweiter Lehrsatz.

Wenn man in eine beliebige Gleichung mit einer oder mehreren reellen ungleichen Wurzeln, der Reihe nach, statt der unbekannten Grösse zwei Zahlen setzt, deren eine grösser, die andere kleiner ist, als eine der Wurzeln, deren Unterschied aber zugleich kleiner ist als der Unterschied zwischen den nemlichen Wurzeln und jeder andern reellen Wurzel der Gleichung: so geben die beiden Substitutionen nothwendig Resultate von entgegengesetzten Zeichen.

[*Beweis.*] Denn es sey $\alpha$ eine der reellen und

ungleichen Wurzeln der Gleichung; $\beta$, $\gamma$, $\delta$.... mögen die übrigen reellen Wurzeln seyn; ferner sey $\varrho$ die kleinste der Differenzen zwischen $\alpha$ und den übrigen reellen Wurzeln: so ist klar, dass, wenn z. B. $p > \alpha$, $q < \alpha$ und $p - q < \varrho$ ist, die Grössen $p - \alpha$ und $q - \alpha$ nothwendig entgegengesetzte Zeichen haben, [*denn aus* $p > \alpha$ *und* $q < \alpha$ *folgt* $p - \alpha > 0$ *und* $q - \alpha < 0$, *so dass also die Grösse* $p - \alpha$ *positiv, die Grösse* $q - \alpha$ *negativ ist,*] desgleichen, dass die Grössen $p - \beta$, $p - \gamma$ *etc.* die nämlichen Zeichen haben, wie die correspondirenden Grössen $q - \beta$, $q - \gamma$ *etc.*; denn hätten z. B. $p - \beta$ und $q - \beta$ entgegengesetzte Zeichen, so müsste $\beta$ zwischen $p$ und $q$ liegen, welches nicht der Fall ist [*weil* $\alpha$ *zwischen* $p$ *und* $q$ *lag und der Unterschied zwischen* $p$ *und* $q$ *kleiner angenommen wurde, als der kleinste der Unterschiede zwischen den Wurzeln, also auch kleiner als der Unterschied zwischen* $\alpha$ *und* $\beta$]. Die beiden Producte

$$(p - \alpha)(p - \beta)(p - \gamma) \ldots\ldots \text{ und}$$
$$(q - \alpha)(q - \beta)(q - \gamma) \ldots\ldots,$$

das heisst die Resultate der Substitutionen von $p$ und $q$ statt der unbekannten Grösse $x$ (§. 1.), haben also nothwendig entgegengesetzte Zeichen.

## 6.

Erster Zusatz. Substituirt man also in einer beliebigen Gleichung statt der unbekannten Grösse die, eine arithmetische Reihe bildenden, Zahlen

$$3. \quad 0, \Delta, 2\Delta, 3\Delta, 4\Delta \text{ etc.}$$

*Die ganzzahligen Theile der*

so werden die correspondirenden Resultate eine Reihe geben, welche so viele Zeichenwechsel hat, als die gegebene Gleichung positive ungleiche Wurzeln, deren Differenz aber nicht kleiner ist, als $\Delta$. Setzt man also $\Delta$ der kleinsten Differenz zwischen den verschiedenen positiven und ungleichen Wurzeln gleich, oder kleiner als diese Differenz, so hat die Reihe der Resultate nothwendig unbedingt so viele Zeichenwechsel, als die gegebene Gleichung positive und ungleiche Wurzeln hat.

Wäre zugleich die Differenz $\Delta$ der Einheit gleich oder kleiner als 1, so würde man auf diese Art näherungsweise den ganzzahligen Werth aller positiven und ungleichen Wurzeln der Gleichung finden. (§. 2.)

Hat die Gleichung nur eine reelle und positive Wurzel, oder sind die Differenzen ihrer reellen und positiven Wurzeln, wenn sie deren mehrere hat, nicht kleiner als Eins, so ist klar, dass man $\Delta = 1$, das heisst, statt der unbekannten Grösse, der Reihe nach, die natürlichen Zahlen 0, 1, 2, 3.... setzen kann. Hat dagegen die Gleichung reelle ungleiche Wurzeln, deren Differenzen kleiner als 1 sind, so muss man auch $\Delta$ kleiner als 1 und so klein annehmen, dass die kleinste der Differenzen zwischen den Wurzeln gleich, oder grösser als $\Delta$ ist. Die ganze Schwierigkeit besteht also darin, den Werth zu finden, welchen man für $\Delta$ setzen muss, wenn man versichert seyn will, dass derselbe nicht grösser ist, als die kleinste Differenz zwischen den Wurzeln der gegebenen Glei-

## *Wurzeln zu finden.*

chung; welches der Gegenstand der folgenden Aufgabe ist.

[*In §. 1 wurde bewiesen, dass, wenn die Substitution zweier Zahlen* p *und* $q$ *statt* $x$, *Resultate von entgegengesetzten Zeichen giebt, nothwendig wenigstens ein reeller Werth von* $x$ *zwischen* $p$ *und* $q$ *liegen muss. Es können aber auch mehrere reelle Werthe von* $x$ *zwischen* $p$ *und* $q$ *liegen; denn, auch wenn mehrere correspondirende Factoren der beiden Grössen*

$$(p-\alpha)(p-\beta)(p-\gamma)\ldots.$$
$$(q-\alpha)(q-\beta)(q-\gamma)\ldots. \quad (2.)$$

*entgegengesetzte Zeichen haben, können die beiden Grössen das Zeichen wechseln. Will man also, dass nur eine reelle Wurzel zwischen* p *und* $q$ *falle, so muss nothwendig der Unterschied von* $p$ *und* $q$ *kleiner seyn, als der kleinste der Unterschiede zwischen sämmtlichen reellen Wurzeln. Es folgt also sogleich, dass, wenn man aus dem Zeichenwechsel der Resultate der Substitution einer arithmetischen Reihe von Grössen* $0, \Delta, 2\Delta, 3\Delta\ldots.$ *statt* $x$, *welcher an und für sich nur die Existenz reeller Wurzeln anzeigt, die Zahl der reellen Wurzeln und sie selbst alle entdecken will, dass dann die Grösse* $\Delta$ *nothwendig kleiner seyn muss, als die kleinste der Differenzen der Wurzeln. Dieses ist bis hierher der Inhalt des zweiten Lehrsatzes. Die Untersuchung der Grösse* $\Delta$ *ist übrigens ein Hauptgegenstand der Lagrangischen Theorie der Auflösung numerischer Gleichungen.*]

*Die ganzzahligen Theile der*

7.

Zweiter Zusatz. Jede Gleichung, welche nur einen Zeichenwechsel hat, hat nothwendig auch nur eine reelle positive Wurzel.

[*Unter Zeichenwechsel wird verstanden, dass zwei Glieder der Gleichung verschiedene Zeichen haben. Der gegenwärtige auf die Descartische Regel führende Zusatz ist wohl eigentlich Lehrsatz.*]

Es ist zunächst klar, dass die Gleichung überhaupt nothwendig eine reelle positive Wurzel haben muss, und zwar deshalb, weil ihr letztes und ihr erstes Glied verschiedene Zeichen haben (§. 3.) [*Wenn nemlich die Gleichung nur einen Zeichenwechsel hat, so haben das erste und letzte Glied nothwendig verschiedene Zeichen. Denn sollte das letzte Glied wieder das Zeichen des ersten haben, so müsste in der Gleichung wenigstens noch ein zweiter Zeichenwechsel vorkommen.*] Wir wollen nun zeigen, dass die Gleichung mit einem Zeichenwechsel nur eine reelle positive Wurzel hat.

Es sey, wenn, wie gewöhnlich, das erste Glied positiv angenommen wird, $X$ die Summe aller positiven Glieder der Gleichung, $Y$ die Summe aller negativen Glieder; so lässt sich die Gleichung durch

4. $X - Y = 0$

ausdrücken. Da nun nach der Voraussetzung nur ein Zeichenwechsel Statt findet, so ist klar, dass die Potenzen der unbekannten Grösse $x$ des Polynoms $X$ immer höher als die Potenzen in dem Polynom

*Wurzeln zu finden.*

$Y$ seyn müssen [*weil das erste Glied, nach der Voraussetzung, die höchste Potenz von $x$ enthält, und die Exponenten vom ersten Gliede bis zum letzten regelmässig abnehmen sollen, so dass die Exponenten der Glieder hinter dem einen Zeichenwechsel nothwendig alle kleiner als die Exponenten der Glieder vor dem Zeichenwechsel sind*]. Wäre also z. B. $x^r$ die niedrigste Potenz von $x$ in dem Polynom $X$, und man dividirte $X$ und $Y$ durch $x^r$, so würde die Grösse $\frac{X}{x^r}$ nothwendig nur Potenzen von $x$ mit positiven Exponenten, $\frac{Y}{x^r}$ hingegen nur Potenzen von $x$ mit negativen Exponenten enthalten; woraus folgt, dass, wenn $x$ wächst, auch $\frac{X}{x^r}$ wachsen, dagegen wenn $x$ abnimmt, auch $\frac{X}{x^r}$ abnehmen muss, in so fern nicht etwa das Polynom $X$ die Potenz $x^r$ allein enthält, in welchem Fall dann $\frac{X}{x^r}$ eine constante Grösse wäre. Die Grösse $\frac{Y}{x^r}$ dagegen wird abnehmen, wenn $x$ wächst, und wachsen, wenn $x$ abnimmt. Es sey $a$ die reelle positive Wurzel der Gleichung, so ist für $x = a$, $X = Y$, also auch $\frac{X}{x^r} = \frac{Y}{x^r}$. Substituirt man also statt $x$ beliebige Zahlen, die grösser sind als $a$, so ist immer $\frac{X}{x^r} > \frac{Y}{x^r}$ und folglich $X - Y$ immer positiv. Setzt man dagegen für $x$ Zahlen, die kleiner sind als $a$, so ist immer $\frac{X}{x^r} < \frac{Y}{x^r}$, und folglich $X - Y$ immer negativ. Also ist es unmöglich, dass die Gleichung reelle positive Wurzeln hat, die grösser oder kleiner als $a$ sind [*weil keine grössere oder kleinere Zahl als* $a$, *für* $x$ *gesetzt, mehr Resultate von entgegengesetzten Zeichen giebt*].

Wenn die Gleichung mehrere Zeichenwechsel hat, so kann sie auch mehrere reelle positive Wurzeln haben; aber die Zahl der reellen positiven Wurzeln kann nie grösser seyn, als die Zahl der Zeichenwechsel. Diesen Lehrsatz nennt man die Regel des Descartes. Man sehe darüber die VIIIte Anmerkung.

## 8.

Aufgabe. Aus einer gegebenen Gleichung eine andere zu finden, deren Wurzeln die Differenzen der Wurzeln der gegebenen Gleichung sind.

[*Auflösung.*] Es sey die Gleichung

$$5.\quad x^m - Ax^{m-1} + Bx^{m-2} - Cx^{m-3} + - \ldots = 0$$

gegeben, in welcher bekanntlich die Grösse $x$ alle Wurzeln zugleich bezeichnet. Ist $x'$ irgend eine andere Wurzel dieser Gleichung, so ist auch

$$6.\quad x'^m - Ax'^{m-1} + Bx'^{m-2} - Cx'^{m-3} + - \ldots = 0.$$

Setzt man nun die Differenz der beiden Wurzeln $x$ und $x'$ gleich $u$, so dass

$$7.\quad x' = x + u,$$

substituirt diesen Ausdruck von $x'$ in die Gleichung (6.) und ordnet die Glieder nach $u$, so erhält man eine Gleichung nach $u$ von dem nemlichen Grade,

# *Wurzeln zu finden.*

wie die gegebene, welche, wenn man von dem letzten Gliede anfängt, von der Form

$$8.\quad X + Yu + Zu^2 + Vu^3 \ldots . + u^m = 0$$

ist, wo die Coefficienten $X$, $Y$, $Z \ldots .$ auf folgende Weise von $x$ abhängen:

$$9.\quad \begin{cases} X = x^m - Ax^{m-1} + Bx^{m-2} - Cx^{m-3} + \ldots . \\ Y = mx^{m-1} - (m-1)Ax^{m-2} + (m-2)Bx^{m-3} - \ldots . \\ Z = \frac{m.m-1}{2}x^{m-2} - \frac{m-1.m-2}{2}Ax^{m-3} + \ldots . \end{cases}$$

*etc.*

[*Man erhält nemlich, wenn man in die Gleichung* (6.) $x + u$ *statt* $x'$ *setzt,*

$$x^m + mx^{m-1}u + \frac{m(m-1)}{2}x^{m-2}u^2 + \ldots .$$

$$-A\left(x^{m-1} + (m-1)x^{m-2}u + \frac{(m-1)(m-2)}{2}x^{m-2}u^2 + \ldots .\right)$$

$$+B\left(x^{m-2} + (m-2)x^{m-3}u + \frac{(m-2)(m-3)}{2}x^{m-4}u^2 + \ldots .\right)$$

$$-C\left(x^{m-3} + (m-3)x^{m-4}u + \frac{(m-3)(m-4)}{2}x^{m-5}u^2 + \ldots .\right)$$

$$\ldots\ldots\ldots\ldots\ldots\ldots = 0,$$

*woraus man sieht, dass die in* (8.) *durch* $X$, $Y$, $Z$, $V \ldots .$ *bezeichneten Coefficienten von* $u^0$, $u^1$, $u^2$ *etc. die Werthe* (9.) *haben.*]

Bedient man sich der Zeichen der Differential-Rechnung, so sind die obigen Werthe von $Y$, $Z$, $V \ldots .$ [(9.) *wie leicht zu sehen*]

$$10.\quad Y = \frac{dX}{dx},\quad Z = \frac{d^2X}{2\,dx^2},\quad V = \frac{d^3X}{2.3\,dx^3} \ldots .$$

Da nun vermöge der gegebenen Gleichung (5.) $X = 0$

## *Die ganzzahligen Theile der*

ist, so erhält man, wenn man die vorstehende Gleichung (8.) durch $u$ dividirt,

$$11.\quad Y + Zu + Vu^2 \ldots. + u^{m-1} = 0.$$

Setzt man nun in diese Gleichung (11.) für $x$ irgend eine Wurzel der Gleichung (5.), so sind die Wurzeln der neuen Gleichung (11.) die Differenzen der Wurzeln der gegebenen Gleichung (5.). [*Denn die Wurzeln der Gleichung* (11.) *sind die verschiedenen Werthe, welche die Differenz* $u$ *zwischen den Wurzeln der Gleichung* (5.) *z. B.* $x$ *und* $x'$ *haben kann.*] Verbindet man also die Gleichungen (5. und 11.) durch Wegschaffung von $x$ [*welches sie beide enthalten*], so erhält man eine Gleichung mit $u$ allein, deren Wurzeln die Differenzen der Wurzeln der Gleichung (5.) sind. Diese Gleichung mit $u$ ist also die gesuchte Gleichung der Wurzel-Differenzen.

Anstatt aber die Elimination, welche sehr mühsam seyn kann, wirklich auszuführen, darf man nur, wie folgt, verfahren.

I. Wenn $\alpha$, $\beta$, $\gamma \ldots.$ die Wurzeln der gegebenen Gleichung mit $x$ (5.) sind, so sind die Wurzeln der Differenzen-Gleichung mit $u$: $\alpha - \beta$, $\alpha - \gamma \ldots.$ $\beta - \alpha$, $\beta - \gamma \ldots.$ $\gamma - \alpha$, $\gamma - \beta \ldots.$ *etc.* und die Zahl dieser letztern ist $m(m-1)$. [*Denn jede von den* $m$ *Wurzeln* $\alpha$, $\beta$, $\gamma \ldots.$ *verbindet sich mit jeder von den übrigen* $m-1$ *Wurzeln.*] Ferner folgt, dass je zwei von diesen Wurzeln einander gleich sind und entgegengesetzte Zeichen haben [*z. B. unter den oben benannten,* $\alpha - \beta$ *und* $\beta - \alpha$ *u. s. w.*].

# *Wurzeln zu finden.*

Die Gleichung in $u$ kann also keine Potenzen von $u$ mit ungeraden Exponenten enthalten [*weil nur Potenzen von* $u^2$, *nicht von* $u$ *vorkommen*]. Setzt man also

$$12.\quad \frac{m(m-1)}{2} = n \text{ und } u^2 = v,$$

so ist die Differenzen-Gleichung der gegebenen Gleichung (5.) nothwendig von der Form

$$13.\quad v^n - av^{n-1} + bv^{n-2} - cv^{n-3} \ldots = 0.$$

II. Da $(\alpha-\beta)^2$, $(\alpha-\gamma)^2 \ldots (\beta-\gamma)^2 \ldots$ die verschiedenen Werthe von $v$ in der Gleichung (13.) sind, so ist der Coefficient $a$ die Summe aller dieser Werthe, der Coefficient $b$ die Summe ihrer Producte zu Zweien etc. [*wie bekannt und wie auch unmittelbar folgt, wenn man die Factoren eines Products wie* (1.) *wirklich multiplicirt.*]

Nun ist leicht zu sehen, dass

$$14.\quad \begin{cases} (\alpha-\beta)^2 + (\alpha-\gamma)^2 \ldots + (\beta-\gamma)^2 \ldots = \\ (m-1)(\alpha^2+\beta^2+\gamma^2 \ldots) - 2(\alpha\beta + \alpha\gamma \ldots + \beta\gamma \ldots) \end{cases}$$

[*Denn jedes der Quadrate* $\alpha^2$, $\beta^2$, $\gamma^2 \ldots$ *kommt offenbar* $m-1$ *mal vor, weil jede Grösse* $\alpha$ *sich mit den übrigen* $m-1$ *Grössen verbindet.*] Aber aus [*der gegebenen Gleichung*] (5.) ist

$$\begin{aligned} \alpha\beta + \alpha\gamma \ldots + \beta\gamma \ldots - &= B \\ \alpha^2 + \beta^2 + \gamma^2 \ldots &= A^2 - 2B \end{aligned}$$

[*weil der Coefficient* $B$ *zu* $x^{m-2}$ *die Summe der Producte der Wurzeln der Gleichung* $\alpha$, $\beta$, $\gamma \ldots$ *zu zweien, folglich* $B = \alpha\beta + \alpha\gamma \ldots + \beta\gamma \ldots$, *der Coefficient* $A$ *zu* $x^{m-1}$ *aber die Summe der Wur-*

*Die ganzzahligen Theile der*

*zeln* $\alpha$, $\beta$, $\gamma$.... *selbst und*

$(\alpha+\beta+\gamma....)^2 = \alpha^2+\beta^2+\gamma^2....+2\alpha\beta+2\alpha\gamma....2\beta\gamma....$,

*also*

$$A^2 = \alpha^2+\beta^2+\gamma^2....+2B, \text{ oder}$$
$$\alpha^2+\beta^2+\gamma^2.... = A^2-2B$$

*ist.*] Man erhält also [*weil* $a = (\alpha-\beta)^2+(\alpha-\gamma)^2....+(\beta-\gamma)^2....$ *war, vermöge* (14.)] $a = (m-1)(A^2-2B)-2B$, oder

$$15.\quad a = (m-1)A^2-2mB.$$

Auf dieselbe Weise könnte man die übrigen Coefficienten [*der Differenzen-Gleichung* (13.)] finden.

Um aber die Entwickelung zu erleichtern, setze man

$$16.\quad \begin{cases} \alpha+\beta+\gamma.... = A_1 \\ \alpha^2+\beta^2+\gamma^2.... = A_2 \\ \alpha^3+\beta^3+\gamma^3.... = A_3 \\ .......... \end{cases}$$

so ist, [*weil in der Gleichung* (5.)

$$\begin{aligned} \alpha+\beta+\gamma.... &= A \\ \alpha\beta+\alpha\gamma....+\beta\gamma.... &= B \\ \alpha\beta\gamma+\alpha\beta\delta....+\alpha\gamma\delta.... &= C \\ \alpha\beta\gamma\delta.... &= D \\ .......... & \end{aligned}$$
]

wie bekannt, [*und wie man in jedem guten Lehrbuche Algebra, in dem Abschnitte von den symmetrischen Functionen, z. B. bei Lacroix, Kramp, Meyer-Hirsch etc. nachgewiesen findet*]

$$17.\quad \begin{cases} A_1 = A \\ A_2 = A.A_1-2B \\ A_3 = A.A_2-BA_1+3C \\ A_4 = A.A_3-BA_2+CA_1-4D \text{ etc.} \end{cases}$$

*Wurzeln zu finden.*

Man setze ferner

18. $$\begin{cases}(\alpha-\beta)^2+(\alpha-\gamma)^2\ldots\ldots+(\beta-\gamma)^2\ldots\ldots=a_1\\(\alpha-\beta)^4+(\alpha-\gamma)^4\ldots\ldots+(\beta-\gamma)^4\ldots\ldots=a_2\\(\alpha-\beta)^6+(\alpha-\gamma)^6\ldots\ldots+(\beta-\gamma)^6\ldots\ldots=a_3\end{cases}$$

$$\ldots\ldots\ldots\ldots\ldots,$$

so ist leicht zu sehen, dass

$$a_1=(m-1)A_2-2\frac{(A_1)^2-A_2}{2}$$

$$a_2=(m-1)A_4-4(A_1.A_3-A_4)-6\frac{(A_2)^2-A_4}{2}$$

$$a_3=(m-1)A_6-6(A_1.A_5-A_6)-15(A_2A_4-A_6)-20\frac{(A_3)^2-A_6}{2}$$

*etc.*,

oder

19. $$\begin{cases}a_1=mA_2-2\frac{(A_1)^2}{2}\\a_2=mA_4-4A_1A_3+6\frac{(A_2)^2}{2}\\a_3=mA_6-6A_1A_5+15A_1A_4-20\frac{(A_3)^2}{2}\\\quad etc.\\\text{und allgemein}\\a_\mu=mA_{2_\mu}-2\mu A_1A_{2_{\mu-1}}\\\qquad+\frac{2\mu(2\mu-1)}{2}A_2A_{2_{\mu-2}}-\ldots\ldots\\\qquad\pm\frac{2\mu(2\mu-1)(2\mu-2)\ldots\ldots(\mu+1)}{1.2.3\ldots\ldots\mu}\cdot\frac{(A_\mu)^2}{2}.\end{cases}$$

Nachdem auf diese Weise die Grössen $a_1$ $a_2$ $a_3$ .... gefunden sind, erhält man ohne Weiteres die Werthe der Coefficienten $a, b, c, \ldots$ der Gleichung (13.) vermittelst der Ausdrücke

*Die ganzzahligen Theile der*

$$20.\quad \begin{cases} a = a \\ b = \dfrac{aa_1 - a_2}{2} \\ c = \dfrac{ba_1 - aa_2 + a_3}{3} \\ d = \dfrac{ca_1 - ba_2 + aa_3 - a_4}{4} \end{cases}$$

*etc.* [*Alles Dieses findet man näher in ausführlicheren Lehrbüchern der Algebra, besonders bei Meyer Hirsch, Sammlung von Aufgaben aus der Theorie der algebraischen Gleichungen,* 1*ster Theil §.* 44. *S.* 76. *seq.*.]

Man kann also direct die Coefficienten $a$, $b$, $c$.... der Differenzen-Gleichung (13.) aus den Coefficienten $A$, $B$, $C$.... der gegebenen Gleichung (5.) finden. Zuerst nemlich suche man vermittelst der Ausdrücke (17.) die Werthe der Grössen $A_1$, $A_2$, $A_3$.... bis zu $A_{2n}$, und hierauf vermittelst der Ausdrücke (19.) die Werthe der Grössen $a_1$, $a_2$.... bis $a_n$. Aus diesen findet man vermittelst der Ausdrücke (20.) die gesuchten Werthe der Coefficienten $a$, $b$, $c$.... [*Die Differenzen-Gleichung oder die Gleichung mit* $u$, *folglich auch die Gleichung* (13.) *mit* $v$, *lässt sich also ohne die oben erwähnte mühsame Elimination von* $x$ *zwischen den Gleichungen* (5. *und* 11.) *unmittelbar aufstellen. Sie ist von der Ordnung* $\dfrac{m(m-1)}{2}$.]

9. An-

*Wurzeln zu finden.*

## 9.

Anmerkung. Es ist zu bemerken, dass die Gleichung (13.) auch eben so wohl die Differenzen zwischen den positiven und negativen Wurzeln der Gleichung (5.) ausdrückt, so dass die nämliche Gleichung auch Statt findet, wenn man $-x$ statt $+x$ setzt, um die negativen Wurzeln zu finden (§. 4.).

Sodann ist klar, dass die Gleichung (13.) immer die nämliche bleibt, wenn man auch alle Wurzeln der gegebenen Gleichung (5.) um irgend eine Grösse vermehrt. [*Denn die Differenzen der Wurzeln bleiben offenbar dieselben, wenn man alle Wurzeln um Gleichviel vermehrt.*] Hat also die gegebene Gleichung (5.) etwa ein zweites Glied, so kann man solches erst wegschaffen, und dann die Gleichung (13.) suchen. [*Das Wegschaffen des zweiten Gliedes ist bekanntlich durch Hinzufügung einer verhältnissmässigen Grösse zu allen Wurzeln, namentlich, in der Gleichung (5.) durch Hinzufügung der Grösse* $-\frac{1}{m}A$ *zu* $x$, *allemal möglich; denn setzt man z. B.* $x - \frac{A}{m} = y$, *so ist* $x = y + \frac{A}{m}$, *und die Gleichung (5.) geht in*

$$y^m + \frac{mAy^{m-1}}{m} + \frac{m.m-1}{2}\frac{A^2}{m^2}y^{m-2}\dots$$
$$-A\left(y^{m-1} + m-1\,\frac{A}{m}y^{m-2}\dots\right)$$
$$+B(y^{m-2}\dots) = 0,$$

*oder in*

*Die ganzzahligen Theile der*

$$y^m + \left(\frac{m-1}{2m} A^2 - \frac{m-1}{m} A + B\right) y^{m-2} \ldots = 0$$

*über, in welcher Gleichung das zweite Glied fehlt.*] Man wird [*weil die Differenzen unverändert dieselben bleiben*] ganz die nämliche Gleichung in $v$ finden, als wenn das zweite Glied noch da wäre; aber das Verschwinden des zweiten Gliedes erleichtert um etwas die Entwickelung der Coefficienten $a$, $b$, $c$.... weil jetzt [*in der verwandelten Gleichung ohne zweites Glied*] $A = 0$ und folglich $A_1 = 0$ ist (17.), so dass in (17.) blos

$$21. \begin{cases} A_1 = 0 \\ A_2 = -2B \\ A_3 = \quad 3C \\ A_4 = -BA_2 - 4D \end{cases}$$

. . . . . . . . . . . . . .

ferner in (19)

$$22. \begin{cases} a_1 = mA_2 \\ a_2 = mA_4 - 6\frac{(A_2)^2}{2} \\ a_3 = mA_6 + 15A_2A_4 - 20\frac{(A_3)^2}{2} \end{cases}$$

. . . . . . . . . . . . .

und in (20.)

$$23. \begin{cases} a = a_1 \\ b = \frac{aa_1 - a_2}{2} \\ c = \frac{ba_1 - aa_2 + a_3}{3} \end{cases}$$

. . . . . . . . . . . .

ist.

*Wurzeln zu finden.*

[*Die Erleichterung findet nur mehr Statt, wenn man in Zahlen rechnet. Behält man für die Coefficienten die Buchstaben bei, so ist sie geringer, weil man am Ende für a, b, c .... auf beiden Wegen die nämlichen Werthe finden muss.*]

10.

Erster Zusatz. Da die Wurzeln der Gleichung (13.) die Quadrate der Differenzen der Wurzeln der gegebenen Gleichung (5.) sind, so ist klar, dass im Fall alle Glieder der Gleichung (13.) das nämliche Zeichen haben, in welchem Fall keine reelle positive Wurzel Statt findet, [*§. 3. III.*] dass dann die Differenzen der gegebenen Gleichung (5.) alle imaginair sind, so dass diese Gleichung alsdann entweder nur eine oder nur gleiche reelle Wurzeln haben könnte. In dem letzten Falle kann man dieselben erkennen und durch die bekannte Methode finden. (Man sehe weiter unten den zweiten Abschnitt.) Im ersten Falle folgt aus (§. 6.) dass man $\Delta = 1$ setzen kann. [*Denn wenn nur eine reelle Wurzel vorhanden ist, so kann man keine zweite Wurzel, etwa mit einer zu gross angenommenen Differenz, übergehen, folglich diese Differenz alsdann willkürlich, und folglich auch gleich Eins setzen.*]

11.

Zweiter Zusatz. Wenn die gegebene Gleichung (5.) eine oder mehrere Paare gleicher Wur-

## *Die ganzzahligen Theile der*

zeln hat, so ist klar, dass eine oder mehrere Wurzeln der Differenzen-Gleichung (13.) Null seyn müssen, [*denn die Differenzen gleicher Grössen sind Null,*] so dass also dann die Gleichung (13.) ein- oder mehrmal durch $v$, muss dividirt werden können. Die Gleichung, welche man nach der Division erhält, im Fall eine solche Statt findet, sey

$$24. \quad 1 + \alpha v + \beta v^2 + \gamma v^3 \ldots. + \pi v^r = 0,$$

wo $r$ entweder gleich oder kleiner als $n$ [*in* 13.] ist. Setzt man hier

$$25. \quad v = \frac{1}{y}$$

und ordnet die Gleichung nach $y$, so erhält man

$$26. \quad y^r + \alpha y^{r-1} + \beta y^{r-2} + \gamma y^{r-3} \ldots. + \pi = 0.$$

Man suche durch die bekannte Methode die Grenzen der positiven Wurzeln dieser Gleichung. Sie sey $l$, so dass $l$ grösser ist, als irgend ein positiver Werth von $y$, so ist $\frac{1}{l}$ kleiner als irgend ein positiver Werth von $\frac{1}{y}$ oder $v$, folglich kleiner als jeder Werth von $u^2$, weil $v = u^2$ war (12.). Die Grösse $\frac{1}{\sqrt{l}}$ ist also nothwendig kleiner als irgend ein Werth von $u$, das heisst, kleiner als irgend eine Differenz zwischen den reellen und ungleichen Wurzeln der gegebenen Gleichung (5.).

I. Ist also $\sqrt{l} < 1$, so ist man sicher, dass die Gleichung (5.) keine reelle Wurzeln hat, deren Differenzen kleiner sind, als 1. Man kann also in diesem Falle ohne Bedenken $\Delta = 1$ setzen (§. 6.).

## *Wurzeln zu finden.*

II. Ist dagegen $\sqrt{l}$ gleich oder grösser als Eins, so kann die gegebene Gleichung (5.) Wurzeln haben, deren Differenzen kleiner als 1 sind. Da aber die kleinste Differenz der Wurzeln immer nothwendig grösser als $\frac{1}{\sqrt{l}}$ ist, so kann man immer $\Delta$ gleich oder kleiner als $\frac{1}{\sqrt{l}}$ annehmen (§. 6.).

Ueberhaupt kann man, wenn $k$ diejenige ganze Zahl ist, welche der Grösse $\sqrt{l}$ gleich ist, oder unmittelbar auf sie folgt, immer

$$27. \quad \Delta = \frac{1}{k}$$

setzen. [*Auf diese Weise, nemlich durch die Differenzen-Gleichung* (13.), *lässt sich also direct finden, wie klein man* $\Delta$ *oder die Differenz der arithmetischen Reihe von Grössen, die man statt* $x$ *setzen will, um sich dem Werthe von* $x$ *zu nähern, annehmen muss, um sicher zu seyn, dass man keine reelle Wurzel übergehe.*]

### 12.

Erste Anmerkung. Was die Mittel, die Grenzen der Wurzeln einer Gleichung zu finden, betrifft, so ist das bequemste und sicherste dasjenige von Newton, welches darin besteht, diejenige Zahl zu suchen, welche, von den Wurzeln der gegebenen Gleichung abgezogen, diese Gleichung in eine andere verwandelt, welche keinen Zeichenwechsel mehr hat. Denn da alsdann diese Gleichung nur noch negative Wurzeln haben kann, so muss die abgezogene Zahl

*Die ganzzahligen Theile der*

nothwendig grösser seyn, als die grösste Wurzel der gegebenen Gleichung.

Um also die Grenze $l$ der Wurzeln der Gleichung

28. $y^r + \alpha y^{r-1} + \beta y^{r-2} + \gamma y^{r-3} \ldots = 0$ (26.)

zu finden, setze man $y + l$ statt $y$ und ordne die entstehenden Glieder nach $y$, so erhält man eine Gleichung von der Form

29. $P + Qy + Ry^2 + Sy^3 \ldots + y^r = 0,$

in welcher

30. $$\begin{cases} P = l^r + \alpha l^{r-1} + \alpha l^{r-2} + \gamma l^{r-3} \ldots + \pi \\ Q = r l^{r-1} + (r-1)\alpha l^{r-2} + (r-2)\beta l^{r-3} \ldots \\ R = \frac{r(r-1)}{2} l^{r-2} + \frac{(r-1)(r-2)}{2} \alpha l^{r-3} \ldots \\ S = \frac{r(r-1)(r-2)}{2 \cdot 3} l^{r-3} \ldots \end{cases}$$

*etc.* ist.

[*Diese Grössen lassen sich, wie leicht zu sehen, durch ein ähnliches Verfahren wie* §. 8. *auch durch Ableitungen ausdrücken.*]

Man darf nun nur denjenigen Werth von $l$ suchen, welcher, in $P$, $Q$, $R \ldots$, gesetzt, diese Grössen sämmtlich positiv macht. Fängt man von der letzten an, welche nur zwei Glieder hat, und geht zu der vorhergehenden zurück, so lässt sich leicht die kleinste ganze Zahl finden, welche statt $l$ gesetzt werden kann, und welche die nächste Grenze ist.

Will man alles Probiren vermeiden, so darf man nur den grössten Coefficienten der negativen Glieder der Gleichung (28.), um 1 vergrössert, für $l$ anneh-

## *Wurzeln zu finden.*

men: denn es ist leicht zu beweisen, dass, wenn man der Grösse $l$ diesen Werth giebt, die Grössen $P$, $Q$, $R$.... immer positiv sind.

Dieses Mittel, die Grenzen der Wurzeln einer beliebigen Gleichung zu finden, ist, wie ich glaube, von Maclaurin. Folgendes Mittel giebt zuweilen noch engere Grenzen.

Die negativen Glieder der Gleichung (28.) mögen

$$31. \quad -\mu y^{r-m} - \nu y^{r-n} - \pi y^{r-p} \ldots.$$

seyn, so nehme man für $l$ die Summe zweier von den grössten der Grössen $\sqrt[m]{\mu}$, $\sqrt[n]{\nu}$, $\sqrt[p]{\pi}$.... oder irgend eine ganze Zahl, welche grösser ist, als diese Summe. Dieser Satz kann auf eine ähnliche Art bewiesen werden, wie der vorige. [*Man findet Näheres darüber in den Lehrbüchern.*]

Uebrigens ist aber zu bemerken, dass die auf die eine oder die andere der beiden vorigen Arten gefundenen Grenzen selten die nächsten sind. Um nähere zu haben, versuche man für $l$ kleinere Zahlen, und nehme die kleinste, welche der Bedingung genugthut, dass $P$, $Q$, $R$.... (30.) positive Zahlen seyn sollen.

## 13.

Zweite Anmerkung. Hat man die Grenze $l$ der Wurzeln der Gleichung (26.) gefunden, und alsdann $k$ gleich oder nächst grösser als $\sqrt{l}$ gesetzt (§. 11.), so ist $\Delta = \frac{1}{k}$ (27.), und man kann nun in die gegebene Gleichung (5.), der Reihe nach, die Zah-

*Die ganzzahligen Theile der*

len $o$, $\frac{1}{k}$, $\frac{2}{k}$, $\frac{3}{k}$.... statt der unbekannten Grösse $x$ substituiren. Die Resultate dieser Substitutionen werden eine Reihe von Grössen geben, welche so viele Zeichenwechsel hat, als die gegebene Gleichung reelle, positive und ungleiche Wurzeln; desgleichen muss jede Wurzel nothwendig jedesmal zwischen den zwei aufeinander folgenden Zahlen liegen, deren correspondirende Resultate das Zeichen wechseln, so dass, wenn z. B. die Zahlen $\frac{h}{k}$ und $\frac{h+1}{k}$ Resultate von verschiedenen Zeichen geben, nothwendig eine Wurzel zwischen $\frac{h}{k}$ und $\frac{h+1}{k}$ liegen muss. Diejenige ganze Zahl, welche der Grösse $\frac{h}{k}$ am nächsten kommt, ist folglich die nächste an dieser Wurzel (§. 2.).

Man findet also auf diese Weise nicht allein die Zahl der positiven und ungleichen Wurzeln der gegebenen Gleichung, sondern auch diejenigen ganzen Zahlen, welche diesen Wurzeln am nächsten kommen.

Zur Erleichterung und Abkürzung der Rechnung dient noch Folgendes.

Erstlich, wenn man nach der obigen Methode die Grenzen der positiven Wurzeln der gegebenen Gleichung sucht, so ist es offenbar nicht nöthig, etwas Grösseres als die Grenzen für die unbekannte Grösse zu setzen. Denn, wie leicht zu sehen, erhält man alsdann immer nur Resultate, die nothwendig positiv sind. Ist also $\lambda$ die Grenze, so ist die Zahl

*Wurzeln zu finden.*

der nöthigen Substitutionen nie grösser als $\lambda k$, und folglich immer begrenzt.

In der That darf man auch nur, ohne die Grenze $\lambda$ zu suchen, die Substitutionen so lange fortsetzen, bis das erste Glied der Gleichung oder die Summe der ersten Glieder, wenn mehrere Glieder mit dem Zeichen + vorhanden sind, gleich oder grösser als die Summe der negativen Glieder ist: denn es ist nach §. 7. leicht zu zeigen, dass, wenn man noch Grösseres für die unbekannte Grösse setzt, die Resultate immer positiv sind.

Zweitens. Anstatt für die unbekannte Grösse $x$ die Brüche $\frac{1}{k}$, $\frac{2}{k}$ *etc.* zu setzen, kann man sogleich $\frac{x}{k}$ statt $x$ setzen, oder, was das Nämliche ist, den Coefficienten des zweiten Gliedes mit $k$, den Coefficienten des dritten Gliedes mit $k^2$ u. s. w. multipliciren. [*Nämlich, wenn man in die Gleichung* $x^m - Ax^{m-1} + Bx^{m-2} - Cx^{m-3} \ldots = 0$, $\frac{x}{k}$ *statt* $x$ *setzt, so erhält man* $\frac{x^m}{k^m} - A\frac{x^{m-1}}{k^{m-1}} + B\frac{x^{m-2}}{k^{m-2}} \ldots = 0$, *oder, wenn man mit* $k^m$ *multiplicirt,*

$$x^m - kA.x^{m-1} + k^2B.x^{m-2} \ldots = 0,$$

*in welcher Gleichung, wie man sieht, der Coefficient des zweiten Gliedes mit* $k$, *der Coefficient des dritten Gliedes mit* $k^2$ *u. s. w. multiplicirt ist.*] Hierauf kann man die natürlichen Zahlen 0, 1, 2, 3 ...., bis zu der Grenze der Gleichung, oder

*Die ganzzahligen Theile der*

so weit bis das erste Glied der Gleichung positiv, oder die Summe ihrer positiven Glieder gleich oder grösser als die Summe der negativen Glieder ist, statt $x$ setzen. Auf diese Weise sind die Resultate [*für die Grenzen der Wurzeln*] blos ganze Zahlen, und die Wurzeln der gegebenen Gleichung selbst liegen nothwendig zwischen denjenigen ganzen Zahlen, welche Resultate von entgegengesetzten Zeichen geben, wenn man diese Zahlen durch $k$ dividirt, wie wir oben sahen.

Drittens. Der Grad der Gleichung, in welche man der Reihe nach die natürlichen Zahlen 0, 1, 2, 3 .... statt der unbekannten Grösse setzen soll, sey $m$; so lassen sich aus den $m+1$ ersten Resultaten, das heisst aus denen, welche zu $x = 0, 1, 2, 3 \ldots m$ gehören, alle folgenden blos durch Addition finden.

Man darf nämlich nur die Differenzen der gefundenen Resultate nehmen, deren Zahl $m$ ist, von diesen wiederum die Differenzen, deren Zahl nur $m-1$ ist, und so weiter bis zur $m$ten Differenz. Diese letzte Differenz ist nothwendig constant, weil der Exponent der höchsten Potenz der unbekannten Grösse $m$ ist. [*Bekanntlich ist die mte Differenz der Potenzen* $0^m$, $1^m$, $2^m$, $3^m$ .... *oder überhaupt der Potenzen* $a^m$, $(a+k)^m$, $(a+2k)^m$, $(a+3k)^m$ .... *constant.*] Man kann also die Reihe der $m$ten Differenzen blos durch Wiederholung der Differenz so weit fortsetzen, als man will. Hierauf kann man, ebenfalls durch blosse Addition, die Reihe der $m-1$ten

## *Wurzeln zu finden.*

Differenzen, und mittelst dieser die Reihe der $m-2$ten Differenzen u. s. w. so weit fortsetzten als man will, bis man zu der ersten Reihe kommt, welche die Reihe der gesuchten Resultate ist.

Wären alle correspondirenden Glieder der verschiedenen Differenzen-Reihen positiv, so wären es auch die folgenden Glieder jeder Reihe. Da nun aber die letzte Differenz immer positiv ist, so ist klar, dass man nothwendig in jeder Reihe endlich auf positive Glieder kommen muss; man darf also alle diese Reihen nur so lange fortsetzen, bis ihre correspondirenden Glieder alle positiv sind, weil man alsdann versichert ist, dass die Resultate, so weit man will fortgesetzt, immer positiv sind und dass die Reihe folglich keinen Zeichenwechsel mehr hat.

Um dieses durch ein Beispiel zu erläutern, wollen wir die Gleichung

$$32. \quad x^3 - 63x + 189 = 0$$

nehmen, so sind die zu $x = 0$, 1, 2 und 3 gehörigen Resultate, 189, 127, 71 und 27 [*nemlich* $x = 0$ *gesetzt, giebt* $189 = 189$, $x = 1$ *giebt* $1 - 63 + 169 = 127$, $x = 2$ *giebt* $4 - 126 + 189 = 71$, *und* $x = 3$ *giebt* $27 - 189 + 189 = 27$.] Dieses giebt für die ersten Differenzen [$127 - 189 =$] $-62$, [$71 - 127 =$] $-56$, [$27 - 71 =$] $-44$. Die zweiten Differenzen sind [$-56 - 62 =$] 6 und [$-44 + 56 =$] 12. Die dritten Differenzen sind 6. Man hat also folgende vier Reihen:

*Die ganzzahligen Theile der*

| | | | | | | | |
|---|---|---|---|---|---|---|---|
| 6 | 6 | 6 | 6 | 6 | 6 | 6 | *etc.* |
| 6 | 12 | 18 | 24 | 30 | 36 | 42 | *etc.* |
| — 62 | — 56 | — 44 | — 26 | — 2 | + 28 | + 64 | *etc.* |
| 189 | 127 | 71 | 27 | 1 | — 1 | + 27 | *etc.* |

in welchen jedes Glied gleich der Summe des vorhergehenden Gliedes der nämlichen und des darüber stehenden der vorhergehenden Reihe ist; so dass sich die Reihen leicht so weit fortsetzen lassen als man will. [*In einer Gleichung dritten Grades ist die dritte Differenz immer* 6, *überhaupt in einer Gleichung des mten Grades immer* $m(m-1)(m-2)....1$, *ohne Rücksicht auf die Coefficienten der Glieder der Gleichung ausser dem ersten, weil die Differenzen der Glieder mit niedrigern Exponenten eher verschwinden, als die Differenzen des ersten Gliedes, und es folglich nur auf die mte Differenz von* $x^m$ *ankommt, welche* $m.m-1.m-2....1$ *ist.*]

Die letzte der obigen vier Reihen ist, wie man sieht, diejenige der Resultate der Substitution der natürlichen Zahlen 0, 1, 2, 3.... statt $x$ in die gegebene Gleichung, und da die Glieder der siebenten [*senkrechten*] Columne, nemlich 6, 42, 64, 27 alle positiv sind, so sind es alle folgende Glieder ebenfalls [*weil sie Summen positiver Grössen sind*], so dass die Reihe der Resultate, so weit fortgesetzt als man will, keinen Zeichenwechsel mehr hat.

### 14.

Bemerkung. Man hatte schon früher bemerkt, dass man näherungsweise die Werthe aller reellen

*Wurzeln zu finden.*

und ungleichen Wurzeln einer beliebigen Gleichung finden könne, wenn man, der Reihe nach, verschiedene in einer arithmetischen Reihe fortlaufende Zahlen statt der unbekannten Grösse substituirt; aber diese Bemerkung war nur von geringem Nutzen, weil es noch an Mitteln fehlte, diejenige Reihe der zu substituirenden Zahlen für jeden besondern Fall zu finden, bei welcher man sicher ist, dass man alle reelle und ungleiche Wurzeln der gegebenen Gleichung berührt. Dieses Mittel haben wir durch Auflösung der Aufgabe §. 8. erreicht. Weiter unten werden wir noch andere Anwendungen dieser Aufgabe auf die gleichen und unmöglichen Wurzeln sehen.

Uebrigens würde die Untersuchung der Grösse Δ §. 11. nicht nöthig seyn, wenn die gegebene Gleichung lauter reelle Wurzeln hätte; dagegen hängen die Bedingungen, an welchen man im voraus die Realität aller Wurzeln einer Gleichung, im Fall sie statt findet, erkennt, von der Differenzen-Gleichung oder von ähnlichen Ausdrücken ab. (Man sehe die achte Anmerkung.)

[*Im Wesentlichen also ist die Lagrangische Auflösungs - Methode numerischer Gleichungen eine Ergänzung der gewöhnlichen Näherungs-Methode, vermöge welcher man für die unbekannte Grösse, der Reihe nach, äquidifferente Zahlen setzt, so lange bis man auf Resultate von entgegengesetzten Zeichen kommt und daraus sieht, dass zwischen den Werthen der beiden für x vorausge-*

*Die ganzzahligen Theile der*

*setzten Zahlen, welche Resultate von entgegengesetzten Zeichen geben, reelle Wurzeln liegen.*

*Diese gewöhnliche Methode ist unzulänglich, weil es, wenn man den Unterschied der äquidifferenten Zahlen willkürlich annimmt, seyn kann, dass zwei oder mehrere reelle Wurzeln der Gleichung so nahe zusammen liegen, dass man sie mit der Differenz übergeht. Lägen alsdann z. B. zwei reelle Wurzeln zwischen zwei auf einander folgenden äquidifferenten Zahlen, so entdeckt oder bemerkt man sie auf diese Weise nicht, weil jede Wurzel einen Zeichenwechsel erfordert und zwei Zeichenwechsel also das Zeichen wieder herstellen. Es sey z. B. die Gleichung*

$$x^2 - 5x + 6\tfrac{3}{16} = 0$$

*gegeben. Setzt man hierin für x der Reihe nach die äquidifferenten Zahlen* 0, 1, 2, 3, 4 *etc., so erhält man*

$$\begin{aligned} 0 - 0 + 6\tfrac{3}{16} &= +6\tfrac{3}{16} \\ 1 - 5 + 6\tfrac{3}{16} &= +2\tfrac{3}{16} \\ 4 - 10 + 6\tfrac{3}{16} &= +\tfrac{3}{16} \\ 9 - 15 + 6\tfrac{3}{16} &= +\tfrac{3}{16} \\ 16 - 20 + 6\tfrac{3}{16} &= +2\tfrac{3}{16} \end{aligned}$$

*u. s. w., wo in der Reihe der Resultate kein Zeichenwechsel ist. Gleichwohl hat die Gleichung die beiden reellen Wurzeln* $2\tfrac{1}{4}$ *und* $2\tfrac{3}{4}$*, die man also durch diese Methode nicht entdeckt. Man musste diese beiden Wurzeln nothwendig übergehen, weil sie beide zwischen* 2 *und* 3 *liegen und also von* 2 *bis* 3 *zwei Zeichenwechsel statt finden,*

## *Wurzeln zu finden.*

*die das Zeichen + wieder herstellen. Hätte man Statt der Zahlen* 0, 1, 2, 3 .... *die Zahlen* 0, $\frac{1}{2}$, 1, $1\frac{1}{2}$, 2, $2\frac{1}{2}$, 3 .... *gesetzt, so hätte man z. B. für* 2, $2\frac{1}{2}$ *und* 3

$$4 - 10 + 6\tfrac{3}{16} = + \tfrac{3}{16}$$
$$6\tfrac{1}{4} - 12\tfrac{1}{2} + 6\tfrac{3}{16} = - \tfrac{3}{16}$$
$$9 - 15 + 6\tfrac{3}{16} = + \tfrac{3}{16}$$

*gefunden, welches allerdings zwei Zeichenwechsel hat, und die beiden reellen Wurzeln richtig anzeigt. Die gewöhnliche Auflösungs-Methode, willkürlich eine Reihe äquidifferenter Zahlen statt* $x$ *zu setzen, ist also nicht sicher und folglich nicht zulänglich.*

*Diese Methode nun ergänzt* Lagrange *dadurch, dass er lehrt, denjenigen Unterschied der äquidifferenten Zahlen zu finden, mit welchen man sicher ist, keine reelle Wurzel zu* übergehen. *Dieser Unterschied ist offenbar eine Zahl, welche kleiner ist als der kleinste Unterschied zwischen zwei Wurzeln der gegebenen Gleichung. Es kommt also nur darauf an, aus der gegebenen Gleichung eine andere aufzustellen, deren Wurzeln die Unterschiede der Wurzeln der gegebenen Gleichung sind. Dieses geschieht im §. 8. und ist* immer *möglich. Die Differenzen-Gleichung ist, wenn die gegebene Gleichung auf den* $m$*ten Grad steigt, von dem Grade* $\frac{m.(m-1)}{2}$. *Wäre es nöthig, die Differenzen-Gleichung selbst völlig aufzulösen, so wäre durch dieselbe Nichts gewonnen, weil sie auf einen noch höhern Grad steigt, als die gegebene. Dieses aber ist nicht der Fall. Es schadet offenbar nicht, wenn man für den gesuchten Unterschied der in die gegebene Gleichung für x zu setzenden äquidifferenten Zahlen auch eine kleinere Zahl annimmt als nöthig ist, denn man übergeht dann eine reelle Wurzel um so weniger. Es kommt also nicht darauf an, die Differenzen-Gleichung wirklich aufzulösen, sondern nur, die Grenze zu finden, unter welcher keine reelle Wurzel der Differenzen-Gleichung liegen kann, das heisst, eine Zahl, welche kleiner ist als die kleinste ihrer Wurzeln. Dieses ist wiederum immer möglich, nach der Newtonschen Methode, oder einer andern. Die Lagrangische Ergänzung der gewöhnlichen Auflösungs-Methode ist also wirklich vollständig und macht die Näherung vollkommen sicher.*]

# Zweiter Abschnitt.

## Die gleichen und die unmöglichen Wurzeln der Gleichungen zu finden.

### 15.

In dem vorigen Abschnitte sahen wir blos auf die reellen ungleichen Wurzeln der gegebenen Gleichung (5.). Wir wollen jetzt annehmen, die gegebene Gleichung habe gleiche Wurzeln. [*Unter ungleichen Wurzeln werden Werthe von $x$ verstanden, welche $x$ in der gegebenen Gleichung nur einmal, unter gleichen Wurzeln Werthe von $x$, welche diese Grösse mehrere male haben kann.*] In diesem Falle muss nothwendig die Differenzen-Gleichung (13.) so viel mal durch $v$ theilbar seyn, als Combinationen der gleichen Wurzeln zu zweien möglich sind; mithin müssen alsdann in der Differenzen-Gleichung (13.) nothwendig eben so viele letzte Glieder fehlen, woran sich erkennen lässt, wie viele gleiche Wurzeln die gegebene Gleichung hat. [*Wenn nemlich die gegebene Gleichung gleiche Wurzeln hat, so sind die Differenzen dieser gleichen Wurzeln nothwendig Null; mithin müssen so viele Wurzeln der Differenzen-Gleichung*

## *Die gleichen und unmöglichen*

*Null seyn, als es Combinationen der gleichen Wurzeln zu zweien giebt. Wenn aber z. B. n Wurzeln dieser letzten Gleichung Null sind, so muss die Gleichung nothwendig eben so viel mal durch die unbekannte Grösse theilbar seyn. Dieses ist wiederum nicht anders möglich, als wenn die letzten Glieder bis zu demjenigen mit $x^n$ fehlen. Mithin müssen, wenn die gegebene Gleichung gleiche Wurzeln hat, in ihrer Differenzen-Gleichung so viel letzte Glieder fehlen, als Combinationen der gleichen Wurzeln der gegebenen Gleichung zu zweien gemacht werden können.*]

Man kann aber auch im Voraus, ohne erst die Differenzen-Gleichung (13.) zu berechnen, finden, ob die gegebene Gleichung gleiche Wurzeln hat. Denn weil in dem Falle gleicher Wurzeln [*in der Gleichung* 8. *und folglich in der Gleichung* 11.] nothwendig $u = 0$ ist [*weil u die Differenzen der Wurzeln der gegebenen Gleichung bezeichnet*], so giebt die Gleichung (11.) in diesem Fall nothwendig $Y = 0$. Wenn also $x$ irgend einer der gleichen Wurzeln der gegebenen Gleichung (5.) gleich ist, so müssen die beiden Gleichungen

$$33. \quad X = 0 \text{ und } Y = 0,$$

welche beide Gleichungen in $x$ sind, nothwendig zugleich Statt finden.

Man darf also nur auf die bekannte Weise den grössten gemeinschaftlichen Divisor der Polynome $X$ und $Y$ suchen und diesen Divisor gleich Null setzen, so erhält man eine Gleichung, welche nur die glei-

*Wurzeln zu finden.*

chen Wurzeln der gegebenen enthält, aber auf Potenzen erhoben, deren Exponenten um Eins niedriger sind.

Der grösste gemeinschaftliche Divisor von $X$ und $Y$ sey $R$, und $X'$ der Quotient von $X$, dividirt durch $R$; so ist leicht zu sehen, dass die Gleichung

$$34. \quad X' = 0$$

alle die nämlichen Wurzeln hat, wie $X = 0$, nur mit dem Unterschiede, dass die Wurzeln, welche in $X = 0$ mehrfach vorkommen, in $X' = 0$ einfach sind; mithin gehört alsdann die Gleichung $X' = 0$ für den obigen Fall.

Auch kann man, wenn man will, zwei einzelne Gleichungen finden, deren eine blos die gleichen, die andere blos die ungleichen Wurzeln der gegebenen Gleichung $X = 0$ enthält. Man darf zu dem Ende nur von Neuem den grössten gemeinschaftlichen Divisor der Polynome $X'$ und $Y$ suchen. Man bezeichne denselben durch $R'$, nehme den Quotienten $X'$ dividirt durch $R'$, welcher $X''$ seyn mag, und setze die beiden Gleichungen

$$35. \quad X'' = 0 \text{ und } R' = 0.$$

Die erste wird blos die ungleichen [*oder nur einmal vorkommenden*], die zweite blos die gleichen [*oder mehrmal vorkommenden*] Wurzeln, und zwar letztere jede Wurzel nur einmal enthalten, so dass jede der beiden Gleichungen $X'' = 0$ und $R' = 0$ andere Wurzeln enthält, und folglich für das Verfahren des vorigen Abschnitts passet.

## *Die gleichen und unmöglichen*

### 16.

Nachdem man auf diese Weise [*nämlich durch die obigen Verfahren zusammengenommen*] die Zahl der reellen gleichen und ungleichen Wurzeln der gegebenen Gleichung gefunden hat, so folgt, im Fall die Zahl dieser Wurzeln kleiner als der höchste Exponent der Gleichung ist, dass dieselbe nothwendig auch noch unmögliche Wurzeln haben muss.

Sollen alle Wurzeln der gegebenen Gleichung (5.) reell seyn, so müssen die Werthe [*der Differenzen der Wurzeln, also die Werthe*] von $u$ in der Gleichung (11.) ebenfalls sämmtlich reell seyn. Mithin müssen die Werthe von $u^2$ oder $v$ (12.) in der Gleichung (13.) ebenfalls sämmtlich reell und positiv seyn [*weil das Quadrat $u^2$ immer positiv ist*]. Folglich muss die Gleichung (13. §. 8.) lauter reelle positive Wurzeln haben. Mithin müssen die Zeichen der Glieder der Differenzen-Gleichung nach der bekannten [*Descartischen*] Regel abwechselnd positiv und negativ seyn, Ist dieses nicht der Fall, so folgt daraus, dass die gegebene Gleichung nothwendig unmögliche Wurzeln hat. [*So also zeigt die Differenzen-Gleichung* (13.) *auch die Existenz der unmöglichen Wurzeln.*]

Nun sind bekanntlich die unmöglichen Wurzeln immer Paarweise vorhanden und können Paarweise durch

$$36. \quad \alpha + \beta\sqrt{-1} \text{ und } \alpha - \beta\sqrt{-1}$$

ausgedrückt werden, wo $\alpha$ und $\beta$ reelle Grössen sind.

*Wurzeln zu finden.*

(Man sehe die neunte Anmerkung.) Es ist also

$$37. \quad u = \pm 2\beta \sqrt{-1}$$

[*weil u die Differenz zweier Wurzeln ist*], und folglich

$$38. \quad v = -4\beta^2;$$

woraus folgt, dass die Differenzen-Gleichung (13.) nothwendig so viel negative Wurzeln haben muss, als die gegebene Gleichung (5.) Paare unmöglicher Wurzeln hat.

Setzt man also

$$39. \quad v = -w,$$

wodurch die Differenzen-Gleichung (10.) in

$$40. \quad w^n + aw^{n-1} + bw^{n-2} + cw^{n-3} \ldots = 0$$

übergeht, so muss diese Gleichung nothwendig so viele reelle positive Wurzeln haben, als die gegebene Gleichung Paare unmöglicher Wurzeln hat.

## 17.

Hieraus folgt, dass man, um die Werthe der imaginairen Wurzeln der gegebenen Gleichung (5.) zu finden, nur die reellen positiven Wurzeln der verwandelten Differenzen-Gleichung (40.) suchen darf. Denn wenn diese positiven Wurzeln $w'$, $w''$, $w'''$.... sind, so sind erstlich $\frac{\sqrt{w'}}{2}$, $\frac{\sqrt{w''}}{2}$, $\frac{\sqrt{w'''}}{2}$.... die Werthe von $\beta$ [(36.), *weil* $4\beta^2 = -v = w$, *also* $\beta = \frac{\sqrt{w}}{2}$ *war* (38. 39.)]. Nun setze man, um die zugehörigen Werthe von $\alpha$ zu finden, in die gegebene Gleichung (5.) $\alpha + \beta\sqrt{-1}$ statt $x$, und stelle zwei einzelne Gleichungen auf, die eine blos mit reellen Gliedern, die andere mit Gliedern, welche sämmt-

## *Die gleichen und unmöglichen*

lich mit $\sqrt{-1}$ multiplicirt sind, welches zwei Gleichungen von der Form

41. $\alpha^m + P\alpha^{m-1} + Q\alpha^{m-2} \ldots\ldots = 0$ und

42. $m\alpha^{m-1} + p\alpha^{m-2} + q\alpha^{m-3} \ldots\ldots = 0$

geben wird, in welchen die Coefficienten $P$, $Q$.... $p$, $q$.... von $a$, $b$, $c$.... und $\beta$ abhängen. [*Denn, wenn man in die gegebene Gleichung* (5.)

$$x^m - Ax^{m-1} + Bx^{m-2} \ldots\ldots = 0$$

$\alpha + \beta\sqrt{-1}$ *statt* $x$ *setzt, so erhält man*

$$\alpha^m + m\alpha^{m-1}\beta\sqrt{-1} - \frac{m.m-1}{2}\alpha^{m-2}\beta^2 \ldots\ldots$$
$$-A(\alpha^{m-1} \qquad + m.\alpha^{m-2}\beta\sqrt{-1} \ldots\ldots)$$
$$+ B(\alpha^{m-2} \ldots\ldots) = 0,$$

*oder*

$$\alpha^m - A\alpha^{m-1} + \left(B - \frac{m.m-1}{2}\beta^2\right)\alpha^{m-2} \ldots\ldots$$
$$+ m\alpha^{m-1}\beta\sqrt{-1} - mA\alpha^{m-2}\beta\sqrt{-1} \ldots\ldots = 0,$$

*welche Gleichung, weil ihr reeller und ihr imaginairer Theil einzeln gleich Null seyn müssen, in die beiden Gleichungen*

$$\alpha^m - A\alpha^{m-1} + \left(B - \frac{m.m-1}{2}\beta^2\right)\alpha^{m-2} \ldots\ldots = 0 \text{ und}$$

$$m\alpha^{m-1} - mA\alpha^{m-2} \ldots\ldots = 0$$

*zerfällt, welche die Form der Gleichungen* (41. *und* 42.) *haben.*]

Giebt man also nun der Grösse $\beta$ einen der obigen Werthe, so müssen die beiden Gleichungen (41. und 42.) nothwendig zugleich Statt finden und folglich einen gemeinschaftlichen Divisor haben. Man

## *Wurzeln zu finden.*

darf also nur den grössten gemeinschaftlichen Divisor der beiden Gleichungen (41. und 42.) suchen und denselben [*wie er es vermöge seiner Eigenschaft als Factor der beiden Gleichungen nothwendig ist*] gleich Null setzen, so erhält man eine Gleichung zwischen $\alpha$ und $\beta$, aus welcher man, weil $\beta$ bekannt ist, nunmehr auch $\alpha$ finden kann.

Zu bemerken ist, dass, wenn alle Werthe von $\beta$, die die Gleichung (40.) giebt, unter sich ungleich sind, dann zu jedem Werthe von $\beta$ nur ein Werth von $\alpha$ gehören kann [*weil sonst mehr Wurzeln herauskommen würden, als möglich sind*]. In diesem Fall also können die beiden Gleichungen (41. und 42.) nur eine einzige gemeinschaftliche Wurzel haben, [*weil sonst zu jedem $\beta$, gegen die Voraussetzung, mehr als ein Werth von $\alpha$ gehören würde; denn der gemeinschaftliche Divisor der beiden Gleichungen* (41. *und* 42.), *welcher ihre gemeinschaftliche Wurzel enthält, gab eine Gleichung zwischen $\alpha$ und $\beta$, aus welcher das zu jedem $\beta$ gehörige $\alpha$ gefunden werden konnte.*] Folglich kann der gemeinschaftliche Divisor der beiden Gleichungen (41. u. 42.) in diesem Falle nur vom ersten Grade seyn.

Man darf also alsdann die Division nur so lange fortsetzen, bis man auf einen Rest kommt, welcher $\alpha$ nur noch in einer Abmessung enthält. Diesen Rest kann man dann gleich Null setzen und daraus den gesuchten Werth von $\alpha$ finden.

Wären dagegen unter den aus der Gleichung (40.) gefundenen Werthen von $\beta$ z. B. zwei einander gleich, so müssten die Gleichungen (41. und 42.), weil zu den gleichen Werthen von $\beta$ verschiedene Werthe von $\alpha$ gehören können, wenn man darin den doppelten Werth von $\beta$ substituirt, für jeden zugehörigen Werth von $\alpha$ Statt finden. Die beiden Gleichungen (41. u. 42.) müssen also alsdann nothwendig zwei gemeinschaftliche Wurzeln haben, und folglich muss ihr gemeinschaftlicher Divisor vom zweiten Grade seyn. Man muss also in diesem Falle die Division nicht weiter fortsetzen, als bis man auf einen Rest kommt, welcher $\alpha$ noch in zwei Abmessungen enthält. Diesen Rest setzt man gleich Null, welches eine Gleichung des zweiten Grades giebt, aus welcher man die beiden Werthe von $\alpha$ findet, welche beide nothwendig reell sind [*weil $\alpha$ eine reelle Grösse ist*].

Eben so, wenn $\beta$ drei gleiche Werthe hätte, so müsste man, um die zugehörigen Werthe von $\alpha$ zu finden, nur bis zu einem Rest gehen, in welchem die höchste Potenz von $\alpha$ die dritte ist. Setzt man diesen Rest gleich Null, so erhält man eine Gleichung mit $\alpha$ vom dritten Grade, welche die zu einem und demselben Werthe von $\beta$ gehörigen drei reellen Werthe von $\alpha$ giebt, und so weiter.

[*Um die imaginairen Wurzeln einer gegebenen Gleichung zu finden, ist also nach Lagrange die wirkliche Entwickelung der reellen Wurzeln der Differenzen-Gleichung nöthig.*]

# Dritter Abschnitt.

## Neue Methode, die Werthe der Wurzeln numerischer Gleichungen Näherungsweise zu finden.

### 18.

Es sey die Gleichung

43. $Ax^m + Bx^{m-1} + Cx^{m-2} \ldots + K = 0$

gegeben. Man nehme an, durch die obige Methode oder auf anderm Wege sey schon diejenige ganze Zahl gefunden, welche einer der reellen positiven Wurzeln der gegebenen Gleichung am nächsten kommt. Diese Zahl sey $p$, so dass

44. $x > p$ und $x < p + 1$

ist, so setze man

45. $x = p + \frac{1}{y}$.

Man substituire diesen Werth von $x$ in die gegebene Gleichung statt $x$, so erhält man, nachdem Alles mit $y^m$ multiplicirt worden und die Glieder nach den Potenzen von $y$ geordnet sind, eine Gleichung von der Form

46. $A'y^m + B'y^{m-1} + C'y^{m-2} \ldots + K' = 0$

*Neues Näherungs-*

[*denn da in* (45.) $y$ *in derselben Abmessung vorkommt, wie* $x$, *so muss auch in* (46.) $y$ *eben so vorkommen wie* $x$ *in* (43.)].

Da nun aber nach der Voraussetzung $\frac{1}{y} > 0$ und $< 1$ ist, so ist $y > 1$ [*weil* $\frac{1}{y}$ *ein echter Bruch seyn soll*]. Mithin ist eine der reellen Wurzeln der Gleichung (46.) nothwendig grösser als Eins.

Man suche also ferner, nach dem Verfahren des ersten Abschnitts, die dieser Wurzel am nächsten kommende ganze Zahl. Da die Wurzel nothwendig positiv ist, so darf man $y$ nur als positiv betrachten (§. 4.).

Ist die der Grösse $y$ am nächsten kommende ganze Zahl, welche durch $q$ bezeichnet werden mag, gefunden, so setze man

$$47.\quad y = q + \frac{1}{z}$$

und substituire diesen Werth von $y$ in die Gleichung (46.), so erhält man eine dritte Gleichung in $z$ von der Form

$$48.\quad A''z^m + B''z^{m-1} + C''z^{m-2} \dots + K'' = 0,$$

welche nothwendig wenigstens eine reelle Wurzel haben muss, die grösser ist als Eins [*aus demselben Grunde wie oben*], und deren nahe kommenden ganzzahligen Werth man also wieder finden kann.

Heisst dieser, der Wurzel $z$ nahe kommende, ganzzahlige Werth $r$, so setze man von Neuem

$$49.\quad z = r + \frac{1}{u}$$

## *Verfahren.*

und substituire ihn, so erhält man eine Gleichung in $u$, welche wenigstens eine reelle Wurzel haben muss, die grösser ist als Eins u. s. w.

Fährt man auf diese Weise fort, so kann man sich der gesuchten Wurzel $[x]$ so weit nähern, als man will. Ist eine der Zahlen $p$, $q$ *etc.* eine genaue Wurzel, so ist $x = p$, $y = q$ *etc.* und die Rechnung ist beendigt. Die Grösse $x$ hat in diesem Falle einen commensurabeln Werth.

In allen andern Fällen ist der Werth der Wurzel nothwendig incommensurabel, und man kann sich demselben blos so weit nähern, als man will.

### 19.

Hat die gegebene Gleichung mehrere reelle positive Wurzeln, so kann man, dem ersten Abschnitte zufolge, die nächsten ganzzahligen Werthe aller Wurzeln finden. Bezeichnet man diese Werthe durch $p$, $p'$, $p''$...., so kann man sich derselben, der Reihe nach, bedienen, um die wahren Werthe der Wurzeln zu finden. Es ist blos zu bemerken:

Erstlich, dass wenn die Zahlen $p$, $p'$, $p''$.... alle von einander verschieden sind, die obigen verwandelten Gleichungen (46. und 48.) jede nur eine reelle Wurzel haben können, welche grösser ist als Eins. Denn hätte z. B. die Gleichung (46.) zwei reelle Wurzeln, grösser als Eins, z. B. $y'$ und $y''$, so wäre zugleich $x = p + \frac{1}{y'}$, und $x = p + \frac{1}{y''}$, so dass diese beiden Werthe von $x$ dem nämlichen ganzzahligen Werthe $p$ am nächsten kämen, welches der Voraussetzung zuwider läuft. Eben so würde es sich verhalten, wenn die Gleichung (48.), oder eine der folgenden, zwei reelle Wurzeln hätte, die grösser wären als Eins.

Daraus folgt, dass man, um in diesem Falle die nächsten ganzzahligen Werthe $q$, $r$ *etc.* der Wurzeln der Gleichungen (46. 48 etc.) zu finden, nur der Reihe nach statt $y$, $z$ *etc.* die natürlichen positiven Zahlen 1, 2, 3.... setzen darf, so weit fort, bis die Resultate zweier auf einander folgender Substitutionen verschiedene Zeichen haben (§. 6.) [*weil man, wenn eine Gleichung nur eine reelle Wurzel hat, sicher ist, mit der angenommenen Differenz keine zweite Wurzel zu übergehen.*]

Zweitens, dass, wenn zwei Werthe von $x$ den nämlichen nächsten ganzzahligen Werth $p$ haben, die Gleichung (46.) für diesen Werth $p$ ebenfalls zwei Wurzeln hat, welche grösser sind als Eins, und dass, wenn der nächste ganzzahlige Werth dieser Wurzeln wieder der nämliche ist, auch die Gleichung (48.) zwei Wurzeln hat, grösser als Eins u. s. w., bis man auf eine Gleichung kommt, deren beide Wurzeln, während sie grösser sind als Eins, verschiedene nächste ganzzahlige Werthe haben. Alsdann gehört zu jedem dieser beiden Werthe eine Reihe von Gleichungen, welche alle nur eine reelle Wurzel haben, die grösser ist als Eins.

Denn wenn zwei verschiedene Werthe von $x$ mit dem nämlichen nächsten ganzzahligen Werth $p$

## *Verfahren.*

Statt finden, so muss $y$, weil die beiden Werthe durch $p + \frac{1}{y}$ ausgedrückt werden, nothwendig zwei reelle Werthe haben, welche grösser sind als Eins, und wenn die beiden Werthe von $y$ den nämlichen nächsten ganzzahligen Werth $q$ haben, so muss, wenn man $y = q + \frac{1}{z}$ setzt, wiederum nothwendig $z$ zwei verschiedene Werthe haben, die grösser sind als Eins, und so weiter.

Wären hingegen die ganzzahligen nächsten Werthe von $y$ verschieden, so kann man, wenn man sie durch $q$ und $q'$ bezeichnet, $y = q + \frac{1}{z}$ und $y = q' + \frac{1}{z}$ setzen, und es ist klar, dass alsdann $z$ in diesen beiden Beziehungen nur einen einzigen reellen Werth haben kann, der grösser ist als Eins, indem sonst der Werth von $y$, statt blos zweifach, drei-, vierfach u. s. w. seyn würde.

Ist man also auf eine transformirte Gleichung gekommen, deren beide, die Einheit übersteigenden Wurzeln verschiedene ganzzahlige Theile haben, so ist man sicher, dass die aus jeder der beiden Wurzeln weiter folgenden transformirten Ausdrücke immer nur eine einzige Wurzel haben, welche grösser ist als die Einheit. Ueber die Mittel, die ganzzahligen Theile der Wurzeln $p$, $q$ *etc.* zu finden, wenn sie mehreren Wurzeln gemein sind, sehe man weiter unten im sechsten Abschnitt den vierten Artikel.

Ueber die Fälle, wenn in der gegebenen Gleichung (40.) drei und mehrere Wurzeln gleiche ganz-

*Neues Näherungs-*

zahlige Theile haben, lassen sich ähnliche Bemerkungen machen.

20.

Wir setzten in §. 18. voraus, dass die gesuchten Wurzeln positiv sind. Um die negativen zu finden, darf man nur in der gegebenen Gleichung $-x$ statt $+x$ setzen und von der daraus entstehenden Gleichung die positiven Wurzeln suchen. Dieselben sind die negativen Wurzeln der gegebenen Gleichung (§. 4.).

Wie die unmöglichen Wurzeln, welche sich immer durch $\alpha + \beta\sqrt{-1}$ ausdrücken lassen, gefunden werden können, nämlich, dass man die Gleichungen sucht, deren Wurzeln $\alpha$ und $\beta$ sind, zeigten wir im zweiten Abschnitte. Man darf nur die reellen Wurzeln dieser Gleichungen suchen, so findet man auch alle unmögliche Wurzeln der gegebenen Gleichung.

21.

Die Substitutionen von $p + \frac{1}{y}$ statt $x$, $q + \frac{1}{z}$ statt $y$ u. s. w. in (§. 18.) werden dadurch erleichtert, dass sich die Coefficienten der verwandelten Gleichungen auch unmittelbar aus denen der gegebenen Gleichung (43.) finden lassen. Es ist z. B.

$$50.\left\{\begin{array}{l} A' = Ap^{m} + Bp^{m-1} + Cp^{m-2} + Dp^{m-3} \dots \\ B' = mAp^{m-1} + (m-1)Bp^{m-2} + (m-2)Cp^{m-3} \dots \\ C' = \frac{m.m-1}{2}Ap^{m-2} + \frac{m-1.m-2}{2}Bp^{m-3} \dots \end{array}\right.$$

*etc.*

## *Verfahren.*

*[Denn, wenn man z. B. in die Gleichung*

$$Ax^m + Bx^{m-1} + Cx^{m-2} \ldots$$

$p + \frac{1}{y}$ *statt* $x$ *setzt, so erhält man*

$$A\left(p+\frac{1}{y}\right)^m + B\left(p+\frac{1}{y}\right)^{m-1} + C\left(p+\frac{1}{y}\right)^{m-2} \ldots$$

*In dieser Gleichung sind die Glieder, in welchen* $\frac{1}{y}$ *in der oten Potenz, das heisst, gar nicht vorkommt,*

$$Ap^m + Bp^{m-1} + Cp^{m-2} \ldots;$$

*die Glieder, in welchen die erste Potenz von* $\frac{1}{y}$ *vorkommt,*

$$mAp^{m-1} + (m-1)Bp^{m-2} + (m-2)Cp^{m-3} \ldots;$$

*die Glieder, in welchen die zweite Potenz von* $\frac{1}{y}$ *vorkommt,*

$$\frac{m.(m-1)}{2}Ap^{m-2} + \frac{(m-1)(m-2)}{2}Ap^{m-3} \ldots$$

*u. s. w. Die Glieder mit der oten Potenz von* $\frac{1}{y}$ *sind aber, wenn man mit* $y^m$ *multiplicirt, diejenigen mit* $y^m$*; die Glieder mit der ersten Potenz von* $\frac{1}{y}$ *diejenigen mit* $y^{m-1}$*; die Glieder mit der zweiten Potenz von* $\frac{1}{y}$ *diejenigen mit* $y^{m-2}$ *u. s. w. Also sind die ersten gleich dem Coefficienten* $A'$*, die zweiten gleich dem Coefficienten* $B'$*, die dritten gleich dem Coefficienten* $C'$ *u. s. w.]*

Auf dieselbe Weise erhält man aus den Coeffi-

## *Neues Näherungs-*

cienten der Gleichung (46.) die Coefficienten der Gleichung (48.). Man darf blos in die obigen Ausdrücke (50.) $q$ statt $p$, $A''$, $B''$, $C''$.... statt $A'$, $B'$, $C'$...., $A'$, $B'$, $C'$.... statt $A$, $B$, $C$.... u. s. w. setzen.

Hieraus folgt, dass der erste Coefficient $A'$ oder $A''$ *etc.* niemals anders verschwindet, als wenn $p$ oder $q$ *etc.* die genaue Wurzel ist, in welchem Fall, wie wir in §. 18. sahen, der continuirliche Bruch bei dieser Zahl abbricht; denn wäre $A' = 0$ oder $A'' = 0$ *etc.*, so wäre $y = \infty$ oder $z = \infty$ *etc.*, also $x = p$, $y = q$ *etc.* [*Dividirt man nemlich in* (46.) *mit* $A'$, *so erhält man*

$$y^m = -\frac{B'}{A'}y^{m-1} - \frac{C'}{A'}y^{m-2} \dots - \frac{K'}{A'},$$

*welches für* $A' = 0$, $y = \infty$ *giebt.*]

### 22.

Die ganzzahligen Theile der Wurzeln der Gleichungen (43. 46. 48.) mögen $p$, $q$, $r$, $s$, $t$.... seyn, so dass

$$51. \quad x = p + \frac{1}{y}, \quad y = q + \frac{1}{z}, \quad z = r + \frac{1}{u} \ etc.$$

ist. Setzt man diese Ausdrücke nach und nach in den Ausdruck von $x$, so erhält man

$$52. \quad x = p + \cfrac{1}{q + \cfrac{1}{r + \cfrac{1}{s + \dots}}}$$

Also lässt sich auf diese Weise der Werth von $x$,

das

## *Verfahren.*

das heisst, die gesuchte Wurzel der gegebenen Gleichung, durch einen continuirlichen oder Ketten-Bruch ausdrücken, und, wie bekannt, drücken dergleichen Brüche den Werth einer beliebigen rationalen oder irrationalen Zahl am einfachsten und genauesten aus.

Huygens scheint der Erste zu seyn, welcher diese Eigenschaft der stetigen Brüche bemerkte und dieselben anwandte, um die einfachsten Brüche zu finden, welche einem gegebenen Bruche am nächsten kommen. (Man sehe seine Abhandlung „de automato planetario.") 

Mehrere geschickte Geometer beschäftigten sich seitdem mit der Theorie der stetigen Brüche und machten von derselben verschiedene nützliche und sinnreiche Anwendungen; man war aber, wie ich glaube, noch nicht darauf gekommen, sich derselben zur Auflösung der Gleichungen zu bedienen.

### 23.

Verwandelt man die continuirlichen Brüche

$$\frac{p}{1},\ p+\frac{1}{q},\ p+\frac{1}{q+\frac{1}{r}}\ \textit{etc.}$$

in gewöhnliche Brüche, so erhält man, wenn man

$$53.\ \begin{cases} p=\alpha & 1=\alpha' \\ q\alpha+1=\beta & q\alpha'=q=\beta' \\ r\beta+\alpha=\gamma & r\beta'+\alpha'=\gamma' \\ s\gamma+\beta=\delta & s\gamma'+\beta'=\delta \\ \textit{etc.} & \end{cases}$$

*Neues Näherungs-*

setzt, folgende Reihe particulairer Brüche:

$$54.\quad \frac{\alpha}{\alpha'},\ \frac{\beta}{\beta'},\ \frac{\gamma}{\gamma'},\ \frac{\delta}{\delta'}\ etc.$$

[*Denn die stetigen Brüche geben, der Reihe nach,*

$$\frac{p}{1},\ \frac{pq+1}{q},\ \frac{(rq+1)p+r}{rq+1},\ \frac{((rs+1)q+s)p+rs+1}{(rs+1)q+s}\ etc.$$

*Nun ist gesetzt worden*

$$\begin{array}{rr} p = \alpha & 1 = \alpha' \\ qp+1 = \beta & q = \beta' \\ r(qp+1)+p = \gamma & rq+1 = \gamma' \\ s(r(qp+1)+p)+qp+1 = \delta & s(rq+1)+q = \delta' \\ etc. & etc. \end{array}$$

*also sind die stetigen Brüche, der Reihe nach,*

$$\frac{\alpha}{\alpha'},\ \frac{\beta}{\beta'},\ \frac{\gamma}{\gamma'},\ \frac{\delta}{\delta'}\ etc.$$

*Man sehe darüber Mehreres in den Lehrbüchern.*]

Diese Brüche $\frac{\alpha}{\alpha'}, \frac{\beta}{\beta'}, \frac{\gamma}{\gamma'}, \frac{\delta}{\delta'} \ldots$ nähern sich dem wahren Werthe von $x$, und zwar ist der erste kleiner, der zweite grösser, der dritte wieder kleiner als dieser Werth u. s. w., so dass der Werth von $x$ immer zwischen zwei aufeinander folgenden Brüchen liegt, welches aus der Natur der continuirlichen Brüche, aus welchen die gegenwärtigen Brüche abgeleitet wurden, leicht zu zeigen ist. [*Nemlich in so fern die Grössen $p$, $q$, $r$.... alle einerlei Zeichen haben. Alsdann ist offenbar $p$ kleiner als $p+\frac{1}{q}$, hingegen $\frac{1}{q}$ ist grösser als $\frac{1}{q+\frac{1}{p}}$, und also $p+\frac{1}{q+\frac{1}{r}}$*

## *Verfahren.*

*kleiner als* $p + \frac{1}{q}$. *Der folgende Bruch ist wieder grösser als* $p + \cfrac{1}{q + \cfrac{1}{r}}$ *u. s. w. Da sich nun die Brüche dem Werthe dessen, was sie, bis zum Ende fortgesetzt, ausdrücken sollen, nähern, so ist dieses nothwendig grösser als* $p$, *kleiner als* $p + \frac{1}{q}$, *grösser als* $p + \cfrac{1}{q + \cfrac{1}{r}}$ *u. s. w.*]

Nun ist, aus den Gleichungen (53.), leicht zu sehen, dass

$$55. \quad \begin{cases} \beta\alpha' - \alpha\beta' = +1 \\ \gamma\beta' - \beta\gamma' = -1 \\ \delta\gamma' - \gamma\delta' = +1 \end{cases}$$
*etc.*

[*Denn es ist z. B.*

$$\beta\alpha' - \alpha\beta' = (qp + 1)\,1 - pq = 1$$
$$\gamma\beta' - \beta\gamma' = (r\beta + \alpha)\,q - (q\alpha + 1)(rq + 1)$$
$$= (r(q\alpha + 1) + \alpha)q - (q\alpha + 1)(rq + 1) = -1 \textit{ etc.}]$$

Daraus folgt:

Erstlich, dass die Brüche $\frac{\alpha}{\alpha'}$, $\frac{\beta}{\beta'}$, $\frac{\gamma}{\gamma'}$ *etc.* immer schon auf ihre kleinste Benennung gebracht sind. Denn hätten z. B. $\gamma$ und $\gamma'$ einen gemeinschaftlichen, von der Einheit verschiedenen Divisor, so müsste, vermöge der Gleichung $\beta\gamma' - \gamma\beta' = 1$, auch die Einheit durch denselben theilbar seyn [*welches nicht der Fall ist*].

Zweitens, dass

*Neues Näherungs-*

$$56.\quad \begin{cases} \frac{\beta}{\beta'} - \frac{\alpha}{\alpha'} = \frac{1}{\alpha'\beta'} \\ \frac{\gamma}{\gamma'} - \frac{\beta}{\beta'} = -\frac{1}{\beta'\gamma'} \\ \frac{\delta}{\delta'} - \frac{\gamma}{\gamma'} = \frac{1}{\gamma'\delta'} \end{cases}$$

*etc.*

[*wie man sieht, wenn man die erste Gleichung* (55.) *durch* $\alpha'\beta'$, *die zweite durch* $\beta'\gamma'$, *die dritte durch* $\gamma'\delta'$ *u. s. w. dividirt*], so dass die Brüche $\frac{\alpha}{\alpha'}, \frac{\beta}{\beta'}, \frac{\gamma}{\gamma'}$.... von dem wahren Werthe von $x$ niemals um mehr als eine Grösse abweichen können, die kleiner ist als $\frac{1}{\alpha'\beta'}, \frac{1}{\beta'\gamma'}, \frac{1}{\gamma'\delta'}$ *etc.*, woraus sich der Grad der Näherung abnehmen lässt. [*Denn da der wahre Werth von* $x$ *immer zwischen zwei auf einander folgende Brüche fällt, so kann der Unterschied zwischen demselben und den Brüchen nie grösser seyn, als die Unterschiede zweier auf einander folgender Brüche selbst, welche in* (56.) *ausgedrückt sind.*]

Da allemal $\beta > \alpha$, $\gamma' > \beta$ *etc.* (53.), so ist

$$\frac{1}{\alpha'^2} > \frac{1}{\alpha'\beta'},\ \frac{1}{\beta'^2} > \frac{1}{\beta'\gamma'}\ etc.;$$

woraus folgt, dass die Abweichung der Brüche von dem wahren Werthe von $x$ immer kleiner ist, als die Einheit, dividirt durch das Quadrat der Nenner der Brüche.

Drittens, dass jeder Bruch dem Werthe von $x$ sich nicht allein mehr nähert als alle vorhergehenden, sondern auch mehr als irgend ein anderer Bruch mit einem kleinern Nenner. Denn, wenn z. B. der Bruch $\frac{\mu}{\mu'}$ genauer wäre, als $\frac{\gamma}{\gamma'}$ während $\mu' < \gamma'$ ist, so müsste $\frac{\mu}{\mu'}$ zwischen $\frac{\gamma}{\gamma'}$ und $\frac{\delta}{\delta'}$ liegen, also $\frac{\mu}{\mu'} - \frac{\gamma}{\gamma'} < \frac{\delta}{\delta'} - \frac{\gamma}{\gamma'} < \frac{1}{\gamma'\delta'}$ und $> 0$, also [$\frac{\mu\gamma' - \mu'\gamma}{\mu'\gamma'} < \frac{\delta\gamma' - \delta'\gamma}{\delta'\gamma'}$, *oder* $\mu\gamma' - \mu'\gamma < \frac{\mu'}{\delta'}(\delta\gamma' - \delta'\gamma)$, *oder, weil* $\delta\gamma' - \delta'\gamma = 1$ *ist* (55.)] $\mu\gamma' - \mu'\gamma < \frac{\mu'}{\delta'}$ [*und weil* $\mu' < \delta'$ *ist, indem* $\mu' < \gamma'$ *seyn soll und* $\gamma'$ *selbst* $< \delta'$ *ist* (53.)] $< 1$ und $> 0$ seyn, welches nicht möglich ist, weil $\gamma$, $\gamma'$, $\mu$, $\mu'$ ganze Zahlen sind [*so dass also* $\mu\gamma' - \mu'\gamma$ *kein Bruch seyn oder nicht zwischen* 0 *und* 1 *liegen kann*].

## 24.

Die Brüche $\frac{\alpha}{\alpha'}$, $\frac{\beta}{\beta'}$, $\frac{\gamma}{\gamma'}$ *etc.* kann man Hauptbrüche (fractions principales) nennen, weil sie sich dem gesuchten Werthe so genau als möglich nähern. Sind aber die Zahlen $p$, $q$, $r$ *etc.* von der Einheit verschieden, so lassen sich auch noch andere, dem gesuchten Werthe sich nähernde Brüche finden, welche man, wenn man will, Neben-Brüche (fractions secondaires) nennen kann.

Ist z. B. $r > 1$, so kann man zwischen die Brüche $\frac{\alpha}{\alpha'}$ und $\frac{\gamma}{\gamma'}$, welche beide kleiner als $x$ sind, so viele Neben-Brüche einschalten als $r - 1$ Einhei-

*Neues Näherungs-*

ten hat, indem man, der Reihe nach, 1, 2, 3 .... $r-1$ statt $r$ setzt. Dieses giebt, weil

$\gamma = r\beta + \alpha$ und $\gamma' = r\beta' + \alpha'$ ist (53.)

$$57.\quad \frac{\alpha}{\alpha'},\ \frac{\beta+\alpha}{\beta'+\alpha'},\ \frac{2\beta+\alpha}{2\beta'+\alpha'},\ \frac{3\beta+\alpha}{3\beta'+\alpha'} \cdots\cdot \frac{r\beta+\alpha}{r\beta'+\alpha'}.$$

Der erste und der letzte dieser Brüche sind die beiden Hauptbrüche $\frac{\alpha}{\alpha'}$ und $\frac{\gamma}{\gamma'}$, die dazwischen liegenden sind die Nebenbrüche. [*Diese Einschaltung geht an, weil Zähler und Nenner des einen Bruchs* $\frac{\gamma}{\gamma'} = \frac{r\beta+\alpha}{r\beta'+\alpha'}$, *aus einem Gleichvielfachen ganzer Zahlen* $\beta$ *und* $\beta'$, *nämlich dem* $r$ *fachen dieser Zahlen bestehen.*]

Nimmt man nun die Differenz zwischen zwei auf einander folgenden Brüchen dieser Reihe, z. B. zwischen $\frac{2\beta+\alpha}{2\beta'+\alpha'}$ und $\frac{3\beta+\alpha}{3\beta'+\alpha'}$, so erhält man $\frac{1}{(2\beta'+\alpha')(3\beta'+\alpha')}$, so dass die Differenz immer positiv ist und von einem Bruche zum andern abnimmt; woraus folgt, dass, weil der letzte Bruch $\frac{\gamma}{\gamma'}$ kleiner ist, als der genaue Werth des stetigen Bruchs, auch alle Nebenbrüche kleiner sind, als dieser Werth, und demselben sich nähern. [*Denn die Nebenbrüche liegen zwischen den beiden Hauptbrüchen* $\frac{\alpha}{\alpha'}$ *und* $\frac{\gamma}{\gamma'}$, *welche beide kleiner sind als* $x$. *Also sind sie alle kleiner als* $x$. *Ferner nähert sich* $\frac{\gamma}{\gamma'}$ *dem*

## *Verfahren.*

*Werthe von x mehr als* $\frac{\alpha}{\alpha'}$, *folglich nähern sich die Nebenbrüche, der Reihe nach, dem Werthe von x immer mehr.*]

Das Nämliche folgt für alle andere Hauptbrüche. Fügt man also zu diesen Hauptbrüchen noch die beiden Brüche $\frac{0}{1}$ und $\frac{1}{0}$ hinzu, deren erster kleiner, der zweite grösser ist, als jede Grösse, so lassen sich zwei Reihen von Brüchen aufstellen, die sich der wahren gesuchten Grösse immerfort nähern, und von welchen die eine Reihe Brüche enthält, welche sämmtlich kleiner, die andere, Brüche, welche sämmtlich grösser sind, als die gesuchte Grösse, z. B.

Kleinere Brüche.

$$58.\ \begin{cases} \frac{0}{1},\ \frac{1}{1},\ \frac{2}{1},\ \frac{3}{1} \ldots \frac{p}{1}\ \left(=\frac{\alpha}{\alpha'}\right) \\ \frac{\beta+\alpha}{\beta'+\alpha'},\ \frac{2\beta+\alpha}{2\beta'+\alpha'},\ \frac{3\beta+\alpha}{3\beta'+\alpha'} \ldots \frac{r\beta+\alpha}{r\beta'+\alpha'}\left(=\frac{\gamma}{\gamma'}\right) \\ \frac{\delta+\gamma}{\delta'+\gamma'},\ \frac{2\delta+\gamma}{2\delta'+\gamma'},\ \frac{3\delta+\gamma}{3\delta'+\gamma'} \ldots \frac{t\delta+\gamma}{t\delta'+\gamma'}\left(=\frac{\varepsilon}{\varepsilon'}\right) \end{cases}$$

etc.

Grössere Brüche.

$$59.\ \begin{cases} \frac{1}{0},\ \frac{\alpha+1}{\alpha'+1},\ \frac{2\alpha+1}{2\alpha'+1},\ \frac{3\alpha+1}{3\alpha'+1} \ldots \frac{q\alpha+1}{q\alpha'+1}\left(=\frac{\beta}{\beta'}\right) \\ \frac{\gamma+\beta}{\gamma'+\beta'},\ \frac{2\gamma+\beta}{2\gamma'+\beta'},\ \frac{3\gamma+\beta}{3\gamma'+\beta'} \ldots \frac{s\gamma+\beta}{s\gamma'+\beta'}\ \left(=\frac{\delta}{\delta'}\right) \end{cases}$$

etc.

[*So steht im Original. Die erste Zeile von* (59.) *soll aber wohl heissen:*

*Neues Näherungs-*

$$\frac{1}{0},\ \frac{\alpha+1}{\alpha'+0},\ \frac{2\alpha+1}{2\alpha'+0},\ \frac{3\alpha+1}{3\alpha'+0} \dots \frac{q\alpha+1}{q\alpha'+0}\left(=\frac{\beta}{\beta'}\right),$$

*denn nicht* $\frac{q\alpha+1}{q\alpha'+1}$, *sondern* $\frac{q\alpha+1}{q\alpha'+0}$ *ist gleich* $\frac{\beta}{\beta'}$ (53.)]

Es ist, wie bei den Hauptbrüchen, leicht zu zeigen:

I. dass alle diese Brüche auf die kleinsten Zahlen gebracht sind, woraus folgt, dass, weil Zähler und Nenner der Brüche immerfort zunehmen, die Brüche immer grössere Zahlen enthalten, je weiter sie vom Anfange abstehen.

II. dass sich jeder Bruch der ersten Reihe mehr als jeder andere kleinere Bruch mit kleinerem Nenner, und jeder Bruch der zweiten Reihe mehr als jeder andere grössere Bruch mit kleinerem Nenner, dem genauen Werthe von $x$ nähert.

Denn gesetzt es gäbe einen Bruch $\frac{\mu}{\mu'}$, dessen Werth kleiner wäre als der Werth von $x$, und sich diesem Werthe von $x$ mehr näherte, als z. B. der Bruch $\frac{3\beta+\alpha}{3\beta'+\alpha'}$, während zugleich $3\beta'+\alpha' > \mu'$ wäre; so müsste, weil der Bruch $\frac{\beta}{\beta'}$ grösser als der Werth von $x$ ist, die Grösse $\frac{\mu}{\mu'}$ nothwendig zwischen den beiden Grössen $\frac{3\beta+\alpha}{3\beta'+\alpha'}$ und $\frac{\beta}{\beta'}$ liegen. Also müsste die Grösse $\frac{\mu}{\mu'} - \frac{3\beta+\alpha}{3\beta'+\alpha'}$ kleiner als $\frac{\beta}{\beta'} - \frac{3\beta+\alpha}{3\beta'+\alpha'}$,

*Verfahren.*

das heisst, kleiner als $\left[\frac{3\beta\beta' + \beta\alpha' - 3\beta\beta' - \beta'\alpha}{\beta'(3\beta' + \alpha')}\right.$, *oder*$\left.\frac{\beta\alpha' - \beta'\alpha}{\beta'(3\beta' + \alpha')}\right]$, also [*weil* $\beta\alpha' - \beta'\alpha = 1$ *ist* (55.)] kleiner als $\frac{1}{\beta'(3\beta' + \alpha')}$ folglich $\left[\frac{\mu(3\beta' + \alpha') - \mu'(3\beta + \alpha)}{\mu'(3\beta' + \alpha')} < \frac{1}{\beta'(3\beta' + \alpha')}\right.$, *oder*$\left.\vphantom{\frac{1}{1}}\right]$ $\mu(3\beta' + \alpha') - \mu'(3\beta + \alpha) < \frac{\mu}{\beta'} < 1$ seyn, welches nicht angeht.

[*Dieser Beweis, und folglich der Satz, auf welchen er sich bezieht, scheint zweifelhaft. Alles bis auf den letzten Schluss nämlich ist zwar unstreitig richtig, aber der letzte Schluss, dass, wenn* $\mu(3\beta' + \alpha') - \mu'(3\beta + \alpha) < \frac{\mu'}{\beta'}$ *ist, welches aus den vorhergehenden Voraussetzungen, wie gesagt, ganz richtig folgt, auch* $\mu(3\beta' + \alpha') - \mu(3\beta + \alpha) < 1$ *seyn müsse, scheint nicht ganz klar; denn es ist zwar* $\mu' < \beta\beta' + \alpha'$ *vorausgesetzt worden, aber es ist deshalb nicht nothwendig* $\mu' < \beta'$, *und dieses müsste doch seyn, wenn aus* $\mu(3\beta' + \alpha') - \mu'(3\beta + \alpha) < \frac{\mu'}{\beta'}$, $\mu(3\beta' + \alpha') - \mu'(3\beta + \alpha) < 1$ *folgen sollte. Es ist zwar nothwendiger Weise* $\mu(3\beta' + \alpha') - \mu'(3\beta + \alpha) > 0$, *weil nach der Voraussetzung* $\frac{\mu}{\mu'} - \frac{3\beta + \alpha}{3\beta' + \alpha'} > 0$ *seyn soll, woraus das Vorhergehende unmittelbar folgt. Allein wenn nicht zugleich nothwendig* $\mu(3\beta' + \alpha') - \mu'(3\beta + \alpha) < 1$ *ist, so kann es auch gleich einer* g a n z e n *Zahl seyn, und dann führt die Voraussetzung auf keinen Widerspruch, mithin ist dann die Unmöglichkeit der Voraussetzung,*

## Neues Näherungs-Verfahren.

*und folglich der Satz, welchem sie widerspricht, nicht bewiesen. Auch scheint a posteriori zu folgen, dass der Schluss nicht Statt findet, denn da $\mu'$ blos kleiner als $3\beta' + \alpha'$ angenommen wird, so kann es ohne Zweifel grösser als $\beta'$ seyn und folglich ist wohl $\frac{\mu'}{\beta'}$ nicht nothwendig ein echter Bruch, sondern kann allerdings eine ganze Zahl seyn. Ein $\mu'$, welches ein Vielfaches von $\beta'$ wäre, ist durch Nichts ausgeschlossen.*

*Ein dem obigen ganz ähnlicher Beweis kommt am Ende des Paragraphs 23. vor, allein dort ist es ganz anders. Dort ist $\frac{\mu'}{\delta'}$ nothwendig kleiner als Eins, weil $\mu'$ kleiner als $\gamma'$ vorausgesetzt wird, und $\gamma'$ selbst kleiner als $\delta'$, also $\mu'$ um so mehr kleiner als $\delta$ ist.*]

Uebrigens kann es kommen, dass irgend ein Bruch der einen Reihe nicht so stark sich nähert als ein, obgleich in einfachen Zahlen ausgedrückter Bruch der andern. Dieses geschieht indessen nie, wenn der Bruch mit dem grössern Nenner, ein Hauptbruch ist (§. 23.).

# Vierter Abschnitt.

## Anwendung der obigen Verfahren auf einige Beispiele.

### 25.

Ich will zum ersten Beispiele die Gleichung nehmen, welche Newton durch sein Verfahren auflösete, nämlich die Gleichung

$$60.\quad x^3 - 2x - 5 = 0.$$

Ich fange damit an, durch den Ausdruck des 8ten §. die zu dieser Gleichung gehörige [*Differenzen*-] Gleichung in $v$ zu suchen.

In der dortigen Formel ist hier

$m = 3$, $A = 0$, $B = -2$, $C = 5$ [*Gleich.* 5.]

$n = \frac{3 \cdot 2}{2} = 3$ (Gleichung 12.)

$A_1 = 0$, $A_2 = 4$, $A_3 = 15$, $A_4 = 8$, $A_5 = 50$, $A_6 = 91$ [*Gleich.* 17.], also

$a_1 = 12$, $a_2 = 72$, $a_3 = -1497$ [*Gleich.* 19.]

und hieraus

$a = 12$, $b = 36$, $c = -643$ [*Gleich.* 20.],

so dass die gesuchte [*Differenzen*-] Gleichung (13.) hier

## *Beispiele.*

61. $v^3 - 12v^2 + 36v + 643 = 0$

ist.

Da in dieser Gleichung die Zeichen nicht abwechselnd positiv und negativ sind, so folgt zunächst, dass die gegebene Gleichung nothwendig zwei unmögliche und folglich nur eine reelle Wurzel hat (§. 16.).

Man kann also statt $x$ die natürlichen Zahlen 0, 1, 2, 3.... setzen (§. 6.) [*weil es nur eine reelle Wurzel giebt und man also sicher ist, keine zweite zu übergehen.*]

Ich setze zuerst $x$ positiv und suche die Grenze von $x$ nach §. 12. Ich finde $\sqrt{2} + \sqrt[3]{5} < 3$, also ist 3 die gesuchte ganzzahlige Grenze, so dass es hinreichend ist [*Gleichung* 60.] nur $x = 0, = 1, = 2, = 3$ zu setzen, welches $-5, -6, -1$ und $+16$ giebt, woraus folgt, dass die reelle Wurzel der gegebenen Gleichung zwichen 2 und 3 liegt und also 2 der nächste ganzzahlige Werth der gesuchten Wurzel ist.

Nun setze man, nach dem Verfahren des dritten Abschnitts,

$$x = 2 + \frac{1}{y},$$

so erhält man, wenn man [*dieses in die gegebene Gleichung* (60.)] substituirt und die Glieder nach $y$ ordnet, die Gleichung

$$y^3 - 10y^2 - 6y - 1 = 0,$$

in welcher die Zeichen alle verwechselt sind, um das erste Glied positiv zu machen.

## *Beispiele.*

Diese Gleichung hat also nothwendig nur eine einzige Wurzel, welche grösser ist als Eins (§. 19.), so dass man, um näherungsweise ihren Werth zu finden, nur die Zahlen 0, 1, 2, 3 *etc.* statt $y$ setzen darf, bis man zwei auf einander folgende Resultate von entgegengesetzten Zeichen findet.

Um nicht unnütze Substitutionen zu machen, bemerke man, dass das Resultat für $y = 0$ negativ ist, und für $y = 10$ ebenfalls. Man fange also von $y = 10$ an und setze $y = 10$ und 11, dieses giebt $-61$ und $+54$, woraus folgt, dass die dem Werthe von $y$ am nächsten kommende ganze Zahl 10 ist. Es ist also

$$q\ [\S.\ 19.] = 10.$$

Man setze ferner

$$y = 10 + \frac{1}{z},$$

so erhält man die Gleichung

$$61 z^3 - 94 z^2 - 20 z - 1 = 0.$$

Die Werthe 1, 2, 3 *etc.* für $z$ geben $-54$, $+71$ *etc.* Also ist

$$r\ [\S.\ 19.] = 1.$$

Man setze ferner

$$z = 1 + \frac{1}{u},$$

so erhält man

$$54 u^3 + 25 u^2 - 89 u - 61 = 0.$$

Dieses giebt für $u = 1$, 2 *etc.* $-71$, $+293$ *etc.*, also ist

$$s\ [\S.\ 19.] = 1$$

u. s. w.

Fährt man auf diese Weise fort, so findet man die Zahlen

## *Beispiele.*

2, 10, 1, 1, 2, 1, 3, 1, 1, 12 *etc.*,

so dass die gesuchte Wurzel durch den continuirlichen Bruch

$$x = 2 + \cfrac{1}{10 + \cfrac{1}{1 + \cfrac{1}{1 + \cfrac{1}{2 + \text{etc.}}}}}$$

ausgedrückt werden kann, welches nach (§. 23.) für $x$ die Brüche

$$\frac{2}{1}, \frac{21}{10}, \frac{23}{11}, \frac{44}{21}, \frac{111}{53}, \frac{155}{74}, \frac{576}{275}, \frac{731}{349}, \frac{1307}{624}, \frac{16415}{7837} \text{ etc.}$$

giebt, welche wechselsweise kleiner und grösser sind, als der wahre Werth von $x$.

Der letzte Bruch $\frac{16415}{7837}$ ist grösser als die gesuchte Wurzel; aber der Fehler beträgt noch nicht $\frac{1}{(7837)^2}$ (§. 23. 2.), das heisst, noch nicht 0,0000000163; wird also der Bruch $\frac{16415}{7837}$ in einen Decimal-Bruch verwandelt, so ist er bis auf die siebente Decimal-Stelle genau. Man findet

2,0945514865 ....,

also liegt die gesuchte Wurzel

zwischen 2,09455149 und 2,09455147.

Newton findet durch seine Methode

2,09455147

(man sehe seine Methode der unendlichen Reihen); woraus folgt, dass das Newtonsche Verfahren in die-

## *Beispiele.*

sem Falle ein sehr genaues Resultat giebt; aber man darf von demselben eine solche Genauigkeit nicht immer erwarten.

## 26.

Die beiden andern Wurzeln der Gleichung sind, wie wir schon sahen, unmöglich. Verlangte man sie, so könnte man sie nach der Methode von §. 17. finden.

Zu dem Ende nehme man die Gleichung in $v$ (61.) wieder vor, setze darin $-w$ statt $v$ und verwechsele alle Zeichen, so erhält man

$$62.\quad w^3 + 12w^2 + 36w - 643 = 0$$

und darf nun von dieser Gleichung nur eine reelle positive Wurzel suchen. Da ihr letztes Glied negativ ist, so hat sie nothwendig eine solche Wurzel. Man kann also den ganzzahligen Theil ihres Werths durch Substitution der natürlichen Zahlen 0, 1, 2, 3 *etc.* finden (§. 3.). Die Zahlen 5 und 6 geben $-38$ und $+221$, also ist die der positiven Wurzel der Gleichung (62.) am nächsten kommende ganze Zahl, 5.

Man setze also

$$w = 5 + \frac{1}{u}.$$

Substituirt man dieses und verwechselt die Zeichen, so erhält man

$$38u^3 - 231u^2 - 27u - 1 = 0.$$

Setzt man hierin, der Reihe nach, $u = 0, 1, 2$ *etc.*, so findet man, für $u = 6$ und $u = 7$, die Resultate $-271$ und $+1525$, also ist die der Grösse $v$ am nächsten kommende ganze Zahl, 6.

## *Beispiele.*

Man setze deshalb ferner

$$u = 6 + \frac{1}{x},$$

so erhält man, wenn man substituirt und die Zeichen verwechselt,

$$271x^3 - 1305x^2 - 453x - 38 = 0.$$

Nimmt man für $x$ der Reihe nach 0, 1, 2 *etc.*, so findet man bis $x = 6$ negative Resultate und + 8837 für $x = 6$; also ist 5 die nächste kleinere ganze Zahl vor $x$.

Man setze

$$x = 5 + \frac{1}{y}.$$

Substituirt und reducirt man, so erhält man

$$1053y^3 - 6822y^2 - 2760y - 271 = 0,$$

welches für die nächste kleine Zahl von $y$, 6 giebt u. s. w.

So kann man sich dem Werthe von $w$ (62.) immer mehr nähern und erhält für $w$ folgenden continuirlichen Bruch:

$$w = 5 + \cfrac{1}{6 + \cfrac{1}{5 + \cfrac{1}{6 \text{ etc.}}}}$$

welches für $w$ die Brüche

$$\frac{5}{1},\ \frac{31}{6},\ \frac{160}{31},\ \frac{991}{192}\ \textit{etc.}$$

giebt.

Nachdem auf diese Weise $w$ gefunden worden, erhält man, nach (17.),

## *Beispiele.*

$$63.\quad \beta = \frac{\sqrt{w}}{2}$$

und folglich $\beta$.

Nun setze man $\alpha + \beta\sqrt{-1}$ in die gegebene Gleichung (60.) statt $x$ und stelle die beiden abgesonderten Gleichungen auf, von welchen die eine blos reelle Glieder, die andere lauter Glieder mit $\sqrt{-1}$ enthält. Dieses giebt folgende beiden Gleichungen

$$64.\quad \begin{cases} \alpha - (3\beta^2 + 2)\,\alpha - 5 = 0 \text{ und} \\ 3\alpha^2 - \beta^2 - 2 = 0. \end{cases}$$

Man suche den grössten gemeinschaftlichen Divisor dieser Gleichungen, und zwar setze man die Division nur so lange fort, bis man auf einen Rest kommt, welcher $\alpha$ nur noch in der ersten Potenz enthält (§. 17.). Dieser Rest ist $-\frac{8\beta^2 + 4}{3}\alpha - 5$. Setzt man denselben gleich Null, so erhält man

$$65.\quad \alpha = -\frac{15}{4(2\beta^2 + 1)}.$$

Man findet also nunmehr auch die beiden unmöglichen Wurzeln

$$\alpha + \beta\sqrt{-1} \text{ und}$$
$$\alpha - \beta\sqrt{-1}$$

der gegebenen Gleichung.

### 27.

Zum zweiten Beispiele wollen wir die Gleichung

$$66.\quad x^3 - 7x + 7 = 0$$

nehmen. Hier ist

$$m = 3 \text{ und folglich } n = 3,$$

## *Beispiele.*

ferner

$$A = 0, \quad B = -7, \quad C = -7,$$

woraus

$$A_1 = 0, A_2 = 14, A_3 = -21, A_4 = 98, A_5 = -245, A_6 = 833,$$

und hieraus

$$a_1 = 42, \quad a_2 = 882, \quad a_3 = 18669,$$

endlich aber

$$a = 42, \quad b = 441, \quad c = 49$$

folgt, so dass die [*zu der gegebenen gehörige Differenzen-*] Gleichung in $v$

$$67. \quad v^3 - 42 v^2 - 441 v - 49 = 0$$

ist.

Weil diese Gleichung lauter Zeichenwechsel hat, so sind nothwendig alle Wurzeln derselben reell (§. 16.), und da ausserdem die Gleichung nicht durch $v$ theilbar ist, so folgt, dass die gegebene Gleichung in $x$ keine gleichen Wurzeln hat (§. 15.).

Man setze nun, nach (§. 11.),

$$v = \frac{1}{y}$$

und ordne die Gleichung nach $y$, so erhält man

$$y^3 - 9y^2 + \tfrac{42}{49} y - \tfrac{1}{49} = 0.$$

Der grösste negative Coefficient dieser Gleichung ist 9. Also kann man

$$l = 10$$

setzen (§. 12.). Es lässt sich aber auch eine näher kommende Grenze finden, wenn man diejenige Zahl sucht, welche die drei Grössen

$$l^3 - 9l^2 + \tfrac{42}{49} l - \tfrac{1}{49}$$

$$3l^2 - 18l + \tfrac{42}{49}$$

$$3l - 9$$

## *Beispiele.*

positiv macht [30. §. 12.]. Man findet, dass $l = 9$ eine solche Zahl ist, so dass

$$k = 3 \text{ (§. 11.) und folglich } \Delta = \tfrac{1}{3}.$$

Man setze also nach (§. 13. 2.) in die gegebene Gleichung, $\frac{x}{3}$ statt $x$, so erhält man

$$68.\quad x^3 - 63x + 189 = 0,$$

in welche Gleichung man nun blos die ganzen Zahlen 0, 1, 2 *etc.* statt $x$ setzen kann. Nach (§. 13. 3.) findet man, dass die Reihe der Resultate nur zwei Zeichenwechsel hat, für $x = 4$, 5 und 6, so dass die gegebene Gleichung (66.) nur zwei positive Wurzeln hat, welche zwischen $\frac{4}{3}$ und $\frac{5}{3}$ und zwischen $\frac{5}{3}$ und $\frac{6}{3}$ fallen, woraus folgt, dass die nächste ganze Zahl an beiden 1 ist.

Man setze nun auch $x$ negativ, um die negativen Wurzeln zu finden (§. 4.). Dadurch verwandelt sich die gegebene Gleichung in

$$69.\quad x^3 - 7x - 7 = 0.$$

Da das letzte Glied dieser Gleichung negativ ist, so hat sie nothwendig eine positive Wurzel (§. 3.). Sie kann aber auch nur eine solche Wurzel haben, weil wir die beiden andern schon fanden. Man kann also die dieser Wurzel am nächsten kommende ganze Zahl unmittelbar finden, wenn man statt $x$ die Zahlen 0, 1, 2 *etc.* setzt, bis man auf zwei Resultate von entgegengesetzten Zeichen kommt (§. 3.). Dieses giebt $x = 3$ und $x = 4$, so dass der nächste ganzzahlige Werth der dritten Wurzel der gegebenen Gleichung, folglich von $-x$, 3 ist.

## *Beispiele.*

Nachdem man auf diese Weise gefunden, dass die gegebene Gleichung (66.) drei reelle Wurzeln hat, zwei positive und eine negative, auch nunmehr die ganzzahligen Theile ihrer Werthe kennt, kann man sich diesen Werthen, nach dem Verfahren des dritten Abschnitts, weiter und so weit nähern als man will.

Wir wollen zunächst die positiven Wurzeln vornehmen und in die gegebene Gleichung $x^3 - 7x + 7 = 0$,

$$x = 1 + \frac{1}{y}$$

setzen; so erhält man

$$70. \quad y^3 - 4y^2 + 3y + 1 = 0,$$

welche Gleichung, weil 1 der nächste Werth der beiden Wurzeln ist, nothwendig zwei Wurzeln hat, die beide grösser als Eins sind (§. 19. 2.).

Man versuche zuerst, ob sich die beiden Wurzeln näherungsweise durch die Substitution der ganzen Zahlen 0, 1, 2 *etc.* finden lassen. Da nur das Glied $4y^2$ negativ ist, so darf man die Substitution, zu Folge (§. 13. 1.), nur soweit fortsetzen, bis $y^3 =$ oder $> 4y^2$ ist, das heisst, bis zu $y = 4$. Die Zahlen 0, 1, 2, 3, 4 für $y$ geben 1, 1, —1, 13, woraus folgt, dass die gesuchten Wurzeln, die eine zwischen 1 und 2, die andere zwischen 2 und 3 liegen, so dass die nächsten Werthe von $y$, 1 und 2 sind.

Man setze also in die Gleichung (70.)

Erstlich,

$$y = 1 + \frac{1}{z},$$

## *Beispiele.*

welches

$$71. \quad z^3 - 2z^2 - z + 1 = 0$$

giebt. Die Gleichung hat keine reelle Wurzel, welche grösser ist als Eins (§. 19. 2.). Man setze also, der Reihe nach, $z = 1$, 2 *etc.* bis man auf zwei Resultate von entgegengesetzten Zeichen kommt. Die Werthe 2 und 3 von $z$ geben $-1$ und $+7$, also ist 2 der nächste Werth von $z$.

Man setze also

$$z = 2 + \frac{1}{u}$$

und substituire. Dieses giebt, wenn man die Zeichen wechselt,

$$u^3 - 3u^2 - 4u - 1 = 0.$$

Macht man $u = 1$, 2 *etc.*, so findet man den nächsten ganzzahligen Werth von $u$, gleich 4.

Man setze also

$$u = 1 + \frac{1}{w}$$

u. s. w.

Zweitens setze man in die Gleichung (70.)

$$y = 2 + \frac{1}{z},$$

so erhält man, nachdem die Zeichen gewechselt worden,

$$72. \quad z^3 + z^2 - 2z + 1 = 0.$$

Diese Gleichung hat, wie (71.), nur eine reelle Wurzel, die grösser ist als 1, so dass nur $z = 1$, 2 *etc.* gesetzt werden darf, welches $-1$, $+7$ *etc.* giebt, woraus folgt, dass 1 die nächste ganze Zahl von $z$ ist.

## *Beispiele.*

Man setze also weiter

$$z = 1 + \frac{1}{u},$$

so erhält man, wenn man die Zeichen wechselt,

$$u^3 - 3u^2 - 4u - 1 = 0,$$

woraus sich auf dieselbe Weise, wie oben, für die nächste ganze Zahl an $u$, 4 findet.

Man setze also

$$u = 4 + \frac{1}{w}$$

u. s. w.

Die beiden positiven Wurzeln der gegebenen Gleichung (66.) sind, also

$$x = 1 + \cfrac{1}{1 + \cfrac{1}{2 + \cfrac{1}{4 \text{ etc.}}}}$$

und

$$x = 1 + \cfrac{1}{2 + \cfrac{1}{1 + \cfrac{1}{4 \text{ etc.}}}}$$

woraus man, wie in dem vorigen Beispiele (§. 23. 24.) wenn man will, Brüche finden kann, die sich dem wahren Werthe von $x$ immerfort nähern.

mU näherungsweise den negativen Werth von $x$ zu finden, nehme man die Gleichung $x^3 - 7x - 7 = 0$ (69.) vor, in welcher schon der nächste ganzzahlige Werth der Wurzeln, 3 war. Man setze also

$$x = 3 + \frac{1}{y},$$

## *Beispiele.*

welches, wenn man das Zeichen verwechselt,

$$y^3 - 20y^2 - 9y - 1 = 0$$

giebt. Da diese Gleichung nur eine reelle Wurzel haben kann, welche grösser ist als 1 (§. 19. 2.), so findet man den sich nähernden Werth derselben, wenn man der Reihe nach $y = 1, 2$ *etc.* setzt, bis man auf zwei auf einander folgende Resultate von entgegengesetzten Zeichen kommt, welches bei $y = 20, 21$ geschieht, so dass der gesuchte Werth von $y$, gleich 20 ist.

Man setze also

$$y = 20 + \frac{1}{u}$$

u. s. w.

Auf diese Weise findet man auch die negative Wurzel der gegebenen Gleichung (66.). Sie ist

$$x = -3 - \cfrac{1}{20 + \cfrac{1}{3 + etc.}}$$

[*Der wichtigste Nutzen der in dem vorigen Abschnitte vorgetragenen und in dem gegenwärtigen Abschnitte durch Beispiele erläuterten näherungsweisen Auflösungs-Methode der Gleichungen, ist wohl, dass sie überall direct und ohne anderes Probiren, als was die Methode selbst bestimmt, sowohl die reellen als die imaginairen Wurzeln giebt. Die dabei nöthigen Rechnungen sind aber allerdings weitläuftig.*]

# Fünfter Abschnitt.

## Von den unmöglichen Wurzeln.

### Erste Abtheilung.

Ueber die Mittel, zu erkennen, ob eine Gleichung imaginaire Wurzeln hat.

28.

Im §. 8. fanden wir die allgemeinen Ausdrücke, vermittelst welcher sich aus einer beliebigen gegebenen Gleichung eine andere finden lässt, deren Wurzeln die Quadrate der Differenzen der Wurzeln der gegebenen sind. Sind nun alle Wurzeln einer gegebenen Gleichung reell, so sind offenbar die Quadrate ihrer Differenzen alle positiv, [*denn wenn auch die Differenzen selbst zum Theil negativ seyn können, so sind doch die Quadrate derselben immer positiv,*] also muss in diesem Falle die Gleichung, deren Wurzeln die Quadrate der Differenzen sind, und die wir, der Kürze wegen, Differenzen-Gleichung nennen wollen, weil sie nur positive Wurzeln hat, nothwendig abwechselnd positive und negative Glieder haben [§. 7.]. Ist dieses nicht der Fall, so hat die gegebene Gleichung nothwendig imaginaire Wurzeln. [*Man weiss aber noch nicht, wie viele.*]

29.

Da ferner die unmöglichen Wurzeln immer paarweise vorhanden sind und auf die Form

73. $\alpha + \beta\sqrt{-1}$ und $\alpha - \beta\sqrt{-1}$

gebracht werden können, wo $\alpha$ und $\beta$ reelle Grössen sind (man sehe den neunten Zusatz), so folgt, dass die Differenz zweier correspondirenden unmöglichen Wurzeln nothwendig von der Form $2\beta\sqrt{-1}$, also das Quadrat dieser Differenz von der Form $-4\beta^2$, das heisst eine negative reelle Grösse ist. Hat also die gegebene Gleichung unmögliche Wurzeln, so muss die Differenzen-Gleichung nothwendig eben so viele reelle negative Wurzeln haben, als Paare unmöglicher Wurzeln in der gegebenen Gleichung enthalten sind.

30.

Nun wird im achten Zusatz bewiesen, dass eine Gleichung nie mehr positive Wurzeln als Zeichen-Wechsel, und nie mehr negative Wurzeln als Zeichen-Folgen haben kann. Die Zahl der unmöglichen Wurzeln einer Gleichung kann also nie grösser seyn, als die zwiefache Zahl der Zeichen-Folgen in ihrer Differenzen-Gleichung. [*Indessen bestimmt dieses noch nicht, wie gross die Zahl der unmöglichen Wurzeln der gegebenen Gleichung sey.*]

*Von den unmöglichen*

31.

Hieraus und aus dem Obigen folgt, dass nothwendig alle Wurzeln einer gegebenen Gleichung reell sind, wenn ihre Differenzen-Gleichung lauter Zeichenwechsel hat. Im entgegengesetzten Falle hat sie unmögliche Wurzeln. Man kann also immer [*aus der Differenzen-Gleichung*] sehen, ob eine gegebene Gleichung unmögliche Wurzeln hat, oder nicht; [*nicht aber wieviel. Dieses ist in einzelnen Fällen erst nach der folgenden Abtheilung möglich.*]

## Zweite Abtheilung.

### Kennzeichen der Zahl der unmöglichen Wurzeln in gewissen Fällen.

32.

Man bezeichne die reellen Wurzeln einer gegebenen Gleichung durch

$$a, b, c, d \ldots .$$

die unmöglichen durch

$$\alpha + \beta\sqrt{-1}, \quad \alpha - \beta\sqrt{-1}$$
$$\gamma + \delta\sqrt{-1}, \quad \gamma - \delta\sqrt{-1}$$
$$\ldots\ldots\ldots\ldots,$$

so sind die Quadrate ihrer Differenzen

## *Wurzeln.*

74.
$$\left\{\begin{array}{l}
(a-b)^2,\ (a-c)^2,\ (a-d)^2 \ldots. \\
(b-c)^2,\ (b-d)^2 \ldots. \\
(c-d)^2 \ldots. \\
\quad -4\beta^2,\ -4\delta^2 \ldots. \\
(\alpha-a+\beta\sqrt{-1})^2,\ (\alpha-a-\beta\sqrt{-1})^2 \\
(\alpha-b+\beta\sqrt{-1})^2,\ (\alpha-b-\beta\sqrt{-1})^2 \\
(\alpha-c+\beta\sqrt{-1})^2,\ (\alpha-c-\beta\sqrt{-1})^2 \\
(\alpha-d+\beta\sqrt{-1})^2,\ (\alpha-d-\beta\sqrt{-1})^2 \\
\ldots\ldots\ldots\ldots\ldots\ldots \\
(\gamma-a+\delta\sqrt{-1})^2,\ (\gamma-a-\delta\sqrt{-1})^2 \\
(\gamma-b+\delta\sqrt{-1})^2,\ (\gamma-b-\delta\sqrt{-1})^2 \\
(\gamma-c+\delta\sqrt{-1})^2,\ (\gamma-c-\delta\sqrt{-1})^2 \\
(\gamma-d+\delta\sqrt{-1})^2,\ (\gamma-d-\delta\sqrt{-1})^2 \\
\ldots\ldots\ldots\ldots\ldots\ldots \\
(\alpha-\gamma+(\beta-\delta)\sqrt{-1})^2,\ (\alpha-\gamma-(\beta-\delta)\sqrt{-1})^2 \\
(\alpha-\gamma+(\beta+\delta)\sqrt{-1})^2,\ (\alpha-\gamma-(\beta+\delta)\sqrt{-1})^2 \\
\ldots\ldots\ldots\ldots\ldots\ldots,
\end{array}\right.$$

welches also die Wurzeln der Differenzen-Gleichung sind.

Der Grad der gegebenen Gleichung sey $m$, so dass also auch die Zahl der Wurzeln $a, b, c \ldots.$, $\alpha+\beta\sqrt{-1}$, $\alpha-\beta\sqrt{-1}$, $\gamma+\delta\sqrt{-1}$, $\gamma-\delta\sqrt{-1} \ldots.$ $m$ ist, so ist der Grad der Differenzen-Gleichung $n = \frac{m(m-1)}{2}$ (§. 8.). Die Zahl der reellen Wurzeln der gegebenen Gleichung $a, b, c \ldots.$ sey gleich $p$, die Zahl der unmöglichen $\alpha+\beta\sqrt{-1}$, $\alpha-\beta\sqrt{-1}$,

## *Von den unmöglichen*

$\gamma + \delta\sqrt{-1}$, $\gamma - \delta\sqrt{-1}$ .... gleich 29, so dass $m = p + 2q$; so ist aus der obigen Tafel (74.) leicht zu sehen, dass unter den $n$ Wurzeln der Differenzen-Gleichung nothwendig $\frac{p(p-1)}{2}$ reelle positive, $q$ reelle negative und $2q(p+q-1)$ unmögliche Wurzeln sind. [*Denn die reellen positiven Wurzeln entstehen durch Verbindung der reellen Wurzeln unter einander, und zwar entstehen daraus lauter positive und keine negative Wurzeln, weil die Wurzeln der Differenzen-Gleichung die Quadrate der Unterschiede der Wurzeln der gegebenen Gleichung sind. Die Zahl der reellen positiven Wurzeln ist also nothwendig* $\frac{p(p-1)}{2}$, *weil jede Wurzel sich mit den übrigen Wurzeln verbinden lässt, welches* $p(p-1)$ *Resultate giebt, unter welchen aber jedes zweimal vorkommt. Die reellen negativen Wurzeln entstehen bloß durch Verbindung je zwei zusammengehöriger unmöglicher Wurzeln, wie* $\alpha + \beta\sqrt{-1}$ *und* $\alpha - \beta\sqrt{-1}$, *und nur der Unterschied zwei solcher Wurzeln ist eine ganz unmögliche Grösse, deren Quadrat negativ ist. Also giebt es in der Differenzen-Gleichung nur so viele reelle negative Wurzeln, als Paare unmöglicher Wurzeln vorhanden sind, mithin* $q$. *Die Zahl der unmöglichen Wurzeln bleibt übrig, wenn man die Zahl der positiven und negativen reellen Wurzeln von der Gesammtzahl der Wurzeln abzieht. Die letzte ist* $\frac{m(m-1)}{2}$;

*also weil* $m = p + 2q$ *ist, gleich* $\frac{(p+2q)(p+2q-1)}{2}$ $= \frac{1}{2}p^2 + 2pq + 2q^2 - \frac{1}{2}p - q$. *Zieht man von dieser die Zahl der positiven reellen Wurzeln* $\frac{p(p-1)}{2} = \frac{1}{2}p^2 - \frac{1}{2}p$ *und die Zahl* $q$, *der negativen reellen Wurzeln ab, so bleibt*

$$\tfrac{1}{2}p^2 + 2pq + 2q^2 - \tfrac{1}{2}p - q - \tfrac{1}{2}p^2 + \tfrac{1}{2}p - q$$
$$= 2pq + 2q^2 - 2q,$$

*oder* $2q(p+q-1)$ *für die Zahl der unmöglichen Wurzeln übrig, wie im Text.*]

## 33.

Man multiplicire alle diese Wurzeln in einander, so ist klar, dass das Product der $\frac{p(p-1)}{2}$ positiven Wurzeln immer positiv, das Product der $q$ negativen Wurzeln positiv oder negativ seyn wird, je nachdem $q$ eine gerade oder ungerade Zahl ist. Das Product der $2q(p+q-1)$ unmöglichen Wurzeln hingegen, ist immer positiv, weil sie paarweise da sind und die Form $(A + B\sqrt{-1})^2$ und $(A - B\sqrt{-1})^2$ haben, wovon das Product, paarweise $(A^2 + B^2)^2$ ist, welches [*als Quadrat*] immer positiv ist, so dass das Product sämmtlicher unmöglichen Wurzeln [*der Differenzen-Gleichung*] immer positiv ist.

Das Product sämmtlicher Wurzeln [*der Differenzen-Gleichung*] ist also positiv oder negativ, je nachdem $q$ gerade oder ungerade ist.

Nun ist, wie bekannt, das letzte Glied einer Glei-

*Von den unmöglichen*

chung allemal dem Producte aller ihrer Wurzeln gleich, positiv und negativ genommen, je nachdem die Zahl der Wurzeln gerade oder ungerade ist [*wie aus der Gleichung* (1.) *zu sehen*].

Das letzte Glied der Differenzen-Gleichung vom Grade $n$ ist also nothwendig positiv, wenn $n$ und $q$ beide gerade oder beide ungerade sind, und negativ, wenn von $n$ und $q$, eins gerade, das andere ungerade ist. [*Nämlich wie aus der Gleichung* (1.) *zu sehen, hat das letzte Glied das nämliche Zeichen, wie das Product sämmtlicher Wurzeln, wenn ihre Zahl gerade ist, denn das aus*

$$(x-\alpha)(x-\beta)(x-\gamma)\ldots = 0$$

*entstehende letzte Glied der Gleichung ist* $+\alpha\beta\gamma\ldots$ *wenn die Zahl der Grössen* $\alpha, \beta, \gamma \ldots$ *gerade, und* $-\alpha\beta\gamma\ldots$, *wenn sie ungerade ist. Das letzte Glied der Gleichung hat also im ersten Falle mit dem Werthe des Products sämmtlicher Wurzeln* $\alpha\beta\gamma\ldots$ *an sich, einerlei, im letzten Falle verschiedene Zeichen. Nun ist bewiesen, dass das Product sämmtlicher Wurzeln der Differenzen-Gleichung an sich positiv ist, wenn* $q$ *gerade, und negativ, wenn* $q$ *ungerade ist; also ist das letzte Glied der Differenzen-Gleichung positiv, wenn die Zahl* $n$ *ihrer Wurzeln und* $q$ *beide gerade oder beide ungerade sind, und negativ im andern Falle. Denn, gesetzt die Zahl der Wurzeln* $n$ *sey gerade, so hat ihr Product mit dem letzten Gliede der Gleichung einerlei Zeichen. Nun ist solches, wenn* $q$ *gerade ist, positiv,*

## *Wurzeln.*

*also ist auch das letzte Glied positiv. Ist n ungerade, so haben ihre Producte und das letzte Glied der Gleichung verschiedene Zeichen. Nun ist solches, wenn q ungrade ist, negativ, also ist das letzte Glied wieder nothwendig positiv u.s.w.]*

### 34.

Sind nun $n$ und $q$ beide gerade oder beide ungerade, so ist $n-q$ nothwendig gerade. Sind $n$ und $q$, das eine gerade, das andere ungerade, so ist $n-q$ nothwendig ungerade. Es ist aber, wegen $n=\frac{m(m-1)}{2}$ und $m=p+2q$, $n-q=\frac{p(p-1)}{2}+2q(p+q-1)$. [*Denn n ist die Zahl der sämmtlichen Wurzeln der Differenzen-Gleichung, q ist die Zahl der negativen Wurzeln. Zieht man letztere von ersterer ab, so bleibt die Zahl der positiven und der unmöglichen Wurzeln übrig. Erstere war* $\frac{p(p-1)}{2}$, *letztere* $2q(p+q-1)$, *also ist* $n-q=\frac{p(p-1)}{2}+2q(p+q-1)$.] Die Zahl $n-q$ ist also nothwendig gerade oder ungerade, je nachdem $\frac{p(p-1)}{2}$ gerade oder ungerade ist. [*Denn in dem Ausdruck* $\frac{p(p-1)}{2}+2q(p+q-1)$ *von* $n-q$ *ist der Theil* $2q(p+q-1)$ *immer gerade, weil man den Factor 2 hat, also ist* $n-q$ *gerade oder ungerade, je nachdem der übrige Theil* $\frac{p(p-1)}{2}$ *es ist.*]

## *Von den unmöglichen*

Das letzte Glied der Differenzen-Gleichung ist also nothwendig positiv oder negativ, je nachdem $\frac{p(p-1)}{2}$ gerade oder ungerade ist, das heisst, je nachdem die Zahl der Verbindungen der reellen Wurzeln der gegebenen Gleichung [*deren Zahl p ist*] zu zweien, gerade oder ungerade ist. [*Denn nach §. 33. ist das letzte Glied der Differenzen-Gleichung positiv oder negativ, je nachdem n und q beide gerade oder ungerade sind, oder das eine gerade, das andere ungerade ist, das heisst, je nachdem $n-q$ gerade oder ungerade ist. Nun ist nach §. 34. letzteres der Fall, je nachdem* $\frac{p(p-1)}{2}$ *gerade oder ungerade ist, also ist das letzte Glied der Differenzen-Gleichung positiv oder negativ, je nachdem* $\frac{p(p-1)}{2}$ *gerade oder ungerade ist.*]

## 35.

Man setze

Erstlich, das letzte Glied der Differenzen-Gleichung sey positiv, so muss also $\frac{p(p-1)}{2}$ gerade seyn, folglich muss entweder $\frac{p}{2}$ [*eine gerade Zahl*] $=2\lambda$, und mithin $p=4\lambda$, oder es muss $\frac{p-1}{2}$ [*eine gerade Zahl*] $=2\lambda$, und folglich $p=4\lambda+1$ seyn. Hieraus folgt, dass in diesem Falle [*nämlich, wenn das letzte Glied der Differenzen-Gleichung positiv ist*] die Zahl $p$ der reellen Wurzeln der gegebenen

## *Wurzeln.*

nen Gleichung, wenn sie eine gerade ist, das heisst wenn die Ordnungs-Zahl der gegebenen Gleichung selbst gerade ist, nothwendig ein Vielfaches von 4 seyn muss; hingegen ein Vielfaches von 4 und noch 1 dazu, wenn die Ordnungs-Zahl der gegebenen Gleichung ungerade ist. [*Nemlich, wenn die Ordnungs-Zahl der Gleichung gerade ist, so kann nur eine gerade Zahl, wenn sie ungerade ist, nur eine ungerade Zahl von reellen Wurzeln Statt finden, weil die Zahl der unmöglichen Wurzeln immer gerade ist. Ist daher die Ordnungs-Zahl der Gleichung gerade, so ist p gerade; ist sie ungerade, so ist p ungerade, oder $p-1$ gerade. Nun müsste, wenn $\frac{p(p-1)}{2}$ gerade seyn soll, entweder $\frac{p}{2}=2\lambda$, oder $\frac{p-1}{2}=2\lambda$ seyn. Da p allemal eine ganze Zahl ist, so findet $\frac{p}{2}$ nur statt, wenn p gerade, und $\frac{p-1}{2}$ nur wenn p ungerade ist, also $\frac{p}{2}$ nur dann, wenn die Ordnungs-Zahl der gegebenen Gleichung gerade, $\frac{p-1}{2}$ nur dann, wenn sie ungerade ist. Da nun $\frac{p}{2}=2\lambda$, $p=4\lambda$ und $\frac{p-1}{2}=2\lambda$, $p=4\lambda+1$ giebt, wo $\lambda$ eine beliebige ganze Zahl bedeutet, so folgt, dass die Zahl der reellen Wurzeln der gegebenen Gleichung p, wenn die Ordnungs-Zahl der Gleichung gerade ist, nur ein Vielfaches von 4, hingegen wenn die Ordnungs-Zahl der gegebenen Gleichung ungerade ist, nur*

## *Von den unmöglichen*

*ein Vielfaches von 4, plus 1 seyn kann. Die beliebige Zahl des Vielfachen wird durch $\lambda$ ausgedrückt.*] Es ist also unmöglich, dass die gegebene Gleichung 2, 3, 6, 7 etc. reelle Wurzeln hat, [*wenn das letzte Glied ihrer Differenzen-Gleichung positiv ist. Denn da die Zahl $p$ der reellen Wurzeln in diesem Falle nur* 0 *oder* 1, 4 *oder* 5, 8 *oder* 9 *u. s. w. seyn kann, so kann sie nicht* 2, 3, 6, 7 *etc. seyn.*]

Man setze

Zweitens, das letzte Glied der Differenzen-Gleichung sey negativ, so muss $\frac{p(p-1)}{2}$ negativ, mithin $\frac{p}{2} = 2\lambda + 1$, das heisst, $p = 4\lambda + 2$, oder $\frac{p-1}{2} = 2\lambda + 1$, oder $p = 4\lambda + 3$ seyn; woraus folgt, dass in diesem Falle die Zahl $p$ der reellen Wurzeln der gegebenen Gleichung nothwendig ein Vielfaches von 4, plus 2 seyn muss, wenn die Ordnungs-Zahl der gegebenen Gleichung gerade, und ein Vielfaches von 4, plus 3, wenn dieselbe ungerade ist [*aus ähnlichen Gründen, wie oben*]. Es ist also unmöglich, dass die gegebene Gleichung in diesem Falle [*wenn das letzte Glied ihrer Differenzen-Gleichung negativ ist,*] 1, 4, 5, 8, 9 *etc.* sey.

### 36.

Es lässt sich also an den Zeichen [*der verschiedenen Glieder, nicht etwa blos des so eben aus-*

*schliesslich in Betracht gezogenen letzten Gliedes*] der Differenzen-Gleichung erkennen:

Erstlich, ob alle Wurzeln der gegebenen Gleichung reell sind oder nicht [*nach* §. 28. *nämlich daran, ob die Differenzen-Gleichung lauter Zeichenfolgen hat oder nicht*].

Zweitens, ob die Zahl der reellen Wurzeln eine von den Zahlen 1, 4, 5, 8, 9, 12, 13 *etc.* oder eine von den Zahlen 2, 3, 6, 7, 10, 11 *etc.* ist [*nach* §. 35.], welches hinreicht, um bei Gleichungen, die den fünften Grad nicht übersteigen, oder von welchen man sonst im Voraus weiss, dass die Zahl ihrer unmöglichen Wurzeln nicht grösser als vier ist, die Zahl der unmöglichen Wurzeln selbst zu finden.

[*Die gegebene Gleichung sey z. B. vom fünften Grade, so sieht man zuerst darauf, ob ihre Differenzen-Gleichung lauter Zeichenwechsel hat, oder nicht, ob alle fünf Wurzeln reel sind, oder nicht. Im ersten Falle hat die Gleichung keine unmögliche Wurzeln. Im andern Falle sehe man zu, ob das letzte Glied der zugehörigen Differenzen-Gleichung positiv oder negativ ist. Ist solches positiv, so kann die Zahl der reellen Wurzeln der gegebenen Gleichung, nach (§. 35. I.), nur* 1, 4, 5, 8, 9 *etc., also in dem gegenwärtigen Fall nur* 1 *oder* 4, *folglich die Zahl der unmöglichen Wurzeln nur* 4 *oder* 1 *seyn. Eine einzelne unmögliche Wurzel findet aber nicht Statt, weil die unmöglichen Wurzeln immer paarweise vorhanden sind; also kann die gegebene Gleichung vom*

Von den unmöglichen

*fünften Grade, wenn ihre Differenzen-Gleichung nicht lauter Zeichenwechsel hat und das letzte Glied derselben positiv ist, nur* v i e r *unmögliche Wurzeln haben. Ist das letzte Glied der Differenzen-Gleichung negativ, so kann die Zahl der reellen Wurzeln der gegebenen Gleichung, nach (§. 35. II.), nur 2, 3, 6, 7 etc., also in dem gegenwärtigen Fall nur 2 oder 3, folglich die Zahl der unmöglichen Wurzeln der gegebenen Gleichung nur 3, oder 2, und folglich, weil diese Zahl nur gerade seyn kann, nur* z w e i *seyn.*

*Die gegebene Gleichung sey von einem beliebigen Grade $\mu$, man wisse aber im Voraus, dass die Zahl ihrer unmöglichen Wurzeln nicht grösser als* v i e r *ist. Die Differenzen-Gleichung zeigt erstlich, wenn nicht die Zeichen* a l l e r *ihrer Glieder abwechseln,* d a s s *die gegebene Gleichung unmögliche Wurzeln hat. Ist nun das letzte Glied der Differenzen-Gleichung positiv, so kann die gegebene Gleichung, nach (§. 35. I.), nur 1, 4, 5, 8, 9 etc. reelle, also nur $\mu-1$, $\mu-4$, $\mu-5$, $\mu-8$, $\mu-9$ etc. unmögliche Wurzeln haben. Von diesen verschiedenen Zahlen der unmöglichen Wurzeln kann aber immer nur eine Statt finden, denn nur die beiden letzten sind nicht grösser als 4, wie es der Voraussetzung gemäss seyn soll, eine von diesen beiden aber ist immer ungerade und folglich ebenfalls noch ausgenommen, mithin bleibt nur eine einzige übrig, welche dann die bestimmte Zahl der unmöglichen Wurzeln der gegebenen*

*Gleichung ist. Ist das letzte Glied der Differenzen-Gleichung negativ, so kann, nach (§. 35. II.), die Zahl der reellen Wurzeln der gegebenen Gleichung nur 2, 3, 6, 7 etc., also die Zahl der unmöglichen Wurzeln nur $\mu - 2$, $\mu - 3$, $\mu - 6$, $\mu - 7$ etc. seyn, wovon auf dieselbe Weise, wenn die Zahl der unmöglichen Wurzeln nicht grösser als vier seyn soll, wieder nur eine einzige Statt findet.*]

Vielleicht lassen sich, wenn man diese Untersuchungen fortsetzt, sichere Regeln zur Bestimmung der Zahl der reellen Wurzeln in Gleichungen von beliebigen Graden finden. Die bisherigen Regeln sind entweder unzulänglich, wie die von Newton, Maclaurin etc., oder nicht anwendbar, weil sie die Auflösung von Gleichungen niedriger Ordnungen voraussetzen, wie die von Striling, de Gua etc.

---

# Dritte Abtheilung.

## Anwendung der obigen Theorie auf die Gleichungen des zweiten, dritten und vierten Grades.

### 37.

Die gegebene Gleichung sey vom zweiten Grade, wie

$$75. \quad x^2 - Ax + B = 0$$

so ist ihre Differenzen-Gleichung vom Grade $\frac{2 \cdot 1}{2} = 1$, und man findet, nach (§. 8.), dass dieselbe

*Von den unmöglichen*

$$v - a = 0$$

ist, wo

$$a = A^2 - 4B.$$

Die Wurzeln sind also beide reell, oder beide imaginair, je nachdem $A^2 - 4B > 0$ oder $< 0$ ist. Sie sind einander gleich, wenn

$$A^2 = 4B$$

ist.

## 38.

Die gegebene Gleichung sey die allgemeine Gleichung des dritten Grades

$$76. \quad x^3 - Ax^2 + Bx - C = 0,$$

so ist ihre Differenzen-Gleichung vom Grade $\frac{3 \cdot 2}{2} = 3$, und man findet auf die nemliche Weise [*nach* §. 8.]

$$77. \quad v^3 - av^2 + bv - c = 0,$$

wo

$$78. \begin{cases} a = 2(A^2 - 3B) \\ b = \ \ (A^2 - 3B)^2 \\ c = \frac{4}{3}(A^2 - 3B)(B^2 - 3AC) - \frac{1}{3}(9C - AB)^2 \end{cases}$$

ist. Es muss also, wenn alle Wurzeln der gegebenen Gleichung reell seyn sollen,

$$79. \begin{cases} \text{Erstlich, } A^2 - 3B > 0 \\ \text{Zweitens, } 4(A^2 - 3B)(B^2 - 3AC) - (9C - AB)^2 > 0 \end{cases}$$

seyn. Wird eine dieser Bedingungen nicht erfüllt, so hat die Gleichung zwei unmögliche Wurzeln. [*Wenn nämlich alle Wurzeln der gegebenen Gleichung reell seyn sollen, so muss die Gleichung lauter Zeichenwechsel haben* (§. 28.). *Dieses ist*

## *Wurzeln.*

*möglich, weil der Coefficient des ersten Gliedes $v^3$ positiv vorausgesetzt wird und alsdann auch der Coefficient des dritten Gliedes $b = (A^2 - 3B)^2$ nothwendig positiv ist, weil er aus einem Quadrate besteht. Lauter Zeichenwechsel finden also dann Statt, wenn $a$ und $\alpha$ ebenfalls positiv sind, welches die Bedingungen (79.) ausdrücken. Hat die gegebene Gleichung nicht lauter Zeichenwechsel, so hat sie nothwendig unmögliche Wurzeln (§. 31.), und da deren nicht weniger als zwei seyn können, nothwendig zwei dergleichen.*]

### 39.

Es sey die allgemeine Gleichung des vierten Grades

80. $x^4 + Bx^2 - Cx + D = 0$

gegeben, deren zweites Glied, der Kürze wegen, weggeschafft ist, so ist ihre Differenzen-Gleichung vom Grade $\frac{4 \cdot 3}{2} = 6$, so dass sie durch

81. $v^6 - av^5 + bv^4 - cv^3 + dv^2 - ev + f = 0$

ausgedrückt werden kann. Nach §. 8. findet man

82. $$\begin{cases} a = -8B \\ b = 22B^2 + 8D \\ c = -18B^3 + 16BD + 26C^2 \\ d = 17B^4 + 24B^2D - 7.16D^2 + 3.16BC^2 \\ e = -4B^5 - 2.27C^2B^2 - 8.27C^2D + 3.4^3BD^2 \\ \qquad - 2.4^2B^3D \\ f = 4^4D^3 - 2^3.4^2B^2D^2 + 4^2.3^2C^2BD + 4^2B^4D \\ \qquad - 4C^2B^3 - 3^3C^4. \end{cases}$$

*Von den unmöglichen*

Ist also

Erstlich, die Grösse

$$f = 4^4 D^3 - 2^3 . 4^2 B^2 D^2 + 4^2 . 3^2 C^2 BD + 4^2 B^4 D - 4 C^2 B^3 - 3^3 C^4$$

[*nämlich das letzte Glied der Differenzen-Gleichung*] negativ, so hat die gegebene Gleichung nothwendig zwei reelle und zwei imaginaire Wurzeln. [*Denn da alsdann ein Zeichenwechsel fehlt, so hat sie überhaupt imaginaire Wurzeln, folglich, weil diese nur paarweise vorhanden seyn können, wenigstens zwei. Sie kann aber nur zwei imaginaire Wurzeln haben, weil nur* 2, 3, 6, 7, 10, 11 *etc., also nicht* 0 *reelle Wurzeln existiren können* (*§.* 35. *I.*).]

Ist die Grösse $f$ positiv, so hat die gegebene Gleichung entweder lauter reelle, oder lauter imaginaire Wurzeln. [*Denn sie kann alsdann nur* 0 *oder* 1 *oder* 4 *reelle Wurzeln haben* (*§.* 35. *II.*), *wovon der Fall mit einer Wurzel wegfällt, weil nicht* 3 *imaginaire Wurzeln existiren können.*]

Nun sind alle Wurzeln der gegebenen Gleichung reell, wenn die Werthe aller Coefficienten $a$, $b$, $c$, $d$, $e$, $f$ positiv sind [*weil dann die Differenzen-Gleichung lauter Zeichenwechsel hat*]. Die Wurzeln der gegebenen Gleichung sind also alle imaginair, wenn, während der letzte Coefficient $f$ positiv ist, irgend einer von den übrigen es nicht ist.

Wir wollen also den Coefficienten $f$ positiv setzen, so dass

## *Wurzeln.*

83. $4^4 D^3 - 2^3 . 4^2 B^2 D^2 + 4^2 . 3^2 C^2 B D + 4^2 B^4 D$
$- 4 C^2 B^3 - 3^2 C^4 > 0$

ist, so wird man finden, dass auch alle andern Coefficienten positiv sind, sobald

84. $B < 0$ und $B^2 - 4D > 0$

ist. Hingegen ist irgend einer von ihnen nothwendig negativ, sobald

85. $B > 0$ oder $B^2 - 4D < 0$

ist. Im ersten Fall also wären alle vier Wurzeln der Gleichung reell, im zweiten sämmtlich imaginair. [*Es wäre wohl zu wünschen, dass Lagrange diesen Satz etwas näher auseinander gesetzt hätte. Dass die Grössen a, b und c unter den angenommenen Bedingungen nothwendig positiv sind, ist leicht zu zeigen. Wenn nämlich $B < 0$ und $B^2 - 4D > 0$, das heisst, B negativ und $4D < B^2$ ist, so ist*

*Erstlich $a = -8B$ nothwendig positiv, weil B negativ ist.*

*Zweitens ist $b = 22B^2 + 8D$ nothwendig positiv, weil $B^2$ als Quadrat an sich positiv, $8D$ aber, auch wenn D negativ wäre, nach der Voraussetzung, dass $4D < B^2$ seyn soll, nicht grösser als $-2B^2$ seyn kann, so dass für $b = 22B^2 + 8D$ in jedem Falle die positive Grösse $20B^2$ übrig bleibt.*

*Drittens, in $c = -18B^3 + 16BD + 26C^2$ sind die Glieder $-18B^2$ und $26C^2$ immer positiv, weil $C^2$ ein Quadrat und B nach der Voraussezzung negativ, also $-18B^3$ positiv ist. Das dritte*

## Von den unmöglichen

*Glied*, $16BD$, *ist von selbst positiv, wenn* $D$ *negativ ist, weil* $B$ *negativ seyn soll. Ist hingegen* $D$ *positiv, so ist zwar* $16BD$ *negativ, aber da das positive* $4D < B^2$ *seyn soll, nur etwa* $4D = B^2 - K$, *wo* $K$ *irgend eine positive Grösse ist. Dieses giebt* $16BD = 4B^3 - 4BK$, *also* $c = -14B^3 - 4BK + 26C^2$, *welches nothwendig positiv ist, weil* $B$ *negativ und* $K$ *positiv seyn soll.*

*Aber von den beiden übrigen Grössen* $d$ *und* $e$ *fällt die Behauptung weniger in die Augen; denn da das immer positive* $C^2$ *auch mit dem Zeichen* — *vorkommt, so muss man für den Werth von* $C^2$ *nothwendig irgend eine Bestimmung haben, die sich nur aus der dritten Bedingung* $f > 0$ *nehmen lässt. Hierbei aber verfällt man in Schwierigkeiten. Der Ausdruck von* $f$ *nämlich giebt*

$$27C^4 + 4C^2B^2 - 144C^2BD - 16B^4D + 128B^2D^2 - 256D^3 + f = 0.$$

*Wenn nun die Coefficienten immer positiv seyn sollen, so lange* $B < 0$ *und* $B^2 - 4D > 0$ *ist, so sind sie es auch noch, wenn man z. B.* $B^2 = 4D$ *setzt, weil* $B^2$ *der Grösse* $4D$ *so nahe kommen kann, als man will. Dieses giebt*

$$27C^4 + 4C^2B^3 - 36C^2B^3 - 4B^6 + 8B^6 - 4B^6 + f = 0,$$

*oder*

$$27C^4 - 32C^2B^3 + f = 0.$$

*Da nun* $B$ *negativ und* $f$ *positiv seyn soll, so sind alle drei Glieder dieser Gleichung positiv, und folglich kann* $C^2$ *gar keine positive Grösse seyn, wie es seyn soll.*

## Wurzeln.

*Auch wenn man* $B = 0$ *und* $B = 4D$, *also auch* $D = 0$ *setzt, welches ebenfalls geschehen darf, weil* $B$ *der Null und* $B^2$ *dem* $4D$ *so nahe kommen kann als man will, findet man, dass* $C^2$ *alsdann nicht positiv seyn kann. Denn man erhält*

$$27 C^4 + f = 0,$$

*welches für* $27 C^4$, $-f$, *also eine negative Grösse giebt, woraus für* $C$ *ein imaginairer Werth, gegen die Voraussetzung, folgt; so dass also umgekehrt* $f$ *gar nicht positiv gesetzt werden kann, wenn* $B$ *und* $D$ *Null sind, wovon der Grund nicht klar ist. Auch wenn man blos* $B = 0$ *und* $-4D > 0$, *also* $D$ *negativ setzt, so dass die gegebene Gleichung von der Form*

$$x^4 - Cx + D = 0$$

*ist, fällt die Richtigkeit der Resultate nicht in die Augen. Man findet nämlich alsdann*

$$\begin{aligned} a &= 0 \\ b &= 8D \\ c &= 26C^2 \\ d &= -7.16D^2 \\ e &= -8.27C^2 D \\ f &= 4^4 D^3 - 3^3 C^4, \end{aligned}$$

*so dass also* $b$ *negativ,* $c$ *positiv,* $d$ *negativ,* $e$ *positiv und* $f$ *negativ wären und folglich, weil auf diese Weise die Differenzen-Gleichung,*

$$v^6 - av^5 + bv^4 - cv^3 + dv^2 - ev + f = 0,$$

*nicht lauter Zeichenwechsel hätte, nicht sämmtliche Wurzeln der gegebenen Gleichung reell seyn* *könnten. Setzt man hingegen $B = 0$ und $-4D < 0$, also D positiv, so ist b positiv, c negativ, d positiv, e negativ und f positiv, und die gegebene Gleichung würde lauter reelle Wurzeln haben, welches der Behauptung entgegen zu seyn scheint.*

*Unter diesen Umständen ist es sehr zu bedauern, dass sich der Beweis des Satzes hier nicht findet.*]

Man könnte auf eine ähnliche Weise die Bedingungen suchen, unter welchen die Wurzeln der Gleichungen fünften Grades alle reell, oder zum Theil reell, zum Theil imaginair sind. Da aber in diesem Falle die Differenzen-Gleichung schon auf den $\frac{5 \cdot 4}{2} =$ 10ten Grad steigt, so ist die alsdann nöthige Rechnung schon ausserordentlich weitläuftig und beschwerlich.

---

## Vierte Abtheilung.

### Ueber die Entwickelung der imaginairen Wurzeln einer Gleichung.

### 40.

Wir sahen in der zweiten Abtheilung [§. 32.], dass zu jedem zusammengehörigen Paare von imaginairen Wurzeln, wie $\alpha + \beta\sqrt{-1}$ und $\alpha - \beta\sqrt{-1}$, in der Differenzen-Gleichung nothwendig die reelle negative Wurzel $-4\beta^2$ gehört, woraus folgt, dass sich aus den reellen negativen Wurzeln der Differen-

## *Wurzeln.*

zen-Gleichung die Werthe von $-4\beta^2$, und folglich von $\beta$, also nach §. 17. die zugehörigen Werthe von $\alpha$ finden lassen, so dass man den Ausdruck der imaginairen Werthe der gegebenen Gleichung erhält, welches z. B. in der Integral-Rechnung nöthig ist. Wir wollen eine diesen Gegenstand betreffende Bemerkung beifügen, welche über die Theorie desselben mehreres Licht verbreiten und etwanige Bedenken gegen ihre Richtigkeit und Allgemeinheit heben wird.

### 41.

Wenn die reellen Theile der imaginairen Wurzeln

$$\alpha + \beta\sqrt{-1}$$
$$\alpha - \beta\sqrt{-1}$$
$$\gamma + \delta\sqrt{-1}$$
$$\gamma - \delta\sqrt{-1}$$
$$\cdots\cdots\cdots$$

sowohl unter einander als von den reellen Wurzeln $a$, $b$, $c$.... verschieden sind, so kann die Differenzen-Gleichung, wie aus der Tafel der zweiten Abtheilung [§. 32.] leicht zu sehen, keine andern reellen imaginairen Wurzeln als $-4\beta^2$, $-4\delta^2$ *etc.* haben; die Zahl dieser Wurzeln ist also der Zahl der Paare imaginairer Wurzeln in der gegebenen Gleichung gleich.

Sind hingegen die Grössen $\alpha$, $\gamma$.... zum Theil unter sich oder den Grössen $a$, $b$, $c$.... gleich, so hat die Differenzen-Gleichung nothwendig mehr negative Wurzeln, als die gegebene Gleichung Paare imaginairer Wurzeln hat.

## *Von den unmöglichen*

Es sey z. B. $a = \alpha$, so gehen die beiden imaginairen Wurzeln $(a-\alpha+\beta\sqrt{-1})^2$, $(\alpha-a-\beta\sqrt{-1})^2$ in $-\beta^2$ und $-\beta^2$ über und sind folglich ebenfalls reelle negative Wurzeln.

Hat also z. B. die gegebene Gleichung nur die beiden imaginairen Wurzeln $\alpha+\beta\sqrt{-1}$ und $\alpha-\beta\sqrt{-1}$, so hat die Differenzen-Gleichung, im Fall $\alpha = a$ ist, ausser der reellen negativen Wurzel $-4\beta^2$, noch die beiden reellen, einander gleichen, negativen Wurzeln $-\beta^2$ und $-\beta^2$.

Daraus folgt, dass, wenn die Differenzen-Gleichung drei reelle negative Wurzeln hat, von welchen zwei einander gleich sind, dann die gegebene Gleichung drei Paare oder blos ein Paar imaginairer Wurzeln haben kann.

Hat die gegebene Gleichung vier imaginaire Wurzeln, $\alpha+\beta\sqrt{-1}$, $\alpha-\beta\sqrt{-1}$, $\gamma+\delta\sqrt{-1}$, $\gamma-\delta\sqrt{-1}$, so hat die Differenzen-Gleichung erstlich die beiden reellen negativen Wurzeln $-4\beta^2$, $-4\delta^2$; und ist alsdann noch $\alpha = a$, so hat sie auch noch die beiden reellen negativen Wurzeln $-\beta^2$ und $-\beta^2$; ist ferner $\gamma = b$, so hat sie noch die beiden reellen negativen Wurzeln $-\delta^2$ und $-\delta^2$. Wäre $\alpha = \gamma$, so gingen die vier imaginairen Wurzeln

$$(\alpha-\gamma-(\beta-\delta)\sqrt{-1})^2, \quad (\alpha-\gamma-(\beta-\delta)\sqrt{-1})^2$$
$$(\alpha-\gamma+(\beta+\delta)\sqrt{-1})^2, \quad (\alpha-\gamma-(\beta+\delta)\sqrt{-1})^2$$

in

$$-(\beta-\delta)^2, \quad -(\beta-\delta)^2, \quad -(\beta+\delta)^2, \quad -(\beta+\delta)^2$$

über, welche Wurzeln sämmtlich reell und negativ. aber paarweise einander gleich sind.

## *Wurzeln.*

### 42.

Hieraus folgt leicht:

Erstlich, dass, wenn alle reellen negativen Wurzeln der Differenzen-Gleichung unter einander ungleich sind, die gegebene Gleichung nothwendig eben so viele Paare imaginairer Wurzeln haben muss.

Nennt man irgend eine jener [*reellen negativen*] Wurzeln [*der Differenzen-Gleichung*] $-w$, so ist $\beta = \frac{\sqrt{w}}{2}$ [*weil* $-4\beta^2 = -w$]. Substituirt man diesen Werth in die beiden Gleichungen (§. 17.), so darf man dann nur ihren grössten Divisor suchen und die Division fortsetzen, bis man auf einen Rest kommt, welcher $\alpha$ nur noch in einer Abmessung enthält. Setzt man diesen Rest gleich Null, so erhält man den zu $\beta$ gehörigen Werth von $\alpha$. Und auf diese Weise giebt dann jede negative Wurzel $-w$ zwei imaginaire Wurzeln $\alpha + \beta\sqrt{-1}$ und $\alpha - \beta\sqrt{-1}$.

Zweitens folgt, dass, wenn unter den reellen negativen Wurzeln der Differenzen-Gleichung gleiche Wurzeln sind, jede andere ungleiche Wurzel, wie vorhin, zu einem Paare imaginairer Wurzeln gehört, jedes Paar gleicher Wurzeln aber ebenfalls nur zwei Paare imaginairer Wurzeln oder keine geben kann; so dass zwei gleiche Wurzeln vier imaginaire Wurzeln geben, oder keine; drei gleiche Wurzeln, sechs oder zwei imaginaire Wurzeln; vier gleiche Wurzeln, acht oder vier imaginaire Wurzeln u. s. w.

*Von den unmöglichen*

## 43.

Wenn nun z. B. $-w$ und $-w$ zwei gleiche negative Wurzeln der Differenzen-Gleichung sind, so setze man $\beta = \frac{\sqrt{w}}{2}$, wie oben. Man substituire diesen Werth von $\beta$ in die Gleichungen (§. 17.), suche ihren gemeinschaftlichen Divisor und setze die Division so lange fort, bis man auf einen Rest kommt, welcher $\alpha$ noch in der zweiten Abmessung enthält, weil der Werth von $\beta$, wie wir oben sahen, zwiefach ist.

Setzt man darauf diesen Rest gleich Null, so hat man zur Bestimmung von $\alpha$ eine Gleichung des zweiten Grades, welche folglich zwei reelle oder imaginaire Wurzeln hat.

Im ersten Falle bezeichne man diese beiden Wurzeln durch $\alpha'$ und $\alpha''$, so erhält man die vier imaginairen Wurzeln

$$\alpha' + \beta\sqrt{-1}$$
$$\alpha' - \beta\sqrt{-1}$$
$$\alpha'' + \beta\sqrt{-1}$$
$$\alpha'' - \beta\sqrt{-1}.$$

Da im zweiten Falle die Werthe von $\alpha$, gegen die Voraussetzung, imaginair sind, so ist dieses ein Zeichen, dass zu den beiden gleichen Wurzeln $-w$ und $-w$ keine imaginairen Wurzeln der gegebenen Gleichung gehören.

## 44.

Sind in der Differenzen-Gleichung drei gleiche und negative Wurzeln, $-w$, $-w$, $-w$ vorhanden,

## *Wurzeln.*

so darf man nur, nachdem $\beta = \frac{\sqrt{w}}{2}$ gesetzt worden, die Division so lange fortsetzen, bis man auf einen Rest kommt, der $\alpha$ noch in drei Abmessungen enthält, so dass man, wenn man diesen Rest gleich Null setzt, eine Gleichung mit $\alpha$ des dritten Grades findet, aus welcher entweder drei reelle Werthe, oder ein reeller und zwei imaginaire Werthe von $\alpha$ folgen. Im ersten Falle sind sechs imaginaire Wurzeln vorhanden, im zweiten nur zwei. Die imaginairen Werthe von $\alpha$ kommen immer, als der Voraussetzung zuwider, nicht in Betracht.

# Sechster Abschnitt.

## Ueber die Methode, die Zahlen-Werthe der Wurzeln gegebener Gleichungen durch continuirliche Brüche näherungsweise zu finden.

Wir sahen im dritten Abschnitte, wie sich die Wurzeln numerischer Gleichungen auf continuirliche Brüche bringen lassen, nebst den Vorzügen dieser Reduction. Wir wollen dieser Theorie noch einige Bemerkungen hinzufügen, um sie möglichst zu verallgemeinern.

## Erste Abtheilung.

### Von den periodischen Kettenbrüchen.

### 45.

Wir sahen schon im §. 18., dass, wenn die gesuchte Wurzel commensurabel ist, der sie ausdrükkende Kettenbruch nothwendig abbrechen muss, so dass man die Wurzel genau findet. Es giebt aber

## *Brüche.*

noch einen andern Fall, in welchem der Werth der Wurzel, ungeachtet der Kettenbruch kein Ende hat, ebenfalls genau ausgedrückt werden kann. Dieser Fall ist der eines periodischen Kettenbruches, das heisst eines solchen, dessen Nenner bis ins Unendliche immerfort wieder die nemlichen sind, z. B. wie

86. $$p + \cfrac{1}{q + \cfrac{1}{p + \cfrac{1}{q + \cfrac{1}{p + \ldots}}}}$$

Es ist klar, dass, wenn man den Werth dieses Bruchs durch $x$ bezeichnet,

$$x = p + \cfrac{1}{q + \cfrac{1}{x}}$$

ist, welches die Gleichung [$x = p + \frac{x}{xq + 1}$, *oder* $(xq + 1)x = p(xq + 1) + x$, *oder* $x^2 q + x = pqx + p + x$, *oder*]

87. $$qx^2 - pqx - p = 0$$

giebt, aus welcher sich $x$ finden lässt. Eben so verhält es sich, wenn die Periode mehrere Glieder hätte. Man würde für $x$ immer eine Gleichung des zweiten Grades finden. Es kann auch kommen, dass der Kettenbruch im Anfange irregulair und nur erst an einem gewissen Gliede periodisch ist. Auch in diesem Falle lässt sich sein Werth auf dieselbe Weise finden und hängt immer nur von einer Gleichung des zweiten Grades ab. Denn es sey z. B. der Bruch

*Näherung durch continuirliche*

88. $p + \cfrac{1}{q + \cfrac{1}{r + \cfrac{1}{s + \cfrac{1}{r + \cfrac{1}{s + \cfrac{1}{r \ldots}}}}}}$

gegeben. Der ganze Bruch werde durch $x$, und der periodische Theil desselben, nämlich $r + \cfrac{1}{s + \cfrac{1}{r + \ldots}}$ durch $y$ bezeichnet, so ist

$$x = p + \cfrac{1}{q + \cfrac{1}{y}},$$

woraus [$x = p + \frac{y}{qy + 1}$, *oder* $(qy + 1)x = p(qy + 1) + y$, *oder* $x - p = y(1 + (p - x)q)$, *oder*]

$$y = \frac{x - p}{1 - q(x - p)}$$

folgt. Nun ist aber $y = r + \cfrac{1}{s + \cfrac{1}{y}}$, welches [*wie oben* 87.] $sy^2 - rsy - r = 0$ giebt. Substituirt man hierin den obigen Werth von $y$ in $x$, so erhält man

89. $s(x-p)^2 - rs(x-p)(1-q(x-p)) - r(1-q(x-p))^2 = 0$,

welche Gleichung, entwickelt und nach $x$ geordnet, vom zweiten Grade ist.

## 46.

Hieraus folgt, dass der obige Fall immer Statt findet, sobald unter den umgeformten Gleichungen

(§. 18.) zwei sind, welche die nämlichen Wurzeln haben; denn wäre z. B. die Wurzel $z$ der Gleichung (48.) die nämliche wie die Wurzel $x$ der Gleichung (43.), so wäre

$$x = p + \cfrac{1}{q + \cfrac{1}{x}},$$

welches der erste Fall des vorigen Paragraphs ist u. s. w. Setzt man also, dass in einem periodischen Bruche mehrere Zahlen in der nämlichen Ordnung wiederkehren, so darf man nur, um zu sehen, ob der Bruch wirklich bis ins Unendliche periodisch ist, untersuchen, ob die Wurzeln der beiden Gleichungen, die den nämlichen ganzzahligen approximativen Werth haben, völlig gleich sind, das heisst, ob die beiden Gleichungen eine gemeinschaftliche Wurzel haben, welches man leicht findet, wenn man ihren gemeinschaftlichen Divisor sucht, der nothwendig alle gemeinschaftliche Wurzeln der beiden Gleichungen, wenn sie dergleichen haben, enthalten muss. Da nun, wie wir sahen, jeder periodische Kettenbruch auf die Wurzeln einer Gleichung des zweiten Grades gebracht werden kann, so folgt, dass der grösste gemeinschaftliche Divisor nothwendig vom zweiten Grade ist.

## 47.

Man setze also, dass sich unter den verschiedenen umgeformten Gleichungen zwei von gleichen Wurzeln finden, so ist der zugehörige Kettenbruch nothwendig bis ins Unendliche periodisch, so dass

*Näherung durch continuirliche*

man ihn blos durch Wiederholung der nemlichen Zahlen, so weit verfolgen kann, als man will.

Wir wollen nun sehen, wie man in diesem Falle auch die convergirenden Brüche des 23ten Paragraphs fortsetzen kann, ohne einen aus dem andern durch die gegebenen Formeln zu berechnen.

Zu diesem Ende wollen wir setzen, es sey allgemein

90. $x = \lambda' + \frac{1}{x'},\ x' = \lambda'' + \frac{1}{x''},\ x'' = \lambda''' + \frac{1}{x'''} \ldots,$

so dass, wenn $x$ die gesuchte Wurzel ist, $x'$, $x''$, $x'''$ *etc.* die oben durch $y$, $z$, $u$ *etc.* bezeichneten Wurzeln der umgeformten Gleichungen sind, so ist

$$91.\quad x = \lambda' + \cfrac{1}{\lambda'' + \cfrac{1}{\lambda''' \ldots}}$$

Setzen wir also, wie in (§. 23.),

$$92.\quad \begin{cases} 1 = l & 0 = L \\ \lambda' = l' & 1 = L' \\ \lambda'' l' + l = l'' & \lambda'' L' = L'' \\ \lambda''' l'' + l' = l''' & \lambda''' L'' + L' = L''' \\ \lambda^{IV} l''' + l'' = l^{IV} & \lambda^{IV} L''' + L'' = L^{IV} \\ \ldots\ldots\ldots & \ldots\ldots\ldots \end{cases}$$

so convergiren die Brüche

$$93.\quad \frac{l}{L},\ \frac{l'}{L'},\ \frac{l''}{L''},\ \frac{l'''}{L'''} \ldots$$

nach $x$.

Nun giebt die Gleichung $x = \lambda' + \frac{1}{x'}$,

$$x x' = x' \lambda' + 1 = x' l' + 1.$$

## *Brüche.*

Setzt man in das zweite Glied dieser Gleichung den Werth $\lambda'' + \frac{1}{x''}$ von $x'$ und multiplicirt mit $x''$, so erhält man [$x x' x'' = \left(\lambda'' + \frac{1}{x''}\right) x'' l' + x''$, *oder* $x x' x'' = x'' \lambda'' l' + l' + x'' = x''(\lambda'' l' + 1) + l'$, *oder, weil* $1 = l$ *ist* (92.)]

94. $x x' x'' = x''(\lambda'' l' + l) + l' = l'' x'' + l'$

[*weil* $\lambda'' l' + l = l''$ *ist* (92.)]. Man findet auf dieselbe Weise, wenn man in den zweiten Theil dieser Gleichung $\lambda''' + \frac{1}{x'''}$ statt $x''$ setzt,

95. $x x' x'' x''' = l''' x''' + l''$,

u. s. w.

Eben so giebt die Gleichung $x' = \lambda'' + \frac{1}{x''}$,

96. $x' x'' = \lambda'' x'' + 1 = L'' x'' + L'$,

und, wenn man in das zweite Glied $\lambda''' + \frac{1}{x'''}$ statt $x''$ setzt und mit $x'''$ multiplicirt,

97. $x' x'' x''' = (\lambda''' L'' + L') x''' + L'' = L''' x''' + L''$

u. s. w.

Hieraus folgt, dass für jeden Kettenbruch, er sey periodisch oder nicht,

$$98. \begin{cases} x x' x'' x''' \dots x^{\varrho} = l^{\varrho} x^{\varrho} + l^{\varrho-1} \\ x' x'' x''' \dots x^{\varrho} = L^{\varrho} x^{\varrho} + L^{\varrho-1} \end{cases}$$

ist. Es ist zu bemerken, dass die kleinen etwas erhöheten Buchstaben, wie $\varrho$, nicht Exponenten, sondern blos Zeiger sind. [*Um dieses deutlicher anzuzeigen, wollen wir sie fortan rechts unten, statt*

*Näherung durch continuirliche*

*rechts oben setzen, so dass z. B. die Gleichung* (98.), *wie folgt, lautet:*

$$98.\ \begin{cases} x x_{,} x_{,,} x_{,,,} \ldots\ x_{\varrho} = l_{\varrho} x_{\varrho} + l_{\varrho-1} \\ x_{,} x_{,,} x_{,,,} \ldots\ x_{\varrho} = L_{\varrho} x_{\varrho} + L_{\varrho-1}]. \end{cases}$$

## 48.

Gesetzt nun, man fände, dass

$$99.\quad x_{\mu+\nu} = x_{\mu},$$

das heisst, dass die Wurzeln der $\mu+\nu$ten und der $\mu$ten umgeformten Gleichungen die nämlichen sind, so wäre nothwendig auch

$$x_{\mu+\nu+1} = x_{\mu+1}$$
$$x_{\mu+\nu+2} = x_{\mu+2}$$
$$\cdots\cdots\cdots\cdots$$
$$x_{\mu+2\nu} = x_{\mu}$$

*etc.* und allgemein

$$100.\quad x_{\mu+n\nu+\pi} = x_{\mu+\pi}$$

[*weil jede aus der vorigen auf die nämliche Weise gefunden wird*]. Also auch

$$\lambda_{\mu+\nu+1} = \lambda_{\mu+1}$$
$$\lambda_{\mu+\nu+2} = \lambda_{\mu+2}$$

und überhaupt

$$101.\quad \lambda_{\mu+n\nu+\pi} = \lambda_{\mu+\pi},$$

so dass

## *Brüche.*

102. $$x = \lambda_{,} + \cfrac{1}{\lambda_{,,} \ldots \cfrac{1}{\lambda_{\mu} + \cfrac{1}{\lambda_{\mu+1} + \cfrac{1}{\lambda_{\mu+2} \ldots + \cfrac{1}{\lambda_{\mu+\nu} + \cfrac{1}{\lambda_{\mu+1} + \ldots}}}}}}$$

[*wo die periodische Wiederkehr der Nenner angedeutet ist.*]

Setzt man nun im Allgemeinen

103. $$\mu + n\nu + \pi = \varrho,$$

so gehen die beiden Gleichungen (98.) [*für den gegenwärtigen Fall eines periodischen Bruchs*], wie leicht zu sehen, in

104. $$\begin{cases} x x_{,} x_{,,} \ldots x_{\mu} \times x_{\mu+1} x_{\mu+2} \ldots x_{\mu+\pi} \times (x_{\mu+1} x_{\mu+2} x_{\mu+\nu})^{n} \\ \qquad = l_{\varrho}\, x_{\mu+\pi} + l_{\varrho+1} \quad \text{und} \\ x_{,} x_{,,} x_{,,,} \ldots x_{\mu} \times x_{\mu+1} x_{\mu+2} \ldots x_{\mu+\pi} \times (x_{\mu+1} x_{\mu+2} x_{\mu+\nu})^{n} \\ \qquad = L_{\varrho}\, x_{\mu+\pi} + L_{\varrho-1} \end{cases}$$

über [*weil* $x_{\varrho} = x_{\mu+n\nu+\pi}$ (103.) $= x_{\mu+\pi}$ (100.)].

Setzt man in die nämliche Gleichung (98.) $\mu$ statt $\varrho$, so erhält man

105. $$\begin{cases} x x_{,} x_{,,} \ldots . x_{\mu} = l_{\mu}\, x_{\mu} + l_{\mu-1} \\ x_{,} x_{,,} \ldots . x_{\mu} = L_{\mu}\, x_{\mu} + L_{\mu-1}. \end{cases}$$

Da nun ferner

## *Näherung durch continuirliche*

$$x_\mu = \lambda_{\mu+1} + \frac{1}{x_{\mu+1}},\quad x_{\mu+1} = \lambda_{\mu+2} + \frac{1}{x_{\mu+2}} \text{ etc. } (90.)$$

ist, so erhält man, wenn man [*wie* 92.]

$$106.\quad \begin{cases} 1 = h & 0 = H \\ \lambda_{\mu+1} = h_1 & 1 = H_1 \\ \lambda_{\mu+2} h_1 + h = h_2 & \lambda_{\mu+2} H_1 = H_2 \\ \lambda_{\mu+3} h_2 + h_1 = h_3 & \lambda_{\mu+3} H_2 + H_1 = H_3 \\ \lambda_{\mu+4} h_3 + h_2 = h_4 & \lambda_{\mu+4} H_3 + H_2 = H_4 \\ \ldots\ldots\ldots\ldots & \ldots\ldots\ldots\ldots \end{cases}$$

setzt, im Allgemeinen,

$$107.\quad \begin{cases} x_\mu x_{\mu+1} x_{\mu+2} \ldots x_{\mu+\sigma} = h_\sigma x_{\mu+\sigma} + h_{\sigma-1} \\ x_{\mu+1} x_{\mu+2} \ldots x_{\mu+\sigma} = H_\sigma x_{\mu+\sigma} + H_{\sigma-1} \end{cases}$$

[*auf dieselbe Weise wie in §.* 47.]. Es ist also auch

$$108.\quad x_{\mu+1} x_{\mu+2} \ldots x_{\mu+\pi} = H_\pi x_{\mu+\pi} + H_{\pi-1},$$

und, weil $x_{\mu+\nu} = x_\mu$ (99.), aus (107.)

$$109.\quad x_{\mu+1} x_{\mu+2} \ldots x_{\mu+\nu} = H_\nu x_\mu + H_{\nu-1}.$$

Substituirt man die Gleichungen (98. 108 und 109.) in (104.), so erhält man

$$110.\quad \begin{cases} (l_\mu x_\mu + l_{\mu-1})(H_\pi x_{\mu+\pi} + H_{\pi-1})(H_\nu x_\mu + H_{\nu-1})^n \\ \qquad = l_\varrho x_{\mu+\pi} + l_{\varrho-1} \\ (L_\mu x_\mu + L_{\mu-1})(H_\pi x_{\mu+\pi} + H_{\pi-1})(H_\nu x_\mu + H_{\nu-1})^n \\ \qquad = L_\varrho x_{\mu+\pi} + L_{\varrho-1}. \end{cases}$$

## *Brüche.*

### 49.

Nun geben die beiden Gleichungen (107.), wenn man eine durch die andere dividirt,

$$111.\quad x_\mu = \frac{h_0 x_{\mu+\sigma} + h_{\sigma-1}}{H_\sigma x_{\mu+\sigma} + H_{\sigma-1}},$$

woraus [*wenn man den Nenner wegschafft*]

$$112.\quad x_{\mu+\sigma} = \frac{H_{\sigma-1} x_\mu - h_{\sigma-1}}{h_\sigma - H_\sigma x_\mu}$$

folgt.

Setzt man [*das willkürliche*] $\sigma$ gleich $\pi$, so erhält man aus (112.)

$$113.\quad x_{\mu+\pi} = \frac{H_{\pi-1} x_\mu - h_{\pi-1}}{h_\pi - H_\pi x_\mu}$$

und hieraus $\Big[H_\pi x_{\mu+\pi} + H_{\pi-1} = H_\pi \dfrac{H_{\pi-1} x_\mu - h_{\pi-1}}{h_\pi - H_\pi x_\mu}$

$+ H_{\pi-1} =$

$$\frac{1 \mp H_\pi H_{\pi-1} x_\mu - H_\pi h_{\pi-1} + h_\pi H_{\pi-1} - H_{\pi-1} H_\pi x_\mu}{h_\pi - H_\pi x_\mu},$$

*also*$\Big]$

$$114.\quad H_\pi x_{\mu+\pi} + H_{\pi-1} = \frac{h_\pi H_{\pi-1} - H_\pi h_{\pi-1}}{h_\pi - H_\pi x_\mu}.$$

Nun ist aber, wie aus der Natur der Grössen $h$, $h_1$, $h_2 \ldots$ und $H$, $H_1$, $H_2 \ldots$ (106.) leicht zu sehen,

$$H_1 h - h_1 H = 1$$
$$H_2 h_1 - h_2 H_1 = -1$$
$$H_3 h_2 - h_3 H_2 = 1$$
$$\ldots\ldots\ldots\ldots,$$

*Näherung durch continuirliche*

und folglich allgemein

$$115.\quad h_\pi H_{\pi-1} - H_\pi h_{\pi-1} = \pm 1,$$

wo das obere Zeichen gilt, wenn $\pi$ eine gerade Zahl ist, das untere, wenn $\pi$ ungerade ist. [*Es ist z. B. nach* (106.),

$$H_1 h - h_1 H = 1 - 0 = 1,$$

$$H_2 h_1 - h_2 H_1 = \lambda_{\mu+2} H_1 \lambda_{\mu+1} - (\lambda_{\mu+2} h_1 + h) = -h$$
$$= -1$$

*u. s. w. Es ist also in* (114.)

$$H_\pi x_{\mu+\pi} + H_{\pi-1} = \frac{\pm 1}{h_\pi - H_\pi x_\mu}].$$

Substituirt man nun (115. und 113.) in (110.), so erhält man

$$\Big[(l_\mu x_\mu + l_{\mu-1}) \times \left(\frac{\pm 1}{h_\pi - H_\pi x_\mu}\right)(H_\nu x_\mu + H_{\nu-1})^n =$$

$$l_\varrho \left(\frac{H_{\pi-1} x_\mu - h_{\pi-1}}{h_\pi - H_\pi x_\mu}\right) + l_{\varrho-1},\ \textit{oder}\Big].$$

$$116.\left\{\begin{array}{l} \pm(l_\mu x_\mu + l_{\mu-1})(H_\nu x_\mu + H_{\nu-1})^n = \\ (l_\varrho H_{\pi-1} - l_{\varrho-1} H_\pi) x_\mu + l_{\varrho-1} h_\pi - l_\varrho h_{\pi-1} \\ [\textit{Eben so}] \\ \pm(L_\mu x_\mu + L_{\mu-1})(H_\nu x_\mu + H_{\nu-1})^n = \\ (L_\varrho H_{\pi-1} - L_{\varrho-1} H_\pi) x_\mu + L_{\varrho-1} h_\pi - L_\varrho - h_{\pi-1}. \end{array}\right.$$

Das Zeichen $\pm$ richtet sich, wie oben bemerkt, nach $\pi$.

Setzt man nun in (111.) [*das willkürliche*] $\sigma = \nu$, so erhält man, weil nach der Voraussetzung $x_{\mu+\nu} = x_\mu$ (99.) ist,

## *Brüche.*

$$117.\quad x_\mu = \frac{h_\nu x_\mu + h_{\nu-1}}{H_\nu x_\mu + H_{\nu-1}}.$$

Dieses giebt folgende Gleichung mit $x_\mu$

$$118.\quad x^2_\mu H_\nu - (h_\nu - H_{\nu-1}) x_\mu - h_{\nu-1} = 0,$$

aus welcher

$$119.\quad x_\mu = \frac{h_\nu - H_{\nu-1} \pm \sqrt{((h_\nu - H_{\nu-1})^2 + 4h_{\nu-1}H_\nu)}}{2H_\nu}$$

folgt.

Man setze, der Kürze wegen,

$$120.\quad \frac{h_\nu - H_{\nu-1}}{2H_\nu} = P \text{ und } P^2 + \frac{h_{\nu-1}}{H_\nu} = Q,$$

so erhält man

$$121.\quad x_\mu = P \pm \sqrt{Q},$$

und, wenn man dieses in (116.) substituirt,

$$122.\quad \begin{cases} \pm(l_\mu P + l_{\mu-1} \pm \sqrt{Q})(H_\nu P + H_{\nu-1} \pm H_\nu \sqrt{Q})^n \\ = (l_\varrho H_{\pi-1} - l_{\varrho-1} H_\pi)(P \pm \sqrt{Q}) + l_{\varrho-1} h_\pi - l_\varrho h_{\pi-1} \\ \text{und} \\ \pm(L_\mu P + L_{\mu-1} \pm L_\mu \sqrt{Q})(H_\nu P + H_{\nu-1} \pm H_\nu \sqrt{Q})^n \\ = (L_\varrho H_{\pi-1} - L_{\varrho-1} H_\pi)(P \pm \sqrt{Q}) + L_{\varrho-1} h_\pi - L_\varrho h_{\pi-1}, \end{cases}$$

welches, wegen des zweifachen Zeichens vor $\sqrt{Q}$, vier Gleichungen giebt, aus welchen sich $l_\varrho$, $l_{\varrho-1}$, $L_\varrho$, $L_{\varrho-1}$ finden lassen.

*Näherung durch continuirliche*

50.

Man setze nämlich, der Kürze wegen,

$$123. \begin{cases} l_\mu P + l_{\mu-1} = f_\mu \\ L_\mu P + L_{\mu-1} = F_\mu \\ H_\nu P + H_{\nu-1} = K_\nu, \end{cases}$$

so sind die vier Gleichungen folgende:

$$124.\ l_\varrho H_{\pi-1} - l_{\varrho-1} H_\pi = \frac{(f_\mu + l_\mu \sqrt{Q})(K_\nu + H_\nu \sqrt{Q})^n - (f_\mu - l_\mu \sqrt{Q})(K_\nu - H_\nu \sqrt{Q})^n}{2\sqrt{Q}}.$$

$$125.\ l_{\varrho-1} h_\pi - l_\varrho h_{\pi-1} = \frac{\pm(P+\sqrt{Q})(f_\mu - l_\mu \sqrt{Q})(K_\nu - H_\nu \sqrt{Q})^n}{2\sqrt{Q}} \frac{\pm(P-\sqrt{Q})(f_\mu - l_\mu \sqrt{Q})(K_\nu + H_\nu \sqrt{Q})^n}{2\sqrt{Q}}.$$

$$126.\ L_\varrho H_{\pi-1} - L_{\varrho-1} H_\pi = \frac{(F_\mu + L_\mu \sqrt{Q})(K_\nu + H_\nu \sqrt{Q})^n - (F_\mu - L_\mu \sqrt{Q})(K_\nu - H_\nu \sqrt{Q})^n}{2\sqrt{Q}}.$$

$$127.\ L_{\varrho-1} h_\pi - L_\varrho h_{\pi-1} = \frac{\pm(P+\sqrt{Q})(F_\mu - L_\mu \sqrt{Q})(K_\nu - H_\nu \sqrt{Q})^n}{2\sqrt{Q}} \frac{\pm(P-\sqrt{Q})(F_\mu - L_\mu \sqrt{Q})(K_\nu - H_\nu \sqrt{Q})^n}{2\sqrt{Q}}.$$

[*Man findet nämlich die Gleichung* (124.), *wenn man in* (122.), *in der ersten Gleichung, erst* $\sqrt{Q}$ *mit* + *und dann mit* — *nimmt, eine Gleichung von der andern abzieht und den Rest mit* $2\sqrt{Q}$ *dividirt. Die Gleichung* (125.) *findet man, wenn man in* (122.), *in der ersten Gleichung, erst* $\sqrt{Q}$ *mit* — *nimmt, das Ganze mit* $P+\sqrt{Q}$ *multiplicirt, darauf* $\sqrt{Q}$ *mit* + *nimmt, das Ganze mit* $P-\sqrt{Q}$ *multiplicirt, die beiden Producte von einander abzieht und den Rest durch* $2\sqrt{Q}$ *dividirt. Die Gleichungen* (126.) *und* (127.) *findet man aus* (124.) *und* (125.), *wenn man* $l$ *mit* $L$ *und* $f$ *mit* $F$ *verwechselt.*]

Multiplicirt man nun die erste dieser vier Gleichungen mit $h_\pi$, die zweite mit $H_\pi$, desgleichen die dritte mit $h_\pi$ und die vierte mit $H_\pi$, und addirt das erste und zweite, und das dritte und vierte Product, so erhält man, wenn man noch, der Kürze wegen,

$$128.\quad -H_\pi P + h_\pi = G_\pi$$

setzt, weil $h_\pi H_{\pi-1} - H_\pi h_{\pi-1} = \pm 1$ ist (115.),

$$129.\quad \begin{cases} l_\varrho = \dfrac{(f_\mu + l_\mu\sqrt{Q})(G_\pi + H_\pi\sqrt{Q})(K_\nu + H_\nu\sqrt{Q})^n}{2\sqrt{Q}} \\ \qquad \dfrac{-(f_\mu - l_\mu\sqrt{Q})(G_\pi - H_\pi\sqrt{Q})(K_\nu - H_\nu\sqrt{Q})^n}{2\sqrt{Q}} \\ L_\varrho = \dfrac{(F_\mu + L_\mu\sqrt{Q})(G_\pi + H_\pi\sqrt{Q})(K_\nu + H_\nu\sqrt{Q})^n}{2\sqrt{Q}} \\ \qquad \dfrac{(-(F_\mu - L_\mu\sqrt{Q})(G_\pi - H_\pi\sqrt{Q})(K_\nu - H_\nu\sqrt{Q})^n)}{2\sqrt{Q}}, \end{cases}$$

wo nun

$$\varrho = \mu + n\nu + \pi$$

ist (103.).

## *Näherung durch continuirliche*

Hat man also mit Hülfe der Grössen $\lambda_1$, $\lambda_2$, $\lambda_3 \ldots$ bis $\lambda_{\mu+\nu}$ aus den Gleichungen (92. und 106.) die Grössen $l$, $l_1$, $l_2 \ldots$ und $L$, $L_1$, $L_2 \ldots$ bis zu $l_\mu$ und $L_\mu$, und die Grössen $h$, $h_1$, $h_2 \ldots$ und $H$, $H_1$, $H_2 \ldots$ bis zu $h_\nu$ und $H_\nu$ berechnet, so lassen sich, vermittelst der Gleichung (129.), die Grössen $l_\varrho$ und $L_\varrho$, das heisst, die Glieder des Bruches $\frac{l_\varrho}{L_\varrho}$ [*in der Reihe der convergenten Brüche* (93.)] für jeden beliebigen Exponenten $\varrho$ finden. Denn man darf nur $\mu$ von $\varrho$ abziehen und die Differenz durch $\nu$ dividiren, so erhält man den Exponenten $n$ in den Ausdrücken (129.); der Rest ist die Zahl $\pi$, welche also immer kleiner als $\nu$ ist [*weil* $\varrho = \mu + n\nu + \pi$ (103.) *und folglich* $\frac{\varrho-\mu}{\nu} + \frac{\pi}{\nu} = n$].

Obgleich die Ausdrücke (129.) noch die Wurzel-Grösse $\sqrt{Q}$ enthalten, so fällt dieselbe dennoch, wenn man die Ausdrücke entwickelt, wie leicht zu sehen, weg, so dass $l_\varrho$ und $L_\varrho$ immer rationale ganze Zahlen sind. [*Die Grösse* $l_\varrho$ *z. B. giebt eine Gleichung von der Form*

$$2\sqrt{Q}\,l_\varrho = (a+\alpha)(b+\beta)(c+\gamma)^n - (a-\alpha)(b-\beta)(c-\gamma)^n,$$

*wo nur die Grössen* $\alpha$, $\beta$, $\gamma$ *die Wurzel-Grösse* $\sqrt{Q}$ *enthalten. Dieses giebt, wenn man entwickelt,*

$$2\sqrt{Q}\,l_\varrho = (ab+a\beta+\alpha b+\alpha\beta)(c^n + n_1 c^{n-1}\gamma + n_2 c^{n-2}\gamma^2 \ldots)$$
$$-(ab-a\beta-\alpha b+\alpha\beta)(c^n - n_1 c^{n-1}\gamma + n_2 c^{n-2}\gamma^2 \ldots),$$

*oder*

## *Brüche.*

$$2\sqrt{Q}\,l_\varrho = 2ab(n_1 c^{n-1}\gamma + n_3 c^{n-3}\gamma^3 \ldots)$$
$$+ 2a\beta(c^n + n_2 c^{n-2}\gamma^2 \ldots)$$
$$+ 2\alpha b(c^n + n_2 c^{n-2}\gamma^2 \ldots)$$
$$+ 2\alpha\beta(n_1 c^{n-1}\gamma + n_3 c^{n-3}\gamma^3 \ldots),$$

*wo die Grössen $\alpha$, $\beta$, $\gamma$, welche $\sqrt{Q}$ in einer Abmessung enthalten, immer in einer ungeraden Zahl von Abmessungen vorkommen, so dass also, wenn man auf beiden Seiten mit $\sqrt{Q}$ dividirt, überall eine gerade Zahl von Abmessungen der Wurzel-Grösse übrig bleibt und folglich die Wurzel-Grösse selbst wegfällt. Eben so verhält es sich mit der Grösse $L$ .]*

### 51.

Wollte man übrigens im Allgemeinen die Gleichung zweiter Ordnung haben, welche die Wurzel $x$ aus der gegebenen Gleichung giebt, so darf man nur, weil $x_{\mu+\nu} = x_\mu$ ist, wie (§. 48.) (99.), erwägen, dass die Gleichungen (98.), wenn man sie eine durch die andere dividirt, im Allgemeinen,

$$130.\quad x = \frac{l_\varrho x_\varrho + l_{\varrho-1}}{L_\varrho x_\varrho + L_{\varrho-1}}$$

geben, woraus, wenn man $\varrho = \mu$ setzt,

$$131.\quad x_\mu = \frac{L_{\mu-1}x - l_{\mu-1}}{l_\mu - L_\mu x}$$

folgt. Substituirt man daher dieses in die Gleichung (118.), so erhält man

*Näherung durch continuirliche*

$$H_\nu(L_{\mu-1}x-l_{\mu-1})^2-(h_\nu-H_{\nu-1})(L_{\mu-1}x-l_{\mu-1})(l_\mu-L_\mu x)$$
$$-h_{\nu-1}(l_\mu-L_\mu x)^2=0,$$

oder

$$(H_\nu(L_{\mu-1})^2+(h_\nu-H_{\nu-1})L_{\mu-1}L_\mu-h_{\nu-1}(L_\mu)^2)x^2$$
$$-(2H_\nu L_{\mu-1}l_{\mu-1}+(h_\nu-H_{\nu-1})(L_{\mu-1}l_\mu+l_{\mu-1}L_\mu)-2h_{\nu-1}l_\mu L_\mu)x$$
$$+H_\nu(l_{\mu-1})^2+(h_\nu-H_{\nu-1})l_{\mu-1}l_\mu-h_{\nu-1}(l_\mu)^2=0,$$

welche Gleichung also nothwendig ein Divisor der gegebenen Gleichung ist.

---

## Zweite Abtheilung.

### Einfache Methode, die Wurzeln einer Gleichung zweiter Ordnung durch Kettenbrüche auszudrücken.

### 52.

Wir wollen die allgemeine Gleichung zweiter Ordnung

$$132.\quad a_1x^2-2cx-a=0$$

nehmen, wo $a$, $a_1$ und $c$ ganze Zahlen sind, und zwar unter der Bedingung, dass

$$133.\quad c^2+aa_1>0$$

ist, damit die Gleichung reelle Wurzeln habe. Löset man diese Gleichung auf, so erhält man

$$134.\quad x=\frac{c+\sqrt{(c^2+aa_1)}}{a_1},$$

wo die Wurzel-Grösse sowohl positiv als negativ

## *Brüche.*

genommen werden kann. Man setze, die gesuchte Wurzel sey positiv, $\lambda_1$ sey diejenige ganze Zahl, welche zunächst kleiner ist als $x$, und es sey

$$135.\quad x = \lambda_1 + \frac{1}{x_1}.$$

Substituirt man diesen Ausdruck in die gegebene Gleichung, so erhält man [$a_1\left(\lambda_1^2 + \frac{2\lambda_1}{x_1} + \frac{1}{x_1^2}\right) - 2c\lambda_1 - \frac{2c}{x_1} - a = 0$. *Dieses also ist*] eine umgeformte Gleichung, in welcher die unbekannte Grösse $x_1$ ist. Multiplicirt man nach der Substitution die Gleichung mit $x_1^2$, verändert das Zeichen und setzt, der Kürze wegen,

$$136.\quad \begin{cases} \lambda_1 a_1 - c = c_1 \text{ und} \\ a + 2c\lambda_1 - a_1\lambda_1^2 = a_2, \end{cases}$$

so geht die verwandelte Gleichung in

$$a_2 x_1^2 - 2c_1 x_1 - a_1 = 0$$

über, welches

$$137.\quad x_1 = \frac{c_1 + \sqrt{(c_1^2 + a_1 a_2)}}{a_2}$$

giebt [*welcher Ausdruck dem* (134.) *ganz ähnlich ist*]. Man kann also nun von Neuem diejenige ganze Zahl $\lambda_2$ suchen, welche zunächst kleiner ist, als $x_1$, hierauf

$$x_1 = \lambda_2 + \frac{1}{x_2}$$

setzen und die obige Rechnung wiederholen.

Nun bemerke man, dass die Grösse $c_1^2 + a_1 a_2$ unter dem Wurzelzeichen, in dem Ausdrucke von $x_1$ (137.), wenn man die Werthe von $c_1$ und $a_2$ aus

## *Näherung durch continuirliche*

(136.) substituirt, und weglässt was sich aufhebt, in $c^2 + aa_1$ übergeht, was mit der Grösse unter dem Wurzelzeichen in $x$ selbst (134.) ganz übereinkommt. [*Nämlich, wenn man in* $c_1^2 + a_1 a_2$ *die Werthe von* $c_1$ *und* $a_2$ (136.) *setzt, so erhält man*

$$\lambda_1^2 a_1^2 - 2\lambda_1 a_1 c + c^2 + a_1 a + 2ca_1\lambda_1 - a_1^2\lambda_1^2,$$

*oder* $c^2 + a_1 a$.]

Hieraus folgt, dass die Wurzel-Grösse in den Ausdrücken von $x$, $x_1$, $x_2$.... immer die nämliche bleibt.

Setzt man also, der Kürze wegen,

$$138.\quad c^2 + aa_1 = B$$

und

139.

$$\begin{cases} a_2 = a + 2c\lambda_1 - a_1\lambda_1^2 \text{ (wie 136.)} \\ a_3 = a_1 + 2c_1\lambda_2 - a_2\lambda_2^2 \\ a_4 = a_2 + 2c_2\lambda_3 - a_3\lambda_3^2 \\ etc., \\ \lambda_1 < \frac{c+\sqrt{B}}{a_1},\quad c_1 = \lambda_1 a_1 - c \text{ (wie 136.)} \\ \lambda_2 < \frac{c_1+\sqrt{B}}{a_2},\quad c_2 = \lambda_2 a_2 - c_1 \\ \lambda_3 < \frac{c_2+\sqrt{B}}{a_3},\quad c_3 = \lambda_3 a_3 - c_2 \\ \lambda^4 < \frac{c_3+\sqrt{B}}{a_4},\quad c_4 = \lambda_4 a_4 - c_3 \\ etc., \end{cases}$$

(wo das Zeichen $<$ anzeigt, dass man die nächst kleinere ganze Zahl nehmen soll), so erhält man:

*Brüche.*

$$140. \begin{cases} x = \frac{c + \sqrt{B}}{a_1} = \lambda_1 + \frac{1}{x_1} \\ x_1 = \frac{c_1 + \sqrt{B}}{a_2} = \lambda_2 + \frac{1}{x_2} \\ x_2 = \frac{c_2 + \sqrt{B}}{a_3} = \lambda_3 + \frac{1}{x_3} \text{ etc.,} \end{cases}$$

woraus

$$141. \quad x = \lambda_1 + \frac{1}{\lambda_2 + \frac{1}{\lambda_3 + \ldots}}$$

folgt. Der Wurzel-Grösse $\sqrt{B}$ muss man immer eben das Zeichen vorsetzen, wie in dem Werthe der gesuchten Wurzel $x$.

Auch ist noch zu bemerken, dass, weil

$$c_1^2 + a_1 a_2 = c^2 + a a_1 = B$$

ist,

$$a_2 = \frac{B - c_1^2}{a_1}, \; a_3 = \frac{B - c_2^2}{a_2}, \; a_4 = \frac{B - c_3^2}{a_3} \text{ etc.}$$

ist. Man kann sich also, wenn man es, um $a_2$, $a_3$ *etc.* zu finden, bequemer erachtet, auch dieser Ausdrücke statt der obigen (139.) bedienen.

## 53.

Nun behaupte ich, dass der Kettenbruch, welcher $x$ ausdrückt (141.), nothwendig ein periodischer Bruch ist.

Um dieses zu beweisen, wollen wir erst allgemein nachweisen, dass man bei jeder gegebenen Gleichung zweiter Ordnung nothwendig auf umgeformte Gleichungen kommen muss, deren erstes und letztes Glied entgegengesetzte Zeichen haben. Wir fanden

*Näherung durch continuirliche*

in der That in (§. 19.), dass man nothwendig auf eine umgeformte Gleichung kommen muss, die nur eine einzige Wurzel hat, welche grösser ist als Eins. Jede folgende umgeformte Gleichung wird ebenfalls nur eine einzige Wurzel haben, die grösser ist als Eins. Es sey also

$$142. \quad au^m + bu^{m-1} + cu^{m-2} \ldots + k = 0$$

eine jener umgeformten Gleichungen, welche nur eine Wurzel haben, die grösser ist als Eins, und $s$ die ganze Zahl, welche $u$ am nächsten kommt, so kann man, um die nächste umgeformte Gleichung zu finden,

$$u = s + \frac{1}{w}$$

setzen. Substituirt man dieses, so erhält man, wie leicht zu sehen, eine umgeformte Gleichung, in welcher das erste Glied des ersten Theils

$$143. \quad (as^m + bs^{m-1} + cs^{m-2} \ldots + k)w^m,$$

und das letzte Glied des ersten Theils $a$ ist. Da nun aber der wirkliche Werth von $u$ in der obigen transformirten Gleichung zwischen $u = s$ und $u = \infty$ fällt, in welchem Zwischenraum es nach der Voraussetzung keinen andern Werth von $u$ geben soll, [*weil die Gleichung* (142.) *nur einen Werth von u haben soll, der grösser ist als* 1,] so folgt, dass, wenn man in die Gleichung (142.) $u = s$ und $u = \infty$ setzt, die Resultate nothwendig entgegengesetzte Zeichen haben müssen; denn es giebt in diesem Falle nur einen unter den Factoren der Gleichung, welcher

## *Brüche.*

das Zeichen bei dem Uebergange von einem Werthe von $u$ zum andern verändern kann. Nun bleibt [*in* (142.)] für $u = \infty$ nur das Glied $au^m$ allein übrig, weil die übrigen Glieder gegen dieses verschwinden, und dieses Glied hat das nämliche Zeichen wie $a$ [*weil u positiv ist*]. Also muss $u = s$ nothwendig ein Resultat geben, dessen Zeichen dem von $a$ entgegengesetzt ist. Dieses Resultat ist

$$as^m + bs^{m-1} + cs^{m-2} \ldots . + k.$$

Da nun diese Grösse zugleich der Coefficient des ersten Gliedes der transformirten Gleichung in $w$ ist (143.), deren letztes Glied $a$ war, so folgt, dass die beiden äussersten Glieder dieser transformirten Gleichung nothwendig entgegengesetzte Zeichen haben müssen.

Auf dieselbe Weise lässt sich zeigen, dass das Nämliche um so mehr in allen folgenden transformirten Gleichungen der Fall ist.

Da nun die gegebene Gleichung

$$a_1 x^2 - 2cx - a = 0 \quad (132.)$$

die transformirten Gleichungen

$$a_2 x_1^2 - 2c_1 x_1 - a_1 = 0$$
$$a_3 x_2^2 - 2c_2 x_2 - a_2 = 0$$

*etc.* hat (§. 52.), so folgt, dem was vorhin bewiesen zu Folge, dass man nothwendig zu transformirten Gleichungen wie

$$144. \left\{ \begin{array}{l} a_{\gamma+1} x_\gamma^2 - 2c_\gamma x_\gamma - a_\gamma = 0, \\ a_{\gamma+2} x_{\gamma+1}^2 - 2c_{\gamma+1} x_{\gamma+1} - a_{\gamma+1} = 0 \end{array} \right.$$

## *Näherung durch continuirliche*

*etc.* gelangen muss, deren erste und letzte Glieder entgegengesetzte Zeichen haben, so dass $a_\gamma$, $a_{\gamma+1}$, $a_{\gamma+2}$.... alle einerlei Zeichen haben.

Nun ist aber

145. $B = c_\gamma^2 + a_\gamma a_{\gamma+1} = c_{\gamma+1}^2 + a_{\gamma+1} a_{\gamma+2}$ *etc.*

(138.), worin die Producte $a_\gamma a_{\gamma+1}$, $a_{\gamma+1} a_{\gamma+2}$ *etc.*, weil $a_\gamma$, $a_{\gamma+1}$, $a_{\gamma+2}$ *etc.*, einerlei Zeichen haben, nothwendig positiv sind. Hieraus folgt:

Erstlich, dass

$$c_\gamma^2 < B, \; c_{\gamma+1}^2 < B \; etc.$$

ist [*weil* $c_\gamma^2$, $c_{\gamma+1}^2$...., *als Quadrate, ebenfalls immer positiv sind*], und dass folglich, wenn man vom Zeichen abstrahirt,

$$c_\gamma < \sqrt{B}, \; c_{\gamma+1} < \sqrt{B} \; etc.$$

ist, ins Unendliche.

Zweitens folgt, dass, weil $a$, $a_1$, $a_2$ *etc.* sämmtlich ganze Zahlen sind,

$$a_\gamma < B, \; a_{\gamma+1} < B \; etc.$$

ist. [*Denn nur, wenn z. B.* $a_\gamma$ *ein echter Bruch wäre, könnte in* (145.) *der andere Factor* $a_{\gamma+1}$ *grösser als B selbst seyn.*]

Da nun aber $B$ eine bestimmte Grösse ist, so ist klar, dass nur eine gewisse Menge von ganzen Zahlen existire, die kleiner als $B$ und $\sqrt{B}$ sind, so dass $a_\gamma$, $a_{\gamma+1}$, $a_{\gamma+2}$.... $c_\gamma$, $c_{\gamma+1}$, $c_{\gamma+2}$.... nur eine gewisse Zahl verschiedener Werthe haben können, und

# Brüche.

dass also dieselben Zahlen, wenn man die Reihen der Grössen $a_\gamma, a_{\gamma+1}, a_{\gamma+2} \ldots, c_\gamma, c_{\gamma+1}, c_{\gamma+2} \ldots$ ins Unendliche fortsetzt, so wie einerlei Zusammensetzungen correspondirender Glieder der beiden Reihen, unendliche male wiederkehren müssen, so dass also zum Beispiel

$$a_{\gamma+\delta+\nu} = a_{\gamma+\delta} \text{ und } c_{\gamma+\delta+\nu} = c_{\gamma+\delta},$$

oder, wenn man

$$\gamma + \delta = \mu$$

setzt,

$$146. \quad a_{\mu+\nu} = a_\mu \text{ und } c_{\mu+\nu} = c_\mu,$$

also auch, wegen

$$B = c_\mu^2 + a_\mu a_{\mu+1} = c_{\mu+\nu}^2 + a_{\mu+\nu} a_{\mu+\nu+1} \ (145.),$$

$$147. \quad a_{\mu+\nu+1} = a_{\mu+1}$$

ist. Nun aber ist

$$x_\mu = \frac{c_\mu + \sqrt{B}}{a_{\mu+1}} \text{ und } x_{\mu+\nu} = \frac{c_{\mu+\nu} + \sqrt{B}}{a_{\mu+\nu+1}} \ (140.),$$

also ist

$$148. \quad x_{\mu+\nu} = x_\mu.$$

Mithin ist der Bruch [*welcher x ausdrückt*] nothwendig ein periodischer Kettenbruch.

## 54.

In der That folgt aus den Gleichungen (139.), dass, sobald

$$a_{\mu+\nu} = a_\mu \text{ und } c_{\mu+\nu} = c_\mu$$

ist, auch

$$149. \quad a_{\mu+\nu+1} = a_{\mu+1}, \ \lambda_{\mu+\nu+1} = \lambda_{\mu+1}, \ c_{\mu+\nu+1} = c_{\mu+1}$$

*Näherung durch continuirliche*

u. s. w. seyn muss, so dass allgemein die Glieder der drei Reihen,

$$a,\ a_1,\ a_2 \ldots.$$
$$c,\ c_1,\ c_2 \ldots.$$
$$\lambda,\ \lambda_1,\ \lambda_2 \ldots.,$$

welche $\mu + n\nu + \pi$ zum Zeiger haben; wo $n$ irgend eine ganze Zahl bedeutet, mit den vorhergehenden Gliedern übereinkommen, deren Zeiger $\mu + \pi$ ist.

Jede dieser drei Reihen ist also nothwendig von den Gliedern $a_\mu$, $c_\mu$ und $\lambda_{\mu+1}$ ab, eine periodische. Die Perioden haben $\nu$ Glieder, nach welchen bis ins Unendliche die nämlichen Glieder immer wiederkehren.

## 55.

Wir fanden, dass man, wenn man mit der Reihe der Grössen $a$, $a_1$, $a_2 \ldots.$ fortfährt, nothwendig auf Glieder von gleichen Zeichen kommen muss, und dass folglich die Reihe zuletzt nothwendig zu einer periodischen werden muss. Ich behaupte nun, dass, sobald man zwei auf einander folgende Glieder der Reihe, wie $a_\gamma$, $a_{\gamma+1}$, von gleichen Zeichen findet, nothwendig eins dieser Glieder schon eins von den periodischen Gliedern seyn muss, welches in jeder Periode wiederkehrt.

Wenn nämlich $a_\gamma$ und $a_{\gamma+1}$ gleiche Zeichen haben, so ist klar, dass die transformirte Gleichung

$$a_{\gamma+1} x_\gamma^2 - 2 c_\gamma x_\gamma - a_\gamma = 0$$

nothwendig eine positive und eine negative Wurzel

## *Brüche.*

haben muss, so dass sie nur eine Wurzel haben kann, die grösser ist als Eins. In allen folgenden transformirten Gleichungen haben daher alsdann, ebenfalls nach (§. 53.), die äussersten Glieder entgegengesetzte Zeichen. Also haben nothwendig alle die Zahlen $a_\gamma$, $a_{\gamma+1}$, $a_{\gamma+2}$ *etc.* einerlei Zeichen, so dass jede derselben kleiner als $B$, und jede von den Zahlen $c_\gamma$, $c_{\gamma+1}$, $c_{\gamma+2}$ *etc.* kleiner als $\sqrt{B}$ ist (§. 53.).

### 56.

Da nun

$$B = c_\gamma^{\,2} + a_\gamma a_{\gamma+1} \; [(138.)],$$

so müssen entweder die Zahlen $a_\gamma$ und $a_{\gamma+1}$ beide kleiner als $\sqrt{B}$ seyn, oder wenn eine von ihnen grösser ist, so muss wenigstens die andere kleiner seyn, [*weil* $c_\gamma^{\,2}$ *als Quadrat immer positiv und daher nothwendig* $a_\gamma a_{\gamma+1} < B$ *ist*], so dass also wenigstens eine von diesen beiden Zahlen immer kleiner als $\sqrt{B}$ ist.

Angenommen, die kleinere Zahl sey $a_\gamma$, so lässt sich zeigen, dass die Zahlen $a_\gamma$, $a_{\gamma+1}$, $a_{\gamma+2}$.... alle nothwendig mit der Wurzel-Grösse $\sqrt{B}$ einerlei Zeichen haben. Da nämlich nach der Natur des Kettenbruchs alle die Wurzeln $x^1$, $x^2$, $x^3$.... der transformirten Gleichung nothwendig grösser als Eins seyn müssen, [*weil* $\frac{1}{x^1}$, $\frac{1}{x^2}$, $\frac{1}{x^3}$.... *nach der Voraussetzung echte Brüche sind* (§. 52.),] so ist auch

*Näherung durch continuirliche*

$$x_\gamma > 1,\ x_{\gamma+1} > 1 \ldots.$$

u. s. w., also

150. $\frac{c_\gamma + \sqrt{B}}{a_{\gamma+1}} > 1,\ \frac{c_{\gamma+1} + \sqrt{B}}{a_{\gamma+2}} > 1$ *etc.* [140.].

Da nun

$$B = c_\gamma^2 + a_\gamma a_{\gamma+1} = c_{\gamma+1}^2 + a_{\gamma+1} a_{\gamma+2}\ etc.\ [138.],$$

so ist [*z. B.* $B - c_\gamma^2 = a_\gamma a_{\gamma+1}$, *oder*

$$(\sqrt{B} - c_\gamma)(\sqrt{B} + c_\gamma) = a_\gamma a_{\gamma+1},\ also]$$

151. $\begin{cases} \frac{c_\gamma + \sqrt{B}}{a_{\gamma+1}} = \frac{a_\gamma}{\sqrt{B} - c_\gamma} \text{ [und eben so]} \\ \frac{c_{\gamma+1} + \sqrt{B}}{a_{\gamma+2}} = \frac{a_{\gamma+1}}{\sqrt{B} - c_{\gamma+1}} \end{cases}$

u. s. w. also auch [*vermöge* (150.)]

152. $\frac{a_\gamma}{\sqrt{B} - c_\gamma} > 1,\ \frac{a_{\gamma+1}}{\sqrt{B} - c_{\gamma+1}} > 1$ *etc.*

Da nun aber $c_\gamma$, $c_{\gamma+1}$ *etc.* kleiner als $\sqrt{B}$ sind [(§. 55.)], so ist klar, dass, welche Zeichen auch $c_\gamma$, $c_{\gamma+1}$ *etc.* haben mögen, die Nenner $\sqrt{B} - c_\gamma$, $\sqrt{B} - c_{\gamma+1}$ immer von dem nämlichen Zeichen seyn müssen, wie $\sqrt{B}$; folglich müssen auch die Zähler $a_\gamma$, $a_{\gamma+1} \ldots$ das nämliche Zeichen haben, wie $\sqrt{B}$ [*weil die Brüche* (152.) *grösser als Eins, das heisst, positiv sind.*]

Wir wollen nun, der Kürze wegen, $\sqrt{B}$ positiv annehmen, so dass also $a_\gamma$, $a_{\gamma+1}$ *etc.* ebenfalls positiv sind, so behaupte ich, dass alsdann $c_\gamma$, $c_{\gamma+1}$ *etc.* gleichfalls positiv sind. Denn es sey, wenn es möglich ist,

$$155.\quad c_\gamma = -\eta,$$

wo $\eta$ eine positive Zahl bedeuten soll, so ist, weil $a_\gamma < \sqrt{B}$ war, um so mehr $a_\gamma < \sqrt{B} + \eta$; also wäre $\frac{a_\gamma}{\sqrt{B} - c_\gamma}$, oder $\frac{a_\gamma}{\sqrt{B} + \eta}$ kleiner als Eins, statt dass diese Grösse grösser als Eins seyn sollte [(152.)]. Folglich muss $c_\gamma$ positiv seyn. Es sey ferner, wenn es möglich ist,

$$154.\quad c_{\gamma+1} = -\eta_1.$$

Da vermöge (139.) $c_{\gamma+1} = \lambda_{\gamma+1} a_{\gamma+1} - c_\gamma$, so ist [(154.)]

$$\lambda_{\gamma+1} a_{\gamma+1} = c_\gamma - \eta_1.$$

Da nun $c_\gamma$ und $\eta$ positiv und kleiner als $\sqrt{B}$ sind und $\lambda_{\gamma+1}$ ebenfalls eine ganze positive Zahl ist, so ist klar, dass auch $a_{\gamma+1}$ kleiner als $\sqrt{B}$ seyn muss, und dann wird, wie vorhin, bewiesen, dass auch $c_{\gamma+1}$ positiv ist, u. s. w.

Nähme man $\sqrt{B}$ negativ an, so liesse sich auf dieselbe Art zeigen, dass $c_\gamma$, $c_{\gamma+1}$ .... negativ sind, und selbst ohne die Rechnung zu wiederholen, darf man nur bemerken, dass die Ausdrücke sämmtlich die nämlichen bleiben, blos dass die Zeichen aller der Grössen $a$, $a_1$, $a_2$ .... $c$, $c_1$, $c_2$ .... und $\sqrt{B}$ wechseln, so dass man die Wurzel-Grösse $\sqrt{B}$ immer positiv annehmen kann, wenn man nur den Grössen

*Näherung durch continuirliche*

$a$, $a_1$, $a_2$ .... $c$, $c_1$, $c_2$ .... entgegengesetzte Zeichen giebt.

## 57.

Dieses vorausgeschickt, so behaupte ich nun, dass, wenn zwei beliebige correspondirende Glieder der Reihen $a_\gamma$, $a_{\gamma+1}$, $a_{\gamma+2}$.... und $c_\gamma$, $c_{\gamma+1}$, $c_{\gamma+2}$.... gegeben sind, alle vorhergehenden der nämlichen Reihe es ebenfalls seyn müssen.

Man setze z. B. $a_{\gamma+3}$ und $c_{\gamma+3}$ wären gegeben (und dass der Beweis allgemein gilt, welches auch die gegebenen Glieder seyn mögen, ist leicht zu sehen), so darf man nur, den Ausdrücken von (§. 52.) und den Bedingungen des vorigen Paragraphs gemäss, sehen, welche die den gegebenen vorhergehenden Glieder sind.

Es ist [*zu Folge* (139.)]

$$c_{\gamma+3} = \lambda_{\gamma+3} a_{\gamma+3} - c_{\gamma+2}, \text{ also}$$

155. $$c_{\gamma+2} = \lambda_{\gamma+3} a_{\gamma+3} - c_{\gamma+3}.$$

Nun soll aber $c_{\gamma+2} < \sqrt{B}$ seyn; es muss also [*weil zu Folge* (155.) $\lambda_{\gamma+3} = \frac{c_{\gamma+2} + c_{\gamma+3}}{a_{\gamma+3}}$ *ist*] nothwendig

156. $$\lambda_{\gamma+3} < \frac{c_{\gamma+3} + \sqrt{B}}{a_{\gamma+3}}$$

seyn. Es ist auf dieselbe Weise [*wie* (155.)]

$$c_{\gamma+1} = \lambda_{\gamma+2} a_{\gamma+2} - c_{\gamma+2},$$

woraus, weil $c_{\gamma+1} < B$ ist,

## *Brüche.*

$$157.\ \lambda_{\gamma+2} < \frac{c_{\gamma+2} + \sqrt{B}}{a_{\gamma+2}}$$

folgt. Nun ist aber, nach der Natur des Kettenbruchs, $\lambda_{\gamma+2}$ nothwendig eine ganze positive Zahl, also ist [*vermöge* (157.)] nothwendig

$$158.\ c_{\gamma+2} + \sqrt{B} > a_{\gamma+2}.$$

Es ist aber auch

$$159.\ a_{\gamma+2}\, a_{\gamma+3} = B - c_{\gamma+2}^2 \quad [(138.)]$$
$$= (\sqrt{B} + c_{\gamma+2})(\sqrt{B} - c_{\gamma+2}),$$

also ist

$$160.\ \sqrt{B} - c_{\gamma+2} < a_{\gamma+3}.$$

[*Denn da* $c_{\gamma+2} + \sqrt{B} > a_{\gamma+2}$ (158.) *und*

$$a_{\gamma+3} = (\sqrt{B} - c_{\gamma+2})\left(\frac{c_{\gamma+2} + \sqrt{B}}{a_{\gamma+2}}\right) \text{ ist (159.),}$$

*so ist*

$$\sqrt{B} - c_{\gamma+2} < a_{\gamma+3}.]$$

Setzt man hierin für $c_{\gamma+2}$ seinen obigen Werth [(155.)], so erhält man

$$\sqrt{B} - \lambda_{\gamma+3}\, a_{\gamma+3} + c_{\gamma+3} < a_{\gamma+3},$$

woraus

$$161.\ \lambda_{\gamma+3} > \frac{c_{\gamma+3} + \sqrt{B}}{a_{\gamma+3}} - 1$$

folgt.

Da nun $\lambda_{\gamma+3}$ eine ganze Zahl seyn soll, so ist klar, dass $\lambda_{\gamma+3}$ nichts anders als diejenige ganze Zahl seyn kann, welche unmittelbar kleiner, als

*Näherung durch continuirliche*

$\frac{c_{\gamma+3}+\sqrt{B}}{a_{\gamma+3}}$ ist. [*Denn aus* (156. *und* 161.) *zusammen genommen folgt, dass* $\lambda_{\gamma+3}$ *zwischen* $\frac{c_{\gamma+3}+\sqrt{B}}{a_{\gamma+3}}$ *und* $\frac{c_{\gamma+3}+\sqrt{B}}{a_{\gamma+3}}-1$ *liegt.*] Die Zahl $\lambda_{\gamma+3}$ ist also gegeben, und folglich $c_{\gamma+3}$ ebenfalls [*vermöge* (155.)], und da nun $a_{\gamma+2}=\frac{B-c_{\gamma+2}^2}{a_{\gamma+3}}$ (138.), so ist auch $a_{\gamma+2}$ gegeben.

Es ist ferner [*auf dieselbe Weise*]

$$c_\gamma=\lambda_{\gamma+1}a_{\gamma+1}-c_{\gamma+1}\ [155.],$$

mithin, weil $c_\gamma<\sqrt{B}$ ist,

$$\lambda_{\gamma+1}<\frac{c_{\gamma+1}+\sqrt{B}}{a_{\gamma+1}}\ [(157.)].$$

Also muss, damit $\lambda_{\gamma+1}$, wie es seyn soll, positiv sey,

$$c_{\gamma+1}+\sqrt{B}>a_{\gamma+1}$$

seyn; folglich muss, weil $a_{\gamma+1}a_{\gamma+2}=B-c_{\gamma+1}^2$ ist, $\sqrt{B}-c_{\gamma+1}<a_{\gamma+2}$, oder, wenn man für $c_{\gamma+1}$ seinen obigen Werth setzt,

$$\sqrt{B}-\lambda_{\gamma+2}a_{\gamma+2}+c_{\gamma+2}<a_{\gamma+2}$$

seyn, woraus

$$163.\quad \lambda_{\gamma+2}>\frac{c_{\gamma+2}+\sqrt{B}}{a_{\gamma+2}}-1$$

folgt; so dass $\lambda_{\gamma+2}$ nur diejenige ganze Zahl seyn kann, welche unmittelbar kleiner als die gegebene Grösse

## Brüche.

Grösse $\frac{c_{\gamma+2} + \sqrt{B}}{a_{\gamma+2}}$ ist, weshalb sie also gegeben ist, und die Zähler $c_{\gamma+1}$ und $a_{\gamma+1}$ es ebenfalls sind. [*Alles auf dieselbe Weise, wie oben.*]

Da endlich, nach der Voraussetzung, $a_\gamma < \sqrt{B}$ ist, so ist um so mehr $c_\gamma + \sqrt{B} > a_\gamma$, woraus, wegen $a_\gamma a_{\gamma+1} = B - c_\gamma^2$, $\sqrt{B} - c_\gamma < a_\gamma$, oder, wenn man statt $c_\gamma$ dessen oben gefundenen Werth setzt,

$$\sqrt{B} - \lambda_{\gamma+1} a_{\gamma+1} + c_{\gamma+1} < a_{\gamma+1}$$

folgt, welches

$$163.\quad \lambda_{\gamma+1} > \frac{c_{\gamma+1} + \sqrt{B}}{a_{\gamma+2}} - 1$$

giebt.

Die Grösse $\lambda_{\gamma+1}$ kann also wiederum nur diejenige ganze Zahl seyn, welche zunächst kleiner ist als $\frac{c_{\gamma+1} + \sqrt{B}}{a_{\gamma+2}}$; mithin ist sie ebenfalls gegeben, und die Grössen $c_\gamma$ und $a_\gamma$ sind es auch. [*Alles ebenfalls auf eine ähnliche Weise, wie oben.*]

Nun sahen wir oben in (§. 53.), dass, wenn man mit den Reihen $a_\gamma, a_{\gamma+1} \ldots$, $c_\gamma, c_{\gamma+1} \ldots$ fortfährt, nothwendig zwei correspondirende Glieder wie $a_{\gamma+\delta}$, $c_{\gamma+\delta}$ nach einer gewissen Zahl anderer Glieder wieder kommen müssen, so dass z. B.

$$164.\quad a_{\gamma+\nu+\delta} = a_{\gamma+\delta},\ c_{\gamma+\nu+\delta} = c_{\gamma+\delta}.$$

Vermöge dessen, was so eben bewiesen, erhält man also auch, wenn man in die Reihen rückwärts geht,

$$165.\quad \begin{cases} a_{\gamma+\nu+\delta-1} = a_{\gamma+\delta-1}, & c_{\gamma+\nu+\delta-1} = c_{\gamma+\delta-1} \\ a_{\gamma+\nu+\delta-2} = a_{\gamma+\delta-2}, & c_{\gamma+\nu+\delta-2} = c_{\gamma+\delta-2} \\ \quad etc. & \quad etc. \\ a_{\gamma+\nu} = a_{\gamma}, & c_{\gamma+\nu} = c_{\gamma}. \end{cases}$$

## 58.

Hieraus folgt allgemein, dass, wenn man in der Reihe der Grössen $a$, $a_1$, $a_2$ .... auf zwei aufeinander folgende Grössen von einerlei Zeichen stösst, diejenige, welche kleiner als $\sqrt{B}$ ist, nothwendig schon zu der Periode gehört.

Hätten also in der gegebenen Gleichung

$$a_1 x^2 - 2cx - a = 0$$

die beiden Coefficienten $a$ und $a_1$ einerlei Zeichen, so wäre die Reihe derselben schon von dem ersten oder zweiten Grade an eine periodische.

Ist

$$166.\quad c = 0,$$

so dass

$$167.\quad x = \sqrt{\left(\frac{a}{\sqrt{a_1}}\right)},$$

so ist

$$168.\quad B = a a_1;$$

woraus folgt, dass von den beiden Zahlen $a$ und $a_1$ die kleinere nothwendig kleiner als $\sqrt{B}$, die grössere grösser als $\sqrt{B}$ ist. Ist also in diesem Fall die Zahl $\frac{a}{a_1}$, aus welcher die Wurzel gezogen werden soll,

## *Brüche.*

kleiner als Eins, so ist die Reihe schon von dem ersten Gliede $a$ ab, eine periodische. Ist $\frac{a}{a_1}$ grösser als Eins, so kann die Periode weiterhin nicht eher als vom zweiten Gliede anfangen.

### 59.

Man hat zwar schon längst bemerkt, dass jeder periodische Kettenbruch auf eine Gleichung des zweiten Grades reducirt werden kann; aber Niemand hatte, meines Wissens, bis jetzt gezeigt, dass sich umgekehrt jede Wurzel einer quadratischen Gleichung durch einen periodischen Kettenbruch ausdrücken lässt. Zwar sagt Euler in einer vortrefflichen Abhandlung im eilften Bande der neuen Petersburger Commentarien: die Quadrat-Wurzel jeder ganzen Zahl lasse sich durch einen periodischen Kettenbruch ausdrücken. Allein Euler hat diesen Satz, welcher nur ein einzelner Fall des obigen ist, nicht bewiesen, und er kann, wie mir scheint, nur durch Sätze, die etwa den obigen ähnlich sind, bewiesen werden.

### 60.

Wir gaben oben allgemeine Ausdrücke, vermittelst welcher sich alle Glieder der den Wurzeln einer gegebenen Gleichung sich nähernden Kettenbrüche finden lassen, sobald man bemerkt, dass der die Wurzel ausdrückende Kettenbruch ein periodischer Bruch ist.

Ist die gegebene Gleichung von der zweiten Ord-

## *Näherung durch continuirliche*

nung, und man bedient sich des Verfahrens von (§. 52.), so lassen sich die Rechnungen des 48sten und der folgenden Paragraphen, durch welche die Glieder $l_\varrho$ und $L_\varrho$ der der Grösse $x$ sich nähernden Brüche gefunden werden, wenn man will, noch sehr vereinfachen.

Da nämlich hier

$$x_\mu = \frac{\sqrt{B} + c_\mu}{a_{\mu+1}} \text{ und } x_{\mu+\pi} = \frac{\sqrt{B} + c_{\mu+\pi}}{a_{\mu+\pi+1}} \quad [(140.)]$$

ist, wo $c_\mu$, $c_{\mu+\pi}$, $a_{\mu+1}$ und $a_{\mu+\pi+1}$ bekannt sind ($\pi$ ist kleiner als $\nu$), so darf man nur diese Ausdrücke in die beiden letzten Gleichungen (110.) von (§. 48.) substituiren. Dieses giebt, wenn man, der Kürze wegen,

$$169.\quad \begin{cases} \dfrac{l_\mu c_\mu}{a_{\mu+1}} + l_{\mu-1} = f_\mu \\[2ex] \dfrac{L_\mu c_\mu}{a_{\mu+1}} + L_{\mu-1} = F_\mu \\[2ex] \dfrac{H_\nu c_\mu}{a_{\mu+1}} + H_{\nu-1} = K_\nu \\[2ex] H_\pi c_{\mu+\pi} + H_{\mu-1} a_{\mu+\pi-1} = G_\pi \end{cases}$$

setzt,

$$170.\quad \begin{cases} \left(f_\mu + \dfrac{l_\mu \sqrt{B}}{a_{\mu+1}}\right)(G_\pi + H_\pi \sqrt{B})\left(K_\nu + \dfrac{H_\nu \sqrt{B}}{a_{\mu+1}}\right)^n \\ \quad = l_\varrho c_{\mu+\pi} + l_{\varrho-1} a_{\mu+\pi+1} + l_\varrho \sqrt{B}, \\ \left(F_\mu + \dfrac{l_\mu \sqrt{B}}{a_{\mu+1}}\right)(G_\pi + H_\pi \sqrt{B})\left(K_\nu + \dfrac{H_\nu \sqrt{B}}{a_{\mu+1}}\right)^n \\ \quad = L_\varrho c_{\mu+\pi} + L_{\varrho-1} a_{\mu+\pi+1} + L_\varrho \sqrt{B}; \end{cases}$$

## *Brüche.*

woraus, wegen der Zweifachheit des Zeichens der Wurzel-Grösse $\sqrt{B}$, sogleich

171.
$$\left\{\begin{array}{l}
l_\varrho = \dfrac{\left(f_\mu + \dfrac{l_\mu \sqrt{B}}{a_{\mu+1}}\right)(G_\pi + H_\pi \sqrt{B})\left(K_\nu + \dfrac{H_\nu \sqrt{B}}{a_{\mu+1}}\right)^n}{2\sqrt{B}} \\
\qquad - \dfrac{\left(\dfrac{f_\mu - l_\mu \sqrt{B}}{a_{\mu+1}}\right)(G_\pi - H_\pi \sqrt{B})\left(K_\nu - \dfrac{H_\nu \sqrt{B}}{a_{\mu+1}}\right)^n}{2\sqrt{B}} \\
\text{und} \\
L_\varrho = \dfrac{\left(F_\mu + \dfrac{L_\mu \sqrt{B}}{a_{\mu+1}}\right)(G_\pi + H_\pi \sqrt{B})\left(K_\nu + \dfrac{H_\nu \sqrt{B}}{a_{\mu+1}}\right)^n}{2\sqrt{B}} \\
\qquad - \dfrac{\left(\dfrac{F_\mu - L_\mu \sqrt{B}}{a_{\mu+1}}\right)(G_\pi - H_\pi \sqrt{B})\left(K_\nu - \dfrac{H_\nu \sqrt{B}}{a_{\mu+1}}\right)^n}{2\sqrt{B}}
\end{array}\right.$$

folgt. [*Jede der beiden Gleichungen* (170.) *giebt nämlich zwei verschiedene Gleichungen, je nachdem man* $\sqrt{B}$ *positiv oder negativ nimmt. Da hierbei rechterhand die Glieder* $l_\varrho c_{\mu+\pi} + l_{\varrho-1} a_{\mu+\pi+1}$ *und* $L_\varrho c_{\mu+\pi} + L_{\varrho-1} a_{\mu+\pi+1}$ *das Zeichen nicht ändern, so heben sie sich auf, wenn man die entstehenden Gleichungen von einander abzieht, und es bleibt rechterhand blos* $l_\varrho \sqrt{B}$ *und* $L_\varrho \sqrt{B}$, *welches dann die Gleichung* (171.) *giebt.*] Die Grösse $\varrho$ ist, wie oben, gleich $\mu + n\nu + \pi$.

## *Näherung durch continuirliche*

## 61.

Es ist auch zu bemerken, dass die Grösse $L_\varrho$ aus $l_\varrho$ und $l_{\varrho-1}$ ohne neue Rechnung gefunden werden kann.

Da nämlich

$$172.\quad x = \frac{c+\sqrt{B}}{a_1}\ (134.) = \frac{a}{\sqrt{B}-c}\ (151.),$$

und eben so

$$173.\quad x_\varrho = \frac{a_\varrho}{\sqrt{B}-c_\varrho},$$

so erhält man aus der Gleichung (130. §. 51.)

$$174.\quad \frac{a}{\sqrt{B}-c} = \frac{l_\varrho a_\varrho + l_{\varrho-1}(\sqrt{B}-c_\varrho)}{L_\varrho a_\varrho + L_{\varrho-1}(\sqrt{B}-c_\varrho)},$$

oder

$$175.\quad a(L_\varrho a_\varrho + L_{\varrho-1}(\sqrt{B}-c_\varrho) =$$
$$l_\varrho a_\varrho(\sqrt{B}-c) + l_{\varrho-1}(B + c c_\varrho - (c_\varrho + c)\sqrt{B}),$$

so dass man, wenn man die rationalen und die irrationalen Theile einander gleich setzt,

$$L_{\varrho-1} = \frac{l_\varrho a_\varrho - l_{\varrho-1} c_\varrho + c}{a}$$

$$L_\varrho a_\varrho - L_{\varrho-1} c_\varrho = \frac{-l_\varrho a_\varrho c + l_{\varrho-1}(B + c c_\varrho)}{a}$$

erhält, woraus, wegen $B - c_\varrho^2 = a_\varrho a_{\varrho+1}$,

$$176.\quad L_\varrho = \frac{l_\varrho(c_\varrho - c) + l_{\varrho-1} L_{\varrho+1}}{a}$$

folgt. [*Das Gleichsetzen der rationalen und irra-*

*tionalen Theile einzeln, kann hier deshalb geschehen, weil eine Gleichung, die, wie die gegenwärtige, eine quadratische Wurzel-Grösse enthält, wegen der Zweifachheit des Zeichens der Wurzel-Grösse, eigentlich zwei Gleichungen ausmacht, aus welchen man, wenn man dieselben addirt und subtrahirt, zwei andere Gleichungen finden kann, deren eine die Wurzel-Grösse gar nicht, also nur die rationalen Theile, die andere die Wurzel-Grösse als allgemeinen Factor, also nur die irrationalen Theile enthält, welches das Nämliche ist, als wenn man die rationalen und die irrationalen Theile für sich gleich setzt.*]

Da nun $\varrho = \mu + n\nu + \pi$ ist, so ist

$$c_\varrho = c_{\mu+\pi} \text{ und } a_{\varrho+1} = a_{\mu+\pi+1},$$

so dass $c_\varrho$ und $a_{\varrho+1}$ für jeden Werth von $\varrho$ bekannt sind.

## 62.

Wir wollen, um ein Beispiel von der Anwendung der obigen Ausdrücke zu geben, annehmen, man verlange den Ausdruck der Quadrat-Wurzel aus $\frac{11}{3}$ durch einen Kettenbruch.

Man setze $x = \sqrt{\frac{11}{3}}$, so erhält man die Gleichung

$$177. \quad 3x^2 - 11 = 0,$$

also ist in (132. §. 52.) $a = 2$, $a_1 = 3$, $c = 0$. Dieses giebt [*nach dem Ausdruck* (139.)], weil zu Folge (138.) $B = 33$ ist, folgende Rechnung:

*Näherung durch continuirliche*

178. $$\begin{cases} a = 11 & c = 0 \\ a_1 = \frac{33-0}{11} = 3,\ \lambda_1 < \frac{\sqrt{33}+0}{3} = 1 & c_1 = 1.3-0 = 3 \\ a_2 = \frac{33-9}{3} = 8,\ \lambda_2 < \frac{\sqrt{33}+3}{8} = 1 & c_2 = 1.8-3 = 5 \\ a_3 = \frac{33-25}{8} = 1,\ \lambda_3 < \frac{\sqrt{33}+5}{1} = 10 & c_3 = 10.1-5 = 5 \\ a_4 = \frac{33-25}{1} = 8,\ \lambda_4 < \frac{\sqrt{33}+5}{8} = 1 & c_4 = 1.8-5 = 3 \\ a_5 = \frac{33-9}{8} = 3,\ \lambda_5 < \frac{\sqrt{33}+3}{3} = 2 & c_5 = 2.3-3 = 3. \end{cases}$$

Man kann hier stehen bleiben, weil man sieht, dass

$$a_5 = a_1 \text{ und } c_5 = c_1$$

ist, so dass also in diesem Falle hier

$$\mu = 1 \text{ und } \nu = 4$$

und folglich

179. $$x = 1 + \cfrac{1}{1 + \cfrac{1}{10 + \cfrac{1}{1 + \cfrac{1}{2 + \cfrac{1}{1 + \cfrac{1}{10 \ldots}}}}}}$$

ist.

## 63.

Dieses also wäre der Kettenbruch, welcher den Werth von $\sqrt{\frac{11}{3}}$ ausdrückt. Verlangt man Brüche, welche sich diesem Kettenbruche nähern, so muss man in die Ausdrücke von (§. 60.) $\mu = 1$, $\nu = 4$

## *Brüche.*

und, weil $\pi$ kleiner als 4 seyn soll, der Reihe nach $\pi = 0, 1, 2, 3$ setzen.

Dieses giebt $l_\mu = l_1$ (92. §. 47.) $\lambda_1 = 1$, $l_{\mu-1} = l = 1$, $c_\mu = c_1 = 3$, $a_{\mu+1} = a_2 = 8$, also in (§. 60. Gleichung 169.) $f_\mu = \frac{1.3}{8} + 1 = \frac{11}{8}$. Auf dieselbe Weise findet man $L_\mu = 1$, $F_\mu = \frac{3}{8}$. Hierauf berechne man die Werthe von $H, H_1$ *etc.* bis $H_\nu = H_4$ aus den Gleichungen (106. §. 48.), welches

$$H = 0,$$
$$H_1 = 1,$$
$$H_2 = \lambda_3 H_1 = 10,$$
$$H_3 = \lambda_4 H_2 + H_1 = 11,$$
$$H_4 = \lambda_5 H_4 + H_2 = 32$$

giebt, woraus $H_\nu = 32$, $H_{\nu-1} = 11$, und also $K = \frac{32.3}{8} + 11 = 23$ folgt.

Nun sey

Erstlich $\pi = 0$, so erhält man $H_\pi = 0$ und $H_{\pi-1} = 1$; denn es ist aus den Gleichungen (106.) leicht zu sehen, dass das dem Gliede $H$ vorhergehende Glied nothwendig 1 ist. Es ist nämlich $H_1 = \lambda_{\mu+1} H + H_{\pi-1}$. Eben so lässt sich zeigen, dass das Glied, welches dem Gliede $H$ vorhergeht, $c$ ist. Also ist $G_\pi = a_{\mu+1} = 8$.

Zweitens. Es sey $\pi = 1$, so ist $H_\pi = 1$, $H_{\pi-1} = 8$, also

$$G_\pi = c_{\mu+1} = c_2 = 5.$$

*Näherung durch continuirliche*

Drittens. Es sey $\pi = 2$, so ist

$$H_\pi = 10,\ H_{\pi-1} = 1,\ G_\pi = 10\,c_{\mu+2} + 1.a_{\mu+3}$$
$$= 10\,c_3 + a_4 = 58.$$

Viertens. Es sey $\pi = 3$, so ist

$$H_\pi = 11,\ H_{\pi-1} = 10 \text{ und } G_\pi = 11\,c_4 + 10\,a^5 = 63.$$

Substituirt man diese Werthe in die Ausdrücke von $l_\varrho$ und $L_\varrho$ in (§. 60.) und multiplicirt, der Kürze wegen, die Factoren $f_\mu \pm \frac{l_\mu \sqrt{B}}{a_{\mu+1}}$ und $G_\pi \pm H_\pi \sqrt{B}$, so wie $F_\mu = \frac{L_\mu \sqrt{B}}{a_{\mu+1}}$ und $G_\pi = H_\pi \sqrt{B}$ in einander, welches die einfachen Factoren

$$f_\mu G_\pi + \frac{l_\mu H_\pi B}{a_{\mu+1}} \pm \left(f_\mu H_\pi \pm \frac{l_\mu G_\pi}{a_{\mu+1}}\right)\sqrt{B} \text{ und}$$

$$F_\mu G_\pi + \frac{L_\mu H_\pi B}{a_{\mu+1}} \pm \left(F_\mu H_\pi \pm \frac{L_\mu G_\pi}{a_{\mu+1}}\right)\sqrt{B}$$

giebt, so erhält man folgende Ausdrücke:

$$l_{4n+1} =$$
$$\frac{(11+\sqrt{33})(23+4\sqrt{33})^n - (11-\sqrt{33})(23-4\sqrt{33})^n}{2\sqrt{33}},$$

$$L_{4n+1} =$$
$$\frac{(3+\sqrt{33})(23+4\sqrt{33})^n - (3-\sqrt{33})(23-4\sqrt{33})^n}{2\sqrt{33}},$$

$$l_{4n+2} =$$
$$\frac{(11+2\sqrt{33})(23+4\sqrt{33})^n - (11-2\sqrt{33})(23-4\sqrt{33})^n}{2\sqrt{33}},$$

## *Brüche.*

$$L_{4n+2} = \frac{(6+\sqrt{33})(23+4\sqrt{33})^n-(6-\sqrt{33})(23-4\sqrt{33})^n}{2\sqrt{33}},$$

$$l_{4n+3} = \frac{(121+21\sqrt{33})(23+4\sqrt{33})^n-(121-21\sqrt{33})(23-4\sqrt{33})^n}{2\sqrt{33}},$$

$$L_{4n+3} = \frac{(63+11\sqrt{33})(23+4\sqrt{33})^n-(63-11\sqrt{33})(23-4\sqrt{33})^n}{2\sqrt{33}},$$

$$l_{4n+4} = \frac{(132+23\sqrt{33})(23+4\sqrt{33})^n-(132-23\sqrt{33})(23-4\sqrt{33})^n}{2\sqrt{33}},$$

$$L_{4n+4} = \frac{(69+12\sqrt{33})(23+4\sqrt{33})^n-(69-12\sqrt{33})(23-4\sqrt{33})^n}{2\sqrt{33}},$$

vermittelst welcher man die Werthe der der Wurzel aus $\frac{11}{3}$ sich nähernden Brüche $\frac{l_1}{L_1}$, $\frac{l_2}{L_2}$, $\frac{l_3}{L_3}$ *etc.* finden kann.

Setzt man nämlich zuerst $n = 0$, so erhält man die vier nächsten Brüche; setzt man $n = 1$, so erhält man die vier folgenden u. s. w. Diese Brüche sind

$$\left[\sqrt{\tfrac{11}{3}} =\right] \tfrac{1}{1},\ \tfrac{2}{1},\ \tfrac{21}{11},\ \tfrac{23}{12},\ \tfrac{56}{35},\ \tfrac{90}{47},\ \tfrac{967}{505},\ \tfrac{1057}{552}\ \textit{etc.}$$

Verlangt man z. B. den funfzigsten Bruch dieser Reihe, das heisst den Bruch $\frac{l_{50}}{L_{50}}$, so muss man 50 durch 4 dividiren, welches 12 zum Quotienten und 2 zum Reste giebt. Man muss also $n = 12$ setzen. Entwickelt man die zwölfte Potenz von $23 \pm 4\sqrt{33}$ und setzt, der Kürze wegen,

$$23^{12} + 66.33.4^2.23^{12} + 495.33^2.4^4.23^3$$
$$+ 924.33^3.4^6.23^6 + 495.33^4.4^8.23^4$$
$$+ 66.33^5.4^{10}.23^2 + 33^6.4^{12} = M,$$

$$12.4.23^{11} + 220.33.4^8.23^9 + 792.33^2.4^5.23^2$$
$$+ 792.39^9.4^7.23^5 + 220.33^4.4^9.23^3 + 12.36^6.4^{11}.23 = N,$$

so erhält man

$$(23 \pm 4\sqrt{33})^n = M \pm N\sqrt{33}.$$

Substituirt man dieses in die obigen Ausdrücke von $l_{4n+2}$ und $L_{4n+2}$, so ist der gesuchte Bruch

$$\frac{2M + 11N}{M + 6N}.$$

## 64.

Ich beschliesse Gegenwärtiges durch folgende Bemerkung, welche mir der Aufmerksamkeit werth zu seyn scheint.

Wenn nämlich die gegebene Gleichung commensurable Divisoren der ersten Ordnung hat, so brechen die Kettenbrüche, welche die Wurzeln dieser Divisoren ausdrücken, nothwendig ab. Hat die gegebene Gleichung commensurable Divisoren der zweiten Ordnung mit reellen Wurzeln, so sind die Kettenbrüche, welche die Wurzeln dieser Divisoren ausdrücken, nothwendig periodische Kettenbrüche. Also hat die Methode der Kettenbrüche nicht allein den Vortheil, dass sie immer die nächsten rationalen Werthe der gesuchten Wurzeln giebt, sondern sie giebt auch die commensurablen Divisoren erster und zweiter Ordnung, welche in der gegebenen Gleichung enthalten seyn können. Es wäre zu wünschen, dass man ähnliche Kennzeichen der Existenz commensurabler Divisoren der dritten und vierten Ordnung hätte, wenn die gegebene Gleichung dergleichen enthält. Diese Untersuchung scheint mir die Aufmerksamkeit der Mathematiker zu verdienen.

---

## Dritte Abtheilung.

### Verallgemeinerung der Theorie der Kettenbrüche.

### 65.

Wir nahmen im dritten Abschnitte an, dass die Zahlen $p$, $q$, $r$ *etc.* die ganzzahligen Werthe der Wurzeln $x$, $y$, $z$ *etc.* und kleiner als die Wurzeln seyn sollen, das heisst, dass $p$, $q$, $r$ *etc.* diejenigen ganzen Zahlen seyn sollen, welche zunächst kleiner sind als die Werthe von $x$, $y$, $z$.... Es hindert indessen nichts, auch $p$, $q$, $r$.... die ganzen Zahlen bedeuten zu lassen, welche zunächst grösser sind, als die Wurzeln $x$, $y$, $z$....

### 66.

Man setze also, $p$ bedeute diejenige ganze Zahl, welche zunächst grösser ist als $x$, so dass $p > x$ und $p - 1 < x$, so ist klar, dass man dann $x = p - \frac{1}{y}$, das heisst $y$ negativ nehmen muss; und da nun $x < p$ und $> p - 1$ ist, so ist $\frac{1}{y} > 0$ und $< 1$, und folglich

## *Näherung durch continuirliche*

$y > 1$, wie in dem Falle, wenn $p$ kleiner als $x$ ist (§. 18.). Man kann also ferner für $q$ die ganze Zahl annehmen, welche entweder unmittelbar kleiner oder grösser ist als $y$. Im ersten Falle setze man $y = q + \frac{1}{z}$, im andern $y = q - \frac{1}{z}$ u. s. w.

Dieses giebt

180. $x = p \pm \frac{1}{y}$, $y = q \pm \frac{1}{z}$, $z = r \pm \frac{1}{u}$ *etc.*

also den Kettenbruch

181. $$x = p \pm \cfrac{1}{q \pm \cfrac{1}{r \pm \cfrac{1}{u \ldots,}}}$$

wobei zu bemerken, dass jeder der Nenner $q$, $r$ *etc.* auf welchen das Zeichen — folgt, nothwendig $= 2$, oder $> 2$ seyn muss. Denn weil $y > 1$ ist, so erhält man, wenn man $y = q - \frac{1}{z}$ setzt, $q - \frac{1}{z} > 1$, also $q > 1 + \frac{1}{z}$. Da nun $q$ eine ganze Zahl seyn soll, so ist es entweder $= 2$ oder $< 2$ u. s. w.

## 67.

Nun bemerke ich, dass diese Art von Brüchen, welche, wie oben, additiv und subtractiv fortschreiten, immer leicht in andere verwandelt werden können, welche blos additiv fortschreiten.

Man setze nämlich allgemein

182. $a - \frac{1}{t} = A + \frac{1}{T}$,

## Brüche.

wo $a$ und $A$ ganze Zahlen, und $t$ und $T$ grösser als Eins sind. Dieses giebt $a - A = \frac{1}{t} + \frac{1}{T}$, also, weil $\frac{1}{t} < 1$ und $\frac{1}{T} < 1$ ist, $\frac{1}{t} + \frac{1}{T} < 2$. Man kann also $a - A = 1$ setzen, welches $A = a - 1$ giebt. Dieses giebt $a - \frac{1}{t} = a - 1 + \frac{1}{T}$, oder $\frac{1}{T} = 1 - \frac{1}{t}$ und $T = \frac{t}{t-1} = 1 + \frac{1}{t-1}$, so dass also [*aus* (182.)] allgemein

$$183. \quad a - \frac{1}{t} = a - 1 + \cfrac{1}{1 + \cfrac{1}{t-1}}.$$

Vermittelst dieses Ausdrucks lassen sich aus jedem Kettenbruche die Zeichen — wegschaffen.

Es sey z. B. der Bruch

$$p - \cfrac{1}{q + \cfrac{1}{r \ldots}}$$

gegeben, so erhält man für denselben, wenn man in (183.) $a = p$ und $t = q + \frac{1}{r}$ setzt,

$$p - 1 + \cfrac{1}{1 + \cfrac{1}{q - 1 + \cfrac{1}{r \ldots}}}.$$

Wäre der gegebene Bruch

$$p - \cfrac{1}{q - \cfrac{1}{r \ldots}},$$

so lässt sich derselbe zunächst in

$$p-1+\cfrac{1}{1+\cfrac{1}{q-1-\cfrac{1}{r\ldots}}}$$

und hierauf in

$$p-1+\cfrac{1}{1+\cfrac{1}{q-2+\cfrac{1}{1+\cfrac{1}{r-1\ldots}}}}$$

verwandeln u. s. w. Es können bei diesen Verwandlungen zuweilen Nenner verschwinden. Aldann vereinfacht sich der Ausdruck des Bruchs.

Man setze z. B., der gegebene Bruch sey

$$p-\cfrac{1}{1+\cfrac{1}{r\ldots}},$$

so ist der verwandelte Bruch [*vermöge* (183.)]

$$p-1+\cfrac{1}{1+\cfrac{1}{0+\cfrac{1}{r\ldots}}},$$

oder

$$p-1+\frac{1}{1+r\ldots}.$$

Eben so, wenn der gegebene Bruch

$$p-\cfrac{1}{2+\cfrac{1}{r\ldots}}$$

wäre, so liesse sich derselbe auf

$p-1$

## *Brüche.*

$$p-1+\cfrac{1}{1+\cfrac{1}{0+\cfrac{1}{1+\cfrac{1}{r-1\ldots,}}}}$$

oder auf

$$p-1+\cfrac{1}{2+\cfrac{1}{r-1\ldots}}$$

reduciren u. s. w.

## 68.

Aus der Reductions-Formel (183.), welche sich auch auf die Gestalt

$$184.\quad a+\cfrac{1}{1+\cfrac{1}{t}}=a+1-\frac{1}{t+1}$$

bringen lässt [*denn auch diese Gleichung ist, wie die* (183.), *welche* $a-\frac{1}{t}=a-1+\frac{t-1}{t}=a\frac{-t+t-1}{t}=a-\frac{1}{t}$ *giebt, identisch, sie giebt* $a+\frac{t}{1+t}=a+\frac{t}{1+t}$], folgt, dass ein Kettenbruch, in welchem alle Glieder das Zeichen + haben, zuweilen dadurch vereinfacht werden kann, dass man das Zeichen — einführt. Dieses ist der Fall, sobald Nenner vorkommen, welche der Einheit gleich sind. Es sey z. B. der Bruch

$$p+\cfrac{1}{1+\cfrac{1}{r+\ldots}}$$

gegeben, so lässt sich derselbe [*vermöge* (184.)] auf

$$p + 1 - \cfrac{1}{r + 1 \ldots\ldots}$$

bringen, welcher Bruch, wie man sieht, ein Glied weniger hat.

Wäre der gegebene Bruch

$$p + \cfrac{1}{1 + \cfrac{1}{1 + \cfrac{1}{s \ldots\ldots}}},$$

so würde sich derselbe auf

$$p + 1 - \cfrac{1}{2 + \cfrac{1}{s \ldots\ldots}}$$

reduciren lassen.

Wenn man den Bruch

$$p + \cfrac{1}{1 + \cfrac{1}{1 + \cfrac{1}{1 + \cfrac{1}{s \ldots\ldots}}}}$$

hätte, so liesse sich derselbe zunächst auf

$$p + \cfrac{1}{1 - \cfrac{1}{2 + \cfrac{1}{1 + \cfrac{1}{s \ldots\ldots}}}},$$

und sodann auf

$$p + 1 - \cfrac{1}{3 - \cfrac{1}{s + 1 \ldots\ldots}}$$

bringen.

Daraus folgt allgemein, dass man einen Kettenbruch, welcher überall das Zeichen +, und zugleich Nenner hat, die gleich Eins sind, allemal in einen andern verwandeln kann, welcher so viele Glieder weniger hat, als Nenner gleich Eins sind, in so fern diese nicht unmittelbar auf einander folgen. Denn folgen dergleichen zwei auf einander unmittelbar, so lässt sich nur ein Glied wegschaffen; folgen drei auf einander, so kann man nur zwei Glieder wegschaffen, und allgemein, wenn $2n$ oder $2n + 1$ Nenner, gleich Eins, auf einander folgen, nur $n$ oder $n + 1$ Glieder.

Der bekannte Kettenbruch

185. $$3 + \cfrac{1}{7 + \cfrac{1}{15 + \cfrac{1}{1 + \cfrac{1}{292 + \cfrac{1}{1 + \cfrac{1}{1 + \cfrac{1}{1 + \cfrac{1}{2 \ldots}}}}}}}}$$

für den Umfang eines Kreises, dessen Durchmesser $= 1$ ist, lässt sich also auf einen andern Kettenbruch reduciren, welcher schon drei Glieder weniger hat, nämlich auf den Bruch

186. $$3 + \cfrac{1}{7 + \cfrac{1}{16 - \cfrac{1}{294 - \cfrac{1}{3 - \cfrac{1}{3 \ldots}}}}}$$

## *Näherung durch continuirliche*

### 69.

Um die Kettenbrüche, deren Zeichen sämmtlich positiv sind, mit andern, in welchen negative Zeichen vorkommen, in einen Ausdruck zusammenzufassen, darf man nur bei den letzten alle negative Zeichen in die Nenner bringen, welches leicht ist. Es sey z. B. der Bruch

$$p - \cfrac{1}{q + \cfrac{1}{r - \cfrac{1}{s + \dots}}}$$

gegeben, so ist klar, dass sich derselbe zunächst in

$$p + \cfrac{1}{-q - \cfrac{1}{r - \cfrac{1}{s + \dots}}},$$

und hierauf in

$$p + \cfrac{1}{-q + \cfrac{1}{-r + \cfrac{1}{s + \dots}}}$$

verwandeln lässt u. s. w.

Auf diese Weise ist also die allgemeine Form der Kettenbrüche, von welcher oben die Rede war, immer folgende:

$$187. \quad p + \cfrac{1}{q + \cfrac{1}{r + \dots}}$$

wo $p$, $q$, $r$.... sämmtlich ganze Zahlen sind, die aber

positiv und negativ seyn können, anstatt dass man sie bis jetzt blos positiv annahm.

Es ist indessen zu bemerken, dass, wenn irgend einer der Nenner $q$, $r$ *etc.* gleich $+1$ oder $-1$ ist, der folgende Nenner nothwendig das nämliche Zeichen haben muss. Dieses folgt daraus, weil zu Folge (§. 68.) auf einen positiven Nenner, welcher der Einheit gleich ist, niemals das Zeichen — folgen kann.

## 70.

Hieraus folgt, dass die Näherungs-Methode des dritten Abschnitts auf nachstehende Weise verallgemeinert werden kann.

Die gesuchte Wurzel sey $x$, so nehme man für $p$ diejenige ganze Zahl an, welche $x$ am nächsten kommt, das heisst, man mache $p$ einer der beiden [*unmittelbar auf einander folgenden*] ganzen Zahlen gleich, zwischen welchen der genaue Werth von $x$ fällt. Diese Zahlen kann man allemal nach dem ersten Abschnitte finden. Hierauf setze man $x = p + \frac{1}{y}$, welches eine transformirte Gleichung nach $y$ giebt, die nothwendig eine positive oder negative Wurzel haben muss, welche grösser ist als Eins. Man nehme wieder diejenige ganze Zahl $q$, welche $y$ auf die nämliche Weise nahe kommt, sie sey grösser oder kleiner als $y$, setze $y = q + \frac{1}{z}$ u. s. w.

Hat die Gleichung in $x$ mehrere Wurzeln, so findet der Inhalt von (§. 19.) auf die transformirten Gleichungen mit $y$, $z$, $u$ *etc.* Anwendung.

## *Näherung durch continuirliche*

Wäre also.

$$x = p + \frac{1}{y},\ y = q + \frac{1}{z},\ z = r + \frac{1}{u}\ etc.,$$

so wäre

$$x = p + \cfrac{1}{q + \cfrac{1}{r \ldots}},$$

wo die Nenner, dem Obigen zu Folge, positiv und negativ seyn können. Dieser Bruch kann alsdann, wenn man will, nach (§. 67.) in einen andern verwandelt werden, dessen Nenner sämmtlich positiv sind und der nur das Zeichen + hat.

Der Vorzug dieses Verfahrens besteht darin, dass man nach Belieben für $p, q, r \ldots$ ganze Zahlen setzen kann, die unmittelbar, sowohl grösser als kleiner als die Wurzeln $x, y, z \ldots$ sind, welches zuweilen die Rechnung abkürzt, wie sich weiter unten zeigen wird.

Uebrigens muss man, wenn man den kürzesten und folglich den convergentesten Kettenbruch verlangt, die Zahlen $p, q, r \ldots$ immer kleiner als die Wurzeln $x, y, z \ldots$ annehmen, so lange dieselben nicht 1 sind. Sobald sich eine darunter findet, die 1 ist, muss man die vorhergehende um 1 vergrössern, das heisst die ganze Zahl nehmen, welche unmittelbar grösser ist als die zugehörige Wurzel, wie solches aus dem folgt, was wir von diesem Gegenstand in (§. 68.) zeigten.

## *Brüche.*

### 71.

Setzt man nun, wie in (§. 23.),

$$188. \left\{\begin{array}{ll} p = \alpha & 1 = \alpha_{,} \\ \alpha q + 1 = \beta & \alpha_{,} q = \beta_{,} \\ \beta r + \alpha = \gamma & \beta_{,} r + \alpha_{,} = \gamma_{,} \\ \gamma s + \beta = \delta & \gamma_{,} s + \beta_{,} = \delta_{,} \\ etc. & etc. \end{array}\right.$$

so erhält man, wenn man noch den Bruch $\frac{1}{0}$ hinzufügt, der grösser ist, als jede mögliche Grösse, folgende Brüche:

$$189.\quad \frac{1}{0},\ \frac{\alpha}{\alpha_{,}},\ \frac{\beta}{\beta_{,}},\ \frac{\gamma}{\gamma_{,}},\ \frac{\delta}{\delta_{,}}\ etc.,$$

welche sich nothwendig dem Werthe von $x$ nähern müssen.

Ueber die Eigenschaften dieser Brüche ist Folgendes zu bemerken.

Erstlich ist allgemein [*wie aus* (188.) *folgt*]

$$190. \left\{\begin{array}{l} \alpha\, 0 - 1\, \alpha_{,} = -1 \\ \beta\, \alpha_{,} - \alpha\, \beta_{,} = +1 \\ \gamma\, \beta_{,} - \beta\, \gamma_{,} = -1 \\ \delta\, \gamma_{,} - \gamma\, \delta_{,} = +1 \\ \ldots\ldots\ldots ; \end{array}\right.$$

woraus man sieht, dass die Zahlen $\alpha$, $\alpha_{,}$, $\beta$, $\beta_{,}$ .... nie einen gemeinschaftlichen Theiler haben [*weil der andere Theil der Gleichung* (190.) *immer* 1 *und also durch keine ganze Zahl ausser* 1 *theilbar ist*], und dass also die Brüche $\frac{\alpha}{\alpha_{,}}$, $\frac{\beta}{\beta_{,}}$, $\frac{\gamma}{\gamma_{,}}$ *etc.* [(189.)] schon auf die kleinsten Zahlen gebracht sind.

## *Näherung durch continuirliche*

Zweitens. Die Zahlen $\alpha, \beta, \gamma \ldots . \alpha_{,}, \beta_{,}, \gamma_{,} \ldots .$ können positiv oder negativ seyn. Wenn $x$ positiv ist, so müssen Zähler und Nenner der Brüche (189.) einerlei Zeichen haben, verschiedene Zeichen aber, wenn $x$ negativ ist; und wenn man vom Zeichen abstrahirt, so wachsen die Zahlen immer fort.

Drittens, weil $x = p + \frac{1}{y}$, $y = q + \frac{1}{z}$ *etc.*, so ist

$$191. \left\{ \begin{array}{l} x = \dfrac{\alpha y + 1}{\alpha_{,} y} \\ x = \dfrac{\beta z + \alpha}{\beta_{,} z + \alpha_{,}} \\ x = \dfrac{\gamma u + \beta}{\gamma_{,} u + \beta_{,}} \\ \ldots\ldots\ldots \end{array} \right.$$

[*Es ist z. B. aus* $x = p + \frac{1}{y}$, $x = \frac{py + 1}{y} = \frac{\alpha y + 1}{\alpha_{,} y}$ (188.), *aus* $y = q + \frac{1}{z}$, $y = \frac{qz + 1}{z}$,

*also* $x = \dfrac{p\left(\frac{qz+1}{z}\right) + 1}{\frac{qz+1}{z}}$, *oder* $x = \dfrac{p(qz+1)+z}{qz+1}$

$= \dfrac{(pq+1)z + p}{qz + 1} = \dfrac{(\alpha q + 1)z + \alpha}{\beta_{,} z + 1} = \dfrac{\beta z + \alpha}{\beta_{,} z + \alpha_{,}}$ (188.) *u. s. w.*]

### 72.

Sind also im allgemeinen $\pi, \varrho, \sigma$ drei auf einander folgende Glieder der Reihe $\alpha, \beta, \gamma \ldots .$ und $\pi_{,}$, $\varrho_{,}$, $\sigma_{,}$ die correspondirenden Glieder der Reihe $\alpha_{,}$, $\beta_{,}$,

## *Brüche.*

$\gamma_{,}\ldots$, so dass $\frac{\pi}{\pi_{,}}$, $\frac{\varrho}{\varrho_{,}}$, $\frac{\sigma}{\sigma_{,}}$ drei auf einander folgende, dem Werthe von $x$ sich nähernde Brüche sind, so ist

$$192.\ \left\{\begin{array}{l}\varrho\pi_{,}-\pi\varrho_{,}=\pm 1 \text{ und} \\ \sigma\varrho_{,}-\varrho\sigma_{,}=\mp 1\end{array}\right\}\ [(190.)]$$

Die oberen Zeichen gelten, wenn die Zahl des Bruches $\frac{\varrho}{\varrho_{,}}$ ungerade, die untern, wenn die Zahl des Bruches gerade ist, und zwar den Bruch $\frac{1}{0}$ mitgezählt. Desgleichen ist, abgesehen vom Zeichen,

$$193.\ \varrho>\pi,\ \sigma>\varrho,\ \varrho_{,}>\pi_{,},\ \sigma_{,}>\varrho_{,}\ [(\text{§}.71.)\ \textit{Zweitens.}]$$

Endlich, wenn das zugehörige Glied der Reihe $x$, $y$, $z\ldots$, $t$ ist, so ist genau

$$194.\ x=\frac{\varrho t+\pi}{\varrho_{,}t+\pi_{,}}\ [(191.)],$$

und, wenn $k$ die der Zahl $t$ am nächsten kommende ganze Zahl ist, sie sey grösser oder kleiner als $t$, so ist

$$195.\ \sigma=\varrho k+\pi \text{ und } \sigma=\varrho_{,}k+\pi_{,}\ [(188.)]$$

### 73.

Dieses vorausgeschickt, wollen wir den Bruch $\frac{\varrho}{\varrho_{,}}$ untersuchen, und sehen, um wie viel derselbe noch von dem wahren Werthe von $x$ abweicht. Man findet

$$x-\frac{\varrho}{\varrho_{,}}=\frac{\varrho t+\pi}{\varrho_{,}t+\pi_{,}}-\frac{\varrho}{\varrho_{,}}\ [(194.)]=\frac{\varrho_{,}\pi-\varrho\pi_{,}}{\varrho_{,}(\varrho_{,}t+\pi_{,})}$$

$$=\mp\frac{1}{\varrho_{,}(\varrho_{,}t+\pi_{,})}\ [(192.)],$$

*Näherung durch continuirlic*

also

$$196.\quad x = \frac{\varrho}{\varrho_,} \mp \frac{1}{\varrho\,(\varrho_, t + \pi_,)}.$$

Die Abweichung ist also

$$\mp \frac{1}{\varrho_,(\varrho_, t + \pi_,)}.$$

Wenn nun $\pi$ und $\tau + 1$ die beiden ganzen Zahlen sind, zwischen welchen der genaue Werth von $t$ fällt, so ist klar, dass die Grösse $\varrho_, t + \pi_,$ zwischen $\varrho_, \tau + \pi_,$ und $\varrho_,(\tau + 1) + \pi_,$ fällt, und dass also die Abweichung zwischen den Grenzen

$$197.\quad \mp \frac{1}{\varrho_,(\varrho_, \tau + \pi_,)} \text{ und } \mp \frac{1}{\varrho_,(\varrho_,(\tau + 1) + \pi_,)}$$

liegt.

Nun aber kann man $k = \tau$ und $k = \tau + 1$ sezzen, [*k war im vorigen Paragraph diejenige ganze Zahl, welche t am nächsten kommt, sie sey grösser oder kleiner,*] so dass

$$\sigma_, = \varrho_, \tau + \pi_,, \text{ oder } \sigma = \varrho_,(\tau + 1) + \pi_,$$

ist. Bezeichnet man also, um die beiden Fälle zu unterscheiden, den Nenner des auf $\frac{\varrho}{\varrho_,}$ folgenden Bruchs, wenn $k < t$ ist, durch $\sigma_,$, und, wenn $k > t$ ist, durch $\Sigma_,$, so folgt, dass die Abweichung nothwendig zwischen den Grenzen

$$198.\quad \mp \frac{1}{\varrho_, \sigma_,} \text{ und } \mp \frac{1}{\varrho_, \Sigma_,}$$

liegt.

Hieraus folgt, dass der Fehler, von einem Bruch zum andern, weil die Nenner $\varrho_,$ und $\sigma_,$ oder $\Sigma_,$ immerfort wachsen, nothwendig immerfort abnimmt.

## *Brüche.*

Desgleichen ist der Fehler, weil $\sigma_, > \varrho_,$ und $\Sigma_, > \varrho$ ist, nothwendig kleiner als

$$199.\quad \mp \frac{1}{\varrho^2},$$

das heisst, die Abweichung jedes Bruchs von dem wahren Werthe ist kleiner als die Einheit dividirt durch das Quadrat vom Nenner des Bruchs. Hieraus sieht man auch, dass der Bruch $\frac{\varrho}{\varrho_,}$ dem Werthe von $x$ näher kommt als jeder andere Bruch in kleinern Zahlen. Denn man setze, der Bruch $\frac{m}{n}$ nähere sich $x$ mehr als der Bruch $\frac{\varrho}{\varrho_,}$, während $n < \varrho_,$ ist, so muss $\frac{m}{n}$, weil $x$ zwischen $\frac{\varrho}{\varrho_,}$ und $\frac{\varrho}{\varrho_,} + \frac{1}{\varrho_,^2}$, oder zwischen $\frac{\varrho}{\varrho_,}$ und $\frac{\varrho}{\varrho_,} - \frac{1}{\varrho_,^2}$ liegt, nothwendig ebenfalls zwischen diese Grenzen fallen. Die Differenz zwischen $\frac{\varrho}{\varrho_,}$ und $\frac{m}{n}$ muss also $< \frac{1}{\varrho_,^2}$ seyn. Sie ist aber gleich $\left[\frac{\varrho}{\varrho_,} - \frac{m}{n} =\right] \frac{n\varrho - m\varrho_,}{n\varrho_,}$, und der Zähler dieses Bruchs kann nicht kleiner als Eins seyn [*weil Eins die kleinste* g a n z e *Zahl ist*], der Nenner aber ist nothwendig grösser als $\varrho_,^2$, weil nach der Voraussetzung $\varrho_, > n$ ist, also ist $\frac{n\varrho - m\varrho_,}{n\varrho_,}$ nicht kleiner als $\frac{1}{\varrho_,^2}$, und folglich nähert sich der Bruch $\frac{m}{n}$ dem Werthe von $x$ nicht mehr als der Bruch $\frac{\varrho}{\varrho_,}$.

## *Näherung durch continuirliche*

### 74.

Uebrigens ist zu bemerken, dass, wenn die Nenner $\alpha_{,}$, $\beta_{,}$, $\gamma_{,}$.... alle einerlei Zeichen oder abwechselnde Zeichen haben, die Fehler abwechselnd positiv und negativ sind, so dass die Brüche $\frac{\alpha}{\alpha_{,}}$, $\frac{\beta}{\beta_{,}}$, $\frac{\gamma}{\gamma_{,}}$ *etc.* abwechselnd kleiner oder grösser sind als der wahre Werth von $x$, wie wir schon im (§. 23.) bemerkten. Dieser Satz aber hört auf, wenn die Zahlen $\alpha_{,}$, $\beta_{,}$, $\gamma_{,}$.... nicht zu zweien gleiche oder abwechselnde Zeichen haben, welches der Fall ist, wenn unter den Nennern $q$, $r$, $s$.... des Kettenbruchs positive und negative sind, das heisst, wenn man die sich nähernden Werthe $x$, $y$, $z$.... bald grösser, bald kleiner als den wirklichen Werth nimmt.

### 75.

Verlangt man statt der convergenten Brüche $\frac{\alpha}{\alpha_{,}}$, $\frac{\beta}{\beta_{,}}$, $\frac{\gamma}{\gamma_{,}}$.... eine Reihe abnehmender Glieder, so wäre zu bemerken, dass

$$200.\ \left\{\begin{array}{l} \frac{\beta}{\beta_{,}} - \frac{\alpha}{\alpha_{,}} = \frac{\beta\alpha_{,} - \alpha\beta_{,}}{\alpha_{,}\beta_{,}} = + \frac{1}{\alpha_{,}\beta_{,}} \\ \frac{\gamma}{\gamma_{,}} - \frac{\beta}{\beta_{,}} = \frac{\gamma\beta_{,} - \beta\gamma_{,}}{\beta_{,}\gamma_{,}} = - \frac{1}{\beta_{,}\gamma_{,}} \\ \frac{\delta}{\delta_{,}} - \frac{\gamma}{\gamma_{,}} = \frac{\delta\gamma_{,} - \gamma\delta_{,}}{\gamma_{,}\delta_{,}} = + \frac{1}{\gamma_{,}\delta_{,}} \end{array}\right\} (190.)$$

*etc.* ist, woraus, weil $\alpha_{,} = 1$ (188.) ist,

## *Brüche.*

$$\frac{\beta}{\beta_{,}} = \alpha + \frac{1}{\alpha_{,}\beta_{,}}$$

$$\frac{\gamma}{\gamma_{,}} = \alpha + \frac{1}{\alpha_{,}\beta_{,}} - \frac{1}{\beta_{,}\gamma_{,}}$$

$$\frac{\delta}{\delta_{,}} = \alpha + \frac{1}{\alpha_{,}\beta_{,}} - \frac{1}{\beta_{,}\gamma_{,}} + \frac{1}{\gamma_{,}\delta_{,}} \text{ etc.}$$

und allgemein

$$201. \quad \frac{\varrho}{\varrho_{,}} = \alpha + \frac{1}{\alpha_{,}\beta_{,}} - \frac{1}{\beta_{,}\gamma} + \frac{1}{\gamma_{,}\delta} - \dots \pm \frac{1}{\pi_{,}\varrho_{,}}$$

folgt.

Man findet also auf diese Weise für $x$ die Reihe $\alpha + \frac{1}{\alpha_{,}\beta_{,}} - \frac{1}{\beta_{,}\gamma} + \dots$, welche sich dem wahren Werthe von $x$ um so mehr nähert, je weiter man sie fortsetzt. Und ist man damit bis zu einem beliebigen Gliede $\pm \frac{1}{\pi_{,}\varrho_{,}}$ gegangen, so liegt die Abweichung des Werths der Reihe von dem Werthe von $x$ zwischen den beiden Grenzen $\pm \frac{1}{\varrho_{,}\sigma_{,}}$ und $\pm \frac{1}{\varrho_{,}\Sigma_{,}}$ (§. 73.), und ist also nothwendig kleiner als $\frac{1}{\varrho_{,}^{2}}$.

## 76.

Noch ist zu bemerken, dass die Glieder der Reihe

$$\alpha + \frac{1}{\alpha_{,}\beta_{,}} - \frac{1}{\beta_{,}\gamma_{,}} \dots$$

einzeln den Gliedern des Kettenbruchs

## *Näherung durch continuirliche*

$$p+\cfrac{1}{q+\cfrac{1}{r\ldots}},$$

von welchem sie herkommen, entsprechen [*wie aus* (188.) *zu sehen*], so dass die Reihe um so stärker convergirt, je mehr dieses mit dem Bruche der Fall ist. Nun haben wir oben (§. 68.) gezeigt, wie sich die Convergenz des Bruches möglichst verstärken lässt. Man kann also jetzt auch für $x$ eine so stark als möglich convergirende Reihe aufstellen.

Um also z. B. eine Reihe zu finden, die den Umfang eines Kreises, den Halbmesser gleich Eins gesetzt, so convergirend als möglich ausdrückt, nehme man den Kettenbruch dafür. Nachdem man denselben, so viel als möglich nach (§. 68.) vereinfacht hat, bringe man ihn auf die Form

$$202.\quad \pi = 3+\cfrac{1}{7+\cfrac{1}{16+\cfrac{1}{-294+\cfrac{1}{3+\cfrac{1}{-3+\ldots}}}}}\quad (185.)$$

so dass $p = 3$, $q = 7$, $r = 16$, $s = -294$ *etc.* ist. Dieses giebt, zu Folge der Ausdrücke (188. §. 71.)

$$\alpha_{,} = 1,\ \beta_{,} = 7,\ \gamma_{,} = 7 \cdot 16 + 1 = 113$$
$$\delta_{,} = 113 \cdot -294 + 7 = -33215$$
$$\varepsilon_{,} = -33215 \cdot 3 + 113 = -99532$$
$$\zeta_{,} = -99532 \cdot -3 - 33215 = 265381 \ etc.,$$

also ist

*Brüche.*

$$203.\pi = 3 + \frac{1}{7} - \frac{1}{7.113} - \frac{1}{113.33215} - \frac{1}{33215.99532} - \frac{1}{99532.265381} \ldots$$

[*Die Paragraphen von (65.) an bis hierher enthalten, wie man sieht, die sämmtlichen Grundzüge der Theorie der Kettenbrüche, mit der dem Verfasser eigenthümlichen Klarheit und Leichtigkeit.*]

---

## Vierte Abtheilung.

### Verschiedene Mittel, die Berechnung der Wurzeln der Gleichungen durch Kettenbrüche, zu erleichtern.

### 77.

Wir fanden im Allgemeinen in (§. 72.), dass, wenn $\frac{\pi}{\pi_,}$ und $\frac{\varrho}{\varrho_,}$ zwei auf einander folgende, gegen $x$ convergirende Brüche sind,

$$x = \frac{\varrho t + \pi}{\varrho_, t + \pi_,}$$

ist (194.). Substituirt man diesen Ausdruck von $x$ in die Gleichung mit $x$, deren Wurzel man sucht, so erhält man eine transformirte Gleichung mit $t$, welche nothwendig die nämliche ist, die man erhalten würde, wenn man $p + \frac{1}{y}$ statt $x$, $q + \frac{1}{z}$ statt $y$ *etc.* setzte. Und um den folgenden Bruch $\frac{\sigma}{\sigma_,}$ zu

## *Näherung durch continuirliche*

finden, muss man die der Grösse $t$ am nächsten kommende ganze Zahl nehmen, welche, wenn man sie durch $k$ bezeichnet,

$$\sigma = k\varrho + \pi \text{ und } \sigma_{,} = k\varrho_{,} + \pi_{,}$$

giebt. Kennt man also blos die ersten beiden Brüche $\frac{\alpha}{\alpha_{,}}$ und $\frac{\beta}{\beta_{,}}$, welche immer $\frac{1}{0}$ und $\frac{p}{1}$ sind (§. 71. 188.), so kann man, der Reihe nach, blos mit Hülfe der einen Gleichung in $x$ alle übrige finden.

### 78.

Man mag nun aber die successive Substitution von $p + \frac{1}{y}$ statt $x$, $q + \frac{1}{z}$ statt $y$ *etc.* ausführen, oder allgemein $\frac{\varrho t + \pi}{\varrho_{,} t + \pi_{,}}$ statt $x$ setzen, so besteht die Schwierigkeit noch immer darin, in den transformirten Gleichungen die ganzen Zahlen zu finden, welche den positiven und negativen, über Eins hinaus liegenden Wurzeln, welche die Gleichungen nothwendig enthalten müssen, so nahe kommen als möglich (§. 70.). Entspricht der erste sich nähernde Werth $p$ nur einer einzelnen Wurzel, so haben alle transformirte Gleichungen, in $y$, $z$ *etc.* jede ebenfalls nur eine einzige Wurzel, die grösser ist als Eins, so dass man die den Wurzeln sich nähernden ganzen Zahlen blos durch Substitution der natürlichen Zahlen finden kann (§. 19.). Gehört aber das nämliche $p$ zu mehreren verschiedenen Wurzeln, so haben auch die transformirten Gleichungen mehrere positive oder negative Wurzeln, die grösser sind als Eins, bis man auf eine

Gleichung

Gleichung kommt, die nur eine solche Wurzel hat. Denn alsdann haben alle folgende Gleichungen jede wiederum nur eine Wurzel, die grösser ist als Eins, wie wir solches in (§. 19.) zeigten.

Bis man auf diese letzte transformirte Gleichung kommt, kann öfters die blosse Substitution der natürlichen Zahlen nicht hinreichend seyn, um die sich nähernden ganzzahligen Werthe, deren man bedarf, zu finden, weil die Gleichungen Wurzeln haben können, welche von einander um weniger als Eins verschieden sind. In diesem Fall also scheint es, dass das allgemeine Verfahren des ersten Abschnitts angewandt werden müsse. Ist solches indessen mit dem ersten, $x$ sich nähernden Werthe der ursprünglichen Gleichung geschehen, so kann man die fernere Rechnung bei den transformirten Gleichungen ersparen. Dieses wollen wir näher auseinandersetzen.

## 79.

Durch das erwähnte Verfahren findet man die Grenzen, zwischen welchen jede reelle Wurzel der gegebenen Gleichung enthalten ist, und zwar so, dass zwischen zwei Grenzen nur eine Wurzel liegt (§. 13.).

Die Grenzen der gesuchten Wurzel mögen $\lambda$ und $L$ seyn. Der Ausdruck $x = \frac{\varrho t + \pi}{\varrho_{,} t + \pi_{,}}$ (194.) giebt $t = \frac{\pi_{,} x - \pi}{\varrho - \varrho_{,} x}$, also ist der Werth von $t$ zwischen den Grenzen $\frac{\pi_{,} \lambda - \pi}{\varrho - \varrho_{,} \lambda}$ und $\frac{\pi_{,} L - \pi}{\varrho - \varrho_{,} L}$ enthalten. Sind also diese letzten Grenzen um weniger als

## *Näherung durch continuirliche*

die Einheit von einander verschieden, so erhält man den sich nähernden Werth von $t$ auf der Stelle. Sind sie aber um Eins, oder mehr als Eins verschieden, so folgt daraus, dass die gesuchte Wurzel $t$ von den übrigen Wurzeln der transformirten Gleichung in $t$ um Eins oder mehr als Eins verschieden seyn muss, so dass man sicher ist, die sich der Wurzel nähernde ganze Zahl zu finden, wenn man die natürlichen Zahlen der Reihe nach an die Stelle von $t$ setzt. Eben so verhält es sich um so mehr in den folgenden transformirten Gleichungen.

### 80.

Der Ausdruch

$$204.\quad t = \frac{\pi_{,} x - \pi}{\varrho - \varrho_{,} x}$$

kann auch gebraucht werden, eine beliebige Grösse $x$, welche zwischen bestimmten Grenzen liegt, durch einen Kettenbruch auszudrücken, wenigstens diejenigen Glieder des Bruchs zu finden, welche durch die Grenzen bestimmt werden. Denn bezeichnet man, wie oben, die beiden Grenzen von $x$ durch $\lambda$ und $L$, so sind $\frac{\pi_{,} \lambda - \pi}{\varrho - \varrho_{,} \lambda}$ und $\frac{\pi_{,} L - \pi}{\varrho - \varrho_{,} L}$ die Grenzen von $t$, so dass sich der ganzzahlige Theil des Werths von $t$ genau finden lässt, so lange die Differenz zwischen jenen beiden Grenzen nicht grösser als Eins ist. Nimmt man also $\frac{1}{0}$ und $\frac{p}{1}$ für die beiden ersten Brüche ($p$ bedeutet den ganzzahligen Theil des Werths von $x$), so kann man die Reihe der convergenten Brüche fortsetzen, bis die Grenzen um mehr als Eins von einander abstehen; hier muss man stehen bleiben, weil die gegebenen Grenzen $\lambda$ und $L$ keine grössere Näherung von $x$ zulassen.

Man hat keinen Irrthum zu fürchten, wenn man den Kettenbruch auch weiter fortsetzt als es seyn sollte, was leicht geschehen kann, wenn man sich, um diesen Bruch zu berechnen, blos einer der Zahlen $\lambda$ und $L$ bedient und so verfährt, als wenn man, nach Art der gewöhnlichen Reduction von Brüchen in Kettenbrüche, das gemeinschaftliche Maass der Zahlen $\lambda$ und $L$ finden wollte.

Um völlig sicher zu gehen, muss man gleichmässig mit beiden Zahlen $\lambda$ und $L$ operiren, und nur denjenigen Theil des Kettenbruchs beibehalten, welchen beide Operationen gemeinschaftlich geben. Aber das erste Verfahren ist bequemer und einfacher.

## 81.

Wir wollen noch andere Mittel zeigen, die Berechnung der ganzzahligen Theile der Wurzeln von den verschiedenen transformirten Gleichungen zu erleichtern.

Es sey

$$205.\quad t^n - a t^{n-1} + b t^{n-2} \ldots = 0$$

irgend eine dieser Gleichungen, so dass es also darauf ankommt, den ganzzahligen Theil des Werthes von $t$ zu finden, welchen wir durch $k$ bezeichnen wollen. Da die Gleichung (205.) von der gegebenen Gleichung herkommt, so ist sie mit ihr von einerlei

*Näherung durch continuirliche*

Ordnung und hat mit ihr gleichviel Wurzeln, deren Zahl wir $n$ setzen.

In (§. 79.) fanden wir allgemein

$$t = \frac{\pi_{,} x - \pi}{\varrho - \varrho_{,} x} \quad (204.),$$

welches sich auf

$$t = \frac{\pi_{,}}{\varrho_{,}} \cdot \frac{x - \frac{\pi}{\pi_{,}}}{\frac{\varrho}{\varrho_{,}} - x} = \frac{\pi_{,}}{\varrho_{,}} \left( \frac{\frac{\varrho}{\varrho_{,}} - \frac{\pi}{\pi_{,}}}{\frac{\varrho}{\varrho_{,}} - x} - 1 \right)$$

bringen lässt [*wie leicht zu sehen*]. Nun ist $\frac{\varrho}{\varrho_{,}} - \frac{\pi}{\pi_{,}} = \pm \frac{1}{\varrho_{,} \pi_{,}}$ (200.). Das obere Zeichen gilt, wenn die Zahl des Bruchs $\frac{\varrho}{\varrho_{,}}$ gerade, das untere, wenn dieselbe ungerade ist. Es ist also

$$206. \quad t = \pm \frac{1}{\varrho_{,}^{2} \left( \frac{\varrho}{\varrho_{,}} - x \right)} - \frac{\pi_{,}}{\varrho_{,}}.$$

Bezeichnet man also die gesuchte Wurzel durch $x$ und die andern Wurzeln der Gleichung mit $x$, $n$ an der Zahl, durch $x_1$, $x_2$ ...., hingegen durch $t$, $t_1$, $t_2$ .... die correspondirenden Werthe von $t$, so erhält man

$$207. \quad \begin{cases} t = \pm \frac{1}{\varrho_{,}^{2} \left( \frac{\varrho}{\varrho_{,}} - x \right)} - \frac{\pi_{,}}{\varrho_{,}} \\ t_1 = \pm \frac{1}{\varrho_{,}^{2} \left( \frac{\varrho}{\varrho_{,}} - x_1 \right)} - \frac{\pi_{,}}{\varrho_{,}} \\ t_2 = \pm \frac{1}{\varrho_{,}^{2} \left( \frac{\varrho}{\varrho_{,}} - x_2 \right)} - \frac{\pi_{,}}{\varrho_{,}} \\ \text{etc.} \end{cases}$$

## *Brüche.*

Nun ist aber in der Gleichung (205.) mit $t$,

$$a = t + t_1 + t_2 \ldots\ldots$$

Substituirt man also die Werthe von $t$, $t_1$, $t_2 \ldots$ (207.), deren Zahl $n - 1$ ist. so erhält man

$$208.\quad a = t - \frac{(n-1)\pi_{,}}{\varrho_{,}}$$

$$\pm \frac{1}{\varrho_{,}^2}\left(\frac{1}{\frac{\varrho}{\varrho_{,}} - x_1} + \frac{1}{\frac{\varrho}{\varrho_{,}} - x_2} + \frac{1}{\frac{\varrho}{\varrho_{,}} - x_3} \ldots\right)$$

Nun fanden wir in (§. 73.), dass

$$\frac{\varrho}{\varrho_{,}} = x \pm \frac{1}{\varrho_{,}(\varrho_{,} t + \pi_{,})} \text{ (196.)},$$

oder, wenn man

$$209.\quad \varrho_{,} t + \pi_{,} = \Psi \varrho_{,}$$

setzt,

$$210.\quad \frac{\varrho}{\varrho_{,}} = x \pm \frac{1}{\Psi \varrho_{,}^2},$$

wo zu bemerken, dass, weil $\varrho_{,} t + \pi_{,}$ zwischen den Grenzen $\sigma_{,}$ und $\Sigma_{,}$ eingeschlossen ist, welche beide grösser als $\varrho_{,}$ sind (§. 72.), die Grösse $\Psi$ nothwendig grösser als Eins seyn muss. Substituirt man daher (210.) in (208.), so erhält man

$$211.\quad t = a + \frac{(n-1)\pi_{,}}{\varrho_{,}}$$

$$\mp \left(\frac{1}{\varrho_{,}^2 (x - x_1) \pm \frac{1}{\Psi}} + \frac{1}{\varrho_{,}^2 (x - x_2) \pm \frac{1}{\Psi}} \ldots\right).$$

Nun sind die Grössen $x - x_1$, $x - x_2$ *etc.* gegeben und die Grösse $\varrho_{,}$ wächst beständig; desgleichen ist der Bruch $\frac{1}{\Psi}$

*Näherung durch continuirliche*

immer kleiner als Eins. Daraus folgt, dass die Grössen

$$\frac{1}{\varrho_,^2 (x - x_1) \pm \frac{1}{\psi}}, \quad \frac{1}{\varrho_,^2 (x - x_2) \pm \frac{1}{\psi}} \quad etc.$$

immerfort abnehmen, und dass folglich die Summe dieser Grössen, deren Zahl $n-1$ ist, ebenfalls immerfort abnimmt, so dass sie zuletzt nothwendig kleiner als $\frac{1}{2}$ wird. [*Da nämlich diese Summe immer kleiner wird, je mehr* $\varrho_,$ *zunimmt, so muss sie zuletzt kleiner werden können als* $\frac{1}{2}$.]

Man muss also nothwendig auf eine transformirte Gleichung kommen, deren Wurzel $t$, bis auf $\frac{1}{2}$, gleich $a + \frac{(n-1)\pi_,}{\varrho_,}$ ist (wo $a$ den Coefficienten des zweiten Gliedes in (205.) negativ genommen, bedeutet). Diese Wurzel $t$ muss also nothwendig zwischen den Grenzen

212. $a + \frac{(n-1)\pi_,}{\varrho_,} + \frac{1}{2}$ und $a + \frac{(n-1)\pi_,}{\varrho} - \frac{1}{2}$

liegen, und das nämliche gilt um so mehr für alle folgende transformirte Gleichungen.

Sobald man also auf eine solche transformirte Gleichung gekommen ist, darf man nur den ganzzahligen Theil von $a + \frac{(n-1)\pi_,}{\varrho_,}$ nehmen, das heisst die ganze Zahl, welche zwischen

$$a + \frac{(n-1)\pi_,}{\varrho_,} + \frac{1}{2} \text{ und } a + \frac{(n-1)\pi_,}{\varrho_,} - \frac{1}{2}$$

liegt. Diese Zahl muss nothwendig eine von den beiden auf einander folgenden ganzen Zahlen seyn.

zwischen welchen der genaue Werth von $t$ liegt, so dass dieselbe mit völliger Sicherheit für $k$ in (§. 77.) genommen werden kann.

So also kann man die Näherung, so weit man will, ohne das mindeste Suchen (tâtonnement) fortsetzen.

## 82.

Da

$$a = t + t_1 + t_2 \ldots,$$

so erhält man, wenn man die Werthe (207.) von $t$, $t_1$, $t_2 \ldots$ aus (§. 81.) substituirt,

213. $a =$

$$\pm \frac{1}{\varrho_{,}^{2}} \left( \frac{1}{\frac{\varrho}{\varrho_{,}} - x} + \frac{1}{\frac{\varrho}{\varrho_{,}} - x_1} + \frac{1}{\frac{\varrho}{\varrho_{,}} - x_2} \ldots \right) - \frac{n\pi}{\varrho_{,}}.$$

Nun sey

214. $x^n - Ax^{n-1} + Bx^{n-2} - \ldots = 0$

die gegebene Gleichung. Man setze den ersten Theil dieser Gleichung [*also*

215. $x^n - Ax^{n-1} + Bx^{n-2} \ldots] = X,$

so ist aus der Theorie der Gleichungen leicht zu sehen, dass, wenn man, nach der Differentiation, $\frac{\varrho}{\varrho_{,}}$ statt $x$ setzt,

216. $$\frac{dX}{Xdx} = \frac{1}{\frac{\varrho}{\varrho_{,}} - x} + \frac{1}{\frac{\varrho}{\varrho_{,}} - x_1} + \frac{1}{\frac{\varrho}{\varrho_{,}} - x_2} \ldots;$$

ist, weil $x$, $x_1$, $x_2 \ldots$ die verschiedenen Wurzeln der Gleichung $X = 0$ sind. [*Da nämlich* $X =$

## *Näherung durch continuirliche*

$(x - x)(x - x_1)(x - x_2)\ldots$, *so erhält man, wenn man differentiirt,*

$$\frac{dX}{dx} = (x-x_1)(x-x_2)\ldots + (x-x_1)(x-x_2)\ldots$$
$$+ (x-x)(x-x_1)\ldots,$$

*welches, durch* $X = (x-x)(x-x_1)(x-x_2)\ldots$ *dividirt,*

$$\frac{dX}{Xdx} = \frac{1}{x-x} + \frac{1}{x-x_1} + \frac{1}{x-x_2}\ldots,$$

*und, wenn man* $\frac{\varrho}{\varrho_{,}}$ *statt* $x$ *setzt, den Ausdruck* (216.) *giebt.*]

Man erhält also [*vermöge* (213.)]

$$217. \quad a = \pm \frac{dX}{\varrho_{,}^2 Xdx} - \frac{n\pi_{,}}{\varrho_{,}}.$$

Mithin ist die Grösse

$$218. \quad a + \frac{(n-1)\pi_{,}}{\varrho_{,}} = \pm \frac{dX}{\varrho_{,}^2 Xdx} - \frac{\pi_{,}}{\varrho_{,}}.$$

Setzt man also [ $\frac{dX}{\varrho_{,} X dx}$, *welches, wenn man* (214.) *differentiirt,* $\frac{nx^{n-1} - (n-1)Ax^{n-2} + (n-2)Bx^{n-3}\ldots}{\varrho_{,}(x^n - Ax^{n-1} + Bx^{n-2}\ldots)}$,

*und, wenn man* $\frac{\varrho}{\varrho_{,}}$ *statt* $x$ *setzt,*

$$\frac{n\frac{\varrho^{n-1}}{\varrho_{,}^{n-1}} - (n-1)A\frac{\varrho^{n-2}}{\varrho_{,}^{n-2}} + (n-2)B\frac{\varrho^{n-3}}{\varrho_{,}^{n-3}}\ldots}{\varrho_{,}\left(\frac{\varrho^n}{\varrho_{,}^n} - A\frac{\varrho^{n-1}}{\varrho_{,}^{n-1}} + B\frac{\varrho^{n-2}}{\varrho_{,}^{n-2}}\ldots\right)}, \text{ oder}$$

$$\frac{n\varrho^{n-1} - (n-1)A\varrho^{n-2}\varrho_{,} + (n-2)B\varrho^{n-3}\varrho_{,}^2\ldots}{\varrho^n - A\varrho^{n-1}\varrho_{,} + B\varrho^{n-2}\varrho_{,}^2\ldots}$$

## *Brüche.*

*giebt, diese Grösse also*]

$$219.\quad \frac{dX}{\varrho_{,} X dx} =$$

$$\frac{n\varrho^{n-1} - (n-1)A\varrho^{n-2}\varrho_{,} + (n-2)B\varrho^{n-3}\varrho_{,}^{2} \ldots}{\varrho^{n} - A\varrho^{n-1}\varrho_{,} + B\varrho^{n-2}\varrho_{,}^{2} \ldots} = R,$$

so ist [*in* (218.)] die Grösse

$$220.\quad a + \frac{(n-1)\pi_{,}}{\varrho_{,}} = \pm \frac{R - \pi_{,}}{\varrho_{,}};$$

also sind die beiden Grenzen (212. §. 81.) folgende:

$$221.\quad \frac{\pm R - \pi_{,}}{\varrho_{,}} + \tfrac{1}{2} \text{ und } \frac{\pm R - \pi_{,}}{\varrho_{,}} - \tfrac{1}{2}.$$

Man kann also diese Grenzen, unabhängig von der transformirten Gleichung mit $t$, blos aus der gegebenen Gleichung mit $x$ finden; welches dienen kann, die Rechnung abzukürzen.

## 83.

Es bleibt nun noch übrig zu untersuchen, wie sich erkennen lasse, ob die Wurzel $t$ zwischen jenen Grenzen eingeschlossen ist. Dieses ist leicht, sobald man die zwei auf einander folgenden ganzen Zahlen $\tau$ und $\tau + 1$ kennt, zwischen welchen die Wurzel liegt. Denn wenn $\lambda + \frac{1}{2}$ und $\lambda - \frac{1}{2}$ die beiden gegebenen Grenzen sind, so ist klar, dass, wenn $t$ zwischen denselben liegen soll, $\lambda$ zwischen die nämlichen Zahlen $\tau$ und $\tau + 1$ fallen muss und selbst näher an diejenige von diesen beiden Zahlen, welcher sich $t$ am meisten nähert.

Man darf also nur

*Näherung durch continuirliche*

Erstlich, untersuchen, ob $\lambda$ zwischen $r$ und $r+1$ fällt.

Zweitens, wenn dieses der Fall ist, so muss man für den sich nähernden Werth von $\lambda$ von den beiden Zahlen diejenige nehmen, welcher $t$ am nächsten liegt. Bezeichnet man diese Zahl durch $k$ und setzt $t = k + \frac{1}{w}$, so wird man sehen, ob die transformirte Gleichung in $w$ eine positive oder negative Wurzel hat, die grösser ist als 2. Ist das Letztere der Fall, so ist man sicher, dass die Wurzel $t$ zwischen den Grenzen $\lambda + \frac{1}{2}$ und $\lambda - \frac{1}{2}$ fällt und man kann dann die Rechnung nach (§. 81.) fortsetzen.

## 84.

Man kann, um zu sehen, ob die Wurzel $t$ zwischen die Grenzen $\lambda + \frac{1}{2}$ und $\lambda - \frac{1}{2}$ fällt, auch wie folgt verfahren. Die ganze Schwierigkeit besteht nämlich, wie aus (§. 81.) folgt, darin, zu sehen, ob die Summe der Grössen $\frac{1}{\frac{\varrho}{\varrho_{,}} - x_1}$, $\frac{1}{\frac{\varrho}{\varrho_{,}} - x_2}$ *etc.*, durch $\varrho_{,}^2$ dividirt, kleiner als $\frac{1}{2}$ ist. Es kommt also darauf an, eine Grösse zu suchen, welche grösser als diese Summe ist, und dann zu untersuchen, ob diese Grösse kleiner sey als $\frac{\varrho_{,}^2}{2}$.

Die reellen Wurzeln der gegebenen Gleichung, deren Zahl $\mu$ seyn mag, sollen $x$, $x_1$, $x_2$ .... seyn, die imaginairen Wurzeln, deren Zahl $2\nu$ seyn mag,

Brüche.

$$\zeta + \psi\sqrt{-1},\ \zeta - \psi\sqrt{-1}$$
$$\zeta_{,} + \psi\sqrt{-1},\ \zeta_{,} - \psi\sqrt{-1}$$
*etc.* *etc.*

so dass also
$$\mu + 2\nu = n$$
ist. Da der Bruch $\frac{\varrho}{\varrho_{,}}$ von der Wurzel $x$ um weniger als $\pm\frac{1}{\varrho_{,}^{2}}$ verschieden ist (§. 73.), so ist klar, dass, wenn man durch $\Delta$ eine Grösse bezeichnet, welche kleiner ist als die kleinste der Differenzen zwischen den reellen Wurzeln der Gleichung, oder der kleinsten Differenz gleich, dass dann alle die reellen Grössen
$$\frac{1}{\frac{\varrho}{\varrho_{,}} - x_1},\ \frac{1}{\frac{\varrho}{\varrho_{,}} - x_2}\ \text{etc.}$$
nothwendig kleiner als $\frac{1}{\Delta \pm \frac{1}{\varrho_{,}^{2}}}$ seyn müssen, und dass folglich die Summe dieser Grössen, deren Zahl $\mu - 1$ ist, kleiner seyn muss als
$$\frac{n-1}{\Delta \pm \frac{1}{\varrho_{,}^{2}}}$$
[*Es ist z. B.* $\frac{1}{\frac{\varrho}{\varrho_{,}} - x_1} = \frac{1}{\frac{\varrho}{\varrho_{,}} - x + (x - x_1)}$. *Nun ist* $\frac{\varrho}{\varrho_{,}} - x > \mp\frac{1}{\varrho_{,}^{2}}$ (196.) *und* $x - x_1$ *z. B. soll grösser seyn als* $\Delta$. *Hieraus folgt, dass* $\frac{1}{\frac{\varrho}{\varrho_{,}} - x_1}$

## *Näherung durch continuirliche*

*oder* $\frac{1}{\frac{\varrho}{\varrho_{,}} - x + (x - x_{1})}$ *kleiner ist als*

$\frac{1}{\Delta \pm \frac{1}{\varrho_{,}^{2}}}$.]

Die unmöglichen Wurzeln geben, Paarweise genommen, die Grössen

$$\frac{1}{\frac{\varrho}{\varrho_{,}} - \zeta - \Psi\sqrt{-1}}, \quad \frac{1}{\frac{\varrho}{\varrho_{,}} - \zeta + \Psi\sqrt{-1}},$$

so dass man [*weil z. B.* $\frac{1}{\frac{\varrho}{\varrho_{,}} - \zeta - \Psi\sqrt{-1}} +$

$$\frac{1}{\frac{\varrho}{\varrho_{,}} - \zeta + \Psi\sqrt{-1}} = \frac{\frac{\varrho}{\varrho_{,}} - \zeta + \Psi\sqrt{-1} + \frac{\varrho}{\varrho_{,}} - \zeta - \Psi\sqrt{-1}}{\left(\frac{\varrho}{\varrho_{,}} - \zeta\right)^{2} + \Psi^{2}}$$

$= \frac{2\left(\frac{\varrho}{\varrho_{,}} - \zeta\right)}{\left(\frac{\varrho}{\varrho_{,}} - \zeta\right)^{2} + \Psi^{2}}$ *ist*] $\nu$ Grössen von der Form

$$\frac{2\left(\frac{\varrho}{\varrho_{,}} - \zeta\right)}{\left(\frac{\varrho}{\varrho_{,}} - \zeta\right)^{2} + \Psi^{2}}$$

hat. Nun ist die Grösse $\frac{2\left(\frac{\varrho}{\varrho_{,}} - \zeta\right)}{\left(\frac{\varrho}{\varrho_{,}} - \zeta\right)^{2} + \Psi^{2}}$, was auch die Grössen $\frac{\varrho}{\varrho_{,}}$, $\zeta$ und $\Psi$ seyn mögen, immer kleiner als $\frac{1}{\Psi}$; denn man setze, was immer angeht,

$$\frac{\varrho}{\varrho_{,}} - \zeta = \Psi \operatorname{tang} \varphi,$$

## Brüche.

so ist

$$222.\quad \frac{2\left(\frac{\varrho}{\varrho_{,}}-\zeta\right)}{\left(\frac{\varrho}{\varrho_{,}}-\zeta\right)^2+\Psi^2}\ \left[=\frac{2\,\Psi\,tang\,\varphi}{\Psi^2\,tang\,\varphi^2+\Psi^2}=\right.$$

$$\left.\frac{2\,tang\,\varphi}{\Psi\,sec\,\varphi^2}=\frac{2\,sin\,\varphi}{\Psi_{cos\,\varphi}\,\frac{1}{cos\,\varphi^2}}\right]=\frac{2\,sin\,\varphi\,cos\,\varphi}{\Psi}=\frac{sin\,2\varphi}{\Psi},$$

welches immer kleiner ist als $\frac{1}{\Psi}$, weil $sin\,2\varphi$ immer kleiner als 1 ist. [*Der Satz findet nicht allgemein, sondern nur dann Statt, wenn* $\Psi$ *positiv ist; denn ist z. B.* $\frac{\varrho}{\varrho_{,}}-\zeta$ *positiv und* $\Psi$ *negativ, so ist offenbar* $\frac{2\left(\frac{\varrho}{\varrho_{,}}-\zeta\right)}{\left(\frac{\varrho}{\varrho_{,}}-\zeta\right)^2+\Psi^2}$ *grösser, und nicht kleiner als* $\frac{1}{\Psi}$, *weil die erste Grösse dann gänzlich positiv,* $\frac{1}{\Psi}$ *dagegen negativ ist. Auch ist wirklich* $\frac{sin\,2\varphi}{\Psi}$ *nur dann kleiner als* $\frac{1}{\Psi}$, *wenn* $\Psi$ *positiv ist. Denn es sey z. B.* $\Psi=-1$ *und* $sin\,2\varphi=\frac{1}{3}$, *so ist nicht* $-\frac{1}{3}<-1$, *sondern nur, wenn* $\Psi=+1$, *ist* $+\frac{1}{3}<+1$.] Bezeichnet man also eine Grösse, die kleiner ist als die kleinste der Grössen $\Psi$, $\Psi_1$ ...., oder der kleinsten unter diesen Grössen gleich, durch $\Pi$, so wird die Grösse $\frac{v}{\Pi}$ nothwendig grösser seyn, als die Summe der imaginairen Grössen

$$\frac{1}{\frac{\varrho}{\varrho_{,}}-\zeta-\Psi\sqrt{-1}},\ \frac{1}{\frac{\varrho}{\varrho_{,}}-\zeta+\Psi\sqrt{-1}},\ \frac{1}{\frac{\varrho}{\varrho_{,}}-\zeta-\Psi_1\sqrt{-1}}$$

*etc.*

## *Näherung durch continuirliche*

Zusammen also wird die Grosse

$$\frac{\mu - 1}{\Delta \pm \frac{1}{\varrho_{,}^{2}}} + \frac{\nu}{\Pi}$$

grösser seyn, als die Summe aller der Grössen

$$\frac{1}{\frac{\varrho}{\varrho_{,}} - x_1}, \frac{1}{\frac{\varrho}{\varrho_{,}} - x_2} \dots$$

Ist also

$$223.\quad \frac{\mu - 1}{\varrho_{,}^{2}\,\Delta - 1} + \frac{\nu}{\varrho_{,}^{2}\,\Pi} = \text{oder} < \tfrac{1}{2},$$

so ist man sicher, dass die Wurzel $t$ zwischen die gegebenen Grenzen fällt.

Um aber die Zahlen $\Delta$ und $\Pi$ zu finden, wenn man im voraus die Wurzeln der gegebenen Gleichung nicht kennt, darf man nur in der Differenzen-Gleichung (§. 8.) die Grenze $l$ der positiven Wurzeln und die Grenze $-h$ der negativen Wurzeln suchen, so kann man für $\Delta$ irgend eine Zahl annehmen, die kleiner als $\frac{1}{\sqrt{l}}$ oder gleich $\frac{1}{\sqrt{l}}$ ist, und für $\Pi$ irgend eine Zahl, die kleiner als $\frac{2}{\sqrt{h}}$ oder gleich $\frac{2}{\sqrt{h}}$ ist. Dieses folgt offenbar aus dem, was in (§. 8.) bewiesen. [*Hier wäre wieder einige Erläuterung zu wünschen gewesen.*]

### 85.

Wenn $\frac{\mu - 1}{\Delta - 1} + \frac{\nu}{\Pi} < \frac{1}{2}$ wäre, so fände die verlangte Bedingung vom Anfange der Reihe ab Statt,

## *Brüche.*

so dass man sich dem Werthe von $x$ ohne alles Suchen nähern könnte. Die Rechnung wäre alsdann folgende.

Nachdem die erste Näherung an $x$ gefunden, welche man nach Belieben grösser oder kleiner als $x$ annehmen kann, so hat man, wenn man den gefundenen Werth $p$ nennt, die beiden ersten Brüche $\frac{1}{0}$ und $\frac{p}{1}$.

Man setze also

Erstlich $\pi = 1$, $\pi_, = 0$, $\varrho = p$, $\varrho_, = 1$, und diese Werthe in den Ausdruck für $R$ (219. §. 82.). Darauf nehme man die ganze Zahl, welche $\frac{-R-\pi_,}{\varrho_,}$, das heisst hier $-R$, am nächsten kommt, und nenne dieselbe $k$, so erhält man den Bruch

$$\frac{k\varrho + \pi}{k\varrho_, + \pi_,} = \frac{k\varrho + 1}{k_,}$$

Zweitens setze man $\pi = p$, $\pi_, = 1$, $\varrho = kp + 1$, $\varrho_, = k$, substituire alles dieses in $R$ (219.) und nehme die ganze Zahl, welche $\frac{R-\pi_,}{\varrho_,}$, das heisst hier $\frac{R-1}{k}$ am nächsten kommt. Ist diese Zahl $k$, so erhält man den Bruch

$$\frac{k\varrho + \pi}{k_,\varrho_, + \pi_,} = \frac{k_,(kp + 1) + p}{k_,k + 1}.$$

Drittens setze man $\pi = kp + 1$, $\pi_, = k_,$, $\varrho = k_,(kp + 1) + p$, $\varrho_, = k_,k + 1$, und nehme die ganze Zahl, welche $\frac{-R-\pi_,}{\varrho_,}$, oder $\frac{-R-k_,}{kk_, + 1}$ am näch-

## *Näherung durch continuirliche*

sten kommt. Heisst dieselbe $k_2$, so erhält man den Bruch

$$\frac{k_2 \varrho + \pi}{k_2 \varrho_{,} + \pi_{,}}$$

u. s. w.

Auf diese Weise erhält man den Werth von $x$ durch den Kettenbruch

$$224. \quad p + \cfrac{1}{k + \cfrac{1}{k_1 + \cfrac{1}{k_2 \ldots}}},$$

oder durch die convergenten Brüche

$$225. \quad \frac{1}{0}, \ \frac{p}{1}, \ \frac{kp+1}{k_{,}}, \ \frac{k_{,}(kp+1)+p}{k_{,}k+1} \ \text{etc.}$$

ausgedrückt.

## 86.

Wenn nicht sogleich $\frac{\mu-1}{\Pi-1} + \frac{V}{\Pi} < \frac{1}{2}$ ist, so darf man nur den Kettenbruch auf die gewöhnliche Weise suchen, bis man auf einen Bruch kommt, für dessen Nenner $\varrho_{,}$, $\frac{\mu-1}{\varrho_{,}^2(\Pi-1)} + \frac{v}{\varrho_{,}^2 \Pi} < \frac{1}{2}$ ist, das heisst, bis man auf eine transformirte Gleichung kommt, die den Bedingungen des 83sten Paragraphs entspricht.

Da übrigens, wenn man alle Wurzeln einer Gleichung vergrössert, auch in demselben Verhältniss die Differenzen zwischen denselben zunehmen, so ist klar, dass, wenn man in der gegebenen Gleichung z.B. $\frac{x}{g}$ statt $x$ setzt, welches die Wurzeln in dem Verhältniss $1:g$

grösser

grösser macht, dass dann auch die der neuen Gleichung entsprechenden Zahlen $\Delta$ und $\Pi$ in demselben Verhältniss grösser werden und folglich die Werthe $g\Delta$ und $g\Pi$ annehmen. Man kann also auch die Bedingung von (§. 85.) dadurch erfüllen, dass man $g$ einen Werth giebt, für welchen,

$$226.\quad \frac{\mu - 1}{g\Delta - 1} + \frac{\nu}{g\Pi} = \text{oder} < \tfrac{1}{2}$$

ist.

Alsdann kann man sich des Verfahrens von (§. 85.) bedienen, um sich dem Werthe von $x$ ohne alles Suchen zu nähern. Man muss blos den gefundenen Werth durch $g$ dividiren, um die wirkliche Wurzel der gegebenen Gleichung zu finden. Man findet zwar auf diese Weise nicht mehr die Wurzel durch einen einfachen Kettenbruch, kann sich aber derselben doch so weit nähern als man will, welches gewöhnlich hinreichend ist.

## 87.

Es sey z. B. die Gleichung

$$227.\quad x^n - A = 0$$

gegeben, so dass also die $n$te Wurzel der Zahl $A$ verlangt wird.

Es sey

Erstlich $n$ eine gerade Zahl und

$$n = 2m,$$

so hat die gegebene Gleichung, wie bekannt, zwei reelle Wurzeln, $+\sqrt[n]{A}$ und $-\sqrt[n]{A}$ [*in so fern A*

*Näherung durch continuirliche*

*positiv ist*], und $n-2$ unmögliche Wurzeln, welche sich durch

$$228.\quad \left(\cos\frac{sc}{n} \pm \sqrt{-1}\,\sin\frac{sc}{n}\right)\sqrt[n]{A}$$

ausdrücken lassen, wo $c$ den ganzen Umfang oder vier rechte Winkel bedeutet, und für $s$ der Reihe nach 1, 2, 3 *etc.* bis zu $m-1$ gesetzt wird, [*auch weiter als* $m-1$; *so weit man will, weil über* $m-1$ *die nämlichen Wurzeln wiederkehren. Man findet eine vollständige Untersuchung dieses Gegenstandes in der Abhandlung des Uebersetzers über Potenzen, Facultäten und Winkel-Functionen, Berlin bei Reimer* 1823, *im dritten Abschnitte dieses Buchs.*] Es ist also in diesem Falle, zu Folge (84.)

$$\mu = 2,\quad r = m-1$$

und man kann

$$229.\quad \Delta = 2\sqrt[n]{A},\quad \Pi = \sin\frac{c}{n}.\sqrt[n]{A}$$

setzen, weil $\sin\frac{c}{n}$ der kleinste unter allen den Sinus, $\sin\frac{sc}{n}$ ist.

Die Bedingung von (§. 85.) wird also erfüllt, wenn

$$230.\quad \frac{1}{2\sqrt[n]{A}-1} + \frac{m-1}{\sin\frac{c}{n}.\sqrt[n]{A}} = \text{oder} < \tfrac{1}{2}$$

ist. Sie wird also allemal gewiss erfüllt, wenn

$$231.\quad A = \text{oder} > \left(\frac{n}{\sin\frac{c}{n}}\right)^n$$

ist.

## Brüche.

[$A = \left(\frac{n}{\sin\frac{c}{n}}\right)^n$, *in* (200.) *gesetzt, würde geben:*

$$\frac{1}{2\frac{n}{\sin\frac{c}{n}} - 1} + \frac{m-1}{n} = \frac{\sin\frac{c}{n}}{2n - \sin\frac{c}{n}} + \frac{m-1}{n}$$

$$= \frac{\sin\frac{c}{n}}{2n - \sin\frac{c}{n}} + \tfrac{1}{2} - \frac{1}{n} \text{ (weil } m = \tfrac{1}{2}n),$$

*welches immer kleiner als* $\frac{1}{2}$ *ist, weil* $\sin\frac{c}{n} < 1$ *und*

$2n - \sin\frac{c}{n} > n$, *also* $\frac{\sin\frac{c}{n}}{2n - \sin\frac{c}{n}} < \frac{1}{n}$ *ist.*]

Zweitens. Es sey $n$ ungerade und

$$n = 2m + 1,$$

so hat die gegebene Gleichung nur eine reelle Wurzel, $\sqrt[n]{A}$, und $2m$ unmögliche Wurzeln von der Form

$$232. \quad \left(\cos\frac{sc}{n} \pm \sqrt{-1}\,\sin\frac{sc}{n}\right)\sqrt[n]{A},$$

wenn der Reihe nach $s = 1, 2, 3$ *etc.* bis $m$ gesetzt wird. Es ist also in diesem Falle

$$\mu = 1, \quad \nu = m,$$

und weil der kleinste unter den Sinus, $\sin\frac{sc}{n}$, wegen $n = 2m + 1$, $\sin\frac{180^\circ}{n}$ ist, so kann man

$$233. \quad \Pi = \sin\frac{180^\circ}{n}\,.\sqrt[n]{A}$$

*Näherung durch continuirliche*

setzen, [*man müsste also s auch* $= \frac{1}{2}$ *setzen können,*] so dass die Bedingung von (§. 84.) hier Statt hat, wenn $\frac{m}{\sin\frac{180^\circ}{n}.\sqrt[n]{A}} =$ oder $< \frac{1}{2}$, das heisst, wenn

$$234.\quad A = \text{oder} > \left(\frac{n-1}{\sin\frac{180^\circ}{n}}\right)^n$$

ist.

Ist also die Zahl $A$ nicht kleiner, so kann man durch das Verfahren von (§. 85.), ohne Versuche, die $n$te Wurzel der Zahl $A$ finden. Ist $A$ kleiner, so kann man dieselbe durch Multiplication mit irgend einer Zahl, die eine genaue $n$te Wurzel hat, vergrössern. Um alsdann die gesuchte Wurzel von $A$ zu finden, darf man das Resultat nur wieder mit dem Multiplicator dividiren.

Der Werth von $R$ (§. 83.) ist für die Gleichung $x^n - A = 0$,

$$235.\quad R = \frac{n\varrho^{n-1}}{\varrho^n - A\varrho_{,}^n}.$$

## 88.

Da der Fall $n = 2$ durch das Verfahren in der zweiten Abtheilung aufgelöset werden kann, so abstrahiren wir von demselben. Es ist, wenn

1. $n = 4$, $\sin\frac{360^\circ}{4} = 1$, also $A =$ oder $> 4^4$;

2. $n = 6$, $\sin\frac{360^\circ}{6} = \frac{\sqrt{3}}{6}$, also $A =$ oder $> 3^3.4^6$;

3. $n = 8$, $\sin\frac{360^\circ}{8} = \frac{\sqrt{2}}{2}$, also $A =$ oder $> 2^4.4^8$

u. s. w.

## Brüche.

Eben so ist, wenn

1. $n = 3$, $\sin\frac{360^\circ}{3} = \frac{\sqrt{3}}{2}$, also $A =$ oder $> \frac{4^3}{3\sqrt{3}}$;

2. wenn $n = 5$, so hat man $\sin\frac{360^\circ}{5}$, und wenn man die Rechnung mit Logarithmen macht, so erhält man $A =$ oder $> 1315$ u. s. w.

### 89.

Gesetzt, man verlangte die dritte Wurzel von 17, so kann man sich, weil $17 > \frac{4^3}{3\sqrt{3}}$ oder $3\sqrt{3} > 4$ ist, des Verfahrens von (§. 85.) bedienen. Man erhält also, weil $n = 3$ und $A = 17$ (§. 87.), $R = \frac{3\varrho^2}{\varrho^3 - 17\varrho_,^3}$. Nun sind die ganzen Zahlen, welche $\sqrt[3]{17}$ am nächsten kommen, 2 und 3. Man kann also nach Belieben $p$ entweder gleich 2 oder gleich 3 setzen.

Es sey $p = 2$, so erhält man, weil die ersten Brüche $\frac{1}{0}$ und $\frac{2}{1}$ sind,

Erstlich $\pi = 1$, $\pi_, = 0$, $\varrho = 2$, $\varrho_, = 1$, also $R = \frac{3 \cdot 4}{8 - 17} = -\frac{4}{3}$, und die ganze Zahl, welche $\frac{-R - \pi_,}{\varrho_,} = \frac{4}{3}$ am nächsten kommt, ist 1, also ist $k_, = 1$, welches den Bruch $\frac{k_, p + 1}{k_,} = \frac{3}{1}$ giebt.

Zweitens, $\pi = 2$, $\pi_, = 1$, $\varrho = 3$, $\varrho_, = 1$, also $R = \frac{2 \cdot 9}{10}$ und $\frac{R - \pi_,}{\varrho_,} = \frac{17}{10}$. Die ganze Zahl welche $\frac{17}{10}$ am nächsten kommt, ist 2, also kann man

## *Näherung durch continuirl. Brüche.*

$k_, = 2$ setzen, welches den Bruch $\frac{k_,\varrho + \pi}{k_,\varrho_, + \pi_,} = \frac{8}{3}$ giebt.

Drittens $\pi = 2$, $\pi_, = 1$, $\varrho = 8$, $\varrho_, = 3$, also

$$R = \frac{3 \cdot 8^2}{8^3 - 17 \cdot 3^3} = \frac{192}{53} \text{ und } \frac{-R - \pi_,}{\varrho_,} = -\frac{245}{159}.$$

Die ganze Zahl, welche diesem Bruche am nächsten kommt, ist $-2$, also ist $k_, = -2$, und der Bruch $\frac{k_2\varrho + \pi}{k_2\varrho_, + \pi_,}$ ist $\frac{-13}{-5}$ u. s. w.

Auf diese Weise erhält man folgende, der Zahl $\sqrt[3]{17}$ sich nähernde Brüche:

$$\frac{1}{0}, \frac{2}{1}, \frac{3}{1}, \frac{8}{3}, \frac{-13}{-5} \text{ etc.}$$

und der Kettenbruch für $\sqrt[3]{17}$ ist

$$2 + \cfrac{1}{1 + \cfrac{1}{2 + \cfrac{1}{-2 \ldots}}}$$

# Zusätze

zur

Theorie der algebraischen Gleichungen.

# Erster Zusatz.

## Ueber den Beweis des ersten Lehrsatzes [§. 1.].

### 90.

Die beiden Lehrsätze des ersten Abschnitts machen die Grundlage der gesammten Theorie der Gleichungen aus. Man muss also dieselben strenge und so beweisen, dass dabei nirgend Etwas aus der Theorie der Gleichungen selbst entlehnt wird. Der Beweis des ersten Lehrsatzes im ersten Paragraph beruht auf Zerlegung der Gleichungen in Factoren, und kann also in Betracht der unmöglichen Factoren noch Zweifel zulassen. Zwar weiss man, wenn man den Satz von der Form der unmöglichen Wurzeln als bekannt annimmt, dass das Product zweier unmöglicher correspondirender Factoren immer nothwendig eine positive Grösse ist, was auch $x$ seyn mag; woraus folgt, dass die Zeichenwechsel der Resultate der Substitutionen von $p$ und $q$ statt $x$ nur von den reellen Wurzeln herrühren können. Der strenge Beweis dieses Satzes hängt indessen von dem zu beweisenden Lehrsatze selbst ab, so dass er auf diesen nicht anwendbar ist. Wir wollen, um diese Schwierigkeit zu heben, den Lehr-

*Ueber den Beweis des*

satz aus der Natur der Gleichungen selbst, unabhängig von ihren Eigenschaften, zu beweisen suchen.

## 91.

Man bezeichne die gegebene Gleichung, im Allgemeinen, durch

$$236. \quad P - Q = 0,$$

wo $P$ die Summe der Glieder bedeutet, welche das Zeichen $+$ haben, $Q$ die Summe der Glieder mit dem Zeichen $-$. Zunächst mögen $p$ und $q$ positive Zahlen seyn und $q$ mag grösser seyn als $p$. Ist für $x = p$, $P - Q < 0$, und für $x = q$, $P - Q > 0$, so ist im ersten Falle $P < Q$, im andern Falle $P > Q$. Nun aber ist klar, dass die Grössen $P$ und $Q$, weil sie nur positive Glieder sind und nur ganze und positive Potenzen von $x$ enthalten, nothwendig zunehmen, wenn $x$ zunimmt. Lässt man also $x$ von $p$ bis $q$ stetig (par tous les degrés insensibles) wachsen, so werden auch $P$ und $Q$ stetig zunehmen, $P$ aber wird nothwendig stärker zunehmen als $Q$, weil es Anfangs kleiner war als $Q$ und hernach grösser seyn soll als $Q$. Es muss also zwischen dem Werthe $p$ und $q$ von $x$ nothwendig irgend einen Werth von $x$ geben, für welchen $P = Q$ ist, eben auf die Weise wie zwei bewegte Körper, die in dem nämlichen Augenblicke aus zwei verschiedenen Orten ihre Bewegung anfangen und in einerlei Richtung einerlei Linie durchlaufen, unterweges nothwendig zusammentreffen müssen, wenn derjenige von den beiden Körpern, welcher im Anfange hinter dem andern sich befand, am Ende

## *ersten Lehrsatzes.*

diesem vorausgeeilt ist. Dieser Werth von $x$, für welchen $P = Q$, ist also offenbar eine von den Wurzeln der Gleichung und muss nothwendig zwischen $p$ und $q$ fallen. Eben so, wenn für $x = p$, $P - Q > 0$, und für $x = q$, $P - Q < 0$ wäre, so wäre im ersten Falle $Q < P$, im andern Falle $Q > P$. Lässt man also $x$ von $p$ bis $q$ wachsen, so wächst $Q$ stärker als $P$, und für irgend eine Grösse zwischen $p$ und $q$ ist $Q = P$.

Wären $p$ und $q$, oder eine von diesen beiden Grössen, negativ, so nehme man eine positive Zahl $r$ an, so gross, dass $r + p$ und $r + q$ positiv sind, so darf man nur in die gegebene Gleichung $y - r$ statt $x$ setzen, um eine transformirte Gleichung in $y$ zu haben, deren Resultate nach der Voraussetzung verschiedene Zeichen haben, wenn man $r + p$ und $r + q$ statt $y$ setzt, weil diese Resultate die nämlichen sind, welche man erhält, wenn man in die gegebene Gleichung $p$ und $q$ statt $x$ setzt. Nun sind aber die Zahlen $r + p$ und $r + q$ positiv, also findet auf die Gleichung mit $y$ der obige Beweis Anwendung, und es lässt sich, wie oben, zeigen, dass die Gleichung mit $y$ nothwendig eine Wurzel hat, die zwischen $r + p$ und $r + q$ liegt, und da $x = y - r$, so hat die Gleichung mit $x$ nothwendig eine Wurzel zwischen $p$ und $q$.

[*Hieraus folgt, dass, wenn in einer Gleichung wie*

$$P - Q = x^m + \alpha x^{m-1} + \beta x^{m-2} \dots + \mu = 0$$

*die Grösse* $P - Q$ *für* $x = p$ *und* $x = q$, *wo* $p$

*Ueber den Beweis des erst. Lehrsatz.*

*und q reelle Grössen sind, entgegengesetzte Zeichen hat, jedesmal eine reelle Wurzel der Gleichung zwischen p und q liegen muss. Es frägt sich nun, ob der Zeichenwechsel nur für reelle Grössen Statt findet, oder, wie es sich verhält, wenn p und q etwa beide imaginair sind, oder wenn eine von diesen Grössen eine unmögliche Grösse ist, und was dann vielleicht aus dem Zeichenwechsel der reellen Theile der Resultate folge.*]

# Zweiter Zusatz.

## Ueber den Beweis des zweiten Lehrsatzes [§. 5.].

### 92.

Zu dem Beweise des Lehrsatzes (§. 5.) sind die beiden Sätze nöthig, dass jede Gleichung in so viele einfache reelle Factoren zerlegt werden kann, als sie reelle Wurzeln hat, und, dass der übrig bleibende Factor, wenn die Zahl der reellen Wurzeln kleiner ist als die Zahl der Einheiten in der Ordnungs-Zahl, die Grösse niemals negativ werden kann, was auch $x$ seyn mag.

Den ersten Satz haben die Analysten als Resultat der Bildung der Gleichungen seit lange zugegeben. D'Alembert hat meines Wissens zuerst gezeigt, dass es nöthig ist, den Satz zu beweisen. Den zweiten Satz könnte man als eine Folge des ersten betrachten. Um aber keine Lücke zu lassen, ist es besser, jeden Satz besonders zu beweisen.

### 93.

Wir wollen durch $(x^m \ldots.)$ ein beliebiges Polynom mit $x$ vom $m$ten Grade bezeichnen, so dass

*Ueber den Beweis des*

237. $(x^m \ldots\ldots) = x^m - Ax^{m-1} + Bx^{m-2} - Cx^{m-3} \ldots\ldots \pm U.$
Setzt man hierin $a$ statt $x$, so geht die Grösse $(x^m \ldots\ldots)$ in $(a^m \ldots\ldots)$ über, und es ist leicht, zu sehen, dass die Differenz $(x^m \ldots\ldots) - (a^m \ldots\ldots)$ dieser beiden ähnlichen Polynome durch $x - a$ theilbar seyn muss, denn jedes Glied des Polynoms $(x^m \ldots\ldots)$ wie $Nx^n$ giebt in der Differenz ein Glied wie $N(x^n - a^n)$, und so lange $n$ eine ganze positive Zahl ist, ist allgemein

$$x^n - a^n = (x-a)(x^{n-1} + ax^{n-2} + a^2 x^{n-3} \ldots\ldots + a^{n-1}).$$

Nimmt man also alle diese Quotienten zusammen und ordnet sie nach den Potenzen von $x$, so erhält man

238. $(x^m \ldots\ldots) - (a^m \ldots\ldots) = (x - a)(x^{m-1} \ldots\ldots),$

wo $(x^{m-1} \ldots\ldots)$ ein Polynom mit $x$ von der Ordnung $m - 1$ ist. [*Es ist nämlich*

$$\begin{aligned}(x^m \ldots\ldots) - (a^m \ldots\ldots) = {} & x^m - a^m \\ & + A(x^{m-1} - a^{m-1}) \\ & + B(x^{m-2} - a^{m-2}) \\ & \ldots\ldots\ldots\ldots \\ & + U(x - a),\end{aligned}$$

*wo, wie vorhin gezeigt, jedes Glied des Theils rechterhand durch $x - a$ theilbar ist.*]

Es ist also, was auch $a$ seyn mag,

239. $(x^m \ldots\ldots) = (x - a)(x^{m-1} \ldots\ldots) + (a^m \ldots\ldots).$

Auf dieselbe Weise kann man, wenn man eine andere Grösse $b$ nimmt, das Polynom $(x^{m-1} \ldots\ldots)$ auf die Form

*zweiten Lehrsatzes.*

240. $(x^{m-1} \ldots) = (x-b)(x^{m-2} \ldots) + (b^{m-1} \ldots)$

bringen, wo $(x^{m-2} \ldots)$ ein Polynom von der niedrigern Ordnung $m-2$ bedeutet u. s. w.

Wäre nun die Gleichung

$$(x^m \ldots) = 0$$

gegeben und $a$ irgend eine Wurzel derselben, das heisst, ein Werth von $x$, für welchen $(x^m \ldots) = 0$ ist, so wäre nothwendig auch

$$(a^m \ldots) = 0;$$

also ist alsdann [*in* (239.)]

241. $(x^m \ldots) = (x-a)(x^{m-1} \ldots)$

und folglich $(x^m \ldots)$ durch $x-a$ theilbar.

Giebt es ausser der Grösse $a$ noch eine andere Grösse $b$, für welche ebenfalls, wenn man sie statt $x$ setzt, $(x^m \ldots) = 0$ ist, so muss diese Grösse, in (241.) statt $x$ gesetzt, den zweiten Factor rechterhand $(x^{m-1} \ldots)$ verschwinden machen und folglich von der Art seyn, dass

$$(b^{m-1} \ldots) = 0$$

ist. Also reducirt sich [*in* (240.) *wegen* $(b^{m-1} \ldots) = 0$] die Grösse $(x^{m-1} \ldots)$ auf

242. $(x^{m-1} \ldots) = (x-b)(x^{m-2} \ldots)$

und es ist [*in* (239.)]

243. $(x^m \ldots) = (x-a)(x-b)(x^{m-2} \ldots)$,

so dass also das Polynom $(x^m \ldots)$ nothwendig durch $x-a$ und $x-b$ theilaar ist u. s. w.

## *Ueber den Beweis des*

Hat also die Gleichung $(x^m \ldots) = 0$ eine Zahl $n$ (die kleiner ist als $m$) reeller Wurzeln $a, b, c \ldots$, so ist

244. $(x^m \ldots) = (x-a)(x-b)(x-c) \ldots (x^{m-n} \ldots)$

Der übrig bleibende Factor $(x^{m-n} \ldots)$ aber ist nicht mehr in einfache reelle Factoren zerlegbar [*nach der Voraussetzung nämlich, dass nur n reelle Factoren Statt finden*]. Dieserhalb kann nun das Polynom $(x^{m-n} \ldots)$, was auch $x$ seyn mag, nie einen negativen Werth haben. Denn gäbe es irgend einen Werth von $x$, für welchen der Werth des Polynoms negativ wäre, so würde, weil man auf der andern Seite $x$ allemal so gross annehmen kann, dass das erste Glied grösser als alle übrigen [*und folglich der Werth des ganzen Polynoms eine positive Grösse*] ist, folgen, dass zwei Werthe von $x$ möglich sind, für welche der Werth des Polynoms das Zeichen wechselt, und dass also, dem ersten Lehrsatze (§. 91.) zu Folge, ein zwischenliegender Werth $h$ von $x$ existirt, für welchen $(x^{m-2} \ldots) = 0$, und welcher Werth also eine reelle Wurzel der Gleichung ist, und dass also alsdann

$$(x^{m-n} \ldots) = (x-h)(x^{m-n-1} \ldots)$$

ist, und folglich das Polynom $(x^m \ldots)$ noch den reellen Factor $x - h$ mehr hat: welches der Voraussezzung widerspricht. Das Polynom $(x^{m-n} \ldots)$ ist daher allemal positiv und deshalb die Ordnungs-Zahl desselben allemal eine gerade Zahl. Sein letztes

Glied

Glied ist allemal positiv (§. 3.) und das letzte Glied des Polynoms ($x^m$....) ist folglich positiv oder negativ, je nachdem die Zahl der positiven Wurzeln $a$, $b$.... gerade oder ungerade ist.

[*Weil das Polynom* ($x^{m-n}$....), *nach der Voraussetzung, nicht mehr in reelle Factoren zerlegbar ist, kann es, dem ersten Lehrsatze zu Folge, für keinen Werth von $x$ das Zeichen wechseln, und deshalb kann es $x$ nur in Potenzen mit geraden Exponenten enthalten und dieserhalb nur positiv seyn, indem es für irgend einen Werth von $x$, der so gross ist, dass das erste Glied alle übrigen übertrifft, bestimmt positiv ist.*]

## 94.

Das Polynom ($x^{m-n}$....), ist nicht blos dann immer positiv, wenn die Gleichung ($x^{m-n}$....) $=$ o keine reelle Wurzel hat, sondern auch dann, wenn sie, zu zweien, oder vieren, oder überhaupt in geraden Zahlen, gleiche Wurzeln hat. Denn alsdann hat das Polynom Factoren von der Form $(x-g)^{2r}$, wo $2r$ eine gerade Zahl ist; und eine Grösse wie $(x-g)^{2r}$ ist immer positiv, was auch $x$ seyn mag.

Daraus folgt, dass der zweite Lehrsatz auch für dreifache, fünffache Wurzeln u. s. w. gilt. Da es aber besondere Verfahren für die gleichen Wurzeln giebt, so kann man bei den ungleichen Wurzeln und ihrer Entwickelung stehen bleiben.

## *Ueber den Beweis des zweit. Lehrsatz.*

### 95.

Uebrigens aber kann man, in dem Sinne algebraischer Rechnungen, welche allemal von einzelnen Werthen der Grössen unabhängig sind, das Polynom $(x^m \ldots)$ unbedingt als ein Product von so vielen einfachen Factoren $(x-a)$, $(x-b)$, $(x-c)$ *etc.* ansehen, als der Exponent des Polynoms $m$, Einheiten enthält, was auch die Grössen $a$, $b$, $c \ldots$ seyn mögen, so dass allemal die identische Gleichung

245. $$x^m - Ax^{m-1} + Bx^{m-2} \ldots \pm U = (x-a)(x-b)(x-c) \ldots,$$

unabhängig von dem Werthe von $x$ Statt findet.

Auf dieser Umformung der Polynome beruht die ganze Theorie der Gleichungen. Wir haben oben die verschiedenen Verhältnisse zwischen den Grössen $a$, $b$, $c \ldots$ in den Factoren und den Coefficienten $A$, $B$, $C \ldots$ des Polynoms gefunden, und in diesen Verhältnissen bestehen die allgemeinen Eigenschaften der Gleichungen. (Man sehe weiter unten den zehnten Zusatz.)

Die Factoren, welche man für Polynome voraussetzt, deren Werthe nie negativ seyn können, nennt man imaginaire Grössen, und die Grössen $a$, $b$, $c \ldots$ in diesen Factoren sind die unmöglichen Wurzeln der Gleichungen, welche entstehen, wenn man die Polynome gleich Null setzt. Daraus folgt, dass die Zahl dieser unmöglichen Wurzeln nothwendig gerade, und das Product der Wurzeln, welches dem letzten Gliede des Polynoms gleich kommt, immer positiv ist.

# Dritter Zusatz.

## Ueber die Gleichung zwischen den Differenzen der Wurzeln einer gegebenen Gleichung, zu zweien genommen.

### 96.

Die Untersuchung dieser Gleichung, welche der Gegenstand des achten Paragraphs war, würde sehr beschwerlich seyn, wenn man sich dabei, wie es sich zunächst darbietet, der Elimination bedienen wollte. Durch die Ausdrücke, welche ich daselbst mittheilte, reducirt sich die Schwierigkeit blos auf die Weitläuftigkeit der Rechnung. Alles kommt darauf an, eine gewisse Zahl von Gliedern dreier verschiedenen Reihen zu finden, deren Gesetz sehr einfach ist.

### 97.

Die erste Reihe, nämlich die der Grössen $A_1$, $A_2$, $A_3$ .... ist keine andere als die bekannte Reihe für die Summe der Potenzen der Wurzeln, durch die Coefficienten der gegebenen Gleichung ausgedrückt. Man wird den Beweis davon in dem sechsten Zusatze finden. Die dritte Reihe, nämlich die

## Ueber die Differenzen-

der Grössen $a$, $b$, $c$...., welche die Coefficienten der gesuchten Gleichung sind, ist die Umkehrung der vorigen. Sie giebt diese Coefficienten durch die Summe der Potenzen der Wurzeln, die man aus der zweiten Reihe der Grössen $a_1$, $a_2$, $a_3$.... erhält. Ich hatte oben das Gesetz der Glieder der letztern nur durch Induction gefunden; man kann aber auch dieses Gesetz allgemein finden.

Man darf zu dem Ende nur die Grösse

$$246.\quad (x-\alpha)^s + (x-\beta)^s + (x-\gamma)^s \ldots.$$

nehmen, welche, wenn man sie nach den Potenzen von $x$ entwickelt,

$$247.\quad mx^s - sAx^{s-1} + \frac{s(s-1)}{2}A_2 x^{s-2} - \frac{s(s-1)(s-2)}{2.3}A_3 x^{s-3} \ldots.$$

giebt, [*wo*

$$A_1 = \alpha + \beta + \gamma \ldots.$$
$$A_2 = \alpha^2 + \beta^2 + \gamma^2 \ldots.$$
$$A_3 = \alpha^3 + \beta^3 + \gamma^3 \ldots.$$

*etc. ist.*]

Da diese beiden Ausdrücke identisch den nämlichen Werth haben, so kann man $x$ annehmen, wie man will. Man setze also, der Reihe nach, $x = \alpha$, $x = \beta$, $x = \gamma$ *etc.* und addire die Resultate, so erhält man

$$248.\quad \left\{\begin{array}{l} (\alpha-\beta)^s + (\alpha-\gamma)^s \ldots. \\ + (\beta-\alpha)^s + (\beta-\gamma)^s \ldots. \\ + (\gamma-\alpha)^s + (\gamma-\beta)^s \ldots. \\ = mA_s - sA_1 A_{s-1} + \frac{s(s-1)}{2}A_2 A_{s-2} \\ \quad - \frac{s(s-1)(s-2)}{2.3}A_3 A_{s-3} \ldots., \end{array}\right.$$

*Gleichung.*

wie leicht zu sehen, weil nach der obigen Bezeichnung allgemein

$$249.\quad A_s = \alpha^s + \beta^s + \gamma^s \ldots.$$

ist.

Ist nun $s$ eine ungerade Zahl, so heben sich alle Glieder des ersten Theils der Gleichung (248.) auf. [*Denn dieser erste Theil der Gleichung ist gleich*

$$(\alpha-\beta)^s + (\alpha-\gamma)^s + \ldots. + (\beta-\gamma)^s \ldots.$$
$$+ (\beta-\alpha)^s + (\gamma-\alpha)^s + \ldots. + (\gamma-\beta)^s \ldots.,$$

*und wenn s ungerade ist, so ist* $(\alpha-\beta)^s = -(\beta-\alpha)^s$, $(a-\gamma)^s = -(\gamma-\alpha)^s$ *etc., so dass alles zusammen Null ist.*] Der zweite Theil der Gleichung ist ebenfalls von selbst Null, wenn man bemerkt, dass

$$A_0 = \alpha_0 + \beta_0 + \gamma_0 \ldots. = m,$$

gleich der Zahl der Wurzeln ist. [*Denn das letzte Glied dieses zweiten Theils der Gleichung ist* $-A_s A_0 = -m A_s$, *das vorletzte Glied ist* $+ s A_{s-1} A_1$, *das diesem vorhergehende Glied ist* $-\frac{s(s-1)}{2} A_{s-2} A_2$ *u. s. w.; also hebt sich das erste Glied mit dem letzten, das zweite mit dem vorletzten, das dritte mit dem Gliede vor dem vorletzten u. s. w. auf, und in der Mitte sind zwei gleiche Glieder, die sich ebenfalls aufheben, so dass die ganze Summe Null ist.*]

Ist hingegen $s$ eine gerade Zahl, z. B.

$$s = 2\mu,$$

so ist nach der Bezeichnung der Glieder der zweiten

## *Ueber die Differenzen-*

Reihe [(§. 9.)] das erste Glied [*welches alsdann* $2(\alpha-\beta)^2+2(\alpha-\gamma)^s\ldots+2(\beta-\gamma)^s\ldots$ *ist, gleich*] $2a_\mu$; also ist in diesem Falle [*zu Folge* (248.)]

$$250.\quad 2a_\mu = mA_{2\mu} - 2\mu A_2 A_{2\mu-1} + \frac{2\mu(2\mu-1)}{2} A_2 A_{2\mu-2} - \frac{2\mu(2\mu-1)(2\mu-2)}{2.3} A_3 A_{2\mu-3} \ldots$$

Da die Glieder rechterhand in gleichen Entfernungen von dem mittlern Gliede, welches $A_\mu A_\mu$ enthält, gleich sind, so erhält man, wenn man die gleichen Glieder zusammen nimmt und die Summe durch 2 dividirt, den allgemeinen Ausdruck für $a_\mu$ in (§. 8.)

## 98.

Man kann auch auf dieselbe Weise die Ausdrücke für die Summe der Wurzeln, zu zweien genommen, finden. Die Grösse

$$251.\quad (x+\alpha)^s + (x+\beta)^s + (x+\gamma)^s \ldots$$

giebt, wenn man sie entwickelt, den gleichbedeutenden Ausdruck

$$252.\quad mx^s + sA_1 x^{s-1} + \frac{s(s-1)}{2} A_2 x^{s-2} + \frac{s(s-1)(s-2)}{2.3} A_3 x^{s-3} \ldots$$

Setzt man also wieder, der Reihe nach, $x=\alpha$, $x=\beta$, $x=\gamma$ *etc.* und nimmt die Resultate zusammen, so erhält man

## *Gleichung.*

$$253.\ \begin{cases} 2^s(\alpha^s+\beta^s+\gamma^s\ldots.) \\ +2(\alpha+\beta)^s+2(\alpha+\gamma)^s+2(\beta+\gamma)^s\ldots. \\ = mA_s+sA_1A_{s-1}+\frac{s(s-1)}{2}A_2A_{s-2} \\ \qquad +\frac{s(s-1)(s-2)}{2.3}A_3A_{s-3}\ldots. \end{cases}$$

Bezeichnet man also allgemein

254. $(\alpha+\beta)^s+(\alpha+\gamma)^s\ldots.+(\beta+\gamma)^s\ldots.$ durch $a_s$,

so erhält man aus (253.), weil $\alpha^s+\beta^s+\gamma^s\ldots.=A_s$ ist,

$$255.\ 2a_s=(m-2)^sA_s+sA_1A_{s-1}+\frac{s(s-1)}{2}A_2A_{s-2}$$
$$+\frac{s(s-1)(s-2)}{2.3}A_3A_{s-3}\ldots.$$

Da $s$ eine ganze Zahl ist, so sind die Glieder in gleichen Entfernungen von den Enden gleich. Nun ist das letzte Glied gleich $A_sA_0$, und, weil $A_0=m$, gleich $mA_s$. Zieht man also das erste und letzte, das zweite und vorletzte Glied u. s. w. zusammen und dividirt das Ganze durch 2, so erhält man, wenn $s$ eine ungerade Zahl ist,

$$256.\ a_s=(m-2^{s-1})A_s+sA_1A_{s-1}+\frac{s(s-1)}{2}A_2A_{s-2}\ldots.$$
$$\ldots.+\frac{s(s-1)(s-2)\ldots.\left(\frac{s+3}{2}\right)}{1.2.3\ldots.\left(\frac{s-1}{2}\right)}A_{\frac{s-1}{2}}A_{\frac{s+1}{2}},$$

und, wenn $s$ eine gerade Zahl ist,

*Ueber die Differenzen-*

$$257.\ a_s = (m - 2^{s-1}) A_s + s A_1 A_{s-1} + \frac{s(s-1)}{2} A_2 A_{s-2} \ldots$$

$$\ldots + \frac{s(s-1)(s-2)\ldots\left(\frac{s}{2}+1\right)}{1.2.3\ldots\frac{s}{2}} \left(\frac{A_{\frac{s}{2}}}{2}\right)^2.$$

Berechnet man nach diesem Ausdrucke die Glieder der Reihe $a_1$, $a_2$, $a_3$ *etc.* und setzt sie in die Ausdrücke der Grössen *a*, *b*, *c etc.* der dritten Reihe, so erhält man die Coefficienten der Gleichung, deren Wurzeln die *n* Summen $\alpha + \beta$, $\alpha + \gamma$, $\beta + \gamma \ldots$ der Wurzeln der gegebenen Gleichung, zu zweien genommen, sind. Diese Gleichung kann in vielen Fällen nützlich seyn. [*Man sehe auch über diese Gegenstände die oben in (§. 8.) angeführten Schriften.*]

## 99.

Ich muss übrigens bemerken, dass schon Waring in seinen „Miscell. anal.“ die im Jahre 1762 gedruckt sind, sagt, dass die Gleichung, deren Wurzeln

$$\frac{1}{\alpha-\beta}, \frac{1}{\alpha-\gamma} \ldots, \frac{1}{\beta-\gamma} \ldots$$

wären, diene, die Grenzen der reellen Wurzeln einer Gleichung mit den Wurzeln $\alpha$, $\beta$, $\gamma \ldots$ zu finden. Als ich indessen meine erste Abhandlung über die Auflösung der numerischen Gleichungen schrieb, war mir jenes Werk nicht bekannt. Auch wäre die Bemerkung von Waring, weil sie nur isolirt dasteht, ohne die Untersuchungen in jener Abhandlung, vielleicht lange ohne weitere Folgen geblieben.

*Gleichung.*

Auch muss ich bemerken, dass Waring schon vor mir die Kennzeichen der unmöglichen Wurzeln einer gegebenen Gleichung, welche in den Zeichen der Gleichung liegen, deren Wurzeln die Quadrate der Differenzen der Wurzeln der gegebenen Gleichung sind, erkannt hat. Er sagt aber in dem angeführten Werke blos, dass, wenn die Differenzen-Gleichung lauter Zeichenwechsel habe, ihre Stammgleichung nothwendig lauter reelle Wurzeln haben müsse: im entgegengesetzten Falle habe sie imaginaire Wurzeln. Aber späterhin, in den „philosophical transactions" vom Jahre 1763 hat er auch, wiewohl ohne Beweis, die Bedingungen gezeigt, welche für Gleichungen des vierten und fünften Grades Statt finden, wenn diese Gleichungen entweder lauter reelle Wurzeln, oder zwei oder vier imaginaire Wurzeln haben, welches bis dahin für den fünften Grad noch Niemand gezeigt hatte.

In einer zweiten Abhandlung habe ich mich begnügt, die Differenzen-Gleichung für den zweiten, dritten und vierten Grad zu geben. Die Weitläuftigkeit der Rechnung hielt mich ab, dieselbe auf den fünften Grad auszudehnen. Da indessen das Resultat zuweilen nützlich seyn kann, so will ich es hier nach Waring hersetzen.

100.

Es sey also die Gleichung des fünften Grades

258. $x^5 + Bx^3 - Cx^2 + Dx - E = 0$

gegeben, so ist ihre Differenzen-Gleichung

*Ueber die Differenzen-*

259. $$v^{10} - av^9 + bv^8 - cv^7 + dv^6 - ev^5 + fv^4 - gv^3 + hv^2 - iv + k = 0,$$

wo

260. $$\left\{\begin{aligned}
a &= -10B \\
b &= 39B^2 + 10D \\
c &= -80B^3 - 50BD - 25C^2 \\
d &= 95B^4 + 124B^2D - 95D^2 + 92BC^2 \\
&\quad + 1200CE \\
e &= -66B^5 + 360BD^2 - 169B^3D - 118B^2C^2 \\
&\quad - 260C^2D - 625E^2 - 400BCE \\
f &= -25B^6 + 40D^3 - 53C^4 + 52B^3C^2 \\
&\quad - 522B^2D^2 + 194B^4D + 708BC^2D \\
&\quad + 240B^2CE + 1750BE^2 - 950CDE \\
g &= -4B^7 - 106B^5D + 80BD^3 + 308B^3D^2 \\
&\quad + 102BC^4 + 7B^4C^2 - 570C^2D^2 \\
&\quad - 612B^2C^2D - 700C^3E + 3750DE^2 \\
&\quad - 2500B^2E^2 - 80B^3CE + 2150BCDE \\
h &= 400D^4 - 360B^2D^3 - 15B^4D^2 + 24B^6D \\
&\quad - 8B^5C^2 - 45B^2C^4 - 270C^4D \\
&\quad + 140B^3C^2D + 960BC^2D^2 + 1875C^2E^2 \\
&\quad + 1000CD^2E - 5000BDE^2 + 1750B^3E^2 \\
&\quad + 40B^4CE + 600BC^3E - 1650B^2CDE \\
i &= -36B^5D^2 + 224B^3D^3 - 320BD^4 - 4B^3C^4 \\
&\quad - 27C^6 + 40C^2D^3 - 434B^2C^2D^2 \\
&\quad + 24B^4C^2D + 198BC^4D - 5000D^2E^2 \\
&\quad + 450C^3DE + 6250CE^3 - 675B^4E^2 \\
&\quad + 3750B^2DE^2 - 3000BC^2E^2 \\
&\quad - 60B^2C^3E - 200BCD^2E \\
&\quad + 330B^3CDE
\end{aligned}\right.$$

## *Gleichung.*

260. $$k = 3125E^4 - 3750BCE^3 + (2000BD^2 + 2250C^2D - 900B^3D + 825B^2C^2 + 108B^5)E^2 - (1600CD^3 - 560B^2CD^2 - 16B^3C^3 + 630BC^3D + 72B^4CD - 108C^5)E + 256D^5 - 128B^2D^4 + 144BC^2D^3 + 16B^4D^3 - 27C^4D^2 - 4B^3C^2D^2.$$

Wenn alle Wurzeln einer Gleichung des fünften Grades reell seyn sollen, so müssen also alle diese Grössen $a$, $b$, $c$.... positiv seyn, welches, wie man sieht, zehn verschiedene Bedingungen giebt. Es ist aber möglich, dass einige derselben in dem Systeme der übrigen enthalten sind, alsdann die Zahl der Bedingungen, wie wir bei dem vierten Grade sahen, kleiner ist. Finden nicht alle diese Bedingungen zugleich Statt, so hat die Gleichung nothwendig zwei oder vier unmögliche Wurzeln, je nachdem $k$ eine positive oder negative Grösse ist. Wäre $k$ gleich Null, so hätte die Gleichung zwei gleiche Wurzeln. Wäre auch $i$ gleich Null, so hätte sie drei gleiche Wurzeln u. s. w.

# Vierter Zusatz.

## Ueber das Verfahren, eine Grösse zu finden, welche kleiner ist, als die kleinste Differenz zwischen den Wurzeln einer gegebenen Gleichung.

### 101.

Die Berechnung dieser Grenze ist nöthig, um die Reihe der Zahlen zu finden, welche, nach einander substituirt, mit Sicherheit alle reelle Wurzeln der Gleichung geben (§. 6.). Das sicherste Mittel ist, was wir oben angaben, die Gleichung selbst zu berechnen, deren Wurzeln die Differenzen zwischen den Wurzeln der gegebenen Gleichung sind, und hernach die Grenzen der kleinsten Wurzel dieser Gleichung zu suchen. Wenn aber die Ordnungs-Zahl der gegebenen Gleichung ein wenig hoch ist, so steigt diejenige der Differenzen-Gleichung so sehr hoch, dass die Rechnung, um alle Glieder dieser Gleichung zu finden, beschwerlich ist; denn wenn die Ordnungs-Zahl der gegebenen Gleichung $m$ ist, so hat man $\frac{m(m-1)}{2}$ Coefficienten, und um die Reihe (§. 8.)

## *Differenzen der Wurzeln.*

zu finden $2m(m-1)$ Glieder zu berechnen. [*Also zum Beispiel bei einer Gleichung des zehnten Grades schon* $2 \cdot 10 \cdot 9 = 180$ *Glieder.*]

Da auf solche Weise die allgemeine Methode fast unausführbar ist, wenn die Ordnungs-Zahl der Gleichung ein wenig hoch steigt, so habe ich mich lange Zeit bemüht, Mittel zu finden, durch welche sich die Untersuchung der Differenzen-Gleichung ersparen liesse; und ich habe in der That gefunden, dass man ohne dieselbe ganz zu berechnen, allerdings die Grenze finden kann, welche kleiner ist als die kleinste Wurzel, welches den Hauptzweck der Differenzen-Gleichung ausmacht.

### 102.

Die gegebene Gleichung sey

261. $x^m - Ax^{m-1} + Bx^{m-2} - Cx^{m-3} \ldots = 0,$

welches wir, der Kürze wegen, durch

262. $X = 0$

bezeichnen wollen, so nehme man von derselben, nach (§. 8.), die Gleichung in $u$,

263. $[U =]\, Y + Zu + Vu^2 \ldots + u^{m-1} = 0,$

in welcher

264. $$\begin{cases} Y = mx^{m-1} - (m-1)Ax^{m-2} + (m-2)Bx^{m-2} \ldots \\ Z = \frac{m(m-1)}{2}x^{m-2} - \frac{(m-1)(m-2)}{2}Ax^{m-3} \ldots \\ V = \frac{m(m-1)(m-2)}{2 \cdot 3}x^{m-3} \ldots \end{cases}$$

*etc.*

oder

$$265.\quad Y = X',\ Z = \frac{X''}{2},\ V = \frac{X'''}{2.3} \ldots.$$

ist, wo $X'$, $X''$, $X'''$.... die Ableitungen von $X$ oder die Differential-Coefficienten von $X$ bedeuten, so dass also

$$266.\quad Y = \frac{dX}{dx},\ Z = \tfrac{1}{2}\frac{d^2X}{dx^2},\ V = \frac{1}{2.3}\frac{d^3X}{dx^3} \ldots.$$

ist.

Nun sahen wir, in (§. 8.), dass diese Gleichung $U = 0$, wenn man darin statt $x$ irgend eine Wurzel der Gleichung $X = 0$ setzt, die Differenzen zwischen dieser und allen übrigen Wurzeln der Gleichung $X = 0$ zu Wurzeln hat. Substituirt man also, der Reihe nach, die $m$ Wurzeln der Gleichung $X = 0$, so erhält man $m$ Gleichungen in $u$, deren Wurzeln alle mögliche Differenzen zwischen den Wurzeln der gegebenen Gleichung sind. Mithin kommt es nur darauf an, eine Grösse zu finden, die kleiner ist, als die kleinste Wurzel irgend einer von den $m$ Gleichungen.

Setzt man also

$$267.\quad u = \frac{1}{k},$$

wodurch die Gleichung $U = 0$ mit $u$ in

$$268.\quad Y + \frac{Z}{k} + \frac{V}{k^2} \ldots + \frac{1}{k^{m-1}} = 0,$$

oder, wenn man mit $k^{m-1}$ multiplicirt, und mit $Y$ dividirt, in

$$269.\ [K =]\ k^{m-1} + \frac{Z}{Y} k^{m-2} + \frac{V}{Y} k^{m-3} \ldots + \frac{1}{y} = 0$$

übergeht, so kommt alles darauf an, eine Grösse zu finden, die grösser ist als die grösste Wurzel dieser letzten Gleichung, wenn man in dieselbe für $x$ irgend eine von den $m$ Wurzeln der gegebenen Gleichung setzt. Denn nennt man diese Grösse $L$, so ist klar, dass [*in* (267.) $u =$] $\frac{1}{Z}$ die gesuchte Grenze seyn wird, welche kleiner ist, als irgend eine von diesen Wurzeln.

## 103.

Nun ist bekannt, dass der grösste Coefficient in den negativen Gliedern einer Gleichung, positiv genommen, und um Eins vergrössert, grösser ist als die grösste Wurzel der Gleichung [(§. 12.)]. Man darf also, um die Grenze $L$ zu finden, nur den grössten negativen Werth suchen, welchen die Coefficienten $\frac{Z}{Y}$, $\frac{V}{Y}$ *etc.* der Gleichung $K = 0$ erhalten können, wenn man in diese Gleichung die Werthe der Wurzeln der Gleichung $X = 0$ substituirt, oder auch eine noch grössere Grösse.

Enthielten diese Coefficienten keine Potenzen von $x$ im Nenner [*welches der Fall ist, weil überall die Grösse Y, die x enthält, im Nenner steht*], so liesse sich die Aufgabe leicht auflösen. Man dürfte nur in die positiven Glieder eine Grösse statt $x$ sezzen, welche kleiner ist als der kleinste positive Werth von $x$, und in die negativen Glieder eine Grösse, welche grösser ist. Denn es ist klar, dass man auf diese

Weise negative Grössen erhalten würde, welche grösser sind als der negative Werth, den irgend ein Coefficient durch die Substitution irgend eines positiven Werthes von $x$ annehmen kann. Und um auf die negativen Wurzeln zu sehen, dürfte man nur in die nämlichen Coefficienten $-x$ statt $+x$, und hierauf in die positiven Glieder einen Werth von $x$ sezzen, der kleiner ist als die kleinste negative Wurzel der Gleichung, positiv genommen, und in die negativen Glieder einen Werth von $x$, der grösser ist als die zweifache Wurzel.

Die auf diese Weise gefundene grösste negative Grösse, positiv genommen, und um Eins vergrössert, könnte ohne Bedenken statt der gesuchten Grenze $L$ gesetzt werden.

Die ganze Schwierigkeit liegt daher nur in dem Nenner $Y$, welcher ebenfalls noch $x$ enthält. Ich hatte vorgeschlagen, für Y einen Werth zu setzen, der kleiner ist als irgend einer von denen, die man erhält, wenn man die Wurzeln der Gleichung $X = 0$ substituirt. Aber dann ist wieder die Schwierigkeit, diese neuen Grenzen zu finden, und es scheint nicht wohl möglich, sie anders als aus einer Gleichung zu finden, deren Wurzeln die verschiedenen Werthe von $Y$ sind.

Um zu dieser Gleichung zu gelangen, müsste man

270. $Y = y$

setzen und $x$ zwischen den Gleichungen

271. $X = 0$ und $y - Y = 0$

eliminiren. Die entstehende Gleichung würde vom

$m$ ten

## *Differenzen der Wurzeln.*

*m*ten Grade seyn. [*Denn* $X = 0$ *ist vom mten Grade nach x, und* $y - Y = 0$, *vom ersten Grade nach y.*] Man könnte dann eine Grösse, die kleiner ist als ihre kleinste Wurzel, als Grenze für $Y$ annehmen. Aber auch die Berechnung dieser Gleichung mit $Y$ kann noch sehr weitläuftig seyn, man mag sie durch Elimination, oder direct aus der Natur ihrer Wurzeln finden.

### 104.

Ich habe späterhin bemerkt, dass man die unbekannte Grösse $x$ aus dem Polynom $Y$ eliminiren könne, wenn man dasselbe durch ein anderes, dazu passendes Polynom vom $m-1$ten Grade multiplicirt und vermittelst der Gleichung $X = 0$ alle Potenzen von $x$ wegschafft, welche die $m-1$te Ordnung übersteigen.

Man nehme z. B. das Polynom

272. $x^{m-1} - a x^{m-2} + b x^{m-3} - c x^{m-4} \ldots = \zeta$,

welches wir, der Kürze wegen, durch $\zeta$ bezeichnen wollen, und in welchem die Coefficienten $a$, $b$, $c \ldots$ unbestimmt sind. Multiplicirt man mit demselben das Polynom $Y$, so erhält man ein anderes Polynom von der Ordnung $2m-2$. Nun giebt die Gleichung $X = 0$ zuerst den Werth von $x^m$. Mit diesem Werthe kann man, wenn man immerfort mit $x$ multiplicirt und, wo es nöthig ist, den Werth von $x^m$ substituirt, alle Potenzen von $x$, die höher sind als $x^{m-1}$, bis zu $x^{2m-2}$ ausdrücken. Substituirt man diesen

## *Ueber die Grenzen der*

Werth in das Polynom $Y\zeta$, so bringt man dasselbe auf die $m-1$ Potenz herab, und kann dann alle Glieder desselben verschwinden machen, indem man alle seine Coefficienten einzeln gleich Null setzt, welches $m-1$, nach $a$, $b$, $c$.... lineäre Gleichungen giebt, die zur Bestimmung der $m-1$ unbekannten Grössen dienen. Bezeichnet man das übrig bleibende, oder die übrig bleibenden ganz bekannten Glieder durch $R$, so ist

$$273.\quad Y\zeta = R \text{ und folglich } Y = \frac{R}{\zeta}.$$

[*Zur Erläuterung dieses Verfahrens dient weiter unten das Beispiel* (*§*. 109.)] Die Gleichung $K=0$ mit $k$ (269.) geht alsdann, wenn man $\frac{R}{\zeta}$ statt $Y$ setzt, in

$$274.\quad k^{m-1} + \frac{Z\zeta}{R}x^{m-2} + \frac{V\zeta}{R}x^{m-3} \ldots + \frac{\zeta}{R} = 0$$

über; und da nun die Coefficienten $\frac{Z\zeta}{R}$, $\frac{V\zeta}{R}$...; nur Potenzen von $x$ ohne Nenner enthalten, so kann man auf dieselben das oben vorgeschlagene Verfahren anwenden und eine Grenze $L$ finden, welche grösser ist als der grösste Werth von $k$.

Man kann auch die Polynomen $Z\zeta$, $V\zeta$ *etc.* durch die nämliche Substitution der Werthe von $x^m$ und höherer Potenzen als $x^m$ auf die Weise umformen, dass sie nur niedrigere Potenzen als $x^{m-1}$ enthalten. Diese Umformung ist aber nicht unbedingt nothwendig, und man kann ohne Nachtheil die Polynomen gebrauchen, wie die Multiplication von $Z$, $V$ *etc.*

## *Differenzen der Wurzeln.*

mit $\zeta$ sie giebt; aber sie ist zur Vereinfachung der Rechnung und um eine nähere Grenze $L$ zu finden, nützlich.

### 105.

Es ist auch zu bemerken, dass, da die Werthe von $u$, welche diejenigen der Differenzen zwischen den Wurzeln der gegebenen Gleichung sind, eben so wohl positiv als negativ seyn können, ein Gleiches auch mit den Werthen von $k$ Statt findet, weil $u = \frac{1}{k}$ gesetzt wurde (267.), woraus folgt, dass die Grenze der positiven Werthe von $k$ auch die Grenze der negativen Werthe dieser Grösse, positiv genommen, und umgekehrt die Grenze der grössten negativen Werthe, positiv genommen, die der grössten positiven Werthe ist.

Man kann also in der Gleichung mit $k$, die Grösse $k$ sowohl positiv als negativ, und folglich das zweite, vierte, sechste etc. Glied dieser Gleichung mit entgegengesetzten Zeichen nehmen, im Fall man auf diese Weise eine kleinere Grenze findet.

### 106.

Hat man dann die Grenze $L$ gefunden, so ist $\frac{1}{L}$ eine Grenze, welche kleiner ist als die kleinste Differenz zwischen den Wurzeln der gegebenen Gleichung, und man kann in (§. 6.)

$$275. \quad \Delta = \frac{1}{L}$$

setzen, welches die Reihe der Zahlen $\Delta$, $2\Delta$, $3\Delta$ *etc.* giebt, durch deren Substitution man auf sicherm Wege alle reelle Wurzeln der Gleichung und ihre erste Grenze findet.

Wäre die Grösse $R$ Null, so wäre $L$ unendlich gross und die Grenze $\frac{1}{L}$ gleich Null, welches dann die Gleichheit zweier oder mehrerer Wurzeln der gegebenen Gleichung anzeigt. In der That ist klar, dass, wenn zwei Wurzeln einander gleich sind, einer der Werthe von $u$ gleich Null seyn muss; also muss alsdann das letzte Glied $Y$ der Gleichung $U = 0$ (263.) Null seyn, wenn man statt $x$ eine der Wurzeln der Gleichung $X = 0$ setzt. Diese Gleichung $X = 0$ findet also alsdann mit $Y = 0$, das heisst, mit $\frac{dX}{dx} = 0$ (266.) zugleich Statt; welches der bekannte Satz von den gleichen Wurzeln ist. Die durch Wegschaffung von $x$ entstehende Gleichung findet also ebenfalls Statt. Wie leicht zu sehen, ist aber diese Gleichung nichts anders, als die Gleichung $R = 0$ selbst; denn weil das Product $Y\zeta$, vermöge der Gleichung $X = 0$, gleich $R$ ist, so ist $Y = \frac{R}{\zeta}$, und folglich giebt $Y = 0$ auch $R = 0$.

Zeigt sich auf diese Weise, dass die Gleichung mit $x$ gleiche Wurzeln hat, so findet man dieselben, wenn man den gemeinschaftlichen Divisor der Gleichungen $X = 0$ und $Y = 0$ sucht (§. 15.). Hierauf geht die Gleichung mit $k$ (274.), wenn man sie mit

## *Differenzen der Wurzeln.*

$R$ multiplicirt und das Product mit $Z\zeta$ dividirt, weil $R = 0$ ist, in

$$276. \quad k^{m-2} + \frac{V}{Z} k^{m-3} \ldots . + \frac{1}{Z} = 0$$

über, auf welche neue Gleichung man nun wieder das nämliche Verfahren anwenden kann, um eine Grenze zu finden, die grösser ist als $k$, u. s. w.

Da es übrigens, ehe man die Auflösung einer Gleichung, durch welches Verfahren es auch sey, unternimmt, immer nöthig ist, vorher zu sehen, ob sie gleiche Wurzeln habe, weil diese Wurzeln auf andere Weise genau gefunden werden können, so sieht man, dass die Berechnung der Grösse $R$, wenn man sich der Differenzen-Gleichung nicht bedienen will, immer unerlässlich ist; denn die Gleichung $R = 0$ [*welche mit* $Y = \frac{dX}{dx} = 0$ *einerlei ist*] ist gerade diejenige, welche man auf die gewöhnliche Weise findet, wenn man die Bedingungen der Gleichheit der Wurzeln sucht. Das obige Verfahren verlängert also auf diese Weise die zur Auflösung der Gleichung erforderliche Rechnung nicht.

### 107.

Sobald die Grösse $R$ gefunden ist, kommt es nur darauf an, eine Grösse zu haben, welche der grössten negativen unter den Grössen $\frac{Z\zeta}{R}$, $\frac{V\zeta}{R}$ *etc.* $\frac{\zeta}{R}$, nämlich unter den Coefficienten der Gleichung mit $k$ (274.), gleich oder grösser ist als diese Grösse. Um eine solche Grösse zu finden, setze man in die po-

*Ueber die Grenzen der*

sitiven Glieder dieser Coefficienten, statt $x$ eine Grösse, die kleiner ist als die kleinste positive Wurzel der Gleichung $X = 0$, und in die negativen Glieder eine Grösse, die grösser ist als die grösste dieser Wurzeln. Hierauf setze man, nachdem in den nämlichen Coefficienten $x$ mit $-x$ verwechselt worden, in die positiven Glieder eine Grösse, die kleiner ist als die kleinste der negativen Wurzeln, und in die negativen Glieder eine Grösse, die grösser ist als die grösste negative Wurzel, positiv genommen. Das grösste negative Resultat, welches man auf diese Weise findet, positiv genommen und um Eins vergrössert, ist der gesuchte Werth der Grenze $L$.

Um diese Grössen zu finden, welche grösser oder kleiner als die Wurzeln der Gleichung $X = 0$ sind, könnte man für die grössere Grösse ohne weiteres den grössten Coefficienten der negativen Glieder der Gleichung annehmen, nachdem zu demselben Eins addirt worden. Ferner könnte man, nachdem $x$ mit $\frac{1}{x}$ verwechselt und die Potenzen von $x$ mit negativen Exponenten durch Multiplication weggeschafft worden, den grössten Coefficienten der Glieder nehmen, welche das entgegengesetzte Zeichen der vorigen haben, und die Einheit, dividirt durch jenen Coefficienten, $+ 1$, würde die Grösse seyn, welche kleiner ist als die Wurzeln. Für die negativen Wurzeln dürfte man nur $-x$ statt $+x$ setzen, um sie positiv zu machen, so fände man ebenfalls Grössen, welche grösser oder kleiner sind als die Wurzeln.

## *Differenzen der Wurzeln.*

Aber obgleich die Grenzen, welche man auf diese Weise findet, sehr sicher sind, so können dieselben doch allzuweit von einander entfernt liegen, so dass man für die Grenze $L$ eine gar zu grosse Grösse, und folglich für die Differenz $\Delta$ der Glieder der Reihe eine zu kleine Grösse findet, weswegen dann zu viele Substitutionen in die gegebene Gleichung nothwendig sind, um alle Wurzeln zu finden (§. 6.).

### 108.

Es ist daher gut, engere Grenzen zu haben, welche man nach (§. 12.) finden kann. Nach dem dortigen Verfahren darf man nur zunächst einen Werth von $x$ suchen, welcher die Grössen $X, \frac{dX}{dx}, \frac{d^2X}{dx^2} \ldots$ positiv macht, was nicht schwer ist, wenn man von der letzten, welche $x$ nur in einer Abmessung enthält, anfängt und zu der vorhergehenden zurückgeht.

Dieser Werth von $x$ ist dann grösser als alle positive Wurzeln der Gleichung $X = 0$. Um eine Grenze zu haben, die kleiner ist, verwandle man die Grösse $X = 0$ durch die Substitution von $\frac{1}{x}$ statt $x$ und durch die Multiplication mit $x^m$, um die Potenzen von $x$ mit negativen Exponenten wegzuschaffen. Ist das Glied, welches $x^m$ enthält, negativ, so verwechsle man alle Zeichen, um es positiv zu machen.

Man setze diese neue Function statt $x$, und nachdem man davon die Ableitungen $\frac{dX}{dx}, \frac{d^2X}{dx^2}$ etc.

*Ueber die Grenzen der*

genommen, suche man wiederum einen Werth von $x$, für welchen alle diese Grössen positiv sind. Die Einheit, dividirt durch diesen Werth, giebt eine Grenze, welche kleiner ist als alle positive Wurzeln der Gleichung $X = 0$. Endlich setze man in diese beiden Reihen $-x$ statt $x$ und verändere alle Zeichen, im Fall die höchste Potenz von $x$ das Zeichen $-$ hat; die Werthe von $x$, für welche alle diese Grössen positiv sind, werden grösser und kleiner seyn als die negativen Wurzeln der Gleichung, positiv genommen.

## 109.

Um ein Beispiel dieses Verfahrens zu geben, wollen wir solches auf die Gleichung

$$x^3 - 7x + 7 = 0$$

anwenden, welche wir in (§. 27.) auflöseten.

Für diese Gleichung ist

$$X = x^3 - 7x + 7$$

und die Ableitungen sind

$$\frac{dX}{dx} = 3x^2 - 7, \quad \frac{d^2X}{dx^2} = 6x, \quad \frac{d^3X}{dx^3} = 6, \quad \frac{d^4X}{dx^4} = 0 \text{ etc.}$$

Also ist

$$Y = \frac{dX}{dx} = 3x^2 - 7, \quad Z = \tfrac{1}{2}\frac{d^2X}{dx^2} = 3x, \quad V = \frac{1}{2.3}\frac{d^3X}{dx^3} = 1,$$

und die Gleichung $U = 0$ mit $u$ (263.) ist vom zweiten Grade.

Man nehme also ein unbestimmtes Polynom des zweiten Grades

$$\zeta = x^2 + ax + b$$

an, und multiplicire solches mit dem Polynom $Y$ [$=3x^2-7$], so erhält man

$$Y\zeta = 3x^4 + 3ax^3(3b-7)x^2 - 7ax - 7b.$$

Nun giebt die Gleichung $X=0$, $x^3=7x-7$; also ist [*wenn man mit x multiplicirt*] $x^4=7x^2-7x$. Substituirt man dieses [*nämlich den Werth von* $x^4$ *und* $x^3$], so erhält man

$$Y\zeta = (3b+14)x^2 + (14a-21)x - 21a - 7b.$$

Man setze also

$$3b+14=0,\ 14a-21=0,\ -21a-7b=R,$$

woraus

$$a=\tfrac{3}{2},\ b=-\tfrac{14}{3} \text{ und } R=\tfrac{7}{6}$$

folgt. Da die Grösse $R$ nicht Null ist, so folgt, dass die gegebene Gleichung keine gleiche Wurzeln hat.

Nun ist [*wenn man in das obige* $\zeta=x^2+ax+b$ *die gefundenen Werthe von a und b, nämlich* $a=\frac{3}{2}$ *und* $b=-\frac{14}{3}$ *setzt*]

$$\zeta = x^2 + \tfrac{3}{2}x - \tfrac{14}{3}.$$

Multiplicirt man dieses mit $Z=3x$ und substituirt für $x^3$ seinen Werth [$7x-7$], so erhält man

$$Z\zeta = \frac{9x^2}{2} + 7x - 21,$$

so dass die beiden Coefficienten $\left[\dfrac{Z\zeta}{R}\ \textit{und}\ \dfrac{Y\zeta}{R}\right]$ der Gleichung mit $k$ (274.) [$=\left(\dfrac{9x^2}{2}+7x-21\right)\frac{6}{7}$ *und* $(x^2+\frac{3}{2}x-\frac{14}{3})\frac{6}{7}$, *oder*]

$$\frac{27x^2+42x-126}{7} \text{ und } \frac{6x^2+9x-28}{7}$$

sind, wo es nun nur noch darauf ankommt, ohne $x$

*Ueber die Grenzen der*

zu kennen, eine Grösse zu finden, welche dem grössten negativen Werthe dieser Coefficienten gleich oder kleiner ist, als dieselben. Dieses geschiehet durch Untersuchung der Grenzen der Werthe von $x$.

### 110.

Zu dem Ende fange man damit an, Grenzen der grössten und kleinsten positiven und negativen Werthe von $x$ zu suchen. Da der grösste Coefficient der negativen Glieder in der gegebenen Gleichung mit $x$ $[x^3 - 7x + 7 = 0]$ 7 ist, so kann man die Zahl 8 als eine Grenze ansehen, welche grösser ist, als die positiven Wurzeln. Man kann aber eine engere Grenze durch Untersuchung der Grössen $X$, $\frac{dX}{dx}$ und $\frac{d^2X}{dx^2}$, nämlich der Grössen

$$x^3 - 7x + 7, \quad 3x^2 - 7 \text{ und } 6x$$

finden, wenn man einen Werth von $x$ sucht, für welchen diese Grössen alle positiv sind. Ein solcher Werth ist $x = 2$; also ist 2 grösser als alle positive Wurzeln der gegebenen Gleichung.

Setzt man in $X$, $\frac{dX}{dx}$ und $\frac{d^2X}{dx^2}$, $-x$ statt $x$ und nimmt überall entgegengesetzte Zeichen, in so fern es nöthig ist, um das erste Glied positiv zu machen, so erhält man

$$x^3 - 7x - 7, \quad 3x^2 - 7 \text{ und } 6x.$$

Um diese Grössen alle positiv zu machen, muss man $x = 4$ setzen. In Brüchen ist dazu $x = 3\frac{1}{10}$ hin-

## *Differenzen der Wurzeln.*

länglich, also ist $\frac{31}{10}$ grösser als alle negative Wurzeln der Gleichung, wenn man sie positiv nimmt.

Nun verwandle man die Grösse $X$ durch $\frac{1}{x}$ statt $x$. Nachdem sie mit $x^3$ multiplicirt worden, um die Potenzen mit negativen Exponenten wegzuschaffen, erhält man, wenn man noch mit dem Coefficienten des ersten Gliedes 7 dividirt,

$$x^3 - x^2 + \tfrac{1}{7},$$

wovon die beiden nächsten Ableitungen

$$3x^2 - 2x \text{ und } 6x - 2$$

sind, welche für irgend einen Werth von $X$ positiv seyn sollen. Sie sind es für $x = 1$; auch für die noch kleinere Zahl $\frac{3}{4}$. Also ist $\frac{4}{3}$ kleiner als die positive Wurzel.

Setzt man endlich $-x$ statt $+x$ und verändert zugleich in der ersten und dritten Grösse alle Zeichen, um die ersten Glieder positiv zu machen, so erhält man

$$x^3 + x^2 - \tfrac{1}{7},\ 3x^2 + 2x \text{ und } 6x + 2,$$

welche Grössen, wie leicht zu sehen, alle positiv sind, wenn man $x = \frac{1}{3}$ setzt, woraus folgt, dass die Zahl 3 kleiner ist, als die negativen Wurzeln der Gleichung, positiv genommen.

Die Grenzen der positiven Wurzeln der gegebenen Gleichung sind also $\frac{4}{3}$ und 2, und die Grenzen der negativen Wurzeln, wenn man sie positiv nimmt, 3 und $\frac{31}{10}$.

Man kann also zunächst $\frac{4}{3}$ statt $x$ in die positi-

## *Ueber die Grenzen der*

ven, und 2 statt $x$ in die negativen Glieder der beiden Grössen

$$\frac{27x^2 + 42x - 126}{7} \text{ und } \frac{6x^2 + 9x - 28}{7}$$

setzen, welches $-\frac{22}{7}$ und $-\frac{16}{21}$ giebt. Da das erste von diesen beiden Resultaten das grössere ist, so ist es gut, wenn man zusieht, ob man eine kleinere Grösse erhält, wenn man alle Zeichen der ersten Grösse verändert, welches $\frac{-27x^2 - 42x + 126}{7}$ giebt, und dann $\frac{4}{3}$ in die positiven und 2 in die negativen Glieder statt $x$ setzt. Allein dieses giebt $-\frac{174}{7}$, welches im Gegentheil grösser ist.

Man setze nun in die obigen Grössen $-x$ statt $+x$, wodurch dieselben in

$$\frac{27x^2 - 42x - 126}{7} \text{ und } \frac{6x^2 - 9x - 28}{7}$$

übergehen. In diese Grössen setze man, in die positiven Glieder 3 und in die negativen Glieder $\frac{31}{10}$ statt $x$. Dieses giebt $-\frac{66}{35}$ und $-\frac{12}{70}$. Da das Resultat aus der ersten Grösse kleiner ist als alle vorher gefundenen, so ist es unnöthig, durch Verwechselung der Zeichen dieser Grössen noch ein anderes zu suchen.

Da $-\frac{22}{7}$ das grösste negative Resultat ist, so ist die gesuchte Grenze $L = \frac{22}{7} + 1$ und folglich $\Delta = \frac{1}{L}$ $= \frac{7}{29}$, und diese Grösse ist kleiner als die kleinste Differenz zwichen den Wurzeln der gegebenen Gleichung.

## *Differenzen der Wurzeln.*

Durch die Differenzen-Gleichung selbst fanden wir $\Delta = \frac{1}{2}$ (§. 27.), woraus man sieht, dass die vorige Methode eine Grenze giebt, die ein wenig kleiner ist, dass aber die Differenz selbst, grösser ist. Uebrigens gewinnt man zwar durch das obige Verfahren bei Gleichungen des dritten Grades, wegen der Weitläuftigkeit der Rechnung, wenig. Anders verhält es sich dagegen bei Gleichungen von höheren Graden. Denn die Zahl der Operationen bei dem obigen Verfahren steigt nur in gleichem Verhältnisse mit dem Grade der Gleichung; bei der Berechnung der Differenzen-Gleichung dagegen und der gesuchten Grenze durch dieselbe, im Verhältniss des Quadrates der Ordnungs-Zahl der gegebenen Gleichung.

# Fünfter Zusatz.

## Ueber die Newtonsche Näherungs-Methode.

### 111.

Da die Newtonsche Näherungs-Methode der Auflösung numerischer Gleichungen, ihrer Einfachheit wegen, die bekannteste und gebräuchlichste ist, so ist es gut, den Grad ihrer Genauigkeit näher zu untersuchen.

Es sey die allgemeine Gleichung des $m$ten Grades

$$277.\quad x^m - Ax^{m-1} + Bx^{m-2} - \dots = 0$$

gegeben, von welcher eine Wurzel gesucht wird. Die Newtonsche Näherungs-Methode verlangt, dass man schon eine Zahl kenne, welche der gesuchten Wurzel nahe kommt. Bezeichnet man dieselbe durch $a$, so setzt man

$$278.\quad x = a + p.$$

Dieses substituirt giebt eine transformirte Gleichung in $p$, welche, wenn man von ihrem letzten Gliede anfängt,

$$279.\quad X = Yp + Zp^2 + Vp^3 \dots + p^m = 0$$

## *Näherungs-Methode.*

ist, wo die Grössen $X, Y, Z\ldots.$ Functionen von $a$ sind, die sich unmittelbar durch die Ausdrücke des achten Paragraphs finden lassen, wenn man in dieselben $a$ statt $x$ setzt. Es ist nämlich

$$280.\ \begin{cases} X = a^m - A a^{m-1} + B a^{m-2} - C a^{m-3} \ldots. \\ Y = m a^{m-1} - (m-1) A a^{m-2} + (m-2) B a^{m-3} - \ldots. \end{cases}$$
*etc.*

Da die Differenz $p$ zwischen dem wahren Werthe der gesuchten Wurzel und dem dafür angenommenen Werthe $a$ sehr klein seyn soll, so sind die Potenzen $p^2$, $p^3\ldots.$ gegen $p$ sehr klein; folglich sind die Glieder mit diesen Potenzen gegen die ersten Glieder $X + Yp$ sehr klein, indem die Coefficienten $Z, V\ldots.$, welche Functionen von $a$ ohne Nenner sind, nie sehr gross seyn können. Reducirt man also die ganze Gleichung [(279.)] auf diese beiden Glieder [*also auf* $X + Yp = 0$ *indem man die übrigen Glieder als sehr klein weglässt*], so erhält man daraus Näherungsweise einen Werth von $p$, welcher

$$281.\quad p = -\frac{X}{Y}$$

ist. Bezeichnet man diesen Werth von $p$ durch $b$, so kann man auf dieselbe Weise in die Gleichung mit $p$, $b + q$ statt $p$ setzen, und in die entstehende Gleichung mit $q$ die Glieder mit der zweiten und mit den höhern Potenzen von $q$ weglassen. Reducirt man wieder diese Gleichung auf ihre beiden ersten Glieder, also auf eine Gleichung von der Form $(X) + (Y)q = 0$, so erhält man

*Ueber die Newtonsche*

$$282. \quad q = -\frac{(X)}{(Y)}.$$

Bezeichnet man diese Grösse durch $c$ und setzt in die zweite verwandelte Gleichung $c + r$ statt $q$, so erhält man eine neue Gleichung in $r$, woraus sich Näherungsweise der Werth von $r$ finden lässt u. s. w.

Durch dieses Verfahren findet man für $x$ Näherungsweise folgende Werthe

$$a$$
$$a + b$$
$$a + b + c$$
*etc.*

## 112.

Dieses ist das Verfahren, wie es Newton in seiner Fluxions-Methode lehrt. Es ist zu bemerken, dass man die Wiederholung der Transformation der Gleichungen ersparen kann. Denn da die transformirte Gleichung mit $p$ das Resultat der Substitution von $a + p$ statt $x$ in die Gleichung mit $x$, die transformirte Gleichung mit $q$ das Resultat der Substitution von $b + q$ statt $p$ in die Gleichung mit $p$ ist; so folgt, dass die transformirte Gleichung mit $q$ das Resultat der unmittelbaren Substitution von $a + b + q$ statt $x$ in die Gleichung mit $x$ selbst ist. Sie ist also nichts anders als die erste transformirte Gleichung mit $p$ selbst, wenn man darin $q$ statt $p$, und $a + b$ statt $a$ setzt; woraus folgt, dass man, wenn man den allgemeinen Ausdruck von $p$ in $a$ gefunden hat, auch sogleich denjenigen von $q$ erhält, wenn man $a + b$

statt

## *Näherungs-Methode.*

statt $\dot{a}$ setzt, und den Ausdruck von $r$, wenn man $a + b + c$ statt $a$ setzt, u. s. w.

Setzt man daher in den Ausdruck von $p$ durch $a$ allgemein irgend ein Glied der, der gesuchten Wurzel sich nähernden Reihe, so erhält man die Grösse, welche zu diesem Gliede hinzugethan werden muss, um das folgende Glied zu finden.

Das auf dieser Betrachtung beruhende Verfahren ist, wie man sieht, einfacher als das Newtonsche. Dasselbe ist von Raphson in einem zu London, im Jahre 1690 gedruckten und im Jahre 1697 wieder aufgelegten Werke unter dem Titel: „Analysis aequationum universalis" angegeben. Da die Newtonsche Methode schon in der englischen Ausgabe der Algebra von Wallis vom Jahre 1685 bekannt geworden, und nachher in der lateinischen Ausgabe vom Jahre 1693 noch genauer vorgetragen war, so kann man sich wundern, dass Raphson in seinem Werke ihrer nicht gedenkt. Man muss deshalb glauben, dass er sie für völlig verschieden von der seinigen hielt. In diesem Betracht hielt ich die obige Bemerkung, dass die beiden Verfahren im wesentlichen auf Eins herauskommen und nur die Darstellung verschieden ist, für nützlich.

### 113.

Nun aber ist klar, dass die Genauigkeit des Verfahrens von der Bedingung abhängt, dass, wenn $a$ einer der Wurzeln der gegebenen Gleichung nahe kommt, $a + p$ sich der nämlichen Wurzel noch mehr

## *Ueber die Newtonsche*

nähere. Ob dieses der Fall sey, ist also zu untersuchen.

Die $m$ Wurzeln der gegebenen Gleichung

$$x^m - Ax^{m-1} + Bx^{m-2} - \ldots = 0 \quad (277.)$$

mögen $\alpha$, $\beta$, $\gamma$ .... seyn, so kann die Gleichung, wie wir in dem zweiten Zusatze sahen, immer auf die Gestalt

$$283. \quad (x-\alpha)(x-\beta)(x-\gamma)\ldots = 0$$

gebracht werden.

Man setze hierin $a+p$ statt $x$ und entwickele die Glieder nach Potenzen von $p$, so findet man für die beiden ersten Glieder $X+Yp$ folgende Werthe von $X$ und $Y$:

$$284. \begin{cases} X = (a-\alpha)(a-\beta)(a-\gamma)\ldots \\ Y = (a-\beta)(a-\gamma)\ldots \\ \quad + (a-\alpha)(a-\gamma)\ldots \\ \quad + (a-\alpha)(a-\beta)\ldots \end{cases}$$

[*Nämlich, wenn man in*

$$(x-\alpha)(x-\beta)(x-\gamma)\ldots = 0$$

$a+p$ *statt* $x$ *setzt, so erhält man*

$$(a-\alpha+p)(a-\beta+p)(a-\gamma+p)\ldots = 0.$$

*Setzt man*

$$(a-\alpha)(a-\beta)(a-\gamma)\ldots = A$$

*so ist, nach dem Taylorschen Lehrsatz,*

$$(a-\alpha+p)(a-\beta+p)(a-\gamma+p)\ldots$$

$$= A + p\frac{dA}{da} + \frac{p^2}{2}\frac{d^2A}{da^2}\ldots$$

$$= (a-\alpha)(a-\beta)(a-\gamma)\ldots$$

$$+p((a-\beta)(a-\gamma)\ldots+(a-\alpha)(a-\gamma)\ldots+(a-\alpha)(a-\beta)\ldots)$$

. . . . . . . . . . . . . .

## *Näherungs-Methode.*

*woraus folgt, dass die Glieder ohne p,*

$$X = (a-\alpha)(a-\beta)(a-\gamma)\dots$$

*das Glied mit p in der ersten Potenz*

$$Y = (a-\beta)(a-\gamma)\dots + (a-\alpha)(a-\gamma)\dots + (a-\alpha)(a-\beta)\dots$$

*ist u. s. w.*]

Hieraus folgt

285. $$\frac{Y}{x} = \frac{1}{a-\alpha} + \frac{1}{a-\beta} + \frac{1}{a-\gamma}\dots,$$

und folglich [*da* $p = -\frac{X}{Y}$ *ist* (281.)]

$$p = -\frac{1}{\frac{1}{a-\alpha} + \frac{1}{a-\beta} + \frac{1}{a-\gamma}\dots}, \text{ oder}$$

286. $$p = \frac{1}{\frac{1}{\alpha-a} + \frac{1}{\beta-a} + \frac{1}{\gamma-a}\dots}.$$

Die gesuchte Wurzel sey $\alpha$, und $a$ eine Zahl, die ihr in plus oder minus nahe kommt, so ist $\alpha - a$ die Zahl, um welche $a$ kleiner oder grösser ist als die Wurzel $\alpha$; $\alpha - a - p$ aber ist die Zahl, um welche der verbesserte Werth $a + p$ kleiner oder grösser ist als die Wurzel. Ist also das Verfahren gut, so muss $\alpha - a - p$, abgesehen vom Zeichen, allemal kleiner seyn als $\alpha - a$; folglich die Grösse $\frac{1}{\alpha - a - p}$, abgesehen vom Zeichen, allemal grösser als $\frac{1}{\alpha - a}$.

### 114.

Man setze, der Kürze wegen,

287. $$\frac{1}{\beta-a} + \frac{1}{\gamma-a}\dots = R$$

*Ueber die Newtonsche*

so giebt die Gleichung (286.)

$$288.\quad \alpha - a - p = \alpha - a - \frac{1}{\frac{1}{\alpha - a} + R} = \frac{R(\alpha - a)}{\frac{1}{a - \alpha} + R},$$

also

$$289.\quad \frac{1}{\alpha - a - p} = \frac{\frac{1}{\alpha - a} + R}{R(\alpha - a)} = \frac{1}{\alpha - a} + \frac{1}{(\alpha - a)^2 R}.$$

Daraus folgt, dass, wenn $R$ und $\alpha - a$ einerlei Zeichen habeu, auch $\alpha - a - p$ das nämliche Zeichen hat und folglich die obige Bedingung [*dass* $\alpha - a - p$, *abgesehen vom Zeichen, allemal kleiner ist als* $\alpha - a$] erfüllt wird. [*Ist nämlich* $\alpha - a$ *positiv, und folglich nach der Voraussetzung auch* $R$ *positiv, so ist in* (288.) *Zähler und Nenner positiv, und folglich auch* $\alpha - a - p$ *ebenfalls positiv. Ist* $\alpha - a$ *negativ, und folglich auch* $R$ *negativ, so ist in* (288.) *der Zähler positiv und der Nenner negativ, also* $\alpha - a - p$, *wie* $\alpha - a$, *negativ. Im ersten Falle, wenn alle drei Grössen* $\alpha - a$, $R$ *und* $\alpha - a - p$ *positiv sind, ist nach* (229.) $\frac{1}{\alpha - a - p}$ *nothwendig grösser als* $\frac{1}{\alpha - a}$, *weil* $\frac{1}{(\alpha - a)^2 R}$ *positiv ist, also ist* $\alpha - a - p < \alpha - a$. *Im zweiten Falle, wenn alle drei Grössen* $\alpha - a$, $R$ *und* $\alpha - a - p$ *negativ sind, findet das nämliche Statt, weil alsdann* $\frac{1}{(\alpha - a)^2 R}$ *negativ ist. Also ist immer* $\alpha - a - p < \alpha - a$, *abgesehen vom Zeichen, wenn* $R$ *und* $\alpha - a$ *einerlei Zeichen haben.*]

## Näherungs-Methode.

Haben dagegen die Grössen $\alpha - a$ und $R$ entgegengesetzte Zeichen, so muss, wenn die Bedingung Statt finden soll, abgesehen vom Zeichen,

$$290.\quad \frac{1}{(\alpha - a - p)^2} > \frac{1}{(\alpha - a)^2}$$

seyn. [*Die Erhebung zum Quadrat ist nöthig, damit die Zeichen nicht in Betracht kommen.*] Nun aber giebt die Gleichung (289.)

$$291.\quad \frac{1}{(\alpha - a - p)^2} = \frac{1}{(\alpha - a)^2} + \frac{2}{(\alpha - a)^3 R} + \frac{1}{(\alpha - a)^4 R^2};$$

also müsste die Bedingung

$$\frac{2}{(\alpha - a)^3 R} + \frac{1}{(\alpha - a)^4 R^2} > 0,$$

oder [$\frac{2(\alpha - a)R + 1}{(\alpha - a)^4 R^2} > 0$, *oder weil der Nenner immer positiv ist (anders würde der Schluss nicht gelten)*]

$$292.\quad 2(\alpha - a)R + 1 > 0$$

Statt finden.

Da nun der Werth von $R$ von den andern Wurzeln $\beta$, $\gamma$ *etc.* abhängt, welche noch unbekannt sind, so ist es schwer, ja vielleicht unmöglich, a priori ein Kennzeichen zu finden, ob die Bedingung erfüllt wird oder nicht.

Es lassen sich auch a posteriori Gleichungen aufstellen, für welche die Bedingung nicht Statt findet. Man darf nur die Wurzeln $\beta$, $\gamma$ *etc.* so annehmen, dass einige ihrer Differenzen $\beta - \alpha$, $\gamma - \alpha$.... sehr klein sind und entgegengesetzte Zeichen haben, und wenn z. B. $\beta$ und $\gamma$ unmögliche Grössen und von der Form $\pi + \varrho \sqrt{-1}$ und $\pi - \varrho \sqrt{-1}$ sind, so darf man nur $\pi$ wenig von $a$ verschieden und $\varrho$ sehr klein annehmen. Alsdann entfernt sich der verbesserte Werth $a + p$ von dem wahren Werthe der Wurzel $\alpha$, anstatt sich ihm zu nähern.

## 115.

Nur im ersten Falle [*wenn $\alpha - a$ und $R$ einerlei Zeichen haben*] findet daher ein sicheres Kennzeichen des guten Erfolges des Verfahrens Statt. Wenn die Grösse $a$ kleiner oder grösser als alle die Wurzeln $\alpha$, $\beta$, $\gamma$.... der gegebenen Gleichung ist, so hat die Grösse $R$, wenn man, wie gehörig, negative Grössen kleiner als positive, und grössere negative Grössen kleiner als kleinere betrachtet, nothwendig mit $\alpha - a$ einerlei Zeichen. [*Denn alsdann haben die Grössen $\beta - a$, $\gamma - a$ etc. alle das nämliche Zeichen wie $\alpha - a$, folglich hat auch* $R = \frac{1}{\beta - a} + \frac{1}{\gamma - a}$.... (287.) *eben das Zeichen wie $\alpha - a$.*] Befinden sich unter den Werthen der Wurzeln unmögliche Grössen von der Form $\pi + \varrho \sqrt{-1}$ und $\pi - \varrho \sqrt{-1}$, so geben dieselben in dem Ausdruck von $R$ (287.) Glieder wie $\frac{1}{\pi - a + \varrho \sqrt{-1}} + \frac{1}{\pi - a - \varrho \sqrt{-1}}$, welches gleich $\frac{2(\pi - a)}{(\pi - a)^2 + \varrho^2}$ ist, welche Grösse, wenn $a$ zugleich kleiner oder grösser als $\pi$ ist, ebenfalls mit $\alpha - a$ einerlei Zeichen hat.

Hieraus folgt, dass das Resultat des Newtonschen

*Näherungs-Methode.*

Verfahrens nur dann sicher ist, wenn der näherungsweise Werth $a$ der einen Wurzel grösser oder kleiner ist, als alle reelle Wurzeln der Gleichung in allen reellen Theilen der unmöglichen Wurzeln zugleich, und dass also das Verfahren nicht unbedenklich zur Entwickelung der grössten und kleinsten Wurzeln einer Gleichung mit lauter reellen Wurzeln, oder der imaginairen Wurzeln, wenn deren reelle Theile kleiner sind als die grösste reelle Wurzel, oder grösser als die kleinste reelle Wurzel, angewandt werden darf.

Damit sich die verbesserten Werthe alle dem wahren Werthe der gesuchten Wurzel allmählig nähern, muss man zum ersten Näherungs-Werthe eine Grösse nehmen, die grösser ist als die grösste Wurzel, wenn man diese grösste Wurzel sucht, oder eine Grösse die kleiner ist als die kleinste Wurzel, wenn man diese letzte sucht. Alsdann sind alle nach und nach verbesserten Werthe ebenfalls grösser als die grösste, oder kleiner als die kleinste Wurzel, und die für die Convergenz nothwendige Bedingung findet für alle diese Werthe Statt, weil alsdann $R$ und $\alpha - a$ immer einerlei Zeichen haben, wenn man für $a$ jeden dieser Werthe setzt.

## 116.

Sind die Wurzeln der Gleichung reell, so lässt sich leicht erkennen, ob der erste, sich nähernde Werth $a$ grösser oder kleiner ist als alle Wurzeln. Denn bringt man die Gleichung auf die Gestalt

$$(x-\alpha)(x-\beta)(x-\gamma)\ldots = 0$$

und setzt $a + p$ statt $x$, so erhält man

$$(p + a - \alpha)(p + a - \beta)(p + a - \gamma) \ldots = 0,$$

wo $a - \alpha$, $a - \beta$, $a - \gamma \ldots$ im ersten Falle lauter positive, im andern Falle lauter negative Grössen sind. Im ersten Falle also muss die transformirte Gleichung mit $p$ lauter positive, im andern Falle abwechselnd positive und negative Glieder haben.

Hat umgekehrt die transformirte Gleichung mit $p$ lauter positive Glieder, so ist klar, dass es keinen positiven Werth von $p$ giebt, welcher der Gleichung genugthut, [*weil für jeden beliebigen positiven Werth von p der Theil der Gleichung rechterhand immer eine positive Grösse, und nie Null ist;*] die reellen Werthe von $p$ sind also alsdann nothwendig negativ. Da nun die Wurzeln der Gleichung mit $p$, $\alpha - a$, $\beta - a$, $\gamma - a \ldots$ sind, so müssen alle diese Grössen negativ oder unmöglich seyn. Die Grösse $a$ muss also nothwendig grösser als alle reelle Wurzeln der Gleichung seyn, selbst wenn dieselbe imaginaire Wurzeln hätte.

Eben so lässt sich zeigen, dass die Grösse $a$, wenn die Glieder der transformirten Gleichung mit $p$ abwechselnd positiv und negativ sind, nothwendig kleiner als alle reelle Wurzeln der Gleichung seyn muss, dieselben mögen unmögliche Wurzeln haben, oder nicht.

## 117.

Hat aber die Gleichung imaginaire Wurzeln, so kann man sich nicht eben so versichert halten, dass

## *Näherungs-Methode.*

die Grösse $a$ zugleich grösser oder kleiner ist, als die reellen Theile der Wurzeln. Es ist auch nicht wohl einzusehen, wie man dieses anders erkennen wolle, als durch die Gleichung, deren Wurzeln die reellen Theile der unmöglichen Wurzeln sind. Ist $\beta = \pi + \varrho\sqrt{-1}$ und $\gamma = \pi - \varrho\sqrt{-1}$, so ist $\pi = \frac{\beta + \gamma}{2}$. Die Gleichung, deren neue Wurzel $\pi$ wäre, würde also diejenige seyn, deren Wurzeln die halben Summen der Wurzeln der gegebenen Gleichung, zu zweien genommen, sind. Diese steigt, der Zahl der möglichen Verbindungen zu Folge, auf den $\frac{m(m-1)}{2}$ten Grad.

Hat man diese Gleichung durch die Ausdrücke im dritten Zusatze aufgestellt, so kann man darin $a + z$ an die Stelle der unbekannten Grösse setzen. Wechseln die Glieder der umgeformten Gleichung der Reihe nach die Zeichen, so ist man versichert, dass die Zahl $a$ grösser oder kleiner als alle Werthe von $\pi$ ist, und folglich auch grösser oder kleiner als alle reellen Theile der imaginairen Wurzeln.

### 118.

Newton hat seine Methode auf die Gleichung

$$x^3 - 2x - 5 = 0,$$

welche wir in (§. 25.) auflöseten, angewendet. Er setzt zunächst im vierten Abschnitte $a = 2$, und folglich $2 + p$ statt $x$, welches die transformirte Gleichung

$$0 = -1 + 10p + 6p^2 + p^3$$

giebt, woraus er $p = \frac{1}{10} = 0,1$ schliesst. Er setzt

*Ueber die Newtonsche*

nun $p = 0{,}1 + q$ und findet die neue transformirte Gleichung

$$0 = 0{,}061 + 11{,}23q + 6{,}3q^2 + q^3,$$

woraus er $q = -\frac{0{,}061}{11{,}23} = -0{,}0054\ldots$ findet. Er setzt ferner $q = -0{,}0054 + r$, welches die transformirte Gleichung

$$0 = 0{,}000541708 + 11{,}16196r + 6{,}3r^2 + r^3$$

giebt, woraus $r = -\frac{0{,}000541708}{11{,}16196} = -0{,}00004853$ folgt u. s. w.

Die dem wahren Werthe von $x$ sich nähernden Zahlen würden also

$$2;\ 2{,}1;\ 2{,}0946;\ 2{,}09455147$$

seyn, von welchen die letzte bis auf die letzte Decimal-Stelle genau ist. [*Man sehe* (§. 25.).]

In diesem Falle convergirt die Reihe, wie man sieht. Man kann sich auch durch das, was oben gezeigt, a priori überzeugen, dass es in dem gegenwärtigen Falle so seyn muss.

Denn zu Folge (§. 25.) sind die beiden andern Wurzeln der Gleichung unmöglich, und es ist, wenn man sie gleich $\pi \pm \varrho\sqrt{-1}$ setzt, ungefähr $\varrho^2 = \frac{160}{4\cdot 31}$ $= \frac{40}{31}$ und $\pi = -\frac{15}{8\varrho^2 + 4} = -\frac{15\cdot 31}{4\cdot 111} = -\frac{465}{444}$. Man erhält also, weil ausser der gesuchten Wurzel $\alpha$ nur diese beiden unmöglichen Wurzeln vorhanden sind, in diesem Falle

$$R = \frac{2(\pi - a)}{(\pi - a)^2 + \varrho^2}$$

## *Näherungs-Methode.*

Da nun $\dot{a} = 2$ ist, so ist $\pi - a = \frac{1353}{444}$; $\alpha$ aber ist sehr nahe gleich 2,0945, also ist $\alpha - a = 0,0945 \cdots$, woraus man sieht, dass $R$ und $\alpha - a$ entgegengesetzte Zeichen haben, und dass also, wenn die erste Verbesserung des für die Wurzel $\alpha$ vorausgesetzten Werthes $a$ richtig seyn soll, die Bedingung $2(\alpha - a)R + 1 > 0$ Statt finden muss. Nun ist $R = -0,6675$, also $2(\alpha - a)R = -0,1244$, so dass die nothwendige Bedingung vollkommen erfüllt wird. Man ist also auch versichert, dass der erste verbesserte Werth der Wurzel 2,1 dem wahren Werthe derselben näher kommt. Setzt man diesen Werth statt $a$, so erhält man $\alpha - a = -0,0055$, also haben $\alpha - a$ und $R$ nur einerlei Zeichen, und die folgenden Verbesserungen sind alle wirkliche Näherungen an den wahren Werth der gesuchten Wurzel.

*Näherung durch*

## Sechster Zusatz.

### Ueber das auf rücklaufende Reihen beruhende Näherungs-Verfahren.

119.

Wir wollen wiederum die Gleichung

293. $x^m - Ax^{m-1} + Bx^{m-2} - Cx^{m-3} \dots = 0$ (277.)

annehmen, deren Wurzeln in dem zweiten Zusatze durch $\alpha$, $\beta$, $\gamma \dots$ bezeichnet wurden, so findet, nach der Natur der Gleichungen, für jeden beliebigen Werth von $x$ die identische Gleichung

294. $$x^m - Ax^{m-1} + Bx^{m-2} - Cx^{m-3} \dots$$
$$= (x-\alpha)(x-\beta)(x-\gamma)(x-\delta) \dots$$

Statt.

Die Identität dieser Gleichung findet auch noch Statt, wenn man $x + k$ statt $x$ setzt, was auch $x$ und $k$ seyn mögen. Und wenn man das Resultat der Substitution entwickelt, so geben die Glieder mit $k$, mit $k^2$ u. s. w. andere identische Gleichungen. Diese Gleichungen sind solche, welche wir in der Functionen-Theorie abgeleitete Gleichungen nannten. [*Obgleich die beiden Grössen*

*rücklaufende Reihen.*

$$x^m - Ax^{m-1} + Bx^{m-2} - Cx^{m-3} \ldots \text{ und}$$
$$(x-\alpha)(x-\beta)(x-\gamma)(x-\delta) \ldots$$

*keinesweges für jeden beliebigen Werth von $x$ gleich Null sind, sondern nur für $x = \alpha$, $x = \beta$, $x = \gamma$, $x = \delta$ etc., so können sie doch einander gleich gesetzt werden. Es wird also eigentlich die Gleichung für jedes beliebige $x$ (294.) vorausgesetzt, in welcher dann $\alpha, \beta, \gamma, \delta \ldots$ diejenigen besondern Werthe von $x$ sind, für welche der Theil der Gleichung linkerhand, so wie es derjenige rechterhand ist, Null ist. Dass das letzte der Fall sey, ist leicht zu zeigen. Denn bezeichnet man die Verbindungen der $m$ Grössen $\alpha, \beta, \gamma, \delta \ldots$ zu einer durch (1), zu zweien durch (2), zu dreien durch (3) u. s. w., so erhält man bekanntlich, wenn man die Grösse $(x-\alpha)(x-\beta)(x-\gamma) \ldots$ entwickelt, das heisst die Factoren wirklich in einander multiplicirt,*

$$x^m - x^{m-1}(1) + x^{m-2}(2) \ldots \pm (m).$$

*Es wird also, ehe man noch den Werth der Grössen $\alpha, \beta, \gamma \ldots$ und folglich der Grössen (1), (2), (3) .... kennt, die Gleichung*

$$x^m - Ax^{m-1} + Bx^{m-2} \ldots \pm Ox \mp M$$
$$= x^m - (1)x^{m-1} + (2)x^{m-2} \ldots (o)\,x \mp (m)$$

*für jeden beliebigen Werth von $x$ vorausgesetzt. Da nun diese Gleichung für jeden beliebigen Werth von $x$ gelten soll, so gilt sie auch für $x = 0$, welches*

*Näherung durch*

$$(m) = M$$

*giebt. Lässt man* $(m) = M$ *aus der Gleichung weg und dividirt durch* $x$, *so erhält man*

$$x^{m-1} - Ax^{m-2} + Bx^{m-3} \ldots \pm O$$
$$= x^{m-1} - Ax^{m-2} + Bx^{m-3} \ldots \pm o,$$

*welches für* $x = o$,

$$O = o$$

*giebt u. s. w. Die Grössen* (1), (2), (3) .... $(m)$ *sind also*

$$(1) = A,\ (2) = B,\ (3) = C \ldots (m) = M.$$

*Nun sind die Grössen* $A, B, C \ldots M$ *den Verbindungen der Wurzeln der Gleichung* $x^m - Ax^{m-1} + Bx^{m-2} \ldots \mp M = o$, *oder denjenigen Werthen von* $x$, *für welche die Grösse* $x^m - Ax^{m-1} + Bx^{m-2} \ldots \mp M$ *gleich Null ist, gleich; also sind die noch unbekannten Grössen* $\alpha, \beta, \gamma, \delta \ldots$ *in der vorausgesetzten Gleichung* (294.) *nichts anders als die Wurzeln der Gleichung* (293.)]

Die erste von (294.) abgeleitete Gleichung, ist

295. $mx^{m-1} - (m-1)Ax^{m-2} + (m-2)Bx^{m-3} - \ldots$
$= (x-\beta)(x-\gamma)\ldots + (x-\alpha)(x-\gamma)\ldots + (x-\alpha)(x-\beta)\ldots$

Dividirt man dieselbe durch die vorausgesetzte Gleichung (294.), so erhält man

296. $$\frac{mx^{m-1} - (m-1)Ax^{m-2} + (m-2)Bx^{m-3} \ldots}{x^m - Ax^{m-1} + Bx^{m-2} \ldots}$$
$$= \frac{1}{x-\alpha} + \frac{1}{x-\beta} + \frac{1}{x-\gamma} \ldots,$$

## *rücklaufende Reihen.*

welche Gleichung ebenfalls identisch für jeden Werth von $x$ gilt. Sie gilt also noch eben so, wenn man die beiden Glieder in Reihen entwickelt, die nach den Potenzen von $k$ mit positiven oder negativen Exponenten fortschreiten.

### 120.

Wir wollen zuerst die Entwickelung nach Potenzen mit negativen Exponenten machen. Der Bruch im ersten Theile der Gleichung wird die Form

$$297.\quad \frac{P}{x} + \frac{Q}{x^2} + \frac{R}{x^3} + \frac{S}{x^4} \ldots.$$

haben, und um die Werthe der Coefficienten $P$, $Q$, $R$.... zu finden, darf man nur die Grösse (297.) mit dem Nenner $x^m - Ax^{m-1} + Bx^{m-2}$.... multipliciren und die Glieder des Products mit denen des Zählers $mx^{m-1} - (m-1)Ax^{m-2} + (m-2)Bx^{m-3}$.... vergleichen. Dieses giebt

$$\begin{aligned}[\,&Px^{m-1} - APx^{m-2} + BPx^{m-3} - CPx^{m-4} \ldots. \\ &\quad + Qx^{m-2} - AQx^{m-3} + BQx^{m-4} \ldots. \\ &\quad\quad + Rx^{m-3} - ARx^{m-4} \ldots. \\ &\quad\quad\quad + Sx^{m-4} \ldots. \\ = {}& mx^{m-1} - (m-1)Ax^{m-2} + (m-2)Bx^{m-3} \\ &\quad - (m-3)Cx^{m-4} \ldots.,\end{aligned}$$

*woraus folgt*]

*Näherung durch*

$$298.\ \begin{cases} P = m \\ Q = AP - (m-1)A \\ R = AQ - BP + (m-2)B \\ S = AR - BQ + CP - (m-3)C \end{cases}$$

. . . . . . . . . . . . . .

Die Reihe der Grössen $P$, $Q$, $R$, $S$.... ist also, wie hieraus erhellt, nach dem $m$ten Gliede, eine rücklaufende mit der Scale $A$, $-B$, $+C$, $-D$ *etc.*

Entwickelt man auf gleiche Weise in der Gleichung (296.) das zweite Glied $\left[\frac{1}{x-\alpha} + \frac{1}{x-\beta} + \frac{1}{x-\gamma}\ldots\right]$, so erhält man

$$\left[\frac{1}{x} + \frac{\alpha}{x^2} + \frac{\alpha^2}{x^3} + \frac{\alpha^3}{x^4}\ldots\right.$$
$$+ \frac{1}{x} + \frac{\beta}{x^2} + \frac{\beta^2}{x^3} + \frac{\beta^3}{x^4}\ldots$$
$$+ \frac{1}{x} + \frac{\gamma}{x^2} + \frac{\gamma^2}{x^3} + \frac{\gamma^3}{x^4}\ldots$$

. . . . . . . . . . . . . . . . , *oder*]

$$299.\ \frac{m}{x} + (\alpha+\beta+\gamma\ldots)\frac{1}{x^2} + (\alpha^2+\beta^2+\gamma^2\ldots)\frac{1}{x^3} + (\alpha^3+\beta^3+\gamma^3\ldots)\frac{1}{x^4}\ldots$$

Vergleicht man die Coefficienten zu gleichen Potenzen von $x$ in den beiden Grössen [(297. *und* 299), *welche zu Folge* (296.) *einander gleich sind*], so erhält man

$$300.\ \begin{cases} P = m \\ Q = \alpha + \beta + \gamma \ldots \\ R = \alpha^2 + \beta^2 + \gamma^2 \ldots \\ S = \alpha^3 + \beta^3 + \gamma^3 \ldots \end{cases}$$

. . . . . . . . . . . .

[*Aus*

## *rücklaufende Reihen.*

*[Aus der Gleichung*

$$\frac{P}{x}+\frac{Q}{x^2}+\frac{R}{x^3}\ldots = \frac{m}{x}+\frac{\alpha+\beta+\gamma\ldots}{x^2}+\frac{\alpha^2+\beta^2+\gamma^3\ldots}{x^3}\ldots$$

*erhält man* $P=m$, *wenn man die Gleichung mit* $x$ *multiplicirt und dann* $x=\infty$ *setzt. Lässt man darauf* $\frac{P}{x}=\frac{m}{x}$ *weg, multiplicirt mit* $x^2$ *und setzt von Neuem* $x=\infty$, *so findet man* $Q=\alpha+\beta+\gamma\ldots$ *u. s. w.]*

Allgemein also ist das $\mu$te Glied nach dem Gliede $Q$, gleich

$$\alpha^\mu+\beta^\mu+\gamma^\mu\ldots$$

Dieses ist der Ausdruck des allgemeinen Gliedes der Reihe.

Hierin liegt der einfachste Beweis des von Newton gefundenen Gesetzes der Ausdrücke der Potenzen der Wurzeln einer gegebenen Gleichung. Die obigen Ausdrücke dienen aber auch, um sich dem Werthe der grössten von den Wurzeln $\alpha$, $\beta$, $\gamma\ldots$ zu nähern. In der That ist leicht zu sehen, dass, wenn alle Wurzeln der Gleichung reell sind und $\alpha$ z. B. ist die grösste Wurzel, sie sey positiv oder negativ, dass dann die $\mu$te Potenz derselben $\alpha^\mu$ die gleichen Potenzen der übrigen Wurzeln, und selbst die Summe dieser Potenzen, um so mehr übertreffen wird, je grösser $\mu$ ist; woraus folgt, dass, wenn $T$ und $V$ die folgenden Glieder der Reihe $P$, $Q$, $R\ldots$ sind, der Ausdruck $\frac{V}{T}\left[=\frac{\alpha^{\mu+1}+\beta^{\mu+1}+\gamma^{\mu+1}\ldots}{\alpha^\mu+\beta^\mu+\gamma^\mu}\right.$,

*Näherung durch*

*welcher, wenn* $\alpha^{\mu+1}$ *als sehr gross gegen* $\beta^{\mu+1}$, $\gamma^{\mu+1}$...., *und* $\alpha^{\mu}$ *als sehr gross gegen* $\beta^{\mu}$, $\gamma^{\mu}$... *betrachtet wird,* $\frac{\alpha^{\mu+1}}{\alpha^{\mu}} = \alpha$ *giebt*] dem Werthe der Wurzel $\alpha$ um so näher kommen wird, je weiter die Glieder $V$, $T$ von dem Anfange der Reihe $P$, $Q$, $R$.... entfernt sind.

### 121.

Wenn unter den Wurzeln $\beta$, $\gamma$.... imaginaire Wurzeln sind, z. B.

302. $\beta = \pi + \varrho\sqrt{-1}$, $\gamma = \pi - \varrho\sqrt{-1}$,

so setze man

303. $\sqrt{(\pi^2 + \varrho^2)} = \Pi$, und $\frac{\varrho}{\pi} = \tan\varphi$.

Dieses giebt

304. $\begin{cases} \beta = \Pi(\cos\varphi + \sin\varphi\sqrt{-1}) \text{ und} \\ \gamma = \Pi(\cos\varphi - \sin\varphi\sqrt{-1}) \end{cases}$

[*wie leicht zu sehen, denn aus* (304.) *folgt* $\beta\gamma = \Pi^2(\cos\varphi^2 + \sin\varphi^2) = \Pi^2$, *und* $\frac{\beta-\gamma}{\beta+\gamma} = \frac{2\Pi\sin\varphi\sqrt{-1}}{2\Pi\cos\varphi} = \tan\varphi\sqrt{-1}$. *Das nämliche folgt aus* (302. *und* 303.)].

Nun ist nach einem bekannten Lehrsatze

305. $\begin{cases} \beta^{\mu} = \Pi^{\mu}(\cos\mu\varphi + \sin\mu\varphi\sqrt{-1}) \\ \gamma^{\mu} = \Pi^{\mu}(\cos\mu\varphi - \sin\mu\varphi\sqrt{-1}); \end{cases}$

also ist

306. $\beta^{\mu} + \gamma^{\mu} = 2\Pi^{\mu}\cos\mu\varphi$.

In so fern also die Wurzel $\infty$ zu gleicher Zeit grösser ist als $\Pi$ oder $\sqrt{(\pi^2 + \varrho^2)}$ (303.), das heisst, grösser als $\sqrt{(\beta\gamma)}$, so ist auch die $\mu$te Potenz von $\alpha$, $\alpha^\mu$, grösser als die Summe der $\mu$ten Potenzen von $\beta$ und $\gamma$, $\beta^\mu + \gamma^\mu$.

Das Verfahren findet also in Betracht der imaginairen Wurzeln blos dann nicht Statt, wenn unter denselben solche sind, die, wenn man zwei zusammengehörige in einander multiplicirt, ein Product geben, welches grösser ist als das Quadrat der grössten reellen Wurzel. In einem solchen Falle divergirt die Reihe, statt zu convergiren und am Ende in eine geometrische Reihe überzugehen. [*Es scheint, dass nicht sowohl* $\alpha > \Pi$, *sondern vielmehr* $\alpha^\mu > 2\Pi^\mu > 2(\beta\gamma)^{\frac{\mu}{2}}$ *seyn müsse, wo* $\alpha^\mu$ *grösser seyn soll als* $\beta^\mu + \gamma^\mu$, *weil* $\cos\mu\varphi = 1$ *seyn kaun.*]

## 122.

Dieses Verfahren kommt offenbar mit demjenigen von Daniel Bernoulli überein, welches derselbe auf die rücklaufenden Reihen gründete, und welches Euler ausführlich in seiner Einleitung [*in die Analysis des Unendlichen im* 17*ten Kapitel des ersten Bandes*] mitgetheilt hat. Bei diesem letztern nimmt man zum Zähler des Bruchs, aus welchem die Reihe entsteht, ein beliebiges Polynom an, welches um einen Grad niedriger ist, als der Nenner des Bruchs, wodurch die $m$ ersten Glieder der Reihe gänzlich unbestimmt bleiben. Dieser Bruch wird dann in die

*Näherung durch*

einfachen Brüche $\frac{a}{x-\alpha}+\frac{b}{x-\beta}+\frac{c}{x-\gamma}\ldots.$ zerlegt, woraus für die Glieder der Reihe der allgemeine Ausdruck $a\alpha^{\mu}+b\beta^{\mu}+c\gamma^{\mu}\ldots.$ entsteht, welcher immer, wenn die Wurzel $\alpha$ viel grösser ist als alle übrige, für den der Wurzel $\alpha$ nahe kommenden Werth $\frac{V}{T}$ giebt, was auch der Coefficient $a$ seyn mag. Die Unbestimmtheit der ersten Glieder der Reihe ist eben so nachtheilig als vortheilhaft; denn wenn z. B. zwei Wurzeln $\alpha$, $\beta$ einander gleich sind, so nehmen die beiden Glieder $a\alpha^{\mu}+b\beta^{\mu}$ im Allgemeinen die Form $(a'+b'\mu)\alpha^{\mu}$ an, und wenn die drei Wurzeln $\alpha$, $\beta$, $\gamma$ gleich sind, so nehmen die drei Glieder $a\alpha^{\mu}+b\beta^{\mu}+c\gamma^{\mu}$ die Form $(a'+b'\mu+c'\mu^2)\alpha^{\mu}$ an u. s. w.; woraus leicht zu sehen, dass sich die Reihe, wenn die Wurzel $\alpha$ zweifach, dreifach u. s. w. da ist, viel langsamer einer geometrischen Reihe nähert. Nimmt man dagegen, wie oben geschehen, die erste Ableitung des Nenners zum Zähler an, so sind alle Coefficienten $a$, $b$, $c\ldots.$ gleich Eins [(296.)], und, wenn z. B. die Wurzeln $\alpha$ und $\beta$ gleich sind, so geben die beiden Glieder $\alpha^{\mu}+\beta^{\mu}$ blos $2\alpha^{\mu}$ u. s. w., so dass die Gleichheit auf die Convergenz der Reihe weiter keinen Einfluss hat.

## 123.

Um ein Beispiel zu geben, wollen wir das Eulersche, in §. 346. der Einleitung, nehmen. Die aufzulösende Gleichung ist

## *rücklaufende Reihen.*

$$x^3 - 3x^2 + 4 = 0.$$

Euler setzt die ersten drei Glieder 0, 1 und 3, und stellt, vermöge der Scale 3, 0, —4, die rücklaufende Reihe

1, 3, 9, 23, 57, 135, 313, 711 *etc.*

auf. Er bemerkt nun, dass der Quotient jedes Gliedes durch das vorhergehende immer grösser als die Wurzel 2 ist, welche zweifach und zugleich die grösste ist.

Wendet man die obigen Ausdrücke an, so ist

$$m = 3, \quad A = 3, \quad B = 0, \quad C = 4 \text{ (293.)}.$$

Alle Glieder $P$, $Q$, $R$ *etc.* haben alsdann den Factor 3. Lässt man denselben, der Kürze wegen, weg, so findet man, vermöge der nämlichen Scale, aber vom Gliede 1, 1, 3 anfangend, die Reihe

1, 1, 3, 5, 11, 21, 43, 85, 171, 341 *etc.*

Dividirt man jedes Glied dieser Reihe durch das Vorhergehende, so nähern sich die Quotienten, wie man sieht, sehr schnell der Zahl 2.

### 124.

Wir entwickelten oben die identische Gleichung

$$\frac{n \cdot x^{m-1} - \ldots\ldots}{x^m - Ax^{m-1} + \ldots\ldots} = \frac{1}{x-\alpha} + \frac{1}{x-\beta} \ldots\ldots \text{ (296.)}$$

nach Potenzen von $x$ mit negativen Exponenten. Wir wollen diese Gleichung nun auch nach Potenzen von $x$ mit positiven Exponenten entwickeln.

Zu dem Ende wollen wir die letzten Glieder des Polynoms $x^m - Ax^{m-1} + Bx^{m-2} \ldots\ldots$ durch

*Näherung durch*

307. $a - bx + cx^2 - dx^3 \ldots$

bezeichnen. Alsdann ist die Gleichung (296.) folgende:

308. $\dfrac{-b+2cx-3dx^2+4ex^3-\ldots}{a-bx+cx^2-dx^3+ex^4-\ldots} = \dfrac{1}{x-\alpha} + \dfrac{1}{x-\beta} \ldots$

Die Entwickelung des Bruchs linkerhand nach steigenden Potenzen von $x$ wird eine Grösse von der Form

309. $-P_, - Q_,x - R_,x^2 - S_,x^3 \ldots$

geben. Multiplicirt man diese Grösse mit dem Nenner $[a - bx + cx^2 - dx^3 \ldots]$ und vergleicht die Glieder des Resultats

$$\begin{array}{r} [-aP_, - aQ_,x - aR_,x^2 - aS_,x^3 \ldots \\ + bP_,x + bQ_,x^2 + bR_,x^3 \ldots \\ - cP_,x^2 - cQ_,x^3 \ldots \\ + dP_,x^3 \ldots \end{array}$$

*mit dem Zähler des Bruches*

$$-b + 2cx - 3dx^2 + 4ex^3 \ldots],$$

so erhält man

$$310. \left\{\begin{array}{l} aP_, = b \\ aQ_, = bP_, - 2c \\ aR_, = bQ_, - cP_, + 3d \\ aS_, = bR_, - dQ_, + dP_, - 4e \\ \text{etc.} \end{array}\right.$$

welches eine rücklaufende Reihe mit der Scale

311. $\dfrac{b}{a}, -\dfrac{c}{a}, \dfrac{d}{a}$ *etc.*

giebt.

Das zweite Glied der Gleichung $\left[\dfrac{1}{x-\alpha} + \dfrac{1}{x-\beta} \ldots\right]$,

## *rücklaufende Reihen.*

auf dieselbe Weise nach steigenden Potenzen von $x$ entwickelt, giebt

$$[-\left(\frac{1}{\alpha}+\frac{x}{\alpha^2}+\frac{x^2}{\alpha^3}\dots\right)$$
$$-\left(\frac{1}{\beta}+\frac{x}{\beta^2}+\frac{x^2}{\beta^3}\dots\right)$$
$$-\left(\frac{1}{\gamma}+\frac{x}{\gamma^2}+\frac{x^2}{\gamma^3}\dots\right)$$
$$\dots\dots\dots\dots$$

*folglich*] die Reihe

312. $$\begin{cases} -\left(\frac{1}{\alpha}+\frac{1}{\beta}+\frac{1}{\gamma}\dots\right) \\ -\left(\frac{1}{\alpha^2}+\frac{1}{\beta^2}+\frac{1}{\gamma^2}\dots\right)x \\ -\left(\frac{1}{\alpha^3}+\frac{1}{\beta^3}+\frac{1}{\gamma^3}\dots\right)x^2 \\ \dots\dots\dots\dots \end{cases}$$

Setzt man nun, wie es seyn soll, die Grössen (309. und 312.) einander gleich, so erhält man

313. $$\begin{cases} P_{,}=\frac{1}{\alpha}+\frac{1}{\beta}+\frac{1}{\gamma}\dots \\ Q_{,}=\frac{1}{\alpha^2}+\frac{1}{\beta^2}+\frac{1}{\gamma^2}\dots \\ R_{,}=\frac{1}{\alpha^3}+\frac{1}{\beta^3}+\frac{1}{\gamma^3}\dots \\ \dots\dots\dots\dots \end{cases}$$

Diese Ausdrücke geben die Summe der reciproken Wurzeln der gegebenen Gleichung.

Es ist klar, dass, wenn $\alpha$ die kleinste positive oder negative Wurzel ist, die Potenz $\frac{1}{\alpha^\mu}$ um so mehr

*Näherung durch*

die gleichen Potenzen der andern Wurzeln übersteigen wird, als $\alpha$ kleiner ist als die andern Wurzeln $\beta$, $\gamma$.... Wenn also $T_,$ und $V_,$ zwei auf einander folgende Glieder der Reihe $P$, $Q$, $R$.... sind, so nähert sich der Quotient $\frac{T_,}{V_,}$ um so mehr dem Werthe der kleinsten Wurzel der Gleichung, je weiter die Glieder vom Anfange der Reihe entfernt sind, so dass also durch diese Reihe die kleinste Wurzel auf dieselbe Weise gefunden werden kann, wie oben, durch die Reihe $P$, $Q$, $R$...., die grösste Wurzel. Von den unmöglichen Wurzeln lässt sich auf dieselbe Weise zeigen, dass sie die Näherung an die kleinste Wurzel nicht hindern, so lange nicht das Quadrat der kleinsten Wurzel zugleich kleiner ist, als alle die reellen Producte correspondirender imaginairer Wurzeln [*mit Rücksicht auf die Bemerkung* (§. 121.)].

## 125.

Man könnte also dieses Näherungs-Verfahren für jede reelle Wurzel einer beliebigen Gleichung anwenden, wenn man im voraus eine Zahl $a$ kennte, welche der gesuchten Wurzel näher käme, als alle übrige Wurzeln, und zugleich näher als die Quadrat-Wurzeln aus den Producten aller correspondirenden imaginairen Wurzeln, wenn dergleichen vorhanden sind, nach Abzug von $a$ genommen. Denn, setzt man alsdann $x = a + p$, so erhält man eine transformirte Gleichung in $p$, deren kleinste Wurzel auf die obige Weise gefunden werden kann, und diese kleinste Wurzel, zu *a* gethan, gäbe die gesuchte Wurzel.

Die Zahlen, welche auf solche Weise den Wurzeln nahe kommen, lassen sich aber ohne das oben angegebene Verfahren nicht finden. Und sind diese Zahlen einmal bekannt, so hat das Näherungs-Verfahren des dritten Abschnitts den Vorzug. Ich bin auch blos deshalb in das vorstehende Detail eingegangen, um Nichts zu übergehen.

## 126.

Wenn man die gegenwärtige Methode auf das Newtonsche Beispiel anwenden will, so nehme man sogleich die transformirte Gleichung $p^3 + 6p^2 + 10p - 1$ (voriger Zusatz). Da man weiss, dass die reelle Wurzel kleiner als 0,1 ist, so folgt, dass das Product der beiden andern Wurzeln, von welchen man weiss, dass sie unmögliche Grössen sind, $> \frac{1}{0,1}$, das heisst, grösser als 10 ist, weil das letzte Glied das Product von allen drei Wurzeln ist. Man sieht daraus, dass das Quadrat der gesuchten Wurzeln viel kleiner ist als das Product der beiden unmöglichen Wurzeln. Man muss also eine rücklaufende Reihe aus dem Bruche $\frac{10 + 12p + 3p^2}{1 - 10p - 6p^2 - p^3}$ aufstellen. Dieselbe hat die Glieder 10, 112, 1183, 12512, 132330 *etc.*, welche man so weit man will, vermittelst der Scale 10, 6, 1, fortsetzen kann. Dividirt man die Glieder dieser Reihe, jedes durch das folgende, so erhält man die

## *Näherung durch rücklaufende Reihen.*

Brüche $\frac{10}{112}$, $\frac{112}{1183}$, $\frac{1183}{12512}$ *etc.*, welche, in Decimal-Brüche verwandelt, 0,089, 0,09467, 0,094549, 0,0945515 *etc.* geben. Nun sahen wir im vorigen Zusatze, dass die Newtonsche Methode für $p$ die convergirende Reihe 0,1, 0,0946, 0,0945514 *etc.* giebt. Man kann daraus die Uebereinstimmung der beiden Verfahren abnehmen. Wir werden in der That weiter unten zeigen, dass dieselben, obgleich auf verschiedenen Grundsätzen beruhend, auf Eins herauskommen und einerlei Resultate geben.

# Siebenter Zusatz.

## Ueber die Methode, Gleichungen aufzulösen, von Fontaine.

### 127.

Da man von dieser sonst auch wenig bekannten Methode keinen Gebrauch macht, so könnte ich dieselbe übergehen, wenn nicht der Name des Verfassers und die Art, wie er sein Verfahren ankündigt, mich verpflichteten, eine kurze Uebersicht derselben zu geben, und die Grundsätze zu untersuchen, auf welchen sie beruht. Ich gebe, sagt Fontaine, als dasjenige vollständig, was man seit der Erfindung der Algebra vergeblich suchte. Man sehe die Memoiren der Academie der Wissenschaften vom Jahre 1747. pag. 665.

Diese Methode hat zwei Theile. In dem ersten betrachtet ihr Erfinder die Gleichung als aus einfachen reellen oder imaginairen Factoren wie $x \pm a$, $x \pm a \pm b\sqrt{-1}$, eine bestimmte Zahl von reellen, positiven und ungleichen Grössen $a$, $b$, $c$ *etc.* enthaltend, zusammengesetzt. Er geht alle mögliche Verbindungen der verschiedenen Factoren, welche

*Auflösungs-Verfahren*

man auf diese Weise machen kann, durch und sucht für jedes System von Factoren, in den Coefficienten der Gleichung, die demselben eigenthümlichen Bedingungen, durch welche es sich von andern unterscheidet. Er stellt auf diese Weise Tafeln auf, welche die verschiedenen Systeme der Factoren und die ihnen eigenthümlichen Bedingungen enthalten, so dass sich, wenn irgend eine Gleichung und der Werth ihrer Coefficienten in Zahlen gegeben ist, sogleich sehen lässt, welches System von Factoren für dieselbe passt. Auf diese Weise findet man sogleich, wieviel gleiche oder ungleiche, reelle, positive oder negative, oder wieviel imaginaire Wurzeln die gegebene Gleichung hat.

## 128.

Um Denen, welche die Sammlung der Memoiren von Fontaine nicht zur Hand haben, eine deutliche Vorstellung zu geben, will ich die Tafeln für die Gleichung des zweiten Grades hersetzen, nebst der Beschreibung des Verfahrens, durch welches der Verfasser sie aufstellt. Sodann werde ich darüber einige Bemerkungen machen.

Die Buchstaben $m$, $n$, $a$ und $b$ bezeichnen in den nachstehenden Ausdrücken immer positive Grössen oder Zahlen, und $a$ wird immer grösser als $b$ angenommen.

# *von Fontaine.*

$$314.\quad \left\{ \begin{array}{l} x^2+mx+n = \left\{ \begin{array}{ll} (x+a)(x+a) & m^2-4n=0 \\ (x+a+a\sqrt{-1})(x+a-a\sqrt{-1}) & m^2-2n=0 \\ (x+a)(x+b) & m^2-4n>0 \\ (x+a+b\sqrt{-1})(x+a-b\sqrt{-1}) & \left\{ \begin{array}{l} m^2-4n<0 \\ m^2-2n>0 \end{array} \right. \\ (a+b+a\sqrt{-1})(x+b-a\sqrt{-1}) & m^2-2n<0 \end{array} \right. \\ x^2+mx+n = (x+a)(x+b) \\ x^2-mx+n = \left\{ \begin{array}{ll} (x-a)(x-a) & m^2-4n=0 \\ (x-a+a\sqrt{-1})(x-a-a\sqrt{-1}) & m^2-2n=0 \\ (x-a)(x-b) & m^2-4n>0 \\ (x-a+b\sqrt{-1})(x-a-b\sqrt{-1}) & \left\{ \begin{array}{l} m^2-4n<0 \\ m^2-2n>0 \end{array} \right. \\ (x-b+a\sqrt{-1})(x-b-a\sqrt{-1}) & m^2-2n<0 \end{array} \right. \\ x^2-mx+n = (x-a)(x+b) \\ x^2+n \quad = (x+a\sqrt{-1})(x-a\sqrt{-1}) \\ x^2-n \quad = (x+a)(x-a) \end{array} \right.$$

Man erblickt in dieser Tafel erst alle mögliche Verbindungen der verschiedenen Factoren, welche nur $x \pm a$, $x \pm b$ oder $x \pm a \pm a\sqrt{-1}$, $x \pm a \pm b\sqrt{-1}$ und $x \pm b \pm a\sqrt{-1}$ seyn können.

Um zu sehen, auf welche Form sich jede Verbindung bezieht, sind die Producte entwickelt und mit den Gleichungen verglichen worden, wobei zu bemerken, dass die Grösse $a$ immer grösser ist als $b$.

Bis hierher hat das Verfahren weiter keine Schwierigkeit, als dass die Rechnung weitläuftig ist. Es kommt alles darauf an, die Kennzeichen der zu jeder Verbindung gehörigen Bedingungen zu finden.

Diese Bedingungen sind zweierlei Art. Die einen

## *Auflösungs-Verfahren*

sind durch bestimmte Gleichungen gegeben, wie $m^2 - 4n = 0$ oder $m^2 - 2n = 0$. Sie finden in dem Falle Statt, wenn man die Grösse $b$ gleich Null oder gleich $a$ setzt. Sie sind leicht zu finden. Denn da durch die Voraussetzungen eine der unbestimmten Grössen $a$ und $b$ wegfällt, so erhält man, wenn man die Glieder des Products der Factoren mit denen der Gleichung vergleicht, eine Gleichung mehr als unbestimmte Grössen vorhanden sind, so dass man durch die Elimination nothwendig eine Bedingungs-Gleichung findet. So z. B. geben die gleichen Factoren $(x+a)(x+a)$ die Bedingung $m^2 - 4n = 0$; die Factoren $(x+a+a\sqrt{-1})(x+a-a\sqrt{-1})$ geben die Bedingung $m^2 - 2n = 0$.

Aus diesen Bedingungen finden sich die übrigen, wenn man statt des Gleichheits-Zeichens die Zeichen $>$ oder $<$ setzt. Sie folgen daraus, dass eine Function der Coefficienten $m$ und $n$, wenn sie für $a = b$ und $b = 0$ Null ist, grösser oder kleiner seyn muss als Null, wenn $a > b$ oder $b > 0$ ist.

Da also das System $(x+a)(x+a)$ aus dem Systeme $(x+a)(x+b)$ entsteht, wenn man $a = b$ setzt, oder aus dem Systeme $(x+a+b\sqrt{-1})(x+a-b\sqrt{-1})$ wenn man $b = 0$ setzt; so ist die Function $m^2 - 4n$, welche für jenes System verschwindet, nicht mehr gleich Null für die neuen Systeme. Man findet, dass die Function für das System $(x+a)(a+b)$ positiv, und für das System $(x+a+b\sqrt{-1})(x+a-b\sqrt{-1})$ negativ ist.

Der Verfasser nimmt allgemein an, dass die

## *von Fontaine.*

Function, welche, wenn zwei Systeme zusammenfallen, Null ist, allemal in dem einen Systeme grösser, in dem andern kleiner sey als Null, und bestimmt aus einem einzelnen Falle die Systeme, wo sie positiv und wo sie negativ ist. Dieses kann aber nicht ohne Beweis zugegeben werden, und es finden Zweifel gegen die Allgemeinheit des Satzes Statt.

In dem obigen Fall z. B. lässt sich solches nachweisen. Denn entwickelt man das System $(x+a)(x+b)$, so erhält man $x^2+x(a+b)+ab$, also $m = a+b$ und $n = ab$, folglich $m^2 - 4n = (a-b)^2$, welche Grösse immer positiv ist. Eben so giebt das System $(x+a+b\sqrt{-1})(x+a-b\sqrt{-1})$, wenn man es entwickelt, $x^2+2ax+a^2+b^2$, also $m = 2a$, $n = a^2+b^2$, und $m^2-4n = -4b^2$, welche Grösse immer negativ ist. Eben so lassen sich die andern Bedingungen für die verschiedenen Systeme der Gleichung des zweiten Grades nachweisen.

### 129.

Der Verfasser wendet das nämliche Verfahren und die nämlichen Sätze auf Gleichungen des dritten und vierten Grades an, und giebt für dieselben Tafeln wie die obige (314.). Man sehe die im Jahre 1764 gedruckte Sammlung seiner Memoiren.

Der Umfang der Tafeln nimmt im Verhältniss der Zahl der Verbindungen der Factoren zu, und die Untersuchung der zu jeder Verbindung oder zu jedem Systeme gehörigen Bedingungen wird um so schwieriger, da zuweilen die Bedingungen, welche aus

## *Auflösungs-Verfahren*

der Gleichheit der Grössen $a, b, c\ldots.$ entstehen, von welchen Grössen man annimmt, dass sie eine fallende Reihe bilden, für mehr als ein System zugleich gelten, und man also in solchem Falle andere Bedingungen suchen muss, um ein System von dem andern zu unterscheiden.

Der Verfasser giebt dafür keine allgemeine Regel. Er begnügt sich, der Reihe nach die einfachsten Functionen für die Coefficienten $m, n, p\ldots.$ der gegebenen Gleichung zu versuchen, bis er auf eine stösst, die in dem, beiden Systemen gemeinschaftlichen Falle gleich Null, und in dem einen Falle positiv, in dem andern negativ ist.

So z. B. sucht er, nachdem er gefunden, dass für die Gleichung $x^3 + mx^2 + nx + p = 0$ die beiden Systeme $(x+a)(x+b)(x+b)$ und $(x+a)(x+a)(x+b)$ die nämliche Bedingungs-Gleichung

$$4(m^2-3n)(-3mp+n^2)-(mn-9p)^2 = 0$$

haben, eine Function von der Form $Am^2+Bn$, oder $Am^3 + Bmn + Cp$ u. s. w., welche in dem gemeinschaftlichen Falle $a = b$ Null, und für das erste System $> 0$, für das zweite $< 0$ ist. Er findet die Grösse $2m^3 - 9mn + 27p$, welche den beiden Systemen genugthut.

Obgleich es dem Verfassser gelang, diese Functionen für alle Fälle der Gleichung des dritten und vierten Grades zu finden, ist es doch zweifelhaft, ob es möglich sey, sie im Allgemeinen für Gleichungen höherer Ordnungen zu finden; wenigstens ist nicht bewiesen, dass immer nothwendig Functionen mit

den

## *von Fontaine.*

den nöthigen Eigenschaften existiren. Also kann die Theorie möglicher Weise auch von dieser Seite Mängel haben.

### 130.

Uebrigens kann man auch die obigen Bedingungen direct finden; denn man setze, die Gleichung

$$315. \quad x^3 + mx^2 + nx + p = 0$$

habe einen zweifachen Factor $(x+\alpha)^2$, so darf man nur das Polynom $x^3 + mx^m + nx + p$ durch $x^2 + 2\alpha x + \alpha^2$ dividiren. Der Quotient ist $x + m - 2\alpha$, und der Rest

$$(n - \alpha^2 - 2m\alpha + 4\alpha^2)x + p + 2\alpha^3 - m\alpha^2.$$

Man muss also einzeln

$$3\alpha^2 - 2m\alpha + n = 0 \text{ und}$$
$$2\alpha^3 - m\alpha^2 + p = 0$$

setzen, woraus

$$316. \quad \alpha = \frac{mn - 9q}{2m^2 - 6n}$$

folgt. Substituirt man diesen Werth von $\alpha$ in die erste Gleichung, so erhält man

$$317. \quad (mn - 9p)^2 + 4(m^2 - 3n)(3mp - n^2) = 0,$$

welches die, für beide Systeme gemeinschaftliche Bedingung ist.

Da nun $x + m - 2\alpha$ der ungleiche Factor der Gleichung ist, so muss man $\alpha = b$ und $m - 2\alpha = a$ für das System $(x + a)(x + b)(x + b)$, und $\alpha = a$, $m - 2\alpha = b$ für das System $(x + a)(x + a)(x + b)$ setzen. Dieses giebt, weil $a > b$ ist, für das erste

System $m - 2\alpha > \alpha$, oder $m - 3\alpha > 0$, und für das zweite System $m - 3\alpha < 0$.

Setzt man hierin den Werth von $\alpha$, so erhält man

$$318. \quad m - 3\alpha = \frac{2m^3 - 9mn + 27p}{m^2 - 3n}.$$

Von der andern Seite ist leicht zu sehen, dass für beide Systeme $m^2 - 3n > 0$ ist. Denn das System $(x+a)(x+b)(x+b)$ giebt $m = a + 2b$, $n = 2ab + b^2$, wie die Entwickelung zeigt; also

$$m^2 - 3n = a^2 - 2ab + b^2 = (a-b)^2,$$

und da man für das andere System nur $b$ statt $a$ setzen darf, so erhält man eben so $m - 3n = (a-b)^2$. Die Bedingungen für die beiden Systeme sind also blos

$$319. \quad \begin{cases} 2m^3 - 9mn + 27p > 0 & \text{für das erste, und} \\ 2m^3 - 9mn + 27p < 0 & \text{für das zweite,} \end{cases}$$

wie bei Fontaine.

## 131.

Aber die Bedingungen selbst, welche aus der Gleichheit einiger der Grössen $a$, $b$, $c$.... folgen, sind nicht immer dem Systeme, zwischen welchem die Gleichheit Statt findet, ausschliesslich eigen, wie Fontaine annimmt, wodurch ein Hauptgrundsatz der Theorie wegfällt.

Er findet z. B., dass die Bedingung

$$2m^3 - mn - p = 0$$

bei der Gleichung des dritten Grades

$$x^3 + mx^2 - nx - p = 0$$

## *von Fontaine.*

dem Systeme

$$(x-a)(x+a+b\sqrt{-1})(x+a-b\sqrt{-1})$$

ausschliesslich eigen sey, und dass sich dieses System von dem andern dadurch unterscheidet. Es ist aber zu bemerken, dass die Bedingung auch für jedes andere, auf die nämliche Gleichung sich beziehende System von der Form $(x+a)(x-b)(x+c)$ gilt, sobald $a+c=2b$ ist, welches sich auch a priori beweisen lässt.

Wäre also die Gleichung $x\ + 2x^2 - 5x - 6 = 0$ gegeben, so könnte man, weil dieselbe der Bedingung entspricht, indem, wenn man $m=2$, $n=5$, $p=6$ setzt, $2.8-2.5-6=0$ ist, aus der Tafel in Fontaine's Memoire S. 546 schliessen, dass die Gleichung drei Factoren von der Form

$$(x-a)(x+a+b\sqrt{-1})(x+a-b\sqrt{-1}),$$

und folglich zwei unmögliche Wurzeln habe, während sie doch im Gegentheil aus den drei reellen Factoren

$$(x+3)(x-2)(x+1)$$

zusammengesetzt ist.

Eben dies lässt sich von der Bedingung

$$2^4 . 3^4 . n^4 . q + 2^3 . 3^5 . n^3 p^2 + 2^7 . 3^2 . 5^2 . n^2 q^2$$
$$+ 2^4 . 2^2 . 5 . 7 . n p^2 q - 3^3 . 7^3 . p^4 + 2^8 . 5^4 . q^3 = 0$$

sagen, welche Fontaine Seite 568 für das gemeinschaftliche Kennzeichen der beiden Systeme

$$(x+a)(x-b)(x-b+c\sqrt{-1})(x-b-c\sqrt{-1}) \text{ und}$$
$$(x+a)(x-c)(x-c+b\sqrt{-1})(x-c-b\sqrt{-1})$$

findet, die zu dem Ausdrucke

$$x^4 - 4x^2 + px - q = 0$$

gehören. Diese Bedingung ist den beiden Systemen nicht ausschliesslich eigen. Sie gilt auch für jedes andere System von der Form

$$(x + a)(x - b)(x - c)(x - d),$$

welches zu den Gleichungen S. 552 gehört, in so fern $b + d = 2c$ ist. Alles dieses lässt sich a priori beweisen, jedoch würde uns ein grösseres Detail zu weit führen.

132.

Es folgt aus diesen Bemerkungen, dass sich die Bedingungen, durch welche sich ein System von Factoren von dem andern unterscheidet, blos dadurch, dass man in den Grössen $a$, $b$, $c$.... die in diesen Factoren vorkommen, nach Fontaine, die Verhältnisse der Gleichheit und Ungleichheit in Betrachtung zieht, nicht immer finden lassen. Wäre solches aber auch möglich, so würde die Rechnung für Gleichungen über den vierten Grad ungemein weitläuftig, und dann selbst zur numerischen Auflösung der Gleichungen nicht einmal nützlich seyn, wie wir solches bei der Untersuchung des zweiten Theils der Methode zeigen werden.

133.

Hat man nach der Voraussetzung des Verfassers die Form der Factoren der gegebenen Gleichung gefunden, so sind nur noch die Werthe der Grössen $a$, $b$, $c$...., die in derselben vorkommen, und welche

## von Fontaine.

sämmtlich positiv und ungleich angenommen sind, zu bestimmen. Hierbei verfährt der Verfasser auf folgende Weise.

Er entwickelt die Producte der Factoren, vergleicht sie mit der gegebenen Gleichung, und findet auf diese Weise so viele Gleichungen als unbestimmte Grössen $a$, $b$, $c$.... Er eliminirt alle diese Grössen bis auf zwei, die er bestimmen will, und behält also zwei Gleichungen zwischen diesen zwei Grössen übrig. Er setzt die grössere Grösse gleich $R\alpha$, die kleinere gleich $R\beta$, eliminirt nun $R$ und findet eine homogene Gleichung mit $\alpha$ und $\beta$, in welche er $x\varphi + y$ statt $\alpha$ und $z\varphi + u$ statt $\beta$ setzt.

Er setzt hierauf $x = 1$, $y = 0$, $z = 0$ und $u = 1$, welches eine Gleichung mit $\varphi$ giebt, in welche er der Reihe nach $\varphi = 1, 2, 3 \ldots$ setzt, bis zwei Resultate mit entgegengesetzten Zeichen erscheinen. Alsdann setzt er $\varphi = A$, wo $A$ die kleinste der beiden Zahlen ist, welche die Resultate mit entgegengesetzten Zeichen geben; also $\alpha = A$, $\beta = 1$.

Er setzt sodann $x = A$, $y = 1$, $z = 1$, $u = 0$, und sucht zu der entstehenden Gleichung mit $\varphi$ wiederum zwei Substitutionen, deren Resultate entgegengesetzte Zeichen haben. Ist $B$ die kleinste der beiden Zahlen, so setzt er $\varphi = B$, also $\alpha = AB + 1$ und $\beta = R$.

Er fährt auf diese Weise fort, indem er $x$ gleich dem letzten Werthe von $\alpha$, $y$ gleich dem vorletzten Werthe von $\alpha$, $z$ gleich dem letzten, und $u$ gleich dem vorletzten Werthe von $\beta$ setzt.

## *Auflösungs-Verfahren*

Nun werden der Reihe nach diese Werthe von $\alpha$ und $\beta$ in den rationalen Ausdruck von $R$, welchen die beiden Gleichungen gaben, substituirt, und es werden daraus die Werthe von $a$ und $b$, und zwar um so genauer gefunden, je weiter die Operationen mit $\alpha$ und $\beta$ fortgesetzt worden.

Um ein Beispiel zu geben, will ich dasjenige nehmen, welches in den Memoiren der Academie von 1747 S. 672 steht.

Es sey die Gleichung $x^2 - 3x + 1 = 0$ gegeben. Da sie zu der Classe der Ausdrücke $x^2 - mx + n$ gehört, wenn man $m = 0$, $n = 1$ setzt, so findet man, wenn man die zu diesem Ausdruck gehörigen Bedingungen in der obigen Tafel (314.) aufsucht, dass die Bedingung $m^2 - 4n = 0$ erfüllt wird, woraus zu schliessen, dass die beiden Factoren von der Form $(x - a)(x - b)$ sind. Man findet also, wenn man entwickelt, $a + b = 3$ und $ab = 1$.

Es sey nun $a = \alpha R$ und $b = \beta R$, so ist $R(\alpha + \beta) = 3$ und $R^2 \alpha\beta = 1$; also $R = \frac{3}{\alpha + \beta}$ und $9\alpha\beta = (\alpha + \beta)^2$, oder

$$\alpha^2 - 7\alpha\beta + \beta^2 = 0,$$

wenn man $\alpha = x\varphi + y$ und $\beta = z\varphi + u$ setzt.

I. Es sey $x = 1$, $y = 0$, $z = 0$ und $u = 1$, so ist $\alpha = \varphi$, $\beta = 1$. Substituirt man diesen Werth, so erhält man $\varphi^2 - 7\varphi + 1 = 0$. Setzt man $\varphi = 1$, 2 *etc.* bis $\varphi = 6$, so erhält man negative Resultate; aber $\varphi = 7$ giebt das Resultat $+1$. Also ist $\varphi = 6$, und folglich $\alpha = 6$, $\beta = 1$, $R = \frac{3}{7}$.

## *von Fontaine.*

II. Es sey $x = 6$, $y = 1$, $z = 1$, $u = 0$, so ist $\alpha = 6\varphi + 1$, $\beta = \varphi$, und man erhält die Gleichung $5\varphi^2 - 5\varphi - 1 = 0$. Hier giebt $\varphi = 1$ das Resultat $-1$; $\varphi = 2$ giebt 9; also ist $\varphi = 1$, und folglich $\alpha = 7$, $\beta = 1$, $R = \frac{3}{8}$.

III. Es sey $x = 7$, $y = 6$, $z = 1$, $u = 1$, so ist $\alpha = 7\varphi + 6$, $\beta = \varphi + 1$. Substituirt man dieses, so erhält man die Gleichung $\varphi^2 - 5\varphi - 5 = 0$. Setzt man $\varphi = 1$, 2 *etc.*, bis $\varphi = 5$, so erhält man negative Resultate; aber $\varphi = 6$ giebt das Resultat $+1$. Also ist $\varphi = 5$, und hieraus $\alpha = 41$, $\beta = 6$ und $R = \frac{3}{27}$ u. s. w.

### 134.

Dieses ist das Näherungs-Verfahren, welches Fontaine in seinen Memoiren vom Jahre 1747 ohne Beweis giebt, und welches er hernach in der Sammlung seiner Memoiren wieder vorgetragen hat. Er setzt, wie man sieht, voraus, dass sich durch die Substitution der Zahlen 1, 2, 3.... statt $\varphi$ in die verschiedenen Gleichungen mit $\varphi$, immer zwei Zahlen finden lassen, welche Resultate mit verschiedenen Zeichen geben; was aber, wie wir im ersten Abschnitt (§. 5. etc.) zeigten, nur dann der Fall ist, wenn die Wurzeln dieser Gleichung positiv und keine von der andern um weniger als Eins verschieden sind. Aus dieser Bemerkung sind leicht Beispiele zu finden, in welchen die Fontainesche Methode unrichtige Resultate giebt.

Es sey z. B. die Gleichung

*Auflösungs-Verfahren*

$$x^3 - 2x^2 - 23x + 60 = 0,$$

welche sich, wenn man $m = 2$, $n = 23$, $p = 6$ setzt, auf den Ausdruck $x^3 - mx^2 - nx + p$ bezieht. Die Tafel S. 547 der Sammlung der Fontaineschen Memoiren giebt für das System $(x+a)(x-b)(x-c)$ die drei Bedingungen

$$4(m^2 + 3n^2)(n^2 + 3mp) - (-mn + qp)^2 > 0,$$
$$(mn - p) < 0,$$
$$m^2 - n < 0.$$

Da dieselben hier erfüllt werden, so folgt, dass das System für die gegebene Gleichung passt.

Um nun die drei positiven und ungleichen Grössen $a$, $b$, $c$ zu finden, vergleiche man das Product der Factoren,

$$x^3 + (a - b - c)x^2 + (-ab - ac + bc)x + abc$$

mit der gegebenen Gleichung, so erhält man die drei Gleichungen

$$a - b - c = 2,$$
$$-ab - ac + bc = -23 \text{ und}$$
$$abc = 60.$$

Eliminirt man $c$, so findet man $c = a - b + c$, und die beiden andern Gleichungen geben

$$a^2 - ab + b^2 + 2(a - b) = 23 \text{ und}$$
$$(a - b)ab + 2ab = 60.$$

Setzt man $a = \alpha R$ und $b = \beta R$, so erhält man

$$R^2(\alpha^2 - \alpha\beta + \beta^2) + 2R(\alpha - \beta) = 23 \text{ und}$$
$$R^3(\alpha - \beta)\alpha\beta + 2R^2\alpha\beta = 60.$$

Eliminirt man endlich $R$, so erhält man eine Glei-

*von Fontaine.*

chung des sechsten Grades zwischen $\alpha$ und $\beta$, welche auf

$$(20(\alpha^2 + \beta^2) - 41\,\alpha\beta(15\alpha^2 + \beta^2) - 34\alpha\beta)$$
$$\times\,(12(\alpha^2 + \beta^2) + 25\,\alpha\beta) = 0$$

gebracht werden kann.

Nun muss man nach Fontaine $\alpha = x\varphi + y$, $\beta = z\varphi + u$, und in die erste Gleichung $x = 1$, $y = 0$, $z = 0$, $u = 1$ setzten, welches $\alpha = \varphi$, $\beta = 1$ giebt. Die Gleichung giebt also

$$(20(\varphi^2 + 1) - 41\varphi)(15(\varphi^2 + 1) - 34\varphi)$$
$$(12(\varphi^2 + 1) + 25\varphi) = 0,$$

wo man der Reihe nach $\varphi = 1, 2, 3$ *etc.* setzen muss, bis man auf zwei Werthe von $\varphi$ kommt, welche Resultate von entgegengesetzten Zeichen geben. Allein dieses geschieht niemals, weil die Resultate immer positiv sind, wie die blosse Ansicht der Gleichung zeigt. Die Methode ist also schon bei der ersten Operation fehlerhaft.

Es ist leicht zu sehen, dass man nur ein negatives Resultat finden kann, wenn man der Grösse $\varphi$ einen Werth zwischen 1 und 2 giebt. Setzt man z. B. $\varphi = \frac{3}{2}$, so ist das Resultat $-\frac{7 \cdot 9 \cdot 123}{16}$ was aber nach der Fontaineschen Vorschrift nicht geschehen soll, welche vielmehr für $\alpha$ und $\beta$ immer ganze Zahlen verlangt. Wollte man aber übrigens für $\varphi$ wirklich auch Brüche setzen, so wäre es unstreitig einfacher, sogleich mit der gegebenen Gleichung selbst zu operiren. Man dürfte nur für diese Gleichung selbst zwei Werthe der unbekannten

## *Auflösungs-Verfahren*

Grösse suchen, welche Resultate mit entgegengesetzten Zeichen geben. Die Aufsuchung der Factoren, welche den Gegenstand der Tafeln bei Fontaine ausmacht, ist dabei unnütz, und die Schwierigkeit der Aufgabe wird nicht gehoben.

Auch ist noch zu bemerken, dass, wenn man bei der ersten Operation $\varphi = \frac{\alpha}{\beta} = \frac{a}{v}$ setzt, die Gleichung mit $\varphi$ im Allgemeinen immer von einer höhern Ordnung ist als die gegebene Gleichung; denn wenn $a$ und $b$ zwei reelle Wurzeln sind, so sind die Wurzeln der Gleichung $\varphi$ alle die Quotienten, welche entstehen, wenn man die Wurzeln, eine mit der andern dividirt, so dass, wenn man die Ordnungs-Zahl der gegebenen Gleichung, $= m$ setzt, diejenige der Gleichung mit $\varphi$, $m(m-1)$ ist, welche Gleichung ausserdem nothwendig eine reciproke ist.

Ist $a$ eine reelle Wurzel und $b$ der reelle Theil der beiden imaginairen Wurzeln, so ist $\frac{a}{b}$ der Quotient einer Wurzel, dividirt durch die halbe Summe zweier andern Wurzeln, und die Gleichung mit $\varphi$ steigt dann auf die $\frac{m(m-1)(m-2)}{2}$te Ordnung.

### 135.

Da übrigens die Gleichung zwischen $\alpha$ und $\beta$, welche man durch das Fontainische Verfahren findet, nothwendig homogen ist, so ist eigentlich nur eine einzige unbekannte Grösse $\frac{\alpha}{\beta}$ vorhanden, und die

## *von Fontaine.*

Substitution von $x\varphi + y$ statt $a$ und $z\varphi + u$ statt $p$ ist das Nämliche, als wenn man unmittelbar in die gegebene Gleichung $\frac{x\varphi + y}{z\varphi + u}$ statt der unbekannten Grösse setzt. Dieser Ausdruck ist nun derjenige der convergenten Brüche, welcher einen Kettenbruch giebt, in welchem $\varphi$ der Reihe nach die Nenner des Bruchs bezeichnet, und $\frac{y}{u}$ und $\frac{x}{z}$ sind die beiden auf einander folgenden Brüche, welche dem Bruche $\frac{x\varphi + y}{z\varphi + u}$ vorhergehen, wie dieses aus der Theorie der Kettenbrüche folgt. Es scheint also, dass Fontaine das Verhältniss der Grössen $a$ und $b$ durch die von Kettenbrüchen abhängigen convergenten Brüche auszudrücken gesucht hat. Allein die Schwierigkeit liegt darin, die Werthe von $\varphi$ zu finden, wenn der Bruch $\frac{a}{b}$ nur durch eine Gleichung gegeben ist. Man sehe hierüber die vierte Abtheilung (§. 78.).

Ich habe mich ein wenig ausführlich über die Fontainesche Auflösungs-Methode geäussert, weil mir bis jetzt nur zwei Schriftsteller bekannt sind, welche ihrer erwähnt haben, nämlich d'Alembert in der Encyclopädie, bei dem Worte Gleichung, und Condorcet in der Geschichte der Academie der Wissenschaften von den Jahren 1771 und 1772, welche beide sich begnügen, Zweifel gegen die Methode aufzustellen, ohne sie näher zu untersuchen.

[*Es ist gewiss kein angenehmes Geschäft, die Irrthümer Anderer aufzudecken und zu widerle-*

## Auflösungs-Verfahren

gen; und die vorstehende Abhandlung Lagrange's über die Fontainesche Gleichungs-Auflösungs-Methode hat wahrscheinlich nicht zu seinen erfreulichsten Arbeiten gehört, wie auch schon der im Eingange des Abschnitts durchblickende Unwille anzuzeigen scheint. Allein das Geschäft ist nothwendig, um die Unkundigen zu enttäuschen und dem Irrthume zu wehren, der sich leider eben so schnell zu verbreiten pflegt als die Wahrheit. Es giebt in der That nur zu häufig Werke, die durch Anmassung und Schwulst zu ersetzen suchen, was ihnen an gesundem Sinne und Inhalt abgeht. Solche Werke sind der Verbreitung der Wahrheit wesentlich nachtheilig, da sie den Unkundigen täuschen und die Gaukelei nur zu leicht Eingang findet; die Widerlegung derselben ist, obwohl lästig, nützlich. Wenn man einen Blick auf das Fontainesche Memoire wirft, welches von den Gleichungen handelt, und sich unter dem Titel: „L'art de recondre les équations" ankündigt (es steht in der Sammlung der Fontaineschen Memoiren vom Jahre 1784), so erschrickt man vor der Masse von Formeln, welche die von Lagrange erwähnten Tafeln enthalten, und der Lernende kann dergleichen leicht für eine gelehrte und wichtige Arbeit halten. Aus dem obigen sieht man die Unbrauchbarkeit der Methode. In diesem Betracht muss man Lagrange für die obige Nachweisung Dank wissen; zugleich aber wird man auch hier von neuem mit Vergnügen

*von Fontaine.*

*an der Ruhe, mit welcher die Nachweisung gegeben wird, die Sanftmuth dieses grossen Mannes und seine Erhabenheit über Alles, was der Wissenschaft unwerth ist, bemerken; denn wie man aus Delambres Nachricht von Lagrange's Leben sieht (Band 1. Seite XXV und XXVI.), ist es eben der Verfasser dieses mislungenen Versuches, die Gleichungen aufzulösen, welcher unsern Mathematiker unfreundlich und fast unwürdig behandelte.*]

# Achter Zusatz.

## Ueber die Grenzen der Wurzeln der Gleichungen und die Kennzeichen der Realität der Wurzeln.

### 136.

Die Untersuchung der Grenzen der Wurzeln ist in der Theorie der Gleichungen das Nächste nach der allgemeinen Auflösung. Da bis jetzt die allgemeine Auflösung der Gleichungen nur bis zum vierten Grade reicht, und, wenn sie weiter möglich ist, wie bewiesen, nur durch Auflösung von Gleichungen viel höherer Ordnungen geschehen kann, welches aber so zusammengesetzte Ausdrücke giebt, dass sie sich gar nicht mehr behandeln lassen; so beruht unter diesen Umständen die ganze Kunst der Auflösung der Gleichungen auf die Aufgabe von den Grenzen. Auch kann man in der That, sobald man für jede Wurzel einzelne Grenzen gefunden hat, diese Grenzen durch wiederholte Substitution zusammenziehen, und auf diese Weise dem Werthe der Wurzel so nahe kommen als man will.

## *Realität der Wurzeln.*

### 137.

Man hat schon gegen das Ende des siebzehnten Jahrhunderts die Nothwendigkeit eingesehen, sich mit dieser Aufgabe zu beschäftigen; und sobald man gefunden hatte, dass die Gleichung, welche entsteht, wenn man jedes Glied der gegebenen Gleichung mit dem Exponenten der unbekannten Grösse in derselben multiplicirt, die Bedingungen der Gleichheit der Wurzeln der gegebenen Gleichung enthält, so fand man auch bald, dass die Wurzeln dieser Gleichung Grenzen der Wurzeln der gegebenen Gleichung sind. Bekanntlich ist Hudde der Erfinder des ersten dieser beiden wichtigen Sätze. Der zweite Satz gehört meines Wissens Rolle, welcher ihn in seiner Algebra vom Jahre 1690 mittheilte und ihn zur Grundlage seiner Methode der Cascaden machte. Nach dieser Methode hängen die Grenzen der Wurzeln einer gegebenen Gleichung von einer Gleichung ab, die um einen Grad niedriger ist; die Grenzen der Wurzeln dieser von einer andern wiederum um einen Grad niedrigern Gleichung u. s. w., so dass man, um die Wurzeln einer gegebenen Gleichung zu finden, verschiedene aufeinander folgende, je um einen Grad niedrigere Gleichungen auflösen muss. Man sehe die „Analyse démontrée“ von Reyneau, wo man diese Methode mit vielem Detail findet. Aber wegen der Weitläuftigkeit der Rechnung und der Ungewissheit, welche sie in Absicht der unmöglichen Wurzeln lässt, hat man sie längst aufgegeben. Man hätte auch vielleicht überhaupt auf ein allgemeines Mittel, Gleichungen aufzulösen, verzichten müssen, wenn nicht ein von jeder Gleichungs-Auflösung unabhängiges Mittel, die Grenzen der Wurzeln zu finden, existirte, wie wir solches im ersten Abschnitte und im vierten Zusatze sahen.

Die Untersuchung des Maximums und Minimums parabolischer Linien führte Stirling auf ein Verfahren, die Zahl und die Grenzen der reellen Wurzeln des dritten und vierten Grades zu finden, welches Euler in seiner Differential-Rechnung [*3ten Theil 12te und 13te Kapitel*] allgemein gemacht hat. Diese Methode kommt im Wesentlichen mit der von Rolle überein; aber sie giebt, ausser den reellen Wurzeln, auch die unmöglichen, und könnte auch allgemeine Ausdrücke geben, um diese Wurzeln in Gleichungen des fünften Grades vermittelst der Wurzeln vom vierten Grade zu unterscheiden.

Durch die nämliche Betrachtung fand de Gua ein Verfahren, die Kennzeichen der Realität aller Wurzeln einer beliebigen Gleichung zu bestimmen. (Man sehe die Memoiren der Academie der Wissenschaften vom Jahre 1741.)

Wir sahen oben, dass die Aufgabe auch vermittelst einer Gleichung aufgelöset werden kann, deren Wurzeln die Quadrate der Differenzen der Wurzeln der gegebenen Gleichung sind. Aber diese Auflösung ist auf die Form der unmöglichen Wurzeln gegründet, statt dass die Theorie von de Gua davon nicht abhängt. Auch hat seine Methode den Vorzug,

dass

## *Realität der Wurzeln.*

dass sie nur der Berechnung von Gleichungen bedarf, welche von niedrigerer Ordnung sind, als die gegebene.

Da diese verschiedenen Methoden an sich und noch mehr wegen des wirklichen Nutzens, den sie gelegentlich haben können, interessant sind, so glaube ich, wird man es gern sehen, sie hier, auf eine und dieselbe Theorie und auf die einfachsten Sätze der Analyse der Gleichungen gegründet, beisammen zu finden.

### 138.

Es sey allgemein $Fx$ eine rationale Function von $x$, ohne Divisor, nämlich

320. $Fx = x^m + Ax^{m-1} + Bx^{m-2} + Cx^{m-3} \dots + V.$

Bezeichnet man die reellen Wurzeln der Gleichung

321. $Fx = 0,$

das heisst, die Werthe von $x$, welche dieser Gleichung entsprechen können, durch $\alpha, \beta, \gamma \dots$, so hat man die identische Gleichung

322. $Fx = (x-\alpha)(x-\beta)(x-\gamma) \dots \times fx,$

wo $fx$ eine ähnliche Function von $x$ ist, aber von einer niedrigern Ordnung als $m$, und die nie Null und negativ werden kann, welchen Werth man auch der Grösse $x$ giebt. (Zweiter Zusatz.)

Da diese Gleichung [*weil sie identisch ist*] Statt findet, was auch $x$ seyn mag, so gilt sie auch, wenn man $x + k$ statt $x$ setzt, wo $k$ seyn kann, was man will. Entwickelt man also die Function nach Poten-

## *Ueber die Grenzen und die*

zen von $k$, so müssen sich alle Glieder, welche einerlei Potenzen von $k$ enthalten, in sich aufheben. Dieses giebt noch eben so viele identische Gleichungen, die man also durch die wirkliche Entwickelung finden kann. Da aber diese neuen Gleichungen nichts anders als diejenigen sind, welche wir in der Theorie der Functionen abgeleitete Gleichungen nannten, so wollen wir uns, der grössern Einfachheit wegen, hier der Bezeichnung und des Algarithmus dieser Theorie bedienen. Die Anwendung derselben auf die Gleichungen wird ein neues Beispiel von ihrem Nutzen in der Algebra geben, von welcher sie eigentlich ein Theil ist. [*Und zwar müssten selbst die Grundsätze der sogenannten Differential-Rechnung an der Spitze der Algebra stehen, weil sie selbst der Theorie der Gleichungen zur Grundlage dient. Statt der neuen Lagrangeschen Functions-Zeichen, deren sich das Original, bei dem was hier folgt, bedient, setze ich, aus den in der Vorrede zur Sammlung dieser Werke angegebenen Gründen, die Differential-Zeichen.*]

### 139.

Wir wollen, der Kürze wegen, die Function

323. $(x-\alpha)(x-\beta)(x-\gamma)(x-\delta)\ldots = \varphi x$

setzen, so ist die obige identische Gleichung (322.) folgende:

324. $Fx = \varphi x . fx.$

Hiervon ist die erste abgeleitete

## *Realität der Wurzeln.*

325. $\frac{dFx}{dx} = fx\frac{d\varphi x}{dx} + \varphi x\frac{dfx}{dx}$

und es ist [*wie aus* (323.) *folgt*]

326. $\frac{d\varphi x}{dx} = (x-\beta)(x-\gamma)(x-\delta)\ldots + (x-\alpha)(x-\gamma)(x-\delta)\ldots$
$+ (x-\alpha)(x-\beta)(x-\delta)\ldots + (x-\alpha)(x-\beta)(x-\gamma)\ldots$

. . . . . . . . . . . . . . . . .

Man setze, die Reihe der Wurzeln $\alpha$, $\beta$, $\gamma$.... wäre nach der Grösse derselben geordnet, so dass sie von der grössten positiven Wurzel anfängt, und bei der kleinsten negativen endigt, so ist aus dem Ausdrucke (326.) leicht zu sehen, dass

327. $\begin{cases} \frac{d\varphi x}{dx} > 0 \text{ ist, für } x = \alpha \\ \frac{d\varphi x}{dx} < 0, \quad \text{für } x = \beta \\ \frac{d\varphi x}{dx} > 0, \quad \text{für } x = \gamma \end{cases}$

. . . . . . . . . . . . . . . . .

[*Für* $x = \alpha$ *ist in* (326.) $\frac{d\varphi x}{dx} = (x-\beta)(x-\gamma)$ $(x-\delta)\ldots$, *denn nur dieses eine Glied bleibt übrig, alle übrige verschwinden für* $x = \alpha$. *Die Grösse* $(x-\beta)(x-\gamma)(x-\delta)\ldots$ *aber ist positiv, weil* $\alpha$, *und folglich jetzt* $x$, *nach der Voraussezzung, grösser ist, als die übrigen Grössen* $\beta, \gamma, \delta\ldots$; *also ist für* $x = \alpha$, $\frac{d\varphi x}{dx}$ *positiv oder* $> 0$.

*Für* $x = \beta$ *ist* $\frac{d\varphi x}{dx} = (x-\alpha)(x-\gamma)(x-\delta)\ldots$, *in welchem Producte der Factor* $x-\alpha$ *allein ne-*

## *Ueber die Grenzen und die*

*gativ ist, alle übrigen sind positiv, weil $\beta$ grösser als $\gamma$, $\delta$.... und kleiner als $\alpha$ seyn soll; also ist für $x=\beta$, $\frac{d\varphi x}{dx}$ negativ oder $<0$.*

*Für $x=\gamma$ ist $\frac{d\varphi x}{dx}=(x-\alpha)(x-\beta)(x-\delta)....$, in welchem Producte alle Factoren, bis auf die beiden $x-\alpha$ und $x-\beta$, positiv sind. Da nun das Product der beiden negativen Grössen $x-\alpha$ und $x-\beta$ ebenfalls positiv ist, so ist für $x=\gamma$, $\frac{d\varphi x}{dx}$ positiv oder grösser als 0, u. s. w.]*

Auf der andern Seite ist für $x=\alpha, \beta, \gamma$ etc. $\varphi x$ immer gleich Null, und $fx$ immer grösser als Null [*das Erste, zu Folge der Gleichung* (323.), *das Letzte, weil $fx$ nach der Voraussetzung nie negativ werden kann* (§. 138.)].

Daraus folgt, dass

$$328.\quad \begin{cases} \frac{dFx}{dx} > 0 \text{ ist, für } x=\alpha \\ \frac{dFx}{dx} < 0, \quad \text{für } x=\beta \\ \frac{dFx}{dx} > 0, \quad \text{für } x=\gamma \\ \dots\dots\dots\dots\dots \end{cases}$$

*[Denn das zweite Glied rechterhand in dem allgemeinen Ausdruck von $\frac{dFx}{dx}$ (325.) fällt für $x=\alpha, \beta, \gamma....$ immer weg, weil für $x=\alpha, \beta, \gamma....$ $\varphi x$ immer Null ist (323.), also bleibt für $x=\alpha, \beta, \gamma....$ blos $\frac{dFx}{dx}=fx\frac{d\varphi x}{dx}$, womit es*

## *Realität der Wurzeln.*

*sich eben so verhält, wie mit* $\frac{d\varphi x}{dx}$ (327.), *weil* $fx$ *immer positiv ist* (§. 138.)].

Nun erhält man, wenn man die erste Ableitung des Polynoms $Fx$ (320.) nimmt,

$$329.\ \frac{dFx}{dx} = mx^{m-1} + (m-1)Ax^{m-2} + (m-2)Bx^{m-3} \ldots + T;$$

also muss auch die Gleichung $\frac{dFx}{dx} = 0$, welche vom Grade $m-1$ ist, nothwendig reelle Wurzeln haben, welche zwischen die Werthe der Wurzeln $\alpha$ und $\beta$, $\beta$ und $\gamma$, $\gamma$ und $\delta$ *etc.* fallen (Erster Zusatz) [*und zwar deshalb, weil nach* (328.) *die Grösse* $\frac{dFx}{dx}$ *von* $x = \alpha$ *bis* $x = \beta$, *von* $x = \beta$ *bis* $x = \gamma$ *u. s. w. jedesmal das Zeichen wechselt. Jedoch findet der Satz natürlich nur dann nothwendig Statt, wenn die Zahl der reellen Wurzeln* $\alpha$, $\beta$, $\gamma \ldots$ *in* $Fx = 0$ *grösser als Eins ist. Hat* $Fx = 0$ *nur eine reelle Wurzel, so findet er nicht nothwendig Statt.*]

### 140.

Wir wollen die reellen Wurzeln der Gleichung

$$\frac{dFx}{dx} = 0$$

durch $\alpha_{,}$, $\beta_{,}$, $\gamma_{,} \ldots$ bezeichnen, so lässt sich ganz auf dieselbe Art beweisen, dass

*Ueber die Grenzen und die*

$$330. \begin{cases} \frac{d^2 Fx}{dx^2} > 0 \text{ ist, für } x = \alpha, \\ \frac{d^2 Fx}{dx^2} < 0, \quad \text{für } x = \beta, \\ \frac{d^2 Fx}{dx^2} > 0, \quad \text{für } x = \gamma, \end{cases}$$

. . . . . . . . . . . . . . . . . .

woraus ebenfalls, ganz wie oben, folgt, dass die Gleichung $\frac{d^2 Fx}{dx^2} = 0$, welche

$$331. \frac{d^2 Fx}{dx^2} = m(m-1)x^{m-2} + (m-1)(m-2)Ax^{m-3} + (m-2)(m-3)Bx^{m-4} \ldots + 2S$$

ist, wiederum nothwendig reelle Wurzeln hat, welche zwischen die Wurzeln $\alpha$ und $\beta$, $\beta$ und $\gamma$ *etc.* fallen.

Aus diesen Ausdrücken lassen sich mehrere Folgerungen ziehen, welche wir angeben wollen.

Wenn die gegebene Gleichung $Fx = 0$ zwei gleiche Wurzeln hat, so muss die abgeleitete Gleichung $\frac{dFx}{dx} = 0$ nothwendig eine Wurzel haben, die, weil sie zwischen jene beide fallen soll, ihr gleich ist. Der Factor also, welcher diese Wurzeln enthält, wird ein gemeinschaftlicher Divisor der beiden Polynome $Fx$ und $\frac{dFx}{dx}$ seyn, welches auch an sich selbst folgt, weil das Polynom $Fx$ den quadratischen Factor $(x-\alpha)^2$ enthält, und also in dem Polynom $\frac{dFx}{dx}$ noch der einfache Factor $x - \alpha$ übrig bleibt. Deshalb enthält die Gleichung $\frac{dFx}{dx} = 0$ die Bedin-

## *Realität der Wurzeln.*

gung, unter welcher eine der beiden Wurzeln der Gleichung $Fx = 0$ zweifach ist. [*Das heisst, wenn $Fx=0$ eine zweifache Wurzel hat, so ist für denselben Werth von $x$ auch $\frac{dFx}{dx}$ gleich Null.*]

Eben so lässt sich zeigen, dass, wenn die Gleichung $Fx = 0$ drei gleiche Wurzeln hat, der Factor, welcher diese dreifache Wurzel enthält, ein gemeinschaftlicher Divisor der drei Grössen $Fx$, $\frac{dFx}{dx}$ und $\frac{d^2Fx}{dx^2}$ ist, und dass die beiden Gleichungen $\frac{dFx}{dx}=0$ und $\frac{d^2Fx}{dx^2} = 0$ die Bedingungen enthalten, unter welchen die Gleichung $Fx = 0$ drei gleiche Wurzeln hat u. s. w., woraus die bekannten Sätze für gleiche Wurzeln folgen.

### 141.

Wir wollen nun bei den reellen Wurzeln der Gleichung $Fx = 0$ das Zeichen betrachten und annehmen, dass die gegebene Gleichung $Fx = 0$, $p$ positive und $q$ negative reelle Wurzeln enthalte; so enthält nothwendig die Gleichung $\frac{dFx}{dx} = 0$, $p - 1$ positive und $q - 1$ negative reelle Wurzeln, und ausserdem noch eine reelle Wurzel, die sowohl positiv als negativ seyn kann. Denn da zwischen zwei Wurzeln der Gleichung $Fx = 0$ nothwendig eine Wurzel der Gleichung $\frac{dFx}{dx}=0$ fällt, so fallen $p-1$ posi-

*Ueber die Grenzen und die*

tive Wurzeln zwischen die $p$ positiven, und $q-1$ negative Wurzeln zwichen die $q$ negativen Wurzeln, und ausserdem noch eine, die also positiv und negativ seyn kann, zwischen die kleinste positive und die grösste negative Wurzel der gegebenen Gleichung.

Hat also die Gleichung $Fx = 0$ mehr positive Wurzeln als die Gleichung $\frac{dFx}{dx} = 0$, so kann sie immer nur eine mehr haben [*sie kann indessen auch keine mehr haben*], und hat sie mehr negative Wurzeln, so kann es ebenfalls immer nur eine seyn.

Da nun aber die Zahl der positiven Wurzeln in einer Gleichung immer gerade oder ungerade ist, je nachdem ihr letztes Glied positiv oder negativ ist (zweiter Zusatz), so folgt, dass die Gleichung $Fx = 0$, wenn die letzten Glieder ohne $x$ in den Gleichungen $Fx = 0$ und $\frac{dFx}{dx} = 0$ das nämliche Zeichen haben, keine positive Wurzel mehr haben kann, als die Gleichung $\frac{dFx}{dx} = 0$. Sie kann also in diesem Falle nur eine negative Wurzel mehr haben. Folglich kann $Fx = 0$ nur dann eine positive Wurzel mehr haben, als $\frac{dFx}{dx} = 0$, wenn die letzten Glieder dieser beiden Gleichungen, ohne $x$, von verschiedenen Zeichen sind.

Allgemein also kann die Gleichung $Fx = 0$ immer nur eine positive oder negative Wurzel mehr haben als die Gleichung $\frac{dFx}{dx} = 0$, je nachdem ihre letzten Glieder entgegengesetzte oder einerlei Zeichen haben. Aus demselben Grunde kann die Gleichung $\frac{dFx}{dx} = 0$ nur eine positive oder negative Wurzel mehr haben als $\frac{d^2 Fx}{dx^2} = 0$, je nachdem die Zeichen der letzten Glieder dieser beiden Gleichungen verschieden oder gleich sind u. s. w.

Nun sind in den obigen Ausdrücken (320. 329. 331.) die letzten Glieder der Gleichung $Fx = 0$, $V$, der Gleichung $\frac{dFx}{dx} = 0$, $T$, der Gleichung $\frac{d^2 Fx}{dx^2} = 0$, $2T$ u. s. w., so dass, wenn man die Gleichungen rückwärts zählt,

die $m-1$te zum letzten Gliede $2.3.4\ldots(m-1)A$,
die $m-2$te zum letzten Gliede $2.3.4\ldots(m-2)B$,
die $m-3$te zum letzten Gliede $2.3.4\ldots(m-3)C$,

u. s. w. hat. Nun ist die $m-1$te abgeleitete Gleichung

332. $$\frac{d^{m-1}Fx}{dx^{m-1}} = 2.3.4\ldots mx + 1.2.3\ldots(m-1)A = 0,$$

welche, wie man sieht, die Wurzel $-\frac{A}{m}$ hat, die positiv oder negativ ist, je nachdem $A$ positiv oder negativ ist. Die $m-2$te abgeleitete Gleichung kann also nur eine positive oder negative reelle Wurzel gegen die $m-1$te mehr haben, je nachdem $B$ und $A$ verschiedene oder gleiche Zeichen haben. Eben so kann die $m-3$te abgeleitete Gleichung nur eine positive oder negative reelle Wurzel mehr haben, als die $m-2$te, je nachdem $C$ und $B$ verschiedene oder einerlei Zeichen haben, u. s. w.

*Ueber die Grenzen und die*

Daraus folgt, dass die Gleichung

333. $Fx = x^m + Ax^{m-1} + Bx^{m-2} + Cx^{m-3} \ldots + V = 0$

nicht mehr positive Wurzeln als Zeichenwechsel, und nicht mehr negative Wurzeln als Zeichenfolgen haben kann. Sind also alle Wurzeln der Gleichung reell, so sind unter diesen so viel positive, als die Gleichung Zeichenwechsel hat, und so viele Wurzeln negativ, als die Gleichung Zeichenfolgen hat. [*Umgekehrt folgt aber keinesweges, dass etwa alle Wurzeln der Gleichung reell sind, wenn die Gleichung lauter Zeichenwechsel oder Zeichenfolgen hat, sondern die Zeichenwechsel und Zeichenfolgen zeigen nur an, ob und wie viele reelle Wurzeln der Gleichung, wenn sie dergleichen hat, grösser oder kleiner als Null sind.*]

Dieses ist der berühmte Cartesische Lehrsatz von den Gleichungen, welchen die Engländer Harriot zuschreiben, und von welchem es verschiedene Beweise von de Gua in den Pariser Memoiren, von Segner und Epinus in den Berliner Memoiren, von Kästner in seinem Commentare zur Newtonschen Arithmetik u. s. w. giebt. Ich habe den obigen Beweis gewählt, weil derselbe unmittelbar aus unserer Analysis folgt. Der einfachste Beweis ist jedoch der, welchen Segner in den Berliner Memoiren vom Jahre 1756 gab. Er besteht blos darin, dass, wenn man eine Gleichung mit $x - a$ multiplicirt, die Zahl der Zeichenwechsel, und, wenn man sie mit $x + a$ multiplicirt, die Zahl der Zei-

## *Realität der Wurzeln.*

chenfolgen um Eins zunimmt, was auch der Werth der Coefficienten der Gleichung seyn mag.

### 142.

Wir wollen ferner die reellen und die imaginairen Wurzeln der Gleichung $Fx = 0$ unterscheiden.

Es mögen, wie oben, die reellen Wurzeln der Gleichung $Fx = 0$, nach ihrer Grösse geordnet, $\alpha$, $\beta$, $\gamma \ldots$, diejenigen der Gleichung $\frac{dFx}{dx} = 0$, $\alpha_{,}$, $\beta_{,}$, $\gamma_{,}$ *etc.* seyn; so behaupte ich, dass unter den Wurzeln $\alpha$, $\beta$, $\gamma \ldots$ nur eine grösser seyn kann als $\alpha_{,}$, [*die grösste von den Wurzeln* $\alpha_{,}$, $\beta_{,}$, $\gamma_{,} \ldots$] nur eine, welche zwischen $\alpha_{,}$ und $\beta_{,}$ fällt, nur eine, welche zwischen $\beta_{,}$ und $\gamma_{,}$ fällt u. s. w., zuletzt nur eine, welche kleiner ist als die kleinste der Grössen $\alpha_{,}$, $\beta_{,}$, $\gamma_{,} \ldots$ Denn wenn $\alpha$ und $\beta$ z. B. beide grösser wären als $\alpha_{,}$, so würde, weil zwischen $\alpha$ und $\beta$ nothwendig eine Wurzel der Gleichung $\frac{dFx}{dx} = 0$ fallen muss [(§. 139.)], diese Wurzel grösser als $\alpha_{,}$ folglich, gegen die Voraussetzung, $\alpha_{,}$ nicht mehr die grösste Wurzel seyn. Eben so, wenn $\beta$ und $\gamma$ zugleich zwischen $\alpha_{,}$ und $\beta_{,}$ fielen, so würde, weil zwischen $\beta$ und $\gamma$ nothwendig eine Wurzel der Gleichung $\frac{dFx}{dx} = 0$ fällt, diese letzte Wurzel zwischen $\alpha_{,}$ und $\beta_{,}$ fallen, gegen die Voraussetzung, weil angenommen wird, dass $\alpha_{,}$ und $\beta_{,}$ ihrer Grösse nach auf einander folgen u. s. w. Wären endlich mehrere

*Ueber die Grenzen und die*

von den Wurzeln $\alpha$, $\beta$, $\gamma$ .... kleiner als die kleinste der Wurzeln $\alpha_,$, $\beta_,$, $\gamma_,$...., so würden diejenigen Wurzeln der Gleichung $\frac{dFx}{dx} = 0$, die nothwendig zwischen sie fallen, noch kleiner seyn, als die kleinste unter den Wurzeln $\alpha_,$, $\beta_,$, $\gamma_,$...., welches nicht seyn kann.

Da nun allgemein

334. $Fx = (x-\alpha)(x-\beta)(x-\gamma) \ldots \times fx$ (322.)

ist, so ist klar, dass, wenn keine der Wurzeln $\alpha$, $\beta$, $\gamma$ *etc.* grösser ist als $\alpha_,$ und man setzt $\alpha_,$ statt $x$, der Werth von $Fx$ nothwendig positiv seyn muss. Ist blos die eine Wurzel $\alpha$ grösser als $\alpha_,$, so ist der Werth von $Fx$ negativ, weil im ersten Falle alle Factoren positiv sind, im zweiten nur einer negativ ist, das Polynom $fx$ aber das Zeichen nie verändert.

Setzt man $\beta_,$ statt $x$, und keine der Wurzeln $\alpha$, $\beta$, $\gamma$.... fällt zwischen $\alpha_,$ und $\beta_,$, so erhält man einen Werth von $Fx$ von eben dem Zeichen, als wenn man $\alpha_,$ statt $x$ setzt; hingegen ein Resultat von entgegengesetzten Zeichen, wenn eine der Wurzeln zwischen $\alpha_,$ und $\beta_,$ fällt. Denn ein Product wie $(\alpha_,-\alpha)$ $(\beta_,-\alpha)$ ist nothwendig immer positiv, wenn $\alpha$ grösser ist, als die beiden Grössen $\alpha_,$ und $\beta_,$, und nothwendig negativ, wenn $\alpha$ zwischen $\alpha_,$ und $\beta_,$ liegt, das heisst grösser ist als die eine und kleiner als die andere Grösse.

Nun erhält man, wenn man in $Fx$, $\alpha_,$ statt $x$ setzt,

335. $(\alpha_, - \alpha)(\alpha_, - \beta)(\alpha_, - \gamma) \ldots \times f\alpha_,$,

## *Realität der Wurzeln.*

und, wenn man $\beta_{,}$ statt $x$ setzt,

336. $(\beta_{,}-\alpha)(\beta_{,}-\beta)(\beta_{,}-\gamma)\ldots\times f\beta_{,}.$

Das Product dieser beiden Grössen ist

$$F\alpha_{,}.F\beta_{,}=(\alpha_{,}-\alpha)(\beta_{,}-\alpha)(\alpha_{,}-\beta)(\beta_{,}-\beta)(\alpha_{,}-\gamma)(\beta_{,}-\gamma)\ldots \times f\alpha_{,}f\beta_{,}.$$

Dieses Product ist positiv, wenn keine von den Grössen $\alpha, \beta, \gamma$ *etc.* zwischen $\alpha_{,}$ und $\beta_{,}$ fällt, und negativ, wenn nur eine von den Grössen $\alpha, \beta, \gamma\ldots$ zwischen $\alpha_{,}$ und $\beta_{,}$ fällt, weil die Grössen $f\alpha_{,}, f\beta_{,}$ immer positiv sind. Die Grössen $F\alpha_{,}$ und $F\beta_{,}$ haben also im ersten Falle gleiche, im zweiten Falle entgegengesetzte Zeichen.

Eben so lässt sich zeigen, dass die Substitutionen von $\gamma_{,}$ und $\beta_{,}$ statt $x$ in $Fx$, Resultate von gleichen oder entgegengesetzten Zeichen geben, je nachdem keine oder eine von den Wurzeln $\alpha, \beta, \gamma\ldots$ zwischen $\alpha$ und $\gamma$ fällt u. s. w.

Bezeichnet man endlich die kleinste unter den Wurzeln $\alpha_{,}, \beta_{,}, \gamma_{,}\ldots$ durch $\nu_{,}$, so findet man aus dem Ausdruck von $Fx$ durch Factoren, dass das Resultat der Substitution von $\nu_{,}$ statt $x$ in $Fx$, wenn die Zahl der Wurzeln $\alpha, \beta, \gamma\ldots$ gerade ist, positiv oder negativ ist, je nachdem keine oder eine von diesen Wurzeln kleiner als $\nu_{,}$ ist. Ist die Zahl der Wurzeln $\alpha, \beta, \gamma\ldots$ ungerade, so ist im Gegentheil das Resultat positiv oder negativ, je nachdem eine oder keine von den Wurzeln $\alpha, \beta, \gamma\ldots$ kleiner als $\nu_{,}$ ist. Da nun die Zahl der imaginairen Wurzeln immer gerade ist, so ist die Zahl der reellen Wurzeln $\alpha$, $\beta$, $\gamma$.... der Gleichung $Fx = 0$ nothwendig gerade oder ungerade, je nachdem die Totalzahl der Wurzeln, das heisst die Ordnungs-Zahl $m$ der Gleichung selbst, gerade oder ungerade ist.

## 143.

Die Form der Wurzeln einer beliebigen Gleichung $Fx = 0$ z. B. vom $m$ten Grade lässt sich also aus ihrer abgeleiteten Gleichung $\frac{dFx}{dx} = 0$, welche immer um einen Grad niedriger ist, beurtheilen. Denn kennt man die nach ihrer Grösse geordneten reellen Wurzeln $\alpha_,$, $\beta_,$, $\gamma_,$.... $\nu_,$ der abgeleiteten Gleichung, so darf man nur dieselben der Reihe nach in die gegebene Gleichung statt $x$ substituiren. Aus dem Resultate zeigt sich:

Erstlich, ob die gegebene Gleichung eine Wurzel hat, die grösser ist als $\alpha_,$ oder nicht, je nachdem $F\alpha_,$ kleiner oder grösser ist als Null.

Zweitens, ob sie eine Wurzel hat zwischen $\alpha_,$ und $\beta_,$ oder nicht, je nachdem $F\beta_,$ und $F\alpha_,$ entgegengesetzte oder gleiche Zeichen haben.

Drittens, ob sie eine Wurzel hat zwischen $\beta_,$ und $\gamma_,$ oder nicht, je nachdem $F\gamma_,$ und $F\beta_,$ entgegengesetzte oder gleiche Zeichen haben, u. s. w.

Endlich, ob sie eine Wurzel hat, die kleiner ist als $\nu_,$ oder nicht, je nachdem $\nu_,$, im Fall eines ungeraden $m$, positiv oder negativ, und im Fall eines geraden $m$, negativ oder positiv ist.

Man erhält durch diese Kennzeichen nicht allein

## *Realität der Wurzeln.*

die Zahl der reellen Wurzeln der gegebenen Gleichung, sondern auch ihre Grenzen; und, wenn man diese Grenzen noch in Rücksicht der Wurzeln, die grösser als $\alpha_{,}$ oder kleiner als $\nu_{,}$ sind, vervollständigen will, so darf man nur nach dem vierten Abschnitte (§. 12.) die Grenzen der positiven und negativen Wurzeln der gegebenen Gleichung überhaupt suchen.

Es ist bei Gelegenheit der Auseinandersetzung der obigen Kennzeichen der Grenzen nach Newton und Maclaurin, zu bemerken, dass Rolle sie schon kannte, wie man aus dem fünften und sechsten Kapitel des zweiten Buchs seiner Algebra sieht.

### 144.

Wir nahmen bis jetzt an, dass die gegebene Gleichung imaginaire Wurzeln mit den reellen gemischt enthalten könne. Wir wollen nun untersuchen, was aus der Voraussetzung folgt, dass alle Wurzeln reell sind.

Es ist zuerst klar, dass, wenn die Gleichung $Fx = 0$ vom $m$ten Grade $m$ reelle Wurzeln hat, ihre erste abgeleitete $\frac{dFx}{dx} = 0$ vom $m-1$ten Grade nothwendig $m-1$ reelle Wurzeln haben muss, weil zwischen zwei auf einander folgende reelle Wurzeln der Gleichung $Fx = 0$ nothwendig eine reelle Wurzel der Gleichung $\frac{dFx}{dx} = 0$ fällt (§. 139.). Aus demselben Grunde müssen auch alle Wurzeln der zweiten abgeleiteten Gleichung $\frac{d^2Fx}{dx^2}$ reell seyn u. s. w.

Die erste Bedingung der Realität aller Wurzeln einer gegebenen Gleichung ist also, dass die abgeleiteten Gleichungen ebenfalls sämmtlich lauter reelle Wurzeln haben. Umgekehrt jedoch kann die abgeleitete Gleichung lauter reelle Wurzeln haben, ohne dass die Stammgleichung ebenfalls lauter reelle Wurzeln hätte.

Wir wollen also annehmen, dass die $m - 1$ Wurzeln $\alpha_{,}$, $\beta_{,}$, $\gamma_{,}$.... der Gleichung $\frac{dFx}{dx} = 0$ sämmtlich reell sind, und untersuchen, welche Bedingungen erfüllt werden müssen, wenn auch die sämmtlichen $m$ Wurzeln $\alpha$, $\beta$, $\gamma$.... der Stammgleichung $Fx = 0$ reell sind.

Da wir allgemein gezeigt haben, dass von den reellen Wurzeln der Gleichung $Fx = 0$ immer nur eine zugleich zwischen zwei auf einanderfolgende Wurzeln der Gleichung $\frac{dFx}{dx} = 0$ fällt, und also auch nur eine von den Wurzeln der Gleichung $Fx = 0$ grösser, und nur eine kleiner als alle Wurzeln der Gleichung $\frac{dFx}{dx} = 0$ seyn kann; so folgt, dass, wenn alle $m$ Wurzeln der Gleichung $Fx = 0$ reell sind, $\alpha$ nothwendig grösser als $\alpha$ seyn, und $\beta$ zwischen $\alpha_{,}$ und $\beta_{,}$, $\gamma$ zwischen $\beta_{,}$ und $\gamma_{,}$ fallen muss u. s. w. Wären nicht alle Wurzeln der Gleichung $Fx = 0$ reell, so würde, weil alsdann die Zahl der reellen Wurzeln nicht grösser als $m - 2$ seyn kann, und folglich kleiner ist als die Zahl der Wurzeln $\alpha_{,}$, $\beta_{,}$,

$\gamma_{,}$....,

## *Realität der Wurzeln.*

$\gamma_{,}\ldots$, eine ähnliche Reihe-Folge in diesem Falle nicht Statt finden und also irgendwo ein Zwischenraum zwischen den Wurzeln $\alpha_{,}$, $\beta_{,}$, $\gamma_{,}\ldots$ seyn müssen, in welchen keine der Wurzeln der Gleichung $Fx = 0$ fällt, oder es würde wenigstens keine dieser Wurzeln grösser als die grösste, oder kleiner als die kleinste der Wurzeln $\alpha_{,}$, $\beta_{,}$, $\gamma_{,}\ldots$ seyn u. s. w.

Vermöge dessen, was oben bewiesen worden (§. 142.), muss also, wenn man der Reihe nach in $Fx$, $\alpha_{,}$, $\beta_{,}$, $\gamma_{,}\ldots$ statt $x$ setzt, im Fall alle Wurzeln von $Fx = 0$ reell sind,

338. $F\alpha_{,} < 0, \quad F\beta_{,} > 0, \quad F\gamma_{,} < 0$ *etc.*

seyn. Im Fall nicht alle Wurzeln von $Fx = 0$ reell sind, werden einige dieser Bedingungen nicht erfüllt.

Auf der andern Seite sieht man, dass, wenn man die nämlichen Wurzeln $\alpha_{,}$, $\beta_{,}$, $\gamma_{,}\ldots$ in die zweite abgeleitete Gleichung $\frac{d^2Fx}{dx^2} = 0$ substituirt, wie weiter oben (§. 139.) gezeigt worden, immer

339. $\frac{d^2F\alpha_{,}}{d\alpha_{,}^2} > 0, \quad \frac{d^2F\beta_{,}}{d\beta_{,}^2} < 0, \quad \frac{d^2F\gamma_{,}}{d\gamma_{,}^2} > 0$ *etc.*

ist. Verbindet man diese Bedingungen mit den vorigen, so folgt, dass, wenn alle Wurzeln der gegebenen Gleichung $Fx = 0$ reell sind, die Producte

340. $F\alpha_{,} \times \frac{d^2F\alpha_{,}}{d\alpha_{,}^2}, \quad F\beta_{,} \times \frac{d^2F\beta_{,}}{d\beta_{,}^2}, \quad F\gamma_{,} \times \frac{d^2F\gamma_{,}}{d\gamma_{,}^2} \ldots$

nothwendig sämmtlich negativ seyn müssen. Ist solches nicht der Fall, so hat die gegebene Gleichung nothwendig imaginaire Wurzeln.

## *Ueber die Grenzen und die*

Eine ähnliche Regel würde man finden, wenn man die Quotienten

$$341.\quad F\alpha_{,} : \frac{d^2 F\alpha_{,}}{d\alpha_{,}^2},\; F\beta_{,} : \frac{d^2 F\beta_{,}}{d\beta_{,}^2},\; F\gamma_{,} : \frac{d^2 F\gamma_{,}}{d\gamma_{,}^2} \ldots,$$

oder allgemeine Functionen von der Form

$$342.\quad M(F\alpha_{,})^{\mu} \cdot \left(\frac{d^2 F\alpha_{,}}{d\alpha_{,}^2}\right)^{\nu},\; M(F\beta_{,})^{\mu} \cdot \left(\frac{d^2 F\beta_{,}}{d\beta_{,}^2}\right)^{\nu} \ldots$$

annähme, wo $M$ ein positiver Coefficient oder eine nothwendig positive Function ist und $\mu$, $\nu$ ungerade, ganze, positive oder negative Zahlen sind.

Setzt man alsdann

$$343.\quad Fx \cdot \frac{d^2 Fx}{dx^2} = y,$$

oder allgemein

$$344.\quad M(Fx)^{\mu} \cdot \left(\frac{d^2 Fx}{dx^2}\right)^{\nu} = y,$$

und eliminirt $x$ zwischen dieser und der Gleichung $\frac{dFx}{dx} = 0$, deren Wurzeln $\alpha_{,}$, $\beta_{,}$, $\gamma_{,} \ldots$ sind, so erhält man eine Gleichung mit $y$ von dem nämlichen Grade wie die Gleichung $\frac{dFx}{dx} = 0$, deren Wurzeln die Werthe von $y$ sind, welche man erhält, wenn man der Reihe nach $\alpha_{,}$, $\beta_{,}$, $\gamma_{,} \ldots$ statt $x$ setzt. Sind also diese Werthe alle negativ, so hat die Gleichung mit $y$ nur negative Wurzeln, und folglich müssen alle ihre Glieder positiv seyn [*nach dem Cartesischen Lehrsatze*]. Umgekehrt, wenn diese Gleichung lauter positive Glieder hat, so hat sie nur negative Wurzeln, und die Werthe von $y$ sind sämmtlich negativ

## *Realität der Wurzeln.*

*[wie es dem Obigen zu Folge seyn muss, wenn alle Wurzeln der gegebenen Gleichung reell seyn sollen].*

### 145.

Hieraus folgt, dass die Kennzeichen der Realität der Wurzeln der gegebenen Gleichung $Fx = 0$ darin besteht, dass erstlich die erste abgeleitete Gleichung $\frac{dFx}{dx} = 0$ lauter reelle Wurzeln hat, und zweitens dass die Glieder der Gleichung in $y$, welche man erhält, wenn man $x$ zwischen den Gleichungen $\frac{dFx}{dx} = 0$ und $Fx \cdot \frac{d^2Fx}{dx^2} = y$, oder $M(Fx)^\mu . \left(\frac{d^2Fx}{dx^2}\right)^\nu = y$ eliminirt, sämmtlich positiv sind.

Wendet man diese nämliche Regel auf die erste abgeleitete Gleichung $\frac{dFx}{dx} = 0$ an, so folgt, dass die Kennzeichen der Realität ihrer Wurzeln darin bestehen, dass die Wurzeln der zweiten abgeleiteten Gleichung $\frac{d^2Fx}{dx^2} = 0$ sämmtlich reell, und die Glieder der Gleichung in $y$, welche man erhält, wenn man $x$ zwischen der Gleichung $\frac{d^2Fx}{dx^2} = 0$ und der Gleichung $\frac{dFx}{dx} \cdot \frac{d^3Fx}{dx^3} = y$ eliminirt, sämmtlich positiv seyn müssen u. s. w.

Um also alle Kennzeichen der Realität der Wurzeln der Gleichung $Fx = 0$ zusammen zu fassen, setze man

## *Ueber die Grenzen und die*

Erstlich

$$345.\quad Fx . \frac{d^2 Fx}{dx^2} = y$$

und eliminire zwischen dieser Gleichung und der Gleichung $\frac{dFx}{dx} = 0$ die Grösse $x$, so erhält man die erste Gleichung mit $y$.

Zweitens setze man

$$346.\quad \frac{dFx}{dx} . \frac{d^3 Fx}{dx^3} = y_{,}$$

und eliminire zwischen dieser Gleichung und der Gleichung $\frac{d^2 Fx}{dx^2} = 0$ die Grösse $x$, so erhält man eine zweite Gleichung mit $y_{,}$.

Drittens setze man

$$347.\quad \frac{d^2 Fx}{dx^2} . \frac{d^4 Fx}{dx^4} = y_{,,}$$

und eliminire zwischen dieser Gleichung und der Gleichung $\frac{d^3 Fx}{dx^3} = 0$ die Grösse $x$, so erhält man eine dritte Gleichung mit $y_{,,}$.

u. s. w.

Die Zahl dieser Gleichungen mit $y, y_{,}, y_{,,} \ldots$ ist $m - 1$, wenn die Ordnungs-Zahl der gegebenen Gleichung $m$ ist, weil die $m$te Ableitung von $Fx$ constant ist und kein $x$ mehr enthält.

### 146.

Alsdann bestehen die Kennzeichen der Realität der Wurzeln der Gleichung $Fx = 0$ darin, dass alle Glieder dieser verschiedenen Gleichungen mit $y, y_{,}$

## *Realität der Wurzeln.*

$y_{,,}$.... sämmtlich positiv oder mit dem ersten Gliede jeder Gleichung von einerlei Zeichen seyn müssen.

Da die Gleichung $Fx = 0$ vom $m$ten Grade seyn soll, so sind die Ableitungen $\frac{dFx}{dx} \cdot \frac{d^2Fx}{dx^2} \ldots$ und also auch die Gleichungen mit $y, y_{,}, y_{,,} \ldots$ der Reihe nach vom $m-1$ten, $m-2$ten *etc.* Grade. Sie enthalten also, jede, eben so viele Bedingungen, so dass die gesammte Zahl der Bedingungen

$$m-1+m-2+m-3\ldots, \text{ oder } 1+2+3\ldots+m-1 = \frac{m(m-1)}{2}$$

ist.

Wir sahen im fünften Abschnitte (§. 28.), dass sich die Bedingungen der Realität aller Wurzeln einer Gleichung aus ihrer Differenzen-Gleichung finden lässt, deren Glieder, für den Fall der Realität, abwechselnd positiv und negativ seyn müssen, welches also so viele Bedingungen giebt, als die Differenzen-Gleichung Glieder oder Einheiten im Exponenten hat, so dass, wenn $m$ die Ordnungszahl der gegebenen Gleichung ist, die Zahl der Bedingungen für die Realität aller ihrer Wurzeln, auf diese Weise ebenfalls $\frac{m(m-1)}{2}$ ist. Die beiden Methoden geben also eine gleiche Zahl von Bedingungen, welches um so merkwürdiger ist, da sich die Bedingungen der Realität der Wurzeln bei Gleichungen vom zweiten und dritten Grade auf eine geringere Zahl reduciren lassen, wie wir in der dritten Abtheilung des fünften Abschnitts sahen. [*Man sehe die dortigen Bemerkungen zu §.* 39.]

## *Ueber die Grenzen und die*

Das gegenwärtige Verfahren hat aber den Vorzug, dass die für die Realität der Wurzeln von beliebigen Gleichungen gefundenen Bedingungen für alle Grade passen, welches mit denen, die aus der Differenzen-Gleichung folgen, nicht der Fall ist. Man könnte auf diese Weise leicht Tafeln machen, welche, der Reihe nach, die Kennzeichen der Realität der Wurzeln gegebener Gleichungen vom zweiten Grade ab, enthalten.

### 147.

Um einen Versuch mit diesen Tafeln zu machen, wollen wir von der einfachsten Function von $x$ anfangen, welche $x^0$ oder 1 ist. Diese wollen wir durch $X$ bezeichnen und allmählig zu den Stammgrössen zurückgehen, welche $X_1$, $X_2$, $X_3$ .... seyn sollen, so dass $X$ die erste Ableitung von $X_1$, $X_1$ die erste Ableitung von $X_2$ u. s. w. ist. [*In den gewöhnlichen Zeichen würde* $X_1 = \int X$, $X_2 = \int\int X$ *etc. seyn. Da aber das Zeichen* $\int$ *allzu unpassend ist, so habe ich die Bezeichnung des Originals beibehalten.*] Dieses giebt, wenn man noch diese Functionen mit den Zahlen 2, 3, 4 *etc.* multiplicirt, um die Brüche zu vermeiden, und der Reihe nach die Coefficienten $A$, $B$, $C$ *etc.* addirt,

348. $$\left\{\begin{aligned} X &= 1 \\ X_1 &= x + A \\ 2X_2 &= x^2 + 2Ax + B \\ 2.3X_3 &= x^3 + 3Ax^2 + 3Bx + C \\ 2.3.4X_4 &= x^4 + 4Ax^3 + 6Bx^2 + 4Cx + D \\ &\text{etc.} \end{aligned}\right.$$

## *Realität der Wurzeln.*

[*Es ist leicht zu sehen, dass, wie vorausgesetzt wird, z. B.* $\frac{dX_4}{dx} = X_3$, $\frac{d^2X_4}{dx^2} = X_2$ *etc. ist.*]

I. Nun setze man für die Gleichungen des zweiten Grades

349. $x^2 + 2Ax + B = 0$,

350. $y = XX_2 = x^2 + 2Ax + B$

und eliminire (nach §. 145. Erstlich) $x$ zwischen diesen Gleichungen und $X_1 = 0$, oder $x + A = 0$, so erhält man die Grösse mit $y$:

351. $y + A^2 - B = 0$.

Hieraus folgt, dass

352. $A^2 - B > 0$

die Bedingung der Realität der Wurzeln der gegebenen quadratischen Gleichung (349.) ist.

II. Für die Gleichung des dritten Grades

353. $x^3 + 3Ax^2 + 3Bx + C = 0$

findet zunächst die vorige Bedingung Statt. Sodann ist

354. $$\begin{cases} y_1 = 2 \cdot 3 X_1 . X_3, \text{ oder} \\ y_1 = (x+A)(x^3 + 3Ax^2 + 3Bx + C) \\ = x^4 + 4Ax^3 + 3(A^2 + B)x^2 + (3AB + C)x + AC. \end{cases}$$

Eliminirt man zwischen dieser Gleichung und der Gleichung $X_2 = 0$ oder $x^2 + 2Ax + B = 0$ die Grösse $x$, so findet man die Gleichung des zweiten Grades

355. $y_1^2 + 2(Aa - b)y_1 + a^2B - 2abA + b^2 = 0$,

wenn man, der Kürze wegen,

356. $$\begin{cases} 2A^2 - 3AB + C = a \text{ und} \\ A^2B - 2B^2 + AC = b \end{cases}$$

*Ueber die Grenzen und die*

setzt. Also hat man noch folgende zwei Bedingungen:

357. $Aa - b > 0$ und $a^2 B - 2abA + b^2 > 0$.

III. Für die Gleichung des vierten Grades

358. $x^4 + 4Ax^3 + 6Bx^2 + 4Cx + D = 0$

finden zunächst die obigen drei Bedingungen Statt. Sodann setze man

359. $y_2 = (x^2 + 2Ax + B)(x^4 + 4Ax^3 + 6Bx^2 + 4Cx + D)$.

Eliminirt man vermittelst der Gleichung $X_3 = 0$, oder $x^3 + 3Ax^2 + 3Bx + C = 0$ die Grösse $x$, so erhält man eine Gleichung mit $y_2$ vom dritten Grade, welche, wenn man sie durch

360. $y_2^3 + My_2^2 + Ny_2 + P = 0$

bezeichnet, noch die drei Bedingungen

361. $M > 0$, $N > 0$ und $P > 0$

giebt u. s. w. [*Man vergleiche mit diesen Resultaten diejenigen in §. 38 und 39.*]

## 148.

Wir dürfen übrigens eine schöne Folgerung, welche de Gua aus seiner Theorie zieht, nicht übergehen. Sie ist folgende.

Setzt man nämlich in die Gleichung $Fx = 0$, $a + z$ statt $x$, so erhält man, vermöge der Functions-Entwickelungs-Formel [*des Taylorschen Lehrsatzes*] die verwandelte Gleichung

362. $Fa + \frac{z}{2}\frac{dFa}{da} + \frac{z^2}{2}\frac{d^2Fa}{da^2} + \frac{z^3}{2.3}\frac{d^3Fa}{da^3} \ldots = 0$,

aus welcher man irgend ein Glied, z. B. mit der

## *Realität der Wurzeln.*

Potenz $z^n$ verschwinden machen kann, wenn man $a$ so bestimmt, dass

$$363.\quad \frac{d^n Fa}{da^n} = 0.$$

Nun haben wir gesehen, dass, wenn alle Wurzeln der Gleichung $Fx = 0$ reell sind, die Werthe von $\frac{d^{n-1}Fx}{dx^{n-1}}$, $\frac{d^{n+1}Fx}{dx^{n+1}}$ für alle Werthe, die aus der Gleichung $\frac{d^n Fx}{dx^n} = 0$ folgen, nothwendig entgegengesetzte Zeichen haben müssen [(§. 144.)]. Also werden auch die Werthe von $\frac{d^{n-1}Fa}{da^{n-1}}$ und $\frac{d^{n+1}Fa}{da^{n+1}}$ für alle Werthe von $a$, die aus der Gleichung $\frac{d^n Fa}{da^n} = 0$ (363.) folgen, ebenfalls entgegengesetzte Zeichen haben. Daraus folgt, dass, wenn man irgend ein Glied der Gleichung (362.) gleich Null setzt, das diesem Gliede vorhergehende und das auf dasselbe folgende Glied nothwendig [*für den aus dem gleich Null gesetzten Gliede folgenden Werth von a*] entgegengesetzte Zeichen haben müssen, wenn alle Wurzeln der gegebenen Gleichung reell sind. Wenn also die an ein verschwindendes Glied angrenzenden Glieder gleiche Zeichen haben, so hat die gegebene Gleichung imaginaire Wurzeln. Desgleichen hat jede Gleichung, in welcher Glieder fehlen, imaginaire Wurzeln, im Fall die an die fehlenden Glieder anstossenden Glieder gleiche Zeichen haben.

## *Ueber die Grenzen und die*

### 149.

Wenn alle Wurzeln einer Gleichung reell sind, so kann man die Grenzen derselben, ohne Hülfe irgend anderer Gleichungen, blos vermittelst des Cartesischen Lehrsatzes (§. 141.) finden. Denn vermindert man z. B. alle Wurzeln einer Gleichung mit $x$ um die Grösse $a$, indem man $z + a$ statt $x$ setzt, so muss die transformirte Gleichung mit $z = x - a$ nothwendig so viele Zeichenwechsel weniger haben, als positive Wurzeln der Gleichung mit $x$ in der Gleichung mit $x - a$ negativ geworden sind, und folglich werden eben so viele positive Wurzeln unter denen der Gleichung mit $x$ seyn, die kleiner sind als $a$. Stellt man also, der Reihe nach, die transformirte Gleichung mit $x - 1$, $x - 2$, $x - 3$ *etc.* auf, so deutet jedes Verschwinden eines Zeichenwechsels von einer transformirten Gleichung zur andern, z. B. von der mit $x - n$ zu der mit $x - n - 1$, auf eine positive Wurzel, die kleiner ist als $n + 1$, aber nicht kleiner als $n$, und die also zwischen $n$ und $n + 1$ liegt. Auf diese Weise kann man die erste Grenze der positiven Wurzeln finden. Eben so die Grenzen der negativen Wurzeln durch die Untersuchung der Zeichenfolgen in den transformirten Gleichungen mit $n + 1$, $n + 2$ *etc.*

### 150.

Ich weiss nicht, ob diese Bemerkung früher als in dem Memoire gemacht worden ist, welches Budan dem Institute im Jahre 1803 vorlegte, und welches der Verfasser so eben, mit Zusätzen vermehrt, unter dem Titel: „nouvelle méthode pour la résolution des équations numériques" herausgegeben hat. Der Verfasser giebt ein einfaches und elegantes Verfahren, die Coefficienten der transformirten Gleichung mit $x-1$, $x-2$ *etc.* zu finden. Und durch Anwendung des Cartesischen Satzes auf diese und andere von jenen abgeleitete transformirte Gleichungen findet man die Grenzen aller Wurzeln und ihre Werthe selbst, so genau man will. Man kann sagen, dass dieses Werk für die Auflösung numerischer Gleichungen, deren Wurzeln sämmtlich reell sind [*aber auch nur dieser*] nichts zu wünschen übrig lässt, und dass solches in diesem Betrachte ein Supplement der gegenwärtigen Abhandlung ist.

Enthält übrigens die Gleichung imaginaire Wurzeln, so könnten Zeichenwechsel von einer transformirten zur andern verschwinden, ohne dass irgend eine reelle positive Wurzel in eine negative übergeht, wie man sich leicht durch Beispiele überzeugen kann. Zu der Gleichung $x^3-2x^2+bx-11=0$ nämlich gehört folgende transformirte in $x-1$, $(x-1)^3+(x-1)^2+5(x-1)-6=0$, welche zwei Zeichenwechsel weniger hat. Demungeachtet hat sie keine Wurzel zwischen 0 und 1.

Ist dagegen die Zahl der Zeichenwechsel, welche von einer transformirten zur folgenden verschwinden, ungerade, so kann man immer auf die Existenz einer reellen positiven Wurzel schliessen; denn dieser Fall findet nicht anders Statt, als wenn das letzte Glied das Zeichen wechselt. Nun ist leicht zu sehen, dass die letzten Glieder der transformirten Gleichung mit $x-n$ und $x-n-1$ nichts anders sind als die Resultate der Substitution von $n$ und $n+1$ in die gegebene Gleichung statt $x$, weil diese transformirte Gleichung sich auf ihr letztes Glied reducirt, wenn man $x=n$, $=n+1$ setzt. Also muss nothwendig eine reelle Wurzel zwischen $n$ und $n+1$ liegen. (Erster Abschnitt §. 1.) Die transformirte Gleichung mit $x-2$ der obigen Gleichung ist $(x-2)^3+4(x-2)^2+10(x-2)+1=0$. Dieselbe hat einen Zeichenwechsel weniger als die vorige, und in der That hat die gegebene Gleichung eine Wurzel zwischen 1 und 2.

# Neunter Zusatz.

## Ueber die Form der imaginairen Wurzeln.

### 151.

Als man die allgemeinen Ausdrücke der Wurzeln von Gleichungen des dritten und vierten Grades gefunden hatte, bemerkte man, dass sich die imaginairen Wurzeln dieser Gleichungen, wie beim zweiten Grade, auf die Form $p + q\sqrt{-1}$ bringen lassen, wo $p$ und $q$ reelle Grössen sind. Dieses erregte die Vermuthung, dass die imaginairen Wurzeln aller Gleichungen eben die Formen haben. Inzwischen war dieser Satz allgemein nicht ohne Beweis anzunehmen. Erst nach vielen Versuchen gelang es, sich von der Richtigkeit desselben strenge zu überzeugen.

Da dieser Theil der Theorie der Gleichungen einer derjenigen ist, mit welchen sich die Analysten dieses Jahrhunderts am meisten beschäftigten, so glaube ich, wird man hier nicht ungern eine Zusammenstellung der verschiedenen dahin gehörigen Untersuchungen finden.

## *Ueber die Form der*

### 152.

D'Alembert nahm die Frage zuerst aus einem allgemeinen Gesichtspuncte in seiner Abhandlung über die Winde, die in den Memoiren der Academie von Berlin vom Jahre 1746 steht.

Er beweiset zunächst, dass jede beliebige, aus so vielen imaginairen Grössen als man will, zusammengesetzte algebraische Grösse von der Form $a + b\sqrt{-1}$ immer auf die nämliche Form gebracht werden kann. Dieses ist von den Grössen, die durch Multiplication, Divison und Erhebung zu Potenzen mit ganzen Exponenten entstehen, leicht zu zeigen. Auch allgemein durch die Binomial-Entwickelung für Grössen von der Form $(a + b\sqrt{-1})^{m+n\sqrt{-1}}$. Um endliche Ausdrücke zu finden, wendete d'Alembert auf eine sinnreiche Weise die Differentiation und Integration an, indem er in der Gleichung

$$(a + b\sqrt{-1})^{m+n\sqrt{-1}} = p + q\sqrt{-1}$$

die Grössen $a$, $b$, $p$ und $q$ sich verändern liess.

Inzwischen muss man gestehen, dass die Anwendung der Differential-Rechnung auf eine Aufgabe wie diese, welcher unendlich kleine Grössen und Fluxionen ganz fremd sind, indem es auf eine blosse algebraische Umformung ankommt, nicht sehr natürlich ist. [*Die unendlich kleinen Grössen und Fluxionen sind wohl jeder Aufgabe fremd, denn sie sind Grössen, die keine Grössen sind.*] Die Ableitungen dagegen sind hier sehr passend und geben ein sehr

## *imaginairen Wurzeln.*

geeignetes Beispiel von der Anwendung ihres Algorithmus in der Algebra. [*Die Algebra beruht selbst zum Theil auf den Ableitungen.*]

### 153.

Setzt man z. B. die identische Gleichung

363. $(x+y\sqrt{-1})^{m+n\sqrt{-1}} = p + q\sqrt{-1}$

und betrachtet $y$ als abhängig von $x$, desgleichen $p$ und $q$ als unbekannte Functionen von $x$, welche bestimmt werden sollen, so geben die Ableitungen der beiden Theile der Gleichung ebenfalls eine identische Gleichung. Man erhält also [*wenn man die erste Ableitung nimmt*]

364. $$(m+n\sqrt{-1})(x+y\sqrt{-1})^{m-1+n\sqrt{-1}}\left(1+\frac{dy}{dx}\sqrt{-1}\right) = \frac{dp}{dx} + \frac{dq}{dx}\sqrt{-1}.$$

Dividirt man diese Gleichung durch ihre Stammgleichung (363.), so erhält man

365. $$\frac{(m+n\sqrt{-1})\left(x+\frac{dy}{dx}\sqrt{-1}\right)}{x+y\sqrt{-1}} = \frac{\frac{dp}{dx}+\frac{dq}{dx}\sqrt{-1}}{p+q\sqrt{-1}},$$

welche Gleichung wiederum identisch ist.

Man multiplicire den linkseitigen Theil dieser Gleichung oben und unten mit $x-y\sqrt{-1}$ und den rechtseitigen Theil derselben oben und unten mit $p-q\sqrt{-1}$, um das Wurzelzeichen $\sqrt{-1}$ aus dem Nenner wegzuschaffen, [*so erhält man*

*Ueber die Form der*

$$\frac{(m+n\sqrt{-1})\left(x+x\frac{dy}{dx}\sqrt{-1}-y\sqrt{-1}+y\frac{dy}{dx}\right)}{x^2+y^2}$$

$$=\frac{p\frac{dp}{dx}+p\frac{dq}{dx}\sqrt{-1}+q\frac{dp}{dx}\sqrt{-1}-q\frac{dq}{dx}}{p^2+q^2}.$$

*Man sondere die verschiedenartigen Theile dieser Gleichung*] und setze die reellen und die unmöglichen Theile einzeln gleich, so erhält man die beiden Gleichungen

366. $$\begin{cases}\dfrac{m\left(x+y\frac{dy}{dx}\right)-n\left(x\frac{dy}{dx}-y\right)}{x^2+y^2}=\dfrac{p\frac{dp}{dx}+q\frac{dq}{dx}}{p^2+q^2}\\[2ex] \dfrac{n\left(x+y\frac{dy}{dx}\right)+m\left(x\frac{dy}{dx}-y\right)}{x^2+y^2}=\dfrac{p\frac{dq}{dx}-q\frac{dp}{dx}}{p^2+q^2}.\end{cases}$$

Hiervon nehme man die Stammgrössen, so erhält man, wenn man durch *log* die hyperbolischen Logarithmen und durch *arc tang* den zur bestimmten Tangente gehörigen Bogen bezeichnet [*nach bekannten Formeln*]

367. $$\begin{cases}m\log\sqrt{(x^2+y^2)}-n\,\text{arc tang}\,\dfrac{y}{x}=\log\sqrt{(p^2+q^2)}+K\\[2ex] m\log\sqrt{(x^2+y^2)}+m\,\text{arc tang}\,\dfrac{y}{x}=\text{arc tang}\,\dfrac{q}{p}+H,\end{cases}$$

wo $K$ und $H$ zwei unbestimmte Constanten sind, die aus der gegebenen Stammgleichung (363.) gefunden werden müssen. Setzt man in diese Stammgleichung (363.) $y=0$ und $x=1$, so erhält man [$1^{m+n\sqrt{-1}}$ $=p+q\sqrt{-1}$, *also weil* $1^{m+n\sqrt{-1}}$ *auch* $=1$ *ist*]

$q=0$,

*imaginairen Wurzeln.*

$q = 0$, $p = 1$. [*Nur einer der Werthe von* $1^{m+n\sqrt{-1}}$ *ist aber gleich Eins, die übrigen enthalten unmögliche Grössen.*] Setzt man dieses in die Gleichung (367.), so erhält man

368. $K = 0$ und $H = 0$

[*für einen Werth der vieldeutigen Grösse*].

Setzt man also, der Kürze wegen,

369. $x = u \cos z$, $y = u \sin z$,

welches

370. $u = \sqrt{(x^2 + y^2)}$ und $\tan z = \frac{y}{x}$

giebt, desgleichen

371. $p = r \cos s$, $q = r \sin s$,

so geben die Gleichungen (367.) [*weil* $p^2 + q^2 = r^2$]

372. $\begin{cases} m \log u - nz = \log r \text{ und} \\ n \log u + mz = \log s, \end{cases}$

also, wenn man [*bei der ersten Gleichung* (372.)] von den Logarithmen zu den Zahlen übergeht [$m \log u - nz \log e = \log r$, *oder* $\log u^m + \log^{-nz} = \log r$, *oder* $\log(u^m . e^{-nz}) = \log r$, *also*]

373. $r = u^m . e^{-nz}$,

wo $e$ die Zahl ist, deren hyperbolischer Logarithme $= 1$. Hieraus [*nämlich aus* $s = n \log u + mz$ (372.) *und* $r = u^m . e^{-nz}$ (373.)] folgt, dass $r$ und $s$ und mithin $p$ und $q$ (371.) allemal reelle Grössen sind, wenn man für $x$, $y$, $m$ und $n$ [*in der vorausgesetzten Gleichung* (363.)] reelle Grössen annimmt.

*Ueber die Form der*

## 154.

Man kann vermittelst dieser Gleichung den Ausdruck der Wurzeln der cubischen Gleichung im irreductibeln Falle auf reelle Grössen bringen.

Wenn man nämlich die cubische Gleichung

$$374.\quad x^3 - 3Mx - 2N = 0$$

annimmt, so ist, wie bekannt, allgemein

$$375.\quad x = \sqrt[3]{(N + \sqrt{(N^2 - M^3)})} + \sqrt[3]{(N - \sqrt{(N^2 - M^3)})},$$

welches in dem irreductiblen Falle, nämlich, wenn

$$376.\quad M^3 > N^2$$

ist,

$$377.\quad x = \sqrt[3]{(N + \sqrt{(M^3 - N^2)}\sqrt{-1})} + \sqrt[3]{(N - \sqrt{(M^3 - N^2)}\sqrt{-1})}$$

giebt.

Für diesen Fall würde in der obigen allgemeinen Formel (363.)

$$378.\quad x = N,\ y = \sqrt{(M^3 - N^2)},\ m = \tfrac{1}{3},\ n = 0$$

und folglich [*nach* (370.)]

$$379.\quad u = \sqrt{M^3},\ \tan z = \frac{\sqrt{(M^3 - N^2)}}{N},$$

mithin [*nach* (372.) *und* (373.)]

$$380.\quad s = \tfrac{1}{3}z,\ r = u^{\frac{1}{3}} = \sqrt{M},$$

also

$$381.\quad \sqrt{(N \pm \sqrt{(M^3 - N^2)}\sqrt{-1})}\,[=(x \pm y\sqrt{-1})^{m+n\sqrt{-1}} = p \pm q\sqrt{-1} = r\cos s \pm \sqrt{-1}\, r\sin s\ (371.) = u^{\frac{1}{3}}(\cos s \pm \sin s\sqrt{-1})] = (\cos\tfrac{1}{3}z \pm \sqrt{-1}\sin\tfrac{1}{3}z)\sqrt{M}.$$

seyn.

## *imaginairen Wurzeln.*

Die Summe dieser beiden Wurzel-Grössen [*mit den Zeichen + und —, welche, zu Folge* (375.), *gleich $x$ ist*] beträgt

382. $x = 2 \cos \tfrac{1}{3} z \sqrt{M}$.

Nun gehören zu der nämlichen Tangente $\frac{\sqrt{(M^3 - N^2)}}{N}$ (379.) die drei Winkel $z$, $z + 2\varrho$, $z + 4\varrho$, wenn man den rechten Winkel durch $\varrho$ bezeichnet. [*Eigentlich unzählige Winkel* $z$, $z + 2\varrho$, $z + 4\varrho$, $z + 6\varrho$, $z + 8\varrho$ *u. s. w. indessen ist* $\tang \tfrac{1}{3} z$, *wenn man* $z + 6\varrho$ *statt* $z$ *setzt, wieder so viel als* $\tang \tfrac{1}{3} z$ *selbst, wenn man* $z + 8\varrho$ *statt* $z$ *setzt, so viel als* $\tang \tfrac{1}{3}(z + 2\varrho)$ *u. s. w., so dass die übrigen Werthe von* $z$ *ausser* $z$, $z + 2\varrho$, $z + 4\varrho$ *nicht in Betracht kommen.*] Der Ausdruck $x = 2 \cos \tfrac{1}{3} z \sqrt{M}$ hat also die drei verschiedenen Werthe

383. $x = 2 \cos \tfrac{1}{3} z \sqrt{M}$, $x = 2 \cos \tfrac{1}{3}(z + 2\varrho) \sqrt{M}$,
$x = 2 \cos \tfrac{1}{3}(z + 4\varrho) \sqrt{M}$

[*wenn* $\tang z = \frac{\sqrt{(M^3 - N^2)}}{N}$ (379.)], welche die drei Wurzeln der gegebenen Gleichung [$x^3 - 3Mx - 2N = 0$ (374.)] sind, die sich auf diese Weise durch die trigonometrischen Tafeln finden lassen.

## 155.

Uebrigens ist zu bemerken, dass man die Reduction gerader Wurzelgrössen auch durch blosse algebraische Operationen machen kann. Denn es sey z. B.

I. die Wurzel-Grösse

*Ueber die Form der*

$$384. \quad \sqrt{(a + b\sqrt{-1})}$$

zu reduciren, so setze man

$$385. \quad \sqrt{(a + b\sqrt{-1})} + \sqrt{(a - b\sqrt{-1})} = u.$$

Dieses giebt, wenn man die Quadrate nimmt,

$$[a + b\sqrt{-1} + a - b\sqrt{-1} \pm 2\sqrt{(a^2 + b^2)} = u^2, \text{ oder}]$$

$$386. \quad 2a + 2\sqrt{(a^2 + b^2)} = u^2,$$

welche Grösse immer nothwendig positiv ist, wenn man die positive Wurzel von $a^2 + b^2$ nimmt, so dass alsdann $u$ eine reelle Grösse ist.

Setzt man dagegen

$$387. \quad \sqrt{(a + b\sqrt{-1})} - \sqrt{(a - b\sqrt{-1})} = t,$$

so findet man auf dieselbe Weise, wenn man die Quadrate nimmt,

$$388. \quad 2a - 2\sqrt{(a^2 + b^2)} = t^2,$$

welche Grösse immer nothwendig negativ ist [*wenn man die positive Wurzel von* $a^2 + b^2$ *nimmt*]. Setzt man also

$$389. \quad t^2 = -v^2,$$

so dass $t = v\sqrt{-1}$, wo nun $v$ eine reelle Grösse ist, so erhält man [*wenn man* (385 *und* 387.) *addirt und subtrahirt*]

$$390. \quad \sqrt{(a \pm b\sqrt{-1})} = \tfrac{1}{2}(u \pm v\sqrt{-1}).$$

II. Wenn

$$391. \quad \sqrt[4]{(a + b\sqrt{-1})} + \sqrt[4]{(a - b\sqrt{-1})} = s,$$

so erhält man, wenn man quadrit,

$$392. \quad \sqrt{(a + b\sqrt{-1})} + 2\sqrt[4]{(a^2 + b^2)} + \sqrt{(a - b\sqrt{-1})} = s^2$$
$$= u + 2\sqrt[4]{(a^2 + b^2)} \quad (385.),$$

## *imaginairen Wurzeln.*

welche Grösse nothwendig positiv ist, wenn man die positive Wurzel nimmt. Also ist $s$ eine reelle Grösse.

Ferner sey

393. $\sqrt[4]{(a+b\sqrt{-1})} - \sqrt[4]{(a-b\sqrt{-1})} = r,$

so erhält man auf dieselbe Weise

394. $\sqrt{(a+b\sqrt{-1})} - 2\sqrt[4]{(a^2+b^2)} + \sqrt{(a-b\sqrt{-1})} = r^2$

$$= u - 2\sqrt[4]{(a^2+b^2)} \text{ (385.)},$$

welche Grösse nothwendig negativ ist. Denn es ist $u^2 = 2a + 2\sqrt{(a^2+b^2)}$ (386.) $< 4\sqrt{(a^2+b^2)}$ [*weil* $a < \sqrt{(a^2+b^2)}$ *ist*], folglich $u < 2\sqrt[4]{(a^2+b^2)}$ [*in sofern man die positive Wurzel von* $4\sqrt{(a^2+b^2)}$ *nimmt*]. Setzt man also

395. $r^2 = -S^2,$

so dass $r = S\sqrt{-1}$, wo nun $S$ eine reelle Grösse ist, so erhält man [*wenn man* (392.) *und* (393.) *addirt und subtrahirt*]

396. $\sqrt[4]{(a \pm b\sqrt{-1})} = \frac{1}{2}(s \pm S\sqrt{-1})$

u. s. w.

### 156.

Diese Reductionen vorausgesetzt, untersucht d'Alembert eine beliebige Curve, deren Ordinate Null oder unendlich gross ist, im Fall die Abscisse $x$ verschwindet, und bemerkt, dass man, welche auch die Gleichung der Curve sey, immer, wenn $x$ sehr klein ist, den Werth von $y$ vermittelst des Newton-

*Ueber die Form der*

sehen Parallelogramms durch $x$ in eine sehr convergirende Reihe von der Form

$$397.\quad y = ax^{\frac{m}{n}} + bx^{\frac{r}{s}} + cx^{\frac{t}{u}} \ldots.$$

ausdrücken kann, wo die Exponenten von $x$ steigend angenommen werden und wo man immer für ein positives $x$ alle Glieder reell annehmen kann; denn man kann die positiven $x$ den Zweigen der Curve entsprechen lassen, in welchen die $y$ reell sind.

Nimmt man $x$ negativ an, so sind die Glieder, in welchen die Potenzen von $x$ gebrochene Exponenten mit geraden Nennern haben, imaginair, können aber nach dem vorigen Satze (§. 155.) immer auf die Form $p + q\sqrt{-1}$ gebracht werden, wo $p$ und $q$ reelle Grössen sind. Mithin ist die ganze Reihe, und folglich der Werth von $y$, wenn derselbe unmöglich ist, ebenfalls von dieser Form, so lange $x$ sehr klein ist.

Nun aber kann man, welches auch der Werth von $y$ für ein beliebiges $x$ seyn mag, immer

$$398.\quad y = p + q\sqrt{-1}$$

setzen, wo $p$ und $q$ unbestimmte Grössen sind. Und da nun dieser Werth zweifach ist, weil die Wurzelgrösse $\sqrt{-1}$ zwei Werthe hat, so werden die Grössen $p$ und $q$ durch zwei Gleichungen ausgedrückt, die man erhält, wenn man in die Gleichung der Curve $p + q\sqrt{-1}$ statt $y$, und sodann die ganz reellen und die ganz imaginairen Theile einzeln gleich Null setzt. Diese Gleichungen enthalten die Grössen

*imaginairen Wurzeln.*

$p$ und $q$ mit einander vermischt, aber man kann sie durch bekannte Verfahren in zwei andere verwandeln, deren eine nur $p$ und $x$, die andere nur $q$ und $x$ enthält.

Wäre nun $y$ nicht immer von der Form $p + q \sqrt{-1}$, wo $p$ und $q$ für jeden Werth von $x$ reelle Grössen sind, so sey $a$ der grösste Werth von $x$, für welchen $y$ von der Form $p + q \sqrt{-1}$ ist, und $p = b$, $q = c$ für $x = a$. Man setze $x = a + k$ und $p = b + r$, $q = c + s$. Substituirt man diese Werthe in die beiden Gleichungen mit $p$ und $q$, so erhält man zwei Gleichungen zwischen $r$ und $k$, und $s$ und $k$, in welchen für $k = 0$, $r = 0$ und $s = 0$ ist, und in welchen, dem obigen Beweise zu Folge, $r$ und $s$ von der Form $p + q \sqrt{-1}$ sind, wenn $k$ sehr klein ist, und also $r$ und $s$ unmögliche Grössen sind. Man erhält also $r = \alpha + \beta \sqrt{-1}$ und $s = \gamma + \delta \sqrt{-1}$, wo $\alpha$, $\beta$, $\gamma$, $\delta$ reelle Grössen sind, also $p = b + \alpha + \beta \sqrt{-1}$, $q = c + \gamma + \delta \sqrt{-1}$, und folglich $y = b + \alpha - \delta + (\beta + c + \gamma \sqrt{-1})$, welches ebenfalls die Form $p + q \sqrt{-1}$ hat. Also ist nicht, wie vorausgesetzt wurde, $a$ der grösste Werth von $x$, für welchen $y$ die Form $p + q \sqrt{-1}$ hat. Folglich behält $y$ immerfort diese Form, welches auch der Werth von $x$ seyn mag.

Dieser Schluss lässt sich offenbar auf Gleichungen von beliebigem Grade mit einer unbekannten Grösse anwenden. Denn es sey $y$ die unbekannte Grösse der Gleichung, deren letztes Glied $x$ ist, so erhält man eine Gleichung zwischen $x$ und $y$, in

## *Ueber die Form der*

welcher $x = 0$, $y = 0$ giebt, und auf welche der obige Beweis passt. Was also auch der Werth des letzten Gliedes $x$ seyn mag, immer ist derselbe, wenn er zu einer imaginairen Grösse wird, von der Form $p + q\sqrt{-1}$.

Hat nun die Gleichung eine Wurzel von der Form $p + q\sqrt{-1}$, so muss sie nothwendig eine zweite Wurzel von der Form $p - q\sqrt{-1}$ haben, weil die Rechnung für beide, wegen der Zweifachheit des Zeichens von $\sqrt{-1}$, die nämliche ist. Sie hat also die beiden Factoren $y - p - q\sqrt{-1}$ und $y - p + q\sqrt{-1}$, welche den reellen Factor zweiter Ordnung $y^2 - 2py + p^2 + q^2$ geben, und ist folglich durch diesen Factor theilbar, welches dann die Ordnungs-Zahl der Gleichung um 2 vermindert. Auf die entstehende Gleichung kann man die nämlichen Schlüsse anwenden u. s. w.

## 157.

Dieser Beweis ist unvollständig. Denn obgleich sich aus einer Gleichung mit zwei unbestimmten Grössen die eine dieser beiden Grössen immer durch eine Reihe mit steigenden Potenzen der andern Grösse ausdrücken lässt, so kann es doch kommen, dass die Coefficienten der Glieder dieser Reihen selbst von Gleichungen abhängen, welche keine reelle Wurzeln haben; alsdann erscheinen in den Reihen neue unmögliche Grössen, ausser denen, welche von den Potenzen der unbestimmten Grösse herrühren.

Es lässt sich aber auf die nämlichen Grundsätze

## *imaginairen Wurzeln.*

ein strengerer Beweis gründen, der zugleich allgemeiner und einfacher ist.

Es sey nämlich die Gleichung

$$399.\quad x^m + Ax^{m-1} + Bx^{m-2} \ldots + V = 0$$

gegeben, welche wir, der Kürze wegen, durch

$$400.\quad fx + V = 0$$

bezeichnen wollen, wo also $fx$ eine rationale und nicht gebrochene Function von $x$ ist, die $x$ in allen Gliedern enthält. Wir nehmen an, dass diese Gleichung keine reelle Wurzeln hat. Hätte sie dergleichen, so könnte man dieselben durch Division der Gleichung mit den den reellen Wurzeln entsprechenden einfachen Factoren wegschaffen.

Es ist klar, dass die gegebene Gleichung, wenn sie, wie sie ist, nämlich mit bestimmten Coefficienten, keine reelle Wurzeln hat, dergleichen blos durch Veränderung des letzten Gliedes $V$ bekommen kann. Denn man nehme eine beliebige Grösse $K$ und setze $V = fK$, so hat die Gleichung

$$fx - fK = 0$$

die reelle Wurzel $x = K$ [*denn für* $x = K$ *ist* $fx - fK = 0$]. Man nehme also irgend eine der imaginairen Wurzeln der Gleichung $fx + V = 0$, welche durch die Veränderung von $V$ in eine reelle Wurzel übergeht, und setze, sie bleibe nur imaginair, so lange $V$ zwischen den Grenzen $a$ und $b$ liegt, wo $b > a$ ist, so dass also $x$ in der Gleichung $fx + a = 0$ irgend einen reellen Werth $\alpha$, in der Gleichung $fx + b = 0$ irgend einen reellen Werth $\beta$ hat, in

*Ueber die Form der*

den Gleichungen $fx+a+k=o$ und $fx+b-k=o$ aber, wo $k$ eine beliebige positive Grösse bedeutet, die so klein seyn kann, als man will, imaginair ist. Der imaginaire Werth von $x$ in der Gleichung $fx+a+k=o$ sey $\alpha+u$, so geht die Grösse $fx$, vermöge der bekannten [*Taylorschen*] Entwickelungs-Formel, wenn man $\alpha+u$ statt $x$ setzt, in $f\alpha+u\frac{df\alpha}{d\alpha}+\frac{u^2}{2}\frac{d^2f\alpha}{d\alpha^2}\ldots$ über. Da aber $\alpha$ die Wurzel der Gleichung $fx+a=o$ ist, so ist $f\alpha+a=o$, also $a=-f\alpha$; folglich geht die Gleichung $fx+a+k=o$ in

$$u\frac{df\alpha}{d\alpha}+\frac{u^2}{2}\frac{d^2f\alpha}{d\alpha^2}\ldots+k=o$$

über. Ist nun der Coefficient $\frac{df\alpha}{d\alpha}$ nicht Null, so kann man $u$, wenn man $k$ nach Belieben sehr klein annimmt, immer durch eine sehr convergente und ganz reelle Reihe finden. Man erhält zunächst $u=-\frac{k}{\frac{df\alpha}{d\alpha}}$ und sodann, wenn man diesen ersten Werth von $u$ substituirt,

$$u=-k:\frac{df\alpha}{d\alpha}-\frac{k^2}{2}\left(\frac{d^2f\alpha}{d\alpha^2}:\left(\frac{df\alpha}{d\alpha}\right)^3\right)$$

und so weiter. [*Man setze, der Kürze wegen,* $\frac{df\alpha}{d\alpha}=\alpha$, $\frac{d^2f\alpha}{2d\alpha^2}=\beta$, $\frac{d^3f\alpha}{d\alpha^3}=\gamma$ *etc., also*

$$\alpha u+\beta u^2+\gamma u^3\ldots=-k.$$

*Nun setze man*

*imaginairen Wurzeln.*

$$u = ak + bk^2 + ck^3 \ldots,$$

*so ist*

$$\alpha(ak + bk^2 + ck^3 \ldots) = -k$$
$$+ \beta(a^2 k^2 + 2abk^3 \ldots)$$
$$+ \gamma(a^3 k^3 \ldots),$$

*also*

$$\alpha a = -1$$
$$\alpha b + \beta a^2 = 0$$
$$\alpha c + 2\beta ab + \gamma a^3 = 0$$

*etc. Daraus folgt*

$$a = -\frac{1}{\alpha},\ b = -\frac{\beta a^2}{\alpha} = -\frac{\beta}{\alpha^3}\ etc.,$$

*also*

$$u = -\frac{1}{\alpha}.k - \frac{\beta}{\alpha^3}.k^2 \ldots,$$

*oder*

$$u = -k : \frac{df\alpha}{d\alpha} - \frac{k^2}{2}.\left(\frac{d^2 f\alpha}{d\alpha^2} : \left(\frac{df\alpha}{d\alpha}\right)^3\right)\ldots,$$

*wie im Text.*] Also würde $u$ gegen die Voraussezzung eine reelle Grösse seyn.

Damit $u$ imaginair sey, müsste also $\frac{df\alpha}{d\alpha} = 0$ seyn, welches

$$\frac{u^2}{2}\frac{d^2 f\alpha}{d\alpha^2} + \frac{u^3}{2.3}\frac{d^3 f\alpha}{d\alpha^3} \ldots + k = 0$$

giebt, wo der erste Werth von $u$, den man [*auf eine ähnliche Weise, wie vorhin*] Näherungsweise erhält $\sqrt{\left(-2k : \frac{d^2 f\alpha}{d\alpha^2}\right)}$ ist, welcher Werth reell oder imaginair ist, je nachdem $\frac{d^2 f\alpha}{d\alpha^2}$ negativ oder positiv ist, weil $k$ immer positiv angenommen wird.

*Ueber die Form der*

Ist der erste Werth von $u$ reell, so ist leicht zu sehen, dass alle folgende es ebenfalls sind und folglich auch der ganze Werth von $u$ reell ist. Ist $\frac{d^2 f\alpha}{d\alpha^2}$ positiv, so ist der erste Werth von $u$ imaginair und von der Form $\sqrt{\left(\frac{2k}{\frac{d^2 f\alpha}{d\alpha^2}}\right)} \cdot \sqrt{-1}$. Die folgenden Werthe sind reell oder imaginair von der nämlichen Form, so dass der ganze Werth von $u$ von der Form $p + q\sqrt{-1}$ ist, wo $p$ und $q$ reell sind.

Aber wäre zugleich $\frac{d^2 f\alpha}{d\alpha^2} = 0$, so wäre die Gleichung

$$\frac{u^3}{2.3} \frac{d^3 f\alpha}{d\alpha^3} + \frac{u^4}{2.3.4} \frac{d^4 f\alpha}{d\alpha^4} \dots + k = 0,$$

und es ist leicht zu sehen, dass wieder der Werth von $u$ nicht anders reell seyn kann, als wenn das Glied $u^3$ verschwindet und $\frac{d^4 f\alpha}{d\alpha^4}$ positiv ist. Denn in diesem Falle wäre $u = \sqrt[4]{\frac{2.3.4.k}{\frac{d^4 f\alpha}{d\alpha^4}}} \cdot \sqrt[4]{-1}$. Nach (§. 155.) aber kann $\sqrt[4]{-1}$ auf die Form $m + n\sqrt{-1}$ gebracht werden, wo $m$ und $n$ reelle Grössen sind; also ist der erste sich nähernde Werth von $u$ von der Form $p + q\sqrt{-1}$, und die folgenden Werthe haben ebenfalls diese Form, so dass auch der ganze Werth von $u$ diese Form hat u. s. w.

## *imaginairen Wurzeln.*

### 158.

Hieraus folgt, dass, wenn eine Wurzel $\alpha$ der Gleichung $fx + a = o$ in dem Uebergange vom Reellen zum Imaginairen liegt, nicht blos $f\alpha + a = o$, sondern auch $\frac{df\alpha}{d\alpha} = o$ und $\frac{d^2f\alpha}{d\alpha^2} > o$ ist, und dass wenn $\frac{d^2f\alpha}{d\alpha^2} = o$ ist, auch ausserdem noch $\frac{d^3f\alpha}{d\alpha^3} = o$ und $\frac{d^4f\alpha}{d\alpha^4} > o$ ist u. s. w.

Setzt man nun $fx + a = Fx$, so ist $\frac{dfx}{dx} = \frac{dFx}{dx}$, $\frac{d^2fx}{dx^2} = \frac{d^2Fx}{dx^2}$ u. s. w. Also ist $\frac{df\alpha}{d\alpha} = o$, zu Folge (§. 140.), die Bedingung, unter welcher $fx + a = o$ eine zweifache Wurzel hat; $\frac{d^2f\alpha}{d\alpha^2} = o$ ist die Bedingung einer dreifachen Wurzel in $fx + a = o$, u. s. w.

Daraus folgt, dass eine Wurzel nicht vom Reellen zum Imaginairen übergehen kann, ohne zweifach, vierfach, überhaupt gerade-vielfach zu werden.

Auf dieselbe Weise lässt sich zeigen, dass, wenn man in die Gleichung $fx + b - k = o$, $x = \beta + u$ setzt, alsdann der Werth von $u$ nicht anders imaginair seyn kann, als wenn $\frac{df\beta}{d\beta} = o$ und $\frac{d^2f\beta}{d\beta^2} < o$. Ist $\frac{d^2f\beta}{d\beta^2} = o$, so muss ausserdem $\frac{d^3f\beta}{d\beta^3} = o$ und $\frac{d^4f\beta}{d\beta^4} < o$ seyn u. s. w. Woraus folgt, dass beim

*Ueber die Form der*

Uebergange vom Reellen zum Imaginairen die Wurzel ebenfalls zweifach, vierfach u. s. w. wird.

Dieser Satz war bis jetzt nur durch die Theorie der Curve bewiesen, oder eine Folge des Satzes von der Form der imaginairen Wurzeln.

## 159.

Nun hat, im Fall $V$ der Grenze $a$ und $b$ sehr nahe liegt, eine der imaginairen Wurzeln der Gleichung $fx + V = 0$ nothwendig die Form $p + q\sqrt{-1}$ [*wie in (§. 157.) bewiesen*]. Angenommen, die Wurzel habe nicht für alle Werthe von $V$ im Umfange der Grenzen die nämliche Form, so sey $c$ der grösste Werth von $V$, für welchen noch die Form Statt findet, so dass in der Gleichung $fx + c = 0$, $x = m + n\sqrt{-1}$ ist, wo $m$ und $n$ reelle Grössen sind. Hingegen sey $m + n\sqrt{-1} + u$ der Werth von $x$ für $V = c + x$, wo $x$ eine beliebige positive sehr kleine Grösse ist. Alsdann ist

$$400.\quad \begin{cases} f(m + n\sqrt{-1}) + c = 0 \text{ und} \\ f(m + n\sqrt{-1} + u) + c + k = 0. \end{cases}$$

Man entwickele die zweite Gleichung nach $u$ und ziehe die erste davon ab, so erhält man [*wenn man, der Kürze wegen,* $m + n\sqrt{-1} = z$ *setzt*

$$fz + c = 0$$

$$f(z + u) + c + k = 0$$

*und*

$$fz + c = 0$$

$$fz + u\frac{dfz}{dz} + \frac{u^2}{2}\frac{d^2fz}{dz^2} \dots + c + k = 0;$$

*imaginairen Wurzeln.*

*also, die erste von der zweiten abgezogen,*]

$$401.\quad u\frac{dfz}{dz}+\frac{u^2}{2}\frac{d^2fz}{dz^2}\ldots+k=0.$$

In dieser Gleichung enthalten die Grössen $\frac{dfz}{dz}$, $\frac{d^2fz}{dz^2}$.... nur [*entwickelt*] Polynome von $z=m+n\sqrt{-1}$ [*weil z an die Stelle des x der gegebenen Gleichung tritt und x nur in Potenzen von ganzen positiven Exponenten vorkommt*], und diese Polynome können immer auf die Form $p+q\sqrt{-1}$ gebracht werden [*wie schon aus dem binomischen Lehrsatz folgt*]. Bezeichnen also $M$, $N$, $P$, $Q$.... reelle Grössen, so kann die Gleichung (401.) auf

$$402.\quad u(M+N\sqrt{-1})+\frac{u^2}{2}(P+Q\sqrt{-1})\ldots+k=0$$

gebracht werden.

Nimmt man hieraus Näherungsweise den Werth von $u$, so erhält man [*durch Umkehrung der Reihe wie in (§. 157.)*] für die erste Annäherung an $u$,

$$403.\quad u=-\frac{k}{M+N\sqrt{-1}}=-\frac{k(M-N\sqrt{-1})}{M^2+N^2},$$

welcher Ausdruck von der Form $p+q\sqrt{-1}$ ist. Auch die übrigen Glieder der Reihe für $u$, die man so convergent machen kann als man will, wenn man das willkürliche $k$ hinreichend klein annimmt, werden diese Form haben, so dass die ganze Reihe ebenfalls diese Form hat. Man erhält also für einen hinreichend kleinen Werth von $k$ überhaupt

$$u=r+s\sqrt{-1},$$

## *Ueber die Form der*

so dass der Werth von $x$ [*welcher* $m+n\sqrt{-1}+u$ *war*]

$$404. \quad x = m + r + (n+s)\sqrt{-1}$$

und folglich ebenfalls von der Form $p+q\sqrt{-1}$ ist; gegen die Voraussetzung. Es giebt also keinen Werth von $V$ zwischen den Grenzen $a$ und $b$, für welchen nicht die Wurzel $x$ immer die Form $p+q\sqrt{-1}$ hätte.

Wäre in (401.) $\frac{dfz}{dz}=0$, so wäre daselbst

$$405. \quad \frac{u^2}{2}\cdot\frac{d^2fz}{dz^2}+\frac{u^3}{2.3}\cdot\frac{d^3fz}{dz^3}\ldots + k = 0,$$

und es lässt sich wiederum zeigen, dass $u$ immer die Form $p+q\sqrt{-1}$ hat u. s. w.

Dieser Beweis hat den Vortheil, dass er sich gleichmässig auf logarithmische und Kreis-Functionen, überhaupt auf jede Gleichung von der Form $Fx=0$, deren erste Ableitung auf die Form $p+q\sqrt{-1}$ gebracht werden kann, wenn man $x=m+n\sqrt{-1}$ setzt, anwenden lässt. Denn alsdann sind alle übrige Ableitungen $\frac{d^2fx}{dx^2}$, $\frac{d^3Fx}{dx^3}\ldots$ von der nämlichen Form. Die weitere Auseinandersetzung dieser Behauptung würde uns von unserm Gegenstande [*bei welchem nur rationale Functionen von x vorkommen*] zu weit entfernen.

### 160.

Wir fanden, dass in Gleichungen, welche imaginaire Wurzeln enthalten, deren wenigstens zwei von

## *imaginairen Wurzeln.*

von der Form $p+q\sqrt{-1}$ sind. Die Werthe von $p$ und $q$ kann man nach dem zweiten Abschnitte (§. 17.) finden, und die Gleichung ist dann durch

$$406. \quad x^2-2px+p^2+q^2=0$$

[*nämlich durch das Product* $(x-p-q\sqrt{-1})(x-p+q\sqrt{-1})$] theilbar. Nach der Division enthält sie nur noch die andern imaginairen Wurzeln, und wendet man auf dieselben das nämliche Raisonnement an, so lässt sich auf dieselbe Weise zeigen, dass zwei von diesen Wurzeln wieder nothwendig die Form $p\pm q\sqrt{-1}$ haben müssen u. s. w.

Obgleich der obige Beweis zureicht, die Richtigkeit des Satzes [*dass die Wurzeln einer Gleichung immer auf die Form* $p+q\sqrt{-1}$ *gebracht werden können*] nachzuweisen, so muss man doch gestehen, dass derselbe indirect und also noch ein anderer zu wünschen sey, welcher unmittbar aus der Natur des Gegenstandes genommen ist.

In der That bemerkten wir so eben, dass jede imaginaire Wurzel von der Form $p+q\sqrt{-1}$ den reellen Factor des zweiten Grades $x^2-2px+p^2+q^2$ (406.) voraussetzt. Es käme also nur darauf an zu zeigen, dass jede Gleichung durch reelle Factoren des ersten und zweiten Grades theilbar ist; und da die Gleichungen, deren höchste Exponenten ungerade Zahlen sind, immer eine reelle Wurzel haben und folglich immer durch einen Factor des ersten Grades theilbar sind, weswegen sie sich immer auf einen um Eins niedrigern Grad bringen lassen, so darf man nur blos die Gleichungen untersuchen, deren höchste Exponenten gerade Zahlen sind.

## 161.

Descartes fand, dass die Gleichung des vierten Grades

$$407.\quad x^4 + px^2 + qx + r = 0$$

die beiden Factoren zweiten Grades

$$408.\quad x^2 \pm yx + \tfrac{1}{2}y^2 + \tfrac{1}{2}p \mp \tfrac{1}{2}\frac{q}{y} = 0$$

hat, wo die Grösse $y$ von der Gleichung

$$409.\quad y^6 + 2py^4 + (p^2 - 4r)y^2 - q^2 = 0$$

abhängt. Da das letzte Glied dieser Gleichung negativ ist, so hat sie nothwendig eine reelle Wurzel (erster Abschnitt §. 3.), folglich sind die beiden Factoren (408.) nothwendig reell, wenn man den reellen Werth von $y$ setzt.

Hudde hat hierauf in seiner Abhandlung „de reductione aequationum," welche als Anhang zum Schotenschen Commentar über die Geometrie des Descartes gedruckt ist, die allgemeine Gleichung vom sechsten Grade untersucht und gefunden, dass diese Gleichung durch eine Gleichung des zweiten Grades wie $x^2 - yx + u = 0$ theilbar ist, in welcher der Coefficient $y$ von einer Gleichung des fünften Grades abhängt, der Coefficient $u$ aber eine rationale Function von $y$ ist. Nun hat eine Gleichung des fünften Grades nothwendig eine reelle Wurzel, also kann der Divisor des zweiten Grades, wenn man

## *imaginairen Wurzeln.*

darin den reellen Werth von $y$ substituirt, immer reell seyn, so dass sich alsdann die Gleichung [*nämlich durch die Division mit diesem Divisor des zweiten Grades*] auf den vierten Grad reduciren lässt, welche nunmehr abermals zwei reelle Divisoren vom zweiten Grade hat.

Hudde ist nicht weiter gegangen, und da er die Gleichung des fünften Grades nur dadurch fand, dass er die Rechnung ihrer ganzen Länge nach ausführte, so musste er wohl finden, dass die Gleichung für höhere Grade ihrer Weitläufigkeit wegen unausführbar sey.

### 162.

Man findet am Schlusse der Algebra von Saunderson, welche im Jahre 1740, nach seinem Tode gedruckt ist, die wichtige Bemerkung, dass in dem Divisor einer Gleichung des vierten Grades, nämlich in $x^2 - yx + u = 0$, die Gleichung, von welcher der Coefficient $y$ abhängt, deshalb vom sechsten Grade seyn muss, weil der Coefficient $y$ die Summe zweier Wurzeln der gegebenen Gleichung des vierten Grades ist. Diese Gleichung mit $y$ muss nämlich auf diese Weise alle die verschiedenen Summen zu Wurzeln haben, welche sich aus den Wurzeln der gegebenen Gleichung, zu zweien genommen, zusammensetzen lassen. Und da die Zahl dieser Summen sechs ist, so muss die Gleichung mit $y$ nothwendig vom sechsten Grade seyn, wie Descartes sie fand. Der Verfasser wendet aber diese Bemerkung nur auf ein

*Ueber die Form der*

einzelnes Beispiel an und gründet darauf weiter keine Folgerung.

Le Sulur, einer der Commentatoren der principia von Newton hat dieses Resultat in einem kleinen Werke über die Integral-Rechnung, welches zu Rom im Jahre 1748 gedruckt ist, allgemein gemacht. Er beweiset durch die Theorie der Combinationen, dass, wenn man eine Gleichung vom $m$ten Grade durch eine Gleichung vom $n$ten Grade, wo $n < m$ ist, dividiren will, die Coefficienten dieser letzten Gleichung nothwendig von Gleichungen des $\frac{m(m-1)(m-2)\ldots(m-n+1)}{2\cdot 3\ldots n}$ ten Grades abhängen müssen, weil jeder Divisor offenbar mit der gegebenen Gleichung $n$ Wurzeln gemein haben muss, und also soviel Divisoren vorhanden seyn müssen, als $n$ Dinge sich aus $m$ Dingen nehmen lassen. Er schliesst daraus, dass jede Gleichung vom $4m+2$ten Grade immer durch einen Divisor vom zweiten Grade theilbar seyn muss, weil dieser Factor alsdann von einer Gleichung abhängt, deren höchster Exponent eine ungerade Zahl ist, also alsdann allemal einen reellen Werth hat. Hieraus lässt sich indessen nichts von der Realität der Divisoren des zweiten Grades für Gleichungen schliessen, deren Ordnungs-Zahl nicht von der Form $4m+2$ ist, weil diese Divisoren alsdann von Gleichungen abhängen, deren höchste Exponenten gerade Zahlen sind.

## *imaginairen Wurzeln.*

### 163.

Euler hat diesen Gegenstand in einer, in der Sammlung der Berliner Academie vom Jahre 1749, im Jahre 1751 gedruckten Abhandlung weiter ergründet. Er hat sich insbesondere zu zeigen bemüht, dass eine Gleichung, deren höchster Exponent eine Potenz von 2 ist, allemal in zwei reelle Gleichungen zerlegt werden kann, deren Grad kleiner ist als die Hälfte. Er setzt zu dem Ende, dass in der gegebenen Gleichung das zweite Glied Null ist, in welchem Fall der Coefficient des zweiten Gliedes in den beiden Factoren-Gleichungen der nämliche ist, blos mit entgegengesetzten Zeichen. Er findet durch die Theorie der Combinationen, dass dieser Coefficient von einer Gleichung, deren Ordnungs-Zahl ein ungerades Vielfache einer geraden Zahl ist [*d'un degré impairement pair*] die keine ungerade Potenzen hat und deren letztes Glied das Quadrat einer Function der Wurzeln der gegebenen Gleichung mit dem Zeichen — ist, abhängt.

Euler nimmt an, dass diese Function der Wurzeln immer ohne Irrationalität aus den Coefficienten der gegebenen Gleichung gefunden werden kann; er schliesst, dass deshalb das Quadrat desselben nothwendig positiv ist, und dass folglich die Gleichung, welche den Coefficienten bestimmt, zwei reelle Wurzeln hat. Dieses ist wirklich für Gleichungen vom vierten Grade der Fall, wie man aus den obigen Descartischen Ausdrücken sieht. Aber für Gleichungen

*Ueber die Form der*

höherer Ordnungen ist wohl noch ein Beweis a priori nöthig, den Euler nicht gegeben hat, der aber um so nöthiger ist, da die Function, weil sie nicht alle Wurzeln auf dieselbe Weise enthält, nicht durch rationale Functionen der Coefficienten bestimmt werden zu können scheint, welche, wie bekannt, an sich selbst Functionen sind, in welchen alle Wurzeln gleichmässig vorkommen.

Euler untersucht ferner die Gleichungen, deren höchste Exponenten durch die Zahlen $2k$, $4k$, $8k$ *etc.* ausgedrückt werden, wenn $k$ irgend eine ungerade Zahl bedeutet, und findet, dass sie reelle Divisoren von der zweiten, vierten, achten etc. Ordnung haben, weil die Gleichungen, von welchen diese Divisoren abhängen, sämmtlich von ungerader Ordnung sind; so dass auf diesem Wege jede Gleichung in reelle Gleichungen, deren höchste Exponenten eine Potenz von Zwei sind, zerlegt werden kann. Aber alsdann bleibt in der Eulerschen Theorie, wenn diese Gleichungen den vierten Grad übersteigen, noch die Schwierigkeit übrig, dieselben weiter zu zerlegen.

## 164.

Diese Schwierigkeit lässt sich, wie Foncenex im ersten Bande der Turiner Memoiren vom Jahre 1759 gezeigt hat, vermindern, wenn man nur Divisoren vom zweiten Grade annimmt. Denn der höchste Exponent der gegebenen Gleichung sey $2^{\mu}\nu$, wo $\nu$ eine ungerade Zahl ist, so findet man, wenn man die gegebene Gleichung durch die Gleichung des

# *imaginairen Wurzeln.*

zweiten Grades

$$410. \quad x^2 - ux + V = 0$$

zu dividiren sucht, durch die Theorie der Combinationen, dass der Coefficient $u$ in dieser Gleichung von einer Gleichung des $\frac{2^\mu \nu(2^\mu \nu - 1)}{2} =$

$$411. \quad 2^{\mu-1} \nu(2^\mu \nu - 1) = 2^{\mu-1} \pi \text{ ten}$$

Grades abhängt, wo $\pi$, wie man sieht, eine ungerade Zahl ist.

Ist also z. B. $\mu = 1$, so ist diese Gleichung von ungerader Ordnung und hat folglich nothwendig eine reelle Wurzel, so dass, weil sich das letzte Glied allgemein durch eine rationale Function von $u$ ausdrücken lässt, die gegebene Gleichung einen rationalen Divisor zweiter Ordnung hat und mittelst dieses Divisors auf eine Gleichung gebracht werden kann, deren Grad um zwei niedriger ist.

Ist $\mu$ grösser als Eins, so suche man auf dieselbe Weise die Gleichung mit $u$ durch eine Gleichung zweiter Ordnung wie

$$412. \quad u^2 - tu + T = 0$$

zu dividiren, so wird der Coefficient von einer Gleichung der

$$413. \quad \frac{2^{\mu-1}\pi(2^{\mu-1}\pi - 1)}{2} = 2^{\mu-2}\pi(2^{\mu-1}\pi - 1) = 2^{\mu-2}\varrho \text{ten}$$

Ordnung abhangen, wo $\varrho$, wie man sieht, eine ungerade Zahl ist. Das Glied $T$ wird sich wieder allgemein durch eine rationale Function von $t$ ausdrükken lassen.

*Ueber die Form der*

Wenn also $\mu = 2$ ist, so wird diese Gleichung ungerader Ordnung seyn, und eine reelle Wurzel haben. Also werden $t$ und $T$ reelle Werthe haben, und die Gleichung $u^2 - ut + T = 0$ wird für $u$ reelle oder imaginaire Werthe von der Form $p + q\sqrt{-1}$ geben. Im ersten Falle werden $u$ und $V$ reelle Grössen seyn, im zweiten werden diese Grössen imaginair seyn und die nämliche Form haben, weil $V$ eine rationale Function von $u$ ist. Die Gleichung $x^2 - ux + V = 0$ giebt $x = \frac{1}{2}u \pm \sqrt{(\frac{1}{4}u^2 - V)}$, welches sich durch die Reduction der imaginairen Wurzeln ebenfalls auf die Form $p + q\sqrt{-1}$ bringen lässt.

Ist $\mu$ grösser als 2, so setzt man die nämliche Rechnung weiter fort und dividirt die Gleichung in $t$, vom Grade $2^{\mu-2}\varrho$, durch eine Gleichung des zweiten Grades wie

$$414. \quad t^2 - st + S = 0.$$

Dieses giebt zur Bestimmung von $s$ eine Gleichung vom

$$415. \quad \frac{2^{\mu-2}\varrho(2^{\mu-2}\varrho - 1)}{2} = 2^{\mu-3}\varrho(2^{\mu-2}\varrho - 1) = 2^{\mu-3}\sigma \text{ten}$$

Grade, wo $\sigma$, wie man sieht, ungerade ist, und die Grösse $S$ ist wieder im Allgemeinen eine rationale Function von $s$.

Wenn also $\mu = 3$, so hat diese Gleichung, da sie von ungerader Ordnung ist, eine reelle Wurzel; also sind $s$ und $S$ reelle Grössen, mithin giebt die Gleichung $t^2 - st + S = 0$ für $t$ entweder einen reellen oder imaginairen Werth von der Form $p+q\sqrt{-1}$. Folglich haben in der Gleichung $u^2-tu+T=0$ die Coefficienten $t$ und $T$ reelle oder imaginaire Werthe von der nämlichen Form. Daraus folgt, dass auch $u$, reell oder imaginair, von der Form $p+q\sqrt{-1}$ ist, wie wir oben sahen, weil $u=\frac{1}{2}t\pm\sqrt{(\frac{1}{4}u^2-T)}$. Also giebt auch endlich die Gleichung $x^2-ux+V=0$ für $x$ einen reellen oder imaginairen Werth von der nämlichen Form.

Ist $\mu$ auch grösser als 3, so wiederholt man die Rechnung abermals und kommt zuletzt nothwendig auf einen Divisor zweiter Ordnung, dessen Coefficienten reell sind. Von diesem geht man allmählig zu den frühern Divisoren zweiter Ordnung zurück, und wird dann finden, dass ihre Coefficienten, entweder reell oder imaginair, von der Form $p+q\sqrt{-1}$ sind, bis zu dem Divisor $x^2-ux+V=0$ der gegebenen Gleichung, welcher ebenfalls für $x$ einen reellen oder imaginairen Werth von der Form $p+q\sqrt{-1}$ giebt.

Dieses ist der Beweis von Foncenex. Man sieht, dass derselbe ganz strenge ist, wenn man zugiebt, dass die Coefficienten der Gleichung zweiter Ordnung, welche ein Divisor einer Gleichung $n$ter Ordnung ist, nur von einer einzelnen Wurzel der Gleichung vom Grade $\frac{n(n-1)}{2}$ abhängen. Dieses ist im Allgemeinen wahr, aber ich habe seitdem bemerkt, dass Ausnahmen Statt finden, durch welche gegen den Beweis Zweifel entstehen. Sucht man nämlich ein Polynom von irgend einer Ordnung $m$ durch ein anderes Polynom von der niedrigern Ordnung $n$ theilbar zu machen, entweder auf die Weise, dass man, wie gewöhnlich, wirklich dividirt und hernach jedes Glied des Restes gleich Null setzt, oder durch Multiplication des Polynoms mit einem andern von der $m-n$ten Ordnung und durch Vergleichung der Glieder des Products mit den Gliedern des gegebenen Polynoms: so lassen sich durch allmählige Elimination, wenn man immer einen der Coefficienten des dividirenden Polynoms ausschliesslich als unbekannte Grösse annimmt, die übrigen Coefficienten des nämlichen Polynoms durch rationale Functionen der ersten Coefficienten bestimmen, und es lässt sich durch Substitution eine Gleichung finden, welche keine unbekannten Grössen weiter als jene erste Coefficienten enthält, und welche nach diesen Coefficienten von der $\frac{m(m-1)(m-2)\ldots.(m-n+1)}{1.2.3\ldots.n}$ten Ordnung ist, wie wir schon oben bemerkten.

## 165.

Aber wenn diese Gleichung zwei oder drei gleiche Wurzeln hat und nicht die übrigen Coefficienten, welche diesen gleichen Wurzeln entsprechen, unter sich gleich sind, welches nur der Fall ist, wenn der nämliche Divisor selbst zwei, drei etc. mal vorkommt: so ist klar, dass alsdann diese Werthe der Coefficienten nicht mehr durch rationale Functionen der nämlichen Wurzeln ausgedrückt werden können,

## *imaginairen Wurzeln.*

sondern selbst von Gleichungen des zweiten, dritten etc. Grades abhängen, je nach der Zahl der gleichen Wurzeln. In diesem Falle sind die gefundenen Ausdrücke der rationalen Functionen, wenn man darin eine der gleichen Wurzeln substituirt, unbestimmt, weil Zähler und Nenner zugleich verschwinden; und kommt man auf die Eliminationen, so wird man durch eine Gleichung des zweiten, dritten etc. Grades aufgehalten, weil die Gleichung, mit welcher man sie vergleichen muss, um sie um einen Grad zu erniedrigen, mit jener identisch ist. Man kann sich hiervon durch die Ausführung der Rechnung überzeugen, und wir werden solches in dem folgenden Zusatze allgemein beweisen. Da die nämliche Schwierigkeit bei allen Eliminationen vorkommt, so will ich nicht unterlassen, den Leser darauf aufmerksam zu machen, damit er durch diesen Umstand in vorkommenden Fällen nicht in Verlegenheit gerathe.

Man sieht, dass dadurch die obige Theorie der Divisoren zweiter Ordnung mangelhaft werden kann. Denn da die Gleichung, von welcher einer der Coefficienten abhängt, gleiche Wurzeln hat, so wird der andere Coefficient, wenn man sich der gleichen Wurzeln bedient, von einer Gleichung abhängen, deren Ordnungs-Zahl der Zahl der gleichen Wurzeln gleich ist, und welche folglich, wenn sie nicht von ungerader Ordnung ist, neue Combinationen erfordert, um versichert zu seyn, dass sie eine reelle Wurzel hat. Und will man die gleichen Wurzeln nicht anwenden, so erhält man zwar, wenn man sie durch die Divi-

*Ueber die Form der*

sion wegschafft, eine Gleichung von niedrigerm Grade, dessen Zahl aber nicht mehr eine Zahl von der Form $2^{m-1}\pi$ oder $2^{m-2}\varrho$ ist.

Nimmt man z. B. die obigen von Descartes gefundenen Ausdrücke für Gleichungen vierter Ordnung, aus welchen wir sogleich schlossen, dass die Gleichungen immer in zwei reelle Factoren der zweiten Ordnung zerlegbar sind, so ist leicht zu sehen, dass es dennoch einen Fall giebt, in welchem der Schluss nicht Statt findet: den Fall nämlich, wenn [*in* (407.)] $q = 0$ ist. Denn alsdann hat die auf $y$ reducirte Gleichung (409.) zwei gleiche Wurzeln $y = 0$, und bedient man sich dieser Wurzeln, so erhält man für das Glied $\frac{q}{2y}$ des Ausdrucks der Factoren zweiter Ordnung (408.) den Ausdruck $\frac{0}{0}$.

Man könnte die andern Werthe von $y$ nehmen. Aber dividirt man die Gleichung (409.) durch $y^2$, so erhält man

$$416. \quad y^4 + 2py^2 + p^2 - 4r = 0,$$

welche Gleichung aber, da sie vom vierten Grade und ihr letztes Glied nicht nothwendig negativ ist, wieder die anfängliche Schwierigkeit hat. Nur in diesem besondern Falle lässt sich die Realität der beiden Factoren aus dem Ausdruck selbst zeigen. Denn wenn $p^2 < 4r$, so ist das letzte Glied der Gleichung mit $y$ (416.) negativ, und dieselbe hat alsdann zwei reelle Wurzeln. Wäre dagegen $p^2 > 4r$, so hätte die gegebene Gleichung (407.), weil $q = 0$ ist, und

*imaginairen Wurzeln.*

die Gleichung also in $x^4 + p^2x^2 + 4r$ übergeht, die beiden reellen Factoren $x + \frac{1}{2}p \pm \sqrt{(\frac{1}{4}p^2 - r)}$.

## 166.

Diese Schwierigkeiten haben die Untersuchungen veranlasst, welche ich im Jahre 1772 der Berliner Academie mittheilte, und bei welchen ich insbesondere bemüht war, die von Euler angefangene Theorie weiter zu entwickeln.

Ich habe daselbst strenge gezeigt, dass, wenn man ein Polynom von der $2^m$ten Ordnung in zwei andere Polynome von der Ordnung $2^{m-1}$, z. B. wenn $2^{m-1} = n$ ist, von der Form

$$417. \quad \begin{cases} x^n + Mx^{n-1} + Nx^{n-2} + Px^{n-3} \ldots \\ x^n + M_{,}x^{n-1} + N_{,}x^{n-2} + P_{,}x^{n-3} \ldots \end{cases}$$

zerlegen will, und man setzt

$$418. \quad u = a(M - M_{,}) + b(N - N_{,}) + c(P - P_{,}) \ldots$$

wo $a$, $b$, $c$.... beliebige Grössen sind, dass sich dann die Coefficienten der beiden Polynome $M$, $N$, $P$...., $M_{,}$, $N_{,}$, $P_{,}$.... allgemein durch rationale Functionen von $n$ ausdrücken lassen, und dass man für $u$ eine Gleichung erhält, deren Ordnungs-Zahl ein ungerades Vielfache einer geraden Zahl ist, die nur gerade Potenzen von $u$ enthält und deren letztes Glied nothwendig negativ ist. Durch die Willkürlichkeit der Grössen $a$, $b$, $c$.... kann man zugleich machen, dass das letzte Glied dieser Gleichung einmal Null ist, so dass die Gleichung weder zwei Wurzeln $u = 0$, noch sonst gleiche Wurzeln hat. Man ist auf diese Weise versichert, dass man immer die reellen Werthe der Coefficienten erhält, und kann also die gegebene Gleichung vom $2^m$ten Grade vollständig in zwei andere vom $2^{m-1}$ten Grade, diese wiederum in zwei vom $2^{m-2}$ten Grade u. s. w. bis zu Gleichungen des zweiten Grades herab, zerlegen.

Für Gleichungen vom Grade $2^m k$, wo $k$ eine ungerade Zahl ist, hatte Euler gefunden, dass, wenn man einen Divisor vom Grade $2^m$ nimmt, die Gleichungen, welche die Coefficienten darstellen, von ungerader Ordnung sind. Ich bemerkte, dass, wenn die Gleichung gleiche Wurzeln hat, die zweifachen, vierfachen etc. Wurzeln eliminirt werden können, weil die übrig bleibende Gleichung immer noch von ungerader Ordnung ist, die dreifachen, fünffachen Wurzeln etc. aber bei der Bestimmung der andern Coefficienten angewendet werden können, weil dieselben alsdann von Gleichungen des dritten, fünften etc. Grades abhängen, welche immer reelle Wurzeln haben.

## 167.

Hierdurch war die Möglichkeit der Zerlegung der Gleichungen in Divisoren vom ersten und zweiten Grade strenge bewiesen. Späterhin hat Laplace, in den Vorlesungen an der Normal-Schule, von dem Verfahren von Foncenex ausgehend, einen einfacheren Beweis dieses Satzes gegeben. Anstatt blos die Gleichung zu untersuchen, welche den Coefficien-

## *imaginairen Wurzeln.*

ten des quadratischen Divisors $x^2 - ux + V = 0$ bestimmt zieht er die Gleichung in Betracht, welche die Grösse $u + aV$ bestimmt, die ich durch $u_,$ bezeichnen will und in welcher $a$ ein beliebiger Coefficient ist. Diese Gleichung ist, der Theorie der Combinationen zu Folge, von demselben Grade wie die Gleichung mit $u$. Ist also die gegebene Gleichung vom $2\nu$ten Grade, wo $\nu$ ungerade ist, so ist die Ordnungs-Zahl der Gleichung mit $u$ eine gerade und hat folglich immer eine reelle Wurzel. Da man nun der Grösse $a$ unendlich viele Werthe geben kann, so erhält man eine unendliche Menge Gleichungen, welche alle reelle Wurzeln haben. Unter diesen Wurzeln müssen nothwendig mehrere auf einen und denselben Divisor sich beziehen. Sind $\alpha$ und $\beta$ zwei solcher Wurzeln, und $a$ und $b$ die beiden zugehörigen Werthe des Coefficienten $a$, so ist $u + aV = \alpha$, und $u + bV = \beta$, woraus man die Werthe von $u$ und $V$ findet, welche folglich reell sind.

Ist die gegebene Gleichung vom $4\nu$ten Grade, wo $\nu$ irgend eine ungerade Zahl ist, so ist die Gleichung mit $u$ von der $2\pi$ten Ordnung, wo $\pi$ ebenfalls eine ungerade Zahl ist. Diese Gleichung hat alsdann, dem Vorigen zu Folge, einen reellen quadratischen Divisor von der Form $u_,^2 - tu_, + T = 0$, welcher für $u$ einen Werth von der Form $\alpha + A\sqrt{-1}$ giebt. Da man für $a$ unendlich viele Werthe setzen kann, so erhält man eine unendliche Menge von Gleichungen mit $u_,$ welche jede eine Wurzel von der Form $\alpha + A\sqrt{-1}$ haben. Unter diesen Wurzeln müssen nothwendig zwei seyn, welche sich auf den nämlichen Divisor beziehen. Bezeichnet man sie durch $\alpha + A\sqrt{-1}$ und $\beta + B\sqrt{-1}$, und die beiden zugehörigen Werthe von $a$ durch $a$ und $b$, so erhält man $u + aV = \alpha + A\sqrt{-1}$ und $u + bV = \beta + B\sqrt{-1}$. Also sind beide Grössen $u$ und $V$ von der Form $p + q\sqrt{-1}$; desgleichen ist auch das aus der Gleichung $x^2 - ux + V = 0$ folgende $x$ von dieser Form. Mithin hat jede Gleichung vom $4\nu$ten Grade zwei Wurzeln von der Form $p \pm q\sqrt{-1}$, und folglich einen reellen Divisor zweiter Ordnung u. s. w.

Dieser Beweis lässt als solcher Nichts zu wünschen übrig. Wollte man aber wirklich eine gegebene Gleichung in ihre reelle Factoren zweiter Ordnung auflösen, so würde es beinahe unmöglich seyn, das angezeigte Verfahren zu befolgen. Gleichwohl ist die Auflösung nothwendig um [*z. B.*] die Stammgrösse oder die Integrale gebrochener rationaler Functionen mit einer veränderlichen Grösse zu finden, und man setzt sie in allen Lehrbüchern der Integral-Rechnung voraus. Dieses veranlasst mich, noch bei dem Gegenstande zu verweilen und demselben den folgenden Zusatz zu widmen.

---

Zehnter

# Zehnter Zusatz.

## Ueber die Zerlegung von Polynomen beliebiger Ordnung in reelle Factoren.

### 168.

Ich habe in diesem Zusatze die Absicht, zu zeigen, wie sich jedes Polynom von einer beliebigen Ordnung in reelle Polynome erster oder zweiter Ordnung zerlegen lässt.

Betrachtet man ein Polynom aus so viel einfachen Factoren zusammengesetzt, als der Exponent der höchsten Potenz der unbestimmten Grösse Einheiten enthält, so ist leicht zu sehen, dass das Polynom keine andere Divisoren als solche haben kann, die Producte jener Factoren sind; woraus folgt, dass, wenn die Ordnungs-Zahl des gegebenen Polynoms *m* ist, so viele verschiedene Divisoren von der *n* ten Ordnung Statt finden als sich *n* Dinge aus *m* Dingen machen lassen, oder als, zu Folge der Theorie der Combinationen, die Zahl

419. $$\frac{m(m-1)(m-2)\ldots\ldots(m-n+1)}{1\,.\,2\,.\,3\ldots\ldots n}\ [=\mu]$$

Einheiten enthält.

## Zerlegung von

Diese einzige Betrachtung setzt uns in Stand, die Coefficienten der dividirenden Polynome a priori zu finden, ohne, nach dem gewöhnlichen Verfahren, der weitläufigen und beschwerlichen Operationen zu bedürfen, welche auf der Division oder der Vergleichung des Products zweier unbestimmten Polynome mit den dividirenden Polynomen, oder auf der allmäligen Elimination der unbekannten Grösse beruhen.

## 169.

Es sey das Polynom der *m* ten Ordnung

420. $x^m - ax^{m-1} + bx^{m-2} - cx^{m-3} \dots \pm h \; [= P]$

gegeben, welches wir aus *m* einfachen Factoren $x - \alpha$, $x - \beta$, $x - \gamma \dots$ zusammengesetzt annehmen.

Entwickelt man das Product dieser Factoren und vergleicht die Glieder des entwickelten Ausdrucks mit dem gegebenen Polynom, so erhält man, wie bekannt,

$$421. \begin{cases} a = \alpha + \beta + \gamma + \delta \dots \\ b = \alpha\beta + \alpha\gamma \dots + \beta\gamma \dots + \alpha\delta \dots \\ c = \alpha\beta\gamma + \alpha\beta\delta \dots + \beta\gamma\delta \dots \\ \dots\dots\dots\dots\dots \\ h = \alpha\beta\gamma\delta \dots \end{cases}$$

Bezeichnet man durch

422. $x^n - px^{n-1} + qx^{n-2} - rx^{n-3} \dots \pm u \; [= D]$

einen Divisor des gegebenen Polynoms, so kann dieser Divisor nur aus einer Zahl *n* nämlicher Factoren

## *Polynomen.*

zusammengesetzt seyn. Es ist also, wenn man $n$ Grössen $\alpha, \beta, \gamma \ldots.$ aus den obigen $m$ Grössen nimmt,

423. $$\begin{cases} p = \alpha + \beta + \gamma \ldots. \\ q = \alpha\beta + \alpha\gamma \ldots. + \beta\gamma \ldots. \\ r = \alpha\beta\gamma \ldots. \\ \ldots\ldots\ldots \\ u = \alpha\beta\gamma \ldots. \end{cases}$$

Da in den gegebenen Coefficienten $a, b, c \ldots. h$ die Grössen $\alpha, \beta, \gamma \ldots.$ gleichförmig [*oder, wie man auch sagt, symmetrisch*] vorkommen, so dass die Grössen $a, b, c \ldots. h$ die nämlichen bleiben, wie man auch die Grössen $\alpha, \beta, \gamma \ldots.$ verwechseln mag, so folgt, dass jeder rationale Ausdruck, der diese Coefficienten enthält, die nämliche Eigenschaft hat. Da nun die Coefficienten $p, q, r \ldots. u$ des Divisors ähnliche Functionen sind, blos mit dem Unterschiede, dass sie nur $n$ Grössen $\alpha, \beta, \gamma \ldots.$ enthalten, so ist klar, dass sie nicht durch rationale Functionen der Coefficienten $a, b, c \ldots.$ ausgedrückt werden können: wohl aber kann man sie jeden von einer Gleichung abhängig machen, deren Coefficienten rationale Functionen von $a, b, c \ldots.$ sind, wenn man diese Gleichung auf die Weise zusammensetzt, dass sie die verschiedenen Werthe von $p, q, r \ldots.$, deren Zahl der obigen Zahl $\mu$ (419.) gleich ist, zu Wurzeln haben.

[*Grössen nämlich, die von allen $m$ Grössen $\alpha, \beta, \gamma \ldots.$ gleichförmig, das heisst, so abhängen, dass man $\alpha, \beta, \gamma \ldots.$ unter einander verwechseln*

Zerlegung von

*kann, ohne dass sich die Form der abhängigen Grössen ändert, können nur einen Werth haben, weil die Grössen $\alpha$, $\beta$, $\gamma$.... diesen Werth gleichförmig bestimmen. Grössen hingegen, die nur von n Grössen $\alpha, \beta, \gamma$.... gleichförmig oder symmetrisch abhängen, haben zwar ebenfalls nur einen Werth, wenn man die n Grössen $\alpha$, $\beta$, $\gamma$...., welche darin vorkommen, untereinander verwechselt, können aber verschiedene Werthe haben, wenn man die n Grössen $\alpha$, $\beta$, $\gamma$.... mit den übrigen $m-n$ Grössen verwechselt. Die Zahl dieser verschiedenen Werthe ist $\mu$ (419.), und daher können solche Grössen nur von Gleichungen von der $\mu$ten Ordnung abhängen, d. h. nur die Wurzeln solcher Gleichungen seyn.*]

## 170.

Wir wollen zuerst den letzten Coefficienten $u$ (423.) betrachten, welcher aus einem Producte der $n$ Grössen $\alpha$, $\beta$, $\gamma$.... besteht. Die verschiedenen Werthe desselben sind $\alpha\beta\gamma$...., $\beta\gamma\delta$...., $\alpha\gamma\delta$.... Macht man also ein Product von den einfachen Factoren

424. $u-\alpha\beta\gamma....,\ u-\beta\gamma\delta....,\ u-\alpha\gamma\delta....$ etc.

so hat dieses Polynom die Eigenschaft, dass es, unabhängig von $u$, eine unveränderliche Function von $\alpha$, $\beta$, $\gamma$.... ist. Entwickelt man dasselbe, so haben seine Coefficienten ebenfalls diese Eigenschaft.

Denn das entwickelte Polynom sey

## *Polynomen.*

425. $u^{\mu} - Au^{\mu-1} + Bu^{\mu-2} + Cu^{\mu-3} \dots \pm V,$

so ist

426.
$$\begin{cases} A = \alpha\beta\gamma\dots + \beta\gamma\delta\dots + \alpha\gamma\delta\dots \\ B = \alpha\beta\gamma\dots \times \beta\gamma\delta\dots \\ \quad + \alpha\beta\delta\dots \times \alpha\gamma\delta\dots \\ \quad + \beta\gamma\delta\dots \times \alpha\gamma\delta\dots \\ \dots\dots\dots\dots \\ V = \alpha\beta\gamma\dots\ \beta\gamma\delta\dots\ \alpha\gamma\delta\dots \end{cases}$$

welche Coefficienten, wie man sieht, wirklich unveränderliche Functionen von $\alpha$, $\beta$, $\gamma \dots$ sind.

Dergleichen unveränderliche Functionen können nun, wie bekannt, immer durch rationale Functionen der Coefficienten $a$, $b$, $c \dots h$ ausgedrückt werden.

### 171.

Zunächst lasst sich, wie wir im sechsten Zusatze (§. 119.) sahen, die Summe der Potenzen der Grössen $\alpha$, $\beta$, $\gamma \dots$ beliebiger Ordnung durch dergleichen Functionen ausdrücken. Multiplicirt man hierauf die Summe der Potenzen $\alpha^{\lambda}$, $\beta^{\lambda}$, $\gamma^{\lambda} \dots = S\alpha^{\lambda}$ durch die Summe der Potenzen $\alpha^{\mu}$, $\beta^{\mu}$, $\gamma^{\mu} \dots = S\alpha^{\mu}$, so ist das Product

427. $S\alpha^{\lambda} . S\alpha^{\mu} = S\alpha^{\lambda+\mu} + S\alpha^{\lambda}\beta^{\mu}$

[*z. B. wenn* $S\alpha^{\lambda} = \alpha^{\lambda} + \beta^{\lambda} + \gamma^{\lambda}$, *und also* $S\alpha^{\mu} = \alpha^{\mu} + \beta^{\mu} + \gamma^{\mu}$, *so ist*

$$\begin{aligned} S\alpha^{\lambda} . S\alpha^{\mu} = {} & \alpha^{\lambda}\alpha^{\mu} + \alpha^{\lambda}\beta^{\mu} + \alpha^{\lambda}\gamma^{\mu} \\ & + \beta^{\lambda}\alpha^{\mu} + \beta^{\lambda}\beta^{\mu} + \beta^{\lambda}\gamma^{\mu} \\ & + \gamma^{\lambda}\alpha^{\mu} + \gamma^{\lambda}\beta^{\mu} + \gamma^{\lambda}\gamma^{\mu}, \end{aligned}$$

*oder*

$$S\alpha^\lambda . S\alpha^\mu = \alpha^{\lambda+\mu} + \beta^{\lambda+\mu} + \gamma^{\lambda+\mu}$$
$$+ \alpha^\lambda\beta^\mu + \alpha^\lambda\gamma^\mu + \beta^\lambda\alpha^\mu + \beta^\lambda\gamma^\mu + \gamma^\lambda\alpha^\mu + \gamma^\lambda\beta^\mu,$$

*also*

$$S\alpha^\lambda . S\alpha^\mu = S\alpha^{\lambda+\mu} + S\alpha^\lambda\beta^\mu\ ].$$

Man findet also die Summe der Glieder von der Form $\alpha^\lambda\beta^\mu$ durch die Summe der Potenzen.

Auf dieselbe Weise findet man

428. $S\alpha^\lambda\beta^\mu . S\gamma^\nu = S\alpha^{\lambda+\nu}\beta^\mu + S\alpha^\lambda\beta^{\mu+\nu} + S\alpha^\lambda\beta^\mu\gamma^\nu$.

Auch diese Summe also lässt sich durch Functionen der Potenzen-Summen finden u. s. w.

Nun ist leicht zu sehen, dass keine rationale und unveränderliche Function der Grössen $\alpha, \beta, \gamma \ldots.$ anders als aus einer oder mehreren der obigen ähnlichen Summen zusammengesetzt seyn kann. Also lässt sich jede solche Function immer durch die Coefficienten $a, b, c \ldots.$ ausdrücken.

Dieser Satz ist einer der folgereichsten in der Theorie der Gleichungen. Newton, und lange vorher Albert Girard, hatten gezeigt, wie sich die Summen der Potenzen der Wurzeln einer Gleichung durch ihren Coefficienten ausdrücken lassen. Man sehe in dem Werke von Albert Girard unter dem Titel: „Invention nouvelle en algèbre,“ welches im Jahre 1629 zu Amsterdam gedruckt ist, das zweite Beispiel zum zweiten Lehrsatze. Euler in den Memoiren der Berliner Academie vom Jahre 1748 und Cramer am Schlusse seiner Einleitung in die Ana-

## *Polynomen.*

lysis der Curven, haben gezeigt, dass sich die Summe der Producte der Wurzeln einer gegebenen Gleichung, zu zweien, zu dreien etc. genommen, und zu verschiedenen Potenzen erhoben, durch die Coefficienten der gegebenen Gleichung ausdrücken lassen, und Waring hat allgemeine Ausdrücke für dergleichen Functionen der Wurzeln gegeben. In einzelnen Fällen aber ist es vielleicht einfacher, die obige Methode anzuwenden.

### 172.

Die Coefficienten des Polynoms (424 und 425.) kann man folgende nun auf Weise berechnen.

Man fange mit der Summe der Potenzen, also mit dem Ausdrucke

$$429.\quad \left\{\begin{array}{l} S\alpha = a \\ S\alpha^2 = aS\alpha - 2b \\ S\alpha^3 = aS\alpha^2 - bS\alpha + 3c \\ \dots\dots\dots\dots\dots \end{array}\right\} \quad (420.)$$

an. Hierauf suche man die $n$ten Glieder der Reihen

$$430.\quad \left\{\begin{array}{l} S\alpha = a,\ S\alpha\beta = b,\ S\alpha\beta\gamma = c \dots \\ S\alpha^2,\ S\alpha^2\beta^2 = \tfrac{1}{2}(S\alpha^2 . S\alpha^2 - S\alpha^4) \\ \quad S\alpha^2\beta^2\gamma^2 = \tfrac{1}{3}(S\alpha^2\beta^2 . S\alpha^2 - S\alpha^2 . S\alpha^4 + S\alpha^6) \dots \\ S\alpha^3,\ S\alpha^3\beta^3 = \tfrac{1}{2}(S\alpha^3 . S\alpha^3 - S\alpha^6) \\ \quad S\alpha^3\beta^3\gamma^3 = \tfrac{1}{3}(S\alpha^3\beta^3 . S\alpha^3 - S\alpha^3 . S\alpha^6 + S\alpha^9) \dots \\ etc. \end{array}\right.$$

Diese $n$ten Glieder sind die Werthe der Summen $S\alpha\beta\gamma \dots$, $S\alpha^2\beta^2\gamma^2 \dots$, $S\alpha^3\beta^3\gamma^3 \dots$ *etc.*

## *Zerlegung von*

[*Man findet diese Rechnungen in dem Buche von* **Meyer Hirsch**, *welches den Titel führt: „Sammlung von Aufgaben aus der Theorie der algebraischen Gleichungen“ Berlin* 1809.] Alsdann ist

431. $$\begin{cases} A = \mathrm{S}\,\alpha\beta\gamma \ldots \\ B = \tfrac{1}{2}(A\,\mathrm{S}\,\alpha\beta\gamma \ldots - \mathrm{S}\,\alpha^2\beta^2\gamma^2 \ldots) \\ C = \tfrac{1}{3}(B\,\mathrm{S}\,\alpha\beta\gamma \ldots - A\,\mathrm{S}\,\alpha^2\beta^2\gamma^2 \ldots + \mathrm{S}\,\alpha^3\beta^3\gamma^3 \ldots) \\ etc. \end{cases}$$

Uebrigens ist leicht zu sehen, dass man den ersten Coefficienten $A$ und den letzten $V$, ohne alle Rechnung findet. Der erste Coefficient $A$ ist offenbar dem Coefficienten zu $x^{m-n}$ in dem gegebenen Polynom $x^m - ax^{m-1} \ldots$ gleich [*denn er ist, eben wie der Coefficient zu* $x^{m-n}$ *in* $x^m - ax^{m-1} \ldots$ *gleich* $\alpha\beta\gamma \ldots + \beta\gamma\delta \ldots + \alpha\gamma\delta \ldots$]. Der Coefficient $V$ ist von der Form $\alpha^\nu\beta^\nu\gamma^\nu\delta^\nu \ldots = h^\nu$. Um den Coefficienten $\nu$ zu finden, darf man nur erwägen, dass dieser Coefficient das Product von $\mu$ Grössen ist, deren jede das Product von $n$ Grössen aus den $m$ Grössen $\alpha$, $\beta$, $\gamma \ldots$ ist, so dass der Coefficient die Abmessung $n\mu$ hat. Es muss also $m\nu = n\mu$, und folglich $\nu = \frac{\mu n}{m}$ seyn. Nun ist

432. $$\begin{cases} \mu = \frac{m(m-1)(m-2)\ldots(m-n+1)}{2.3\ldots n} \text{ (419.), also ist} \\ \nu = \frac{(m-1)(m-2)\ldots(m+n-1)}{2.3\ldots(n-1)} \\ \text{und der Werth von } V \text{ ist } h^\nu. \end{cases}$$

## Polynomen.

Hat man auf diese Weise den letzten Coefficienten $V$ des Polynoms mit $u$ (424.) gefunden, so ist es hinreichend, direct die erste Hälfte der Coefficienten $A$, $B$, $C$.... des Polynoms zu berechnen; denn wenn die dem Gliede $V$ vorhergehenden Coefficienten $T$, $S$, $R$.... sind, so ist leicht zu sehen, dass

$$433.\quad \frac{T}{V} = \frac{1}{\alpha\beta\gamma\ldots\ldots} + \frac{1}{\beta\gamma\delta\ldots\ldots} + \frac{1}{\alpha\gamma\delta\ldots\ldots}\ldots\ldots$$

Bezeichnet man nun durch $(n)$ den Coefficienten zu $x^n$ in dem gegebenen Polynom (420.), so ist auch

$$434.\quad \frac{(n)}{h} = \frac{1}{\alpha\beta\gamma\ldots\ldots} + \frac{1}{\beta\gamma\delta\ldots\ldots} + \frac{1}{\alpha\gamma\delta\ldots\ldots}\ldots\ldots;$$

und folglich ist $\frac{T}{V} = \frac{(n)}{h}$, und mithin

$$435.\quad T = \frac{(n)\,V}{h}.$$

Bezieht man hierauf die Coefficienten des gegebenen Polynoms (420.), welche dem letzten Coefficienten $h$ vorhergehen, so darf man nur, wenn der Ausdruck von $B$ durch $a$, $b$, $c$.... gefunden ist, $a$ mit $\frac{g}{h}$, $b$ mit $\frac{f}{h}$, $c$ mit $\frac{e}{h}$.... u. s. w. verwechseln, um den Werth von $\frac{S}{V}$ zu finden. Macht man die nämlichen Veränderungen mit dem Ausdrucke von $C$, so findet man den Werth von $\frac{R}{V}$ u. s. w.

Hat man auf diese Weise das Polynom mit $u$ (424.) [*den letzten Coefficienten des dividirenden*

*Polynoms* (422.)] aufgestellt, so erhält man, wenn man es gleich Null setzt, eine Gleichung, deren Wurzeln $\alpha\beta\gamma\ldots$, $\beta\gamma\delta\ldots$, $\alpha\gamma\delta\ldots$ sind, aus welcher sich also der Werth von $u$ finden lässt. Es bleibt also nur noch übrig, die Werthe der übrigen Coefficienten $p, q, r \ldots$ des dividirenden Polynoms (422.) zu finden.

## 173.

Das einfachste Verfahren, diese Coefficienten zu finden, ist, dass man das Polynom $x^m - ax^{m-1} \ldots$ durch das Polynom $x^n - px^{n-1} \ldots \pm u$ wirklich dividirt, bis man zu einem Rest kommt, in welchem die höchste Potenz von $x$ niedriger ist als $x^n$. Setzt man die Glieder dieses Restes einzeln gleich Null, damit derselbe von der unbekannten Grösse $x$ unabhängig sey, so erhält man $n$ Gleichungen zwischen den $n$ Coefficienten $p, q \ldots n$, aus welchen sich, allgemein genommen, für die Werthe von $p, q \ldots$ rationale Ausdrücke durch $u$ finden lassen. Man würde auf diese Weise die Gleichung in $u$ selbst finden, wenn man die Werthe in die übrig bleibenden Gleichungen substituirte. Da man aber auf diesem Wege nicht sieht, von welchem Grade die End-Gleichung in $u$ ist, und man selbst auf eine Gleichung mit $u$ kommen könnte, deren Grad höher ist als nöthig, worin in der That der gewöhnliche Uebelstand bei Eliminationen besteht; so glauben wir, dass es gut sey zu zeigen, wie sich gesuchte Gleichungen

## Polynomen.

a priori finden lassen, und wie man ihre Ordnungs-Zahl finden könne.

Eben deshalb scheint es auch gut, eine directe Methode der Entwickelung der Coefficienten $p, q \ldots$ in $u$ zu haben und versichert zu seyn, dass die Ausdrücke derselben immer rational sind, ausgenommen den besondern Fall, wenn sie von Gleichungen des zweiten und dritten Grades abhängen, wie wir in dem vorigen Zusatze sahen. Wir wollen also untersuchen, wie sich die Werthe der Coefficienten $p, q \ldots$ in $u$ finden lassen, wenn man die Gleichung mit $u$ voraussetzt.

### 174.

Man erwäge, dass man, weil die Grösse $x$ unbestimmt ist [*nämlich in dem gegebenen Polynom* (420.), *welches noch nicht gleich Null gesetzt worden*], sowohl in das gegebene Polynom $P = x^m - a x^{m-1} \ldots$, als in den vorausgesetzten Divisor desselben, $D = x^n - p x^{n-1} \ldots$, $x - k$ statt $x$ setzen kann. Geschieht dieses, so geht $P$ in eine Grösse von der Form

436. $x^m - a_{,} x^{m-1} + b_{,} x^{m-2} - \ldots \pm h_{,}$

über, wo [*wie leicht zu sehen*]

437. $$\begin{cases} a_{,} = a + mk \\ b_{,} = b + (m-1)ak + \dfrac{m(m-1)}{2} k^2 \\ c_{,} = c + (m-2)bk + \dfrac{m(m-1)}{2} ak^2 + \dfrac{m(m-1)(m-2)}{2.3} k^3 \\ \ldots\ldots\ldots\ldots\ldots \\ h_{,} = h + gk + fk^2 + ek^3 \ldots \end{cases}$$

ist.

## Zerlegung von

Eben so geht $D$ in eine Grösse von der Form

438. $x^n - p_{,} x^{n-1} + q_{,} x^{n-2} - \ldots \pm u_{,}$

über, wo

$$439. \begin{cases} p_{,} = p + nk \\ q_{,} = q + (n-1)pk + \frac{n(n-1)}{2} k^2 \\ r_{,} = r + (n-2)qk + \frac{(n-1)(n-2)}{2} pk^2 + \frac{n(n-1)(n-2)}{2.3} k^3 \\ \ldots\ldots\ldots\ldots\ldots \\ u_{,} = u + tk + sk^2 + rk^3 \ldots\ldots \end{cases}$$

ist.

Daraus folgt, dass, wenn man in die Gleichung

$$u^\mu - Au^{\mu-1} + Bu^{\mu-2} \ldots \pm V = 0 \quad (425)$$

[*von welcher der letzte Coefficient* $u$ *des Divisors* $D = x^n - px^{n-1} + qx^{n-2} \ldots \pm u$ *abhängt und*] in welcher die Coefficienten $A$, $B$, $C \ldots$ Functionen von $a$, $b$, $c \ldots h$ sind, der Reihe nach $a_{,}$, $b_{,}$, $c_{,} \ldots h_{,}$ statt $a$, $b$, $c \ldots h$ setzt, der Werth von $u$ nothwendig in $u_{,}$ übergeht, was auch $k$ seyn mag. [*Denn Alles zusammen entspricht jetzt blos einem andern Werthe* $x + k$ *der unbestimmten und von den übrigen Grössen unabhängigen Grösse* $x$.] Entwickelt man also die Glieder nach Potenzen von $k$, so muss jedesmal die Summe der Glieder, welche einerlei Potenzen von $k$ enthalten, Null seyn, welches mehrere Gleichungen giebt, aus deren jeder man einen der Coefficienten $t$, $s$, $r \ldots$ durch die vorhergehenden bestimmen kann.

## *Polynomen.*

### 175.

Man kann auch diese Coefficienten selbst unmittelbar durch die Ableitungs-Operation finden [*welches auch wohl kürzer ist*]. Setzt man nämlich $\frac{k}{m}$ statt $k$, so folgt aus den Ausdrücken (437.), dass, wenn $a$ in $a+k$ übergeht,

$$440.\quad \begin{cases} b+\frac{m-1}{m}ak+\frac{m(m-1)}{2m^2}k^2\ldots\ \text{aus } b \\ c+\frac{m-2}{m}bk+\frac{(m-1)(m-2)}{2m^2}ak^2+\frac{m(m-1)(m-2)}{2.3.m^3} \\ \qquad\qquad\text{aus } c \\ \ldots\ldots\ldots\ldots \\ u+\frac{t}{m}k+\frac{s}{m^2}k^2+\frac{r}{m^3}k^3\ldots\ \text{aus } u \end{cases}$$

wird.

Betrachtet man also, welches angeht, die Coefficienten $b$, $c\ldots$ $h$ und $u$ als Functionen von $a$, und erinnert sich, dass, wenn man $a+k$ statt $a$ setzt, die Function $u$ von $a$ in

$$441.\quad u+k\frac{du}{da}+\frac{k^2}{2}\frac{d^2u}{da^2}+\frac{k^3}{2.3}\frac{d^3u}{da^3}\ldots$$

übergeht; so ist [*wenn man die Ableitungen von den Ausdrücken* (440.) *nimmt*]

$$\begin{cases} \frac{db}{da}=\frac{m-1}{m}a,\ \frac{d^2b}{da^2}=\frac{m(m-1)}{m^2},\ \frac{d^3b}{da^3}=0 \\ \frac{dc}{da}=\frac{m-2}{m}b,\ \frac{d^2c}{da^2}=\frac{(m-1)(m-2)}{m^2}a, \\ \qquad\frac{d^3c}{da^3}=\frac{m(m-1)(m-2)}{m^3},\ \frac{d^4c}{da^4}=0 \end{cases}$$

*Zerlegung von*

$$442.\quad \begin{cases} \frac{\partial d}{da} = \frac{m-3}{m} c, \quad \frac{\partial^2 d}{da^2} = \frac{(m-2)(m-3)}{m^2} b \\ \frac{\partial^3 d}{da^3} = \frac{(m-1)(m-2)(m-3)}{m^3} a \\ \frac{\partial^4 d}{da^4} = \frac{m(m-1)(m-2)(m-3)}{m^4}, \frac{\partial^5 d}{da^5} = 0 \\ \text{u. s. w.} \\ \frac{du}{da} = \frac{t}{m}, \quad \frac{d^2 u}{da^2} = \frac{2s}{m^2}, \quad \frac{d^3 u}{da^3} = \frac{2.3r}{m^3} \dots \end{cases}$$

Man darf nunmehr nur noch der Reihe nach die Ableitungen der Gleichung in $u$ (425.) nehmen und darin das Obige substituiren.

## 176.

Man setze [*die Grösse mit u* (425.)]

$$443.\quad u^\mu - Au^{\mu-1} + Bu^{\mu-2} - Cu^{\mu-3} \dots \pm V = Z,$$

so dass

$$444.\quad Z = 0$$

die Gleichung (425.) mit $u$ ist, welche den Werth von $u$ bestimmt; so kann man, wenn man die Grösse $Z$ als eine Function von $a$ betrachtet, die Ableitungen davon nach $a$ nehmen. [*Der Text erklärt in der hier folgenden Stelle seine Zeichen, welche die Theile der Ableitungen nach* $\frac{da}{da}, \frac{db}{da}, \frac{dc}{da}$ *etc. von den übrigen unterscheiden. Dieselben werden nämlich durch* $\left(\frac{Z'}{a'}\right), \left(\frac{Z'}{b'}\right), \left(\frac{Z'}{c'}\right) \dots \left(\frac{Z''}{a'^2}\right)\left(\frac{Z''}{a'b'}\right) \dots$ *bezeichnet. Da überall in dieser deutschen Ausgabe, aus den in der Vorrede*

## Polynomen.

*angegebenen Gründen, die alten Leibnitzschen Zeichen gebraucht werden sollen, so finden diese neuen Zeichen nicht Statt, und was davon Näheres gesagt ist, kann wegbleiben. Der Schluss der Bemerkungen wegen der neuen Zeichen aber darf nicht übergangen werden, denn Alles, was die Mangelhaftigkeit der alten Zeichen ins Licht setzt, kann nicht oft genug wiederholt werden. Lagrange sagt:*] Nimmt man diese neuen Zeichen an, so behält der Algorithmus der Ableitungen alle die Vorzüge der Differential-Rechnung, und hat noch den neuen Vortheil, die Formeln von der Menge von *d* zu befreien, welche sie weitläufig machen, gewissermaassen entstellen und beständig die falsche Vorstellung vom Unendlich Kleinen herbeirufen.

### 177.

Man erhält, wenn man alle die Grössen *a*, *b*, *c*.... *h* und *u* als Functionen irgend einer unabhängig veränderlichen Grösse [*z. B.* $\lambda$] betrachtet,

445. $$\frac{dZ}{dt} = \frac{dZ}{da}\cdot\frac{da}{d\lambda} + \frac{dZ}{db}\cdot\frac{db}{d\lambda} + \frac{dZ}{dc}\cdot\frac{dc}{d\lambda}\dots + \frac{dZ}{du}\cdot\frac{du}{d\lambda},$$

und, wenn man von neuem die Ableitungen [*nach* $\lambda$] nimmt,

446. $$\frac{d^2Z}{d\lambda^2} = \frac{dZ}{da}\frac{d^2a}{d\lambda^2} + \frac{dZ}{db}\frac{d^2b}{d\lambda^2} + \frac{dZ}{dc}\frac{d^2c}{d\lambda^2}\dots + \frac{dZ}{du}\frac{d^2u}{d\lambda^2}.$$
$$+ \frac{d^2Z}{da^2}\left(\frac{da}{d\lambda}\right)^2 + 2\frac{d^2Z}{da\,db}\cdot\frac{da}{d\lambda}\cdot\frac{db}{d\lambda}\dots$$
$$+ \frac{d^2Z}{db^2}\left(\frac{db}{d\lambda}\right)^2\dots$$

Zerlegung von

$$+2\frac{d^2Z}{da\,du}\cdot\frac{da}{d\lambda}\cdot\frac{du}{d\lambda}+2\frac{d^2Z}{db\,du}\cdot\frac{db}{d\lambda}\cdot\frac{du}{d\lambda}\ldots\ldots$$

$$+\frac{d^2Z}{du^2}\cdot\left(\frac{du}{d\lambda}\right)^2$$

u. s. w.

Setzt man nun [*die willkürliche Grösse* $\lambda$, $= a$, *also*]

447. $\frac{da}{d\lambda}=1,\ \frac{d^2a}{da^2}=0\ \ldots$

und, den Ausdrücken (442.) zu Folge,

$$\frac{db}{d\lambda}=\frac{m-1}{m}a,\ \frac{d^2b}{d\lambda^2}=\frac{m(m-1)}{m^2},\ \frac{d^3b}{d\lambda^3}=0$$

$$\frac{dc}{d\lambda}=\frac{m-2}{m}b\ etc.$$

so sind die Gleichungen $\frac{dZ}{d\lambda}=0,\ \frac{d^2Z}{d\lambda^2}=0$ [*oder jetzt* $\frac{dZ}{da}=0,\ \frac{d^2Z}{da^2}=0$ *etc.*], welche alsdann Statt finden, folgende

448.

$$\frac{dZ}{da}+\frac{dZ}{db}\frac{m-1}{m}a+\frac{dZ}{dc}\frac{m-2}{m}b\ldots\ldots+\frac{dZ}{du}\frac{t}{m}=0$$

$$\frac{dZ}{db}\frac{m(m-1)}{m^2}+\frac{dZ}{dc}\frac{(m-1)(m-2)}{m^2}a\ldots\ldots+\frac{dZ}{du}\frac{2s}{m^2}$$

$$+\frac{d^2Z}{da^2}+2\frac{d^2Z}{da\,db}\frac{m-1}{m}a+\frac{d^2Z}{db^2}\left(\frac{m-1}{m}a\right)^2\ldots\ldots$$

$$+2\left(\frac{d^2Z}{da\,du}\frac{1}{m}+\frac{d^2Z}{db\,du}\frac{m-1}{m^2}a+\frac{d^2Z}{dc\,du}\frac{m-2}{m^2}b\ldots\ldots\right)t$$

$$+\frac{d^2Z}{du^2}\frac{t^2}{m^2}\ldots\ldots=0$$

u. s. w.; in welchen Gleichungen die theilweisen Ableitun-

## *Polynomen.*

tungen $\frac{dZ}{da}$, $\frac{dZ}{db}$ .... $\frac{d^2Z}{da^2}$, $\frac{d^2Z}{da\,db}$ *etc.* bekannte Functionen von $a$, $b$, $c$.... $u$ sind.

Die erste Gleichung giebt also den Werth von $t$, die zweite giebt den Werth von $s$ u. s. w., und zwar in rationalen Functionen von $a$, $b$, $c$.... $u$, so lange nicht etwa die theilweise Ableitung $\frac{dZ}{du}$ gleich Null ist, in welchem Falle die erste Gleichung kein $t$, die zweite kein $s$ mehr enthält u. s. w. In diesem Fall also muss man den Werth von $t$ aus der zweiten Gleichung (448.) nehmen, in welcher $t$ auf den zweiten Grad steigt. Die folgenden Gleichungen geben alsdann die Werthe von $s$, $r$.... in rationalen Functionen. Wäre die Ableitung $\frac{d^2Z}{du^2}$ auch Null, so wäre die Gleichung für $t$ nicht mehr vom ersten Grade; und wäre die Summe der Functionen, mit welchen $t$ multiplicirt ist, zugleich Null, so verschwände die Grösse $t$ aus der zweiten Gleichung und könnte nur durch die dritte Gleichung bestimmt werden, wo sie auf den dritten Grad stiege u. s. w.

Nun ist die Grösse

449. $\frac{dZ}{du}, = \mu u^{\mu-1} - (\mu-1)Au^{\mu-2} + (\mu-2)Bu^{\mu-3}....$

(443.) und die Gleichung $\frac{dZ}{du} = 0$ drückt, wie man sieht, die Bedingungen der Gleichheit der Wurzeln der Gleichung $Z = 0$ aus. Daraus folgt, dass, wenn diese Gleichung gleiche Wurzeln hat, und man setzt für $u$ eine dieser gleichen Wurzeln, so dass die

Zerlegung von

Function $\frac{dZ}{du}$ mit $Z$ zugleich Null ist, dass dann der Coefficient $t$ von einer particulairen Gleichung zweiter Ordnung abhängt, und dass folglich auch alle übrige Coefficienten des Divisors $D$ zugleich von der Auflösung zweier Gleichungen mit $u$ und $t$ abhängen. Wir zeigten in (§. 163.) den metaphysischen Grund davon aus der Gleichheit der Wurzeln. Der gegenwärtige Beweis ist strenge analytisch.

## 178.

Eine wesentliche Folgerung aus den obigen Ausdrücken ist, dass alle die Coefficienten $t$, $s$, $r$.... so lange die Grösse $\frac{dZ}{du}$ nicht Null ist, durch rationale Functionen von $u$ gefunden werden, und dass solches also immer der Fall ist, wenn die Gleichung mit $u$ keine gleiche Wurzeln hat, oder wenigstens, wenn man für $u$ nur die ungleichen Wurzeln nimmt.

Nun ist zu bemerken, dass man immer machen kann, dass $u$ keine gleichen Wurzeln hat, in so fern sich nur in dem gegebenen Polynom nicht etwa selbst gleiche Factoren befinden. Jedoch macht der letzte Fall keine Ausnahme, da sich die gleichen Factoren vom Anfange an eliminiren lassen. Man kann also immer annehmen, dass alle Factoren der Polynome ungleich sind.

Dieses vorausgesetzt, substituire man $x - \lambda$ statt $x$, so geht

## *Polynomen.*

$$450.\quad \begin{cases} a \text{ in } a + m\lambda \\ b \text{ in } b + (m-1)a\lambda + \frac{m(m-1)}{2}\lambda^2 \\ \text{etc.} \end{cases}$$

über [*wie in (§. 174.) als man $x-k$ statt $x$ setzte*]. Die Factoren des neuen Polynoms sind also

$$x-\alpha-\lambda,\quad x-\beta-\lambda,\quad x-\gamma-\lambda \quad etc.$$

das heisst, die Grössen $\alpha$, $\beta$, $\gamma$ *etc.* sind in $\alpha+\lambda$, $\beta+\lambda$, $\gamma+\lambda\ldots.$ übergegangen.

Die Wurzeln der Gleichung mit $u$ [$Z=0$ (443.)] sind also alle mögliche Producte von $n$ Grössen aus den $m$ Grössen $\alpha+\lambda$, $\beta+\lambda$, $\gamma+\lambda\ldots.$, und es ist klar, dass zwei von diesen Wurzeln nicht anders gleich seyn können, als wenn es zwei aus den verschiedenen Grössen entstehende gleiche Producte von zwei oder mehreren Abmessungen giebt. Dieses aber kann man durch die Grösse $\lambda$ vermeiden, denn man kann diese Grösse offenbar so annehmen, dass die gleichen Producte nicht existiren. Denn z. B. für die beiden Producte $(\alpha+\lambda)(\beta+\lambda)$, $(\gamma+\lambda)(\delta+\lambda)$, welche gleich $\lambda^2 + (\alpha+\beta)\lambda+\alpha\beta$ und $\lambda^2+(\gamma+\delta)\lambda+\gamma\delta$ sind, giebt es nur einen Werth von $\lambda$, für welchen dieselben gleich sind. Also ist die Zahl der Werthe, für welche sie ungleich sind, unendlich gross, in so fern nicht etwa $\alpha+\beta=\gamma+\delta$ und $\alpha\beta=\gamma\delta$ ist, was aber nicht seyn soll, da $\alpha$ und $\beta$, $\gamma$ und $\delta$ nicht gleich seyn sollen.

Eben so würde es sich bei einer grössern Zahl von Factoren verhalten, woraus folgt, dass man das ursprüngliche Polynom durch Zusatz einer unbe-

*Zerlegung von*

stimmten Grösse $\lambda$ zu der Grösse $x$ immer so verwandeln kann, dass die entstehende Gleichung mit $u$ keine gleiche Wurzeln hat.

## 179.

Dieses ist nicht allein das Verfahren, sondern es sind die Ausdrücke selbst, durch welche sich immer ein Divisor $n$ter Ordnung eines beliebigen Polynoms von der $m$ten Ordnung finden lässt. Wie bewiesen, hängt dieser Divisor immer nur von der Wurzel einer einzigen Gleichung von der Ordnung

$$u = \frac{m(m-1)(m-2)\ldots.(m-n+1)}{2.3\ldots.n} \quad (419.)$$

ab; [*nämlich der Gleichung* (443.), *welche das letzte Glied u des vorausgesetzten Divisors* (422.) *als Wurzel enthält. Denn wenn das letzte Glied u des Divisors gefunden ist, so lassen sich nach* (§. 177.) *die übrigen Glieder des Divisors t, s, r.... p ohne weitere Auflösung von Gleichungen finden.*]

Es ist daher hinreichend, wenn diese Gleichung [*mit u*] nur eine einzige reelle Wurzel hat. Da man aber im Allgemeinen nur von Gleichungen ungerader Ordnungen oder von solchen gerader Ordnungen, deren letztes Glied negativ ist, versichert ist, dass sie eine reelle Wurzel haben, so muss man noch untersuchen, für welche Werthe von $n$ diese Bedingungen Statt finden.

Welches auch die Zahl $m$ seyn mag, so kann man immer setzen

## *Polynomen.*

451. $m = 2^\varrho \tau$,

wo $\tau$ ungerade ist [$2^\varrho \tau$ *drückt, wenn man unter die verschiedenen Werthe von* $\varrho$ *auch den Werth Null zählt, jede mögliche gerade oder ungerade Zahl aus*]. Wir wollen

452. $n = 2^\varrho$

setzen, so ist [*nach* (419.)]

$$\mu = \frac{2^\varrho \tau (2^\varrho \tau - 1)(2^\varrho \tau - 2) \ldots (2^\varrho \tau - 2^\varrho + 1)}{2 \cdot 3 \ldots 2^\varrho},$$

oder, was das Nämliche ist,

$$\mu = \frac{2^\varrho \tau (2^\varrho \tau - 1)(2^\varrho \tau - 2) \ldots (2^\varrho \tau - 2^\varrho + 1)}{2^\varrho (2^\varrho - 1)(2^\varrho - 2) \ldots (2^\varrho - 2^\varrho + 1)}.$$

Dividirt man dieses oben und unten durch $2 \cdot 4 \cdot 6 \ldots 2^\varrho$, so erhält man

453. $\mu =$

$$\frac{\tau(2^\varrho\tau-1)(2^{\varrho-1}\tau-1)(2^\varrho\tau-3)(2^{\varrho-1}\tau-4)(2^\varrho\tau-5)\ldots(2^\varrho\tau-2^\varrho+1)}{(2^\varrho-1)(2^{\varrho-1}-1)(2^\varrho-3)(2^\varrho-4)(2^\varrho-5)\ldots(2^\varrho-2^\varrho+1)}.$$

Da in diesem Ausdrucke Zähler und Nenner nur ungerade Factoren haben, und die Zahl $\mu$ ihrer Natur nach nothwendig eine ganze Zahl ist, so folgt, dass dieselbe nothwendig ungerade seyn muss, [*weil Ungerades mit Ungeradem multiplicirt und Ungerades durch Ungerades dividirt, allemal Ungerades giebt.*]

Hieraus folgt, dass jedes Polynom vom Grade $2^\varrho \tau$ immer einen reellen Divisor vom Grade $2^\varrho$ hat,

*Zerlegung von*

[*weil dann der Grad* $\mu$ *der Gleichung mit u* (445.) *eine ungerade Zahl ist und eine solche Gleichung allemal eine reelle Wurzel hat, so dass also u nothwendig wenigstens* e i n e n *reellen Werth haben muss, und die übrigen Coefficienten des vorausgesetzten Divisors D, der jetzt vom* $2^{\varrho}$*ten Grade ist, weil sie von u abhängen, ebenfalls reelle Grössen sind, so dass also der ganze Divisor reell ist.*] Das Polynom, welches den Quotienten ausmacht, ist also ebenfalls reell. Es ist vom Grade $2^{\varrho}\tau - 2^{\varrho} = 2^{\varrho}(\tau - 1)$. Da in diesem Ausdrucke $\tau$ eine ungerade Zahl ist, so ist $\tau - 1$ eine gerade Zahl, welche man durch $2^{\sigma}k$ ausdrücken kann, wo $k$ ungerade ist. Der Quotient ist also vom Grade $2^{\varrho+\sigma}k$ und hat folglich wieder einen reellen Divisor vom Grade $2^{\varrho+\sigma}$ u. s. w. Da auf diese Weise jede ganze Zahl in eine gewisse Zahl steigender Potenzen von 2, z. B. $2^{\varrho}$, $2^{\varrho+\sigma}$.... zerlegt werden kann, so folgt, dass jedes Polynom von irgend einem Grade unmittelbar in eine gleiche Zahl von Polynomen zerlegt werden kann, deren Ordnungs-Zahlen jene Potenzen von 2 sind.

## 180.

Es sind also nur noch die Polynomen zu untersuchen, deren Ordnungs-Zahl eine Potenz von 2 ist.

Wir wollen in den allgemeinen Ausdruck von $\mu$ (419.)

454. $m = 2^{\varrho}$ und $n = \frac{1}{2}m = 2^{\varrho-1}$

## *Polynomen.*

setzen, so ist

$$\mu = \frac{2^\rho(2^\rho - 1)(2^\rho - 2) \ldots (2^\rho - 2^{\rho-1} + 1)}{1 \cdot 2 \cdot 3 \ldots 2^{\rho-1}},$$

oder

$$\mu = \frac{2^\rho(2^\rho - 1)(2^\rho - 2) \ldots (2^\rho - 2^{\rho-1} + 1)}{2^{\rho-1}(2^{\rho-1} - 1)(2^{\rho-1} - 2) \ldots (2^{\rho-1} - 2^{\rho-1} + 1)}.$$

Dividirt man oben und unten durch $2 \cdot 4 \cdot 6 \ldots 2^{\rho-1}$, so erhält man

455. $$\mu = \frac{2(2^\rho - 1)(2^{\rho-1} - 1)(2^\rho - 3)(2^{\rho-1} - 1) \ldots (2^\rho - 2^{\rho-1} + 1)}{(2^{\rho-1} - 1)(2^{\rho-2} - 1)(2^{\rho-1} - 3)(2^{\rho-2} - 1) \ldots (2^{\rho-1} - 2^{\rho-1} + 1)}.$$

Da alle Factoren des Zählers, mit Ausnahme des ersten Factors 2, so wie alle Factoren des Nenners, ungerade sind, so ist die Zahl $\mu$, die ihrer Natur nach eine ganze Zahl seyn muss, nothwendig von der Form $2\omega$, wenn $\omega$ eine ungerade Zahl bedeutet.

Da in dem gegenwärtigen Falle die Ordnungs-Zahl $n$ des Divisors $D$ halb so gross ist als diejenige des gegebenen Polynoms [*denn es wurde* $n = \frac{1}{2}m$ *vorausgesetzt*], so sind die Wurzeln der Gleichung mit $u$ alle die Producte, welche sich aus der Hälfte der Grössen $\alpha, \beta, \gamma \ldots$, deren Zahl gerade angenommen wurde, zusammensetzen lassen. Da nun das Product aller dieser Grössen $h$ ist (420.), so folgt, dass, wenn $u$ eines der partiellen Producte ist, $\frac{h}{u}$ ein anderes seyn muss [*weil nämlich jetzt* $\frac{h}{u}$ *eben so viel Factoren hat als* $u$]. Ist also $u$ eine

## *Zerlegung von*

Wurzel der aufzulösenden Gleichung, so ist $\frac{h}{u}$ ebenfalls eine. Diese Gleichung muss also unverändert die nämliche bleiben, wenn man $\frac{h}{u}$ statt $u$ setzt.

Substituirt man in die Gleichung mit $u$ (443.)

$$456.\quad Z = u^{\mu} - Au^{\mu-1} + Bu^{\mu-2} \ldots$$
$$- Ru^3 + Su^2 - Tu + V = 0,$$

$\frac{h}{u}$ statt $u$, so erhält man, nachdem das Resultat mit $u^{\mu}$ multiplicirt und mit $V$ dividirt worden,

$$457.\quad u^{\mu} - \frac{hT}{V}u^{\mu-1} + \frac{h^2S}{V}u^{\mu-2} - \frac{h^3R}{V}u^{\mu-3} \ldots$$
$$\ldots - \frac{h^{\mu-3}C}{V} + \frac{h^{\mu-2}B}{V} - \frac{h^{\mu-1}A}{V}u + \frac{h^{\mu}}{V} = 0,$$

und da nun die beiden Gleichungen (456.) und (457.) identisch die nämlichen sind, so muss

$$458.\quad A = \frac{hT}{V},\ B = \frac{h^2S}{V},\ C = \frac{h^3R}{V} \text{ etc.}$$

seyn. Es war aber $V = h^{\nu}$ (432.), wo $\nu = \frac{\mu n}{m}$ (432.) ist. Dieses giebt hier, weil $m = 2n$ seyn soll, $\nu = \frac{1}{2}\mu$, so dass $\nu$ eine ungerade Zahl ist (455.). Es ist also [*aus* (458.)]

$$459.\quad T = Ah^{\nu-1},\ S = Bh^{\nu-2},\ R = Ch^{\nu-3} \text{ etc.}$$

Substituirt man dieses in die Gleichung mit $u$ (456.), setzt $2\nu$ statt $\mu\nu$ und nimmt die Glieder zusammen, welche gleich weit von der Mitte entfernt sind, so erhält man

## *Polynomen.*

$$460.\quad u^{2\nu} + h^{\nu} - A(u^{2\nu-1} + h^{\nu-1}u)$$
$$+ B(u^{2\nu-2} + h^{\nu-2}u^2)$$
$$- C(u^{2\nu-3} + h^{\nu-3}u^3)\ldots = 0.$$

### 181.

Diese Gleichung hat die allgemeine Form der reciproken Gleichungen, deren Ordnungs-Zahl immer auf die Hälfte vermindert werden kann.

Dividirt man nämlich die Gleichung (460.) durch $u^{\nu}$, so erhält man

$$461.\quad u^{\nu} + \frac{h^{\nu}}{u^{\nu}} - A\left(u^{\nu-1} + \frac{h^{\nu-1}}{u^{\nu-1}}\right)$$
$$+ B\left(u^{\nu-2} + \frac{h^{\nu-2}}{u^{\nu-2}}\right)$$
$$- C\left(u^{\nu-} + \frac{h^{\nu-3}}{u^{\nu-3}}\right)\ldots = 0.$$

Setzt man nun

$$462.\quad u + \frac{h}{u} = y,$$

so ist

$$463.\quad \begin{cases} u^2 + \dfrac{h^2}{u^2} + 2h = y^2 \\ u^3 + \dfrac{h^3}{u^3} + 3h\left(u + \dfrac{h}{u}\right) = y^3 \\ \ldots\ldots\ldots\ldots\ldots\ldots, \end{cases}$$

woraus

$$464.\quad \begin{cases} u + \dfrac{h}{u} = y \\ u^2 + \dfrac{h^2}{u^2} = y^2 - 2h \\ u^3 + \dfrac{h^3}{u^3} = y^3 - 3hy \end{cases}$$

*Zerlegung von*

und allgemein

$$465.\quad u^\lambda + \frac{h^\lambda}{u^\lambda} = y^\lambda - \lambda h y^{\lambda-2} + \frac{\lambda(\lambda-3)}{2} h^2 y^{\lambda-4} - \frac{\lambda(\lambda-4)(\lambda-5)}{2\cdot 3} h^3 y^{\lambda-6} \ldots\ldots$$

folgt.

Durch diese Substitution lässt sich die Gleichung mit $u$ (460.) vom $2\nu$ten Grade auf eine Gleichung mit $y$ vom $\nu$ten Grade reduciren, welche von der Form

$$466.\quad y^\nu - A_{,}y^{\nu-1} + B_{,}y^{\nu-2} - C_{,}y^{\nu-3} \ldots\ldots = 0$$

ist, wenn man

$$467.\quad \begin{cases} A = A_{,} \\ B - \nu h = B_{,} \\ C - (\nu-1) hA = C_{,} \\ D - (\nu-2) hB + \frac{\nu(\nu-3)}{2} h^2 = D \\ \ldots\ldots\ldots\ldots\ldots \end{cases}$$

setzt (464. 465.).

Hierauf ist $u$ in $y$ durch die Gleichung $[u + \frac{h}{u} = y$ (462.), *oder*] $u^2 - uy + h = 0$ gegeben, aus welcher

$$468.\quad u = \tfrac{1}{2}y \pm \tfrac{1}{2}\sqrt{(y^2 - 4h)}$$

folgt.

## 182.

Hieraus folgt, dass man nur die Hälfte der Coefficienten $A$, $B$, $C$ .... der Gleichung mit $u$ (443.) berechnen darf, welches die Rechnung auf die Hälfte vermindert. Desgleichen folgt, dass der Exponent $\nu$ eine ungerade Zahl ist, weil im gegenwärtigen Falle

$\mu$ die Form $2\omega$ hat (§. 180.), und dass folglich die Gleichung mit $y$ (466.) nothwendig eine reelle Wurzel haben muss.

Damit aber auch $u$ eine reelle Grösse sey, ist es nicht hinreichend, dass $y$ es ist; vielmehr muss alsdann auch noch $y^2 - 4h$ positiv seyn [(468.) *weil sonst die Wurzel-Grösse in dem Ausdrucke von u durch y nicht reell ist*]. Dieses letzte ist nothwendig immer der Fall, wenn $h$ negativ ist. In diesem Fall also ist das Polynom von der Ordnung $2^{\varrho}$, durch zwei Polynome von der Ordnung $2^{\varrho-1}$ auflösbar. Ist dagegen $h$ positiv, so muss man noch sehen, ob sich ein reeller Werth von $y$ finden lässt, welcher grösser ist als $4h$.

## 183.

Es sey also

$$469. \quad y^2 - 4h = z,$$

und man setze in die obige Gleichung mit $y$ (466.) $\sqrt{(z + 4h)}$ statt $y$, so erhält man, nachdem die Wurzelgrösse durch Quadriren weggeschafft ist und die Glieder nach Potenzen von $z$ geordnet sind, eine Gleichung in $z$ von der nämlichen Ordnung. [*Man bringe nämlich die Gleichung* (466.) *auf die Form*

$$y(y^{\nu-1} + B_{,}y^{\nu-3} + D_{,}y^{\nu-5} \dots)$$
$$= A_{,}y^{\nu-1} + C_{,}y^{\nu-3} \dots,$$

*so erhält man, wenn man quadrirt,*

$$y^2(y^{2\nu-2} + 2B_{,}y^{2\nu-4} + B_{,}^2 y^{2\nu-6} \dots)$$
$$= A_{,}^2 y^{2\nu-2} + 2A_{,}C_{,}y^{2\nu-4} + C_{,}^2 y^{2\nu-4} \dots,$$

*Zerlegung von*

*welche Gleichung nur lauter gerade Potenzen von $y$ enthält. Setzt man also $z+4h$ statt $y^2$, so erhält man eine Gleichung mit $z$ vom Grade $v$.*] Diese Gleichung wird nothwendig eine reelle Wurzel haben, wenn ihr letztes Glied negativ ist. Da nun $v$ ungerade ist, so ist ihr letztes Glied das Product aller Wurzeln negativ genommen. Es kommt also darauf an, ob das Product aller Werthe von $z$ nothwendig positiv ist, wenn man $h$ positiv annimmt.

Da $z=y^2-4h$ und $y=u+\frac{h}{u}$ (462.), so ist

$$\left[z=\left(u+\frac{h}{u}\right)^2-4h=u^2+2h+\frac{h^2}{u^2}-4h, \textit{ oder}\right]$$

$$470. \quad z=u^2+\frac{h^2}{u^2}-2h=\left(u-\frac{h}{u}\right)^2.$$

Nun sind die Werthe von $u$ alle Producte, welche durch Multiplication der Hälfte der Grössen $\alpha$, $\beta$, $\gamma$.... entstehen, und, wie wir oben [*in* (§. 180.)] sahen, sind die Werthe von $\frac{h}{u}$ die Producte der andern Hälfte der Grössen. Die Werthe von $u-\frac{h}{u}$ sind also einander zu zweien gleich, mit entgegengesetzten Zeichen. [*Wenn z. B. sechs Wurzeln $\alpha$, $\beta$, $\gamma$, $\delta$, $\varepsilon$, $\zeta$ vorhanden wären, so wäre ein Werth von $u-\frac{h}{u}$ gleich $\alpha\beta\gamma-\delta\varepsilon\zeta$, und ein anderer gleich $\delta\varepsilon\zeta-\alpha\beta\gamma$, welche Werthe einander gleich sind, mit entgegengesetzten Zeichen.*] Man erhält also alle die verschiedenen Werthe von $z$, wenn man $u$ nur die Hälfte seiner verschiedenen Werthe giebt.

## *Polynomen.*

Daraus folgt, dass, so lange das Product der Werthe von $u - \frac{h}{u}$ eine rationale Function der Coefficienten $a, b, c \ldots.$ ist, das Product aller Werthe von $z$ nothwendig positiv seyn muss, weil nämlich $z$ das Quadrat von $u - \frac{h}{u}$ ist (470.).

Wären vier Grössen $\alpha, \beta, \gamma, \delta$ da, so wären die möglichen Werthe von $u$ folgende:

471. $\alpha\beta, \alpha\gamma, \alpha\delta, \beta\gamma, \beta\delta, \gamma\delta$

und die verschiedenen Werthe von $u - \frac{h}{u}$ sind, wenn man für $u$ nur die drei ersten Producte nimmt,

472. $\alpha\beta - \gamma\delta$, $\alpha\gamma - \beta\delta$ und $\alpha\delta - \beta\gamma$.

Das Product dieser drei Grössen ist

473. $$\left\{\begin{array}{l} \alpha^3\beta\gamma\delta + \alpha\beta^3\gamma\delta + \alpha\beta\gamma^3\delta + \alpha\beta\gamma\delta^3 \\ -\alpha^2\beta^2\gamma^2 - \alpha^2\beta^2\delta^2 - \alpha^2\gamma^2\delta^2 - \beta^2\gamma^2\delta^2, \end{array}\right.$$

wo, wie man sieht, der positive oder negative Theil unveränderliche und symmetrische Functionen der Grössen $\alpha, \beta, \gamma, \delta$ sind und folglich vermittelst der obigen Ausdrücke durch $a, b, c, d$ bestimmt werden können.

### 184.

Wir wollen dieses Resultat allgemeiner nehmen und, der Kürze wegen, die verschiedenen Producte, welche die Hälfte der Grössen $\alpha, \beta, \gamma \ldots.$ geben, wenn man darin eine der Grössen $\alpha$ überall beibehält, durch $P, Q, R \ldots.$, und die Producte der andern Hälfte der Grössen, welche ich reciproke

*Zerlegung von*

nennen will, durch $p$, $q$, $r$.... bezeichnen. Ich will nun zunächst zeigen, dass die Grössen $P$, $Q$, $R$.... und die reciproken Grössen $p$, $q$, $r$.... alle Werthe von $u$ enthalten. Wir sahen nämlich, dass die Zahl dieser Werthe gleich $\mu$ ist, und da jetzt $m = 2n$ ist, so ist

$$474.\quad \mu = \frac{2n(2n-1)(2n-2)\ldots\ldots(n+1)}{1.2.3\ldots\ldots n} = \frac{2(2n-1)(2n-2)\ldots\ldots(n+1)}{1.2.3\ldots\ldots n-1}.$$

Auf der andern Seite ist klar, dass, weil die Grössen $P$, $Q$, $R$.... alle die eine Grösse $\alpha$ enthalten, ihrer so viel seyn müssen, als man $n-1$ Grössen aus $2n-1$ Grössen nehmen kann, also

$$475.\quad \frac{(2n-1)(2n-2)\ldots\ldots(n+1)}{1.2\ldots\ldots n-1} = \frac{\mu}{2} = \nu.$$

[*Diese Zahl ist, wie man sieht, die Hälfte der obigen* (474.); *also ist die Zahl der Grössen* $P$, $Q$, $R$.... *gleich* $\frac{\mu}{2} = \nu$.]

Da also auf diese Weise die Grössen $P$, $Q$, $R$.... die Hälfte aller Werthe von $u$ ausmachen, so ist es hinreichend, dieselben für die verschiedenen Werthe von $u$ zu nehmen. Die Grössen $p$, $q$, $r$.... sind alsdann die correspondirenden Werthe von $\frac{h}{u}$. Es kommt also nur darauf an, ob das Product

$$476.\quad (P-p)(Q-q)(R-r)\ldots\ldots$$

nothwendig eine symmetrische Function der Grössen $\alpha$, $\beta$, $\gamma$.... ist, in welchem Falle man versichert ist,

## *Polynomen.*

dass es rational durch die Coefficienten $a$, $b$, $c$.... ausgedrückt werden könne.

Zunächst ist klar, dass alle die Verwechselungen, welche man mit den Grössen $\beta$, $\gamma$, $\delta$.... [$\alpha$ *befindet sich in allen zugleich*] machen kann, nur Verwechselungen der Producte $P$, $Q$, $R$.... hervorbringen. Eben so verhält es sich mit den reciproken Grössen. Aus diesen Verwechselungen entstehet also keine Veränderung der Grösse (476.) $(P-p)(Q-q)(R-r)$....

Betrachten wir ferner die Vertauschungen von $\alpha$ mit andern Grössen $\beta$, $\gamma$, $\delta$...., so ist klar, dass z. B. diejenigen Grössen, welche zugleich $\alpha$ und $\beta$ enthalten, keine Veränderung erleiden. Es kommen also nur diejenigen Grössen in Betracht, welche $\beta$ nicht enthalten. Wäre $P$ eine solche Grösse, so muss dagegen $p$ nothwendig $\beta$ enthalten, weil in den beiden Grössen $P$ und $p$ zusammen, nothwendig $\beta$ enthalten ist u. s. w. Daraus folgt, dass durch die Vertauschung von $\alpha$ mit $\beta$ jede Grösse $P$, $Q$...., welche nicht $\beta$ enthält, nur in eine der reciproken $p$, $q$, $r$.... übergeht, welche nach der Voraussetzung kein $\alpha$ enthält. Wenn z. B. $P$ in $q$ übergeht, so wird aus $Q$ nothwendig $p$, also wird $q-Q$ aus $P-p$ und zugleich $p-P$ aus $Q-q$. Also bleiben überhaupt die verschiedenen Factoren, wenn man die Grössen $\alpha$, $\beta$, $\gamma$.... unter sich vertauscht, entweder ganz die nämlichen, oder vertauschen sich blos unter sich, während sie zugleich die Zeichen wechseln.

*Zerlegung von*

185.

Nun ist die Zahl der Producte $P$, $Q$, $R$...., welche durch die Verwechselung von $\alpha$ und $\beta$ nicht vertauscht werden, nothwendig der Zahl der Producte gleich, in welchen sich $\alpha$ und $\beta$ zugleich befinden. Die Gesammtzahl der Grössen $\alpha$, $\beta$, $\gamma$.... aber ist $2n$, also ist die Zahl dieser Grössen in jedem Producte gleich $n$, und folglich die Zahl der Producte, welche $\alpha$ und $\beta$ zugleich enthalten, diejenige der Combinationen von $n-2$ Dingen unter $2n-2$ Dingen, welche Zahl

$$477. \quad \sigma = \frac{(2n-2)(2n-3)\ldots\ldots(n+1)}{1.2.3\ldots\ldots(n-2)}$$

ist.

Vergleicht man diese Zahl mit der obigen Zahl $\nu$ (475.), so sieht man, dass

$$478. \quad \sigma = \nu . \frac{n-1}{2n-1}$$

ist.

Nun ist die Gesammtzahl der Grössen $P$, $Q$, $R$.... gleich $\nu$ (475.). Zieht man davon die Zahl $\sigma$ (477.) ab, so erhält man $\left[\nu - \sigma = \nu - \nu \frac{n-1}{2n-1} = \nu\left(\frac{2n-1-n+1}{2n-1}\right)\right.$, *oder*]

$$479. \quad \nu - \sigma = \varphi = \frac{n}{2n-1} . \nu,$$

welches die Zahl derjenigen Producte $P$, $Q$, $R$.... ist, die durch die Verwechselung von $\alpha$ und $\beta$ in die reciproken Producte $p$, $q$, $r$.... übergehen. Diese Zahl ist also auch diejenige der Factoren $P-p$,

$Q-q$,

## *Polynomen.*

$Q-q$, $R-r \ldots$, welche bei dieser Vertauschung das Zeichen wechseln. So lange also $n$ eine gerade Zahl ist und folglich so lange der Exponent $m=2n$ einer Potenz von 2 grösser als 2 ist, ist die Zahl $\varphi = \frac{n\nu}{2n-1}$ der Factoren $P-p$, $Q-q$, $R-r \ldots$ nothwendig gerade [*denn da* $\nu = \frac{1}{2}\mu$ *und* $\mu = 2\omega$ *ist, wo* $\omega$ *eine ungerade Zahl bedeutet* (*§.* 180.), $\nu$ *also nothwendig ungerade ist, so ist* $n\nu$ *gerade, wenn* $n$ *gerade ist, also da zugleich* $2n-1$ *ungerade ist,* $\varphi = \frac{n\nu}{2n-1}$ *nothwendig gerade*]. Daraus folgt, dass das gesammte Product (476.)

$$(P-p)(Q-q)(R-r)\ldots$$

sich durch die Vertauschung von $\alpha$ und $\beta$ nicht ändert. Eben so verhält es sich sich bei der Vertauschung von $\alpha$ mit $\gamma$, $\delta$ *etc.*

Das Product $(P-p)(Q-q)(R-r)\ldots$ ist also nothwendig eine unveränderliche [*oder symmetrische*] Function der Grössen $\alpha$, $\beta$, $\gamma \ldots$ und kann folglich durch rationale Functionen der Coefficienten $a$, $b$, $c \ldots$ des gegebenen Polynoms bestimmt werden. Mithin ist das letzte Glied der Gleichung mit $z$ von der ungeraden Ordnung $\nu$ nothwendig negativ [(*§.* 183.)], und folglich hat diese Gleichung nothwendig eine reelle positive Wurzel (§. 3.).

Nimmt man diesen positiven Werth von $z$, so ist $z = \left(u - \frac{h}{u}\right)^2$ (470.), und folglich $u - \frac{h}{u} = \sqrt{z}$, mithin $u^2 - u\sqrt{z} - h = 0$, woraus

*Zerlegung von*

$$480.\quad u = \tfrac{1}{2}\sqrt{z} \pm \sqrt{(\tfrac{1}{4}z + h)}$$

folgt, welche Grösse nothwendig positiv ist, weil [*ausser z auch*] $h$ positiv ist (§. 183.).

Jedes Polynom von der Ordnung $2^\varrho$ kann also durch die obigen Formeln, so lange $\varrho$ grösser als Eins ist, sein letztes Glied $h$ mag positiv oder negativ seyn, immer in zwei reelle Polynomen von der Ordnung $2^{\varrho-1}$ zerlegt werden, und man erhält zugleich diese beiden Polynomen, wenn man den zweifachen Werth von $u$ nimmt.

Fügt man diesen Schluss zu denjenigen weiter oben (§. 179.) für jedes Polynom von der Ordnung $2^\varrho\tau$, so folgt ganz allgemein, dass jedes beliebige Polynom [*mit reellen Coefficienten*] in reelle Factoren des ersten und zweiten Grades zerlegt werden könne.

## 186.

Wendet man diese Theorie der Zerlegung der Polynome auf die Gleichungen an, so sieht man, dass jede beliebige Gleichung in zwei andere Gleichungen zerlegt werden kann, deren Coefficienten reell sind und nur von einer einzigen reellen Wurzel einer bestimmten Gleichung abhangen. Nun kann man nach dem ersten Abschnitte die Grenzen einer solchen Wurzel blos durch die Substitution der natürlichen Zahlen 1.2.3.... finden, auch die Grenzen durch wiederholte Substitutionen so enge zusammenziehen als man will.

## *Polynomen.*

Man kann also jede numerische Gleichung in zwei andere numerische Gleichungen zerlegen, deren Coefficienten so genau gefunden werden können als man will. Zerfällt man diese Gleichungen weiter, so kommt man endlich auf Gleichungen der ersten und zweiten Ordnung, welche unmittelbar alle reelle und imaginaire Wurzeln der gegebenen Gleichung geben.

Dieses wäre also eine Auflösungs-Methode numerischer Gleichungen, welche von der Untersuchung der Grenzen der Wurzeln ganz unabhängig ist, und welche in diesem Betracht einige Vorzüge vor dem Verfahren in den beiden ersten Abschnitten zu haben scheint. Indess muss man gestehen, dass diese Methode, einige besondere Fälle, wo die Zerlegung der gegebenen Gleichung leicht ist, ausgenommen, wegen der Menge und Weitläufigkeit der erforderlichen Operationen unausführbar ist. Auch ist die Haupt-Absicht des gegenwärtigen Zusatzes nur, a priori die Möglichkeit der Zerlegung der Polynome und Gleichungen in reelle Factoren des ersten und zweiten Grades zu beweisen, welches bis jetzt noch nicht direct und vollständig geschehen war.

# Eilfter Zusatz.

## Ueber die Näherungs-Ausdrücke für die Wurzeln der Gleichungen.

### 187.

Im fünften Zusatze sahen wir, dass die Newtonsche Gleichungs-Auflösungs-Methode darin besteht, der Reihe nach in eine und dieselbe Function die Resultate vorhergehender Substitutionen zu setzen. Das letzte Resultat solcher Substitutionen kann man in einen Ausdruck zusammenfassen.

Es sey

$$481.\quad Fx = 0$$

die gegebene Gleichung, und $a$ der erste näherungsweise Werth einer ihrer Wurzeln. Nach der Newtonschen Methode muss man $a + p$ statt $x$ setzen, und in der Entwickelung alle Glieder, die $p$ in höhern als der ersten Potenz enthalten, weglassen.

Nach der bekannten Entwickelungs-Art der Functionen geht die Gleichung $Fx = 0$, wenn man $a + p$ statt $x$ setzt, in

$$482.\quad Fa + p\frac{dFa}{da} + \frac{p^2}{2}\frac{d^2Fa}{da^2} \ldots\ldots = 0$$

## *Wurzeln der Gleichungen.*

über, welches sich [*wenn man alle höhere Potenzen von p weglässt*] auf

$$483.\quad Fa + p\frac{dFa}{da} = 0$$

reducirt, woraus

$$484.\quad p = -Fa : \frac{dFa}{da}$$

folgt. Ist nun $a$ die erste Grösse, welcher $x$ nahe kommt, so kommt, wenn man

$$485.\quad -Fa : \frac{dFa}{da} = b$$

setzt, die Grösse $a + b$ dem $x$ noch näher, und $a+b$ giebt auf dieselbe Weise

$$486.\quad c = -F(a+b) : \frac{dF(a+b)}{d(a+b)}.$$

Die dritte Grösse, welche $x$ näher kommt, ist $a + b + c$, die vierte $a + b + c + d$ u. s. w.

Nun ist zu bemerken, dass, wenn $b$ (485.) sehr klein ist, der Werth von $F(a + b)$ ebenfalls sehr klein und von der Ordnung wie $b^2$ seyn wird: denn entwickelt man $F(a + b)$, so erhält man $Fa + b\frac{dFa}{da} + \frac{b^2}{2}\frac{d^2Fa}{da^2}\ldots.$ Nun ist $b = -Fa : \frac{dFa}{da}$, also ist $[F(a+b) = Fa - \left(Fa : \frac{dFa}{da}\right)\frac{dFa}{da} + \frac{b^2}{2}\frac{d^2Fa}{da^2}\ldots,$ *oder*] $F(a + b) = \frac{b^2}{2}\frac{d^2Fa}{da^2}\ldots.$ Also ist auch $c = -\frac{F(a+b)}{d(a+b)}$ von der Ordnung wie $b^2$. Eben so ist $F(a+b+c)$ von der Ordnung wie $c^3$ und folglich von der Ordnung wie $b^4$. Denn es ist $F(a+b+c)$

$$= F(a+b) + c\frac{dF(a+b)}{d(a+b)} + \frac{c^2}{2}\frac{d^2F(a+b)}{d(a+b)}\dots;$$

also, weil $c = -F(a+b) : \frac{dF(a+b)}{d(a+b)}$ ist, $F(a+b+c) = \frac{c^2}{2}\frac{d^2F(a+b+c)}{d(a+b+c)}\dots$ Ferner ist der Werth von $\mathfrak{d}$, weil $\mathfrak{d} = -F(a+b+c) : \frac{dF(a+b+c)}{d(a+b+c)}$, von der Ordnung wie $b^4$ u. s. w. Daraus folgt, dass, wenn $Fa$ sehr klein ist, die Abweichung der Annäherungen $a+b$, $a+b+c$, $a+b+c+d$ *etc.* vom wahren Werthe von $x$ von der Ordnung der Potenzen 2, 4, 8.... von $Fa$ ist.

Dieses Verfahren ist für die Berechnung in Zahlen sehr bequem. Aber wenn man einen Ausdruck, der nach Potenzen von $Fa$ geordnet ist, verlangte, so müsste man den Reihe nach alle Functionen entwickeln, und würde alsdann die Reihe

487. $$a - Fa : \frac{dFa}{da} - \left(\frac{Fa}{2}\right)^2 \cdot \frac{d^2Fa}{da^2} : \left(\frac{dFa}{da}\right)^3 + \frac{(Fa)^3}{2\cdot 3}\cdot\frac{d^3Fa}{da^3} : \left(\frac{dFa}{da}\right)^4 - \frac{(Fa)^3}{2}\cdot\left(\frac{d^2Fa}{da^2}\right)^2 : \left(\frac{dFa}{da}\right)^5 \dots$$

finden.

## 188.

Man könnte diese Ausdrücke kürzer finden, wenn man aus der Gleichung

488. $$\alpha + p\,d\alpha + \tfrac{1}{2}p^2 d^2\alpha \dots = 0 \quad (482.)$$

den Werth von $p$ suchte. [*Um den Setzer zu schonen, habe ich statt* $Fa$ *blos* $\alpha$, *statt* $\frac{dFa}{da}$, $d\alpha$, *statt* $\frac{d^2Fa}{da^2}$, $d^2\alpha$ *etc. gesetzt.*]

## *Wurzeln der Gleichungen.*

Dieses würde

$$489. \quad p = -\frac{\alpha}{d\alpha} - \frac{1}{d\alpha}\left(\tfrac{1}{2} p^2 d^2\alpha + \frac{p^3}{2.3} d^3\alpha \ldots\right)$$

geben. Substituirte man allmählig diesen ersten Werth von $p$ in die Glieder, welche $p^2$, $p^3$ .... enthalten, oder vielmehr, setzte man sogleich [*in die Gleichung* (488)]

$$490. \quad p = A\alpha + B\alpha^2 + C\alpha^3 \ldots$$

und die Glieder mit gleichen Potenzen von $\alpha$ gleich Null, welches die zu Bestimmung der Coefficienten $A$, $B$, $C$.... nöthige Gleichung giebt, so erhielte man

$$A\alpha + 1 = 0$$
$$B d\alpha + \tfrac{1}{2} A^2 d^2\alpha = 0$$
$$C d\alpha + B d^2\alpha + \frac{1}{2.3} A^3 d^3\alpha = 0$$
$$\ldots\ldots\ldots\ldots,$$

woraus

$$491. \quad \begin{cases} A = -\dfrac{1}{d\alpha} \\ B = -\dfrac{d^2\alpha}{2\, d\alpha^3} \\ C = -\dfrac{d^2\alpha^2}{2 d\alpha^5} + \dfrac{d^3\alpha}{2.3.d\alpha^4} \end{cases}$$
$$\ldots\ldots\ldots\ldots,$$

und hieraus [*für* $a + p = x$] die Reihe

$$492. \quad a + A\alpha + B\alpha^2 + C\alpha^3 \ldots$$

folgt, welche die nämliche seyn würde wie (487.), welches die Uebereinstimmung der beiden Methoden zeigt.

## *Näherungs-Ausdrücke der*

## 189.

Aber man kann zu dem nämlichen Resultate noch auf einem directern und mehr analytischen Wege gelangen.

Die Aufgabe ist nämlich, aus der Gleichung

$$493.\quad F(a+p) = 0$$

die Werthe von $p$, in eine Reihe ausgedrückt, zu finden.

Man kann die Grösse $a$ als Function einer andern Grösse $\lambda$ betrachten, und annehmen, $a$ gehe in $a+p$ über, wenn man $\lambda+k$ statt $\lambda$ setzt. Da dieses allgemein $a+p = a + k\frac{da}{d\lambda} + \frac{k^2}{2}\frac{d^2a}{d\lambda^2} \ldots.$ giebt, so erhält man

$$494.\quad p = k\frac{da}{d\lambda} + \frac{k^2}{2}\frac{d^2a}{d\lambda^2} + \frac{k^3}{2.3}\frac{d^3a}{d\lambda^3} \ldots.$$

Da aber die Grösse $a$ unbestimmt ist, so kann man sie so annehmen, dass

$$495.\quad Fa = \lambda$$

ist. Alsdann ist

$$496.\quad F(a+p) = \lambda + k$$

und $F(a+p) = 0$ (490.) giebt $\lambda + k = 0$, also $k = -\lambda = -Fa$, folglich (in 494.)

$$497.\quad p = -\lambda\frac{da}{d\lambda} + \frac{\lambda^2}{2}\frac{d^2a}{d\lambda^2} - \frac{\lambda^3}{2.3}\frac{d^3a}{d\lambda^3} \ldots.,$$

wo nur noch die Werthe von $\frac{da}{d\lambda}, \frac{d^2a}{d\lambda^2}, \frac{d^3a}{d\lambda^3} \ldots.$ zu finden sind.

Diese Grössen sind die Ableitungen von $a$, wenn

## Wurzeln der Gleichungen.

man $a$ als Function von $\lambda$ betrachtet. Nun hat man zur Bestimmung von $\lambda$ durch $a$ die Gleichung $Fa = \lambda$ (495.). Nimmt man also die Ableitungen von $a$ nach $\lambda$, indem man [*umgekehrt*] $a$ als Function von $\lambda$ betrachtet, so erhält man

$$\frac{da}{d\lambda}\cdot\frac{d\lambda}{da},\quad \frac{da}{d\lambda}\cdot\frac{d^2\lambda}{da^2}\ldots\ldots$$

Da nun, vermöge der Gleichung $Fa = \lambda$ (495.), $\frac{da}{d\lambda}\cdot\frac{d\lambda}{da} = 1$ ist, so ist

498. $$\frac{da}{d\lambda} = 1 : \frac{d\lambda}{da},$$

und hieraus, wenn man von neuem die Ableitungen nimmt und den Werth von $\frac{da}{d\lambda}$ substituirt,

499. $$\begin{cases} \dfrac{d^2a}{d\lambda^2} = -\dfrac{da}{d\lambda}\cdot\dfrac{d^2\lambda}{da^2} : \left(\dfrac{d\lambda}{da}\right)^2 = -\dfrac{d^2\lambda}{da^2} : \left(\dfrac{d\lambda}{da}\right)^3 \\ \dfrac{d^3a}{d\lambda^3} = -\dfrac{da}{d\lambda}\cdot\dfrac{d^3\lambda}{da^3} : \left(\dfrac{d\lambda}{da}\right)^3 + 3\dfrac{da}{d\lambda}\cdot\left(\dfrac{d^2\lambda}{da^2}\right)^2 : \left(\dfrac{d\lambda}{da}\right)^4 \\ \quad = -\dfrac{d^3\lambda}{da^3} : \left(\dfrac{d\lambda}{da}\right)^4 + 3\left(\dfrac{d^2\lambda}{da^2}\right)^2 : \left(\dfrac{d\lambda}{da}\right)^3 \end{cases}$$

*etc.* Auf diese Weise findet man die Werthe von $\frac{da}{d\lambda}$, $\frac{d^2a}{d\lambda^2}$, $\frac{d^3a}{d\lambda^3}$ *etc.*, mit welchen man die Reihe für $a + p$, nämlich die Reihe (497.)

500. $$a - \lambda\frac{da}{d\lambda} + \frac{\lambda^2}{2}\frac{d^2a}{d\lambda^2} - \frac{\lambda^3}{2.3}\frac{d^3a}{d\lambda^3}\ldots,$$

die den Werth von $x$ aus der Gleichung $Fx = 0$ ausdrückt (493.), so weit fortsetzen kann als man will.

Diese Reihe stimmt mit derjenigen überein,

## *Näherungs-Ausdrücke der*

welche Euler im zweiten Bande seiner Differential-Rechnung, im neunten Kapitel §. 234. gegeben hat. Man sieht aus der Abhandlung von Courtivron, in den Abhandlungen der Academie der Wissenschaften vom Jahre 1744, dass Euler sie schon um diese Zeit gefunden hatte, und sie gehört in die Zahl der Entdeckungen, mit welchen er die Analysis bereicherte. Auf die obige Art dargestellt, ist das Resultat eine natürliche Folge der Entwickelung der Functionen.

### 190.

Wir wollen nun die obigen Resultate mit denjenigen verbinden, welche die wiederkehrenden Reihen geben.

Nach dem Verfahren im sechsten Zusatze [(§. 119.) *etc.*] muss man um den Werth der Wurzel $p$ der Gleichung

$$501. \quad \alpha + p\frac{d\alpha}{da} + \frac{p^2}{2}\frac{d^2\alpha}{da^2} + \frac{p^3}{2.3}\frac{d^3\alpha}{da^3} \dots$$

zu finden, den Bruch

$$502. \quad \frac{\frac{d\alpha}{da} + p\frac{d^2\alpha}{da^2} + \frac{p^2}{2}\frac{d^3\alpha}{da^3} \dots}{\alpha + p\frac{d\alpha}{da} + \frac{p^2}{2}\frac{d^2\alpha}{da^2} \dots}$$

nach Potenzen von $p$ entwickeln. Sind $Tp^\mu$ und $Vp^{\mu+1}$ zwei auf einander folgende Glieder, so ist um so genauer

$$503. \quad p = \frac{T}{V},$$

je weiter $T$ und $V$ vom Anfange der Reihe entfernt sind.

## *Wurzeln der Gleichungen.*

Gewöhnlich findet man die Glieder einer wiederkehrenden Reihe eins aus dem andern. Diese Methode ist für die wirkliche Berechnung in Zahlen bequem. Sie giebt aber nicht den allgemeinen Ausdruck der Coefficienten der Gleichung. Diesen zu finden, muss man anders verfahren.

### 191.

Um die Untersuchung so allgemein wie möglich zu machen, wollen wir den Bruch

$$504.\quad \frac{\varphi x}{u - x + fx}\ (= L)$$

nehmen, in welchem $\varphi x$ und $fx$ Functionen von $x$, wie

$$505.\ \begin{cases} fx = A + Bx + Cx^2 + Dx^3 \dots \\ \varphi x = P + Qx + Rx^2 + Sx^3 \dots \end{cases}$$

sind.

Die durch die Entwickelung des gegebenen Bruchs $L$ nach Potenzen von $x$ entstehende Reihe wollen wir durch

$$506.\quad (0) + (1)x + (2)x^2 + (3)x^3 + \dots = L$$

bezeichnen.

Wir wollen nun den gegebenen Bruch (504.) zunächst nach Potenzen von $fx$ entwickeln [*und zwar durch Division*]. Dieses giebt

$$507.\quad L = \frac{\varphi x}{u - x} - \frac{\varphi x\, fx}{(u - x)^2} + \frac{\varphi x\, fx^2}{(u - x)^3} \dots$$

Die Glieder dieser Reihen wollen wir einzeln untersuchen, und die aus Entwickelung derselben entstehenden Coefficienten von $x^n$ suchen.

## *Näherungs-Ausdrücke der*

Der Bruch $\frac{1}{u-x}$ giebt die Reihe

508. $$\frac{1}{u-x} = \frac{1}{u} + \frac{x}{u^2} + \frac{x^2}{u^3} + \frac{x^3}{u^4} \ldots\ldots$$

Multiplicirt man denselben durch den Reihen-Ausdruck von $\varphi x$ (505.), so sind die $x^n$ enthaltenden Glieder des Products folgende:

509. $$\left(\frac{P}{u^{n-1}} + \frac{Q}{u^n} + \frac{R}{u^{n-1}} + \frac{S}{u^{n-2}} \ldots\ldots\right) x^n.$$

Da die Exponenten von $u$ in den Nennern abnehmen, so endigt die Reihe mit dem Gliede, welches $u$ im Nenner hat.

### 192.

Nimmt man nun die Function $\varphi x$, dividirt sie durch $x^{n+1}$, setzt darauf $u$ statt $x$ und behält nur die Glieder bei, welche $u$, oder Potenzen von $u$, im Nenner enthalten; so ist leicht zu sehen, dass man auf diese Weise die Reihe erhält, in welche $x^n$ multiplicirt ist. Der Theil der Entwickelung von $\frac{\varphi x}{u-x}$, welcher $x^n$ als Factor enthält, kann also durch

510. $$\frac{\varphi u}{u^{n+1}} \cdot x^n$$

ausgedrückt werden, unter der Bedingung, dass man von dieser Grösse nur die Glieder nimmt, welche $u$ im Nenner enthalten. [*In der That folgt aus* (505.), *wenn man daselbst u statt x setzt,*

$$\varphi u = P + Qu + Ru^2 + Su^3 \ldots\ldots \textit{ und}$$

$$\frac{\varphi u}{u^{n+1}} = \frac{P}{u^{n+1}} + \frac{Q}{u^n} + \frac{R}{u^{n-1}} + \frac{S}{u^{n-2}} \dots,$$

*also die Grösse* (509.) *gleich* $\frac{\varphi u}{u^{n+1}} . x^n$].

Eben so wenn man den Coefficienten von $x^n$ in der Entwickelung der Grösse $\frac{\varphi x . f x}{u - x}$ nach Potenzen von $x$ suchte, würde man

$$511. \quad \frac{\varphi u . f u}{u^{n+1}} x^n$$

finden, unter der Bedingung, dass man wieder nur die Glieder nimmt, welche $u$ im Nenner haben.

Da auf diese Weise $\frac{\varphi u . f u}{u^{n+1}}$ und der Coefficient von $x^n$ in der Entwickelung von $\frac{\varphi x . f x}{u - x}$ identisch das Nämliche sind, so sind auch die Ableitungen dieser Grössen nach $u$ identisch das Nämliche; woraus folgt, dass die erste Ableitung der Grösse $\frac{\varphi u . f u}{u^{n+1}}$, nach $u$ genommen, dem Coefficienten von $x^n$, in der Entwickelung der ersten Ableitung von $\frac{\varphi x . f x}{u^{n+1}}$ genommen, gleich ist.

Da aber in der Grösse $\frac{\varphi x . f x}{u - x}$ die Grösse $u$ nur im Nenner vorkommt, und die erste Ableitung von $\frac{1}{u - x}$ gleich $-\frac{1}{(u - x)^2}$ ist, so folgt, dass die erste Ableitung von $\frac{\varphi u . f u}{u^{n+1}} . x^n$, nach $u$ genommen,

*Näherungs-Ausdrücke der*

demjenigen Theile der Entwickelung von $-\frac{\varphi x \cdot fx}{(u-x)^2}$ gleich ist, welcher $x^n$ enthält, immer unter der Bedingung, dass man in $\frac{\varphi u \cdot fu}{u^{n+1}}$, und folglich auch in der Ableitung dieser Grösse nur die Glieder beibehält, welche $u$ im Nenner enthalten. [*Das Original bezeichnet die Ableitungen auf seine Weise durch Striche. Da die alten Zeichen hier allzuviel Raum gekostet haben würden, so habe ich den Sinn derselben durch Worte ausgedrückt. Die alten Zeichen sind in der That öfters so sehr unvollkommen, dass selbst Worte kürzer sind. Es ist mit diesen Zeichen zuweilen noch so, wie es mit den algebraischen Bezeichnungen um die Zeit war, als die Algebra noch „regula coss." hiess.*]

Man findet auf dieselbe Weise, dass der Coefficient von $x^n$ in der Entwickelung des dritten Gliedes der Reihe (507.) $\frac{\varphi x \cdot fx^2}{u-x}$ nach Potenzen von $x$ gleich $\frac{\varphi u \cdot fu^2}{u^{n+1}}$ ist, wenn man nämlich nur die Glieder nimmt, welche Potenzen von $u$ im Nenner enthalten. Die Identität findet also auch in Rücksicht der Ableitungen nach $u$ statt; folglich ist die zweite Ableitung von $\frac{\varphi u \cdot fu^2}{u^{n+1}}$, nach $u$ genommen, dem Gliede mit $x^n$ in der Entwickelung der zweiten Ableitung von $\frac{\varphi x \cdot fx^2}{u-x}$, nach $x$ genommen, gleich.

## *Wurzeln der Gleichungen.*

Da nun die erste Ableitung von $\frac{1}{u-x}$ nach $u$, gleich $-\frac{1}{(u-x)^2}$, die zweite Ableitung gleich $\frac{2}{(u-x)^3}$ ist, so folgt, wenn man auf beiden Seiten mit 2 dividirt, dass die zweite Ableitung von $\left(\frac{\varphi u \,.\, fu^2}{2u^{n+1}}\right) x^n$, nach $u$ genommen, dem Theile der Entwickelung von $\frac{\varphi x \,.\, fx_2}{(u-x)^2}$ gleich ist, welcher $x^n$ enthält, wieder unter der Bedingung, dass man überall nur die Glieder nimmt, welche $u$ im Nenner haben.

Ganz auf die nämliche Weise lässt sich zeigen, dass die dritte Ableitung der Grösse $\frac{\varphi u \,.\, fu^3}{2 \,.\, 3 \,.\, u^{n+1}}$, nach $u$ genommen, dem Theile der Entwickelung von $-\frac{\varphi x \,.\, fu^3}{(u-x)^4}$ nach Potenzen von $x$ gleich ist, welcher $x^n$ zum Coefficienten hat, überall unter der Bedingung, dass man nur die Glieder nimmt, welche $u$ im Nenner haben.

Nimmt man also alle diese verschiedenen Glieder zusammen, so erhält man folgenden Ausdruck des Gliedes $(n)\, x^n$ (506.) in der Entwickelung der gegebenen Gleichung $\frac{\varphi x}{u - x + fx} = L$ (504.) nach Potenzen von $x$, nämlich

## *Näherungs-Ausdrücke der*

$$512.\quad (n) = \frac{\varphi u}{u^{n+1}} + \frac{d\left(\frac{\varphi u \,.\, fu}{u^{n+1}}\right)}{du} + \frac{d^2\left(\frac{\varphi u \,.\, fu^2}{2\, u^{n+1}}\right)}{du^2} + \frac{d^3\left(\frac{\varphi u \,.\, fu^3}{2.3.u^{n+1}}\right)}{du^3} \ldots\ldots,$$

unter der Bedingung, dass nur die Glieder mit negativen Potenzen von $u$ genommen werden.

### 193.

Es ist noch zu bemerken, dass sich, wenn man ferner die Ableitungen nach $u$ nimmt, auch die Ausdrücke der Glieder mit $x^n$ in den Entwickelungen von

$$513.\quad \frac{\varphi x}{(u-x+fx)^2},\ \frac{\varphi x}{(u-x+fx)^3},\ \frac{\varphi x}{(u-x+fx)^4} \ldots\ldots$$

finden lassen [*weil z. B.* $\frac{d\left(\frac{\varphi x}{u - x + fx}\right)}{du} = \frac{\varphi x}{(u-x+fx)^2}$ *ist u. s. w.*]. Diese Glieder sind also

$$514.\quad -\frac{d(n)}{du}.x^n,\ \frac{d^2(n)}{du^2}.\frac{x^n}{2},\ \frac{d^3(n)}{du^3}.\frac{x^n}{2.3} \ldots\ldots,$$

und um $\frac{d(n)}{du}$, $\frac{d^2(n)}{du^2}$ *etc.* zu finden, darf man nur in den Ausdruck von $(n)$ (512.) rechterhand die Zeiger von $\partial$ überall immer um Eins erhöhen.

### 194.

Angenommen also, man suchte das allgemeine Glied $(n)\, x^n$ der Reihe, welche die Entwickelung der rationalen Function

## *Wurzeln der Gleichungen.*

$$515.\quad \frac{P + Qx}{1 - 2x\cos\omega + x^2}$$

giebt, so dividire man zunächst, um diese Function auf die Form $\frac{\varphi x}{u - x + fx}$ zu bringen, durch $2\cos\omega$, $\left[\text{welches } \dfrac{\dfrac{P}{2\cos\omega} + \dfrac{Q}{2\cos v}x}{\dfrac{1}{2\cos\omega} - x + \dfrac{x^2}{2\cos v}} \text{ giebt}\right]$; so ist hier, wenn man diesen Ausdruck vergleicht,

$$516.\quad \begin{cases} \varphi x = \dfrac{P}{2\cos\omega} + \dfrac{Q}{2\cos\omega}x \\ fx = \dfrac{x^2}{2\cos\omega} \\ u = \dfrac{1}{2\cos\omega} \end{cases}$$

Also ist in dem gegenwärtigen Falle

$$517.\quad \begin{cases} \varphi u = \dfrac{P}{2\cos\omega} + \dfrac{Q}{2\cos\omega}u \\ fu = \dfrac{u^2}{2\cos\omega},\ fu^2 = \dfrac{u^4}{(2\cos\omega)^2},\ fu^3 = \dfrac{u^6}{(2\cos\omega)^3}\ \ldots \end{cases}$$

folglich

$$518.\quad \begin{cases} \dfrac{\varphi u}{u^{n+1}} = \dfrac{Pu^{-n-1}}{2\cos\omega} + \dfrac{Qu^{-n}}{2\cos\omega} \\ \dfrac{\varphi u \,.\, fu}{u^{n+1}} = \dfrac{Pu^{-n+1}}{(2\cos\omega)^2} + \dfrac{Qu^{-n+2}}{(2\cos\omega)^2} \\ \dfrac{\varphi u \,.\, fu^2}{u^{n+1}} = \dfrac{Pu^{-n+3}}{(2\cos\omega)^3} + \dfrac{Qu^{-n+4}}{(2\cos\omega)^3}. \end{cases}$$

Nimmt man hiervon die Ableitungen nach $u$, so erhält man

*Näherungs-Ausdrücke der*

519. $$\left\{\begin{aligned}\frac{d\left(\frac{\varphi u.fu}{u^{n+1}}\right)}{du} &= -\frac{(n-1)Pu^{-n}}{(2\cos\omega)^2} - \frac{(n-2)Qu^{-n+1}}{(2\cos\omega)^2}\\ \frac{d^2\left(\frac{\varphi u.fu}{u^{n+1}}\right)}{du^2} &= \frac{(n-3)(n-2)Pu^{-n+1}}{2(2\cos\omega)^3} + \frac{(n-4)(n-3)Qu^{-n+2}}{2(2\cos\omega)^3}\end{aligned}\right.$$

*etc.*,

folglich

520. $(n) =$

$$P\left(\frac{u^{-n+1}}{2\cos\omega} - \frac{(n-1)u^{-n}}{(2\cos\omega)^2} + \frac{(n-3)(n-2)u^{-n+1}}{2(2\cos\omega)^3}\ldots\right)$$

$$+Q\left(\frac{u^{-n}}{2\cos\omega} - \frac{(n-2)u^{-n+1}}{(2\cos\omega)^2} + \frac{(n-4)(n-3)u^{-n+2}}{2(2\cos\omega)^3}\ldots\right)$$

wo man nur noch statt $\omega$ seinen Werth $\frac{1}{2\cos\omega}$ (506.) setzen darf. Dieses giebt

521. $(n) =$

$$P\Big((2\cos\omega)^n - (n-1)(2\cos\omega)^{n-2} + \frac{(n-3)(n-2)}{2}(2\cos\omega)^{n-4}$$
$$- \frac{(n-5)(n-4)(n-3)}{2\cdot3}(2\cos\omega)^{n-6}\ldots\Big)$$

$$+Q\Big((2\cos\omega)^{n-1} - (n-2)(2\cos\omega)^{n-3} + \frac{(n-4)(n-3)}{2}(2\cos\omega)^{n-5}$$
$$- \frac{(n-6)(n-5)(n-4)}{2\cdot3}(2\cos\omega)^{n-3}\ldots\Big),$$

in welchem Ausdrucke die negativen Potenzen von $\omega$ nicht genommen werden dürfen [*weil nur negative Potenzen von* $u = \frac{1}{2\cos\omega}$ *genommen werden sollen*].

## *Wurzeln der Gleichungen.*

Dieser Ausdruck kann noch vereinfacht werden, wenn man sich der bekannten Ausdrücke der Sinus vielfacher Winkel bedient, [*die aber, wie es auch hier nur erforderlich ist, nur für ganze positive n gelten. Man sehe deshalb den dritten Abschnitt der Abhandlung des Uebersetzers über Potenzen, Facultäten etc. Winkel-Functionen. Berlin bei Reimer* 1823.] Man erhält alsdann

522. $$(n) = P\frac{\sin(n+1)\omega}{\sin\omega} + Q\frac{\sin n\omega}{\sin\omega},$$

ganz wie es Euler in der Einleitung zur Analysis findet. Der gegenwärtige Ausdruck aber hat den Vorzug, dass er auch leicht auf einen Bruch angewendet werden kann, dessen Nenner eine beliebige Potenz ist.

Da nämlich z. B. [*zu Folge* (§. 193.)] der Bruch

523. $$\frac{P+Qx}{(1-2x\cos\omega+x^2)^2}$$

das allgemeine Glied $-\frac{d(n)}{du}.x^n$ hat, so erhält man, wenn man von $(n)$ (520.) die erste Ableitung nach $u$ nimmt,

524. $$-\frac{d(n)}{du} = P\Big(\frac{(n+1)u^{-n-2}}{2\cos\omega} - \frac{(n-1)nu^{-n-1}}{(2\cos\omega)^2} + \frac{(n-3)(n-2)(u-1)u^{-n}}{2(2\cos\omega)^3}\dots\Big)$$
$$+ Q\Big(\frac{nu^{-n-1}}{2\cos\omega} + \frac{(n-2)(n-1)u^{-n}}{(2\cos\omega)^2} + \frac{(n-4)(n-3)(n-2)u^{-n+1}}{2(2\cos\omega)^3}\dots\Big).$$

folglich, wenn man den Werth von $u = \frac{1}{2\cos\omega}$ setzt,

$$525.\ -\frac{d(n)}{du} = P((n+1)(2\cos\omega)^{n+1} - (n-1)n(2\cos\omega)^{n-1} + \frac{(n-3)(n-2)(n-1)}{2}(2\cos\omega)^{n-3}\ldots) + Q(n(2\cos\omega)^{n} - (n-2)(n-1)(2\cos\omega)^{n-2} + \frac{(n-4)(n-3)(n-2)}{2}(2\cos\omega)^{n-4}\ldots),$$

wo überall nur die positiven Potenzen von $\cos\omega$ genommen werden müssen.

## 195.

Wir wollen nunmehr den allgemeinen Ausdruck des Coefficienten $(n)$ der Potenz $x^n$ in der Entwikkelung des Bruchs $\frac{\varphi x}{u - x + fx}$ (512.) wieder vornehmen und den Zähler desselben

$$526.\quad \varphi x = 1 - \frac{dfx}{dx},$$

oder allgemein

$$527.\quad \varphi x = \Psi x\left(1 - \frac{dfx}{dx}\right),$$

das heisst, gleich dem Producte der ersten Ableitung des Nenners [*nämlich der ersten Ableitung von* $u - x + fx$ *nach* $x$, *welche* $-1 + \frac{dfx}{dx}$ *ist*], negativ genommen, in irgend eine ganze und rationale Function $\Psi x$ von $x$ setzen.

Setzt man, diesem zu Folge,

$$528.\quad \varphi u = \Psi u\left(1 - \frac{dfu}{du}\right)$$

## *Wurzeln der Gleichungen.*

in (512.), so erhält man

$$529.\quad (n) = \frac{\Psi u}{u^{n+1}} - \frac{\Psi u \, . \, \frac{dfu}{du}}{u^{n+1}}$$

$$+ \frac{d\left(\frac{\Psi u \, . \, fu}{u^{n+1}}\right)}{du} - \frac{d\left(\frac{\Psi u \, . \, fu \, \frac{dfu}{du}}{u^{n+1}}\right)}{du}$$

$$+ \frac{d^2\left(\frac{\Psi u \, . \, fu^2}{2u^{n+1}}\right)}{du^2} - \frac{d^2\left(\frac{\Psi u \, . \, fu^2 \, \frac{dfu}{du}}{2u^{n+1}}\right)}{du^2}$$

. . . . . . . . . . . . . . . . . .

Nun ist

$$\frac{d\left(\frac{\Psi u \, . \, fu}{u^{n+1}}\right)}{du} = \frac{\Psi u}{u^{n+1}} \, . \, \frac{dfu}{du} + \frac{d\left(\frac{\Psi u}{u^{n+1}}\right)}{du} \, fu,$$

$$\frac{d\left(\frac{\Psi u \, . \, fu^2}{2u^{n+1}}\right)}{du} = \frac{\Psi u}{u^{n+1}} fu \frac{dfu}{du} + \frac{d\left(\frac{\Psi u}{u^{n+1}}\right)}{du} \frac{fu^2}{2},$$

und folglich

$$\frac{d^2\left(\frac{\Psi u \, . \, fu^2}{2u^{n+1}}\right)}{du^2} = \frac{d\left(\frac{\Psi u}{u^{n+1}} fu \frac{dfu}{du}\right)}{du} + \frac{d\left(\frac{d\left(\frac{\Psi u}{u^{n+1}}\right)}{du} \frac{fu^2}{2}\right)}{du}$$

*etc.*

Reducirt man dieses und setzt, der Kurze wegen,

$$530.\quad \frac{\Psi u}{u^{n+1}} = V \; [fu = U],$$

so erhält man

*Näherungs-Ausdrücke der*

$$531.\ (n) = V + U\frac{dV}{du} + \tfrac{1}{2}\frac{d\left(U^2\frac{dV}{du}\right)}{du} + \frac{1}{2.3}\frac{d^2\left(U^3\frac{dV}{du}\right)}{du}\ldots$$

Dieser Ausdruck giebt also das allgemeine Glied $(n)\,x^n$ in der Entwickelung des Bruchs

$$\frac{\Psi x\left(1 - \frac{dfx}{dx}\right)}{u - x + fx}$$

nach Potenzen von $x$, unter der Bedingung, dass man nur die negativen Potenzen von $u$ nimmt.

## 196.

Setzt man

$$532.\ \Psi x = 1,\ \text{also}\ \Psi u = 1,\ \frac{\Psi u}{u^{n+1}} = V = u^{-n-1},$$

so erhält man das allgemeine Glied $(n)\,x^n$ der Entwickelung des Bruchs

$$533.\ \frac{1 - \frac{dfx}{dx}}{u - x + fx}.$$

[*Dasselbe ist in diesem Falle, zu Folge* (531.),

$$534.\ (n) = \frac{1}{u^{n+1}} + U\frac{d(u^{-n-1})}{du} + \tfrac{1}{2}\frac{d\left(U^2\frac{d(u^{-n-1})}{du}\right)}{du} + \frac{1}{2.3}\frac{d\left(U^3\frac{d(u^{-n-1})}{du}\right)}{du}\ldots]$$

Wenn nun $\alpha, \beta, \gamma \ldots$ die Wurzeln der Gleichung

$$535.\ u - x + fx = 0$$

## *Wurzeln der Gleichungen.*

sind, so ist, zu Folge (§. 124.), der Coefficient ($n$) des Gliedes mit $x^n$ in der Entwickelung des Bruchs

$$\frac{1-\frac{dfx}{dx}}{u-x+fx},$$

$$536.\quad \left(\frac{1}{\alpha^{n+1}}+\frac{1}{\beta^{n+1}}+\frac{1}{\gamma^{n+1}}\dots\right)x^n$$

[*denn nach (§. 124.) (313.) ist die Summe der $n+1$ten negativen Potenzen der Wurzeln des Nenners des daselbst entwickelten Bruches (296.), dessen Zähler, wie hier, der Ableitung des Nenners gleich ist, gleich dem Coefficienten des Gliedes mit $x^n$ in der entwickelten Reihe* (309.)].

Setzt man also hier $n$ statt $n+1$, so erhält man

$$537.\quad \frac{1}{\alpha^n}+\frac{1}{\beta^n}+\frac{1}{\gamma^n}\dots$$

$$=u^{-n}+U\frac{d(u^{-n})}{du}+\frac{1}{2}\frac{d\left(U^2\frac{d(u^{-n})}{du}\right)}{du}+\frac{1}{2.3}\frac{d\left(U^3\frac{d(u^{-n})}{du}\right)}{du}\dots$$

unter der Bedingung, dass man nur die negativen Potenzen von $u$ nimmt.

### 197.

Es sey z. B. die Gleichung

$$538.\quad a-bx+cx^2=0$$

gegeben, mit den Wurzeln $\alpha$ und $\beta$.

Man dividire dieselbe durch $b$, um sie auf die Form $u-x+fx$ zu bringen, so erhält man

[$\frac{a}{b}-x+\frac{cx^2}{b}$, *folglich, mit* $u-x+fx$ *verglichen,*]

*Näherungs-Ausdrücke der*

$$539.\quad fx = \frac{cx^2}{b} \text{ und } u = \frac{a}{b}.$$

Setzt man also in $fx$, $u$ statt $x$, so ist

$$540.\quad fu = U = \frac{cu^2}{b},$$

also

$$541.\quad \begin{cases} U\,\dfrac{d(u^{-n})}{du} = -\dfrac{ncu^{-n+1}}{b} \\ U^2\,\dfrac{d(u^{-n})}{du} = -\dfrac{nc^2u^{-n+3}}{b^2} \\ U^3\,\dfrac{d(u^{-n})}{du} = -\dfrac{nc^3u^{-n+5}}{b^3} \text{ etc.} \end{cases}$$

also auch (537.)

$$542.\quad \frac{1}{\alpha^n} + \frac{1}{\beta^n} = u^{-n} - \frac{nc}{b}u^{-n+1} + \frac{n(n-3)}{2b^2}c^2u^{-n+2} - \frac{n(n-5)(n-4)}{2.3.b^2}u^{-n+3} \ldots,$$

wo nun noch $u = \frac{a}{b}$ zu setzen (539.), welches dann

$$543.\quad \frac{1}{\alpha^n} + \frac{1}{\beta^n} = \left(\frac{b}{a}\right)^n - n\frac{c}{b}\left(\frac{b}{a}\right)^{n-1} + \frac{n(n-3)}{2}\left(\frac{c}{b}\right)^2\left(\frac{b}{a}\right)^{n-2} - \frac{n(n-5)(n-4)}{2.3}\left(\frac{c}{b}\right)^3\left(\frac{b}{a}\right)^{n-3} \ldots$$

giebt, welche Reihe so weit fortgesetzt werden muss als der Exponent von $\frac{b}{a}$ positiv ist.

Verlangte man die Summe der positiven Wurzeln der gegebenen Gleichung $\alpha^n + \beta^n$, so dürfte man nur die Gleichung

## *Wurzeln der Gleichungen.*

$$544.\quad ax^2 - bx + c = 0$$

nehmen, welche aus der vorigen (538.) entsteht, wenn man $\frac{1}{x}$ statt $x$ setzt, und deren Wurzeln folglich $\frac{1}{\alpha}$ und $\frac{1}{\beta}$ sind. Man muss alsdann $c$ statt $a$, und $a$ statt $c$ setzen, welches

$$545.\quad \alpha^n + \beta^n$$

$$= \left(\frac{b}{c}\right)^n - n\left(\frac{a}{b}\right)\left(\frac{b}{c}\right)^{n-1} + \frac{n(n-3)}{2}\left(\frac{a}{b}\right)^2\left(\frac{b}{c}\right)^{n-2}$$

$$- \frac{n(n-5)(n-4)}{2\cdot 3}\left(\frac{a}{b}\right)^3\left(\frac{b}{c}\right)^{n-3} \ldots\ldots$$

giebt.

### 198.

Wenn allgemein $\alpha, \beta, \gamma \ldots\ldots$ die Wurzeln der Gleichung

$$546.\quad u - x + fx = 0$$

sind, so ist

$$547.\quad u - x + fx = k\,(x-\alpha)(x-\beta)(x-\gamma)\ldots\ldots,$$

wo $k$ der Coefficient der höchsten Potenz von $x$ in der gegebenen Gleichung ist. Nimmt man hier auf beiden Seiten die Ableitungen nach $x$, so erhält man

$$548.\quad -1 + \frac{dfx}{dx} = k(x-\beta)(x-\gamma)\ldots\ldots$$
$$+ k(x-\alpha)(x-\gamma)\ldots\ldots$$
$$+ k(x-\alpha)(x-\beta)\ldots\ldots$$
$$\ldots\ldots\ldots\ldots$$

Dividirt man also und verwechselt die Zeichen, so erhält man

*Näherungs-Ausdrücke der*

$$\frac{1-\frac{dfx}{dx}}{u-x+fx}=\frac{1}{\alpha-x}+\frac{1}{\beta-x}+\frac{1}{\gamma+x}\ldots,$$

und, wenn man mit $\Psi x$ multiplicirt,

549. $$\frac{\Psi x\left(1-\frac{dfx}{dx}\right)}{u-x+fx}=\frac{\Psi x}{\alpha-x}+\frac{\Psi x}{\beta-x}+\frac{\Psi x}{\gamma-x}\ldots$$

Da nun $\Psi x$ eine rationale Function von $x$ seyn soll, so kann man sie durch $\alpha-x$ dividiren, bis man auf einen Rest ohne $x$ kommt. Um diesen Rest sogleich zu finden, darf man nur erwägen, dass $\Psi\alpha-\Psi x$ nothwendig mit $\alpha-x$ aufgeht. Der Quotient wird eine rationale Function von $x$ und $\alpha$ seyn, welche wir durch $F(x,\alpha)$ bezeichnen wollen, und da $\Psi x$ von der $m$ten Ordnung ist, so ist offenbar $F(x,\alpha)$ von der $m-1$ten Ordnung. Da nun $\Psi\alpha-\Psi x=F(x,\alpha)(\alpha-x)$ ist, so ist

$$\Psi x=\Psi\alpha-F(x,\alpha)(\alpha-x),$$

folglich

$$\frac{\Psi x}{\alpha-x}=-F(x,\alpha)+\frac{\Psi\alpha}{\alpha-x}.$$

Eben so ist

$$\frac{\Psi x}{\beta-x}=-F(x,\beta)+\frac{\Psi\beta}{\beta-x}$$

u. s. w. Substituirt man dieses in (549.), so erhält man

550. $$\frac{\Psi x\left(1-\frac{dfx}{dx}\right)}{u-x+fx}=-F(x,\alpha)-F(x,\beta)-F(x,\gamma)\ldots$$

$$+\frac{\Psi\alpha}{\alpha-x}+\frac{\Psi\beta}{\beta-x}+\frac{\Psi\gamma}{\gamma-x}\ldots$$

## *Wurzeln der Gleichungen.*

Löset man diese Brüche in Reihen auf, so erhält man, nach den $m-1$ ersten Gliedern, mit welchen sich die rationalen Theile von $F(x,\alpha)(x,\beta)\ldots.$ vermischen, eine regelmässige Reihe, deren allgemeines Glied

$$551.\quad \left(\frac{\Psi\alpha}{\alpha^{n+1}}+\frac{\Psi\beta}{\beta^{n+1}}+\frac{\Psi\gamma}{\gamma^{n+1}}\ldots.\right)x^n$$

ist, so dass, in so fern $n > m$ ist,

$$552.\quad (n)=\frac{\Psi\alpha}{\alpha^{n+1}}+\frac{\Psi\beta}{\beta^{n+1}}+\frac{\Psi\gamma}{\gamma^{n+1}}\ldots.$$

Dieses ist das allgemeine Glied der rücklaufenden Reihe, welche man erhält, wenn man den Bruch $\dfrac{\Psi x\left(1-\dfrac{dfx}{dx}\right)}{u-x+fx}$ durch die Wurzeln der Gleichung $u-x+fx=0$ ausdrückt.

Vergleicht man diesen Ausdruck mit dem obigen allgemeinen Ausdruck von $(n)$ (531.), so erhält man

$$553.\quad \frac{\Psi\alpha}{\alpha^n}+\frac{\Psi\beta}{\beta^n}+\frac{\Psi\gamma}{\gamma^n}\ldots.=$$

$$V+U\frac{dV}{du}+\tfrac{1}{2}\frac{d\left(U^2\frac{dV}{du}\right)}{du}+\frac{1}{2.3}\frac{d^2\left(U^3\frac{dV}{du}\right)}{du^2}\ldots.,$$

wo

$$V=\frac{\Psi u}{u^n}\ (530.)$$

ist, und wo man nur die Glieder nehmen muss, welche Potenzen von $u$ mit negativen Exponenten enthalten.

*Näherungs-Ausdrücke der*

## 199.

Wir wollen nun den Exponenten $n$ unendlich gross annehmen, so dass das Glied der wiederkehrenden Reihe $(n)\,x^{n-1}$ unendlich weit vom Anfange der Reihe entfernt ist, so kann man annehmen, dass die Function $V = \frac{\Psi u}{u^n}$ (530.) und zugleich alle die Functionen $U . \frac{dV}{du}$, $U^2 . \frac{dV}{du}$ .... gar keine andere als negative Potenzen von $u$ mehr enthalten; wenigstens wird dieses um so strenger richtig seyn, je grösser $n$ ist. In dieser Voraussetzung müssen alle Glieder des Ausdrucks von $(n)$ (531.) beibehalten werden, und man kann annehmen, dass die Reihe

$$554.\quad V + U\frac{dV}{du} + \tfrac{1}{2}\,\frac{d\left(U^2\frac{dV}{du}\right)}{du} + \frac{d^2\left(U^3\frac{dV}{du}\right)}{du^2} \ldots\ldots$$

ohne Ende fortlaufe.

## 200.

Hierbei ist zu bemerken, dass jede Reihe von dieser Form, wenn $U$ und $V$ beliebige Functionen von $u$ sind, die merkwürdige Eigenschaft hat, dass, wenn man sie durch eine ähnliche Reihe multiplicirt, welche statt $V$ irgend eine andere Function $W$ von $u$ enthält, das Product wiederum eine ähnliche Reihe ist, in welcher $V . W$ statt $V$ steht.

Man multiplicire nämlich die beiden Reihen

## *Wurzeln der Gleichungen.*

$$555.\quad\begin{cases} V + U\dfrac{dV}{du} + \tfrac{1}{2}\dfrac{d\left(U^2\dfrac{dV}{du}\right)}{du} + \dfrac{1}{2.3}\,\dfrac{d^2\left(U^3\dfrac{dV}{du}\right)}{du^2}\ldots \\ \text{und} \\ W + U\dfrac{dW}{du} + \tfrac{1}{2}\dfrac{d\left(U^2\dfrac{dW}{du}\right)}{du} + \dfrac{1}{2.3}\,\dfrac{d^2\left(U^3\dfrac{dW}{du}\right)}{du^2}\ldots \end{cases}$$

mit einander, so erhält man

$$556.\quad\begin{cases} V.W \\ + U\left(W\dfrac{dV}{du} + V\dfrac{dW}{du}\right) \\ + \tfrac{1}{2}V\dfrac{d\left(U^2\dfrac{dW}{du}\right)}{du} + U^2\dfrac{dV}{du}\,\dfrac{dW}{du} + \tfrac{1}{2}W\dfrac{d\left(U^2\dfrac{dV}{du}\right)}{du} \end{cases}$$

. . . . . . . . . . . . . .

Nun ist

$$W\frac{dV}{du} + V\frac{dW}{du} = \frac{d(VW)}{du},$$

$$\frac{\tfrac{1}{2}\,d\left(U^2\,\dfrac{dW}{du}\right)}{du} = \tfrac{1}{2}\,U^2\,\frac{d^2W}{du^2} + \frac{dW}{du}\,.\,U\frac{dU}{du}$$

$$\frac{\tfrac{1}{2}\,d\left(U^2\,\dfrac{dV}{du}\right)}{du} = \tfrac{1}{2}\,U^2\,\frac{d^2V}{du^2} + \frac{dV}{du}\,.\,U\frac{dU}{du}$$

*etc.* Also ist das Product (556.)

$$\begin{aligned} & V.W \\ & + U\,\frac{d(VW)}{du} \\ & + \tfrac{1}{2}\,U^2\left(V\,\frac{d^2W}{du^2} + 2\,\frac{dV}{du}\,.\,\frac{dW}{du} + W\,\frac{d^2V}{du^2}\right) \\ & \qquad + \frac{d(VW)}{du}\,U\,\frac{dU}{du}\ \ \textit{etc.}, \end{aligned}$$

## *Näherungs-Ausdrücke der*

oder

$$557.\quad VW + U\frac{d(VW)}{du} + \tfrac{1}{2}\,\frac{d\left(U^2\frac{d(VW)}{du}\right)}{du^2}\ldots\ldots$$

Man findet ähnliche Glieder, wenn man die Multiplication weiter fortsetzt, und immer die Glieder zusammennimmt, welche einerlei Abmessungen von $U$ enthalten.

Bezeichnet man also allgemein die erste Reihe (555.), welche nur $V$ enthält, durch $(V, U)$, die zweite Reihe (555.), welche $W$ enthält, während $U$ in beiden Reihen das Nämliche bleibt, durch $(W, U)$ so ist

$$558.\quad (V, U).(W, U) = (V.W, U),$$

woraus auch folgt

$$559.\quad (W, U) = \frac{(V.W, U)}{(V, U)},$$

so dass der Quotient zweier ähnlichen Reihen [*wie* (555.)], welche zwei verschiedene Functionen $V.W$ und $V$ enthalten, ebenfalls eine ähnliche Function mit dem Quotienten $W$ der beiden Functionen $V.W$ und $V$ ist. [*Wegen der veränderten Zeichen weicht die Uebersetzung dieser Stelle etwas vom Originale ab.*]

### 201.

Nimmt man also zwei sehr grosse Zahlen $n$ und $n+r$ an, deren Differenz $r$ eine beliebige positive oder negative Zahl ist, so lässt sich der Quotient der beiden Grössen

## *Wurzeln der Gleichungen.*

$$560.\quad \left\{\begin{array}{l} \frac{\Psi\alpha}{\alpha^n} + \frac{\Psi\beta}{\beta^n} + \frac{\Psi\gamma}{\gamma^n} \ldots \text{ und} \\ \frac{\Psi\alpha}{\alpha^{n+r}} + \frac{\Psi\beta}{\beta^{n+r}} + \frac{\Psi\gamma}{\gamma^{n+r}} \ldots \end{array}\right\} \quad (535.)$$

durch die unendliche Reihe

$$561.\quad V + U\frac{dV}{du} + \tfrac{1}{2}\frac{d\left(U^2\frac{dV}{du}\right)}{du} \ldots \quad (559.)$$

ausdrücken, wenn man die Grösse $V$ dem Quotienten von $\frac{\Psi u}{u^n}$ durch $\frac{\Psi u}{u^{n+r}}$, also

$$562.\quad V = u^r$$

setzt. [*Es ist also, weil zugleich* $U = fu$ (530.)

$$563.\quad \frac{\frac{\Psi\alpha}{\alpha^n} + \frac{\Psi\beta}{\beta^n} + \frac{\Psi\gamma}{\gamma^n} \ldots}{\frac{\Psi\alpha}{\alpha^{n+r}} + \frac{\Psi\beta}{\beta^{n+r}} + \frac{\Psi\gamma}{\gamma^{n+r}} \ldots} =$$

$$u^r + fu\frac{d(u^r)}{du} + \tfrac{1}{2}\frac{d\left(fu^2\frac{d(u^r)}{du}\right)}{du} \ldots,$$

*wo* $\alpha, \beta, \gamma \ldots$ *die Wurzeln der Gleichung* $u - x + fx = 0$ *sind.*]

Auf der andern Seite ist klar, dass sich die beiden Grössen (560.), wenn $\alpha$ die kleinste der Wurzeln $\alpha, \beta, \gamma \ldots$ ist, für ein unendlich grosses $n$ auf ihre beiden ersten Glieder $\frac{\Psi\alpha}{\alpha^n}$ und $\frac{\Psi\alpha}{\alpha^{n+r}}$ reduciren.

[*Wenn die Wurzeln* $\alpha, \beta, \gamma \ldots$ *sämmtlich* reell *sind und die durch* $\Psi$ *bezeichneten Functionen von*

*Näherungs-Ausdrücke der*

*der Art sind, dass, wenn $\alpha$ die kleinste unter den Grössen $\alpha$, $\beta$, $\gamma$.... ist, zugleich $\Psi\alpha$ kleiner ist, als alle die andern Grössen $\Psi\beta$, $\Psi\gamma$...., ist solches unstreitig der Fall, weil alsdann die Grösse $\frac{\Psi\alpha}{\alpha^n}$ kleiner ist, als alle die Grössen $\frac{\Psi\beta}{\beta^n}$, $\frac{\Psi\gamma}{\gamma^n}$...., und $\frac{\Psi\alpha}{\alpha^{n+r}}$ kleiner als die Grössen $\frac{\Psi\beta}{\beta^{n+r}}$, $\frac{\Psi\gamma}{\gamma^{n+r}}$.... Ob indessen das Nämliche angenommen werden darf, wenn unter den Wurzeln $\alpha$, $\beta$, $\gamma$.... unmögliche Grössen sind, ist die Frage.*] Der Quotient der beiden Grössen (560.) ist also alsdann $\alpha^r$ und man erhält folgenden merkwürdigen Lehrsatz.

Wenn $\alpha$ die kleinste Wurzel der Gleichung

$$u - x + fx = 0$$

ist, so ist

$$564.\quad \alpha^r = u^r + fu\frac{d(u^r)}{du} + \tfrac{1}{2}\frac{d\left(fu^2\frac{d(u^r)}{du}\right)}{du} + \frac{1}{2.3}\frac{d^2\left(fu^3\frac{d(u^r)}{du}\right)}{du^2}\ldots.,$$

wo $r$ eine beliebige positive oder negative Grösse seyn kann.

Man findet also auf diese Weise nicht allein die Wurzel $\alpha$, sondern auch eine beliebige Potenz dieser Wurzel.

## 202.

Setzt man also $r = -n$, wo $n$ eine beliebige endliche Zahl ist [*welches*

## *Wurzeln der Gleichungen.*

565. $$\alpha^{-n} = u^{-n} + fu\frac{d(u^{-n})}{du} + \frac{1}{2}\frac{d\left(fu^2\frac{d(u^{-n})}{du}\right)}{du} + \frac{1}{2.3}\frac{d^2\left(fu^3\frac{d(u^{-n})}{du}\right)}{du^2}\ldots\ldots$$

*giebt*], und vergleicht diesen Ausdruck mit demjenigen von

$$\frac{1}{\alpha^n} + \frac{1}{\beta^n} + \frac{1}{\gamma^n} \ldots\ldots \text{(537.)},$$

so erhält man folgenden sonderbaren Satz:

Wenn man in dem Ausdrucke

566. $$u^{-n} + fu\frac{d(u^{-n})}{du} + \frac{1}{2}\frac{d\left(fu^2\frac{d(u^{-n})}{du}\right)}{du} + \frac{1}{2.3}\frac{d^2\left(fu^3\frac{d(u^{-n})}{du}\right)}{du^2}\ldots\ldots$$

nur die Glieder nimmt, welche Potenzen von $u$ mit negativen Exponenten enthalten, so giebt derselbe den Werth der Summe der $-n$ten Potenzen aller Wurzeln $\alpha, \beta, \gamma \ldots\ldots$ Nimmt man dagegen alle Glieder ohne Ausnahme, so erhält man die $-n$te Potenz der kleinsten Wurzel.

[*Bei diesem Satze scheinen die unmöglichen Wurzeln, wie in (§. 201.), Schwierigkeiten zu machen.*]

## *Näherungs-Ausdrücke der*

### 203.

In (§. 197.) fanden wir für die Wurzeln $\alpha$ und $\beta$ der Gleichung $cx^2 - bx + a = 0$ den Ausdruck

$$\frac{1}{\alpha^n} + \frac{1}{\beta^n} =$$

$$\left(\frac{b}{a}\right)^n - n\left(\frac{c}{b}\right)\left(\frac{b}{a}\right)^{n-1} + \frac{n(n-3)}{2}\left(\frac{c}{b}\right)^2\left(\frac{b}{a}\right)^{n-2}$$

$$- \frac{n(n-5)(n-4)}{2 \cdot 3}\left(\frac{c}{b}\right)^3\left(\frac{b}{a}\right)^{n-3} \ldots \quad (543.)$$

unter der Bedingung, dass man die Reihe nicht weiter fortsetzt, als sie positive Potenzen von $\frac{b}{a}$ enthält. Setzt man dagegen dieselbe ins Unendliche fort, so giebt sie das einzige Glied $\frac{1}{\alpha^n}$, wenn $\alpha$ die kleinste von den beiden Wurzeln $\alpha$ und $\beta$ ist. Der Exponent $n$ kann nach Belieben positiv und negativ seyn.

Die beiden Wurzeln der Gleichung $cx^2 - bx + a = 0$ sind $\alpha$ und $\beta$, diejenigen der Gleichung $ax^2 - bx + c = 0$, $\frac{1}{\alpha}$ und $\frac{1}{\beta}$, und es ist

$$\frac{1}{\alpha} = \frac{b}{2a} + \frac{\sqrt{(b^2 - 4ac)}}{2\alpha}, \quad \frac{1}{\beta} = \frac{b}{2a} - \frac{\sqrt{(b^2 - 4ac)}}{2a},$$

wo $\alpha$ die kleinste der beiden Wurzeln ist. Also ist die Reihe

$$\left(\frac{b}{a}\right)^n - n\left(\frac{c}{b}\right)\left(\frac{b}{a}\right)^{n-1} + \frac{n(n-3)}{2}\left(\frac{c}{b}\right)^2\left(\frac{b}{a}\right)^{n-2} \ldots,$$

wenn man bei den positiven Potenzen von $\frac{b}{a}$, das heisst bei den negativen Potenzen von $a$ stehen bleibt, dem Werthe von

## *Wurzeln der Gleichungen.*

$$\frac{(b+\sqrt{(b^2-4ac)})^n+(b-\sqrt{(b^2-4ac)})^n}{(2a)^n}$$

gleich, wo $n$ eine beliebige ganze Zahl ist. Setzt man dagegen die Reihe bis ins Unendliche fort, so giebt sie den Werth von

$$\left(\frac{b+\sqrt{(b^2-4ac)}}{2a}\right)^n,$$

wo $n$ eine beliebige positive oder negative Zahl ist.

Der erste Theil dieses Satzes ist leicht nachzuweisen, wenn man die $n$te Potenz wirklich entwikkelt, weil die Wurzel-Grösse $\sqrt{(b^2-4ac)}$ sich überall aufhebt. Auch ist dieser Theil des Satzes schon durch den Moivreschen Lehrsatz bekannt.

Um den andern Theil zu zeigen, muss man die Wurzelgrösse selbst in eine Reihe auflösen. Setzt man also z. B. $n=1$, so giebt die Reihe

$$\frac{b}{a}-\frac{c}{b}-\frac{2ac^2}{2b^3}-\frac{3.4.a^2c}{2.3b^5}\ldots,$$

welches sich auf

$$\frac{b}{2a}+\frac{b}{2a}-\tfrac{1}{2}\frac{2c}{b}-\frac{1.1}{2.4}.\frac{8ac^2}{b^3}-\frac{1.1.3}{2.4.6}.\frac{32a^2c^3}{b^5}-\ldots$$

bringen lässt, und diese Reihe ist offenbar gleich $\frac{b}{2a}+\frac{\sqrt{(b^2-4ac)}}{2a}$. [*Wenn die Reihe divergirt, lässt sich daraus nichts schliessen.*]

### 204.

Wenn die unbestimmte Gleichung

567. $a-bx+cx^2-dx^3+ex^4-fx^5\ldots=0$

## *Näherungs-Ausdrücke der*

gegeben ist, so setze man in den allgemeinen Ausdruck des obigen Lehrsatzes (§. 201.)

568. $$fu = \frac{cu^2 - du^3 + eu^4 - fu^5 \ldots}{b}.$$

Alsdann ist

569. $$\begin{cases} fu^2 = \dfrac{c^2u^4 - 2cdu^5 + (d^2 + 2ce)u^6 \ldots}{b^2} \\ fu^3 = \dfrac{c^3u^6 - 3cdu^7 \ldots}{b^3} \\ fu^4 = \dfrac{c^4u^8 \ldots}{b^4}. \end{cases}$$

Nun ist

$$\frac{d(u^r)}{du} = ru^{r-1},$$

also

570. $$\begin{cases} fu\dfrac{d(u^r)}{du} = r.\dfrac{cu^{r+1} - du^{r+2} + eu^{r+3} - fu^{r+4} \ldots}{b} \\ fu^2\dfrac{d(u^r)}{du} = r.\dfrac{c^2u^{r+3} - 2cdu^{r+4} + (d^2+2e)u^{r+5} \ldots}{b^2} \\ fu^3\dfrac{d(u^r)}{du} = r.\dfrac{c^3u^{r+5} - 3cdu^{r+6} \ldots}{b^3} \\ fu^4\dfrac{d(u^r)}{du} = r.\dfrac{c^4u^{r+7} \ldots}{b^4}. \end{cases}$$

Nimmt man die Ableitungen und substituirt sie in den Ausdruck (564.), so erhält man, nachdem $\frac{a}{b}$ statt $u$, und $x$ statt $\alpha$ gesetzt worden,

## *Wurzeln der Gleichungen.*

571. $$x^r = \frac{a^r}{b^{r.2}}$$

$$+ r\left(\frac{a^{r+1}c}{b^{r+2}} - \frac{a^{r+2}d}{b^{r+3}} + \frac{a^{r+3}e}{b^{r+4}} - \frac{a^{r+4}f}{b^{r+5}} \ldots\right)$$

$$+ \frac{r^2}{2}\left(\frac{(r+3)a^{r+3}c^2}{b^{r+4}} - \frac{(r+4)a^{r+3}2cd}{b^{r+5}} + \frac{(r+5)a^{r+4}(a^2+2ce)}{b^{r+6}} \ldots\right)$$

$$+ \frac{r^3}{2.3}\left(\frac{(r+5)(r+4)a^{r+3}c^3}{b^{r+6}} - \frac{(r+6)(r+5)a^{r+4}.3cd}{b^{r+7}} \ldots\right)$$

$$+ \frac{r^4}{2.3.4}\left(\frac{(r+7)(r+6)(r+5)a^{r+4}c^4}{b^{r+8}} \ldots\right).$$

## 205.

Wenn $r = 1$, so ist

572. $$x = \frac{a}{b} + \frac{a^2c}{b^3} - \frac{a^3d}{b^4} + \frac{a^4e}{b^5} - \frac{a^5f}{b^6} \ldots$$

$$+ \frac{2a^3c^2}{b^5} - \frac{5a^4cd}{b^6} + \frac{3a^5(d^2+2ce)}{b^7} \ldots$$

$$+ \frac{5a^4c}{b^7} - \frac{21a^5cd}{b^8} \ldots$$

$$+ \frac{14a^5c^4}{b^9} \ldots$$

Dieses ist die bekannte Newtonsche Formel für die Umkehrung der Reihen, welche sonst nur durch die Methode der unbestimmten Coefficienten gefunden wird. Die obige Rechnung, indem sie zugleich das Gesetz der Reihe und das Mittel, sie so weit fortzusetzen als man will, angiebt, zeigt, dass der Werth von $x$, welchen sie ausdrückt, die kleinste Wurzel der Gleichung (567.) ist.

## *Näherungs-Ausdrücke der*

### 206.

Will man den Ausdruck (572.) zur Berechnung des Werths von $p$ aus der Gleichung

$$\alpha + p\, d\alpha + \tfrac{1}{2} p^2 d^2\alpha + \frac{1}{2.3} p^3 d^3\alpha \ldots = 0 \quad (488.)$$

[*wo* $\alpha = Fa$], welche Gleichung wir in (§. 188.) untersuchten, anwenden, so darf man nur $\alpha$ statt $a$, $-d\alpha$ statt $b$, $\frac{1}{2} d^2\alpha$ statt $c$, $-\frac{1}{2.3} d^3\alpha$ statt $d$ *etc.*, und $p$ statt $x$ setzen. Dieses giebt

$$573.\ p = -\frac{\alpha}{d\alpha} + \frac{\alpha^2 d^2\alpha}{2\, d\alpha^3} - \frac{\alpha^3 d^3\alpha}{2.3\, d\alpha^4} + \frac{\alpha^3 d^2\alpha^2}{2\, d\alpha^5} \ldots,$$

welches die nämliche Reihe (491. 492.) ist, die wir in (§. §. 188 und 189.) auf zwei verschiedene Arten fanden.

Der obige Ausdruck (571.) lässt sich noch allgemeiner machen. Da nämlich $\alpha$ einer der Werthe von $x$ ist, so kann man den Satz, wie folgt, entwickeln.

### 207.

Die Gleichung

$$574.\quad x = u + fx$$

giebt allgemein [*zu Folge* (564.)]

$$575.\quad x^r = u^r + fu \frac{d(u^r)}{du} + \frac{d\left(fu^2 \frac{d(u^r)}{du}\right)}{du} + \frac{d^2\left(fu^3 \frac{d(u^r)}{du}\right)}{du^2} \ldots$$

## *Wurzeln der Gleichungen.*

Nun sey $Fx$ eine beliebige gegebene Function von $x$, so kann man dieselbe allemal auf die Form

$$576.\quad Fx = Mx^r + Nx^s + Px^t \ldots$$

bringen. Man darf also nur die Werthe von $x^r$, $x^s$, $x^t \ldots$ [*nach* (575.) *ausgedrückt*] mit $M$, $N$, $P$ *etc.* multipliciren und die Producte zusammenziehen, so erhält man einen Ausdruck, in welchem, statt $u^r$, $Mu^r + Nu^s + Pu^t \ldots$, das heisst, $Fu$ und folglich auch $\frac{dFu}{du}$ statt $\frac{d(u^r)}{du}$ steht. Hieraus erhält man folgenden, wegen seiner Allgemeinheit und Einfachheit merkwürdigen Lehrsatz:

Wenn

$$577.\quad x = u + fx$$

ist, so ist

$$578.\quad Fx = Fu + fu\frac{dFu}{du} + \tfrac{1}{2}\frac{d\left(fu^2\frac{dFu}{du}\right)}{du} + \frac{1}{2.3}\frac{d^2\left(fu^3\frac{dFu}{du}\right)}{du^2}\ldots,$$

wo die Gestalt der durch $f$ und $F$ bezeichneten Functionen ganz beliebig ist.

Der Lehrsatz ist, so entwickelt, von den Wurzeln der Gleichung unabhängig und blos ein Resultat der Umformung der Functionen, welches man durch die allmählige Elimination von $x$ oder $u$ finden kann. Ich habe zuerst diesen Satz in den Memoiren der Berliner Academie vom Jahre 1768 gegeben. Ich war darauf durch eine der obigen ähnliche, aber we-

*Näherungs-Ausdrücke der*

niger strenge Untersuchung gekommen. Mehrere Analysten haben seitdem den Beweis des Satzes a posteriori durch die Entwickelung der Functionen zu geben gesucht. Aber Laplace hat in den Memoiren der Academie der Wissenschaften zu Paris einen eleganten und directen Beweis desselben durch die Differential-Rechnung gegeben, welchen ich in die Theorie der Functionen in dem ersten Abschnitte (§. 86. 87.) aufnahm.

[*Man sehe den ersten Band dieser Werke S. 272. Der Satz ist daselbst noch etwas allgemeiner ausgedrückt. Es wird nicht blos, wie hier,* $x = u + fx$, *sondern* $x = u + yfx$ *vorausgesetzt, so dass hier nur von dem besondern Falle die Rede ist, wenn* $y = 1$. *Er kann aber noch allgemeiner gemacht, und auch noch einfacher entwikkelt werden, wie man in der Anmerkung zu I. (§. 87.) der Theorie der Functionen, Erster Band S. 277 etc. sahe. Dann fällt auch die hier oben (§. 201.) bemerkte Schwierigkeit weg, die aus den unmöglichen Wurzeln entsteht. Hier ist diese Schwierigkeit für das Resultat, wie es scheint, nicht gleichgültig, und wenn man, wie hier, vom Besondern zum Allgemeinen übergeht, macht man den Satz doch wohl von der Theorie der Gleichungs-Wurzeln abhängig, und bringt dann die Schwierigkeit der unmöglichen Wurzeln hinein, ohne dass solches gerade nöthig wäre. Der Fall giebt wieder ein Beispiel von dem Nachtheile des Ganges vom Besondern zum Allgemeinen. Der*

*Ausdruck von $x^r$, wie er in (§. 201.) gefunden wurde, ist wegen der unmöglichen Wurzeln zweifelhaft, und dennoch ist der allgemeine Satz* (578.) *der hier in (§. 207.) aus jenem abgeleitet wird, richtig. Der Satz ist also allgemein richtig, und im besondern Falle zweifelhaft. Dieses ist auch kein Widerspruch, weil häufig allgemeine Sätze in besondern Fällen, wenn auch nicht unrichtige, so doch unverständliche, gewöhnlich divergirende Ausdrücke geben. Sehr misslich ist es aber vollends, gerade von solchen unbestimmten besondern Fällen allgemeine Ausdrücke abzuleiten. Die allgemeinen Sätze behalten in solchen Fällen, die man mit Unrecht Ausnahme-Fälle nennt, nichts weiter als ihre Form bei, während sie übrigens unbrauchbar sind. Es ist also beinahe Zufall, wenn man bei der Untersuchung der besondern Fälle die richtige Form trifft. Auch hier ist der Ausdruck* (564.) *unstreitig, sobald unmögliche Wurzeln vorkommen, ein divergirender Ausdruck.*]

Zu bemerken ist, dass man in $x = u + fx$ auch $u$ gleich Null setzen kann, welches

$$x = fx$$

giebt, welches ebenfalls eine beliebige Gleichung mit $x$ ausdrückt. Man erhält also auch den Werth von $Fx$, wenn man den Ausdruck (570.) $u = 0$ setzt, nachdem die Functionen entwickelt worden, welches viel einfacher ist. [*Indessen kann doch auch durch die Beibehaltung von u vielleicht zuweilen die Divergenz des Ausdrucks vermieden werden.*]

## 208.

Ehe ich diesen Zusatz schliesse, will ich noch zeigen, wie das Verfahren von (§. 189.), die Gleichung $F(a+p)=0$ näherungsweise aufzulösen, auf die gleichzeitige Auflösung mehrerer Gleichungen zwischen mehreren unbekannten Grössen angewendet werden kann.

Angenommen, es wären zwei Gleichungen zwischen zwei unbekannten Grössen $x$ und $y$ gegeben, z. B. die Gleichungen

579. $Fxy=0$ und $fxy=0$,

auch kenne man schon zwei, den Grössen $x$ und $y$ nahe kommende Zahlen $a$ und $b$, so dass, wenn man

580. $x=a+p$ und $y=b+q$

setzt, die Zahlen $p$ und $q$ sehr klein sind, so kommt es darauf an, aus den beiden Gleichungen

581. $F(a+p,\ b+q)=0$ und $f(a+p,\ b+q)=0$

die Grössen $p$ und $q$ zu finden.

Nach Newtons Verfahren müsste man die beiden Functionen in Reihen entwickeln, welches Gleichungen von der Form

582. $\begin{cases} F(a,b)+Mp+Nq\ldots\ldots=0 \text{ und} \\ f(a,b)+mq+nq\ldots\ldots=0 \end{cases}$

giebt, woraus, als erste Annäherung,

## *Wurzeln der Gleichungen.*

583. $$\begin{cases} p = \dfrac{Nf(a,b) - nF(a,b)}{Mn - Nm} \\ q = \dfrac{Mf(a,b) - mF(a,b)}{Nm - Mn} \end{cases}$$

giebt. Da nun $a$ und $b$ zuerst $x$ und $y$ nahe kommen, so nähern sich $a + p$ und $b + q$ den Grössen $x$ und $y$ noch mehr, und man kann sie statt $a$ und $b$ in die Functionen $p$ und $q$ (583.) setzen. Bezeichnet man durch $p_{,}$ und $q_{,}$ diese neuen Werthe von $p$ und $q$, so kommen $a + p + p_{,}$ und $b + q + q_{,}$ den Grössen $x$ und $y$ noch näher u. s. w.

Dieses Verfahren hat Thomas Simpson in seinem Versuche über mehrere mathematische Gegenstände gezeigt, und es ist für die arithmetische Berechnung bequem. Aber es würden sich dadurch Ausdrücke von $x$ und $y$ nach Potenzen der Grössen $F(a, b)$ und $f(a, b)$ geordnet, welche die Abweichungen der anfänglichen Annahme zeigen, nicht wohl finden lassen, und am wenigsten das Gesetz dieser Reihen. Dieses kann man, wie folgt, finden.

Man betrachte die Grössen $a$ und $b$ als beliebige Functionen zweier andern Grössen $\alpha$ und $\beta$, so dass, wenn $\alpha$ und $\beta$ in $\alpha + \varkappa$ und $\beta + \varepsilon$ übergehen, aus den Grössen $a$ und $b$, $a + p$ und $b + q$ wird. Auch nehme man an, dass die Grössen $\alpha$ und $\beta$ von der Art sind, dass

584. $F(a, b) = \alpha$ und $f(a, b) = \beta$,

welches, wenn man $\alpha + \varkappa$ und $\beta + \varepsilon$ statt $\alpha$ und $\beta$ setzt,

585. $F(a+p, b+q) = \alpha + \varkappa$, $f(a+p, b+q) = \beta + \varepsilon$

## *Näherungs-Ausdrücke der*

giebt, so dass die gegebenen Gleichungen alsdann

586. $\alpha + \varkappa$ und $\beta + \varepsilon = 0$

sind, woraus

587. $\varkappa = -\alpha = -F(a, b)$ und $\varepsilon = -\beta = -f(a, b)$

folgt.

Nun erhält man, wenn man in $a$ und $b$, $\alpha + \varkappa$ und $\beta + \varepsilon$ statt $\alpha$ und $\beta$ setzt,

588.
$$\begin{cases} [x = a + p =]\ a + \varkappa \dfrac{da}{d\alpha} + \dfrac{\varkappa^2}{2} \dfrac{d^2 a}{d\alpha^2} \cdots \\ \qquad + \varepsilon \dfrac{da}{d\beta} + \varkappa\varepsilon \dfrac{d^2 a}{d\alpha\, d\beta} \cdots \\ \qquad + \dfrac{\varepsilon^2}{2} \dfrac{d^2 a}{d\beta^2} \cdots \\ [y = b + q =]\ b + \varkappa \dfrac{db}{d\alpha} + \dfrac{\varkappa^2}{2} \dfrac{d^2 b}{d\alpha^2} \cdots \\ \qquad + \varepsilon \dfrac{db}{d\beta} + \varkappa\varepsilon \dfrac{d^2 b}{d\alpha\, d\beta} \cdots \\ \qquad + \dfrac{\varepsilon^2}{2} \dfrac{d^2 b}{d\beta^2} \cdots, \end{cases}$$

worin man statt der Grössen $\varkappa$ und $\varepsilon$ ihre Werthe $-F(a, b)$ und $-f(a, b)$ (587.) und statt $\frac{da}{d\alpha}$, $\frac{db}{d\beta}$ *etc.* die aus den Gleichungen $F(a, b) = \alpha$ und $f(a, b) = \beta$ (584.) genommenen Werthe setzen muss.

Es ist

589. $\dfrac{d\alpha}{d\alpha} = 1, \quad \dfrac{d\alpha}{d\beta} = 0, \quad \dfrac{d\beta}{d\alpha} = 0, \quad \dfrac{d\beta}{d\beta} = 1$

und

## *Wurzeln der Gleichungen.*

590. $$\left.\begin{cases} \frac{d\alpha}{d\alpha} = \frac{d\alpha}{da}\frac{da}{d\alpha} + \frac{d\alpha}{db}\frac{db}{d\alpha} = 1 \\ \frac{d\alpha}{d\beta} = \frac{d\alpha}{da}\frac{da}{d\beta} + \frac{d\alpha}{db}\frac{db}{d\beta} = 0 \\ \frac{d\beta}{d\alpha} = \frac{d\beta}{da}\frac{da}{d\alpha} + \frac{d\beta}{db}\frac{db}{d\alpha} = 0 \\ \frac{d\beta}{d\beta} = \frac{d\beta}{da}\frac{da}{d\beta} + \frac{d\beta}{db}\frac{db}{d\beta} = 1 \end{cases}\right\} (589.)$$

aus welchen Gleichungen sich die Werthe der vier Grössen $\frac{da}{d\alpha}$, $\frac{da}{d\beta}$, $\frac{db}{d\alpha}$ und $\frac{db}{d\beta}$ für (588.) in $\frac{d\alpha}{da}$, $\frac{d\alpha}{db}$, $\frac{d\beta}{da}$, $\frac{d\beta}{db}$ finden lassen, welche letztere Grössen unmittelbar aus (584.) genommen werden können.

Nimmt man darauf weiter die Ableitungen nach $\alpha$ und $\beta$, so findet man auch die Grössen $\frac{d^2a}{d\alpha^2}$, $\frac{d^2a}{d\alpha\, d\beta}$, $\frac{d^2b}{d\alpha^2}$ *etc.* u. s. w.

Wenn man, der Kürze wegen,

591. $$\frac{d\alpha}{da}\cdot\frac{d\beta}{db} - \frac{d\alpha}{db}\cdot\frac{d\beta}{da} = P$$

setzt, so findet man aus (590.)

592. $$\frac{da}{d\alpha} = \frac{d\beta}{db} : P,\ \frac{da}{d\beta} = -\frac{d\alpha}{db} : P,\ \frac{db}{d\alpha} = -\frac{d\beta}{da} : P,$$
$$\frac{db}{d\beta} = \frac{d\alpha}{da} : P,$$

welches

*Näherungs-Ausdrücke u. s. w.*

$$593. \begin{cases} p = -\dfrac{\alpha\dfrac{d\beta}{db} + \beta\dfrac{d\alpha}{db}}{P} \\[2ex] q = \dfrac{\alpha\dfrac{d\beta}{da} - \beta\dfrac{d\alpha}{da}}{P} \end{cases}$$

giebt.

Diese Ausdrücke von $p$ und $q$ kommen mit den obigen (583.) überein, aber sie geben besser das Gesetz der Reihen.

[*Wegen der veränderten Zeichen ist die Uebersetzung dieses Paragraphs nicht wörtlich.*]

# Zwölfter Zusatz.

## Ueber die Verwandlung gegebener Gleichungen in solche, deren Glieder, bis auf das gegebene Glied, alle das nämliche Zeichen haben.

### 209.

Ich sagte in der Einleitung, dass die Auflösungen numerischer Gleichungen von Vieta und Harriot nur auf solche Gleichungen mit Sicherheit anwendbar sind, deren Glieder bis auf das gegebene Glied alle einerlei Zeichen haben, und dass man jede Gleichung auf diese Form bringen kann, so bald man so nahe liegende Grenzen einer ihrer *Wurzeln* kennt, dass alle andere reelle Wurzeln und der reelle Theil der imaginairen Wurzeln ausserhalb dieser Grenzen fallen. Da ich nicht weiss, ob diese Verwandlung bekannt ist, so theile ich sie für Diejenigen mit, welche sich der älteren Methoden mit Erfolg zu bedienen wünschen.

### 210.

Die beiden gegebenen oder auf irgend eine Weise bekannten Grenzen einer Wurzel mögen $a$ und $b$

seyn. $a$ soll kleiner, $b$ grösser als die Wurzel seyn. Hat man die unbekannte Grösse der Gleichung durch $x$ bezeichnet, so setze man

$$594.\quad x = \frac{a + by}{1 + y}.$$

Substituirt man diesen Ausdruck und reducirt die Gleichung, so wird man eine Gleichung in $y$ finden, welche vom nämlichen Grade ist, wie die gegebene Gleichung und die verlangte Eigenschaft hat, in so fern nur $a$ der Wurzel nahe genug kommt.

Die Wurzeln der gegebenen Gleichung in $x$ mögen $\alpha$, $\beta$, $\gamma$.... und $\alpha$ mag diejenige Wurzel seyn, welche zwischen den Grenzen $a$ und $b$ liegt. Aus $x = \frac{a + by}{1 + y}$ folgt [$x + xy = a + by$, *also*]

$$595.\quad y = \frac{x - a}{b - x},$$

folglich sind die Wurzeln der neuen Gleichung in $y$

$$596.\quad \frac{\alpha - a}{b - \alpha},\ \frac{\beta - a}{b - \beta},\ \frac{\gamma - a}{b - \gamma}\ \text{etc.}$$

Nun ist nach der Voraussetzung $\alpha > a < b$, also $\alpha - a > 0$ und $b - \alpha > 0$, also ist die Wurzel $\frac{\alpha - a}{b - \alpha}$ positiv und um so kleiner, je kleiner die Differenz zwischen den Grenzen und der Wurzel $\alpha$ ist.

Da ferner die andern Wurzeln $\beta$, $\gamma$.... ausserhalb der Grenzen $a$ und $b$ fallen sollen, so ist, wenn $\beta < a$, nothwendig $\beta < b$ [*weil* $b > a$], also $\beta - a < 0$ und

## *Zeichenwechsel.*

und $b-\beta>0$, folglich die Wurzel $\frac{\beta-a}{b-\beta}$ nothwendig negativ. Wäre dagegen $\beta>b$, so wäre $\beta>a$ [*weil* $b>a$], folglich $\beta-a>0$ und $b-\beta<0$, also wäre $\frac{\beta-a}{b-\beta}$ ebenfalls negativ. Die Wurzel $\frac{\beta-a}{b-\beta}$ wäre also immer negativ.

Eben so verhält es sich mit allen übrigen Wurzeln, wie z. B. mit der Wurzel $\frac{\gamma-a}{b-\gamma}$, welche einer reellen Wurzel $y$ der Gleichung mit $x$ entspricht.

Nun mögen aber $\beta$ und $\gamma$ unmögliche Wurzeln seyn. In diesem Falle sind sie nothwendig von der Form

$$\beta=\varrho+\sigma\sqrt{-1}$$
$$\gamma=\varrho-\sigma\sqrt{-1},$$

wo $\varrho$ und $\sigma$ reelle Grössen sind. [*Neunter Zusatz.*] In diesem Falle also ist

597. $$\frac{b-\alpha}{b-\beta}=\frac{\varrho-a+\sigma\sqrt{-1}}{b-\varrho-\sigma\sqrt{-1}}.$$

Man multiplicire oben und unten mit $b-\varrho+\sigma\sqrt{-1}$, so erhält man

598. $$\frac{(\varrho-a)(b-\varrho)-\sigma^2+(b-a)\sigma.\sqrt{-1}}{(b-\varrho)^2+\sigma^2}.$$

Nun fällt angenommenermaassen der reelle Theil $\varrho$ der Wurzeln $\beta$ und $\gamma$ ausserhalb der Grenzen $a$ und $b$. Ist also $\varrho<a$, so ist auch $\varrho<b$ [*weil* $b>a$], folglich $\varrho-a<0$ und $b-\varrho>0$, also $(\varrho-a)(b-\varrho)<0$. Wäre $\varrho>b$, so wäre auch $\varrho<a$ [*weil* $b>a$] also $\varrho-a>0$, $b-\varrho<0$, und folglich $(\varrho-a)(b-\varrho)<0$.

*Wegschaffung der*

Also ist die Grösse $(\varrho - a)(b - \varrho)$ immer negativ.

Da nun $\sigma^2$ und $(b - \varrho)^2$ immer positiv sind [*als Quadrate*], so hat die Wurzel $\frac{\beta - a}{a - \beta}$ in diesem Falle [*zu Folge* (598.)] die Form

$$-P + Q\sqrt{-1},$$

wo $P$ und $Q$ reelle Grössen sind, und $P$ positiv ist. Eben so ist, wenn man $\gamma = \varrho - \sigma\sqrt{-1}$ setzt, die Wurzel $\frac{\gamma - a}{b - \gamma}$ von der Form

$$-P - Q\sqrt{-1}$$

u. s. w. für die andern imaginairen Wurzeln.

Bedeuten also $p$, $q$, $r$.... und $P$, $Q$, $R$.... positive Grössen, so entstehen aus den reellen Wurzeln der Gleichung in $x$ für die transformirte Gleichung mit $y$ die reellen Wurzeln $p$, $-q$, $-r$...., und aus den imaginairen Wurzeln der Gleichung in $x$ für die transformirte Gleichung die Wurzeln $-P+Q\sqrt{-1}$, $-P-Q\sqrt{-1}$, $-R+S\sqrt{-1}$, $-R-S\sqrt{-1}$ *etc.* Die transformirte Gleichung hat also die Factoren

599. $$\begin{cases} y-p,\ y+q,\ y+r\ldots. \\ y+P-Q\sqrt{-1},\ y+P+Q\sqrt{-1},\ y+R-S\sqrt{-1}, \\ \qquad y+R+S\sqrt{-1}\ldots. \end{cases}$$

Nun geben aber die beiden imaginairen Factoren $y + P - Q\sqrt{-1}$ und $y + P - Q\sqrt{-1}$ den reellen Factor zweiter Ordnung $y^2 + 2Py + P^2 + Q^2$ u. s. w., also ist die Gleichung in $y$ folgende:

600. $$(y-p)(y+q)(y+r)\ldots.$$
$$\times(y^2+2Py+P^2+Q^2)(y^2+2Ry+R^2+S^2)\ldots. = 0$$

## *Zeichenwechsel.*

### 211.

Wir wollen nun das Product aller dieser Factoren untersuchen, den ersten $y - p$ ausgenommen. Da alle Glieder der Factoren positiv sind, so ist klar, dass ihr Product, nach $y$ geordnet, nur positive Glieder haben kann. Dasselbe wird also von der Form

601. $$y^{m-1} + Ay^{m-2} + By^{m-3} \ldots + K$$

seyn, wo die Coefficienten $A, B, C \ldots K$ sämmtlich positive Grössen sind, ohne dass irgend eine derselben Null seyn könnte. [*Denn Null kann nur ein Coefficient dann seyn, wenn er negative Theile hat, die sich mit den positiven aufheben.*] Multiplicirt man dieses Polynom noch mit $y - p$, so erhält man

602. $$y^m + (A-p)y^{m-1} + (B - Ap)y^{m-2} + (C - Bp)y^{m-3} \ldots - Kp = 0,$$

welches die transformirte Gleichung in $y$ ist.

Wie man sieht, ist in derselben das letzte Glied $- Kp$ negativ, die übrigen Glieder aber werden positiv seyn, in so fern

$$A > p, \quad B > Ap, \quad C > Bp \quad etc.$$

ist. Da nun dadurch, dass sich die Grenze $a$ der Wurzel $\alpha$ immer mehr nähert, der Werth von $p = \frac{\alpha - a}{b - \beta}$ so klein werden kann als man will, so ist klar, dass man $a$ immer so annehmen kann, dass $p < A, < \frac{B}{A}, < \frac{C}{B}$ *etc.* ist, so dass also alle Coefficienten der Grösse (602.), bis auf den letzten, positiv sind.

Man darf nicht fürchten, dass, wenn man den Werth von $p$ verkleinert, die Werthe von $q$, $r$.... $P$, $Q$.... ebenfalls abnehmen, so dass sie mit $p$ zugleich verschwinden. Denn setzt man $a = \alpha$, welches $p = 0$ giebt, so ist $q$ oder $\frac{\beta - a}{b - \beta} = -\frac{\beta - \alpha}{b - \beta}$ und $P$ und $Q$ oder $-\frac{(\varrho - a)(b - \varrho) - \sigma^2}{(b - \varrho)^2 + \sigma^2}$ und $\frac{(b - a)\sigma}{(b - \varrho)^2 + \sigma^2}$ sind $= \frac{(\varrho - \alpha)(b - \varrho) - \sigma^2}{(b - \varrho)^2 + \sigma^2}$ und $\frac{(b - \alpha)\sigma}{(b - \varrho)^2 + \sigma}$ [*welches nicht nothwendig Null ist*] u. s. w.

Man erhält also, wenn man

$$x = \frac{a + by}{1 + y}$$

setzt, zuverlässig eine transformirte Gleichung in $y$, welche die verlangte Bedingung erfüllt, in so fern nur die kleinere Grenze $a$ nahe genug bei ihrer Wurzel liegt, welches sich immer finden lässt, wenn man allmählig für $\alpha$ grössere Werthe versucht.

## 212.

In (§. 27.) sahen wir, dass die Gleichung

$$x^3 - 7x + 7 = 0$$

drei Wurzeln hat, zwei positive und eine negative, und dass sich die beiden positiven Wurzeln durch continuirliche Brüche ausdrücken lassen, deren Glieder 1, 1, 2, 4.... und 1, 2, 1, 4.... sind, welches für die beiden Wurzeln die convergirenden Brüche

## *Zeichenwechsel.*

$$\tfrac{1}{0},\ \tfrac{1}{1},\ \tfrac{2}{1},\ \tfrac{5}{3},\ \tfrac{22}{13} \ldots\ldots \text{ und}$$

$$\tfrac{1}{0},\ \tfrac{1}{1},\ \tfrac{3}{2},\ \tfrac{4}{3},\ \tfrac{19}{14} \ldots\ldots$$

giebt. Man sieht leicht, dass 1 und 2 zwei Grenzen der ersten Wurzel sind. Da aber die zweite Wurzel zwischen 1 und $\frac{3}{2}$ liegt, so liegt sie zwischen den nämlichen Grenzen. Man nehme also die folgenden Grenzen 2 und $\frac{5}{3}$ und setze $a = \frac{5}{3}$, $b = 2$ und folglich $x = \dfrac{\frac{5}{3} + 2y}{1 + y} = \dfrac{5 + 6y}{1 + y}$. Da nun die Vielfachen von $y$ nichts in dem Zeichen der Gleichung ändern, so kann man blos $x = \dfrac{5 + 2y}{3 + y}$, nämlich $y$ statt $3y$ setzen. Dieses giebt die transformirte Gleichung

$$y^3 + 4y^2 + 3y - 1 = 0,$$

welche, wie man sieht, die gegebene Bedingung erfüllt.

Nimmt man für die andere Wurzel die Grenzen $\frac{3}{2}$ und $\frac{4}{3}$ an, indem man $a = \frac{4}{3}$ und $b = \frac{3}{2}$ setzt, so erhält man, wenn man $x = \dfrac{\frac{4}{3} + \frac{3}{2}y}{1 + y} = \dfrac{8 + 9y}{6(1 + y)}$, oder auch blos $y$ statt $3y$ setzt, $x = \dfrac{8 + 3y}{6 + 2y}$, welches die transformirte Gleichung

$$y^3 + 8y^2 + 4y - 8 = 0$$

giebt, die ebenfalls die verlangte Form hat.

Die angenommenen Grenzen gaben unmittelbar die gesuchten transformirten Gleichungen. Hätte man aber z. B. für die erste Wurzel die Grenzen 2 und $\frac{3}{2}$ angenommen, welche ebenfalls die Eigenschaft ha-

*Wegschaffung der*

ben, dass keine andere Wurzel zwischen ihnen liegt, weil keine andere reelle Wurzel kleiner als $\frac{3}{2}$ ist, so wäre $a = \frac{3}{2}$, $b = 2$, welches $x = \frac{\frac{3}{2} + 2y}{1 + y} = \frac{3 + 4y}{2(1 + y)}$, oder wenn man $y$ statt $2y$ setzt, $x = \frac{3 + 2y}{2 + y}$ und die transformirte Gleichung

$$y^3 + y^2 - 2y - 1 = 0$$

giebt, welche die verlangte Eigenschaft noch nicht hat, weil die positive Wurzel zu gross war.

Ohne indessen eine neue Substitution nach geschehener Vergrösserung des Werths von $a$ zu machen, ist es genug, wenn man alle Wurzeln um irgend eine Grösse $k$ vermindert, also z. B. $y = z + k$ setzt, und hierauf durch Proben einen Werth von $k$ sucht, der den vorgeschriebenen Bedingungen genug thut. Dieses giebt folgende transformirte Gleichung

$$z^3 + (3k + 1)z^2 + (3k^2 + 2k - 2)z + k^3 + k^2 - 2k - 1 = 0,$$

wo man nur $k$ positiv und so annehmen darf, dass $3k^2 + 2k > 2$ und $k^3 + k^2 < 2k + 1$ ist. Man sieht sehr bald, dass $k = 1$ diese Bedingungen erfüllt, und man findet die transformirte Gleichung

$$z^3 + 4z^2 + 3z - 1 = 0,$$

welche die verlangten Eigenschaften hat.

## 213.

Wir fanden in der dritten Abtheilung des fünften Abschnitts (§. 72.), dass, wenn $\frac{\pi}{\pi_{,}}$ und $\frac{\varrho}{\varrho_{,}}$ zwei Brüche sind, die sich einer der Wurzeln der Glei-

## Zeichenwechsel.

chung mit $x$ nähern, dass man dann die transformirte Gleichung mit $t$, welche dienen soll, den folgenden Bruch zu finden, unmittelbar findet, wenn man in die gegebene Gleichung

$$603.\quad x = \frac{\varrho t + \pi}{\varrho_{,} t + \pi_{,}} \quad (194.)$$

setzt. Es sey

$$604.\quad t = \frac{\varrho}{\varrho_{,}} y,$$

so erhält man

$$605.\quad x = \frac{\frac{\varrho \pi_{,} y}{\varrho_{,}} + \pi}{\pi_{,}(y+1)} = \frac{\frac{\varrho}{\varrho_{,}} y + \frac{\pi}{\pi_{,}}}{y+1}.$$

Dieser Ausdruck ist, wie man sieht, dem obigen (594.) gleich, wenn man $\frac{\pi}{\pi_{,}}$ und $\frac{\varrho}{\varrho_{,}}$ für die beiden Grenzen nimmt, welche daselbst durch $a$ und $b$ bezeichnet wurden.

Da nun aber zwei auf einander folgende Brüche selbst wechselsweise grössere und kleinere Grenzen der gesuchten Wurzel sind, die einander immer näher kommen, so folgt, dass die transformirten Gleichungen mit Brüchen, die kleiner sind als die Wurzel, den verlangten Bedingungen immer näher kommen. Die zwischenliegenden transformirten Gleichungen aber werden die nämliche Eigenschaft haben, wenn man $\frac{1}{y}$ statt $y$ setzt, denn wenn $\frac{\pi}{\pi_{,}} > \frac{\varrho}{\varrho_{,}}$, so ist, wenn man substituirt,

$$606.\quad x = \frac{\frac{\pi}{\pi_{,}} y + \frac{\varrho}{\varrho_{,}}}{y+1}.$$

*Wegschaffung der*

Der Unterschied zwischen den beiden Brüchen $\frac{\pi}{\pi_{,}}$ und $\frac{\varrho}{\varrho_{,}}$ ist $\frac{1}{\pi_{,}\varrho_{,}}$. Ist dieser Unterschied kleiner geworden als die kleinste Differenz zwischen den Wurzeln der gegebenen Gleichung, d. h. kleiner als die Grenze $\frac{l}{L}$ (vierter Zusatz), so kann zwischen diese Brüche nur noch eine Wurzel fallen. Von den reellen Theilen der imaginairen Wurzeln kann man sich aber nicht so leicht a priori versichern, dass sie ausserhalb jener Brüche fallen, wenn man nicht erst die Gleichungen aufstellt, deren Wurzeln $\alpha - \frac{\beta+\gamma}{2}$ sind, und hernach eine Grenze sucht, die kleiner ist als jede dieser Wurzeln, um sie mit der Differenz $\frac{1}{\pi_{,}\varrho_{,}}$ zu vergleichen.

Uebrigens ist es, obgleich aufeinander folgende Brüche Grenzen geben, welche, während die Wurzel zwischen ihnen liegt, einander immer näher rücken, dennoch möglich, dass die transformirte Gleichung niemals die verlangte Eigenschaft habe, weil die positiven Wurzeln, während die beiden Grenzen zugleich zusammenrücken, zunehmen können, statt abzunehmen. Ist man aber zu Brüchen gelangt, zwischen welchen nur eine reelle Wurzel und kein reeller Theil der imaginairen Wurzeln liegt, so darf man nur alle Wurzeln der zugehörigen transformirten Gleichung um irgend eine Grösse vermindern, die man, wie wir oben sahen, durch Proben finden kann.

## *Zeichenwechsel.*

Wenn eine Gleichung auf die verlangte Gestalt, in welcher alle Glieder, das letzte ganz gegebene ausgenommen, einerlei Zeichen haben, gebracht ist, so bringe man dieses letzte Glied auf die andere Seite. Alsdann kann man, ungefähr wie bei Gleichungen mit zwei Gliedern, die Wurzel ausziehen. Es sind blos, wegen der verschiedenen Potenzen der unbekannten Grösse, mehr Versuche nöthig.

Hätte man z. B. die Gleichung des dritten Grades

$$y^3 + Ay^2 + By - N = 0,$$

wo $A$, $B$ und $N$ positiv angenommen werden, so bringe man diese Gleichung auf die Form

$$y^3 + Ay^2 + By = N.$$

Hier muss man nun, statt aus $N$ blos die Cubic-Wurzel auszuziehen, die Wurzel aus der Summe der Potenzen $y^3 + Ay^2 + By$ nehmen, und wenn $a$ der schon gefundene Theil der Wurzel, $p$ der Rest ist, so erhält man

$$(3a^2 + 2Aa + B)p + (3a + A)p^2 + p^3 = N - a^3 - Aa^2 - Ba$$

und folglich

$$p < \frac{N - a(a^2 + Aa + B)}{3a^2 + 2Aa + B},$$

welcher Ausdruck demjenigen $p < \frac{N - a^3}{3a^2}$, auf welchem die Ausziehung der Cubic-Wurzel beruht, ähnlich ist.

Für die oben gefundene Gleichung

$$y^3 + 4y^2 + 3y - 1 = 0$$

## Wegschaffung d. Zeichenw.

ist dieser Ausdruck

$$p < \frac{1 - a(a^2 + 4a + 3)}{3a^2 + 8a + 3}.$$

Die erste Ziffer des Werths von $a$ kann, wie leicht zu sehen, nur 0,2 seyn. Setzt man also $a = 0{,}2$, so findet man $p < \frac{0{,}232}{4{,}72} > 0{,}05$. Setzt man $p = 0{,}04$, so ist der neue Werth von $a$, 0,24 und man findet $p < \frac{0{,}0368}{5{,}093} < 0{,}008$ *etc.*

# Dreizehnter Zusatz.

## Ueber die algebraische Auflösung der Gleichungen.

### 214.

Die Auflösung der Gleichungen vom zweiten Grade findet man schon beim Diophantes, auch kann man sie aus einigen Sätzen der data des Euclides ableiten; wie es scheint haben sie aber die ältesten italiänischen Algebraisten von den Arabern gelernt. Sie löseten hierauf auch die Gleichungen dritten und vierten Grades auf; aber alle Bemühungen, Gleichungen höherer Grade aufzulösen, bleiben bis jetzt ohne Erfolg. Man fand bei den Versuchen neue Methoden für den dritten und vierten Grad, aber nichts für die höhern Grade, ausgenommen etwa für einzelne Arten von Gleichungen, wie z. B. die reciproken, deren Ordnungs-Zahl immer auf die Hälfte reducirt werden kann, oder Gleichungen, deren Wurzeln denen von Gleichungen des dritten Grades ähnlich sind, dergleichen Moivre zuerst bemerkte, und einige andere mehr.

## *Ueber die algebraische Auflösung*

## 215.

In den Memoiren der Berliner Academie von den Jahren 1770 und 1771 untersuchte und verglich ich die verschiedenen bekannten Verfahren, algebraische Gleichungen aufzulösen, und fand, dass sich alle diese Methoden im Wesentlichen auf die Anwendung einer Hülfs-Gleichung reduciren, die man auflösende (resolvante) nennt und deren Wurzeln von der Form

$$607.\quad x_1 + \alpha x_2 + \alpha^2 x_3 + \alpha^3 x_4 \ldots.$$

sind, wenn die gegebenen Wurzeln der Gleichung durch $x$, $x_1$, $x_2$.... bezeichnet werden und $\alpha$ eine der [*unmöglichen*] Wurzeln der Einheit von der nämlichen Ordnung ist, wie die gegebene Gleichung.

Von dieser allgemeinen Form der Wurzeln ausgehend, suchte ich a priori die Grade der auflösenden Gleichung und ihre Divisoren. Auch wies ich nach, warum diese Gleichung, welche immer von einer höhern Ordnung ist als die gegebene Gleichung, für Gleichungen des dritten und vierten Grades reduciret werden und zur Auflösung dieser Gleichungen dienen kann.

Ich glaube, dass eine kurze Darstellung dieser Theorie in der gegenwärtigen Abhandlung an ihrem Orte ist, nicht allein, weil daraus ein gleichförmiges Verfahren zur Auflösung der vier ersten Grade folgt, sondern auch, weil das Verfahren auf Gleichungen mit zwei Gliedern von beliebiger Ordnung mit Nutzen angewendet werden kann.

## *der Gleichungen.*

## 216.

Wir wollen die gegebene Gleichung allgemein durch

608. $[z=]\ x^m - Ax^{m-1} + Bx^{m-2} - Cx^{m-3} \ldots = 0$

und ihre $m$ Wurzeln durch $x_1$, $x_2$, $x_3 \ldots x_m$ bezeichnen, so ist, vermöge der bekannten Eigenschaften der Gleichungen,

609. $$\begin{cases} A = x_1 + x_2 + x_3 \ldots + x_m \\ B = x_1 x_2 + x_1 x_3 \ldots + x_2 x_3 \ldots \\ C = x_1 x_2 x_3 \ldots \\ \ldots\ldots\ldots\ldots \end{cases}$$

Dem obigen zu Folge, setzen wir nun, wenn $t$ die unbekannte Grösse in der auflösenden Gleichung ist,

610. $t = x_1 + \alpha x_2 + \alpha^2 x_3 + \alpha^3 x_4 \ldots + \alpha^{m-1} x_m$,

wo $\alpha$ eine der [*unmöglichen*] $m$ten Wurzeln von 1 ist, das heisst, eine der Wurzeln der Gleichung mit zwei Gliedern

611. $y^m - 1 = 0.$

Um also die Gleichung in $t$ zu finden, muss man die $m$ unbekannten Grössen $x_1$, $x_2$, $x_3 \ldots$ mittelst der Gleichungen (609. und 610.) deren Zahl auch $m$ ist, [*letzteres, weil die Gleichung* (611.), *auch m Wurzeln und also* $\alpha$, *m verschiedene Werthe hat*] eliminiren. Dieses Verfahren würde aber weitläufige Rechnungen erfordern und noch den Mangel haben, dass man zuletzt eine Gleichung erhält, die auf einen höhern Grad steigt, als nöthig ist.

## *Ueber die algebraische Auflösung*

### 217.

Man kann die gesuchte Gleichung in $t$ viel leichter finden, wenn man wiederum das Verfahren anwendet, von welchem wir schon häufig Gebrauch machten, nämlich sogleich die Form aller Wurzeln der gesuchten Gleichung aufzustellen und dann die Gleichung aus ihren Wurzeln zusammenzusetzen.

Zunächst ist klar, dass man in den Ausdruck von $t$ die Wurzeln $x_1$, $x_2$, $x_3 \ldots$ unter sich nach Belieben verwechseln kann, weil sich eine von der andern durch nichts unterscheidet. Daraus folgt, dass man die verschiedenen Werthe von $t$ unmittelbar erhält, wenn man [*in* (610.)] die Wurzeln $x_1$, $x_2$, $x_3 \ldots$ auf alle mögliche Weise unter einander verwechselt. Die Resultate dieser Verwechselung sind nothwendig die Wurzeln der reducirten Gleichung in $t$, welche gefunden werden soll.

Nun ist aus der Theorie der Combinationen bekannt, dass die Zahl der Permutationen von $m$ Dingen im Allgemeinen dem Producte $1 . 2 . 3 \ldots m$ gleich ist. Die Gleichung in $t$ wird also im Allgemeinen so viele Wurzeln haben, als dieses Product Einheiten hat, und folglich von dem Grade $1 . 2 . 3 \ldots m$ seyn. Es wird sich aber zeigen, dass der Grad dieser Gleichung durch die Form der Wurzeln selbst noch erniedrigt werden kann.

Da diese Form von der Grösse $\alpha$ abhängt, welche eine der Wurzeln der Gleichung $y^m - 1 = 0$ seyn soll, so wollen wir einige Bemerkungen über die Eigenschaften der Wurzeln dieser Gleichung vorausschicken. Hierbei wollen wir die Fälle unterscheiden, wenn $m$ eine Primzahl, und wenn $m$ eine zusammengesetzte Zahl ist.

## 218.

Man setze zuerst, $m$ sey eine Primzahl. In diesem Falle haben nothwendig alle Potenzen von $\alpha$ bis zu $\alpha^m$ verschiedene Werthe, in so fern man nicht den Werth 1 von $\alpha$ nimmt. Denn wären zwei Potenzen $\alpha^n$ und $\alpha^\nu$ einander gleich, so wäre $\alpha^n = \alpha^\nu$, und folglich $\alpha^{n-\nu} = 1$. Keine Potenz von $\alpha$, deren Exponent kleiner ist als $m$, kann aber $= 1$ seyn, so lange nicht $\alpha = 1$ ist. Denn weil $\alpha^m - 1 = 0$ ist, so müssten, wenn zugleich $\alpha^n - 1 = 0$ wäre, während $n < m$ ist, die beiden Gleichungen $\alpha^m - 1 = 0$ und $\alpha^n - 1 = 0$ eine gemeinschaftliche Wurzel haben. Sucht man durch das gewöhnliche Verfahren den grössten Divisor der beiden Grössen $\alpha^m - 1$ und $\alpha^n - 1$, so findet man nothwendig $\alpha - 1$, weil $m$ eine Primzahl ist, so dass also die gemeinschaftliche Wurzel der beiden Gleichungen $\alpha^m - 1 = 0$ und $\alpha^n - 1 = 0$ nur 1 seyn kann. [*Dieser Satz lässt sich auch vermittelst der Ausdrücke der Wurzeln von 1 durch imaginaire Grössen und Winkel-Functionen nachweisen.*]

## 219.

Daraus folgt: Erstlich, dass die Potenzen $\alpha$, $\alpha^2$, $\alpha^3$ .... $\alpha^m$ sämmtlich Wurzeln der Gleichung

*Ueber die algebraische Auflösung*

$y^m - 1 = 0$ sind, wenn man $\alpha$ irgend einer Wurzel dieser Gleichung, ausser derjenigen die 1 ist, gleich setzt. Denn da $\alpha^m = 1$, so ist auch $\alpha^{2m} = 1$, $\alpha^{3m} = 1$ *etc.*, so dass die Potenzen $\alpha$, $\alpha^2$, $\alpha^3 \ldots\ldots \alpha^m$ auch Wurzeln der nämlichen Gleichung sind. Und da ihrer $m$ sind, alle von verschiedenen Werthen, so sind sie nothwendig alle Wurzeln der Gleichung $y^m - 1 = 0$.

## 220.

Es folgt: Zweitens, dass, wenn man in die Reihe der Potenzen $\alpha$, $\alpha^2$, $\alpha^3 \ldots\ldots \alpha^{m-1}$ statt $\alpha$ irgend eine dieser Potenzen setzt, z. B. $\alpha^n$, wo $n < m$, dass dann die neue Reihe $\alpha^n$, $\alpha^{2n}$, $\alpha^{3n} \ldots\ldots$, wenn man alle Exponenten unter $m$ erniedrigt, welches angeht, weil $\alpha^m = 1$ ist, wiederum die nämlichen Potenzen enthalten wird, aber in anderer Ordnung. Denn da alle die Exponenten $n$, $2n$, $3n \ldots\ldots$ verschieden sind, so sind es ihre Reste nach der Division mit $m$ [*nämlich nach der wiederholten Subtraction von m*] ebenfalls, weil $m$ eine Primzahl ist, so dass die Reste, weil ihrer $m$ sind und jeder vom andern verschieden ist, nur die Zahlen 1, 2, 3 .... bis $m$ seyn können.

## 221.

Wir wollen ferner den Fall untersuchen, wenn $m$ eine zusammengesetzte Zahl ist. In diesem Falle hat die Gleichung $y^n - 1 = 0$, wenn $n$ ein Divisor von $m$ ist, alle ihre Wurzeln mit der Gleichung $y^m - 1 = 0$ gemein, weil, wenn man die Wurzel

Wurzel der Gleichung $y^n - 1 = 0$ gleich $r$ setzt, $r^n = 1$, und folglich $r^m = 1$ ist, so dass $r$ auch eine Wurzel der Gleichung $y^m - 1 = 0$ ist. Setzt man also $r = \alpha$, so ist $\alpha^m = 1$, und wenn $m = np$, so wiederholt sich offenbar in der Reihe der Potenzen $\alpha, \alpha^2, \alpha^3 \ldots\ldots \alpha^m$, jede $p$ mal. Mithin können dann diese Potenzen nicht mehr alle Wurzeln der Gleichung $y^m - 1 = 0$ ausdrücken, indem die Gleichung keine gleiche Wurzeln haben kann.

## 222.

Es sey $m = pq$, wo $p$ und $q$ zwei Primzahlen sind, und $\beta$ eine der Wurzeln der Gleichung $y^p - 1 = 0$, $\gamma$ eine Wurzel der Gleichung $y^q - 1 = 0$ ist, so ist klar, dass $\beta$ und $\gamma$ auch Wurzeln der Gleichung $y^m - 1 = 0$ sind, weil wegen $\beta^p = 1$ und $\gamma^q = 1$ auch $\beta^{pq} = 1$ und $\gamma^{pq} = 1$ ist. Alle Wurzeln der Gleichung $y^m = 0$ können aber nicht durch die auf einander folgenden Potenzen der Wurzeln $\beta$ und $\gamma$ ausgedrückt werden.

Man sieht auch, dass das Product $\beta\gamma$ eine Wurzel der nämlichen Gleichung $y^m - 1 = 0$ ist; aber keine Potenz dieser Wurzel, deren Exponent kleiner als $m$ ist, kann der Einheit gleich seyn, wenn nicht $\beta$ oder $\gamma = 1$ ist. Denn sonst müsste der Exponent dieser Potenz ein Divisor von $m$, und folglich gleich $p$ oder $q$ seyn, so dass $(\beta\gamma)^p = 1$ oder $(\beta\gamma)^q = 1$. Im ersten Falle wäre $\gamma^p = 1$, weil nach der Voraussetzung $\beta^p = 1$ ist; und da nun nach der Voraussezzung schon $\gamma^p - 1 = 0$ ist, so wäre $\gamma - 1 = 0$, weil $p$ und $q$ unter einander Primzahlen sind. Im zweiten Fall wäre $\beta - 1 = 0$.

## 223.

So lange also $\beta$ und $\gamma$ nicht 1 sind, hat die Wurzel $\beta\gamma$ der Gleichung $y^m - 1 = 0$, wenn $m = pq$ ist, die nämliche Eigenschaft, wie die Wurzel $\alpha$, wenn $m$ eine Primzahl ist, nämlich, dass alle Wurzeln der Gleichung, der Reihe nach, durch die Potenzen von $\beta\gamma$ ausgedrückt werden können.

## 224.

Da die Zahl der Werthe von $\beta$, $p$, und die Zahl der Werthe von $\gamma$, $q$ ist, so ist die Zahl der Werthe von $\beta\gamma$, gleich $pq$, das heisst $m$; und es ist leicht zu zeigen, dass alle diese Werthe unter einander verschieden sind, weil sie durch $\beta^r\gamma^s$ ausgedrückt werden können, wenn man der Reihe nach $r = 1, 2, 3 \ldots. p$ und $s = 1, 2, 3 \ldots. q$ setzt, indem $p$ und $q$ Primzahlen seyn sollen. Daraus folgt, dass alle Wurzeln der Gleichung $y^m - 1 = 0$, wenn $m = pq$ ist, durch die Producte $\beta\gamma$ der Wurzeln der Gleichungen $y^p - 1 = 0$ und $y^q - 1 = 0$ ausgedrückt werden können, wo $p$ und $q$ Primzahlen sind.

Eben so lässt sich zeigen, dass, wenn $m = pqr$ und $p$, $q$, $r$ Primzahlen, $\beta$, $\gamma$, $\delta$ aber beliebige Wurzeln der drei Gleichungen $y^p - 1 = 0$, $y^q - 1 = 0$, $y^r - 1 = 0$ sind, dass dann das Product $\beta\gamma\delta$, wenn man der Reihe nach $\beta$, $\gamma$, $\delta$ alle ihre Werthe giebt, alle Wurzeln der Gleichung $y^m-1=0$ bezeichnen kann, und dass diejenigen von diesen Wurzeln, welche durch $\beta\gamma\delta$ ausgedrückt werden, wenn man von den Werthen von $\beta$, $\gamma$, $\delta$, die Einheit ausnimmt, die nämlichen Eigenschaften haben, wie die Wurzeln der Gleichung $y^m-1=0$, wenn $m$ eine Primzahl ist. Und so weiter.

### 225.

Wäre dagegen $m=p^2$, wo $p$ eine Primzahl ist, so ist klar, dass, wenn man für $\beta$ irgend eine Wurzel der Gleichung $y^p-1=0$ nimmt, $\beta$ auch eine Wurzel der Gleichung $y^m-1=0$ seyn wird, und $\sqrt[p]{\beta}$ auch. Man würde also in diesem Falle für $\gamma$ irgend einen der Werthe von $\sqrt[p]{\beta}$ nehmen, und ebenfalls den Ausdruck $\beta\gamma$ für alle Wurzeln der Gleichung $y^m-1=0$ erhalten.

Eben so, wenn $m=p^3$ wäre, so würde man die Werthe von $\beta$ und $\gamma$ beibehalten und ausserdem $\delta=\sqrt[p^2]{\beta}$ setzen. Dieses würde $\beta\gamma\delta$ für den Ausdruck aller Wurzeln der Gleichung $y^m-1=0$ geben, wenn man, der Reihe nach, für $\beta$, $\gamma$, $\delta$ alle ihre Werthe setzt. Und so weiter.

### 226.

Allgemein also, wenn $m=p^\mu q^\nu r^\pi\ldots$ und $\beta$, $\gamma$, $\delta\ldots$ beliebige Wurzeln der Gleichungen $y^p-1=0$, $y^q-1=0$, $y^r-1=0\ldots$, $p$, $q$, $r\ldots$ aber Prim-

## Ueber die algebraische Auflösung

zahlen sind, so erhält man, wenn man $\beta_1 = \sqrt[p]{\beta}$, $\beta_2 = \sqrt[p]{\beta_1}$ *etc.*, $\gamma_1 = \sqrt[q]{\gamma}$, $\gamma_2 = \sqrt[q]{\gamma_1}$ *etc.*, $\delta_1 = \sqrt[r]{\delta}$, $\delta_2 = \sqrt[r]{\delta_1}$ *etc.* setzt, für den allgemeinen Ausdruck der Wurzeln der Gleichung $y^m - 1 = 0$ das Product

$$611. \quad \beta\beta_1\beta_2 \ldots . \gamma\gamma_1\gamma_2 \ldots . \delta\delta_1\delta_2 \ldots .,$$

wo man den Grössen $\beta, \beta_1 \ldots ., \gamma, \gamma_1 \ldots ., \delta, \delta_1 \ldots .$ alle die Werthe geben muss, welche diese Grössen einzeln bekommen können.

Hieraus folgt, dass man, um die Wurzeln der Gleichung mit zwei Gliedern $y^m - 1 = 0$ zu finden, wenn $m$ keine Primzahl ist, nur ähnliche Gleichungen auflösen darf, deren Ordnungszahlen diejenigen Primzahlen sind, aus welchen $m$ zusammengesetzt ist.

### 227.

Endlich ist zu bemerken, dass, da in der Gleichung

$$y^m - 1 = 0$$

alle Zwischenglieder fehlen, vermöge der Ausdrücke im Anfange des sechsten Zusatzes (§. 120.), wenn man die Wurzeln der Gleichung $1, \alpha, \beta, \gamma \ldots .$ nennt,

$$612. \begin{cases} 1 + \alpha + \beta + \gamma + \delta \ldots . = 0 \\ 1 + \alpha^2 + \beta^2 + \gamma^2 + \delta^2 \ldots . = 0 \\ 1 + \alpha^3 + \beta^3 + \gamma^3 + \delta^3 \ldots . = 0 \\ \ldots\ldots\ldots\ldots\ldots \\ 1 + \alpha^{m-1} + \beta^{m-1} + \gamma^{m-1} + \delta^{m-1} \ldots . = 0, \end{cases}$$

*der Gleichungen.*

hierauf aber, wegen $\alpha^m = 1$, $\beta^m = 1$, $\gamma^m = 1$ *etc.*

$$1 + \alpha^m + \beta^m + \gamma^m \ldots\ldots = m$$

612. $$1 + \alpha^{m+1} + \beta^{m+1} + \gamma^{m+1} \ldots = 0$$

$$1 + \alpha^{m+2} + \beta^{m+2} + \gamma^{m+2} \ldots = 0$$

. . . . . . . . . . . . . .

ist u. s. w.

Diese verschiedenen Bemerkungen werden uns in der Folge nützlich seyn.

## 228.

Dieses vorausgeschickt, wollen wir nun die Function (610.)

614. $t = x_1 + \alpha x_2 + \alpha^2 x_3 + \alpha^3 x_4 \ldots + \alpha^{m-1} x_m$

nehmen, in welcher $x_1$, $x_2$, $x_3 \ldots$ $x_m$ die $m$ Wurzeln der gegebenen Gleichung vom $m$ten Grade (608.) sind, $\alpha$ aber eine beliebige [*unmögliche*] Wurzel der Gleichung $y^m - 1 = 0$ ist, so dass $\alpha^m = 1$.

Man sieht zunächst, dass dieser Ausdruck eine unveränderliche Function der Grössen $\alpha^0 x_1$, $\alpha^1 x_2$, $\alpha^2 x_3$ *etc.* [*oder eine symmetrische Grösse, die sich durch Verwechselung der Grössen, von welchen sie abhängt, nicht verändert*], dass also das Resultat der Verwechselung der Wurzeln $x_1$, $x_2$, $x_3 \ldots$ unter sich das nämliche ist, als wenn man die Potenzen der Wurzeln $\alpha$ mit einander vertauscht.

## 229.

Daraus folgt, dass man $\alpha t$ erhält, wenn man in $t$ (614.) $x_1$ mit $x_2$, $x_2$ mit $x_3 \ldots$, $x_m$ mit $x$ ver-

## *Ueber die algebraische Auflösung*

wechselt, weil $\alpha^m = 1$. Eben so erhält man $\alpha^2 t$, wenn man $x_1$ mit $x_3$, $x_2$ mit $x_4 \ldots$, $x_{m-1}$ mit $x_1$ und $x_m$ mit $x_2$ verwechselt, weil $\alpha^m = 1$ und $\alpha^{m+1} = \alpha$ u. s. w. [*Wenn man nämlich t (in 614.) der Reihe nach mit* $\alpha$, $\alpha^2$, $\alpha^3 \ldots$ *multiplicirt, so erhält man*

$$\alpha t = \alpha x_1 + \alpha^2 x_2 + \alpha^3 x_3 \ldots + \alpha x_m$$
$$\alpha^2 t = \alpha x_1 + \alpha^2 x_2 + \alpha^3 x_3 \ldots + \alpha_{m-1} + \alpha x \ldots$$

*u. s. w., welches die Resultate der benannten Verwechselungen sind.*] Wenn also $t$ eine der Wurzeln der auflösenden Gleichung in $t$ ist, so sind $\alpha t$, $\alpha^2 t$, $\alpha^3 t \ldots \alpha^{m-1} t$ die übrigen Wurzeln. Die Gleichung in $t$ muss also von der Art seyn, dass sie sich nicht ändert, wenn man der Reihe nach $\alpha t$, $\alpha^2 t$, $\alpha^3 t \ldots$ statt $t$ setzt, woraus folgt, dass die Gleichung keine andere als solche Potenzen von $t$ enthalten kann, deren Exponenten Vielfache von $m$ sind [*weil nur* $\alpha^m t = t$, $\alpha^{2m} t = t$, $\alpha^{3m} t = t$ *etc.*].

Setzt man also

$$615. \quad t^m = \tau,$$

so erhält man eine Gleichung in $\tau$, welche nur vom 1, 2, 3 .... $m - 1$ten Grade ist, und deren Wurzeln die verschiedenen Werthe von $\tau$ sind, welche entstehen, wenn man die $m - 1$ Wurzeln $x_1$, $x_2$, $x_3 \ldots x_m$ unter sich verwechselt. [*Die Gleichung in t war vom* 1, 2, 3 .... *m ten Grade (§. 217.); die Gleichung in* $\tau$ *ist nur vom* 1, 2, 3 .... $m - 1$*ten Grade, weil* $\tau = t^m$.]

*der Gleichungen.*

## 230.

Der Ausdruck von $\tau$ wird, weil $\alpha^m = 1$, $\alpha^{2m} = 1$ *etc.* ist, von der Form

616. $\tau = \lambda_0 + \alpha\lambda_1 + \alpha^2\lambda_2 + \alpha^3\lambda_3 \ldots. + \alpha^{m-1}\lambda_{m-1}$

seyn, wo $\lambda_0$, $\lambda_1$, $\lambda_2 \ldots.$ bestimmte Functionen von $x_1$, $x_2$, $x_3 \ldots.$ sind, welche im Allgemeinen die Eigenschaft haben, sich nicht zu verändern, wenn man $x_2$ statt $x_1$, $x_3$ statt $x_2 \ldots.$, $x_1$ statt $x_m$, oder $x_3$ statt $x$, $x_4$ statt $x_1 \ldots.$, $x_1$ statt $x_{m-1}$ u. s. w. setzt, indem $\tau$ eben so wohl gleich $(\alpha t)^m$, $= (\alpha^2 t)^m$ *etc.* als gleich $t^m$ ist. [*Der Ausdruck von $\tau$ wird nämlich, weil $\tau = t^m$ ist, eine ähnliche Form haben, wie der Ausdruck von $t$* (610.), *nämlich eine Form, die in Beziehung auf die Potenzen von $\alpha$ nur lineär ist.*]

Hat man die Grössen $\lambda_0$, $\lambda_1$, $\lambda_2 \ldots.$ gefunden, so erhält man sogleich die Wurzeln $x_1$, $x_2$, $x_3 \ldots.$ der gegebenen Gleichung. Denn da $\tau = t^m$ ist, so ist $t = \tau^{\frac{1}{m}}$, und wenn man die Wurzeln der Gleichung $y^m - 1 = 0$ durch $1$, $\alpha$, $\beta$, $\gamma \ldots.$, und die Werthe von $\tau$, welche entstehen, wenn man der Reihe nach in den Ausdruck von $\tau$ (616.) $1$, $\alpha$, $\beta$, $\gamma \ldots.$ statt $\alpha$ setzt, durch $\tau_0$, $\tau_1$, $\tau_2 \ldots.$ bezeichnet, so erhält man, weil

617. $x_1 + \alpha x_2 + \alpha^2 x_3 + \alpha^3 x_4 \ldots. + \alpha^{m-1} x_m = t\,(610.) = \tau^{\frac{1}{m}}$

ist, folgende Gleichungen:

*Ueber die algebraische Auflösung*

$$618.\quad \begin{cases} x_1 + x_2 + x_3 + x_4 \ldots + x_m = \tau_0^{\frac{1}{m}} \\ x_1 + \alpha x_2 + \alpha^2 x_3 + \alpha^3 x_4 \ldots + \alpha^{m-1} x_m = \tau_1^{\frac{1}{m}} \\ x_1 + \beta x_2 + \beta^2 x_3 + \beta^3 x_4 \ldots + \beta^{m-1} x_m = \tau_2^{\frac{1}{m}} \\ x_1 + \gamma x_2 + \gamma^2 x_3 + \gamma^3 x_4 \ldots + \gamma^{m-1} x_m = \tau_3^{\frac{1}{m}} \\ \ldots\ldots\ldots\ldots\ldots\ldots \end{cases}$$

[*Nämlich die erste Gleichung* (618.) *erhält man, wenn man in* (617.) 1 *statt* $\alpha$ *setzt, die zweite, wenn man in* (617.) $\alpha$ *statt* $\alpha$, *die dritte, wenn man* $\beta$, *die vierte, wenn man* $\gamma$ *statt* $\alpha$ *setzt u. s. w.*]

Addirt man diese Gleichungen, so erhält man, vermöge der Eigenschaften der Wurzeln 1, $\alpha$, $\beta$, $\gamma$.... [(612 *und* 613.) *dass nämlich die Summe der verschiedenen Potenzen der Wurzeln* 1, $\alpha$, $\beta$, $\gamma$...., *die mte und die ote ausgenommen, gleich Null sind*],

$$619.\quad x_1 = \frac{\tau_0^{\frac{1}{m}} + \tau_1^{\frac{1}{m}} + \tau_2^{\frac{1}{m}} \ldots + \tau_{m-1}^{\frac{1}{m}}}{m}.$$

Multiplicirt man darauf die Gleichungen (618.) die erste mit 1, die zweite mit $\alpha^{m-1}$, die dritte mit $\beta^{m-1}$, die vierte mit $\gamma^{m-1}$ u. s. w. und addirt die Producte, so erhält man, vermöge der nämlichen Eigenschaften der Wurzeln 1, $\alpha$, $\beta$, $\gamma$.... [(612 *und* 613.), *wie leicht zu sehen*],

*der Gleichungen.*

$$620.\ x_2 = \frac{\tau_0{}^{\frac{1}{m}} + \alpha^{m-1}\tau_1{}^{\frac{1}{m}} + \beta^{m-1}\tau_2{}^{\frac{1}{m}} + \gamma^{m-1}\tau_3{}^{\frac{1}{m}} \ldots}{m}.$$

Eben so findet man

$$621.\ x_3 = \frac{\tau_0{}^{\frac{1}{m}} + \alpha_m{}^{-2}\tau_1{}^{\frac{1}{m}} + \beta_m{}^{-2}\tau_2{}^{\frac{1}{m}} + \gamma^{m-2}\tau_3{}^{\frac{1}{m}} \ldots}{m}$$

u. s. w.

## 231.

Von diesen Ausdrücken ist zunächst zu bemerken, dass die Grösse $\tau_0{}^{\frac{1}{m}}$, da sie der Summe der Wurzeln der gegebenen Gleichung $x_1 + x_2 + x_3 \ldots$ gleich ist (618.), unmittelbar gegeben ist. [*Sie ist nämlich dem Coefficienten des ersten Gliedes der gegebenen Gleichung* (608.) *gleich.*] Es ist also

$$622.\ \tau_0{}^{\frac{1}{m}} = A, \text{ und } \tau_0 = A^m,$$

welche Gleichung nothwendig identisch seyn muss und, wenn es nöthig wäre, eine Probe der Rechnung abgeben könnte.

Es folgt ferner, dass, weil die Gleichung (616.), wenn man $\alpha = 1$ setzt,

$$623.\ \tau_0 = \lambda_0 + \lambda_1 + \lambda_2 + \lambda_3 \ldots$$

giebt,

$$624.\ \lambda_0 + \lambda_1 + \lambda_2 + \lambda_3 \ldots + \lambda_{m-1} = \tau_0 = A^m,$$

und folglich

$$625.\ \lambda_0 = A^m - \lambda_1 - \lambda_2 - \lambda_3 \ldots$$

ist. Substituirt man dieses in den allgemeinen Ausdruck von $\tau$ (616.), so reducirt sich derselbe auf die einfachere Form

626. $\tau = A^m + (\alpha - 1)\lambda_1 + (\alpha^2 - 1)\lambda_2 + (\alpha^3 - 1)\lambda_3 \ldots,$

und man erhält also die Werthe von $\tau_1$, $\tau_2$, $\tau_3 \ldots$, wenn man $\alpha$, $\beta$, $\gamma \ldots$, welches die Wurzeln der Gleichung

627. $y^{m-1} + y^{m-2} + y^{m-3} \ldots + 1 = 0$

sind, statt $\alpha$ setzt (§. 227.) [*Da nämlich die Wurzel* 1 *der Gleichung* $y^m - 1 = 0$ *jetzt ausgeschlossen ist, so können nur noch die Wurzeln der Gleichung* $\frac{y^{m-1}}{y-1} = y^{m-1} + y^{m-2} + y^{m-3} \ldots + 1 = 0$ *unter einander vertauscht werden.*]

## 232.

Die Schwierigkeit besteht also nur noch darin, die Werthe der Grössen $\lambda_1$, $\lambda_2$, $\lambda_3 \ldots$ in dem Ausdruck von $\tau$ (626.) zu finden, in so fern dieselben nicht unmittelbar gegeben sind.

Bei dieser Untersuchung muss man unterscheiden, ob $m$ eine Primzahl oder eine zusammengesetzte Zahl ist.

Wir wollen zuerst annehmen, $m$ sey eine Primzahl, so ist oben in (§. 220.) gezeigt worden, dass, wenn $\alpha$ irgend eine Wurzel der Gleichung $y^m - 1 = 0$ ist, die Einheit ausgenommen, und man setzt in die Reihe der Potenzen $\alpha$, $\alpha^2$, $\alpha^3 \ldots \alpha^{m-1}$ statt $\alpha$ irgend eine dieser Potenzen selbst, dass man dann immer die nämliche Reihe der Potenzen wieder findet, blos in anderer Ordnung. Nun ist klar, dass in der Function $t$ die Vertauschung von $\alpha$ mit $\alpha^2$ der Vertauschung von $x_2$, $x_3$ *etc.* mit $x_3$, $x_4$ ...., diejenige von $\alpha$ mit $\alpha^3$ der Vertauschung von $x_2$, $x_3$ *etc.* mit $x_4$, $x_5$ .... u. s. w. entspricht. [*Nämlich das erste Glied* $x_1$ *in* $t$ (610.) *kommt bei dieser Vertauschung nicht in Betracht, weil dessen Coefficient* 1 *und die Einheit jetzt von den Wurzeln der Gleichung* $y^m - 1 = 0$ *ausgeschlossen ist. Nur die Glieder* $\alpha x_2$, $\alpha^2 x_3$ .... $\alpha^{m-1} x_m$ *von* $t$ *werden vertauscht. Das erste Glied* $x_1$ *bleibt bei allen Vertauschungen das nämliche.*] Setzt man also, der Reihe nach, $\alpha^2$, $\alpha^3$ .... $\alpha^{m-1}$ statt $\alpha$, so entspricht dieses eben so vielen Vertauschungen von $x_2$ mit $x_3$, $x_4$ .... $x_m$ u. s. w., welches $m-1$ Vertauschungen sind, welche wieder jede mit allen möglichen Vertauschungen der $m-2$ Wurzeln $x_3$, $x_4$ .... $x_m$ unter sich verbunden werden können.

Eben so wird es sich mit der Function $\tau$ verhalten; und da in dem Ausdrucke derselben die Vertauschungen von $\alpha$ mit $\alpha^2$, $\alpha^3$ .... den mit den Substitutionen von $x_3$, $x_4$ .... statt $x_2$ in $t$ correspondirenden Vertauschungen von $\lambda_1$ mit $\lambda_2$, $\lambda_3$ .... entsprechen, so ist leicht zu sehen, dass die Grössen $\lambda_1$, $\lambda_2$, $\lambda_3$ .... die $m-1$ Wurzeln einer Gleichung vom $m-1$ten Grade sind, deren Coefficienten Functionen von $x_1$, $x_2$, $x_3$ .... sind, welche folglich nur so viele verschiedene Werthe haben können, als Per-

## *Ueber die algebraische Auflösung*

mutationen der $m-2$ Wurzeln $x_3, x_4 \ldots. x_m$ möglich sind, das heisst 1, 2, 3.... $m-2$ Werthe, und welche folglich von Gleichungen des 1, 2, 3.... $m-2$ten Grades abhangen.

### 233.

Es lässt sich selbst zeigen, dass alle diese Coefficienten nur von einer einzigen Gleichung des 1, 2, 3.... $m-2$ten Grades abhangen. Denn bezeichnet man die Gleichung in $\lambda$ [*vom* $m-1$*ten Grade*], deren Wurzeln die gesuchten Grössen $\lambda_1, \lambda_2, \lambda_3 \ldots.$ sind, durch

628. $$\lambda^{m-1} - M\lambda^{m-2} + N\lambda^{m-3} - \ldots. = 0,$$

so erhält man, wenn man in den Grössen $M$, $N$.... [*welche von* $x_3$, $x_4$.... *abhangen*] zwischen den Wurzeln $x_3, x_4 \ldots.$ die möglichen 1, 2, 3.... $m-2$ Permutationen macht, eben so viele ähnliche Gleichungen, welche, wenn man sie in einander multiplicirt, eine Endgleichung in $\lambda$ vom 1, 2, 3.... $m-1$ten Grade geben, in welcher die Coefficienten unveränderliche Functionen der Wurzeln $x_1, x_2, x_3 \ldots.$ und folglich durch die Coefficienten $A$, $B$, $C$.... der gegebenen Gleichung bestimmbar sind. [*Nämlich der Exponent des Products von* 1, 2, 3.... $m-2$ *Gleichungen, jede vom* $m-1$*ten Grade, ist offenbar* $m-1\,(1.2.3\ldots. m-2) = 1.2.3\ldots. m-1$].

Die Gleichung $\lambda^{m-1} - M\lambda^{m-2} + N\lambda^{m-3}\ldots. = 0$ (628.), wird also ein Divisor dieser Endgleichung seyn. Dividirt man die beiden Gleichungen auf die

## *der Gleichungen.*

gewöhnliche Weise und setzt die $m-1$ Glieder des Restes einzeln gleich Null, so erhält man eben so viele Gleichungen, von welchen die $m-2$ ersten die Werthe von $N$, $P$.... in rationalen Functionen von $M$ geben. Es ist also nur nöthig, die Gleichung in $M$ vom 1, 2, 3....$m-1$ten Grade zu finden. [*Eine solche Gleichung, deren Wurzel M seyn würde, würde nämlich deshalb vom* 1, 2, 3.... $m-2$*ten Grade seyn, weil in den Grossen* $M$, $N$.... 1.2.3.... $m-1$ *Permutationen der Grössen* $x_3$, $x_4$.... *möglich sind, und folglich die Grösse* $M$, 1.2.3.... $m-1$ *verschiedene Werthe hat.*]

Wenn also diese Gleichung aufgelöst werden könnte, wobei es hinreichend wäre, nur eine Wurzel zu haben, so hätte man die Werthe der Coefficienten der Gleichung in $\lambda$ (628.) [*zunächst M und dann auch N und die übrigen, weil diese letzten durch M ausgedrückt werden*], welche Gleichung [(628.) *vom* $m-1$*ten Grade, also*] um einen Grad niedriger ist, als die gegebene Gleichung (608.), und deren $m-1$ Wurzeln die Werthe der Grössen $\lambda_1$, $\lambda_2$, $\lambda_3$.... in dem Ausdrucke von $\tau$ (626.) sind.

### 234.

Anstatt der Wurzeln $\lambda_1$, $\lambda_2$, $\lambda_3$.... könnte es leichter seyn, geradezu die Wurzeln $\tau_1$, $\tau_2$, $\tau_3$.... zu suchen. Es ist klar, dass diese Grössen [*weil ihre Zahl* $m-1$ *ist*] die Wurzeln einer Gleichung in $\tau$ vom $m-1$ten Grade sind, welche man findet, wenn man $\alpha$ zwischen dem Ausdrucke von $\tau$ (626.) und

## *Ueber die algebraische Auflösung*

der Gleichung $\alpha^m - 1 = 0$, nachdem aus dieser die Wurzel 1 weggeschafft worden, also der Gleichung

$$629.\quad \alpha^{m-1} + \alpha^{m-2} + \alpha^{m-3} \ldots + 1 = 0$$

eliminirt. Diese Gleichung in $\tau$ wird auf diese Weise die Wurzel $\alpha$ nicht enthalten, und wenn man ihre Coefficienten, die in $\lambda_0$, $\lambda_1$, $\lambda_2 \ldots$ ausgedrückt sind, als Functionen der Wurzeln $x_1$, $x_2$, $x_3 \ldots$ betrachtet, so werden dieselben nicht mehr als $1.2.3 \ldots m-2$ Vertauschungen durch alle mögliche Permutationen der Wurzeln fähig seyn. Denn da die Veränderung der Stelle des Vorkommens von $x_2$ den Substitutionen von $\alpha^2$, $\alpha^3 \ldots$ statt $\alpha$ entspricht, die Grösse $\alpha$ aber aus der Gleichung in $\tau$ verschwunden ist, so folgt, dass man in dem Ausdruck ihrer Coefficienten $x_2$ als fest betrachten kann, eben wie $x_1$.

Ohne wirklich zu eliminiren, kann man die Gleichung in $\tau$ vermittelst ihrer Wurzeln $\tau_1, \tau_2, \tau_3 \ldots$, deren Ausdrücke gegeben sind (618.), direct finden. Denn setzt man die Gleichung in $\tau$

$$630.\quad \tau^{m-1} - T\tau^{m-2} + U\tau^{m-3} - \ldots = 0,$$

so ist, vermöge der bekannten Eigenschaften der Gleichungen,

$$631.\quad \begin{cases} T = \tau_1 + \tau_2 + \tau_3 \ldots \\ U = \tau_1\tau_2 + \tau_1\tau_3 \ldots + \tau_2\tau_3 \ldots \end{cases}$$

. . . . . . . . . . . . . . . . .

### 235.

Die Berechnung dieser Coefficienten lässt sich erleichtern, wenn man dieselben aus der Summe der

## *der Gleichungen.*

successiven Potenzen der Wurzeln $\tau_1$, $\tau_2$ ...., bis zur *m*ten Potenz genommen, ableitet.

Nimmt man nämlich die zweite, dritte etc. Potenz des Polynoms

633. $[\tau_1 =] \lambda_0 + \alpha\lambda_1 + \alpha^2\lambda_2 + \alpha^3\lambda_3 \ldots + \alpha^{m-1}\lambda_{m-1}$,

und bezeichnet die Glieder dieser Potenzen, in welchen die Grösse $\alpha$, nachdem überall 1 für $\alpha^m$, $\alpha$ für $\alpha^{m+1}$ u. s. w. gesetzt worden, nicht vorkommt, durch ${}_2\lambda$, ${}_3\lambda$, ${}_4\lambda$ *etc.*, setzt auch noch, der Gleichförmigkeit wegen,

634. $\tau_0 = \lambda_0 + \lambda_1 + \lambda_2 + \lambda_3 \ldots + \lambda_{m-1}$ (624.),

so dass die Grössen $\tau_0$, $\tau_1$, $\tau_2$ *etc.* den Wurzeln 1, $\alpha$, $\beta$.... correspondiren, so ist aus den obigen Eigenschaften dieser Potenzen leicht zu sehen, dass

635. $$\begin{cases} \tau_0 + \tau_1 + \tau_2 + \tau_3 \ldots = m.\lambda_0 \\ \tau_0^2 + \tau_1^2 + \tau_2^2 + \tau_3^2 \ldots = m.{}_2\lambda \\ \tau_0^3 + \tau_1^3 + \tau_2^3 + \tau_3^3 \ldots = m.{}_3\lambda \\ \ldots\ldots\ldots\ldots \end{cases}$$

[*Es ist nämlich*

$$\tau_0 = \lambda_0 + \lambda_1 + \lambda_2 + \lambda_3 \ldots + \lambda_{m-1}$$
$$\tau_1 = \lambda_0 + \alpha\lambda_1 + \alpha^2\lambda_2 + \alpha^3\lambda_3 \ldots + \alpha^m\lambda_{m-1}$$
$$\tau_2 = \lambda_0 + \beta\lambda_1 + \beta^2\lambda_2 + \beta^3\lambda_3 \ldots + \beta^m\lambda_{m-1}$$
$$\tau_3 = \lambda_0 + \gamma\lambda_1 + \gamma^2\lambda_2 + \gamma^3\lambda_3 \ldots + \gamma^m\lambda_{m-1}$$
$$\ldots\ldots\ldots\ldots\ldots\ldots$$

*Hieraus folgt zunächst, wenn man alle diese Gleichungen addirt,*

$\tau_0 + \tau_1 + \tau_2 + \tau_3 \ldots = m\lambda_0$, *wie in* (635.), *weil* $1+\alpha+\beta+\gamma\ldots\ldots=0$, $1+\alpha^2+\beta^2+\gamma^2\ldots\ldots=0$ *etc.* (612.)

*Nimmt man ferner die verschiedenen Potenzen von* $\tau_0, \tau_1, \tau_2, \tau_3\ldots\ldots$, *so sind in denselben nothwendig gleiche Verbindungen der Grössen* $\lambda_0, \lambda_1, \lambda_2\ldots\ldots$ *mit gleichen Potenzen von* $1, \alpha, \beta, \gamma\ldots\ldots$ *multiplicirt, weil in den Grössen* $\tau_0, \tau_1, \tau_2\ldots\ldots$ *die Grössen* $\lambda_0, \lambda_1, \lambda_2\ldots\ldots$ *ganz gleichförmig vorkommen. Ausserdem aber steigen die Potenzen von* $\alpha$ *nur bis zur* $m$*ten, weil* $\alpha^m$ *wiederum gleich* $1$, $\alpha^{m-1}$ *gleich* $\alpha$ *u. s. w. ist; die Summe einer beliebigen* $n$*ten Potenz der Grössen* $\tau_0, \tau_1, \tau_2\ldots\ldots$ *ist also nothwendig von der Form*

$$\begin{aligned}&(1+\alpha^0+\beta^0+\gamma^0\ldots\ldots)P\\+&(1+\alpha\;+\beta\;+\gamma\;\ldots\ldots)Q\\+&(1+\alpha^2+\beta^2+\gamma^2\ldots\ldots)R\\&\ldots\ldots\ldots\ldots\ldots\ldots,\end{aligned}$$

*welches sich, weil* $1+\alpha+\beta+\gamma\ldots\ldots=0$, $1+\alpha^2+\beta^2+\gamma^2\ldots\ldots=0$ *etc.* (612.), *auf* $(1+\alpha^0+\beta^0+\gamma^0\ldots\ldots)P$, *oder auf die Glieder reducirt, die gar kein* $\alpha, \beta, \gamma\ldots\ldots$ *enthalten, also auf* $m._n\lambda$, *woraus*

$$\tau_0^n+\tau_1^n+\tau_2^n+\tau_3^n\ldots\ldots=m._n\lambda$$

*folgt, welches die übrigen Ausdrücke* (635.) *giebt.*]

Nun ist $\tau_0=A^m$ (624.). Zieht man also, der Reihe nach, von den Grössen $m\lambda_0$, $m._2\lambda$, $m._3\lambda\ldots\ldots$ die Potenzen von $A^m$ ab, so erhält man aus (635.)

$$636.\quad\begin{cases}\tau_1\;+\tau_2\;+\tau_3\;\ldots\ldots=m.\lambda_0-A^m\\\tau_1^2+\tau_2^2+\tau_3^2\ldots\ldots=m._2\lambda-A^m\\\tau_1^3+\tau_2^3+\tau_3^3\ldots\ldots=m._3\lambda-A^m\\\ldots\ldots\ldots\ldots\ldots\ldots\end{cases}$$

Hieraus

*der Gleichungen.*

Hieraus lassen sich, vermöge der Ausdrücke (17. §. 8.) die Summen der Producte der Wurzeln $\tau_1$, $\tau_2$, $\tau_3$.... zu zweien, zu dreien u. s. w., wie folgt, finden:

637. $$\begin{cases} T = m\lambda_0 - A^m \\ U = \tfrac{1}{2}((m\lambda_0 - A^m)T - (m._2\lambda - A^{2m})) \\ V = \tfrac{1}{3}((m\lambda_0 - A^m)U - (m._2\lambda - A^{2m})T + (m._3\lambda - A^{3m})) \end{cases}$$

*etc.*

## 236.

Macht man nun in diesen Ausdrücken der Coefficienten $T$, $U$, $V$.... [*der Gleichung in* $\tau$ (630)] durch $x_1$, $x_2$, $x_3$.... alle mögliche Permutationen von $x_1$, $x_2$, $x_3$...., so erhält man nur $1.2.3 \ldots m-2$ solcher Permutationen, die lediglich aus Vertauschung der $m-2$ Wurzeln $x_2$, $x_3$.... entstehen.

Man findet also zur Bestimmung von $T$ eine Gleichung vom $1.2.3 \ldots m-2$ten Grade, welche man mit Hülfe ihrer Wurzeln aufstellen kann. Sodann aber lassen sich, auf dieselbe Weise, wie oben bei den Coefficienten der Gleichung in $\lambda$ (§. 233.), die Werthe der andern Coefficienten $U$, $V$.... durch rationale Ausdrücke mit $T$ finden.

Die Aufgabe lässt sich also auf die Auflösung einer Gleichung in $T$ vom $1.2.3 \ldots m-2$ten Grade reduciren, welche immer von einem höhern Grade ist, als die gegebene Gleichung, sobald $m$ grösser ist als 4 [*denn z. B. für* $m = 4$ *ist* $1.2.3 \ldots m-2 = 1.2 = 2$, *also* $1.2.3 \ldots m-2 < m$. *Hingegen für* $m = 5$ *ist* $1.2.3 \ldots m-2 = 1.2.3 = 6$, *also schon* $1.2.3 \ldots m-2 > m$ *u. s. w.*]

*Ueber die algebraische Auflösung*

Es ist möglich, dass sich diese Gleichung auf eine andere von niedrigerer Ordnung reduciren lässt. Es scheint mir aber schwer, wenn nicht unmöglich, hiervon a priori zu urtheilen. [*Diese Aeusserung ist für die weitere Untersuchung dieses Gegenstandes sehr merkwürdig.*]

## 237.

Für die Wurzeln $\alpha$, $\beta$, $\gamma$.... erhält man, da sie nebst der Einheit die Wurzeln der Gleichung $y^m - 1 = 0$ sind, wenn man diese Gleichung durch $y - 1$ dividirt, um daraus die Wurzel 1 wegzuschaffen, die Gleichung

638. $y^{m-1} + y^{m-2} + y^{m-3} \ldots + 1 = 0$

deren $m - 1$ Wurzeln die Grössen $\alpha$, $\beta$, $\gamma$.... sind.

Diese Gleichung ist, wie man sieht, von einer um Eins niedrigern Ordnung als die gegebene Gleichung. Da sie aber sich umkehren lässt, so kann ihre Ordnungs-Zahl immer auf die Hälfte reducirt werden. Auch kann man sie, der schönen Entdekkung von Gauss zu Folge, mit Hülfe so vieler einzelnen Gleichungen auflösen, als $m - 1$ Primzahlen zu Factoren hat, deren Ordnungs-Zahlen dann nicht höher steigen, als die Factoren. Man kann sie selbst direct, ohne irgend eine Hülfs-Gleichung, auflösen, wie sich in dem folgenden Zusatze zeigen wird.

## *der Gleichungen.*

### 238.

Wir nahmen in (§. 232.) an, der Exponent $m$ der gegebenen Gleichung sey eine Primzahl. Wir wollen nun den andern Fall untersuchen, wenn $m$ eine zusammengesetzte Zahl ist.

In diesem Fall sind die Wurzeln der Gleichung $y^m - 1 = 0$, wie wir sahen, zweierlei Art. Diejenigen der einen Art hat die Gleichung $y^n - 1 = 0$, wenn $n$ ein Divisor von $m$ ist, mit der gegebenen Gleichung gemeinschaftlich, und ihre Potenzen können nicht alle Wurzeln der Stammgleichung ausdrükken, weil ihre Werthe nur bis zur $n$ten Potenz verschieden sind und weiterhin immer in der nämlichen Ordnung wiederkehren. Die der andern Art gehören nur der Gleichung $y^m - 1 = 0$ allein an und haben die nämlichen Eigenschaften wie die Wurzeln dieser Gleichung selbst, wenn $m$ eine Primzahl ist. Das Raisonnement von (§. 232.) muss also zunächst auf die Wurzeln $\alpha$, welche der Gleichung $y^m - 1 = 0$ eigen sind, beschränkt, und die Folgerungen, welche daraus für die Gleichung mit $\lambda$ gezogen sind, müssen modificirt werden. Ausserdem kann man selbst, wenn man nur diese Wurzeln für $\alpha$ setzt, nicht sagen, dass die Substitution einer beliebigen Potenz von $\alpha$ statt $\alpha$ immer wieder die nämlichen Werthe in der Reihe $\alpha, \alpha^2, \alpha^3 \ldots . \alpha^{m-1}$ gebe, weil, wenn $m = np$ ist, die Substitution von $\alpha^n$ statt $\alpha$, wegen $\alpha^{np} = 1$, nur die Potenzen $\alpha^n, \alpha^{2n}, \alpha^{3n} \ldots . \alpha^{np}$ giebt. Daraus folgt, dass alsdann die Grössen $\lambda_1, \lambda_2, \lambda_3 \ldots .$ nicht mehr die Wurzeln einer und derselben Gleichung seyn können, sondern dass sie von verschiedenen Gleichungen abhangen, welche man einzeln suchen müsste, welches aber die Rechnung weitläufig machen würde.

Bedient man sich dagegen der Wurzeln, welche die Gleichung $y^n - 1 = 0$ ebenfalls hat, so lässt sich das allgemeine Verfahren vereinfachen, und die Auflösung der gegebenen Gleichung des $m$ten Grades reducirt sich auf die Auflösung so vieler Gleichungen von niedrigerer Ordnung, z. B. der $n$ten, als der Exponent Primzahlen zu Factoren hat. Dieses wollen wir näher auseinandersetzen.

## 239.

Wir wollen annehmen $m$ habe den Factor $n$, so gehören, zu Folge (§. 221.), alle Wurzeln der Gleichung $y^n - 1 = 0$ auch der Gleichung $y^m - 1 = 0$ an. Wir können also in die Function

639. $t = x_1 + \alpha x_2 + \alpha^2 x_3 + \alpha^3 x_4 \ldots + \alpha^{m-1} x_m$ (617.)

statt $\alpha$ eine der Wurzeln der Gleichung $y^n - 1 = 0$ setzen. Alsdann ist $\alpha^n = 1$, $\alpha^{n+1} = \alpha$, $\alpha^{n+2} = \alpha^2 \ldots$

$$\alpha^{2n} = 1,\ \alpha^{2n+1} = \alpha,\ \alpha^{2n+2} = \alpha^2 \ldots$$

bis zu $\alpha^m = 1$ [*so dass also die nämlichen Potenzen von* $\alpha$ *in der Reihe* (639.) *öfter wiederkehren*]. Der Ausdruck von $t$ (639.) lässt sich also auf die einfachere Form

640. $t = X_1 + \alpha X_2 + \alpha^2 X_3 \ldots + \alpha^{n-1} X_n$

## *der Gleichungen.*

bringen, wenn man, der Kürze wegen,

$$641.\quad \begin{cases} x_1 + x_{n+1} + x_{2n+1} \ldots + x_{m-n+1} = X_1 \\ x_2 + x_{n+2} + x_{2n+2} \ldots + x_{m-n+2} = X_2 \\ x_3 + x_{n+3} + x_{2n+3} \ldots + x_{m-n+3} = X_3 \\ \ldots\ldots\ldots\ldots\ldots\ldots \\ x_n + x_{2n} + x_{3n} \ldots x_m = X_n \end{cases}$$

setzt.

Betrachtet man nun die Grössen $X_1, X_2, X_3 \ldots X_n$ als die Wurzeln einer Gleichung des $n$ten Grades, so lassen sich auf die Functionen $t$ (640.) ganz die Schlüsse von (§. 229 und 230.) anwenden, und die Resultate, welche man findet, sind den dortigen ganz ähnlich.

Setzt man also jetzt

$$642.\quad t^n = \tau,$$

so ist, wegen $\alpha^n = 1$, der Ausdruck von $\tau$ von der Form

$$643.\quad \tau = \lambda_0 + \alpha\lambda_1 + \alpha^2\lambda_2 + \alpha^3\lambda_3 \ldots + \alpha^{n-1}\lambda_{n-1},$$

[*wie* (616.)], in welchem die Grössen $\lambda_0, \lambda_1, \lambda_2 \ldots$ gegebene Functionen von $X_1, X_2, X_3 \ldots$ sind, welche die Eigenschaft haben, sich durch gleichzeitige Vertauschung der Grössen $X_1, X_2 \ldots X_n$ mit $X_2, X_3 \ldots X_1$ nicht zu verändern.

Kennt man nun diese Grössen, so erhält man unmittelbar die Werthe der Wurzeln $X_1, X_2, X_3 \ldots$ durch Ausdrücke, wie in (§. 230.).

Setzt man also die Wurzeln der Gleichung $y^n - 1 = 0$ gleich $1, \alpha, \beta$ *etc.*, und die Werthe von $\tau$, welche den Werthen 1, $\alpha$, $\beta$, $\gamma$ *etc.* von $\alpha$ entsprechen, gleich $\tau_1$, $\tau_2$, $\tau_3 \ldots$, so erhält man

644.
$$\begin{cases} X_1 = \dfrac{\tau_0^{\frac{1}{n}} + \tau_1^{\frac{1}{n}} + \tau_2^{\frac{1}{n}} \ldots}{n} \\ X_2 = \dfrac{\tau_0^{\frac{1}{n}} + \alpha^{n-1}\tau_1^{\frac{1}{n}} + \beta^{n-1}\tau_2^{\frac{1}{n}} \ldots}{n} \\ X_3 = \dfrac{\tau_0^{\frac{1}{n}} + \alpha^{n-2}\tau_1^{\frac{1}{n}} + \beta^{n-2}\tau_2^{\frac{1}{n}} \ldots}{n} \\ \text{etc.} \end{cases}$$

[*wie* (619. 620. 621.)], wo zu bemerken, dass das Glied $\tau_0$ immer der Summe der Wurzeln gleich ist, welche hier

645. $X_1 + X_2 + X_3 \ldots = x_1 + x_2 + x_3 \ldots = A$

ist.

Man findet auf diese Weise erst die Wurzeln $X_1$, $X_2$, $X_3 \ldots$ Um auch die ursprünglichen Wurzeln $x_1$, $x_2$, $x_3 \ldots$ zu finden, darf man nur diejenigen derselben, aus welchen jedesmal eine der Grössen $X_1$, $X_2$, $X_3 \ldots$ zusammengesetzt ist, als die Wurzeln einer Gleichung betrachten, deren Ordnungs-Zahl ihrer Anzahl gleich ist, und mit diesen Gleichungen auf dieselbe Weise verfahren, wie vorhin.

## 240.

Wenn $n$ eine Primzahl ist, welches sich immer annehmen lässt, wenn man für $n$ einen Factor von $m$ nimmt, der eine Primzahl ist, so sind die Grössen

*der Gleichungen.*

$\lambda_1$, $\lambda_2$, $\lambda_3$ ...., wie in (§. 232.) die Wurzeln einer Gleichung vom $n-1$ten Grade, deren Coefficienten von einer Gleichung des 1.2.3 .... $n-2$ten Grades abhängen. Diese letzte Gleichung hat rationale Functionen der Coefficienten der Gleichung in $X$, deren Wurzeln $X_1$, $X_2$, $X_3$ .... sind, zu Coefficienten; jene Coefficienten sind aber nicht bekannt. Nur die Coefficienten der gegebenen Gleichung, deren Wurzeln $x_1$, $x_2$, $x_3$ .... sind, sind gegeben. Man muss daher untersuchen, wie jene von diesen abhangen.

Es ist klar, dass man, wenn man für $X_1$, $X_2$, $X_3$ .... ihre Werthe in $x_1$, $x_2$, $x_3$ .... setzt, für die Coefficienten der Gleichung in $\lambda$ gegebene Functionen der Wurzeln $x_1$, $x_2$, $x_3$ .... erhält. Um die Gleichungen zu finden, von welchen diese Functionen abhangen [*oder die Wurzeln sind*], kommt es darauf an, zu suchen, wie viele verschiedene Werthe diese Functionen durch alle die möglichen Verwechselungen der Wurzeln $x_1$, $x_2$, $x_3$ .... erhalten können.

## 241.

Die Gesammtzahl der Permutationen der $m$ Wurzeln ist im Allgemeinen 1.2.3 .... $m$. Kommen aber darunter Verwechselungen vor, welche die obigen Functionen auf keine Weise verändern, so muss man die Gesammtzahl der Permutationen durch die Zahl jener dividiren, weil jede solche Permutation, indem sie sich mit der andern verbindet, keine neue Grösse giebt.

## *Ueber die algebraische Auflösung*

Nun sind zwischen den Wurzeln $x$, $x_{n+1}$ .... $x_{m-n+1}$, welche in dem Ausdrucke von $X_1$ (641.) vorkommen, und deren Zahl $p$ ist, weil $m = np$ war, 1.2.3.... $p$ Permutationen möglich. Da aber die Wurzeln in $X_1$ ganz auf dieselbe Weise vorkommen, so entstehet aus der Verwechselung derselben gar keine Veränderung des Werthes von $X_1$, folglich ist der obige Divisor die Zahl 1.2.3.... $p$.

Mit der Grösse $X_1$ verhält es sich eben so. Sie giebt ebenfalls den Divisor 1.2.3.... $p$, so dass nun der Divisor für die beiden Grössen $X_1$ und $X_2$ schon $(1.2.3 \ldots p)^2$ ist. Eben so geben die drei Grössen $X_1$, $X_2$, $X_3$ den Divisor $(1.2.3 \ldots p)^3$, und folglich die $n$ Functionen $X_1$, $X_2$, $X_3$ .... $X_n$ den Divisor $(1.2.3 \ldots p)^n$.

Endlich können die $n$ Grössen $X_1$, $X_2$, $X_3$ .... unter sich selbst 1.2.3.... $n$ mal verwechselt werden; und da die Coefficienten der Gleichung in $X$ unveränderliche Functionen dieser Grössen sind, so entstehet daraus ein neuer Divisor 1.2.3.... $n$.

Daraus folgt, dass die Coefficienten der Gleichung in $X$, als Functionen der $m$ Wurzeln $x_1$, $x_2$, $x_3$ .... betrachtet, nur $\frac{1.2.3 \ldots m}{1.2.3 \ldots n\,(1.2.3 \ldots p)^n}$ verschiedene Werthe haben und folglich nur von einer Gleichung dieser Ordnung abhangen.

Die Coefficienten der Gleichung des 1.2.3.... $n-2$ten Grades, welche rationale Functionen der-

## *der Gleichungen.*

jenigen der Gleichung in $X$ sind, hangen also von einer Gleichung dieses Grades ab.

Giebt man also diesen Coefficienten alle Werthe, welche den Wurzeln der letzten Gleichung entsprechen, und multiplicirt alle entstehende Gleichungen in einander, so erhält man endlich eine Gleichung vom Grade $\frac{1.2.3\ldots.m}{1.2.3\ldots.n(1.2.3\ldots.p)^n}.1.2.3\ldots.n-2$, oder

$$646. \quad \frac{1.2.3\ldots.m}{(n-1)n(1.2.3\ldots.p)^n},$$

von welcher nun die Coefficienten der Gleichung in $\lambda$, welche vom $n-1$ten Grade ist und deren Wurzeln $\lambda_1$, $\lambda_2$, $\lambda_3\ldots.$ sind, abhangen. Man kann also sagen, dass sich die Auflösung der gegebenen Gleichung vom $m$ten Grade am Ende auf die Auflösung einer Gleichung vom $\frac{1.2.3\ldots.m}{(n-1)n(1.2.3\ldots.p)^n}$ten Grade reduciren lässt.

### 242.

Um die Auflösung der gegebenen Gleichung in $x$ zu vollenden, muss man noch den Werth ihrer Wurzeln $x_1$, $x_2$, $x_3\ldots.$ $x_m$ aus demjenigen der Wurzeln $X_1$, $X_2$, $X_3\ldots.$ (§. 239.) nehmen. Zu dem Ende kann man die $p$ Wurzeln $x$, $x_{n+1}\ldots.etc.$, aus welchen $X_1$ zusammengesetzt ist (641.), als die Wurzeln einer Gleichung des $p$ten Grades von der Form

$$647. \quad x^p - X_1 x^{p-1} + \varkappa x^{p-2} - \mu x^{p-3} + \nu x^{p-4}\ldots. = 0$$

ansehen, in welcher die Coefficienten $\varkappa, \mu, \nu \ldots$ noch unbekannt sind. Da aber diese Gleichung $p$ von den $m$ Wurzeln der gegebenen Gleichung $x^m - Ax^{m-1} + Bx^{m-2} - Cx^{m-3} \ldots = 0$ enthält, wenn $m = np$ ist, so muss sie ein Divisor dieser Gleichung seyn. Man darf daher nur mit derselben auf die gewöhnliche Weise wirklich dividiren und die Glieder in den Resten, welche $x^{p-1}, x^{p-2} \ldots$ enthalten, einzeln Null setzen. Man erhält dadurch $p$ Gleichungen in $X, \varkappa, \mu, \nu$ *etc.*, von welchen die $p-1$ ersten die Werthe von $\varkappa, \mu, \nu \ldots$ in $X_1$ und zwar in lineärer Form geben. Ist daher $X_1$ bekannt, so erhält man auch $\varkappa, \mu, \nu \ldots$ und darf nur noch diese Gleichungen vom $p$ten Grade auflösen. Substituirt man eben so den Werth von $X_2$ statt $X$, so erhält man die Gleichung, welche die Wurzeln $x_2, x_{n+2}, x_{2n+2} \ldots$ (641.) giebt u. s. w.

## 243.

Man sieht hieraus, dass sich dieses Verfahren darauf reducirt, die Gleichung vom Grade $m = np$ in $n$ Gleichungen vom $p$ten Grade zu zerlegen. Nach der gewöhnlichen Methode dagegen würde man eine Gleichung vom Grade $\frac{m(m-1)(m-2)\ldots(m-p+1)}{p}$ten Grade auflösen müssen, wie wir im zehnten Zusatze sahen, statt dass zu der gegenwärtigen nur die Auflösung einer Gleichung vom Grade $\frac{1.2.3\ldots m}{(n-1)n(1.2.3\ldots p)^n}$

## *der Gleichungen.*

nöthig ist, welche immer niedrigerer Ordnung ist, als jene.

Es sey z. B. $m = 4$, $n = 2$, $p = 2$, so ist die erste Zahl $\frac{4 \cdot 3}{1 \cdot 2} = 6$, die letzte dagegen nur $\frac{1 \cdot 2 \cdot 3 \cdot 4}{2 \cdot 2^2} = 3$.

Es sey $m = 6$, $n = 2$, $p = 3$, so sind die beiden Zahlen $\frac{6 \cdot 5 \cdot 4}{1 \cdot 2 \cdot 3} = 20$ und $\frac{1 \cdot 2 \cdot 3 \cdot 4 \cdot 5 \cdot 6}{2(1 \cdot 2 \cdot 3)^2} = 10$; und wenn $n = 3$, $p = 2$ wäre, $\frac{6 \cdot 5}{1 \cdot 2} = 15$ und $\frac{1 \cdot 2 \cdot 3 \cdot 4 \cdot 5 \cdot 6}{2 \cdot 3 (1 \cdot 2)^3} = 15$ u. s. w.

### 244.

Wir wollen nun diese Theorie auf die Gleichungen des zweiten, dritten und vierten Grades anwenden.

Es sey zuerst die Gleichung des zweiten Grades

$$648. \quad x^2 - Ax + B = 0$$

gegeben, deren Wurzeln $x_1$ und $x_2$ seyn sollen.

In diesem Falle ist $m = 2$, welches man als eine Primzahl ansehen kann. Nimmt man für $\alpha$ eine Wurzel der Gleichung $y^2 - 1 = 0$, so kann man

$$t = x_1 + \alpha x_2$$

setzen, woraus [*quadrirt*]

$$\tau = t^2 = x_1^2 + x_2^2 + 2\alpha x_1 x_2$$

folgt, weil $\alpha^2 = 1$. Also ist [*aus* (616.)] $\lambda_1$ die unveränderliche Function $2 x_1 x_2$ der beiden Wurzeln $x_1$ und $x_2$. In der That ist auch $B = x_1 x_2$ und folglich $\lambda_1 = 2B$. Nun giebt die Gleichung $y^2 - 1 = 0$, $y = 1$ und $y = -1$, also $\alpha = -1$ [*nämlich $\alpha$ ist die andere Wurzel ausser* 1] und nach (626.) $\tau = A^2 - 2\lambda_1 = A^2 - 4B$. Also sind die Ausdrücke der beiden Wurzeln [*weil* $\tau_0^{\frac{1}{m}} = x_1 + x_2 = A$ *ist*] nach (619.)

$$649. \quad \begin{cases} x_1 = \dfrac{A + \sqrt{(A^2 - 4B)}}{2} \text{ und} \\ x_2 = \dfrac{A - \sqrt{(A^2 - 4B)}}{2}; \end{cases}$$

wie bekannt.

## 245.

Es sey die allgemeine Gleichung des dritten Grades

$$650. \quad x^3 - Ax^2 + Bx - C = 0$$

gegeben, deren Wurzeln $x_1\, x_2\, x_3$ seyn sollen.

Hier ist $m$ die Primzahl 3. Die Function $t$ (610.) ist also, wenn man für $\alpha$ eine Wurzel der Gleichung $y^3 - 1 = 0$ setzt,

$$t = x_1 + \alpha x_2 + \alpha^2 x_3$$

und $\tau$ oder $t^3$ ist, weil $\alpha^3 = 1$ nach (616.)

$$\tau = \lambda_0 + \alpha\lambda_1 + \alpha^2\lambda_2,$$

wo

$$651 \quad \begin{cases} \lambda_0 = x_1^3 + x_2^3 + x_3^3 + 6x_1 x_2 x_3 \\ \lambda_1 = 3(x_1^2 x_2 + x_2^2 x_3 + x_3^2 x_1) \\ \lambda_2 = 3(x_1^2 x_3 + x_2^2 x_1 + x_3^2 x_2) \end{cases}$$

[*Es ist nämlich*

$$\tau = t = (x_1 + \alpha x_2 + \alpha^2 x_3)^3 =$$

*der Gleichungen.*

$$x_1^3+\alpha^3 x_2^3+\alpha^6 x_3^3+3\alpha x_2 x_1^2+3\alpha^2 x_3 x_1^2+3\alpha^4 x_3 x_2^2$$
$$+3\alpha^2 x_1 x_2^2+3\alpha^4 x_1 x_3^2+3\alpha^5 x_2 x_3^2+6\alpha x_1 x_2 x_3,$$

*oder, weil* $\alpha^3=\alpha^6=1$,

$$\tau = x_1^3+x_2^3+x_3^3+6x_1 x_2 x_3$$
$$+3\alpha(x_1^2 x_2+x_2^2 x_3+x_3^2 x_1)$$
$$+3\alpha^2(x_1^2 x_3+x_2^2 x_1+x_3^2 x_2),$$

*woraus die obigen Werthe der drei Grössen* $\lambda_0$, $\lambda_1$ *und* $\lambda_2$ *folgen, deren erste der Coefficient* $\alpha^0$, *die zweite der Coefficient zu* $\alpha$, *die dritte der Coefficient zu* $\alpha_2^2$ *ist.*]

Die Grössen $\lambda_1$, $\lambda_2$ sind also die Wurzeln einer Gleichung des zweiten Grades (§. 232.), deren Coefficienten von einer Gleichung des $1.2....m-2=1$ ten Grades abhängen, und welche folglich rationale Functionen der Coefficienten der gegebenen Gleichung sind. In der That sieht man, dass bei allen möglichen Permutationen der drei Wurzeln $x_1\, x_2\, x_3$ die beiden Functionen $\lambda_1$ und $\lambda_2$ die nämlichen bleiben oder nur eine in die andere übergehen, so dass, wenn man $\lambda_1$ und $\lambda_2$ die Wurzeln der Gleichung

652. $\lambda_2 - M\lambda + N = 0$ (628.)

seyn lässt,

653. $M=\lambda_1+\lambda_2$ und $N=\lambda_1\lambda_2$,

welches unveränderliche und folglich durch die Coefficienten $A$, $B$, $C$ der gegebenen Gleichung bestimmbare Functionen von $x_1\, x_2\, x_3$ sind.

Durch die Ausdrücke von (§. 171.) findet man leicht

## *Ueber die algebraische Auflösung*

654. $\begin{cases} M = \lambda_1 + \lambda_2 = 3AB - 9C \text{ und} \\ N = \lambda_1 \lambda_2 = 9B^3 + 9(A^3 - 6AB)C + 81C^2. \end{cases}$

Man darf also nur die Gleichung zweiter Ordnung

$\lambda_2 - (3AB - 9C)\lambda + 9B^3 + 9(A^3 - 6AB)C + 81C^2 = 0$

auflösen und die beiden Wurzeln derselben $\lambda_1$ und $\lambda_2$ suchen.

Setzt man darauf nach (626.)

$$\tau_1 = A_3 + (\alpha - 1)\lambda_1 + (\alpha^2 - 1)\lambda_2$$
$$\tau_2 = A_3 + (\beta - 1)\lambda_1 + (\beta^2 - 1)\lambda_2$$

und in die Ausdrücke von $x_1\, x_2\, x_3$ (§. 230.) $m = 3$ und $A = \tau_0^{\frac{1}{3}}$, so erhält man

$$x_1 = \frac{A + \tau_1^{\frac{1}{3}} + \tau_2^{\frac{1}{3}}}{3}$$

$$x_2 = \frac{A + \alpha^2 \tau_1^{\frac{1}{3}} + \beta^2 \tau_2^{\frac{1}{3}}}{3}$$

$$x_3 = \frac{A + \alpha\tau_1^{\frac{1}{3}} + \beta\tau_2^{\frac{1}{3}}}{3},$$

oder, weil $\beta = \alpha^2$ und $\beta^2 = \alpha_1$,

655. $$\begin{cases} x_1 = \dfrac{A + \tau_1^{\frac{1}{3}} + \tau_2^{\frac{1}{3}}}{3} \\[2ex] x_2 = \dfrac{A + \beta\tau_1^{\frac{1}{3}} + \alpha\tau_2^{\frac{1}{3}}}{3} \\[2ex] x_3 = \dfrac{A + \alpha\tau_1^{\frac{1}{3}} + \beta\tau_2^{\frac{1}{3}}}{3} \end{cases}$$

Die beiden Grössen $\alpha$ und $\beta$ sind, zu Folge (§. 237.), die Wurzeln der Gleichung $y^2 + y + 1 = 0$, und folglich

## *der Gleichungen.*

$$\alpha = \frac{-1-\sqrt{-3}}{2},\quad \beta = \frac{-1-\sqrt{-3}}{2}.$$

## 246.

Man kann aber auch, vermittelst der Gleichung in $\tau$ (650.), welche vom zweiten Grade ist, noch einfachere Ausdrücke finden.

Setzt man für diese Gleichung

$$656.\quad \tau^2 - T\tau + U = 0,$$

so findet man die Werthe von $T$ und $U$ aus den Ausdrücken (637.). Man findet

$$T = 3\lambda_0 - A^3$$
$$U = \tfrac{1}{2}T(3\lambda_0 - A^3) - \tfrac{1}{2}(3\cdot{}_2\lambda - A^6),$$

wo ${}_2\lambda$ das erste Glied ohne $\alpha$ in der Entwickelung von $(\lambda_0 + \alpha\lambda_1 + \alpha^2\lambda_2)^3$ ist (§. 235.). Dieses Glied ist

$${}_2\lambda = \lambda_0^2 + 2\lambda_1\lambda_2.$$

Nun ist nach (§. 231.) $\lambda_0 = A^3 - \lambda_1 - \lambda_2 = A^3 - M$, also, weil $\lambda_1\lambda_2 = N$ (653.),

$$T = 2A^3 - 3M$$
$$U = \tfrac{1}{2}(T^2 - 3(A^3 - M)^2 - 6N + A^6).$$

Setzt man hierin die obigen Werthe von $M$ und $N$ (654.), so erhält man

$$T = 2A^3 - 9AB + 27C$$
$$U = A^6 - 9A^4B + 27A^2B^2 - 27B^3 = (A^2 - 3B)^3;$$

die Gleichung in $\tau$ (656.) ist also

$$\tau^2 - (2A^3 - 9AB + 27C)\tau + (A^2 - 3B)^3 = 0,$$

deren beide Wurzeln, welche $\tau_1$ und $\tau_2$ sind, in die obigen Ausdrücke von $x_1\, x_2\, x_3$ (655.) gesetzt, die

## *Ueber die algebraische Auflösung*

einfachste Auflösung der Gleichungen des dritten Grades geben.

[*Die Ausdrücke geben, wenn man die Berechnung ausführt, die Cardanische Formel.*]

### 247.

Wir kommen zu den Gleichungen der vierten Ordnung, welche durch

657. $x^4 - Ax^3 + Bx^2 - Cx + D = 0$

ausgedrückt werden können.

Da hier der Exponent $4 = 2.2$ ist, so ist es besser, nach (§. 239.) zu verfahren. Es ist also daselbst $n = 2$. Für $\alpha$ nehme man eine Wurzel der Gleichung $y^2 - 1 = 0$, so dass $\alpha^2 = 1$. Hierauf setze man

658. $$\begin{cases} t = X_1 + \alpha X_2 \quad (640.) \\ \left.\begin{aligned} X_1 &= x_1 + x_3 \\ X_2 &= x_2 + x_4 \end{aligned}\right\} (641.) \end{cases}$$

so erhält man

659. $$\begin{cases} \tau = \lambda_0 + \alpha\lambda_1 \quad (643.\ 616.) \\ \lambda_0 = X_1^2 + X_2^2 \\ \lambda_1 = 2X_1X_2. \end{cases}$$

Also ist die Gleichung in $\lambda$, von welcher $\lambda_1$ eine Wurzel ist, nur vom $n - 1 = 1$ten Grade und ihre Coefficienten hangen nur von einer Gleichung des $\frac{1.2.3.4}{2.2^2} = 3$ten Grades ab (§. 241.), so dass man die Gleichung

660. $\lambda_1^3 - M\lambda_1^2 + N\lambda_1 - P = 0$ (628.),

annehmen kann.

Die

## *der Gleichungen.*

Die Wurzeln dieser Gleichung sind die drei verschiedenen Werthe der Grösse

661. $\lambda_1 = 2X_1X_2 = 2(x_1+x_3)(x_2+x_4)$ (659. 658.)
welche durch die Verwechselung der drei Wurzeln [$x_2$ $x_3$ *und* $x_4$] entstehen, und es ist leicht zu sehen, dass diese Werthe nur folgende seyn können.

$$662. \left.\begin{matrix} 2(x_1+x_3)(x_2+x_4) \\ 2(x_1+x_2)(x_3+x_4) \\ 2(x_1+x_4)(x_2+x_3) \end{matrix}\right\} = \lambda_1$$

Aus diesen Wurzeln kann man die Coefficienten $M$ und $N$ zusammensetzen, welche also durch unveränderliche Functionen von $x_1$ $x_2$ $x_3$ $x_4$ ausgedrückt werden und folglich durch $A$, $B$, $C$, $D$ bestimmbar sind.

### 248.

Um diese Untersuchung zu erleichtern, bemerken wir, dass [*der Coefficient B des dritten Gliedes der gegebenen Gleichung die Summe der Producte der Wurzeln zu zweien, also*]

$$B = x_1x_2 + x_1x_3 + x_1x_4 + x_2x_3 + x_2x_4 + x_3x_4,$$

oder

$$663. \left\{\begin{aligned} B &= (x_1+x_3)(x_2+x_4) + x_1x_3 + x_2x_4 = \\ &\qquad \lambda_1 + x_1x_3 + x_2x_4 \\ &= (x_1+x_2)(x_3+x_4) + x_1x_2 + x_3x_4 = \\ &\qquad \lambda_1 + x_1x_2 + x_3x_4 \\ &= (x_1+x_4)(x_2+x_3) + x_1x_4 + x_2x_3 = \\ &\qquad \lambda_1 + x_1x_4 + x_2x_3 \end{aligned}\right.$$

ist. Setzt man daher

$$664. \quad \lambda_1 = 2B - 2u,$$

*Ueber die algebraische Auflösung*

so lässt sich die Gleichung in $\lambda_1$ (661.) auf eine andere in $u$ reduciren, deren drei Wurzeln

665. $x_1 x_3 + x_2 x_4, \quad x_1 x_2 + x_3 x_4, \quad x_1 x_4 + x_2 x_3$

sind. Diese Gleichung werde durch

666. $u^3 - Ru^2 + Su - T = 0$

bezeichnet, so ist [*die Summe ihrer Wurzeln R*]

667. $R = x_1 x_3 + x_2 x_4 + x_1 x_2 + x_3 x_4 + x_1 x_4 + x_2 x_3$
$= B$ (663.).

Eben so findet man vermittelst der Formeln des zehnten Zusatzes folgende Werthe von $S$ und $T$:

668. $S = AC - 4D$ und $T = (A^2 - 4B)D + C^2$.

Man bezeichne durch $u_1$ irgend eine der Wurzeln der Gleichung in $u$ (666.), welche jetzt

669. $u^3 - Bu^2 + (AC - 4D)u - (A^2 - 4B)D - C^2 = 0$

ist, so ist

$$\lambda_1 = 2B - 2u_1 \quad (664.)$$

und aus (626.), wenn man $\alpha = -1$ und $n = 2$ setzt,

670. $\tau_1 = A^2 - 2\lambda_1 = A^2 - 4B + 4u_1$,

und endlich aus (644.)

671. $X_1 = \frac{A + \tau_1^{\frac{1}{2}}}{2}, \quad X_2 = \frac{A - \tau_1^{\frac{1}{2}}}{2}$.

## 249.

Da nun $X_1 = x_1 + x_3$ ist (658.), so kann man [*nach (§. 242.)*] $x_1$ und $x_3$ als die beiden Wurzeln der Gleichung zweiter Ordnung

672. $x^2 - X_1 x + \varkappa = 0$ (647.)

betrachten, und um $\varkappa$ (647.) zu finden, darf man nur die gegebene Gleichung der vierten Ordnung durch die gegenwärtige Gleichung dividiren. Das erste Glied des Restes gleich Null gesetzt, giebt

$$673. \quad \varkappa = \frac{X_1^3 - AX_1^2 + BX_1 - C}{2X_1 - A}.$$

Löset man nun die Gleichung zweiter Ordnung (672.) auf, so erhält man

$$674. \; x_1 = \frac{X_1 + \sqrt{(X_1 - 4\varkappa)}}{2} \text{ und } x_3 = \frac{X_1 - \sqrt{(X_1^2 - 4\varkappa)}}{2}$$

und da $X_2 = x_2 + x_4$, so erhält man auch die Wurzeln $x_2$ und $x_4$, wenn man die Grössen $X_1$ und $X_2$ verwechselt, welches geschieht, wenn man in (671.) blos das Zeichen der Wurzel-Grösse $\tau^{\frac{1}{2}}$ vertauscht.

Diese Auflösung kommt mit der von Descartes überein, welche in Zerlegung der gegebenen Gleichung vierter Ordnung in zwei Gleichungen zweiter Ordnung mittelst einer andern Gleichung dritter Ordnung besteht.

## 250.

Man kann diese Ausdrücke noch vereinfachen, wenn man sogleich in (669.) aus (670.) $\frac{\tau - A^2 + 4B}{4}$ statt $u$ setzt, welches die Gleichung

$$675. \quad \tau^3 - \tau^2(3A^2 - 8B) + \tau(3A^4 - 16A^2B + 16B^2 + 16AC - 64D) - (A^3 - 4AB + 8C)^2 = 0$$

giebt, von welcher eine beliebige Wurzel $\tau$ ist. Wen-

*Ueber die algebraische Auflösung*

det man ihre drei Wurzeln an, so kann man sogleich die vier Wurzeln $x_1$, $x_2$, $x_3$, $x_4$ finden.

Denn es sey $\alpha = -1$, so ist

676. $t = x_1 + x_3 - x_2 - x_4$ (639.),

und folglich

677. $\tau = t^2 = (x_1 + x_3 - x_2 - x_4)^2$.

Dieser Ausdruck von $t^2$ hat nur die drei verschiedenen Werthe

678. $$\begin{cases}(x_1 + x_3 - x_2 - x_4)^2\\(x_1 + x_2 - x_3 - x_4)^2\\(x_1 + x_4 - x_2 - x_3)^2,\end{cases}$$

welche folglich die drei Wurzeln der Gleichung in $\tau$ (675.) sind.

Bezeichnet man diese drei Wurzeln durch $\tau_1$, $\tau_2$, $\tau_3$, so erhält man die drei Gleichungen

679. $$\begin{cases}\tau_1^{\frac{1}{2}} = x_1 + x_3 - x_2 - x_4\\\tau_2^{\frac{1}{2}} = x_1 + x_2 - x_3 - x_4\\\tau_3^{\frac{1}{2}} = x_1 + x_4 - x_2 - x_3,\end{cases}$$

welche, mit der Gleichung

680. $A = x_1 + x_2 + x_3 + x_4$,

für welche $\alpha = 1$ ist, verbunden, zur Bestimmung der vier Wurzeln $x_1, x_2, x_3, x_4$ dienen. Man erhält

681. $$\begin{cases}x_1 = \frac{1}{4}(A + \tau_1^{\frac{1}{2}} + \tau_2^{\frac{1}{2}} + \tau_3^{\frac{1}{2}})\\x_2 = \frac{1}{4}(A - \tau_1^{\frac{1}{2}} + \tau_2^{\frac{1}{2}} - \tau_3^{\frac{1}{2}})\\x_3 = \frac{1}{4}(A + \tau_1^{\frac{1}{2}} - \tau_2^{\frac{1}{2}} - \tau_3^{\frac{1}{2}})\\x_4 = \frac{1}{4}(A - \tau_1^{\frac{1}{2}} - \tau_2^{\frac{1}{2}} + \tau_3^{\frac{1}{2}}).\end{cases}$$

*der Gleichungen.*

## 251.

Diese Auflösung, die einfachste von allen, ist die Eulersche. Sie hat aber noch eine Zweideutigkeit, weil die Wurzelgrössen positiv und negativ genommen werden können. In der That erhält man, wenn man die Zeichen einer der Wurzel-Grössen, oder die Zeichen von allen dreien zugleich vertauscht, ein anderes System von Wurzeln, z. B.

$$682.\quad \begin{cases} x_1 = \frac{1}{4}(A - \tau_1^{\frac{1}{2}} - \tau_2^{\frac{1}{2}} - \tau_3^{\frac{1}{2}}) \\ x_2 = \frac{1}{4}(A + \tau_1^{\frac{1}{2}} - \tau_2^{\frac{1}{2}} + \tau_3^{\frac{1}{2}}) \\ x_3 = \frac{1}{4}(A - \tau_1^{\frac{1}{2}} + \tau_2^{\frac{1}{2}} + \tau_3^{\frac{1}{2}}) \\ x_4 = \frac{1}{4}(A + \tau_1^{\frac{1}{2}} + \tau_2^{\frac{1}{2}} - \tau_3^{\frac{1}{2}}). \end{cases}$$

Aendert man dagegen nur die Zeichen von zwei Wurzel-Grössen, so hat man immer das nämliche System. Um daher zu erfahren, welches von beiden Systemen gilt, darf man nur das Zeichen des Products $\tau_1^{\frac{1}{2}}.\tau_2^{\frac{1}{2}}.\tau_3^{\frac{1}{2}}$ suchen.

Der Gleichung (675.) zu Folge, deren letztes Glied aus dem Product $\tau_1\,\tau_2\,\tau_3$ besteht, ist

$$683.\quad \tau_1.\tau_2.\tau_3 = (A^3 - 4AB + 8C)^2;$$

also, wenn man die Quadrat-Wurzel auszieht,

$$684.\quad \tau_1^{\frac{1}{2}}.\tau_2^{\frac{1}{2}}.\tau_3^{\frac{1}{2}} = \pm(A^3 - 4AB + 8C);$$

und wenn man die Werthe von $\tau_1^{\frac{1}{2}}$, $\tau_2^{\frac{1}{2}}$ und $\tau_3^{\frac{1}{2}}$ (679.) substituirt,

$$685.\quad (x_1+x_3-x_2-x_4)(x_1+x_2-x_3-x_4)(x_1+x_4-x_2-x_3) = \pm(A^3 - 4AB + 8C).$$

*Ueber die algebraische Auflösung*

Um zu finden, welches Zeichen genommen werden muss, darf man nur irgend einen besondern Fall untersuchen, z. B. den Fall, wenn die drei Wurzeln $x_2$, $x_3$ und $x_4$ Null sind. In diesem Falle ist $A = x_1$, $B = 0$, $C = 0$, $D = 0$, und die Gleichung (685.) giebt

686. $x_1^3 = \pm A^3$,

woraus folgt, dass man, um die Gleichung identisch zu machen, das obere Zeichen + nehmen muss. Es ist also nothwendig

687. $r_1^{\frac{1}{2}} . r_2^{\frac{1}{2}} . r_3^{\frac{1}{2}} = A^3 - 4AB + 8C$,

und hieraus folgt, dass, wenn die Grösse

688. $A^3 - 4AB + 8C$

positiv ist, das erste System der Wurzeln (681.), wenn sie negativ ist, das zweite System (682.) genommen werden muss; wobei die Wurzel-Grössen $r_1^{\frac{1}{2}}$, $r_2^{\frac{1}{2}}$, $r_3^{\frac{1}{2}}$ immer positiv sind.

## 252.

Bei Gleichungen von höherer als der vierten Ordnung führt das obige Verfahren, obgleich überall anwendbar, auf auflösende Gleichungen von höheren Graden als die gegebene Gleichung selbst.

Von Gleichungen des fünften Grades z. B. ist der allgemeine Ausdruck

689. $x^5 - Ax^4 + Bx^3 - Cx^2 + Dx - E = 0$.

Die Wurzeln der Gleichungen mögen $x_1$, $x_2$, $x_3$, $x_4$, $x_5$ seyn.

*der Gleichungen.*

Der Exponent $m$ ist hier die Primzahl 5, und es ist [*zu Folge* (610.)]

690. $t = x_1 + \alpha x_2 + \alpha^2 x_3 + \alpha^3 x_4 + \alpha^4 x_5$,

wo $\alpha$ eine der Wurzel der Gleichung $y^5 - 1 = 0$, ausser der Einheit, ist.

Man setze ferner

691. $t^5 = \tau$,

so erhält man eine Gleichung in $\tau$ vom Grade 1.2.3.4, die aber in 2.3 Gleichungen, jede vom vierten Grade zerlegt werden kann, so dass, wenn eine solche Gleichung des vierten Grades

692. $\tau^4 - T\tau^3 + U\tau^2 - X\tau + Y = 0$

ist, ihre Coefficienten $T, U\ldots$ jeder nur sechs verschiedene Werthe haben, welche durch die verschiedenen Permutationen der fünf Wurzeln $x_1, x_2, x_3, x_4, x_5$ in jenen Coefficienten entstehen. Diese sechs Werthe hängen folglich von einer Gleichung des sechsten Grades ab, so dass am Ende die Auflösung der Gleichung des fünften Grades auf die Auflösung einer Gleichung des sechsten Grades gebracht seyn würde. Es ist daher unnütz, diese Rechnung zu unternehmen. Man findet den Anfang derselben in den Memoiren der Berliner Academie vom Jahre 1771. S. 130 etc.

## 253.

Wir haben bis jetzt die auflösenden Functionen nur von der Form

693. $x_1 + \alpha x_2 + \alpha^2 x_3 \ldots$

angenommen. Das obige Verfahren, direct die Gleichung zu finden, von welcher diese Functionen die Wurzeln sind, ist indessen auch auf jede andere beliebige Function der Wurzeln $x_1, x_2, x_3 \ldots.$ der gegebenen Gleichung anwendbar. Man darf nur immer alle die verschiedenen Formen suchen, welche die gegebenen Functionen durch die Verwechselung von $x_1, x_2, x_3 \ldots.$ unter einander annehmen können, und dann eine Gleichung aufstellen, welche diese verschiedenen Ausdrücke zu Wurzeln hat. Da die Coefficienten dieser Gleichungen unveränderliche [*oder symmetrische*] Functionen von ihren Wurzeln sind, so sind sie es auch von den Wurzeln der gegebenen Gleichung, und können also, vermittelst der Ausdrücke im zehnten Zusatze, durch rationale Functionen der Coefficienten der gegebenen Gleichung gefunden werden.

Man könnte glauben, dass verschiedene Functionen der Wurzeln einer und derselben Gleichung von verschiedenen Gleichungen abhangen müssen. Dieses ist zwar für nicht ähnliche Functionen der Fall, aber alle solche Functionen, welche wir ähnliche nennen, und welche die Eigenschaft haben, dass für eine und dieselbe Permutation entweder keine oder alle sich verändern, kann man von einer und derselben Gleichung abhängig machen, weil sie sich immer durch rationale Functionen von einer unter ihnen ausdrücken lassen.

Ich habe in den Memoiren der Academie von Berlin vom Jahre 1771. S. 203 etc. ein allgemeines Verfahren zur Bestimmung ähnlicher Functionen der Wurzeln einer beliebigen Gleichung gezeigt. Ich will dasselbe hier nicht hersetzen, um diesen Zusatz nicht zu sehr zu verlängern.

254.

Ich kann ihn aber nicht schliessen, ohne ein Wort von der schönen Untersuchung des seligen Vandermonde über die allgemeine Auflösung der Gleichungen in den Memoiren der Academie der Wissenschaften zu Paris vom Jahre 1771 zu sagen. Sein Werk und das meinige sind fast zu gleicher Zeit geschrieben und vorgelesen, das eine in der Pariser, das andere in der Berliner Academie. Vandermonde kam, von einem allgemeinen Satze ausgehend, auf ähnliche Resultate, auf welche mich die Untersuchung der verschiedenen, bis jetzt bekannten Methoden geführt hatte. Da die Vergleichung für die Analysis interessant ist, so wird man sie hier nicht ungern sehen.

Der erwähnte allgemeine Satz ist der, dass der analytische Ausdruck der Wurzeln einer Gleichung nothwendig eine solche Function dieser Wurzeln seyn muss, dass dadurch erstlich alle Wurzeln ohne Unterschied ausgedrückt werden können, und dann zweitens, dass die Function nur von der Summe der Wurzeln, der Summe ihrer Producte zu zweien, der Summe ihrer Producte zu dreien u. s. w. abhängt, damit sie blos aus den Coefficienten der gegebenen Gleichung zusammengesetzt seyn möge.

*Ueber die algebraische Auflösung*

## 255.

Nun bemerkt Vandermonde, indem er die Auflösung der Gleichungen des zweiten Grades mit Rücksicht auf diesen Satz betrachtet, dass die Function, welche diese Auflösung enthält, von der Form

$$694. \quad \frac{a+b+\sqrt{(a-b)^2}}{2}$$

ist, wo $a$ und $b$ die beiden Wurzeln der gegebenen Gleichung sind. [*Nämlich, wenn die gegebene Gleichung* $x^2 - Ax + B = 0$ *ist und* $a$ *und* $b$ *die beiden Werthe von* $x$ *sind, so ist bekanntlich* $a+b=A$ *und* $ab=B$. *Nun ist* $x = \frac{1}{2}A \pm \sqrt{(\frac{1}{4}A^2 - B)}$. *Substituirt man hierin* $A = a+b$ *und* $B = ab$, *so erhält man* $x = \frac{1}{2}(a+b) \pm \sqrt{(\frac{1}{4}(a+b)^2 - ab)}$, *oder* $x = \frac{a+b \pm \sqrt{(a-b)^2}}{2}$, *wie oben.*] Dieser Ausdruck giebt in der That, wegen des doppelten Zeichens der Wurzelgrösse, sowohl $a$ als $b$ [*denn* $\frac{a+b+\sqrt{(a-b)^2}}{2}$ *ist gleich* $\frac{a+b+a-b}{2} = a$ *und* $\frac{a+b-(a-b)}{2}$ *ist gleich* $\frac{a+b-a+b}{2} = b$]; zugleich aber können die beiden Grössen $a+b$ und $(a-b)^2$ durch die Coefficienten der Gleichung $x^2 - Ax + B = 0$ ausgedrückt werden, denn es ist

$$695. \quad \begin{cases} a+b = A \\ (a-b)^2 = a^2+b^2-2ab = (a+b)^2-4ab = A^2-4B, \end{cases}$$

woraus der bekannte Ausdruck

*der Gleichungen.*

696. $X = \frac{A + \sqrt{(A^2 - 4B)}}{2}$

folgt.

Der Verfasser wendet nun den Satz auf Gleichungen des dritten Grades an und findet, dass die Functionen, welche ihre Auflösung enthält, auf die Form

697. $\frac{a+b+c+\sqrt[3]{(a+r_1 b+r_2 c)^3}+\sqrt[3]{(a+r_2 b+r_1 c)^3}}{3}$

gebracht werden kann, wo $a$, $b$, $c$ die drei Wurzeln der gegebenen Gleichung und $r_1$, $r_2$ die Grössen sind, welche, nächst der Einheit, der Gleichung $r^3 - 1 = 0$ genugthun [*also die beiden unmöglichen dritten Wurzeln von* 1]. In der That giebt der Ausdruck zunächst $a$, weil $1 + r_1 + r_2 = 0$ ist. [*Er giebt nämlich, weil* $\sqrt[3]{(a+r_1 b+r_2 c)^3} = a+r_1 b+r_2 c$ *und* $\sqrt[3]{(a+r_2 b+r_1 c)^3} = a+r_2 b+r_1 c$ *ist, zusammen* $\frac{a+b+c+a+r_1 b+r_2 c+a+r_2 b+r_1 c}{2} =$

$\frac{3a+b(1+r_1+r_2)+c(1+r_1+r_2)}{3} = \frac{3a}{3} = a.$]

Ferner giebt der Ausdruck, weil jede Cubic-Wurzel mit $r_1$ oder $r_2$ multiplicirt werden kann, auch $b$ und $c$, wenn man die beiden Wurzelgrössen mit $r_1$ und $r_2$ oder mit $r_2$ und $r_1$ multiplicirt, weil $r_2 = r_1^2$ (§. 219.) [*z. B. die Grösse* (697.) *giebt, wenn man die Wurzel-Grössen mit* $r_1$ *und* $r_2$ *multiplicirt*

$\frac{1}{3}(a+b+c+ar_1+br_1^2+r_1 r_2 c+ar_2+r_2^2 b+r_1 r_2 c)$
$=\frac{1}{3}(a(1+r_1+r_2)+b(1+r_1^2+r_2^2)+c(1+r_1 r_2+r_1 r_2))$

*und weil* $r_2 = r_1^2$, $1+r_1+r_2 = 0$, $1+r_2+r_2^2 = 0$

# *Ueber die algebraische Auflösung*

*und* $1+2r_1r_2=1+2=3$ *ist, zusammen* $\frac{1}{3}c.3=c$. *Eben so b.*]

Daraus schliesst Vandermonde, dass die Function, welche zugleich $a$, $b$, $c$.... giebt, für eine beliebige Zahl von Wurzeln durch

$$698.\quad \left\{\begin{array}{l} \frac{1}{m}\,[a+b+c\ldots\ldots \\ +(a+r_1 b+r_2 c\ldots\ldots)^{\frac{1}{m}} \\ +(a+r_1^2 b+r_2^2 c\ldots\ldots)^{\frac{1}{m}} \\ +(a+r_1^3 b+r_2^3 c\ldots\ldots)^{\frac{1}{m}}\ldots\ldots] \end{array}\right.$$

ausgedrückt werden könne, wenn man die Wurzeln, welche die Einheit ausser 1 hat, durch $r_1$, $r_2$, $r_3$.... bezeichnet.

Vergleicht man diesen Ausdruck mit demjenigen der Wurzel $x_1$ (619. §. 230.), so wird man leicht die Uebereinstimmung bemerken, weil allgemein

$$699.\quad \tau=(x_1+\alpha x_2+\alpha^2 x_3\ldots\ldots)^m$$

ist (§. 15. und Gleichung 617.), $\tau_1$, $\tau_2$ *etc.* aber die Werthe von $\tau$ sind, welche den Wurzeln $\alpha$, $\beta$, $\gamma$ *etc.* der Gleichung $y^m-1=0$ entsprechen, die Vandermonde durch $r_1\,r_2\,r_3$.... bezeichnet, und wenn $m$ eine Primzahl ist, alle Wurzeln gleichförmig durch 1, $\alpha$, $\alpha^2$, $\alpha^3$.... und durch 1, $\beta$, $\beta^2$, $\beta^3$.... ausgedrückt werden (§. 219.).

Um die Werthe von $(a+r_1 b+r_2 c\ldots\ldots)^{\frac{1}{m}}$ (698.) durch die Coefficienten der gegebenen Gleichung zu finden, worin die ganze Schwierigkeit der Aufgabe besteht, bedient sich der Verfasser eines sinnreichen Algorithmus, der auf einer besondern Bezeichnung beruht. Er sucht nicht, wie eben geschehen, den Grad der Gleichung, von welcher diese Bestimmung abhängt, a priori, sondern er giebt die vollständige Auflösung der Gleichungen des dritten und vierten Grades, und für die Gleichungen des fünften und sechsten Grades allgemeine Ausdrücke, welche er Typen nennt, und welche zeigen, dass die Auflösung einer Gleichung des fünften Grades am Ende von einer Gleichung des sechsten Grades, diejenige des sechsten Grades von einer Gleichung des funfzehnten oder zehnten Grades abhängt; eben wie wir es oben fanden.

## 256.

Vandermonde hat auch die Vereinfachungen bemerkt, deren der allgemeine Ausdruck der Wurzeln einer Gleichung, deren Exponenten zusammengesetzte Zahlen sind, fähig ist. Er findet z. B., dass bei den Gleichungen des vierten Grades die Wurzeln $a$, $b$, $c$, $d$ durch

700. $$\tfrac{1}{4}\left(a+b+c+d+\sqrt{(a+b-c-d)^2}+\sqrt{(a+c-b-d)^2}+\sqrt{(a+d-b-c)^2}\right)$$

ausgedrückt werden können, wenn man die Wurzelgrössen positiv und negativ nimmt, und er findet daraus die obige Auflösung (§. 250.).

Da Vandermondes Verfahren von einem auf der Natur der Gleichungen gegründeten Satze ausgeht und in diesem Betrachte directer als das in diesem Zusatze gegebene ist, so kann man das gemeinschaftliche Resultat dieser beiden Verfahren für die allgemeine Auflösung der Gleichungen von höherm Grade als dem vierten, als nothwendige Folge aus der allgemeinen Theorie der Gleichungen betrachten.

# Vierzehnter Zusatz,

## welcher die allgemeine Auflösung der Gleichungen mit zwei Gliedern enthält.

### 257.

Obgleich die Gleichungen mit zwei Gliedern

$$701. \quad x^{\mu} - A = 0,$$

oder, weil man $x A^{\frac{1}{\mu}}$ setzen kann, einfacher

$$702. \quad x^{\mu} - 1 = 0$$

durch den Ausdruck

$$703. \quad x = \cos\frac{2\nu\pi}{\mu} + \sqrt{-1}\,\sin\frac{2\nu\pi}{\mu},$$

in welchem man der Reihe nach 1, 2, 3 .... $\mu$ statt $\nu$ setzen muss, mit Hülfe der Sinus-Tafeln so genau aufgelöset werden können als man will [*man findet diesen Gegenstand ausführlich abgehandelt in der Schrift des Uebersetzers über Facultäten etc. Berlin bei Reimer* 1823. *S.* 347. *etc.*], so ist dennoch die algebraische Auflösung dieser Gleichungen für die Analysis nicht weniger interessant, und die Analysten haben sich lange damit beschäftigt.

## *Allgemeine Auflösung*

Zuerst wurde die Schwierigkeit auf die Auflösung von Gleichungen reducirt, deren Exponenten Primzahlen sind, wie wir im Anfange des vorigen Zusatzes sahen. Man fand ferner, dass die Gleichung vom $\mu - 1$ten Grade

$$704.\quad x^{\mu-1} + x^{\mu-2} + x^{\mu-3} \ldots + 1 = 0,$$

welche man erhält, wenn man die gegebene Gleichung $x^{\mu} - 1 = 0$, deren eine Wurzel allemal nothwendig 1 ist, durch $x - 1$ dividirt, weil diese Gleichung, da sie die nämliche bleibt, wenn man $\frac{1}{x}$ statt $x$ setzt, eine reciproke Gleichung ist, in $\frac{\mu - 1}{2}$ Gleichungen vom zweiten Grade von der Form

$$705.\quad x^2 - yx + 1 = 0$$

zerlegt werden kann, wo $y$ von einer Gleichung des $\frac{\mu - 1}{2}$ ten Grades von der Form

$$706.\quad y^{\nu} + y^{\nu-1} - (\nu-1)y^{\nu-2} - (\nu-2)y^{\nu-3} + \frac{(\nu-2)(\nu-3)}{2}y^{\nu-4}$$

$$+ \frac{(\nu-3)(\nu-4)}{2}y^{\nu-5} - \ldots = 0$$

abhängt, und

$$707.\quad \nu = \frac{\mu - 1}{2}$$

ist; wie wir im zehnten Zusatze (§. 181.) sahen.

Hierdurch könnte man schon die Gleichung

$$x^7 - 1 = 0$$

auflösen, weil sie sich auf eine Gleichung des dritten Grades bringen lässt; aber die Auflösung der Gleichung

chung $x^{11} - 1 = 0$ wàr schon nicht mehr möglich, weil sich dieselbe nur auf eine Gleichung des fünften Grades bringen lässt.

## 258.

So weit war man, als Gauss im Jahre 1801 in seinem vortrefflichen Werke „disquisitiones arithmeticae" [*es ist auch unter dem Titel: „Recherches arithmétiques" ins Französiche übersetzt herausgekommen*] ein eben so originelles als sinnreiches Mittel zeigte, die Auflösung der Gleichung $x^\mu - 1$, wenn $\mu$ eine Primzahl ist, auf die Auflösung so vieler einzelner Gleichungen zu reduciren, als die Zahl $\mu - 1$ Factoren hat, deren Ordnungszahlen dann diese Factoren selbst sind. Auf diese Weise ist z. B. zur Auflösung der Gleichung $x^{13} - 1 = 0$ nur die Auflösung von zwei Gleichungen des zweiten und einer Gleichung des dritten Grades nöthig, weil $13 - 1 = 2 . 2 . 3$ ist. Die Gleichung $x^{17} - 1$ erfordert die Auflösung von vier Gleichungen des zweiten Grades u. s. w.

Wendet man aber die Gaussischen Sätze auf das Verfahren des vorigen Zusatzes an, so kann man auch, wie ich finde, jede Gleichung von zwei Gliedern, deren Ordnungs-Zahl eine Primzahl ist, ohne alle Hülfs-Gleichungen, und ohne Unbequemlichkeit von Seiten der Zweideutigkeit der Zeichen, direct auflösen.

Diese Auflösung soll der Gegenstand des gegenwärtigen Zusatzes seyn.

## *Allgemeine Auflösung*

### 259.

Die aufzulösende Gleichung sey

708. $x^{\mu} - 1 = 0$,

wo $\mu$ eine Primzahl ist. Sondert man davon die Wurzel 1 ab [*durch Division mit* $x - 1$], so erhät man die Gleichung vom $\mu - 1$ten Grade

709. $x^{\mu-1} + x^{\mu-2} + x^{\mu-3} \ldots\ldots + 1 = 0$.

Irgend eine Wurzel dieser Gleichung sey $r$, so lassen sich die $\mu - 1$ Wurzeln der Gleichung, wie wir in dem vorigen Zusatze (§. 219.) sahen, durch die geometrische Reihe

710. $r, r^2, r^3 \ldots\ldots r^{\mu-1}$

ausdrücken.

Nun hatte Gauss die sinnreiche und glückliche Idee, statt der arithmetischen Reihe der Exponenten von $r$ eine geometrische Reihe zu nehmen, dem berühmten Lehrsatze von Fermat über die Primzahlen zu Folge.

Nach diesem Lehrsatze, von welchem zuerst Euler den Beweis gab, und der nachher auch von Allen, die sich mit der Theorie der Zahlen beschäftigten, bewiesen wurde, weiss man, dass, wenn $\mu$ eine Primzahl und $a$ eine Zahl ist, die kleiner ist als $\mu$: dass dann die Zahl $a^{\mu-1} - 1$ nothwendig mit $\mu$ aufgehen muss, so dass also der Rest, wenn man $a^{\mu-1}$ durch $\mu$ dividirt, 1 ist.

Euler bewies ferner, dass, wenn in der Reihe $a, a^2, a^3 \ldots\ldots a^{\mu-1}$ auch noch andere Glieder sind, die mit $\mu$ dividirt, den Rest 1 lassen, die Exponenten dieser Glieder nothwendig in $\mu - 1$ aufgehen müssen, so dass man, wenn man wissen will, ob unter den Potenzen von $a$, mit kleinern Exponenten als $\mu - 1$, solche sind, die mit $\mu$ dividirt den Rest 1 geben, nur diejenigen versuchen darf, deren Exponenten Divisoren von $\mu - 1$ sind.

## 260.

Diejenigen Zahlen $a$, von welchen keine niedrigere Potenz, als $a^{\mu-1}$, wenn man sie mit $\mu$ dividirt, den Rest 1 giebt, nennt man primitive Wurzeln. Diese Wurzeln haben die Eigenschaft, dass alle Glieder der Reihe $a$, $a^2$, $a^3 \ldots\ldots a^{\mu-1}$, durch $\mu$ dividirt, verschiedene Reste, und folglich alle mögliche Zahlen geben, die kleiner sind als $\mu$, weil die Zahl dieser Reste $\mu - 1$ ist. Denn gäben z. B. zwei Potenzen $a^n$, $a^p$ zwei gleiche Reste, so wäre ihre Differenz $a^n - a^p = a^p(a^{n-p} - 1)$, wenn $n$ und $p < \mu$ sind, und $p < n$ ist, nothwendig durch $\mu$ theilbar. Da nun $a$ nicht theilbar und $\mu$ eine Primzahl ist, so müsste $a^{n-p} - 1$ durch $\mu$ theilbar seyn; also müsste es eine Potenz $a^{n-p}$, die kleiner als $a^\mu$ ist, geben, welche den Rest 1 giebt, und $a$ wäre folglich nicht eine primitive Wurzel; gegen die Voraussetzung.

Man kennt bis jetzt kein directes Mittel, die primitiven Wurzeln für jede Primzahl zu finden. Man findet sie indessen immer leicht durch Versuche. Euler hat in den Petersburger Commentarien, im

18ten Bande, ein Verzeichniss derselben für die Primzahlen bis 37 gegeben, welches wir hier hersetzen wollen

711.

| $\mu$ | $a$ |
|---|---|
| 3 | 2 |
| 5 | 2, 3 |
| 7 | 3, 5 |
| 11 | 2, 6, 7, 8 |
| 13 | 2, 6, 7, 11 |
| 17 | 3, 5, 6, 7, 11, 12, 14 |
| 19 | 2, 3, 10, 13, 14, 15 |
| 23 | 5, 7, 10, 11, 13, 14, 15, 17, 20, 21 |
| 29 | 2, 3, 8, 10, 11, 14, 15, 18, 19, 21, 26, 27 |
| 31 | 3, 11, 12, 13, 17, 21, 22, 24 |
| 37 | 2, 5, 13, 15, 17, 18, 19, 20, 22, 24, 32, 35 |

wo leicht zu bemerken, dass die Zahl dieser primitiven Wurzeln für eine gegebene Primzahl $\mu$ immer gleich der Zahl derjenigen Zahlen ist, welche kleiner als $\mu$ und Primzahlen zu $\mu - 1$ sind [*z. B. für* $\mu = 29$ *ist* $\mu - 1 = 28$, *und Primzahlen zu* 28 *sind* 1, 3, 5, 9, 11, 13, 15, 17, 19, 23, 25, 27. *Ihrer sind* 11. *Eben so viele primitive Wurzeln hat* 29].

Man sehe über diesen Gegenstand den dritten Abschnitt der „Disquisitiones arithmeticae."

Uebrigens ist es für unsern Gegenstand hinreichend, für eine gegebene Primzahl eine einzahlige primitive Wurzel zu können. Am vortheilhaftesten für die Rechnung ist die kleinste dieser Wurzeln.

von $x^m = 1$.

## 261.

Es sey nun $a$ eine primitive Wurzel für die Primzahl $\mu$, so dass $\mu - 1$ Glieder der geometrischen Reihe

$$a,\ a^2,\ a^3 \ldots\ a^{\mu-1},$$

durch $\mu$ dividirt, alle mögliche Zahlen von 1 bis $\mu$ zu Resten haben und der Rest der Division der letzten Zahl $a^{\mu-1}$ durch $\mu$, 1 ist, so ist leicht zu sehen, dass die $\mu - 1$ Wurzeln $r,\ r^2,\ r^3 \ldots\ r^{\mu-1}$ (710.), der Gleichung (709.), abgesehen von der Aufeinanderfolge, durch

$$712.\quad r,\ r^a,\ r^{a^2},\ r^{a^3} \ldots\ r^{a^{\mu-1}}$$

ausgedrückt werden können. Denn da vermöge der Gleichung $x^\mu - 1 = 0$, von welcher $r$ die Wurzel [*ausser* 1] seyn soll, $r^\mu = 1$ ist, so ist klar, dass man immer statt einer beliebigen Potenz von $r$, wie $p^\lambda$, wenn $\lambda > \mu$, eine Potenz $r^\nu$ annehmen kann, wo $\nu$ der Rest der Division von $\lambda$ durch $\mu$ ist. [*Denn, wenn* $\lambda > \mu$, *so kann man immer* $\lambda = p\mu + r$ *setzen, wo p eine ganze Zahl ist, so dass* $r^\lambda = r^{p\mu+\nu} = r^{p\mu}.r^\nu$, *welches, weil* $r^\mu = 1$ *und folglich auch* $r^{p\mu} = 1$ *ist*, $r^\lambda = r^\nu$ *giebt.*] Man kann also in die obige Reihe (712.) statt des Exponenten von $r$ immer die Reste setzen, welche sie geben, wenn man sie durch $\mu$ dividirt, und diese Reste sind, wie wir sahen, alle ganze Zahlen 1, 2, 3 .... $\mu - 1$, obgleich

## *Allgemeine Auflösung*

in anderer als der natürlichen Ordnung, welches indessen für die Wurzeln $r$, $r^2$, $r^3$ .... gleichgültig ist.

Der Vortheil dieser neuen Form der Wurzeln besteht darin, dass man, wenn man in die Reihe derselben

$$713.\quad r,\ r^a,\ r^{a^2},\ r^{a^3},\ r^{a^4} \dots\ r^{a^{\mu-2}}$$

$r^a$ statt $r$ setzt, die Reihe

$$714.\quad r^a,\ r^{a^2},\ r^{a^3},\ r^{a^4},\ r^{a^5} \dots\ r,$$

wenn man $r^{a^2}$ statt $r$ setzt, die Reihe

$$715.\quad r^{a^2},\ r^{a^3},\ r^{a^4},\ r^{a^5},\ r^{a^6} \dots\ r,\ r^a$$

erhält u. s. w.

In der That ist leicht zu sehen, dass, wenn man $r^a$ statt $r$ setzt, $r^a$ in $(r^a)^a = r^{a^2}$, $r^{a^2}$ in $(r^a)^{a^2} = r^{a^3}$ *etc.* und das letzte Glied $r^{a^{\mu-2}}$ in $(r^a)^{a^{\mu-2}} = r^{a^{\mu-1}} = r$ übergeht, weil der Rest der Division von $a^{\mu-1}$ durch $\mu$ gleich 1 ist.

Eben so geht, wenn man $r^{a^2}$ statt $r$ setzt, $r^a$ in $(r^{a^2})^a = r^{a^3}$, $r^{a^2}$ in $(r^{a^2})^{a^2} = r^{a^4}$ *etc.*, das vorletzte Glied $r^{a^{\mu-3}}$ in $(r^{a^2})^{\mu-3} = r^{a^{\mu-1}} = r$, das letzte Glied $r^{a^{\mu-2}}$ in $(r^{a^2})^{\mu-2} = r^{a^\mu} = r^2$ über, weil der Rest der Division von $a^\mu$ durch $\mu$ gleich $a$ ist, indem $a^\mu = a \cdot a^{\mu-1}$ und der Rest der Division von $a^{\mu-1}$ durch $\mu$ gleich 1 ist.

von $x^m = 1$.

## 262.

Dieses vorausgeschickt, so wende man nun, um die Gleichung

716. $x^{\mu-1} + x^{\mu-2} + x^{\mu-3} \ldots + 1 = 0$ (709.)

aufzulösen, deren Wurzeln

717. $r,\ r^a,\ r^{a^2},\ r^{a^3} \ldots r^{a^{\mu-2}}$

sind, weil, vermöge der Gleichung $x^\mu - 1 = 0$, $r^\mu = 1$ ist, das Verfahren des vorigen Zusatzes an, und setze also nach (§. 228.), indem man $r$, $r^a$, $r^{a^2}$ *etc.* statt des dortigen $x_1$, $x_2$, $x_3 \ldots$ schreibt,

718. $t = r + \alpha r^a + \alpha^2 r^{a^2} + \alpha^3 r^{a^3} \ldots + \alpha^{\mu-2} r^{a^{\mu-2}}$ (614).

wo $\alpha$ eine der Wurzeln der Gleichung $y^{\mu-1} - 1 = 0$ [*ausser* 1] ist. Hierauf entwickele man [*um nach* (§. 229.) *den Ausdruck von* $\tau = t^{\mu-1}$ *zu finden*] die $\mu - 1$te Potenz von $t$, und zwar so, dass man immer die Potenzen von $\alpha$ und $r$, den Bedingungen $\alpha^{\mu-1} = 1$ und $r^\mu = 1$ gemäss, bis unter $\alpha^{\mu-1}$ und $r^\mu$ reducirt, so erhält man, wenn man diese Function nach Potenzen von $\alpha$ ordnet,

719. $\tau = t^{\mu-1} = \lambda_0 + \alpha\lambda_1 + \alpha^2\lambda_2 + \alpha^3\lambda_3 \ldots + \alpha^{\mu-2}\lambda_{\mu-2}$

(616.), wo nun $\lambda_0$, $\lambda_1$, $\lambda_2 \ldots$ rationale und ganze Functionen von $r$ sind [*nämlich von den Wurzeln der Gleichung* $r$, $r^a$, $r^{a^2} \ldots$, *die alle von* $r$ *abhangen*], welche Functionen die Eigenschaft haben, dass sie sich nicht verändern, wenn man $r^a$, $r^{a^2}$,

## *Allgemeine Auflösung*

$r^{a^3}$ .... statt $r$ setzt, weil wir in (§. 230.) sahen, dass sich dieselben, als Functionen von $x_1$, $x_2$, $x_3$ .... betrachtet, nicht verändern, wenn man $x_1$ mit $x_2$, $x_2$ mit $x_3$ *etc.*, oder $x_1$ mit $x_3$, $x_2$ mit $x_4$ *etc.* vertauscht, welche Vertauschungen hier diejenigen von $r$ mit $r^a$ mit $r^{a^2}$ *etc.* sind (§. 261.).

### 263.

Nun ist klar, dass jede rationale und ganze Function von $r$, wenn $r^\mu = 1$ ist, immer auf die Form

720. $A + Br + Cr^2 + Dr^3 \ldots. + Nr^{\mu-1}$

gebracht werden kann, wo die Coefficienten $A$, $B$, $C$.... gegebene und von $r$ unabhängige Grössen sind. Es lässt sich selbst zeigen, dass jede blos rationale Function von $r$ auf diese Form gebracht werden kann; denn hat dieselbe einen Nenner, so kann man diesen, wie wir in (§. 104.) sahen, durch Multiplication mit einem angemessenen Polynom von $r$ wegschaffen.

Da nun aber in unserm gegenwärtigen Falle die Potenzen $r$, $r^2$, $r^3$ .... $r^{\mu-1}$ auch, obgleich in anderer Ordnung, durch $r^a$, $r^{a^2}$, $r^{a^3}$ .... $r^{a^{\mu-2}}$ ausgedrückt werden können, so lässt sich jede rationale Function von $r$ auch auf die Form

721. $A + Br + Cr^a + Dr^{a^2} + Er^{a^3} \ldots. + Nr^{a^{\mu-2}}$

bringen, wo $A$, $B$, $C$.... von $r$ unabhängige Coefficienten sind.

*von* $x^m = 1$.

Soll nun diese Function von der Art seyn, dass sie die nämliche bleibt, wenn man $r^a$ statt $r$ setzt, so muss die Grösse

722. $A + Br^a + Cr^{a^2} + Dr^{a^3} + Er^{a^4} \ldots + Nr$,

welche man erhält, wenn man in (721.) $r^a$ statt $r$ setzt, weil das letzte Glied $r^{a^{\mu-2}}$ in $r^{a^{\mu-1}}$ oder $r$ übergeht, indem $r^\mu = 1$ ist, und $a^{\mu-1}$ durch $\mu$ dividirt, den Rest 1 giebt, der vorigen Grösse (721.) gleich seyn. Daraus folgt

723. $[A + Br + Cr^a + Dr^{a^2} \ldots + Nr^{a^{\mu-2}}$

$= A + Nr + Br^a + Cr^{a^2} \ldots + Mr^{a^{\mu-2}}$ *und*]

724. $B = C,\ C = D,\ D = E \ldots N = B$,

wodurch sich die Grösse (721.) auf

725. $A + B(r + r^a + r^{a^2} + r^{a^3} \ldots + r^{a^{\mu-2}})$

reducirt.

[*Der Schluss, dass die Gleichungen* (724.) *aus den Gleichungen* (723.) *folgen, scheint einige Schwierigkeit zu haben. Er findet nur Statt, wenn* $A$, $B$, $C$ .... *von* $r$ *völlig unabhängig sind, und wenn* $r$ *unter allen seinen Werthen auch den Werth* 0 *haben kann. Beides scheint nicht der Fall zu seyn. Wie nämlich sogleich weiter unten folgt, sollen die Ausdrücke* (721. 722. 725.) *diejenigen der Grössen* $\lambda_0$, $\lambda_1$, $\lambda_2$ .... (719.) *seyn. Diese Grössen hangen von* $r$, $a$ *und bestimmten Zahlen, also von* $r$ *und* $\mu$ *ab, weil* $t = \lambda_0 + \alpha\lambda_1 + \alpha^2\lambda_2 \ldots$ *gleich* $t^{\mu-1} = (r + \alpha r^a + \alpha^2 r^{a^2} \ldots)^{\mu-1}$

## *Allgemeine Auflösung*

*ist; folglich hangen die Coefficienten $A$, $B$, $C$ etc. von $\mu$ ab. $r$, als eine der Wurzeln der Gleichung $x^\mu = 1$, ist aber nicht von $\mu$ unabhängig; also scheinen auch die Coefficienten $A$, $B$, $C$.... nicht von $r$ unabhängig zu seyn. Eben so hat auch $r$ nur $\mu - 1$ verschiedene bestimmte Werthe und unter diesen den Werth Null nicht. Es scheint also aus (723.) nicht zu folgen, dass die Gleichungen (724.) Statt finden müssen, sondern nur, dass sie Statt finden können.]*

### 264.

Bezeichnet man nun die Summe der Wurzeln $r$, $r^2$, $r^3$.... durch $s$, so ist auch eben so wohl

$$726. \quad s = r + r^a + r^{a^2} + r^{a^3} \dots + r^{a^{\mu-2}},$$

und die Grössen $\lambda_0$, $\lambda_1$, $\lambda_2$.... in der Function $\tau$ (719.) sind alle von der Form

$$727. \quad A + Bs.$$

Die Coefficienten $A$ und $B$ lassen sich durch die wirkliche Entwickelung der Function $\tau = t^{\mu-1}$ (719.) finden, die Grösse $s$ aber aus der aufzulösenden Gleichung

$$x^{\mu-1} + x^{\mu-2} + x^{\mu-3} \dots + 1 = 0 \quad (716.),$$

welche auf der Stelle

$$728. \quad s = -1$$

giebt. [*Denn $s$ soll gleich $r + r^2 + r^3$.... seyn und $r$ bezeichnet die verschiedenen Werthe von $x$, also ist auch $s = x + x^2 + x^3$...., folglich, weil die*

*von* $x^m = 1$.

*aufzulösende Gleichung* $1 + x + x^2 + x^3 \ldots + x^{\mu-1} = 0$, *und also* $x + x^2 + x^3 \ldots + x^{\mu-1} = -1$ *ist*, $s = -1$.]

Hier also ist ein Fall, wo die Werthe der Grössen $\lambda_0$, $\lambda_1$, $\lambda_2 \ldots$ unmittelbar bekannt sind, ohne von irgend einer Gleichung abzuhangen, so dass man, wenn man durch $1, \alpha, \beta, \gamma \ldots$ die $\mu - 1$ Wurzeln der Gleichung $y^{\mu-1} - 1 = 0$, und durch $\tau_0, \tau_1, \tau_2, \tau_3 \ldots$ die Werthe von $\tau$ bezeichnet, welche aus der Substitution dieser Wurzeln statt $\alpha$ entstehen, vermöge der Ausdrücke in (§. 230.) [*namentlich* (619.)] wenn man $r$ statt $x$ und $\mu - 1$ statt $m$ setzt, auf der Stelle

$$729.\quad r = \frac{\tau_0^{\frac{1}{\mu-1}} + \tau_1^{\frac{1}{\mu-1}} + \tau_2^{\frac{1}{\mu-1}} \ldots + \tau_{\mu-1}^{\frac{1}{\mu-1}}}{\mu - 1}$$

findet.

[*Durch die wirkliche Entwickelung der* $\mu - 1$*ten Potenz von* $t = r + \alpha r^a + \alpha^2 r^{a^2} + \alpha^3 r^{a^3} \ldots + \alpha^{\mu-2} r^{a^{\mu-2}}$ (718.) *nämlich findet man* $\tau = \lambda_0 + \alpha\lambda_1 + \alpha^2\lambda_2 \ldots \alpha^{\mu-2}\lambda_{\mu-2}$, *von welcher Grösse oben behauptet wurde, dass sie immer von der Form* $A + B(r + r^a + r^{a^2} + r^{a^3} \ldots r^{a^{\mu-2}})$, *oder* $A + Bs$, *oder* $A - B$, *also* $\tau = A - B$ *sey, weil* $s = -1$ *ist. Setzt man in die Werthe der Grössen* $A$ *und* $B$, *welche nur von* $\alpha$ *abhangen, welches die Wurzel der Gleichung* $y^{\mu-1} - 1 = 0$ *ist, die verschiedenen Werthe, welche diese Wurzel*

## *Allgemeine Auflösung*

*haben kann, so erhält man die durch* $\tau_0, \tau_1, \tau_2 \ldots$ *bezeichneten verschiedenen Werthe der Grösse* $\tau$, *welche dann, zu Folge* (729.), *die eine Wurzel* $r$ *der gegebenen Gleichung* $x^\mu - 1 = 0$ *geben.*]

Dieses ist der Ausdruck einer der Wurzeln der Gleichung $x^\mu - 1 = 0$. Man findet auch alle übrigen, wenn man die Potenzen von $r$, nämlich $r^2$, $r^3 \ldots$ $r^{\mu-1}$ nimmt. Auch kann man dieselben unmittelbar finden, wenn man in (620. 621.) $r^a$ statt $x_2$, $r^{a^2}$ statt $x_3$ *etc.* setzt. Dieses giebt

$$730.\ \begin{cases} r^a = \dfrac{\tau_0^{\frac{1}{\mu-1}} + \alpha^{\mu-2}\tau_1^{\frac{1}{\mu-1}} + \beta^{\mu-2}\tau_2^{\frac{1}{\mu-1}}}{\mu-1} \ldots \\ r^{a^2} = \dfrac{\tau_0^{\frac{1}{\mu-1}} + \alpha^{\mu-3}\tau_1^{\frac{1}{\mu-1}} + \beta^{\mu-3}\tau_2^{\frac{1}{\mu-1}}}{\mu-1} \ldots \end{cases}$$

*etc.*

### 265.

Man kann auch, wenn man will, die Berechnung der Grössen $\lambda_0$ und $\tau_0$ ersparen; denn zu Folge (§. 231.) ist das Glied $\tau_0^{\frac{1}{\mu-1}}$ (hier nämlich ist $m = \mu - 1$) nur der Summe der Wurzeln gleich, welche wir im Allgemeinen durch $s$ bezeichnen [*dort* $A$], und der Ausdruck von $\tau$ lässt sich auf die Form

731. $\tau = s^{\mu-1} + (\alpha-1)\lambda_1 + (\alpha^2-1)\lambda_2 + (\alpha^3-1)\lambda_3 \ldots$ (626.)

bringen, worin $\lambda_0$ nicht vorkommt. Man darf hierin nur $\alpha$, $\beta$, $\gamma$ *etc.* statt $\alpha$ setzen, um die Werthe von

$r_1$, $r_2$, $r_3$ .... [*für die Ausdrücke* (729. *und* 730.)] zu finden.

Auf diese Weise hängt also nun die Auflösung der Gleichung $x^\mu - 1 = 0$ nur noch von der Auflösung der Gleichung $y^{\mu-1} - 1 = 0$ ab, von welcher $1, \alpha, \beta, \gamma$ .... die Wurzeln sind. Diese aber ist nicht allein um einen Grad niedriger als die gegebene, sondern weil $\mu - 1$ nothwendig eine zusammengesetzte Zahl ist, so erhält man durch die Wurzeln $\alpha, \beta, \gamma$ .... auch diejenigen von so vielen Gleichungen $y^\varrho - 1 = 0$, als die Zahl $\mu - 1$ Factoren $\varrho$ hat, wie zu Folge (§. 226.).

## 266.

Es sey z. B. die Gleichung

$$732. \quad x^5 - 1 = 0$$

gegeben, deren Wurzeln man sucht. Da diese Gleichung durch die gewöhnliche Methode auflösbar ist, so kann man die gewöhnliche Auflösung mit der obigen vergleichen.

Dividirt man zuerst durch $x - 1$, so erhält man die Gleichung des vierten Grades

$$733. \quad x^4 + x^3 + x^2 + x + 1 = 0,$$

deren Wurzeln $r, r^2, r^3, r^4$ sind.

Da hier hier $\mu = 5$, so ist zu Folge der obigen Tafel der primitiven Wurzeln (711.) die kleinste primitive Wurzel 2, so dass hier

$$734. \quad a = 2$$

und folglich die Wurzeln durch $r, r^2, r^{2^2}, r^{2^3}$ [*also*

## *Allgemeine Auflösung*

*durch* $r$, $r^2$, $r^4$, $r^8$] ausgedrückt werden können, welche sich wegen $r^5 = 1$ auf $r$, $r^2$, $r^4$ und $r^3$ reduciren, wenn man statt des Exponenten $2^3 = 8$ den Rest der Division desselben mit 5 nimmt.

Man setze also

$$735.\quad t = r + \alpha r^2 + \alpha^2 r^4 + \alpha^3 r^3 \quad (718.),$$

wo nun $\alpha$ eine der Wurzeln der Gleichung $y^4 - 1 = 0$ ist, so dass

$$736.\quad \alpha^4 = 1.$$

Um die Function $\tau$ zu finden, darf man nur das Polynom $t$ (735.) zur vierten Potenz erheben und nach Potenzen von $\alpha$ entwickeln, welche man zugleich überall bis auf Potenzen, die niedriger sind als die vierte, und die Potenzen von $r$ auf Potenzen von $r$ unter der fünften reduciren kann, weil $\alpha^4 = 1$ und $r^5 = 1$ ist. Diese Rechnung, welche weiter keine Schwierigkeit hat, giebt

$$737.\quad \tau = \lambda_0 + \alpha \lambda_1 + \alpha^2 \lambda_2 + \alpha^3 \lambda_3,$$

wo $\lambda_0$, $\lambda_1$, $\lambda_2$, $\lambda_3$, wenn man die Summe der Wurzeln $r$, $r^2$, $r^3$, $r^4$ [*wie oben*] durch $s$ bezeichnet, folgende Werthe haben

$$738.\quad \begin{cases} \lambda_0 = 12 + 135 \\ \lambda_1 = 16 + 125 \\ \lambda_2 = 24 + 115 \\ \lambda_3 = \quad 165. \end{cases}$$

[*Also sind in diesem Beispiele wirklich alle die Grössen* $\lambda_0$, $\lambda_1$, $\lambda_2$ *etc. von der Form* $A + Bs$, *was in* (§. 264.) *allgemein behauptet wurde. Hier hat der Satz gar keine Schwierigkeit, weil eine*

*von* $x^m = 1$.

*wirkliche Berechnung das Resultat giebt. Ein allgemeiner Beweis, gegen welchen die obigen Einwendungen nicht Statt finden, scheint aber noch nöthig.*]

Da nun $s = -1$ (728.), vermöge der Gleichung in $x$, so ist [*in* 738.]

739. $$\begin{cases} \lambda_0 = -1 \\ \lambda_1 = +4 \\ \lambda_2 = +14 \\ \lambda_3 = -16 \end{cases}$$

und folglich in (737.)

740. $$\tau = -1 + 4\alpha + 14\alpha^2 - 16\alpha^3$$

Nun lässt sich die Gleichung $y^4 - 1 = 0$ in die beiden Gleichungen $y^2 - 1 = 0$ und $y^2 + 1 = 0$ zerlegen, welches auf der Stelle $y = +1, -1, \sqrt{-1}$ und $-\sqrt{-1}$ giebt, welche vier Werthe von $y$ man der Reihe nach in (740.) statt $\alpha$ setzen muss, um die Werthe von $\tau_0, \tau_1, \tau_2, \tau_3$ zu finden.

Dieses giebt

741. $$\begin{cases} \tau_0 = 1 \\ \tau_1 = 25 \\ \tau_2 = -15 + 20\sqrt{-1} \\ \tau_3 = -15 - 20\sqrt{-1}. \end{cases}$$

Substituirt man diese Werthe von $\tau_0, \tau_1, \tau_2, \tau_3$ in den Ausdruck von $r$ (729.) und setzt zugleich $s = -1$, statt $\tau_0^{\frac{1}{4}}$ (§. 265.), so erhält man

742. $$r = \frac{-1 + \sqrt{5} + \sqrt[4]{(-15 + 20\sqrt{-1})} + \sqrt[4]{(-15 - 20\sqrt{-1})}}{4}$$

[*welches eine der fünften Wurzeln von* 1 *ist*].

## *Allgemeine Auflösung*

### 267.

Es lässt sich auch durch das Verfahren von (§. 239.) noch ein einfacherer Ausdruck dieser Wurzel $r$ finden. Dieses Verfahren ist auf Gleichungen, wie die gegenwärtige, immer anwendbar, weil der Exponent $\mu - 1$ nothwendig eine zusammengesetzte Zahl ist.

Wir wollen allgemein

$$743. \quad \mu - 1 = \nu\varrho$$

setzen und für $\alpha$ eine der Wurzeln der Gleichung $y^\nu - 1 = 0$ nehmen, so nimmt die Function $t$ (718.) folgende Form an:

$$744. \quad t = X_1 + \alpha X_2 + \alpha^2 X_3 \ldots + \alpha^{\nu-1} X_\nu \quad (640.),$$

wo

$$745. \left\{\begin{array}{l} X_1 = r + r^{a^\nu} + r^{a^{2\nu}} + r^{a^{3\nu}} \ldots + r^{a^{(\varrho-1)\nu}} \\ X_2 = \\ r^a + r^{a^{\nu+1}} + r^{a^{2\nu+1}} + r^{a^{3\nu+1}} \ldots + r^{a^{(\varrho-1)\nu+1}} \\ X_3 = \\ r^{a^2} + r^{a^{\nu+2}} + r^{a^{2\nu+2}} + r^{a^{3\nu+2}} \ldots + r^{a^{(\varrho-1)\nu+2}} \\ \ldots\ldots\ldots\ldots\ldots\ldots \\ X_\nu = r^{a^{\nu-1}} + r^{a^{2\nu-1}} + r^{a^{3\nu-1}} + r^{a^{4\nu-1}} \ldots + r^{a^{\varrho\nu-1}} \end{array}\right\} (641.)$$

Hierauf setze man die Function $\tau = t^\nu$ zusammen, welche, weil $\alpha^r = 1$ ist, die Form

$$746. \quad \lambda_0 + \alpha\lambda_1 + \alpha^2\lambda_2 + \alpha^3\lambda_3 \ldots + \alpha^{\nu-1}\lambda_{\nu-1}$$

und die Eigenschaft hat, dass die Grössen $\lambda_0$, $\lambda_1$

$\lambda_2 \ldots$

von $x^m = 1$.

$\lambda_2$ .... Functionen von $X_1$, $X_2$, $X_3$ ...., sind, welche sich nicht verändern, wenn man $X_2$ statt $X_1$, $X_3$ statt $X_2$, $X_4$ statt $X_3$ .... $X_\nu$ statt $X_1$ setzt.

Nun sieht man aus den Ausdrücken (745.), dass wenn man $r^a$ statt $r$ setzt, $X_1$ in $X_2$, $X_2$ in $X_3$ *etc.* $X_\nu$ in $X_1$ übergeht. $X_\nu$ nämlich geht alsdann in $r^{a^\nu} + r^{a^{2\nu}} + r^{a^{3\nu}} \ldots\ldots + r^{a^{\varrho\nu}}$, oder, weil $\varrho\nu = \mu - 1$ ist (743.), zu Folge (261.) in $r + r^{a^\nu} + r^{a^{2\nu}} + r^{a^{3\nu}} \ldots\ldots + r^{a^{(\varrho-1)\nu}}$ über [*welches wieder* $X_1$ *ist*].

Die Grössen $\lambda_0$, $\lambda_1$, $\lambda_2$.... müssen also solche Functionen von $r$ seyn, welche die nämlichen bleiben, wenn man $r^a$ statt $r$ setzt, weshalb sie zu Folge (§. 263.) nur von der Form $A + Bs$ seyn können [*hierbei kommt die Bemerkung in (§. 263.) in Betracht*], wo $A$ und $B$ Coefficienten sind, welche sich bei der Entwickelung der Grössen finden, $s$ aber die Summe der Wurzeln $r$, $r^a$, $r^{a^2}$, $r^{a^3}$ .... $r^{a^{\mu-2}}$ ist, welche vermöge der gegebenen Gleichung $-1$ ist, so dass die Grössen $\lambda_0$, $\lambda_1$, $\lambda_2$...., wie in (§. 266.) ganz gegeben sind. Man erhält folglich vermittelst der Ausdrücke (644. §. 239.), wenn man darin $\nu$ statt $n$, und $s$, die Summe der Wurzeln, statt des Gliedes $\tau_0^{\frac{1}{\nu}}$ setzt,

$$X_1 = \frac{s + \tau_1^{\frac{1}{\nu}} + \tau_2^{\frac{1}{\nu}} \ldots\ldots}{\nu}$$

## *Allgemeine Auflösung*

$$747.\begin{cases} X_2 = \dfrac{s + \alpha^{\nu-1}\tau_1^{\frac{1}{\nu}} + \beta^{\nu-1}\tau_2^{\frac{1}{\nu}} \ldots}{\nu} \\ X_3 = \dfrac{s + \alpha^{\nu-2}\tau_1^{\frac{1}{\nu}} + \beta^{\nu-2}\tau_2^{\frac{1}{\nu}} \ldots}{\nu} \end{cases}$$

. . . . . . . . . . . . . . . . . . . . .

In diesem Ausdrucke sind $\alpha$, $\beta$, $\gamma$ .... die Wurzelu der Gleichung $y^\nu - 1 = 0$, ausser der Einheit, und $\tau_1$, $\tau_2$, $\tau_3$ .... sind die Werthe von $\tau$, welche man erhält, wenn man $\alpha$, $\beta$, $\gamma$ .... statt $\alpha$ setzt.

Der Werth von $\lambda_0$ ist nicht zu berechnen nöthig, wenn man sich des Ausdrucks von $\tau$ (731.) bedient, welcher hier

748. $\tau = s^\nu + (\alpha - 1)\lambda_1 + (\alpha^2 - 1)\lambda_2 + (\alpha^3 - 1)\lambda_3 \ldots$

ist.

### 268.

Der Fall, wenn

$$749.\quad \nu = \frac{\mu - 1}{2}$$

ist, verdient einer besondern Erwähnung, weil derselbe die Theilung des Kreis-Umfanges in $\mu$ Theile betrifft.

Wenn nämlich $\nu = \frac{\mu - 1}{2}$, und folglich [$\mu - 1 = 2\nu$, *mithin in* (743.)]

$$750.\quad \varrho = 2,$$

so ist in (745.)

$$751.\quad X_1 = r + r^{a^{\frac{\mu-1}{2}}}.$$

von $x^m = 1$.

Da nun aber $a^{\mu-1} - 1$ durch $\mu$ theilbar ist und $a$ eine primitive Wurzel seyn soll, so ist $a^{\frac{\mu-1}{2}} - 1$ nicht durch $\mu$ theilbar. Dagegen ist, weil $a^{\mu-1} - 1 = (a^{\frac{\mu-1}{2}} - 1)(a^{\frac{\mu-1}{2}} + 1)$, und $\mu$ eine Primzahl ist, $a^{\frac{\mu-1}{2}} + 1$ durch $\mu$ theilbar; folglich ist der Rest der Division von $a^{\frac{\mu-1}{2}}$ durch $\mu$, gleich $-1$; mithin ist

752. $$r^{a^{\frac{\mu-1}{2}}} = \frac{1}{r}.$$

Also ist [*zu Folge* (751.)]

753. $$\begin{cases} X_1 = r + \frac{1}{r} \\ X_2 = r^a + \frac{1}{r^a} \\ X_3 = r^{a^2} + \frac{1}{r^{a^2}} \\ \dots\dots\dots \end{cases}$$

Nun ist, nach dem Cotesischen Lehrsatze,

754. $$r = \cos\frac{2\pi}{\mu} + \sqrt{-1}\sin\frac{2\pi}{\mu},$$

und allgemein

755. $$r^m = \cos\frac{2m\pi}{\mu} + \sqrt{-1}\sin\frac{2m\pi}{\mu};$$

also ist

756. $$\begin{cases} X_1 = 2\cos\frac{2\pi}{\mu} \\ X_2 = 2\cos\frac{2a\pi}{\mu} \\ X_3 = 2\cos\frac{2a^2\pi}{\mu} \\ \dots\dots\dots \end{cases}$$

*Allgemeine Auflösung*

[*Es ist nämlich* $r = \cos\frac{2\pi}{\mu} + \sqrt{-1}\sin\frac{2\pi}{\mu}$, *und nach* (755.), *wenn man* $m = -1$ *setzt*, $\frac{1}{r} = \frac{\cos 2\pi}{\mu} - \sqrt{-1}\sin\frac{2\pi}{\mu}$, *also zu Folge* (753.) $r + \frac{1}{r}$ *oder* $X_1 = 2\cos\frac{2\pi}{\mu}$. *Eben so findet man* $X_2$, $X_3$ *etc.*]

Die Werthe von $X_1$, $X_2$, $X_3$ .... sind also in diesem Falle ganz reell und geben unmittelbar den $\mu$ten Theil des Kreis-Umfanges.

## 269.

Nachdem in (§. 267.) die Wurzeln $X_1$, $X_2$, $X_3$ .... durch die Ausdrücke (747) gefunden sind, müsste man die Rechnung auf die nämliche Weise fortsetzen, um zu der $\nu$ten Wurzel zu gelangen. Man betrachte also die $\varrho$ Wurzeln, aus welchen $X_1$ zusammengesetzt ist (641.), als die Wurzeln einer Gleichung vom Grade $\varrho$, und substituire sie statt $x_1$, $x_2$, $x_3$ .... $x_\varrho$ in den allgemeinen Ausdruck von $t$ (617.), so erhält man

757. $t_1 = r + \alpha r^{a^\nu} + \alpha^2 r^{a^{2\nu}} + \alpha^3 r^{a^{3\nu}} \dots \alpha^{\varrho-1} r^{a^{(\varrho-1)\nu}}$,

wo $\alpha$ irgend eine Wurzel der Gleichung $y^\varrho - 1 = 0$ ist. Daraus folgt, weil $\alpha^\varrho = 1$,

758. $\tau_1 = t_1^\varrho = \lambda_{0,} + \alpha\lambda_{1,} + \alpha^2\lambda_{2,} \dots + \alpha^{\varrho-1}\lambda_{\varrho-1,}$,

wenn man rechterhand, unten, den Grössen einen Strich beisetzt, um sie von den Grössen $t$, $\tau$, $\lambda$ *etc.* zu unterscheiden.

Da die Grössen $\lambda_{0,}$, $\lambda_{1,}$, $\lambda_{2,}$ .... im Allgemeinen

von $x^m = 1$.

Functionen von $x_1$, $x_2$, $x_3$ .... sind, die sich nicht verändern, wenn man $x_1$ mit $x_2$, $x_2$ mit $x_3$ *etc.* $x_\varrho$ mit $x_1$ verwechselt (§. 230.), so sind dieselben hier Functionen von $r$, die sich nicht verändern, wenn man $r^{a^\nu}$ statt $r$ setzt, weil hierdurch die Wurzeln $r$, $r^{a^\nu}$, $r^{a^{2\nu}}$ .... $r^{a^{(\varrho-1)\nu}}$ in $r^{a^\nu}$, $r^{a^{2\nu}}$, $r^{a^{3\nu}}$ .... $r$ übergehen.

Nun ist durch ein ähnliches Verfahren wie in (§. 264.) leicht zu zeigen, dass jede rationale Function von $r$, welche sich nicht verändert, wenn man $r^{a^\nu}$ statt $r$ setzt, nothwendig die Form

759. $A + BX_1 + CX_2 + DX_3 .... + HX_\nu$

haben muss, wenn man die Ausdrücke von $X_1$, $X_2$, $X_3$ .... (§. 267.) beibehält.

Denn zuerst lässt sich jede rationale Function von $r$ auf die Form

760. $A + Br + Cr^a + Dr^{a^2} + Er^{a^3} .... + Nr^{a^{\mu-1}}$

bringen (§. 263.), und damit dergleichen Functionen die nämlichen bleiben, wenn man $r^{a^\nu}$ statt $r$ setzt, müssen die Coefficienten der Glieder mit $r^{a^\nu}$, $r^{a^{2\nu}}$, $r^{a^{3\nu}}$ .... denen mit $r$, die Coefficienten der Glieder mit $r^{a^{\nu+1}}$, $r^{a^{2\nu+1}}$, $r^{a^{3\nu+1}}$ *etc.* denen mit $r^a$, die Coefficienten der Glieder mit $r^{a^{\nu+2}}$, $r^{a^{2\nu+2}}$, $r^{a^{3\nu+2}}$ *etc.* denen mit $r^{a^2}$ gleich seyn u. s. w. [*mit Rücksicht auf die Bemerkung* (§. 263.)], wodurch

*Allgemeine Auflösung*

sich die Function auf die Form (759.) reduciret. In der That sieht man, dass alle die Grössen $X_1$, $X_2$, $X_3$ .... $X_\nu$ die nämlichen bleiben, wenn man $r^{a^\nu}$ statt $r$ setzt; denn das letzte Glied $r^{a^{(\varrho-1)\nu}}$ von $X_1$ geht in $r^{a^{\varrho\nu}} = r^{a^{\mu-1}} = r$ über, das letzte Glied $r^{a^{(\varrho-1)\nu+1}}$ von $X_2$ in $r^{a^{\varrho\nu+1}} = r^a$ u. s. w.

## 270.

Alle die Grössen $\lambda_0$, $\lambda_1$, $\lambda_2$ .... nehmen also, wenn man sie entwickelt, die Form

$$761.\quad A + BX_1 + CX_2 + DX_3 \dots$$

an, und haben folglich bekannte Werthe. Mithin ist auch der Werth von $\tau$ (758.) bekannt, und man erhält $\tau_1$, $\tau_2$, $\tau_3$ ...., wenn man darin statt $\alpha$ die $\varrho-1$ Grössen $\alpha$, $\beta$, $\gamma$ .... setzt, welche, nebst der Einheit, die Wurzeln der Gleichung $y^\varrho - 1 = 0$ sind. Hierauf erhält man für $r$ einen ähnlichen Ausdruck, wie (729. §. 264.), wenn man $\varrho$ statt $\mu-1$ und die Summe der Wurzeln $X_1$ statt $\tau_0^{\frac{1}{\varrho}}$ setzt. Dieses giebt

$$762.\quad r = \frac{X_1 + \tau_1^{\frac{1}{\varrho}} + \tau_2^{\frac{1}{\varrho}} + \tau_3^{\frac{1}{\varrho}} \dots}{\varrho}.$$

## 271.

Man kann auch, wenn man will, die Ausdrücke der andern Wurzeln $r^{a^\nu}$, $r^{a^{2\nu}}$, $r^{a^{3\nu}}$ .... finden, aus welchen die Function $X_1$ (747. §. 267.) zusammen-

*von* $x^m = 1$.

gesetzt ist, wenn man in dem Ausdrucke von $r$ (762.) die Wurzelgrössen $\tau_1^{\frac{1}{\varrho}}$, $\tau_2^{\frac{1}{\varrho}}$ ...., der Reihe nach, erst mit $\alpha^{\varrho-1}$, $\beta^{\varrho-1}$ ...., dann mit $\alpha^{\varrho-2}$, $\beta^{\varrho-2}$ .... *etc.* multiplicirt [*wie* (730.)].

Man könnte selbst ohne weitere Rechnung die Wurzeln $r^a$, $r^{a^{\nu+1}}$ *etc.* finden, aus welchen die Function $X_2$ zusammengesetzt ist, blos dadurch, dass man $r^a$ statt $r$ setzt, weil dadurch $X_1$ in $X_2$, $X_2$ in $X_3$ *etc.* übergeht, so dass man also nur in den allgemeinen Ausdruck von $\tau$ (758.) blos $X_2$ statt $X_1$, $X_3$ statt $X_2$ .... $X_1$ statt $X_\nu$ setzen darf.

Da $X_1$ in $X_3$, $X_2$ in $X_4$ *etc.* übergeht, wenn man $r^{a^2}$ statt $r$ setzt, so kann man auch auf dieselbe Weise aus dem Ausdrucke der Wurzeln, aus welchen $X_1$ zusammengesetzt ist, die Ausdrücke der Wurzeln in $X_3$ finden, wenn man in den allgemeinen Ausdruck von $\tau$, $X_3$ statt $X_1$, $X_4$ statt $X_2$ .... $X_1$ statt $X_{\nu-1}$, $X_2$ statt $X_\nu$ setzt u. s. w.

## 272.

Ist $\varrho$ keine Primzahl, so kann man, wenn man sie in ihre Factoren zerlegt, die obige Operation noch in einfachere zerlegen.

Wäre z. B.

$$763. \quad \varrho = \nu_1 \varrho_1,$$

so könnte man für $\alpha$ nur eine Wurzel der Gleichung

$$764. \quad y^{\nu_1} - 1 = 0$$

## *Allgemeine Auflösung*

nehmen, so dass

$$765.\quad a^{\nu_{,}} = 1$$

wäre. Alsdann ist in (744. §. 267.)

$$766.\quad t_1 = X_{1,} + \alpha X_{2,} + \alpha^2 X_{3,} \ldots + \alpha^{\nu_{,}-1} X_{\nu_{,}},$$

wenn man

$$767.\quad \begin{cases} X_{1,} = r + r^{a^{\nu_{,}\nu}} + r^{a^{2\nu_{,}\nu}} + r^{a^{3\nu_{,}\nu}} \ldots + r^{a^{(\varrho-\nu_{,})\nu}} \\ X_{2,} = r^{a^{\nu_{,}}} + r^{a^{(\nu_{,}+1)\nu}} + r^{a^{(2\nu_{,}+1)\nu}} \ldots + r^{a^{(\varrho-\nu_{,}+1)\nu}} \\ X_{3,} = r^{a^{2\nu_{,}}} + r^{a^{(2\nu_{,}+2)\nu}} + r^{a^{(3\nu_{,}+2)\nu}} \ldots + r^{a^{(\varrho-\nu_{,}+2)\nu}} \\ \ldots\ldots\ldots\ldots\ldots\ldots\ldots\ldots \\ X_{\nu_{,}} = r^{a^{(\nu_{,}-1)\nu}} + r^{a^{(2\nu_{,}-1)\nu}} + r^{a^{(3\nu_{,}-1)\nu}} \ldots + r^{a^{(\varrho-1)\nu}} \end{cases}$$

setzt. Hierauf setze man

$$768.\quad \tau_1 = t_1^{\nu_{,}}.$$

Entwickelt man darauf den Ausdruck von $\tau$ in die Form

$$769.\quad \tau_1 = \lambda_{0,} + \alpha\lambda_{1,} + \alpha^2\lambda_{2,} \ldots + \alpha^{\nu_{,}-1}\lambda_{1\nu_{,}},$$

wo $a^{\nu_{,}} = 1$, so sind die Grössen $\lambda_{0,}$, $\lambda_{1,}$, $\lambda_{2,}\ldots$ Functionen von $X_{1,}$, $X_{2,}$, $X_{3,}\ldots$, welche sich nicht verändern, wenn man zu gleicher Zeit $X_{1,}$ mit $X_{2,}$, $X_{2,}$ mit $X_{3,}$, $X_{3,}$ mit $X_{4,}$ *etc.* vertauscht (§. 239.). Nun sieht man aus den Ausdrücken (767.), dass diese Vertauschungen erfolgen, wenn man blos $r^{a^{\nu}}$ statt $r$ setzt. Die Grössen $\lambda_{0,}$, $\lambda_{1,}$, $\lambda_{2,}$ *etc.* verändern sich also, als Functionen von $r$ betrachtet, nicht, wenn man $r^{a^{\nu}}$ statt $r$ setzt. Mithin haben sie, vermöge

*von* $x^m = 1$.

dessen, was in (§. 269.) bewiesen, nothwendig die Form

770. $A + BX_1 + CX_2 + DX_3 \ldots$

Da nun die Werthe von $X_1$, $X_2$, $X_3$ .... schon durch die obige Operation bekannt sind, so sind es die Werthe von $\lambda_{0,}$, $\lambda_{1,}$, $\lambda_{2,}$.... auch. Also ist auch die Function $\tau_1$ bekannt, und man erhält die Werthe der $\nu_,$ Wurzeln $X_{1,}$, $X_{2,}$, $X_{3,}$.... durch ähnliche Formeln, wie (747. § 267.), wenn man daselbst $\nu_,$ statt $\nu$, $X_1$ statt $X$, $\tau_1$ statt $\tau$, statt $\alpha$, $\beta$, $\gamma$.... aber die Wurzeln der Gleichung $y^\nu - 1 = 0$, ausser Eins, setzt.

Auch ist zu bemerken, dass hier die Summe der Wurzeln

771. $X_{1,} + X_{2,} + X_{3,} \ldots = s = X_1$

ist.

## 273.

Der bekannte Werth von $X_{1,}$ giebt nur die Summe der $\varrho_,$ Wurzeln $r$, $r^{a^{\nu,\nu}}$, $r^{a^{2\nu,\nu}}$ .... $r^{a^{(\varrho-1)\nu,\nu}}$. Um den Werth von $r$ zu finden, muss man noch die $\varrho_,$ Wurzeln, als durch eine Gleichung vom Grade $\varrho_,$ gegeben betrachten und von Neuem

772. $t_2 = r + \alpha r^{a^{\nu,\nu}} + \alpha^2 r^{a^{2\nu,\nu}} \ldots + \alpha^{\varrho_,-1} r^{a^{(\varrho_,-1)\nu,\nu}}$

setzen, und $\alpha$ für eine Wurzel der Gleichung $y^{\varrho_,} - 1 = 0$ nehmen.

Hierauf setzt man

773. $\tau_2 = t_2^{\varrho_,} = \lambda_{0_2} + \alpha\lambda_{1_2} + \alpha^2\lambda_{2_2} \ldots + \alpha^{\varrho_,-1}\lambda_{2_{\varrho_,-1}}$

und verfahrt wie in (§. 269. etc.). Ist die Zahl $\varrho_,$ zusammengesetzt, so, dass $\varrho_, = \nu_2 \varrho_2$, so kann man,

## Allgemeine Auflösung

um die Entwickelung einer zu hohen Potenz zu vermeiden, für $\alpha$ eine Wurzel der Gleichung $y^{\nu_2}-1=0$ nehmen, welches für $t$ einen Ausdruck von der Form

774. $t_2 = X_{1_2} + \alpha X_{2_2} + \alpha^2 X_{3_2} \ldots + \alpha^{\nu_2 - 1} X_{\nu_2}$

giebt. Die Rechnung mit derselben wird wie oben fortgesetzt u. s. w., bis man zuletzt auf einen unzerlegbaren Factor kommt.

Der Nutzen dieser Zerlegungen besteht in der Erniedrigung der Potenzen, auf welche die Polynome $t$ erhoben werden müssen, um $\tau$ zu haben, welches die Rechnung abkürzt; sodann aber in der Erniedrigung der Wurzel-Exponenten in dem Ausdruck von $r$, welches diesen Ausdruck vereinfacht.

Dieses ist der allgemeine und gleichförmige Gang der Rechnung. Wir wollen dieselbe auf einige Beispiele anwenden, um sie deutlicher zu machen.

Wir wollen zuerst die Gleichung $x^5 - 1 = 0$ aus (§. 266.) wieder vornehmen.

### 274.

Hier ist $\mu - 1 = 4 = 2 . 2$; also kann man

775. $\nu = 2, \; \varrho = 2$

setzen (§. 267.). Man nehme für $\alpha$ eine Wurzel der Gleichung $y^2 - 1 = 0$, so dass $\alpha^2 = 1$, so erhält man für $t$ (747. §. 267.),

776. $t = X_1 + \alpha X_2,$

wo

777. $X_1 = r + r^4, \; X_2 = r^2 + r^3$ (745.)

*von* $x^m = 1$.

[*weil* $a = 2$ (734.)]. Daraus folgt, wenn man das Quadrat von $t$ nimmt, weil $a^2 = 1$ ist,

$$778.\quad \tau = t^2 = \lambda_0 + \alpha\lambda_1,$$

wo

$$779.\quad \lambda_0 = X_1^2 + X_2^2 \text{ und } \lambda_1 = 2X_1X_2.$$

Setzt man hierin die Werthe von $X_1$ $X_2$ in $r$ (777.) und entwickelt die Quadrate und Producte, indem man zugleich die Potenzen von $r$, vermöge $r^5 = 1$, unter $r^5$ erniedrigt, so erhält man

$$\lambda_0 = 4 + r + r^2 + r^3 + r^4$$
$$\lambda_1 = 2(r + r^2 + r^3 + r^4).$$

Da ferner die Summe der vier Wurzeln $r + r^2 + r^3 + r^4$, vermöge der gegebenen Gleichung $x^5 - 1 = 0$, gleich $-1$ ist, so ist

$$780.\quad \lambda_0 = 3 \text{ und } \lambda_2 = -2.$$

Der allgemeine Ausdruck von $\tau$ (778.), ist also

$$781.\quad \tau = 3 - 2\alpha.$$

Da nun die Werthe von $\alpha$ gleich $+1$ und $-1$ sind, weil $\alpha$ die Wurzel der Gleichung $y^2 - 1 = 0$ bezeichnen sollte, so erhält man, wenn man $\alpha = -1$ setzt,

$$782.\quad \tau_1 = 5$$

und da

$$783.\quad s = x_1 + x_2 + x_3 + x_4 = -1$$

ist, so geben die Ausdrücke (747. §. 267.)

$$784.\quad X_1 = \frac{-1 + \sqrt{5}}{2},\ X_2 = \frac{-1 - \sqrt{5}}{2}.$$

Man hat also nunmehr durch den Werth von $X_1$ denjenigen von $r + r^{2^2}$, nämlich den Werth der

## *Allgemeine Auflösung*

Summe zweier von den vier Wurzeln der gegebenen Gleichung $x^5 - 1 = 0$. Um die Wurzel $r$ einzeln zu finden, mache man eine ähnliche Rechnung, indem man die beiden Wurzeln $r$ und $r^4$ als Wurzeln einer Gleichung des zweiten Grades betrachtet.

Man setze also

$$t_1 = r + \alpha r^4,$$

wo $\alpha$, wie oben, die Wurzel der Gleichung $y^2 - 1 = 0$ ist, so erhält man

$$786. \quad \tau_1 = t_1^2 = \lambda_{0,} + \alpha\lambda_{1,},$$

wo

$$787. \quad \lambda_{0,} = r^2 + r^8 \text{ und } \lambda_{1,} = 2r^5.$$

Man sieht leicht, dass diese Werthe von $\lambda_0$ und $\lambda_1$ durch die bekannten Werthe von $X_1$ und $X_2$ schon gegeben sind. In der That ist wegen $r^5 = 1$, und folglich $r^8 = r^3$, $\lambda_{0,}$ (786.) $= r^2 + r^3 = X_2$ (776.) und $\lambda_{1,} = 2$. Also ist $\tau_1 = X_2 + 2\alpha$, und hieraus, wenn man $\alpha = -1$ setzt, $\tau_1 = X_2 - 2$. Also erhält man aus (762. §. 270.), weil $\varrho = 2$ ist,

$$788. \quad r = \frac{X_1 + \sqrt{(X_2 - 2)}}{2}.$$

Setzt man hierin den oben gefundenen Werth von $X_1$ und $X_2$, so erhält man

$$789. \quad r = \frac{-1 + \sqrt{5} + \sqrt{(-10 - 2rs)}}{4}.$$

Zufolge (§. 271.) ist auch

$$790. \quad r^4 = \frac{X_1 - \sqrt{(X_2 - 2)}}{4},$$

also, wenn man $X_1$ mit $X_2$, $X_2$ mit $X_1$ verwechselt,

791. $r^2 = \frac{X_2 + \sqrt{(X_2 - 2)}}{2}$, $r^3 = \frac{X_2 - \sqrt{(X_1 - 2)}}{2}$.

Dieses giebt, wenn man die Werthe von $X_1$ und $X_2$ substituirt,

$$792. \begin{cases} r^4 = \frac{-1 + \sqrt{5} - \sqrt{(-10 - 2\sqrt{5})}}{4} \\ r^2 = \frac{-1 - \sqrt{5} + \sqrt{(-10 + 2\sqrt{5})}}{4} \\ r^3 = \frac{-1 - \sqrt{5} - \sqrt{(-10 + 2\sqrt{5})}}{4}. \end{cases}$$

Da 5 eine Primzahl ist, so sind diese Werthe von $r$, $r^2$, $r^3$, $r^4$, nebst der Einheit, die fünf Wurzeln der Gleichung $x^5 - 1 = 0$ (§. 259.). [*Die fünf Wurzeln der Gleichung* $x^5 - 1 = 0$ *sind also*

$$793. \begin{cases} 1 \\ \frac{1}{4}(-1 + \sqrt{5} + \sqrt{(-10 - 2\sqrt{5})}) \\ \frac{1}{4}(-1 + \sqrt{5} - \sqrt{(-10 - 2\sqrt{5})}) \\ \frac{1}{4}(-1 - \sqrt{5} + \sqrt{(-10 + 2\sqrt{5})}) \\ \frac{1}{4}(-1 - \sqrt{5} - \sqrt{(-10 + 2\sqrt{5})}).] \end{cases}$$

## 275.

Diese Ausdrücke der Wurzeln der Gleichung $x^5 = 1$, stimmen mit denjenigen überein, welche man durch die gewöhnliche Auflösung der Gleichung $x^5 - 1 = 0$ findet. Man erhält nämlich zuerst, wenn man $x^5 - 1 = 0$ durch $x - 1$ dividirt, $x^4 + x^3 + x^2 + x + 1 = 0$, welche Gleichung [*wenn man sie mit* $x^2$ *dividirt*] auf $x^2 + \frac{1}{x^2} + x + \frac{1}{x} + 1 = 0$ gebracht werden kann, also, wenn man $x + \frac{1}{x} = u$

*Allgemeine Auflösung*

setzt, auf $u^2 + u - 1 = 0$. Man hat also [*aus* $x + \frac{1}{x} = u$] $x^2 - xu + 1 = 0$, welches $x = \frac{u \pm \sqrt{(u^2-4)}}{2}$ giebt. Sodann giebt $u^2 + u - 1 = 0$, $u = \frac{-1 \pm \sqrt{5}}{2}$, also erhält man, wenn man diesen Werth von $u$ substituirt,

$$794. \quad x = \frac{-1 \pm \sqrt{5} \pm \sqrt{(-10 \pm 2\sqrt{5})}}{4},$$

wo das obere Zeichen zu dem untern von $\sqrt{5}$ gehört, aber unabhängig von den Zeichen der andern Wurzel-Grössen ist, so dass man, vermöge der Zweifachheit der Zeichen der beiden Wurzel-Grössen, vier Wurzeln erhält [*welches dann die Ausdrücke* (793.) *giebt*].

## 276.

Wir gehen zu der Gleichung

$$795. \quad x^7 - 1 = 0$$

über, welche, wenn man die Wurzel 1 absondert,

$$796. \quad x^6 + x^5 + x^4 + x^3 + x^2 + x + 1 = 0$$

giebt, deren Wurzeln $r$, $r^2$, $r^3$, $r^4$, $r^5$, $r^6$ sind.

Die kleinste primitive Wurzel der Zahl 7 ist, nach der Tafel (711. §. 260.), 3, also hat man die Reihe

$3^0$, $3^1$, $3^2$, $3^3$, $3^4$, $3^5$, oder

1, 3, 9, 27, 81, 243,

deren Glieder durch 7 dividirt, die Reste

1, 3, 2, 6, 4, 5

geben, welches die Exponenten von $r$ sind. Man

von $x^m = 1$.

erhält also für die Wurzeln der gegebenen Gleichung die Grössen

$$r,\ r^3,\ r^2,\ r^6,\ r^4,\ r^5,$$

die man statt

$$x_1,\ x_2,\ x_3,\ x_4,\ x_5,\ x_6$$

setzen muss.

## 277.

Hierbei ist zu bemerken, dass man, um die Exponenten der Grösse $r$ zu haben, deren Potenzen die Wurzeln sind, die primitiven Wurzeln nicht der Reihe nach zu ihren Potenzen erheben und hernach erst diese Potenzen durch die Primzahl dividiren darf, auf welche sich die primitive Wurzel bezieht. Es ist hinreichend, wenn man jeden Rest durch die primitive Wurzel multiplicirt und nur den Rest der Division durch die gegebene Primzahl zurückbehält. Fängt man auf diese Weise mit 1 an, so sind in dem gegenwärtigen Falle die beiden ersten Glieder 1 und 3. Multiplicirt man nun 3 mit der primitiven Wurzel 3 und dividirt durch 7, so erhält man den Rest 2, für das dritte Glied. Ferner giebt 2 mit 3 multiplicirt das vierte Glied 6. Dieses mit 3 multiplicirt und mit 7 dividirt, giebt 4, endlich 4 mit 3 multiplicirt und mit 7 dividirt, giebt den Rest 5. Führe man fort 5 mit 3 zu multipliciren und das Product mit 7 zu dividiren, so fände man wieder 1, und so, der Reihe nach, die schon vorgekommenen Glieder.

## *Allgemeine Auflösung*

## 278.

Nun setze man

797. $t = r + \alpha r^3 + \alpha^2 r^2 + \alpha^3 r^6 + \alpha^4 r^4 + \alpha^5 r^5$

und nehme für $\alpha$ eine Wurzel der Gleichung $y^6 - 1 = 0$. Hierauf entwickele man die Function $\tau = t^6$. Da aber der Exponent $6 = 2 . 3$ ist, so lassen sich die Rechnung und die Resultate nach (§. 267.) vereinfachen, wenn man zunächst für $\alpha$ blos eine Wurzel der Gleichung $y^2 - 1 = 0$ nimmt, welches, wegen $\alpha^2 = 1$,

798. $t = X_1 + \alpha X_2$

giebt, wo

799. $X_1 = r + r^2 + r^4$ und $X_2 = r^3 + r^6 + r^5$

ist. Hierauf findet man

800. $\tau = t^2 = \lambda_0 + \alpha\lambda_1$, wo $\lambda_0 = X_1^2 + X_2^2$ und $\lambda_1 = 2 X_1 X_2$,

und wenn man entwickelt, weil $r^7 = 1$,

801. $\begin{cases} \lambda_0 = 3(r + r^3 + r^2 + r^6 + r^1 + r^5) \\ \lambda_1 = 2(3 + r + r^3 + r^2 + r^6 + r^4 + r^5). \end{cases}$

Da nun die Summe der Wurzeln $r + r^3 + r^2 + r^6 + r^4 + r^5$ gleich $-1$ ist, so ist

802. $\lambda_0 = -3$ und $\lambda_1 = 4$

und der Ausdruck von $\tau$ (800.) reducirt sich auf

803. $\tau = -3 + 4\alpha.$

Dieses giebt, wenn man $\alpha = -1$ setzt,

804. $\tau_1 = -r$

und auf der Stelle die beiden Wurzeln

805.

von $x^m = 1$.

805. $$\begin{cases} X_1 = \dfrac{-1+\sqrt{-7}}{2} \\ X_2 = \dfrac{-1-\sqrt{-7}}{2}. \end{cases}$$

## 279.

Wir wollen nun die drei Glieder des Ausdrucks von $X_1$ (799.) als die Wurzeln einer Gleichung des dritten Grades betrachten. Nimmt man für $\alpha$ eine Wurzel der Gleichung $y^3 - 1 = 0$, so kann man setzen

806. $$t_1 = r + \alpha r^2 + \alpha^2 r^4.$$

Man setze ferner

807. $$\tau_1 = t_1^3 = \lambda_0 + \alpha\lambda_1 + \alpha^2\lambda_2,$$

so erhält man, wegen $\alpha^3 = 1$, und $r^7 = 1$,

808. $$\begin{cases} \lambda_0 = 6 + r^3 + r^6 + r^5 \\ \lambda_1 = 3\ (r + r^2 + r^4) \\ \lambda_2 = 3\ (r^3 + r^6 + r^5), \end{cases}$$

oder, zu Folge (799.)

809. $$\begin{cases} \lambda_0 = 6 + X_2 \\ \lambda_1 = 3X_1 \\ \lambda_2 = 3X_2, \end{cases}$$

so dass in (807.)

810. $$\tau_1 = 6 + X_2 + 3\alpha X_1 + 3\alpha^2 X_2.$$

Bezeichnet man nun die beiden imaginairen Wurzeln der Gleichung $y^3 - 1 = 0$, nämlich die beiden Wurzeln der Gleichung $y^2 + y + 1 = 0$, durch $\alpha$ und $\beta$, so dass

811. $$\alpha = \frac{-1+\sqrt{-3}}{2} \text{ und } \beta = \frac{-1-\sqrt{-3}}{2},$$

## *Allgemeine Auflösung*

und schreibt in (810.)

$$812. \begin{cases} \tau_{1,} = 6 + X_2 + 3\alpha X_1 + 3\alpha^2 X_2 \\ \tau_{2,} = 6 + X_2 + 3\beta X_1 + 3\beta^2 X_2, \end{cases}$$

so erhält man, zu Folge (762. §. 270.), weil $\varrho = 3$ ist,

$$813. \quad r = \frac{X_1 + \tau_{1,}^{\frac{1}{3}} + \tau_{2,}^{\frac{1}{3}}}{3}$$

[*welches der Ausdruck der siebenten Wurzel von* 1 *ist. Man muss, um dieselbe vollständig in Zahlen zu haben, hieraus und in* (812.) *die Werthe von* $X_1$ *und* $X_2$ *aus* (805.), *desgleichen aus* (811.) *die Werthe von* $\alpha$ *und* $\beta$ *in* (812.), *hierauf aber die Werthe von* $\tau_{1,}$ *und* $\tau_{2,}$ *aus* (812.) *in* (813.) *setzen*].

## 280.

Wir kommen zu der Gleichung

$$814. \quad x^{11} - 1 = 0,$$

welche, nachdem sie mit $x - 1$ dividirt worden, die Gleichung des zehnten Grades

$$815. \quad x^{10} + x^9 + x^8 + x^7 + x^6 + x^5 + x^4 + x^3 + x^2 + x + 1 = 0$$

giebt.

Aus der Tafel (711. §. 260.) sieht man, dass die kleinste, zur Zahl 11 gehörige primitive Wurzel 2 ist; also ist die Reihe der Reste, welche sich leicht durch das Verfahren von (§. 277.) finden lassen,

1, 2, 4, 8, 5, 10, 9, 7, 3, 6,

so dass die Reihe der Wurzeln

$$r,\ r^2,\ r^4,\ r^8,\ r^5,\ r^{10},\ r^9,\ r^7,\ r^3,\ r^6$$

von $x^m = 1$.

ist, deren Summe $-1$ ist. Man erhält also für $t$ den allgemeinen Ausdruck

816. $t = r + \alpha r^2 + \alpha^2 r^4 + \alpha^3 r^8 + \alpha^4 r^5 + \alpha^5 r^{10} + \alpha^6 r^9$
$+ \alpha^7 r^7 + \alpha^8 r^3 + \alpha^9 r^6$,

welcher, wenn man für $\alpha$ eine Wurzel der Gleichung $y^{10} - 1 = 0$ setzt, wegen $\alpha^{10} = 1$,

817. $\tau = t^{10} = \lambda_0 + \alpha\lambda_1 + \alpha^2\lambda_2 + \alpha^3\lambda_3 + \ldots + \alpha^9\lambda_9$

giebt, woraus man den Werth von $r$, vermittelst des allgemeinen Ausdrucks (729. §. 264.) findet, wenn man in denselben $\mu = 11$ setzt.

Um aber die Erhebung des Polynoms $t$ (816.) zur zehnten Potenz zu ersparen, kann man die Operation in zwei andere, den beiden Factoren 2 und 5 der Zahl $11 - 1 = 10$ entsprechende Rechnungen, nach dem Verfahren von (§. 267.), zerlegen.

Man setze zuerst für $\alpha$ eine Wurzel der Gleichung $y^2 - 1 = 0$, so dass $\alpha^2 = 1$. Hierdurch reducirt sich der Ausdruck von $t$ (816.) auf die einfachere Form

815. $t = X_1 + \alpha X_2$,

wenn, der Kürze wegen,

819. $\begin{cases} X_1 = r + r^4 + r^5 + r^9 + r^3 \text{ und} \\ X_2 = r^2 + r^8 + r^{10} + r^7 + r^6 \end{cases}$

ist. Der Werth von $\tau$ ist jetzt

820. $\tau = t^2 = X_1^2 + X_2^2 + 2\alpha X_1 X_2$.

Entwickelt man die Quadrate von $X_1$ und $X_2$ (819.) und reducirt die Potenzen von $r$, vermittelst $r^{11} = 1$, unter $r^{11}$, so erhält man

*Allgemeine Auflösung*

821. $X_1^2 = 2X_1 + 3X_2$, und $X_2^2 = 2X_2 + 3X_1$, und folglich, weil $X_1 + X_2$ die Summe aller Wurzeln ist [*also* $= -1$ *ist*],

822. $X_1^2 + X_2^2 = 5(X_1 + X_2) = -5$.

Eben so findet man, wenn man $X_1$ und $X_2$ in einander multiplicirt,

823. $X_1 X_2 = 5 + 2(X_1 + X_2) = 5 - 2 = 3$.

Dieses giebt, zu Folge (820.),

824. $\tau = -5 + 6\alpha$,

und, wenn man $\alpha = -1$ setzt,

825. $\tau_1 = -11$.

Also erhält man, vermöge der Ausdrücke (747.), wenn man in dieselben $r = 2$ setzt,

826. $X_1 = \frac{-1 + \sqrt{-11}}{2}$ und $X_2 = \frac{-1 - \sqrt{-11}}{2}$.

## 281.

Nachdem auf diese Weise die Werthe von $X_1$ und $X_2$ gefunden sind, muss man, um $r$ zu haben, die fünf Glieder, aus welchen die Grösse $X_1$ zusammengesetzt ist (819.), als die Wurzeln einer Gleichung des fünften Grades betrachten; und weil 5 eine Primzahl ist, kann man sich des allgemeinen Ausdrucks von $t$,

827. $t = r + \alpha r^4 + \alpha^2 r^5 + \alpha^3 r^9 + \alpha^4 r^3$,

bedienen und für $\alpha$ eine Wurzel der Gleichung $y^5 - 1 = 0$ nehmen. Hernach muss man

828. $\tau = t^3 = \lambda_0 + \alpha\lambda_1 + \alpha^2\lambda_2 + \alpha^3\lambda_3 + \alpha^4\lambda_4$

*von* $x^m = 1$.

setzen. Alsdann kommt es nur darauf an, durch die Erhebung des Ausdrucks von $t$ (827.) in die fünfte Potenz, die Werthe der Coefficienten $\lambda_0$, $\lambda_1$ *etc.* in $r$ zu finden, wobei man die Potenzen von $\alpha$ unter $\alpha^5$, und diejenigen von $r$ unter $r^{11}$, reduciren muss, weil $\alpha^5 = 1$ und $r^{11} = 1$. Durch die hiezu nöthige Rechnung, welche weiter keine Schwierigkeit hat, als dass sie ein wenig weitläufig ist, finde ich folgendes Resultat, auf dessen Richtigkeit man sich verlassen kann,

829. $$\begin{cases} \lambda_0 = 120 + 31 X_1 + 70 X_2 \\ \lambda_1 = 100 + 60 X_1 + 45 X_2 \\ \lambda_2 = 50 + 85 X_1 + 30 X_2 \\ \lambda_3 = 60 X_1 + 65 X_2 \\ \lambda_4 = 50 X_1 + 75 X_2, \end{cases}$$

wo $X_1$ und $X_2$ die obigen Werthe in $r$ (819.) haben. Da die Werthe von $X_1$ und $X_2$ schon durch die vorige Rechnung bekannt sind (826.), so ist nunmehr in dem Ausdruck von $\tau$ (828.) nichts mehr unbestimmt, sondern man findet vermittelst des Ausdrucks (762. §. 270.), wenn man in denselben $\varrho = 5$ und statt $\alpha$, $\beta$, $\gamma$, $\delta$ die vier Wurzeln der Gleichung $y^5 - 1 = 0$ ausser 1, statt $\tau_1$, $\tau_2$, $\tau_3$, $\tau_4$ aber die Werthe von $\tau$ setzt, welche den Substitutionen von $\alpha$, $\beta$, $\gamma$, $\delta$ statt $\alpha$ in dem gefundenen Ausdruck von $\tau$ entsprechen, auf der Stelle den Werth der ersten Wurzel $r$ der Gleichung $x^{11} - 1 = 0$.

## *Allgemeine Auflösung*

### 282.

Setzt man in die Ausdrücke von $\lambda_0$, $\lambda_1$ *etc.* (829.) die Werthe von $X_1$ und $X_2$ (826.), so erhält man

$$830. \begin{cases} \lambda_0 = \frac{1}{2}(\quad 139 - 39\sqrt{-11}) \\ \lambda_1 = \frac{1}{2}(\quad 95 + 15\sqrt{-11}) \\ \lambda_2 = \frac{1}{2}(-\ 15 + 55\sqrt{-11}) \\ \lambda_3 = \frac{1}{2}(-125 - \ 5\sqrt{-11}) \\ \lambda_4 = \frac{1}{2}(-125 + 25\sqrt{-11}). \end{cases}$$

Setzt man hierauf statt der Wurzeln $\beta$, $\gamma$, $\delta$ die Potenzen $\alpha^2$, $\alpha^3$, $\alpha^4$ der Wurzel $\alpha$, welche sie ausdrücken, so erhält man, weil 5 eine Primzahl ist, wenn man die Potenzen von $\alpha$ unter die fünfte reducirt,

$$831. \begin{cases} \tau_1 = \lambda_0 + \alpha\ \lambda_1 + \alpha^2\lambda_2 + \alpha^3\lambda_3 + \alpha^4\lambda_4 \\ \tau_2 = \lambda_0 + \alpha^2\lambda_1 + \alpha^4\lambda_2 + \alpha\ \lambda_3 + \alpha^3\lambda_4 \\ \tau_3 = \lambda_0 + \alpha^3\lambda_1 + \alpha\ \lambda_2 + \alpha^4\lambda_3 + \alpha^2\lambda_4 \\ \tau_4 = \lambda_0 + \alpha^4\lambda_1 + \alpha^3\lambda_2 + \alpha^2\lambda_3 + \alpha\ \lambda_4, \end{cases}$$

und der Ausdruck von $r$ ist, zu Folge (762.),

$$832.\quad r = \frac{\frac{1}{2}(-1+\sqrt{-11}) + \tau_1^{\frac{1}{5}} + \tau_2^{\frac{1}{5}} + \tau_3^{\frac{1}{5}} + \tau_4^{\frac{1}{5}}}{5},$$

worin man nur noch für $\alpha$, $\alpha^2$, $\alpha^3$, $\alpha^4$ die Werthe von $r$, $r^2$, $r^3$, $r^4$ (789. und 792.) setzen darf.

### 283.

Auf dieselbe Weise würde man die Werthe der Potenzen von $r$ finden, welche, ausser der Einheit, die obigen Wurzeln der Gleichung $x^{11} - 1 = 0$ sind.

von $x^m = 1$.

Zunächst findet man die Werthe der Wurzeln $r^4$, $r^5$, $r^9$, $r^3$, welche in $X_1$ vorkommen, wenn man in den Ausdruck von $r$ (832.) die Wurzel-Grössen $\tau_2^{\frac{1}{5}}$, $\tau_3^{\frac{1}{5}}$, $\tau_4^{\frac{1}{5}}$, der Reihe nach,

für die Wurzel $r^4$ mit $\alpha^4$, $\beta^4$, $\gamma^4$, $\delta^4$,
d. h. mit $\alpha^4$, $\alpha^3$, $\alpha^2$, $\alpha$

für die Wurzel $r^5$ mit $\alpha^3$, $\beta^3$, $\gamma^3$, $\delta^3$,
d. h. mit $\alpha^3$, $\alpha$, $\alpha^4$, $\alpha^2$

für die Wurzel $r^9$ mit $\alpha^2$, $\beta^2$, $\gamma^2$, $\delta^2$,
d. h. mit $\alpha^2$, $\alpha^4$, $\alpha$, $\alpha^3$

für die Wurzel $r^3$ mit $\alpha$, $\beta$, $\gamma$, $\delta$,
d. h. mit $\alpha$, $\alpha^2$, $\alpha^3$, $\alpha^4$

multiplicirt.

Um sodann weiter die Werthe der andern Wurzeln $r^2$, $r^8$, $r^{10}$, $r^7$ und $r^6$ zu finden, aus welchen $X_2$ zusammengesetzt ist (819.), darf man nur in die Ausdrücke der Wurzeln $r$, $r^4$, $r^5$, $r^9$, $r^3$, $X_2$ statt $X_1$ und $X_1$ statt $X_2$ setzen, welches geschieht, indem man in den Ausdrücken von $\lambda_0$, $\lambda_1$ *etc.* das Zeichen der Wurzelgrösse $\sqrt{-11}$ verändert (826.).

## 284.

Ich theile hier um so mehr diese Ausdrücke der Wurzeln der Gleichung $x^{11} - 1 = 0$ mit, da sie bisher noch nie gefunden waren und auch durch die bekannten Methoden nicht gefunden werden konnten, weil diese die Auflösung einer Gleichung des fünften Grades erfordern.

Jedoch leidet das so eben Gesagte einige Ein-

## *Allgemeine Auflösung*

schränkung. Man findet am Schlusse der in dem vorigen Zusatze erwähnten Abhandlung von Vandermonde über die Auflösung der Gleichungen den Ausdruck der Wurzel einer Gleichung des fünften Grades, von welcher die Auflösung der Gleichung $x^{11} - 1 = 0$ abhängt. Dividirt man nämlich die Gleichung $x^{11} - 1 = 0$ durch $x - 1$, so erhält man

833. $$x^{10} + x^{9} + x^{8} \ldots + 1 = 0,$$

welche Gleichung zu den reciproken gehört und auf die fünfte Ordnung reducirt werden kann, wenn man

$$x + \frac{1}{x} = u$$

setzt, welches, vermöge der Ausdrücke (§. 181.), folgende Gleichung in $u$ giebt

834. $$u^5 + u^4 - 4u^3 - 3u^2 + 3u + 1 = 0.$$

Nimmt man $u$ negativ, wodurch sich die Zeichen aller Glieder mit geraden Exponenten verändern, so hat man genau die nämliche Gleichung des fünften Grades, welche Vandermonde auflöset. Der Verfasser giebt den Ausdruck der Wurzel dieser Gleichung nicht als ein Resultat seines allgemeinen Verfahrens, und theilt das Detail der Operation, durch welche er den Ausdruck fand, nicht mit. Niemand nach ihm hat sich, so viel mir bekannt, mit dem Beweise seines Resultats beschäftigt, welches selbst in Vergessenheit gerathen zu seyn scheint.

### 285.

Der obige Ausdruck der Wurzel $r$ der Gleichung $x^{11} - 1 = 0$ kann zu diesem Beweise führen. Man kann aber auch direct ein dem Vandermondeschen zu vergleichendes Resultat finden, wenn man in den allgemeinen Ausdruck von $t$ (816. §. 280). für $\alpha$ eine Wurzel der Gleichung $y^5 - 1 = 0$, statt wie oben geschehen, eine Wurzel der Gleichung $y^2 - 1 = 0$ setzt, welches angeht, weil 2 und 5 Factoren von 10 sind, und man eben so wohl von dem einen als von dem andern ausgehen kann.

## 286.

Man setze also

835. $\alpha^5 = 1$,

so ist der allgemeine Ausdruck von $t$ (816.) folgender:

836. $t = X_1 + \alpha X_2 + \alpha^2 X_3 + \alpha^3 X_4 + \alpha^4 X_5$,

wo

837. $$\begin{cases} X_1 = r + r^{10} \\ X_2 = r^2 + r^9 \\ X_3 = r^3 + r^8 \\ X_4 = r^4 + r^7 \\ X_5 = r^5 + r^6 \end{cases}$$

ist, und wo man nun die Grössen $X_1$, $X_2$, $X_3$, $X_4$, $X_5$ als die Wurzeln einer Gleichung des fünften Grades ansehen kann. Dieses ist der Fall, welchen wir allgemein in (§. 268.) untersuchten.

Man setze also

838. $\tau = t^5 = \lambda_0 + \alpha\lambda_1 + \alpha^2\lambda_2 + \alpha^3\lambda_3 + \alpha^4\lambda_4$

und suche, durch Entwickelung der fünften Potenz von $t$ (836.), indem man dabei zugleich überall die

## Allgemeine Auflösung

Potenzen von $\alpha$, vermöge $\alpha^5 = 1$, bis unter die fünfte, und die Potenzen von $r$, vermöge $r^{11} = 1$, bis unter die eilfte reducirt, die Werthe von $\lambda_0$, $\lambda_1$, $\lambda_2$, $\lambda_3$, $\lambda_4$ in Functionen von $r$. Die Rechnung hat keine andere Schwierigkeit als dass sie weitläufig ist. Folgendes sind die Resultate, welche ich gefunden habe und für welche ich stehen zu können glaube.

Setzt man nämlich, der Kürze wegen,

839. $s = r + r^2 + r^4 + r^8 + r^5 + r^{10} + r^9 + r^7 + r^3 + r^6$,

so erhält man

840. $$\begin{cases} \lambda_0 = 1640 + 1836 \cdot s \\ \lambda_1 = 1700 + 1830 \cdot s \\ \lambda_2 = 2050 + 1795 \cdot s \\ \lambda_3 = 1800 + 1820 \cdot s \\ \lambda_4 = 1900 + 1810 \cdot s \end{cases}$$

Nun ist $s$ die Summe der Wurzeln, welche, nach der Natur der aufzulösenden Gleichung des zehnten Grades in $x$ (833.), deren zweites Glied $x^9$ ist, gleich $-1$ seyn muss.

Setzt man also $s = -1$, so erhält man

841. $$\begin{cases} \lambda_0 = -196 \\ \lambda_1 = -130 \\ \lambda_2 = +255 \\ \lambda_3 = -\ \ 20 \\ \lambda_4 = +\ \ 90. \end{cases}$$

Dieses giebt, zu Folge (838.),

842. $\tau = -196 - 130\alpha + 255\alpha^2 - 20\alpha^3 + 90\alpha^4$.

Setzt man statt $\alpha$, der Reihe nach, die vier Wurzeln $\alpha$, $\beta$, $\gamma$, $\delta$, welche die Gleichung $x^5 - 1 = 0$

von $x^m = 1$.

ausser 1 hat, und nimmt, wie in (§. 282.), für diese Wurzeln die Potenzen $\alpha$, $\alpha^2$, $\alpha^3$, $\alpha^4$, deren Werthe die nämlichen sind, wie $r$, $r^2$, $r^3$, $r^4$ (§. 274.), so erhält man, weil $\alpha^5 = 1$ ist,

843. $$\begin{cases} \tau_1 = -196 - 130\alpha + 255\alpha^2 - 20\alpha^3 + 90\alpha^4 \\ \tau_2 = -196 - 130\alpha^2 + 255\alpha^4 - 20\alpha + 90\alpha^3 \\ \tau_3 = -196 - 130\alpha^3 + 255\alpha - 20\alpha^4 + 90\alpha^2 \\ \tau_4 = -196 - 130\alpha^4 + 255\alpha^3 - 20\alpha^2 + 90\alpha, \end{cases}$$

und der allgemeine Ausdruck (744.) giebt auf der Stelle

844. $$X_1 = \frac{-1 + \tau_1^{\frac{1}{5}} + \tau_2^{\frac{1}{5}} + \tau_3^{\frac{1}{5}} + \tau_4^{\frac{1}{5}}}{5}.$$

Diese Grösse $X_1$ ist gleich $r + r^{10}$ (837.) $= r + \frac{1}{r}$ weil $r^{11} = 1$ ist. Sie ist der Werth von $2\cos\frac{2\pi}{11}$ (§. 268.); auch ist sie der Werth der Wurzel $u$ der Gleichung vom fünften Grade (834.), weil $r$ die Wurzel der Gleichung vom eilften Grade $x^{11} - 1 = 0$ ist. [*Weil in (§. 284.)* $x + \frac{1}{x} = u$ *war, welches mit dem gegenwärtigen* $r + \frac{1}{r} = X_1$ *übereinstimmt, so dass* $u = X_1$.] Der obige Ausdruck (844.), negativ genommen, muss also mit dem Vandermondeschen übereinstimmen.

## 287.

Um die beiden Ausdrücke leicht vergleichen zu können, wollen wir in die obigen Ausdrücke von

$\tau_1, \tau_2, \tau_3, \tau_4$ (843.) die Werthe von $\alpha, \alpha^2, \alpha^3, \alpha^4$ substituiren, welche die nämlichen sind, wie die von $r, r^2, r^3, r^4$ (789. und 792.).

Setzt man, der Kürze wegen,

845. $\sqrt{(-10-2\sqrt{5})} = m$ und $\sqrt{(-10+2\sqrt{5})} = n$,

so ist [*zu Folge* (789. *und* 792.)]

846. $$\begin{cases} \alpha = \frac{1}{4}(-1+\sqrt{5}+m) \\ \alpha^2 = \frac{1}{4}(-1-\sqrt{5}+n) \\ \alpha^3 = \frac{1}{4}(-1-\sqrt{5}-n) \\ \alpha^4 = \frac{1}{4}(-1+\sqrt{5}-m) \end{cases}$$

Um sich von der Richtigkeit dieser Ausdrücke zu überzeugen, darf man nur das Quadrat von $-1+\sqrt{5}+m$ nehmen, welches $6-2\sqrt{5}+m^2+m(\sqrt{5}-1)m$ ist. Bringt man nun unter das Wurzel-Zeichen von $m$, den Coefficienten $\sqrt{5}-1$, zum Quadrat erhoben, so findet man $(\sqrt{5}-1)m = 2n$, so dass man, wenn man den Werth von $m^2$ substituirt, $(-1+\sqrt{5}+m)^2 = 4(-1-\sqrt{5}+n)$ erhält [*wie es zu Folge* (846.) *seyn soll*]. Man muss auf dieselbe Weise die andern Potenzen von $\alpha$ prüfen.

Substituirt man nun die Werthe von $\alpha, \alpha^2, \alpha^3, \alpha^4$ in $\tau_1, \tau_2, \tau_3, \tau_4$ (843.), so erhält man

847. $$\begin{cases} \tau_1 = \frac{1}{4}(-979-275\sqrt{5}-220m+275n) \\ \tau_2 = \frac{1}{4}(-979+275\sqrt{5}-275m-220n) \\ \tau_3 = \frac{1}{4}(-979+275\sqrt{5}+275m+220n) \\ \tau_4 = \frac{1}{4}(-979+275\sqrt{5}+220m-275n), \end{cases}$$

wo zu bemerken, dass die Coefficienten 979, 275 und 220 sämmtlich durch 11 theilbar sind. Die Quotienten sind 89, 25 und 20, so dass die Grössen $\tau_1$, $\tau_2$, $\tau_3$, $\tau_4$ auch einfacher, wie folgt, ausgedrückt werden können.

848. $$\begin{cases} \tau_1 = \frac{11}{4}(-89 - 25\sqrt{5} - 20m + 25n) \\ \tau_2 = \frac{11}{4}(-89 + 25\sqrt{5} - 25m - 20n) \\ \tau_3 = \frac{11}{4}(-89 + 25\sqrt{5} + 25m + 20n) \\ \tau_4 = \frac{11}{4}(-89 - 25\sqrt{5} + 20m - 25n). \end{cases}$$

## 288.

Um unsern Ausdruck dem Vandermondeschen noch näher zu bringen, wollen wir damit folgende Verwandlung vornehmen.

Wir wollen

849. $m = p + q$ und $m = p - q$, und

850. $p = \sqrt{(-5 - 2\sqrt{5})}$, $q = \sqrt{(-5 + 2\sqrt{5})}$

setzen, welches sich rechtfertiget, wenn man die Grössen quadrirt und bemerkt, dass $pq = -\sqrt{5}$ ist, indem das Product der beiden reellen und positiven Wurzelgrössen $\sqrt{(5 + 2\sqrt{5})}$ und $\sqrt{(5 - 2\sqrt{5})}$ gleich $\sqrt{5}$, also $\sqrt{5} = p\sqrt{-1} \cdot q\sqrt{-1} = pq$ ist.

Substituirt man dieses in die obigen Ausdrücke (848.), so erhält man

851. $$\begin{cases} \tau_1 = \frac{11}{4}(-89 - 25\sqrt{5} + 5p - 45q) \\ \tau_2 = \frac{11}{4}(-89 + 25\sqrt{5} - 45p - 5q) \\ \tau_3 = \frac{11}{4}(-89 + 25\sqrt{5} - 45p + 5q) \\ \tau_4 = \frac{11}{4}(-89 - 25\sqrt{5} - 5p + 45q). \end{cases}$$

# *Allgemeine Auflösung*

## 289.

Nun findet Vandermonde, in den Memoiren der Academie der Wissenschaften vom Jahre 1771. S. 416., für die Wurzel der Gleichung

852. $$x^5 - x^4 - 4x^3 + 3x^2 + 3x - 1 = 0$$

den Ausdruck

853. $$x = \tfrac{1}{5}(1 + \Delta_1 + \Delta_2 + \Delta_3 + \Delta_4),$$

wo

854. $$\begin{cases} \Delta_1 = \sqrt[5]{\tfrac{11}{4}(89 + 25\sqrt{5} - 5q + 45p)} \\ \Delta_2 = \sqrt[5]{\tfrac{11}{4}(89 + 25\sqrt{5} + 5q - 45p)} \\ \Delta_3 = \sqrt[5]{\tfrac{11}{4}(89 - 25\sqrt{5} - 5q - 45p)} \\ \Delta_4 = \sqrt[6]{\tfrac{11}{4}(89 - 25\sqrt{5} + 5q + 45p)}. \end{cases}$$

Wie man sieht, stimmen die Ausdrücke von $\Delta_3$ und $\Delta_4$ mit denen von $\sqrt[5]{(-\tau_3)}$ und $\sqrt[5]{(-\tau_2)}$ überein, und die Ausdrücke von $\Delta_1$ und $\Delta_2$ sind von $\sqrt[5]{(-\tau_1)}$ und $\sqrt[5]{(-\tau_4)}$ nur darin verschieden, dass die Grössen $p$ und $q$ vertauscht sind, welches nur von den Zeichen der Wurzelgrösse $2\sqrt{5}$ in der Quadrat-Wurzel herkommt. Bis auf diese Abweichung, welche in der Vandermondeschen Abhandlung auch von einem Druckfehler herrühren kann, stimmen seine Resultate mit den unsrigen vollkommen, weil die Wurzel seiner Gleichung in $x$ der Wurzel unserer Gleichung in $u$, negativ genommen, entspricht, und jede Wurzelgrösse des fünften Grades $\sqrt[5]{(-\tau)}$ das Nämliche ist, wie $-\sqrt[5]{\tau}$. Man kann daher sagen,

## von $x^m = 1$.

dass Vandermonde zuerst die damaligen Grenzen der Auflösungs-Kunst der Gleichung mit zwei Gliedern überschritt.

## 290.

Um keinen Zweifel wegen der Correction, die der Vandermondesche Ausdruck nöthig hat, zu lassen, wollen wir zeigen, dass sie aus seiner Theorie selbst folgt.

Bezeichnet man nämlich die vier Wurzeln der Gleichung $x^5 - 1 = 0$, ausser der Einheit, durch $r_1$, $r_2$, $r_3$, $r_4$, so ist aus der allgemeinen Formel des Artikel VIII. der Vandermondeschen Abhandlungen leicht zu sehen, dass die Grösse $\Delta$ nur von der Form

855. $$\sqrt[5]{(A + Br_1 + Cr_2 + Dr_3 + Er_4)}$$

seyn kann. Setzt man nun diesen Ausdruck für eine der Grössen $\Delta_1$, $\Delta_2$, $\Delta_3$, $\Delta_4$, so muss man die andern drei erhalten, wenn man in den Ausdruck $r^2$, $r^3$, $r^4$ statt $r$ schreibt. Die Grössen $A$, $B$, $C$, $D$, $E$ sind Functionen der Wurzeln der aufzulösenden Gleichung, die von den Wurzeln $r_1$, $r_2$, $r_3$, $r_4$ nicht abhangen.

Nun ist aus dem in dem nämlichen Artikel [*bei Vandermonde*] gegebenen Verhältnisse zwischen diesen letzteren Wurzeln,

856. $$\begin{cases} r_1^2 = r_3, \quad r_2^2 = r_4, \quad r_3^2 = r_2, \quad r_4^2 = r_1 \\ r_1^3 = r_1 r_3 = r_4, \quad r_2^3 = r_2 r_4 = r_3, \quad r_3^3 = r_2 r_3 = r_1, \\ \qquad r_4^3 = r_1 r_4 = r_2 \\ r_1^4 = r_1 r_4 = r_2, \quad r_2^4 = r_2 r_3 = r_1, \quad r_3^4 = r_1 r_3 = r_4, \\ \qquad r_4^4 = r_2 r_4 = r_3. \end{cases}$$

Die vorhin erwähnten vier Ausdrücke sind also

$$857.\quad \begin{cases} \sqrt[5]{(A+Br_1+Cr_2+Dr_3+Er_4)} \\ \sqrt[5]{(A+Br_3+Cr_4+Dr_2+Er_1)} \\ \sqrt[5]{(A+Br_4+Cr_3+Dr_1+Er_2)} \\ \sqrt[5]{(A+Br_2+Cr_1+Dr_4+Er_3)}. \end{cases}$$

## 291.

Im XXIIIten Artikel der nämlichen Abhandlung findet man für die Wurzeln der Gleichung $x^5-1=0$ folgende Ausdrücke, in welche ich, der Kürze wegen, die obigen Buchstaben $p$ und $q$ (850.) setzen will:

$$858.\quad \begin{cases} \tfrac{1}{4}(-1+\sqrt{5}+q+p) \\ \tfrac{1}{4}(-1+\sqrt{5}-q-p) \\ \tfrac{1}{4}(-1-\sqrt{5}+q-p) \\ \tfrac{1}{4}(-1-\sqrt{5}-q+p). \end{cases}$$

Setzt man die erste dieser Wurzeln für $r_1$, so muss man, nach den Ausdrücken (846.), wenn man $\alpha$ für $r_1'$ und $p+q$ und $p-q$ für $m$ und $n$ nimmt, überhaupt

$$859.\quad \begin{cases} r_1 = \tfrac{1}{4}(-1+\sqrt{5}+p+q) \\ r_2 = r_1^2 = \tfrac{1}{4}(-1-\sqrt{5}+p-q) \\ r_4 = r_1^3 = \tfrac{1}{4}(-1-\sqrt{5}-p+q) \\ r_3 = r_1^4 = \tfrac{1}{4}(-1+\sqrt{5}-p-q) \end{cases}$$

setzen. Substituirt man diese Werthe in die obigen Ausdrücke (857.), so gehen sie in

*von* $x^m = 1$.

$$860. \begin{cases} \sqrt[5]{\tfrac{1}{4}(F+G\sqrt{5}+Hp+Kq)} \\ \sqrt[5]{\tfrac{1}{4}(F-G\sqrt{5}+Kp-Hq)} \\ \sqrt[5]{\tfrac{1}{4}(F-G\sqrt{5}-Kp+Hq)} \\ \sqrt[5]{\tfrac{1}{4}(F+G\sqrt{5}+Hp-Kq)} \end{cases}$$

über, wo

$$861. \begin{cases} F = 4A - B - C - D - E \\ G = \quad + B + C - D - E \\ H = \quad + B - C + D - E \\ K = \quad + B - C - D + E \end{cases}$$

ist, welche Ausdrücke nun mit denen von $\Delta_1$, $\Delta_2$, $\Delta_3$, $\Delta_4$ (854.) übereinstimmen sollen. Aber man sieht beim ersten Blick, dass die Uebereinstimmung nicht anders Statt finden kann, als wenn man zugleich in $\Delta_1$ und $\Delta_2$, oder in $\Delta_3$ und $\Delta_4$, $p$ statt $q$ und $q$ statt $p$ setzt, weil in den Ausdrücken (860.) die Coefficienten von $p$ und $q$ nicht die nämlichen sind, wie in den beiden, in welchen die Wurzel $\sqrt{5}$ das nämliche Zeichen hat, statt dass in den Ausdrükken von $\Delta_1$, $\Delta_2$, $\Delta_3$ und $\Delta_4$ (854.) die Grössen $p$ und $q$ überall die nämlichen Coefficienten haben.

## 292.

Vertauscht man in $\Delta_1$ und $\Delta_2$ $p$ und $q$, nach (§. 289.), um die Vandermondeschen Ausdrücke auf die unsrigen zu bringen, so kann man setzen

*Allgemeine Auflösung*

$$862.\quad\begin{cases}\Delta_1 = \sqrt[5]{\tfrac{1}{4}(F + G\sqrt{5} + Hp + Kq)}\\ \Delta_2 = \sqrt[5]{\tfrac{1}{4}(F + G\sqrt{5} - Hp - Kq)}\\ \Delta_3 = \sqrt[5]{\tfrac{1}{4}(F - G\sqrt{5} - Kp + Hq)}\\ \Delta_4 = \sqrt[5]{\tfrac{1}{4}(F - G\sqrt{5} + Kp - Hq)},\end{cases}$$

welches übereintrifft, wenn man

863. $F = 11.89$, $G = 11.25$, $H = -5$ und $K = 45$

setzt. Daraus folgt, vermöge der Ausdrücke (861.)

864. $B = A - 11.6$, $C = A - 11.26$, $D = A - 11.41$,
$E = A - 11.16$.

Die Grösse $A$ bleibt unbestimmt, weil sie wegen $1 + r_1 + r_2 + r_3 + r_4 = 0$ aus den Ausdrücken von $\Delta$ (857.) verschwindet.

Setzt man $A = 196$, so findet man

865. $B = 130$, $C = -90$, $D = -255$, $E = 20$,

und der Ausdruck $\sqrt[5]{(A + Br_1 + Cr_2 + Dr_3 + Er_4)}$ (855.) kommt mit demjenigen von $\sqrt[5]{(-\tau)}$ (842.) überein, weil, wenn man $r_1 = \alpha$ setzt, $r_2 = \alpha^4$, $r_3 = \alpha^2$, $r_4 = \alpha^3$ ist (§. 291.). Die von diesen Ausdrücken abgeleiteten Ausdrücke werden mit denjenigen von $\sqrt[5]{(-\tau_2)}$, $\sqrt[5]{(-\tau_3)}$ und $\sqrt[5]{(-\tau_4)}$ übereinstimmen.

## 293.

Wir wollen zum letzten Beispiele die Gleichung

$$866.\quad x^{13} - 1 = 0$$

nehmen.

Da $13 - 1 = 12 = 2.2.3$, so kann die Operation auf folgende Weise in drei andere zerlegt werden.

von $x^m = 1$.

Man muss zuerst für die Zahl 13 eine primitive Wurzel haben. Die Tafel (711.) giebt die Zahl 2, deren Potenzen, der Reihe nach, bis zur eilften, durch 13 dividirt, die Reste

2, 4, 8, 3, 6, 12, 11, 9, 5, 10, 7

geben.

Bezeichnet man also durch $r$ eine Wurzel der Gleichung

867. $x^{12} + x^{11} + x^{10} + x^9 \ldots\ldots + 1 = 0,$

so sind die 11 andern Wurzeln,

868. $r^2,\ r^4,\ r^8,\ r^3,\ r^6,\ r^{12},\ r^{11},\ r^9,\ r^5,\ r^{10},\ r^7.$

Man kann daher allgemein

869. $$t = r + \alpha r^2 + \alpha^2 r^4 + \alpha^3 r^8 + \alpha^4 r^6 + \alpha^5 r^{12} + \alpha^6 r^{11} + \alpha^7 r^9 + \alpha^8 r^5 + \alpha^9 r^{10} + \alpha^{10} r^7$$

setzen. Nimmt man nun für $\alpha$ eine Wurzel der Gleichung

$$y^2 - 1 = 0,$$

so dass

870. $$\alpha^2 = 1,$$

so reducirt sich die Function $t$ (869.) auf die Form

871. $$t = X_1 + \alpha X_2,$$

wo

872. $$\begin{cases} X_1 = r + r^4 + r^3 + r^{12} + r^9 + r^{10} \\ X_2 = r^2 + r^8 + r^6 + r^{11} + r^5 + r^7. \end{cases}$$

Daraus folgt

873. $$\begin{cases} \tau = t^2 = \lambda_0 + \alpha\lambda_1 \\ \lambda_0 = X_1^2 + X_2^2 \\ \lambda_1 = 2 X_1 X_2. \end{cases}$$

Die Berechnung des Werthes von $\lambda_0$ kann man ersparen, wenn man sich des Ausdrucks (747. §. 267.) bedient, welcher hier, weil

$$874. \quad \nu = 2$$

und die Summe der Wurzeln der gegeben Gleichung

$$875. \quad s = -1$$

ist,

$$876. \quad \tau = 1 + (\alpha - 1)\lambda$$

ist, so dass man, wenn man $\alpha = -1$ setzt, den Werth von $\tau_1$ erhält. Die beiden Wurzeln $X_1$ und $X_2$ sind dann, nach (747.)

$$877. \quad X_1 = \frac{-1 + \sqrt{(1 - 2\lambda_1)}}{2} \text{ und } X_2 = \frac{-1 - \sqrt{(1 - 2\lambda_1)}}{2}.$$

Um $\lambda_1$ zu finden, muss man das Product $X_1 X_2$ (873.) nach Potenzen von $r$ entwickeln und dabei, wegen $r^{13} = 1$, die Potenzen, welche über die zwölfte steigen, reduciren. Man findet

$$878. \quad X_1 X_2 = 3s,$$

wo $s$ die Summe der Wurzeln $r$, $r^2$, $r^4$ .... ist, welche gleich $-1$ ist, so dass

$$879. \quad \lambda_1 = -6 \quad (873.).$$

Dieses giebt, für die Werthe von $X_1$ und $X_2$ (877.)

$$880. \quad X_1 = \frac{-1 + \sqrt{-11}}{2}, \quad X_2 = \frac{-1 - \sqrt{-11}}{2}.$$

## 294.

Nun betrachte man die sechs Wurzeln, aus welchen die Grösse $X_1$ zusammengesetzt ist (872.), als die Wurzeln einer Gleichung des sechsten Grades, so kann man von neuem

$$881. \quad t_1 = r + \alpha r^4 + \alpha^2 r^3 + \alpha^3 r^{12} + \alpha^4 r^9 + \alpha^5 r^{10}$$

von $x^m = 1$.

setzen. Statt aber allgemein für $\alpha$ eine Wurzel der Gleichung

$$y^6 - 1 = 0$$

zu nehmen, wozu die Entwickelung der sechsten Potenz des Polynoms $t_1$ (881.) nöthig seyn würde, wollen wir von neuem eine Wurzel der Gleichung

$$y^2 - 1 = 0$$

nehmen, so dass die Function $t_1$ (881.), vermittelst

882. $\alpha^2 = 1$,

die Form

883. $t_1 = X_{1,} + \alpha X_{2,}$

bekommt, wo

884. $X_1 = r + r^3 + r^9, \quad X_2 = r^4 + r^{12} + r^{10}$

ist. Ferner ist, wie oben (873.),

885. $$\begin{cases} \tau_1 = t_1^2 = \lambda_{0,} + \alpha\lambda_{1,} \\ \lambda_{0,} = X_{1,}^2 + X_{2,}^2 \\ \lambda_{1,} = X_{1,} \cdot X_{2,}, \end{cases}$$

welches, weil hier die Summe der Wurzeln $X_1$ ist, auf der Stelle

886. $X_{1,} = \frac{X_1 + \tau_{1,}^{\frac{1}{2}}}{2}, \quad X_{2,} = \frac{X_1 - \tau_{1,}^{\frac{1}{2}}}{2}$

giebt. Zugleich erhält man

887. $\tau_1 = X_1^2 + (\alpha - 1)\lambda_1$,

und, wenn man $\alpha = -1$ setzt,

888. $\tau_{1,} = X_1^2 - 2\lambda_1$.

Um $\tau_1$ zu finden, muss man das Product $X_{1,}\ X_{2,}$ entwickeln und dabei $r^{13} = 1$ setzen, welches

889. $X_{1,}\ X_{2,} = 3 + X_{1,}$ und

890. $\lambda_{1,} = 6 + 2X_2$,

folglich

$$891.\quad \begin{cases} X_{1,} = \dfrac{X_1 + \sqrt{(X_1^2 - 12 - 4X_2)}}{2} \\ X_{2,} = \dfrac{X_1 - \sqrt{(X_1^2 - 12 - 4X_2)}}{2} \end{cases}$$

giebt.

## 295.

Hierbei ist zu bemerken, dass man, weil die Function $X_1$ in $X_2$ und die Function $X_2$ in $X_1$ übergeht, wenn man $r^2$ statt $r$ setzt, das was aus $X_{1,}$ und $X_{2,}$ wird, wenn man in alle Potenzen von $r$, $r^2$ statt $r$ setzt, welches wir durch $(X_{1,})$ und $(X_{2,})$ bezeichnen wollen, so dass

$$892.\quad \begin{cases} (X_{1,}) = r^2 + r^6 + r^5 \\ (X_{2,}) = r^8 + r^{11} + r^7 \end{cases}$$

ist, durch Verwechselung der Grössen $X_1$, $X_2$ mit $X_{1,}$. $X_{2,}$ findet. Man erhält

$$893.\quad \begin{cases} (X_{1,}) = \dfrac{X_2 + \sqrt{(X_2^2 - 12 - 4X_1)}}{2} \\ (X_{2,}) = \dfrac{X_2 - \sqrt{(X_2^2 - 12 - 4X_1)}}{2}. \end{cases}$$

Dieses sind die mit $X_{1,}$ und $X_{2,}$ correspondirenden Functionen, welche man erhalten würde, wenn man mit den Wurzeln, aus welchen $X_2$ zusammengesetzt ist (872.), eben so verführe, wie vorhin mit den Wurzeln in $X_1$. Die Werthe dieser Grössen $X_{1,}$ und $X_{2,}$ sind nöthig, um diejenigen von $r$ zu finden.

## 296.

Zu diesem Zweck muss man noch die drei Wurzeln in $X_{1,}$ als die Wurzeln einer Gleichung des

von $x^m = 1$.

dritten Grades betrachten und folglich

$$894.\quad t_2 = r + \alpha r^3 + \alpha^2 r^9$$

setzen, indem man für $\alpha$ eine Wurzel der Gleichung

$$y^2 - 1 = 0$$

nimmt.

Man setze nun die Functionen

$$895.\quad \tau_2 = t_2^3 = \lambda_{0_2} + \alpha \lambda_{1_2} + \alpha^2 \lambda_{2_2}$$

zusammen, so findet man, wenn man erwägt, dass

$$896.\quad \alpha^3 = 1 \text{ und } r^{13} = 1$$

ist,

$$897.\quad \begin{cases} \lambda_{0_2} = 6 + X_{1,} \\ \lambda_{1_2} = 3\,(X_{1,}) \\ \lambda_{2_2} = 3\,(X_{2,}). \end{cases}$$

Bezeichnet man also die beiden Wurzeln der Gleichung

$$898.\quad y^2 + y + 1 = 0$$

durch $\alpha$ und $\beta$, und setzt,

$$899.\quad \begin{cases} \tau_{1_2} = 6 + X_{1,} + 3\alpha(X_{1,}) + 3\alpha^2(X_{2,}) \\ \tau_{2_2} = 6 + X_{1,} + 3\beta(X_{1,}) + 3\beta^2(X_{2,}), \end{cases}$$

so erhält man, wie in (§. 279.),

$$900.\quad r = \frac{X_{1,} + \tau_{1_2}^{\frac{1}{3}} + \tau_{2_2}^{\frac{1}{3}}}{3},$$

wodurch nun der Werth von $r$ gänzlich bestimmt ist.

Wir wollen uns nicht damit aufhalten, diesen Ausdruck zu vereinfachen, weil es in allen Fällen vortheilhafter ist, sich zur Auflösung der Gleichung $x^{13} - 1 = 0$, so wie zur Auflösung aller andern

*Allgemeine Auflösung von* $x^m = 1$.

Gleichungen dieser Art, der bekannten Ausdrücke (703.) mit Sinus und Cosinus zu bedienen.

### 297.

Ich bemerke zum Schlusse, dass das in diesem Zusatze abgehandelte Verfahren als eine Vereinfachung des Verfahrens zu betrachten ist, welches Gauss auf eine allgemeine Weise im 360ten Paragraph seiner „Disquisitiones arithmeticae" zeigte. Das dortige Verfahren beruht ebenfalls auf die Entwickelung einer Function, die derjenigen ähnlich ist, welche wir durch $\tau$ bezeichneten. Es erfordert aber ausserdem die Aufstellung und Entwickelung so vieler anderer Functionen der nämlichen Ordnung, als die Gleichung Wurzeln hat, welches die Rechnung bedeutend weitläufiger macht. Unser Verfahren ist von solchen Hülfs-Functionen unabhängig und giebt die einfachsten Ausdrücke der Wurzeln unmittelbar.

Ende des dritten Bandes.

Berlin, gedruckt bei G. Hayn.

Kolibri 360 GmbH
Ferdinand-Jühlke-Straße 7
99095 Erfurt, Deutschland
produktsicherheit@kolibri360.de